Roland Schurig/Andreas Marquardt
Kommentar
zur Straßenverkehrs-Ordnung

Straßenverkehrs-Ordnung
StVO

mit

Anlagen zur StVO (bei den §§ 40 bis 43)

Allgemeiner Verwaltungsvorschrift
zur Straßenverkehrs-Ordnung
(VwV-StVO)

Kommentar
von
Roland Schurig
Senatsrat a. D. Berlin
und
Andreas Marquardt
Präsident des Bundesamtes
für Güterverkehr (BAG)
Köln

13. Auflage

KIRSCHBAUM VERLAG BONN

ISBN 978-3-7812-1698-3
© Kirschbaum Verlag GmbH, Fachverlag für Verkehr und Technik
Siegfriedstraße 28, 53179 Bonn
Telefon 02 28 / 9 54 53-0 · Internet www.kirschbaum.de
Lektorat: Marcel Diel, Berlin
Satz: DTP – Detlef Krämer, Bonn
Druck: SDV Saarländische Druckerei & Verlag GmbH, Saarwellingen
August 2009 · Best.-Nr. 1698

Alle in diesem Buch enthaltenen Angaben, Daten, Ergebnisse etc. wurden von den Autoren nach bestem Wissen erstellt und von ihnen und dem Verlag mit größtmöglicher Sorgfalt überprüft. Gleichwohl sind inhaltliche Fehler nicht vollständig auszuschließen. Autoren und Verlag können deshalb für etwaige inhaltliche Unrichtigkeiten keine Haftung übernehmen. Das Werk, einschließlich aller seiner Teile, ist urheberrechtlich geschützt. Jede Verwertung außerhalb der engen Grenzen des Urheberrechtsgesetzes ist ohne Zustimmung des Verlages unzulässig. Das gilt insbesondere für Vervielfältigungen, Übersetzungen, Mikroverfilmungen und die Einspeicherung und Verarbeitung in elektronischen Systemen. Zuwiderhandlungen sind strafbar und verpflichten zum Schadensersatz.

Vorwort zur 13. Auflage

Seit Bestehen der StVO wird beklagt, dass das Regelwerk zu viel Spielraum lasse, die Verkehrslandschaft mit einem stetig wachsenden Schilderwald zu verzieren. Die Abholzung des Schilderwaldes ist deshalb ein verkehrspolitischer Dauerbrenner geblieben. Wie viele Verkehrszeichen in Deutschland aufgestellt sind, ist nicht genau bekannt. Alle sind sich aber darin einig, dass zu viele Schilder zur Überforderung und zu Akzeptanzproblemen bei der Beachtung grundlegender Verhaltensnormen mit schwindender Bereitschaft zur eigenverantwortlichen Beurteilung von Verkehrssituationen und der daraus folgenden Risiken führen.

Bund und Länder haben es übernommen, in den normativen Bereich der StVO einige Korsettstangen einzuziehen, damit der Schilderwald für die Bürger überschaubar und begreifbar bleibt. Die jetzt vorliegende StVO-Änderung mit der „46. Verordnung zur Änderung straßenverkehrsrechtlicher Vorschriften" trägt dem unter dem Motto „Weniger Verkehrszeichen – bessere Beschilderung" Rechnung. Nicht jede vermeintliche Gefahr- oder Unfallstelle darf mit Schildern kenntlich gemacht werden, wenn bei der gebotenen Aufmerksamkeit bereits die Grundregeln ausreichen, das Verkehrsverhalten sicher und unfallfrei zu steuern. Nur so kann eine bessere Akzeptanz der allgemeinen Verkehrsregeln erreicht und das eigenverantwortliche Handeln geschärft werden. Für die Bewältigung eines sicheren Massenverkehrs sind die an jedem Ort und in jeder Verkehrssituation geltenden allgemeinen Verkehrsregeln zielführender als eine nur punktuell wirksame Beschilderung.

Zugleich mit der 46. Änderungs-Verordnung wurde die Allgemeine Verwaltungsvorschrift zur StVO (VwV-StVO) überarbeitet. Die neuen Verwaltungsvorschriften erleichtern den Verkehrsbehörden durch ihre gestrafften und zurückhaltenden Regelungen den Abbau von Verkehrszeichen und die Beschränkung der Anordnung neuer Verkehrszeichen auf das unumgänglich notwendige Maß.

Mit Verkehrszeichen soll künftig nur dort gerechnet werden, wo dies aufgrund der besonderen Umstände zwingend geboten ist. Der Vorrang der allgemeinen Verkehrsregeln wird durch die Präsentation der Verkehrszeichen in den *neuen Anlagen zur StVO* deutlich. Alle einschlägigen Vorschriften wurden detailliert überprüft, ob sie eine Tendenz zur Überbeschilderung bewirken. Die besonderen Ge- und Verbote wurden gestrafft, ohne deren hergebrachten Inhalt im Kern zu verändern. So wird beispielsweise das Fahren in Fahrstreifen in den §§ 7 und 7a StVO zusammengefasst, die Kreisverkehrsregel unter Streichung des § 9a in die Vorfahrtregeln des § 8 StVO integriert und „Doppelverbote" durch Bindung an die Verkehrszeichen vermieden.

In der *13. Auflage des Kommentars* sind die vier neuen *Anlagen der StVO* nicht am Schluss nach § 53 StVO, sondern zur besseren Lesbarkeit direkt in die §§ 40 bis 43 StVO eingebunden. Die durch Streichung entstandenen Lücken bei den Halt- und Parkverboten werden durch eine Gesamtdarstellung der Vorschriften für den ruhenden Verkehr in den §§ 12 und 13 StVO abgefedert. Einbezogen sind dort auch die erweiterten Ausnahmen für schwerbehinderte Menschen bzw. Bewohner sowie das Abschleppen verkehrswidrig abgestellter Fahrzeuge. Hinzuweisen ist weiterhin auf die neuen flächendeckenden Verkehrszeichen 314.1 und 314.2 für Parkraumbewirtschaftungszonen. Die bisher verwirrenden Pfeilmarkierungen sind mit einer materiellen Änderung beim Zeichen 297 vereinfacht worden; es genügt jetzt, wenn sie sich zwischen Leitlinien oder Fahrstreifenmarkierungen befinden. Durch Skizzen und Tabellen in der 13. Auflage des Kommentars werden häufig auftretende Problem- und Grenzfälle für die Praxis transparenter gemacht.

Mit der *46. Änderungs-Verordnung* wird ein weiterer Beitrag zur Sicherheit des Radverkehrs geleistet. Schon mit der Fahrradnovelle von 1997 wurden eine Reihe von Maßnahmen zur Förderung und Verbesserung der Sicherheit des Fahrradverkehrs umgesetzt. Die praktischen Erfahrungen haben gezeigt, dass weitere Verbesserungen möglich sind. Die 46. Änderungs-Verordnung strafft und vereinfacht die Radverkehrsvorschriften, um Verkehrsplanern und Behörden mehr Handlungsspielräume und Flexibilität bei den Radverkehrsanlagen zu verleihen. Sie enthält ferner die Aufnahme besonderer Vorschriften für Inline-Skater in den §§ 24, 31 StVO. Durch Ausweisung geeigneter Verkehrsflächen und besonderer Sorgfaltspflichten wird ein gefahrloses Miteinander von Inline-Skatern und anderen Verkehrsteilnehmern angestrebt.

Die Autoren danken allen Lesern für die zahlreichen Anfragen, konstruktiven Hinweise und Anregungen. Verlag und Autoren sind unter www.kirschbaum.de erreichbar.

Berlin/Bonn, August 2009   Roland Schurig/Andreas Marquardt

Inhaltsverzeichnis

Vorwort	5
Abkürzungen	9
158 Jahre Straßenverkehr	14

I. Allgemeine Verkehrsregeln
(Paragraphenangaben ohne Zusatz beziehen sich auf die StVO)

§ 1	Grundregeln	25
§ 2	Straßenbenutzung durch Fahrzeuge	44
§ 3	Geschwindigkeit	59
§ 4	Abstand	80
§ 5	Überholen	84
§ 6	Vorbeifahren	97
§ 7	Benutzung von Fahrstreifen durch Kraftfahrzeuge	100
§ 7a	Abgehende Fahrstreifen, Einfädelungsstreifen und Ausfädelungsstreifen	109
§ 8	Vorfahrt	111
§ 9	Abbiegen, Wenden und Rückwärtsfahren	127
§ 10	Einfahren und Anfahren	145
§ 11	Besondere Verkehrslagen	152
§ 12	Halten und Parken	155
§ 13	Einrichtungen zur Überwachung der Parkzeit	190
§ 14	Sorgfaltspflichten beim Ein- und Aussteigen	199
§ 15	Liegenbleiben von Fahrzeugen	202
§ 15a	Abschleppen von Fahrzeugen	205
§ 16	Warnzeichen	208
§ 17	Beleuchtung	213
§ 18	Autobahnen und Kraftfahrstraßen	222
§ 19	Bahnübergänge	237
§ 20	Öffentliche Verkehrsmittel und Schulbusse	242
§ 21	Personenbeförderung	248
§ 21a	Sicherheitsgurte, Schutzhelme	258
§ 22	Ladung	264
§ 23	Sonstige Pflichten des Fahrzeugführers	272
§ 24	Besondere Fortbewegungsmittel	280
§ 25	Fußgänger	283
§ 26	Fußgängerüberwege	290
§ 27	Verbände	295
§ 28	Tiere	298
§ 29	Übermäßige Straßenbenutzung	301
§ 30	Umweltschutz und Sonntagsfahrverbot	321
§ 31	Sport und Spiel	326
§ 32	Verkehrshindernisse	330
§ 33	Verkehrsbeeinträchtigungen	335
§ 34	Unfall	339
§ 35	Sonderrechte	348

II. Zeichen und Verkehrseinrichtungen

§ 36	Zeichen und Weisungen der Polizeibeamten	357
§ 37	Wechsellichtzeichen, Dauerlichtzeichen und Grünpfeil	362
§ 38	Blaues Blinklicht und gelbes Blinklicht	380
§ 39	Verkehrszeichen	386
§ 40	Gefahrzeichen mit Anlage 1 zu § 40	413
§ 41	Vorschriftzeichen mit Anlage 2 zu § 41	425
§ 42	Richtzeichen mit Anlage 3 zu § 42	494
§ 43	Verkehrseinrichtungen mit Anlage 4 zu § 43	538

III. Durchführungs-, Bußgeld- und Schlussvorschriften

§ 44	Sachliche Zuständigkeit	547
§ 45	Verkehrszeichen und Verkehrseinrichtungen	553
§ 46	Ausnahmegenehmigung und Erlaubnis	588
§ 47	Örtliche Zuständigkeit	610
§ 48	Verkehrsunterricht	613
§ 49	Ordnungswidrigkeiten	616
§ 50	Sonderregelung für die Insel Helgoland	649
§ 51	Besondere Kostenregelung	650
§ 52	Entgelt für die Benutzung tatsächlich-öffentlicher Verkehrsflächen	651
§ 53	Inkrafttreten	653

Anlagen zur StVO mit den Verkehrszeichen siehe zu §§ 40 bis 43 StVO

Sachverzeichnis 655

Abkürzungen

Gewichtsangabe ohne Zusatz (wie 7,5 t) bezieht sich auf die höchstzulässige Gesamtmasse des Fahrzeugs
Leistungsbezogene Gewichtsangabe (wie 7 kg/kW) bezieht sich auf das Leergewicht, geteilt durch die max. Motorleistung in kW
Geschwindigkeitsangabe ohne Zusatz (wie 50 km/h) bezieht sich auf die zulässige Höchstgeschwindigkeit
Kubikangabe (wie 80 cm^3) bezieht sich auf den höchstzulässigen Hubraum des Motors
Leistungsangabe (wie max. 20 kW) bezieht sich auf die höchstzulässige Motorleistung (1 kW = 1,3596 PS)
Nennleistungsdrehzahl (wie 6000^{-1}) bezieht sich auf die höchstzulässige Motordrehzahl in min^{-1}
Angabe wie Z. 201 bezieht sich auf ein Verkehrszeichen oder eine Verkehrseinrichtung der StVO

a. A.	andere Ansicht
a. a. O.	am angegebenen Ort
aaS	amtlich anerkannter Sachverständiger für den Kraftfahrzeugverkehr
ABBG	Autobahnbenutzungsgebührengesetz
ABl. EG/EU	Amtsblatt der Europäischen Gemeinschaft/Europäischen Union
ABMG	Autobahnmautgesetz
ADR	Internationale Vereinbarung über die Beförderung gefährlicher Güter
a. F.	alte Fassung
AG	Amtsgericht
AltautoV	Altauto-Verordnung
Anh.	Anhang
Anl.	Anlage (ohne nähere Bezeichnung bezieht sie sich auf die Anlagen 1 bis 4 der StVO)
Anm.	Anmerkung
Art.	Artikel
Aufl.	Auflage
AusnVO	Ausnahme-Verordnung des Bundesministeriums für Verkehr, Bau und Stadtentwicklung
AV	Ausführungsvorschrift
BAB	Bundesautobahn
BAG	Bundesamt für den Güterverkehr
BAK	Blutalkoholkonzentration
BAnz	Bundesanzeiger (zitiert nach Nummer und Jahrgang)
BASt	Bundesanstalt für Straßenwesen
BauNVO	Baunutzungsverordnung
BayObLG	Bayerisches Oberstes Landesgericht
BayVerfGH	Bayerischer Verfassungsgerichtshof
BayVGH	Bayerischer Verwaltungsgerichtshof
bbH	bauartbestimmte Höchstgeschwindigkeit

Abkürzungen

BegleitG	Begleitgesetz zum Telekommunikationsgesetz vom 17.12.1997 (BGBl. I S. 3108)
Begr.	Begründung zur StVO
BfF	Begutachtungsstelle für Fahreignung
BFH	Bundesfinanzhof
BGB	Bürgerliches Gesetzbuch
BGBl.	Bundesgesetzblatt (zitiert nach Jahr, Teil und Seite)
BGH	Bundesgerichtshof
BImSchG	Bundesimmissionsschutzgesetz
BKatV	Bußgeldkatalog-Verordnung
BLFA-StVO/OWiG	Bund/Länder-Fachausschuss für den Straßenverkehr, die Verkehrspolizei und Verkehrsordnungswidrigkeiten
BMVBS	Bundesministerium für Verkehr, Bau und Stadtentwicklung
BOKraft	Betriebsordnung für Kraftfahrunternehmen im Personenverkehr
BOStrab	Straßenbahn-Bau- und Betriebsordnung
BR	Bundesrat
BT	Bundestag
BVerfG	Bundesverfassungsgericht
BVerfGE	Entscheidungen des Bundesverfassungsgerichts (zitiert nach Band und Seite)
BVerwG	Bundesverwaltungsgericht
BZR	Bundeszentralregister
CEMT	Europäische Verkehrsministerkonferenz
DA	Dienstanweisung
DAR	Deutsches Autorecht (Zeitschrift, zitiert nach Jahr und Seite)
Drs.	Drucksache
DVO	Durchführungsverordnung
EBO	Eisenbahnbetriebsordnung
ECE	Europäische Wirtschaftskommission der UN (Genf)
EG/EU	Europäische Gemeinschaft/Union
EichG	Eichgesetz
EKrG	Gesetz über die Kreuzung von Bahnen und Straßen
EPS	Elektronisches Stabilitätsprogramm
Erl.	Erläuterungen (ohne nähere Bezeichnung beziehen sie sich auf Kommentarstellen)
EuGH	Europäischer Gerichtshof
EV	Einigungsvertrag (Vertrag über die Herstellung der Deutschen Einheit)
EWG	Europäische Wirtschaftsgemeinschaft
EWR	Europäischer Wirtschaftsraum
f., ff.	folgende, fortfolgende
FaP	Fahrerlaubnis auf Probe
FE	Fahrerlaubnis
FeV	Fahrerlaubnis-Verordnung
FmH	Fahrrad mit Hilfsmotor
FreistellungsVO	Freistellungs-Verordnung

FStrG	Bundesfernstraßengesetz
FStrPrivFinG	Fernstraßenbauprivatfinanzierungsgesetz
FStrPrivFinÄndG	Fernstraßenbauprivatfinanzierungsänderungsgesetz
FZV	Fahrzeug-Zulassungsverordnung
GebOSt	Gebührenordnung für Maßnahmen im Straßenverkehr
GG	Grundgesetz der Bundesrepublik Deutschland
ggf.	gegebenenfalls
GGVSE	Gefahrgutverordnung Straße und Eisenbahn
GKG	Gerichtskostengesetz
GKVS	Gemeinsame Konferenz der Verkehrs- und Straßenbauabteilungsleiter
GPS	Global Positioning System
GüKG	Güterkraftverkehrsgesetz
GVG	Gerichtsverfassungsgesetz
h. A./h. M.	herrschende Ansicht/Meinung
HAV	Hinweise für das Anbringen von Verkehrszeichen und Verkehrseinrichtungen, Kirschbaum Verlag Bonn
i. d. F.	in der Fassung
i. d. R.	in der Regel
IntKfzVO	Verordnung über internationalen Kraftverkehr (aufgehoben; Regelungen befinden sich jetzt bei der FZV, StVZO oder FeV)
IntVO	Verordnung über internationalen Kraftverkehr
i. S. d.	im Sinne des/der
i. V. m.	in Verbindung mit
JGG	Jugendgerichtsgesetz
JR	Juristische Rundschau (Zeitschrift, zitiert nach Jahr und Seite)
JZ	Juristenzeitung (zitiert nach Jahr und Seite)
KBA	Kraftfahrt-Bundesamt
KfSachvG	Kraftfahrsachverständigengesetz
KFZ	Kraftfahrzeug
KG	Kammergericht (Berlin)
KOM	Kraftomnibus
Krad	Kraftrad
KrW-/AbfG	Kreislaufwirtschafts- und Abfallgesetz
LG	Landgericht
LKW	Lastkraftwagen
LZA	Lichtzeichenanlage
MDR	Monatsschrift für Deutsches Recht (zitiert nach Jahr und Seite)
Mofa	Fahrrad mit Hilfsmotor (25 km/h)
MPG	Medizinisch-psychologisches Gutachten (Fahreignungsgutachten)
MtP	Mehrfachtäter-Punktsystem
m. w. N.	mit weiteren Nachweisen

Abkürzungen

n. F.	neue Fassung
NJW	Neue Juristische Wochenschrift (zitiert nach Jahr und Seite)
NVwZ	Neue Zeitschrift für Verwaltungsrecht (zitiert nach Jahr und Seite)
NZV	Neue Zeitschrift für Verkehrsrecht (zitiert nach Jahr und Seite)
o. g.	oben genannt
OLG	Oberlandesgericht
ÖPNV	Öffentlicher Personennahverkehr
OVG	Oberverwaltungsgericht
OWiG	Ordnungswidrigkeitengesetz
PBefG	Personenbeförderungsgesetz
PersAuswG	Personalausweisgesetz
PKW	Personenkraftwagen
PostG	Postgesetz
PZU	Postzustellurkunde
RABT	Richtlinien für die Ausstattung und den Betrieb von Straßentunneln
R-FGÜ	Richtlinien für die Anlage und Ausstattung von Fußgängerüberwegen
RGBl.	Reichsgesetzblatt (zitiert nach Jahr, Teil und Seite)
RL	Richtlinie
Rn.	Randnote der VwV-StVO
R+S	Recht und Schaden (Zeitschrift, zitiert nach Jahr und Seite)
RSA	Richtlinien für die Sicherung von Arbeitsstellen an Straßen
Rspr.	Rechtsprechung
RVO	Rechtsverordnung
RWBA	Richtlinien für wegweisende Beschilderung auf Autobahnen
s. a.	siehe auch
SG	Sozialgericht
SGB	Sozialgesetzbuch
StA	Staatsanwaltschaft
StGB	Strafgesetzbuch
StPO	Strafprozessordnung
StrVRÄndV	Verordnung zur Änderung straßenverkehrsrechtlicher Vorschriften
StVG	Straßenverkehrsgesetz
StVO	Straßenverkehrs-Ordnung
StVUnfStatG	Straßenverkehrsunfallstatistikgesetz
StVZO	Straßenverkehrs-Zulassungs-Ordnung
SVR	Straßenverkehrsrecht (Zeitschrift, zitiert nach Jahr und Seite)
TB-Nr.	Tatbestands-Nummer
TKG	Telekommunikationsgesetz
TMG	Telemediengesetz

u. ä.	und ähnliche(s)
u. U.	unter Umständen
VA	Verwaltungsakt
VBA	Verkehrsbeeinflussungsanlage
VD	Verkehrsdienst (Zeitschrift)
VDI	Verein Deutscher Ingenieure
VdTÜV	Verband der Technischen Überwachungsvereine
VE	Verkehrseinrichtung(en)
VerkMitt	Verkehrsrechtliche Mitteilungen (zitiert nach Jahr und Nummer)
VersG	Versammlungsgesetz
VersR	Versicherungsrecht (zitiert nach Jahr und Seite)
VG	Verwaltungsgericht
VGH	Verwaltungsgerichtshof
VkBl.	Verkehrsblatt (Amtsblatt des BMVBS, zitiert nach Jahr und Seite)
VMK	Verkehrsministerkonferenz
VO	Verordnung
VO (EWG/EU)	EWG-Verordnung/EU-Verordnung
VRS	Verkehrsrechtssammlung (zitiert nach Band und Seite)
VU	Verkehrsunfall
VwGO	Verwaltungsgerichtsordnung
VwKostG	Verwaltungskostengesetz
VwV-StVO	Allgemeine Verwaltungsvorschrift zur Straßenverkehrs-Ordnung
VwVfG	Verwaltungsverfahrensgesetz
VwVG	Verwaltungsvollstreckungsgesetz
VZ	Verkehrszeichen
VzKat	Verkehrszeichenkatalog
VZR	Verkehrszentralregister
WRV	Weimarer Reichsverfassung
WÜ	Wiener Übereinkommen über den Straßenverkehr und über Verkehrszeichen vom 8.11.1968 (BGBl. 1977 II S. 811, 893 ff.)
WÜD/WÜK	Wiener Übereinkommen über diplomatische bzw. konsularische Beziehungen vom 18.4.1961 (BGBl. 1964 II S. 957; 1965 II S. 147)
WVZ	Wechselverkehrszeichen
Z.	Verkehrszeichen der StVO (Angabe mit amtlicher Nummer, z. B. Z. 101 = Gefahrstelle)
ZEVIS	Zentrales Verkehrsinformationssystem
ZfS	Zeitschrift für Schadensrecht (zitiert nach Jahr und Seite)
zGm	zulässige Gesamtmasse von Fahrzeugen
ZPO	Zivilprozessordnung

158 Jahre Straßenverkehr

Mobilität ist immer ein entscheidender Faktor für die Fortentwicklung von Wirtschaft, Kultur und Wissenschaft gewesen. Soziales Wachstum und Wohlstand im 20. Jahrhundert sind eng mit den Innovationsschüben im Transport- und Verkehrswesen verbunden. Daran wird sich auch im 21. Jahrhundert nichts ändern.

1850 Entwicklung eines Verfahrens zur Verbesserung der Fahrbahnoberfläche durch Asphalt.

1876 August Otto entwickelt den nach ihm benannten Otto-Motor (lexikalische Kommentierung bei Meyer, 5. Aufl. 1896: „Ganz aussichtslos erscheint die Idee der Personenbeförderung … durch so genannte Benzinwagen").

Verkehrszeichen bis 1970

Bild 18 b — Gebot für Fußgänger, Verbot für andere Verkehrsteilnehmer, den bezeichneten Weg oder Straßenteil zu benutzen (1956–1972)

Bild 23 — Parkverbot (1934–1970)

Bild 28 — Einbahnstraße (1934–1970)

Bild 31 — Droschkenplatz (1934–1970)

Bild 52 — Hauptverkehrsstraße (1934–1970)

Bild 53 — Signalscheibe auf Drehgestell für halbseitige Verkehrssperrung (1934–1970)

1881 Aufhebung des letzten Straßenzolls im Deutschen Reich.

1888 Carl Benz erhält die Genehmigung für Versuchsfahrten mit dem von ihm entwickelten Motorwagen im Raum Mannheim und damit die erste Fahrerlaubnis.

1892 Rudolf Diesel erhält das Patent für einen „rationellen Wärmemotor zum Ersatz der Dampfmaschine" (Dieselmotor). Einbau von Spritzdüsenvergasern von Wilhelm Maybach statt der Oberflächenvergaser.

1894 Erstes Autorennen Paris-Rouen über 128 km.

1895 Inbetriebnahme des ersten Autoluftreifens durch die Brüder André und Edouard Michelin.

1896 Herstellung des ersten Motor-LKW (Daimler). Einsatz der ersten Kraftdroschke mit Taxameter in Stuttgart; es handelt sich um ein KFZ der Daimler-Motoren-Gesellschaft in Cannstatt.

1897 Erste deutsche Automobilausstellung in Berlin.

1901 Einführung einer amtlichen Bescheinigung in Preußen als Voraussetzung für die Benutzung von Automobilen.

1902 Erstes Kraftfahrlehrbuch „Schule des Automobilfahrers".

1904 Einrichtung der „ersten deutschen Autolenkerschule" in Aschaffenburg zur Ausbildung „verständiger Autolenker" (bis dahin erfolgte eine Ausbildung allenfalls durch technische Einweisung beim Autohändler).

1908 Richard Radke erhält das Patent für einen Sicherheitsgurt.

1909 Erstes Pariser Übereinkommen über den internationalen Kraftfahrzeugverkehr vom 11.10.1909 (ratifiziert am 21.4.1910 – RGBl. S. 603) mit Einführung internationaler Verkehrszeichen zur Kennzeichnung gefährlicher Stellen: „Wir, Wilhelm von Gottes Gnaden Deutscher Kaiser, König von Preußen ..." – Erlass eines Gesetzes über den Kraftfahrzeugverkehr (RGBl. 1909 S. 437). Gesetz über den Verkehr mit Kraftfahrzeugen (Einführung der Halterhaftung mit Haftpflichtversicherung); „Reichsstempelabgabe" als Vorläufer der KFZ-Besteuerung. KFZ-Bestand 41 000, Verkehrsunfälle 6 063 mit 194 Toten und 2 945 Verletzten(!). Zu Beruhigung der Öffentlichkeit wurde bereits 1906 eine offizielle Unfallstatistik eingeführt.

1910 Rahmen-Gesetz über den Kraftfahrverkehr (wirksam seit dem 1.4.1910); Länderregelungen gelten aber weiter (Vorläufer der späteren StVO und StVZO), u. a. mit einheitlichem Führerschein für das Deutsche Reich. Die Fahrerlaubnis wird nur nach einer mündlichen und praktischen Prüfung erteilt. Die Durchführung der Prüfung wird den „Dampfkesselüberwachungs-Vereinen" (den späteren TÜV) übertragen.

Geschwindigkeitsbeschränkung

1920

Bild 70

1934

Bild 21

1992

Zeichen 274

1921 Verordnung über die Ausbildung von Kraftfahrzeugführern, u. a. mit Einführung der Fahrlehrerprüfung und Kontrolle der Fahrschulausstattung durch „anerkannte" Sachverständige.

1922 Einführung der KFZ-Steuer. Erste massive Tankstelle („Tankhaus") am Raschplatz in Hannover.

1923 Novellierung des Gesetzes von 1909 (RGBl. 1923 I S. 743) mit der Verpflichtung zur Kennzeichnung gefährlicher Stellen. Ländereigene Verkehrsordnungen übernahmen die Regelung, z.B. „Berliner Straßenordnung" vom 15.1.1929 als klassische Polizeiverordnung oder „Preußische Straßenverkehrsordnung" vom 20.3.1934. Innerorts gilt Tempo 30.

Gefahrzeichen Kinder

1926   1934   1970   1992

Bild 1   Bild 33   Zeichen 136   Zeichen 136
Anl. V   Vorschriftzeichen   „Kinder"   „Kinder"
StVO 1926   „Schule"   StVO 1970   StVO 1992
    StVO 1934

1924 Erste elektrische Wechsel-Lichtzeichenanlage auf dem „Verkehrsturm" am Potsdamer Platz in Berlin (Anordnung der Signale zunächst noch waagerecht); Vorläufer waren von der Polizei manuell betriebene Signalscheiben und „Heuer-Ampeln" (Zeigerampel). Der „Verkehrsturm" wurde bei der Umgestaltung des Potsdamer Platzes aus Anlass der Olympiade 1936 entfernt (ein Modell steht heute wieder dort). Entwicklung der hydraulischen Bremse durch Malcolm Loughead (späterer Name „Lockheed").

1926 Zweites Pariser Abkommen unter dem Dach des Völkerbundes über den Internationalen Kraftfahrzeugverkehr vom 24.4.1926 (RGBl. II S. 1233) – ersetzte das Abkommen von 1909 (Einführung einheitlicher dreieckiger Gefahrzeichen und Symbole). Erste „Grüne Welle" in der Leipziger Straße in Berlin; Vorläufer gab es bereits 1917 in Salt Lake City (Utah) und 1922 in Chicago (Illinois). Erste Ausgabe „Deutsches Autorecht" (DAR) am 5.8.1926.

1927 Verordnung über Warnungstafeln für den Kraftfahrzeugverkehr vom 8.7.1927 (RGBl. I S. 177) mit Einführung dreieckiger Schilder und schwarzer Symbole.

1928 Verordnung über Kraftfahrzeugverkehr vom 16.3.1928; u. a. mit Anweisung über die Prüfung eines Kraftfahrzeugführers in Theorie und Praxis durch „amtlich anerkannte" Sachverständige.

Halt! Vorfahrt gewähren!

1939   1971

Ein entsprechendes Verkehrszeichen für nachgeordnete Straßen gab es vor 1939 nicht

Bild 30 a   Zeichen 206

1930 Preußischer Ministererlass vom 26.3.1930 (Ministerialblatt für die Preußische Innere Verwaltung, S. 448) über „Vorschriften über Verkehrseinrichtungen": Einteilung der Verkehrszeichen in Richtungsschilder, Gefahrentafeln, Gebots- und Verbotstafeln, Signaleinrichtungen für die Verkehrssteuerung und Anlagen zur Sicherheit des Verkehrs. Einführung der Mineralölsteuer.

1931 Genfer Vereinbarung zur Vereinheitlichung der Verkehrszeichen vom 31.3.1931 (Convention sur l'unification de la signalisation routière), die zwar vom Deutschen Reich unterzeichnet, aber nicht ratifiziert wurde. Dennoch wurden die vereinbarten Verkehrszeichen 1934 in die Reichs-Straßenverkehrs-Ordnung übernommen.

1933 Verordnung über die Ausbildung von Kraftfahrzeugführern. Verordnung über internationalen Kraftfahrzeugverkehr.

Absolute Haltverbote

1920 — Bild 7
1934 — Bild 22
1971 — Zeichen 283

1933 KFZ-Bestand: 1,8 Mio.; Bevölkerung: 66,4 Mio.; Verkehrsunfälle im statistischen Jahrbuch 1934 nicht erfasst (eine „aufstrebende Automobilnation" sollte sich wohl nicht mit Negativerscheinungen konfrontiert sehen?). Kostenbeispiele für Kraftfahrzeuge: Mercedes-Benz Limousine, 7 655 ccm mit Kompressor und 150 PS = 41 000 Reichsmark (RM); Ford PKW, 3 560 ccm mit 90 PS = 5 250 RM; BMW Tourenwagen, 1 910 ccm mit 45 PS = 4 500 RM; Fiat Cabriolet, 1 930 ccm mit 45 PS = 5 690 RM; Opel PKW, 1 920 ccm mit 36 PS = 3 600 RM; Audi PKW, 2 241 ccm mit 50 PS = 7 950 RM.

1934 Länderregelungen des Verhaltens- und Zulassungsrechts werden durch die Reichs-Straßenverkehrs-Ordnung vom 28.5.1934 nebst der Ausführungsanweisung (AV-RStVO) vom 29.9.1934 (RGBl. I S. 455) abgelöst.

1935 Eröffnung der ersten Autobahn in Deutschland.

1937 Änderung und Ergänzung der Reichs-Straßenverkehrs-Ordnung sowie Aufteilung in StVO (RGBl. 1937 I S. 1179) und StVZO. Entwicklung des ersten Diesel-PKW von Daimler-Benz („Mercedes 260 D"). KFZ-Bestand: 2,85 Mio. (in den USA bereits 24 Mio.); Verkehrsunfälle: 266 400 mit 7 636 Toten und 174 200 Verletzten; Bevölkerung: 67,8 Mio.

1938 Gebührenordnung für Maßnahmen im Straßenverkehr (Erteilung der Fahrerlaubnis: 3 RM; Zulassung eines KFZ: 3 RM; technische Überprüfung eines KFZ: 2 RM).

1940 Verordnung über Sachverständige für den Kraftfahrzeugverkehr. Infolge kriegsbedingten Kraftstoffmangels vermehrter Einsatz von Imbert-Generatorfahrzeugen („Holzvergaser"), die durch Schwelung von Feststoffen (Kohle, Holzspäne u. ä.) betrieben werden; erste Versuche reichen bis 1890 zurück, vor allem in Frankreich und Schweden.

1946 Entwicklung des ersten Radialreifens („Michelin X").

Vorgeschriebene Fahrtrichtung rechts

1926	1934	1970	1992
Bild 4	Bild 26	Zeichen 209	Zeichen 209

1949 Abkommen der UN in Genf über den Straßenverkehr und Protokoll über Straßenverkehrszeichen vom 19.9.1949 der UN-Wirtschaftskommission für Europa (ECE). Deutschland konnte dem Abkommen nicht beitreten, weil es noch nicht Mitglied der UN war.

1950 KFZ-Bestand: 2,5 Mio.; Verkehrsunfälle: 260 700 mit 6 428 Toten und 157 300 Verletzten; Bevölkerung 50,2 Mio. (nur alte Bundesländer).

1951 Patent für einen Airbag an Walter Lindner; Einbau aber erst 1980 in einem Mercedes der S-Klasse. Einführung der „TÜV-Plakette".

1952 Erlass des (bereinigten) Straßenverkehrsgesetzes (StVG). Einführung des „Zebrastreifens" (erst ab 1964 hatten Fußgänger dort Vorrang).

1953 Erlass der (neuen) StVO vom 24.8.1953 (BGBl. I S. 1131) auf der Grundlage des (bereinigten) StVG vom 19.12.1952 (BGBl. I S. 908).

1954 Gründung der Europäischen Wirtschaftsgemeinschaft (EWG). Einführung der Parkuhr in Deutschland.

Verbot für Fahrzeuge

1920	1934	1992
Bild 63	Bild 11	Zeichen 250

1956 Einbau von Blinkern als Fahrtrichtungsanzeiger; Nachrüstverpflichtung bis 1961 für Altfahrzeuge mit Winkern.

1957 Grundsteinlegung für eine moderne, auf den Massenverkehr zugeschnittene StVO durch die 4. Gemeinsame Straßenverkehrssicherheitskonferenz des Bundes und der Länder. Innerorts gilt Tempo 50.

1959 Beginn des serienmäßigen Einbaus von Sicherheitsgurten durch Volvo.

1961 Einführung der Parkscheibe in Deutschland.

1968 Wiener Übereinkommen über den Straßenverkehr und über Straßenverkehrszeichen (WÜ). Die Signatarstaaten verpflichten sich, nur die im „Weltabkommen" vorgesehenen Verkehrsregeln und Verkehrszeichen in ihren nationalen Verkehrsordnungen zu verankern (Ratifizierung in Deutschland 1977 – BGBl. II S. 809). Entkriminalisierung der Verkehrsverstöße durch Einführung des Ordnungswidrigkeitengesetzes: Strafverfügungen werden durch Bußgeldbescheide abgelöst; neben „Barverwarnungen" der Polizei sind auch Verwarnungsbescheide möglich.

1970 Neufassung der StVO auf der Grundlage des Wiener Übereinkommens („Weltabkommen"). KFZ-Bestand: 17,9 Mio.; Verkehrsunfälle: 1,4 Mio. mit 19 193 (!) Toten und 531 700 Verletzten; Bevölkerung: 60,7 Mio.

1973 „Ölkrise" (ausgelöst durch Ölbeschränkungen der OPEC-Staaten) mit Fahrverboten an vier Sonntagen im November 1973 und Tempolimit 100 km/h auf Autobahnen bis Juni 1974. Folge waren höhere Treibstoffkosten, höhere Verdichtung der Motoren und damit einhergehend höhere Stickoxidemissionen.

Verkehrsverbot für Kraftwagen

1920	1934	1971	1992
Bild 60	Bild 13	Zeichen 251	Zeichen 251

1974 Einführung des Mehrfachtäter-Punktsystems und Richtgeschwindigkeit 130 km/h auf Autobahnen.

1976 Tempo 100 auf Landstraßen.

1990 KFZ-Bestand: 36,7 Mio.; Verkehrsunfälle: 2 Mio. mit 7 906 Toten und 340 000 Verletzten; Bevölkerung: 62,7 Mio. (nur alte Bundesländer).

158 Jahre Straßenverkehr

2000 KFZ-Bestand: 51 Mio.; Verkehrsunfälle: 2,35 Mio. mit 7 503 Toten und 504 000 Verletzten; volkswirtschaftliche Schäden durch Verkehrsunfälle: rd. 38 Mrd. €, davon 21 Mrd. € Personen- und 17 Mrd. € Sachschäden; Verkehrssünder im VZR des Kraftfahrt-Bundesamtes: 6,63 Mio., davon 5,42 Mio. Männer und 1,21 Mio. Frauen; Bevölkerung: 81 Mio.; Straßennetz: Gesamtlänge 650 560 km, davon Autobahnnetz 10 700 km; Gesamtfahrleistung der KFZ: 535 Mrd. km, davon 26 % auf Autobahnen, 39 % auf Außerortsstraßen und 35 % auf Innerortsstraßen.

2008 Niedrigste Anzahl von Verkehrstoten seit 1953: 4 900 Tote bei 2,3 Mio. Verkehrsunfällen mit rd. 335 800 Verletzten, davon 84 000 Schwer- und 350 000 Leichtverletzte; volkswirtschaftlicher Gesamtschaden: über 30 Mrd. €.

Bahnübergänge

Eisenbahn-Bau- und Betriebsordnung von 1904

Empfehlung des Kaiserlichen Automobil-Clubs von 1907 für Bahnübergänge

Bahnübergänge sollen nach dem Internationalen Abkommen über den Verkehr mit Kraftfahrzeugen von 1909 mit einem „Gatter" gekennzeichnet werden, während „Andreaskreuze" für alle Kreuzungen gelten. Das Andreaskreuz bezieht sich auf die Kreuzigung des Heiligen Andreas am 30.11.60 n. Chr.
(Datierung: Konzil von Nicäa 787)

Warnkreuze vor Bahnübergängen nach der Eisenbahn-Bau- und Betriebsordnung von 1937.
Die StVO von 1953 hat die Zeichen als Bild 4c, 4d und 4 f übernommen

Bewachter   Unbewachter
Eisenbahnübergang

Verordnung über Warnungstafeln für den Kraftfahrzeugverkehr von 1925 und 1927.
Die Zeichen wurden als Bilder 5 und 6 in die StVO von 1937 übernommen.

Andreaskreuz des Internationalen Übereinkommens über den Straßenverkehr von 1949 (wurde von der StVO nicht übernommen)

Warnkreuz für Bahnübergänge nach der StVO von 1960 als Bild 4e und von 1970 als Zeichen 201 für unbeschrankten Bahnübergang

Vorschlag des Arbeitskreises Bahnsicherheit 2004 (Vorsitz MR Menge aus Mainz) für ein neues Andreaskreuz zur Verbesserung der Auffälligkeit von Bahnübergängen

Zeichen B 7a   Zeichen B 7b

Bahnkreuze nach dem Wiener Übereinkommen über den Straßenverkehr und über Verkehrszeichen von 1968.
Die Innenfläche kann auch gelb sein

Straßenverkehrs-Ordnung (StVO)

Vom 16. November 1970

(BGBl. I S. 1565, berichtigt 1971 S. 38), geändert durch Verordnung vom 20. Oktober 1972 (BGBl. I S. 2069), 27. November 1975 (BGBl. I S. 2967), 2. Dezember 1975 (BGBl. I S. 2983), 5. August 1976 (BGBl. I S. 2067), 24. Mai 1978 (BGBl. I S. 635), 21. Juli 1980 (BGBl. I S. 1060),[1] 21. Juli 1983 (BGBl. I S. 949), 6. Juli 1984 (BGBl. I S. 889), 28. Februar 1985 (BGBl. I S. 499), 27. Juni 1986 (BGBl. I S. 939), 22. März 1988 (BGBl. I S. 405), 23. September 1988 (BGBl. I S. 1760) und 9. November 1989 (BGBl. I S. 1976), Einigungsvertrag vom 31. August 1990 (BGBl. II S. 889, 1104),[2] Änderungen vom 15. Oktober 1991 (BGBl. I S. 1992), 19. März 1992 (BGBl. I S. 678), 22. Dezember 1992 (BGBl. I S. 2482, berichtigt BGBl. I 1993 S. 223), 14. Dezember 1993 (BGBl. I S. 2043), 27. Dezember 1993 (BGBl. I S. 2378), 25. Oktober 1994 (BGBl. I S. 3127), 18. Juli 1995 (BGBl. I S. 935), 14. Februar 1996 (BGBl. I S. 216), 7. August 1997 (BGBl. I S. 2028), 17. Dezember 1997 (BGBl. I S. 3108/3119),[3] 25. Juni 1998 (BGBl. I S. 1654), 11. Dezember 2000 (BGBl. I S. 1690), 29. Oktober 2001 (BGBl. I S. 2785), 14. Dezember 2001 (BGBl. I S. 3783),[4] 7. Mai 2002 (BGBl. I S. 1529),[5] 1. September 2002 (BGBl. I S. 3442),[6] 22. Januar 2004 (BGBl. I S. 117),[7] 21. Juni 2005 (BGBl. I S. 1836),[8] 6. August 2005 (BGBl. I S. 2418),[9] 22. Dezember 2005 (BGBl. I S. 3714),[10] 22. Dezember 2005 (BGBl. I S. 3716),[11] 28. März 2006 (BGBl. I S. 569),[12] 11. Mai 2006 (BGBl. I S. 1160),[13] 10. Oktober 2006 (BGBl. I S. 2218, bereinigt S. 2543),[14] 18. Dezember 2006 (BGBl. I S. 3226),[15] 28. November 2007 (BGBl. I S. 2774),[16] 26. März 2009 (BGBl. I S. 734),[17] 5. August 2009 (BGBl. I S. 2631)[18]

---

1 S. a. VO über den Neuerlass der StVO-Änderung vom 21. Juli 1980 (BGBl. I S. 1060) und vom 28. April 1982 (BGBl. I S. 564) wegen fehlender Ressortbeteiligung des BMU
2 Sonderregelungen für die neuen Bundesländer aufgrund des Gesetzes vom 23. September 1990 zum Einigungsvertrag und der Vereinbarung vom 18. September 1990 (BGBl. II S. 885): Anlage I Kapitel XI Sachgebiet B Abschnitt III Nr. 14 und Anlage II Kapitel XI Sachgebiet B Abschnitt III Nr. 4 des Einigungsvertrages vom 31. August 1990 (BGBl. II S. 889, 1104)
3 Änderung der StVO in Art. 2 Abs. 38 des Begleitgesetzes zum Telekommunikationsgesetz
4 Änderung der StVO in Art. 411 des 7. Zuständigkeitsanpassungsgesetzes
5 Änderung der StVO in Art. 24 des Post- und telekommunikationsrechtlichen Bereinigungsgesetzes
6 Änderung der StVO in Art. 3 des FStrPrivFinÄndG
7 Art. 1 der VO zur Änderung straßenverkehrs- und personenbeförderungsrechtlicher Vorschriften: Änderung des § 49 Abs. 1 Nr. 20a
8 Art. 99 des Gesetzes über die Umbenennung des Bundesgrenzschutzes in Bundespolizei
9 14. VO zur Änderung der StVO über Ausnahmen nach § 33 Abs. 3 zur Hinweisbeschilderung auf Dienstleistungen für Autohöfe, Rast- und Tankanlagen an Autobahnen (VkBl. 2005, S. 649)
10 15. VO zur Änderung der StVO über Anordnung von Verkehrsverboten für Maut-Ausweichverkehre auf Bundes-, Landes- und Kreisstraßen (VkBl. 2006, S. 36)

Allgemeine Verwaltungsvorschrift zur Straßenverkehrs-Ordnung (VwV-StVO)

In der Fassung vom 22. Oktober 1998 (Neubekanntmachung BAnz Nr. 246b vom 31. Dezember 1998, bereinigt 1999 S. 947; VkBl. 1999, S. 290 ff.), 26. Januar 2001 (BAnz S. 1419, 5206; VkBl. 2000, S. 276), Änderung vom 18. Januar 2001 (BAnz S. 25513), 11. August 2005 (BAnz S. 12602; VkBl. S. 660), 10. April 2006 (BAnz S. 2968; VkBl. S. 477), 20. März 2008 (BAnz S. 1106; VkBl. S. 283), 4. Juni 2009 (BAnz S. 2050; VkBl. S. 386), 17. Juli 2009 (BAnz S. 2598)

\<td colspan=5\> Ausnahme-Verordnungen zur StVO (mager gesetzte Texte sind nicht mehr wirksam)				
VO-Nr.	Ausnahmeregelung	VO vom	BGBl. I (= VkBl.)	Bemerkung
1.	Keine Helmtragepflicht bei Leichtmofas	26.2.1987	1987, S. 555, 1069 (= VkBl. S. 231)	Ausnahme erneuert durch 6. Verordnung, die durch Änderung des § 21a Abs. 2 StVO obsolet geworden ist
2.	Verwendung nicht amtlicher Schutzhelme bis 31.12.1992, unbefristet verlängert durch Änderungsverordnung	19.3.1990 22.12.1992	1990, S. 555 (= VkBl. S. 230) 1992, S. 2481	Regelung aufgehoben durch Art. 2 der 40. StrVRÄndV vom 22.12.2005 (BGBl. I S. 3716)
3.	Rechtsabbiegen bei Rot an LZA mit Grünpfeilschild	11.12.1990	1990, S. 2765 (= VkBl. 1991 S. 6)	Regelung aufgehoben und in § 37 StVO übernommen
4.	Geltungsdauer für Verkehrszeichen vor 1.7.1992 bis 1.7.1994	23.6.1992	1992, S. 1124 (= VkBl. S. 347)	Regelung ausgelaufen
5.	**Rückhalteeinrichtung für Kinder in KFZ der Stationierungsstreitkräfte**	24.3.1994	1994, S. 623 (= VkBl. S. 346)	

---

11 Art. 1 der 40. StrVRÄndV über Ladungssicherheit, Winterausrüstung, Schutzhelmtragepflicht für drei- und mehrrädrige KFZ (VkBl. 2006, S. 39)
12 Art. 1 der 43. StrVRÄndV über die Tunnelsicherheit (VkBl. 2006, S. 474)
13 16. VO zur Änderung der StVO zur Umsetzung der EU-Richtlinie 2003/20/EG vom 8. April 2003 (ABl. EU Nr. L 115 S. 63) über Sicherheitsgurte und Kinderrückhalteeinrichtungen (VkBl. 2006, S. 488)
14 Verkehrsverbot zur Verminderung schädlicher Luftverunreinigungen durch Art. 2 der VO zum Erlass und zur Änderung von Vorschriften über die Kennzeichnung emissionsarmer Kraftfahrzeuge
15 Art. 1 der 44. VO zur Änderung straßenverkehrsrechtlicher Vorschriften über Kinderrückhalteeinrichtungen in Taxen (VkBl. 2007, S. 22)
16 17. VO zur Änderung der StVO (BGBl. I S. 2774/VkBl. 2008, S. 4)
17 45. VO zur Änderung straßenverkehrsrechtlicher Vorschriften (StrVRÄndV) vom 26. März 2009 (BGBl. I S. 734/VkBl. S. 314)
18 46. VO zur Änderung straßenverkehrsrechtlicher Vorschriften (StrVRÄndV) vom 5. August 2009 (BGBl. I S. 2631).

(Fortsetzung)

	Ausnahme-Verordnungen zur StVO (mager gesetzte Texte sind nicht mehr wirksam)			
VO-Nr.	Ausnahmeregelung	VO vom	BGBl. I (= VkBl.)	Bemerkung
6.	Keine Helmtragepflicht bei Leichtmofas	24.3.1994	1994, S. 624 (= VkBl. S. 346)	Aufgehoben durch Art. 3 der 40. StrVRÄndV vom 22.12.2005 (BGBl. I S. 3716) und in § 21a Abs. 2 StVO übernommen
7.	Kindersicherung in Taxen	17.12.1997 18.11.2002 21.12.2005	1997, S. 3196 (= VkBl. 1998, S. 98) 2002, S. 4414 (= VkBl. 2003, S. 3) 2005, S. 3631 (= VkBl. 2006, S. 35)	Außerkraft getreten am 31.12.2006; Regelung in § 21 Abs. 1a Nr. 3a StVO übernommen
8.	**Keine Schutzhelmtragepflicht für bestimmte Krafträder mit Überrollbügel**	20.5.1998	1998, S. 1130 (= VkBl. S. 556)	
9.	**Tempo 100 für PKW mit Anhänger auf Autobahnen und Kraftfahrstraßen bei bestimmter technischer Ausrüstung**	15.10.1998	1998, S. 3171 (= VkBl. S. 1310); i.d.F. vom 5.8.2009, S. 2631	Außerkrafttreten am 31.12.2010
10.	Befahren von Fußgängerzonen zur Versorgung mit Euro-Bargeld	7.8.2001	2001, S. 2221 (= VkBl. S. 406)	Außerkraft getreten am 28.2.2002
11.	**Zulassung elektronischer Parkzeiterfassungssysteme**	28.1.2005	2005, S. 229 (= VkBl. S. 140)	Außerkraft getreten am 31.12.2007; Regelung in § 13 Abs. 3 StVO übernommen
12.	**100 km/h für Wohnmobile bis 7,5 t auf Autobahnen und Kraftfahrstraßen**	18.3.2005	2005, S. 866 (= VkBl. S. 364); i.d.F. vom 5.8.2009, S. 2631	Außerkrafttreten am 31.12.2009

Hinweis:

Letzte Änderung der StVO: 46. Verordnung zur Änderung straßenverkehrsrechtlicher Vorschriften vom 5. August 2009 (BGBl. I S. 2631)

Letzte Änderung der VwV-StVO: 17. Juli 2009 (BAnz. 2009, S. 2598)

I. Allgemeine Verkehrsregeln

§ 1 Grundregeln

(1) Die Teilnahme am Straßenverkehr erfordert ständige Vorsicht und gegenseitige Rücksicht.

(2) Jeder Verkehrsteilnehmer hat sich so zu verhalten, dass kein Anderer geschädigt, gefährdet oder mehr, als nach den Umständen unvermeidbar, behindert oder belästigt wird.

VwV zu § 1 Grundregeln

1   I. Die Straßenverkehrs-Ordnung (StVO) regelt und lenkt den öffentlichen Verkehr.

2   II. Öffentlicher Verkehr findet auch auf nicht gewidmeten Straßen statt, wenn diese mit Zustimmung oder unter Duldung des Verfügungsberechtigten tatsächlich allgemein benutzt werden. Dagegen ist der Verkehr auf öffentlichen Straßen nicht öffentlich, solange diese, zum Beispiel wegen Bauarbeiten, durch Absperrschranken oder ähnlich wirksame Mittel für alle Verkehrsarten gesperrt sind.

3   III. Landesrecht über den Straßenverkehr ist unzulässig (vgl. Artikel 72 Abs. 1 in Verbindung mit Artikel 74 Nr. 22 des Grundgesetzes). Für örtliche Verkehrsregeln bleibt nur im Rahmen der StVO Raum.

1 Aus der amtlichen Begründung

§ 1 Abs. 2 entspricht den Anforderungen der Bestimmtheit ordnungsrechtlicher Tatbestände nach Art. 103 Abs. 2 GG: BVerfG DAR 1968, 329 (Begr. 1970).

2 Erläuterungen

Die StVO dient primär der Unfallverhütung. Da Verkehrsunfälle fast ausschließlich auf menschliches Versagen zurückzuführen sind, will die StVO nicht nur verkehrliche Konfliktsituationen vermeiden, sondern sie strebt die Hebung der Verkehrsgesittung an. Kein gesetztes Recht kann indes so präzise ausgestaltet werden, dass es dem Menschen nicht die Freiheit der Wahl in vielen Bereichen ließe. Entscheidender Gesichtspunkt für den verbleibenden Spielraum im Verkehrsverhalten bleibt die Wahrung von Leben, Gesundheit und Sachwerten. Der Schwerpunkt der StVO liegt auf wenigen Regeln, deren Verletzung die häufigsten Unfallursachen darstellen. Die Betonung liegt nicht auf den Rechten der Verkehrsteilnehmer, sondern auf ihren Pflichten, die sie anderen gegenüber wahrzunehmen haben. Von den Kraftfahrern gehen die größeren Gefahren aus. Infolgedessen sind auch ihre Pflichten umfangreicher ausgeprägt als die der schwächeren Verkehrsteilnehmer.

Weitere wichtige Ziele der StVO sind die Aufrechterhaltung eines flüssigen Verkehrsablaufs, die Gewährleistung der Ordnung im Verkehrsraum und die Vermeidung von Umweltbeeinträchtigungen. Die Negativerscheinungen des motorisierten Verkehrs gehen vor allem von der Masse der Fahrzeuge aus. Sie zu mindern ist Aufgabe einer vom Grundkonsens der Gesellschaft

§ 1 Grundregeln

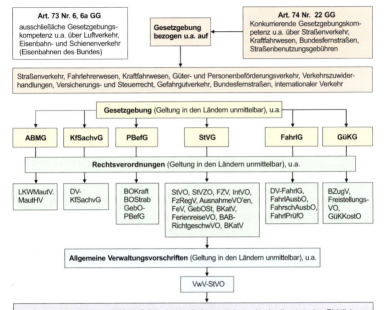

getragenen Verkehrsgestaltung, die sich in ständiger Rechtsfortbildung befindet. Die StVO kann mit ihren Eingriffsmöglichkeiten dazu einen Beitrag leisten. Andererseits kann aus ihr nicht alles herausgepresst werden, was verkehrspolitisch wünschenswert erscheint. Eine Regelung, die losgelöst vom Normenzusammenhang und von der gesellschaftlichen Akzeptanz ein bestimmtes Verhalten der Bürger erzwingen soll, das ohne faktische Wirkung lediglich massenhaft Verstöße provoziert, untergräbt die Verkehrsmoral und das Vertrauen zur Gewährleistung von Sicherheit und Ordnung.

2.1 Geltung der StVO

Der Geltungsbereich verkehrsrechtlicher Normen[1] erstreckt sich auf alle Flächen, auf denen öffentlicher Verkehr stattfindet, nicht aber auf abgegrenztes Privatgelände. Zu den Verkehrsflächen gehören der gewidmete Straßenraum und solche Flächen, auf denen mit Duldung des Verfügungsberechtigten „faktisch öffentlicher Verkehr" stattfindet (Rn. 2 VwV zu § 1). Privatgelände ist dann öffentlicher Verkehrsraum, wenn jedermann zur verkehrlichen Nutzung zugelassen ist und das Gelände tatsächlich so

---

1 Insbesondere Normen der StVO, FZV, StVZO, FahrlG, FeV und der §§ 21, 24, 24a StVG, §§ 142, 315c, 316 StGB

genutzt wird, d. h. von einem nicht bestimmbaren oder zufälligen Personenkreis (BGH VRS 107, 179; OLG Hamm VerkMitt 2008 Nr. 62 = VRS 114, 273; OLG Düsseldorf VerkMitt 1988 Nr. 69 = VRS 75, 61; OLG Zweibrücken NZV 1990, 476; OVG Nordrhein-Westfalen VRS 98, 474). Die Verkehrsregeln **gelten** deshalb (unabhängig von den Eigentumsverhältnissen) auch auf allgemein zugänglichen Parkplätzen (KG VerkMitt 2003 Nr. 11 = NZV 2003, 381 = VRS 104, 24), in Parkhäusern (OLG Düsseldorf VRS 39, 204; OLG Stuttgart DAR 1966, 163; OLG Bremen VRS 33, 193), auf Parkflächen von Einkaufszentren (OLG Saarbrücken VerkMitt 1974 Nr. 104 = VRS 47, 54; OLG Stuttgart VerkMitt 1990 Nr. 104), Parkflächen von Gaststätten (OLG Düsseldorf NZV 1992, 120), von Mülldeponien (OLG Zweibrücken VRS 60, 218), Autowaschanlagen (BayObLG VerkMitt 1980 Nr. 57 = VRS 58, 216), geöffneten Recyclinghöfen (KG VerkMitt 2004, 50) oder Tankstellen während der Öffnungszeiten (OLG Dresden NZV 2007, 152; OLG Düsseldorf VRS 76, 34); **nicht aber** auf Betriebs- oder Werksgelände, wenn die Fläche nur bestimmten Firmenkunden offen steht (BGH VerkMitt 2004 Nr. 70 = DAR 2004, 399 = VRS 107, 35 = NZV 2004, 479 = NJW 2004, 1965; OLG Köln VRS 102, 432; OVG Münster VerkMitt 2000 Nr. 43 = DAR 2000, 91 = NZV 2000, 183), auf Hofgrundstücken (BGH NZV 1998, 418 = DAR 1998, 399), auf Zierrasenflächen ohne öffentliche Nutzung (BGH DAR 2004, 529 = NZV 2005, 50) oder Mieterparkplätzen mit ausgewiesenen Stellplätzen (OLG Rostock SVR 2004, 234).

Die Beurteilung, ob ein Weg öffentlich im Sinne des Verkehrsrechts ist, muss der Kraftfahrer nach dem äußeren Gesamtbild treffen (BayObLG VRS 43, 134), z. B. bei Grundstückszufahrten nach der Anzahl der angeschlossenen Häuser (OLG Düsseldorf VRS 74, 181), ob Schranken die Zufahrt regeln, eine Zugangskontrolle stattfindet, die Fläche eingezäunt oder mit einem Hinweis auf die private Nutzung versehen ist. Auf reinem Privatgelände gilt das Hausrecht des Verfügungsberechtigten. Befinden sich dort Verkehrszeichen oder Schilder wie „Es gilt die StVO", haben diese nur Geltung innerhalb des Hausrechts; ein Verstoß ist eine Zuwiderhandlung gegen das Hausrecht. Der Eigentümer kann dort auch abweichende Regelungen für den (privaten) Verkehr treffen (OLG Köln VerkMitt 2002 Nr. 65).

2.2 Verkehrsflächen

2.2.1 Straße

Straßen sind alle für Verkehrsteilnehmer bestimmten Flächen, unabhängig von den Eigentumsverhältnissen oder einer straßenrechtlichen Widmung. Soweit die StVO den Begriff „Straße" verwendet, ist darunter nicht nur die Fahrbahn, sondern jeder öffentlich benutzbare Verkehrsraum zu verstehen, auch Parkflächen, Brücken, Tunnel, Dämme, Böschungen.

Die straßenrechtliche Widmung begründet einen Anspruch auf Nutzung, bei Teilwidmung für die dadurch Begünstigten, z. B. bei Fußgängerzonen nicht für Kraftfahrer, es sei denn, die Straßenaufsichtsbehörde gestattet die Benutzung durch Sondernutzungserlaubnisse.

2.2.2 Fahrbahn

Die Fahrbahn ist der Teil der Straße, der durch die Art seiner Befestigung (Schwarzdecke, Beton, Pflasterung) für den Fahrzeugverkehr geeignet und für diesen freigegeben ist. Baulich getrennte „Nebenfahrbahnen" neben der „Hauptfahrbahn" gelten meist als selbstständige Straßen. Nicht zur

§ 1 Grundregeln

Abgrenzung reiner Privatfläche vom öffentlichen Verkehrsraum

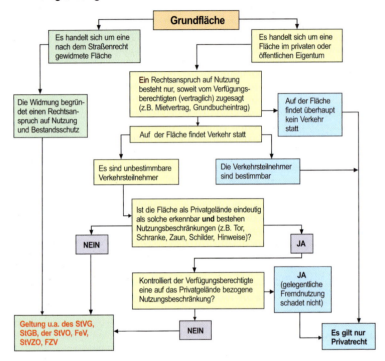

Fahrbahn gehören Seitenstreifen, Rad- und Gehwege, Parkflächen, Schutzstreifen oder Böschungen. Die durchgezogene Linie in der Form einer „Fahrbahnbegrenzung" (Z. 295) hat nicht stets eine rechtsbegründende Wirkung in der Weise, dass rechts auch die Fahrbahn an der Markierung enden muss. Entscheidend sind vielmehr die tatsächlichen Verhältnisse, insbesondere die bauliche Ausgestaltung des Verkehrsraums rechts von der durchgezogenen Linie. Ist dieser Raum z. B. eine befestigte Fläche, ähnlich der „Hauptfahrbahn", so endet die Fahrbahn im Rechtssinn nicht an der Markierung. Welche Bedeutung der rechts von der ununterbrochenen Linie verbleibende Raum hat, hängt von seiner Zuordnung ab. Bei Ausweisung dieser Fläche durch Z. 245 oder 237 handelt es sich um einen Sonderfahrstreifen (dann gilt die durchgezogene Linie nicht als Fahrbahn-, sondern als Fahrstreifenbegrenzung). Normalerweise ist dieser Raum jedoch Seitenstreifen und gehört somit nicht zur Fahrbahn (z. B. Standspuren, Parkbuchten).

2.2.3 Fahrstreifen

Fahrstreifen ist der Teil der Fahrbahn, den ein **mehrspuriges Fahrzeug** zum ungehinderten Fahren im Verlauf der Fahrbahn benötigt (§ 7 Abs. 1 Satz 2), und zwar unabhängig von einer Markierung; infolgedessen gibt es markierte und unmarkierte Fahrstreifen. Ein mehrspuriges Fahrzeug größter zulässiger Breite benötigt gemäß § 32 Abs. 1 Nr. 1 StVZO 2,55 m (bei Kühlfahrzeugen 2,60 m), zuzüglich eines geschwindigkeitsabhängigen Sicherheitsabstandes von mindestens 0,50 m, sodass innerorts von einer Mindestbreite eines Fahrstreifens von 3 m auszugehen ist. Bei schnellem Verkehr außerorts müssen die Sicherheitsabstände nach rechts und links größer sein, sodass die Fahrstreifenbreite 3,5 bis 3,75 m beträgt. Wird dieses Maß unterschritten, liegt kein Fahrstreifen vor. Die Vorschriften, die auf das Vorhandensein eines Fahrstreifens abheben (§§ 7, 7a), sind dann nicht anwendbar.

Fahrstreifenarten: **Einfädelungsstreifen** (Beschleunigungsstreifen) dienen dem Eingliedern in den durchgehenden Verkehr, meist im Schnellverkehr. Auf ihnen darf schneller als auf den anderen Fahrstreifen gefahren werden (§ 7a Abs. 2). **Ausfädelungsstreifen** (Verzögerungsstreifen) dienen dem Ausgliedern aus dem durchgehenden Verkehr. Auf ihnen gilt Rechtsüberholverbot, d. h. es darf rechts nicht schneller als auf dem linken Fahrstreifen gefahren werden (§ 7a Abs. 3). **Abbiegestreifen** sollen Behinderungen des durchgehenden Verkehrs durch Links- oder Rechtsabbieger vermeiden; eingeordnete Linksabbieger sind rechts zu überholen (§ 5 Abs. 7). **Kriechstreifen** sollen an Steigungsstrecken Behinderungen durch langsame KFZ ausschließen. Verbindlich ist die Benutzung, wenn Z. 211 („hier rechts") oder Z. 275 angeordnet ist (OLG Hamm VerkMitt 1973 Nr. 121 = DAR 1973, 279). Zum Rechtsüberholen darf der Kriechstreifen in der Regel nicht benutzt werden (BGH VRS 37, 443 = DAR 1970, 21). Am Ende hat sich der Verkehr nach dem Reißverschlussverfahren zu verflechten (§ 7 Abs. 4). **Sonderfahrstreifen** sind bestimmten Verkehrsarten zugeordnete und durch Markierungen (Z. 295, 340) und Verkehrszeichen gekennzeichnete Fahrbahnteile, z. B. Bussonderfahrstreifen (Z. 245), Radfahrstreifen (Z. 237).

2.2.4 Sonderwege

Sonderwege sind Straßenteile, die ausschließlich bestimmten Verkehrsarten dienen (Geh-, Reit-, Radwege, Straßenbahntrassen). Begrifflich gehören sie zu den „sonstigen Straßenteilen" (§ 10). Die nach Abschnitt 5 der Anl. 2 zu § 41 bezeichneten „Sonderwege" sind nach der systematischen Einordnung nur dann von der Fahrbahn abgesetzte Sonderwege, wenn sie durch bauliche Trennung räumlich von der Fahrbahn abgegrenzt und durch ihre Ausgestaltung oder Befestigung erkennbar sind; sonst bleiben sie Teil der Fahrbahn. Auch der Bürgersteig ist Sonderweg, weil er nur Fußgängern zur Verfügung steht. Eine Kennzeichnung durch Verkehrszeichen ist entbehrlich, wenn der Gehweg durch seine bauliche Gestaltung eindeutig bestimmt ist (Regelfall), z. B. durch Pflasterung, Plattenbelag. Zum Gehweg gehören auch Bordsteine, deren Überfahren unzulässig ist; wer mit einem Rad dort parkt, verstößt gegen § 12 Abs. 4.

2.2.5 Sonstige Straßenteile

„Andere" Straßenteile (§ 10 Satz 1) sind Flächen, die nicht zur Fahrbahn gehören, wie Seitenstreifen, Sonderwege, Parkplätze, Mittel- oder Schutzstreifen, Grundstückszufahrten über Gehwege, auch für den Verkehr noch nicht freigegebene Flächen, die als Baustellenzufahrten dienen (OLG Frankfurt VRS 87, 107). **Grünflächen** sind dann öffentlich, wenn sie allgemein zugänglich sind. Sind sie infolge des Bewuchses tatsächlich nicht

§ 1 Grundregeln

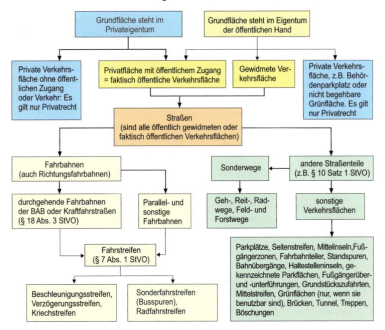

nutzbar, gelten sie als Privatflächen, selbst wenn sie im Eigentum der öffentlichen Hand stehen (z. B. dicht mit Büschen oder Bäumen bewachsene Mittelstreifen). Wird dort unzulässig geparkt, liegt kein Verstoß nach § 12 Abs. 4 vor, wohl aber eine Zuwiderhandlung nach den Straßengesetzen oder Landschaftsschutzverordnungen (OLG Düsseldorf VerkMitt 1993 Nr. 65; OLG Köln NZV 1997, 371 = DAR 1997, 286). **Seitenstreifen** (auch Bankette) sind beidseitig der Fahrbahn verlaufende, mehr oder weniger befestigte Randstreifen des Straßenkörpers, die nicht für den schweren Fahrzeugverkehr bestimmt und geeignet sind. Sie gehören somit weder zur Fahrbahn (§ 2 Abs. 1 Satz 2), noch unterliegen sie den für die Fahrbahn geltenden Regelungen. **Mehrzweckstreifen** liegen jenseits der Fahrbahnrandlinie und stellen einen außerhalb der Fahrbahn liegenden Seitenstreifen dar. Seitenstreifen dürfen nur benutzt werden, wenn es ausdrücklich vorgesehen ist, z. B. als Parkstreifen, sofern sie als solche deutlich erkennbar sind (§ 12 Abs. 4 Satz 1), für den Radfahrverkehr (§ 2 Abs. 4 Satz 2), für langsame Fahrzeuge, um anderen das Überholen zu ermöglichen (§ 5 Abs. 6 Satz 3), für Fußgänger, auch bei nur einseitig vorhandenen Seitenstreifen (§ 25 Abs. 1 Satz 1), für Land- und Forstwirtschaftsfahrzeuge sowie zum Halten oder als „Standspuren" der Autobahnen zum Halten bei Pannen (§ 18 Abs. 8; bei Freigabe der Standspuren für den durchgehenden Verkehr siehe Z. 223.1). Unzulässige Benutzung der Seitenstreifen ist ein Verstoß gegen die Fahrbahnbenutzungspflicht (§§ 2 Abs. 1, 49 Abs. 1 Nr. 2).

2.3 Verkehrsteilnehmer

Verkehrsteilnehmer ist, wer sich verkehrserheblich verhält, d. h. wer körperlich und unmittelbar durch Handeln oder pflichtwidriges Unterlassen in Beteiligungsabsicht auf den Verkehrsvorgang einwirkt (KG VRS 18, 44; BGH VRS 18, 213 = DAR 1960, 79). Dazu gehört auch der Beifahrer eines Kraftrades, weil er die Führung des Kraftrades durch seine Körperhaltung beeinflusst (BGH VRS 7, 68 = DAR 1954, 304), nicht aber der sich passiv verhaltende Beifahrer im PKW, der Fahrgast in Bussen oder Straßenbahnen. Zieht der Beifahrer die Handbremse, um den Fahrer zur Temporeduzierung zu bewegen, ist er Verkehrsteilnehmer (OLG Hamm NJW 2000, 2686).

2.3.1 Fußgänger

Fußgänger sind Verkehrsteilnehmer, die sich zu Fuß oder mit Fortbewegungsmitteln fortbewegen. Auch wenn sie Fortbewegungsmittel benutzen (§§ 24, 31), müssen sie sich nach den Fußgängerregeln richten (§ 25).

2.3.2 Fahrzeugführer

Fahrzeugführer ist derjenige, der die tatsächliche Gewalt über das Fahrzeug hat, es lenkt oder dessen Bewegungsabläufe steuert. Bedienen zwei Personen das Fahrzeug gleichzeitig, sind beide auch Fahrzeugführer. Beim Fahrschulunterricht gilt der **Fahrlehrer** als Fahrzeugführer (§ 2 Abs. 15 StVG).

2.3.3 Fahrzeughalter

Fahrzeughalter ist derjenige, der die Verfügungsgewalt über das Fahrzeug hat, es für eigene Rechnung gebraucht und für die Unterhaltskosten aufkommt (Steuern, Versicherung, Wartung). Bei KFZ ist das der bei der Zulassungsstelle und in den Zulassungsdokumenten eingetragene Halter. Auch mehrere Personen oder juristische Personen (z. B. GmbH) können Halter sein. Die Eintragung in das Fahrzeugregister ist zwar ein wichtiges Indiz für die Haltereigenschaft; entscheidend sind jedoch die faktischen Verhältnisse. Hat ein anderer die Verfügungsgewalt über das Fahrzeug und bestreitet die Unterhaltskosten, ist er trotz fehlender Eintragung Halter (BGH NZV 1997, 116 = VRS 93, 38). Ihn trifft dann die Verantwortung eines Fahrzeughalters (z. B. die Gefährdungshaftung nach § 7 StVG). Stimmen die tatsächlichen Verhältnisse nicht mit der Eintragung im Fahrzeugregister überein, müssen die Zulassungsdokumente berichtigt werden (§ 13 FZV). Neben dem Halter ist für das Fahrzeug verantwortlich der beauftragte Fuhrparkleiter, der vom Halter einzuweisen und zu überwachen ist (OLG Hamm NZV 2007, 156).

2.4 Verkehrsmittel

Verkehrsmittel sind alle straßen- und schienengebundenen Landfahrzeuge, die durch Motor- oder Muskelkraft angetrieben werden. **Fahrzeuge** sind alle straßengebundenen Verkehrsmittel zur Beförderung von Personen oder Gütern mit oder ohne Motorantrieb. Mit Verkehrsmitteln sind die ihnen zugewiesenen Verkehrsflächen zu benutzen, z. B. mit Fahrzeugen die Fahrbahn (§ 2 Abs. 1). Im Prinzip gibt es keinen Vorrang bestimmter Verkehrsmittel gegenüber anderen (z. B. nicht von Straßenbahnen gegenüber Radfahrern). Die Verkehrsbehörden können jedoch die Benutzung von Flächen unter den Eingriffsvoraussetzungen des § 45 zu Gunsten oder zu Lasten bestimmter Verkehrsarten einschränken oder erweitern.

2.4.1 Kraftfahrzeuge

Kraftfahrzeuge sind Landfahrzeuge, die durch Maschinenkraft bewegt werden, ohne an Bahngleise gebunden zu sein (§ 1 Abs. 2 StVG). Die maximal zulässigen Abmessungen und Gewichte der KFZ folgen aus §§ 32, 34 StVZO. Auf die Antriebsart kommt es nicht an (Otto-, Diesel-, Turbinen-, Elektro-, Flüssiggas- und Erdgasmotor).[2] Eine feste Verbindung zwischen Fahrgestell und Antriebsart ist nicht zwingend; auch ein durch Rucksackpropeller angetriebenes Fahrrad gilt als Kraftfahrzeug (OLG Oldenburg NZV 1999, 390 = VRS 97, 191 = DAR 2000, 373 = NZV 2000, 384). Nach dem systematischen Verzeichnis der Fahrzeug- und Aufbauarten werden Kraftfahrzeuge in sieben Gruppen unterteilt, und zwar in Krafträder, PKW, KOM, LKW, Zugmaschinen, selbstfahrende Arbeitsmaschinen und Sonderkraftfahrzeuge. Zu den **Krafträdern** gehören Motorräder (über 50 cm^3 und 45 km/h), einschließlich Beiwagen, Leichtkrafträder (max. 125 cm^3 und 11 kW), Kleinkrafträder (max. 50 cm^3 und 45 km/h) einschließlich Mokicks sowie Fahrräder mit Hilfsmotor (max. 50 cm^3 und 45 km/h) nebst den Untergruppen Mofas (bis 25 km/h) und Leichtmofas (bis 20 km/h). Dreirädrige Krafträder („Trikes") mit symmetrisch angeordneten Rädern werden zwar den einspurigen KFZ zugeordnet (Richtlinie 92/61/EWG), fahrerlaubnisrechtlich gehören sie jedoch zu den PKW (Fahrerlaubnisklasse B oder bis 45 km/h Klasse S). **PKW** und **KOM** sind KFZ zur Personenbeförderung, und zwar PKW bis max. acht Fahrgastplätzen (zuzüglich Fahrersitz) und KOM mit mehr als acht Fahrgastplätzen, unabhängig von der zulässigen Gesamtmasse. Hierzu zählen auch Obusse mit Elektroantrieb. Kombinations-KFZ („PKW-Kombi") dienen überwiegend der Personenbeförderung mit einem erweiterten Laderaum. **LKW** sind KFZ, die nach Bauart und Einrichtung zur Güterbeförderung bestimmt sind, wobei es weder auf eine bestimmte zulässige Gesamtmasse oder die Anzahl der Achsen (zwei oder mehr) noch auf die Eintragung in den Zulassungsdokumenten ankommt (OLG Düsseldorf NZV 1991, 483). Infolgedessen gibt es auch LKW unter 3,5 t, z. B. vorn in der Art eines PKW, hinten mit einer Ladefläche. Sattelkraftfahrzeuge bestehen aus einer Zugmaschine und dem Sattelauflieger; sie gehören zu den LKW (VwV-StVO zu § 3). Gleiches gilt für Tankfahrzeuge und LKW-Kipper. Zugmaschinen sind KFZ, die ohne oder nur mit Hilfsladefläche ausschließlich zum Ziehen von Anhängern bestimmt und somit keine LKW sind (OLG Hamm NZV 1997, 323). Zu den Zugmaschinen gehören Sattel-

---

2 KFZ werden auch mit Flüssiggas (Autogas) und Erdgas betrieben. Die Umrüstung eines Benzinmotors auf Gasbetrieb ist technisch vergleichsweise einfach. Zu den Einspritzdüsen für Benzin müssen Einblasventile für Flüssig- oder Erdgas installiert werden, wobei der Motor bivalent betrieben werden kann. Bei höherer Verdichtung oder Auflading für den Erdgaseinsatz ist die Leistung bei beiden Antriebsarten vergleichbar. Die Kennzeichnung der **Tankstellen** erfolgt durch die **Zeichen 365-53** und **365-54**. **Erdgas** (= **CNG** – **C**ompressed **N**atural **G**as) besteht hauptsächlich aus Methan (CH$_4$) und enthält weniger Kohlen- und mehr Wasserstoff als Benzin; bei der Verbrennung wird 20 % weniger Kohlendioxid freigesetzt. Erdgas ist bis 2020 steuerbefreit und unterliegt nicht der Ökosteuererhöhung. Die Belieferung der Tankstellen erfolgt durch Erdgasleitungen, wobei erst dort das Erdgas bis 250 bar (!) Befülldruck komprimiert wird. Erdgas ist im Gegensatz zum Autogas leichter als Luft und kann sich nicht am Boden sammeln, sodass Erdgasautos auch in Parkhäusern und Tiefgaragen abgestellt werden dürfen. **Autogas** (= **LPG** – **L**iquefied **P**etroleum **G**as) besteht aus einem Gemisch von Propan (C$_3$H$_8$) und Butan (C$_4$H$_{10}$); Belieferung der Tankstellen durch Flüssiggastransporte. Für Autogas gilt bis 2009 ein ermäßigter Steuersatz. Die LPG-Tanks werden mit einem Befülldruck von (nur) ca. 8 bar betrieben.

zugmaschinen, Ackerschlepper, Geräteträger. **Selbstfahrende Arbeitsmaschinen** sind KFZ, deren Aufbauten hauptsächlich aus Arbeitsgeräten bestehen, wie Müllfahrzeuge, Betonmischer, Mähdrescher, Asphaltkocher, Planiermaschinen, Bagger, Abschleppwagen, Autokräne. Zu den **Sonderkraftfahrzeugen** gehören u. a. Krankenfahrstühle, Amphibien-, Kriegs- und Kettenfahrzeuge, Wohnmobile, Einsatzfahrzeuge der Polizei, Feuerwehr, Rettungs-, Notarztdienste, Pannenhilfs-, Verkaufs-, Ausstellungsfahrzeuge.

2.4.2 Sonstige Fahrzeuge

Sonstige **Fahrzeuge** sind alle Landfahrzeuge ohne maschinellen Antrieb. Auch bei diesen Fahrzeugen werden die zulässigen Abmessungen und Gewichte durch §§ 32, 34 StVZO bestimmt. **Anhänger** sind mehrspurige Fahrzeuge, die über keinen Antriebsmotor verfügen und der Lastenbeförderung oder als Anhänger-Arbeitsmaschinen dienen. Hierzu zählen auch Kipper, Nachläufer für Langmaterial, Tieflader, Bauhuden, Wohnwagen, Sportanhänger (nicht aber „Mobilheime"). Zu den sonstigen Fahrzeugen gehören **Fahrräder**,[3] auch Rikschas, Zweiräder mit elektrischer Tretunterstützung, Liegefahrräder (BVerwG VRS 101, 310).

2.4.3 Schienenfahrzeuge

Schienenfahrzeuge (Straßenbahnen, Industriebahnen, S-/U-Bahnen, Draisinen) gehören begrifflich nicht zu den KFZ, unterliegen aber den für den Fahrzeugverkehr geltenden Regeln der StVO, wenn sie auf „straßenbündigem Gleiskörper" oder von Schienentrassen über Knotenpunkte fahren. Mangels Ausweichmöglichkeit müssen sie insbesondere durch Bremsen auf Gefahren reagieren (KG VRS 104, 35). Wegen ihrer Bindung an Gleise gelten teilweise Sonderregeln, insbesondere die §§ 5 Abs. 7, 9 Abs. 3, 11 Abs. 3, 12 Abs. 1 Nr. 4, 20 Abs. 1, 26 Abs. 1. Nehmen Schienenbahnen innerorts straßenbündig am allgemeinen Verkehr teil, gelten für sie die allgemeinen Tempogrenzen, wie 50 km/h oder Schrittgeschwindigkeit in Fußgängerzonen (§ 50 Abs. 3 BOStrab). Im Übrigen müssen sie die allgemeinen Verkehrsregeln beachten (§ 55 Abs. 1 BOStrab).[4] Verkehren Schienenfahrzeuge auf Straßen mit baulich von der Fahrbahn getrennten Gleiskörpern (Schienentrassen), handelt es sich um Sonderwege; hier gelten die Regeln des § 19 an den gekennzeichneten Bahnübergängen. Abweichend von der Innerortsgeschwindigkeit dürfen Straßenbahnen dann auch schneller fahren.[5]

2.4.4 Fortbewegungsmittel

Fortbewegungsmittel sind **keine Fahrzeuge** (somit gibt es keinen Fahrzeugführer) und dürfen nicht auf der Fahrbahn betrieben werden (§ 24). Da sie den Regeln für Fußgänger unterliegen (§ 25), müssen Gehwege benutzt werden, wenn der Fußgängerverkehr weder behindert noch gefährdet wird, in der Regel nur mit Schrittgeschwindigkeit (OLG Karlsruhe NZV 1999, 44). Zu den Fortbewegungsmitteln gehören solche Geräte, die wegen

---

3 Fahrrad = muskelbetriebenes einspuriges Fahrzeug.
4 Die max. Länge der Straßenbahnzüge beträgt 75 m (§ 55 Abs. 2 BOStrab).
5 Auf Schienentrassen nehmen Straßenbahnen nicht am öffentlichen Straßenverkehr teil; die Höchstgeschwindigkeit wird durch die Technische Aufsichtsbehörde festgelegt (§§ 50 Abs. 2, 55 Abs. 3 BOStrab).

ihrer geringen Größe oder ihrer Bauart nicht in erster Linie dem Transport dienen. Infolgedessen dürfen sie auch nicht mit Motorkraft betrieben werden (§ 24 Abs. 1). Zu den Fortbewegungsmitteln gehören Gehhilfen, wie Schiebe- oder Greifrollstühle (VwV zu § 24), Kinderwagen, Roller, Rollschuhe, Kinderfahrräder oder Dreiräder zum spielerischen Umherfahren für Kinder im Vorschulalter, Skateboards, Inline-Skates, Schlitten, Schub- oder Handkarren, Kofferroller, Bewegungsgeräte, meist im Zuge modischer Trends, wie Trailskater, Kick-Boards, nicht aber Segway[6] (s. a. zu §§ 24 und 31).

2.5 Verkehrsrechtliche Grundsätze

Das Verkehrsrecht enthält verschiedene, zum Teil ungeschriebene Grundsätze, die unmittelbar Anwendung finden und das Maß der verkehrlichen Pflichten bestimmen. Im Allgemeinen werden diese Grundsätze aus den §§ 1 und 11 und für das Zulassungsrecht aus § 30 StVZO abgeleitet.

2.5.1 Grundsatz der Verkehrsfreiheit

Grundsätzlich ist jeder Verkehrsteilnehmer zum Verkehr auf öffentlichen Straßen zugelassen (Folge aus der Handlungsfreiheit des Art. 2 GG und der Berufsausübung nach Art. 12 GG). Infolgedessen darf der Staat den individuellen Verkehrszweck nicht zum Gegenstand von Beschränkungen machen. Unzulässig wären Einschränkungen der Aufenthalts- oder Bewegungsfreiheit nur aus sozial- oder verkehrspolitisch für „sinnvoll" gehaltenen Gründen. Das Verbot des „unnützen Hin- und Herfahrens" nach § 30 Abs. 1 Satz 2 ist verfassungsrechtlich nur deshalb tragbar, weil es sich nicht auf einen bestimmten Verkehrsnutzen bezieht, sondern dem Vermeidung von Lärm- und Abgasbelästigungen dient. Zulässig sind allerdings Beeinträchtigungen der Mobilität im Interesse anderer schützenswerter Rechte, insbesondere zu Gunsten der Verkehrssicherheit und des Immissionsschutzes. So kann z. B. ungeeigneten oder verkehrsschwachen Personen das Führen von Fahrzeugen untersagt, eine Fahrerlaubnispflicht vorgeschrieben oder auf bestimmten Straßen Verkehrsverbote erteilt werden.

Der Grundsatz der Verkehrsfreiheit begründet einen Anspruch auf Mobilität im Rahmen des straßenrechtlich zugelassenen Gemeingebrauchs, d. h. so weit wie die Widmung einer Straße reicht. Das Recht auf Anliegergebrauch an öffentlich gewidmeten Straßen ist durch Art. 14 Abs. 1 GG in seinem Kernbereich geschützt, insbesondere die angemessene Nutzung des Grundeigentums, die eine Inanspruchnahme der Straße erfordert. Gewährleistet wird aber nur die Verbindung mit dem öffentlichen Straßennetz, d. h. die Erreichbarkeit des Grundstücks mit Fahrzeugen. Einen Rechtssatz dahingehend, dass Anlieger Parkplätze im öffentlichen Straßenraum vorfinden müssen, gibt es ebenso wenig, wie einen öffentlich-rechtlichen Anspruch auf Ausweisung von Verkehrsflächen oder den Bau von Straßen zur Gewährleistung der Mobilität (Brenner DAR 2001, 559). Bei Privatflächen mit faktisch öffentlichem Verkehr besteht die Bewegungsfreiheit in dem Rahmen, den der Verfügungsberechtigte (kann auch die Gemeinde sein) zugelassen hat.

---

6 Segway HT (Human Transporter) sind nicht zulassungsfähige rollerähnliche Kraftfahrzeuge mit Elektroantrieb über 6 km/h; sie verfügen weder über einen Sitz (§ 35a Abs. 1 StVZO), noch über Bremsen (§ 41 StVZO). Wegen des Elektroantriebes gehören sie nicht zu den Fortbewegungsmitteln nach § 24 (s. a. Huppertz VD 2005, 150).

Grundsatz der doppelten Sicherung bei abgesetzten Radwegen

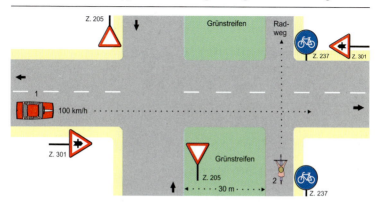

Beim Radwegebau werden häufig Radwege etwas abgesetzt von der Fahrbahn angelegt. KFZ 1 fährt außerorts mit etwa 100 km/h auf den Kreuzungsbereich zu. Infolge der Geschwindigkeit „wachsen" die Abstände so zusammen, dass KFZ 1 den Grünstreifen als schmal und den Radweg als zur Kreuzung gehörend ansieht (ähnlich wie das „Schrumpfen" der immerhin 5 m langen Leitlinien bei hohem Tempo). Radfahrer 2 fährt langsam; er ordnet deshalb das weit links von ihm stehende Z. 205 („Vorfahrt gewähren") den kreuzenden Straßen, nicht aber dem Radweg zu und geht deshalb von der Regelung „Rechts vor Links" aus. Beide Fahrer nehmen damit jeder für sich eine Vorfahrberechtigung in Anspruch und würden zwangsläufig zusammenstoßen.

Bleiben infolge der Örtlichkeit oder der Verkehrsbeschilderung (hier fehlendes Z. 205 am Radweg) die Vorfahrtverhältnisse unklar, müssen sich alle Verkehrsteilnehmer nach der Regel richten, die für sie selbst und andere die größte Sicherheit gewährt. KFZ 1 muss deshalb am Radweg von der Vorfahrtregel „Rechts vor Links" (§ 8 Abs. 1) ausgehen, Radfahrer 2 von der Beachtung des Z. 205 („Vorfahrt gewähren"). Beachtet wenigstens einer der beiden Fahrzeugführer den Grundsatz der „doppelten Sicherung", kann der drohende Verkehrsunfall vermieden werden (unabhängig davon sind die Straßenverkehrsbehörden verpflichtet, solche Zweifelsfälle durch eine eindeutige Beschilderung zu beseitigen und am Radweg ein zusätzliches negatives Vorfahrtzeichen 205 anzubringen – Rn. 16 VwV zu § 9).

2.5.2 Auslegungsgrundsätze, Präambel und Rangregeln

Die in der StVO enthaltenen unbestimmten Rechtsbegriffe (wie Vorsicht, Rücksicht, mäßige Geschwindigkeit, ausreichender Abstand, ausreichende Übersicht) sind nicht starr, sondern so auszulegen, dass die Grundregel des § 1 bestmöglich beachtet wird. Klare Verkehrsregeln sind einfach auszulegen (BGH NZV 1997, 70 = VRS 91, 421). Maßgeblich sind der Wortlaut, der systematische Zusammenhang der einzelnen Vorschriften innerhalb des Regelwerkes, die Zielsetzung des Gesetzgebers und der objektive Gesetzeszweck. Entscheidend ist dabei weniger die Absicht des Gesetzgebers als sein objektiver Wille, wie er sich aus dem konkreten Wortlaut der Bestimmungen und dem Sinnzusammenhang ergibt, in den diese hineingestellt worden sind (BVerfGE 33, 294). Die subjektiven Vorstellungen der am Gesetzgebungsverfahren beteiligten Organe sind nur insoweit von Bedeutung, als sie die Richtigkeit einer nach den angegebenen Grundsätzen ermittelten Auslegung bestätigen oder Zweifel ausräumen.[7]

---

[7] Vor allem die amtlichen Begründungen der Gesetzesmaterialien (Drucksachen des BT oder BR).

a. Die **Präambel** des § 1 Abs. 1 enthält ein grundsätzliches Bekenntnis zur ständigen Vorsicht und gegenseitigen Rücksichtnahme im Verkehr. Jeder muss sich stets so sicher bewegen, dass Risiken vermieden werden und die Nutzung des Verkehrsraums verträglich und störungsfrei erfolgt. Rechtspositionen dürfen nur im verkehrsverträglichen Umfang ausgeschöpft werden; Ausfluss dieser Verpflichtung ist „partnerschaftliches Verhalten" im Verkehr. Obwohl nicht als Ordnungswidrigkeit qualifiziert, ist der Programmsatz ungeschriebenes Tatbestandsmerkmal aller Verkehrsvorschriften und enthält insoweit den Maßstab für die Beurteilung der Intensität der wahrzunehmenden Verhaltenspflichten. Wie schnell z. B. innerhalb der vorgegebenen Grenzen gefahren, wie weit vom Rechtsfahrgebot abgewichen werden darf oder welcher Abstand noch ausreichend ist, bestimmt sich danach, ob das Verhalten noch dem Gebot von Vorsicht und Rücksichtnahme entspricht. Dabei spielt es keine Rolle, ob sich andere verkehrswidrig verhalten (OLG Celle SVR 2004, 271).

b. **Sicherheit** geht **vor Flüssigkeit** des Verkehrs. Das Fahrverhalten ist so einzurichten, dass Gefährdungen vermieden werden. Mögliche Behinderungen müssen dabei in Kauf genommen werden, z. B. des nachfolgenden Verkehrs, wenn vor der Kreuzung aus Sicherheitsgründen abgebremst werden muss (die Behinderung ist somit unvermeidbar).

c. **Widersprechen** sich **Verkehrsregeln**, ohne dass eine der Rangregeln in §§ 36 Abs. 1, 37 Abs. 1, 39 Abs. 2 und 5 oder 43 Abs. 2 zur Anwendung kommt, ist derjenigen Verhaltensweise der Vorzug zu geben, die die Sicherheit oder Ordnung für alle am besten gewährleistet.

2.5.3 Vertrauensgrundsatz

Auf das verkehrsgerechte Verhalten darf vertraut werden; mit fremden Verstößen braucht nicht gerechnet zu werden, wenn Zuwiderhandlungen lediglich ausnahmsweise vorkommen oder außerhalb jeder Erfahrung liegen (BGH VRS 31, 37). Der Vertrauensgrundsatz gilt jedoch nicht, wenn der Fahrer selbst verkehrswidrig handelt, das verkehrswidrige Verhalten eines anderen erkennt oder aufgrund der Umstände hätte erkennen müssen (BGH VerkMitt 2004 Nr. 1; BayObLG VRS 60, 308; OLG Hamm VRS 98, 327). Gegenüber Kindern gilt der Vertrauensgrundsatz im Rahmen des § 3 Abs. 2a (BGH NJW 1986, 40 = VRS 69, 336 = VersR 1985, 1088; OLG Karlsruhe VersR 1986, 770; OLG Nürnberg VersR 1989, 405). Wer eine Verkehrsgefahr herbeiführt, muss damit rechnen, dass andere darauf fehlerhaft reagieren; er kann sich nicht auf den Vertrauensgrundsatz berufen (OLG München VRS 31, 329).

2.5.4 Grundsatz der doppelten Sicherung

Aus den Grenzen des Vertrauensgrundsatzes ergibt sich der Grundsatz der doppelten Sicherung als elementares Gebot des sozialen Miteinanders (auch bezeichnet als Grundsatz des „defensiven Fahrens" oder „Gefahrenlehre"). Niemand darf erkennbar in eine Gefahrensituation hineinfahren, wenn er nicht sicher sein kann, dass er oder ein anderer sie rechtzeitig beseitigen wird; ob er Vorrang oder Vorfahrt hat, ist dabei unerheblich (§ 11 Abs. 3). Das gilt auch, wenn ein anderer Verkehrsteilnehmer die Gefahr verschuldet hat (BGH VRS 36, 356). Da diese Pflicht für alle gilt, besteht eine „doppelte Sicherheit". Bei Unklarheit der Verkehrs- oder Rechtslage hat jeder von der Alternative auszugehen, welche die größte Sorgfalt verlangt

Negativbeispiel „Totempfahl"

Kraftfahrer sollen Verkehrszeichen schneller fassen können. Zwar sind die Anforderungen an die Begreifbarkeit von Regelungen im ruhenden Verkehr wesentlich geringer als im fließenden Verkehr, wo deren Bedeutung mit einem Blick erkannt werden muss (OLG Münster NZV 1997, 366). Nach den verkehrspsychologischen Erfahrungen sind im Allgemeinen mehr als 3 Verkehrsschilder nicht mehr erfassbar. Bei der nebenstehenden Schilderkombination muss der Kraftfahrer längere Zeit in „tiefer Meditation" verharren, um die gewollte „Bewirtschaftung" des Verkehrsraumes zutreffend einordnen zu können: Die so ausgewiesene Straße darf von Montag bis Freitag in der Zeit von 19 bis 7 Uhr und zwischen 9 und 16 Uhr befahren werden. Wer als Nicht-Anwohner am Sonntag in die Straße einfährt, darf dort zwar bis Montag 7 Uhr parken, zwischen 7 und 9 Uhr aber nicht mehr herausfahren. Ähnliche Schwierigkeiten bestehen für den Lieferverkehr: Be- und Entladen ist nur Montag bis Freitag zwischen 9 und 16 Uhr zulässig. Von 19 bis 22 Uhr darf auch ein- und ausgestiegen oder bis zu 3 Minuten gehalten werden. Wegen Verletzung des Sichtbarkeitsgrundsatzes ist bei dieser Schilderkombination ein möglicher Verkehrsverstoß nicht mehr vorwerfbar.

Derartige Schilderhäufungen „wachsen" oft mit spezifischen Verkehrsbedürfnissen. Dabei hilft es nicht, wenn die Schilder auf mehrere Maste hintereinander verteilt werden. Vielmehr müssen die Verkehrsbehörden für eine sparsame und leicht begreifbare Beschilderung sorgen. Ist das nicht möglich, muss auf die eine oder andere Beschränkung verzichtet werden.

(OLG Köln VerkMitt 1964 Nr. 43; BayObLG VRS 30, 131). § 1 ist damit auch Grundlage für partnerschaftliches Verhalten im Verkehr. So müssen z. B. an einer Engstelle beide Fahrer einander das Vorbeikommen ermöglichen (OLG Bamberg VersR 1978, 351; KG VRS 91, 465); zu Silvester muss stets mit regelwidrigem Verhalten von Fußgängern und Kraftfahrern gerechnet werden (OLG Düsseldorf VRS 91, 464).

2.5.5 Sichtbarkeitsgrundsatz

Sind Verkehrszeichen, Markierungen oder Einrichtungen auch bei pflichtgemäßer Sorgfalt nicht zu erkennen, ist der Verkehrsteilnehmer von deren Beachtung entbunden. Nicht wirksam sind total verrostete oder inhaltlich nicht mehr erkennbare Schilder (BayObLG VerkMitt 1985 Nr. 1 = VRS 67, 233 = NJW 1984, 2110; a. A. OLG Schleswig VerkMitt 1987 Nr. 3: sie bleiben aber für den wirksam, der ihre ursprüngliche Bedeutung kennt), nur noch in Resten vorhandene Markierungen (BGH VRS 41, 307), vom Laub verdeckte oder infolge unzweckmäßiger Anbringung nachts nicht mehr erkennbare Schilder (OLG Stuttgart VRS 95, 441; BGH VRS 5, 309), ein auf einer Bundesstraße nur rechts aufgestelltes Temposchild, das beim Überholen eines LKW verdeckt wird (OLG Düsseldorf VerkMitt 2002 Nr. 52 = NZV 2002, 409 = VRS 103, 25). Die Anforderungen an die Zeichen des fließenden Verkehrs sind höher als die für den ruhenden Verkehr (OVG Münster DAR 2005, 169 und NZV 1997, 366). Infolgedessen verliert ein mobiles, lediglich umgedreht aufgestelltes Haltverbot nicht seine Wirksamkeit, solange es einem bestimmten Straßenabschnitt zugeordnet werden kann (OVG Münster VerkMitt 1998 Nr. 20).[8] Verkehrszeichen müssen nicht nur stets gut sicht-

---

8 Während beim fließenden Verkehr das Schild mit einem kurzen Blick erfasst werden muss, wird beim ruhenden Verkehr verlangt, dass sich der Fahrer nach dem Halt die Zeichen genauer ansieht.

bar sein, sondern auch verständlich bleiben und dürfen Verkehrsteilnehmer weder verunsichern noch optisch überfordern (OLG Stuttgart VRS 95, 441; BGH DAR 1966, 218 = VRS 31, 84; OLG Stuttgart VerkMitt 1999 Nr. 45). Bei Schilderhäufungen oder widersprüchlicher Beschilderung kann das Verständnis für die gewollte Regelung verloren gehen. Sind Verkehrszeichen trotz vernünftiger Auslegung aus sich heraus nicht eindeutig und geben sie zu Zweifeln Anlass, geht dies zu Lasten der Verkehrsbehörde, nicht zu Lasten des Betroffenen. Entsprechende Bußgeldverfahren sind daher einzustellen und evtl. entstandene Abschleppkosten zu übernehmen (BVerwG NJW 2003, 1408; OVG Münster VerkMitt 2005 Nr. 32 = DAR 2005, 169 = NZV 2005, 335).

2.6 Geltung der VwV-StVO

Die Allgemeine Verwaltungsvorschrift zur StVO (VwV-StVO) beschreibt im Wesentlichen, welche Verkehrszeichen und Verkehrseinrichtungen wann, wie, wo und durch wen anzuordnen und aufzustellen sind.[9] Außerdem wird das Verfahren für Erlaubnisse (VwV zu § 29 Abs. 2) und Ausnahmegenehmigungen (VwV zu § 46) geregelt. Zur Zitierung der Vorschriften der

Richtlinien zur StVO		
Kurzbezeichnung	**Richtlinien**	**Verkehrsblatt Jahr/Seite**
R-FGÜ	für die Anlage und Ausstattung von Fußgängerüberwegen	2001, S. 474
RWBA	für die wegweisende Beschilderung auf Autobahnen	2001, S. 125
HWBV	für die Wahl der Bauart von Verkehrszeichen und Verkehrseinrichtungen hinsichtlich ihrer lichttechnischen Eigenschaften	Schreiben BMVBS vom 8.10.2001 S28/38.60.70/43 F 2001
RWVA	für Wechselverkehrszeichenanlagen an Bundesfernstraßen	1997, Sonderheft B 6740
RWVZ	für Wechselverkehrszeichen an Bundesfernstraßen	1997, Sonderheft B 6738
RMS	für die Markierung von Straßen	1993, S. 667
RSA	für die Sicherung von Arbeitsstellen an Straßen	1995, Sonderheft B 5707
RiLSA	für Lichtsignalanlagen (Lichtzeichenanlagen)	1992, S. 356
RUB	für Umleitungsbeschilderungen	1992, S. 218
RWB	für die wegweisende Beschilderung außerhalb von Autobahnen	1992, S. 218/1999, S. 781
RGST	für Großraum- und Schwertransporte	1992, S. 199
RATG	für die Anordnung von verkehrsregelnden Maßnahmen an Straßen für den Transport gefährlicher Güter	1987, S. 857/ 1988, S. 576
RtH	für touristische Hinweise an Straßen	1988, S. 488
MLC	für die Beschilderung von Brücken beim militärischen Verkehr	1982, S. 13
BÜSTRA	über die Abhängigkeit zwischen der technischen Sicherung von Bahnübergängen und der Verkehrsregelung an benachbarten Straßenkreuzungen	1972, S. 547/ 1984, S. 38

---

9 „Allgemeine" wird groß geschrieben, weil die VwV-StVO mit Zustimmung des Bundesrates in allen Bundesländern gleichermaßen gilt (es gibt nur die eine VwV-StVO).

VwV-StVO dienen Randnummern (z. B. Rn. 1 VwV-StVO zu § 1). Für die Anordnung und Aufstellung bestimmter Verkehrszeichengruppen und Lichtzeichenanlagen, Gestaltung von Straßenbaustellen, die Wegweisung, den Großraum- und Schwerverkehr und andere Regelungsbedürfnisse gelten daneben Richtlinien, die im Rahmen der VwV-StVO Anwendung finden. Ferner enthält die VwV-StVO auch Auslegungshilfen.[10] Als Verwaltungsvorschrift bindet die VwV-StVO nur die Verkehrsbehörden, nicht die Verkehrsteilnehmer. Werden verpflichtende Vorschriften der VwV-StVO missachtet oder infolge von Ermessensfehlgebrauch außer Acht gelassen, wird die durch die Verkehrsbehörde getroffene Regelung rechtswidrig und anfechtbar. Dadurch verursachte Schäden können Amtshaftungsansprüche nach § 839 BGB i. V. m. Art. 34 GG auslösen.

2.7 Begriffe des § 1 Abs. 2

Geschützt sind „Andere". Gemeint sind nicht nur Verkehrsteilnehmer, sondern alle Menschen, auch der Fahrgast in der Straßenbahn.[11] Nach der Rechtsprechung fällt auch die Gefährdung einer fremden Sache, die der Sicherheit des Straßenverkehrs dient oder sonst verkehrsbezogen ist, unter die Vorschrift, z. B. Verkehrszeichen, Leitpfosten, ein parkender PKW (BGHSt 22, 368 = VRS 37, 383 = NJW 69, 1359; KG VRS 35, 455).

Schädigung, Gefährdung, Behinderung und Belästigung müssen **konkret** sein (d. h. nicht abstrakt). So ist z. B. die bloße Möglichkeit einer Gefährdung oder Behinderung abstrakt. Abstrakte Handlungen werden von der StVO nur in den ausdrücklich genannten Fällen erfasst, z. B. in den §§ 32, 33, wenn der Verkehr gefährdet oder erschwert werden „**kann**". Zwischen der Handlung und den Auswirkungen muss ein unmittelbarer Ursachenzusammenhang bestehen (Kausalität). Die Handlung (z. B. Fahrfehler) muss auf einer rechtswidrigen und vorwerfbaren Pflichtverletzung beruhen. Hierzu gehören auch Schäden, die ohne Berührung der Fahrzeuge durch Ausweichreaktionen entstehen (KG DAR 1999, 504). Der Zusammenhang ist dann zu verneinen, wenn z. B. der Schaden auch bei pflichtgemäßem Verhalten eingetreten wäre. Außerdem kommt nicht jeder weit entfernt liegende Ursachenverlauf in Betracht, sondern nur die vertretbare Zurechnung einer Ursache für eine Wirkung (kausale Adäquanz). So kann z. B. der Vorfahrtverpflichtete nicht geltend machen, der Unfall hätte sich nicht ereignet, wenn der Vorfahrtberechtigte nicht zuvor mit überhöhter Geschwindigkeit gefahren und nur deshalb zur gleichen Zeit an der Kreuzung gewesen wäre.

2.7.1 Schädigung

Eine Schädigung umfasst **fremde** Körper- oder Sachschäden. Dabei muss mindestens ein **wirtschaftlich messbarer** Nachteil entstanden sein (KG VRS 72, 380), d. h. ein Schaden über 20 bis 25 €. Zum Schaden gehört auch die Heilbehandlung von Tieren, selbst wenn die Kosten den Wert des Tieres übersteigen (§ 251 Abs. 2 BGB). Der **Eigenschaden** wird von § 1 Abs. 2 **nicht** erfasst, auch nicht am gemieteten Fahrzeug oder fremder Ladung. § 1 gilt auch zu Gunsten der Insassen des Fahrzeugs; deshalb haben Fahrer öffentlicher Verkehrsmittel ruckartige Fahrbewegungen, rasantes Anfahren

---

10 Z.B. VwV zu § 1
11 „Andere" wird deshalb im amtlichen Text groß geschrieben.

Gefährdung – Begriff

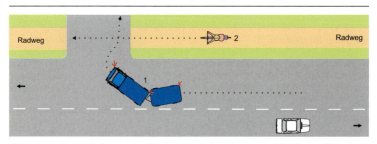

LKW 1 biegt – ohne anzuhalten – nach rechts ab, weil er den Radfahrer im toten Winkel seines Rückspiegels nicht bemerkt hat. Der geradeaus fahrende Radfahrer 2 wäre durch den LKW 1 angefahren worden, wenn der LKW ihn nicht im letzten Moment bemerkt und sofort abgebremst hätte. Eine Gefährdung i.S.d. § 1 Abs. 2 liegt dann nicht vor, weil der LKW zwar die Ursache für die Gefahr gesetzt, den möglichen Schaden jedoch durch eigenes Handeln (Bremsen) abgewendet hat. Reagiert jedoch nur der Radfahrer 2, indem er im letzten Moment seinerseits bremst oder ausweicht und dadurch die Unfallgefahr beseitigt, bleibt die Gefährdung nach § 1 Abs. 2 bestehen.

oder abruptes Abbremsen zu vermeiden (OLG Karlsruhe VRS 54, 123). Bei typischen Auffahrunfällen spricht der Anscheinsbeweis dafür, dass der Auffahrende durch mangelnden Sicherheitsabstand, unangepasste Geschwindigkeit oder durch Unaufmerksamkeit den Unfall verursacht hat (KG VRS 106, 24; BGH VerkMitt 1993 Nr. 118); anders bei Kollision des Vorfahrtberechtigten auf Autobahnen (KG VerkMitt 1996 Nr. 8).

2.7.2 Gefährdung

Gefährdung bedeutet das Herbeiführen einer Verkehrslage, die eine Schädigung wahrscheinlich macht, also bereits eine konkrete Gefahr für (fremdes) Leben, Gesundheit und Sachwerte enthält (OLG Köln DAR 1996, 507). Eine Gefährdung liegt auch dann vor, wenn der Schaden letztendlich durch das Verhalten eines Dritten verhindert worden ist; anders nur, wenn der Verursacher die Gefahr durch eigenes Verhalten beseitigt. Eine Gefährdung des Täters selbst oder seines Fahrzeugs reicht nicht aus. Der Begriff der Gefährdung in § 315c StGB ist mit dem des § 1 Abs. 2 identisch.

2.7.3 Behinderung

Behinderung ist die (vermeidbare) Veranlassung eines anderen zu einem Verhalten, zu dem er rechtlich nicht verpflichtet ist, z. B. kann schon Bremsen Behinderung sein. Der Nötigungseffekt muss jedenfalls mit einer Verhaltensänderung des Behinderten verbunden sein. Behinderungen in der Form einer strafbaren Nötigung (§ 240 StGB) liegen dann vor, wenn erschwerende Umstände hinzutreten, die das Verhalten als sozial unerträglich qualifizieren, z. B. grundloses Blockieren der Fahrbahn, um andere am Weiterfahren zu hindern (OLG Düsseldorf VerkMitt 2000 Nr. 70 = DAR 2000, 367 = VRS 99, 45).

2.7.4 Belästigung

Belästigung bedeutet das (vermeidbare) Zufügen eines körperlichen oder geistigen Unbehagens (z. B. provozierendes Hupen, rücksichtsloses Durchfahren von Pfützen, Störungen der Nachtruhe; nicht dagegen Warmlaufenlassen des Motors, hier geht § 30 Abs. 1 vor. Notwendig ist eine objektive, nicht jedoch die bloße subjektiv empfundene Belästigung (z. B. bei Überempfindlichkeit).

Während das Schädigungs- und Gefährdungsverbot absolute Verbote sind, sind die Behinderungs- und Belästigungsverbote durch ihre Vermeidbarkeit relativiert, weil jede Verkehrsteilnahme letztlich zu einer Beeinträchtigung des Freiheitsraumes eines anderen führt. Folglich sind nur solche Behinderungen oder Belästigungen verboten, die nach den konkreten Umständen vermeidbar sind.

2.8 Verschulden

Ein Verkehrsteilnehmer handelt fahrlässig, wenn der Regelverstoß von ihm verschuldet worden ist. Das ist dann der Fall, wenn er die im Verkehr erforderliche Sorgfalt, zu der er nach den Umständen, nach seinen Kenntnissen und Fähigkeiten verpflichtet ist, nicht beachtet. Fehlende Erfahrung, Fahren unter Zeitdruck, besondere Verkehrs- oder Witterungslagen sind keine Entschuldigung für Verkehrsverstöße (BGH DAR 1974, 294). Ebenso darf die Beseitigung einer gegenwärtigen Gefahr wegen der notwendigen Güterabwägung bei notstandsähnlichen Situationen nie zu einer Gefährdung Unbeteiligter führen, z. B. Ausweichen eines KFZ wegen eines Einsatzfahrzeugs auf den Gehweg mit Verletzungsgefahr für Fußgänger oder abruptes Lenkmanöver wegen eines Kleintieres auf der Fahrbahn bei hoher Fahrgeschwindigkeit (BGH VRS 1113, 254 = SVR 2008, 102; KG NZV 2003, 91 = VRS 104, 5 = DAR 2003, 64; OLG Frankfurt VerkMitt 1984 Nr. 41 = DAR 1984, 157; LG Koblenz DAR 2001, 227; OLG Nürnberg DAR 2001, 22).

Eine Schreckzeit wird nur zugebilligt (selten), wenn man von einem gefährlichen Ereignis überrascht wird, mit dem auch bei aller Erfahrung und Sorgfalt nicht zu rechnen war (BGH VRS 23, 375). Wer als Kraftfahrer unverschuldet in Gefahr, Schrecken oder Bestürzung gerät und dabei unzweckmäßig reagiert, z. B. durch einen schnell herankommenden „Drängler", verdient in der Regel nicht den Vorwurf der Fahrlässigkeit (OLG Karlsruhe VRS 50, 280). Ein Kraftfahrer muss jedoch innerorts, insbesondere an Kreuzungen, immer reaktionsbereit sein, falls andere Verkehrsteilnehmer sich verkehrswidrig verhalten und plötzlich ein Hindernis auftaucht; eine Schrecksekunde ist ihm in solchen Fällen nicht zuzubilligen (OLG Hamm, VRS 43, 184). Aus § 1 Abs. 2 folgt die Pflicht, nicht nur die vorausliegende Fahrbahn zu beobachten, sondern auch das Gelände rechts neben der Fahrbahn in einer Breite von mehreren Metern, vor allem bei der Vorbeifahrt an Fußgängern und Radfahrern (BGH VRS 16, 279). Wer zwar vorschriftsmäßig fährt, durch abruptes Bremsen aber einen Auffahrunfall herbeiführt, um Versicherungsleistungen in Anspruch zu nehmen, macht sich wegen Bereiten eines Hindernisses nach § 315b Abs. 1 Nr. 2 und 3 StGB strafbar (BGH VRS 98, 12).

2.9 Einzelfälle

2.9.1 Parkplätze und Tankstellen

Parkplätze dienen dem ruhenden Verkehr, sodass die für den fließenden Verkehr geltenden Vorfahrt- und Abbiegeregeln (§§ 9 bis 10) dort nicht unmittelbar Anwendung finden. Kraftfahrer müssen aber den Pflichten des § 1 Abs. 2 genügen und langsam mit ständiger Bremsbereitschaft fahren

(KG VerkMitt 2003 Nr. 11 = VRS 104, 24 = NZV 2003, 381). Gleiches gilt bei missbräuchlicher Nutzung von Tankstellen als Abkürzung (OLG Düsseldorf NZV 2002, 87 = DAR 2002, 68). Das Maß der dabei zu beobachtenden Vorsicht und Rücksichtnahme bestimmt sich nach den eingeschliffenen Verhaltensweisen aus den Vorfahrt- und Vorrangregeln der §§ 8 bis 10 (OLG Hamm VRS 99, 70). Sind Parkplätze mit kreuzenden Fahrgassen ausgestattet, hat über § 1 Abs. 2 derjenige den Vortritt, der von rechts kommt oder der entsprechend § 10 auf einer baulich angelegten Hauptfahrgasse fährt (OLG Köln VerkMitt 1999 Nr. 90).

2.9.2 Rauchen am Steuer

Unvorsichtiges Aufheben einer herabgefallenen Zigarette kann grob fahrlässig sein (KG VerkMitt 1983 Nr. 54; nicht aber bei einer Reflexhandlung: OLG Dresden DAR 2001, 498), ebenso das Rauchen während der Fahrt ohne Vorkehrungen gegen das Herabfallen von Zigaretten (OLG Karlsruhe NZV 1992, 367). Der Verstoß gegen das Rauchverbot bei Gefahrguttransporten ist seit Neufassung der GGVSE[12] nicht mehr als Ordnungswidrigkeit qualifiziert (OLG Düsseldorf NZV 1997, 285).

2.9.3 Fahren mit offenem Fenster

Beim Fahren mit offenem Fenster hat der Kraftfahrer mit dem Hereinfliegen von Fremdkörpern zu rechnen. Er darf in solchem Falle nicht falsch reagieren (OLG Hamm VRS 48, 21: Verkehrsunfall wegen Abwehrens einer Fliege).

2.9.4 Kolonnenverkehr

§ 1 Abs. 2 verpflichtet zu erhöhter Aufmerksamkeit im Kolonnenverkehr auf der Autobahn; mit plötzlichen Bremsmanövern oder Ausscheren von Fahrzeugen ist zu rechnen (OLG Celle NZV 1989, 36).

2.9.5 Maßregelung Dritter

Der Verkehrsteilnehmer muss grundsätzlich nicht dulden, dass ihn ein anderer an der Weiterfahrt hindert, um ihn wegen vorangegangenem fehlerhaftem Verhalten zur Rede zu stellen (BayObLG DAR 1993, 32 und NZV 1993, 37). Bedrängende Fahrweise oder gezieltes Ausbremsen kann eine strafbare Nötigung sein (OLG Köln NZV 1992, 371).

2.10 Zivilrechtliche Haftung bei Schädigung

Wird beim Fahrzeugbetrieb ein Schaden verursacht, haftet der Halter nach der Gefährdungshaftung des § 7 StVG und der Fahrer nach § 18 StVG und § 823 BGB für seinen Schuldanteil. Verhindert ein Kraftfahrer infolge verkehrswidrigen Verhaltens eines Dritten eine Kollision und kommt dabei selbst zu Schaden, haftet der Dritte nach den Grundsätzen der Geschäftsführung ohne Auftrag gemäß §§ 670, 683, 677 BGB, z. B. beim Ausweichen vor einem plötzlich über die Fahrbahn laufenden Kind (OLG Hamm DAR 2001, 127).

---

12 GGVSE (BGBl. I 1995, S. 1025) i.d.F. vom 5.1.2005 (BGBl. I S. 36)

3 Hinweise

Nach § 55 BOStrab nehmen **Straßenbahnen** und sonstige Schienenfahrzeuge auf straßenbündigem Bahnkörper am Straßenverkehr teil und müssen die sie betreffenden Vorschriften der StVO beachten.

§ 2 Straßenbenutzung durch Fahrzeuge

(1) Fahrzeuge müssen die Fahrbahnen benutzen, von zwei Fahrbahnen die rechte. Seitenstreifen sind nicht Bestandteil der Fahrbahn.

(2) Es ist möglichst weit rechts zu fahren, nicht nur bei Gegenverkehr, beim Überholtwerden, an Kuppen, in Kurven oder bei Unübersichtlichkeit.

(3) Fahrzeuge, die in der Längsrichtung einer Schienenbahn verkehren, müssen diese, soweit wie möglich, durchfahren lassen.

(3a) Bei Kraftfahrzeugen ist die Ausrüstung an die Wetterverhältnisse anzupassen. Hierzu gehören insbesondere eine geeignete Bereifung und Frostschutzmittel in der Scheibenwaschanlage. Wer ein kennzeichnungspflichtiges Fahrzeug mit gefährlichen Gütern führt, muss bei einer Sichtweite unter 50 m, bei Schneeglätte oder Glatteis jede Gefährdung anderer ausschließen und wenn nötig den nächsten geeigneten Platz zum Parken aufsuchen.

(4) Radfahrer müssen einzeln hintereinander fahren; nebeneinander dürfen sie nur fahren, wenn dadurch der Verkehr nicht behindert wird. Eine Benutzungspflicht der Radwege in der jeweiligen Fahrtrichtung besteht nur, wenn Zeichen 237, 240 oder 241 angeordnet ist. Rechte Radwege ohne die Zeichen 237, 240 oder 241 dürfen benutzt werden. Linke Radwege ohne die Zeichen 237, 240 oder 241 dürfen nur benutzt werden, wenn dies durch das Zusatzzeichen „Radverkehr frei" allein angezeigt ist. Radfahrer dürfen ferner rechte Seitenstreifen benutzen, wenn keine Radwege vorhanden sind und Fußgänger nicht behindert werden. Außerhalb geschlossener Ortschaften dürfen Mofas Radwege benutzen.

(5) Kinder bis zum vollendeten 8. Lebensjahr müssen, ältere Kinder bis zum vollendeten 10. Lebensjahr dürfen mit Fahrrädern Gehwege benutzen. Auf Fußgänger ist besondere Rücksicht zu nehmen. Beim Überqueren einer Fahrbahn müssen die Kinder absteigen.

VwV zu § 2 Straßenbenutzung durch Fahrzeuge

Zu Absatz 1

1 I. Zwei Fahrbahnen sind nur dann vorhanden, wenn die Fahrstreifen für beide Fahrtrichtungen durch Mittelstreifen, Trenninseln, abgegrenzte Gleiskörper, Schutzplanken oder andere bauliche Einrichtungen getrennt sind.

2 Ist bei besonders breiten Mittelstreifen, Gleiskörpern und dergleichen der räumliche Zusammenhang zweier paralleler Fahrbahnen nicht mehr erkennbar, so ist der Verkehr durch Verkehrszeichen auf die richtige Fahrbahn zu leiten.

II. Für Straßen mit drei Fahrbahnen gilt Folgendes:

3 1. Die mittlere Fahrbahn ist in der Regel dem schnelleren Kraftfahrzeugverkehr aus beiden Richtungen vorzubehalten. Es ist zu erwägen, auf beiden äußeren Fahrbahnen jeweils nur eine Fahrtrichtung zuzulassen.

4 2. In der Regel sollte die Straße mit drei Fahrbahnen an den Kreuzungen und Einmündungen die Vorfahrt erhalten. Schwierigkeiten können sich dabei aber ergeben, wenn die kreuzende Straße eine gewisse Verkehrsbedeutung hat oder wenn der Abbiegeverkehr aus der mittleren der drei Fahrbahnen nicht ganz unbedeutend ist. In solchen Fällen kann es sich empfehlen, den äußeren Fahrbahnen an den Kreuzungen und Einmündungen die Vorfahrt zu nehmen. Das ist

aber nur dann zu verantworten, wenn die Wartepflicht für die Benutzer dieser Fahrbahnen besonders deutlich zum Ausdruck gebracht werden kann. Auch sollen, womöglich, die äußeren Fahrbahnen in diesen Fällen jeweils nur für eine Richtung zugelassen werden.

5 3. In vielen Fällen wird sich allein durch Verkehrszeichen eine befriedigende Verkehrsregelung nicht erreichen lassen. Die Regelung durch Lichtzeichen ist in solchen Fällen aber schwierig, weil eine ausreichende Leistungsfähigkeit kaum zu erzielen ist. Anzustreben ist daher eine bauliche Gestaltung, die eine besondere Verkehrsregelung für die äußeren Fahrbahnen entbehrlich macht.

6 III. Auf Straßen mit 4 Fahrbahnen sind in der Regel die beiden mittleren dem schnelleren Fahrzeugverkehr vorzubehalten. Außerhalb geschlossener Ortschaften werden sie in der Regel als Kraftfahrstraßen (Z. 331.1) zu kennzeichnen sein. Ob das innerhalb geschlossener Ortschaften zu verantworten ist, bedarf gründlicher Erwägungen vor allem dann, wenn in kleineren Abständen Kreuzungen und Einmündungen vorhanden sind. Wo das Zeichen „Kraftfahrstraße" nicht verwendet werden kann, wird in der Regel ein Verkehrsverbot für Radfahrer und andere langsame Fahrzeuge (Z. 250 mit entsprechenden Sinnbildern) zu erlassen sein. Durch Z. 283 das Halten zu verbieten, empfiehlt sich in jedem Fall, wenn es nicht schon durch § 18 Abs. 8 verboten ist. Die beiden äußeren Fahrbahnen bedürfen, wenn die mittleren als Kraftfahrstraßen gekennzeichnet sind, keiner Beschilderung, die die Benutzung der Fahrbahn regelt; andernfalls sind sie durch Z. 251 für Kraftwagen und sonstige mehrspurige Kraftfahrzeuge mit Zusatzzeichen, z. B. „Anlieger oder Parken frei", zu kennzeichnen; zusätzlich kann es auch ratsam sein, zur Verdeutlichung das Z. 314 „Parkplatz" anzubringen. Im Übrigen ist auch bei Straßen mit 4 Fahrbahnen stets zu erwägen, auf den beiden äußeren Fahrbahnen jeweils nur eine Fahrtrichtung zuzulassen.

Zu Absatz 3

7 Wo es im Interesse des Schienenbahnverkehrs geboten ist, den übrigen Fahrverkehr vom Schienenraum fern zu halten, kann das durch einfache bauliche Maßnahmen, wie Anbringung von Bordsteinen oder durch Fahrstreifenbegrenzungen (Z. 295) oder Sperrflächen (Z. 298) oder durch geeignete Verkehrseinrichtungen, wie Geländer oder Absperrgeräte (§ 43 Abs. 1 und 3) erreicht werden.

Zu Absatz 4 Satz 2

I. Allgemeines

8 1. Benutzungspflichtige Radwege sind mit Zeichen 237 gekennzeichnete baulich angelegte Radwege und Radfahrstreifen, mit Zeichen 240 gekennzeichnete gemeinsame Geh- und Radwege sowie die mit Zeichen 241 gekennzeichneten für den Radverkehr bestimmten Teile von getrennten Rad- und Gehwegen.

9 2. Benutzungspflichtige Radwege dürfen nur angeordnet werden, wenn ausreichende Flächen für den Fußgängerverkehr zur Verfügung stehen. Sie dürfen nur dort angeordnet werden, wo es die Verkehrssicherheit oder der Verkehrsablauf erfordern. Innerorts kann dies insbesondere für Vorfahrtstraßen mit starkem Kraftfahrzeugverkehr gelten.

10 3. Ein Radfahrstreifen ist ein mit Zeichen 237 gekennzeichneter und durch Zeichen 295 von der Fahrbahn abgetrennter Sonderweg. Das Zeichen 295 ist in der Regel in Breitstrich (0,25 m) auszuführen. Zur besseren Erkennbarkeit des Radfahrstreifens kann in seinem Verlauf das Zeichen 231 in regelmäßigen Abständen markiert werden. Werden Radfahrstreifen an Straßen mit starkem Kraftfahrzeugverkehr angelegt, ist ein breiter Radfahrstreifen oder ein zusätzlicher Sicherheitsraum zum fließenden Verkehr erforderlich. Radfahrstreifen sind in Kreisverkehren nicht zulässig.

11 4. Ist ein Radfahrstreifen nicht zu verwirklichen, kann auf der Fahrbahn ein Schutzstreifen angelegt werden. Ist das nicht möglich, ist die Freigabe des Gehweges zur Mitbenutzung durch den Radverkehr in Betracht zu ziehen. Zum Gehweg vgl. zu Zeichen 239.

§ 2 Straßenbenutzung durch Fahrzeuge

12 5. Ein Schutzstreifen ist ein durch Zeichen 340 gekennzeichneter und zusätzlich in regelmäßigen Abständen mit dem Sinnbild „Fahrräder" markierter Teil der Fahrbahn. Er kann innerhalb geschlossener Ortschaften auf Straßen mit einer zulässigen Höchstgeschwindigkeit von bis zu 50 km/h markiert werden, wenn die Verkehrszusammensetzung eine Mitbenutzung des Schutzstreifens durch den Kraftfahrzeugverkehr nur in seltenen Fällen erfordert. Er muss so breit sein, dass er einschließlich des Sicherheitsraumes einen hinreichenden Bewegungsraum für den Radfahrer bietet. Der abzüglich Schutzstreifen verbleibende Fahrbahnteil muss so breit sein, dass sich zwei Personenkraftwagen gefahrlos begegnen können. Schutzstreifen sind in Kreisverkehren nicht zulässig. Zum Schutzstreifen vgl. Nummer II zu Zeichen 340; Rn. 2 ff.

13 Hinsichtlich der Gestaltung von Radverkehrsanlagen wird auf die Empfehlungen für Radverkehrsanlagen (ERA) der Forschungsgesellschaft für Straßen- und Verkehrswesen (FGSV) in der jeweils gültigen Fassung hingewiesen.

II. Radwegebenutzungspflicht

14 Ist aus Verkehrssicherheitsgründen die Anordnung der Radwegebenutzungspflicht mit den Z. 237, 240 oder 241 erforderlich, so ist sie, wenn nachfolgende Voraussetzungen erfüllt sind, vorzunehmen.

Voraussetzung für die Kennzeichnung ist, dass

15 1. eine für den Radverkehr bestimmte Verkehrsfläche vorhanden ist oder angelegt werden kann. Das ist der Fall, wenn

a) von der Fahrbahn ein Radweg baulich oder ein Radfahrstreifen mit Z. 295 „Fahrbahnbegrenzung" abgetrennt werden kann oder

b) der Gehweg von dem Radverkehr und dem Fußgängerverkehr getrennt oder gemeinsam benutzt werden kann,

16 2. die Benutzung des Radweges nach der Beschaffenheit und dem Zustand zumutbar sowie die Linienführung eindeutig, stetig und sicher ist. Das ist der Fall, wenn

17 a) er unter Berücksichtigung der gewünschten Verkehrsbedürfnisse ausreichend breit, befestigt und einschließlich eines Sicherheitsraumes frei von Hindernissen beschaffen ist. Dies bestimmt sich im Allgemeinen unter Berücksichtigung insbesondere der Verkehrssicherheit, der Verkehrsbelastung, der Verkehrsbedeutung, der Verkehrsstruktur, des Verkehrsablaufs, der Flächenverfügbarkeit und der Art und Intensität der Umfeldnutzung. Die lichte Breite (befestigter Verkehrsraum mit Sicherheitsraum) soll in der Regel dabei durchgehend betragen:

18 aa) Zeichen 237
– baulich angelegter Radweg
möglichst 2,00 m
mindestens 1,50 m

19 – Radfahrstreifen (einschließlich Breite des Z. 295)
möglichst 1,85 m
mindestens 1,50 m

20 bb) Zeichen 240
– gemeinsamer Fuß- und Radweg
innerorts mindestens 2,50 m
außerorts mindestens 2,00 m

21 cc) Zeichen 241
– getrennter Fuß- und Radweg für den Radweg
mindestens 1,50 m

Zur lichten Breite bei der Freigabe linker Radwege für die Gegenrichtung vgl. Nr. II 3 zu § 2 Abs. 4 Satz 3.

22 Ausnahmsweise und nach sorgfältiger Überprüfung kann von den Mindestmaßen dann, wenn es auf Grund der örtlichen oder verkehrlichen Verhältnisse erforderlich und verhältnismäßig ist, an kurzen Abschnitten (z. B. kurze Engstelle) unter Wahrung der Verkehrssicherheit abgewichen werden.

23 Die vorgegebenen Maße für die lichte Breite beziehen sich auf ein einspuriges Fahrrad. Andere Fahrräder (vgl. Definition des Übereinkommens über den Straßenverkehr vom 8.11.1968, BGBl. 1977 II S. 809) wie mehrspurige Lastenfahrräder und Fahrräder mit Anhänger werden davon nicht erfasst. Die Führer anderer Fahrräder sollen in der Regel dann, wenn die Benutzung des Radweges nach den Umständen des Einzelfalles unzumutbar ist, nicht beanstandet werden, wenn sie den Radweg nicht benutzen;

24 b) die Verkehrsfläche nach den allgemeinen Regeln der Baukunst und Technik in einem den Erfordernissen des Radverkehrs genügenden Zustand gebaut und unterhalten wird und

25 c) die Linienführung im Streckenverlauf und die Radwegeführung an Kreuzungen und Einmündungen auch für den Ortsfremden eindeutig erkennbar, im Verlauf stetig und insbesondere an Kreuzungen, Einmündungen und verkehrsreichen Grundstückszufahrten sicher gestaltet sind.

26 Das Abbiegen an Kreuzungen und Einmündungen sowie das Einfahren an verkehrsreichen Grundstückszufahrten ist mit Gefahren verbunden. Auf eine ausreichende Sicht zwischen dem Kraftfahrzeugverkehr und dem Radverkehr ist deshalb besonders zu achten. So ist es notwendig, den Radverkehr bereits rechtzeitig vor der Kreuzung oder Einmündung im Sichtfeld des Kraftfahrzeugverkehrs zu führen und die Radwegeführung an der Kreuzung oder Einmündung darauf abzustimmen. Zur Radwegeführung vgl. zu § 9 Abs. 2 und 3; Rn. 3 ff.

27 3. und bei Radfahrstreifen die Verkehrsbelastung und Verkehrsstruktur auf der Fahrbahn sowie im Umfeld die örtlichen Nutzungsansprüche auch für den ruhenden Verkehr nicht entgegenstehen.

28 III. Über die Kennzeichnung von Radwegen mit den Z. 237, 240 oder 241 entscheidet die Straßenverkehrsbehörde nach Anhörung der Straßenbaubehörde und der Polizei. In die Entscheidung ist, soweit örtlich vorhanden, die flächenhafte Radverkehrsplanung der Gemeinden und Träger der Straßenbaulast einzubeziehen. Auch kann sich empfehlen, zusätzlich Sachkundige aus Kreisen der Radfahrer, der Fußgänger und der Kraftfahrer zu beteiligen.

29 IV. Die Straßenverkehrsbehörde, die Straßenbaubehörde sowie die Polizei sind gehalten, bei jeder sich bietenden Gelegenheit die Radverkehrsanlagen auf ihre Zweckmäßigkeit hin zu prüfen und den Zustand der Sonderwege zu überwachen. Erforderlichenfalls sind von der Straßenverkehrsbehörde sowie der Polizei bauliche Maßnahmen bei der Straßenbaubehörde anzuregen. Vgl. Nr. IV 1 zu § 45 Abs. 3; Rn. 56.

Zu Absatz 4 Satz 3 und Satz 4

I. Radwege ohne Benutzungspflicht

30 Radwege ohne Benutzungspflicht sind für den Radverkehr vorgesehene Verkehrsflächen ohne Zeichen 237, 240 oder 241. Dabei ist zu beachten, dass

31 1. der Radverkehr insbesondere an Kreuzungen, Einmündungen und verkehrsreichen Grundstückszufahrten durch Markierungen sicher geführt wird und

32 2. ausreichend Vorsorge getroffen ist, dass der Radweg nicht durch den ruhenden Verkehr genutzt wird.

II. Freigabe linker Radwege (Radverkehr in Gegenrichtung)

33 1. Die Benutzung von in Fahrtrichtung links angelegten Radwegen in Gegenrichtung ist insbesondere innerhalb geschlossener Ortschaften mit besonderen Gefahren verbunden und soll deshalb grundsätzlich nicht angeordnet werden.

34 2. Auf baulich angelegten Radwegen kann nach sorgfältiger Prüfung die Benutzungspflicht auch für den Radverkehr in Gegenrichtung mit Zeichen 237, 240 oder 241 oder ein Benutzungsrecht durch das Zusatzzeichen „Radverkehr frei" (1022-10) angeordnet werden.

35 3. Eine Benutzungspflicht kommt in der Regel außerhalb geschlossener Ortschaften, ein Benutzungsrecht innerhalb geschlossener Ortschaften ausnahmsweise in Betracht.

36 4. Am Anfang und am Ende einer solchen Anordnung ist eine sichere Querungsmöglichkeit der Fahrbahn zu schaffen.

37 5. Voraussetzung für die Anordnung ist, dass
a) die lichte Breite des Radweges einschließlich der seitlichen Sicherheitsräume durchgehend in der Regel 2,40 m, mindestens 2,0 m beträgt;
b) nur wenige Kreuzungen, Einmündungen und verkehrsreiche Grundstückszufahrten zu überqueren sind;
c) dort auch zwischen dem in Gegenrichtung fahrenden Radfahrer und dem Kraftfahrzeugverkehr ausreichend Sicht besteht.

38 6. An Kreuzungen und Einmündungen sowie an verkehrsreichen Grundstückszufahrten ist für den Fahrzeugverkehr auf der untergeordneten Straße das Zeichen 205 „Vorfahrt gewähren!" oder Zeichen 206 „Halt! Vorfahrt gewähren!" jeweils mit dem Zusatzzeichen mit dem Sinnbild eines Fahrrades und zwei gegengerichteten waagerechten Pfeilen (1000-32) anzuordnen. Zum Standort der Zeichen vgl. Nr. I zu Zeichen 205 und 206. Bei Zweifeln, ob der Radweg noch zu der vorfahrtsberechtigten Straße gehört, vgl. Nr. I zu § 9 Abs. 3; Rn. 8.

Zu Absatz 4 Satz 5

39 I. Ein Seitenstreifen ist der unmittelbar neben der Fahrbahn liegende Teil der Straße. Er kann befestigt oder unbefestigt sein.

40 II. Radfahrer haben das Recht, einen Seitenstreifen zu benutzen. Eine Benutzungspflicht besteht dagegen nicht. Sollen Seitenstreifen nach ihrer Zweckbestimmung auch der Benutzung durch Radfahrer dienen, ist auf eine zumutbare Beschaffenheit und einen zumutbaren Zustand zu achten.

1 Aus der amtlichen Begründung

1.1 Die Benutzungspflicht wird auf gekennzeichnete Radwege begrenzt (Begr. 1997).

1.2 Mit Z. 223.1 können bei Stau Seitenstreifen benutzt werden (Begr. 2001).

1.3 Fahrzeuge müssen über eine witterungsbedingte Ausrüstung verfügen, z. B. Winterreifen (Begr. 2005).

1.4 Mofas dürfen außerorts auch ohne Beschilderung Radwege befahren (Begr. 2007).

1.5 Klarstellung der Verhaltenspflichten auf Radwegen (Begr. 2009).

2 Erläuterungen

2.1 Fahrbahnbenutzungspflicht

Fahrbahn ist der Teil der Straße, der zur Benutzung für Fahrzeuge allgemein bestimmt ist (s. a. Erl. 2.2.2 und 2.2.3 zu § 1). KFZ dürfen deshalb nicht Geh- oder Radwege, Mittelstreifen oder sonstige Straßenteile befahren, die weder Fahrbahn noch für den Fahrzeugverkehr durch Verkehrszeichen freigegeben sind. Die Regelung des § 2 bezieht sich auf den Fahrverkehr, sodass zwar das Befahren der Gehwege nach Abs. 1, das Parken dort aber nach § 12 Abs. 4 unzulässig ist (BVerwG VerkMitt 1993 Nr. 1 = VRS 84, 127 = DAR 92, 473 = NZV 1993, 456 = NJW 1993, 870). Eine Abweichung von der Fahrbahnbenutzungspflicht besteht für Rad fahrende Kinder bis zehn Jahre. Bis acht Jahre müssen sie Gehwege benutzen, bis zehn Jahre dürfen sie es.

Einteilung des Straßenraums

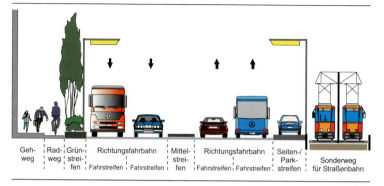

Das gilt auch dann, wenn neben dem Gehweg Radwege vorhanden sind. Grundstückszufahrten sind besonders befestigte Teile des Gehweges, die für die Überfahrt durch Fahrzeuge bestimmt sind. Das Verhalten auf Grundstückszufahrten bestimmt sich nach § 10. Zur Einfahrt in ein Grundstück darf der davor liegende Gehweg überfahren, nicht aber auf ihm geparkt werden (OLG Düsseldorf VerkMitt 1992 Nr. 33). Auf Gehwegniveau angehobene Straßenteile zur Einfahrt in verkehrsberuhigte Gebiete bleiben Fahrbahnen, Fußgänger haben hier (anders als bei Grundstückszufahrten) keinen Vorrang.

Ein weder baulich noch durch Fahrstreifenbegrenzung abgesperrter Gleisbereich der Straßenbahn darf vom Kraftverkehr mitbenutzt werden, wenn dadurch die Straßenbahn weder gefährdet noch behindert wird (OLG Karlsruhe VersR 1978, 871).

2.2 Rechtsfahrgebot und Seitenabstand

Das Rechtsfahrgebot (§ 2 Abs. 2) bezieht sich nur auf den Längsverkehr mit Fahrzeugen; für Fußgänger, auch mit Handkarren oder sonstigen Fortbewegungsmitteln, gilt § 25 (KG NZV 2007, 406). Es dient dem Schutz des Gegen- und Überholverkehrs, insbesondere in den beispielhaft aufgezählten Fällen bei Kurven und Kuppen, bei Überholvorgängen oder bei Unübersichtlichkeit, nicht jedoch dem Schutz des in die Fahrbahn Einbiegenden. Sind zwei durch bauliche Einrichtungen getrennte Fahrbahnen vorhanden, ist stets die rechte Fahrbahn zu benutzen. Das Rechtsfahrgebot gilt auch in Einbahnstraßen (Z. 220) und im Kreisverkehr (Z. 215). Das Überwechseln auf den linken Autobahn-Fahrstreifen, um dem einmündenden Verkehr das Einfädeln zu erleichtern, ist zwar eine rücksichtsvolle Geste, bleibt aber ein Verstoß gegen das Rechtsfahrgebot. Sofern dadurch der nachfolgende Verkehr weder behindert noch gefährdet wird, kann dieses Verhalten als bedeutungslose Zuwiderhandlung gewertet werden.[1]

---

1 Andererseits begeht der einfließende Verkehr eine Vorfahrtverletzung, wenn er diese „partnerschaftliche Geste" erzwingt (§ 18 Abs. 3). Zieht er außerdem nach dem Einfädeln an dem KFZ auf dem linken Fahrstreifen vorbei, überholt er unzulässig rechts (§ 5 Abs. 1).

§ 2 Straßenbenutzung durch Fahrzeuge

Abweichungen vom Rechtsfahrgebot				
Vorschriften der StVO	**Fahrstreifen mind.**	**Geltung für KFZ**		**Folge**
		innerorts	außerorts	
§ 2 Abs. 4 Nebeneinander fahren von Radfahrern	1	nur Radfahrer		Es darf nebeneinander gefahren werden, wenn der Verkehr nicht behindert wird
§ 7 Abs. 1 wenn es die Verkehrsdichte rechtfertigt	2	alle KFZ		Es darf nebeneinander gefahren werden, aber nicht rechts überholt werden
§ 7 Abs. 2 bei Fahrzeugschlangen	2	alle KFZ		Rechts darf überholt werden
§ 7 Abs. 2a für Einzelfahrzeuge, wenn eine Fahrzeugschlange auf dem linken Fahrstreifen steht oder langsam fährt	2	alle KFZ		Rechts darf mit einer Differenzgeschwindigkeit von max. 20 km/h überholt werden, wenn die linke Fahrzeugschlange nicht schneller als 60 km/h fährt
§ 7 Abs. 3 bei freier Fahrstreifenwahl	2 markiert	KFZ bis 3,5 t	nein	Rechts darf überholt werden; gilt nicht auf BAB (auch nicht innerörtliche BAB)
§ 7 Abs. 4 Reißverschlussverfahren	2	alle KFZ		Wechselseitiges Einordnen auf einen Fahrstreifen
§ 7 Abs. 3c Satz 1 wenn rechts hin und wieder ein Fahrzeug hält oder fährt	3 markiert	nein	alle KFZ	Der mittlere Fahrstreifen darf durchgängig befahren werden
§ 7 Abs. 3c Satz 2 zum Linksabbiegen	3 markiert	nein	LKW über 3,5 t und 7 m lange Züge	Der linke Fahrstreifen darf nur zum Abbiegen benutzt werden
§ 7a Abs. 1 wenn ein Fahrstreifen auf einer BAB oder Außerortsstraße abgeht	2 markiert	alle KFZ		Abbieger dürfen ab der breiten Leitlinie (Blockmarkierung) rechts überholen; das gilt nicht für Verzögerungsstreifen
§ 7a Abs. 2 auf Einfädelungsstreifen	1 markiert	alle KFZ		Rechts darf schneller gefahren werden
§§ 5 Abs. 7 und 9 Abs. 1 nach dem Einordnen zum Linksabbiegen	2	alle KFZ		Rechts darf überholt werden (auch bei Pfeilmarkierungen nach Z. 297)
§ 37 Abs. 4 vor Lichtzeichenanlagen	2	alle KFZ		Es darf nebeneinander gefahren werden (auch rechts schneller)

Wichtig beim Rechtsfahrgebot ist die Einhaltung eines ausreichenden seitlichen **Sicherheitsabstandes**; er richtet sich nach der Fahrzeugart, Geschwindigkeit, Fahrbahnbeschaffenheit und den Sichtverhältnissen (OLG Frankfurt/M. DAR 1979, 336). Das Rechtsfahrgebot ist nicht starr, es verlangt, dass man „vernünftig" weit rechts fährt. Ein Abstand von 80 cm vom rechten Fahrbahnrand ist auch in einer unübersichtlichen Kurve und bei Gegenverkehr zulässig, wenn zur Leitlinie in der Fahrbahnmitte ein Abstand von mindestens 50 cm eingehalten wird (BayObLG DAR 1981, 23, VRS 61, 55). Andererseits muss äußerst rechts gefahren werden, wenn durch Unübersichtlichkeit der Strecke (Kuppen, Kurven) Gefahren nicht auszuschließen sind (BGH VRS 92, 189; OLG Hamm NZV 2000, 265; 2000, 372). Innerorts genügt ein Abstand von 0,50 m zum Bordstein (OLG Karlsruhe VRS 111, 257: bei LKW 0,35 m; OLG Bremen VerkMitt 1979 Nr. 106). Keinesfalls darf der Abstand aber so gering sein, dass ein Fußgänger an der Bordsteinkante vom Außenspiegel erfasst wird (OLG Düsseldorf VRS 83, 96). Bei besonders lebhaftem Fußgängerverkehr kann ein größerer Seitenabstand zum Gehweg nötig sein (OLG Düsseldorf VerkMitt 1975 Nr. 132; OLG Düsseldorf VRS 97, 97: 1 m). Das Fahren in einer Kolonne auf der Mitte des rechten Fahrstreifens genügt diesem Gebot (BGH VRS 59, 324; OLG Zweibrücken NZV 1988, 22). Ob sich ein Motorradfahrer so eine Kurve legen darf, dass er sich weit vom Fahrbahnrand entfernt, hängt von der konkreten Verkehrssituation ab (BGH NZV 1990, 229). In schmalen Straßen kann das Fahren in der Straßenmitte zur Wahrung des Sicherheitsabstandes vom Fahrbahnrand erlaubt sein (BayObLG VerkMitt 1990 Nr. 75 = NZV 1990, 122 = VRS 78, 216); allerdings ist dann das Tempo nach § 3 Abs. 1 Satz 4 zu halbieren und der Gegenverkehr durchzulassen (OLG Schleswig NZV 1991, 431).

Das Schneiden von Linkskurven über die Fahrbahnmitte hinaus ist auch dann unzulässig, wenn die Kurve übersichtlich ist und der Fahrzeugführer meint, dass er niemanden gefährdet oder behindert (BGH VRS 39, 367; DAR 1971, 25, vgl. jedoch BayObLG VRS 61, 141: Befahren einer Spitzkehre durch einen Bus).

2.3 Seitenstreifen

Seitenstreifen ist ein neben der Fahrbahn liegender Straßenteil, der durch andere Befestigung oder Markierung (Z. 295) deutlich abgegrenzt ist. Zu den Seitenstreifen gehören Bankette, Rand- oder Schutzstreifen,[2] Parkstreifen. Die **Standspur** ist Seitenstreifen (keine Fahrbahn) und darf auf Autobahnen und Kraftfahrstraßen auch nicht von langsamen KFZ benutzt werden; gehalten werden darf dort nur in Notfällen, z. B. Pannen. Sie ist keine Verlängerung des Beschleunigungsstreifens (LG Gießen NZV 2003, 576). Wer verbotswidrig auf der Standspur fährt, verstößt gegen die Fahrbahnbenutzungspflicht (§ 2 Abs. 1), nicht aber gegen das Rechtsüberholverbot (§ 5 Abs. 1), weil Überholen nur zwischen Fahrzeugen auf „derselben Fahrbahn" stattfindet. Mit dem Z. 223.1 (Anl. 2 lfd. Nr. 12) wird die Standspur zu einem Fahrstreifen der Fahrbahn, sodass dann Benutzungspflicht besteht und das Rechtsfahrgebot des § 2 Abs. 1 gilt. Die durchgehende Fahrbahnbegrenzungslinie rechts von Seitenstreifen (Z. 295) erhält dann die Bedeutung einer „Leitlinie" (Z. 340); sie darf beim Z. 223.1 überfahren werden. Das Ende der Benutzung des Seitenstreifens wird durch Z. 223.2 angeordnet (s. Erl. § 41 zu Z. 223.1).

2.4 Ausweichen

Auf engen Fahrbahnen gilt striktes Rechtsfahrgebot; beim Vorbeifahren ist gegenseitige Verständigung geboten. Muss auf einer Bergstrecke bei der Begegnung zweier Fahrzeuge einer auf einen rechten Seitenstreifen ausweichen, ist das vor allem demjenigen zuzumuten, dessen Seitenstreifen nicht am abfallenden Hang, sondern an der aufsteigenden Böschung verläuft (OLG Saarbrücken VerkMitt 1975 Nr. 46).

---

2 Markierte Schutzstreifen für Radfahrer sind jedoch im Regelfall Teil der Fahrbahn.

§ 2 Straßenbenutzung durch Fahrzeuge

2.5 Vorrang von Schienenbahnen

§ 2 Abs. 3 begünstigt im Interesse der Fahrdynamik und Fahrplangestaltung Schienenbahnen auf straßenbündigen Gleisen gegenüber geradeausfahrenden, links- oder rechtsabbiegenden Fahrzeugen, insbesondere bei dichtem Verkehr (LG Dresden DAR 2002, 360); Straßenbahnen dürfen den Vorrang aber nicht erzwingen. Außerdem haben Schienenbahnen im Mitverkehr gegenüber Linksabbiegern Vorrang; für Linksabbieger besteht bei Behinderung von Straßenbahnen Einordnungsverbot auf Gleisen (§ 9 Abs. 1 Satz 3). Der Vorrang gilt nicht beim Einfahren in die Straße oder beim Abbiegen; hier müssen Straßenbahnen die Vorfahrt- und Abbiegeregeln beachten.

2.6 Straßenbenutzung im Winter und bei Sichtbehinderung

Die Regelung in § 2 Abs. 3a will Unfallgefahren und Staus durch liegen bleibende KFZ bei extremen Witterungsverhältnissen vermeiden. Obwohl Fahrzeuge nach der zulassungsrechtlichen Generalklausel des § 30 Abs. 1 Nr. 1 StVZO so auszurüsten sind, dass Gefährdungen und Behinderungen vermieden werden, ist eine spezifische Ausrüstung mit Winter- oder Ganzjahresreifen nicht vorgeschrieben. Auch § 2 Abs. 3a begründet keine allgemeine Ausrüstungspflicht mit Winterbereifung, verlangt sie aber bei konkreter Schnee- und Eisglätte. Winterreifen haben eine kälteresistentere Gummimischung, die bei Minusgraden weniger verhärtet und damit eine bessere Verzahnung und Kraftübertragung ermöglicht.

Winterreifen sind mit dem M+S-Symbol („Mud and Snow") und/oder einem Schneeflockensymbol gekennzeichnet. Da „M+S" keine geschützte Kennzeichnung ist, verwendet die Reifenindustrie das Schneeflocken-Symbol.[3]

Winterreifen haben zahlreiche Greifkanten (Rillen, Einschnitte in den Profilblöcken) und Lamellen, die sich beim Abrollen öffnen, und so im Schnee zusätzlich für Traktion sorgen. Sie müssen deshalb eine ausreichende Profiltiefe von mindestens 4 mm haben, weil sich sonst die Hafteigenschaft auf Schnee deutlich verschlechtert. Reifen mit dem Mindestwert von 1,6 mm entsprechen nicht den Erfordernissen des § 2 Abs. 3a.[4] Bei höheren Temperaturen als 7 °C sollen Winterreifen wegen der weicheren Gummimischung zur Unterstützung der Karkasse mit einem höheren Reifendruck (0,2 bis 0,3 bar) gefahren werden. Auf schneefreiem und trockenem Asphalt und bei höheren Temperaturen haben Winterreifen einen stärkeren Abrieb und teilweise auch eine reduzierte Tragfähigkeit.

Nicht jede Schneeflocke löst die Ausrüstungspflicht aus, sondern nur solche winterlichen Verhältnisse, die Verkehrsbeeinträchtigungen als möglich erscheinen lassen. Auf der sicheren Seite ist der Kraftfahrer, wenn er ab

---

3 Das Schneeflockensymbol wird von der US-Bundesbehörde für Straßen- und Fahrzeugsicherung (**NHTSA** = **N**ational **H**ighways **T**raffic **S**afety **A**dministration) an Reifen vergeben, die auf Schnee und Eis eine Mindesttraktion erreichen.
4 In Österreich gilt ein Winterreifen mit Profiltiefe unter 4 mm als „Sommerreifen".

Bremswegvergleich auf Eis und Schnee mit Sommer- und Winterreifen

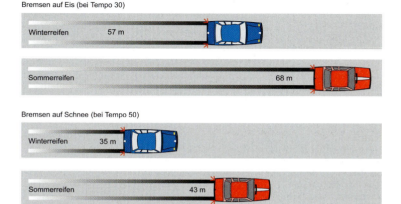

Beginn der kalten Jahreszeit mit Winter- oder Ganzjahresreifen fährt. Kraftfahrer, die während der kalten Jahreszeit Bergregionen befahren wollen, müssen mit Schneefall rechnen und durch die Fahrzeugausrüstung auf die Witterungsverhältnisse reagieren. Wer mit Sommerreifen solche Regionen bei Schnee- und Eisglätte befährt, muss an geeigneter Stelle stehen bleiben, wenn eine Weiterfahrt zu einer Behinderung oder Gefährdung führen würde.[5]

Zur Winterausrüstung gehören weiterhin funktionierende Scheibenwischer und frostsichere Scheibenwaschanlagen.[6] Die Schneekettenpflicht nach Z. 268 bleibt unberührt.

Um das Unfallrisiko und die damit verbundenen schweren Folgen bei Gefahrguttransporten (austretende Ladung, Entzündung, Bodenverunreinigung usw.) infolge Sichtbeeinträchtigung von weniger als 50 m oder bei Schnee- und Eisglätte zu mindern, sind Gefahrgutfahrer zu höchster Sorgfalt verpflichtet. Kann der Gefährdungsausschluss auch durch besondere Vorsicht (strikte Beachtung des Rechtsfahrgebots, Verzicht auf Überholen oder Langsamfahren) nicht mehr gewährleistet werden (z. B. bei Glatteis auf abschüssiger Strecke), muss der Gefahrgutfahrer einen geeigneten Platz zum Parken aufsuchen. Kein verantwortungsbewusster Gefahrgutfahrer würde bei extremen Verhältnissen die Fahrt fortsetzen, wenn sich die Weiterfahrt zu einem unvertretbaren Risiko gestaltet. Geeignete Stelle kann auch der Fahrbahnrand oder ein Seitenstreifen sein; allerdings darf dann nicht die Gefahr von Auffahrunfällen entstehen. Notfalls müssen Fahrzeugbeleuchtung und Warnblinklicht eingeschaltet oder Warnleuchten aufgestellt werden. Voraussetzungen für die Pflicht zur Fahrtunterbrechung

---

5 Die Missachtung der Ausrüstungspflicht nach § 2 Abs. 3a wird als Regelverstoß nach der BKatV mit 20 € Verwarnungsgeld, bei Behinderung mit 40 € Bußgeld geahndet.

6 Eine Warnwestenpflicht wird durch § 2 Abs. 3a nicht begründet; eine solche Pflicht besteht aber in Belgien, Italien, Montenegro, Österreich, Portugal, Slowakei und Spanien.

§ 2 Straßenbenutzung durch Fahrzeuge

sind eine **tatsächlich** vorhandene Sichtbeeinträchtigung (Nebel, Regen) oder konkrete Gefahren durch Schnee- oder Eisglätte, nicht nur Schneematsch auf der vom Gefahrguttransport benutzten Spur (BayObLG NZV 1989, 443 = VRS 77, 458). Dies gilt auch dann, wenn durch eingeblendete Gefahrzeichen 113 an einer Verkehrsbeeinflussungsanlage (VBA) auf drohende Glätte hingewiesen wird (OLG Hamm NZV 1998, 213). Ungeachtet dessen kann die Polizei aus dem Gesichtspunkt der Gefahrenabwehr eingreifen und Gefahrgutfahrzeuge aus dem Verkehr herauswinken, wenn sie nach Beurteilung der Straßen- und Witterungsverhältnisse das Unfallrisiko als unvertretbar hoch einschätzt. Solchen Weisungen haben Gefahrgutfahrer zu folgen (§ 36 Abs. 1).[7]

2.7 Radfahrer

Fahrräder sind Fahrzeuge mit mindestens zwei Rädern und Muskelkraftantrieb[8] (VGH Stuttgart VerkMitt 2001 Nr. 16). Hierzu gehören auch Liegefahrräder (BVerwG NZV 2001, 494 = VerkMitt 2002 Nr. 2 = VRS 101, 310), dreirädrige „Rennstühle" als Behindertenfahrrad, die durch Treten oder Greifen fortbewegt werden, Zweiräder mit elektrischer Tretunterstützung,[9] nicht aber dreirädrige Fahrradrikschas (OLG Dresden VRS 108, 53 = VD 2004, 332). **Mofas** sind einspurige, einsitzige Kraftfahrzeuge mit Hilfsmotor und einer bauartbedingten Höchstgeschwindigkeit von 25 km/h (§ 4 Abs. 1 Nr. 1 StVZO); für Leichtmofas gilt max. 20 km/h.

Radfahrer unterliegen dem Rechtsfahr- und Fahrbahnbenutzungsgebot (§ 2 Abs. 1 und 2); zur Benutzung von Radwegen sind sie nur verpflichtet, wenn Z. 237, 240 oder 241 dies vorschreiben. Auf allen Gehwegen dürfen Fahrräder geschoben und dort auch abgestellt werden (BVerwG VD 2004, 135 = NJW 2004, 1815; OVG Lüneburg VerkMitt 2003 Nr. 72 = VRS 106, 144; VG Lüneburg VerkMitt 2003 Nr. 33 = VRS 104, 236 = NZV 2003, 255).

Die VwV-StVO zu § 2 Abs. 4 enthält eine Vielzahl von Möglichkeiten zur Gestaltung von Radverkehrsanlagen, um den Bedürfnissen der Radfahrer gerecht zu werden: Anlage von Radwegen, Radfahrstreifen, Schutzstreifen oder Fahrradstraßen (Z. 244 und 244a), Freigabe von Radwegen in Gegenrichtung, Radfahren entgegen der Fahrtrichtung von Einbahnstraßen (s. a. Zusatzzeichen 1000-32 zu Z. 220), Einfahren entgegen Z. 267 mit Zusatzzeichen, vorgezogene Halt- oder Wartelinien zur Sichtverbesserung auf Radfahrer vor Kreuzungen und Einmündungen, Radfahren auf Busspuren.

---

7 Siehe auch bei witterungsbedingt schlechter Sicht Tempolimit nach § 3 Abs. 1, Überholverbot nach § 5 Abs. 3a und Benutzungsverbot des äußerst linken Fahrstreifens auf Autobahnen und Kraftfahrstraßen nach § 18 Abs. 11.
8 Nach der Begriffsbestimmung des Art. 1 Buchstabe l WÜ ist Fahrrad „jedes Fahrzeug mit wenigstens zwei Rädern, das ausschließlich durch Muskelkraft an ihm befindlichen Personen, insbesondere mit Hilfe von Pedalen oder Handkurbeln, angetrieben wird. Fahrräder mit drei Rädern gehören aber eher zu den „anderen Straßenfahrzeugen" i. S. d. §§ 63 ff. StVZO (OLG Dresden VRS 108, 53 = VD 2004, 332; dazu kritisch Müller VD 2005, 143).
9 Die Tretunterstützung durch elektromotorischen Hilfsantrieb darf eine max. Nenndauerleistung von 0,25 kW nicht überschreiten, muss sich progressiv mit zunehmender Fahrgeschwindigkeit verringern und ab 25 km/h abschalten (Kap. 1 Art. 1 Abs. 1 der RL 2002/24/EG über die Typgenehmigung für zwei- und dreirädrige KFZ vom 9.5.2002 – ABl. EG L 124/2). Kann das Fahrrad ohne Treten elektromotorisch in Bewegung gesetzt werden oder nimmt die Motorunterstützung nicht progressiv ab, handelt es sich um ein betriebserlaubnispflichtiges Kraftfahrzeug (Mofa). Der Fahrer benötigt eine Haftpflichtversicherung und mind. eine Mofa-Prüfbescheinigung.

Radverkehrsführungen

Schutzstreifen

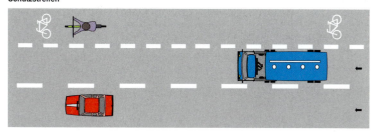

Schutzstreifen können eingerichtet werden, wenn Straßenraum für die Anlage eines Radweges fehlt, jedoch eine ausreichende Fahrbahnbreite vorhanden ist, der Ver- und Entsorgungsverkehr gewährleistet ist und parkende Fahrzeuge anderweitig untergebracht werden können. Schutzstreifen sind Bestandteile der Fahrbahn. Radfahrer müssen den Schutzstreifen benutzen (Folge aus dem Rechtsfahrgebot des § 2 Abs. 2). Sie dürfen den links vom Schutzstreifen fahrenden Verkehr rechts überholen. KFZ dürfen den Schutzstreifen „bei Bedarf" überfahren, z.B. beim Ausweichen vor Hindernissen, bei Baustellen, nicht jedoch bei Stau zum schnelleren Vorankommen. Beim Rechtsabbiegen haben geradeaus fahrende Radfahrer Vorrang (§ 9 Abs. 3). Auf Schutzstreifen besteht Haltverbot, wenn sie mit Z. 283 gekennzeichnet sind (s.a. Janker DAR 2006, 68), sonst Parkverbot nach Anl. 3 lfd. Nr. 22 zu § 42 - Z. 340).

Radfahrstreifen

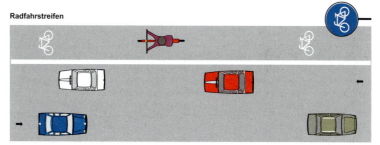

Radfahrstreifen sind für den Radverkehr bestimmte Straßenteile („Sonderfahrstreifen" für Radfahrer). Für Radfahrer besteht durch Z. 237 Benutzungspflicht, für KFZ Benutzungsverbot, auch für Ausweichmanöver oder zum Halten oder parken. KFZ müssen links vom Radfahrstreifen fahren (§ 2 Abs. 2). Auf dem Radfahrstreifen darf schneller als auf der Fahrbahn gefahren werden. Beim Rechtsabbiegen haben geradeaus fahrende Radfahrer Vorrang (§ 9 Abs. 3).

Radfahrer dürfen bei Dunkelheit und Regen auf einer verkehrsreichen Straße nicht weiter als 1 m vom rechten Fahrbahnrand fahren (OLG Saarbrücken VerkMitt 1980 Nr. 53). Radfahrer handeln grob verkehrswidrig, wenn sie unzulässig Gehwege in Gegenrichtung befahren (OLG Hamm NZV 1995, 152). Da Schutzhelme für Radfahrer nicht vorgeschrieben sind, entfällt ein Mitverschulden des Radfahrers für Kopfverletzungen, die beim Tragen eines Helmes vermieden worden wären (OLG Nürnberg DAR 1999, 507).

2.7.1 Radwege

Radwege sind verkehrsrechtlich Sonderwege. Entscheidend ist dabei die äußerliche Ausgestaltung (OLG Frankfurt DAR 2004, 393). Die Kennzeichnung durch Z. 237, 240 oder 241 begründet eine Benutzungspflicht unabhängig von der bautechnischen Ausführung. Sie darf nur erfolgen, wenn die Verkehrssicherheit nach § 45 Abs. 1 und 9 dies wegen einer über das

Normalmaß hinausgehenden gesteigerten Gefahrenlage dringend erfordert (VG Schleswig VerkMitt 2004 Nr. 28 = NZV 2005, 221; VG Hamburg NZV 2002, 288, 534; VG Berlin NZV 2001, 317; VG Berlin VRS 106, 153). Die Trennung der Verkehrsarten zur Gewährleistung der Verkehrsflüssigkeit ist dafür kein ausreichender Grund (VG Hannover NZV 2005, 223). Selbst wenn eine solche Kennzeichnung fehlt, dürfen Radwege nicht von anderen Verkehrsteilnehmern benutzt werden: Folge aus der Fahrbahn- (§ 2 Abs. 1 Satz 1) und Gehwegbenutzungspflicht (§ 25 Abs. 1 Satz 1). Linke Radwege dürfen optional in Gegenrichtung des Radverkehrs benutzt werden, wenn dies durch Zusatzzeichen 1022-10 zugelassen ist. Das bietet sich aus Sicherheitsgründen vor allem dann an, wenn Radfahrer sonst mehrfach die Fahrbahn überqueren müssten. Stehen auch für die Gegenrichtung Z. 237, 240 oder 241, müssen linke Radwege benutzt werden.[10] Wer einen Radweg ohne eine solche Kennzeichnung unzulässig entgegen der Fahrtrichtung befährt, haftet für die Folgen (OLG Celle SVR 2005, 306). Fußgänger müssen beim Überqueren des Radweges auf Radfahrer achten (OLG Hamm VRS 97, 334). Kann der Radweg wegen unzureichender Breite (z. B. für dreirädrige Fahrräder) oder der Beschaffenheit (Schlaglöcher, Schnee) faktisch nicht benutzt werden, darf auf der Fahrbahn gefahren werden, selbst wenn Radwegebenutzungspflicht durch Z. 237, 240 oder 241 besteht (die StVO verlangt nichts Unmögliches).

Aufgrund der geringen Geschwindigkeit von **Mofas** und der vergleichsweise geringen Verkehrsdichte auf Radwegen außerorts sind Radwege dort generell für Mofas freigegeben. Bei Beschilderung mit Z. 237, 240 oder 241 wird eine Radwegebenutzungspflicht für Mofas jedoch nicht begründet. Soll Mofas die Benutzung außerörtlicher Radwege nicht gestattet werden, muss dies durch die Anordnung des Zusatzzeichens „keine Mofas" erfolgen. Innerorts müssen Mofas als KFZ weiterhin die Fahrbahn benutzen, sofern sie nicht durch Zusatzzeichen 1022-11 („Mofas frei") Radwege befahren dürfen.

2.7.2 Radfahr- und Schutzstreifen

a. **Radfahrstreifen** werden durch Z. 295 als Fahrstreifenbegrenzung und Z. 237 gekennzeichnet.[11] Sie sind als Sonderfahrstreifen Teil der Fahrbahn; für Radfahrer besteht durch Z. 237 **Benutzungspflicht**, für KFZ Benutzungsverbot, auch für Ausweichmanöver oder zum **Halten oder Parken**. KFZ müssen links vom Radfahrstreifen fahren (§ 2 Abs. 2). Auf dem Radfahrstreifen darf schneller als auf der Fahrbahn gefahren werden. Beim Rechtsabbiegen haben geradeaus fahrende Radfahrer Vorrang (§ 9 Abs. 3).

b. **Schutzstreifen** (Z. 340 und Markierungen „Fahrradsymbol") sind keine Seitenstreifen, sondern Teil der Fahrbahn und dienen vorwiegend dem Radverkehr. Für Radfahrer besteht wegen des Rechtsfahrgebots des § 2 Abs. 2 **Benutzungspflicht**. Sie dürfen den links vom Schutzstreifen fahrenden Verkehr rechts überholen, weil die Abweichung vom Rechtsüberholverbot nach § 7 Abs. 3 für alle Fahrzeuge und nicht nur für diejenigen gilt, die an der freien Fahrstreifenwahl teilnehmen. Andere Fahrzeuge dürfen den Schutzstreifen nur bei Bedarf überfahren, z. B. beim Ausweichen vor

---

10 Die Zeichen stehen dann sowohl am Beginn wie auch am Ende des Radweges.
11 Der Text in der Rn. 11 der VwV-StVO zu § 2 Abs. 4 Satz 2 ist missverständlich, als das Z. 295 auf „Fahrbahnbegrenzung" bezogen wird; insoweit meint die VwV aber nur eine räumliche, nicht eine rechtliche „Abtrennung" des Fahrradstreifens von der Fahrbahn.

Hindernissen, im Begegnungsverkehr, bei Baustellen u. ä., nicht aber zum schnelleren Vorankommen. Beim Rechtsabbiegen haben geradeaus fahrende Radfahrer Vorrang (§ 9 Abs. 3). Auf Schutzstreifen besteht Haltverbot, wenn sie mit Z. 283 gekennzeichnet sind; ohne eine solche Kennzeichnung gilt **Parkverbot** nach Anl. 3 lfd. Nr. 22 zu § 42 (Ge- oder Verbot Nr. 3).

2.7.3 Rad fahrende Kinder

Die Benutzung des Gehweges durch Rad fahrende Kinder bis acht Jahre ist Pflicht; von neun bis zehn Jahren dürfen sie auch alternativ Rad- und Gehwege befahren. Sofern Kinder bis acht Jahre die Radwege benutzen, sollte nicht eingeschritten werden, solange der Radverkehr nicht beeinträchtigt wird. Entsprechendes gilt für Erwachsene bei Begleitung Rad fahrender Kinder auf dem Gehweg ohne Fußgängerbeeinträchtigung. Fahren Kinder auf Gehwegen, gilt das Gebot der gegenseitigen Rücksichtnahme (§ 1 Abs. 1); bei Kleinkindern muss sich die Aufsichtsperson unfallverhütend in unmittelbarer Nähe befinden (AG München DAR 2007, 471: bei vierjährigem Kind), sie muss aber nicht ständig Sichtkontakt halten (LG Osnabrück SVR 2008, 347: das Haftungsprivileg des § 828 Abs. 2 BGB führt nicht zu einer erhöhten Aufsichtspflicht). Fußgänger dürfen dabei weder behindert noch gefährdet werden. Andererseits dürfen auch Fußgänger Rad fahrende Kinder nicht vermeidbar behindern. Beaufsichtigen die Eltern das auf dem Gehweg fahrende Kind in geringem Abstand vom Radweg aus, liegt bei einem Unfall keine Aufsichtspflichtverletzung nach § 832 BGB vor (LG Möchengladbach VerkMitt 2004 Nr. 15 = DAR 2003, 562 = NZV 2004, 144).[12] Vor Kreuzungen und Einmündungen müssen Kinder vom Rad absteigen. Tun sie es nicht, nehmen sie allerdings an der Vorfahrt teil.

2.7.4 Radfahrer auf Einbahnstraßen

Die Einbahnstraßenregelung erstreckt sich auch auf Radwege an Einbahnstraßen (BGH DAR 1982, 14 = VersR 1982, 94). Ist die Benutzung für Radfahrer in der Gegenrichtung auf der Fahrbahn durch Zusatzzeichen zugelassen, hat die Einbahnstraße den Charakter einer Straße mit gegenläufigem Verkehr, beschränkt auf Radfahrer.

3 Hinweise

3.1 Bei Markierung von drei oder mehr Fahrstreifen für eine Richtung durch Begrenzungs- oder Leitlinien darf der zweite Fahrstreifen von rechts benutzt werden, wenn – auch nur hin und wieder – rechts davon ein Fahrzeug hält oder fährt. Sind für eine Fahrtrichtung drei oder mehr Fahrstreifen durch Leitlinien markiert, darf der linke Streifen mit Lastkraftwagen über 3,5 t oder Zügen über 7 m nur zum Einordnen beim Linksabbiegen benutzt werden: § 7 Abs. 3c.

3.2 Freiheits- oder Geldstrafe bei Verstößen gegen das Rechtsfahrgebot an unübersichtlichen Stellen bei konkreter Gefährdung von Personen oder erheblichen Sachwerten: § 315c StGB.

---

12 Eine Aufsichtspflichtverletzung der Eltern nach § 832 Abs. 2 BGB liegt auch dann nicht vor, wenn ein 7- bis 10-jähriger Radfahrer ohne Vorliegen besonderer Umstände eine Straße unaufmerksam überquert oder zu schnell fährt und es dabei zu einem Unfall kommt (BGH VRS 113, 25: keine Verantwortlichkeit des Kindes nach § 828 BGB; OLG Oldenburg VerkMitt 2005 Nr. 59).

3.3 Ständiges Linksfahren auf einer Autobahn ist strafbare Nötigung (§ 240 StGB), wenn durch langsame Fahrweise oder Lenkbewegungen gezielt das Überholen unter Inkaufnahme von Gefährdungen verhindert werden soll (OLG Düsseldorf VerkMitt 2000 Nr. 70 = DAR 2000, 367 = VRS 99, 45 = NZV 2000, 301). Bedrängende Fahrweise des Überholenden kann ebenso Nötigung sein (OLG Köln NZV 1992, 371), wobei der „Drängler" für Fehlreaktionen des Überholten strafrechtlich zur Verantwortung gezogen werden kann.

§ 3 Geschwindigkeit

(1) Der Fahrzeugführer darf nur so schnell fahren, dass er sein Fahrzeug ständig beherrscht. Er hat seine Geschwindigkeit insbesondere den Straßen-, Verkehrs-, Sicht- und Wetterverhältnissen sowie seinen persönlichen Fähigkeiten und den Eigenschaften von Fahrzeug und Ladung anzupassen. Beträgt die Sichtweite durch Nebel, Schneefall oder Regen weniger als 50 m, so darf er nicht schneller als 50 km/h fahren, wenn nicht eine geringere Geschwindigkeit geboten ist. Er darf nur so schnell fahren, dass er innerhalb der übersehbaren Strecke halten kann. Auf Fahrbahnen, die so schmal sind, dass dort entgegenkommende Fahrzeuge gefährdet werden könnten, muss er jedoch so langsam fahren, dass er mindestens innerhalb der Hälfte der übersehbaren Strecke halten kann.

(2) Ohne triftigen Grund dürfen Kraftfahrzeuge nicht so langsam fahren, dass sie den Verkehrsfluss behindern.

(2a) Die Fahrzeugführer müssen sich gegenüber Kindern, Hilfsbedürftigen und älteren Menschen, insbesondere durch Verminderung der Fahrgeschwindigkeit und durch Bremsbereitschaft so verhalten, dass eine Gefährdung dieser Verkehrsteilnehmer ausgeschlossen ist.

(3) Die zulässige Höchstgeschwindigkeit beträgt auch unter günstigsten Umständen

1. innerhalb geschlossener Ortschaften für alle Kraftfahrzeuge 50 km/h,
2. außerhalb geschlossener Ortschaften
    a) für Kraftfahrzeuge mit einem zulässigen Gesamtgewicht über 3,5 t bis 7,5 t, ausgenommen Personenkraftwagen, für Personenkraftwagen mit Anhänger, für Lastkraftwagen und Wohnmobile jeweils bis zu einem zulässigen Gesamtgewicht von 3,5 t mit Anhänger sowie für Kraftomnibusse, auch mit Gepäckanhänger 80 km/h,
    b) für Kraftfahrzeuge mit einem zulässigen Gesamtgewicht über 7,5 t, für alle Kraftfahrzeuge mit Anhänger, ausgenommen Personenkraftwagen, Lastkraftwagen und Wohnmobile jeweils bis zu einem zulässigen Gesamtgewicht von 3,5 t, sowie für Kraftomnibusse mit Fahrgästen, für die keine Sitzplätze mehr zur Verfügung stehen 60 km/h,
    c) für Personenkraftwagen sowie für andere Kraftfahrzeuge mit einem zulässigen Gesamtgewicht bis 3,5 t 100 km/h.
    Diese Geschwindigkeitsbeschränkung gilt nicht auf Autobahnen (Z. 330.1) sowie auf anderen Straßen mit Fahrbahnen für eine Richtung, die durch Mittelstreifen oder sonstige bauliche Einrichtungen getrennt sind. Sie gilt ferner nicht auf Straßen, die mindestens zwei durch Fahrstreifenbegrenzung (Z. 295) oder durch Leitlinien (Z. 340) markierte Fahrstreifen für jede Richtung haben.

§ 3 Geschwindigkeit

(4) Die zulässige Höchstgeschwindigkeit beträgt für Kraftfahrzeuge mit Schneeketten auch unter günstigsten Umständen 50 km/h.

VwV zu § 3 Geschwindigkeit

1 Sattelkraftfahrzeuge zur Lastenbeförderung sind Lastkraftwagen im Sinne der StVO.

1 Aus der amtlichen Begründung

1.1 Auf Außerortsstraßen gilt aus Verkehrssicherheitsgründen 100 km/h (Begr. 1975).

1.2 Rücksichtnahme auf verkehrsungewandte Personen ist vor allem ein Geschwindigkeitsproblem (Begr. 1980).

1.3 Bei schlechten Sichtverhältnissen von nur 50 m ist eine Geschwindigkeit von 50 km/h vorzugeben (Begr. 1989).

1.4 Die Anhebung der Gewichtsklasse von 2,8 auf 3,5 t dient der Harmonisierung europäischer Fahrzeugarten (Begr. 1997).

1.5 Die Ungleichbehandlung der Tempogrenzen von LKW und Wohnmobilen jeweils mit Anhängern wird aufgehoben (Begr. 2007).

2 Erläuterungen

Die Nichteinhaltung vorgegebener Tempogrenzen ist eine der Hauptunfallursachen. Aber auch die Missachtung der in der Generalklausel des § 3 Abs. 1 Satz 1 verankerten Verantwortung des Fahrzeugführers für die Wahl einer angemessenen Geschwindigkeit hat Auswirkungen auf fast jeden Verkehrsunfall. Grundkenntnisse über Reaktions- und Bremswege sind deshalb wichtig.

2.1 Reaktions-, Brems-, Anhalteweg

Der Anhalteweg besteht aus der Summe des Reaktions- und des Bremsweges. Der **Bremsweg** kann sehr unterschiedlich sein; in der Regel wird bei einem PKW eine mittlere Verzögerung von 7 m/s^2 angenommen. Der allgemein üblichen **Faustformel** für den Bremsweg **[V : 10]^2** liegt eine mittlere Bremsverzögerung von rd. 3,8 m/s^2 zugrunde. Die mittlere Vollbremsverzögerung der Betriebsbremse beträgt mindestens 5 m/s^2.[1] Dennoch ist die Faustformel weiterhin aktuell, weil sich dieser Wert auf die technische Ausgestaltung der Bremse, die Faustformel hingegen auf die erreichbare Bremsverzögerung unter Berücksichtigung des Straßen- und Witterungszustandes bezieht. Bei einer **Gefahrbremsung** („Bremsschlag") ist der Bremsweg nach der Faustformel zu halbieren, wobei eine Bremsverzögerung von rd. 7,5 m/s^2 zugrunde gelegt wird: **[(V : 10)^2 : 2]**. Bremsspuren auf der Fahrbahn lassen Rückschlüsse auf die Geschwindigkeit zu, die das Fahrzeug mindestens gehabt hat; sie sind jedoch kürzer als der Bremsweg, weil sie sich erst bei stärkerem Bremsen abzeichnen. Ihre Auswertung ist ohne die Feststellung der konkreten Bremsverzögerung nicht möglich (OLG Hamm VRS 39, 295). Bei Antiblockiersystemen (ABS) entfallen Bremsspuren.

---

[1] § 41 Abs. 4 StVZO: ECE-Regelung Nr. 13 bzw. RL 71/320/EWG. Bei anderen Bremsen mit einer bisher geltenden Mindestverzögerung von 1,5 m/s^2 beträgt die Vollbremsverzögerung mind. 3,5 m/s^2.

Geschwindigkeit § 3

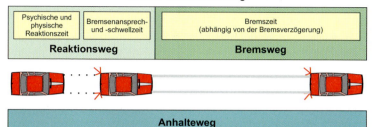

Die Summe der Reaktions-, Bremsenansprech- und Bremsenschwellzeiten ergeben den Reaktionsweg, Reaktionsweg und Bremsweg zusammen den Anhalteweg. Die subjektive Reaktionszeit beträgt bei angemessener Aufmerksamkeit etwa 0,6 s (Erkennen der Gefahr und Umsetzen des Fußes vom Gas auf die Bremse). Dazu kommt die Bremsenansprech- und Bremsenschwellzeit von etwa je 0,2 s (Zeit bis Bremsverzögerung eintritt), so dass die Reaktionszeit etwa 1 s beträgt, innerhalb der das KFZ ungebremst weiterfährt. Eine zusätzliche Schreckzeit (1 bis 3 s) wird nur zugebilligt, wenn ein überraschendes Ereignis eintritt, mit dem der Kraftfahrer auch bei größter Sorgfalt nicht zu rechnen brauchte, z. B. Fußgänger auf der Autobahn. Muss hingegen mit Gefahren gerechnet werden (Regelfall), ist von einer Reaktionszeit von rd. 1 s auszugehen (BGH VerkMitt 1994, Nr. 33).

Wie schnell ein KFZ vom Einsetzen der Bremswirkung (d.h. nach dem Reaktionsweg) zum Stillstand gebracht werden kann, hängt von der Bremsverzögerung ab. Diese ist abhängig von der Fahrbahnbeschaffenheit, den Reifen und dem technischen Zustand der Bremsanlage. Bei trockener und griffiger Fahrbahn und guten Reifen muss die Betriebsbremse eine mittlere Vollbremsverzögerung von mind. 5 m/s erreichen (§ 41 Abs. 4 StVZO). Bei geringeren Werten ist das KFZ nicht mehr verkehrstüchtig. Gute Bremsen erreichen eine Bremsverzögerung bis zu 9,8 m/s≤ (Erdbeschleunigung), im Allgemeinen 7 bis 9 m/s. Beispiel: Bei Tempo 70 fährt das KFZ 19,4 m/s (70 km/h : 3,6 m/s). Wird es mit einer Bremsverzögerung von 4 m/s≤ abgebremst, beträgt die Geschwindigkeit nach 1 s (19,4 − 4 = 15,4 m/s) rd. 56 km/h, nach 2 s (15,4 − 4 = 11,4 m/s) rd. 41 km/h, nach 3 s (11,4 − 4 = 7,4 m/s) rd. 27 km/h und nach 4 s (7,4 − 4 = 3,4 m/s) rd. 12 km/h. Die in m/s angegebene Geschwindigkeit verringert sich somit in jeder Sekunde des Bremsvorganges um die Größe der Bremsverzögerung.

Der **Reaktionsweg [V : 10 x 3]** beträgt knapp 1 Sekunde (BGH VRS 38, 104; BGH NJW 2000, 3069 = DAR 200, 524; KG NZV 2003, 380) und ist damit extrem kurz ausgelegt.[2] Läuft z. B. 30 m vor einem mit Tempo 70 heranfahrenden KFZ ein Kind über die Fahrbahn, wird in 1 Sekunde ein Weg von rd. 20 m ungebremst zurückgelegt. Innerhalb der verbleibenden 10 m wird das Tempo sowohl bei einer Bremsverzögerung von 3,8 m/s^2 als auch von 8 m/s^2 nicht so weit herabgesetzt, dass beim Zusammenstoß schwere Verletzungsfolgen vermieden werden können.

Aus der Summe des Reaktionsweges und des Bremsweges ergibt sich nach der Faustformel **[V : 10 x 3] + [V : 10]** der **Anhalteweg**; bei einer Gefahrbremsung nach der Faustformel **[(V : 10) x 3] + [(V : 10) : 2]**.

2.2 Geschwindigkeitswahl

Die Wahl der Geschwindigkeit innerhalb normierter Grenzen sollte rational erfolgen. Einziger sinnvoller Zweck für schnelles Fahren ist der Zeitgewinn. Die Freude daran ist emotional bestimmt und findet im gesetzten Recht keine Berücksichtigung. Beim Vergleich von Geschwindigkeitsdifferenzen im Verhältnis zur gefahrenen Strecke spielt das Zeitmoment meist eine untergeordnete Rolle. Oft sind es nur Sekunden, die bei hohem Tempo unter Inkaufnahme von Unfallrisiken, höheren Haftungsquoten (OLG Koblenz

---

2 Eine zusätzliche Schreckzeit wird nur in seltenen Fällen zugebilligt, wenn ein überraschendes Ereignis eintritt, mit dem auch bei größter Sorgfalt nicht gerechnet werden musste, z. B. Pferde oder Kühe auf einer Autobahn.

DAR 2007, 463), Stress, größerem Treibstoffverbrauch und Fahrzeugverschleiß erzielt werden.[3] Sinnvoll ist die Zeitersparnis aber nur, wenn sie auch sinnvoll genutzt wird. Das ist häufig nicht der Fall, weil der Kraftfahrer, sobald er sein Fahrzeug verlassen hat, die eingesparte Zeit in seinem Verhalten unberücksichtigt lässt, d. h. schlicht „vertrödelt". Der Kraftfahrer sollte deshalb das Tempo entspannt dem Verkehrsfluss anpassen und nur so schnell fahren, dass Risiken und Treibstoffverbrauch auf das geringstmögliche Maß begrenzt bleiben.

Wie schnell innerhalb fester Tempogrenzen gefahren werden darf, bestimmt sich nach der Grundregel des § 3 Abs. 1, d. h. die höchstzulässige Geschwindigkeit darf nur unter günstigsten Umständen gefahren werden. Das gilt auch dann, wenn die Geschwindigkeit wegen einer Gefahrenstelle durch Z. 274 begrenzt ist (OLG Hamm SVR 2005, 267).

2.2.1 Fahren auf Sicht

Nach der „**goldenen Regel**" des Fahrens auf Sicht darf nur so schnell gefahren werden, dass innerhalb der übersehbaren Strecke vor einer Gefahrenstelle angehalten werden kann. Der Vertrauensgrundsatz wird durch das Gebot des Fahrens auf Sicht eingeschränkt (BGH VRS 64, 168 = VersR 83, 153). Die sichtbedingte Herabsetzung der Geschwindigkeit ist dann zwingend, wenn der Fahrer den Verkehrsablauf nicht vollständig überblicken und deshalb auftretende Hindernisse oder Gefahren nicht so rechtzeitig bemerken kann, dass er ihnen mit Sicherheit begegnen kann (BGH VerkMitt 2002 Nr. 71 = VRS 103, 256). So bleibt z. B. die Blickrichtung bei Dunkelheit auf den Scheinwerferkegel gerichtet, nicht aber auf die dunklen Fahrbahnbereiche (OLG Hamm NZV 2008, 411). Sprechen aber Anzeichen für unerwartet auf die Fahrbahn tretende Personen, muss dem durch Tempoverringerung Rechnung getragen werden, z. B. in der Nähe von Haltestellen, vor Schulen, Spielplätzen, bei Kindern auf Gehwegen.

Bei engen Fahrbahnen, die einen unbehinderten Begegnungsverkehr nicht zulassen, gilt **halbe Sichtweite**, auch für schmale Fahrzeuge (OLG Jena DAR 2002, 166; BayObLG VerkMitt 1956 Nr. 110). Ob bei geringer Straßenbreite auf halbe Sicht gefahren werden muss, hängt davon ab, ob bei Begegnung mit einem anderen Fahrzeug bis zu 2,55 m Breite genügend Platz nebst ausreichendem Seitenabstand bleibt (OLG Jena NZV 2002, 125 = VRS 102, 25). Es braucht nicht damit gerechnet zu werden, dass ein noch unsichtbarer Fahrer das Rechtsfahrgebot grob missachtet; wichtig ist die Sicht auf den Fahrstreifen des Gegenverkehrs (BayObLG VRS 58, 366).

2.2.2 Straßenverhältnisse

Eine Straße darf nur so schnell befahren werden, wie es ihr Zustand erlaubt. Bei Straßenschäden (wellige, eingedellte, bucklige Oberflächen, Spurrillen), muss das Tempo auf ein verkehrssicheres Maß herabgesetzt werden (OLG Naumburg DAR 1995, 206).

2.2.3 Verkehrsverhältnisse

Auch bei Anpassung an den Verkehrsfluss darf die zulässige Höchstgeschwindigkeit nicht überschritten werden; kurzfristige unwesentliche

---

3 So beträgt z. B. die Zeitdifferenz bei 120 und 150 km/h auf einer Strecke von 10 km nur 60 Sekunden (Berechnung: 3600 : km/h x Fahrtstrecke in km = Fahrtzeit in s).

Überschreitungen dürfen unbeanstandet bleiben. Die auf Landstraßen für PKW zulässige Höchstgeschwindigkeit von 100 km/h gilt nur unter besonders günstigen Umständen (OLG Oldenburg NZV 1990, 473). Die Geschwindigkeit ist bei haltenden Fahrzeugen mit Blinklicht angemessen herabzusetzen, weil mit Unfallfahrzeugen und Helfern auf der Fahrbahn gerechnet werden muss (OLG Stuttgart VRS 113, 86), ebenso bei unklarem Verhalten von Fußgängern (KG VRS 115, 255: Zeitung lesender Fußgänger).

2.2.4 Geschwindigkeit an schlecht einsehbaren Stellen

Eine Tempoverringerung ist geboten, wenn eine **Straßenstelle unübersichtlich** ist, insbesondere der Verkehrsablauf nicht vollständig überblickt und auf eine plötzliche Gefahr nicht rechtzeitig reagiert werden kann (OLG Hamburg VerkMitt 1954 Nr. 7). Der Begriff der Unübersichtlichkeit bezieht sich nur auf die Fahrbahn, nicht darauf, dass der Verkehrsablauf in der seitlichen Umgebung der Straße nicht voll überblickt werden kann. Parkende KFZ begründen im Stadtverkehr im Allgemeinen keine Unübersichtlichkeit. Wird jedoch durch Parkende eine **Engstelle** geschaffen, in der der gebotene Sicherheitsabstand nicht eingehalten werden kann, wird die Stelle dadurch unübersichtlich (BayObLG VRS 5, 147; BGH DAR 1986, 17; BGH VerkMitt 1999 Nr. 1 = NZV 1998, 369 = VRS 95, 161 = DAR 1998, 388: kein Verschulden beim Vorbeifahren an einer Verkehrsinsel mit Querungshilfe für Fußgänger mit 39 km/h und Sichteinschränkung durch zuvor geparktes KFZ). Unübersichtlich ist die Straße auch bei Nebel (BayObLG

Gefahrbremsung

Fahranfänger sollen im Fahrschulunterricht die Gefahrbremsung üben, weil zaghaftes oder fehlerhaftes Bremsverhalten bei Gefahrsituationen häufig Ursache für Auffahr- und andere schwere Verkehrsunfälle ist. Die Gefahrbremsung ist fakultative Aufgabe bei der Fahrprüfung für Klasse B.

Blockierbremsung (sofort „voll in die Klötze" und dabei gleichzeitig Kupplung treten): Das KFZ ist nicht mehr lenkbar und bewegt sich unabhängig von der Stellung der Räder in der vorherigen Richtung fort. Der Bremsweg ist bei trockener und griffiger Fahrbahn nur geringfügig länger als beim Anti-Blockier-System (ABS), aber deutlich kürzer als bei der Stotterbremse.

Stotterbremse: Das KFZ bleibt lenkbar, erreicht jedoch den längsten Bremsweg, weil nach jedem Lösen der Bremse das KFZ ungebremst oder nur schwach verzögert weiter fährt. Die Stotterbremse sollte deshalb nur dann eingesetzt werden, wenn noch eine Chance besteht, um die Gefahrenstelle herumzulenken, d.h. meist nur bei geringer Geschwindigkeit. Besteht diese Chance nicht, sollte die Bremse sofort bis zur Blockierung eingesetzt werden, um wenigstens die Aufprallwucht und damit Schäden und Verletzungen in Grenzen zu halten.

Anti-Blockier-System (ABS): Das KFZ bleibt lenkbar und erreicht durch elektronische Steuerung einen Bremsweg mit fast idealer Bremsverzögerung; allerdings auf trockener und griffiger Fahrbahn oder mit Winterreifen nicht wesentlich besser als bei der Blockierbremsung. ABS darf deshalb nicht zu riskanter Fahrweise verleiten. Zur Vermeidung oder Minderung der Schwere von Auffahrunfällen wäre es vorteilhaft, wenn durch Änderung der ECE-Regelungen Nr. 7 und 48 sowie des WÜ beim Ansprechen des ABS oder eines Bremsassistenten (entsprechend einer Bremsverzögerung ab 7 m/s) die Gefahrbremsung über ein Blinken der dritten, hochgesetzten Bremsleuchte mit 3–5 Hz signalisiert würde (Vorschlag BASt 23/02).

§ 3 Geschwindigkeit

DAR 1988, 277 = VRS 75, 209 = NZV 1988, 277). Die Geschwindigkeit bei Annäherung an eine **Kreuzung** gleichrangiger Straßen richtet sich nach der Möglichkeit, durch Einblick nach rechts Gewissheit über den von dort nahenden Verkehr zu erlangen (OLG Hamm VRS 61, 283). Bei Sichtbehinderung muss sich der Kraftfahrer langsam und mit Bereitschaft zu sofortigem Anhalten vortasten. Hierauf kann auch der von links Kommende vertrauen (OLG Saarbrücken VersR 1981, 580). Im **Parkhaus** sind in der Regel nur 10 km/h vertretbar (KG VerkMitt 1983 Nr. 73 = VRS 64,163 = DAR 83, 80).

2.2.5 Wetterverhältnisse

Bei ungünstiger Witterung richtet sich die zulässige Geschwindigkeit nach der Sicht und der Verpflichtung, noch vor Gefahrenstellen rechtzeitig anhalten zu können (OLG Köln VRS 95, 164; OLG Schleswig VRS 95, 166). Der Fahrer muss sich deshalb mit besonderen Witterungsverhältnissen rechtzeitig vertraut machen (OLG München VRS 32, 93: Föhn). Bei dichtem Nebel können 25 bis 30 km/h noch zu schnell sein. Bei Regen mit plötzlichem Temperaturanstieg nach Frost sowie auf feuchten Straßen bei Temperaturen um den Gefrierpunkt muss die Geschwindigkeit auf mögliche Vereisung eingestellt werden (BGH VRS 38, 48). Im Winter ist zu beachten, dass innerorts nur an verkehrswichtigen und gefährlichen Stellen und außerhalb geschlossener Ortschaften nur an besonders gefährlichen Stellen gestreut sein kann. Bei Brücken und Waldschneisen ist nach allgemeiner Erfahrung mit Vereisungsgefahr zu rechnen (BGH DAR 1972, 183). Nach wolkenbruchartigem Regen kann auch auf der Autobahn eine Geschwindigkeit von 80 km/h zu schnell sein, wenn sich Wasserlachen (BGH DAR 1975, 95; BayObLG VRS 41, 65) oder Schmierfilm bei einsetzendem Regen mit Gefahr von **Aquaplaning**[4] gebildet haben (OLG Düsseldorf VerkMitt 1959 Nr. 23). Gleiches gilt bei Spurrillen (OLG Düsseldorf DAR 1999, 38) oder starkem Regen; gerät das Fahrzeug trotzdem ins Schleudern, spricht der erste Anschein für Verschulden (OLG Düsseldorf VersR 1975, 160). Beschlägt das Visier des Motorradhelms durch Regen, muss der Motorradfahrer auch innerorts so langsam fahren, dass er Gefahren vermeiden kann (OLG Hamm VRS 101, 25; OLG Hamm VersR 1990, 318).

Zur Vermeidung witterungsbedingter Unfälle ist für alle Fahrzeugführer als leicht merkbare Regel bei Sichtweiten unter 50 m (Regelabstand der Leitpfosten) höchstens 50 km/h vorgeschrieben, auch auf Autobahnen. Dass dort bei Dunkelheit mit Abblendlicht schneller gefahren werden darf, gilt nicht bei Sichtbeeinträchtigung durch Nebel, Regen oder Schneefall; § 3 Abs. 1 Satz 2 geht somit § 18 Abs. 6 vor.

Bei schlechter Sicht durch Nebel, Schneefall oder Regen von weniger als 50 m besteht nach § 5 Abs. 3a für alle KFZ über 7,5 t Überholverbot. Dadurch ist aber nicht zu verhindern, dass auf zweistreifigen Fahrbahnen von Autobahnen oder Kraftfahrstraßen LKW bei rechts meist witterungsbedingt stehenden Fahrzeugen auf den linken Fahrstreifen überwechseln und dort infolge extrem widriger Wetterverhältnisse selbst liegen bleiben, die ganze Fahrbahn blockieren und kilometerlange Staus verursachen. Das soll das Benutzungsverbot nach § 18 Abs. 11 für den äußerst linken Fahrstreifen für LKW über 7,5 t einschließlich ihrer Anhänger und Zugmaschinen verhindern. Zur Unterstützung des Überholverbots nach § 5 Abs. 3a gilt das Benutzungsverbot auch bei Sichtweiten unter 50 m.

---

4 Auffahren auf einen Wasserkeil

Fahrgeschwindigkeit auf schmalen Fahrbahnen

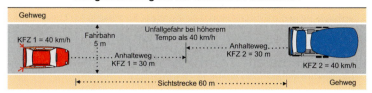

KFZ 1 und 2 fahren auf einer 5 m breiten Fahrbahn aufeinander zu. Die Sichtweite zwischen beiden KFZ beträgt 60 m. Nach § 3 Abs. 1 Satz 5 StVO darf auf schmalen Fahrbahnen nur so schnell gefahren werden, dass innerhalb der „halben Sichtweite" angehalten werden kann. Schmal ist die Fahrbahn dann, wenn Kraftfahrzeuge größtmöglicher Breite (2,55 m) und einem Sicherheitsabstand von etwa 20 cm (innerorts) nicht mehr gefahrlos aneinander vorbeifahren können, d.h. wenn der Fahrbahnquerschnitt weniger als 5,5 m beträgt (außerorts wegen des größeren Sicherheitsabstandes weniger als 7 m).

Obwohl die Sicht von KFZ 1 und 2 jeweils größer als der einzelne Anhalteweg ist, muss die Geschwindigkeit so gewählt werden, dass die Summe der Anhaltewege nicht größer als die Sichtweite beider Fahrzeuge ist. Beträgt die Sicht nur 60 m, darf der Anhalteweg von KFZ 1 und 2 nicht größer als 30 m sein, d.h. beide KFZ dürfen auf schmalen Feldbahnen nicht wesentlich schneller als 40 km/h fahren (bei Tempo 50 besteht bereits Kollisionsgefahr).

2.2.6 Geschwindigkeit bei Dunkelheit

Bei nächtlicher Fahrt ist das Tempo der Sichtweite anzupassen (Scheinwerfer, Straßenbeleuchtung, Umgebungshelligkeit); dabei jeweils nach dem dunkelsten Teil der Fahrbahn. Zwischen den Dunkelzonen der Straßenleuchten sind Personen und Gegenstände, die sich farbig wenig von der Umgebung abheben, schwer erkennbar. Bei Blendung ist in der Regel damit zu rechnen, dass sich auf dem nicht einsehbaren Teil der Fahrbahn Fußgänger befinden (BGH VRS 32, 266). Außer der Blendung muss der Fahrer die Blendstörwirkung berücksichtigen. Bei nächtlichem Gegenverkehr tritt durch Abblendlicht für kurze Zeit eine Blendwirkung auf, die bei Regen durch die Spiegelung der nassen Windschutzscheibe oder der nassen Fahrbahn verstärkt werden kann; auch hierauf ist die Geschwindigkeit einzurichten (OLG Oldenburg VRS 32, 270).

Der Fahrer muss nicht nur den Fahrraum, sondern auch den Geländestreifen neben der rechten Fahrbahnseite (Bürgersteig, Seitenstreifen) beachten. Die Geschwindigkeit ist der Reichweite des Abblendlichts angepasst, wenn am Ende der benötigten Anhaltestrecke außer dem benutzten Fahrstreifen beiderseits je ein Raum von 1 m Breite ausgeleuchtet ist (BayObLG VRS 59, 292). Wer das Abblendlicht einschaltet, gleichwohl aber eine Geschwindigkeit beibehält, die das Anhalten innerhalb der im Abblendlicht überschaubaren Strecke unmöglich macht, haftet für die Folgen (BGH VRS 30, 272; OLG Naumburg VerkMitt 2000 Nr. 13); auch beim Überholen oder entgegenkommendem betrunkenem Fußgänger (OLG Nürnberg VRS 104, 200; OLG Oldenburg NZV 1999, 466 = VRS 97, 241), bei schwarzer Kuh auf der Fahrbahn (OLG Jena NZV 2002, 464 = DAR 2003, 37; AG Coesfeld NZV 2002, 465) oder Fußgängern (OLG Köln VerkMitt 2003 Nr. 22 = VRS 104, 195: mehr als 40 km/h außerorts sind zu schnell; OLG Koblenz DAR 2003, 377: max. 50 km/h bei Soldatengruppe im Tarnanzug; OLG Hamm VerkMitt 2007 Nr. 5: 65 km/h sind bei Pferden auf der Straße zu schnell). Das Sichtfahrgebot wird durch § 18 Abs. 6 auf Autobahnen nicht eingeschränkt, sondern gewährt nur den Vertrauensschutz, dass sich in dem Zwischenraum zum Vorausfahrenden kein Hindernis befindet (OLG Bamberg NZV 2000, 49; OLG Hamm DAR 2000, 218). Der Überblick muss sich bei schmalen Straßen auf die volle Fahrbahnbreite erstrecken (BGH VersR 66, 763). Bei breiteren Straßen bezieht sich der erforderliche Überblick – wie der Grundsatz des Fahrens auf Sichtweite bei Dunkelheit – nur auf den vom Kraftfahrer in Anspruch genommenen Fahrstreifen, nicht auf die ganze Fahrbahn (OLG Hamm VRS 30, 227/228 f.; BGH VerkMitt 1985 Nr. 64 = DAR 1986, 17).

2.2.7 Geschwindigkeit bei unklaren Verkehrslagen

Eine unklare Verkehrslage ist zu bejahen, wenn die überschaubare Fahrstrecke das Vertrauen ausschließt, dass andere Verkehrsteilnehmer freie Durchfahrt einräumen werden (OLG Düsseldorf VerkMitt 1976 Nr. 96). Der Umstand allein, dass auf einer Parallelfahrbahn eine Fahrzeugschlange wegen Rotlichts hält, begründet keine unklare Verkehrslage. Der die Schlange auf der Linksabbiegespur überholende Kraftfahrer muss nicht damit rechnen, dass ein Fahrzeug unvermittelt und ohne rechtzeitiges Zeichen die Fahrspur wechselt. Beim Überholen einer Fahrzeugreihe, die vor einer Einmündung ins Stocken geraten ist, muss mit Hindernissen gerechnet und die Geschwindigkeit darauf eingestellt werden (BGH VersR 1970, 159). Mit der Möglichkeit, dass ein Kind plötzlich auf die übersichtliche Fahrbahn läuft, muss nicht gerechnet werden, wenn dazu kein „triftiger Anlass" besteht (BGH VerkMitt 1985 Nr. 64 = DAR 1986, 17), wohl aber, wenn schon ein Kind über die Fahrbahn gelaufen ist, dem ein weiteres folgen kann (OLG Hamburg NZV 1990, 71). Bleiben nach mehreren Tempobegrenzungen Zweifel an der zulässigen Geschwindigkeit, muss der Kraftfahrer sein Verhalten an der zuletzt gezeigten Tempobegrenzung ausrichten (KG VRS 89, 302). Der Radfahrer muss auf Radwegen bei entgegenkommender Radfahrergruppe seine Geschwindigkeit vermindern (OLG Oldenburg NZV 2008, 527).

2.2.8 Persönliche Fähigkeiten sowie Eigenschaften von Fahrzeug und Ladung

Der Fahrer ist zu gewissenhafter Selbstprüfung seiner Fahrfähigkeiten verpflichtet, vor allem bei altersbedingten Beeinträchtigungen (BGH DAR 1988, 54), Ablenkung, Ermüdung, Medikamentengebrauch. Zur Tempoherabsetzung zwingen u. a. Kippneigung in Kurvenfahrten, beschlagene oder vereiste Fenster (BayObLG VRS 35, 280), ferner Fahrzeugmängel wie schlechte Reifen (BGH VRS 37, 276), ausgeschlagene Schwingungsdämpfer, unzureichende Bremsen. Wird ein Mietwagen mit Automatikgetriebe gefahren, handelt der Fahrer grob pflichtwidrig, wenn er dessen Technik nicht beherrscht (BayObLG VRS 100, 199 = DAR 2001, 173).

2.3 Verkehrsbehinderndes Langsamfahren

Die mit dem Verbot des Langsamfahrens ohne triftigen Grund nach § 3 Abs. 2[5] verbundene Behinderung muss konkret und mit einer deutlichen Geschwindigkeitsdifferenz verbunden sein (OLG Hamm VerkMitt 1972 Nr. 101: die Behinderung nach § 1 Abs. 2 tritt zurück). Voraussetzung ist nicht die Behinderung eines Einzelnen, sondern des Verkehrsflusses; z. B. Fahren mit 80 km/h, wenn sich der Verkehrsfluss bei 100 km/h bewegt. Andernfalls würden Verkehrsteilnehmer zu sonst nicht gebotener Tempo-

---

5 Die Regelung beruht auf Art. 13 Abs. 2 WÜ, wonach „kein Führer die normale Fahrt der anderen Fahrzeuge dadurch behindern darf, dass er ohne verkehrsbezogenen Grund mit ungewöhnlich niedrigem Tempo fährt".

reduzierung oder riskanten Überholmanövern genötigt. „Triftig" ist ein Grund, wenn er subjektiv oder objektiv das Langsamfahren rechtfertigt, z. B. bei mangelhafter Motorleistung oder wegen Schonung eines kranken Mitfahrers, nicht aber zur Einhaltung des Fahrplans eines Linienbusses, um die Landschaft zu betrachten oder als subjektiver Beitrag zur Senkung der CO_2-Emission. Die Verpflichtung aus § 5 Abs. 6 Satz 2 für langsame Fahrzeuge, das Überholen anderer Fahrzeuge zu ermöglichen, begründet keinen Verstoß nach § 3 Abs. 2, wenn das geringe Tempo fahrzeug- oder ladungsbedingt ist, somit ein „triftiger Grund" vorliegt. Andererseits müssen diese Fahrzeuge an geeigneter Stelle den rückwärtigen Verkehr vorbeilassen.

Gezieltes Langsamfahren aus verkehrsfremden Motiven, um nachfolgenden Verkehr zum Abbremsen zu zwingen („Ausbremsen"), ist strafbare Nötigung nach § 240 StGB (BayObLG VerkMitt 2001 Nr. 87 = DAR 2002, 79 = NJW 2002, 628; LG Mönchengladbach VerkMitt 2002 Nr. 60 = NJW 2002, 2186; OLG Köln DAR 2000, 84).

2.4 Gefährdungsausschluss bei Kindern, älteren Menschen und Hilfsbedürftigen

Ist nach den gewöhnlichen Lebenserfahrungen und den Örtlichkeiten nicht mit einer Gefährdung zu rechnen, bestehen gegenüber Kindern keine überspannten Sorgfaltsanforderungen aus § 3 Abs. 2a (BGH NZV 2001, 35 = DAR 2001, 33). So braucht nicht damit gerechnet zu werden, dass hinter jedem geparkten Fahrzeug ein Kind auf die Fahrbahn laufen könnte (OLG Köln DAR 2001, 510; OLG Hamm NZV 1991, 194) oder wenige Meter hinter einer ampelgeregelten Kreuzung bei Grün ein Kind zwischen geparkten Fahrzeugen auf die Fahrbahn rennt (KG NZV 1988; 104 = VRS 75, 285). Sieht der Fahrer ein 11-jähriges Kind auf der Mitte des Bürgersteigs gehen, braucht er auf einer Tempo-50-Straße nicht damit zu rechnen, dass dieses ohne konkrete Anhaltspunkte für ein Fehlverhalten plötzlich die Fahrbahn betritt (OLG Hamm DAR 2006, 272; OLG Hamm DAR 1991, 180: 13-jähriges Kind); anders bei spielenden Kindern auf dem Gehweg oder mit Rollern vor einem abgesenkten Bordstein (OLG Hamm VerkMitt 2008 Nr. 43 = NZV 2008, 409: 11½-jähriges Kind), bei Kindergruppen (OLG Oldenburg DAR 2004, 706) oder einem 7-jährigen Kind bei Annäherung an den Fahrbahnrand: Hier muss das Tempo deutlich reduziert und zur Fahrbahnmitte hin ausgewichen werden (OLG Jena VRS 111, 180; OLG Frankfurt/M VerkMitt 2001 Nr. 84 = DAR 2001 217). Die Ersatzpflicht der Aufsicht führenden Eltern für einen Schaden, den ein Kind Dritten widerrechtlich zufügt, folgt aus § 832 Abs. 1 i.V.m. §§ 1626 Abs. 1, 1631 Abs. 1 BGB. Die Ersatzpflicht ist allerdings ausgeschlossen, wenn die Aufsichtspflicht erfüllt oder der Schaden auch bei gehöriger Aufsicht entstanden wäre (s.a. Pardey DAR 2001, 1).[6]

---

6 **§ 832 BGB Haftung des Aufsichtspflichtigen**
 (1) Wer kraft Gesetzes zur Führung der Aufsicht über eine Person verpflichtet ist, die wegen Minderjährigkeit oder wegen ihres geistigen oder körperlichen Zustands der Beaufsichtigung bedarf, ist zum Ersatz des Schadens verpflichtet, den diese Person einem Dritten widerrechtlich zufügt. Die Ersatzpflicht tritt nicht ein, wenn er seiner Aufsichtspflicht genügt oder wenn der Schaden auch bei gehöriger Aufsichtsführung entstanden sein würde.
 (2) Die gleiche Verantwortlichkeit trifft denjenigen, welcher die Führung der Aufsicht durch Vertrag übernimmt.

§ 3 Geschwindigkeit

Ergeben sich aus dem Verhalten der Kinder oder aus der Verkehrssituation Auffälligkeiten, die zu Gefährdungen führen können, müssen alle Maßnahmen zur Abwendung der Gefahr getroffen werden. Wesentlich ist zunächst die „erkennbare" Anwesenheit von Kindern (OLG Köln VRS 89, 430), ferner

Zulässige Höchstgeschwindigkeiten für Kraftfahrzeuge
(innerorts gilt 50 km/h für alle KFZ)

Fahrzeugarten		Außerorts in km/h	Autobahn in km/h[1]	Besonderheiten
Krafträder		100	ohne[2]	
	mit Anhänger	60	60	
PKW		100	ohne[2]	
	mit Anhänger	80	80	100 km/h mit Plakette[5]
LKW bis 3,5 t		100	ohne[2]	
	bis 3,5 t mit Anhänger	80	80	100 km/h mit Plakette[5]
	3,5 t bis 7,5 t	80	80	
	3,5 t bis 7,5 t mit Anhänger	60	80	
	über 7,5 t – auch mit Anhänger	60	80	
Wohnmobile bis 3,5 t		100	ohne[2]	
	bis 7,5 t	80	100	auf Autobahnen und Kraftfahrstraßen 100 km/h[7]
	über 7,5 t	60	80	
	bis 3,5 t mit Anhänger	80	80	100 km/h mit Plakette[5]
	über 3,5 t mit Anhänger	60[3]	80	
KOM – auch mit Gepäckanhänger		80	80[4]	auf Autobahnen 100 km/h[6]
	mit Stehplätzen bei Fahrgastbeförderung	60	60	
Zugmaschinen bis 7,5 t		80	80	
	über 7,5 t	60	80	
	mit einem Anhänger	60	80	
	mit zwei Anhängern	60	60	
Selbstfahrende Arbeitsmaschinen mit Anhänger		60	60	

1 Autobahngeschwindigkeiten gelten außerorts auf Kraftfahrstraßen nur dann gleichermaßen, wenn die Richtungsfahrbahnen durch Mittelstreifen oder bauliche Einrichtungen getrennt sind.
2 Im Übrigen gilt Richtgeschwindigkeit 130 km/h; als „PKW" zugelassene Kleintransporter über 3,5 t unterliegen der Temporegelung für LKW.
3 Wohnmobile über 3,5 t unterliegen im Anhängerbetrieb der Temporegelung des § 3 Abs. 3 Nr. 2b, selbst wenn das Zugfahrzeug nicht mehr als 3,5 t hat („... alle Kraftfahrzeuge mit Anhänger ...").
4 § 18 Abs. 5 Nr. 2 sieht zwar eine Tempobegrenzung für KOM mit Anhänger vor; hinter KOM dürfen jedoch nur Gepäckanhänger mitgeführt werden (§ 32a Abs. 4 StVZO).
5 Tempo 100 auf Autobahnen und Kraftfahrstraßen bei Erfüllung der technischen Bedingungen der 9. Ausnahme-Verordnung.
6 Bei Erfüllung der technischen Voraussetzungen des § 18 Abs. 5 Nr. 3 (keine Plakette erforderlich).
7 12. Ausnahme-Verordnung zur StVO vom 18.3.2005 (BGBl. I S. 866/VkBl. 2005, S. 454)

ob nach dem Alter und dem Verhalten des Kindes mit einer Gefährdung zu rechnen ist (BGH NJW 1986, 183, 184 = DAR 1985, 313, 314; KG VRS 72, 250). Je jünger ein Kind ist, umso höher sind die Sorgfaltsanforderungen. Beim Anfahren muss der Fahrer auch den unmittelbar vor ihm befindlichen Raum beobachten, selbst wenn dies bei einem LKW und einem Kind schwierig ist (KG NZV 1999, 329). Zu berücksichtigen ist, dass Kinder noch im Alter von 12 bis 14 Jahren vor allem bei größeren Entfernungen und hohen Geschwindigkeiten zu Fehleinschätzungen der Verkehrslage neigen und daher unbedacht die Fahrbahn betreten könnten (BGH VRS 45, 356). Das gilt besonders im Bereich des Gefahrzeichens 136 „Kinder" (OLG Koblenz VRS 48, 465), in Tempo 30-Zonen, im Einzugsbereich von Spielplätzen, Kindergärten und Schulen. Stehen Kinder am Fahrbahnrand, muss der Fahrer die Geschwindigkeit so herabsetzen, dass er rechtzeitig anhalten kann, wenn sie plötzlich über die Fahrbahn laufen (OLG Hamm NZV 2000, 259: max. 20 km/h). Nähert sich der Fahrer dem Bereich eines Kindergartens, sollte seine Geschwindigkeit nicht mehr als 10 km/h betragen, wenn Kinder zu sehen sind (OLG Stuttgart VersR 1979, 1039), bei sonstigem Vorbeifahren an spielenden Kindern 20 km/h (OLG Hamm VRS 75, 84 = NZV 1988, 102; VersR 1989, 97). Bewegt sich ein Rad fahrendes Kind auf die Fahrbahn zu, muss damit gerechnet werden, dass das Kind nicht mehr anhält (BGH VRS 94, 33; DAR 2001, 33).

Der eingeschränkte Vertrauensschutz bei **älteren Menschen** und **Hilfsbedürftigen** erfordert, dass diese Personen aufgrund äußerer Merkmale für den Fahrzeugführer erkennbar sind (OLG Hamm VerkMitt 2000 Nr. 11 = VRS 97, 334) und eine geordnete Reaktion nicht zu erwarten ist, z. B. bei gebückt Laufenden (OLG Frankfurt/M. NZV 2001, 218), bei taumelnd oder winkend die Fahrbahn überquerenden Alkoholisierten (BGH VerkMitt 2000 Nr. 58; NZV 2000, 120 = DAR 2000, 114 = VRS 98, 266). Für einen Unfall haftet der Fahrer aber nicht, wenn eine vorher nicht sichtbare betrunkene und dunkel gekleidete Person nachts um ein Uhr unvermutet auf die Fahrbahn läuft (OLG Köln NZV 2001, 43).

2.5 Geschwindigkeiten

Die geltenden Geschwindigkeitsgrenzen sind auch unter dem Gesichtspunkt des Lärm- und Abgasschutzes verfassungsgemäß (BVerfG DAR 1996, 92). Das schließt nicht aus, dass bei übermäßiger Lärm- oder Abgasentwicklung an einzelnen Straßenstrecken Tempobeschränkungen angeordnet werden können.

Ob ein Tempoverstoß auf verkehrsarmer Straße begangen wird (OLG Bamberg VerkMitt 2007 Nr. 83), der Betroffene Berufskraftfahrer ist oder sich bisher verkehrsgerecht verhalten hat, bleibt bei der Höhe der Ahndungsbeträge und Nebenfolgen außer Betracht (BayObLG VRS 92, 33; OLG Hamm VRS 98, 381; NZV 2000, 92 = VRS 97, 449; AG Kiel DAR 1999, 327; OLG Düsseldorf NZV 2000, 134 = DAR 2000, 127; OLG Hamm NZV 2003, 103).

2.5.1 Innerortsgeschwindigkeit

Innerorts beträgt die zulässige Höchstgeschwindigkeit 50 km/h; mit Tempo 30-Zonen muss stets gerechnet werden (§ 39 Abs. 1a).[7] Fehlt die **Ortstafel** (Z. 310/311), beginnt oder endet die 50-km/h-Grenze dort, wo eine geschlos-

---

7 Die Voraussetzungen für die Anordnung solcher Zonen folgen aus § 45 Abs. 1c.

sene Bauweise eindeutig wahrnehmbar ist (OLG Köln VerkMitt 1980 Nr. 42). Ist die Ortstafel nicht rechtzeitig erkennbar, kann ein Tempoverstoß für eine „Toleranzstrecke" milder beurteilt werden (BayObLG NZV 2002, 576 = VRS 103, 385; OLG Stuttgart VRS 59, 251). Wer innerorts auf einer **Vorfahrtstraße** unzulässig mit hohem Tempo auf eine Kreuzung zufährt, ist für den Unfall mit einem Wartepflichtigen auch dann verantwortlich, wenn er noch vor der Kreuzung auf 50 km/h abbremst (OLG Köln VRS 89, 345 = NZV 1995, 360: Tempo 100). Ist eine Tempobegrenzung nur nachts angeordnet, kann ein Verstoß nicht mit tagesüblicher Fahrpraxis entschuldigt werden (BayObLG DAR 2000, 577).

2.5.2 Außerortsgeschwindigkeit

Die Außerortsgeschwindigkeit von 100 km/h für alle PKW[8] und andere KFZ bis 3,5 t (§ 3 Abs. 3 Nr. 2c) gilt nur bei günstigen Straßen-, Verkehrs- und Wetterverhältnissen (OLG Oldenburg NZV 1990, 473). Dienen zulassungsrechtlich als „PKW" eingestufte KFZ über 3,5 t der Güterbeförderung, unterliegen sie der Temporegelung für LKW (80 km/h bzw. im Anhängerbetrieb bis 60 km/h). Dabei kommt es nicht auf die Eintragung in den Zulassungsdokumenten an, sondern auf die tatsächliche Ausstattung und Verwendung als LKW (BayObLG VerkMitt 2004 Nr. 12 = DAR 2003, 469 = VRS 105, 451 = VD 2003, 272 = NJW 2004, 306: „Sprinterbeschluss"; OLG Jena VRS 108, 49; OLG Düsseldorf NZV 1991, 483; Blümel DAR 2004, 39; a. A. AG Elmshorn SVR 2007, 275: es komme auf die Zulassung als „PKW" an).[9] Gleiches gilt für KFZ mit EU-Betriebserlaubnis.[10] Die vorgeschriebenen Höchstgeschwindigkeiten für LKW gelten auch für Arbeitsmaschinen (OLG Düsseldorf NZV 1999, 51).

Die Ausnahme vom Tempolimit 100 km/h **außerorts** auf Straßen mit Mittelstreifen oder solchen mit baulich getrennten Fahrbahnen (autobahnähnlich ausgebauten Straßen) bezieht sich nur auf PKW und KFZ bis 3,5 t, nicht aber auf die in § 3 Abs. 3 Nr. 2a und b genannten Fahrzeuge (OLG Düsseldorf VerkMitt 2007 Nr. 91).[11] Die in § 18 Abs. 5 ebenfalls auf autobahnähnliche Straßen bezogenen Geschwindigkeitsgrenzen gelten jedoch nur für die mit Z. 331.1 gekennzeichneten außerörtlichen **Kraftfahrstraßen** (BayObLG VerkMitt 2000 Nr. 29 = DAR 1999, 411 = NZV 1999, 393 = VRS 98, 43).

Wird auf autobahnähnlichen Straßen **außerorts** (ohne Z. 331.1) die Geschwindigkeit durch Z. 274 angehoben, gilt diese nur für die in § 3 Abs. 3 Nr. 2c genannten KFZ, denn die für bestimmte Fahrzeugarten (§ 3 Abs. 2 Nr. 2a und b) geltenden Tempogrenzen bleiben unberührt (Anl. 2 lfd. Nr. 49 – Erl. Nr. 2). Infolgedessen darf z.B. ein LKW über 7,5 t dort nur Tempo 60 fahren, selbst wenn das Z. 274 Tempo 80 erlaubt. Wird hingegen innerorts auf einer solchen Straße die Geschwindigkeit durch Z. 274 auf mehr als 50 km/h angehoben, gilt dies für alle Fahrzeuge (Anl. 2 lfd. Nr. 49 – Erl. Nr. 1).

---

8 PKW dürfen somit auch schwerer als 3,5 t sein, z.B. gepanzerte Limousinen, Geländefahrzeuge.
9 Der wahlweise Einsatz eines PKW als Kombinationskraftfahrzeug zur Personen- oder Güterbeförderung nach § 23 Abs. 6a StVZO bis 2,8 t ist mit der 27. VO zur Änderung der StVZO vom 2.11.2004 (BGBl. I S. 2712) entfallen.
10 Marquardt VD 2005, 264: zum Urteil des EuGH vom 13.7.2006 = DAR 2006, 563 = NZV 2006, 552 = VD 2006, 247, das die Auffassung bestätigt, dass die RL 92/53/EWG vom 18.6.1992 über die EU-Betriebserlaubnis nicht nationalen Temporegelungen entgegensteht.
11 Somit auch nicht für Kleintransporter über 3,5 t, die als „PKW" zugelassen sind.

Geschwindigkeit auf autobahnähnlich ausgebauten Straßen

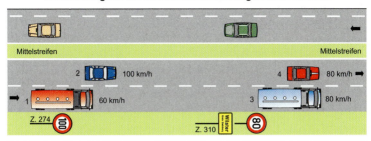

Bei autobahnähnlich ausgebauten Straßen außerorts muss das rote Tankfahrzeug 1 mit einer zulässigen Gesamtmasse über 7,5 t Tempo 60 einhalten (§ 3 Abs. 3 Nr. 2b); PKW 2 darf 100 km/h fahren (§ 3 Abs. 3 Nr. 2c Satz 2 und 3). Innerorts gelten hingegen die Tempogrenzen für alle Fahrzeuge. Das blaue Tankfahrzeug 3 und PKW 4 dürfen deshalb nach dem Ortseingangsschild (Z. 310) ab dem Z. 274 max. 80 km/h fahren (§ 41 Abs. 2 Nr. 7 Satz 2).

Ist die autobahnähnlich ausgebaute Straße hingegen durch Z. 331 als „Kraftfahrstraße" ausgewiesen, würde für das Tankfahrzeug 1 außerorts Tempo 80 km/h gelten (§ 18 Abs. 5 Satz 2); PKW 2 würde außerorts an sich keiner Geschwindigkeitsbegrenzung unterliegen, dürfte jedoch wegen des Z. 274 höchstens 100 km/h fahren. Innerorts bliebe es bei der Regelung des § 41 Abs. 2 Nr. 7 Satz 2, d.h. Tankfahrzeug 3 und PKW 4 dürfen beide 80 km/h fahren.

Infolgedessen darf der LKW über 7,5 t dort 80 km/h fahren, wenn das Z. 274 Tempo 80 erlaubt. Damit trägt der VO-Geber der Homogenität des meist starken Verkehrsflusses innerorts Rechnung. Aus den gleichen Gründen gilt das für innerörtliche Autobahnen, bei denen allerdings die Geschwindigkeit nicht „angehoben", sondern durch Z. 274 auf 100 km/h begrenzt wird; hier darf ein LKW über 7,5 t statt 80 km/h dann Tempo 100 fahren.[12]

Wohnmobile sind weder PKW noch LKW. Bisher galt für Wohnmobile mit Anhänger außerorts eine zulässige Höchstgeschwindigkeit von 60 km/h, andererseits für LKW bis 3,5 t mit Anhänger 80 km/h. Die technischen Voraussetzungen für eine gefahrlose Teilnahme am Straßenverkehr mit 80 km/h gilt aber für Wohnmobile mit Anhänger gleichermaßen, sodass diese Tempogrenze jetzt auch für diese Fahrzeugkombination gilt.

2.5.3 Geschwindigkeit mit Schneeketten

Das Tempolimit von 50 km/h gilt für alle Arten von Schneeketten auf allen Straßen, auch für Anfahrhilfen, sofern dort mit Schneeketten gefahren werden muss (Anl. 2 lfd. Nr. 42 – Z. 268). Die bauartbedingte Mindestgeschwindigkeit von 60 km/h des § 18 Abs. 1 hat keine Auswirkungen auf das Tempolimit bei Schneeketten.

2.5.4 Schrittgeschwindigkeit

Schrittgeschwindigkeit ist vorgeschrieben für alle Fahrzeuge (OLG Hamm DAR 2001, 458: auch Radfahrer) in verkehrsberuhigten Gebieten (Z. 325), auf Gehwegen (Z. 239), in Fußgängerzonen (Z. 242), beim Ein- und Aussteigen von Fahrgästen an Haltestellen rechts (§ 20 Abs. 2) und bei der Vorbeifahrt an haltenden Schulbussen mit Warnblinklicht (§ 20 Abs. 4). Die Schrittgeschwindigkeit beträgt für alle Fahrzeuge, auch Radfahrer, bis

---
12 Es gilt dann auch die innerörtliche Fahrverbotsgrenze der BKatV von 31 km/h (KG NZV 2002, 47).

zu 7 km/h (OLG Köln VerkMitt 1985 Nr. 63 = VRS 68, 354; OLG Brandenburg DAR 2005, 570; AG Leipzig DAR 2005, 703: Tempo 4–10 km/h, aber deutlich unter 20 km/h), auch bei starkem Gefälle (OLG Stuttgart NZV 1988, 30).

2.5.5 Mäßige Geschwindigkeit

Mäßige Geschwindigkeit bedeutet, so langsam zu fahren, dass – orientiert an der zulässigen Höchstgeschwindigkeit – jederzeit ohne Gefahrbremsung angehalten werden kann, innerorts zwischen 10 und 30 km/h. Mäßige Geschwindigkeit ist vorgeschrieben vor Kreuzungen und Einmündungen (§ 8 Abs. 2), vor Bahnübergängen (§ 19 Abs. 1), beim Vorbeifahren an Haltestellen (§ 20 Abs. 1) und an Fußgängerüberwegen (§ 26 Abs. 1).[13]

2.5.6 Richtgeschwindigkeit

Für PKW und andere KFZ bis zu 3,5 t gilt auf Autobahnen und autobahnähnlich ausgebauten Straßen außerorts eine empfohlene Höchstgeschwindigkeit von 130 km/h.[14] Die Regelung selbst ist nicht bußgeldbewehrt, kann jedoch einen Verstoß gegen § 3 Abs. 1 begründen. Wer die Richtgeschwindigkeit überschreitet, haftet zu 20 %, wenn der durch verkehrswidriges Verhalten eines anderen verursachte Unfall bei Einhaltung der Richtgeschwindigkeit vermieden worden wäre (OLG Hamm NZV 1995, 194; DAR 2000, 218). Im Übrigen sind die Z. 380 und Z. 381 (Anfang und Ende einer empfohlenen Richtgeschwindigkeit) ersatzlos entfallen; bestehende Zeichen bleiben aber noch bis 2019 gültig (§ 53 Abs. 5).

2.6 Tachometer

Bei Ausfall des Geschwindigkeitsmessgeräts muss sich der Kraftfahrer anhand der Fahrgeräusche besonders sorgfältig vergewissern, dass er die erlaubte Geschwindigkeit nicht überschreitet (OLG Celle DAR 1978. 169), ein zusätzlicher „Toleranzabzug" wird nicht zugebilligt (OLG Köln DAR 2001, 135 = VRS 100, 204). Er darf sich auch nicht einfach dem mit unzulässig überhöhtem Tempo fahrenden Verkehrsfluss anpassen (BayObLG VerkMitt 2000 Nr. 50 = DAR 2000, 171 = NZV 2000, 216 = VRS 98, 288). Wesentlich sind der Abstand zum Vordermann, die Geschwindigkeit, die Sicht und die Straßenverhältnisse (OLG Koblenz VRS 74, 196; ähnlich OLG Düsseldorf VRS 83, 216).

2.7 Geschwindigkeitskontrollen

Tempoverstöße müssen von der Polizei grundsätzlich durch Messungen nachgewiesen werden (Radar, Laser, Tachometervergleich, Stoppuhr, Spiegelmessverfahren, Fahrtschreiber, Nachfahren).[15] Dabei genügt nicht allein die Angabe des konkreten Messwertes,[16] vielmehr sind auch die Messmethode, abzuziehende Toleranzwerte und mögliche Fehlerquellen im Bußgeld-

---

13 Auf Fahrradstraßen gilt (jetzt) Tempo 30 (Anl. 2 lfd. Nr. 23 – Z. 244).
14 Siehe Autobahn-Richtgeschwindigkeits-Verordnung 130 km/h: Erl. 3.1 zu § 18.
15 Die Messgeräte müssen nach § 2 Abs. 2 EichG geeicht sein. Siehe auch Standards der Geschwindigkeitsüberwachung im Verkehr – Schriftenreihe „Berichte der Bundesanstalt für Straßenwesen", 2002, Heft 146.
16 Die Angabe eines Geschwindigkeitsrahmens wie „100 bis 120 km/h" genügt dabei nicht (BayObLG DAR 2005, 347).

Geschwindigkeit § 3

Brems- und Stabilisierungssysteme		
System	Bezeichnung	Wirkung
ABS	**A**utomatisches **B**lockiersystem	Bremssystem zur Verhinderung des Blockierens der Räder (auch ABV = Automatischer Blockierverhinderer)
ASR	**A**nti-**S**chlupf-**R**egelung	Verhinderung des Durchdrehens der Antriebsräder mittels elektronischer Steuerung bei unterschiedlichen Fahrbahnzuständen
ESP	**E**lectronic **S**tability **P**rogram	Stabilisierung der Fahrdynamik in Verbindung mit ABS und ASR zur Verhinderung des Schleuderns bei Fahrspurwechsel in enger Kurvenfahrt („Elchtest")
EHB	**E**lektro-**H**ydraulische **B**remse	Verkürzung der Bremsenansprechzeit durch elektronische Druckmodulation
ACC	**A**daptive **C**ruise **C**ontrol	Einhaltung eines ausreichenden Abstandes durch automatische Verzögerung bei zu dichtem Auffahren (Einwirkung auf Motordrehzahl und Bremse)
EVA	**E**mergency **V**alve **A**ssistance („Bremsassistent")	System erkennt eine gewollte Gefahrbremsung und verstärkt den Bremsdruck durch Sensoren im Hauptbremszylinder automatisch bis zur Vollbremsung
ADAM	**A**dvanced **D**ynamic **A**id **M**echanism („Bremsassistent")	System erkennt eine gewollte Gefahrbremsung und verstärkt den Bremsdruck durch die Trägheit beweglicher Teile im Bremskraftverstärker automatisch bis zur Vollbremsung

1 Brems- und Stabilisierungssysteme gehören zu den Fahrerassistenzsystemen, die bei bestimmten Gefahrsituationen automatisch in die Fahrzeugbedienung eingreifen (s.a. Albrecht VD 2006, 143)

bescheid anzugeben (OLG Hamm DAR 2004, 407; OLG Hamm VRS 93, 144; OLG Düsseldorf VerkMitt 1992 Nr. 7; OLG Köln VerkMitt 1991 Nr. 97), auch wenn der Betroffene die Überschreitung zugibt (OLG Düsseldorf VerkMitt 1991 Nr. 118). Standardisierte Messverfahren erfordern den Betrieb des Messgeräts nach der Bauartzulassung im geeichten Zustand entsprechend der Bedienungsanleitung, auch beim vorangehenden Gerätetest (OLG Koblenz DAR 2006, 101). Sie können nicht mit der Behauptung abstrakt möglicher Fehlerquellen angezweifelt werden; vielmehr sind konkrete Anhaltspunkte erforderlich (OLG Hamm VRS 98, 305; OLG Zweibrücken DAR 2000, 225 = NZV 2001, 48). Ohne Sachverständigengutachten sind Messfehler gerichtlich kaum anfechtbar.

Schätzungen (ohne Messgeräte) können wegen der ihr anhaftenden Ungenauigkeit nur bei besonderer Erfahrung und Schulung genügen, um einen Verkehrsverstoß nachzuweisen (BGH VRS 38, 104; OLG Karlsruhe DAR 2008, 709; BayObLG DAR 1958, 338; OLG Hamm DAR 1974, 77; BayObLG DAR 2001, 37: Betroffener ist nicht mit Schrittgeschwindigkeit gefahren).

Radarwarngeräte sind nach § 23 verboten. Die **Warnung** an Kraftfahrer vor Tempokontrollen mit anderen Mitteln (z. B. hochgehaltenes Schild) beeinträchtigt die Durchführung der präventiv-polizeilichen Aufgabe und stellt deshalb eine Gefahr für die öffentliche Sicherheit dar; sie kann von der

Polizei[17] mit Anordnung der sofortigen Vollziehung untersagt werden (OVG Münster NZV 1997, 326; DÖV 1997 512; VG Saarlouis VerkMitt 2004 Nr. 86 = DAR 2004, 668). Ordnungswidrig sind solche Warnungen aber nur, wenn es dabei zu Behinderungen oder Belästigungen nach § 1 Abs. 2 kommt (OLG Stuttgart VerkMitt 1997 Nr. 50 = NZV 1997, 242 = VRS 93, 294). Wer zur erkannten Kamera einer Messstelle hin den „Stinkefinger" zeigt, macht sich auch dann wegen Beleidigung nach § 185 StGB strafbar, wenn die kontrollierenden Beamten selbst nicht sichtbar sind (BayObLG DAR 2000, 277 = VRS 98, 348 = NZV 2000, 337).

Unzulässig ist ferner die Benutzung von Klebefolien oder Reflektoren, um die Erkennbarkeit des Kennzeichens zu erschweren (BGH NZV 2000, 47 = VRS 98, 129: Verstoß gegen § 60 StVZO, aber keine Verfälschung einer Urkunde; OLG München VerkMitt 2006 Nr. 60 = DAR 2006, 467 = VRS 111, 40 = NZV 2006, 435 = VD 2006, 190; LG Flensburg DAR 2000, 122: keine Fälschung technischer Aufzeichnungen nach § 268 Abs. 3 StGB). Unzulässig sind auch „Gegenblitzanlagen", um die Identifizierung des Fahrers zu erschweren.

2.7.1 Radargeräte

a. **Punktuelle Messungen**

Radargeräte sind mobil oder stationär („Starenkästen") einsetzbar. Dabei muss nachprüfbar sein, wie die Geschwindigkeit gemessen und ob ein zugelassenes und geeichtes Gerät zur „kostenpflichtigen Erleuchtung" verwendet worden ist (OLG Düsseldorf DAR 1988, 103; OLG Köln NZV 1991, 280). Die wesentlichen Identifizierungsmerkmale, Art des Messverfahrens und Messtoleranzen müssen dokumentiert sein (OLG Brandenburg VRS 103, 131; OLG Düsseldorf DAR 2001, 516; OLG Hamm NZV 2001, 90 = DAR 2001, 85). Messfehler können auftreten, wenn der Messwinkel zu klein oder die Reflexionsgeschwindigkeit fehlerhaft eingestellt ist (OLG Hamm VRS 60, 135; OLG Koblenz DAR 2003, 474: Gerät **Multanova** 6 F; OLG Oldenburg DAR 2008, 37: Fehler bei Nahfeldmessung mit Ferneinstellung bei **Multanova** 6 F-2 sind in dem 3-%-Sicherheitsabschlag einbezogen; OLG Düsseldorf NZV 1989, 202; OLG Hamm VRS 79, 45 = NZV 1990, 279 und 402; OVG Münster NJW 1995, 3336: bei Multanova MU VR 6 F Überprüfung durch Segment- und Quarztest). Beim Handradar **Speedcontrol** darf sich nur ein Fahrzeug im wirksamen Strahlungsbereich befinden (BayObLG VerkMitt 1991 Nr. 72). Messungen mit Radargerät **MESTA** 204 sind auch bei heißem Wetter beweiserheblich (OLG Hamm VRS 37, 450). Tempomessung durch nicht standardisiertes Verfahren mit Moving-Radargerät **Traffipax Speedophot**: OLG Düsseldorf DAR 1995, 373 = VRS 89, 380. Zur Messung mit **Radarpistole**: BayObLG VerkMitt 1992 Nr. 72 = VRS 82, 371 = NZV 1992,161; zuverlässige Feststellung nur, wenn sich ein einzelnes Fahrzeug im Strahlungsbereich befindet; zum **HICO-NEAS**-Geschwindigkeitsmessgerät Typ 468: KG, NZV 1990, 160.

b. **Streckenbezogene Messungen („Section Control")**

Die punktuelle Tempoüberwachung trägt auf gefährlichen Streckenabschnitten nur bedingt zur Risikominderung bei, weil Kraftfahrer nach dem Passieren der Kontrollstelle ihr Tempoverhalten kaum ändern. Geeigneter

---

17 Nach den Sicherheits- und Ordnungsgesetzen der Länder kann die Polizei die notwendigen Maßnahmen zur Abwehr von Gefahren für die öffentliche Sicherheit oder Ordnung treffen.

erscheint eine streckenbezogene Tempoüberwachung („Section Control").[18] Dazu werden die KFZ-Kennzeichen am Anfang und am Ende einer tempolimitierten Strecke automatisch erfasst und aus der Zeit-Wege-Relation die Geschwindigkeit ermittelt. Aus datenschutzrechtlichen Gründen ist die Section Control (noch) umstritten, weil auch solche Kraftfahrer erfasst werden, die sich ordnungsgemäß an die bestehenden Tempolimits halten.

2.7.2 Lasermessgeräte

Lasermessgeräte sind zur Tempokontrolle geeignet (OLG Hamm NZV 1997, 187; BayObLG VerkMitt 1997 Nr. 36 = VRS 92, 353 = NZV 1997, 322; BayObLG DAR 1999, 563; Thumm DAR 1998, 116: Laserpistole **Riegel LR 90-235/P** als standardisiertes Messverfahren). Beim Verdacht von technischen Fehlfunktionen muss dem nachgegangen werden (OLG Hamm VerkMitt 2007 Nr. 56). Reflexionsfehler ergeben sich durch ungenaues Zielen auf das zu messende KFZ aus größerer Entfernung, wenn andere Fahrzeuge daneben oder dahinter fahren. Zu Lasten des Betroffenen wirkt sich dabei eine fehlende Fotodokumentation aus. Bei der von der Physikalisch-Technischen Bundesanstalt zugelassenen Laserpistole **LASER-GMG** LTI 20/20 TS/KM muss eine eindeutige Zuordnung des Messwertes zum anvisierten KFZ sichergestellt sein (OLG Oldenburg VRS 88, 306). Dies ist im Allgemeinen bei Tageslicht und zu verkehrsarmer Zeit möglich (OLG Frankfurt/M. NZV 1995, 458; OLG Oldenburg DAR 1996, 291 = NZV 1996, 328; OLG Hamm VRS 111, 375 = DAR 2007, 217: auch bei Dunkelheit, sofern die Zuordnung zu dem gemessenen Fahrzeug keine Zweifel begründet). Bei dem Laser-Messgerät **LAVEG**[19] ist eine Toleranz von 3 % abzuziehen (OLG Saarbrücken NZV 1996, 207 = VRS 91, 63).

2.7.3 Funkstoppverfahren

Das Funkstoppverfahren ist eine anerkannte Messmethode, bei der ein gleich bleibender Abstand zwischen Fahrzeugen über eine Mindeststrecke von 150 m mit Anfangs- und Endpunkt erforderlich ist (OLG Koblenz VRS 55, 290). Zum Fehlerausgleich ist in der Regel ein Zuschlag von 0,7 s auf die längste der gemessenen Fahrzeiten vorzunehmen (OLG Hamburg VRS 74, 62). Bei Verwendung einer geeichten Stoppuhr ist ein Toleranzausgleich von 0,3 s vom Messwert erforderlich (KG NZV 2002, 334; BayObLG VRS 90, 230).

2.7.4 Lichtschranken

Die Tempomessung durch Lichtschranken ist eine anerkannte Messmethode. Gemessen wird die Zeit, die ein KFZ zwischen den Messpunkten von zwei Lichtschranken durchfährt. Während der Messung darf der Lichtstrahl nicht durch einen anderen Körper (Fahrzeug, Fußgänger) unterbrochen sein (BayObLG VRS 53, 298; BayObLG VRS 74, 384). Lichtschrankenmessungen mit dem Gerät **ESO uP 80/VI** oder **ESO ES 1.0** sind grundsätzlich zuverlässig (BayObLG DAR 1988, 211 = NZV 1988, 30; BayObLG DAR 1990, 394; OLG Stuttgart NZV 2008, 43 = VRS 113, 370); notwendig sind

---

18 Beschluss des AK V („Tempoüberwachung") des 47. Verkehrsgerichtstages 2009, der sich nach heftigen Diskussionen für einen Test auf einem besonders gefährlichen Autobahnabschnitt ausgesprochen hat. In Österreich wird die Section Control bereits mit Erfolg praktiziert.
19 LAVEG = Laseroperated Velocity Guard von Jenoptik GmbH

aber Anzeigen- und Dekodertest bei jedem Messeinsatz, nicht aber bei jedem Filmwechsel (BayObLG VerkMitt 1991 Nr. 19). Zum **Koaxialkabelverfahren** Truvelo M-4 Quadrat: OLG Zweibrücken NZV 1992, 375.

2.7.5 Tempokontrolle durch Hinterherfahren

Geschwindigkeitsmessungen durch Hinterherfahren sind zulässig (OLG Düsseldorf VerkMitt 1988 Nr. 44 = NZV 1988, 32). Dabei sind Messmethode und Fehlerquellen zu dokumentieren (OLG Hamm NZV 2002, 245 und 282). Neben der Geschwindigkeit sind die Beleuchtungsverhältnisse, die Sicht und der Abstand festzuhalten (OLG Hamm VRS 113, 112, 302 und 309; OLG Hamm VRS 110, 279; OLG Celle VRS 106, 460: Abstandschätzung von 100 m auch zur Nachtzeit genügt). Die Messstrecke muss mindestens 300 m, bei Geschwindigkeiten ab 100 km/h mindestens 500 m betragen (OLG Bamberg DAR 2006, 517: ab 90 km/h). Der Abstand sollte etwa der Hälfte der gefahrenen Geschwindigkeit in Metern entsprechen; ist er größer, muss die Messstrecke länger sein oder eine größere Toleranz eingeräumt werden (OLG Hamm DAR 2006, 31 = VRS 109, 373 = NZV 2006, 108: 27 %; OLG Celle 2004, 419: 17 %; OLG Hamm DAR 2003, 429: 15 %; OLG Düsseldorf VRS 92, 356; BayObLG DAR 1996, 288; OLG Braunschweig DAR 1989, 110; OLG Frankfurt DAR 1997, 285: bei Messstrecken von 250 m 20 % Toleranzabzug). Zur Messung durch Nachfahren im Bereich unterschiedlicher Höchstgeschwindigkeiten: OLG Hamm NZV 1992, 374; OLG Düsseldorf NZV 1993, 80. Anzeichen für einen Messfehler liegen vor, wenn eine Differenz von 20 km/h zur bauartbedingten Höchstgeschwindigkeitsgrenze besteht (OLG Düsseldorf DAR 1999, 413).

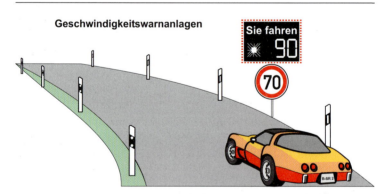

Geschwindigkeitswarnanlagen

Automatische Geschwindigkeitswarnanlagen zeigen Tempoüberschreitungen an. Durch Anzeige der tatsächlich gefahrenen Geschwindigkeit sollen Kraftfahrer veranlasst werden, ihr Tempo zu reduzieren. Beim sparsamen Einsatz an unfallträchtigen Strecken und Beachtung des Gewöhnungseffektes oder als Nebelwarnanlagen haben sich solche Einrichtungen durchaus als wirksam erwiesen. Obwohl der verkehrserzieherische Zweck der Anlagen im Vordergrund steht, können die Anlagen auch mit Blitzlicht und Fotokamera zur Erfassung von Verstößen kombiniert werden.

Im Innerortsbereich haben solche Anlagen wegen des Gewöhnungseffektes nur begrenzte Wirksamkeit; um nicht als "Tacho-Testanlagen" missbraucht zu werden, sollten sie mobil für unterschiedliche Standorte einsetzbar sein und nur auf eine Tempoüberschreitung hinweisen.

Beim **nächtlichen** Hinterherfahren über 900 m und 60 m Abstand ist ein Sicherheitszuschlag von 17 % zulässig (OLG Hamm DAR 1995, 374; OLG Oldenburg DAR 1996, 291: bei 100 m sind für die Schätzung des Abstandes weitere Feststellungen erforderlich). Bei nächtlicher Sichtbeeinträchtigung sind neben der Messung genaue Angaben über die getroffenen Feststellungen erforderlich, wie Beleuchtungsverhältnisse, Erkennbarkeit der Rückleuchten und Umriss des Fahrzeugs (OLG Hamm NZV 2007, 257; OLG Hamm VRS 105, 229; BayObLG DAR 2000, 320); anders nur bei sehr langer Messstrecke und kurzem Abstand (OLG Hamm VRS 112, 40: 3 km und 75 m Abstand).

Das Eichgesetz verbietet nicht die Verwendung ungeeichter Tachometer (KG VRS 90, 62). Bei **nicht justiertem** Tachometer sind aber 7 % des Skalenendwerts und 12 % der abgelesenen Geschwindigkeit abzuziehen (OLG Köln DAR 2008, 654; OLG Stuttgart VerkMitt 2005 Nr. 19; OLG Celle NZV 2005, 158: 20 % des Messwertes; OLG Köln NZV 1991, 202: 7 %; OLG Düsseldorf NZV 1992, 496: 10 %; KG NZV 1995, 456: 20 km/h). Die Beweiskraft des Tachometervergleichs gilt auch, wenn zwischen dem zu prüfenden Fahrzeug und dem Polizeifahrzeug ein anderes Fahrzeug in dieselbe Richtung fährt (OLG Düsseldorf NZV 1990, 318). Wesentlich und daher festzustellen ist der Abstand zwischen dem zu prüfenden Fahrzeug und dem Polizeifahrzeug (KG NZV 1991, 119). Bei Ermittlung der Durchschnittsgeschwindigkeit mit dem **HICO-NEAS-System** (Weg-Zeit-Messung) auf über 500 m sind 10 % Sicherheitsabzug ausreichend (KG VerkMitt 1996 Nr. 50 = NZV 1996, 79); ebenso bei Messgerät **ProViDa** Proof Electronic (OLG Jena VRS 111, 211: 5 % ausreichend; BayObLG NZV 1998, 421; BayObLG VRS 105, 444 = DAR 2004, 37: 5 %, bei Beschleunigungsdifferenzen 10 %; OLG Hamm DAR 2004, 42 = VRS 106, 64: 5 % bei Tempo 100). Zur Verwendung einer **Traffipaxanlage** beim Messen durch Nachfahren: OLG Düsseldorf NZV 1986, 76: Abzug 15 %. Das **Police-Pilot**-Steuergerät (PPS) ist ein standardisiertes Messverfahren, Angabe der Art des Messverfahrens und der Toleranzabzug reichen aus (KG VD 2009, 18; KG NZV 2005, 654; OLG Celle VRS 92, 435 = NZV 1997, 188; OLG Braunschweig DAR 1995, 371 = NZV 1995, 367: Sicherheitsabzug von 5 %; ebenso OLG Düsseldorf DAR 2001, 374; KG VRS 88, 473; KG DAR 2009, 39: von 10 %).

2.7.6 Tempokontrolle durch Vorausfahren

Es gelten die gleichen Regeln wie bei Messungen durch Hinterherfahren; allerdings muss die Einhaltung des Abstandes, die Länge der Messstrecke und die Geschwindigkeit des Messfahrzeuges noch sorgfältiger beobachtet und dokumentiert werden (BayObLG VerkMitt 2001 Nr. 45 = VRS 92, 364 = NZV 1997, 322; NZV 2001, 271).

2.7.7 Tempokontrolle durch Videoaufzeichnung

Geschwindigkeitsmessungen mit Videokamera und gekoppeltem geeichtem Messgerät sind zulässig, erfordern aber Sicherheitszuschläge (BayObLG DAR 1998, 359, 360; BayObLG VRS 199, 378: bei **Proof-Speed**-Messgerät 10 %). Zur Geschwindigkeitskontrolle durch Videoaufnahmen und Computer: OLG Celle DAR 1990, 279 = NJW 1990, 1308; NZV 1991, 281; OLG Celle VerkMitt 1997 Nr. 79: 5 % Sicherheitsabschlag + 3 % bei Reifenmängeln. Beim Messgerät **ProViDa** sind das Messverfahren, die Auswertung und Berechnung darzulegen (OLG Jena DAR 2006, 163 = VRS 110, 45; OLG

Düsseldorf VerkMitt 2001 Nr. 40); wegen der Fehlerfrequenz ab 100 km/h sind 5 % Toleranz erforderlich (OLG Naumburg VRS 100, 201). Zu Messfehlern bei Videostoppuhr **CG-P50E** siehe VD 2007, 275.

2.7.8 Kontrollen durch Hubschrauber

Tempomessungen durch Videofilmaufnahmen können vom **Hubschrauber** aus erfolgen (OLG Koblenz VerkMitt 1992 Nr. 96: 10 % Abzug der abgelesenen Geschwindigkeit).

2.7.9 Digitaler Fahrtschreiber

Die Auswertung von digitalen Aufzeichnungen[20] der EU-Kontrollgeräte für Tempokontrollen ist zulässig (OLG Hamm VRS 82, 235; OLG Düsseldorf VRS 92, 446; NZV 1996, 503; OLG Köln VRS 93, 206). Sind die Geräte nicht geeicht, ist ein ausreichender Sicherheitsabzug erforderlich OLG Hamm DAR 2004, 42: Abzug von 6 km/h bei 126 km/h). Sind mehrere Tempoverstöße während einer Fahrt aufgezeichnet, kann jeder Verstoß gesondert geahndet werden, wenn die Fahrt dazwischen unterbrochen wurde.

2.7.10 Stationäre Tempomessgeräte

Das mit drei Drucksensoren in der Fahrbahn nach der Wege-Zeitrelation arbeitende Geschwindigkeitsmessgerät **Traffipax Traffistar** S 330 ist ein standardisiertes Messverfahren (OLG Jena VRS 114, 464 = DAR 2009, 40: stationäre Tempomessung im Rennsteigtunnel/Thüringen).

2.8 Tempoüberschreitung bei Notstand

In seltenen Fällen einer akuten Gefahr kann die Überschreitung der zulässigen Höchstgeschwindigkeit gerechtfertigt sein (§ 16 OWiG), z. B. Fahrt bei Lebensgefahr zum Krankenhaus (OLG Schleswig VRS 30, 462) oder zum Arzt, wenn es auf jede Sekunde ankommt und Rettungsfahrzeuge mit Sonderrechten nicht rechtzeitig erreichbar sind (OLG Köln VerkMitt 2005 Nr. 66 = DAR 2005, 574 = VRS 109, 45 = NZV 2005, 595; OLG Düsseldorf VRS 30, 444); OLG Düsseldorf VRS 30, 444), bei einsetzenden Wehen im Taxi (OLG Düsseldorf VerkMitt 1995 Nr. 70 = VRS 88, 454 = NZV 1996, 122), zur Vermeidung eines Auffahrunfalls (OLG Naumburg DAR 1997, 30) oder bei schwerem Durchfall (OLG Düsseldorf VerkMitt 2008 Nr. 21 = VRS 113, 438 = DAR 2008, 156 = NZV 2008, 470). Die Beseitigung einer gegenwärtigen Gefahr darf wegen der notwendigen Güterabwägung nie zu einer Gefährdung Unbeteiligter führen. Keine Rechtfertigung bei einem Tempoverstoß, um wartende Patienten mit akuten Leiden zu betreuen (BayObLG VerkMitt 2000 Nr. 28 = DAR 2000, 170 = NZV 2000, 214 = VRS 98, 294) oder

---

20 Mit Änderung der VO [EWG] 3821/85 durch die VO [EG] 2135/98 vom 24.9.1998 (ABl. EG 1998, L 274/1) über das Kontrollgerät werden die bisher mechanisch auf dem Schaublatt aufgezeichneten Daten in einem digitalen Kontrollgerät als „Blackbox" gespeichert. Zum Auslesen der Daten des Kontrollgeräts dienen verschiedene mit einem Mikrochip versehene scheckkartengroße Speicherkarten. Dadurch soll die Effizienz von Kontrollen gesteigert und Manipulationen des gegenwärtigen Systems entgegengewirkt werden. Der Kraftfahrer erhält eine beim Kraftfahrt-Bundesamt (KBA) registrierte personenbezogene „Fahrerkarte", die das bisherige Schaublatt ersetzt und auf fünf Jahre befristet wird. Die Überwachungsbehörden erhalten eine „Kontrollkarte", um die im digitalen Kontrollgerät gespeicherten Daten lesen, ausdrucken und übertragen zu können.

um den Tierarzt bei Lebensgefahr des Tieres zu erreichen (OLG Düsseldorf VRS 79, 144; NZV 1990, 483).

3 Hinweise

3.1 Geschwindigkeitsregelung auf **Autobahnen** und **Kraftfahrstraßen**: § 18 Abs. 5.

3.2 Verordnung über eine allgemeine **Richtgeschwindigkeit 130 km/h** auf Autobahnen und ähnlichen Straßen: Autobahn-Richtgeschwindigkeits-Verordnung vom 21.11.1978 (BGBl. I S. 1824) i. d. F. siehe Hinweis Seite 23.

3.3 Vorsatz kann bei eklatanten Tempoverstößen angenommen werden, weil sich Kraftfahrer durch Fahrgeräusche und vorbeiziehende Umgebung der Fahrgeschwindigkeit bewusst sind (KG NZV 2005, 159 und KG VerkMitt 2004 Nr. 74 = NZV 2004, 598 = VRS 107, 213 und 316: mehr als 100 km/h innerorts; OLG Karlsruhe VRS 110, 439 = NZV 2006, 437 = VD 2006, 300: Tempoüberschreitung von etwa 50 % außerorts; OLG Hamm NZV 2007, 263 = SVR 2007, 186: um 116 %).

3.4 Freiheits- oder Geldstrafe bei grob verkehrswidriger und rücksichtsloser Tempoüberschreitung mit Gefährdung an unübersichtlichen Stellen, Kreuzungen, Einmündungen, Bahnübergängen: § 315c StGB. Kurzes Antippen des Bremspedals, um durch das Aufleuchten der Bremsleuchten nachfolgende KFZ zur Einhaltung eines ausreichenden Abstandes zu veranlassen, ist keine Nötigung, wenn nicht mit Panikreaktionen zu rechnen ist (OLG Köln VRS 93, 338).

3.5 Fahrverbote bei erheblicher Tempoüberschreitung: § 2 und Tabellen 1, 1a BKatV. Einmaliger grober Verstoß kann ein Fahrverbot rechtfertigen, ohne dass ausdrücklich festgestellt werden muss, ob nicht eine erhöhte Geldbuße ausreicht (BGH VerkMitt 1992 Nr. 1; VerkMitt 1992 Nr. 11).

3.6 Geschwindigkeitsbegrenzer nach EU-Richtlinie 92/24/EWG gelten für LKW und Zugmaschinen ab 12 t, bei KOM ab 10 t (§ 57c Abs. 2 StVZO). Abgeregelt wird die Geschwindigkeit ab 90 km/h (V_{set} + Toleranz), bei Omnibussen ab 100 km/h.

3.7 Kennzeichnung von **Fahrzeugen** mit **Tempobegrenzung**: Mit einem runden weißen Schild nach § 58 Abs. 3 StVZO müssen Kraftwagen unter 60 km/h, Anhänger unter 100 km/h oder mit einer Bremsverzögerung von weniger als 2,5 m/s^2 versehen sein (Schilddurchmesser 200 mm). Langsame Fahrzeuge sind mit einer Kennzeichnungstafel nach ECE-Richtlinie 69 – Anhang 12 zu versehen, z. B. Krankenfahrstühle mit Elektroantrieb bis 15 km/h.

Kennzeichen nach § 58 Abs. 3 StVZO

Kennzeichen nach ECE-RL 69 – Anhang 12

Anbringung:	Rückseite des Fahrzeugs
Außendreieck:	Rote prismatische Rückstrahler oder retroreflektierende Folie
Innendreieck:	Rote retroreflektierende Folie oder fluoreszierendes Material
Abmessung:	Innendreieck: mind. 350 x 350 mm

§ 4 Abstand

(1) Der Abstand von einem vorausfahrenden Fahrzeug muss in der Regel so groß sein, dass auch dann hinter ihm gehalten werden kann, wenn es plötzlich gebremst wird. Der Vorausfahrende darf nicht ohne zwingenden Grund stark bremsen.

(2) Kraftfahrzeuge, für die eine besondere Geschwindigkeitsbeschränkung gilt, sowie Züge, die länger als 7 m sind, müssen außerhalb geschlossener Ortschaften ständig so großen Abstand von dem vorausfahrenden Kraftfahrzeug halten, dass ein überholendes Kraftfahrzeug einscheren kann. Das gilt nicht
1. wenn sie zum Überholen ausscheren und dies angekündigt haben,
2. wenn in der Fahrtrichtung mehr als ein Fahrstreifen vorhanden ist oder
3. auf Strecken, auf denen das Überholen verboten ist.

(3) Lastkraftwagen mit einem zulässigen Gesamtgewicht über 3,5 t und Kraftomnibusse müssen auf Autobahnen, wenn ihre Geschwindigkeit mehr als 50 km/h beträgt, von vorausfahrenden Fahrzeugen einen Mindestabstand von 50 m einhalten.

(VwV zu § 4 nicht vorhanden)

1 Aus der amtlichen Begründung

Als Anhaltspunkt für den notwendigen Sicherheitsabstand bei LKW und KOM ist der Abstand der Leitpfosten von 50 m vorgegeben (Begr. 1988).

2 Erläuterungen

2.1 Sicherheitsabstand

Durch einen ausreichenden Abstand nach vorn sollen nicht nur Auffahrunfälle verhindert,[1] sondern auch der Gegenverkehr, Überholer und Fußgänger gegen plötzliches seitliches Ausscheren von Fahrzeugen geschützt werden (Prell DAR 1999, 49). Wie groß der Abstand zum Vorausfahrenden sein muss, hängt von der Geschwindigkeit, den Sicht-, Verkehrs- und Straßenverhältnissen ab.[2] Die **Faustregeln** des „2-Sekunden-Wegs" (BayObLG, DAR 1956, 333) oder des „**halben Tachoabstandes**" (OLG Hamm NZV 1994,

---
1 Ein Auffahrunfall liegt vor, wenn das nachfolgende Fahrzeug auf die Heckpartie des vorausfahrenden oder wartenden Fahrzeugs auffährt. Bei einem Auffahrunfall spricht die Typizität der Unfallkonstellation (Beweis des ersten Anscheins) für das Verschulden des Auffahrenden (KG VRS 106, 24). Das gilt nicht bei Auffahrunfällen durch grundloses Abbremsen des Vordermannes (OLG Frankfurt/M. NZV 2006, 585).
2 Dabei ist zu beachten, dass gegenüber der Generalklausel des § 3 Abs. 1 die Einhaltung eines ausreichenden Abstandes die speziellere Regel ist. Ein Tempoverstoß kann deshalb nicht daraus hergeleitet werden, dass langsamer zu fahren ist, um mehr Abstand zu gewinnen (OLG Hamm DAR 1973, 167 = VRS 44, 146). Tateinheitliche Verstöße gegen §§ 3 Abs. 1 und 4 Abs. 1 liegen nur dann vor, wenn die Gefahren eines Tempoverstoßes auf anderen Gründen als einem zu geringen Abstand beruhen, z. B. Geschwindigkeit ist insgesamt überhöht (OLG Jena VRS 110, 131).

79) gelten für gewöhnliche Verhältnisse; sie setzen Übung und Erfahrung im Entfernungsschätzen voraus (BGH DAR 1968, 50 = VRS 34, 89 = VkBl. 1968, 538; OLG Stuttgart VRS 45, 135; OLG Karlsruhe VerkMitt 1975 Nr. 47 = VRS 49, 448).[3] Der Abstand muss größer als nach den Faustregeln sein, wenn mit hoher Bremsverzögerung des Vorausfahrenden, mit Glatteis, Nebel, schlechter Sicht oder nicht einschätzbaren Verkehrssituationen zu rechnen ist (OLG Hamm DAR 1969, 251). Anderseits braucht der Abstand auf Autobahnen ohne Anzeichen für Hindernisse generell nicht so groß sein, dass auch noch vor einem liegen gebliebenem KFZ gehalten werden kann, wenn es durch den Vorausfahrenden verdeckt wird und dieser erst unmittelbar davor die Spur wechselt und die Sicht freigibt (KG NZV 2003, 97 = VRS 104, 105). Im Großstadtverkehr kann der Abstand geringer sein (etwa drei PKW-Längen), doch muss er ausreichen, um ein Auffahren zu vermeiden, wenn der Vordermann plötzlich bremst (OLG Düsseldorf VerkMitt 1967 Nr. 35). Bei einem vollbeladenen LKW muss der Abstand größer sein als bei einem leeren LKW (LG Koblenz VersR 1975, 480).

Eine konkrete **Gefährdung** des Vorausfahrenden ist anzunehmen, wenn der Sicherheitsabstand nach vorn nicht nur vorübergehend geringer ist als die in 0,8 Sekunden durchfahrene Strecke (OLG Karlsruhe VRS 43, 106).[4] Beim **Überholen** muss der Mindestabstand zum vorausfahrenden Fahrzeug gewahrt bleiben, solange der Nachfolgende nicht zum Überholen ausschert (BayObLG VRS 40,69 = VkBl 1971, 439; OLG Hamm VRS 49, 58). Verdichtet sich die Gefahr durch einen Abstand auf einen Meter bei hoher Geschwindigkeit bei gleichzeitigem Fahrstreifenwechsel, um den zu Überholenden zum Einscheren zu nötigen, kann bedingter Tötungsvorsatz i.S.d. § 212 StGB vorliegen (BGH DAR 2006, 284). Beim **Einscheren** in eine Lücke nach dem Überholen muss der Fahrer auch für Sicherheitsabstand nach hinten sorgen; der Überholte darf nicht „geschnitten" werden (BayObLG VRS 23, 388; OLG Celle VRS 23, 143). Im Bereich von **Ampel** muss der Abstand so groß sein, dass nicht schon das plötzliche Bremsen des Vordermanns zum Auffahren führt (OLG Celle VersR 1976, 545). Beim Anfahren nach dem Umschalten auf Grün ist der erforderliche Sicherheitsabstand zum Vordermann herzustellen (KG VersR 1979, 234). Wird der Vordermann dabei durch Fehlverhalten eines Dritten zu plötzlichem scharfem Bremsen gezwungen, haftet allein der Dritte (KG VerkMitt 1993 Nr. 35).

2.2 Abstand beim Bremsen des Vorausfahrenden

§ 4 Abs. 1 verdeutlicht den Grundsatz der doppelten Sicherung. Einerseits darf der Vorausfahrende nicht ohne zwingenden Grund stark bremsen, andererseits der Nachfolgende nicht darauf vertrauen. Er muss deshalb den Abstand so groß halten, dass er auch dann anhalten kann, wenn der Vorausfahrende plötzlich bremst. Starkes Bremsen muss deutlich über das

---

3 Dem halben Tachoabstand entspricht eine Reaktionszeit von 1,8 s. Fährt ein Kraftfahrer z.B. mit 130 km/h, muss er einen Sicherheitsabstand von rd. 65 m zum Vorausfahrenden einhalten, was einer Geschwindigkeit von rd. 36 m/s (km/h : 3,6 = m/s) entspricht. Wird nur ein Abstand von 15 m (gut drei Fahrzeuglängen) eingehalten, beträgt die Reaktionszeit nur noch rd. 0,4 s (Abstand : m/s = s). Jedes Bremsmanöver des Vordermannes führt zwangsläufig zum Unfall.
4 Mit Art. 4 der 40. StVRÄndV sind die Sanktionen für Abstandsverstöße verschärft worden, z.B. bei Tempo 130 und 15 m Abstand = 200 € Bußgeld und zwei Monate Fahrverbot.

Maß des normalen Bremsvorganges hinausgehen; nicht erforderlich ist, dass das Fahrzeug zum Stillstand kommt. Ein **zwingender Grund** für starkes Bremsen setzt eine plötzliche ernste Gefahr voraus (OLG Düsseldorf VerkMitt 1975 Nr. 9). Dabei müssen die Gründe, aus denen gebremst wird, in einem angemessenen Verhältnis zur Gefährdung des nachfolgenden Verkehrs stehen. Ist nachfolgender Verkehr nicht vorhanden oder besteht zu ihm ein ausreichend großer Sicherheitsabstand, darf auch ohne Grund scharf gebremst werden (KG NZV 2003, 43 = VRS 103, 409; KG VerkMitt 2000 Nr. 88). Gefahr für ein Kleintier (Katze, Hund, Fuchs) rechtfertigt scharfes Bremsen nur, wenn das Bremsen weder Menschen noch bedeutende Sachwerte gefährdet (KG NZV 2003, 91 = VRS 104, 5 = DAR 2003, 64; OLG Frankfurt VerkMitt 1984 Nr. 41 = DAR 1984, 157; LG Koblenz DAR 2001, 227; OLG Nürnberg DAR 2001, 224) oder innerorts bei Tempo 50 das nachfolgende KFZ im Abstand von 25 m fährt (KG DAR 2001, 122). **Kein** zwingender Grund ist eine zu spät erkannte Parklücke (KG VerkMitt 2003 Nr. 1 = NZV 2003, 42 = VRS 104, 27), auch kein Abbiegen (KG NZV 2003, 41 = VRS 104, 103), die Aufnahme eines Taxifahrgastes, kurze Sichtbehinderung durch Spritzwasser auf der Windschutzscheibe (KG VerkMitt 1979 Nr. 83), eine plötzlich erkannte Verkehrsüberwachungsanlage (LG Dresden NZV 2004, 367), die Annäherung an eine Kurve (OLG Saarbrücken VerkMitt 1975 Nr. 71) oder Verwechslung des Gas- oder Kupplungs- mit dem Bremspedal nach dem Anfahren an einer Ampel (AG Freiburg/Br. VRS 113, 31; LG München I DAR 2005, 690: hier haftet der Bremsende, nicht der Auffahrende). Kommt es infolge Bremsens ohne zwingenden Grund und unzureichenden Sicherheitsabstandes zu einem Auffahrunfall, haften beide Parteien nach ihrem Verursachensanteil (BGH VerkMitt 2007 Nr. 71; KG VerkMitt 2006 Nr. 80 = DAR 2006, 506 = VRS 111, 29 = NZV 2007, 79: Haftung des Bremsenden zu 1/3 des Schadens). Ob die Gelbschaltung zu starkem Bremsen zwingt, hängt davon ab, in welcher Phase der Fahrer sich der Lichtzeichenanlage nähert (KG VerkMitt 1983 Nr. 15; AG Hildesheim NZV 2009, 38: beim Aufleuchten von Gelb muss immer mit scharfem Bremsen des Vorausfahrenden gerechnet werden). Mit Hindernissen, die erst sichtbar werden, wenn der Vordermann den Fahrstreifen wechselt, braucht man nicht ohne Weiteres zu rechnen (BGH VerkMitt 1987 Nr. 79; OLG Jena DAR 2007, 29: Haftung nur zu 30%). Beim Anfahren vor einer Signalanlage ist ein verkürzter Abstand durch erhöhte Bremsbereitschaft auszugleichen (OLG Karlsruhe VRS 73, 334). Beim Unfall trifft den Auffahrenden die Beweislast, dass der Vordermann grundlos gebremst hat (BGH DAR 1989, 23). Absichtliches scharfes Bremsen, um dem Nachfolgenden eine „Lehre" für dessen Fehlverhalten zu erteilen, ist als unzulässiger Akt der Selbstjustiz ein so schwer wiegender Verstoß gegen das Gebot der Vorsicht und Rücksichtnahme, dass der Vorausfahrende allein haftet (LG Mönchengladbach DAR 2002, 319 = NZV 2002, 375).

2.3 Sicherheitsabstand bei LKW und KOM

Jede Unterschreitung des Mindestabstandes von 50 m ist unzulässig (OLG Zweibrücken VerkMitt 1997 Nr. 91 = NZV 1997, 283). Der 50-m-Abstand dient nicht dazu, anderen das Einscheren zu ermöglichen, sondern es handelt sich um einen besonderen Sicherheitsabstand schwerer Fahrzeugeinheiten (OLG Saarbrücken VRS 110, 369). Infolgedessen muss der Abstand auch bei Überholverboten gewahrt sein. Eine Ausnahme gilt nur, wenn die Abstandsunterschreitung von dem LKW oder KOM nicht zu vertreten ist, z. B. wenn ein Fahrzeug sich in den 50-m-Abstand hineindrängelt.

2.4 Abstandsmessung

Bei Abstandsmessungen müssen die Messstelle, die Entfernung und das Messverfahren dokumentiert werden. Die Videoabstandsmessung VAMA ist als standardisiertes Messverfahren anerkannt (BGH DAR 1983, 56; OLG Hamm NZV 1994, 120; OLG Hamm VRS 106, 466; OLG Dresden VerkMitt 2005 Nr. 75 = DAR 2005, 637: Verkehrsüberwachungsgerät VKS mit Softwareversion 3.01 von VIDIT; zum Brücken-Abstandsmessverfahren ViBrAM-BAMAS: OLG Stuttgart VerkMitt 2008 Nr. 14 = DAR 2007, 657 = NZV 2008, 40 = VRS 113, 124 = SVR 2008, 270; zum VAMA-Abstandsmessverfahren kritisch: Krumm SVR 2007, 479; das Abstandsmessgerät JVC/Piller CG-P 50 E ohne gleichzeitige Verwendung des JVC-Videogerätes ist unzulässig: OLG Bamberg DAR 2009, 98). Traffipax-Verfahren: Lichtbilder bei Beginn und am Ende einer Messstrecke, gleichzeitige Zeitfeststellung durch geeichte Stoppuhren (OLG Oldenburg VRS 67, 54; OLG Köln VRS 67, 286; OLG Düsseldorf VerkMitt 1983 Nr. 67; BGH VerkMitt 1983 Nr. 1; OLG Düsseldorf VRS 74, 449 = NZV 1988, 76: 15 % Abzug für Messfehler). FESAM-Verfahren: Kontrollaufnahme in bestimmtem Abstand vor der Messstelle, zweite Kontrollaufnahme nach 0,8 s (OLG Celle VerkMitt 1980 Nr. 17). Distanova-Verfahren: Kamera mit Teleobjektiv, Übersichtsaufnahme, manuelle Kontrollaufnahme, gefolgt von einer automatischen Kontrollaufnahme nach einem bestimmten Zeitintervall (OLG Stuttgart VRS 64, 145). Bei Messung durch Videofilmaufnahme vom Hubschrauber ist ein Zuschlag zum gemessenen Abstand von 10 % und ein Abschlag von 10 % der gemessenen Geschwindigkeit notwendig (OLG Koblenz VerkMitt 1992 Nr. 96). Abstandskontrollen durch Nachfahren erfordern eingehende Beobachtungen darin geübter Personen über eine längere Fahrstrecke, wobei nur deutliche Abstandsunterschreitungen und keine „Grenzfälle" beurteilt werden können (OLG Düsseldorf DAR 2000, 80); die Beobachtung des Abstandes muss dabei schräg versetzt auf dem gleichen Fahrstreifen erfolgen (OLG Düsseldorf VerkMitt 2003 Nr. 4 = NZV 2002, 519). Abstandsschätzungen sind auch zur Nachtzeit möglich (OLG Celle VerkMitt 2004 Nr. 59).

3 Hinweise

3.1 Abstand bei Abblendlicht auf Autobahnen: § 18 Abs. 6; Abblenden bei geringem Abstand des Vorausfahrenden: § 17 Abs. 2; Abstand innerhalb geschlossener Verbände: § 27 Abs. 2; Abstand beim Halten und Parken: § 12 Abs. 6. Seitenabstand beim Vorbeifahren an Haltestellen öffentlicher Verkehrsmittel mit ein- oder aussteigenden Fahrgästen: § 20 Abs. 1; Seitenabstand beim Überholen: § 5 Abs. 4.

3.2 Verbot für KFZ über 3,5 t und Zugmaschinen (ausgenommen PKW und KOM), den angegebenen **Mindestabstand** zu einem vorherfahrenden KFZ gleicher Art zu unterschreiten: Z. 273 (Anl. 2 lfd. Nr. 48).

3.3 Bedrängende Fahrweise durch zu dichtes Auffahren kann auch innerorts strafbare **Nötigung** nach § 240 StVG sein (BVerfG DAR 2007, 386 = VD 2007, 153 = SVR 2007 269; OLG Köln VerkMitt 2006 Nr. 61 = VRS 110, 412 = NZV 2006, 386 = VD 2006, 302 = DAR 2007, 39). Voraussetzung dafür ist aber eine Zwangswirkung von gewisser Dauer und Intensität der Einwirkung auf den Genötigten (BVerfG DAR 2007, 386 = NZV 2007, 370; OLG Hamm NZV 2006, 388 = SVR 2007, 467: auf 2 km mehrfach bis auf 4 m Abstand an den Vorausfahrenden bei Tempo 120 mit Nebelscheinwerfern herangefahren; OLG Düsseldorf DAR 2007, 713 = VRS 113, 289 = NZV 2008, 46 = VD 2007, 299: nicht aber bloßes rücksichtsloses Überholen).

§ 5 Überholen

(1) Es ist links zu überholen.

(2) Überholen darf nur, wer übersehen kann, dass während des ganzen Überholvorgangs jede Behinderung des Gegenverkehrs ausgeschlossen ist. Überholen darf ferner nur, wer mit wesentlich höherer Geschwindigkeit als der zu Überholende fährt.

(3) Das Überholen ist unzulässig:
1. bei unklarer Verkehrslage oder
2. wo es durch Verkehrszeichen (Zeichen 276, 277) angeordnet ist.

(3a) Unbeschadet sonstiger Überholverbote dürfen die Führer von Kraftfahrzeugen mit einem zulässigen Gesamtgewicht über 7,5 t nicht überholen, wenn die Sichtweite durch Nebel, Schneefall oder Regen weniger als 50 m beträgt.

(4) Wer zum Überholen ausscheren will, muss sich so verhalten, dass eine Gefährdung des nachfolgenden Verkehrs ausgeschlossen ist. Beim Überholen muss ein ausreichender Seitenabstand zu anderen Verkehrsteilnehmern, insbesondere zu Fußgängern und Radfahrern, eingehalten werden. Der Überholende muss sich sobald wie möglich wieder nach rechts einordnen. Er darf dabei den Überholten nicht behindern.

(4a) Das Ausscheren zum Überholen und das Wiedereinordnen sind rechtzeitig und deutlich anzukündigen; dabei sind die Fahrtrichtungsanzeiger zu benutzen.

(5) Außerhalb geschlossener Ortschaften darf das Überholen durch kurze Schall- oder Leuchtzeichen angekündigt werden. Wird mit Fernlicht geblinkt, so dürfen entgegenkommende Fahrzeugführer nicht geblendet werden.

(6) Wer überholt wird, darf seine Geschwindigkeit nicht erhöhen. Der Führer eines langsameren Fahrzeugs muss seine Geschwindigkeit an geeigneter Stelle ermäßigen, notfalls warten, wenn nur so mehreren unmittelbar folgenden Fahrzeugen das Überholen möglich ist. Hierzu können auch geeignete Seitenstreifen in Anspruch genommen werden; das gilt nicht auf Autobahnen.

(7) Wer seine Absicht, nach links abzubiegen, ankündigt und sich eingeordnet hat, ist rechts zu überholen. Schienenfahrzeuge sind rechts zu überholen. Nur wer das nicht kann, weil die Schienen zu weit rechts liegen, darf links überholen. Auf Fahrbahnen für eine Richtung dürfen Schienenfahrzeuge auch links überholt werden.

(8) Ist ausreichender Raum vorhanden, dürfen Radfahrer und Mofa-Fahrer Fahrzeuge, die auf dem rechten Fahrstreifen warten, mit mäßiger Geschwindigkeit und besonderer Vorsicht rechts überholen.

VwV zu § 5 Überholen und § 6 Vorbeifahren

1 An Teilnehmern des Fahrbahnverkehrs, die sich in der gleichen Richtung weiterbewegen wollen, aber warten müssen, wird nicht vorbeigefahren; sie werden überholt. Wer durch die Verkehrslage oder durch eine Anordnung aufgehalten ist, der wartet.

VwV zu § 5 Abs. 6 Satz 2

1 Wo es an geeigneten Stellen fehlt und der Verkehrsfluss wegen Lastkraftwagenverkehrs immer wieder leidet, ist der Bau von Haltebuchten anzuregen.

1 Aus der amtlichen Begründung

1.1 Rad- und Mofafahrern ist das Warten bei Ampelrot hinter der Autoschlange nicht zuzumuten; § 5 Abs. 8 erlaubt daher das Aufschließen rechts (Begr. 1988).

1.2 Dem Überholverbot nach § 5 Abs. 3a kommt in Verbindung mit dem Tempolimit nach § 3 Abs. 1 ein risikomindernder Effekt zu (Begr. 1991).

2 Erläuterungen

2.1 Überholen

a. Überholen ist das Sichvorbeibewegen eines von hinten herankommenden Fahrzeugs an einem anderen, das auf derselben Straße in derselben Richtung fährt oder verkehrsbedingt wartet. Demgemäß überholen sich auch Fahrzeugschlangen, die mit unterschiedlicher Geschwindigkeit aneinander vorbeiziehen; Gleiches gilt bei der „freien Fahrstreifenwahl". Die in § 7 Abs. 2 und 3 mit den Worten „... darf rechts schneller als links fahren" beschriebenen Verkehrsvorgänge sind keine Regelungen eigener Art,[1] sondern gelten als Überholen (BGH VerkMitt 1975 Nr. 52 = DAR 1975, 165 = VRS 48,281). Infolgedessen müssen Überholverbote auch bei freier Fahrstreifenwahl oder vor Lichtzeichenanlagen beachtet werden. Da verkehrsbedingt wartende Fahrzeuge überholt werden, gilt das auch beim Vorbeiziehen an stehenden Fahrzeugen im Stau (KG VRS 106, 173 = NZV 2004, 633; BGH VRS 88, 95), an wartender Kolonne vor Rotlicht (OLG Köln VersR 1989, 98) oder an einem stehenden Fahrzeug, das aus Gefälligkeit auf seinen Vorrang verzichtet (OLG Köln VerkMitt 1999 Nr. 76). Auf die Dauer des Wartens kommt es nicht an (OLG Karlsruhe DAR 2003, 473 = NZV 2003, 493 = VRS 105, 367).[2]

b. Überholen beginnt mit dem Ausscheren und endet erst mit dem Wiedereingliedern nach rechts in ausreichendem Abstand (KG NZV 2007, 305). Daher liegt noch kein Überholen vor, wenn nach links zur Prüfung der Verkehrslage versetzt gefahren wird; wohl aber, wenn unter Verkürzung des Sicherheitsabstandes nach links ausgeschert wird (OLG Hamm VRS 43, 137). Andererseits dauert das Überholen noch an, wenn der Überholende zwar die anderen KFZ hinter sich gelassen, sich aber noch nicht wieder eingeordnet hat. Bei einer Fahrzeugkolonne hat derjenige den Vortritt, der sich als Erster dem Vordermann so weit genähert hat, dass er zum Überholen ausscheren kann (KG NZV 2002, 229 = DAR 2002, 265; KG VerkMitt 1995 Nr. 41). Nach Wegfall des Überholhindernisses ist eine Kolonne dadurch aufzulösen, dass zunächst das unmittelbar hinter dem Spitzenfahrzeug befindliche Fahrzeug und die folgenden nacheinander überholen; der jeweils Vorausfahrende hat den Vortritt (OLG Schleswig VersR 1974, 109). Ein Kraftfahrer, der innerorts eine Reihe wartender Fahrzeuge auf dem Fahr-

---

1 So noch Booß StVO 3. Aufl. Anm. 2 zu § 7.
2 Nicht überholt werden hingegen Fahrzeuge, die angehalten haben („gewollte" Fahrtunterbrechung nach § 12); an ihnen wird „vorbeigefahren" (§ 6).

§ 5 Überholen

| Abweichungen vom Rechtsüberholverbot |||||
| Vorschriften der StVO | Fahrbahn- verhält- nisse | Geltung für KFZ || Folge |
		innerorts	außerorts	
§ 5 Abs. 7 Satz 1 nach dem Einordnen zum Linksabbiegen	auf allen Fahrbahnen (außer BAB)	alle Fahrzeuge		Rechts darf überholt werden
§ 5 Abs. 7 Satz 2 bei Schienenfahrzeugen	auf Fahr- bahnen mit Gleisen links oder in der Mitte	alle Fahrzeuge		Schienenfahrzeuge sind rechts zu überholen (nur in Einbahnstraßen darf links überholt werden)
§ 7 Abs. 2 bei Fahrzeugschlangen	mindestens 2 Fahr- streifen	alle KFZ		Rechts darf überholt werden
§ 7 Abs. 2a wenn eine Fahrzeugschlange auf dem linken Fahrstreifen steht oder langsam fährt	mindestens 2 Fahr- streifen	alle KFZ		Rechts darf bis zu einer Differenz- geschwindigkeit von max. 20 km/h überholt werden, wenn die Fahrzeugschlange nicht schneller als 60 km/h fährt
§ 7 Abs. 3 bei freier Fahrstreifenwahl	mindestens 2 markierte Fahrstreifen	nur KFZ bis 3,5 t	nein	Rechts darf innerorts überholt werden; gilt nicht auf BAB (auch nicht innerörtliche BAB)
§ 7 Abs. 3c Satz 2 zum Linksabbiegen	mindestens 3 markierte Fahrstreifen (Geltung nicht auf BAB)	nein	LKW über 3,5 t und 7 m lange Züge	Der linke Fahrstreifen darf nur zum Abbiegen benutzt werden; für den dritten Fahrstreifen gilt dann Überholverbot; rechts darf überholt werden
§ 7a Abs. 2 auf Einfädelungsstreifen	mindestens 1 markierter Fahrstreifen	alle KFZ		Rechts darf überholt werden
§ 7a Abs. 1 wenn ein Fahrstreifen auf einer BAB oder Außerortsstraße abgeht	mindestens 2 markierte Fahrstreifen	alle KFZ		Abbieger dürfen ab der breiten Leitlinie (Blockmarkierung) rechts überholen; das gilt nicht für Ausfädelungsstreifen
§ 37 Abs. 4 vor Lichtzeichenanlagen	mindestens 2 Fahr- streifen	alle KFZ		Es darf nebeneinander gefahren und rechts überholt werden

streifen des Gegenverkehrs überholt, muss mit Fußgängern rechnen, die zwischen den wartenden Fahrzeugen hervortreten und nur auf den Gegenverkehr achten (KG VRS 49, 262).

c. Für das Überholen ist es gleichgültig, ob es rechts oder links erfolgt; ein Verstoß nach Z. 276 liegt deshalb auch dann vor, wenn unzulässig rechts überholt wird. Das Überholen setzt weiter voraus, dass die beteiligten Fahrzeuge dieselbe Fahrbahn benutzen. Fährt z. B. ein Fahrzeug auf dem Seitenstreifen an einem KFZ auf der Fahrbahn vorbei, liegt eine Verletzung der Fahrbahnbenutzungspflicht (§ 2 Abs. 1), nicht aber unzulässiges Überholen vor, selbst wenn für die Fahrbahn Überholverbot nach Z. 276 besteht.[3]

---

3 Nach § 2 Abs. 1 Satz 2 ist ein Seitenstreifen nicht Bestandteil der Fahrbahn.

2.2 Linksüberholen

Grundsätzlich ist links zu überholen; die Pflicht gilt für den Fahrverkehr auf allen Fahrbahnteilen, Sonderwegen und Autobahnen. Zweitüberholen ist auf zweistreifiger Autobahn unzulässig (OLG Düsseldorf VRS 22, 471), sonst ist es nur auf besonders breiter Straße und nur bei klarer und sicherer Verkehrslage gestattet (BGH DAR 1957, 186).

Vom Linksüberholgebot gibt es jedoch zahlreiche Abweichungen (s. Tabelle). Wer sich an einer Kreuzung oder Einmündung deutlich nach links eingeordnet hat, darf nicht mehr links überholen, auch wenn er kein Richtungszeichen gegeben hat (BayObLG VerkMitt 1985 Nr. 71 = VRS 69, 23). Rechtsüberholen ist unter den Voraussetzungen des § 7 Abs. 2a (stockender Verkehr links) zulässig, keinesfalls jedoch auf der Standspur der Autobahn (Verstoß gegen Fahrbahnbenutzungspflicht – § 2 Abs. 1). Kein verbotenes Rechtsüberholen beim Schnellfahren auf Einfädelungsstreifen („Beschleunigungsstreifen") (OLG Hamm DAR 1975, 277). Zweiradfahrer dürfen nicht zwischen den von KFZ besetzten „Fahrstreifen" hindurchfahren und den Bereich der Trennlinie als weiteren Fahrstreifen benutzen (OLG Hamm NZV 1988, 105); sie überholen dann die links Befindlichen unzulässig rechts (KG VRS 112, 12; OLG Düsseldorf VerkMitt 1990 Nr. 121). Nur Rad- und Mofafahrer dürfen auf dem rechten Fahrstreifen wartende Kolonnen mit mäßiger Geschwindigkeit (8 bis 12 km/h) bei ausreichendem Platz rechts überholen. Links abbiegende Radfahrer dürfen die auf dem linken Fahrstreifen ebenfalls links abbiegenden KFZ auf der rechten Seite überholen (OLG Hamm NZV 2001, 39 = DAR 2001, 220). Auf Fahrbahnen mit mehreren Fahrstreifen für eine Richtung darf bei Lichtzeichenregelung auch rechts überholt werden (BayObLG VRS 58, 279 = NJW 1980, 1115); Überholverbotszeichen sind aber zu beachten (OLG Düsseldorf DAR 1986, 93 = VRS 70, 41). Auf Autobahnanschlussstellen überholt trotz § 7a Abs. 1 im Vorsortierraum unzulässig rechts, wer nicht dem Verlauf der fahrstreifengegliederten Vorwegweiser folgt, sondern zum schnelleren Vorankommen nach dem Rechtsüberholen wieder nach links einschert (OLG Düsseldorf VRS 88, 467).

2.3 Rückschaupflicht und Ankündigung des Überholens

Vor dem Ansetzen zum Überholen und noch vor dem Blinken ist sorgfältige Rückschau zu halten (OLG Karlsruhe VRS 74, 166). Ankündigungspflichten bestehen beim Ausscheren und Wiedereinordnen mit dem Fahrtrichtungsanzeiger (§ 5 Abs. 4a); somit braucht nicht während des gesamten Überholweges geblinkt zu werden. Ausscheren ist eine Seitenbewegung, durch die die Fahrlinie so weit verlegt wird, dass die Benutzung des anliegenden Fahrstreifens für eine ungehinderte Weiterfahrt beeinträchtigt wird. Der Ausscherende darf den rückwärtigen Verkehr nicht gefährden; er muss sich deshalb vergewissern, ob nicht bereits ein anderes KFZ von hinten mit hoher Geschwindigkeit überholt (OLG Jena NZV 2006, 147: Verstoß grob fahrlässig; OLG Hamm DAR 2001, 165). Auch wenn der Überholvorgang abgebrochen wird, muss das Wiedereinordnen nach rechts durch Fahrtrichtungszeichen angekündigt werden (OLG Saarbrücken VerkMitt 1981 Nr. 41).

Außerorts dürfen auch maßvoll Schall- und Leuchtzeichen gegeben werden (§§ 5 Abs. 5, 16 Abs. 1 Nr. 1), wenn andere weder geblendet, noch Vorausfahrende genötigt werden. Um den Überholweg zu überblicken, ist kurzes Einschalten des Fernlichts zu Beginn des Überholvorganges auch dann

§ 5 Überholen

Pflichten beim Überholen

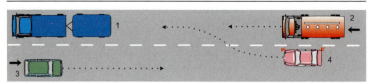

Verhaltenspflichten des Überholenden	Vorschriften der StVO	KFZ der Skizze
1. Behinderungsverbot gegenüber dem Gegenverkehr	§ 5 Abs. 2 Satz 1	KFZ 4 zu KFZ 3
2. Gefährdungsausschluss gegenüber dem nachfolgenden Verkehr	§ 5 Abs. 4 Satz 1	KFZ 6 zu KFZ 8
3. Wesentlich höheres Tempo als das zu überholende KFZ	§ 5 Abs. 2 Satz 2	KFZ 4 zu KFZ 2
4. Rechtzeitiges und deutliches Ankündigen des Überholens mit Fahrtrichtungsanzeiger	§ 5 Abs. 4a	KFZ 6
5. Ausreichender Seitenabstand zum überholten Fahrzeug und zu Fußgängern	§ 5 Abs. 4 Satz 2	KFZ 4 zu KFZ 2
6. Rechtzeitiges Wiedereinordnen nach Beendigung des Überholvorganges mit Ankündigen durch Fahrtrichtungsanzeiger	§ 5 Abs. 4 Satz 3	KFZ 7
8. Behinderungsverbot und Beachtung eines ausreichenden Sicherheitsabstandes gegenüber dem überholten Fahrzeug	§ 5 Abs. 4 Satz 4	KFZ 4 zu KFZ 2 / KFZ 7 zu KFZ 5

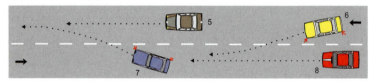

Verhaltenspflichten des Überholten	Vorschriften der StVO	KFZ der Skizze
1. Verbot der Tempoerhöhung gegenüber dem überholenden Fahrzeug	§ 5 Abs. 6 Satz 1	KFZ 2 zu KFZ 4
2. Strikte Einhaltung des Rechtsfahrgebots und des Verbots, nach links auszuscheren	§ 2 Abs. 2	KFZ 5 zu KFZ 7
3. Verpflichtung langsamer Fahrzeuge		
a. zur Einhaltung eines so großen Abstandes, dass ein überholendes Fahrzeug einscheren kann, auf Autobahnen mindestens 50 m	§ 4 Abs. 2 und 3	KFZ 6 zu KFZ 8
b. das Überholen zu ermöglichen	§ 5 Abs. 6 Satz 2 und 3	

zulässig, wenn der Vorausfahrende dadurch geblendet werden kann (OLG Hamm VRS 62, 214). Danach ist jedoch mit Abblendlicht zu fahren, bis beide Fahrzeuge auf gleicher Höhe sind; erst dann darf wieder Fernlicht eingeschaltet werden (BGH NZV 2000, 292).

2.4 Abstand beim Überholen

Die Einhaltung eines ausreichenden Sicherheitsabstandes nach vorn richtet sich nach § 4 Abs. 1: mindestens „halber Tachoabstand" oder „2-Sekunden-Abstand" (OLG Köln VRS 40, 436). Die Unterschreitung des Abstandes auf $^{1}/_{4}$ des Tachoabstandes bei Tempo 80 wird mit Bußgeld geahndet, weil eine angemessene Reaktion beim Bremsen des Vorausfahrenden ohne abstrakte Gefährdung nicht mehr möglich ist (Abstand 20 m, Reaktionsweg aber mind. 24 m). Abstandsunterschreitungen sind eine der Hauptunfallursachen (vor allem außerorts) und tragen einen unverkennbar aggressiven Charakter.

Für den **Seitenabstand** beim Überholen gibt es keinen allgemein gültigen Wert, doch muss er so bemessen sein, dass Gefahren vermieden werden (BGH VRS 8, 248: im Regelfall 1 m; KG VerkMitt 2007 Nr. 90 = VRS 113, 210 = NZV 2007, 626). Der Seitenabstand hängt auch von der Geschwindigkeit der beiden Fahrzeuge ab (BGH VersR 1959, 392); bei höherem Tempo muss der Abstand größer sein, insbesondere beim Überholen von LKW. Bei der Bemessung des Seitenabstandes gegenüber Radfahrern sind deren mögliche Seitwärtsbewegungen zu beachten (BGH VRS 27, 196); deshalb ist ein Abstand von 2 m einzuhalten (OLG Frankfurt/M. DAR 1981, 18; KG NZV 2003, 30 = VRS 104, 9: Bus innerorts mindestens 1,50 m).

2.5 Pflichten gegenüber dem Gegenverkehr

Während des gesamten Überholvorganges muss jede Behinderung und Gefährdung des Gegenverkehrs ausgeschlossen sein. Der Gegenverkehr darf nicht einmal zum Abbremsen gezwungen werden. Infolgedessen ist Überholen nur dann zulässig, wenn die Gegenfahrbahn bis zu dem Bereich hindernisfrei eingesehen werden kann, wo wieder ein gefahrloses Einordnen nach rechts möglich ist (BGH VerkMitt 2000 Nr. 84 = NZV 2000, 291). Taucht Gegenverkehr auf, ist scharf rechts zu fahren (§ 2 Abs. 2) und das Überholmanöver sofort abzubrechen (OLG Hamm NZV 2000, 265). Das gilt auch bei Dämmerung, wenn mit Abblendlicht gefahren wird und entgegenkommender Verkehr noch kein Licht eingeschaltet hat. Wer eine Kolonne auf der dem Gegenverkehr vorbehaltenen Fahrbahnseite überholt, verstößt gegen § 5 Abs. 2 Satz 1, nicht gegen § 5 Abs. 3 Nr. 1, wenn bei einsetzendem Gegenverkehr eine Einschermöglichkeit nicht zu übersehen ist (KG VRS 101, 56 = DAR 2001, 467).

2.6 Geschwindigkeit beim Überholen

Die **Überholgeschwindigkeit** sollte mindestens 20 km/h betragen (AG Lüdinghausen: 9,8 km/h auf Autobahnen ist bei hohem Verkehrsaufkommen nicht ausreichend). Für das Überholen im Stadtverkehr auf hinreichend breiter Fahrbahn genügt eine Differenz von 10 km/h (BGH VersR 1968, 1040).

2.7 Überholweg

Ist beim Überholen wegen der Enge der Fahrbahn eine Kollision mit dem Gegenverkehr nicht auszuschließen, muss nicht nur die gesamte zum Überholen benötigte Strecke eingesehen werden können, sondern auch der benötigte Weg, den ein entgegenkommendes KFZ mit zulässigem Tempo während des Überholens zurücklegt. Der einsehbare Weg ist von der Stelle aus zu bestimmen, an der der Überholvorgang nicht mehr gefahrlos abgebrochen werden kann (OLG Düsseldorf VerkMitt 1997 Nr. 88).

2.8 Überholverbote

Der Überholvorgang darf nicht begonnen werden, wenn nur mit überhöhter Geschwindigkeit überholt (BGH VRS 12, 417 = DAR 1957, 186) oder der Überholvorgang nicht vor Beginn eines Überholverbots beendet werden kann (OLG Frankfurt DAR 1957, 218). Fehleinschätzungen gehen zu Lasten des Überholenden, weil er sich vorher darüber vergewissern muss, dass das Überholen ohne Verletzung von Verkehrsregeln durchgeführt werden kann; im Zweifel muss deshalb das Überholen unterbleiben (BGH VersR 1970, 62). Wird ein nur am rechten Fahrbahnrand stehendes Temposchild

§ 5 Überholen

Berechnung der Länge des Überholweges
(bei konstanter Geschwindigkeit)

Die Überholstrecke (Üs) ist das Produkt des zurückgelegten Weges in Metern (m), der vom Überholenden (KFZ 1) vom Ausscheren nach links, während der Vorbeifahrt am Überholten (KFZ 2) bis zum Wiedereinscheren nach rechts bei einer bestimmten Geschwindigkeit benötigt wird. Grundsätzlich gilt, dass die Überholstrecke wegen des Gegenverkehrs und auf der Autobahn wegen der Flüssigkeit des Verkehrs möglichst kurz sein muss. Die Überholstrecke wird umso kürzer, je höher die Differenzgeschwindigkeit der beteiligten Fahrzeuge (zwischen KFZ 1 und 2) ist. Infolgedessen darf nur überholt werden, wenn das Tempo des Überholenden wesentlich höher als das des Überholten ist (§ 5 Abs. 2 Satz 2), d.h. etwa 20 km/h.

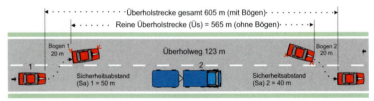

| KFZ 1 = 5 m | KFZ 2 = 18 m | KFZ 1 nach |
| V1 = 100 km/h | V2 = 80 km/h | dem Einscheren |

Bei der Berechnung der Überholstrecke (Üs) ist das Produkt aus dem Überholweg (Üw) und der Geschwindigkeit des Überholenden (KFZ 1) zu bilden, geteilt durch die Differenzgeschwindigkeit (V1 von KFZ 1 minus V2 von KFZ 2).

a. Der **Überholweg** (Üw) setzt sich aus der Summe der erforderlichen Sicherheitsabstände (1/2 Tachoabstand) und den Fahrzeuglängen zusammen:

Üw = Sa 1 + Länge von KFZ 2 + Sb 2 + Länge von KFZ 1 = 50 m + 18 m + 40 m + 5 m = 113 m

b. Die **Überholstrecke** (Üs) berechnet sich dann wie folgt:

$$\text{Üs} = \frac{\text{Üw} \times V1}{V1 - V2} = \frac{113 \times 100 \text{ km/h}}{100 \text{ km/h} - 80 \text{ km/h}} = \frac{11.300}{20 \text{ km/h}} = \text{rd. } \mathbf{565\,m}$$

Zum gleichen Ergebnis kommt die Berechnung der Überholstrecke (Üs) durch Bildung des Produkts aus der Überholzeit (Üt) und der Geschwindigkeit des Überholenden (KFZ 1), geteilt durch 3,6 s. KFZ 1 muss eine Strecke von 113 m mit einer Differenzgeschwindigkeit von 20 km/h durchfahren. KFZ 1 fährt bei 20 km/h = 5,6 m/s (20 : 3,6 s). Für die Strecke von 113 m benötigt KFZ 1 bei 20 km/h (113 m : 5,6) = rd. **28 s** Üt. Die Überholstrecke (Üs) ist dann wie folgt zu ermitteln:

$$\frac{\text{Üt} \times V1}{3,6\,s} = \frac{20 \times 100 \text{ km/h}}{3,6\,s} = \frac{2000}{3,6\,s} = (555,5) = \text{rd. } \mathbf{565\,m}$$

In beide Berechnungen sind außerdem die beiden rd. 20 m langen Bögen für das Ausweichen nach links und rechts einzubeziehen, so dass der gesamte Überholvorgang = 565 m + 20 m + 20 m = 605 m beträgt.

Vor dem Überholen muss sich KFZ 1 außerdem davon überzeugen, dass während des gesamten Überholvorganges der Gegenverkehr nicht beeinträchtigt wird. Die Einschätzung der Geschwindigkeit des Gegenverkehrs erfordert Erfahrung, um aus den größer werdenden KFZ auf deren Tempo zu schließen. Der Überholvorgang muss innerhalb der halben frei übersehbaren Strecke abgeschlossen sein. Die übersehbare Strecke muss so lang sein wie die doppelte Überholstrecke, und zwar von dem Punkt an, wo der Überholvorgang nicht mehr gefahrlos abgebrochen werden kann. KFZ 1 benötigt für die Strecke den Sicherheitsabstand Sa 2 von 40 m + Bogen 2 von 20 m + KFZ 2 von 18 m, insgesamt 78 m. Für diese Strecke braucht KFZ 1 bei 5,6 m/s = 13,9 s (78 m : 5,6 m/s). In der Zeit von 13,9 s durchfährt ein z.B. mit 100 km/h (d.h. mit 27,8 m/s) entgegenkommendes KFZ eine Strecke von 13,9 s x 27,8 s = 386 m. Die übersehbare Strecke beim Überholen muss daher für KFZ 1 mindestens 386 m + 605 m = rd. **1.000 m** betragen.

durch einen überholten LKW verdeckt, kann dem Überholenden ein Verstoß nur dann zur Last gelegt werden, wenn dafür Anzeichen erkennbar sind (OLG Düsseldorf VD 2002, 198).

2.8.1 Überholverbot bei unklarer Verkehrslage (§ 5 Abs. 3 Nr. 2)

Unklar ist eine Verkehrslage, wenn auf der gesamten Länge der Überholstrecke mit einem ungefährlichen Überholvorgang nicht gerechnet werden kann (OLG Düsseldorf VRS 91, 142; OLG Hamm NZV 2000, 265). Die Regelung bezieht sich auf den Quer- und den zu überholenden Verkehr, nicht aber auf den Gegenverkehr; hier gilt § 5 Abs. 2 Satz 1 (KG VRS 101, 56 = DAR 2001, 467). Eine bloße abstrakte Gefahr reicht allerdings nicht aus. Vielmehr muss die Verkehrslage konkrete Zweifel nahelegen, ob der Überholvorgang gefahrlos beendet werden kann. Dies kann sich aus dem **Verkehrsvorgang** (z. B. Länge der vorausfahrenden Kolonne), aus den **Fahrbahnverhältnissen** (z. B. nicht einsehbare Kurven, Kuppen, Engstellen, Wechsel im Fahrbahnbelag), aus den **Witterungs-** und **Beleuchtungsverhältnissen** (z. B. Regen, Nebel, Dämmerung) oder aus dem nicht einschätzbaren Verhalten anderer **Verkehrsteilnehmer** (z. B. Radfahrer, Fußgänger) ergeben. Vor allem beim Überholen jugendlicher Radfahrer ist zu beachten, dass diese sich häufig verkehrswidrig verhalten (OLG Koblenz DAR 1973, 105).

Einzelfälle: Mündet auf der Überholstrecke eine untergeordnete Straße ein, muss der Überholende allein deshalb nicht mit Linksabbiegern rechnen (OLG Nürnberg VRS 104, 177), auch nicht, wenn der Abbieger zum Wenden zunächst in eine rechts befindliche Haltebucht fährt (OLG Celle SVR 2005, 109; OLG Celle SVR 2006, 29). Wegen unklarer Verkehrslage ist das Überholen jedoch **verboten**, wenn sich ein Linksabbieger ohne oder mit undeutlichem Fahrtrichtungszeichen einordnet (KG VRS 110, 8: Vorausfahrender blinkt links, der Überholende kann noch gefahrlos bremsen) oder sich nach links orientiert, um einen freien Parkstand anzusteuern (KG SVR 2004, 148; OLG Köln VerkMitt 1999 Nr. 75 = NZV 1999, 333 = DAR 1999, 548), wenn ein Vorausfahrender sich einem Hindernis nähert, das ihn zwingt, entweder scharf zu bremsen oder auszuweichen (KG VRS 52, 271), wenn ein Einweiser einen LKW dirigiert (OLG Hamm DAR 2001, 222), wenn sich hinter einem langsamen Fahrzeug eine Kolonne gebildet hat und mehrere Fahrzeuge gleichzeitig überholen wollen (OLG Weimar VRS 105, 49; DAR 2004, 43; OLG Karlsruhe DAR 2001, 459 = VRS 101, 84 = NZV 2001, 473; OLG Celle VerkMitt 1979 Nr. 51 = VRS 56, 125; OLG Rostock VRS 112, 251 = SVR 2007, 462: keine unklare Verkehrslage beim Überholen einer Kolonne außerorts) oder eine Fahrzeugkolonne durch Überfahren einer Fahrstreifenbegrenzung in Erwartung einer Lücke überholt (OLG Stuttgart DAR 2007, 597 = VRS 113, 131 = NZV 2007, 533). Der Kraftfahrer, der vor einer Kreuzung auffallend langsam fährt, schafft nicht schon dadurch eine unklare Verkehrslage (OLG Koblenz VRS 105, 418; BayObLG VRS 59, 235; OLG Karlsruhe VRS 54, 68); anders, wenn er sich zur Mitte der Fahrbahn einordnet, ohne zu blinken, oder rechts bleibt und nach links blinkt (KG DAR 2002, 557; KG DAR 2002, 558 = NZV 2002, 567 = VRS 103, 350); durch Warnsignale muss der Hinterherfahrende dem Vordermann dann die Überholabsicht deutlich machen (OLG Karlsruhe DAR 2001, 473). Wer außerorts einen PKW überholen will, dessen linke Blinkleuchte durch ein anderes Fahrzeug verdeckt ist und der ungewöhnlich langsam fährt, muss vom Überholen absehen (OLG Hamm VRS 48, 461). Solange an einem vorausfahrenden Fahrzeug der linke Fahrtrichtungsanzeiger nicht eingeschaltet ist, ist das Überholen

§ 5 Überholen

Unklare Verkehrslage bei hellem Sonnenschein

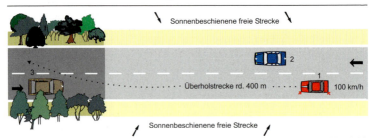

KFZ 1 überholt außerorts bei hellem Sonnenschein auf freier Strecke mit Tempo 100 km/h das mit 80 km/h fahrende KFZ 2. Das Auge stellt sich stets auf den hellsten Punkt ein (auf die sonnige Strecke). Anders als bei Bewölkung erscheint bei großem Hell-Dunkel-Kontrast der dicht mit Alleebäumen bewachsene Streckenabschnitt dunkel (wie in einem Tunnel), so dass KFZ 1 diesen Bereich nicht einsehen und entgegenkommende KFZ nur unzureichend wahrnehmen kann. Da der Bereich, wo sich KFZ 1 wieder gefahrlos nach rechts einordnen kann, nicht einsehbar ist, liegt wegen der konkreten Gefahrenlage eine unklare Verkehrslage vor, die das Überholen verbietet. KFZ 1 muss deshalb den Überholvorgang (bei einem Überholweg von etwa 600 m) noch vor den Alleebäumen abbrechen (§ 5 Abs. 3 Nr. 1).

in der Regel nicht deshalb unzulässig, weil sich dieses Fahrzeug einem noch langsameren Vordermann nähert (BayObLG VerkMitt 1975 38 = VRS 47, 379; BayObLG VRS 61, 63). Das Fortsetzen des Überholens kurz vor einer unübersichtlichen Kurve ist grob verkehrswidrig (OLG Koblenz VRS 49, 40).

2.8.2 Überholverbot durch Z. 276, 277 (Anl. 2 lfd. Nr. 53, 54)

Die Zeichen beziehen sich nur auf die Fahrbahn und verbieten jedes Überholen (rechts oder links). Das Ende des Überholverbotes wird nicht angezeigt, wenn die Gefahrstelle zweifelsfrei erkennbar ist, z. B. an Baustellen, bei Entfernungsangaben oder durch Gefahrzeichen. Die Z. 276/277 verbieten nicht nur die Einleitung, sondern auch die Fortsetzung des Überholvorganges (OLG Schleswig VerkMitt 64 Nr. 28). Die Z. 276/277 erlauben das Überholen nicht motorisierter Fahrzeuge und von Krafträdern ohne Beiwagen (nicht aber umgekehrt – OLG Koblenz VRS 59, 467; a. A. noch AG Düren NJW 1980, 1117). Wird das Überholen von langsamen Fahrzeugen durch Zusatzzeichen 1049-11 gestattet (Symbol „Traktor"), gilt das nicht für KFZ mit bauartbedingter höherer Geschwindigkeit, die infolge der Verkehrs- oder Straßenverhältnisse oder wegen einer Panne nicht schneller fahren können (BayObLG VRS 57, 213). Z. 277 erfasst auch Wohnmobile über 3,5 t.[4] Ist ein Überholverbot auf LKW beschränkt, gilt es nicht für selbstfahrende Arbeitsmaschinen (OLG Köln VRS 61, 51). Das Vorbeifahren innerhalb einer durch Z. 276 gekennzeichneten Strecke an einer vor Rotlicht wartenden Fahrzeugschlange ist unzulässiges Überholen (BGH JZ 1975, 289), auch wenn

---

4 Ob Wohnmobile dem Überholverbot nach Z. 277 unterliegen, ist strittig. Nach der zulassungsrechtlichen (EU-rechtlichen) Klassifizierung der Nr. 5.1 der Anlage XXIX FZV gehören Wohnmobile zu den für die Personenbeförderung ausgelegten und gebauten Fahrzeugen der Klasse M, somit zu den „PKW". Verhaltensrechtlich sind sie damit nicht nur vom Überholverbot des Z. 277, sondern auch vom Verkehrsverbot des Z. 253 ausgenommen. Da jedoch der Begriff „Personenkraftwagen" nicht ausdrücklich in der Anlage XXIX FZV erscheint, wäre es zu begrüßen, wenn der Verordnungsgeber die 12. Ausnahme-Verordnung entsprechend anpassen würde.

es zum Linksabbiegen geschieht (OLG Köln VerkMitt 1975 Nr. 117). Wer nach Einleitung des Überholvorgangs, z. B. wegen dichten Verkehrs, nicht mehr vor Erreichen eines Überholverbotsschildes auf die rechte Seite seiner Fahrbahnhälfte zurückkehren kann, muss das Überholen abbrechen (OLG Düsseldorf VerkMitt 1975 Nr. 123). Das Z. 276 gilt für die Benutzer der beschilderten Straße auch dann weiter, wenn es an einer Straßeneinmündung nicht wiederholt wird (OLG Koblenz NZV 1988, 77 = VRS 75, 62; OLG Koblenz DAR 1976, 110).

2.8.3 Überholverbot bei Sichtbeeinträchtigung (§ 5 Abs. 3a)

Häufig wird auch bei geringen Sichtweiten noch überholt und zu schnell gefahren. In vielen Fällen lösen LKW, auch wenn sie nicht den ersten Unfall in der Kette verursachen, schwerwiegende Folgen aus, wenn sie auf der Überholspur in die Unfallstelle hineinfahren. Deshalb gilt für KFZ über 7,5 t bei Nebel, Schneefall oder Regen mit Sichtweiten unter 50 m Überholverbot. Die Vorschrift ist außerdem an das feste Tempolimit des § 3 Abs. 1 Satz 2 von 50 km/h bei Sichtweiten unter 50 m gekoppelt und soll Massenunfällen entgegenwirken („Sicht 50 m – Tempo 50"). Dem Tempolimit unterliegen allerdings im Gegensatz zum Überholverbot alle Fahrzeuge.

Durch das Überholverbot nach § 5 Abs. 3a kann aber nicht verhindert werden, dass auf zweistreifigen Richtungsfahrbahnen von Autobahnen oder Kraftfahrstraßen LKW an rechts meist witterungsbedingt stehenden Fahrzeugen auf den linken Fahrstreifen überwechseln und dort infolge extrem widriger Wetterverhältnisse selbst liegen bleiben, die ganze Fahrbahn blockieren und kilometerlange Staus verursachen. Das soll das Benutzungsverbot nach § 18 Abs. 11 für den äußerst linken Fahrstreifen für LKW über 7,5 t, einschließlich ihrer Anhänger, und Zugmaschinen verhindern. Zur Vermeidung riskanter Überholmanöver nach § 5 Abs. 3a gilt das Benutzungsverbot auch bei Sichtweiten unter 50 m.

2.8.4 Überholverbot an Fußgängerüberwegen
(§ 26 Abs. 3, Anl. 2 lfd. Nr. 66 – Z. 293)

Das Überholverbot gilt auch dann, wenn keine Fußgänger den Überweg überqueren wollen. Ein vorher eingeleiteter Überholvorgang muss vor dem Überweg abgeschlossen sein, spätestens am Richtzeichen 350. Werden „Zebrastreifen" entgegen den R-FGÜ[5] über mehrstreifige Fahrbahnen geführt, darf sich der Verkehr auf dem freien Fahrstreifen schon wegen der Sichtverhältnisse auf Fußgänger nur mit äußerster Vorsicht und max. 10 km/h vorbeitasten, wenn der Verkehr auf dem anderen Fahrstreifen stockt (Rechtsanalogie aus dem Grundgedanken des § 7 Abs. 2a).

Das Überholverbot am Fußgängerüberweg gilt nur für den Verkehr auf der Fahrbahn. Parallel neben der Fahrbahn verlaufende Sonderwege oder abgetrennte Seitenstreifen gehören nicht dazu. Führt deshalb der Überweg auch über einen rechts verlegten Radweg, gilt das Überholverbot nicht zwischen Radfahrer und KFZ (wohl aber zwischen Radfahrern untereinander). Radfahrer müssen jedoch nach dem Prinzip der doppelten Sicherung auf Fußgänger besondere Rücksicht nehmen und Gefährdungen bei schnellerer Fahrweise vermeiden.

---

5 R-FGÜ – Richtlinien für die Anlage und Ausstattung von Fußgängerüberwegen (VkBl. 2001, S. 474)

§ 5 Überholen

2.8.5 Überholverbot an Bussen mit Warnblinklicht (§ 20 Abs. 3)

Nähern sich Linienbusse oder (gekennzeichnete) Schulbusse einer Haltestelle (Z. 224) und haben sie Warnblinklicht eingeschaltet, darf nicht überholt werden. Das Überholverbot gilt im unmittelbaren Einzugsbereich von Haltestellen von dem Punkt an, wo Warnblinklicht eingeschaltet wird. An Bussen mit Warnblinklicht, die an der Haltestelle stehen (halten), darf jedoch mit Schrittgeschwindigkeit vorbeigefahren werden (kein Überholen!); Schrittgeschwindigkeit gilt auch für den Gegenverkehr. Haltestellen, an denen Busse Warnblinklicht einschalten müssen, werden von der Straßenverkehrsbehörde gegenüber dem Personenbeförderer festgelegt (sie sind nicht am Z. 224 erkennbar).

2.8.6 Überholverbot auf Ausfädelungsstreifen (§ 7a Abs. 1)

Auf Ausfädelungsstreifen („Verzögerungsstreifen") darf weder rechts noch links überholt werden. Ausfädelungsstreifen leiten den Verkehr in regionale Straßennetze ab, wobei immer damit gerechnet werden muss, dass andere kurz vor dem Z. 333 („Rausschmeißer") noch ausscheren. Infolgedessen darf hier nicht schneller als auf der durchgehenden Fahrbahn gefahren werden. Ist der Ausfädelungsstreifen zweispurig, darf auch nicht rechts schneller als auf dem linken Fahrstreifen gefahren werden. Anders bei Einfädelungsstreifen („Beschleunigungsstreifen"), die der Eingliederung in den durchgehenden Verkehr dienen. Hier darf der Verkehr auf der Hauptfahrbahn überholt werden; außerdem darf bei zweispurigen Beschleunigungsstreifen rechts überholt werden (§ 7a Abs. 2).

2.8.7 Überholverbot an Bahnübergängen (§ 19 Abs. 1 Satz 2)

Da ein überholendes Fahrzeug eine deutlich höhere Geschwindigkeit haben muss als das überholte Fahrzeug, ist eine Annäherung an den Bahnübergang mit nur mäßiger Geschwindigkeit regelmäßig ausgeschlossen. Hinzu kommt, dass das überholte Fahrzeug die Sicht auf den Schienenweg versperrt. Aus Verkehrssicherheitsgründen ist deshalb das Überholen an Bahnübergängen generell unzulässig.

2.8.8 Überholverbot bei mehrstreifigen Fahrbahnen (§ 7 Abs. 3a und Abs. 3b)

Bei breiten Fahrbahnen mit drei oder fünf markierten Fahrstreifen je Fahrtrichtung dient der mittlere Fahrstreifen dem Abbiegeverkehr; er darf nicht zum Überholen benutzt werden (§ 7 Abs. 3a). Bei vier oder sechs markierten Fahrstreifen je Richtung sind die beiden/drei linken Fahrstreifen dem Gegenverkehr vorbehalten und dürfen nicht zum Überholen benutzt werden (§ 7 Abs. 3b).

2.9 Pflichten gegenüber dem Überholen (§ 5 Abs. 6)

Vor dem Überholen ist die rückwärtige Verkehrslage sorgfältig zu beobachten, insbesondere ob sich andere KFZ mit hoher Geschwindigkeit nähern. Leichtere Behinderungen, die nicht zu einer Gefährdung führen, muss der auf der Überholspur herannahende andere Fahrer in Kauf nehmen und sich durch Reaktionsbereitschaft und Fahrweise darauf einrichten (OLG Köln VRS 44, 436). Nähern sich zwei PKW mit etwa gleicher Geschwindigkeit einem vorausfahrenden LKW, darf der Fahrer des vorausfahrenden PKW als Erster überholen, auch wenn der zweite PKW bereits auf der linken

Fahrbahnhälfte fährt (OLG Schleswig DAR 1975, 76; OLG Celle VersR 1979, 476). Anders ist es bei höherer Geschwindigkeit und erkennbarer Überholabsicht des nachfolgenden Fahrers (OLG Hamm VerkMitt 1986 Nr. 9). Das „Weghupen" eines überholungswilligen Vordermanns vom Überholstreifen ist strafbare Nötigung (BGH VRS 26, 358 = DAR 1964, 167), ebenso absichtliches Langsamfahren zur Verhinderung des Überholens (BGH VRS 25, 117 = DAR 1963, 308 = VkBl 1963, 475). Nach dem Überholen eines Kraftfahrzeugs muss beim Einscheren ein Sicherheitsabstand zum überholten Wagen eingehalten werden, der etwa der Strecke entspricht, die das überholte Fahrzeug in einer Sekunde zurücklegt (OLG Koblenz VRS 45, 209).

Beim Wiedereinscheren dürfen nachfolgende Fahrzeuge auf dem gleichen Fahrstreifen oder der Überholspur nach § 5 Abs. 4 Satz 4 weder behindert noch zu einer raschen und erheblichen Geschwindigkeitsherabsetzung veranlasst werden (KG VerkMitt 2009 Nr. 12 = VRS 115, 282; OLG Hamm DAR 2001, 165). Ein zu knappes Einscheren („Schneiden") ist grob verkehrswidrig (OLG Düsseldorf VRS 64, 7).[6]

Wer überholt wird, darf nach § 5 Abs. 6 Satz 1 vom Beginn bis zum Ende des Überholvorgangs seine Geschwindigkeit nicht mehr erhöhen (BayObLG VerkMitt 1978 Nr. 49 = VRS 55, 142); dies gilt auch, wenn der andere verbotswidrig überholt.

2.10 Verkehrsbehinderndes Langsamfahren

Die Verpflichtung zum Ausweichen besteht im Interesse der Vermeidung gefahrträchtiger Überholmanöver, wenn das eingehaltene Tempo über eine längere Strecke zu Fahrzeugschlangen schnellerer KFZ (mehr als drei) führt. Um einer Fahrzeugschlange das Überholen zu ermöglichen, darf der Langsamfahrer kurzfristig auf einen rechten Seitenstreifen überwechseln. Den Seitenstreifen darf er jedoch nicht durchgängig befahren, weil er anderen langsamen Fahrzeugen vorbehalten ist. Langsam ist ein Fahrzeug, das mit geringerem Tempo als der übrige Verkehr fährt und dadurch den Verkehrsfluss behindern würde (ca. 30 km/h). Hierzu gehören außerorts vor allem landwirtschaftliche Fahrzeuge oder selbstfahrende Arbeitsmaschinen, nicht aber LKW über 7,5 t, deren Tempo gemäß § 3 Abs. 2 auf 60 km/h begrenzt ist (a. A. OLG Karlsruhe NZV 1992, 122: Sattelschlepper mit 67 km/h).[7] Unberührt bleibt allerdings für solche KFZ die Empfehlung zum Ausweichen, wenn es ohne negative Folgen möglich ist.

3 Hinweise

3.1 Abstand für Fahrzeuge über 3,5 t und Züge von mehr als 7 m Länge zum Einscheren eines überholenden Fahrzeugs: § 4.

---

6 Häufig blinken überholte LKW-Fahrer kurz auf, um einem überholenden LKW anzuzeigen, dass er wieder einscheren kann. Selbst wenn dadurch der Mindestabstand kurz unterschritten wird, kann dieses Verhalten aus Opportunitätsgründen unbeanstandet bleiben, wenn es dem Verkehrsfluss dient.

7 Eine Verpflichtung zum Ausweichen an geeigneter Stelle für alle Fahrzeuge, die das gesetzliche Tempolimit von 100 km/h nicht einhalten „dürfen", würde zu einer unverhältnismäßigen Belastung des langsameren Wirtschaftsverkehrs führen. Diese KFZ müssten dann entgegen dem Prinzip der Erhaltung eines homogenen Verkehrsflusses jeweils auf Parkplätze oder Seitenstreifen ausweichen, um sich trotz ihres geringen Beschleunigungsvermögens wieder gefahrlos in den fließenden Verkehr einzufädeln.

3.2 Freiheits- oder Geldstrafe für falsches Überholen oder falsches Verhalten bei Überholvorgängen mit konkreter Gefährdung von Personen oder erheblichen Sachwerten: § 315c StGB. Der Begriff des „unzulässigen Überholens" reicht hier weiter als bei § 5. Strafbar sind auch Verstöße, die nach der StVO nicht dem Überholen auf der Fahrbahn zuzurechnen sind, z. B. Vorbeifahren auf der Standspur einer Autobahn (BVerfG NZV 1995, 79 = DAR 1975, 154; VD 2004, 216).

§ 6 Vorbeifahren

Wer an einer Fahrbahnverengung, einem Hindernis auf der Fahrbahn oder einem haltenden Fahrzeug links vorbeifahren will, muss entgegenkommende Fahrzeuge durchfahren lassen; Satz 1 gilt nicht, wenn der Vorrang durch Verkehrszeichen (Zeichen 208, 308) anders geregelt ist. Muss er ausscheren, so hat er auf den nachfolgenden Verkehr zu achten und das Ausscheren sowie das Wiedereinordnen – wie beim Überholen – anzukündigen.

(VwV zu § 6 siehe zu § 5)

1 Aus der amtlichen Begründung

Erweiterung des Anwendungsbereichs des § 6 Satz 1 auf dauerhafte Fahrbahnverengungen (Begr. 2009).

2 Erläuterungen

2.1 Vorbeifahren und Überholen

Vorbeifahren ist die Änderung der Fortbewegungsrichtung, bedingt durch ein stehendes Hindernis (parkendes KFZ, abgestellter Container). **Überholen** ist dagegen die Änderung der Fortbewegungsrichtung im fließenden Verkehr. Verkehrsbedingt wartende KFZ gehören zum fließenden Verkehr und werden deshalb überholt (Rn. 1 VwV-StVO zu §§ 5 und 6; BGH VerkMitt 1975 Nr. 52; BVerwG VerkMitt 1995 Nr. 18). Wer einen fahrplanbedingt haltenden Bus und dahinter befindliche Kraftfahrwagen umfährt, fährt an dem „haltenden" Bus vorbei, überholt aber die „wartenden" Kraftwagen (OLG Düsseldorf VRS 59, 288).

2.2 Fahrbahnverengung

Engstellen sind dauerhafte oder vorübergehende Einengungen einer sonst ausreichend breiten Straße, die einander begegnende Fahrzeuge nicht gleichzeitig passieren können (z. B. durch vorgebaute Haltestellenkaps, Unterführungen, Fahrbahnverschwenkungen, Baustellen, haltende KFZ, Container, Schneeverwehungen). Gestattet der verbleibende Raum das Vorbeifahren beider Fahrzeuge, muss sich jeder strikt an das Rechtsfahrgebot (§ 2 Abs. 2) halten; ein Vorrang des Entgegenkommenden besteht dann nicht (OLG Karlsruhe DAR 2004, 648). Engstellen sind vorsichtig mit angepasster Geschwindigkeit zu durchfahren (OLG Düsseldorf VRS 44, 228). Vorbeifahren an unübersichtlichen Stellen ist unter Beachtung des Gegenverkehrs gestattet, Überholen nicht. Auch in einer unübersichtlichen Kurve darf man an einem dort haltenden Fahrzeug auf der Gegenfahrbahn vorbeifahren, allerdings nur mit besonderer Vorsicht (BayObLG VRS 58, 450).

2.3 Ankündigen

Beim Vorbeifahren ergänzen sich Rückschau und Fahrtrichtungszeichen; Blinken allein genügt nicht (OLG Stuttgart VRS 28, 40).

§ 6 Vorbeifahren

Vorrang beim Vorbeifahren

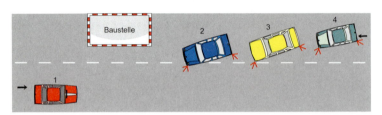

KFZ 2, 3 und 4 müssen den Vorrang des Gegenverkehrs (KFZ 1) beachten, weil sich das Hindernis auf ihrer Fahrbahnseite befindet und sie daran „vorbeifahren". Infolgedessen bedarf es keiner Beschilderung. Im Interesse eines besseren Verkehrsflusses bietet sich jedoch an, den Vorrang durch Z. 208 und Z.308 so zu regeln, dass die Richtung mit dem stärksten Verkehr bevorrechtigt wird. Nach § 39 Abs. 2 gehen dann die Z. 208 und 308 der allgemeinen Regel des § 6 Abs. 1 vor. KFZ 6, 7 und 8 haben nunmehr Vorrang vor KFZ 5. In allen Fällen bleiben die Sorgfaltspflichten nach § 6 Abs. 2 gegenüber dem nachfolgenden Verkehr erhalten. KFZ 6, 7 und 8 dürfen nur dann ausscheren, wenn dadurch der rückwärtige Verkehr nicht gefährdet wird. Das Ausscheren und das Wiedereinordnen ist mit dem Fahrtrichtungsanzeiger rechtzeitig und deutlich anzukündigen.

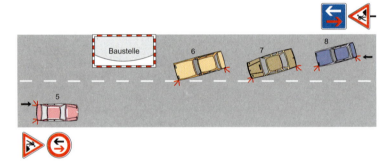

Befindet sich auf beiden Fahrbahnhälften je eine Engstelle, besteht kein Vorrang nach § 6 Abs. 1, und zwar weder für die eine (KFZ 9 und 10) noch für die andere Richtung (KFZ 11 und 12). Der Verkehr aus beiden Richtungen muss den Vorrang beachten und sich nach dem Gebot der „Rücksichtnahme" (§ 1 Abs. 1) verständigen. Die Engstelle darf nur dann durchfahren werden, wenn eine Gefährdung des Gegenverkehrs ausgeschlossen ist. Die Sorgfaltspflichten nach § 6 Satz 2 gegenüber dem nachfolgenden Verkehr bleiben bestehen. Durch negative und positive Beschilderung mit Z. 208 und Z. 308 kann auch hier der Vorrang den Verkehrsbedürfnissen angepasst werden.

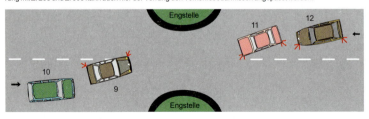

2.4 Abstand

Besondere Vorsicht ist beim Vorbeifahren an einem haltenden Kraftomnibus geboten; hier ist ein Seitenabstand von 2 m einzuhalten, um plötzlich hervortretende Fußgänger nicht zu erfassen (BGH VerkMitt 1968 Nr. 93; OLG Köln VRS 64, 434). Bei leicht geöffneter Fahrertür eines haltenden Fahrzeugs muss mit einer Vergrößerung des Öffnungswinkels gerechnet und deshalb beim Vorbeifahren ein Seitenabstand von mehr als 1 m eingehalten werden (OLG Hamm NZV 2004, 408).

2.5 Pflichten zum Gegenverkehr

Den Vorrang muss derjenige beachten, auf dessen Seite sich die Engstelle befindet; durch Z. 208 und 308 kann der Vorrang anders geregelt sein.[1] Ermöglicht eine **Engstelle** zwei sich begegnenden Fahrzeugen das gleichzeitige Passieren, müssen beide ihre Geschwindigkeit verringern, um die Seitenabstände gefahrlos mindern zu können; reicht der Verkehrsraum für eine gefahrlose Begegnung nicht aus, hat Vorrang, wer auf seiner Fahrbahnhälfte bleiben kann (OLG Hamm VRS 52, 213). Müssen beide jeweils die Straßenmitte benutzen, hat Vorrang, wer die Engstelle deutlich zuerst erreicht hat. Erreichen beide sie gleichzeitig, müssen sie sich verständigen, d. h. keiner hat Vorrang (OLG Zweibrücken VerkMitt 1979 Nr. 115 = VRS 57, 134 = DAR 1980, 54). An Engstellen auf **Bergstrecken** muss der Fahrer ausweichen, dessen Seitenstreifen nicht am abfallenden Hang, sondern an der aufsteigenden Böschung verläuft; auch hier ist gegenseitige Verständigung geboten (OLG Saarbrücken VerkMitt 1975 Nr. 46). Der Wartepflichtige muss durch sein Fahrverhalten, vor allem durch mäßige Geschwindigkeit erkennen lassen, dass er warten wird. Wer die begründete Befürchtung erweckt, er werde den Vorrang nicht beachten, haftet für die Folgen (KG VerkMitt 1980 Nr. 58).

3 Hinweise

3.1 Schrittgeschwindigkeit bei der Vorbeifahrt an haltenden Linien- oder Schulbussen mit Warnblinklicht: § 20 Abs. 4.

3.2 Anwendung des Reißverschlussverfahrens an Hindernissen: § 7 Abs. 4.

---

1 Die Anordnung von Z. 209 und 308 verbietet sich dann, wenn bereits die Verhaltensregel den Vorrang bestimmt.

§ 7 Benutzung von Fahrstreifen durch Kraftfahrzeuge

(1) Auf Fahrbahnen mit mehreren Fahrstreifen für eine Richtung dürfen Kraftfahrzeuge von dem Gebot, möglichst weit rechts zu fahren (§ 2 Abs. 2), abweichen, wenn die Verkehrsdichte das rechtfertigt. Fahrstreifen ist der Teil einer Fahrbahn, den ein mehrspuriges Fahrzeug zum ungehinderten Fahren im Verlauf der Fahrbahn benötigt.

(2) Ist der Verkehr so dicht, dass sich auf den Fahrstreifen für eine Richtung Fahrzeugschlangen gebildet haben, so darf rechts schneller als links gefahren werden.

(2a) Wenn auf der Fahrbahn für eine Richtung eine Fahrzeugschlange auf dem jeweils linken Fahrstreifen steht oder langsam fährt, dürfen Fahrzeuge diese mit geringfügig höherer Geschwindigkeit und mit äußerster Vorsicht rechts überholen.

(3) Innerhalb geschlossener Ortschaften – ausgenommen auf Autobahnen (Zeichen 330.1) – dürfen Kraftfahrzeuge mit einem zulässigen Gesamtgewicht bis zu 3,5 t auf Fahrbahnen mit mehreren markierten Fahrstreifen für eine Richtung (Zeichen 296 oder 340) den Fahrstreifen frei wählen, auch wenn die Voraussetzungen des Absatzes 1 Satz 1 nicht vorliegen. Dann darf rechts schneller als links gefahren werden.

(3a) Sind auf einer Fahrbahn für beide Richtungen insgesamt drei oder fünf Fahrstreifen durch Leitlinien (Zeichen 340) markiert, dann darf der mittlere Fahrstreifen nicht zum Überholen benutzt werden. Wer nach links abbiegen will, darf sich auf den mittleren Fahrstreifen einordnen.

(3b) Auf Fahrbahnen für beide Richtungen mit vier durch Leitlinien (Zeichen 340) markierten Fahrstreifen sind die beiden in Fahrtrichtung linken Fahrstreifen aus schließlich dem Gegenverkehr vorbehalten; sie dürfen nicht zum Überholen benutzt werden. Dasselbe gilt auf sechsstreifigen Fahrbahnen für die drei in Fahrtrichtung linken Fahrstreifen.

(3c) Sind außerhalb geschlossener Ortschaften für eine Richtung drei oder mehr Fahrstreifen mit Zeichen 340 gekennzeichnet, dürfen Kraftfahrzeuge abweichend von dem Gebot, möglichst weit rechts zu fahren, den mittleren Fahrstreifen dort durchgängig befahren, wo – auch nur hin und wieder – rechts davon ein Fahrzeug hält oder fährt. Den linken Fahrstreifen dürfen außerhalb geschlossener Ortschaften Lastkraftwagen mit einem zulässigen Gesamtgewicht von mehr als 3,5 t sowie alle Kraftfahrzeuge mit Anhänger nur benutzen, wenn sie sich dort zum Zwecke des Linksabbiegens einordnen.

(4) Ist auf Straßen mit mehreren Fahrstreifen für eine Richtung das durchgehende Befahren eines Fahrstreifens nicht möglich oder endet ein Fahrstreifen, so ist den am Weiterfahren gehinderten Fahrzeugen der Übergang auf den benachbarten Fahrstreifen in der Weise zu ermöglichen, dass sich diese Fahrzeuge unmittelbar vor Beginn der Verengung jeweils im Wechsel nach einem auf dem durchgehenden Fahrstreifen fahrenden Fahrzeug einordnen können (Reißverschlussverfahren).

(5) In allen Fällen darf ein Fahrstreifen nur gewechselt werden, wenn eine Gefährdung anderer Verkehrsteilnehmer ausgeschlossen ist. jeder Fahrstreifenwechsel ist rechtzeitig und deutlich anzukündigen; dabei sind die Fahrtrichtungsanzeiger zu benutzen.

VwV zu § 7 Benutzung von Fahrstreifen durch Kraftfahrzeuge

Zu den Absätzen 1 bis 3

1 I. Ist auf einer Straße auch nur zu gewissen Tageszeiten mit so dichtem Verkehr zu rechnen, dass Kraftfahrzeuge vom Rechtsfahrgebot abweichen dürfen oder mit Nebeneinanderfahren zu rechnen ist, empfiehlt es sich, die für den gleichgerichteten Verkehr bestimmten Fahrstreifen einzeln durch Leitlinien (Z. 340) zu markieren. Die Fahrstreifen müssen so breit sein, dass sicher nebeneinander gefahren werden kann.

2 II. Wo auf einer Straße mit mehreren Fahrstreifen für eine Richtung wegen ihrer baulichen Beschaffenheit nicht mehr wie bisher nebeneinander gefahren werden kann, ist durch geeignete Markierungen, Leiteinrichtungen, Hinweistafeln oder dergleichen zu zeigen, welcher Fahrstreifen endet. Auf Straßen mit schnellem Verkehr ist zu prüfen, ob eine Geschwindigkeitsbeschränkung erforderlich ist.

Zu Absatz 3

3 Werden innerhalb geschlossener Ortschaften auf Straßen mit mehreren Fahrstreifen für eine Richtung Leitlinien markiert, so ist anzustreben, dass die Anzahl der dem geradeausfahrenden Verkehr zur Verfügung stehenden Fahrstreifen im Bereich von Kreuzungen und Einmündungen nicht dadurch verringert wird, dass ein Fahrstreifen durch einen Pfeil auf der Fahrbahn (Z. 297) nur einem abbiegenden Verkehrsstrom zugewiesen wird. Wenn das Abbiegen zugelassen werden muss, besondere Fahrstreifen für Abbieger aber nicht zur Verfügung stehen, so kommt unter Umständen die Anbringung kombinierter Pfeile, z. B. Geradeaus/Links, in Frage.

1 Aus der amtlichen Begründung

1.1 Die freie Fahrstreifenwahl innerorts wird auf alle KFZ bis 3,5 t ausgedehnt. Das Prinzip des „stay in lane" bleibt wegen des Unfallrisikos bei hohen Geschwindigkeiten auf den Innerortsbereich begrenzt (Begr. 1988).

1.2 Das Reißverschlussverfahren ist unmittelbar am Beginn der Engstelle zu praktizieren (Begr. 2000).

1.3 Im Interesse der Klarheit werden die bisherigen Erläuterungen zur Leitlinie (Z. 340) bei den §§ 7 und 7a zusammengefasst (Begr. 2009).

2 Erläuterungen

Durch das Fahren in Fahrstreifen wird zur besseren Ausnutzung des Verkehrsraumes eine bestimmte Ordnung vorgegeben. **Fahrstreifen** (§ 7 Abs. 1 Satz 2) ist der Teil einer Fahrbahn, den ein mehrspuriges Fahrzeug, orientiert an der max. Breite von 2,55 m (§ 22 Abs. 1), zum unbehinderten Fahren mit angemessenen Sicherheitsabständen im Verlauf der Fahrbahn benötigt. Das gilt auch bei Fahrstreifen in Kreuzungen oder Einmündungen (OLG Hamm NZV 2006, 584). Die Sicherheitsabstände nach rechts und links richten sich nach der Fahrgeschwindigkeit, den Straßenverhältnissen und anderen Verkehrsarten (z. B. Radfahrer). Innerorts kann von einem Fahrstreifen ausgegangen werden, wenn er etwa 3 m, außerorts, wenn er etwa

§ 7 Benutzung von Fahrstreifen durch Kraftfahrzeuge

3,50 m breit ist. Ob zwei Fahrstreifen vorhanden sind, hängt nicht von einer Markierung, sondern von der Fahrbahnbreite ab (KG VerkMitt 2009 Nr. 60; KG VRS 109, 10 = NZV 2005, 527 = VerkMitt 2005 Nr. 65; KG VerkMitt 2003 Nr. 36 = NZV 2003, 182 = VRS 104, 349 = MDR 2003, 626). Eine 5 m breite Richtungsfahrbahn hat deshalb nur einen Fahrstreifen.

2.1 Verkehrsdichte

§ 7 Abs. 1 ist eine Abweichung vom Rechtsfahrgebot (§ 2 Abs. 1). Eine das Nebeneinanderfahren zulassende Verkehrsdichte (zähflüssiger Verkehr) liegt vor, wenn das Einordnen nach dem Überholen kurz darauf erneut zum Überholen führt. Die nur außerorts geltende Regelung, dass bei drei Fahrstreifen je Richtung der mittlere durchgängig befahren werden darf, wenn rechts hin und wieder ein Fahrzeug hält oder fährt (§ 7 Abs. 3c), enthält zwar ebenfalls eine Abweichung vom Rechtsfahrgebot, erfordert aber keine „Verkehrsdichte".

2.2 Fahrzeugschlangen

§ 7 Abs. 2 weicht vom Rechtsfahr- und Linksüberholgebot (§§ 2 Abs. 1, 5 Abs. 1) ab. Es müssen mindestens zwei markierte oder unmarkierte Fahrstreifen vorhanden sein (KG NZV 2005, 527 = VRS 109, 10 = VerkMitt 2005 Nr. 65). Eine Fahrzeugschlange erfordert mehr als zähflüssigen Verkehr und mehr als fünf Fahrzeuge hintereinander, die infolge des geringen Tempos mit verminderten Sicherheitsabständen fahren. Überholverbote (Z. 276, 277) müssen auch von der rechten Fahrzeugschlange beachtet werden, weil der Begriff „rechts schneller als links" als Überholen gilt.[1]

Rechtsüberholen von Fahrzeugschlangen auf dreistreifigen Richtungsfahrbahnen

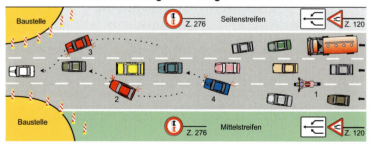

Haben sich auf einer Fahrbahn mit 3 Fahrstreifen Fahrzeugschlangen gebildet, darf jeweils die rechte Kolonne schneller als die linke fahren (Abweichung vom Rechtsüberholverbot – § 7 Abs. 2). Sind die jeweils linken Fahrzeugschlangen schneller als die rechte, liegt der Regelfall des (zulässigen) Linksüberholens vor (§ 5 Abs. 1). Motorradfahrer 1 darf hingegen (als Einzelfahrer) die linke Kolonne nicht rechts überholen. Er kann sich nicht auf § 7 Abs. 2a berufen, weil der von ihm genutzte Fahrraum keinen „Fahrstreifen" i.S.d. § 7 Abs. 1 Satz 2 bildet (OLG Düsseldorf VerkMitt 1990, Nr. 94). Auch das Überholen der rechten Fahrzeugschlange verbietet sich für ihn wegen der unklaren Verkehrslage infolge geringer Seitenabstände und der Gefahr nach rechts ausscherender KFZ (§ 5 Abs. 3 Nr. 1).

Wird durch Z. 276 das Überholen verboten, gilt das Verbot ab dem Schild für das Rechts- und Linksüberholen. Keine der Fahrzeugschlangen darf dann mehr schneller als die andere sein (BayObLG VerkMitt 1996, Nr. 51). KFZ 2 und 3 überholen deshalb die mittlere Kolonne unzulässig. Durch das Überholverbot soll der vordere Stauraum vor der Baustelle (z.B. für Baufahrzeuge) freigehalten und der Verkehr veranlasst werden, sich schon vorher nach dem Reißverschlussprinzip (§ 7 Abs. 4) aus der Bewegung heraus wechselseitig einzuordnen (z.B. KFZ 4). Hilfreich sind in diesem Fall weit vorher aufgestellte Verkehrslenkungstafeln.

Rechtsüberholen einer linken Fahrzeugkolonne außerorts

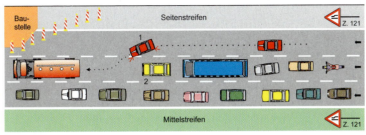

Fährt eine Fahrzeugschlange langsam auf dem linken Fahrstreifen, darf sie mit geringfügig höherer Geschwindigkeit und äußerster Vorsicht rechts überholt werden (§ 7 Abs. 2a). KFZ 1 darf deshalb die links von ihm befindliche Kolonne mit einer Differenzgeschwindigkeit von max. 20 km/h überholen. Fährt die Kolonne mit 55 km/h, darf KFZ 1 mit max. 75 km/h überholen. Fährt die Fahrzeugschlange hingegen schneller als 60 km/h, liegen die Voraussetzungen des § 7 Abs. 2a („langsam fährt") nicht mehr vor, rechts darf dann nicht mehr überholt werden (§ 5 Abs. 1). Das gilt auch auf Autobahnen. Beim Überwechseln auf den linken Fahrstreifen darf sich KFZ 1 nicht hineindrängeln, KFZ 2 somit nicht gefährdet werden (§ 7 Abs. 5).

2.3 Rechtsüberholen linker Fahrzeugkolonnen

Die Abweichung vom Rechtsüberholverbot (§ 7 Abs. 2a) gilt inner- und außerorts (auch auf Autobahnen) für Einzelfahrzeuge, die linke Fahrzeugschlangen auf einem rechten freien Fahrstreifen rechts überholen, sei es, um eine vor der Engstelle vorhandene Ausfahrt zu nutzen oder bis zur Engstelle aufzuschließen, um sich dort nach dem Reißverschlussverfahren nach links einzuordnen. Auf der gesamten Überholstrecke muss wegen des Risikos rechts ausscherender KFZ vorsichtig gefahren werden. Deshalb darf die Differenzgeschwindigkeit zwischen der Fahrzeugschlange und dem Einzelfahrzeug höchstens 20 km/h betragen.[2] Durch die Formulierung, dass die linke Fahrzeugschlange „steht oder langsam fährt", wird verdeutlicht, dass wegen der Unfallgefahr die Überholmöglichkeit auf eine Geschwindigkeit der Fahrzeugschlange von max. 60 km/h begrenzt ist, d. h. fährt sie schneller als 60 km/h, darf rechts nicht mehr überholt werden. Durch Einordnungstafeln mit Zusatzzeichen wie „Ausfahrtverkehr frei" können Fahrzeuge veranlasst werden, den Stauraum für den ausfahrenden Verkehr freizuhalten. Liegen jedoch die Voraussetzungen der „freien Fahrstreifenwahl" vor, richtet sich das Rechtsüberholen einer linken Fahrzeugkolonne nach § 7 Abs. 3 und nicht nach § 7 Abs. 2a (OLG Hamm NZV 2000, 85). Infolgedessen darf dann auch schneller als mit einer Differenzgeschwindigkeit von 20 km/h gefahren werden. Handelt es sich nicht um ein Einzelfahrzeug, sondern um eine Kolonne auf dem rechten Fahrstreifen, gilt die Regelung nach § 7 Abs. 2.

2.4 Befahren von Anschlussstellen

An Anschlussstellen von Autobahnen und ähnlichen Knotenpunkten darf im „Vorsortierraum" vom Beginn der breiten Leitlinie rechts schneller als auf der durchgehenden Fahrbahn gefahren werden (siehe zu § 7a Abs. 1).

---

1 Die gegenteilige Auffassung von Booß (StVO 3. Aufl. Anm. 2 zu § 7), der den Begriff aus Art. 11 Abs. 6 WÜ ableitet, ist heute überholt.
2 Rechtsprechungswert (BGH VRS 35, 141)

2.5 Freie Fahrstreifenwahl

Die freie Fahrstreifenwahl setzt **markierte** Fahrstreifen voraus; sie gilt nur **innerorts** und nicht auf Autobahnen, auch nicht auf tempobegrenzten innerörtlichen Autobahnen. Die Gewichtsbegrenzung auf 3,5 t bezieht sich auf das Zugfahrzeug, sodass auch Fahrzeugkombinationen von mehr als 3,5 t an der freien Fahrstreifenwahl teilnehmen können. Damit sich die freie Fahrstreifenwahl nicht zu Lasten des rechts verbleibenden Verkehrs auswirkt, darf auf dem rechten Fahrstreifen auch dann schneller als links gefahren werden, wenn es sich um nicht zur freien Fahrstreifenwahl zugelassene Fahrzeuge handelt (Radfahrer oder LKW über 3,5 t). Insoweit bezieht sich Satz 2 in § 7 Abs. 3 auf alle rechts fahrenden Verkehrsarten.

2.6 Befahren von drei und mehr Fahrstreifen außerorts

a. Rechts davon hält oder fährt ein Fahrzeug

Für eine Abweichung vom Rechtsfahrgebot nach § 7 Abs. 3c reichen langsame Fahrzeuge, die im Abstand von etwa 300 bis 500 m fahren, aus (OLG Düsseldorf VerkMitt 1998 Nr. 56). Eine max. Zeit zum Befahren des mittleren Fahrstreifens gibt es nicht. Sinn der Regelung ist, dass riskante Überholmanöver mit ständigem Ausscheren und Wiedereinordnen vermieden werden sollen. Das Befahren des mittleren Fahrstreifens außerorts darf so lange erfolgen, wie der spezifische Zustand, dass nach dem Überholen eines rechts fahrenden Fahrzeugs nach kurzer Zeit erneut ein Überholen erforderlich ist, anhält. Wann wieder nach rechts einzuscheren ist, hängt vor allem von den Abständen und der Geschwindigkeit der überholten Fahrzeuge ab. Müssen bei Tempo 100 ständig Fahrräder, land- oder forstwirtschaftliche Fahrzeuge oder LKW über 7,5 t bzw. über 3,5 t mit Anhänger überholt werden, darf auch bei Lücken von mehr als 100 m weiterhin links gefahren

Reißverschlussverfahren

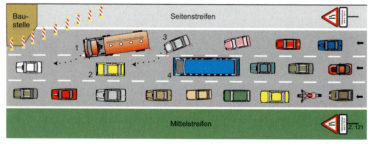

Beim Reißverschlussverfahren gilt nicht die Verpflichtung zum „rechtzeitigen" Einordnen wie beim Abbiegen nach § 9 Abs. 1. Zur Ausnutzung des Stauraumes ist vielmehr bis unmittelbar zur Engstelle vorzufahren und sich dort wechselseitig einzuordnen (§ 7 Abs. 4). Das Reißverschlussverfahren ist nur zwischen den Kolonnen des rechten und mittleren Fahrstreifens in der Fahrfolge der KFZ 1-2-3-4 zu vollziehen. Die auf der äußersten linken Spur befindliche Kolonne muss allerdings mit dem Einfädeln von Fahrzeugen aus der mittleren Spur rechnen und darf deshalb nur vorsichtig fahren.

Obwohl Verstöße gegen das Reißverschlussverfahren keine Ordnungswidrigkeiten sind, muss beim Einfädeln der Grundsatz der gegenseitigen Rücksichtnahme beachtet werden (§ 1 Abs. 1). Hat KFZ 1 bereits mit dem Einfädeln nach links begonnen und schließt nunmehr KFZ 2 gezielt nach vorn auf, um KFZ 1 nicht vor ihm in die Spur zu lassen, begeht KFZ 2 eine Behinderung (§ 1 Abs. 2). Drängelt sich KFZ 1 dennoch in die Lücke, so dass KFZ 2 bremsen muss, verstößt KFZ 1 gegen das Gefährdungsverbot beim Fahrstreifenwechsel (§ 7 Abs. 5).

Benutzung des linken Fahrstreifens einer dreispurigen Autobahn durch LKW

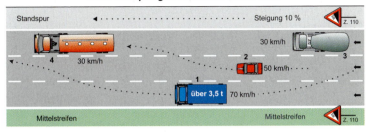

Auf der Steigungsstrecke einer dreistreifigen Autobahn fahren rechts aufgelockert in größeren Abständen von 300 bis 400 m („hin und wieder") langsame KFZ 3 und 4. Der mittlere Fahrstreifen wird von KFZ 2 „durchgängig" befahren, ohne nach dem Überholen jeweils wieder nach rechts einzuscheren. Der stark motorisierte LKW 1 (über 3,5 t) ohne Ladung überholt KFZ 2 und 3 auf dem linken Fahrstreifen. Bei dreispurigen Autobahnen wird durch § 7 Abs. 3c kein Überholverbot („Benutzungsverbot") auf dem dritten, linken Fahrstreifen für LKW über 3,5 t und Züge über 7 m Länge begründet, weil sich die Regelung nicht auf Autobahnen bezieht. KFZ 1 darf deshalb KFZ 2 auf dem linken Fahrstreifen überholen. Soll das Überholen ausgeschlossen werden, müsste Z. 277 (Überholverbot für KFZ über 3,5 t) angeordnet sein. Im Übrigen besteht für den linken Fahrstreifen Benutzungsverbot für LKW über 7,5 t nur bei Sichtweiten von 50 m und weniger sowie bei Schnee- oder Eisglätte (§ 18 Abs. 11).

KFZ 2 darf die dreistreifige Autobahn nicht auf dem mittleren Fahrstreifen durchgängig befahren, wenn auf dem rechten Fahrstreifen nur „hin und wieder ein KFZ fährt" (KFZ 3, 4). Eine die Verkehrsdichte rechtfertigende Abweichung vom Rechtsfahrgebot des § 2 Abs. 1 liegt dann nicht vor. KFZ 2 muss deshalb nach dem Überholen wieder auf den rechten Fahrstreifen überwechseln.

---

werden. Handelt es sich hingegen um etwa 90 km/h fahrende KFZ bis 3,5 t, beträgt die Differenzgeschwindigkeit unter 20 km/h (§ 5 Abs. 2 Satz 2), sodass nach den Regeln des Überholens dann auch Lücken von 100 m und mehr zum Einscheren nach rechts genutzt werden müssen.

b. Benutzung des linken Fahrstreifens außerorts durch LKW über 3,5 t

Bei dreistreifigen außerörtlichen Autobahnen wird durch § 7 Abs. 3c kein Überholverbot auf dem dritten linken Fahrstreifen für LKW über 3,5 t oder Züge über 7 m begründet. Hierbei ist vom Sinngehalt der Norm auszugehen, denn auf Autobahnen darf weder „links abgebogen" werden, noch „halten" dort Fahrzeuge „hin und wieder". Außerdem bezieht sich die Regelung nicht auf schwere KOM, Zug- oder selbstfahrende Arbeitsmaschinen, die auf der Überholspur schnellen Verkehr gleichermaßen wie LKW behindern würden. Andererseits gilt die Regelung nicht für innerörtliche dreispurige Autobahnen, wo sie infolge des starken Verkehrs sinnvoll wäre. § 7 Abs. 3c gilt somit insgesamt nicht für Autobahnen. Zur Unterbindung von „Elefantenrennen" auf Autobahnen reicht das Rechtsfahrgebot des § 2 Abs. 1 Satz 2 und die notwendige Geschwindigkeitsdifferenz in § 5 Abs. 2 Satz 2 völlig aus. Sofern nicht durch Z. 277 ohnehin ein Überholverbot für den äußersten linken Fahrstreifen besteht, gilt für LKW und Zugmaschinen über 7,5 t bei extremen Witterungslagen und Sichtbehinderung ein Benutzungsverbot nach § 18 Abs. 11.

2.7 Benutzung mehrstreifiger Fahrbahnen

Bei breiten Fahrbahnen mit drei oder fünf markierten Fahrstreifen je Fahrtrichtung dient der mittlere Fahrstreifen dem Abbiegeverkehr; er darf nicht zum Überholen benutzt werden (§ 7 Abs. 3a). Bei vier oder sechs markierten

Fahrstreifen je Richtung sind die beiden oder die drei linken Fahrstreifen dem Gegenverkehr vorbehalten und dürfen nicht zum Überholen benutzt werden (§ 7 Abs. 3b).

2.8 Reißverschlussverfahren

Das Verfahren gilt bei Fahrbahnverengungen, endenden Fahrstreifen, beim Ausweichen vor parkenden oder liegen gebliebenen Fahrzeugen (KG VRS 54, 215; KG VerkMitt 1990 Nr. 118), nicht aber beim Überwechseln vom Beschleunigungsstreifen auf die durchgehende Fahrbahn einer Autobahn oder Kraftfahrstraße (OLG Köln VerkMitt 2006 Nr. 37 = VRS 110, 181 = DAR 2006, 324: es gilt die Vorfahrt nach § 18 Abs. 3); ebenso nicht wegen Fehlens mehrerer Fahrstreifen für eine Richtung auf der Verteilerfahrbahn an BAB-Kreuzen oder -Dreiecken (OLG Hamm NZV 2007, 141). Es beginnt auf dem freien Fahrstreifen **unmittelbar vor** der Engstelle; das von dort kommende Fahrzeug fährt zuerst (KG VerkMitt 1980 Nr. 27 = VRS 57/321), doch muss der Berechtigte auf den Vorrang verzichten, wenn er erkennbar nicht beachtet wird (KG VRS 68, 339 = VersR 1986, 60). Um einem zu frühen Fahrstreifenwechsel zu begegnen, kann das Zusatzzeichen 1005-30 („Reißverschluss erst in … m") vor der Engstelle aufgestellt werden (VkBl. 2001, S. 47). Das Reißverschlussverfahren bedeutet keinen schematischen Wechsel; mehrere Fahrzeuge dürfen, ohne vom anderen Fahrstreifen her in ihrer Reihe unterbrochen zu werden, weiterfahren, wenn dadurch der Verkehrsraum hinter der Engstelle besser ausgenutzt wird, z. B. bei unterschiedlicher Beschleunigung von PKW und LKW (KG VRS 54, 217). Bei trichterförmiger Verengung der Fahrbahn nach links hat der Fahrer auf dem linken Fahrstreifen Vorrang (OLG Stuttgart VRS 64, 296 = ZfS 83, 288). Das Reißverschlussverfahren selbst ist nicht bußgeldbewehrt (§ 49 Abs. 1); wird jedoch gezielt so dicht aufgefahren, um den Berechtigten nicht in den befahrbaren Fahrstreifen einscheren zu lassen, liegt eine Behinderung nach § 1 Abs. 2 vor.[3] Kommt es zum Unfall, haftet auch der Nichtberechtigte für seinen Schuldanteil.

2.9 Fahrstreifenwechsel

Beim Fahrstreifenwechsel muss jede **Gefährdung ausgeschlossen** sein, nicht aber jede Behinderung, weil andernfalls kaum ein Fahrstreifenwechsel möglich wäre (Grundsatz der Subsidiarität). Hierzu gehört auch die Beachtung eines ausreichenden Sicherheitsabstandes zum nachfolgenden Verkehr (OLG Düsseldorf SVR 2005, 27), der durch Rückschau sorgfältig zu beobachten ist. Die gesteigerte Sorgfaltspflicht hängt nicht von der Markierung der Fahrstreifen ab (OLG Düsseldorf VRS 74, 216). Kann beim Hineindrängeln in die Lücke einer langsam fahrenden Fahrzeugschlange ein Auffahrunfall nur durch eine Vollbremsung vermieden werden, liegt im Regelfall Gefährdung, nicht aber strafbare Nötigung vor (OLG Köln VRS 98, 124). Kommt es zum Unfall, spricht der Beweis des ersten Anscheins für das Verschulden desjenigen, der den Fahrstreifen gewechselt hat (KG VerkMitt 2004 Nr. 26 = VRS 105, 102; KG VRS 106, 23). Wechselt auf einer dreispurigen Richtungsfahrbahn ein Kraftfahrer vom linken und gleichzeitig ein anderer vom rechten auf den mittleren Fahrstreifen, müssen beide den Gefährdungsausschluss beachten und sich notfalls verständigen. Die besondere Sorgfalts-

---

3 Ahndung nach TB-Nr. 101036 des Bundeseinheitlichen Tatbestandskataloges mit 20 €.

Gefährdung beim Fahrstreifenwechsel auf Autobahnen

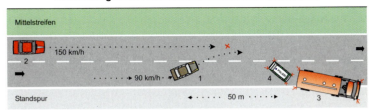

KFZ 1 wechselt mit Tempo 90 km/h vor dem liegengebliebenen LKW 3 und dem sichernden Polizeifahrzeug 4 mit Blaulicht auf den linken Fahrstreifen der Autobahn über. KFZ 1 kann nicht darauf vertrauen, dass KFZ 2 seine Geschwindigkeit so verringert, dass KFZ 1 gefahrlos nach links ausscheren kann (KG VerkMitt 1990, Nr. 118). Kommt es zum Unfall, haftet KFZ 1 wegen Verletzung des Gefährdungsverbots beim Fahrstreifenwechsel (§ 7 Abs. 5, § 1 Abs. 1 und § 6). KFZ 2 fährt mit 150 km/h auf der „Überholspur" auf das Hindernis zu. KFZ 2 kann ebenfalls nicht darauf vertrauen, dass KFZ 1 noch vor dem LKW abbremst. KFZ 2 muss vielmehr damit rechnen, dass KFZ 1 infolge der geringen Entfernung noch vor dem Hindernis die Spur wechselt. Blaulicht allein verpflichtet die Kraftfahrer nicht zur „freien Bahn" (§ 38 Abs. 2), legt ihnen aber gesteigerte Sorgfaltspflichten auf. KFZ 2 muss deshalb sein Tempo so verringern (mindestens auf Richtgeschwindigkeit), dass ein Auffahrunfall vermieden wird (BGH NJW 1992, 1684). Kommt es zum Unfall, kann KFZ 2 wegen nicht angepasster Geschwindigkeit zur Verantwortung gezogen werden (§ 3 Abs. 1 i.V.m. § 1 Abs. 2).

pflicht nach § 7 Abs. 5 gilt auch beim Ausweichen vor einem liegen gebliebenen Fahrzeug, auch auf der Autobahn (KG VerkMitt 1990, Nr. 118). Beim Rechtsabbiegen von einer mehrstreifigen in eine zweistreifige, rechts abgehende Fahrbahn liegt im Verhältnis zwischen einem aus dem rechten und dem zweiten Fahrstreifen Abbiegenden im Einmündungsbereich kein Fahrstreifenwechsel vor. Der aus dem rechten Fahrstreifen Abbiegende hat nach § 9 Abs. 1 Satz 2 selbst dann Vorrang, wenn er an der Einmündung vom rechten Fahrstreifen der Hauptfahrbahn in den linken Fahrstreifen der rechts abgehenden Straße überwechselt. Der Fahrstreifenwechsel auf der Verteilerfahrbahn von BAB-Kreuzen oder -Dreiecken regelt sich nach dem Prinzip der gegenseitigen Rücksichtnahme und Verständigung nach § 1 Abs. 2 und nicht nach § 7 Abs. 5, weil der Fahrspurwechsel dort typisch ist (OLG Hamm NZV 2007, 141).

Auf die rechtzeitige und deutliche **Fahrtrichtungsanzeige** beim Fahrstreifenwechsel dürfen andere Fahrer vertrauen (BayObLG VerkMitt 1985 Nr. 20 = DAR 1985, 88; KG VerkMitt 1988 Nr. 50). Bei Fahrzeugschlangen muss der Hintermann den angekündigten Fahrstreifenwechsel ermöglichen, wenn ein berechtigter Grund erkennbar ist (BayObLG DAR 1973, 166 = VRS 44, 453; vgl. auch § 11). Wer die Richtgeschwindigkeit auf Autobahnen überschreitet, haftet zu 20 % bei einem Unfall durch fehlerhaften Fahrstreifenwechsel eines anderen, wenn die Kollision bei Einhaltung der Richtgeschwindigkeit von 130 km/h hätte vermieden werden können (OLG Hamm NZV 1995, 194).

3 Hinweise

3.1 Nebeneinanderfahren vor Kreuzungen und Einmündungen mit Regelung durch Lichtzeichen: § 37 Abs. 4, auch bei Dauerlichtzeichen; an Stellen, wo Pfeile das Einordnen regeln: Anl. 2 lfd. Nr. 70 – Z. 297; Einordnen auf Einfädelungsstreifen: § 7a Abs. 2.

3.2 Rechtsüberholen von Fahrzeugen, die sich auf dem linken Fahrstreifen zum Abbiegen eingeordnet haben: § 5 Abs. 7 Satz 1; Rechtsüberholen von

Schienenfahrzeugen mit Gleisen links oder in der Mitte: § 5 Abs. 7 Satz 2; Einordnen zum Linksabbiegen auf Gleisen: § 9 Abs. 1 Satz 3.

3.3 Einengungstafel 531-21 (Anl. 3 lfd. Nr. 82) und Zusatzzeichen 1005-30 (Entfernungsangabe mit verbalem Zusatz): VkBl. 2001, S. 47:[4]

3.4 Verdichtet sich die Gefahr eines Unfalls durch einen Abstand auf einen Meter bei hoher Geschwindigkeit bei gleichzeitigem Fahrstreifenwechsel, um den zu Überholenden zum Einscheren zu nötigen, kann bedingter **Tötungsvorsatz** i. S. d. § 212 StGB vorliegen (BGH DAR 2006, 284).

---

4 VkBl. 2001, S. 47: „ ... Häufig ordnet sich ein Großteil der Fahrzeugführer sehr frühzeitig, teilweise mehrere 100 m vor dem Ende eines Fahrstreifens auf dem durchgehenden Fahrstreifen ein, während nur wenige Fahrzeugführer bis zum Ende des Fahrstreifens durchfahren, um sich dann – vorschriftenkonform – in den Verkehr auf dem durchgehenden Fahrstreifen einzuordnen. Dieses Verfahren wird häufig von denjenigen Fahrzeugführern, die sich frühzeitig auf dem durchgehenden Fahrstreifen eingeordnet haben, als unsozial empfunden mit der Folge, dass sie die (am Fahrstreifenende) einscherenden Fahrzeuge behindern und nur erschwert einscheren lassen. Um das Verhalten der Verkehrsteilnehmer positiv im Sinn der Einhaltung des § 7 Abs. 4 zu beeinflussen, ist die Verwendung eines Zusatzzeichens mit den Worten „Reißverschluss erst in ... m" unter der Einengungstafel (Z. 531 ff. StVO) sinnvoll ...".

§ 7a Abgehende Fahrstreifen, Einfädelungsstreifen und Ausfädelungsstreifen

(1) Gehen Fahrstreifen, insbesondere auf Autobahnen und Kraftfahrstraßen, von der durchgehenden Fahrbahn ab, dürfen Abbieger vom Beginn einer breiten Leitlinie rechts von dieser schneller als auf der durchgehenden Fahrbahn fahren.

(2) Auf Autobahnen und anderen Straßen außerhalb geschlossener Ortschaften darf auf Einfädelungsstreifen schneller gefahren werden als auf den durchgehenden Fahrstreifen.

(3) Auf Ausfädelungsstreifen darf nicht schneller gefahren werden als auf den durchgehenden Fahrstreifen. Stockt oder steht der Verkehr auf den durchgehenden Fahrstreifen, darf auf dem Ausfädelungsstreifen mit mäßiger Geschwindigkeit und besonderer Vorsicht vorbeigefahren werden.

(VwV zu § 7a nicht vorhanden)

1 Aus der amtlichen Begründung

§ 7a fasst die bisherige Erläuterung zu Z. 340 zusammen.[1] (Begr. 2009).

2 Erläuterungen

2.1 Vor allem an **Anschlussstellen** von Autobahnen bei Autobahnkreuzen, -dreiecken und ähnlichen Knotenpunkten, bei denen Fahrstreifen von durchgehenden Fahrbahnen abgehen, darf im „Vorsortierraum" vom Beginn der breiten Leitlinie (Z. 340) rechts schneller als auf der durchgehenden Fahrbahn gefahren werden (§ 7a Abs. 1). Voraussetzung ist allerdings, dass dann der Richtung der Vorwegweiser gefolgt wird; andernfalls liegt verbotswidriges Rechtsüberholen vor (OLG Düsseldorf VRS 88, 467). Bei solchen Anschlussstellen handelt es sich um die verbreiterte Fahrbahn der Hauptstrecke (kein Verzögerungsstreifen), bei der ein Teil durch Leitlinien in Breitstrich („Blockmarkierungen") und meist kombinierte Wegweiserbrücken mit Richtungsangaben und Pfeilen gekennzeichnet ist. Da eine Vorsortierung stattfindet, darf dort rechts überholt werden. Dies gilt unabhängig von der Verkehrsdichte und der Fahrgeschwindigkeit auf dem durchgehenden Teil der Fahrbahn. Beachtet werden muss allerdings, dass sich Kraftfahrer plötzlich nach rechts einordnen können, um der abgehenden Richtung zu folgen; beim Rechtsüberholen ist deshalb vorsichtig und nur angemessen schnell zu fahren.

2.2 Die Abweichung vom Rechtsfahrgebot und Linksüberholverbot gilt nur auf **Einfädelungsstreifen**[2] („Beschleunigungsstreifen") auf Autobahnen

---

1 Materiell-rechtlich wurde mit der 46. VO zur Änderung der StVO (siehe Hinweis Seite 23) nichts geändert.
2 Mit den verkehrstechnischen Begriffen „Einfädelungsstreifen" statt „Beschleunigungsstreifen" und „Ausfädelungsstreifen" statt „Verzögerungsstreifen" bekennt sich die StVO nunmehr zum „Nähkästchenprinzip".

sowie Außerortsstraßen im Verhältnis zu den durchgehenden Fahrstreifen (Abs. 2). Beim Überwechseln ist die Vorfahrt der durchgehenden Fahrbahn zu beachten (§ 18 Abs. 3 bzw. Z. 205).

2.3 Ausfädelungsstreifen („Verzögerungsstreifen") leiten den Verkehr in regionale Straßennetze ab, wobei immer damit gerechnet werden muss, dass andere noch ausscheren. Infolgedessen gilt wegen der Unfallgefahren dort Rechtsfahrgebot und Linksüberholverbot (§ 7a Abs. 3). Zu Unfällen kommt es meist, wenn ein Fahrzeugführer im letzten Moment kurz vor dem Z. 333 (Anl. 3 lfd. Nr. 20 – „Rausschmeißer") nach rechts in die Ausfahrt zieht und mit dem schneller auf dem Ausfädelungsstreifen (verbotswidrig) überholenden Kraftfahrer kollidiert; Abs. 3 will das verhindern. Ist der Ausfädelungsstreifen zweistreifig, darf auch nicht rechts schneller als auf dem linken Fahrstreifen gefahren werden.

Satz 2 des § 7a Abs. 3 verdeutlicht einen häufigen Konfliktfall bei Überholverboten. Steht der Verkehr auf den durchgehenden Fahrstreifen stau- oder unfallbedingt, dürfte auch auf dem Ausfädelungsstreifen nicht mehr weitergefahren werden. Satz 2 trägt dem Rechnung, um den Verkehrsteilnehmern das Verlassen der Autobahn zu ermöglichen. Bei anderen Überholverboten gilt entsprechendes, weil die StVO nichts „Unmögliches" verlangen kann, z. B. bei Stau auf dem Linksabbiegefahrstreifen, wenn Überholverbot besteht. Der auf dem rechten Fahrstreifen geradeaus fahrende oder rechts abbiegende Verkehr muss somit nicht warten, bis sich der Stau durch den Linksabbiegeverkehr aufgelöst hat.

3 Hinweise

Rechtsfahrgebot: § 2 Abs. 2; Rechtsüberholverbot: § 5 Abs. 1; Fahren in Fahrstreifen: § 7.

§ 8 Vorfahrt

(1) An Kreuzungen und Einmündungen hat die Vorfahrt, wer von rechts kommt. Das gilt nicht,
1. wenn die Vorfahrt durch Verkehrszeichen besonders geregelt ist (Zeichen 205, 206, 301, 306) oder
2. für Fahrzeuge, die aus einem Feld- oder Waldweg auf eine andere Straße kommen.

(1a) Ist an der Einmündung in einen Kreisverkehr Zeichen 215 (Kreisverkehr) unter dem Zeichen 205 (Vorfahrt gewähren) angeordnet, hat der Verkehr auf der Kreisfahrbahn Vorfahrt. Bei der Einfahrt in einen solchen Kreisverkehr ist die Benutzung des Fahrtrichtungsanzeigers unzulässig.

(2) Wer die Vorfahrt zu beachten hat, muss rechtzeitig durch sein Fahrverhalten, insbesondere durch mäßige Geschwindigkeit, erkennen lassen, dass er warten wird. Er darf nur weiterfahren, wenn er übersehen kann, dass er den, der die Vorfahrt hat, weder gefährdet noch wesentlich behindert. Kann er das nicht übersehen, weil die Straßenstelle unübersichtlich ist, so darf er sich vorsichtig in die Kreuzung oder Einmündung hineintasten, bis er die Übersicht hat. Auch wenn der, der die Vorfahrt hat, in die andere Straße abbiegt, darf ihn der Wartepflichtige nicht wesentlich behindern.

VwV zu § 8 Vorfahrt

Zu Absatz 1
Verkehrsregelung an Kreuzungen und Einmündungen

1 I. 1. Kreuzungen und Einmündungen sollten auch für den Ortsfremden schon durch ihre bauliche Beschaffenheit erkennbar sein. Wenn das nicht der Fall ist, sollten bei der Straßenbaubehörde bauliche Veränderungen angeregt werden.

2 2. Bei schiefwinkligen Kreuzungen und Einmündungen ist zu prüfen, ob für den Wartepflichtigen die Tatsache, dass er an dieser Stelle andere durchfahren lassen muss, deutlich erkennbar ist und ob die Sicht aus dem schräg an der Straße mit Vorfahrt wartenden Fahrzeug ausreicht. Ist das nicht der Fall, so ist mit den Maßnahmen zu Nr. I 1 und II zu helfen; des Öfteren wird es sich empfehlen, bei der Straßenbaubehörde eine Änderung des Kreuzungswinkels anzuregen.

3 II. Die Verkehrsregelung an Kreuzungen und Einmündungen soll so sein, dass es für den Verkehrsteilnehmer möglichst einfach ist, sich richtig zu verhalten. Es dient der Sicherheit, wenn die Regelung dem natürlichen Verhalten des Verkehrsteilnehmers entspricht. Unter diesem Gesichtspunkt sollte, wenn möglich, die Entscheidung darüber getroffen werden, ob an Kreuzungen der Grundsatz „Rechts vor Links" gelten soll oder eine Regelung durch Verkehrszeichen vorzuziehen ist und welche Straße dann die Vorfahrt erhalten soll. Bei jeder Regelung durch Verkehrszeichen ist zu prüfen, ob die Erfassbarkeit der Regelung durch Längsmarkierungen (Mittellinien und Randlinien, die durch retroreflektierende Markierungsknöpfe verdeutlicht werden können) im Verlauf der Straße mit Vorfahrt verbessert werden kann.

4 1. Im Verlauf einer durchgehenden Straße sollte die Regelung stetig sein. Ist eine solche Straße an einer Kreuzung oder Einmündung mit einer Lichtzeichenanlage versehen oder positiv beschildert, so sollte an der nächsten nicht „Rechts vor Links" gelten, wenn nicht der Abstand zwischen den Kreuzungen oder Einmündungen sehr groß ist oder der Charakter der Straße sich von einer Kreuzung oder Einmündung zur anderen grundlegend ändert.

§ 8 Vorfahrt

5 2. Einmündungen von rechts sollte die Vorfahrt grundsätzlich genommen werden. Nur wenn beide Straßen überwiegend dem Anliegerverkehr dienen (z. B. Wohnstraßen) und auf beiden nur geringer Verkehr herrscht, bedarf es nach der Erfahrung einer Vorfahrtbeschilderung nicht.

6 3. An Kreuzungen sollte der Grundsatz „Rechts vor Links" nur gelten, wenn

a) die kreuzenden Straßen einen annähernd gleichen Querschnitt und annähernd gleiche, geringe Verkehrsbedeutung haben,

b) keine der Straßen, etwa durch Straßenbahngleise, Baumreihen, durchgehende Straßenbeleuchtung, ihrem ortsfremden Benutzer den Eindruck geben kann, er befinde sich auf der wichtigeren Straße,

c) die Sichtweite nach rechts aus allen Kreuzungszufahrten etwa gleich groß ist und

d) in keiner der Straßen in Fahrstreifen nebeneinander gefahren wird.

7 4. Müsste wegen des Grundsatzes der Stetigkeit die Regelung „Rechts vor Links" für einen ganzen Straßenzug aufgegeben werden, weil für eine einzige Kreuzung eine solche Regelung nach nicht in Frage kommt, so ist zu prüfen, ob nicht die hindernde Eigenart dieser Kreuzung, z. B. durch Angleichung der Sichtweiten, beseitigt werden kann.

8 5. Der Grundsatz „Rechts vor Links" sollte außerhalb geschlossener Ortschaften nur für Kreuzungen und Einmündungen im Verlauf von Straßen mit ganz geringer Verkehrsbedeutung gelten.

9 6. Scheidet die Regelung „Rechts vor Links" aus, so ist die Frage, welcher Straße die Vorfahrt zu geben ist, unter Berücksichtigung des Straßencharakters, der Verkehrsbelastung, der übergeordneten Verkehrslenkung und des optischen Eindrucks der Straßenbenutzer zu entscheiden. Keinesfalls darf die amtliche Klassifizierung der Straßen entscheidend sein.

10 a) Ist eine der beiden Straßen eine Vorfahrtstraße oder sind auf einer der beiden Straßen die benachbarten Kreuzungen positiv beschildert, so sollte in der Regel diese Straße die Vorfahrt erhalten. Davon sollte nur abgewichen werden, wenn die Verkehrsbelastung der anderen Straße wesentlich stärker ist oder wenn diese wegen ihrer baulichen Beschaffenheit dem, der sie befährt, den Eindruck vermitteln kann, er befände sich auf der wichtigeren Straße (z. B. Straßen mit Mittelstreifen oder mit breiter Fahrbahn oder mit Straßenbahngleisen).

11 b) Sind beide Straßen Vorfahrtstraßen oder sind auf beiden Straßen die benachbarten Kreuzungen positiv beschildert, so sollte der optische Eindruck, den die Fahrer von der von ihnen befahrenen Straße haben, für die Wahl der Vorfahrt wichtiger sein als die Verkehrsbelastung.

12 c) Wird entgegen diesen Grundsätzen entschieden oder sind aus anderen Gründen Missverständnisse über die Vorfahrt zu befürchten, so muss die Wartepflicht entweder besonders deutlich gemacht werden (z. B. durch Markierung, mehrfach wiederholte Beschilderung), oder es sind Lichtzeichenanlagen anzubringen. Erforderlichenfalls sind bei der Straßenbaubehörde bauliche Maßnahmen anzuregen.

13 7. Bei Kreuzungen mit mehr als 4 Zufahrten ist zu prüfen, ob nicht einzelne Kreuzungszufahrten verlegt oder gesperrt werden können. In anderen Fällen kann die Einrichtung von der Kreuzung wegführender Einbahnstraßen in Betracht kommen.

14 8. Bei der Vorfahrtregelung sind die Interessen der öffentlichen Verkehrsmittel besonders zu berücksichtigen; wenn es mit den unter Rn. 9 dargelegten Grundsätzen vereinbar ist, sollten diejenigen Kreuzungszufahrten Vorfahrt erhalten, in denen öffentliche Verkehrsmittel linienmäßig verkehren. Kann einer Straße, auf der eine Schienenbahn verkehrt, die Vorfahrt durch Verkehrszeichen nicht gegeben werden, so ist eine Regelung durch Lichtzeichen erforderlich; keinesfalls darf auf einer solchen Kreuzung die Regel „Rechts vor Links" gelten.

15 III. 1. Als Vorfahrtstraßen sollen nur Straßen gekennzeichnet sein, die über eine längere Strecke die Vorfahrt haben und an zahlreichen Kreuzungen bevorrechtigt sind. Dann sollte die Straße solange Vorfahrtstraße bleiben, wie sich das Erscheinungsbild der Straße und ihre Verkehrsbedeutung nicht ändern. Bei der Auswahl von Vorfahrtstraßen ist der Blick auf das gesamte Straßennetz besonders wichtig.

16 a) Bundesstraßen, auch in ihren Ortsdurchfahrten, sind in aller Regel als Vorfahrtstraßen zu kennzeichnen.

17 b) Innerhalb geschlossener Ortschaften gilt das auch für sonstige Straßen mit durchgehendem Verkehr.

18 c) Außerhalb geschlossener Ortschaften sollten alle Straßen mit erheblicherem Verkehr Vorfahrtstraßen werden.

19 2. Im Interesse der Verkehrssicherheit sollten im Zuge von Vorfahrtstraßen außerhalb geschlossener Ortschaften Linksabbiegestreifen angelegt werden, auch wenn der abbiegende Verkehr nicht stark ist. Linksabbiegestreifen sind umso dringlicher, je schneller die Straße befahren wird.

20 3. Über die Beschilderung von Kreuzungen und Einmündungen vgl. Nr. VI zu den Zeichen 205 und 206 (Rn. 6), von Vorfahrtstraßen vgl. zu den Zeichen 306 und 307.

21 IV. Über die Verkehrsregelung durch Polizeibeamte und Lichtzeichen vgl. zu § 37 Abs. 2 und 4; Rn. 3 ff. sowie Nr. IV zu den Nr. 1 und 2 zu § 37 Abs. 2; Rn. 12.

1 Aus der amtlichen Begründung

1.1 Die Vorfahrt gilt nur für Fahrzeuge. Im Verhältnis von Fußgängern mit Fahrzeugen auf der Fahrbahn und Kraftfahrern gilt gegenseitige Verständigung (Begr. 1988).

1.2 Der bisherige § 9a (Kreisverkehr) wird aufgelöst und die Regelung im Interesse der Übersichtlichkeit bei § 8 Abs. 1a und zum Z. 215 eingefügt (Begr. 2009).

2 Erläuterungen

2.1 Kreuzungen und Einmündungen

Die Vorfahrtregeln beziehen sich nur auf Kreuzungen und Einmündungen,[1] bei Autobahnen und Kraftfahrstraßen auf die durchgehende Fahrbahn (§ 18 Abs. 3). Bei Zufahrten aus oder zu Fußgängerzonen, verkehrsberuhigten Gebieten, Parkplätzen und sonstigen Straßenteilen gilt § 10 (OLG Naumburg VerkMitt 2007 Nr. 43 = SVR 2007, 61 = VRS 112, 199). Bei einer **Kreuzung** schneiden sich zwei oder mehrere Straßen aus verschiedenen Richtungen in der Weise, dass jede über den Schnittpunkt hinaus fortgesetzt wird. Bei einer **Einmündung** führen eine oder mehrere Straßen in eine durchgehende Straße hinein, ohne sich fortzusetzen. Zu den Kreuzungen und Einmündungen gehören die Fahrbahnen, einschließlich der vom bevorrechtigten Verkehr zum Abbiegen benötigten Fahrbahnteile (KG NZV 2006, 202; KG VerkMitt 1984, Nr. 48) sowie die längs verlaufenden Radwege und Straßenbahntrassen (BGH VRS 71, 383). Da Fußgänger mit oder ohne Fortbewegungsmittel (§ 24 Abs. 1) nicht an der Vorfahrt teilnehmen, gehören Gehwege nicht zum geschützten Kreuzungsbereich, es sei denn, sie sind für Fahrzeuge ausdrücklich zugelassen, z. B. als gemeinsamer Fuß- und

---

1 Kreuzungen und Einmündungen werden verkehrstechnisch auch als „Knotenpunkte" bezeichnet.

Geschützte Kreuzungsbereiche

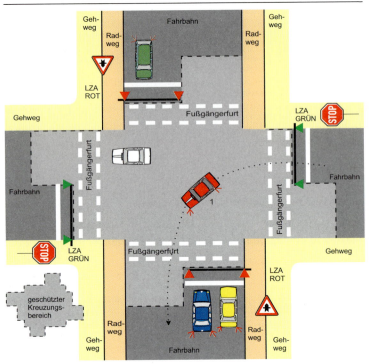

Der Kreuzungsbereich wird durch die Schnittkanten der Straßen bestimmt (BGH VRS 28, 44). Dazu gehören nicht nur die Fahrbahnen, sondern auch sonstige Teile der Straße, auf denen Fahrverkehr stattfindet, z.B. Radwege. Die Gehwege gehören im Allgemeinen nicht dazu, weil sich § 8 nur auf den Fahrverkehr bezieht; das Verhältnis Fußgänger-Fahrverkehr bestimmt sich nach § 25. Da aber auch Kinder mit Fahrrädern Gehwege benutzen dürfen und an der Vorfahrt teilnehmen, zählen auch Gehwege - nur insoweit - zum geschützten Kreuzungsbereich (OLG Karlsruhe NZV 1989, 158 = VRS 76, 390). Ferner gehören dazu die durch Lichtzeichen geschützten Fußgängerfurten, wenn sie räumlich dem Kreuzungsbereich zugeordnet sind. Außerdem bezieht sich die Vorfahrt auch auf die zur Weiterfahrt bestimmten Fahrbahnteile, die der bevorrechtigte Verkehr (KFZ 1) zum Einbiegen benötigt (KG NZV 2006, 202; VerkMitt 1984, Nr. 48).

Radweg (OLG Karlsruhe DAR 2000, 307) oder für Rad fahrende Kinder bis 10 Jahre. Das gilt im Prinzip auch für Kreuzungen mit Lichtzeichenanlagen. Sind dort Fußgängerfurten oder Zufahrten in die Signalsteuerung einbezogen, erstreckt sich der Schutzbereich auch auf diese, d.h. bei Rot ist spätestens vor der Furt, i.d.R. an der Haltlinie, anzuhalten (AG Celle VerkMitt 2000 Nr. 27, gegen OLG Celle VRS 94, 139).

Auf die bauliche Ausgestaltung des Knotenpunktes oder auf die Fahrbahnbeschaffenheit kommt es bei der Vorfahrt nicht an (OLG Frankfurt/M VerkMitt 2004 Nr. 34).[2] Auch versetzte Kreuzungen oder Einmündungen

---

2 Befestigt, unbefestigt, als Fahrradstraße (Z. 244), Ausweisung mit Straßennamenschild (Z. 437) oder Querung nur als ausgewiesener Radweg (Z. 237).

mit Aufpflasterungen unterliegen den Vorfahrtregeln, z. B. innerhalb verkehrsberuhigter Bereiche (Z. 325 – an der Ausfahrt gilt aber dort § 10). Bei der Vorfahrt „Rechts vor Links" sind alle Straßen gleichberechtigt; somit besteht kein Unterschied zwischen Haupt- und Nebenstraßen. Die Vorfahrt ist unabhängig vom Ausbauzustand der Straßen. Sie bleibt auch dann bestehen, wenn z. b. ein Kiesweg in eine gepflasterte Straße mündet; es sei denn, es handelt sich um einen Feld- oder Waldweg (§ 8 Abs. 1 Nr. 2). Im Zweifelsfall hat sich jeder an die für ihn strengeren Sorgfaltspflichten zu halten. Zu den Kreuzungs- und Einmündungsbereichen gehören auch trichterförmige Ausweitungen (OLG Hamm NZV 1997, 180). In welchem Winkel Straßen aufeinandertreffen, ist unerheblich. Zu weiträumigen Knotenpunkten siehe Erl. 2.1 zu § 9.

2.2 Geltungsbereich

Die Vorfahrt gilt nur für Fahrzeuge und diesen gleichgestellte Verkehrsteilnehmer, z. B. geschlossene Verbände, Reiter (§§ 27 Abs. 1, 28 Abs. 2). Fußgänger mit und ohne Fortbewegungsmittel nehmen nicht an der Vorfahrt teil, sie müssen warten oder sich mit den Fahrzeugführern ebenso verständigen wie derjenige, der ein liegen gebliebenes Fahrzeug schiebt.

Die **Vorfahrtregeln** gelten, wenn an einer Kreuzung oder Einmündung mindestens zwei aus verschiedenen Richtungen kommende Fahrzeuge sich so zueinander bewegen, dass sich ihre Fahrlinien unter Berücksichtigung der Entfernung und Geschwindigkeit mit Kollisionsgefahr schneiden (BGH NZV 1991, 187). Ist im konkreten Bewegungsablauf hingegen eine Annäherung der Fahrlinien und damit jede Behinderung ausgeschlossen, liegt kein Vorfahrtfall vor. Ebenso nicht, wenn sich Fahrzeuge mit einer so großen Zeitdifferenz einem Knotenpunkt nähern, dass sie ohne Behinderung aneinander vorbeifahren können.

Für die Vorfahrt kommt es nicht darauf an, wohin der Kraftfahrer fahren will, sondern woher er kommt. Vorfahrt besteht deshalb auch beim Rechts- oder Linksabbiegen. Die Vorfahrt betrifft nur den fließenden Fahrzeugverkehr, wobei kurzes Anhalten zur Prüfung der Verkehrslage („Warten") den Fahrer nicht von der Vorfahrtregelung ausschließt. Gegenüber dem **ruhenden Verkehr** besteht keine Vorfahrt, z. B. nicht zu einem in die Kreuzung hineinragenden falsch geparkten KFZ. Zum **vorfahrtberechtigten** Straßenteil gehört auch die Fläche, die vom abbiegenden Verkehr bis zum vollständigen Eingliedern in den Querverkehr benötigt wird (KG DAR 1978, 20; OLG Köln VRS 94, 249). Infolgedessen ist ein Vorfahrtfall erst dann beendet, wenn sich die Fahrzeuge wieder in einem solchen Abstand befinden, dass eine Gefährdung nicht mehr besteht. Der Vorfahrtverpflichtete muss auch auf ausscherende Überholer einer Fahrzeugkolonne der bevorrechtigten Straße achten (OLG Hamm NZV 2002, 397). Die Vorfahrt bezieht sich aber nicht auf Straßenteile, die für den Fahrzeugverkehr gesperrt sind oder nicht von ihm benutzt werden dürfen (BGH NJW 1982, 334). Dementsprechend nimmt ein von links kommender Radfahrer auf einem Gehweg nicht an der Vorfahrt teil, wohl aber ein 8-jähriges Rad fahrendes Kind bei zulässiger Benutzung des Gehwegs (BayObLG VRS 71, 304); hier sind auch § 2 Abs. 5 und § 3 Abs. 2a zu beachten (OLG Hamm VRS 98, 327).

2.3 Wartepflicht

Die Vorfahrt ist demjenigen einzuräumen, der von rechts kommt. Der Wartepflichtige darf dabei den Vorfahrtberechtigten weder gefährden noch wesent-

§ 8 Vorfahrt

Abbiegen und Vorfahrt im Kreuzungsbereich

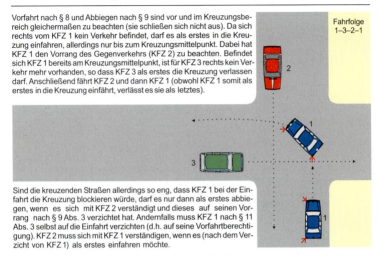

Vorfahrt nach § 8 und Abbiegen nach § 9 sind vor und im Kreuzungsbereich gleichermaßen zu beachten (sie schließen sich nicht aus). Da sich rechts vom KFZ 1 kein Verkehr befindet, darf es als erstes in die Kreuzung einfahren, allerdings nur bis zum Kreuzungsmittelpunkt. Dabei hat KFZ 1 den Vorrang des Gegenverkehrs (KFZ 2) zu beachten. Befindet sich KFZ 1 bereits am Kreuzungsmittelpunkt, ist für KFZ 3 rechts kein Verkehr mehr vorhanden, so dass KFZ 3 als erstes die Kreuzung verlassen darf. Anschließend fährt KFZ 2 und dann KFZ 1 (obwohl KFZ 1 somit als erstes in die Kreuzung einfährt, verlässt es sie als letztes).

Fahrfolge 1–3–2–1

Sind die kreuzenden Straßen allerdings so eng, dass KFZ 1 bei der Einfahrt die Kreuzung blockieren würde, darf es nur dann als erstes abbiegen, wenn es sich mit KFZ 2 verständigt und dieses auf seinen Vorrang nach § 9 Abs. 3 verzichtet hat. Andernfalls muss KFZ 1 nach § 11 Abs. 3 selbst auf die Einfahrt verzichten (d.h. auf seine Vorfahrtberechtigung). KFZ 2 muss sich mit KFZ 1 verständigen, wenn es (nach dem Verzicht von KFZ 1) als erstes einfahren möchte.

---

lich behindern. Er muss mit mäßiger Geschwindigkeit an den Knotenpunkt heranfahren und darf erst dann in den Kreuzungsbereich einfahren, wenn jede Beeinträchtigung eines sich nähernden Vorfahrtberechtigten ausgeschlossen ist. Mäßige Geschwindigkeit bedeutet jederzeitiges Anhalten ohne scharfes Bremsen (OLG Düsseldorf VRS 75, 223). Durch die Fahrweise dürfen keine Zweifel an der Beachtung der Vorfahrt entstehen (OLG Hamm DAR 2000, 73 = NZV 2000, 178). Kommt es zum Unfall, spricht der Beweis des ersten Anscheins für ein Verschulden des Wartepflichtigen (KG DAR 2002, 161). Fährt der Wartepflichtige zu schnell heran, liegt ein Verstoß nach § 3 Abs. 1 in Tateinheit mit § 8 Abs. 2 Satz 2 vor, wenn es dabei zu einer konkreten Behinderung kommt (die Behinderung des § 1 Abs. 2 ist bereits in § 8 Abs. 2 Satz 2 einbezogen). **Fehlschätzungen** der Annäherungsgeschwindigkeit gehen zu Lasten des Wartepflichtigen (BGH VersR 1974, 719; BayObLG DAR 1975, 277; OLG Köln MDR 1975, 935). Kann der Wartepflichtige die Kreuzung nicht übersehen, darf er sich hineintasten, bis er Sicht hat. „Hineintasten" bedeutet zentimeterweises Vorwärtsbewegen mit mehrfachem Stopp, bis volle Sicht besteht, nicht dagegen Vorrollen über die Schnittkante der bevorrechtigten Straße und Blockierung der Fahrlinie des bevorrechtigten Verkehrs (KG VRS 105, 104; KG NZV 2000, 377; OLG Saarbrücken VerkMitt 1980 Nr. 82).

Ob der Vorfahrtberechtigte vorschriftsmäßig fährt, ist für den Wartepflichtigen unwesentlich. Vorfahrt hat deshalb auch, wer gegen das Rechtsfahrgebot verstößt (OLG Jena DAR 2000, 570), falsch überholt (BGH VRS 11, 177; KG VerkMitt 2009 Nr. 13) oder einbiegt (BGH VersR 1977, 294), rückwärts fährt (BGH VkBl 1970, 392 = DAR 1970, 80 = VRS 18, 137; OLG Düsseldorf DAR 1984, 123), die Geschwindigkeit überschreitet (OLG Hamm DAR 2001, 507; OLG KG NZV 2000, 377; Köln VRS 99 323; BGH DAR 1987, 142), eine Kurve schneidet (OLG Frankfurt/M. NZV 1990, 472), verbotswidrig den linken Radweg benutzt (OLG Düsseldorf DAR 2001, 78) oder ohne Fahrerlaubnis fährt (KG NZV 2002, 80). Zeigt der Vorfahrtberechtigte die Fahrtrichtung nicht oder falsch an, darf der Wartepflichtige auf die Fahrtrichtungsänderung erst vertrauen, wenn durch Tempoverminderung und Beginn des Abbiegens feststeht, dass eine Kollision ausgeschlossen ist (BGH DAR 1977, 23 = VkBl 1977, 75 = VRS 30, 27; OLG Celle DAR 2004, 390; OLG Hamm VRS 105, 180; BayObLG VerkMitt 1981 Nr. 11 = VRS 59, 375 = DAR 1980, 374; OLG Hamm VRS 73, 289). Der Wartepflichtige braucht aber nicht mit groben Verstößen des Vorfahrtberechtigten zu rechnen (OLG Düsseldorf VersR 1977, 841 = DAR 1977, 171), z.B. nicht mit eklatanten Tempoverstößen (OLG Hamm DAR 2001, 372: 30 km/h mehr als erlaubt; LG Berlin VRS 107, 13: 100 km/h innerorts). Fährt der Vorfahrtberechtigte innerorts unzulässig 100 km/h, bleibt er für den Unfall auch dann verantwortlich, wenn er das Tempo vor der Kreuzung durch eine Gefahrbremsung auf 50 km/h ermäßigt (OLG Köln NZV 1995, 370). Will der Wartepflichtige den Vorfahrtberechtigten zur Mithaftung heranziehen, trifft ihn die Beweislast für einen Verstoß des Vorfahrtberechtigten (KG VRS 115, 17).

Ist der Verkehr auf einer **Vorfahrtstraße** (Z. 307) zum Stehen gekommen, darf sich der Wartepflichtige durch eine für die Durchfahrt freie Lücke vortasten (BayObLG VerkMitt 1988 Nr. 95 = DAR 1988, 278 = NZV 1988, 77). Hat die Kolonne vor Kreuzungen oder Einmündungen eine Lücke gelassen, muss der die Kolonne Überholende so vorsichtig fahren, dass er vor einem aus der Lücke kommenden Wartepflichtigen anhalten kann (KG VerkMitt 2009 Nr. 13 = DAR 2009, 92). Bei einer Vorfahrtstraße mit Radweg muss er mit Radfahrern rechnen, die den Radweg in falscher Richtung benutzen (OLG Hamm NZV 1992, 374). Jeder nachfolgende Fahrer muss damit rechnen, dass der Wartepflichtige an der Sichtlinie einer bevorrechtigten Straße nochmals anhält, selbst wenn er vorher schon angehalten hat (OLG Koblenz VersR 1980, 753).

2.4 Vorfahrtberechtigung

Ein Vorfahrtrecht gibt es nicht, nur eine „Vorfahrtberechtigung". Sie reicht so weit, wie der Wartepflichtige die Vorfahrt beachtet (OLG Karlsruhe VerkMitt 2002 Nr. 12 = VRS 101, 470).[3] Der Vorfahrtberechtigte kann auf die Beachtung seiner Vorfahrt nur vertrauen, wenn keine Anhaltspunkte für eine Missachtung gegeben sind. Im Zweifel muss er maßvoll bremsen, ausweichen oder auf die Vorfahrt verzichten (§§ 1, 11 Abs. 3). Fährt der Wartepflichtige zu schnell an die Kreuzung heran, muss der Berechtigte mit einer Vorfahrtverletzung rechnen und selbst abbremsen (OLG Köln VRS 93, 44; KG VRS 107, 22); dies gilt ebenso bei langsam die Straße querenden Fußgängern (OLG Koblenz VRS 105, 414). Bei Knotenpunkten „Rechts vor Links" besteht wegen des Grundsatzes der doppelten Sicherung nur eine **„halbe Vorfahrtberechtigung"**, weil jeder nur mit mäßiger Geschwindigkeit an den Knotenpunkt heranfahren darf. Auf Vorfahrtstraßen (Z. 306) dürfen sich hingegen Fahrzeuge mit unverminderter Geschwindigkeit der Kreuzung nähern; sie genießen somit Vertrauensschutz in die Beachtung ihrer Vorfahrtberechtigung. Ist die Vorfahrt nur durch Z. 301 geregelt oder verhält sich der Berechtigte selbst verkehrswidrig, vermindert sich der Vertrauensschutz entsprechend (OLG Hamm VRS 93, 253).

---

3 Die StVO beschreibt deshalb nur die Rechtsstellung dessen, der die Vorfahrt zu beachten hat.

Der Vorfahrtberechtigte sollte vor einer „Rechts vor Links"-Kreuzung stets bremsbereit sein, d. h. die Bremse ist so weit zu betätigen, dass durch Wegfall der „Bremsenschwellzeit" der Reaktionsweg bei einer Gefahrsituation extrem kurz ist. Hat er keine Sicht in die Kreuzung, muss er das Fahrzeug nach den Sichtverhältnissen angemessen abbremsen. Der Vorfahrtberechtigte muss vom Fahrbahnrand einen seitlichen Abstand halten, der für den Wartepflichtigen beim Hineintasten in die Vorfahrtstraße zur freien Sicht nötig ist; er muss auch reaktionsbereit sein (BGH VRS 70, 251 = DAR 1981, 87 = VersR 1981, 337; OLG Köln VRS 50, 114). Der Vorfahrtberechtigte kann nicht auf die Beachtung seiner Vorfahrt vertrauen, wenn er Kurven schneidet (BGH VRS 4, 458), links fährt (BGH VRS 11, 438; OLG Bremen DAR 1970, 97), eine nicht unterbrochene Leitlinie überfährt (OLG Oldenburg DAR 1974, 142), die Höchstgeschwindigkeit missachtet (KG NZV 2004, 576), verbotswidrig den linken Radweg benutzt (OLG Düsseldorf NZV 2000, 507) oder andere grobe Fahrfehler begeht, z. B. auf verkehrswidriges Verhalten des Wartepflichtigen erheblich zu spät reagiert (OLG Köln NZV 1992, 117). Er verliert dadurch zwar seine Vorfahrtberechtigung nicht, haftet aber für seinen Schuldanteil. Erkennt der andere Fahrer das regelwidrige Verhalten, muss er nach dem Grundsatz der „doppelten Sicherung" reagieren und abbremsen, um einen Unfall zu verhindern. Bei verbotener Fahrt-

Vorfahrt bei Feldwegen und Ausfahrt aus verkehrsberuhigtem Bereich

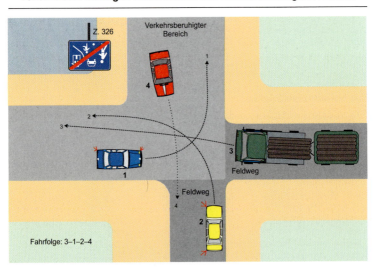

Bei der Ausfahrt aus einem verkehrsberuhigten Bereich ist der Vorrang (nicht „Vorfahrt") gegenüber „allen" Fahrzeugen zu beachten; KFZ 4 fährt deshalb als letztes. Gegenüber den beiden KFZ 2 und 3 aus den Feldwegen gilt untereinander Rechts vor Links, so dass KFZ 3 vor KFZ 2 fahren darf. Da für Feldwege gegenüber anderen Straßen nicht die Vorfahrt Rechts vor Links gilt (§ 8 Abs. 1 Nr. 2), dürfte KFZ 1 zwar als erstes fahren. Die Gegenverkehrsregel ist jedoch unabhängig von den Vorfahrtverhältnissen zu beachten. Infolgedessen darf KFZ 1 nur bis zur Mitte fahren, muss zunächst KFZ 3 durchfahren lassen und kann erst dann in den verkehrsberuhigten Bereich abbiegen. Gegenüber dem stringenten Gefährdungsverbot des § 10 ist die Gegenverkehrsregel des § 9 Abs. 3 nicht anwendbar, so dass Fahrzeug 4 warten muss, bis Fahrzeug 2 abgebogen ist.

Wegen der Kreuzungsgeometrie bietet sich in der Praxis allerdings eine Verständigung der Fahrzeugführer an.

Vorfahrt beim Zusammenführen von Fahrbahnen

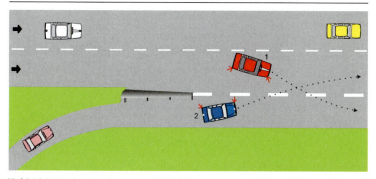

Vorfahrt ist stets dann gegeben, wenn sich Verkehrswege aus verschiedenen Richtungen kommend schneiden. Das gilt auch dann, wenn zwei Straßen trichterförmig zusammengeführt werden. Lässt der Schnittpunkt der Einmündung infolge straßenbaulicher Einrichtungen (Mittelstreifen, Gitter u.ä.) eine Verflechtung nicht zu und setzen sich die beiden Verkehrswege als eine Straße fort (hier mit 3 Fahrstreifen), finden die Vorfahrtregeln dann keine Anwendung mehr, wo eine Verflechtung der Fahrzeuge tatsächlich möglich ist. Die Verflechtung richtet sich in diesem Fall nach den Regeln des Fahrstreifenwechsels, insbesondere des Gefährdungsverbots (§ 7 Abs. 5). Da KFZ 1 und 2 jeweils den Fahrstreifen wechseln, müssen beide das Gefährdungsausschluss beachten. KFZ 2 kann nicht geltend machen, es habe vor KFZ 1 nach der Regel Rechts vor Links die Vorfahrt.

---

richtung in Einbahnstraßen oder bei der Ausfahrt aus einer für den gesamten Verkehr gesperrten Straße (Z. 250 ohne Zusatzzeichen) besteht keine Vorfahrtberechtigung mehr (BGH VRS 72, 93; NJW 1987, 2751).

Wer die Vorfahrt missbraucht (d. h. sie erzwingt), verstößt nicht gegen § 8, wohl aber gegen § 1 Abs. 2 oder § 3 Abs. 1. Die Vorfahrt ist zwingend und darf keine Zweifelsfälle offen lassen. Der Vorfahrtberechtigte muss besonders aufmerksam auf Personen achten, bei denen häufig mit Verstößen zu rechnen ist (Radfahrer, Fußgänger). Überholt er eine Kolonne wartender Fahrzeuge, muss er auf den Querverkehr durch offen gelassene Lücken aus einmündenden Nebenstraßen achten; ebenso, wenn er in der Kolonne fährt (BGH VerkMitt 1974 Nr. 57). Kein Fahrer darf darauf vertrauen, dass er die Vorfahrt an einer Kreuzung hat, nachdem sie an der vorhergehenden Kreuzung durch Z. 301 geregelt war (BGH VRS 38, 412). Bei besonderen Umständen muss stets mit der Verletzung der Vorfahrt gerechnet werden (BGH DAR 1971, 52), z. B. bei Glatteis, starkem Nebel (OLG Celle VRS 27, 470; OLG Nürnberg DAR 1989, 107), bei der Begegnung mit einem Rad fahrenden Kind (BGH VRS 45, 178), bei unübersichtlichen Einmündungen (OLG Celle DAR 1975, 273) oder bei Einfahrt aus einem Nebenweg in eine Straße von größerer Verkehrsbedeutung (BayObLG VerkMitt 1989 Nr. 55 = VRS 77, 310).

2.5 Vorfahrt durch Verkehrszeichen

2.5.1 Zeichen 205 und 206

Abweichend vom Grundsatz „Rechts vor Links" regeln die negativen Z. 205, 206 und die positiven Z. 301, 306 die Vorfahrt gesondert (§ 8 Abs. 1 Nr. 1). Im Interesse der Klarheit und Sicherheit des Verkehrs ist grundsätzlich eine

Doppelbeschilderung mit positiven und negativen Vorfahrtzeichen geboten.[4] Wer in eine bevorrechtigte Straße einbiegt, muss so lange warten, bis das Einfahren ohne Gefährdung und Behinderung des bevorrechtigten Verkehrs möglich ist. Das gilt auch für Radfahrer, die vom Radweg in eine bevorrechtigte Straße einbiegen (OLG Köln NZV 2008, 100). Will der Vorfahrtberechtigte vorher abbiegen, darf erst dann auf dessen Blinkzeichen vertraut werden, wenn durch Verminderung der Geschwindigkeit und Einlenken feststeht, dass die bisherige Richtung verlassen wird (OLG Hamm NZV 2003, 414). Es ist auch darauf zu achten, dass der Bevorrechtigte nicht gerade überholt (OLG Hamm NZV 2001, 519; OLG Düsseldorf NZV 2002, 656). Es darf aber darauf vertraut werden, dass der Vorfahrtberechtigte an einer vorher Rot zeigenden Fußgängerampel anhält (OLG Köln DAR 2002, 316 = NZV 2003, 414). Am „Stoppschild" (Z. 206) ohne Haltlinie ist dort zu halten, wo die bevorrechtigte Straße eingesehen werden kann; somit nicht vor dem Zeichen, sondern an der Sichtlinie, spätestens vor den Schnittkanten des Knotenpunktes. Kommt es zum Unfall, spricht der Beweis des ersten Anscheins für ein Verschulden des Wartepflichtigen (OLG Köln DAR 2001, 223). Die Missachtung des Stoppschildes ist grob fahrlässig (OLG Karlsruhe NZV 2003, 420).

Das Z. 301 regelt die Vorfahrt nur an der betreffenden Kreuzung/Einmündung, d. h. der Kraftfahrer muss am nächsten Knotenpunkt mit einer anderen Vorfahrtregelung rechnen und sein Fahrverhalten darauf einstellen. Das Z. 306 macht indes die Straße insgesamt bis zur Aufhebung durch die Z. 307, 205 oder 206 zur Vorfahrtstraße (außerorts wird die Vorfahrtstraße neben den Z. 205, 206 stets, innerorts nur in der Regel durch Z. 307 aufgehoben). Von der Vorfahrtstraße wegführende Einbahnstraßen müssen dann beschildert werden, wenn gegenläufiger Radverkehr zugelassen ist.

2.5.2 Halt- und Wartelinien

Soweit die Vorfahrt durch Halt- oder Wartegebote zu beachten ist (Z. 205, 206, Rot der LZA oder Weisungen der Polizei nach § 37 Abs. 2 Nr. 1), ordnet die **Haltlinie** (Z. 294) „ergänzend" das Warten („Stopp") vor der Linie an. Das Wartegebot der Haltlinie erstreckt sich auf den gesamten Bereich der geregelten Vorfahrt. Infolgedessen ist auch eine zurückgesetzte Haltlinie zu beachten, wenn sie objektiv erkennbar der dahinter liegenden Vorfahrtregelung dient. Zu halten ist „an" der Linie, d. h. unmittelbar davor. Wartet eine Fahrzeugschlange vor der Haltlinie, brauchen die hinter der Linie wartenden Fahrzeuge beim Umschalten der LZA auf Grün nicht nochmals anzuhalten, weil die Haltlinie bei Grün kein Wartegebot mehr entfaltet (§ 37 Abs. 1). Bei Kombination der Haltlinie mit dem „Stoppschild" (Z. 206) müssen hingegen alle KFZ der Fahrzeugschlange die Haltlinie beachten, weil das mit Z. 206 kombinierte Wartegebot für jedes Fahrzeug gesondert gilt. Ist die Fahrzeugschlange vor der Haltlinie zum Stillstand gekommen und der Knotenpunkt von dort einsehbar und frei, handelt es sich hingegen nur um eine geringfügige Ordnungswidrigkeit, wenn die Fahrzeuge nicht nochmals anhalten, weil die Linie „wie an einer Perlenschnur" überfahren. Zwar soll die Haltlinie in Kombination mit Z. 206 dort angebracht sein, wo die Sicht in den bevorrechtigten Verkehr gegeben ist. Kann die andere Straße jedoch an der Haltlinie nicht eingesehen werden,

---

[4] Nur im Fall des § 10 Satz 3 genügt ein einseitig negatives Z. 205.

weil z.b. geparkte LKW die Sicht beeinträchtigen, muss sich der Fahrer nach dem Stopp an der Linie mit äußerster Vorsicht in den bevorrechtigten Verkehrsraum zentimeterweise hineintasten, ohne dass es nochmals „zwingend" zu einem Halt kommen muss. Nur wenn die Haltlinie weit hinter die Sichtlinie zurückgesetzt ist, z.b. wegen einer zu engen „Schleppkurve" für einbiegende LKW-Züge, ist nach dem Halt am Z. 294 nochmals an der Sichtlinie anzuhalten. Die (durchbrochene) **Wartelinie** Z. 341 empfiehlt hingegen nur das Anhalten. Bei Nichtbeachtung der Empfehlung ist besondere Vorsicht geboten (Folge aus dem Grundsatz der doppelten Sicherung).

2.5.3 Abknickende Vorfahrt

An Kreuzungen und Einmündungen wird die abknickende Vorfahrt durch die Zusatzzeichen 1002-10 bis 1002-24 zu Z. 306 positiv und an einmündenden (untergeordneten) Straßen negativ zu den Z. 205 oder 206 gekennzeichnet. Die abknickende Vorfahrtstraße gilt entgegen ihrem natürlichen Verlauf als einheitlicher Straßenzug. Dementsprechend finden an dem „Knick" die Vorfahrt- und Abbiegeregelungen der §§ 8 und 9 Anwendung.[5] Lediglich das dem Verlauf der abknickenden Vorfahrt folgende Fahrzeug biegt wegen der Sonderregelung nach Anl. 3 lfd. Nr. 2.1 nicht ab, obwohl es seine natürliche Fahrtrichtung ändert. Dennoch ist die Fahrtrichtung im abknickenden Straßenverlauf **anzuzeigen**; der Fahrer unterliegt aber nicht der doppelten Rückschaupflicht (OLG Koblenz VRS 55, 294).

Wer dem natürlichen Straßenverlauf folgt und geradlinig aus dem Knick herausfährt, ist **„Abbieger"**, obwohl er die Fahrtrichtung nicht ändert. Wegen der Verwechslungsgefahr mit „echten" Rechts- oder Linksabbiegern darf er die Fahrtrichtungsanzeiger nicht betätigen (OLG Oldenburg DAR 2000, 35). Obwohl der Wartepflichtige nicht darauf vertrauen darf, dass der Vorfahrtberechtigte ohne zu blinken geradeaus fährt, haftet der Vorfahrtberechtigte ebenfalls, wenn es infolge falschen Blinkens zum Missverständnis kommt (BayObLG VRS 47, 457; OLG Frankfurt/M MDR 1977, 771). Als Abbieger müssen sich Fahrzeuge einordnen und auf den nachfolgenden Verkehr achten (§ 9 Abs. 1). Bei einer nach links abknickenden Vorfahrtstraße muss der sich rechts Einordnende und geradlinig aus dem Knick Herausfahrende als „Rechtsabbieger" auch den Vorrang der Rad- und Mofafahrer beachten, die dem Verlauf des Knicks folgen (§ 9 Abs. 3 Satz 1). Gegenüber dem von rechts einmündenden, nicht bevorrechtigten Verkehr hat der Geradeausfahrer die Vorfahrt (BGH NJW 1983, 2939 = DAR 1983, 354). Bei einer nach rechts abknickenden Vorfahrtstraße gilt das für den von links einmündenden Verkehr entsprechend. Fahren auf der abknickenden Vorfahrtstraße jeweils Entgegenkommende geradlinig aus dem Knick heraus und folgen dem natürlichen Verlauf der Straße, sind sie zueinander Gegenverkehr (somit kein Vorfahrtfall „Rechts vor Links"). Schneiden sich ihre Fahrlinien, hat jeder den Gefährdungsausschluss des § 9 Abs. 3 zu beachten und sich notfalls zu verständigen. Die Rangfolge, dass der Rechtsabbiegende Vorrang vor dem Linksabbieger hat (§ 9 Abs. 4 Satz 1), ist in diesem Fall mangels Vertrauensschutzes nur bedingt anwendbar.

Querende **Fußgänger** haben gegenüber den Fahrzeugen, die dem Verlauf der abknickenden Vorfahrt folgen, keinen Vorrang. Fußgänger begreifen

---

5 Siehe auch Skizze „Abknickende Vorfahrt" bei den Erl. zu § 42.

§ 8 Vorfahrt

Verzicht auf Vorfahrt

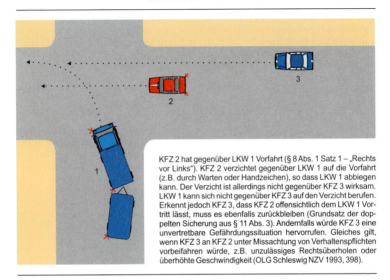

KFZ 2 hat gegenüber LKW 1 Vorfahrt (§ 8 Abs. 1 Satz 1 – „Rechts vor Links"). KFZ 2 verzichtet gegenüber LKW 1 auf die Vorfahrt (z.B. durch Warten oder Handzeichen), so dass LKW 1 abbiegen kann. Der Verzicht ist allerdings nicht gegenüber KFZ 3 wirksam. LKW 1 kann sich nicht gegenüber KFZ 3 auf den Verzicht berufen. Erkennt jedoch KFZ 3, dass KFZ 2 offensichtlich dem LKW 1 Vortritt lässt, muss es ebenfalls zurückbleiben (Grundsatz der doppelten Sicherung aus § 11 Abs. 3). Andernfalls würde KFZ 3 eine unvertretbare Gefährdungssituation hervorrufen. Gleiches gilt, wenn KFZ 3 an KFZ 2 unter Missachtung von Verhaltenspflichten vorbeifahren würde, z.B. unzulässiges Rechtsüberholen oder überhöhte Geschwindigkeit (OLG Schleswig NZV 1993, 398).

den Verkehr am „Knick" als „Abbiegen" im Wortsinn und meinen (wenn auch zu Unrecht), Vorrang zu haben. Infolgedessen soll der Knick durch Geländer oder Ketten so abgesichert werden, dass Fußgänger die Fahrbahn nicht am Knick selbst überqueren können. Dennoch muss der Kraftfahrer auf mögliche Fußgänger besondere Rücksicht nehmen und notfalls warten; er hat insoweit keinen Vertrauensschutz in die Abschirmung der Fußgänger. Lässt sich der Fußgängerquerverkehr nicht unterbinden, muss die Absicherung durch eine Lichtzeichenanlage erfolgen.

Die Fahrzeuge aus den einmündenden und nicht bevorrechtigten Straßen müssen die Vorfahrtregelung durch Z. 205 oder 206 beachten. Sind beide einmündenden Straßen mit Z. 205 oder 206 nebst Zusatzzeichen ausgewiesen, gilt für die einfahrenden Fahrzeuge untereinander die Regel „Rechts vor Links" auch dann, wenn nur eine der Straßen mit Z. 206 („Halt! Vorfahrt gewähren") und die andere mit Z. 205 ausgewiesen ist (BayObLG VerkMitt 1978 Nr. 75 = VRS 55, 222).

2.6 Verzicht auf Vorfahrt

Ein Verzicht darf nur angenommen werden, wenn der Berechtigte ihn unmissverständlich zum Ausdruck bringt (BGH VRS 18, 249 = DAR 1970, 137; KG NZV 2004, 576). Kurzes Halten des Vorfahrtberechtigten zur Prüfung der Verkehrslage ist kein Verzicht auf die Vorfahrt (BGH VRS 14, 4), ebenso wenig ein nicht eindeutiges Handzeichen (AG Dresden NZV 2004, 576). Die (unzulässige) Betätigung der Lichthupe darf nur bei deutlichem Anhalten, nicht aber bei bloßer Tempoherabsetzung als Vorfahrtverzicht verstanden werden (OLG Koblenz NZV 1991, 428; OLG Hamm NZV 2000, 415). Die höfliche Geste eines uniformierten Beamten in einem Polizeifahrzeug kann als „Weisung" i. S. d. § 36 Abs. 1 missverstanden werden.[6] Der Fahrer muss deshalb den Wartepflichtigen genau beobachten (OLG Saarbrücken VerkMitt 1982 Nr. 4); im Schadensfall besteht das Risiko der Mithaftung (KG VerkMitt 1980 Nr. 113 = VersR 1981, 485).

2.7 Sonderfälle der Vorfahrt

2.7.1 Gabelungen

Spitzwinklige oder trichterförmige Zusammenführungen von zwei Straßen sind meist Einmündungen im Sinne der Vorfahrtregeln. Lässt allerdings der Schnittpunkt der Einmündung infolge der Straßengeometrie mit baulicher Trennung durch Gitter, Mittelstreifen oder ähnliche Elemente eine Verflechtung erst außerhalb des Einmündungsbereichs zu, gelten dort die Regeln des Fahrstreifenwechsels.

2.7.2 Radwege

Ein Radfahrer auf der Vorfahrtstraße behält die Vorfahrt gegenüber kreuzenden und einbiegenden Fahrzeugen, auch wenn er den linken von zwei Radwegen benutzt, der nicht für die Gegenrichtung freigegeben ist (BGH VRS 71, 383 = NJW 1987, 2750 = DAR 1987). Er kann jedoch nicht auf seine Vorfahrtberechtigung vertrauen.

2.7.3 Kreisverkehr (§ 8 Abs. 1a)

Die besonderen Regeln des Kreisverkehrs gelten **nur** für die mit den beiden Z. 215 und 205 ausgeschilderten Knotenpunkte; sie können sich auch in Tempo 30-Zonen befinden. Innerhalb des Kreises ist das Rechtsfahrgebot zu beachten (§ 2 Abs. 2), weil schwere Fahrzeugeinheiten mit unzureichenden Schleppkurven die Mittelinsel überfahren dürfen; die Kreisbahn darf somit von anderen Fahrzeugen nicht geschnitten werden (OLG Hamm NZV 2004, 574). Bei anderen mit Z. 209 oder 211 ausgeschilderten Kreisplätzen gelten die allgemeinen Vorfahrt- und Abbiegeregeln.

a. **Vorfahrt im Kreis**

Das Z. 215[7] zeigt ausschließlich die im Kreis einzuhaltende Richtung an, hat aber selbst keine vorfahrtregelnde Wirkung. Die Kreisvorfahrt gegenüber einmündenden Straßen folgt nur aus der Kombination mit dem Z. 205 („Vorfahrt gewähren"). Bei Missachtung der Vorfahrt wird deshalb gegen das Z. 205, nicht gegen § 9a Abs. 1 verstoßen. Regeln Lichtzeichen die Zufahrten des Kreises, gehen die Lichtsignale der Vorfahrtregelung durch Z. 205 innerhalb des gesamten Kreises vor (§ 37 Abs. 1). Soweit keine regelnde Beschilderung durch Z. 205 oder 206 (auch in Kombination mit dem Z. 215) vorhanden ist, hat der Verkehr im Kreis gegenüber den von rechts einmündenden Straßen keine Vorfahrt. Fahren Straßenbahnen durch einen Kreis, dürfen Z. 215 nicht aufgestellt werden. Dem Kreisverkehr selbst wird die Vorfahrt nicht durch positive Vorfahrtzeichen 301 angezeigt. Kollisionsgefahren können entstehen, wenn zwei Fahrzeuge mit unterschiedlichem Beschleunigungsvermögen zeitgleich aus kurz hintereinander folgenden Einmündungen in einen Minikreis einfahren. Das schnellere Fahrzeug kann

---

[6] Polizeibeamte machen deshalb davon nur sparsam Gebrauch, obwohl sie genauso höflich wie andere Verkehrsteilnehmer sind.
[7] Das Z. 215 entspricht dem Verkehrschild „D 3" des sog. „Weltabkommens" (WÜ).

§ 8 Vorfahrt

sich dabei nicht auf die Vorfahrt berufen, sondern muss das Gefährdungsverbot des § 1 Abs. 2 beachten (OLG Hamm NZV 2000, 413). Verläuft ein Radweg um den Kreisplatz, gelten die Vorfahrtregeln auch für Radfahrer.

b. Ein- und Ausfahrt im Kreis

Bei der **Einfahrt** in den Kreis wird zwar abgebogen, die Fahrtrichtungsänderung darf jedoch zur Vermeidung von Missverständnissen nicht angezeigt werden. Infolge der meist dicht aufeinander folgenden Ein- und Aus-

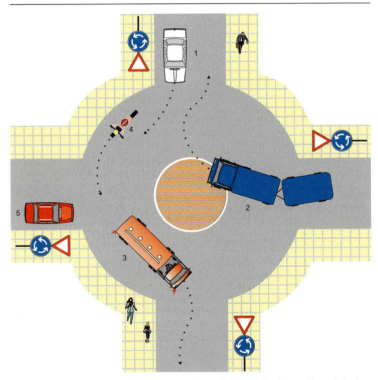

Kreisverkehr

Ein Kreisverkehr setzt eine baulich oder durch Markierung hervorgehobene Mittelinsel voraus. Die um die Insel verlaufende Fläche muss den Charakter einer „Ringfahrbahn" haben; die zulaufenden Straßen bilden Einmündungen. Durch Z. 215 wird nur die Richtung des Kreisverkehrs (Fahrtrichtung rechts) gekennzeichnet, durch Z. 205 hat der Verkehr im Kreis Vorfahrt (KFZ 2, 3, 4), ohne dass die Vorfahrt im Kreis durch Z. 301 nochmals angezeigt wird. Beim Einfahren in den Kreis wird zwar abgebogen, Fahrtrichtungsanzeiger dürfen jedoch nicht benutzt werden (KFZ 1 und 5). Bei der Ausfahrt aus dem Kreis ist die Fahrtrichtung – wie beim Abbiegen – anzuzeigen (KFZ 3). Der Vorrang querender Fußgänger ist zu beachten. Innerhalb des Kreises gilt absolutes Haltverbot. Insbesondere bei „Minikreisen" mit einer Kreismarkierung (Fahrstreifenbegrenzungslinie) ist es wegen der Schleppkurven von LKW-Zügen meist nicht möglich, um den Kreis herumzufahren. In diesem Fall dürfen große KFZ (KFZ 2) den Kreis über die Kreismarkierung hinweg befahren. Dabei muss jede Gefährdung anderer Verkehrsteilnehmer ausgeschlossen werden. Fußgänger dürfen den Kreisplatz nicht diagonal über die Kreismarkierung queren, sondern müssen die Gehwege benutzen.

fahrten sollen Unsicherheiten darüber vermieden werden, ob der Einfahrende den Kreis bereits an der nächsten Ausfahrt wieder verlässt. Da bei Radfahrern diese Besorgnis weniger besteht, fällt ein Handzeichen nicht unter das Verbot; es ist auch kein „Fahrtrichtungsanzeiger" im technischen Sinne. Bei der **Ausfahrt** aus dem Kreis wird nach § 9 Abs. 1 „abgebogen", dem nachfolgenden Verkehr ist deshalb die Änderung der Fahrtrichtung rechtzeitig anzuzeigen (KG VerkMitt 2008 Nr. 36 = VRS 114, 119 = NZV 2008, 412).[8] Infolgedessen haben dort auch querende Fußgänger Vorrang (AG Kempten DAR 2008, 271).

c. **Haltverbot im Kreis**

Innerhalb des durch Z. 215 gekennzeichneten Kreisverkehrsplatzes besteht Haltverbot, und zwar sowohl rechts als auch links an und auf der Mittelinsel. Das gilt auch bei großen, durch Z. 215 gekennzeichneten Kreisplätzen. Ist die Mittelinsel baulich hervorgehoben, ist sie nicht „Fahrbahnrand", sodass dort ohnehin Halt- und Parkverbot nach § 12 Abs. 4 besteht (s. a. Erl. 2.3.19 zu § 12).

d. **Durchfahren von Kreismarkierungen**

Sind durch Z. 215 ausgewiesene Kreisverkehrsplätze in der Mitte mit Kreismarkierungen ausgestattet, dürfen (nur) Fahrzeuge, deren Abmessungen das Umfahren des Kreises infolge der benötigten Kurvenradien sonst nicht zulassen würden, diese Markierungen überfahren (Anl. 2 lfd. Nr. 8 – Z. 215). Das gilt auch für Fahrzeugkombinationen, z. B. Klein-LKW mit langem Anhänger. In solchen Fällen darf nach dem Überfahren des Kreises zur Vermeidung von Missverständnissen der Fahrtrichtungsanzeiger nicht betätigt werden. Die Kreisinsel kann auch durch hervorhebende Farbgebung oder andere Pflasterung deutlich gemacht werden. Muss der innere Kreis durchfahren werden, ist höchste Sorgfalt geboten und jede Gefährdung anderer Verkehrsteilnehmer zu vermeiden, insbesondere der Fahrzeuge auf der Kreisfahrbahn (Radfahrer!). Ist die Mittelinsel hingegen infolge baulicher Elemente faktisch nicht überfahrbar, müssen die zuführenden Straßen unter Ausweisung von Umleitungsstrecken für längere Fahrzeuge gesperrt werden. Für alle anderen Fahrzeuge folgt das Verbot zum Überfahren der Kreisinsel aus der Fahrbahnbenutzungspflicht (§ 2 Abs. 1).

Fußgänger dürfen den Kreisverkehrsplatz nicht diagonal queren, sondern müssen sich auf den Gehwegen bewegen, die um den Platz herumführen. Queren sie den Kreisverkehrsplatz unzulässig diagonal, müssen auch LKW, die den Mittelkreis überfahren dürfen, auf sie achten.

2.7.4 Feld- und Waldwege

Feld- und Waldwege sind Fahrwege, die überwiegend land- oder forstwirtschaftlichen Zwecken dienen und keine überörtliche Bedeutung haben (BGH DAR 1977, 77 = VRS 50, 174 = VersR 1977, 375; OLG Rostock VRS 112, 256). Zu den Feld- und Waldwegen gehören auch befestigte oder unbefestigte Parzellenwege aus einem Kleingartengebiet (OLG Bremen NZV 1991, 472), Wiesen-, Moor-, Weinberg- und ähnliche Wege. Wesentlich für die Beachtung der Vorfahrt ist die Verkehrsbedeutung, weniger das äußere

---

8 Rechtzeitig ist die Fahrtrichtung angezeigt, wenn sich der nachfolgende Verkehr unter Berücksichtigung der im Kreis gefahrene Geschwindigkeit auf das Abbiegen einstellen kann.

Erscheinungsbild und die Art der Befestigung (OLG Rostock VerkMitt 2007 Nr. 100; OLG München VersR 1981, 571; BGH VRS 73, 437). Kann die Bedeutung als Feld- oder Waldweg nicht eindeutig zugeordnet werden, hat sich jeder nach der Regel zu richten, die ihm und anderen die größte Sicherheit bietet (Beachtung des § 8 Abs. 1 Satz 2 Nr. 2 bzw. § 8 Abs. 1 Satz 1).

2.7.5 Nebenwege

Bei der Einfahrt aus Nebenwegen, die keine Feld- oder Waldwege sind, gilt die Vorfahrtregel des § 8; kann der von links kommende Benutzer der Durchgangsstraße den Nebenweg nicht einsehen, muss der Vorfahrtberechtigte entsprechend vorsichtig fahren, sich also wie ein Wartepflichtiger verhalten (§ 1 Abs. 2; OLG Düsseldorf VRS 73, 299).

2.7.6 Privatstraßen

Die Regel „Rechts vor Links" gilt auch im Verhältnis zwischen einer öffentlichen Straße und einem der Allgemeinheit zugänglichen Privatweg. Der bevorrechtigte Benutzer einer solchen Privatstraße muss beim Einbiegen in die öffentliche Straße besonders vorsichtig sein, wenn die Gestaltung des Einmündungsbereichs und die Beschilderung als Privatstraße zu einer irrtümlichen Beurteilung der Vorfahrt führen (OLG Koblenz VersR 1979, 1157).

2.7.7 Parkplätze

Auf allgemein zugänglichen Park- oder Rastflächen gilt die Vorfahrtregel „Rechts vor Links" als eingeschliffenes Verhalten über § 1 Abs. 2 sinngemäß, wenn der Straßencharakter der sich schneidenden oder zusammenstoßenden Fahrgassen für den Verkehrsteilnehmer unmissverständlich ist (KG NZV 2003, 381; OLG Düsseldorf VerkMitt 2000 Nr. 53 = DAR 2000, 175 = NZV 2000, 273 = VRS 98, 387; OLG Köln VRS 89, 97; KG NZV 1988, 75 = DAR 1988, 272 = VRS 75, 95; KG VerkMitt 1977 Nr. 29 = DAR 1977, 47; OLG Düsseldorf VRS 57, 294). Die Regel gilt nicht beim Einfahren von einer Parkfläche in einen Fahrstreifen oder beim Überfahren markierter Parkflächen (OLG Nürnberg NJW 1977, 1888 = VersR 1977, 1059). Auch für den „Vorrangberechtigten" gilt auf dem Parkplatz wegen der ständig wechselnden Verkehrsverhältnisse die Pflicht zum Langsamfahren bei steter Bremsbereitschaft; er kann nicht darauf vertrauen, dass die Regel entsprechend „Rechts vor Links" beachtet wird. Im Zweifel sind beide verantwortlich.

3 Hinweise

3.1 Vorfahrt des durchgehenden Verkehrs auf Autobahnen und Kraftfahrstraßen gegenüber einfahrenden Fahrzeugen: § 18 Abs. 3.

3.2 Freiheitsstrafe oder Geldstrafe für Missachtung der Vorfahrt oder für zu schnelles Fahren an Knotenpunkten, wenn Personen oder erhebliche Sachwerte konkret gefährdet werden: § 315c StGB.

3.3 Verhalten an Aus- und Einfahrten: § 10.

§ 9 Abbiegen, Wenden und Rückwärtsfahren

(1) Wer abbiegen will, muss dies rechtzeitig und deutlich ankündigen; dabei sind die Fahrtrichtungsanzeiger zu benutzen. Wer nach rechts abbiegen will, hat sein Fahrzeug möglichst weit rechts, wer nach links abbiegen will, bis zur Mitte, auf Fahrbahnen für eine Richtung möglichst weit links einzuordnen, und zwar rechtzeitig. Wer nach links abbiegen will, darf sich auf längs verlegten Schienen nur einordnen, wenn er kein Schienenfahrzeug behindert. Vor dem Einordnen und nochmals vor dem Abbiegen ist auf den nachfolgenden Verkehr zu achten; vor dem Abbiegen ist es dann nicht nötig, wenn eine Gefährdung nachfolgenden Verkehrs ausgeschlossen ist.

(2) Wer mit dem Fahrrad nach links abbiegen will, braucht sich nicht einzuordnen, wenn die Fahrbahn hinter der Kreuzung oder Einmündung vom rechten Fahrbahnrand aus überquert werden soll. Beim Überqueren ist der Fahrzeugverkehr aus beiden Richtungen zu beachten. Wer über eine Radverkehrsführung abbiegt, muss dieser im Kreuzungs- und Einmündungsbereich folgen.

(3) Wer abbiegen will, muss entgegenkommende Fahrzeuge durchfahren lassen, Schienenfahrzeuge, Fahrräder mit Hilfsmotor und Radfahrer auch dann, wenn sie auf oder neben der Fahrbahn in der gleichen Richtung fahren. Dies gilt auch gegenüber Linienomnibussen und sonstigen Fahrzeugen, die gekennzeichnete Sonderfahrstreifen benutzen. Auf Fußgänger muss er besondere Rücksicht nehmen; wenn nötig, muss er warten.

(4) Wer nach links abbiegen will, muss entgegenkommende Fahrzeuge, die ihrerseits nach rechts abbiegen wollen, durchfahren lassen. Führer von Fahrzeugen, die einander entgegenkommen und jeweils nach links abbiegen wollen, müssen voreinander abbiegen, es sei denn, die Verkehrslage oder die Gestaltung der Kreuzung erfordern, erst dann abzubiegen, wenn die Fahrzeuge aneinander vorbeigefahren sind.

(5) Beim Abbiegen in ein Grundstück, beim Wenden und beim Rückwärtsfahren muss sich der Fahrzeugführer darüber hinaus so verhalten, dass eine Gefährdung anderer Verkehrsteilnehmer ausgeschlossen ist; erforderlichenfalls hat er sich einweisen zu lassen.

VwV zu § 9 Abbiegen, Wenden und Rückwärtsfahren

Zu Absatz 1

1   I. Wo erforderlich und möglich, sind für Linksabbieger besondere Fahrstreifen zu markieren. Auf Straßen innerhalb geschlossener Ortschaften mit auch nur tageszeitlich starkem Verkehr und auf Straßen außerhalb geschlossener Ortschaften sollte dann der Beginn der Linksabbiegestreifen so markiert werden, dass Fahrer, die nicht abbiegen wollen, an dem Linksabbiegestreifen vorbeigeleitet werden. Dazu eignen sich vor allem Sperrflächen; auf langsamer befahrenen Straßen genügen Leitlinien.

2   II. Es kann sich empfehlen, an Kreuzungen Abbiegestreifen für Linksabbieger so zu markieren, dass aus entgegengesetzten Richtungen nach links abbiegende

§ 9 Abbiegen, Wenden und Rückwärtsfahren

Fahrzeuge voreinander vorbeigeführt werden (tangentiales Abbiegen). Es ist dann aber immer zu prüfen, ob durch den auf dem Fahrstreifen für den nach links abbiegenden Gegenverkehr Wartenden nicht die Sicht auf den übrigen Verkehr verdeckt wird.

Zu Absatz 2

3   I. Als Radverkehrsführung über Kreuzungen und Einmündungen hinweg dienen markierte Radwegefurten. Radverkehrsführungen können ferner das Linksabbiegen für den Radverkehr erleichtern. Das Linksabbiegen im Kreuzungsbereich kann durch Abbiegestreifen für den Radverkehr, aufgeweitete Radaufstellstreifen und Radfahrerschleusen gesichert werden. Das Linksabbiegen durch Queren hinter einer Kreuzung/Einmündung kann durch Markierung von Aufstellbereichen am Fahrbahnrand bzw. im Seitenraum gesichert werden.

4   II. Im Fall von Radverkehrsanlagen im Zuge von Vorfahrtstraßen (Zeichen 306) sind Radwegefurten stets zu markieren. Sie dürfen nicht markiert werden an Kreuzungen und Einmündungen mit Vorfahrtregelung „Rechts vor Links", an erheblich (mehr als ca. 5 m) abgesetzten Radwegen im Zuge von Vorfahrtstraßen (Zeichen 306) sowie dort nicht, wo dem Radverkehr durch ein verkleinertes Zeichen 205 eine Wartepflicht auferlegt wird. Die Sätze 1 und 2 gelten sinngemäß, wenn im Zuge einer Vorfahrtstraße ein Gehweg zur Benutzung durch den Radverkehr freigegeben ist.

5   III. Eigene Abbiegefahrstreifen für den Radverkehr können neben den Abbiegestreifen für den Kraftfahrzeugverkehr mit Fahrstreifenbegrenzung (Zeichen 295) markiert werden. Dies kommt jedoch nur dann in Betracht, wenn zum Einordnen

1. an Kreuzungen und Einmündungen von gekennzeichneten Vorfahrtstraßen nur ein Fahrstreifen zu überqueren ist,

2. an Kreuzungen und Einmündungen mit Lichtzeichenanlage nicht mehr als zwei Fahrstreifen zu überqueren sind oder

3. Radfahrschleusen vorhanden sind.

6   IV. Bei aufgeweiteten Radaufstellstreifen wird das Einordnen zum Linksabbiegen in Fortsetzung einer Radverkehrsanlage dadurch ermöglicht, dass für den Kraftfahrzeugverkehr auf der Fahrbahn durch eine zusätzliche vorgelagerte Haltlinie (Zeichen 294) mit räumlichem und verkehrlichem Bezug zur Lichtzeichenanlage das Haltgebot angeordnet wird.

7   V Bei Radfahrschleusen wird das Einordnen zum Linksabbiegen in Fortsetzung einer Radverkehrsanlage dadurch ermöglicht, dass dem Hauptlichtzeichen in ausreichendem Abstand vorher ein weiteres Lichtzeichen vorgeschaltet wird.

Zu Absatz 3

8   I. Der Radverkehr fährt nicht mehr neben der Fahrbahn, wenn ein Radweg erheblich (ca. 5 m) von der Straße abgesetzt ist. Können Zweifel aufkommen oder ist der abgesetzte Radweg nicht eindeutig erkennbar, so ist die Vorfahrt durch Verkehrszeichen zu regeln.

9   II. Über Straßenbahnen neben der Fahrbahn vgl. Nummer VI zu Zeichen 201; Rn. 11 bis 13.

1 Aus der amtlichen Begründung

1.1 Für das Linksabbiegen entgegenkommender Fahrzeuge ist das tangentiale Abbiegen der Regelfall. Ist diese Abbiegeform ungeeignet, wird auch das Abbiegen nach der Vorbeifahrt zugelassen (Begr. 1992).

1.2 Klarstellung des Abbiegeverhaltens für den Radverkehr nach Abs. 2 (Begr. 2009).

2 Erläuterungen

2.1 Abbiegen

Die Abbiegeregelung des § 9 gilt nur für den **Fahrzeugverkehr**. Soweit Fußgänger Fahrzeuge auf der Fahrbahn schieben, müssen sie vor abbiegendem Gegenverkehr warten; Abbieger müssen aber Rücksicht nehmen. **Abbiegen** ist jede Richtungsänderung, bei der die bisher benutzte Fahrbahn verlassen und aus dem gleichgerichteten Verkehr herausgefahren wird, z. B. in eine andere Straße, einen Parkplatz oder ein Grundstück. Nicht erforderlich ist, dass der Straßenraum selbst verlassen wird; so liegt Abbiegen auch vor, wenn von der Fahrbahn in einen Parkstand, auf einen Mittel- oder Seitenstreifen oder auf eine nicht gewidmete Privatstraße übergewechselt wird. Auch das Abbiegen an Autobahnknotenpunkten oder unbefestigten Feld-/Wald- oder Sonderwegen wird von § 9 erfasst. Beim Abbiegen in eine Grundstückszufahrt gelten allerdings die strengeren Sorgfaltsanforderungen des § 9 Abs. 5 („jede" Gefährdung muss ausgeschlossen sein).

Im **Verhältnis** zur **Vorfahrt** kommt es beim Abbiegen nicht darauf an, woher das Fahrzeug kommt, sondern wohin es fährt (bei der Vorfahrt hingegen darauf, woher das Fahrzeug kommt, und nicht, wohin es fährt). Der Abbiegende muss zunächst die Vorfahrt beachten. Befindet er sich auf der Kreuzung, muss er seinen Verpflichtungen gegenüber dem Mit- und Gegenverkehr auch dann genügen, wenn der Gegenverkehr wegen eigener Beachtung der Vorfahrt nicht weiterfahren kann; d. h. der Abbiegende muss warten. Der Wartepflichtige darf nicht darauf vertrauen, dass der Vorfahrtberechtigte seine Absicht zum Abbiegen durch Blinken anzeigt (LG Halle NZV 2003, 34).

Auch weiträumige Knotenpunkte bilden eine Kreuzung, selbst wenn die zuführenden Fahrbahnen der Straßen durch Mittelstreifen getrennt sind. Nur wenn die Fahrbahnen räumlich so weit auseinander liegen, dass sie als selbstständige Straßen anzusehen sind, handelt es sich um zwei Kreuzungsbereiche („Doppelkreuzung"). Die zwischen den Fahrbahnen befindliche Fläche (Mittel- oder Grünstreifen) muss eine Breite von 30 m und mehr haben; nur dann gelten die Vorfahrt- und Abbiegeregeln für jede Kreuzung gesondert. Dagegen gilt an einer einheitlichen Kreuzung, die durch Mittelstreifen getrennte Richtungsfahrbahnen aufweist, grundsätzlich der Vorrang des Gegenverkehrs vor dem Abbiegenden. Im Verhältnis zur Vorfahrt ist der Fall zu unterscheiden, dass ein Linksabbieger von einer durch Z. 205 gekennzeichneten „untergeordneten" Straße in eine Vorfahrtstraße (Z. 306) abbiegt. Zum Gegenverkehr hat der Abbieger dann die Vorfahrtberechtigung, wenn er sich links in die Kreuzung so eingeordnet hat, dass er sich mit der gesamten Länge seines KFZ oder KFZ-Zuges, gedeckt durch die Breite des Mittelstreifens, auf der Vorfahrtstraße befindet (BGH VRS 18, 252; OLG Nürnberg VerkMitt 2009 Nr. 41; BayObLG VkBl. 1963, 218; OLG Düsseldorf VRS 55, 376). In diesem Fall soll sich die Vorrangverpflichtung aus § 9 Abs. 3 Satz 1 in eine Vorfahrtberechtigung „umdrehen". Diese von der Rechtsprechung im Interesse der Flüssigkeit des Verkehrs entwickelte Lösung kommt nur auf weiträumigen Kreuzungen mit solchen Mittelstreifen zum Tragen, die wegen ihrer Breite ein vollständiges Einordnen der KFZ auf der Vorfahrtstraße zulassen. Ist der Mittelstreifen schmaler oder wird nach § 9 Abs. 4 Satz 2 voreinander abgebogen und ist deshalb ein vollständiges Einordnen auf der Vorfahrtstraße nicht möglich, bleibt es bei der Vorrangverpflichtung des Abbiegenden zum Gegenverkehr. Wenn aber die Abbiege- oder Vorfahrtregeln weitgehend von der Ausgestaltung der Kreuzung, der Länge der KFZ, der Breite der Mittelstreifen oder der Abbiegeart (tangential oder im weiten Bogen) abhängen sollen, bleibt die Anwendbarkeit der sich aus den örtlichen Verkehrsverhältnissen ergebenden „Vorrangberechtigung" in der täglichen Praxis problematisch. Die **Vorfahrt** sollte stets **eindeutig** sein, **nicht** zu **Zweifeln** Anlass geben und auch nicht von der subjektiven Einschätzung abhängen. Daraus folgt zunächst, dass die Verkehrsbehörden solche Kreuzungen weitgehend so abzusichern haben, dass keine Zweifel auftreten können. Außerdem ist bei der Auslegung von Rechtsnormen der Grundsatz zu beachten, dass die Sicherheit der Flüssigkeit des Verkehrs vorgeht; eine solche „Umdrehung" der Vorrangverpflichtung in eine „Vorfahrtberechtigung" ist deshalb abzulehnen.

2.2 Fahrtrichtungsanzeige

Die Anzeigepflicht beim Abbiegen mit Fahrtrichtungsanzeiger[1] soll andere auf das Bevorstehen eines besonderen Fahrmanövers hinweisen. Die Pflicht richtet sich an alle im fließenden Verkehr abbiegenden Fahrzeuge. Die Anzeigepflicht folgt aus dem abstrakten Gefährdungsverbot und besteht unabhängig davon, ob jemand durch die Verletzung der Pflicht möglicherweise gefährdet wird. Die Fahrtrichtungsanzeige ist deshalb (als eingeschliffene Verhaltensweise) selbst dann zu geben, wenn kein Verkehr herrscht, somit niemand da ist, dem etwas anzuzeigen ist.

Rechtzeitig ist die **Fahrtrichtungsanzeige**, wenn sich andere auf die Richtungsänderung unter Berücksichtigung der gefahrenen Geschwindigkeit auf das Abbiegen in Ruhe einstellen können; die verbleibende Zeitspanne vom Anzeige- bis zum Abbiegebeginn ist wichtiger als die noch bestehende Entfernung zum Abbiegepunkt (BGH VRS 24, 15; KG VerkMitt 2008 Nr. 36 = VRS 113, 119; KG NZV 2005, 413). Der Nachfolgende darf darauf vertrauen, dass ein Abbieger seine Absicht rechtzeitig ankündigen wird. Wer zwei Mal in kurzem Zeitabstand abbiegt, muss dies durch die Fahrtrichtungsanzeige erkennen lassen; d. h. kein ununterbrochenes Blinken (KG VRS 31, 381; KG VerkMitt 1979 Nr. 35). Je weniger sinnfällig das Abbiegeziel ist, umso sorgfältiger muss der Abbiegende sein. Wer dem Verlauf der abknickenden Vorfahrtstraße folgt, nimmt keine „Richtungsänderung" vor, dennoch ist die Anzeige der Fahrtrichtung erforderlich (§ 42 Abs. 2 zu Z. 306). Wer die abknickende Vorfahrtstraße geradlinig verlässt, darf nicht blinken, obwohl er im Rechtssinn „abbiegt".

Die Fahrtrichtung ist „**richtig**" anzuzeigen. Wer nach rechts blinkt und dennoch geradeaus fährt, haftet für die Unfallfolgen (LG Rostock DAR 2001, 227). Andererseits darf auf die Änderung der Fahrtrichtung trotz Blinkens erst dann vertraut werden, wenn durch Tempoverminderung und Beginn des Abbiegens feststeht, dass eine Kollision ausgeschlossen ist (OLG Hamm VRS 105, 180). Die Fahrtrichtung ist so lange anzuzeigen, bis der Abbiegevorgang beendet, somit die bisher befahrene Straße nicht bloß

---

1 Fahrtrichtungsanzeiger sind die in § 54 StVZO vorgeschriebenen optisch wirkenden Blinkleuchten. Fahrzeuge ohne Fahrtrichtungsanzeiger (Radfahrer, Pferdekutschen) haben die Zeichen in anderer Weise zu geben (Handzeichen, Kellen o. ä.). Das gilt auch beim Abschleppen, wenn auf das eingeschaltete Warnblinklicht nach § 15a Abs. 3 wegen des starken Verkehrs nicht verzichtet werden kann.

verlassen, sondern der neue Verkehrsraum erreicht ist. Damit sollen Zweifel vermieden werden, ob das Abbiegemanöver aufgegeben worden ist. Notfalls ist bei automatischer Rückstellung der Fahrtrichtungsanzeiger nochmals zu betätigen.

2.3 Einordnen und Rückschaupflicht

Das Einordnen ist nur zulässig, wenn auch abgebogen werden darf und das Abbiegen nicht durch Abbiegeverbote nach Z. 209 bis 214, Z. 267 oder Fahrbahnmarkierungen nach Z. 295, Z. 297 unterbunden ist. Gleiches gilt, wenn die Straße, in die abgebogen wird, durch entgegenkommende oder parkende KFZ blockiert ist. Das Einordnungsgebot soll den Verkehr flüssig halten. Deshalb muss derjenige, der sich falsch eingeordnet hat, in die angezeigte Richtung weiterfahren. Auch das Einordnen muss (wie das vorherige Ankündigen) so rechtzeitig erfolgen, dass sich der rückwärtige Verkehr darauf einstellen kann; kommt es zu einer Kollision mit einem Linksüberholer, spricht der Beweis des ersten Anscheins gegen den Linksabbiegenden (KG VRS 108, 410). Bei starkem mehrstreifigen Verkehr innerorts muss deshalb bereits weit vorher der für das Abbiegen erforderliche Fahrstreifen gewählt werden („vorausschauendes Fahren"). Beim Fahrstreifenwechsel ist das Gefährdungsverbot des § 7 Abs. 5 zu beachten.

Wer **rechts** abbiegen will, muss schon beim Warten vor einer Ampel durch Rückschau prüfen, ob sich rechts neben der Fahrbahn Radfahrer nähern (OLG Celle NZV 1990, 481; OLG Düsseldorf VerkMitt 1975 Nr. 111; BayObLG VRS 74, 134; OLG Hamm VRS 73, 280). Wer nach **links** abbiegen will, unterliegt der „**doppelten Rückschaupflicht**"; er muss sich vor dem Einordnen und nochmals vor dem Abbiegen vergewissern, ob ein schnelleres Fahrzeug zum Überholen nach links ausscheren wird (BayObLG VerkMitt 1975 Nr. 55 = DAR 1975, 192 = VRS 49, 64). Korrektes Einordnen und Fahrtrichtungsanzeige ersetzen nicht die nochmalige Umsicht (KG VRS 115, 21 = NZV 2009, 39); der Einordnende muss andere passieren lassen, die mit dem Überholen begonnen haben oder beim Verzicht auf das Überholen scharf bremsen müssten (LG Halle/Saale mit Anm. Balke SVR 2007, 384; OLG Karlsruhe VRS 47, 105). Die Pflicht, nochmals vor dem Abbiegen auf den nachfolgenden Verkehr zu achten (OLG Köln VRS 89), gilt auch beim Abbiegen in ein Grundstück (OLG Düsseldorf VRS 95, 180). Je nach Fahrweise und Verkehrslage kann es ausreichen, wenn sich der Abbiegende schon eine gewisse, wenn auch nicht lange Strecke (z. B. 10 m) vor dem Abbiegemanöver letztmalig nach hinten orientiert hat (OLG Düsseldorf VerkMitt 1975 Nr. 8). Von der Rückschaupflicht unmittelbar vor dem Abbiegen ist der Linksabbieger nur befreit, wenn ein Überholen faktisch nicht mehr möglich ist, z. B. an Mittelstreifen (OLG Stuttgart VerkMitt 1972 Nr. 91 = VRS 44, 149) oder bei Überholverboten (KG VerkMitt 1977 Nr. 70; OLG Düsseldorf DAR 1980, 157; a. A. BayObLG VRS 47, 462).

2.4 Paarweises Abbiegen

Abbiegende müssen sich „möglichst weit" rechts oder links einordnen. Daraus folgt jedoch nicht, dass bei mehrstreifigen Fahrbahnen und starkem Abbiegeverkehr stets nur aus dem rechten oder linken Fahrstreifen abgebogen werden darf. Das Einordnungsgebot dient dem behinderungsfreien Verkehrsfluss der Geradeausfahrenden (OLG Hamm VRS 21, 290). Wird dieser nicht beeinträchtigt, ist paarweises Abbiegen zulässig, wenn es zur

§ 9 Abbiegen, Wenden und Rückwärtsfahren

Vorrang beim Rechtsabbiegen

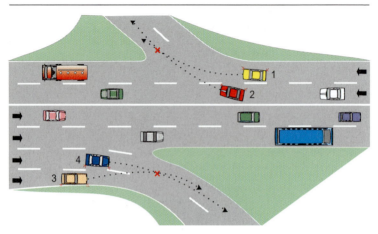

Wer nach rechts abbiegt, muss sich „möglichst weit rechts" einordnen (§ 9 Abs. 1 Satz 1). Aus dieser (strikten) Regel folgt der Vorrang von KFZ 1 gegenüber KFZ 2, das sich nicht rechts, sondern im 2. Fahrstreifen zum Rechtsabbiegen eingeordnet hat (obere Richtungsfahrbahn). KFZ 2 genießt auch keinen Vertrauensschutz, dass KFZ 1 im rechten Fahrstreifen verbleibt. Vielmehr obliegt KFZ 2 eine gesteigerte Sorgfaltspflicht, es muss KFZ 1 den Vortritt lassen, wenn KFZ 1 auf den linken Fahrstreifen der abgehenden Fahrbahn überwechselt (keine Anwendung des Gefährdungsausschlusses beim Fahrstreifenwechsel nach § 7 Abs. 5). Kommt es zum Unfall, muss KFZ 2 den gesamten Schaden tragen (KG VerkMitt 1991 Nr. 48). Das gilt selbst dann, wenn KFZ 1 die Fahrtrichtung zwar rechts anzeigt, dann aber geradeaus weiterfährt (KG VerkMitt 1986 Nr. 82 = VRS 69, 305: kein Vertrauensschutz).

Sind hingegen die Fahrstreifen zur abgehenden Fahrbahn hin als „Abbiegespuren" markiert (untere Richtungsfahrbahn) oder befinden sich Rechtsabbiegepfeile vor der Einmündung, darf sich der aus dem 2. Fahrstreifen Abbiegende (KFZ 4) darauf verlassen, dass der aus dem rechten Fahrstreifen Herankommende seine Fahrtrichtung beibehält (KFZ 3). Wechselt KFZ 3 dennoch über, gilt zu seinen Lasten der Gefährdungsausschluss beim Fahrstreifenwechsel (BGH NZV 2007, 185). Für einen unfallbedingten Schaden wäre KFZ 3 verantwortlich.

Ausnutzung des Verkehrsraums zweckmäßig ist und die örtlichen Verhältnisse oder die Verkehrslage es zulassen (KG VerkMitt 2005 Nr. 17; NZV 2005, 91 = VRS 107, 421; BayObLG VRS 60, 391; KG VRS 77, 237 = NZV 1989, 363). Allerdings darf dabei der auf dem jeweils rechten oder linken Fahrstreifen Abbiegende nicht gefährdet werden (BayObLG VerkMitt 1975 Nr. 21). Außerdem hat der aus dem rechten Fahrstreifen Abbiegende wegen des Einordnungsgebots Vorrang vor dem aus dem zweiten Fahrstreifen Abbiegenden, selbst wenn er im Einmündungsbereich in den linken bzw. rechten Fahrstreifen der abgehenden Straße überwechselt (KG VerkMitt 1991 Nr. 48). Befinden sich Rechtsabbiegepfeile im rechten und mittleren Fahrstreifen vor der Einmündung, besteht für beide paarweise Abbiegende die Pflicht zur Spurhaltung; der aus dem rechten Fahrstreifen Abbiegende muss einen engen, der vom mittleren Fahrstreifen Abbiegende einen weiten Bogen fahren. Weder im Einmündungsbereich noch in der abgehenden Straße darf die Spur gewechselt werden, wenn es dabei zu Gefährdungen kommt. Das Gefährdungsverbot beim Spurwechsel folgt im Einmündungsbereich aus § 1 Abs. 2, in der abgehenden Straße aus § 7 Abs. 5 (BGH NZV 2007, 183 = VRS 112, 197 = DAR 2007 329 = SVR 2007, 221; OLG Hamm VRS 108, 253 = DAR 2005, 285).

2.5 Art des Abbiegens

2.5.1 Linksabbiegen

Beim **Abbiegen nach links** ist das Fahrzeug bis zur Mitte, auf Richtungsfahrbahnen und Einbahnstraßen möglichst weit links einzuordnen. Der Fahrer hat rechts der Linie zu bleiben, die zum Schnittpunkt der Mittellinien der beiden Fahrbahnen führt; dies gilt auch bei einer trichterförmig erweiterten Straßeneinmündung (BayObLG VerkMitt 1981 Nr. 2 = DAR 1981, 21; BayObLG VerkMitt 1977 Nr. 2 = VRS 51, 373). Im Verhältnis zum ebenfalls links abbiegenden Gegenverkehr ist grundsätzlich **tangential** (voreinander) abzubiegen. Diese Abbiegeart hat sich bei großräumigen Kreuzungen mit mehreren Fahrstreifen zur Verbesserung des Verkehrsflusses als geeignet erwiesen. Oft wird das tangentiale Abbiegen durch Markierungen nach Z. 340 oder gelegentlich durch (nicht amtliche) Hinweisschilder vorgegeben. Nachteil des tangentialen Abbiegens ist die verminderte Sicht auf den geradeaus durchfahrenden Gegenverkehr. Bei engen Kreuzungen oder solchen mit Mittelinseln ist deshalb auch das Abbiegen im weiten Bogen gestattet. Der Mittelstreifen muss dann aber mindestens so breit sein, wie das KFZ lang ist (damit es vom Gegenverkehr abgeschirmt ist). Beim Abbiegen im weiten Bogen ist im Allgemeinen eine Verständigung mit dem ebenfalls links abbiegenden Gegenverkehr erforderlich (z. B. durch Ansetzen zum weiten Bogen). Ein Dissens bei der Verständigung geht zu Lasten des im weiten Bogen Abbiegenden. Beim tangentialen Abbiegen ist **Vorsicht** geboten, weil das Abbiegen im weiten Bogen als eingeschliffene Verhaltensweise noch einige Zeit erhalten bleiben wird. Der tangential Abbiegende darf darauf aber nicht vertrauen; er muss das Verhalten des links abbiegenden Gegenverkehrs sorgfältig beobachten und im Zweifel erst dann abbiegen, wenn der Gegenverkehr selbst abgebogen ist.

Nicht jeder Abbiegevorgang kann in der durch § 9 Abs. 1 und 4 beschriebenen Weise durchgeführt werden. Vor allem beim Einfahren von LKW in Grundstückszufahrten oder in enge Nebenstraßen ist das Abbiegen oft nur mit atypisch weitem Bogen oder durch Rangieren möglich. Bei links abbiegenden langen Sattelzügen kann der Auflieger nach rechts ausschwenken und dadurch vorbeifahrenden Mitverkehr gefährden.[2] Das Abbiegen wird dadurch nicht unzulässig, jedoch sind die Sorgfaltsanforderungen gegenüber dem Normalfall erheblich gesteigert. Auch beim atypischen Abbiegevorgang muss jede Gefährdung des bevorrechtigten Verkehrs ausgeschlossen und eine Behinderung so weit herabgesetzt sein, dass entsprechend reagiert werden kann. Hieraus folgt die Notwendigkeit, sich notfalls durch Hilfspersonen einweisen zu lassen.

2.5.2 Rechtsabbiegen

Beim Abbiegen nach rechts gilt das Einordnungsgebot „möglichst weit rechts". Daraus folgt ein möglichst enger Bogen, weil nach § 2 Abs. 1 in der Abbiegerichtung wieder rechts gefahren werden muss. Im weiten Bogen ist rechts abzubiegen, wenn die Fahrzeugart (Schleppkurve eines LKW) oder die Verkehrsverhältnisse (parkende KFZ in der Abbiegerichtung) es

---

[2] Befindet sich der nach links abbiegende Sattelzug bereits in einer ampelgeregelten Kreuzung, darf er bei Gefahr des Rechtsausschwenkens des Aufliegers erst anfahren, wenn der Mitverkehr durch Rot angehalten wird (KG VerkMitt 2004 Nr. 58 = VRS 107, 11).

erfordern. Der Rechtsabbiegende hat **Vorrang** vor dem Linksabbiegenden (BayObLG VRS 28, 230). Der Busfahrer muss das Rechtsabbiegen im Kreuzungsbereich abbrechen, wenn ein links daneben in derselben Richtung abbiegendes KFZ gefährdet wird, das nicht ausweichen kann (KG VerkMitt 1991 Nr. 81). Beim Rechtseinbiegen in eine Straße mit Radweg ist mit Radfahrern zu rechnen, die den Radweg in falscher Richtung benutzen (OLG Hamm NZV 1992, 364). Kann ein Nutzfahrzeug wegen des toten Winkels im Rückspiegel den Rad- oder Fußgängerverkehr nicht voll einsehen, muss es sich besonders vorsichtig in die Einmündung hineintasten.[3]

2.6 Vorrang des Gegenverkehrs

Der bevorrechtigte Gegenverkehr darf weder beim Rechts- noch beim Linksabbiegen gefährdet werden; der Abbiegende muss somit warten. Dabei ist es gleich, ob der Geradeausverkehr auf der Fahrbahn, Sonderwegen (Radweg) oder Sonderfahrstreifen fährt. Die Wartepflicht zum Gegenverkehr besteht dann, wenn sich beide Fahrlinien kreuzen oder der Gegenverkehr so nah herangekommen ist, dass er durch das Abbiegen gefährdet oder an der zügigen Weiterfahrt wesentlich behindert werden könnte. Sie entfällt nur dann, wenn der Linksabbieger mit Sicherheit damit rechnen kann, dass er die Fahrbahn vor dem Entgegenkommenden schon verlassen hat.[4] Der Vorrang bezieht sich nicht auf Straßenteile, die für den Fahrzeugverkehr gesperrt sind oder von ihm nicht benutzt werden dürfen, z. B. Radfahrer auf einem Gehweg, nicht aber ein 8-jähriges Rad fahrendes Kind bei zulässiger Benutzung des Gehwegs (OLG Frankfurt NZV 1999, 138). Der Gegenverkehr darf grundsätzlich darauf vertrauen, dass sein Vorrang beachtet wird, auch bei schlechten Sichtverhältnissen (BGH VerkMitt 2005 Nr. 55) oder wenn er sich selbst verkehrswidrig verhält, z. B. bei Gelb oder frühem Rot in die Kreuzung einfährt (OLG Hamm NZV 2001, 520 = DAR 2002, 126: „Blutorange"), mit überhöhtem Tempo fährt (KG VRS 113, 28; OLG Zweibrücken DAR 2000, 312; BGH DAR 1984, 220; OLG Hamm NZV 2002, 367; KG VRS 100, 279: bei extrem überhöhter Geschwindigkeit haftet er aber zu 2/3 für die Unfallfolgen) oder unzulässig eine Busspur benutzt (KG VRS 114, 8). Im Interesse einer möglichst raschen Räumung der Kreuzung muss der Gegenverkehr unwesentliche Behinderungen hinnehmen, z. B. wenn er zu Reaktionen veranlasst wird, die er ohne Gefahr für sich und andere ausführen kann, wie Gas wegnehmen oder leichtes Ausweichen. Weiterhin muss der Gegenverkehr auf schwierige Abbiegevorgänge Rücksicht nehmen, z. B. an engen oder unübersichtlichen Bereichen, an Baustellen, bei Großraum- oder Schwertransporten, bei Rangiermanövern von LKW, bei Stau vor einer Kreuzung, Einmündungen mit Lücken für Abbiegende oder als Linksabbieger in eine Grundstückszufahrt gegenüber dem Rechtsüberholer einer Kolonne (KG VerkMitt 2001 Nr. 81 = DAR 2001, 399; KG NZV 2007, 524: „Lückenrechtsprechung"), nicht aber an signalisierten Knotenpunkten mit freiem Fahrstreifen neben stehender Kolonne (KG NZV 2003, 378) oder als Rechtsabbieger von einer untergeordneten Straße (KG NZV

---

[3] Der bei vielen LKW noch vorhandene tote Winkel wird durch die Umsetzung der EU-Richtlinie 2003/97/EG über die Typgenehmigung von Einrichtungen für indirekte Sicht und Umrüstung der Rückspiegelsysteme von Nutzfahrzeugen weitgehend beseitigt.

[4] Das gilt nicht, wenn dies nur mit extremer Beschleunigung dergestalt möglich ist, dass nur ein leichter „Gummigeruch" zurückbleibt.

2003, 575). Solche Verkehrsverhältnisse können aber einen Verzicht auf den Vorrang nach § 11 Abs. 3 begründen.

Wer an einer unübersichtlichen Stelle nach links abbiegen will, muss sich vorsichtig in die Gegenfahrbahn hineintasten (BGH NZV 2005, 249 = VRS 108, 241 = DAR 2005, 260; OLG Celle NZV 1994, 193; BGH VersR 1958, 220), vor allem bei Ausnutzung der Lücke einer stehenden Kolonne (OLG Düsseldorf DAR 1980, 117 = VersR 1980, 634 = MDR 1980, 405; BayObLG VRS 60, 133). Wer unberechtigt eine Busspur befährt, verliert den Vorrang nach § 9 Abs. 3 auch vor dem begegnenden Linksverkehr (KG VerkMitt 1991 Nr. 23; a. A. OLG Stuttgart DAR 1995, 32). Ebenso gilt der Vorrang nicht gegenüber einem Rad fahrenden Kind oder einem Mofa, das im Gegenverkehr (unzulässig) vom Gehweg auf die Fahrbahn fährt (KG VerkMitt 1990 Nr. 44). Ein Linksabbieger muss in einer signalgeregelten Kreuzung ohne besondere Linksabbiegespur unabhängig von den Farbzeichen der Ampel entgegenkommende Fahrzeuge durchfahren lassen (OLG Düsseldorf VersR 1980, 1029 = VRS 59, 408). Dabei ist damit zu rechnen, dass der Gegenverkehr während der Gelbphase oder bei Beginn der Rotphase noch durchfährt (OLG Hamm VersR 1980, 722). Abbiegen darf man erst, wenn man sicher ist, dass kein Fahrzeug im Gegenverkehr die Fahrlinie mehr kreuzen kann (OLG Köln VersR 1992, 1016). Kommt es zum Unfall, spricht der Beweis des ersten Anscheins für ein Fehlverhalten des Abbiegenden (BGH VRS 112, 445 = NZV 2007, 294; BGH NZV 2005, 249; KG VerkMitt 1998 Nr. 43).

2.7 Pflichten gegenüber nachfolgendem Verkehr

Eine allgemeine Pflicht des Abbiegenden, den nachfolgenden Verkehr erst vorbeifahren zu lassen, besteht nicht (BGH VRS 27, 268). Der nachfolgende Verkehr muss deshalb so lange warten, bis der Abbiegevorgang beendet ist. Demgegenüber besteht die Pflicht, vor dem Einordnen auf den nachfolgenden Verkehr zu achten (§ 9 Abs. 1 Satz 3 und 4), vor allem auf Straßenbahnen, überholende Fahrzeuge (KG VRS 110, 8: der Linksabbieger haftet bei einer Kollision mit einem Überholer allein; OLG Nürnberg VRS 104, 177) oder auf den Seitenabstand beim Ausschwenken von Anhängern oder Ladungsbrücken (KG NZV 2005, 419 und 420: selbst bei rückwärtigen Warnschildern). Im Übrigen gilt der Vorrang des § 9 Abs. 3 für Schienenfahrzeuge, Busspuren und Radfahrer. Vor allem beim Rechtsabbiegen muss sich der Kraftfahrer durch den „Schulterblick" davon überzeugen, dass kein Radfahrer (auch auf Radwegen) in gleicher Richtung weiterfährt. Wer auf einer mit Z. 245 ausgewiesenen Busspur unzulässig fährt, hat keinen Vorrang vor dem Rechtsabbieger (KG VerkMitt 2000 Nr. 87). Kann ein LKW-Fahrer trotz Rückspiegel (infolge der „toten Winkel") den rückwärtigen Radfahrverkehr nicht ausreichend beobachten, darf er sich höchstens mit Schrittgeschwindigkeit (ggf. zentimeterweise) nach rechts hineintasten.

2.8 Vorrang der Fußgänger

Beim Einbiegen in eine andere Straße ist auf Fußgänger besondere Rücksicht zu nehmen (§ 7 Abs. 3). Diese Verpflichtung besteht nicht erst dann, wenn Fußgänger sichtbar sind, sondern wenn mit ihnen gerechnet werden muss (KG NZV 2005, 94), sie teilweise verdeckt sind (OLG München DAR 2006, 394) oder sie die Straße einige Meter neben der Einmündung überqueren (KG VerkMitt 1975 Nr. 2). Weichen Fußgänger vor einem unzulässig bedrängenden Abbieger zurück, verzichten sie nicht auf ihren Vorrang.

2.9 Sonderfälle des Abbiegens

2.9.1 Abknickende Vorfahrt

Bei der abknickenden Vorfahrt wird zwar die Fahrtrichtung geändert, jedoch nicht i. S. d. § 9 abgebogen; trotzdem ist die Änderung der Fahrtrichtung wegen der Sonderregelung nach Anl. 3 lfd. Nr. 2.1 anzuzeigen. Außerdem ist das Einordnen zur Mitte der Fahrbahn wegen des Rechtsfahrgebots unzulässig (BayObLG VRS 42, 301). Für alle anderen Verkehrsvorgänge im Bereich abknickender Vorfahrt gilt § 9 uneingeschränkt, sofern sie mit einer Fahrtrichtungsänderung an den einmündenden Straßen verbunden sind (s. a. Erl. zu Z. 306 in § 42 nebst Skizze „Abknickende Vorfahrt"). Wer eine nach links abknickende Vorfahrtstraße geradeaus fahrend verlässt, „biegt" nach rechts ab und muss die Fahrzeuge durchfahren lassen, die dem Verlauf der Vorfahrtstraße folgen (BayObLG VerkMitt 1986 Nr. 79 = VRS 70, 377); da er aber seine natürliche Fahrtrichtung nicht ändert, darf nicht rechts geblinkt werden. Etwas anderes gilt bei Straßengabelungen mit abknickender Vorfahrt: Wird hier die Fahrtrichtung geändert, ist sie anzuzeigen. Wer die nach rechts abknickende Vorfahrtstraße geradeaus verlässt, biegt nach links ab (OLG Hamm VRS 51, 73).

Fußgänger, die eine Kreuzung mit abknickender Vorfahrt überqueren, sind gegenüber Fahrzeugen, die dem Verlauf der Vorfahrtstraße folgen, nicht nach § 9 Abs. 3 Satz 3, wohl aber nach Anl. 3 lfd. Nr. 2.1 – Zusatzzeichen zum Z. 306 bevorrechtigt (im Interesse der Fußgängersicherheit sollen die Straßenverkehrsbehörden die Überquerung von Kreuzungen mit abknickender Vorfahrt durch Geländer u. ä. absichern).

Abbiegen an abknickender Vorfahrt mit platzartigen Einmündungen

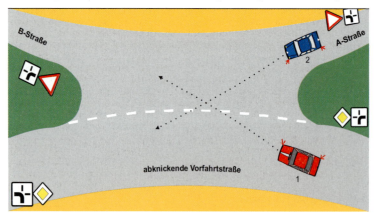

Die durch eine trichterförmige Erweiterung entstehende platzartige Fläche bildet mit der Vorfahrtstraße eine Einheit, so dass sich die Vorfahrtberechtigung auch auf diesen Bereich erstreckt. Der von der nachgeordneten Straße auf die platzartige Fläche einfahrende Verkehr (KFZ 2) muss deshalb die Vorfahrt des von der abknickenden Vorfahrtstraße abbiegenden Verkehrs (KFZ 1) beachten. Das gilt selbst dann, wenn der Verlauf der Vorfahrtstraße durch eine seitliche bogenförmige Markierung („Würfelkette") gekennzeichnet ist. Wegen des atypischen Straßenverlaufs muss der nach rechts („geradeaus" zur B-Straße) abbiegende Verkehr (KFZ 1) besonders vorsichtig fahren und darf nicht darauf vertrauen, dass der nach links abbiegende Verkehr (KFZ 2) die Vorfahrt beachtet (OLG Hamm NZV 1997, 180).

2.9.2 Straßengabel

Teilt sich die bisher befahrene Straße in eine Straßengabel, biegt ab, wer seine Fahrbahn verlassen muss, um in die gewünschte Richtung zu gelangen. Dabei ist gleichgültig, ob einer der beiden Schenkel der Gabel bevorrechtigt oder nach seiner Bauart als Fortsetzung der bisherigen Straße anzusehen ist.[5] Beim Einfahren in eine der beiden Straßen ist die Fahrtrichtungsänderung anzuzeigen (OLG Oldenburg DAR 1954, 117). Für beide Straßen gelten die Vorfahrtregeln (BGH VRS 27, 74).

2.9.3 Kreisverkehr

Bei der Einfahrt in den Kreis (mit Ein-Richtungsverkehr) wird zwar der gleichgerichtete Verkehr nicht verlassen, weil eine andere Fahrtrichtung meist nicht möglich ist. Dennoch wird die Fahrtrichtung geändert, weil der natürliche Verlauf der Straße regelmäßig am Kreis endet. Infolgedessen wird dort mit den Pflichten gegenüber dem nachfolgenden und dem Gegenverkehr abgebogen.[6] Infolgedessen haben dort auch querende Fußgänger Vorrang (AG Kempten DAR 2008, 271). Ebenfalls wird abgebogen, wenn der Kreis nach rechts verlassen wird. Hier gilt das Einordnungsgebot gleichermaßen (§ 9 Abs. 1 und 3). Auch wenn der Kreis in beiden Richtungen befahrbar ist (selten), wird bei der Einfahrt und beim Verlassen abgebogen (s. a. Erl. 2.8.3 zu § 8).

2.9.4 Richtungspfeile auf der Straße

Pfeile ohne Fahrstreifenmarkierungen (Z. 295 oder 340) haben zwar nur Empfehlungscharakter. Der Fahrtrichtung auf der folgenden Kreuzung/Einmündung muss jedoch dann gefolgt werden, wenn infolge des falschen Einordnens die Geradeausfahrt oder das Abbiegen nicht ohne Behinderung oder Gefährdung des nachfolgenden Verkehrs möglich ist. Befinden sich jedoch Pfeile zwischen Fahrstreifenmarkierungen, muss der Pfeilrichtung auf der folgenden Kreuzung/Einmündung gefolgt werden. Das gilt auch auf Fahrbahnen mit mehreren Fahrstreifen, von denen nur zwei mit Pfeilen markiert sind. Die StVO spricht in Anl. 2 lfd. Nr. 70 – Z. 297 zwar von „Pfeilen", gemeint ist jedoch im Einklang mit dem WÜ,[7] dass der Fahrtrichtung gefolgt werden muss, wenn sich auch nur ein Pfeil zwischen den Fahrstreifenmarkierungen befindet. Wird der Pfeilrichtung in diesem Fall nicht gefolgt, besteht kein Vertrauensschutz gegenüber anderen Fahrzeugen, die von einem Abbiegen ausgehen (s. a. Erl. zu Z. 297 in § 41).

Soweit keine Behinderung oder Gefährdung des nachfolgenden Verkehrs zu erwarten ist, darf der innerhalb des Pfeilbereichs falsch eingeordnete Kraftfahrer den Fahrstreifen noch wechseln, wenn sich zwischen den Pfeilen Leitlinien (Z. 340) befinden. Sind zwischen den Pfeilen durchgehende Linien (Z. 295) markiert, darf das falsche Einordnen nicht mehr korrigiert werden. Der Kraftfahrer muss dann der Pfeilrichtung folgen (OLG Bremen VerkMitt 1993 Nr. 60; OLG Düsseldorf VRS 89, 138).

---

5 Folge aus § 9, weil nicht mehr Voraussetzung ist, dass in eine andere Straße abgebogen werden muss; so früher noch KG VerkMitt 1957 Nr. 23.
6 KG ACE-Der Verkehrsjurist 2008, 10; für den lichtzeichengeregelten Kreisverkehr mit Grünpfeilschild Strausberger Platz in Berlin a. A. KG NZV 1994, S. 159.
7 Nach Art. 28 Abs. 1 Satz 3 WÜ „müssen Führer der Fahrtrichtung folgen, wenn sie sich auf einer durch Längsmarkierung in Fahrstreifen aufgeteilten Fahrbahn befinden, auf der ein Pfeil aufgetragen ist".

2.9.5 Straßenbahngleise und Busspuren

Beim Linksabbiegen ist das Einordnen auf Gleisen nur zulässig, wenn kein Schienenfahrzeug behindert wird, somit eine Straßenbahn nicht alsbald herankommen kann (BGH VerkMitt 1976 Nr. 117 = VRS 51, 337 = DAR, 1976, 271 = VersR 1976, 932; KG NZV 2005, 416; OLG Hamm VRS 61, 353). Gemeint ist hier eine konkrete Behinderung, d. h. bei Verstößen ist die Behinderung aus § 1 Abs. 2 subsidiär. Eine Straßenbahn wird bereits dann behindert, wenn sie ihre Fahrt verringern muss (KG SVR 2004, 427; KG VRS 106, 356). Für Rechtsabbieger enthält § 9 kein dem Abs. 1 Satz 3 entsprechendes Verbot, sich auf rechts verlegten Gleisen einzuordnen. Das Verbot, Schienenbahnen zu behindern, folgt jedoch aus § 9 Abs. 3. Danach sind Schienenfahrzeuge durchfahren zu lassen (der Vorrang der Schienenbahn aus § 2 Abs. 3 in der Längsrichtung gilt nur für den Verkehr geradeaus). Entsprechendes gilt für die auf Sonderfahrstreifen zugelassenen Fahrzeuge, die sich in gleicher Richtung fortbewegen (Linienbusse, Taxen, Radfahrer, Krankenwagen).

2.9.6 Abbiegen in ein Grundstück

Beim Links- oder Rechtsabbiegen in ein Grundstück (§ 9 Abs. 5) muss sich der Fahrer so rechtzeitig einordnen, dass sich der nachfolgende Verkehr gefahrlos darauf einstellen kann; notfalls muss er warten, bis alle Nachfolgenden vorbeigefahren sind, auch Radwegebenutzer (OLG Köln VRS 99, 39; OLG Düsseldorf VersR 1983, 40; KG VRS 89, 260). Grundstücke i. S. d. § 9 Abs. 5 sind alle nicht dem fließenden Verkehr dienenden Flächen, auch Parkplätze (KG VerkMitt 1974 Nr. 47; OLG Celle DAR 1973, 306) oder Tankstellenflächen, nicht aber Feld- und Waldwege (OLG Nürnberg DAR 2001, 170). Beim Abbiegen in ein Grundstück gelten die allgemeinen Abbiegeregeln (Richtungsanzeige, Einordnen, doppelte Rückschau), daneben aber auch die Pflicht, dem fließenden Verkehr Vortritt zu lassen und – wie beim Wenden und Rückwärtsfahren – äußerste Sorgfalt gegenüber allen Verkehrsteilnehmern anzuwenden, auch gegenüber verkehrswidrig handelnden Fahrzeugen (KG DAR 2002, 557 = VRS 103, 403; KG DAR 2002, 558 = NZV 2002, 567 = VRS 103, 350; OLG München DAR 2005, 287 = NZV 2005, 249: Beachtung auch der Anfahrenden; KG VRS 114, 409: bei einer Kollision aber Haftung 50:50). Wer von der Durchgangsfahrbahn über eine Beschleunigungsspur in eine Tankstelle fahren will, muss den Verkehr auf dem Einfädelungsstreifen vorbeilassen (OLG Braunschweig VerkMitt 1976 Nr. 53 = VRS 50, 386). Geschützt wird der Folge- und Gegenverkehr (OLG Düsseldorf VRS 76, 35), nicht Personen, die sich auf oder neben dem Grundstück befinden (OLG Düsseldorf VerkMitt 1993 Nr. 37). Der aus einem Grundstück Ausfahrende ist gegenüber dem Einfahrenden „Abbieger", nicht „Gegenverkehr" (OLG Düsseldorf NZV 1991, 342). Lässt der aufgestaute Gegenverkehr vor einer Zufahrt eine Lücke, kann der Abbieger nicht darauf vertrauen, dass rechts vom Gegenverkehr niemand mehr überholt; insoweit gilt die „Lückenrechtsprechung" des KG nicht beim Abbiegen in Grundstückszufahrten (KG VerkMitt 2003 Nr. 36 = NZV 2003, 182= VRS 104, 349). Bei Unfällen spricht der Beweis des ersten Anscheins gegen den Abbiegenden (KG DAR 2007, 408; OLG Düsseldorf NZV 2006, 415).

2.9.7 Radwegeführung

Abbiegende Radfahrer müssen als Folge aus dem Rechtsfahrgebot des § 2 Abs. 2 an der rechten Seite der in gleicher Richtung abbiegenden KFZ

Abbiegen von Radfahrern

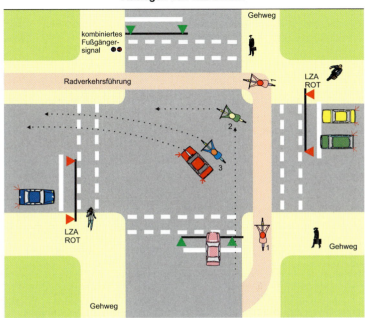

Sind an Knotenpunkten Radverkehrsführungen vorhanden (Radwege, Radfahrstreifen, Schutzstreifen, Leitmarkierungen) „müssen" Radfahrer der vorgegebenen Wegführung auch dann folgen, wenn keine Z. 237, 240 oder Z. 241 angeordnet sind (Radfahrer 1). Dabei haben sie sich an die Radfahrsignale des Fahrverkehrs zu halten. Sind keine vorhanden, müssen sie die mit dem Radfahrsymbol kombinierten Fußgängersignale beachten. Fehlt eine Radverkehrsführung, sollen Radfahrer möglichst rechtwinklig abbiegen (Radfahrer 2). Dabei haben sie den Verkehr aus beiden Richtungen zu beachten. Bei der Weiterfahrt können sie sich nach dem Grün der Lichtzeichenanlage richten. Diese Abbiegeart gilt als Empfehlung und sollte vor allem bei starkem Verkehr gewählt werden. Sind keine Radverkehrsführungen vorhanden, müssen sich Radfahrer (wenn sie nicht rechtwinklig abbiegen) rechts von abbiegenden KFZ halten (Radfahrer 3).

bleiben, sofern dort ausreichender Raum vorhanden ist (direktes Abbiegen). Fehlt der Raum, dürfen Radfahrer wie KFZ abbiegen und einen angemessenen Teil des Abbiege-Fahrstreifens nutzen.

Beim Linksabbiegen darf der Radfahrer auch rechtwinklig unter Ausnutzung der Kreuzungskanten abbiegen (indirektes Abbiegen). Er gehört dann nicht mehr zum Linksabbiegeverkehr und muss wie bei einer Fahrbahnquerung den Verkehr aus beiden Richtungen beachten. Absteigen muss er nur, wenn es die Verkehrslage erfordert.

Ist die Linienführung an Knotenpunkten durch Radverkehrsanlagen (Radfahrmarkierungen, Radwege, Radaufstellflächen) vorgegeben, müssen Radfahrer dieser Wegführung folgen, d. h. es besteht „Benutzungspflicht".
Bei **signalgeregelten Kreuzungen** müssen sich Radfahrer dann nach den mit Radfahrsymbolen kombinierten Lichtzeichen für Fußgänger richten, wenn die Radverkehrsführung neben einer Fußgängerfurt verläuft, andernfalls nach dem Hauptsignal für den Fahrverkehr (§ 37 Abs. 2 Nr. 6).

Verzicht beim Abbiegen

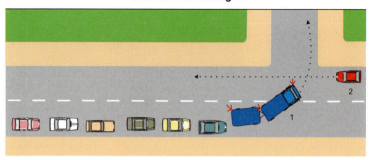

Der abbiegende Verkehr muss sich möglichst weit links einordnen. LKW 1 benötigt jedoch für das Abbiegen einen größeren Radius. Der verbleibende Raum reicht häufig nicht aus, damit der nachfolgende Verkehr den LKW rechts überholen kann. Die nachfolgenden KFZ haben keinen Vorrang vor dem Abbiegenden – sie müssen warten. Der LKW braucht seinen Abbiegevorgang nicht abzubrechen (aber gesteigerte Sorgfalt, sofern in ein „Grundstück" abgebogen wird – § 9 Abs. 5).

KFZ 2 hat als Gegenverkehr Vorrang vor LKW 1. Aus §§ 1 Abs. 1, 11 Abs.3 kann sich jedoch die Pflicht ergeben, auf den Vorrang zu verzichten. Ob sich die Rücksichtnahme aus § 1 Abs. 1 zu einer Verpflichtung nach § 11 Abs. 3 verdichtet, hängt davon ab, wie weit sich der LKW bereits in der Einmündung befindet und ob der Verzicht dem Gegenverkehr zumutbar ist. Nicht zumutbar wäre der Verzicht, wenn der Gegenverkehr nicht unbehindert abfließen kann und sich beim Warten aufstaut. Für KFZ 2 empfiehlt sich jedoch mangels rückwärtigen Verkehrs vor der Einmündung zu warten und den LKW durchfahren zu lassen, damit dort der Stau abgebaut wird. Andererseits hat der LKW 1 keinen Anspruch auf einen Verzicht. Er muss deshalb so lange warten, bis der Gegenverkehr ihn durchfahren lässt. Muss der LKW wegen starken Gegenverkehrs unvertretbar lange warten, kann sich für ihn aus dem Behinderungsverbot des § 1 Abs. 2 die Verpflichtung ergeben, auf das Abbiegen zu verzichten und durch Blockumfahrung von anderer Seite sein Ziel zu erreichen.

2.10 Verzicht auf Vorrang

Verzichtet ein Fahrer auf den Vorrang, muss dies unmissverständlich zum Ausdruck kommen. Auch dann muss der Linksabbieger die Fahrzeuge durchfahren lassen, die ihm noch außer dem Fahrzeug des verzichtenden Fahrers entgegenkommen (OLG Düsseldorf VerkMitt 1973 Nr. 85). Der Linksabbieger darf keinen Verzicht annehmen, wenn das entgegenkommende KFZ lediglich das Tempo herabsetzt oder (unzulässig) die Lichthupe betätigt (OLG Hamm DAR 2000, 163 = NZV 2000, 415).

2.11 Rückwärtsfahren

Rückwärtsfahren ist gewolltes Fahren im Rückwärtsgang entgegen der Fahrtrichtung des fließenden Verkehrs nach hinten; nicht Vorwärtsfahren in verbotener Richtung. Deshalb fällt unbeabsichtigtes Zurückrollen, Rangieren in einer Parklücke oder Zurücksetzen an einer Tankstelle unter das Gefährdungsverbot des § 1 Abs. 2, nicht des § 9 Abs. 5 (OLG Dresden VerkMitt 2007 Nr. 21 = NZV 2007, 152; OLG Jena VRS 108, 294 = NZV 2005, 432; OLG Stuttgart DAR 2004, 542 = NZV 2004, 420 = VRS 107, 131). Dabei bestimmen die Rechtspflichten des § 9 Abs. 5 das Maß der Sorgfalt nach § 1 Abs. 2 (OLG Düsseldorf VerkMitt 2000 Nr. 103 = NZV 2000, 303 = DAR 2000, 367 = VRS 99, 69; OLG Koblenz DAR 2000, 84). Rückwärtsfahren aus einer Parkbucht richtet sich hingegen nach § 10.

Beim Rückwärtsfahren ist jede Gefährdung anderer Verkehrsteilnehmer auszuschließen. Dabei darf nur der vom Fahrer aus sichtbare oder mindestens von einer Hilfsperson beobachtete Straßenteil befahren werden (OLG Oldenburg NZV 2001, 377). Das Fahrzeug ist möglichst nahe am rechten Fahrbahnrand mit sehr geringer Geschwindigkeit und in ständiger Bremsbereitschaft zurückzusetzen. Der von rückwärts nahende Verkehr ist sorgfältig zu beobachten; das gilt auch beim Rückwärtsfahren auf den Zufahrten öffentlicher Tiefgaragen (OLG Hamburg VerkMitt 2000 Nr. 52 = DAR 2000, 41). Der Fahrer muss sofort anhalten, wenn ein Fahrzeug in den Gefahrenbereich gerät (OLG Hamm DAR 1970, 103). Besondere Vorsicht ist beim Rückwärtsfahren in einer Straße geboten, in der mit spielenden Kindern (OLG Hamm VRS 42, 422), mit Fußgängern (OLG Hamm NZV 1998, 372) oder mit ausfahrenden KFZ zu rechnen ist (KG DAR 1996, 366). Der Fahrer muss die Hindernisfreiheit auch im Bereich des toten Winkels feststellen oder sich notfalls einweisen lassen (OLG Düsseldorf VerkMitt 1994 Nr. 82). Ist der tote Winkel nicht mit Gewissheit leer und steht kein Einweiser zur Verfügung, muss das Zurücksetzen unterbleiben (OLG Schleswig VerkMitt 1973 Nr. 73). Im Übrigen muss der Fahrer bei der Rückschau die Fahrbahn umso länger nach hinten beobachten, je größer der tote Winkel seines Rückspiegels ist (OLG Düsseldorf VerkMitt 1973 Nr. 107).

Aus dem Gefährdungsausschluss folgt, dass nur über kurze Strecken rückwärts gefahren werden darf; andernfalls ist zu wenden. Rückwärtsfahren entgegen der Fahrtrichtung in Einbahnstraßen ist unzulässig (Anl. 2 lfd. Nr. 9 – Z. 220), auch zu einer entfernteren Parklücke hin; Rückwärtseinparken ist jedoch erlaubt (OLG Karlsruhe VerkMitt 1978 Nr. 13 = VRS 54, 150 = DAR 1978, 171). Wer wegen einer Parklücke auf einer Vorfahrtstraße über eine längere Strecke rückwärts fährt, handelt grob verkehrswidrig und genießt auch keinen Vertrauensschutz gegenüber einem aus einem Grundstück Ausfahrenden (KG DAR 1996, 366).

Rückwärtsfahren

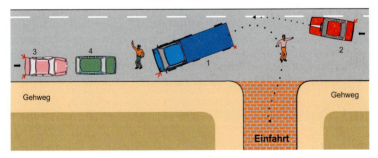

Atypische Fahrmanöver, wie Rückwärtsfahren in eine Einfahrt, sind nicht unzulässig. Allerdings muss dabei äußerste Vorsicht gewahrt und jede Gefährdung vermieden werden. Da meist keine Sicht nach hinten besteht, muss sich LKW 1 einweisen lassen (gegenüber KFZ 2). Beim Ausscheren im weiten Bogen ist auch der Verkehr in Gegenrichtung abzusichern (KFZ 3 und 4). Der Einweiser hat zwar keine Befugnis, den Verkehr anzuhalten; andere Verkehrsteilnehmer müssen aber auf das atypische Fahrmanöver durch Rücksichtnahme reagieren und notfalls anhalten. Für KFZ 2 besteht wegen unklarer Verkehrslage Überholverbot nach § 5 Abs. 3 Nr. 1 (OLG Hamm DAR 2001, 222). Andererseits darf LKW 1 erst dann nach links ausholen, wenn jede Gefährdung ausgeschlossen ist.

§ 9 Abbiegen, Wenden und Rückwärtsfahren

Wenden auf der Vorfahrtstraße

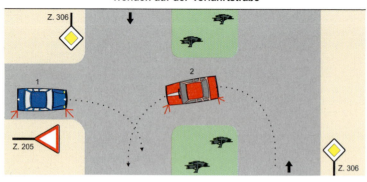

KFZ 2 wendet am Mittelstreifen auf der Vorfahrtstraße in Höhe der Einmündung. Wenden ist nicht doppeltes Abbiegen, sondern ein Verkehrsvorgang eigener Art. KFZ 2 hat zwar wegen Z. 306 „Vorfahrt". Da jedoch beim Wenden jede Gefährdung anderer Verkehrsteilnehmer ausgeschlossen sein muss (§ 9 Abs. 5), gilt das auch gegenüber KFZ 1. KFZ 2 kann sich nicht auf eine Bevorrechtigung gegenüber KFZ 1 berufen, sondern muss KFZ 1 vorfahren lassen, wenn nur dadurch eine Gefährdung vermieden werden kann (LG Berlin VerkMitt 2000 Nr. 16 = NZV 1999, 515 = DAR 1999, 363).

Auf **Autobahnen und Kraftfahrstraßen** ist Rückwärtsfahren generell unzulässig (§ 18 Abs. 7). Bei Gefährdung oder Unfällen handelt es sich um eine Straftat (§ 315c Abs. 1 Nr. 2f StGB), ohne Gefährdung um eine Zuwiderhandlung gegen die Benutzungspflicht rechter Fahrbahnen (§ 2 Abs. 1). „Geisterfahrer" auf Autobahnen fahren nicht rückwärts, sondern vorwärts in verbotener Richtung. Wird vor einem „Geisterfahrer" im Autoradio gewarnt, müssen Kraftfahrer auf dem gefährdeten Streckenabschnitt strikt rechts fahren und dürfen nicht mehr überholen. Das Einschalten des Warnblinklichts ist geboten, auch um andere zu warnen, die die Meldung nicht gehört haben.

2.12 Wenden

Wenden[8] ist ein Fahrmanöver „eigener" Art, bei dem das Fahrzeug von der bisherigen in die entgegengesetzte Richtung gebracht wird (KG VerkMitt 1981 Nr. 67; OLG Hamburg DAR 1981, 327; OLG Hamm 1997, 438). Es beginnt mit dem Eindrehen des Lenkrades und Anfahren in die neue Fahrtrichtung; es endet mit der Ausführung des Bogens und dem Eingliedern in den Verkehr der Gegenrichtung; dabei ist es gleich, ob die Fahrt danach fortgesetzt wird oder nicht (BayObLG VRS 92, 37). Strittig ist, ob § 9 Abs. 1 bis 4 auch beim Wenden gilt (so KG VerkMitt 1981 Nr. 67; a. A. OLG Hamburg VerkMitt 1981 Nr. 116 = DAR 1981, 327). Wenden unterscheidet sich vom Abbiegen dadurch, dass der Fahrer auf derselben Fahrbahn bleibt (BGH NJW 1982, 2454). Wenden ist nicht doppeltes Abbiegen, sodass nur Z. 272, nicht aber Z. 209, 214 das Wenden verbieten (KG VerkMitt 1975 Nr. 106; KG VerkMitt 2005 Nr. 3 = VRS 107, 270 = NZV 2005, 95 = DAR 2004, 700: doppeltes Abbiegen, aber bei sehr breiten Mittelstreifen

---

8 Zum Wenden auf Autobahnen oder Kraftfahrstraßen siehe Erl. 2.10 zu § 18.

von 12 m). Wegen des Gefährdungs- und Behinderungsverbots aus § 1 Abs. 2 muss bei starkem Verkehr das Wenden bei den Z. 209 bis 214 aber unterbleiben.

Wenden liegt auch bei Benutzung eines Mittelstreifendurchbruchs oder einer Grundstückseinfahrt vor, wenn der Wendende mit einem Teil des Fahrzeugs auf der Fahrbahn bleibt (OLG Köln VerkMitt 2000 Nr. 42 = DAR 2000, 120; OLG Koblenz DAR 1986, 155 = VRS 71, 58). Selbst der aus einer durch Z. 205 gekennzeichneten untergeordneten Straße rechts Abbiegende hat Vorrang vor dem über einen Mittelstreifendurchbruch einer Vorfahrtstraße Wendenden (OLG Düsseldorf VerkMitt 2000 Nr. 6; LG Berlin VerkMitt 2000 Nr. 16 = DAR 1999, 363; LG Karlsruhe DAR 2000, 123; OLG Hamm NZV 1997, 438; KG VerkMitt 1993 Nr. 34). Wendet ein Vorfahrtberechtigter, kann er sich nicht auf den Beweis des ersten Anscheins berufen, wenn es zum Unfall mit einem Wartepflichtigen kommt (KG NZV 2004, 355). Gegenüber dem vom Fahrbahnrand Anfahrenden (= ruhender Verkehr) hat der Wendende (= fließender Verkehr) Vorrang (KG VerkMitt 1984 Nr. 52). Mangels Durchquerung des Längsverkehrs wendet nicht, wer am Wendekopf einer Sackgasse umrundet, um in der Gegenrichtung weiterzufahren (OLG Köln VRS 96, 345 = DAR 1999, 314 = NZV 1999, 373).

Die besonderen Sorgfaltspflichten beim Wenden sollen den fließenden Mit- und Gegenverkehr vor den Gefahren seiner Durchquerung schützen. Der Wendende muss deshalb jede Gefährdung anderer vermeiden. „Höchster Grad der Sorgfalt" bedeutet bei einem Unfall: Anscheinsbeweis für Fehl-

Überholen des Wendenden

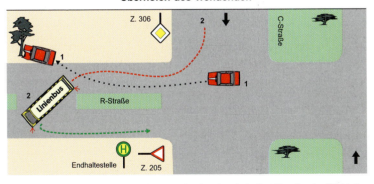

KOM 2 biegt von der Vorfahrtstraße (C-Straße) nach rechts ab und wendet in einem Zuge über den Mittelstreifen der R-Straße, um zur Endhaltestelle zu gelangen. KFZ 1 glaubt irrig, KOM 2 fahre geradeaus weiter und will den KOM überholen. Als KOM 2 zum Wenden ansetzt, reißt KFZ 1 das Steuer nach rechts, kommt ins Schleudern und kollidiert mit einem Baum.

Beim Wenden wird das Fahrzeug von der bisherigen in die entgegengesetzte Richtung gebracht (KG VerkMitt 1981 Nr. 67). Wenden beginnt mit dem Eindrehen des Lenkrades in die neue Fahrtrichtung und endet mit dem Eingliedern in den Verkehr der Gegenrichtung. Ob die Fahrt danach fortgesetzt wird oder nicht, ist unerheblich (BayObLG VRS 92, 37). Wenden liegt auch bei Benutzung eines Mittelstreifendurchbruchs vor, wenn der Wendende mit einem Teil des Fahrzeugs auf der Fahrbahn bleibt (OLG Köln VerkMitt 2000 Nr. 42 = DAR 2000, 120). KOM 2 muss beim Wenden jede Gefährdung anderer vermeiden. „Höchster Grad der Sorgfalt" bedeutet bei einem Unfall Anscheinsbeweis für Fehlverhalten des Wendenden mit Umkehr der Beweislast (KG NZV 2007, 306; KG VerkMitt 2002 Nr. 51 = NZV 2002, 230; KG VerkMitt 2003 Nr. 20), auch gegenüber dem Überholenden. KOM 2 haftet deshalb für den unfallbedingten Schaden des KFZ 2.

verhalten des Wendenden – Umkehr der Beweislast (KG NZV 2007, 306: gegenüber Linksüberholer; KG VerkMitt 2002 Nr. 51 = NZV 2002, 230; KG VerkMitt 2003 Nr. 20: auch gegenüber dem Überholenden; BGH VerkMitt 1986 Nr. 3 = VRS 69, 345).

Strikte Wendeverbote bestehen bei den Z. 272 und 327 (Tunnel) sowie auf Autobahnen und Kraftfahrstraßen (§ 18 Abs. 7).

3 Hinweise

3.1 Rechtsüberholen beim Linksabbiegen: § 5 Abs. 7 Satz 1; kein Einordnen von Fußgängern mit Fahrzeugen vor dem Linksabbiegen: § 25 Abs. 2; Wartelinie für Linksabbieger: Z. 341.

3.2 Freiheitsstrafe oder Geldstrafe für Wenden oder versuchtes Wenden auf einer Autobahn, wenn Personen oder erhebliche Sachwerte (konkret) gefährdet werden: § 315c StGB.

§ 10 Einfahren und Anfahren

Wer aus einem Grundstück, aus einem Fußgängerbereich (Zeichen 242.1 und 242.2), aus einem verkehrsberuhigten Bereich (Zeichen 325.1 und 325.2) auf die Straße oder von anderen Straßenteilen oder über einen abgesenkten Bordstein hinweg auf die Fahrbahn einfahren oder vom Fahrbahnrand anfahren will, hat sich dabei so zu verhalten, dass eine Gefährdung anderer Verkehrsteilnehmer ausgeschlossen ist; erforderlichenfalls hat er sich einweisen zu lassen. Er hat seine Absicht rechtzeitig und deutlich anzukündigen; dabei sind die Fahrtrichtungsanzeiger zu benutzen. Dort, wo eine Klarstellung notwendig ist, kann Zeichen 205 stehen.

(VwV zu § 10 nicht vorhanden)

1 Aus der amtlichen Begründung

Satz 3 enthält eine Ausnahme vom Grundsatz, dass Z. 205 nur zur Regelung der Vorfahrt aufgestellt wird (Begr. 1997).

2 Erläuterungen

2.1 Ausfahrt aus einem Grundstück

Die Einfahrt in ein Grundstück regelt sich nach § 9 Abs. 5, die **Ausfahrt** nach § 10. In beiden Fällen ist die Fahrtrichtung anzuzeigen und ein Höchstmaß an Sorgfalt aufzubringen. Im Vergleich zum Einfahrenden sind die Sorgfaltsanforderungen beim Ausfahrenden höher, weil er in den fließenden Verkehr einfährt (LG Karlsruhe VerkMitt 2003 Nr. 48). Bei Unfällen spricht der Beweis des ersten Anscheins für ein Verschulden des Ausfahrenden (OLG Köln VerkMitt 2006 Nr. 19 = DAR 2006, 27 = VRS 109, 323).

Das Ausfahren aus einem Grundstück beginnt mit Erreichen der öffentlichen Verkehrsfläche und dauert so lange an, bis der Fahrer tempoangepasst selbst zum fließenden Verkehr gehört (KG VRS 114, 405; KG VerkMitt 2007 Nr. 41 = VRS 112, 17; KG VRS 112, 332; OLG Köln DAR 2006, 27; OLG Düsseldorf VRS 60, 420). Der Ausfahrende haftet auch dann für die Unfallfolgen, wenn er auf der Fahrbahn wartet, um sich in den Verkehr einzugliedern (KG NZV 2007, 359 = VRS 112, 332). Fußgänger auf Gehwegen sind ebenso vorbeizulassen wie Radfahrer auf Radwegen oder Fahrbahnen (OLG Düsseldorf VerkMitt 1979 Nr. 29). Der Ausfahrende muss den Vorrang anderer auch auf der linken Fahrbahnseite beachten (BGH NZV 1991, 187). Mit Verkehrszuwiderhandlungen Dritter ist jederzeit zu rechnen, z. B. Radfahrer auf Gehwegen, Tempoüberschreitung (OLG Karlsruhe DAR 1977, 109) oder verkehrswidriges Überholen (KG NZV 1998, 376), nicht aber mit groben Verstößen (OLG Celle VRS 51, 305; OLG Dresden NZV 2006, 149: auf Gehwegen unzulässig schnell fahrender Radfahrer).

Besteht keine Sicht, muss sich der Ausfahrende **einweisen lassen** oder sich zentimeterweise in den Verkehrsraum hineintasten, damit andere nach dem Grundsatz der doppelten Sicherung darauf reagieren können (OLG

Frankfurt/M. DAR 2006, 156: Lücke vor Tankstellenausfahrt; OLG Celle DAR 1991, 181 = NZV 1991, 195). Ein Einweisen kann bei geringer Sicht oder nächtlicher Ausfahrt aus einem Grundstück erforderlich sein (OLG Saarbrücken VerkMitt 1980 Nr. 116). Der Einweiser haftet hierbei ebenso (auch bei Gefälligkeit), wenn er dem Fahrer falsche Zeichen gibt (AG Lahnstein NZV 2000, 379); daher sind Handzeichen vorher zu vereinbaren. Gelbes Rundumlicht und Einweiser mit kreisender Blinkleuchte sind beim Einfahren eines Treckergespanns bei Dunkelheit auf einer Außerortsstraße mit schnellem Verkehr unerlässlich (OLG Hamm NZV 1997, 267).

2.2 Fußgängerbereich

Fußgängerbereiche sind die mit Z. 242.1 und 242.2 gekennzeichneten Zonen, auch wenn zu bestimmten Zeiten Lieferverkehr zugelassen ist. Bei der Ausfahrt ist das höchstmögliche Maß an Sorgfalt erforderlich; das gilt auch für Straßenbahnen ohne Signalregelung (LG Karlsruhe NZV 1992, 241). Verbotswidriges Fahren auf Gehwegen oder sonstigen Fußgängerflächen ist ein Verstoß gegen die Fahrbahnbenutzungspflicht (§ 2 Abs. 1); beim Einfahren vom Gehweg auf die Fahrbahn gilt § 10 („anderer Straßenteil") und striktes Gefährdungsverbot.

Vorrang bei Ausfahrt über abgesenkten Bordstein

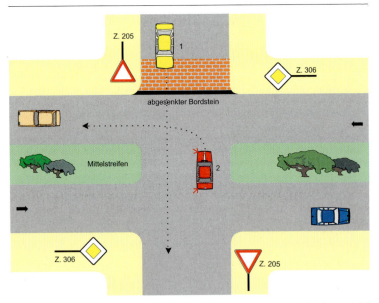

Obwohl KFZ 1 über einen abgesenkten Bordstein auf die Vorfahrtstraße einfährt, bleibt es für KFZ 2 „Gegenverkehr". KFZ 1 darf deshalb nach § 9 Abs. 3 vor KFZ 2 fahren. Nach § 39 Abs. 3 gehen Verkehrszeichen allgemeinen Regeln vor. Durch Z. 205 („Vorfahrt gewähren") wird die allgemeine Vorrangregel des § 10 aufgehoben, so dass KFZ 2 als Abbieger den Vorrang von KFZ 1 beachten muss.

2.3 Anderer Straßenteil

Andere Straßenteile sind alle Verkehrsflächen, die nicht dem durchgehenden Verkehr dienen, insbesondere Geh- und Radwege, Seitenstreifen, Parkstreifen, Taxenstände außerhalb der Fahrbahn (LG Köln VersR 1990, 285), Parallelfahrbahnen, Parkplätze (OLG Karlsruhe VerkMitt 1989 Nr. 9 = NZV 1989, 116; OLG Celle DAR 2000, 216: Ausfahrt auf angrenzenden Zufahrtsweg); nicht aber Feld- oder Waldwege, weil diese dem Verkehr für die dort zugelassenen Fahrzeugarten dienen.[1] Ob es sich um einen anderen Straßenteil oder um eine Straßeneinmündung mit Vorfahrt nach § 8 handelt, bestimmt sich nach dem Gesamtbild der äußerlich erkennbaren Merkmale wie Pflasterung, Begrenzungen, Straßenlänge, Verkehrsbedeutung (OLG Rostock VerkMitt 2007 Nr. 89). Das Ausfahren aus einem Parkplatz beginnt mit Erreichen der öffentlichen Verkehrsfläche und dauert so lange an, bis der Fahrer tempoangepasst selbst zum fließenden Verkehr gehört (KG VRS 113, 33: Ausfahrt vom Mittelstreifenparkplatz). Beim Einfahren auf die Fahrbahn ohne ausreichende Sicht ist u. U. ein Einweiser notwendig (OLG München NZV 1990, 274). Bei Zufahrten auf Parkflächen ähnlich einer Hauptfahrgasse gilt der Vorrang nach § 10 als eingeschliffene Verhaltensweise sinngemäß (OLG Köln VerkMitt 1999 Nr. 90). Erhöhte Sorgfalt besteht bei Ausfahrt von einem Parkplatz oder einer Parkbucht, besonders rückwärts (OLG München VersR 1990, 1159 = VRS 78, 421: auf eine Bundesstraße), ebenso bei Zufahrt eines Radweges auf die Fahrbahn (KG VerkMitt 2003 Nr. 12 = NZV 2003, 30 = VRS 104, 9) oder über einen abgesenkten Bordstein in den Wendekopf einer Sackgasse (OLG Köln VRS 96, 345). Bei der Ausfahrt aus einem Parkstreifen gilt die Pflicht zu besonderer Vorsicht auch gegenüber anderen Benutzern des Parkstreifens (OLG Zweibrücken VerkMitt 1976 Nr. 126); auch gegenüber einem Wendenden (KG VerkMitt 1984 Nr. 52).

2.4 Verkehrsberuhigter Bereich

Hierzu gehören die durch die Z. 325.1 und 325.2 gekennzeichneten Verkehrsflächen mit den dort beschriebenen Verhaltensregeln. Verkehrsberuhigte Bereiche sind Mischflächen, die von Fußgängern, Fahrzeugen und spielenden Kindern gleichzeitig benutzt werden. Infolgedessen haben sie keine „Fahrbahn" im Rechtssinn. Das Z. 325.2 erschöpft sich nicht nur in der Kennzeichnung des Endes, sondern betont primär die vorrangregelnde Wirkung. Infolgedessen gelten die besonderen Sorgfaltspflichten bei der Ausfahrt und nicht die Vorfahrtregeln, wenn der verkehrsberuhigte Bereich durch Z. 325.2 einige Meter vor einer Kreuzung oder Einmündung aufgehoben wird. Entscheidend kommt es darauf an, wo sich nach objektiver Betrachtung der Örtlichkeit die Merkmale des Gefährdungsverbots eines Ausfahrtbereiches realisieren (BGH VerkMitt 2008 Nr. 26 = DAR 2008, 137 = NZV 2008, 193 = VRS 114, 122 = SVR 2008, 181: 30 m vorher; LG Gießen DAR 1996, 25: 17 m vorher; AG Sömmerda DAR 1999, 78: steht Z. 325.2 24 m vor der Einmündung, gilt Rechts vor Links). Endet der verkehrsberuhigte Bereich mit Z. 325.2 mehr als 30 Meter vorher, gelten an der folgenden Einmündung die Vorfahrtregeln des § 8.

---

1 Andernfalls hätte es der Sonderregelung für die Vorfahrt nach § 8 Abs. 1 Nr. 2 nicht bedurft.

2.5 Abgesenkter Bordstein

Beim Einfahren in eine Straße über einen abgesenkten Bordstein gelten die gesteigerten Sorgfaltsanforderungen des § 10 (OLG Koblenz VRS 104, 353). Mangels bautechnischer Normung gibt es keinen einheitlichen Typ des „abgesenkten Bordsteins" (LG Paderborn NZV 2003, 40: auch abgeflachte oder geringfügig niedrigere Bordsteine als Gehwege sind „abgesenkt"). Infolge der unterschiedlichsten baulichen Gestaltungselemente kann es zwischen Ausfahrenden und Querverkehr auch wegen anderer Blickwinkel zu unterschiedlicher Beurteilung des Vorranges und der Vorfahrt kommen. Werden die querenden Fahrbahnen höhengleich in andere Verkehrswege überführt, ohne dass es sich um einen verkehrsberuhigten Bereich (Z. 325.1/ 325.2) oder eine Bordsteinabsenkung handelt, bleibt es auch dann bei den Vorfahrt- und Abbiegeregeln der §§ 8, 9 und 25 Abs. 3, wenn die Knotenpunkte lediglich mit anderen Baumaterialien, Anrampungen, Aufpflasterungen, Markierungen oder atypischen Farbanstrichen („Haifischzähne") hervorgehoben sind. Entsprechendes gilt, wenn der gesamte Kreuzungs- oder Einmündungsbereich höhengleich aufgepflastert ist, auch innerhalb verkehrsberuhigter Bereiche. Bleiben aufgrund der bautechnischen Ausgestaltung Zweifel an den Vorrangverhältnissen, hat sich jeder nach der Regel zu richten, die für ihn und andere Verkehrsteilnehmer die größtmögliche Sicherheit gewährleistet (Grundsatz der doppelten Sicherung). Der Ausfahrende muss deshalb einen (möglichen) Vorrang des Querverkehrs beachten, während der Querverkehr von der Vorfahrtregel „Rechts vor Links" ausgehen muss (OLG Rostock VerkMitt 2007 Nr. 89 = VRS 112, 336). Einen Vertrauensschutz in das verkehrsgerechte Verhalten anderer besteht insoweit nicht. Um Unsicherheiten vorzubeugen, können solche Bereiche für den Ausfahrenden mit einseitig negativen Vorfahrtzeichen 205 gekennzeichnet werden (§ 10 Satz 3). Abweichend von BGH DAR 1988, 269 unterstützt dabei die negative Beschilderung nur die Verhaltensregel des § 10

Vorrang bei einmündenden Radwegen

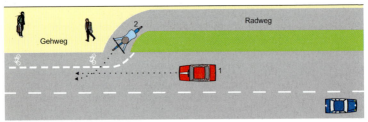

Der Radweg ist als Sonderweg „anderer Straßenteil" nach § 10 , der in die Fahrbahn („Straße") einmündet. KFZ 1 hat daher Vorrang vor Radfahrer 2 (KG VerkMitt 2003, Nr. 12 = NZV 2003, 30 = VRS 104, 9). KFZ 1 kann (schon wegen Gefahrzeichen 101) nicht darauf vertrauen, dass Radfahrer 2 den Vorrang beachtet; es muss deshalb das Tempo verringern und bremsbereit sein, um einen Unfall zu vermeiden (BGH VRS 62, 93; BayObLG VRS 18, 315).

Im Übrigen gilt: KFZ 1 fährt nicht „vorbei" (§ 6), weil der kreuzende Radfahrer 2 kein „Hindernis" ist. Es liegt auch kein Vorfahrtfall „Rechts vor Links" vor (§ 8), weil Radweg und Fahrbahn nicht aus „verschiedenen" Richtungen zusammentreffen. Radfahrer 2 „biegt" vom Radweg nicht ab (§ 9), weil er keine Änderung der Fahrtrichtung vornimmt, sondern nach dem Bogen in gleicher Richtung weiterfährt. Radfahrer 2 wechselt nicht den Fahrstreifen (§ 7 Abs. 5), weil der Radweg Sonderweg und kein Fahrstreifen ist (§ 7 Abs. 1 Satz 2). Die markierte Radfahrerfurt ist Schutzstreifen und darf von KFZ 1 nicht überfahren werden; Radfahrer 2 muss den Schutzstreifen benutzen (Folge aus dem Rechtsfahrgebot des § 2 Abs. 2). Will er später nach links abbiegen, darf er die Leitlinie überfahren.

Vorrang bei Einmündungen mit abgesenktem Bordstein

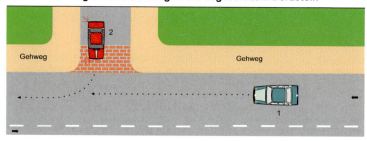

Bestehen auf Grund der bautechnischen Ausgestaltung von Einmündungen Zweifel über das Vorhandensein eines abgesenkten Bordsteins und an der Vorfahrt, hat sich jeder nach derjenigen Regel zu richten, die für ihn und andere die größte Sicherheit bringt (OLG Rostock VerkMitt 2007 Nr. 89 m.w.N.). KFZ 2 muss sich so verhalten, als ob es über einen abgesenkten Bordstein einfährt (also Beachtung des „Vorranges" von KFZ 1). KFZ 1 hat sich hingegen so zu verhalten, als ob die Vorfahrtregel „Rechts vor Links" gilt (also Beachtung der „Vorfahrt" des KFZ 2). Beachtet wenigstens einer der beiden Kraftfahrer den aus § 1 Abs. 1 folgenden Grundsatz der „doppelten Sicherung", lassen sich Gefährdungen vermeiden. Um diesen Schwierigkeiten zu begegnen, sollten die Verkehrsbehörden nicht genau definierbare Knotenpunkte mit einseitig negativen Vorfahrtzeichen 205 (notfalls auch positiven Z. 301) beschildern, wenn Gefährdungen nicht auszuschließen sind (§ 10 Satz 3).

Satz 1, begründet aber kein Vorfahrtrecht für den Querverkehr. Der Querverkehr wird allerdings nicht von seiner Verpflichtung zur Beachtung einer möglichen Vorfahrt entbunden. Für den links abbiegenden Querverkehr ist der Ausfahrende Gegenverkehr.

2.6 Anfahrt vom Fahrbahnrand

Die Verpflichtung zum Gefährdungsausschluss bezieht sich auf den fließenden, nicht auf den ruhenden Verkehr[2] und gilt nur beim Anfahren vom Fahrbahnrand oder wenn das Fahrzeug aus einer Parklücke geschoben wird (KG VerkMitt 1990 Nr. 105), nicht aber nach einer Verkehrsstockung (KG VRS 106, 173 = NZV 2004, 633), auch nicht bei Weiterfahrt nach verkehrsbedingtem Warten am Straßenrand (BayObLG VerkMitt 1984 Nr. 55 = DAR 1984, 31) oder nach dem Halten in zweiter Spur.[3] Fährt ein Fahrzeug mit Sonderrechten (Müllfahrzeug) aus der zweiten Spur an, gelten die Sorgfaltspflichten des § 35 Abs. 8, nicht aber § 10 (KG VRS 115, 24 = NZV 2008, 625). Der Anfahrende muss sich vergewissern, dass hinter ihm niemand gefährdet wird (BGH VRS 13, 220) und der rückwärtige Verkehr sich auf das Anfahren einstellen kann (KG DAR 2004, 387 = VRS 104, 443; BayObLG VkBl. 1956, 230 = VRS 10, 303 = DAR 1956, 133; OLG Hamburg VerkMitt 1969 Nr. 28). Der Gefährdungsausschluss dauert räumlich und zeitlich so lange an, bis sich der Anfahrende in den Verkehrsfluss eingegliedert hat. Der Anfahrende muss deshalb auch mit Überholern rechnen,

---

[2] Nach KG VerkMitt 1986 Nr. 103 auch auf Fußgänger. Wer sein Fahrzeug bereits geparkt hat, aber noch in der offenen Fahrertür steht, unterliegt dem ruhenden Verkehr (KG DAR 2004, 585 = VRS 107, 96).

[3] Fährt der in zweiter Spur Haltende an, muss er jedoch darauf achten, dass nicht ein anderes Fahrzeug gleichzeitig vom Fahrbahnrand anfährt (KG VerkMitt 2001 Nr. 31 = DAR 2001, 34 = VRS 100, 286).

§ 10 Einfahren und Anfahren

Anfahren vom Fahrbahnrand

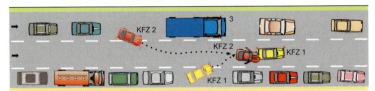

KFZ 1 fährt aus der Parkreihe in den rechten freien Fahrstreifen, als KFZ 2 den LKW 3 rechts überholt. Infolge der noch geringen Geschwindigkeit des anfahrenden KFZ 1 kollidiert KFZ 2 mit KFZ 1. Beim Anfahren vom Fahrbahnrand muss jede Gefährdung des fließenden Verkehrs ausgeschlossen sein (§ 10 Satz 1). Infolge des strikten Vorranges des fließenden vor dem ruhenden Verkehr kann der Anfahrende nicht darauf vertrauen, dass der rechte Fahrstreifen frei bleibt; er muss auch mit Überholern rechnen (KG NZV 2009, 413 = VRS 114, 204; KG VerkMitt 2006 Nr. 64 = VRS 110, 343 = DAR 2006, 454 = NZV 2006, 371; KG VRS 110, 346 = DAR 2006, 454 = NZV 2006, 369). Die Verpflichtung zum Gefährdungsausschluss (KFZ 1) dauert räumlich und zeitlich solange an, bis sich der Anfahrende in den Verkehrsfluss eingegliedert hat. Das ist nicht bereits der Fall, wenn sich KFZ 1 auf dem rechten Fahrstreifen befindet, sondern erst, wenn infolge der Beschleunigung eine Gefahrbremsung des nachfolgenden Verkehrs nicht mehr zu besorgen ist.

die auf seinen Fahrstreifen überwechseln (KG NZV 2008, 413 = VRS 114, 204; KG VerkMitt 2006 Nr. 64 = VRS 110, 343 = DAR 2006, 454 = NZV 2006, 371; KG VRS 110, 346 = DAR 2006, 454 = NZV 2006, 369). Kommt es zum Unfall, spricht der Beweis des ersten Anscheins für ein Verschulden des Anfahrenden (KG DAR 2004, 585 = VRS 107, 96; OLG Brandenburg DAR 2002, 307).

Der Vorrang des fließenden Verkehrs, der auch beim Rückwärtsfahren und beim Wenden gegenüber dem Anfahrenden gilt (KG VerkMitt 1984 Nr. 52), darf nicht erzwungen werden; notfalls ist das Anfahren durch Gaswegnehmen oder leichtes Abbremsen zu ermöglichen (OLG Oldenburg DAR 1960, 366). Abweichend von § 10 haben Linienbusse nach § 20 Abs. 5 beim Anfahren von Haltestellen Vorrang vor dem fließenden Verkehr. Der Vorrang

Gefährdungsausschluss beim Anfahren vom Fahrbahnrand und Wenden

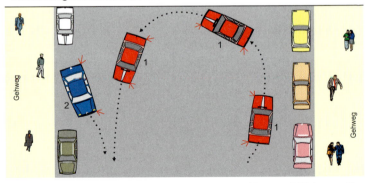

KFZ 1 wendet, während KFZ 2 gleichzeitig vom Fahrbahnrand anfährt. Beide KFZ sind zum Gefährdungsausschluss verpflichtet, und zwar KFZ 1 aus § 9 Abs. 5 und KFZ 2 aus § 10. Im Verhältnis beider Verpflichtungen zum Gefährdungsausschluss hat das wendende KFZ 1 Vorrang vor dem vom Fahrbahnrand anfahrenden KFZ 2, weil sich KFZ 1 im fließenden Verkehr befindet, KFZ 2 sich hingegen vom ruhenden Verkehr in den fließenden Verkehr eingliedern will.

darf jedoch nicht erzwungen werden und erlischt, wenn die Anfahrabsicht nicht rechtzeitig und deutlich angezeigt wird oder das Anfahren den fließenden Verkehr gefährdet (BayObLG NZV 1990, 402).

Anders als beim Anfahren bestehen keine gesteigerten Pflichten beim **Ausgliedern** aus dem fließenden Verkehr, z. B. zum Parken. Es hat nach § 1 Abs. 2 unter Vermeidung von Gefährdungen und unvertretbaren Behinderungen zu erfolgen; die Benutzung des Fahrtrichtungsanzeigers ist empfehlenswert, um dem Mitverkehr das Ausweichen zu ermöglichen.

3 Hinweise

3.1 Einfahrt in ein Grundstück: § 9 Abs. 5.

3.2 Vorrang beim Anfahren von Omnibussen an Haltestellen: § 20 Abs. 5.

§ 11 Besondere Verkehrslagen

(1) Stockt der Verkehr, so darf trotz Vorfahrt oder grünem Lichtzeichen niemand in die Kreuzung oder Einmündung einfahren, wenn er auf ihr warten müsste.

(2) Stockt der Verkehr auf Autobahnen und Außerortsstraßen mit mindestens zwei Fahrstreifen für eine Richtung, so müssen Fahrzeuge für die Durchfahrt von Polizei- und Hilfsfahrzeugen in der Mitte der Richtungsfahrbahn, bei Fahrbahnen mit drei Fahrstreifen für eine Richtung zwischen dem linken und dem mittleren Fahrstreifen, eine freie Gasse bilden.

(3) Auch wer sonst nach den Verkehrsregeln weiterfahren darf oder anderweitig Vorrang hat, muss darauf verzichten, wenn die Verkehrslage es erfordert; auf einen Verzicht darf der andere nur vertrauen, wenn er sich mit dem Verzichtenden verständigt hat.

(VwV zu § 11 nicht vorhanden)

1 Aus der amtlichen Begründung

Die Pflicht zur Bildung einer freien Gasse bei Verkehrsstau gilt auf allen Außerortsstraßen mit mehreren Fahrstreifen (Begr. 1992).

2 Erläuterungen

2.1 Verkehrsstockung (§ 11 Abs. 1)

Der Verkehr stockt, wenn die Kreuzung oder Einmündung durch Fahrzeuge bereits so überfüllt ist, dass mit Sicherheit nicht alle diesen Bereich wieder verlassen können, sobald sie freie Fahrt erhalten (BayObLG DAR 1989, 112; KG VerkMitt 1977 Nr. 30 = VersR 1977, 377), nicht aber schon dann, wenn sich in einer geräumigen Kreuzung mehrere Linksabbieger befinden, die wegen des Gegenverkehrs anhalten mussten (KG VRS 48, 462; OLG Düsseldorf VRS 76, 312). Der Vorrang des Nachzüglers bei einer signalgeregelten Kreuzung besteht auch gegenüber dem Gegenverkehr, doch darf der Nachzügler nicht ohne Weiteres auf die Einräumung des Vorrangs vertrauen (KG VerkMitt 2004 Nr. 41 = VRS 106, 165; OLG Hamm NZV 1991, 31). Wer bei Grün losfährt, aber noch vor der Kreuzung infolge einer Stockung warten muss, ist kein „Kreuzungsräumer"; er darf nicht in den signalgeregelten Knotenpunkt einfahren, wenn sein Lichtsignal inzwischen auf Rot gewechselt hat (OLG Hamburg DAR 2001 217).

2.2 Freie Gasse (§ 11 Abs. 2)

Eine freie Gasse ist bei zweistreifigen Richtungsfahrbahnen in der Mitte, bei dreistreifigen zwischen dem linken und mittleren Fahrstreifen zu bilden. Reicht der Platz infolge enger Fahrstreifen nicht zur Durchfahrt der Hilfsfahrzeuge aus, darf bei deren Herannahen unter dem Notstandsgesichtspunkt auf den Seiten- und Mittelstreifen ausgewichen werden. Bußgeldbewehrt ist die Missachtung eines Freiraums nur, wenn Anzeichen dafür sprechen, dass Hilfsfahrzeuge nach vorn fahren, z. B. bei Verkehrsunfällen,

Bildung einer freien Gasse auf einer dreispurigen Richtungsfahrbahn

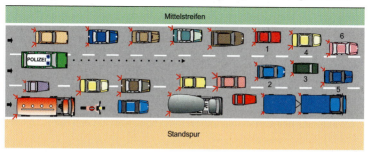

Die freie Gasse für Hilfsfahrzeuge (Polizei, Rettungswagen, Feuerwehr) ist bei 3 Fahrstreifen zwischen dem mittleren und linken Fahrstreifen zu bilden (bei 2 Fahrstreifen in der Mitte). Die Fahrzeuge auf dem linken Fahrstreifen haben sich dabei möglichst weit links, die auf dem mittleren und rechten Fahrstreifen möglichst weit rechts so einzuordnen, dass eine Gasse von mindestens 3 m entsteht. Die freie Gasse muss dabei noch vor dem Stillstand der KFZ zustande kommen, weil beim Stopp infolge der engen Abstände zu den vorderen Fahrzeugen ein Rangieren weder nach links noch nach rechts möglich ist (KFZ 1 bis 6) und Hilfsfahrzeuge zwangsläufig in eine „Sackgasse" fahren würden.

Glatteis. Da der Grund für einen Stau im Vorfeld meist nicht erkennbar ist, müssen die Abstände zum vorderen Fahrzeug so gewählt werden, dass beim Herannahen von Hilfsfahrzeugen die Gasse noch freigemacht werden kann.

Hat sich bei Verkehrsstau eine freie Gasse zwischen den Fahrstreifen gebildet, darf dieser Raum nicht von anderen Fahrzeugen zum schnelleren Vorankommen benutzt werden, insbesondere nicht von Motorrädern. Da die freie Gasse keinen „Fahrstreifen" (§ 7 Abs. 1) bildet, liegt bei solchem Verhalten unzulässiges Rechtsüberholen der linken Fahrzeugschlange vor (§ 5 Abs. 1).

2.3 Verzicht auf Vorrang (§ 11 Abs. 3)

Die Regelung verdeutlicht den Grundsatz der doppelten Sicherung i. S. d. § 1 Abs. 1. Die Verpflichtung zum Verzicht auf den Vorrang erfasst nicht nur die Vorfahrt, sondern alle Verkehrslagen, die ein für die Sicherheit oder Flüssigkeit des Verkehrs sinnvolles Verhalten erfordern, z. B. beim Nebeneinanderfahren für denjenigen, der „seine Fahrspur hält", um anderen das Überwechseln in seinen Fahrstreifen zu ermöglichen; ferner für den Gegenverkehr, um Fahrzeugen mit geringer Beschleunigung das Abbiegen oder Rangieren in eine Parklücke zu ermöglichen, oder bei langsam die Fahrbahn querenden Fußgängern (OLG Koblenz VRS 105, 414). Die durch den Verzicht Benachteiligten müssen die damit verbundene Behinderung hinnehmen. Andererseits muss der Verzichtende wegen der durch den Verzicht geschaffenen atypischen Verkehrslage auch den rückwärtigen Verkehr beachten (OLG Köln NZV 1994, 110). Übersteigerte Rücksichtnahme gegenüber den Begünstigten kann jedoch Unfallrisiken hervorrufen.

Der Verzicht erfordert neben einem deutlichen Fahrverhalten eine Geste des Verzichtenden, aus der unmissverständlich zu entnehmen ist, dass er den anderen Verkehrsteilnehmer vorbeilässt (OLG Hamm NZV 1988, 24). Ein Verzicht kann daher nicht schon dann angenommen werden, wenn der Vorfahrtberechtigte an einer Einmündung oder Kreuzung gleichberechtigter

Straßen anhält, um den für ihn von rechts kommenden Verkehr vorbeizulassen (KG VerkMitt 1973 Nr. 66). Geben die örtlichen Verhältnisse und das Verhalten anderer Verkehrsteilnehmer Anlass zur Befürchtung, ein Wartepflichtiger werde die Vorfahrt verletzen, muss der Berechtigte besondere Vorsicht walten lassen und erforderlichenfalls auf die Vorfahrt verzichten (OLG Köln VerkMitt 1975 Nr. 10). Der Verzicht gilt nur bilateral zwischen den Fahrzeugen, die sich verständigt haben, nicht zu Lasten Dritter. Der durch den Verzicht Begünstigte darf deshalb nur weiterfahren, wenn die Verkehrslage es zulässt. Er haftet allein, wenn er im Vertrauen auf den Verzicht weiterfährt und es zu einem Unfall mit einem Dritten kommt.

Die Vorschrift ist nicht als Ordnungswidrigkeit qualifiziert. Eine Ahndung folgt aber aus der Verletzung anderer Pflichten, z. B. bei Behinderung oder Schädigung nach § 1 Abs. 2.

3 Hinweise

3.1 Unzulässig ist das Befahren von Bahnübergängen (§ 19 Abs. 3) oder Fußgängerüberwegen (§ 26 Abs. 2), wenn wegen stockenden Verkehrs gewartet werden müsste.

3.2 Einschalten des Warnblinklichts bei Stau: § 16 Abs. 2.

§ 12 Halten und Parken

(1) Das Halten ist unzulässig
1. an engen und an unübersichtlichen Straßenstellen,
2. im Bereich von scharfen Kurven,
3. auf Einfädelungsstreifen und auf Ausfädelungsstreifen,
4. auf Bahnübergängen,
5. vor und in amtlich gekennzeichneten Feuerwehrzufahrten,

(2) Wer sein Fahrzeug verlässt oder länger als drei Minuten hält, der parkt.

(3) Das Parken ist unzulässig
1. vor und hinter Kreuzungen und Einmündungen bis zu je 5 m von den Schnittpunkten der Fahrbahnkanten,
2. wenn es die Benutzung gekennzeichneter Parkflächen verhindert,
3. vor Grundstücksein- und -ausfahrten, auf schmalen Fahrbahnen auch ihnen gegenüber,
4. über Schachtdeckeln und anderen Verschlüssen, wo durch Zeichen 315 oder eine Parkflächenmarkierung (Anlage 2 lfd. Nr. 74) das Parken auf Gehwegen erlaubt ist,
5. vor Bordsteinabsenkungen.

(3a) Mit Kraftfahrzeugen mit einem zulässigen Gesamtgewicht über 7,5 t sowie mit Kraftfahrzeuganhängern über 2 t zulässiges Gesamtgewicht ist innerhalb geschlossener Ortschaften
1. in reinen und allgemeinen Wohngebieten,
2. in Sondergebieten, die der Erholung dienen,
3. in Kurgebieten und
4. in Klinikgebieten

das regelmäßige Parken in der Zeit von 22.00 bis 06.00 Uhr sowie an Sonn- und Feiertagen unzulässig. Das gilt nicht auf entsprechend gekennzeichneten Parkplätzen für das Parken von Linienomnibussen an Endhaltestellen.

(3b) Mit Kraftfahrzeuganhängern ohne Zugfahrzeug darf nicht länger als zwei Wochen geparkt werden. Das gilt nicht auf entsprechend gekennzeichneten Parkplätzen.

(4) Zum Parken ist der rechte Seitenstreifen, dazu gehören entlang der Fahrbahn angelegte Parkstreifen, zu benutzen, wenn er dazu ausreichend befestigt ist, sonst ist an den rechten Fahrbahnrand heranzufahren. Das gilt in der Regel auch für den, der nur halten will; jedenfalls muss auch er dazu auf der rechten Fahrbahnseite rechts bleiben. Taxen dürfen, wenn die Verkehrslage es zulässt, neben anderen Fahrzeugen, die auf dem Seitenstreifen oder am rechten Fahrbahnrand halten oder parken, Fahrgäste ein- oder aussteigen lassen. Soweit auf der rechten Seite Schienen liegen sowie in Einbahnstraßen (Zeichen 220), darf links gehalten und geparkt werden. Im Fahrraum von Schienenfahrzeugen darf nicht gehalten werden.

(4a) Ist das Parken auf dem Gehweg erlaubt, so ist hierzu nur der rechte Gehweg, in Einbahnstraßen der rechte oder linke Gehweg zu benutzen.

(4b) *(gestrichen)*[1]

§ 12 Halten und Parken

(5) An einer Parklücke hat Vorrang, wer sie zuerst unmittelbar erreicht; der Vorrang bleibt erhalten, wenn der Berechtigte an der Parklücke vorbeifährt, um rückwärts einzuparken oder wenn er sonst zusätzliche Fahrbewegungen ausführt, um in die Parklücke einzufahren. Satz 1 gilt entsprechend für Fahrzeugführer, die an einer frei werdenden Parklücke warten.

(6) Es ist Platz sparend zu parken; das gilt in der Regel auch für das Halten.

VwV zu § 12 Halten und Parken

Zu Absatz 1

1   Halten ist eine gewollte Fahrtunterbrechung, die nicht durch die Verkehrslage oder eine Anordnung veranlasst ist.

Zu Absatz 3 Nr. 1

2   Wo an einer Kreuzung oder Einmündung die 5-Meter-Zone ausreichende Sicht in die andere Straße nicht schafft oder das Abbiegen erschwert, ist die Parkverbotsstrecke z. B. durch die Grenzmarkierung (Z. 299) angemessen zu verlängern. Da und dort wird auch die bloße Markierung der 5-Meter-Zone zur Unterstreichung des Verbots ratsam sein.

Zu Absatz 3a

3   I. Die Straßenverkehrsbehörden sollten bei den Gemeinden die Anlage von Parkplätzen anregen, wenn es für ortsansässige Unternehmer unmöglich ist, eigene Betriebshöfe zu schaffen. Bei Anlage derartiger Parkplätze ist darauf zu achten, dass von ihnen keine Störung der Nachtruhe der Wohnbevölkerung ausgeht.

4   II. Wirkt sich das regelmäßige Parken schwerer Kraftfahrzeuge oder Anhänger in anderen als den aufgeführten Gebieten, z. B. in Mischgebieten, störend aus, kommen örtliche, zeitlich beschränkte Parkverbote in Betracht (§ 45 Abs. 1).

Zu Absatz 4

5   Wo es nach dem äußeren Anschein zweifelhaft ist, ob der Seitenstreifen für ein auf der Fahrbahn parkendes Fahrzeug fest genug ist, darf wegen Nichtbenutzung des Seitenstreifens nicht eingeschritten werden.

Im Interesse der Übersichtlichkeit sind alle Halt- und Parkverbote zusammenhängend in § 12 dargestellt.

1 Aus der amtlichen Begründung

1.1 Der Beeinträchtigung durch isoliert abgestellte Anhänger, insbesondere beim „Überwintern" von Wohnwagen, ist entgegenzuwirken. Vorrang an einer Parklücke hat, wer sie zuerst unmittelbar erreicht (Begr. 1988).

1.2 Parken an abgesenkten Bordsteinen für Rollstuhlfahrer ist unzulässig. Das Parkverbot im Fahrraum von Schienenfahrzeugen wird aus der StVO-DDR übernommen (Begr. 1992).

1.3 Zur Vermeidung doppelter Halt- und Parkverbote, sind die mit Verkehrszeichen verbundenen Halt- und Parkverbote in den Anlagen 2 und 3 geregelt (Begr. 2009).

---

1 Die Regelung des Abs. 4b-alt zur Auslegung der Parkausweise für Schwerbehinderte und Anwohner ist durch Art. 1 Nr. 8c der 9. VO zur Änderung der StVO vom 22.3.1988 (BGBl. I S. 405/VkBl. S. 210) gestrichen worden und befindet sich jetzt bei Anl. 2 lfd. Nr. 61 (Erl. Nr. 4), Anl. 3 lfd. Nr. 7 (Erl. Nr. 1e), Anl. 3 lfd. Nr. 6 (Erl. Nr. 3) und Anl. 3 lfd. Nr. 10 (Erl. Nr. 3 Satz 2).

Halten und Parken § 12

2 Erläuterungen

Der ruhende Verkehr steht in seiner Bedeutung dem fließenden Verkehr nicht nach, weil die Transportfunktion nur dann aufrechterhalten werden kann, wenn am Ziel auch Parkraum verfügbar ist. Beschränkungen des ruhenden Verkehrs sind deshalb auch verkehrspolitische Steuerungsmittel für den fließenden Verkehr, wie Zonenhaltverbote zur Verkehrsverdünnung in Kernstadtgebieten oder Parkraumbewirtschaftung zur Begrenzung des Berufspendlerverkehrs.

2.1 Begriffe des ruhenden Verkehrs

2.1.1 Halten

Halten ist eine gewollte Fahrtunterbrechung, die nicht durch die Verkehrslage oder eine verkehrspolizeiliche Anordnung veranlasst worden ist (Rn. 1 VwV zu § 12). Halten wird dem **ruhenden Verkehr** zugerechnet und umfasst Anhalten, Sicherung des Fahrzeugs und Stillstand im Verkehrsraum. Halten ist unzulässig bei Haltverboten.

2.1.2 Warten

Warten ist (ungewollter) verkehrsbedingter, vorübergehender Stillstand aus Verkehrsgründen und wird dem **fließenden Verkehr** zugerechnet, z.B. bei Stau, Ampelrot, vor Zebrastreifen. Auf die Dauer des Wartens kommt es nicht an (OLG Karlsruhe DAR 2003, 473 = NZV 2003, 493 = VRS 105, 367). Der am Z. 283 „Wartende" verstößt deshalb nicht gegen das Haltverbot.

Begriffe des ruhenden Verkehrs

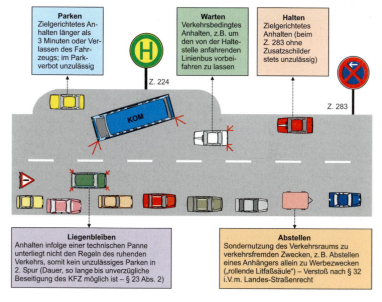

Es liegt auch kein Halten beim Aussteigen aus dem verkehrsbedingt wartenden Fahrzeug vor (OLG Düsseldorf NZV 1989, 81).

2.1.3 Parken

Das länger als drei Minuten dauernde (gewollte) Halten oder das Verlassen des Fahrzeugs innerhalb dieser Zeit führt zum Parken. Parken ist unzulässig bei Park- und Haltverboten. Halten ist kein Parken, wenn der Fahrer zwar aus dem Fahrzeug ausgestiegen ist, aber in der Nähe bleibt und jederzeit den Fahrersitz wieder einnehmen und wegfahren kann (BayObLG VRS 51, 459; OLG Stuttgart VersR 1974, 1133; 1975, 190). Wer sich indes von seinem Fahrzeug so weit entfernt, dass er die Verkehrslage nicht mehr übersehen kann, parkt, auch wenn er vor Ablauf von drei Minuten davonfährt (KG VRS 59, 228). Das gilt auch dann, wenn er sich zwar in der Nähe des Fahrzeugs befindet, dieses jedoch nicht mehr im Auge hat. Beim Halten bis zu drei Minuten auf einem Behindertenparkplatz liegt bereits bei kurzer Entfernung unzulässiges Parken vor, weil ein Behinderter jederzeit die Einfahrmöglichkeit auf den Parkplatz haben und auch kurze Zeit nicht warten muss (OLG Düsseldorf VerkMitt 1996 Nr. 86 = NZV 1996, 161; BVerwG VRS 103, 309).

2.1.4 Liegenbleiben

Bleibt das Fahrzeug infolge eines technischen Defektes stehen, liegt weder Halten noch Parken oder Warten vor. Vielmehr ist das Fahrzeug zu sichern und unverzüglich auf dem kürzesten Weg aus dem Verkehr zu ziehen (§§ 15, 15a, 16, 23 Abs. 2). Verbleibt das Fahrzeug im Halt- oder Parkverbot, obwohl die Beseitigung möglich wäre, wird aus dem „Liegenbleiben" unzulässiges Halten oder Parken.

2.1.5 Parken und Gemeingebrauch

Parken ist zulässig, wo es **nicht** durch Halt- oder Parkverbote eingeschränkt wird (OLG Düsseldorf VerkMitt 1986 Nr. 52 = DAR 1986, 157). Das bedeutet aber nicht, dass das Parken dort, wo es nicht ausdrücklich verboten ist, unbeschränkt erlaubt ist. Die Zulässigkeit des Parkens wird auch vom Gemeingebrauch nach Maßgabe der straßenrechtlichen Widmung bestimmt. Zum Gemeingebrauch gehört die Verkehrsüblichkeit und Gemeinverträglichkeit, d. h. die Bereitstellung eines KFZ zum Verkehr (ruhender Verkehr) und die Inbetriebnahme zur Ortsveränderung (fließender Verkehr). Es kommt hierbei entscheidend darauf an, zu welchem Zweck das Fahrzeug im öffentlichen Straßenraum stehen gelassen wird. Ist die Motivation darauf gerichtet, das Fahrzeug wieder in den fließenden Verkehr zu bringen, und ist das dem Fahrzeugführer auch tatsächlich möglich, bleibt das Parken gemeingebräuchlich. Erstreckt sich die straßenrechtliche Widmung für den Verkehr über die gesamte Straße (Regelfall), wäre z. B. unzulässiges Gehwegparken zwar nach § 12 Abs. 4 verboten, jedoch keine unzulässige Sondernutzung.

Kein Gemeingebrauch liegt hingegen vor, wenn die Straße **nicht** zu **Verkehrszwecken** benutzt wird. **Einzelfälle**: Lagerung von Gegenständen (§ 32 Abs. 1), Anbieten von Waren und Leistungen (§ 33 Abs. 1), Abstellen eines betriebsunfähigen oder nicht zugelassenen Fahrzeugs (OVG Münster VRS 107, 152: nicht mehr zugelassene „Rostlauben" sind darüber hinaus mit einem „roten Punkt" zu kennzeichnen und als Abfall zu entfernen), Umherfahren oder Parken allein zu Werbezwecken (OVG Hamburg VRS 98, 396: auch mit drehbarem halbkugelförmigem Dachaufsatz oder Schildern), Abstellen eines zugelassenen Anhängers allein zum Freihalten einer Grundstückszufahrt (VG Braunschweig DAR 2006, 351), Nutzung des Fahrzeugs als „rollende Litfaßsäule" (selbst wenn es alle zwei Wochen an einem anderen Ort abgestellt wird), Abstellen eines nur zum Urlaub in Betrieb genommenen Wohnwagens, eines nicht fahrberechtigten KFZ in einer Umweltzone nach Z. 270.1 (hier wird die Straße als „Abstellplatz" zu Lasten der Parkplatzsuchenden missbraucht). Kein Gemeingebrauch liegt auch trotz gelegentlicher Verkehrsteilnahme mit zeitweiliger Parkaufsicht ähnlich einer ortsfesten Werbeanlage vor (OVG Hamburg NZV 2004, 544; OVG Münster NZV 2004, 430 = DÖV 2004, 170; OVG Hamburg VRS 107, 73) oder beim Übernachten im Fahrzeug (OLG Schleswig-Holstein VerkMitt 2003 4 = NZV 2003, 347 = DAR 2003, 426: Wohnwagen; BayObLG VerkMitt 1983 Nr. 58; OLG Hamm DAR 1999, 226). Das Parken von KFZ einer Vermietfirma wird hingegen noch der Verkehrsüblichkeit zugerechnet, denn das Firmeninteresse ist gerade auf den Verkehrszweck „Inbetriebnahme" gerichtet (BVerwG VerkMitt 1983 Nr. 21 = VRS 63, 229). Ein Fahrzeug mit einer Verkaufsofferte gehört noch zum Gemeingebrauch, es sei denn, es wird ausschließlich zu diesem Zweck abgestellt, z. B. mit rotem Kennzeichen oder abseits vom Wohnort mit Verkaufsanzeige (KG VRS 111, 452; OVG Münster VerkMitt 2001 Nr. 51 = VRS 100, 228 = DAR 2001, 184 = NZV 2001, 533; OVG Koblenz DAR 1983, 30). Auch das überschaubare Dauerparken eines Fahrzeugs gehört noch zum Parken (BVerwG VRS 30, 468), z. B. während einer mehrwöchigen oder sogar mehrmonatigen Urlaubsfahrt (die Grenze dürfte bei max. einem halben Jahr liegen). Ist dem (alleinigen) Fahrer die Fahrerlaubnis entzogen worden und ihm die Inbetriebnahme seines auf der Straße geparkten Fahrzeuges (rechtlich) unmöglich, wird aus dem Parken jedoch unzulässiges Abstellen.[2]

Ist das Parken nicht mehr gemeinverträglich, liegt unzulässige **Sondernutzung** nach den Straßengesetzen der Länder oder des Bundes (FStrG) vor. Außerdem wird das Fahrzeug zum „Gegenstand" i. S. d. § 32 Abs. 1. Ist der Abstellvorgang mit einer abstrakten Behinderung verbunden, ist der Tatbestand des § 32 erfüllt. Die unzulässige Sondernutzung steht in Tateinheit mit § 32. Die Ahndung richtet sich dabei nach der Rechtsnorm, die die höchste Bußgelddrohung entfaltet (§ 19 Abs. 2 OWiG); das ist im Regelfall das Straßenrecht. Da die StVO und das Straßenrecht unterschiedliche Zielsetzungen haben, liegt keine Kollision mit Art. 31 GG vor (BGH VerkMitt 2002 Nr. 55 = NZV 2002, 238 = VRS 102, 220 = DAR 2002, 224).

2.2 Parkaufstellung und Vorrang

Das Ausgliedern aus dem fließenden Verkehr zum Halten oder Parken muss unter Vermeidung von Gefährdungen und unvertretbaren Behinderungen erfolgen (§ 1 Abs. 2); die Benutzung des Fahrtrichtungsanzeigers ist empfehlenswert, um dem Mitverkehr das Ausweichen zu ermöglichen.

---

2 Die Feststellung, ob ein Fahrzeug noch gemeingebräuchlich parkt oder „abgestellt" ist, bereitet in der polizeilichen Praxis häufig Schwierigkeiten. Infolgedessen sind objektive Anhaltspunkte zu ermitteln, die auf eine Sondernutzung hindeuten, wie Gestaltung des Fahrzeugs (Werbeaufbauten), Wahl des Abstellortes (zentrale Lage), Abstelldauer (Kreidestriche am Reifen), Art und Weise der Aufstellung (Sicht zum fließenden Verkehr), Entfernung zur Halterwohnung, Alter des Fahrzeugs („Rostlaube"), Verschmutzung, fehlender Reifendruck (OLG Münster VRS 109, 385).

2.2.1 Rechtsparkgebot

Zum Parken ist möglichst **weit rechts** anzuhalten, und zwar auf dem rechten Seitenstreifen (wozu auch der Parkstreifen gehört), sonst am rechten Fahrbahnrand in Fahrtrichtung (§ 12 Abs. 4 Satz 1);[3] beim Halten „in der Regel" gleichfalls. Dementsprechend ist das Parken auf Gehwegen, Mittelstreifen, Grünstreifen[4] oder sonst nicht für den Fahrzeugverkehr zugelassenen Flächen unzulässig (BVerwG VerkMitt 1993 Nr. 1 = VRS 84, 127 = DAR 92, 473 = BVerwG NJW 1993, 870). Das Gebot zum Parken auf Seitenstreifen gilt für alle Fahrzeuge, somit auch für Motorräder. Seitenstreifen dürfen nur dann zum Halten und Parken benutzt werden, wenn sie ausreichend befestigt sind. Da **Fahrräder** auf Gehwegen geschoben werden dürfen, dürfen sie auch dort abgestellt werden; das Parkverbot des § 12 Abs. 4 greift hier nicht.[5]

Das Abstellen motorisierter Zweiradfahrzeuge auf ausreichend breiten Gehwegen wird häufig im Wege der polizeilichen Opportunität geduldet, wenn weder Gefährdungen noch Behinderungen zu besorgen sind (§ 53 Abs. 1 OWiG).

2.2.2 Parken in Fahrtrichtung

Entsprechend der internationalen Regelung des Art. 23 Abs. 2 WÜ muss regelmäßig **parallel** (in Fahrtrichtung) zum Fahrbahnrand geparkt werden, weil dadurch beim Ein- und Ausparken die geringste Beeinträchtigung des fließenden Verkehrs eintritt; außerdem bleiben nachts die roten Rückstrahler erkennbar. Das gilt für alle Verkehrsarten, auch für Kleinst-PKW, Motorräder oder Mofas (KG NZV 1992, 249 = VRS 82, 374), selbst wenn sie beim unzulässigen Querparken nicht über die Kanten der längs aufgestellten Fahrzeuge in die Fahrbahn hineinragen. Schräg-, Quer- oder Senkrechtparken ist auch für Krafträder, außer bei Markierungen nach Anl. 2 lfd. Nr. 74, nur auf sehr breiten Straßen, Park- und Seitenstreifen zulässig, wenn der

---

3 Im Regelfall ist an die Bordsteinkante heranzufahren; „schlampiges" Einparken mit Abstand zur Bordsteinkante von 50 cm und mehr ist ein Verstoß gegen § 12 Abs. 4, vor allem dann, wenn der Verkehr dadurch behindert oder gefährdet werden kann. Weiterer Abstand zum Bordstein ist zulässig, wenn der Fahrbahnrand erheblich verschmutzt ist, Schlaglöcher aufweist oder die Türen infolge von Hindernissen (z. B. Höhe des Bordsteins, Baumschutzbügel, Schneehaufen) nicht geöffnet werden können.
4 Handelt es sich bei einem Grünstreifen um einen auch durch Sträucher nicht einmal Fußgängern zugänglichen Bereich, liegt eine „Privatfläche" vor, sodass unzulässiges Parken (nur) mit Mitteln des Privatrechts (§ 859 BGB) oder als Verstoß gegen kommunale Pflanzenschutznormen zu beanstanden ist (OLG Karlsruhe NZV 1993, 38).
5 Das „Parken" von Fahrrädern auf Gehwegen sieht das BVerwG als zulässig an (BVerwG VD 2004, 135 = NJW 2004, 1815 = NZV 2005, 333; OVG Lüneburg VerkMitt 2003 Nr. 72 = VRS 106, 144; VG Lüneburg VerkMitt 2003 Nr. 33 = VRS 104, 236 = NZV 2003, 255; siehe auch Kettler NZV 2003, 209 und SVR 2006, 276; Schulze-Werner VD 2006, 236; Rebler DAR 2009, 12,18). Ein Zonenhaltverbot mit dem Zusatzzeichen „auch Fahrräder" ist nicht geeignet, das Parken auf Gehwegflächen mit dem Ziel zu unterbinden, Fahrräder in eine kostenpflichtige Abstellanlage zu verweisen. Bei der Fassung der StVO 1970 spielte der Radverkehr nur eine geringe Rolle; der Verordnungsgeber hatte deshalb weder das Schieben von Fahrrädern auf Gehwegen noch das Abstellen besonders geregelt, weil die polizeiliche Opportunitätspraxis ausreicht, um Auswüchse zu verhindern. Da Fahrräder nach § 17 Abs. 4 bei Dunkelheit nicht unbeleuchtet auf der Fahrbahn stehen gelassen werden dürfen, folgt auch daraus die Zulässigkeit des Abstellens auf Gehwegen.

fließende Verkehr nicht behindert wird und die Verkehrsverhältnisse diese Aufstellungsart gestatten (KG NZV 1992, 249; KG VRS 82, 371: Folge aus dem Gebot des Platz sparenden Parkens nach § 12 Abs. 6). In solchen Bereichen dürfen auch Kleinst-PKW geringer Länge (z. B. Smart mit rd. 2,50 m) senkrecht zum Fahrbahnrand parken oder markierte Restflächen ausnutzen. Dort, wo auch Kleinst-PKW zulässigerweise nur in Längsrichtung geparkt werden dürfen, ist allerdings bei der Verkehrsüberwachung Augenmaß erforderlich, weil andernfalls eine rein formale Betrachtung schikanös wirken kann (AG Viechtach DAR 2005, 704).

Weiterhin ist am rechten Fahrbahnrand zu parken. Abweichungen vom **Rechtsparkgebot** sind nur bei Einbahnstraßen und bei rechts verlegten Straßenbahnschienen zulässig. Bei Einbahnstraßen darf rechts und links am Fahrbahnrand geparkt und gehalten werden, natürlich nur in Fahrtrichtung. Nur bei rechts verlegten Gleisen darf entgegen der Fahrtrichtung links geparkt werden. Bei rechts oder links verlegten Gleisen darf generell nicht geparkt oder gehalten werden (somit auch nicht in der Mitte). Handelt es sich bei Verkehrsflächen nicht um „Fahrbahnen" (z. B. Mischflächen verkehrsberuhigter Gebiete nach Z. 325), gilt § 12 Abs. 4 nicht; es darf somit entgegen der Fahrtrichtung geparkt werden (OLG Köln NZV 1997, 449 = VRS 94. 136 = DAR 1997, 411).

2.2.3 Parken auf Seitenstreifen

Befindet sich rechts von der Fahrbahn ein ausreichend befestigter Seiten- oder Parkstreifen (Parkbucht), ist dort zu parken (§ 12 Abs. 4). Die Art der Befestigung richtet sich nach dem Parkzweck („dazu" in § 12 Abs. 4 Satz 1). Für PKW reicht auch eine Fläche, die mit Kies oder Schotter sowie so genügende Tragfähigkeit besitzt, dass keine Schäden entstehen können (Pflasterung, Asphalt oder Beton ist nicht zwangsläufig notwendig). Die Art der Befestigung muss aber erkennbar dem Parken dienen, was nach der Örtlichkeit zu bestimmen ist. Randstreifen, die der **Straßenentwässerung** dienen, sind keine Seitenstreifen.[6]

Das Parken links auf der Fahrbahn links eines befestigten Seitenstreifens ist selbst dann unzulässig, wenn dadurch keine Parkstände verstellt werden. Ist auf der rechten Seite der Fahrbahn eine **durchgehende** Linie (Z. 295) aufgetragen, handelt es sich i. d. R. um eine **Fahrbahnbegrenzung.** Bleibt rechts vom Z. 295 Straßenraum frei, darf nicht links davon gehalten werden (Anl. 2 lfd. Nr. 68). Rechts von der Linie darf geparkt werden, wenn dieser Raum zum Parken vorgesehen ist oder langsame Fahrzeuge (z. B. Radfahrer) nicht behindert werden.

2.2.4 Parken an Mittelstreifen oder Verkehrsinseln

Mittelstreifendurchlässe auf Straßen sind weder Seitenstreifen noch Fahrbahnränder. Infolgedessen ist dort das Parken nach § 12 Abs. 4 unzulässig. Diese Durchlässe sind zwar Teil der Fahrbahn; rechter Fahrbahnrand ist jedoch nur der in Längsrichtung vorgesehene Straßenteil (KG VRS 72, 87; 80, 223). Das gilt auch für die Mittelstreifenköpfe oder Mittelinseln in Kreuzungsbereichen (auch hier ist somit das Parken unzulässig).

---

6 Zur Vermeidung von Bodenverdichtung empfiehlt sich für den Baulastträger, das Parken notfalls durch Pfosten, Baumstämme o. ä. Materialien zu unterbinden.

Parkverbot an Mittelstreifen und innerhalb von Kreuzungen

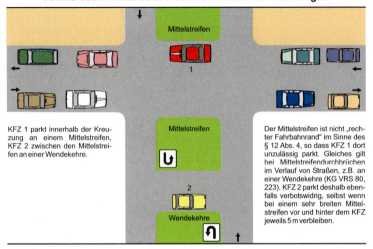

KFZ 1 parkt innerhalb der Kreuzung an einem Mittelstreifen, KFZ 2 zwischen den Mittelstreifen an einer Wendekehre.

Der Mittelstreifen ist nicht „rechter Fahrbahnrand" im Sinne des § 12 Abs. 4, so dass KFZ 1 dort unzulässig parkt. Gleiches gilt bei Mittelstreifendurchbrüchen im Verlauf von Straßen, z.B. an einer Wendekehre (KG VRS 80, 223). KFZ 2 parkt deshalb ebenfalls verbotswidrig, selbst wenn bei einem sehr breiten Mittelstreifen vor und hinter dem KFZ jeweils 5 m verbleiben.

2.2.5 Rückwärtsparken

Parkplätze dienen dem ruhenden Verkehr, sodass beim Rückwärtsparken das Gefährdungsverbot des § 9 Abs. 5 nicht gilt, wohl aber die Sorgfaltspflichten nach § 1 Abs. 2. Wer in eine Parklücke rückwärts einparkt, muss äußerste Vorsicht walten lassen, besonders dann, wenn ein neben der Parklücke stehendes Fahrzeug zur gleichen Zeit ebenfalls rückwärts ausparken will (OLG Hamm VRS 99, 70).

Ist Senkrechtparken zulässig, sollte vor allem an Parkbuchten entlang der Straße wegen der vermeidbaren **Abgasbelästigung** von Fußgängern nur mit der Vorderseite des KFZ zum Gehweg hin geparkt werden (§ 30 Abs. 1 Satz 1). Das ist insbesondere geboten, wenn Abgase in Souterrainwohnungen dringen können oder sich auf dem Gehweg spielende Kinder, Personen mit Kinderwagen, Rollstuhlfahrer oder Haustiere aufhalten. Mögliche Schwierigkeiten beim Ausparken müssen dann in Kauf genommen werden.[7]

2.2.6 Halten und Parken in zweiter Spur/Reihe (§ 12 Abs. 4)

Parken in zweiter Spur ist schlechthin **unzulässig**, auch wenn es dem Be- und Entladen dient (OLG Düsseldorf VerkMitt 1988 Nr. 41; BGH VerkMitt 1979 Nr. 4 = VRS 55, 462). Dasselbe gilt für Parken links neben einem befestigten Seitenstreifen oder einer Parkbucht (OLG Düsseldorf NZV 1989, 82), nicht jedoch bei Unbenutzbarkeit des Seitenstreifens, z. B. wegen Lagerung von Baumaterial (OLG Düsseldorf VRS 78, 218). Nur Taxen ist das Parken in zweiter Spur gestattet, um Fahrgäste ein- oder aussteigen zu lassen (Voraussetzung: keine Behinderung des Verkehrsflusses: § 12 Abs. 4 Satz 3). Hierzu gehören auch Nebenverrichtungen, z. B. Gepäckausladen. Demgegenüber

---

7 Ein nicht amtliches Hinweisschild ist oft hilfreich, um Kraftfahrer zum Vorwärtsparken zu veranlassen.

ist das **Halten** für alle anderen Fahrzeuge nur „**in der Regel**" verboten. Von der Regelfolge darf dann abgewichen werden, wenn in zumutbarer Entfernung kein Parkraum vorhanden ist, durch die Aufstellung in zweiter Reihe der Verkehrsfluss nicht behindert wird und das Interesse des Haltenden gegenüber der Regelabweichung überwiegt, z. B. bei Lieferung schwerer Güter (BGH VRS 38, 228 = DAR 1970, 110), dringender Verständigung über einen Fahrzeugmangel (KG VerkMitt 1973 Nr. 52), zur Orientierung auf einem Stadtplan (BayObLG VerkMitt 1972 Nr. 68; KG VerkMitt 1974 Nr. 15). **Außerdem** darf das Halten in zweiter Spur **nicht** länger als **drei Minuten** dauern, weil sonst aus dem Halten unzulässiges Parken wird. Bei extremem Parkdruck in Innenstädten wird Lieferverkehr außerhalb der Verkehrsspitzen in zweiter Reihe häufig von der Polizei aus Opportunitätserwägungen geduldet (§ 53 Abs. 1 OWiG), wenn der Verkehrsfluss nicht behindert wird. Andernfalls wären ausreichend große Lieferzonen durch Z. 286 auszuweisen, deren Überwachung häufig an Personalengpässen der Polizei scheitert.

2.2.7 Platz sparendes Parken (§ 12 Abs. 6)

Platz sparendes Parken erfordert eine angemessene Ausnutzung des Verkehrsraums dort, wo er knapp ist. Mehrmaliges Vor- und Zurücksetzen, um aus einer Parklücke herauszukommen, ist dabei zumutbar. Bloße Unbequemlichkeiten müssen in Kauf genommen werden. Die Grenze liegt bei vermeidbarer Blockierung des Ausparkenden (OLG Düsseldorf VerkMitt 1973 Nr. 108); 20 cm vorn und hinten kann zu gering sein. Die Vorschrift ist als Ordnungswidrigkeit qualifiziert.

2.2.8 Vorrang an einer Parklücke (§ 12 Abs. 5)

Der Vorrang an einer freien oder frei werdenden Parklücke steht dem zu, der sie zuerst **unmittelbar** erreicht, gleich ob er vorwärts oder rückwärts einparken will. Unmittelbar erreicht hat die Parklücke, wer sich mit seinem Fahrzeug, zumindest mit dem vorderen Teil, in gleicher Höhe mit der in seiner Fahrtrichtung liegenden Parklücke befindet. Der Vorrang bleibt

Vorrang an einer Parklücke

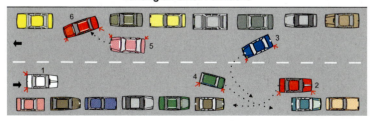

KFZ 1 wartet auf einen möglicherweise frei werdenden Parkstand. Sofern KFZ 1 länger als 3 Minuten hält, parkt es unzulässig in 2. Spur (§ 12 Abs. 4).
KFZ 2 „wartet", um rückwärts einparken zu können. Da es die Parklücke als Erster erreicht hat, muss KFZ 4 ihm das Einparken selbst dann ermöglichen, wenn KFZ 4 aus der Fahrbewegung heraus „zuerst" einfahren könnte (§ 12 Abs. 5).
KFZ 3 hat die Parklücke zwar eher als KFZ 2 erreicht, jedoch nicht „unmittelbar zuerst" (§ 12 Abs. 5 Satz 1). KFZ 2 darf deshalb vor KFZ 3 in die Parklücke einfahren.
KFZ 5 wartet, um in die frei werdende Parklücke von KFZ 6 einfahren zu können. Die Aufstellung zum unmittelbaren Einparken ist verkehrsrechtlich „Warten", selbst wenn das Einparken länger als 3 Minuten dauert. Wird jedoch der Verkehrsfluss unvertretbar behindert, muss KFZ 5 auf das Einparken verzichten (§ 1 Abs. 2).

selbst dann erhalten, wenn ein anderer auf der gegenüberliegenden Seite eher da war. Ebenso geht der Vorrang nicht verloren, wenn der Berechtigte an der Lücke vorbeifährt, um rückwärts einzuparken, oder sonst unmittelbar mit dem Einparken zusammenhängende Fahrmanöver ausführt, z. B. zum Schräg- oder Senkrechtparken. Der Vorrang besteht nicht beim **Warten** auf einen frei werdenden Parkstand auf der gegenüberliegenden Seite, weil von dort nicht unmittelbar eingeparkt werden kann (OLG Düsseldorf VerkMitt 1992 Nr. 59 = NZV 1992, 199). Hierbei ist Rücksichtnahme geboten (§ 1 Abs. 1), denn der Vorrang darf nicht zu einem „Kampf um den Parkplatz" eskalieren. Wer die Einfahrt dadurch erzwingt, dass er auf einen Fußgänger, der die Parklücke freihalten will, in gefährdender Weise zufährt, begeht eine strafbare **Nötigung** (OLG Düsseldorf VerkMitt 1978 Nr. 68; OLG Naumburg VerkMitt 1998 Nr. 37 = VRS 94, 338 = NZV 1998, 163: nicht aber bei sanftem Wegdrängeln). Andererseits behindert der Fußgänger den Einfahrenden unzulässig, nötigt ihn jedoch nicht. Die Behinderung rechtfertigt jedenfalls keine Notwehrhandlung (BayObLG NZV 1995, 327).

2.3 Haltverbote
2.3.1 Enge und unübersichtliche Straßenstellen (§ 12 Abs. 1 Nr. 1)

Das Haltverbot dient der Sicherheit und Leichtigkeit des Verkehrs. Die StVO unterscheidet zwischen Straßenstellen (§§ 8 Abs. 2, 12 Abs. 1 Nr. 1, 15, 27 Abs. 2, 36 Abs. 4) und Straßenstrecken (z. B. § 3 Abs. 1). In allen Fällen sind die Begriffe im natürlichen Wortsinn zu verstehen. **Eng** ist eine Straßenstelle, wenn durch haltende Fahrzeuge die Durchfahrt eines Fahrzeugs größtmöglicher Breite (2,55 m) zuzüglich eines Sicherheitsabstandes von mind. 0,5 m (je 0,25 m rechts und links) nicht mehr gewährleistet ist (OLG Düsseldorf VerkMitt 2000 Nr. 71 = NZV 2000, 340; VRS 98, 299; VerkMitt 1988 Nr. 41 = VRS 75, 66). KFZ, die dort unzulässig parken, können auch ohne konkrete

Haltverbot in scharfen Kurven

Im Bereich „scharfer Kurven" besteht Haltverbot (§ 12 Abs. 1 Nr. 2) nicht nur dann, wenn durch die Krümmung der Kurve keine Sicht auf den Gegenverkehr besteht, sondern auch dann, wenn infolge der Radien (Schleppkurve) ein gefahrloses Durchfahren des Kurvenbereichs nicht mehr möglich ist. KFZ 1 würde beim Einschwenken in die Kurve mit KFZ 2 kollidieren. KFZ 2 steht deshalb im Haltverbot. Das gilt auch für KFZ 3, weil sich das Haltverbot auf die Innen- und Außenseite der Kurve erstreckt.

Durch § 12 Abs. 1 Nr. 2 ist das Halten in der Kurve, im „Bereich" davor und dahinter verboten, wenn dadurch Gefahren in der Kurve auftreten können. LKW 1 muss zum Befahren der Kurve nach rechts ausschwenken. KFZ 4, 5, 6 und 7 verhindern dies und parken verbotswidrig.

Behinderung abgeschleppt werden (VG Berlin VerkMitt 1998 Nr. 80), auch dann, wenn der verbleibende Raum zwar für PKW, nicht aber für LKW ausreicht. Ist der zwischen zwei parkenden KFZ verbleibende Fahrraum geringer als 3 m, muss auch der zuerst dort Parkende den Raum freimachen (OLG Köln VRS 34, 312). **Unübersichtlichkeit** ist dann gegeben, wenn aus der Sicht des fließenden Verkehrs nicht zuverlässig beurteilt werden kann, ob der davor befindliche Verkehrsraum frei ist, z. B. an Gefällstrecken hinter Straßenkuppen, bei Fahrbahnverschwenkungen, engen Kurven, Baustellen.

2.3.2 Bereich scharfer Kurven (§ 12 Abs. 1 Nr. 2)

Ob eine Kurve scharf ist, hängt vom Radius der Krümmung ab, die eine Behinderung bewirken kann (insbesondere bei langen LKW mit unterschiedlichen Schleppkurven). Das Verbot gilt für die Außen- und Innenseite sowie vor und hinter („im Bereich") der Kurve. Dass die Kurve unübersichtlich ist, wird selbst nicht gefordert. Der Wendekopf einer Sackgasse ist keine Kurve nach § 12 Abs. 1 Nr. 2, sodass ein Haltverbot nur nach § 12 Abs. 1 Nr. 1 bei engen oder unübersichtlichen Wendeschleifen in Betracht kommt (OLG Brandenburg VerkMitt 2004 Nr. 35 = DAR 2004, 282 = VRS 106, 307 = NJW 2004, 961).

2.3.3 Auf Einfädelungs- und Ausfädelungsstreifen (§ 12 Abs. 1 Nr. 3)

Einfädelungs- und Ausfädelungsstreifen entsprechen den Begriffen Beschleunigungs- und Verzögerungsstreifen.[8] Das Verbot gilt für alle Straßen mit Einfädelungs- oder Ausfädelungsstreifen. Auf Autobahnen oder Kraftfahrstraßen ist nach den Z. 330.1 oder 331.1 das Halten nach § 18 Abs. 8 ohnehin unzulässig; § 12 Abs. 1 Nr. 3 tritt dort zurück.

2.3.4 Auf und 5 m vor Fußgängerüberwegen (Anl. 2 lfd. Nr. 66 zu § 41)

Das Haltverbot dient der **Sicht** auf den Fußgängerüberweg („Zebrastreifen") und gilt **auf** und 5 m **vor** dem Überweg (§ 26, Z. 293); nicht dahinter und auch nicht für sonstige Überquerungsmöglichkeiten für Fußgänger, wie Fußgängerfurten mit LZA. Die Entfernung ist von der Markierung ab rückwärts zu messen; bei schräg verlaufenden Überwegen von der Fahrbahnkante aus. Sofern Überwege entgegen den R-FGÜ noch über Gleise verlaufen, ist das Halten auf Zebrastreifen auch für Straßenbahnen verboten (BGH VerkMitt 1975 Nr. 98 = VRS 49, 243). Für **Fußgängerfurten**, die sich außerhalb der 5-Meter-Grenze vor Kreuzungen oder Einmündungen (§ 12 Abs. 3 Nr. 1) befinden, gibt es kein besonderes Halt- oder Parkverbot. Das Halten ist dann unzulässig, wenn dadurch Fußgänger (konkret) behindert werden (§ 1 Abs. 2).

2.3.5 Auf Bahnübergängen (§ 12 Abs. 1 Nr. 4)

Haltverbot besteht auf den nach § 19 bezeichneten höhengleichen Übergängen.[9] Haltverbot gilt aber auch dann, wenn die Gleise Bestandteil der Fahrbahn sind und dieser Raum durch Andreaskreuze gesichert ist.

---

8 Die StVO verwendet hier die eingeführten verkehrstechnischen Begriffe der Einfädelungs- und Ausfädelungsstreifen; materiell-rechtliche Änderungen sind damit nicht verbunden.
9 Das Haltverbot „auf" Bahnübergängen ist nicht bei Zeichen 201 eingefügt, weil das Andreaskreuz nicht den „Bahnübergang", sondern nur den Vorrang des Schienenverkehrs regelt; das Haltverbot bleibt deshalb in § 12 Abs. 1 Nr. 4 bestehen.

Haltverbot an Fußgängerüberwegen

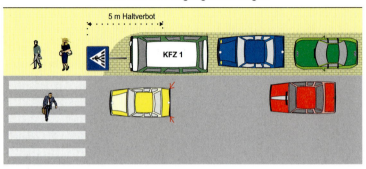

Auf und 5 m vor Fußgängerüberwegen (Z. 293) gilt zur besseren Sicht auf querende Fußgänger Haltverbot (§ 26 Abs. 3). Das Haltverbot bezieht sich auf die Fläche unmittelbar vor der „Markierung", somit nicht auf den Parkstreifen unmittelbar vor dem Überweg. Sofern dort durch parkende Fahrzeuge (KFZ 1) die Sicht auf Fußgänger beeinträchtigt ist, müsste die Verkehrsbehörde das Parken durch eine Sperrfläche nach Z. 298 auf dem Parkstreifen unterbinden.

2.3.6 In absoluten Haltverboten (Anl. 2 lfd. Nr. 62 zu § 41 – Z. 283)

Das Z. 283 dient nicht nur der Flüssigkeit, sondern auch der Sicherheit des Verkehrs, z. B. dem Schutz querender Fußgänger (BGH VerkMitt 1983 Nr. 57). Das Haltverbot beginnt ab dem Schild und endet an der nächsten Kreuzung oder Einmündung der gleichen Straßenseite; ebenso beim eingeschränkten Haltverbot nach Z. 286 (Anl. 2 lfd. Nr. 61, Erl. Nr. 1 Satz 2). Enden kann das Haltverbot auch ohne Zusatzzeichen „Ende", wenn der Grund für die Freihaltung der Verkehrsfläche eindeutig erkennbar ist, z. B. im Kurvenbereich, an Baustellen. Notfalls ist der Haltverbotsbereich durch weiße Anfangs- und Endpfeile im Z. 283 zu kennzeichnen. Bei längeren Haltverbotsstrecken sollte innerorts das Haltverbot im Interesse der Sichtbarkeit nach 100 m, außerhalb nach 200 m wiederholt werden (weißer Doppelpfeil im Z. 283). Das Verbot bezieht sich nur auf Haltvorgänge auf der Fahrbahn und nur auf die Straßenseite, auf der das Schild steht; auf Seitenstreifen (Parkbuchten) darf somit gehalten werden. Soll auch der Seitenstreifen in das Haltverbot einbezogen werden, muss das Zusatzzeichen 1053-33 (Symbol eines durchgestrichenen PKW) mit Z. 283 kombiniert werden (Anl. 2 Lfd. Nr. 63,1). Durch Zusatzzeichen 1053-35 „auf dem Seitenstreifen" wird das Haltverbot auf diesen Straßenteil beschränkt, nicht aber auf sonstige Flächen außerhalb der Fahrbahn, wie Parkflächen oder Ladebuchten (OLG Jena DAR 2008, 156 = NZV 2008, 215 = OLG Jena VRS 113, 368: Schotterfläche; OLG Jena VerkMitt 1998 Nr. 46 = NZV 1998, 166). Wird im Bereich eines Z. 283 auf dem Gehweg unzulässig geparkt, liegt ein Verstoß nach § 12 Abs. 4 Satz 1, nicht aber gegen Z. 283 vor (BGH VRS 84, 127).

Z. 283 kann auch aus Gründen der öffentlichen Sicherheit angeordnet sein, z. B. zur Verhütung von Brandanschlägen auf Gebäude. In solchen Fällen ist die Umsetzung (Abschleppen) des KFZ zulässig. Haltverbote sind keine enteignungsgleichen Eingriffe, gegen die Anlieger klagen können (VGH Mannheim NZV 1990, 406).

2.3.7 In eingeschränkten Haltverboten (Anl. 2 lfd. Nr. 63 zu § 41 – Z. 286)

a. Im eingeschränkten Haltverbot darf **bis zu drei Minuten** gehalten werden, wobei es auf den Zweck des Haltens nicht ankommt. Anders als bei § 12 Abs. 2 darf das Fahrzeug auch „verlassen" werden, denn § 12 Abs. 2 grenzt nur das Halten zum Parken ab, während Z. 286 das **zweckfreie Halten** bis zu drei Minuten erlaubt.

Das Z. 286 erlaubt das **Aus- oder Einsteigen**(-lassen!) sowie das **Be- oder Entladen**, einschließlich **Nebenverrichtungen**. Das sind solche Tätigkeiten, die wegen der notwendigen Zugehörigkeit zum Be- oder Entladen bzw. zur Aufnahme oder zum Absetzen von Fahrgästen als Bestandteil des Haltens erscheinen, z. B. Bezahlen und Kontrolle der Waren oder des Fahrpreises, Abschluss von Bestellungen, Begleitung behinderter Personen bis zur Haustür (BGH VRS 40, 180; BayObLG VerkMitt 1979 Nr. 59 = DAR 1979, 138 = VRS 57, 140). Die Dauer der Nebenverrichtungen darf **15–20 Minuten** nicht übersteigen. Da sich das Ein- und Aussteigen auf Fahrgäste bezieht, verstößt der Fahrer gegen Z. 286, wenn nur er „aussteigt" und später als drei Minuten wieder „einsteigt". Andererseits ist das Ein- oder Aussteigen, Be- oder Entladen zeitlich nicht beschränkt, es muss nur ohne Verzögerung durchgeführt werden (Anl. 2 lfd. Nr. 63, Erl.). Hinsichtlich der transportierten Sachen muss deren **Größe und Gewicht** die Beförderung mit einem KFZ erforderlich machen; d. h. leichte gewöhnliche Gegenstände rechtfertigen nicht die Inanspruchnahme der Ladezone (OLG Karlsruhe VerkMitt 1975 Nr. 26 = VRS 49, 216). Auch die physische Leistungsfähigkeit des Transporteurs, der besondere **Wert** oder die **Empfindlichkeit** der Gegenstände (z. B. hohe Geldbeträge, medizinische Präparate) sind zu berücksichtigen. Zu unterscheiden von der „Ladeerlaubnis" ist die Erlaubnis „Lieferverkehr frei", die durch Zusatzzeichen 1026-35 in Fußgängerbereichen gewährt wird. Sie gestattet Fahrzeugverkehr zur Versorgung und Entsorgung der Geschäfte und Betriebe (OVG Lüneburg, VerkMitt 1981 Nr. 61). Zum zulässigen Be- und Entladen gehört auch der Austausch von Ladungsträgern (OLG Frankfurt/M. DAR 1995, 457). Das Zusatzzeichen

Geltungsbereich des Haltverbots

Z. 283 mit Zusatzschild 1053-33 verbietet das Halten „auch" auf den Seitenstreifen. KFZ 1 hält deshalb verbotswidrig. Das Haltverbot auf der rechten Fahrbahnseite gilt nur für die Fahrbahn, nicht für die Parkbucht (sie ist „Seitenstreifen", keine Fahrbahn – § 2 Abs. 1 Satz 2). KFZ 2 hält verbotswidrig (Verstoß gegen Z. 283), KFZ 3 verstößt gegen § 12 Abs. 4. Z. 283 gilt außerdem nur bis zur Kreuzung (§ 41 Abs. 2 Nr. 8 b); KFZ 4 parkt deshalb zulässig.

1042-30 „**werktags**" schließt auch den **Sonnabend** ein (OLG Hamm VerkMitt 2001 Nr. 91 = NZV 2001, 355 = DAR 2001, 376 = VRS 100, 468; OLG Hamburg VerkMitt 1984 Nr. 73 = DAR 1984, 157 = VRS 66, 379; kritisch Ortbauer DAR 1995, 463).

2.3.8 Im Z. 290 – Zonenhaltverbot (Anl. 2 lfd. Nr. 64)

Das **Zonenhaltverbot** enthält zur Vermeidung von Schilderhäufungen eine flächendeckende Regelung des eingeschränkten Haltverbots. Anders als bei Z. 283/286 endet es somit nicht an jedem Knotenpunkt, sondern gilt vom Beginn bis zu seiner Aufhebung durch das Z. 292 (Anl. 2 lfd. Nr. 65) innerhalb des gesamten gekennzeichneten Gebietes. Wegen des Sichtbarkeitsgrundsatzes sollte das Gebiet aber überschaubar bleiben, weil eine Wiederholung des Z. 290 rechtlich ausgeschlossen ist. Die zusätzliche Verdeutlichung flächendeckender Parkverbote durch farbige Bordsteinmarkierungen (z. B. in Blau) kann die notwendige Bestimmbarkeit des Verbotsgebietes beeinträchtigen (Verletzung des Sichtbarkeitsgrundsatzes) und deshalb zur Rechtswidrigkeit führen (BVerwG DAR 1993, 191). Das Zeichen steht meist in Verbindung mit einer Parkscheibe (Anl. 3 lfd. Nr. 22 – Bild 318). Ist der zeitliche Aufenthalt durch Zusatzzeichen beschränkt, z. B. Z. 290 mit Parkscheibe „3 Stunden", muss der Bereich danach verlassen werden; das „Umparken" lediglich auf einen anderen Parkstand oder in eine andere Straße innerhalb des Gebietes ist unzulässig. Z. 290 kann auch ohne „Kurzparkregelung" angeordnet werden. In diesem Fall ist die Bedeutung mit Z. 286 deckungsgleich. Innerhalb der Zone bleiben die sonstigen Halt- und Parkverbote unberührt (§ 13 Abs. 2 Satz 2 und 3); deshalb müssen evtl. vorhandene Parkuhren bedient und sonstige Halt- oder Parkverbote respektiert werden.

2.3.9 An Fahrbahnbegrenzungen (Anl. 2 lfd. Nr. 68 zu § 41 – Z. 295)

Bei Z. 295 besteht links von der **Fahrbahnbegrenzung** Haltverbot, wenn rechts vom Z. 295 ausreichender Straßenraum frei bleibt (Seitenstreifen oder befestigter Randstreifen). Ist Z. 295 hingegen **Fahrstreifenbegrenzung**, darf nur dann auf der Fahrbahn **geparkt** werden, wenn zwischen dem KFZ und Z. 295 mindestens 3 m verbleiben. Entsprechendes gilt bei der Ausgestaltung des Z. 295 als **Doppellinie** (Anl. 2 lfd. Nr. 69).

2.3.10 Auf markierten Richtungspfeilen (Anl. 2 lfd. Nr. 70 zu § 41 – Z. 297)

Das Haltverbot bei Richtungspfeilen auf der Fahrbahn (Z. 297) gilt für alle Fahrstreifen und **beginnt** mit dem Ende des vom Fahrer zuerst erreichten Richtungspfeils. Dem Haltverbot unterliegen allerdings nur Markierungen, bei denen sich Pfeile zwischen Z. 295 oder Z. 340 befinden, nicht jedoch empfehlende Pfeilmarkierungen (s. § 41 Erl. zu Z. 297).

2.3.11 Auf Grenzmarkierungen (Anl. 2 lfd. Nr. 73 zu § 41 – Z. 299)

Eine Grenzmarkierung für Halt- (und Park-) Verbote bezeichnet, verlängert oder verkürzt **bestehende** Haltverbote. Sie hat deshalb nur Wirkung in Verbindung mit einem Haltverbot; isoliert ist die Grenzmarkierung unbeachtlich (OLG Düsseldorf VRS 74, 68).

2.3.12 An Dauerlichtzeichenanlagen (§ 37 Abs. 3 Satz 2 und Abs. 5)

a. Dauerlichtzeichen wechseln je nach den Verkehrsbedürfnissen. **Vor** den rot gekreuzten Balken besteht Haltverbot, weil andernfalls beim Wechsel

Dauerlichtzeichen

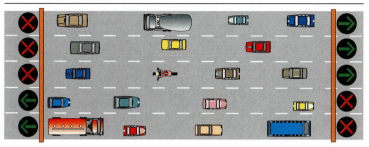

Die wechselseitige „Bewirtschaftung" von Fahrstreifen je Fahrtrichtung mit der größten Verkehrsdichte erfolgt durch Dauerlichtzeichen (§ 37 Abs. 3), z.B. in der Frühspitze 3 Fahrstreifen für eine Richtung, nachmittags im Berufsverkehr umgekehrt. Grüne Pfeile geben den Verkehr für den betreffenden Fahrstreifen frei, rote gekreuzte Signalbalken sperren den Fahrstreifen, schräg nach unten gerichtete gelbe Pfeile gebieten, den Fahrstreifen in Pfeilrichtung zu wechseln; dabei ist das Gefährdungsverbot des § 7 Abs. 5 zu beachten. Zur Aufrechterhaltung der Flüssigkeit des Verkehrs besteht Haltverbot auf allen Fahrstreifen (§ 12 Abs. 1 Nr. 6 f).

von einem grünen Pfeil auf Rot der Fahrstreifen für den rückwärtigen Verkehr blockiert wird (§ 37 Abs. 3 Satz 2). Vor grünen oder gelb blinkenden Pfeilen besteht aber weder Halt- noch Parkverbot.

b. Durch Dauerlichtzeichen werden wechselseitig Fahrstreifen je nach den Verkehrsbedürfnissen (Spitzenzeiten) freigegeben oder gesperrt. Im Interesse der Verkehrsflüssigkeit darf dort nicht gehalten werden (§ 37 Abs. 5). Das Haltverbot bezieht sich auf die gesamte Strecke der Dauerlichtzeichenanlage, die durch rote Kreuze, gelb blinkende Pfeile und grüne Pfeile „bewirtschaftet" wird. Ohne Haltverbote wäre die verkehrstechnische Regelung nicht realisierbar, weil vor jedem Signalwechsel der Dauerlichtzeichenanlage zuerst die Fahrstreifen bzw. Fahrbahn von haltenden oder parkenden Fahrzeugen freizumachen wäre.

2.3.13 Vor Licht- und Vorfahrtzeichen

(§ 37 Abs. 1 Satz 2; Anl. 2 lfd. Nr. 1 – Z. 201; Anl. 2 lfd. Nr. 2 – Z. 205; Anl. 2 lfd. Nr. 3 – Z. 206, jeweils Nr. 2 der Spalte Ge- oder Verbot zu § 41)

Das Haltverbot gilt nur, wenn Lichtsignale sowie die Zeichen 201 (Andreaskreuz), 205 (Vorfahrt gewähren) oder 206 (Stoppschild) **konkret** verdeckt werden, z.B. durch LKW, KOM. Die LZA muss betriebsbereit sein, d.h. Lichtsignale abstrahlen. Ist die LZA außer Betrieb (z.B. nachts oder während Wartungsarbeiten), besteht zwar kein Haltverbot. Zu beachten ist jedoch, dass sich am Signalmast meist auch die vorfahrtregelnden Zeichen befinden können, die ebenso wenig verdeckt werden dürfen wie die Signale, wenn die Anlage wieder eingeschaltet wird. Auch Sondersignale für Radfahrer oder an Busspuren, die meist niedriger angebracht sind, sowie bahntechnische Signalanlagen gehören zu den Lichtzeichenanlagen und dürfen nicht verdeckt werden. Stehen Fahrzeuge weiter als 10 m entfernt, besteht kein Haltverbot, selbst wenn sie Lichtsignale, die Z. 201, 205 oder 206 verdecken. Nach § 1 Abs. 2 StVO darf jedoch niemand gefährdet werden. Würde es deshalb, z.B. bei einer besonders niedrigen Ampel oder Beschilderung zu einer Sichtbehinderung kommen, kann sich daraus die Pflicht ergeben, das Fahrzeug weiter entfernt abzustellen.

2.3.14 Vor und in Feuerwehrzufahrten (§ 12 Abs. 1 Nr. 5)

Feuerwehrzufahrten sind befestigte Flächen, deren Freihaltung aus Gründen des Brandschutzes notwendig ist. Haltverbot besteht nur **vor** und **in amtlich** gekennzeichneten Zufahrten (eine bauliche Hervorhebung ist nicht erforderlich). Hierzu gehören auch Durchfahrten, die sonst nicht vom Fahrzeugverkehr benutzt werden (z. B. Feuerwehrzufahrten zu Hinterhöfen). Das Haltverbot gilt jedoch nur für denjenigen Teil der Feuerwehrzufahrt, der mindestens faktisch öffentlich ist. Wird hingegen der private Teil der Feuerwehrzufahrt verstellt, kann nur privatrechtlich gegen den „Falschparker" vorgegangen werden (OLG Köln NZV 1994, 121: Beseitigung einer Besitzstörung – § 859 BGB).

Beispiel amtlicher Kennzeichnung

Feuerwehrzufahrt   **Feuerwehrzufahrt**

Amtliche Schilder sind nur solche, die nach den landesrechtlichen Bauordnungen oder den Vorschriften der örtlichen Gemeinde von den Brandschutzbehörden angeordnet werden. „Feuerwehraufstellflächen" begründen ebenso wie private Schilder deshalb keine Haltverbote, auch wenn sie ähnlich wie amtliche Schilder aussehen (KG NZV 92, 291; KG VRS 88, 215).

2.3.15 An Taxenständen (Anl. 2 lfd. Nr. 15 zu § 41 – Z. 229)

Z. 229 begründet an Taxenständen Haltverbot. Es dient der Gewährleistung eines möglichst reibungslosen Taxenverkehrs vor unberechtigt haltenden oder parkenden Fahrzeugen. Das Zeichen ist am Anfang der Verbotsstelle, bei mehr als fünf Taxenständen auch am Ende aufzustellen. Steht das Z. 229 nur am Beginn, sind die Taxenstände zu markieren. Das Verbot gilt nicht für betriebsbereite Taxen, wohl aber für Taxen, die nach Schichtende keine Fahrgäste mehr aufnehmen.

2.3.16 Auf Autobahnen und Kraftfahrstraßen (§ 18 Abs. 8)

Haltverbot besteht auf allen der Sicherheit und Leichtigkeit des Autobahnverkehrs dienenden Flächen (OLG Braunschweig VRS 32, 475), somit nicht nur auf den Fahrbahnen, sondern auch auf den Zu- und Ausfahrten und den Seitenstreifen („Standspuren") dürfen nur unter Notgesichtspunkten benutzt werden, z. B. bei einer Panne). Kein Haltverbot besteht auf Rast- oder Parkplätzen (OLG Koblenz NZV 1994, 83), selbst wenn nur ein Teil der Flächen gesondert zum Parken ausgewiesen ist (BGH VerkMitt 1980 Nr. 33; OLG Düsseldorf 1995, 347). In Nothaltebuchten darf nur bei Pannen oder Notfällen gehalten werden. Gleiches gilt bei den mit Z. 328 in Tunneln gekennzeichneten Flächen (Anl. 3 lfd. Nr. 15).

2.3.17 Taxen auf Bussonderfahrstreifen
(Anl. 2 lfd. Nr. 25 zu § 41, Erl. Nr. 2 – Z. 245)

Soweit Taxen das Befahren der durch Z. 245 ausgewiesenen „Busspuren" gestattet ist, dürfen sie nur zum Aus- oder Einsteigenlassen an den mit Z. 224 gekennzeichneten Haltestellen kurz halten. Zulässig sind dabei nur die unbedingt notwendigen Nebenverrichtungen (Bezahlen und Gepäckausladen). Taxen, die als Kurier-, Lotsen- oder Mietfahrzeuge eingesetzt werden, dürfen weder Busspuren benutzen noch an Haltestellen halten. Soweit Busse des Gelegenheitsverkehrs oder Krankenkraftwagen durch Zusatzzeichen auf Busspuren zugelassen sind, dürfen sie generell dort nicht halten, weil lange Aus- und Einsteigvorgänge selbst an Haltestellen zu erheblichen Störungen des Linienverkehrs führen.

2.3.18 Haltverbot im Fahrbereich von Schienenfahrzeugen (§ 12 Abs. 4)

Es handelt sich hierbei um solche Bereiche, wo sich Straßenbahngleise links am Fahrbahnrand befinden. Dort verkehren auch Straßenbahnen außerhalb der Betriebszeiten (z. B. Werkstattwagen), sodass das Haltverbot von daher seine Berechtigung hat.

2.3.19 Haltverbot in Kreisverkehrsplätzen (Anl. 2 lfd. Nr. 8 zu § 41 – Z. 215)

Haltverbot auf den Fahrbahnflächen innerhalb eines Kreisverkehrsplatzes besteht nur, wenn vor dem Kreis das Z. 215 steht. Auf anderen Kreisplätzen ohne Z. 215 darf geparkt werden, sofern die Fahrbahnbreite dies zulässt.

2.3.20 Halten bei Verkehrsverboten

Dort, wo Verkehrsverbote (**Benutzungsverbote**) für bestimmte Straßenteile angeordnet sind, darf weder gehalten noch geparkt werden, z. B. Sperrflächen (Z. 298), Busspuren (Z. 245), Straßenbaustellen, Umweltzonen (Z. 270.1), Radfahrstreifen, durch Z. 250 bis 266 oder Sperreinrichtungen (§ 43 Abs. 3, Anl. 4 lfd. Nr. 1 bis 7) gesperrte Straßenflächen. In durch Z. 327 gekennzeichneten Tunneln folgt das Haltverbot aus der Verweisung auf Nothalte- oder Pannenbuchten (Anl. 3 lfd. Nr. 15). Entsprechendes gilt in Landschaftsschutz- und Waldgebieten, sofern landesrechtliche Regelungen die Benutzung durch KFZ verbieten (OLG Düsseldorf NZV 1997, 189). Halt-

Haltverbot auf rechts verlegten Gleisen

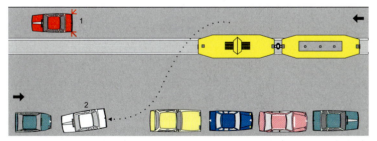

Bei rechts verlegten Gleisen besteht im Fahrraum von Schienenfahrzeugen Haltverbot (§ 12 Abs. 4 Satz 4). Der Fahrraum besteht aus den Schienen sowie einem angemessenen (seitlichen) Sicherheitsabstand von etwa 1,5 m rechts und links. Am rechten Fahrbahnrand darf deshalb nur dann gehalten werden, wenn zwischen den Schienen und der linken Fahrbahnkante ein Raum von mindestens 1,5 m verbleibt. Da Betriebsfahrten der Straßenbahnen auch nachts stattfinden können, muss der Fahrraum auch außerhalb der Betriebszeiten öffentlicher Verkehrsmittel frei bleiben. KFZ 1 darf auf den Schienen auch zur Aufnahme von Fahrgästen nicht kurzfristig halten, selbst wenn keine Straßenbahn in Sicht ist.

Bei rechts verlegten Gleisen darf links gehalten und geparkt werden (§ 12 Abs. 4 Satz 4). Abgesehen von verkehrsberuhigten Bereichen (Z. 325) handelt es sich um den einzigen Fall, wo entgegen der Fahrtrichtung geparkt werden darf (KFZ 2).

oder Parkverbote können auch bei Störungen der **öffentlichen Sicherheit** erlassen und über die Medien bekannt gemacht werden, z. B. zum Schutz von Objekten oder bei allgemeiner Gefahrenlage, wie Überschwemmungen. Hier bedarf es keiner gesonderten Beschilderung; das Haltverbot ergibt sich dann unmittelbar aus der veröffentlichten Anordnung (§ 45 Abs. 1b Nr. 4 i.V.m. Abs. 4).

2.4 Parkverbote

2.4.1 Fünf Meter vor und hinter Kreuzungen und Einmündungen
(§ 12 Abs. 3 Nr. 1)

Das Parkverbot dient der Sicht auf den Knotenpunkt sowie der unbehinderten Fußgängerquerung. Die Berechnung der 5-m-Grenze erfolgt von den **Schnittkanten** aus. Bei abgerundeten Einmündungen, deren Bogen weiter als 5 m vom Schnittpunkt der gedachten Verlängerung der Fahrbahnkanten beginnt oder endet, darf nicht näher als 5 m am verlängerten Fahrbahnrand einer der beiden Straßen geparkt werden (BayObLG VerkMitt 1981 Nr. 21 = VRS 59, 375 = DAR 1981, 22). Parken ist nicht nur 5 m vor und hinter Einmündungen, sondern auch in ihnen unzulässig (OLG Düsseldorf VerkMitt 1988 Nr. 22; KG VRS 72, 127; 80, 334). Andererseits wird ein Parkverbot weder in der Kreuzung noch gegenüber von Einmündungen begründet. Wird der Verkehr trotz Einhaltung der 5-m-Grenze beeinträchtigt, ist das Parken als unvermeidbare Behinderung zulässig; allerdings können die Verkehrsbehörden durch Beschilderung (Z. 283) oder Markierung (Z. 299) den notwendigen Raum schaffen. Das Parkverbot gilt wegen der Zufahrt von Sonderrechtsfahrzeugen auch an Einmündungen von Straßen, die für alle Fahrzeuge gesperrt sind (OLG Oldenburg VRS 48, 146). Ebenso für Kreuzungen und Einmündungen mit Vorrang aus § 10. Mündet z.B. ein verkehrsberuhigter Bereich (Z. 325/326) in eine andere Straße, gilt dort die 5-m-Grenze; für die zuführende verkehrsberuhigte Straße gilt das Parkverbot des Z. 325. Parkverbot gilt auch beim zugelassenen Gehwegparken durch Z. 315, wenn der Parkbereich bis an die Schnittkanten des Knotenpunktes reicht.

2.4.2 Bei Verhinderung der Benutzung gekennzeichneter Parkflächen
(§ 12 Abs. 3 Nr. 2)

Gekennzeichnete Parkflächen sind diejenigen Teile öffentlicher Verkehrsflächen, die mit Z. 314, Z. 315, durch Parkstandmarkierung nach Anl. 2 lfd. Nr. 74, durch Parkuhren oder mit Z. 286 nebst Zusatzzeichen zu Gunsten Schwerstgehbehinderter oder Anwohner ausgewiesen sind. Durch das Parkverbot soll die Benutzung dieser Parkflächen gewährleistet werden. Hinsichtlich der Behinderung ist § 12 Abs. 3 Nr. 2 Spezialregelung zu § 1 Abs. 2. Sofern keine Verkehrsbehinderung eintritt und keine ausschließende Beschilderung vorhanden ist, darf außerhalb der gekennzeichneten Parkfläche geparkt werden, z.B. auf Restflächen von Parstandmarkierungen, auch bei Z. 283 mit Zusatzzeichen „außerhalb gekennzeichneter Parkflächen" (OLG Hamm DAR 2005, 523).

2.4.3 Vor Grundstückszufahrten und schmalen Fahrbahnen gegenüber
(§ 12 Abs. 3 Nr. 3)

Das Verbot dient dem **Schutz** des Ein- und Ausfahrt**berechtigten**; ihm und den von ihm Ermächtigten (z.B. Mietern des Grundstücks) gegenüber gilt

Parkverbot an Grundstückszufahrten

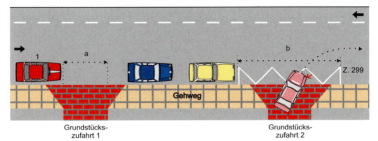

Grundstücks-zufahrt 1   Grundstücks-zufahrt 2

Das Parkverbot an Grundstückszufahrten dient dem Schutz des Zufahrtberechtigten. Es gilt nur unmittelbar für die Grundstückszufahrt selbst, somit auf einer Strecke, die so lang wie die Breite der Zufahrt oder des Tores ist (Strecke a). KFZ 1 steht somit noch nicht im Parkverbot. Allerdings gilt auch hier § 1 Abs. 1: Ist ausreichender Parkraum vorhanden, gebietet die Rücksichtnahme die Freihaltung des schwalbenschwanzförmig abgesenkten Bereichs.

Wird die gesamte Länge des schwalbenschwanzförmig abgesenkten Zufahrtsbereichs zum Aus- und Einfahren benötigt, muss das Parkverbot durch eine Grenzmarkierung nach Z. 299 (Strecke b) oder durch eingeschränkte Haltverbote nach Z. 286 mit Anfangs- und Endpfeilen verlängert werden. Das Parkverbot des § 12 Abs. 3 Nr. 3 gilt dann für die gesamte Strecke b.

es mangels eines Schutzbedürfnisses nicht (BayObLG VerkMitt 1975 Nr. 65; DAR 1992, 270); auch nicht, wenn sich die Grundstückszufahrt innerhalb eines Zonenhaltverbots (Z. 290) befindet.[10] Eine Grundstückszufahrt setzt eine örtliche Gestaltung voraus, die erkennbar der befahrbaren Verbindung zwischen dem Grundstück und dem öffentlichen Verkehrsraum dient. Dazu gehören meist Oberflächenbefestigungen und abgesenkte Bordsteine (KG VRS 68, 297). Wird die Zufahrt erkennbar nicht benutzt (z. B. nicht mehr zu öffnendes Tor), greift das Parkverbot nicht (KG VRS 62, 142). Nur unmittelbar vor der Zufahrt gilt das Verbot (**nicht daneben**), somit nur auf einer Strecke, die so lang wie das Tor zur Einfahrt breit ist (KG VRS 53, 302; OLG Düsseldorf VRS 78, 367); allerdings unter Berücksichtigung der Art des zu erwartenden Ausfahrtverkehrs (z. B. Schwerlastverkehr). Das gilt unbeschadet der Regelung nach § 12 Abs. 3 Nr. 5, weil die dort genannten Bordsteinabsenkungen nur so freizuhalten sind, dass der begünstigte Verkehr (somit auch ein Behinderter) von und zur Fahrbahn überwechseln kann. Deshalb begründen Bordsteinabsenkungen auch weiterhin nicht in voller Länge ein Parkverbot. Soll das Parkverbot verlängert werden, ist Z. 299 oder Z. 285 anzuordnen. Parken im Bereich einer Grundstückseinfahrt auf dem Gehweg ist auch für den Grundeigentümer oder mit dessen Zustimmung nach § 12 Abs. 4 Satz 1 unzulässig (KG VRS 73, 473). Beharrliches Blockieren der Ausfahrt durch abgestellte KFZ ist rechtswidrige Nötigung (OLG Koblenz VRS 49, 32); der Grundeigentümer kann verkehrsordnende Maßnahmen der Verkehrsbehörde verlangen (Hess. VGH VerkMitt 1977 Nr. 112).

---

10 Die Regelung hat die Wirkung eines „persönlichen Parkreservats" für den Grundeigentümer bzw. seines Beauftragten. Wird die Grundstückszufahrt durch Z. 286 überlagert, besteht nach Hess. VGH VRS 76, 52 Parkverbot (a. A. OLG Düsseldorf NZV 1994, S. 162: bei Z. 286 mit Parkberechtigung für Bewohner). Vor Grundstückszufahrten innerhalb verkehrsberuhigter Gebiete darf auch der Grundeigentümer nicht parken, wenn diese Fläche nicht zum Parken ausgewiesen ist (Anl. 3 lfd. Nr. 12 – Z. 325).

Parkverbot **gegenüber** Grundstückszufahrten bei **schmalen Fahrbahnen** besteht dann, wenn die Zufahrt konkret wesentlich **erschwert** wird, z. B. infolge eines verbleibenden Verkehrsraums von nur 3 m. Der Benutzer der Einfahrt muss nach ein- bis zweimaligem Rangieren die Einfahrt erreichen oder verlassen können (VGH Mannheim VerkMitt 2003 Nr. 15 = VRS 104, 71; OLG Frankfurt VerkMitt 1980 Nr. 71; OVG Koblenz DAR 1999, 421), in Altstadtquartieren wegen des begrenzten Parkraums auch nach mehrmaligem Rangieren (VGH München DAR 1998, 207 = VRS 95, 157). Gegen verkehrswidriges Parken auf schmaler Straße gegenüber einer Grundstückszufahrt kann der Eigentümer gegen den Falschparker auf Unterlassung klagen (OLG Karlsruhe NJW 1978, 274 = VRS 55, 249).

2.4.4 Fünfzehn Meter vor und hinter Haltestellen
(Anl. 2 lfd. Nr. 14 zu § 41 – Z. 224)

Das Verbot greift nur bei Haltestellen, die durch Z. 224 (auch mit Zusatzzeichen „Schulbus") ausgewiesen sind, nicht jedoch bei Haltbereichen (ohne Z. 224) privater Busunternehmer (Militär- oder Werkverkehr). Das am Fahrbahnrand aufgestellte Z. 224 begründet auch ein Verbot, wenn Straßenbahnen auf der Fahrbahnmitte halten. Steht das Zeichen jedoch auf einer Haltestelleninsel, besteht kein Parkverbot am Fahrbahnrand rechts von der Mittelinsel (möglicherweise jedoch Haltverbot, wenn der verbleibende Raum weniger als 3 m beträgt). Die durch Z. 224 begünstigten Verkehrsmittel dürfen beim Betriebseinsatz parken, weil mit dem Zeichen ein Platz nicht nur für das Aufnehmen/Absetzen von Fahrgästen, sondern auch für die Bereitstellung zum Betrieb zur Verfügung gestellt wird. Bei Überlagerung eines Haltestellenbereichs durch Z. 283 begründet das Z. 224 eine Ausnahme zum Halten für öffentliche Verkehrsmittel.

2.4.5 Vor und hinter Bahnübergängen (Anl. 2 lfd. Nr. 1 zu § 41 – Z. 201)

Mit dem Parkverbot innerorts (je 5 m) sowie außerorts (je 50 m) soll die **Sicht** auf die Bahnanlagen gewährleistet werden. Handelt es sich um eine **Vorfahrtstraße** außerorts, besteht unabhängig von der 50-m-Grenze generell Parkverbot (Anl. 3 lfd. Nr. 2 – Z. 306).

2.4.6 Auf Schachtdeckeln (§ 12 Abs. 3 Nr. 4 – Z. 315)

Das Parkverbot soll den Zugang zu unterirdisch verlegten Leitungen ermöglichen, wenn das Parken auf Gehwegen durch Z. 315 oder Parkflächenmarkierungen (Anl. 2 lfd. Nr. 74) gestattet ist. Infolgedessen darf nicht über Schachtdeckeln und anderen Verschlüssen (Gullys, Unterflurhydranten, Notausstiege von U-Bahnen, Kabelschächte) geparkt werden. Voraussetzung ist, dass solche Verschlüsse noch eine technische Funktion haben. Versorgungsleitungen für Telefon, Strom, Gas und Wasser zu den Grundstücken befinden sich meist im Gehwegbereich. Dementsprechend soll das Gehwegparken nur zugelassen werden, wenn diese Flächen ausreichend befestigt sind und durch Erdverdichtung keine Beschädigung der Leitungen zu besorgen ist. Ein Parkverbot über Schachtdeckeln auf Fahrbahnen besteht nicht.

2.4.7 Auf Vorfahrtstraßen (Anl. 3 lfd. Nr. 2 zu § 42 – Z. 306)

Das Parkverbot bezieht sich auf **beide** Fahrbahnränder **außerörtlicher** Vorfahrtstraßen (Z. 306), nicht aber auf Seitenstreifen, wenn diese nach Befestigung oder Breite zum Parken geeignet sind (BGH VRS 72, 38). Der Sichtbarkeitsgrundsatz ist beim Einfahren von einer mit Z. 205/206 ausgewiesenen untergeordneten Straße auf die Vorfahrtstraße hinsichtlich des Z. 306 eingeschränkt; der Kraftfahrer darf deshalb auch dann nicht parken, wenn Z. 306 erst an der nächsten Einmündung erneut aufgestellt ist.

2.4.8 An Fahrstreifenbegrenzungen (Anl. 2 lfd. Nr. 68 zu § 41 – Z. 295)

Das Parkverbot (Anl. 2 lfd. Nr. 68 – Spalte Ge- oder Verbot Nr. 1d) besteht dann, wenn zwischen dem parkenden Fahrzeug und der durchgehenden Linie (Z. 295 und 296) **weniger als 3 m** verbleiben, d. h. weniger als ein Fahrstreifen für den fließenden Verkehr (§ 7 Abs. 1 Satz 2). Bei Z. 296 (Anl. 2 lfd. Nr. 69) gilt das Verbot nur für die Seite der ununterbrochenen Linie. Auf der Seite der unterbrochenen Linie müssen dann Z. 283 oder 286 angeordnet werden, wenn dort der Verkehrsraum ein Parken nicht zulässt.

2.4.9 Parken auf Gehwegen (Anl. 3 lfd. Nr. 10 zu § 42 – Z. 315)

Das Verbot bezieht sich **nur** auf die Missachtung der mit dem Z. 315 beschriebenen Aufstellungsart (z. B. mehr als 2,8 t, mit vier statt zwei Rädern entgegen der angegebenen Aufstellung, bei Beschränkung auf PKW), begründet jedoch **kein** isoliertes **Parkverbot** auf der **Fahrbahn**; die gegenteilige Auffassung des BGH (VerkMitt 1976 Nr. 118 = DAR 1976, 307 = VRS 51, 232) ist überholt.[11] Parkt hingegen ein KFZ am Fahrbahnrand und verstellt dadurch die Gehwegparkfläche, greift das Verbot nach § 12 Abs. 3 Nr. 2. Erforderlich ist allerdings eine konkrete Behinderung, sofern für die Fahrbahn wegen ihrer Enge ohnehin nicht Haltverbot nach § 12 Abs. 1 besteht. Bei Längsaufstellung auf dem Gehweg darf nach § 12 Abs. 4a dort nur der rechte, in Einbahnstraßen auch der linke Gehweg (in Fahrtrichtung) benutzt werden.

Parken auf dem Gehweg ohne Z. 315 oder Parkstandmarkierungen begründet einen Verstoß nach § 12 Abs. 4 Satz 1, nicht aber eine Zuwiderhandlung gegen die Fahrbahnbenutzungspflicht (OLG Düsseldorf VerkMitt 1992 Nr. 87; BVerwG VerkMitt 1993 Nr. 1). Da auch unzulässiges Gehwegparken in der Regel der „Bereitstellung" zum Verkehr dient, liegt keine Überschreitung des Gemeingebrauchs vor. Eine nach den Straßengesetzen der Länder unzulässige Sondernutzung öffentlicher Straßen ist aber dann anzunehmen, wenn das Gehwegparken verkehrsfremden Zwecken dient, z. B. Abstellen allein zur Werbung oder von „Rostlauben".

2.4.10 Auf Grenzmarkierungen (Anl. 2 lfd. Nr. 73 zu § 41 – Z. 299)

Z. 299 begründet selbst kein Parkverbot, sondern verlängert, verkürzt oder bezeichnet ein **bestehendes** Parkverbot. Befindet sich die Grenzmarkierung

---

11 In dem Beschluss des BGH vom 25.5.1976 (4 StR 461/75) ging es um die vom KG vorgelegte Rechtsfrage, ob das Z. 315 entgegen OLG Düsseldorf auch dann wirksam ist, wenn es mit weißen Pfeilen versehen ist; dies hatte der BGH bejaht. Zur Klarstellung wurde die StVO später ergänzt: 11. VO zur Änderung der StVO vom 19.3.1992 (BGBl. I S. 678/VkBl. S. 165). Gelegentlich des Beschlusses hatte der BGH am Rande bemerkt, dass das Z. 315 zur Folge habe, dass dort das Parken auf der Fahrbahn verboten sei. Eine Begründung hat der BGH dafür nicht geliefert, die Auffassung ist in der späteren Rechtsprechung nie wiederholt worden, weil andernfalls Lieferverkehr mit KFZ über 2,8 t unterbunden, außerdem bei hohen Bordsteinen eine Verletzung der Verkehrssicherung zu besorgen wäre. Siehe auch zu Z. 315.

("Zickzacklinie") auf der Fahrbahn, ohne dass dort sonst ein Halt- oder Parkverbot besteht, ist die Markierung allein unbeachtlich (z. B. bei Verlegung einer dort vorher vorhandenen Haltestelle).

2.4.11 Auf Parkplätzen (Anl. 3 lfd. Nr. 7 zu § 42 – Z. 314)

Z. 314 erlaubt das Parken. Das Verbot wird infolgedessen nur durch Parkbeschränkungen bei angeordneten Zusatzzeichen wirksam, z. B. „nur innerhalb markierter Parkstände" oder für bestimmte Fahrzeugarten (z. B. „nur PKW"), bei Gewichtsgrenzen (z. B. 2,8 t), zu bestimmten Zeiten, für Anwohner oder Schwerstgehbehinderte. Das Be- und Entladen von Nichtberechtigten auf den reservierten Flächen darf nur entsprechend der 3-Minuten-Regelung des § 12 Abs. 2 erfolgen (OLG Köln VRS 88, 289).

„Parken" soll auch bei der Kombination von Z. 314 mit einer Parkscheibenanordnung (Bild 318) gegeben sein, obwohl (genau genommen) der Wortlaut des § 13 Abs. 2 Satz 1 nur das „Halten" unter den dort genannten Voraussetzungen gestattet (OLG Oldenburg NZV 1994, 491). Ein 3-Minuten-Stopp ohne Parkscheibe wäre demnach an sich unzulässig (§ 12 Abs. 2); hier ist polizeiliches Augenmaß notwendig (§ 53 Abs. 1 OWiG).

2.4.12 Vor Bordsteinabsenkungen (§ 12 Abs. 3 Nr. 5)

Das Parkverbot soll vor allem Rollstuhlfahrern die Querung der Fahrbahn an abgesenkten Gehwegen ermöglichen. Da es keine bautechnische Normung des Typs „abgesenkter Bordstein" gibt, fallen nicht alle Bordsteinabsenkungen unter das Parkverbot des § 12 Abs. 3 Nr. 5. So gibt es Straßenstrecken, wo die Fahrbahn höhengleich für andere Zwecke an Gehwege grenzt, z. B. Grundstückszufahrten, Gehwegparkflächen. Hier gelten die für solche Bereiche vorgesehenen spezifischen Regelungen, nicht aber das Parkverbot für Rollstuhlfahrer (OLG Köln VRS 92, 439). Andererseits gilt das Parkverbot nicht nur vor Bordsteinabsenkungen im Bereich der Kreuzungen oder Einmündungen, sondern auf allen Gehwegstrecken, die zu Gunsten Mobilitätsbehinderter Absenkungen auf Fahrbahnniveau enthalten. Es kommt hier darauf an, ob die Absenkung nach ihrer baulichen Ausgestaltung auch tatsächlich von hilfsbedürftigen Personen benutzt werden kann. Bei Grundstückszufahrten ist das dann nicht gegeben, wenn zu große Höhenunterschiede bestehen oder auf der gegenüberliegenden Straßenseite eine korrespondierende Absenkung fehlt. In solchen Fällen bleibt auch das Vorrecht des Grundeigentümers zum Parken in seiner Zufahrt erhalten. Bestehen Zweifel über die Zweckbestimmung der Bordsteinabsenkung, kann eine Fahrbahnmarkierung in der Form eines Rollstuhlfahrersymbols oder eine Sperrfläche (Z. 298) hilfreich sein.

2.4.13 Nacht- und Sonntagsparkverbot für schwere Fahrzeuge (§ 12 Abs. 3a)

Das Parkverbot dient vor allem dem Schutz der Wohnbevölkerung vor Lärm und Abgasen schwerer Fahrzeugeinheiten über 7,5 t und Anhänger über 2 t. Nicht unter das Verbot fallen Linienbusse an Endhaltestellen sowie KFZ über 7,5 t auf ausgewiesenen Parkplätzen mit Z. 314 und Zusatzzeichen, z. B. 1024–13 „LKW und Anhänger frei", innerhalb der bezeichneten Gebiete. Die Verbotsgebiete bestimmen sich zwar nach der planerischen Ausweisung der Kommunen aufgrund der **Baunutzungsordnung**;[12] ent-

---

12 Baunutzungsverordnung: BGBl. 1977 I S. 1763, i. d. F. BGBl. I 1990, S. 132

Parken vor Parkbuchten und Parkaufstellung

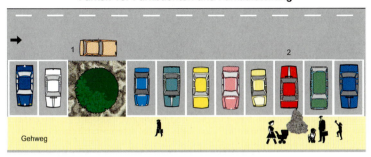

Nach § 12 Abs. 4 darf nicht am Fahrbahnrand geparkt werden, wenn rechts ein Parkstreifen vorhanden ist. Der Parkstreifen wird nicht unterbrochen, wenn (nur) ein Parkstand durch Bäume oder Straßenbegleitgrün ausgespart worden ist. KFZ 1 parkt deshalb verbotswidrig.

Die Art der Parkaufstellung ist in der StVO nicht vorgeschrieben. Infolgedessen kann sowohl vor- als auch rückwärts eingeparkt werden. Werden allerdings durch die Fahrzeugabgase (KFZ 2) Fußgänger, Tiere oder Kleinkinder in Kinderwagen betroffen, handelt es sich um eine vermeidbare Abgasbelästigung i.S.d. § 30 Abs. 1 Satz 1. Der Kraftfahrer ist dann verpflichtet, nur vorwärts einzuparken.

---

scheidend ist jedoch die tatsächliche Bebauung (OLG Hamm VRS 66, 53; BayObLG NZV 1990, 282). Infolgedessen greift z. B. das Parkverbot auch in einem solchen Gebiet, das nach der Bauweise dem Gebietscharakter der Baunutzungsverordnung entspricht, aber formell nicht als „allgemeines Wohngebiet" ausgewiesen ist. Zu den Erholungsgebieten gehören auch innerörtliche Wochenendhaus-, Ferienhaus- und Campingplatzgebiete. Nicht betroffen sind Kern-, Gewerbe-, Industrie- und Mischgebiete.

Erforderlich ist **regelmäßiges Parken** während der angegebenen Zeiten; gelegentliches Parken (ein- oder zweimaliges Parken innerhalb desselben Gebietes während einiger Nächte oder Wochenenden) kann somit noch nicht die Verbotswirkung auslösen. Zu den KFZ über 7,5 t gehören auch Sattelzugmaschinen ohne Auflieger (BayObLG NZV 1997, 530). Ist der Gebietstyp nicht erkennbar, kann er durch Beschilderung verdeutlicht werden (z. B. Z. 253 mit Zusatzzeichen). Als Feiertage gelten die in § 30 Abs. 4 bezeichneten Tage; die Nachtzeit erstreckt sich von 22 bis 6 Uhr.

2.4.14 Parken von Anhängern über zwei Wochen (§ 12 Abs. 3b)

Der Missbrauch des öffentlichen Verkehrsraums durch „Abstellen" von Anhängern ohne Zugfahrzeug wird durch das Parkverbot überlagert. § 12 Abs. 3b geht deshalb der straßenrechtlichen Sondernutzung vor, allerdings nur so weit, als der Anhänger noch gemeingebräuchlich genutzt wird, d. h. zu Verkehrszwecken. Wird der Anhänger zu anderen Zwecken genutzt (z. B. zur Werbung, Überwintern von Wohnwagen), liegt unzulässige Sondernutzung bereits vom Beginn des Abstellens an vor.

Das Parkverbot gilt inner- und außerorts für alle Anhänger ohne Gewichtsbegrenzung innerhalb der 2-Wochen-Frist, auch für das bloße „Umparken" des Anhängers von einem Parkstand zu einem anderen, sofern der Parkvorgang innerhalb desselben Bereichs erfolgt. Die 2-Wochen-Frist wird auch nicht dadurch unterbrochen, dass mit dem Anhänger eine kurze Fahrt außerhalb des Gebietes nur zu dem Zweck unternommen wird, den Anhänger anschließend wieder im gleichen Bereich zu parken (OLG Frankfurt DAR 1992, 305). Die 2-Wochen-Frist ist nur dann wirksam unterbrochen, wenn andere eine reelle Chance erhalten, auf dem bisher genutzten Parkstand zu parken. Nur dann liegt bei Rückkehr ein „neuer Parkvorgang" mit der Folge vor, dass die 2-Wochen-Frist erneut beginnt.

2.4.15 In verkehrsberuhigten Bereichen (Anl. 3 lfd. Nr. 12 zu § 42 – Z. 325)

Das Parken ist nur auf den ausgewiesenen Flächen zulässig (Z. 314, 315, Markierung nach Anl. 2 lfd. Nr. 74). Außerhalb dieser Flächen darf nur bis zu drei Minuten (§ 12 Abs. 2) sowie zum Be- oder Entladen, Aus- oder Einsteigen (-lassen) unter den gleichen Bedingungen wie beim Z. 286 (Anl. 2 lfd. Nr. 63) gehalten werden. Grundstückszufahrten sind keine „gekennzeichneten" Parkflächen. Z. 325 geht nach § 39 Abs. 3 dem Parkverbot des § 12 Abs. 3 Nr. 3 vor und damit auch der Privilegierung des Grundeigentümers, weil Grundstückszufahrten in verkehrsberuhigten Bereichen häufig als Ausweichstellen benötigt werden (notfalls kann dem Grundeigentümer mit einer Ausnahmegenehmigung geholfen werden). Fehlt in den mit Z. 325 gekennzeichneten Mischgebieten eine „Fahrbahn", darf auf den ausgewiesenen Parkflächen auch links entgegen der Fahrtrichtung geparkt werden (OLG Köln NZV 1997, 449 = VRS 94, 136). Das Umsetzen von Falschparkern ist bei Beeinträchtigung der Gebietsfunktion zulässig.

2.4.16 Parkflächenmarkierungen (Anl. 2 lfd. Nr. 74 zu § 41)

Parkflächenmarkierungen erlauben das Parken und schreiben vor, wie Fahrzeuge aufzustellen sind. Infolgedessen darf nicht zwischen, sondern nur innerhalb der Markierungen in Fahrtrichtung geparkt werden. Ragen Fahrzeuge wegen ihrer Länge oder Breite über die Markierung hinaus (z. B. bei angekuppelten Anhängern), dürfen sie dort nicht geparkt werden. Mehrere Motorräder innerhalb eines Parkstandes dürfen jedoch abgestellt werden; bei Bewirtschaftung durch Parkscheinautomaten muss aber für jedes Motorrad ein Parkschein gelöst werden. Besteht die Parkfläche nur aus einer durchgehenden Linie auf der Fahrbahn, darf die Linie überfahren werden (Anl. 2 lfd. Nr. 72 Erl. Satz 2). Das Parken **außerhalb** der **Markierungen** oder daneben ist nur unzulässig bei Behinderung anderer (§ 1 Abs. 2), bei Z. 314 mit Zusatzzeichen „nur innerhalb markierter Parkstände" (BayObLG VerkMitt 1978 Nr. 59; BayObLG VRS 82, 228)[13] oder Z. 286 mit Zusatzzeichen 1053-36 „Parken innerhalb gekennzeichneter Flächen erlaubt". Im Übrigen wird durch Anl. 2 lfd. Nr. 74 kein Verbot für das Parken außerhalb oder neben diesen Markierungen ausgesprochen, auch nicht auf Restflächen begründet (BGH VerkMitt 1980 Nr. 33; OLG Düsseldorf DAR 1995, 457), auch nicht bei Z. 283 mit Zusatzzeichen „außerhalb gekennzeichneter Parkflächen" (OLG Hamm DAR 2005, 523).

2.4.17 Parken bei Benutzungsverboten

Wo Haltverbote bestehen, darf auch nicht geparkt werden. Dort, wo die Benutzung von Verkehrsflächen verboten ist, darf weder geparkt noch

---

[13] Obwohl ein solches Zusatzzeichen weder vom BMVBS noch von der obersten Landesbehörde über eine Ausnahme nach der VwV-StVO zu § 46 Abs. 2 zugelassen worden ist, hält das BayObLG die Regelung als hinreichend deutliche Einschränkung der Parkberechtigung für zulässig.

gehalten werden, so in Fußgängerzonen – Z. 242 (OLG Köln NZV 1997, 191 = VRS 92, 362), auf **Busspuren** (Z. 245), **Sperrflächen** (Z. 298), in **Umweltzonen** (Z. 270.1) für KFZ ohne Feinstaubplakette, auf durch Z. 250 bis 266 oder Sperreinrichtungen (§ 43 Abs. 3, Anl. 4 lfd. Nr. 1 bis 7) gesperrten Straßenflächen. Gleiches gilt in **Landschaftsschutz-** oder **Waldgebieten**, wenn landesrechtliche Normen das Befahren dort verbieten (OLG Düsseldorf VerkMitt 1997 Nr. 60 = NZV 1997, 189). Das **Verkehrsverbot** für Fahrzeuge aller Art (Z. 250) gilt uneingeschränkt auch für den ruhenden Verkehr (OLG Hamm VRS 47, 475). Wird das Fahrzeug jedoch außerhalb der Geltungsdauer des Verbots geparkt (z. B. Z. 250 mit Zusatzzeichen „werktags"), muss nicht weggefahren werden, wenn das Verkehrsverbot wirksam wird; in dieser Zeit darf aber auch nicht herausgefahren werden (BGH DAR 1987, 23).

Radfahrstreifen werden durch Z. 295 als Fahrstreifenbegrenzung und Z. 237 gekennzeichnet. Als Sonderfahrstreifen besteht für Radfahrer Benutzungspflicht, für KFZ Benutzungsverbot, auch zum Halten oder Parken.

Radfahr-Schutzstreifen (Z. 340 und Markierungen „Fahrradsymbol") sind Teil der Fahrbahn und dienen dem Radverkehr. Für Radfahrer besteht wegen des Rechtsfahrgebots Benutzungspflicht. Andere Fahrzeuge dürfen den Schutzstreifen nur bei Bedarf überfahren, z. B. beim Ausweichen vor Hindernissen, im Begegnungsverkehr, bei Baustellen. Auf Schutzstreifen besteht Haltverbot, wenn sie mit Z. 283 gekennzeichnet sind. Ohne Kennzeichnung gilt **Parkverbot** nach Anl. 3 lfd. Nr. 22 zu § 42 – Ge- oder Verbot Nr. 3).

2.4.18 Parkverbot bei Gefährdung, Behinderung oder Belästigung (§ 1 Abs. 2)

An sich erlaubtes Parken kann unter besonderen Umständen nach § 1 Abs. 2 unzulässig sein, wenn dadurch konkrete, nicht abwendbare Gefahren für andere entstehen (BayObLG VRS 59, 219, 375), z. B. auf stark befahrenen Ausfallstraßen (BGH VRS 19, 170 = DAR 1960, 290; BayObLG VRS 28, 140); bei mittig verlegten Gleisen, wenn zwischen Straßenbahnen und geparkten Fahrzeugen kein Fahrstreifen mehr bleibt; wenn infolge von Hindernissen weit abseits vom Bordsteinrand geparkt wird und das Fahrzeug in den Fahrraum hineinragt; auf Fußgängerfurten mit Behinderung des Fußgängerverkehrs; in Tunneln Z. 327, 328; bei unzumutbarer Geruchsbelästigung (OLG Saarbrücken VRS 22, 62); bei vermeidbarer Lärm- oder Abgasbeeinträchtigung gilt § 30 Abs. 1. Bloße Sichtbeeinträchtigungen durch parkende LKW oder Wohnmobile unterliegen als Belästigung des ästhetischen Empfindens indes nicht dem Verbot des § 1 Abs. 2, selbst wenn es sich um stark verschmutzte Fahrzeuge handelt. Park- oder Haltverbote können auch bei Störungen der öffentlichen Sicherheit erlassen und über die Medien bekannt gemacht werden; das Haltverbot ergibt sich dann unmittelbar aus der veröffentlichten Anordnung (§ 45 Abs. 1b Nr. 4 i. V. m. Abs. 4).

2.5 Parkprivilegien

Die StVO sieht allgemeine „**Parkprivilegien**" in der Form von Ausnahmegenehmigungen nach § 46 Abs. 1 nur zu Gunsten von **Schwerbehinderten** mit außergewöhnlicher Gehbehinderung, von Blinden und **Anwohnern** vor. Hingegen sind Parksonderrechte für Behörden (BVerwG VerkMitt 1968 Nr. 1 = VRS 33, 149 = DAR 1967, 226) oder für Diplomaten (VerkMitt 1971 Nr. 40 = VRS 40, 381 = DAR 1971, 166) wegen fehlender verkehrsrechtlicher Ermächtigung nach § 6 StVG unzulässig.

Parksonderrechte

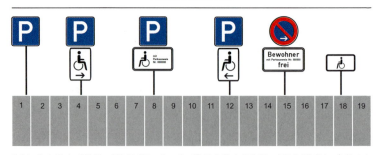

Auf den Parkständen 1 bis 3 und 13, 14 dürfen alle parken. Die Parkstände 4 bis 12 und 18 sind für Schwerbehinderte mit außergewöhnlicher Gehbehinderung und Blinde mit einem blauen oder europäischen Parkausweis (rosa) reserviert. Andere Behinderte, auch mit dem Merkzeichen „G" oder 100 % Schwerbehinderte dürfen dort nicht parken. Der Parkstand 8 ist nur demjenigen Behinderten personengebunden vorbehalten, der Inhaber eines Parkausweises mit der auf dem Zusatzschild angegebenen Registrier-Nr. ist (andere Schwerstgehbehinderte dürfen dort nicht parken). Die Parkstände 15 bis 19 stehen nur Anwohnern mit der auf dem Zusatzschild angegebenen Registrier-Nr. zu. Auf dem Parkstand 18 dürfen alle schwerstgehbehinderten Anwohner parken. Auf den Parkständen 15 bis 19 darf nur zum Be- oder Entladen, Ein- oder Aussteigen gehalten werden. Die privilegiert Parkenden müssen die jeweiligen Parkausweise von außen gut sichtbar im Fahrzeug auslegen (andernfalls handeln sie ordnungswidrig).

2.5.1 Schwerstgehbehinderte

Die Straßenverkehrsbehörden können schwerbehinderten Menschen Ausnahmen von bestimmten Halt- und Parkverboten erteilen (§ 46 Abs. 1 Nr. 11). Schwerbehinderte Menschen mit außergewöhnlicher Gehbehinderung sind solche Personen, die wegen der Schwere ihrer Leiden dauernd auf fremde Hilfe angewiesen sind und sich nur mit großer Anstrengung außerhalb ihrer Kraftfahrzeuge bewegen können (VwV-StVO zu § 46 Rn. 129). Die nach Rn. 130 VwV-StVO zu § 46 Abs. 1 Nr. 11 aufgeführten Erkrankungen sind nur Beispielfälle, die die Art der Leiden charakterisieren. Infolgedessen gehören auch solche Personen dazu, deren Leiden zu einer ähnlichen Behinderung führt (SG Dresden DAR 2001, 476: 8–10 Min. für Wegstrecke von 50 m unter Schmerzen und Mühen mit Sturzgefahr). So gehören zu den Schwerbehinderten auch solche Menschen, die zwar nicht außergewöhnlich gehbehindert sind, aber doch unter sehr starken Einschränkungen beim Gehen leiden, insbesondere Menschen mit beidseitiger Amelie (Fehlgestaltung eines Organs durch Mutation oder Umwelteinflüsse) oder Phokomelie (Fehlbildung von Gliedmaßen durch Vererbung oder Medikamente, z. B. Thalidomid des Präparats „Contergan"), ferner Personen, die an Morbus Crohn oder Colitis ulcerosa (chronisch entzündliche Darmkrankung) leiden, sowie Träger eines doppelten Stomas („künstlicher" Darm-/Harnausgang).[14]

Die Feststellung des Leidens erfolgt durch die Versorgungsämter und führt zu dem Eintrag „aG" (außergewöhnliche Gehbehinderung) oder „Bl" (Blind) im Schwerbehindertenausweis. Aufgrund dieser Eintragungen stellen die Straßenverkehrsbehörden den blauen Parkausweis aus. Für Schwerbehin-

---

14 Der Kreis der Schwerstgehbehinderten ist durch Änderung des StVG vom 3.2.2009 (BGBl. I S. 150), der StVO vom 26.3.2009 (BGBl. I S. 734) und der VwV-StVO vom 4.6.2009 (BAnz 2009, S. 2050/VkBl. 2009, Nr. 104) erweitert worden.

derte mit dem Merkzeichen „G" (Gehbehinderung) gelten die Parkprivilegien grundsätzlich nicht, selbst wenn ihnen 100 % Erwerbsminderung zuerkannt worden ist.

Von einigen Bundesländern wurden bisher Parkerleichterungen für Personen gewährt, die das Merkzeichen „aG" knapp verfehlten und damit nicht zu dem Kreis der Schwerstgehbehinderten zählen. Ihnen kann eine bundesweit gültige Ausnahme erteilt werden, dass sie Parkgebühren nicht entrichten müssen, in eingeschränkten Haltverboten (Z. 286) oder in verkehrsberuhigten Gebieten außerhalb der ausgewiesenen Flächen parken dürfen (Rn. 136 bis 139 VwV-StVO zu § 46 Abs. 1 Nr. 11). Die für den Kreis der Schwerstgehbehinderten ausgewiesenen Flächen mit dem Zusatzzeichen 1020-11 oder 1044-10 (Symbol „Rollstuhlfahrer") dürfen sie jedoch nicht benutzen. Sie erhalten einen bundeseinheitlichen Parkausweis, den das BMVBS im VkBl. bekannt gibt.

Die Sonderparkberechtigung gilt für den Behinderten persönlich und ist nicht an ein bestimmtes Fahrzeug gebunden. Infolgedessen dürfen die Parkprivilegien auch dann in Anspruch genommen werden, wenn der Behinderte mit einer Taxe oder dem Fahrzeug der Begleitperson befördert wird (Rn. 126 VwV-StVO zu § 46 Abs. 1 Nr. 11).

Fährt der Behinderte selbst, kann vor Erteilung der Parkberechtigung die Fahreignung geprüft werden; dabei sind die Sicherheits- und Ordnungs- sowie die Datenschutzgesetze der Länder zu beachten. Ein personengebundener Parkstand für Schwerstgehbehinderte darf anderen nicht überlassen werden (VG Berlin NZV 1996, 48).

Problematisch ist das Auslegen einer Kopie des Parkausweises, wenn dadurch der Anschein erweckt werden soll, es handele sich um das Originaldokument; insoweit kann Urkundenfälschung nach § 267 StGB vorliegen (OLG Stuttgart NZV 2007, 99). Wird der Parkausweis unberechtigt benutzt (z. B. nach dem Tode des Behinderten), liegt ein strafbarer Missbrauch von Ausweispapieren (§ 281 StGB) vor (AG Nürnberg DAR 2005, 410), ggf. auch eine strafbare Erschleichung von Leistungen bei kostenpflichtigen Parkflächen (§ 265a StGB).[15]

Muster eines EU-einheitlichen Parkausweises für Behinderte (VkBl. 2000, S. 624)

Format DIN A6, Material Karton (plastifiziert mit Aussparung für die Unterschriftenzeile)

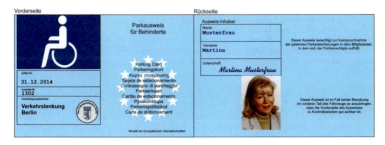

---

15 Um einen Missbrauch auszuschließen, ist die Ausnahmegenehmigung angemessen zu befristen; Geltungsdauer max. fünf Jahre (Rn. 141 VwV-StVO zu § 46).

§ 12 Halten und Parken

Parken mit Behinderten-Parkausweis in der Europäischen Union

Parken ist überall auf gekennzeichneten Behinderten-Parkflächen erlaubt, nicht aber auf personenbezogenen Parkständen (gekennzeichnet mit Nummer/Name) und auf Straßen mit Haltverboten ohne Beschränkungen; im Übrigen gelten die nachstehenden Regelungen in den EU/EWR-Mitgliedstaaten.

EU/EWR-Mitgliedstaat	Parken auf Verkehrsflächen			Befahren von Fußgängerzonen zu bestimmten Zeiten
	mit Parkverboten (eingeschränktem Haltverbot)	mit zeitlich beschränkter Parkerlaubnis	an Parkuhren/Parkscheinautomaten ohne Bezahlung	
Belgien	nein	ja	ja[1]	nein
Dänemark	max. 15 Minuten	ja[5]	nein	ja
Deutschland	max. 3 Std.[3]	ja	ja	nein[1]
Finnland	ja	ja	ja	ja[1]
Frankreich	nein	ja[1]	nein (ja in Paris)	nein
Griechenland	nein	nein	nein	nein
Großbritannien	max 3 Std.[4]	ja[4]	ja[4]	nein[1, 4]
Irland	nein	nein	ja[1]	nein
Island	nein	nein	ja[1]	nein
Italien	nein[1]	ja	ja	nein[1]
Liechtenstein	nein	nein	nein	nein
Luxemburg	nein	nein	nein	nein
Niederlande	max. 3 Std.	ja	nein[1]	nein
Norwegen	nein	ja	ja	nein
Österreich	nein	ja	nein[1]	ja
Portugal	nein	nein	nein	nein
Schweden	max. 3 Std.	ja[4]	ja[1]	max. 3 Std.
Spanien	nein[1]	ja[1]	ja[1]	nein[1]

1 Lokale Beschränkungen oder Ausnahmen möglich (Angabe auf Verkehrsschildern)
2 Bei Parkzeitbeschränkung bis 30 Minuten darf bis zu einer Stunde, bei Parkzeitbeschränkung bis zu drei Stunden darf bis zu 24 Stunden geparkt werden
3 Nur in Bereichen mit eingeschränktem Haltverbot oder Zonenhaltverbot
4 Nicht bei Angabe „No loading or unloading"; außerdem gelten in London besondere Regelungen
5 Bei Parkzeitbeschränkung unter drei Stunden darf bis zu drei Stunden, bei Parkzeitbeschränkung über drei Stunden bis zu 24 Stunden geparkt werden

Mit dem besonderen Parkausweis (nicht mit dem Schwerbehindertenausweis) darf auf ausgewiesenen Behindertenparkplätzen mit Rollstuhlfahrersymbol unbeschränkt und im eingeschränkten Haltverbot (Z. 286) sowie auf Bewohnerparkflächen bis zu drei Stunden geparkt werden; dabei ist neben dem Parkausweis die Ankunftszeit auf einer Parkscheibe anzugeben. Ferner erstreckt sich die Parkerlaubnis auf Zonenhaltverbote (Z. 290) und Parkflächen (Z. 314, 315) mit begrenzter Zeit (max. 24 Stunden), in verkehrsberuhigten Bereichen außerhalb gekennzeichneter Parkflächen, auf Fußgängerzonen während der Ladezeit und an Parkuhren oder Parkscheinautomaten ohne Gebührenentrichtung; auch hier ist die höchstzulässige Parkzeit durch eine Parkscheibe nachzuweisen (VGH Mannheim VerkMitt 2002 Nr. 27 = DAR 2002, 92 = VRS 101, 472 = DÖV 2002, 215). Der am 1.1.2001 eingeführte EU-einheitliche Parkausweis gilt unmittelbar (ohne weitere Formalitäten) in allen EU- und EWR-Mitgliedstaaten[16] (VkBl. 2000, S. 624). Die in diesen Ländern bestehenden Parkerleichterungen sind zu beachten (siehe Tabelle).

Der nationale (dunkelblaue) Parkausweis für Behinderte gilt noch bis zum 31.12.2010 (auch innerhalb der EU/EWR- und der CEMT-Mitgliedstaaten) und kann auf Antrag gegen den EU-einheitlichen Parkausweis umgetauscht werden. Keine Parkerleichterungen können Behinderte mit Parkausweisen aus anderen Staaten in Anspruch nehmen (z. B. aus den Bundesstaaten der USA, weil diese nicht dem WÜ beigetreten sind). In Härtefällen kann hier aber mit einer Ausnahmegenehmigung nach § 46 Abs. 1 geholfen werden.

Beispiel eines Bewohnerparkausweises
mit Parkzonenfeld; Format Din A6, Karton

2.5.2 Bewohner

Die Ausweisung von **Sonderparkflächen** für Bewohner erfolgt durch eingeschränktes Haltverbot (Z. 286) mit dem Zusatzzeichen 1020-32 „Bewohner mit Parkausweis Nr.: ... frei", um anderen hier Ein- und Aussteigen sowie Be- und Entladen weiterhin zu ermöglichen (VkBl. 2002, 147). Die Kennzeichnung dieser Bereiche kann aber auch durch Z. 314 und Zusatzzeichen 1044-30 „Bewohner mit Parkausweis Nr.: ..." erfolgen (§ 45 Abs. 1b Nr. 2). Andere dürfen dann dort bis zu max. drei Minuten halten (§ 12 Abs. 2).

Ein Anspruch der Bewohner auf Anordnung von Parkerleichterungen besteht nicht (BVerwG NJW 63, 770). Ebenso wenig gibt es personengebundene Parkstände für Bewohner, sodass sie auch keinen Anspruch auf einen „bestimmten" Parkstand innerhalb der privilegierten Parkzonen haben. Sind alle Parkstände besetzt, muss das KFZ anderweitig (ordnungsgemäß) geparkt werden. Bewohner sind nur diejenigen Personen, die in dem ausgewiesenen Gebiet **tatsächlich** wohnen. Der enge Begriff „Bewohner" ist deshalb nicht identisch mit „Anlieger". Grundsätzlich erhält der Bewohner die Sonderparkberechtigung nur, wenn er Halter eines KFZ ist; ob er außerdem über einen Privatparkplatz verfügt, ist unerheblich. Nach Rn. 35 VwV zu § 45 Abs. 1 bis 1e können auch Mitglieder von Car-Sharing-Organisationen

---

16 EWR-Mitgliedstaaten sind Island, Liechtenstein und Norwegen.

Nicht amtlicher Ausweis der Ärztekammer
zum Auslegen hinter der Windschutzscheibe
(Format DIN A 6, Material Karton – VkBl. 1977, 408, 643)

eine Parkberechtigung erhalten. Wegen der Missbrauchsgefahr besteht keine Gleichbehandlung des „Familien-Car-Sharing" (Familienangehörige ohne KFZ) mit dem „Vertrags-Car-Sharing". Der Halter mehrerer KFZ erhält einen Parkausweis nur für ein Fahrzeug; in dem Ausweis können aber mehrere KFZ-Kennzeichen aufgenommen werden, wobei nur eines der KFZ jeweils in der privilegierten Zone geparkt werden darf. Eine Sonderparkberechtigung kann auch für ein nicht auf den Bewohner zugelassenes KFZ erteilt werden, wenn es von ihm ständig von seinem Wohnsitz aus benutzt wird, z.B. dauernd überlassenes Firmenfahrzeug (VGH München NZV 1995, 501). Nicht zu den Bewohnern gehören Geschäftsinhaber, Rechtsanwälte oder Ärzte mit Sitz in dem Gebiet (BVerwG VerkMitt 1995 Nr. 27 = NJW 1995, 473); für deren Parkbedürfnisse kann in Härtefällen eine Ausnahmegenehmigung nach § 46 Abs. 1 erteilt werden.

2.5.3 Ärzte

Ärzte genießen keine Parksonderrechte. Der von der Ärztekammer ausgegebene Ausweis zeigt an, dass der Arzt einen Notfallpatienten behandelt und sich für sein verbotswidrig abgestelltes Fahrzeug auf den Notstand nach § 16 OWiG beruft. Bereits bei der Verkehrsüberwachung sollte das berücksichtigt werden (keine Anzeige ohne Nachfrage vor Ort).

Auch die nicht amtliche Fahrbahnmarkierung „ARZT" enthält **kein** Parkreservat. Sie empfiehlt lediglich anderen Parkplatzsuchenden, diesen Platz für den häufig Notfallpatienten behandelnden Arzt frei zu lassen.[17]

2.6 Ausnahmen im ruhenden Verkehr

Freistellungen von den Halt- und Parkverboten dürfen die Straßenverkehrsbehörden nach § 46 Abs. 1 nur in Einzelfällen bei begründeten Anliegen genehmigen (z.B. zur Aufrechterhaltung des Zugangs zu Grundstücken, zur Belieferung, Entsorgung u.ä.). Voraussetzung ist allerdings, dass der

---

17 Ein Notfall kann ja auch den Parkplatzsuchenden selbst einmal treffen.

Antragsteller gegenüber anderen Verkehrsteilnehmern unverhältnismäßig stark belastet wird, die Verweigerung der Ausnahme sich somit als eine unbillige, nicht von der StVO gewollte Härte erweisen würde. Das ist bei dem Begehren vieler **Berufsgruppen** auf Freistellung von den Halt- und Parkverboten grundsätzlich nicht der Fall. Vielmehr müssen die beruflichen Belastungen durch Parkraummangel von der Verkehrsgemeinschaft gleichermaßen getragen werden. Das gilt auch für technische Notdienste sowie wichtige ärztliche, soziale und sonstige Berufssparten wie Handwerker, Schlüsseldienste, fahrbarer Mittagstisch, Hebammen, Rechtsanwälte, Notare, Gerichtsvollzieher, Journalisten, Diplomaten usw. Würden all diesen Personen „Parkerleichterungen" genehmigt werden, müssten meist mehr Ausnahmen erteilt werden, als überhaupt Parkraum verfügbar ist. Eine Umgehung der fehlenden Freistellung durch Haltverbote mit Zusatzzeichen für bestimmte Berufsgruppen oder Institutionen ist unzulässig, z. B. „Behördenfahrzeuge frei" (BVerwG VerkMitt 1968 Nr. 1 = VRS 33, 149).

2.7 Verfolgung von Parkverstößen

Grundsätzlich ist der **Fahrer** für die Halt- und Parkverstöße verantwortlich. Die Ahndung richtet sich nach dem bundeseinheitlichen Bußgeldkatalog (BKatV).[18] Überwiegend handelt es sich dabei um Kennzeichenanzeigen. Lässt sich der schuldige Fahrer nicht ermitteln, können dem Halter die Verfahrenskosten auferlegt werden (§ 25 a StVG). Andererseits kann aber auch der **Halter** des Fahrzeugs unmittelbar für die Parkverstöße des Fahrers zur Verantwortung gezogen werden, wenn er Kenntnis von der verbotswidrigen Aufstellungsart seines Fahrzeugs hat und es unterlässt, das Fahrzeug ordnungsgemäß zu parken.

Halt- und Parkverstöße sind Dauerordnungswidrigkeiten, solange keine Unterbrechung eintritt. Infolgedessen darf ein solcher Verstoß nicht mehrfach geahndet werden (OLG Jena DAR 2006, 162). Eine Unterbrechung ergibt sich, wenn das Fahrzeug z. B. auch am nächsten Tag oder nach Ablauf eines zeitlich befristeten Haltverbots weiterhin falsch geparkt bleibt. In solchen Fällen besteht Tatmehrheit, sodass der Betroffene erneut ein Verwarnungs- bzw. Bußgeld erhält.

2.8 Abschleppen (Umsetzen) verbotswidrig abgestellter Fahrzeuge
2.8.1 Auf öffentlichen Verkehrsflächen

Der verkehrswidrige Zustand eines verbotswidrig geparkten Fahrzeugs kann neben der Ahndung als Ordnungsverstoß von der Polizei durch Abschleppen[19] beseitigt werden. Es handelt sich dabei um eine Maßnahme zur allgemeinen Gefahrenabwehr für die öffentliche Sicherheit oder Ordnung nach den Polizeigesetzen der Länder. Das Abschleppen ist materiell eine polizeiliche Vollstreckungsmaßnahme als Ersatzvornahme zu Lasten des

---

18 Ahndung nach der BKatV und des darauf beruhenden Bundeseinheitlichen Tatbestandskataloges des KBA.
19 Abschleppen = Umsetzen, sofern das Fahrzeug auf einen freien ordnungsgemäßen Parkstand verbracht wird. Über die Rufnummer 110 kann der Standplatz bei der Polizei abgefragt werden, insbesondere beim Fehlen zentraler Abstellplätze zur Optimierung der Abschleppvorgänge. Zulässig ist aber auch, das Fahrzeug auf einen zentralen polizeilichen Sicherstellungsplatz („Autoknast") zu verbringen und die Herausgabe von der Zahlung der Abschleppkosten abhängig zu machen (z. B. in Hamburg).

an sich pflichtigen Fahrzeughalters (OVG Hamburg DAR 1994, 290).[20] Beim Abschleppen oder Umsetzen wird das Fahrzeug weder polizeilich sichergestellt noch öffentlich-rechtlich verwahrt. Wird deshalb das Fahrzeug nach dem Umsetzen durch einen Dritten beschädigt, hat der Halter keinen Ersatzanspruch gegen die Polizei (nur gegen den Dritten).

Die Beseitigung des verkehrswidrig abgestellten Fahrzeugs steht unter dem Grundsatz der **Verhältnismäßigkeit**.[21] Die Länder entwickeln auf der Grundlage der Rechtsprechung „Abschleppkataloge", die den Vollzug erleichtern. Abschleppen kommt bei groben Verstößen gegen Halt- oder Parkverbote dann in Betracht, wenn die Verkehrsstörung nicht auf andere Weise zu beseitigen ist. Eine konkrete Gefährdung oder Behinderung ist nicht erforderlich, weil die Polizei nicht warten muss, bis sich die Störung unmittelbar auswirkt (VGH München SVR 2007, 196); die polizeiliche Prognose muss aber eine bevorstehende Behinderung ergeben (VG Berlin DAR 1997, 366); ebenso nicht notwendig ist eine vorherige Androhung (BVerwG VerkMitt 1978 Nr. 28; OVG Bremen VerkMitt 1985 Nr. 86 = DAR 1985, 127; VGH Mannheim NZV 1990, 286; Helle-Meyer/Ernst DAR 2005, 495) oder Halterabfrage, um den Betroffenen zur Entfernung seines Fahrzeugs aufzufordern (BVerwG VerkMitt 2003 Nr. 1). Die Polizei muss nicht den Halter anrufen, selbst wenn im Fahrzeug eine Mitteilung über die Erreichbarkeit mit Telefonnummer ausliegt (BVerwG VerkMitt 2002 50 = NZV 2002, 285 = DAR 2002, 424 = NJW 2002, 2122; VGH Mannheim VerkMitt 2003 Nr. 58 = DAR 2003, 329; VG Karlsruhe VerkMitt 2002 Nr. 54; OVG Hamburg DAR 2002, 41 = NZV 2002, 52 = VRS 101, 464 = DÖV 2001,207; VG Berlin DAR 2002, 189). Kann der Betroffene indes ohne Schwierigkeiten und ohne Verzögerung zur Beseitigung seines Fahrzeugs veranlasst werden, ist vom Abschleppen abzusehen, z. B. bei Hinweis im Fahrzeug über die Erreichbarkeit im Nahbereich des Abstellortes; die Polizei kann dann aber von vorsätzlichem Parkverstoß unter Erhöhung des Verwarnungsgeldes ausgehen (OVG Hamburg VRS 108, 470; BVerwG DAR 2002, 470 = VRS 103, 309). Abschleppen ist auch zulässig, wenn eine negative Vorbildwirkung zu befürchten ist (BVerwG VerkMitt 1990 Nr. 53 = VRS 79, 79; VG Berlin DAR 1997, 366) oder Abschleppkosten die Parkgebühr und das Verwarnungsgeld weit übersteigen (VGH München NJW 1999, 1130).

Abgeschleppt werden **dürfen** Falschparker aus einer Feuerwehrzufahrt (VGH Mannheim VerkMitt 2002 Nr. 82), einer Fußgängerzone (OLG Koblenz NZV 1989, 46), von Behindertenparkplätzen, selbst wenn ein Berechtigter seinen Parkausweis nicht gut lesbar auslegt oder nicht konkret am Einparken gehindert wird (OVG Koblenz DAR 2005, 291 = NZV 2005, 551; VGH Mannheim VerkMitt 2003 Nr. 58; OVG Schleswig DAR 2002, 330; OVG Münster NZV 2000, 310; OVG Münster VRS 69, 475; OVG Hamburg NZV 2001, 52 = DAR 2001, 42 = NJW 2001, 168: auch bei sehr kurzer Parkdauer), von Taxenständen, auch ohne konkrete Behinderung betriebsbereiter Taxen (VGH München SVR 2007, 196; OVG Hamburg VRS 111, 231), von Geh- oder Radwegen (OVG Hamburg VRS 99, 380; VG Berlin DAR 2000, 182; BayVGH DAR 1989, 154), bei Haltverboten nach Z. 283

---

20 Die Abschleppmaßnahme richtet sich primär gegen den Fahrzeughalter als „Zustandsstörer", nicht gegen den schuldigen Fahrer als „Handlungsstörer" (LG München DAR 2006, 217); der Halter kann natürlich Kostenersatz vom Fahrer verlangen.
21 Die mit dem Abschleppen verbundenen Nachteile dürfen nicht außer Verhältnis zu dem erzielten Erfolg stehen.

oder 286 (OVG Schleswig DAR 2001, 475; OVG Münster DAR 1998, 365: aus einer Ladezone mit Z. 286 bereits nach einer halben Stunde), aus Busspuren (VG Berlin VerkMitt 2001 Nr. 93), aus einem Busparkplatz (OVG Münster VRS 97, 400), von abgesenkten Bordsteinen für Rollstuhlfahrer (VG Schwerin DAR 1998, 405), aus dem 5-m-Bereich vor Einmündungen (OVG Münster VerkMitt 2001 Nr. 8 = NJW 2001, 172 = VRS 99, 380). Bei Blockierung einer Fahrbahn durch zwei gegenüber parkende KFZ haftet der zuerst Parkende nicht für die Abschleppkosten des später geparkten Fahrzeugs (OVG Münster VerkMitt 2001 Nr. 41 = NZV 2001, 94).

Da der Halter für den verkehrswidrigen Zustand seines KFZ verantwortlich ist, darf das KFZ auch dann abgeschleppt werden, wenn das Fahrzeug **zunächst ordnungsgemäß** geparkt war, **später** aber durch **Aufstellen** von (meist mobilen) Haltverboten hätte entfernt werden müssen, z. B. wegen einer Baustelle, eines Umzugs, Filmaufnahmen oder Baumschnittarbeiten. Entscheidend ist, dass das Haltverbotsschild rechtzeitig, mind. drei bis vier volle Tage vorher, aufgestellt wird (BVerwG NZV 1997, 246 = VRS 93, 149 = DAR 1997, 199; VGH Mannheim NZV 2008, 263 = DAR 2008, 721: mind. drei Tage; VG Münster VD 2007, 281: keine Fristverlängerung in der Ferienzeit; VGH Mannheim VerkMitt Nr. 84 = DAR 2007, 534 = NZV 2004, 487: nach vier Tagen; VG Berlin DAR 2001, 234; OVG Münster NZV 1995, 460: nach drei Tagen; OVG Hamburg VRS 100, 478: nicht aber bei Verkehrsführung über den Parkstreifen infolge plötzlich auftretender Fahrbahnschäden). Haltverbote zum Zwecke von Filmaufnahmen bleiben auch dann wirksam, wenn sie während einer Drehpause am Wochenende abgedeckt werden (OVG Hamburg NZV 2008, 313 = VRS 114, 316 = VD 2008, 374). Ob der Halter eine Bewohnerparkberechtigung hat, ist unerheblich (VGH Mannheim NJW 2003, 3363). Auch in solchen Fällen muss der Halter und nicht der Begünstigte die Abschleppkosten tragen.[22] Der Bußgeldverstoß gegen das Haltverbot selbst kann aber dem Fahrer oder Halter nicht zur Last gelegt werden (hier wirkt der **Sichtbarkeitsgrundsatz** weiter). Ferner bestehen keine zivilrechtlichen Ersatzansprüche des Begünstigten wegen Blockierens der für ihn vorgehaltenen Verkehrsfläche, weil Haltverbote nicht sein Vermögen schützen (BGH VerkMitt 2004 Nr. 30 = VRS 105 334; OVG Hamburg DAR 2004, 543).[23]

Beauftragt die Polizei eine private **Abschleppfirma**, handelt diese als „verlängerter Arm" der Polizei (BGH DAR 2006, 387 = VRS 111, 132 = SVR 2006, 309). Erhebt die Firma auch die Abschleppkosten der Polizei, handelt sie hoheitlich.[24] Schäden, die durch unsachgemäße Durchführung des

---

22 Somit z. B. nicht die Umzugs- oder Filmfirma, zu deren Gunsten die Haltverbote angeordnet worden sind, sondern der Halter des Fahrzeugs, das die freizuhaltende Fläche blockiert (OVG Hamburg VRS 107, 159).
23 Im Rahmen des § 823 BGB ist die StVO nicht im Ganzen Schutzgesetz für das Vermögen des Geschädigten. Da die StVO allein der Sicherheit oder Ordnung des Verkehrs dient, bestehen keine Individualansprüche bei Parkverstößen. Der Bauunternehmer, der bis zum Abschleppen warten muss und durch den Zeitverlust einen Vermögensschaden erleidet, kann diesen nicht gegen den Falschparker geltend machen.
24 Die Abschleppfirma ist berechtigt, die Herausgabe des Fahrzeugs gegen Barzahlung der Abschleppkosten zu verlangen. Sie verstößt durch den geschäftsmäßigen Einzug der Polizei zustehenden Kosten weder gegen das Rechtsberatungsgesetz noch gegen das Gesetz über den unlauteren Wettbewerb (BGH DAR 2006, 387 gegen LG Düsseldorf VerkMitt 2002 Nr. 77).

Abschleppvorgangs, auch Dritten gegenüber, verursacht werden, können Amtshaftungsansprüche nach § 839 BGB, Art. 34 GG auslösen (LG Frankfurt/M DAR 2000, 268). Ersatzansprüche des Verkehrsunternehmens gegen den Falschparker auf einer Busspur für Kosten eines betrieblichen Busspurbetreuers, der die polizeiliche Abschleppmaßnahme veranlasst, bestehen nicht (LG Potsdam NZV 2006, 480).

Das Abschleppen ist ein **Verwaltungsakt**, die Kosten trägt der Halter des KFZ als Verhaltens- oder Zustandsverantwortlicher, wobei unerheblich ist, ob der Halter oder Fahrer für den Verstoß verantwortlich ist (OVG Hamburg VRS 89, 68; BVerwG NZV 1997, 245). Selbst wenn das Fahrzeug veräußert wurde, haftet der Halter für die Abschleppkosten weiterhin, sofern der Halterwechsel nicht eingetragen worden ist, andernfalls der neue Halter (OVG Münster VRS 104, 318; Hess. VGH VRS 97, 473). Die Erhebung von Kosten ist auch bei Leerfahrten zulässig, wenn nach einem Abschleppauftrag der Halter das KFZ selbst wegfährt und eine rechtzeitige Stornierung des Auftrages nicht mehr möglich war (OVG Hamburg VRS 115, 315: selbst wenn in 75 m weitere Umsetzungen durchzuführen sind; VGH Mannheim VerkMitt 2002 Nr. 82 = DAR 2002, 473), nicht dagegen, wenn das Abschleppunternehmen am gleichen Ort weitere KFZ umsetzt (OVG Münster VRS 100, 234 = NVwZ 2001, 954; OVG Hamburg VRS 99, 381 = NZV 2001, 52 = DAR 2001, 42 = NJW 2001, 168: Verstoß gegen das Äquivalenzprinzip). Gibt der Halter als Täter des Parkverstoßes eine im Ausland lebende Person an, können bei schwierigen Vollstreckungsverhältnissen die Kosten weiterhin dem Halter auferlegt werden. Die Höhe der Abschleppkosten ist in den Kommunen unterschiedlich; sie richtet sich nach Gebührenordnungen für die Benutzung polizeilicher Einrichtungen. Abschleppgebühren sind verfassungsgemäß (OVG Münster VRS 100, 234 = NVwZ 2001, 954). Dabei steht ein Zurückbehaltungsrecht des sichergestellten Fahrzeugs bis zur Bezahlung der Abschleppkosten nach den Sicherheits- und Ordnungsgesetzen der Länder im Ermessen der Behörde (OVG Hamburg VRS 113, 132 = DAR 2008, 225: Beachtung des Verhältnismäßigkeitsgrundsatzes, wenn das KFZ dringend benötigt, die Abschleppkosten aber nicht kurzfristig bezahlt werden können). Über Widersprüche entscheidet die Fachaufsichtsbehörde der Polizei; gegen ablehnende Widerspruchsbescheide kann das **Verwaltungsgericht** angerufen werden. Neben dem Kostenbescheid ergeht ein Verwarnungs- oder Bußgeldbescheid wegen des Parkverstoßes durch die Bußgeldbehörde. Hiergegen kann der betroffene Fahrer Einspruch einlegen, über den das örtlich zuständige **Amtsgericht** entscheidet.

Im Gegensatz zum Abschleppen wird bei Verwendung einer „**Radkralle**" der verkehrswidrige Zustand „zementiert". Die Radkralle dient nicht der Beseitigung einer Störung, sondern der Feststellung des schuldigen Fahrers (das „An-den-Pranger-Stellen" des Schuldigen ist nur ein Nebeneffekt). Ihre Anwendung ist keine polizeiliche „Ersatzmaßnahme", sodass die Kosten nicht dem Halter auferlegt werden können. Da der Radkralleneinsatz fast ebenso aufwändig wie ein Abschleppvorgang ist, nehmen Polizei bzw. Kommunen schon wegen der sie treffenden Kosten davon Abstand.

2.8.2 Auf Privatgelände

Das **Abschleppen** auf reiner **Privatfläche** (ohne faktische Öffentlichkeit) kann hingegen **nur** durch den Eigentümer oder Verfügungsberechtigten veranlasst werden. Die Polizei wird hier (ausgenommen bei unmittelbarer Gefahrenlage) nicht tätig. Der Privateigentümer darf als Selbsthilfemaßnahme unter dem Gesichtspunkt der „Besitzstörung" das rechtswidrig abgestellte Fahrzeug beseitigen (§§ 823, 858, 859 Abs. 1 und 3, 249 BGB) und die Abschleppkosten im Wege der Geschäftsführung ohne Auftrag (§§ 683, 677, 670 BGB) gegenüber dem Falschparker geltend machen (AG Erkelenz NZV 2007, 467; AG Essen DAR 2002, 131; s. a. Stöber DAR 2006, 486). Ferner steht ihm ein Unterlassungsanspruch für künftige Verstöße nach § 1004 BGB zu (AG Suhl DAR 2002, 461). Unzulässig ist hingegen die Blockierung des widerrechtlich geparkten Fahrzeugs, weil dadurch keine Beseitigung der Besitzstörung erfolgt. Die meist zur „Erteilung einer Lehre" vorgenommene Blockierung kann strafrechtlich Nötigung nach § 240 StGB sein (vor allem dann, wenn ein Hinweis auf die Erreichbarkeit des Verfügungsberechtigten zur Aufhebung der Blockade an dem betroffenen Fahrzeug fehlt; s. a. Schünemann DAR 1997, 267).

3 Hinweise

3.1 Verbot des nächtlichen Stehenlassens unbeleuchteter und leicht von der Fahrbahn entfernbarer Fahrzeuge: § 17 Abs. 4. Kennzeichnung auf der Fahrbahn haltender Fahrzeuge über 3,5 t und Anhänger (ausgenommen PKW) innerhalb geschlossener Ortschaften mit Parkwarntafel: Z. 630 (VkBl 1980, 737 und 1981, 276). Kennzeichnung von Laternen, die nicht die ganze Nacht brennen: Z. 394 (Anl. 3 lfd. Nr. 38).

3.2 Haltverbote durch Verkehrszeichen gelten nur auf der Seite, auf der sie stehen, wenn nichts anderes angeordnet ist, nur bis zur nächsten Kreuzung oder Einmündung: Anl. 2 lfd. Nr. 61, Erl. Nr. 1 zu Z. 283 und 286.

3.3 Verstöße gegen Halt- und Parkverbote begründen keine zivilrechtlichen Ersatzansprüche nach § 823 BGB desjenigen, zu dessen Gunsten ein Halt- oder Parkverbot angeordnet worden ist, z.B. Lohnausfall des Unternehmers für die Zeit bis zur Entfernung des unzulässig geparkten KFZ (BGH NZV 2004, 136; a. A. AG Waiblingen DAR 2002, 273 = NZV 2002, 272). Mithaftung des Falschparkers kommt hingegen in Betracht, wenn es an einem schwer einsehbaren Haltverbot zu einem Unfall kommt (LG Karlsruhe VRS 102, 387 = NZV 2002, 322; LG Kiel DAR 2002, 318; AG Hildesheim DAR 2992, 322: nicht jedoch, wenn das verkehrswidrig abgestellte Fahrzeug gut erkennbar ist).

§ 13 Einrichtungen zur Überwachung der Parkzeit

(1) An Parkuhren darf nur während des Laufens der Uhr, an Parkscheinautomaten nur mit einem Parkschein, der am oder im Fahrzeug von außen gut lesbar angebracht sein muss, für die Dauer der zulässigen Parkzeit gehalten werden. Ist eine Parkuhr oder ein Parkscheinautomat nicht funktionsfähig, so darf nur bis zur angegebenen Höchstdauer geparkt werden. In diesem Fall ist die Parkscheibe zu verwenden (Abs. 2 Satz 1 Nr. 2). Die Parkzeitregelungen können auf bestimmte Stunden oder Tage beschränkt sein.

(2) Wird im Bereich eines eingeschränkten Haltverbots für eine Zone (Zeichen 290.1 und 290.2) oder einer Parkraumbewirtschaftungszone (Zeichen 314.1 und 314.2) oder bei den Zeichen 314 oder 315 durch ein Zusatzzeichen die Benutzung einer Parkscheibe (Bild 318) vorgeschrieben, ist das Halten und Parken nur erlaubt,

1. für die Zeit, die auf dem Zusatzzeichen angegeben ist, und
2. soweit das Fahrzeug eine von außen gut lesbare Parkscheibe hat und der Zeiger der Scheibe auf den Strich der halben Stunde eingestellt ist, die dem Zeitpunkt des Anhaltens folgt.

Sind in einem eingeschränkten Haltverbot für eine Zone oder einer Parkraumbewirtschaftungszone Parkuhren oder Parkscheinautomaten aufgestellt, gelten deren Anordnungen. Im Übrigen bleiben die Vorschriften über die Haltverbote und Parkverbote unberührt.

(3) Die in Absatz 1 und 2 genannten Einrichtungen zur Überwachung der Parkzeit müssen nicht betätigt werden, soweit die Entrichtung der Parkgebühren und die Überwachung der Parkzeit auch durch elektronische Einrichtungen oder Vorrichtungen, insbesondere Taschenparkuhren oder Mobiltelefone, sichergestellt werden kann. Satz 1 gilt nicht, soweit eine dort genannte elektronische Einrichtung oder Vorrichtung nicht funktionsfähig ist.[1]

(4) Einrichtungen zur Überwachung der Parkzeit brauchen nicht betätigt zu werden

1. beim Ein- oder Aussteigen sowie
2. zum Be- oder Entladen.

VwV zu § 13 Einrichtungen zur Überwachung der Parkzeit

Zu Absatz 1

1 I. Wo Parkuhren aufgestellt sind, darf das Zeichen 286 nicht angeordnet werden.

2 II. Parkuhren und Parkscheinautomaten sind vor allem dort anzuordnen, wo kein ausreichender Parkraum vorhanden ist und deshalb erreicht werden muss, dass möglichst viele Fahrzeuge nacheinander für möglichst kurze genau begrenzte Zeit parken können.

---

[1] Mit Art. 2 und 3 der 17. VO zur Änderung der StVO vom 28.11.2007 (BGBl. I S. 2774) ist der Abs. 3 des § 13 am 1.1.2008 in Kraft getreten und hat die am 31.12.2007 ausgelaufene 11. Ausnahme-Verordnung vom 28.1.2005 (BGBl. I S. 229/VkBl. S. 140) abgelöst.

3 III. Vor der Anordnung von Parkuhren und Parkscheinautomaten sind die Auswirkungen auf den fließenden Verkehr und auf benachbarte Straßen zu prüfen

4 IV. Parkraumbewirtschaftung empfiehlt sich nur dort, wo eine wirksame Überwachung gewährleistet ist.

5 V. Über Parkuhren und Parkscheinautomaten in Haltverbotszonen vgl. Nummer II zu Zeichen 290.1 und 290.2, Rn. 2.

VI. Der Parkschein soll mindestens folgende, gut lesbare Angaben enthalten:

6 1. Standort des Parkscheinautomaten

7 2. Datum und

8 3. Ende der Parkzeit.

9 VII. Für die Festlegung und die Höhe der Parkgebühren gelten die Parkgebührenordnungen (§ 6a Abs. 6 StVG).

Zu Absatz 2

10 I. Das Parken mit Parkscheibe darf nur in Haltverbotszonen (Zeichen 290.1) und Parkraumbewirtschaftungszonen (Zeichen 314.1) sowie in Verbindung mit Zeichen 314 oder 315 angeordnet werden. Zur Anordnung des Parkens mit Parkscheibe in Haltverbotszonen vgl. Nummer II zu Zeichen 290.1 und 290.2; Rn. 2.

11 II. Auf der Vorderseite der Parkscheibe sind Zusätze, auch solche zum Zwecke der Werbung, nicht zulässig.

1 Aus der amtlichen Begründung

1.1 Parkscheine und Parkscheiben in Fahrzeugen müssen von außen nicht nur sichtbar, sondern auch lesbar sein (Begr. 1988).

1.2 Rechtssicherheit durch dauerhafte Einführung elektronischer Parksysteme (Begr. 2007).

1.3 Der Begriff der Parkraumbewirtschaftungszone wird eingeführt. Mit der flächenhaften Beschilderung entfällt eine Vielzahl sonst anzuordnender Verkehrszeichen (Begr. 2009).

2 Erläuterungen

2.1 Parkuhren und Parkscheinautomaten

Parkuhren und Parkscheinautomaten[2] sind Verkehrseinrichtungen nach § 43 Abs. 1. Obwohl es keine normierten Muster gibt, muss die technische Gestaltung der Zweckbestimmung entsprechen. Zulässig sind Einzel- und Doppelparkuhren auf einem Mast für zwei Parkstände, nicht aber Sammelparkuhren für mehrere „nummerierte" Parkstände. Parkuhren unterliegen nicht der Eichpflicht.[3] Parkautomaten werden in der Eichordnung zwar nicht ausdrücklich erwähnt, erfüllen aber als „Sammelparkuhren" rechtlich den gleichen Zweck. Läuft eine Parkuhr infolge von **technischen Störungen** zu schnell ab, darf dies nicht zu Lasten des Parkenden gehen; es gilt somit die richtige Zeit. Schaltet das Uhrwerk nicht mit dem Erreichen der Minute

---

2 Parkuhren gibt es in Deutschland seit 1956, Parkscheinautomaten seit 1980 und Parkscheiben seit 1970.

3 Zwar müssen Einrichtungen zur amtlichen Überwachung des Straßenverkehrs geeicht sein (§ 25 Abs. 1 Nr. 3 Eichgesetz), Parkuhren sind davon jedoch ausgenommen (Anhang A Nr. 26 zu § 8 Eichordnung).

null, sondern erst nach fünf oder zehn Minuten aus, kommt diese „Karenzzeit" dem Parkenden zugute (OLG Hamm VerkMitt 1984 Nr. 61). Ein Erstattungsanspruch für zu viel entrichtete Gebühren besteht nur bei Gerätestörungen, nicht aber bei Überzahlung, z. B. bezahlter Parkschein für zwei Stunden, benötigte Parkzeit aber nur eine halbe Stunde.

Parkuhren und Parkscheinautomaten verbieten das „**Halten**" (nicht das „Parken") mit der Folge, dass nur während des Laufs der Geräte „gehalten" werden darf.[4] Das Halten in der Zeit bis zum Lösen des Parkscheins ist „systembedingt" zulässig, nicht aber Halten bis zu drei Minuten, weil Parkeinrichtungen nicht mit der Regelung nach Z. 286 identisch sind. Die 3-Minuten-Grenze des § 12 Abs. 2 ist ebenfalls nicht anwendbar, weil sich diese auf Parkverbote bezieht, Parkzeiterfassungsgeräte aber Haltverbote begründen. Halten ohne Betätigung der Parkeinrichtungen zum Ein- oder Aussteigen (-lassen), Be- oder Entladen, einschließlich Nebenverrichtungen, ist hingegen nach § 13 Abs. 4 zulässig (OLG Düsseldorf VerkMitt 1991 Nr. 117). Allerdings ist dabei die insgesamt angegebene Höchstparkdauer einzuhalten, weil § 13 Abs. 4 nur von der Bedienung („betätigt") der Parkeinrichtungen freistellt, nicht aber von den übrigen Verhaltenspflichten. An Parkzeiterfassungsgeräten darf deshalb nicht unbegrenzt geladen werden, sondern nur bis zur Höchstparkdauer.

Ein Parkscheinautomat längs der Straße gilt für mehrere Parkstände bis zum nächsten Automaten, nicht aber für die gesamte Parkzone. Die Wirkung des Parkscheinautomaten bezieht sich nur auf die Straßenseite, wo der Automat steht.[5] Wegen des Sichtbarkeitsgrundsatzes dürfen Parkscheinautomaten nicht in einem so großen Abstand aufgestellt werden, dass der Bezug zwischen den Automaten verloren geht (z. B. 150 m zur Minimierung der Investitions- und Wartungskosten). Da Grundstückszufahrten freizuhalten sind (§ 12 Abs. 3 Nr. 3), führt die entlang der Fahrbahn geltende Parkscheinregelung **nicht** zu einem Parkverbot für den berechtigten Grundeigentümer (er darf dort ohne Parkschein parken).

2.1.1 Parkdauer

Mit Parkuhren oder Parkscheinautomaten soll die Nutzung des knappen Verkehrsraums durch eine möglichst große Anzahl von parkenden Fahrzeugen ermöglicht werden (Rn. 2 VwV-StVO zu § 13 Abs. 1).[6] Infolgedessen ist eine Höchstparkdauer festzusetzen. Ohne eine solche Höchstparkdauer hätte die Parkbewirtschaftung den Charakter einer „Parkraumsteuer" oder „Straßenbenutzungsgebühr" (City-Maut), die mangels gesetzlicher Grundlage rechtswidrig wäre.[7]

---

4 „**Park**uhr" und „**Park**scheinautomat" sind sprachliche Begriffe; rechtlich ist der Vorgang aber „**Halten**", solange die Uhr läuft oder der Parkschein gelöst ist. Daher wird auch nicht nach drei Minuten aus dem Halten ein „Parken".

5 Strittig ist, ob Parkscheinautomaten auf der gegenüberliegenden Straßenseite verwendet werden können, weil auch Haltverbote nach Anl. 2 lfd. Nr. 61 dort nicht gelten.

6 Die Kombination von Parkautomaten mit Bewohnerparkzonen ist möglich. Dann hat die Bewohnerparkberechtigung den Charakter einer Ausnahme zum kostenfreien Parken an den Parkautomaten (VGH Baden-Württemberg NJW 2003, 3363).

7 Der Verzicht auf eine Höchstparkdauer in Berlin lässt sich nicht damit rechtfertigen, dass allein die Gebühr die Parkzeit wirksam begrenzt. Insoweit verschärft diese Praxis die soziale Ungleichbehandlung, weil sich „gut Betuchte" unbegrenzt Parkzeit erkaufen können.

Beispiel Parkuhr

Die Bauart einer Parkuhr ist nicht vorgeschrieben, sie muss nur deutlich als amtliche Verkehrseinrichtung nach § 43 erkennbar sein und die Höchstparkzeit, die Gebührenhöhe und die Geltungszeit anzeigen. Eine Eichpflicht besteht nicht. Die Gebühr richtet sich nach der kommunalen Parkgebühren-Ordnung. Eine lokale farbige Kennzeichnung der Parkuhr bei unterschiedlicher Gebührenhöhe ist zulässig. Wer keine geeigneten Münzen hat, darf nicht parken; auch nicht mit Parkscheibe. Parkuhren kennzeichnen einen oder als Doppelparkuhr zwei Parkstände. Bei Störungen ist die Parkscheibe zu verwenden. Läuft die Uhr zu schnell ab, gilt die richtige Zeit, läuft sie zu langsam ab, ist die an der Parkuhr angezeigte Zeit maßgebend. Eine Karenzzeit bei abgelaufener Parkuhr wird nicht zugebilligt.

Be- und Entladen, Aus- und Einsteigen (-lassen) ist ohne Betätigung der Parkuhr oder des Parkscheinautomaten zulässig; hierzu gehören auch Nebenverrichtungen (max. 20 Minuten). Die angegebene Höchstparkdauer insgesamt darf aber nicht überschritten werden. Kleinwüchsige Menschen, Schwerstgehbehinderte, Blinde und Ohnhänder dürfen mit Ausnahmegenehmigung ohne Betätigung der Parkuhr bzw. des Parkscheinautomaten parken; auch über die Höchstparkzeit hinaus.

Die an den Parkautomaten oder durch Zusatzzeichen angegebene **Höchstparkdauer** darf nicht überschritten werden. Nach Ablauf der Parkzeit ist der Parkstand zu verlassen. Bloßes Vor- und Zurückbewegen genügt nicht; vielmehr muss das KFZ so weit entfernt werden, dass andere die Chance zum Einparken haben. Ein daneben befindlicher freier Parkstand darf aber benutzt werden. Die Ausnutzung von **Restparkzeiten** des Vorgängers durch Übergabe des nicht ausgenutzten Parkscheins sowie das Nachwerfen von Münzen ist zulässig, darf jedoch nur bis zur Höchstparkdauer erfolgen. Wer versehentlich einen Parkschein für eine Stunde löst, kann eine Höchstparkdauer von z. B. zwei Stunden nicht dadurch ausnutzen, dass er zur gleichen Zeit einen zweiten Parkschein für eine weitere Stunde zieht und beide Parkscheine im Fahrzeug auslegt (OLG Bremen DAR 1997, 454). Obwohl der Betroffene die Parkgebühr für zwei Mal eine Stunde entrichtet hat, wird bei der Überwachung eine rein formale Handhabung praktiziert. Bei **Funktionsstörungen** der Automaten oder Parkuhren (Einfrieren im Winter, Stromausfall) ist der Nachweis der Höchstparkdauer durch die Parkscheibe zu erbringen (§ 13 Abs. 1 Satz 3). Die Funktionsstörung muss an dem Gerät selbst auftreten, nicht infolge defekter Münzen. Bei Bewirtschaftung eines gesamten Straßenzuges durch Parkscheinautomaten ist bei Ausfall eines Automaten der Parkschein am nächstgelegenen zu lösen. Befindet sich dieser Automat weiter als etwa 150 m entfernt, darf die Parkscheibe verwendet werden. Werden mehrere Motorräder innerhalb eines gebührenpflichtigen Parkstandes abgestellt, muss für jedes Fahrzeug ein Parkschein erworben werden; bei einer Parkuhr braucht allerdings nur einer zu bezahlen (die StVO verlangt nichts Unmögliches).

2.1.2 Gebühren

Die Höhe der Parkgebühr als Benutzungsgebühr für die Inanspruchnahme des Parkraums richtet sich aufgrund der Ermächtigung des § 6a Abs. 6 und 7 StVG nach den landesrechtlichen bzw. kommunalen Parkgebühren-

Ordnungen.[8] Die Gebühr ist dem Wert des Parkraums für den Benutzer angemessen anzupassen. Infolgedessen darf die Gebühr nicht so hoch angesetzt werden, dass Parkstände leer bleiben, andererseits nicht so niedrig, dass der angestrebte Parkplatzwechsel nicht erreicht wird (Beachtung des Äquivalenzprinzips). Zulässig ist auch, die Gebührenpflicht erst nach einer Karenzzeit wirksam werden zu lassen („Brötchentarif").[9] Die Gebührenhöhe und zeitliche Staffelung ist auf den Parkuhren und Parkscheinautomaten anzugeben. Die rein technische Art der Gebührenerhebung ist bei Parkscheinautomaten nicht beschrieben. Infolgedessen ist neben der Zahlung von Münzen auch der Betrieb mit Kreditkarten („elektronische Geldbörse") oder beim Handyparken durch Kontoabbuchung zulässig. Wer nicht über geeignete Münzen verfügt, darf nicht parken. Der Einwurf ausländischer passender Münzen ist weder Betrug (§ 263 StGB) noch Leistungserschleichung (§ 265a StGB), wohl aber eine Ordnungswidrigkeit.

Die Einnahmen der Parkgebühren stehen den Kommunen zu.[10] Dabei dürfen als Nebeneffekt auch Gewinne erzielt werden. Die Gebührenfestsetzung allein aus fiskalischen Gründen zur Stützung der Kommunalhaushalte oder zur Förderung gemeinnütziger Einrichtungen ist hingegen rechtswidrig, wenn kein Kurzparkbedürfnis besteht.[11]

Für **private Entgelte** auf faktisch öffentlichen Verkehrsflächen (Parkhäuser, Tiefgaragen, Plätze) stellt § 52 klar, dass diese der gebührenrechtlichen Vorschrift des § 6a Abs. 6, 7 StVG nicht entgegenstehen. Dementsprechend ist auch die Erhebung privatrechtlicher Entgelte für die Benutzung von Privatstraßen (sog. Mautgebühr) zulässig. Werden auf Privatflächen ähnliche Geräte wie Parkuhren verwendet, handelt es sich um „Inkassogeräte" (nicht um Parkscheinautomaten i. S. d. §§ 13, 43). Bei Verstößen gilt dann nur das Privatrecht, z. B. Verstoß gegen Benutzungsordnungen von Parkhäusern.

2.1.3 Parkscheine

Parkscheine sind gut lesbar auszulegen (Anl. 3 lfd. Nr. 7 zu § 42), nicht nur vor der Windschutzscheibe, auch auf der Abdeckplatte des Gepäckraums in PKW (BayObLG VRS 90, 64). Bei Schneefall muss die Windschutzscheibe

---

8 **§ 6a StVG** (Gebühren) – Auszug – i. d. F. vom 14.1.2004 (BGBl. I S. 74)

(6) Für das Parken auf öffentlichen Wegen und Plätzen können in Ortsdurchfahrten die Gemeinden, im Übrigen die Träger der Straßenbaulast, Gebühren erheben. Für die Festsetzung der Gebühren werden die Landesregierungen ermächtigt, Gebührenordnungen zu erlassen. In diesen kann auch ein Höchstsatz festgelegt werden. Die Ermächtigung kann durch Rechtsverordnung weiter übertragen werden.

(7) Die Regelung des Absatzes 6 Satz 2 bis 4 ist auf die Erhebung von Gebühren für die Benutzung gebührenpflichtiger Parkplätze im Sinne des § 6 Abs. 1 Nr. 13 entsprechend anzuwenden.

9 Mit dem „Brötchentarif" sollen zur Stärkung der örtlichen Wirtschaft kurzfristige Besorgungen erleichtert werden (Zeitungholen, Brötchenkauf). Der Parkende muss nach dem Einparken einen kostenlosen Parkschein ziehen und ihn im Fahrzeug auslegen oder für die Karenzzeit die Parkscheibe benutzen. Wegen Missbrauchsrisiko ist der „Brötchentarif" umstritten.

10 Die frühere (in § 6a Abs. 6 StVG enthaltene) Zweckbindung der Einnahmen zugunsten von Parkeinrichtungen ist gestrichen worden (BGBl. I 1994, S. 2047), weil der Bund nicht vorschreiben darf, wie die Kommunen in den Ländern die ihnen zustehenden Gebühren zu verwenden haben.

11 Eine solche Gebührenordnung hätte den Charakter einer Parksteuer, für die eine Rechtsgrundlage fehlt.

Beispiel Parkscheinautomat und Parkschein

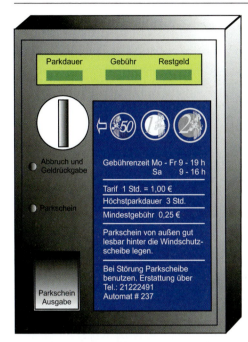

Parkscheinautomaten sind Verkehrseinrichtungen nach § 43. Mit ihnen werden Parkplätze, Parkstreifen oder auch Parkstände längs am Fahrbahnrand bewirtschaftet. Parkscheinautomaten unterliegen zwar nicht der Eichpflicht, sie sollten jedoch genau gehen. Die Gebührenhöhe richtet sich nach der kommunalen Parkgebühren-Ordnung.

Bei der Aufstellung am Fahrbahnrand sollte ein Automat für max. 20 bis 30 Parkstände vorgehalten werden (d.h. jeweils 50 bis 75 m rechts und links des Parkscheinautomaten). Die Nutzung eines Automaten auf der gegenüberliegenden Straßenseite ist nicht zulässig, kann aber im Wege der polizeilichen Opportunität geduldet werden. Die Kennzeichnung des gebührenpflichtigen Bereichs erfolgt durch Z. 314 mit Zusatzschild 1052-33 „mit Parkschein". Bei Funktionsbeeinträchtigungen ist die Parkscheibe zu benutzen. Eine lokale farbige Kennzeichnung der Automaten bei unterschiedlicher Gebührenhöhe innerhalb einer Parkzone ist zulässig.

Be- und Entladen, Ein- und Aussteigen (-lassen) darf ohne Betätigung des Parkscheinautomaten erfolgen; hierzu gehören auch Nebenverrichtungen (max. 20 Minuten). Die angegebene Höchstparkdauer insgesamt darf aber nicht überschritten werden.

nicht ständig freigehalten werden.[12] Das Auslegen eines gültigen Parkscheins neben vielen anderen ungültigen beeinträchtigt die „Lesbarkeit" und ist unzulässig. Auch Motorräder müssen auf gebührenpflichtigen Parkständen Parkscheine lösen (Befestigung in einer Klarsichthülle auf dem Tank oder dem Top-Case). Parkscheine sind Urkunden, die bestätigen, dass eine Parkgebühr entrichtet und die Berechtigung erworben worden ist,

---

12 Zum Nachweis sollte aber der Parkschein vorsorglich aufgehoben werden.

§ 13 Einrichtungen zur Überwachung der Parkzeit

für eine bestimmte Zeitspanne im Bereich des Parkautomaten zu parken. Wer das Datum oder die Ablaufzeit des Parkscheins verändert, begeht eine strafbare Urkundenfälschung (§ 267 StGB), aber keinen Betrug (OLG Köln VerkMitt 2002 Nr. 24 = NZV 2001, 481 = DAR 2001, 520 = VRS 101, 197).[13]

2.1.4 Elektronische Parkraumbewirtschaftungssysteme

Zur Verbesserung des Bedienungskomforts und zur Kostenminimierung des Parkraumbewirtschaftungsbetriebs sind neben Parkscheinautomaten, Parkuhren und Parkscheiben elektronische Parksysteme zulässig. Vorteile bestehen in der minutengenauen Abrechnung, eine Prognose der zu erwartenden Parkzeit entfällt für den Parkenden ebenso, wie der Gang zur Parkuhr, das Vorhalten von Münzgeld und das Lösen eines Parkscheins. Hierbei sind im Wesentlichen zwei Gruppen zu unterscheiden:[14]

a. **Monofunktionale Systeme** in Form elektronischer Geräte im Fahrzeug („Taschenparkuhren"), die mittels einer vorbezahlten Geldkarte durch Knopfdruck aktiviert werden und auf einem Display die Parkzeit (ähnlich dem Parkschein) anzeigen. Da Kraftfahrer nicht gezwungen werden können, sich beim Parken in einer anderen Kommune jeweils eine andere „Taschenparkuhr" zuzulegen, können diese Geräte die vorhandenen Parkscheinautomaten nicht ersetzen. Problematisch ist die Missbrauchsgefahr, weil – ähnlich wie bei „mitlaufenden" Parkscheiben – der Erwerb baugleicher „Taschenparkuhren" mit programmierbarer Manipulationsmöglichkeit nicht ausgeschlossen werden kann.

b. **Multifunktionale Systeme** sind mit der Nutzung eines Mobiltelefons kombiniert. Nach Anmeldung bei einer Parkzentrale[15] wird über Handy der Parkvorgang automatisch registriert. Bei Park-Ende ist erneut ein Anruf bzw. eine SMS erforderlich. Die Bezahlung der Parkgebühren erfolgt über Abrechnung ähnlich der Telefonrechnung und Abbuchung vom Bankkonto des Nutzers. Die Kontrolle durch die Polizei erfolgt mittels eines elektronischen Überwachungsgerätes, mit dem über Funk die Registrierung des Parkvorganges bestätigt werden kann. Bei Nichtbestätigung wird ein Ordnungswidrigkeitenverfahren eingeleitet.[16]

Die elektronische Parkraumbewirtschaftung kann Parkuhren, Parkscheinautomaten oder Parkscheiben nicht ersetzen, weil sonst der Gemeingebrauch der dem öffentlichen Verkehr gewidmeten Straßen in einem nicht hinnehmbaren Maß eingeschränkt würde. Ob für die Kommunen infolge des parallelen Betriebs herkömmlicher Parkuhren und Parkautomaten faktisch eine Kostenminimierung erreicht wird, hängt entscheidend von den Vereinbarungen mit den Betreibern elektronischer Parksysteme ab, weil die für elektronische Systeme zu zahlenden Entgelte nicht auf höhere Parkgebühren umgelegt werden können.

---

13 Da die staatliche Maßregelung eine Unrechtsfolge eigener Art ist, begründet die Manipulation am Parkschein zur Vermeidung eines Verwarnungsgeldes keinen Vermögensnachteil des Staates i. S. d. Betrugstatbestandes (§ 263 StGB).
14 Siehe auch Forschungsbericht der TU Darmstadt – Fachbereich Verkehrsplanung und Verkehrstechnik vom 7.4.2004 (Prof. Dr.-Ing. Boltze).
15 Ggf. auch Ausgabe einer an der Windschutzscheibe anzubringenden Kennung (Barcode), die bei der Kontrolle des Parkvorganges abgescannt werden kann.
16 Der Einsatz solcher Systeme erfordert die Beachtung datenschutzrechtlicher Vorschriften.

Parkmanagementsysteme

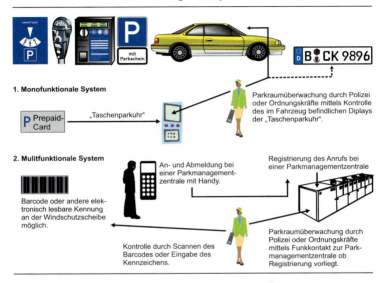

Eine besondere Beschilderung neben den Zusatzzeichen „nur mit Parkschein" ist nicht erforderlich, weil § 13 Abs. 3 Satz 1 unmittelbar gilt. Empfehlenswert ist ein Hinweis am Parkscheinautomaten, dass in diesem Bereich Handyparken möglich ist.

2.2 Parkscheiben (Anl. 3 lfd. Nr. 11 – Bild 318)

Bei der durch Bild 318 in den Z. 290, 314 oder 315 ausgewiesenen und kostenneutralen Beschränkung der Parkdauer ist die Parkscheibe zu verwenden. Auch die Parkscheibe kann in elektronische Systeme eingebunden werden. Elektronische Parkscheiben müssen auf der Vorderseite ein Genehmigungszeichen des KBA tragen (VkBl. 2007, S. 245 – Ausgestaltung von elektronischen Parkscheiben). Obwohl sie nach dem Abstellen des Motors gegen Eingriffe gesichert sein müssen, ist der Ersatz herkömmlicher Parkscheiben durch elektronische Geräte wegen der bisher einfachen Handhabung, Kostenneutralität und Manipulationsrisiken bei elektronischen Parkscheiben eher sinnlos.

Der Zeiger der Parkscheibe ist auf den Strich der nächstfolgenden halben Stunde einzustellen (§ 13 Abs. 2 Nr. 2).[17] Die Parkscheibe ist damit ungenauer als die Parkuhr und kommt im Regelfall dort zum Einsatz, wo die Parkdauer mehr als eine Stunde betragen kann.[18]

---

17 Beispiel: Ankunft 9.35 Uhr – Zeigereinstellung auf 10.00 Uhr; beginnt die Parkregelung erst um 13.00 Uhr – Zeigereinstellung auf 13.30 Uhr.
18 Die Rn. 12-alt der VwV-StVO zu § 13, wonach die Parkdauer bei Parkscheiben nicht unter einer Stunde liegen darf, ist 2007 aufgehoben worden.

Wohin die Parkscheibe auszulegen ist, wird nicht ausdrücklich vorgeschrieben; sie muss jedenfalls von außen gut lesbar sein (Anl. 3 lfd. Nr. 7), d. h. im Allgemeinen auf dem Armaturenbrett vor der Windschutzscheibe (OLG Naumburg VerkMitt 1998 Nr. 49 = VRS 94, 357 = NZV 1998, 165; OLG Köln DAR 1993, 70: auch auf der Hutablage). Die Auslage mehrerer Parkscheiben mit unterschiedlichen Zeitangaben beeinträchtigt die Lesbarkeit und begründet einen Parkverstoß (OLG Köln VRS 58, 154). Bei Schneefall muss die Windschutzscheibe nicht ständig freigehalten werden. Ein „Nachstellen" der Parkscheibe nach Ablauf der Höchstparkdauer ist unzulässig. Wo Parkscheiben vorgeschrieben sind, darf zum Be- oder Entladen, Aus- oder Einsteigen nach § 13 Abs. 4 auch ohne ihre Verwendung gehalten werden, allerdings nur bis zur Höchstparkdauer (BayObLG VRS 55, 464; VerkMitt 1979 Nr. 6 = DAR 1979, 27).

Das **Zonenhaltverbot**, verbunden mit der Parkscheibe, ist für Fälle bestimmt, in denen das „Dauerparken" unterbunden werden muss, Parkzeiten von mehr als einer Stunde aber noch hinnehmbar sind. Muss die Parkzeit strenger begrenzt werden, empfehlen sich Parkautomaten. Innerhalb der Zone gelten die gleichen Regelungen wie bei der Einzelausweisung einer Parkscheibe. Parken vor einer Grundstückseinfahrt innerhalb eines Zonenhaltverbots, die beiderseits von Parkstreifen begrenzt wird, ist mit Genehmigung des Grundstückseigentümers zulässig (BayObLG VerkMitt 1992 Nr. 92 = NZV 1992, 417). Auch Krafträder dürfen nur mit Parkscheibe parken (OLG Koblenz VRS 54, 302).

2.3 Ordnungswidrigkeiten

Parkzeitüberschreitungen werden als Ordnungswidrigkeiten geahndet, wobei die Höhe der Verwarnungsgelder von der Dauer der Überschreitung abhängt.[19] Rechtsbegründend für eine Ordnungswidrigkeit ist der Verstoß gegen das Haltverbot am Parkscheinautomaten durch Nichtentrichtung der Gebühr, nicht die Zuwiderhandlung gegen Z. 315 mit Zusatzzeichen „nur mit Parkschein".[20] Duldet der Fahrzeughalter Parkuhrverstöße des Fahrers, beteiligt er sich an diesen Ordnungswidrigkeiten (OLG Koblenz VerkMitt 1986 Nr. 95 = NJW 1986, 1003). Die Überwachung des ruhenden Verkehrs durch staatlich beauftragte Firmen ist rechtswidrig (KG NZV 1997, 48 = DAR 1996, 504; BayObLG VerkMitt 1998 Nr. 13). Wird die Parkzeit an der Parkuhr überschritten, kann das Fahrzeug auf Kosten des Fahrers oder Halters **abgeschleppt** (umgesetzt) werden; in hochbelasteten Kerngebieten bereits nach einer Stunde, denn Parkuhren ordnen nach Ablauf der Parkzeit das sofortige Wegfahren an. (BVerwG VRS 74.397 = NZV 1988, 38; BVerwG DAR 1983, 398; OVG Hamburg DAR 1989, 475).

3 Hinweise

3.1 Durch Rechtsverordnung erheben zahlreiche Kommunen Parkgebühren je nach Parkdruck zwischen 0,50 bis 2,50 € je halbe Stunde (Stand 2009).

3.2 Ausnahmegenehmigungen von der Benutzung von Parkuhren und Parkscheinautomaten: § 46 Abs. 1, im Regelfall für Schwerbehinderte mit außergewöhnlicher Gehbehinderung und Blinde sowie für kleinwüchsige Menschen unter 1,39 m: Rn. 10, 11, 118 ff. VwV zu § 46.

---

19 Bis ½ Std. 5 €, 1 Std. 10 €, 2 Std. 15 €, 3 Std. 20 €, mehr als 3 Std. 25 € BKatV (Stand 2009).

20 Dementsprechend hebt auch die BKatV in Nr. 63 auf das Haltverbot nach § 13 Abs. 1 ab.

§ 14 Sorgfaltspflichten beim Ein- und Aussteigen

(1) Wer ein- oder aussteigt, muss sich so verhalten, dass eine Gefährdung anderer Verkehrsteilnehmer ausgeschlossen ist.

(2) Verlässt der Führer sein Fahrzeug, so muss er die nötigen Maßnahmen treffen, um Unfälle oder Verkehrsstörungen zu vermeiden. Kraftfahrzeuge sind auch gegen unbefugte Benutzung zu sichern.

VwV zu § 14 Sorgfaltspflichten beim Ein- und Aussteigen

Zu Absatz 2

1   Wenn der Führer eines Kraftfahrzeugs sich in solcher Nähe des Fahrzeugs aufhält, dass er jederzeit eingreifen kann, ist nichts dagegen einzuwenden, wenn eine besondere Maßnahme gegen unbefugte Benutzung nicht getroffen wird. Andernfalls ist darauf zu achten, dass jede vorhandene Sicherung verwendet, insbesondere auch bei abgeschlossenem Lenkradschloss das Fahrzeug selbst abgeschlossen wird; wenn die Fenster einen Spalt offen bleiben oder wenn das Verdeck geöffnet bleibt, ist das nicht zu beanstanden.

1 Aus der amtlichen Begründung

(entfällt)

2 Erläuterungen

2.1 Ausgliedern aus dem Verkehrsraum

Anders als beim Anfahren nach § 10 bestehen beim Ausgliedern zum Zweck des Anhaltens keine besonderen Pflichten; es hat vorsichtig und rücksichtsvoll sowie unter Beachtung des Gefährdungsverbots nach § 1 Abs. 2 gegenüber dem fließenden Verkehr zu erfolgen. Bei starkem oder schnellem Verkehr muss notfalls auf das Anhalten und Rückwärtseinparken verzichtet und das Ziel durch Blockumfahrung erneut angesteuert werden.

2.2 Gefährdungsausschluss beim Ein- und Aussteigen

Der Ein- oder Aussteigende hat ein Höchstmaß an Sorgfalt zu beachten; kommt es dabei zum Unfall, spricht der Beweis des ersten Anscheins gegen ihn (KG VRS 115, 263; KG NZV 2008, 245 = VRS 114, 15). Der Gefährdungsausschluss gilt gegenüber dem Gegen- und Mitverkehr sowie Fußgängern und Radfahrern (BGH NZV 2007, 451). Zuvor ist der rückwärtige Verkehr zu beobachten; ist das nicht hinreichend möglich, darf die linke Tür nur zentimeterweit geöffnet werden. Bei dichtem Verkehr ist vor dem Aussteigen stets damit zu rechnen, dass vor allem Radfahrer zu geringen Seitenabstand halten (OLG Hamm VRS 46, 222) oder rechts überholen (OLG Hamm NZV 2000, 126). Kommt es zum Unfall, spricht der Beweis des ersten Anscheins gegen den Aussteigenden (KG VRS 107, 96). Andererseits dürfen Kraftfahrer beim Vorbeifahren an parkenden Fahrzeugen nur darauf vertrauen, dass deren Tür nicht plötzlich mit einem Ruck weit geöffnet wird; mit einem geringen Öffnen muss gerechnet werden, weil ein solches Verhalten häufig ist (BGH VerkMitt 1981 Nr. 55 = DAR 1981, 148; KG VerkMitt

1985 Nr. 75 = DAR 1986, 88). Beim Vorbeifahren an einer Parkreihe ist deshalb ein ausreichender Seitenabstand einzuhalten (KG DAR 2006, 149 = NZV 2006, 258 = VRS 110, 98; OLG Karlsruhe NZV 2007, 81: 35 cm reicht; LG Berlin VerkMitt 2001 Nr. 79). Beim Vorbeifahren links an einem anhaltenden Müllfahrzeug in zweiter Reihe muss mit dem Öffnen der Fahrertür gerechnet und größerer Abstand gewahrt werden (KG VRS 108, 25). Das Ein- und Aussteigen ist erst mit dem Schließen der Fahrzeugtüren beendet.

2.3 Sicherungspflichten beim Verlassen des Fahrzeugs

Der Begriff „Verlassen" des Fahrzeugs ist enger als der Begriff des Parkens in § 12 Abs. 2, denn Gefahren können z. B. durch Wegrollen schon beim Aussteigen entstehen. Beim Verlassen sind alle vorhandenen Sicherungseinrichtungen zu betätigen, vor allem die Handbremse anzuziehen, auch bei Automatikfahrzeugen (OLG Düsseldorf DAR 2001, 504). Grob fahrlässig ist die Vernachlässigung der Sicherung auf abschüssigem Gelände (AG Frankfurt NZV 2003, 242 mit Anm. Mecklenbrauck NZV 2003, 387). Hier ist eine mehrfache Sicherung nötig: Feststellbremse, gegenläufiger Gang, Einschlagen der Räder zum Bordstein hin, bei starkem Gefälle auch Unterlegkeile (BGH VRS 22, 351 = DAR 1962, 186; OLG Karlsruhe NZV 2007, 473 = DAR 2007, 646: bei 10 % Gefälle).[1] Besondere Umsicht ist beim Halten von Kühlfahrzeugen nötig, wenn der Motor wegen der Kühlaggregate weiterlaufen muss.

2.4 Sicherungspflichten gegen unbefugtes Benutzen des Fahrzeugs

Mit den Sicherungspflichten sollen Gefahren für andere durch den unbefugten Fahrzeugbetrieb vermieden werden.[2] Kurzzeitiges Verlassen des KFZ ohne Sicherung ist grob fahrlässig (OLG Hamm NZV 1991, 195). Die Polizei darf ein unverschlossen abgestelltes KFZ nach den Sicherheits- und Ordnungsgesetzen der Länder sicherstellen, um es vor Verlust oder Beschädigung zu schützen (BVerwG NZV 2000, 514).

Das Abziehen des Zündschlüssels und die Sperrung des Lenkradschlosses sind auch dann notwendig, wenn das Fahrzeug im Blickfeld bleibt (LG Itzehoe DAR 2004, 154: auch in ländlicher Gegend). Fenster, Schiebedach und Türen sind zu schließen (VG Frankfurt VRS 99, 389), selbst bei Abwesenheit von nur zwei Minuten (OLG Hamm VRS 31, 283; OLG Düsseldorf VerkMitt 1986 Nr. 104 und VRS 70, 379). Das Fenster darf einen Spalt weit offen bleiben (Rn. 1 VwV-StVO zu § 14). Ein Kabriolett darf ohne Schließen des Verdecks und der Fenster, aber mit abgeschlossenen Türen geparkt werden. Verbleibt im KFZ ein nicht fahrberechtigter Beifahrer, muss der Zündschlüssel mitgenommen werden (BGH VersR 1960, 695).

---

1 Gilt auch beim Abstellen eines Fahrzeugs auf Privatgelände; bei Vernachlässigung der Sicherungspflichten haftet der Halter zivilrechtlich für Schäden Dritter (BGH VRS 20, 135 = DAR 1961, 149; BGH VersR 1971, 1019).
2 Siehe auch Strafbarkeit des **unzulässigen Fahrzeuggebrauchs** nach § 248b StGB:
(1) Wer ein Kraftfahrzeug oder ein Fahrrad gegen den Willen des Berechtigten in Gebrauch nimmt, wird mit Freiheitsstrafe bis zu drei Jahren oder mit Geldstrafe bestraft, wenn die Tat nicht in anderen Vorschriften mit schwerer Strafe bedroht ist.
(2) Der Versuch ist strafbar.
(3) Die Tat wird nur auf Antrag verfolgt.
(4) Kraftfahrzeug i. S. d. Vorschrift sind die Fahrzeuge, die durch Maschinenkraft bewegt werden, Landfahrzeuge nur insoweit, als sie nicht an Bahngleise gebunden sind.

Haben Personen, deren Zuverlässigkeit zweifelhaft ist, zu einer geschlossenen Garage Zutritt, sind zusätzliche Sicherungsmaßnahmen geboten. Fahrzeug und Fahrzeugschlüssel dürfen Unbefugten nicht zugänglich sein; auch nicht in einer vom Fahrzeughersteller im Motorraum angebrachten Schlüsselbox (OLG Frankfurt VRS 104, 273; OLG Nürnberg NZV 1995, 154). Besondere Vorsicht ist gegenüber Kindern und Jugendlichen angebracht sowie gegenüber Personen, die schon früher ein KFZ unbefugt benutzt und seither keine Fahrerlaubnis erworben haben (OLG Nürnberg VerkMitt 1980 Nr. 60). Bei ungeklärtem Verlust der Fahrzeugschlüssel ist ein Auswechseln des Zündschlosses nicht unverhältnismäßig (OLG Hamm NZV 1990, 470). Der Ausbau der Batterie genügt als Diebstahlsicherung für ein im verschlossenen Schuppen stehendes Fahrzeug (OLG Karlsruhe NZV 1992, 485). Bei Missachtung der Sicherungspflichten haftet der Halter auch zivilrechtlich für Schäden des Diebes nach § 7 Abs. 3 StVG (BGH VRS 60, 85 = DAR 1981, 50).[3]

3 Hinweise

3.1 Ein- und Aussteigen von Fahrgästen an gekennzeichneten Haltestellen: § 20 Abs. 1; Einschalten von Warnblinklicht an Haltestellen, die von der Straßenverkehrsbehörde dafür vorgesehen sind: § 16 Abs. 2 Nr. 2.

3.2 Beleuchtung haltender Fahrzeuge: § 17 Abs. 4; Warntafeln an Fahrzeugen über 3,5 t und Anhängern (ausgenommen PKW), die innerhalb geschlossener Ortschaften nachts parken: Anl. 4 lfd. Nr. 12 – Z. 630; § 51c Abs. 2 Nr. 4 und Abs. 5 StVZO.

3.3 Einrichtungen zur Sicherung von PKW und Krafträdern: § 38a StVZO.

---

3 **§ 7 Abs. 3 StVG**

(3) Benutzt jemand das Fahrzeug ohne Wissen und Willen des Fahrzeughalters, so ist er an Stelle des Halters zum Ersatz des Schadens verpflichtet; daneben bleibt der Halter zum Ersatz verpflichtet, wenn die Benutzung des Fahrzeugs durch sein Verschulden ermöglicht worden ist. Satz 1 findet keine Anwendung, wenn der Benutzer vom Fahrzeughalter für den Betrieb des Kraftfahrzeugs angestellt ist oder wenn ihm das Fahrzeug vom Halter überlassen worden ist. Die Sätze 1 und 2 sind auf die Benutzung eines Anhängers entsprechend anzuwenden.

§ 15 Liegenbleiben von Fahrzeugen

Bleibt ein mehrspuriges Fahrzeug an einer Stelle liegen, an der es nicht rechtzeitig als stehendes Hindernis erkannt werden kann, so ist sofort Warnblinklicht einzuschalten. Danach ist mindestens ein auffällig warnendes Zeichen gut sichtbar in ausreichender Entfernung aufzustellen, und zwar bei schnellem Verkehr in etwa 100 m Entfernung; vorgeschriebene Sicherungsmittel, wie Warndreiecke, sind zu verwenden. Darüber hinaus gelten die Vorschriften über die Beleuchtung haltender Fahrzeuge.

(VwV zu § 15 nicht vorhanden)

1 Aus der amtlichen Begründung

(entfällt)

2 Erläuterungen

2.1 Warneinrichtungen

Mehrspurige Fahrzeuge mit Fahrtrichtungsanzeigern müssen mit Warnblinklicht,[1] Kraftwagen bis 3,5 t außerdem mit einem tragbaren und standsicheren Warndreieck und über 3,5 t neben einem Warndreieck zusätzlich mit einer Warn- oder Blinkleuchte ausgerüstet sein.[2]

2.2 Liegenbleiben

Liegenbleiben bedeutet Stillstand des Fahrzeugs infolge einer technischer Panne oder Beeinträchtigung der Fahrtüchtigkeit.[3] Liegen geblieben ist ein Fahrzeug auch dann, wenn die Ladung herabzufallen droht, nicht aber die bloße Überprüfung der Ladungssicherheit auf dem Standstreifen einer Autobahn (OLG Celle SVR 2008, 304). Das Liegenbleiben dauert nur so lange, bis das Fahrzeug repariert oder aus dem Verkehrsraum abgeschleppt werden kann; je nachdem, was schneller geht. Wird die (zumutbare) Entfernung aus dem Verkehrsraum oder Instandsetzung versäumt, wird aus dem „Liegenbleiben" eine „gewollte" Fahrtunterbrechung, sodass Halt- oder Parkverbote zu beachten sind (OLG Düsseldorf VerkMitt 1980 Nr. 49; OLG Frankfurt DAR 1988, 245). Bei schnellem Verkehr muss das Fahrzeug unverzüglich aus dem Fahrraum entfernt werden (OLG Saarbrücken VerkMitt 1980 Nr. 51). Wer das Liegenbleiben verschuldet, haftet für Auffahrunfälle, sofern nicht alle nötigen Sicherheitsmaßnahmen getroffen sind (OLG Karlsruhe VersR 1979, 1013). Dies ändert nichts an der Mitschuld eines Auffahrenden, der unachtsam oder zu schnell gefahren ist (OLG Düsseldorf VersR 1977, 186). § 15

---

1 Die Ausrüstungspflicht mit gelbem Warnblinklicht richtet sich nach § 53a Abs. 4 StVZO. Der Blinkimpuls muss 90 ± 30 pro Minute betragen.
2 Ausrüstungspflicht mit Warndreieck besteht für PKW bis 3,5 t sowie land- oder forstwirtschaftliche Zug- und Arbeitsmaschinen (§ 53a Abs. 2 Nr. 1 StVZO); Kraftwagen über 3,5 t müssen neben dem Warndreieck außerdem eine Warn- oder tragbare Blinkleuchte mitführen (§ 53 Abs. 2 Nr. 2 und Abs. 3); KOM zusätzlich eine windsichere Handlampe (§ 54b StVZO).
3 Z. B. dem Fahrer wird schlecht und er kann deshalb nicht weiterfahren.

gilt nicht für Fahrzeuge von **Hilfeleistenden**, doch müssen diese ähnlich gesichert werden wie liegen gebliebene Fahrzeuge (OLG Saarbrücken VerkMitt 1981 Nr. 25).

2.3 Sicherungspflichten beim Liegenbleiben eines Fahrzeugs

Schutzzweck ist die Sicherung anderer Verkehrsteilnehmer vor Gefahren, die von stehenden Fahrzeugen ausgehen. Wegen der abstrakten Gefahrenlage sind Sicherungspflichten vordringlich zu erfüllen und gehen der Behebung von Pannen oder dem Wegschaffen des KFZ vor. Die Angabe von „100 m" für das Warndreieck ist nur ein Näherungswert. Bei schnellerem Verkehr muss das Warndreieck in größerer Entfernung aufgestellt werden, auf Autobahnen ohne Tempolimit und Standspur je nach Sichtverhältnissen bis zu 200 m (Anpassung an den Brems- und meist verlängerten Reaktionsweg). Dabei soll sich der Kraftfahrer strikt an den Leitpfosten orientieren, weil beim plötzlichen Anhalten aus schneller Fahrt der Fußweg bis zum Aufstellpunkt meist unterschätzt wird. Ist die Beseitigung des liegen gebliebenen Fahrzeugs eher als die Absicherung möglich und eine Warnung des Verkehrs nicht geboten, kann auf die Aufstellung des Warndreiecks verzichtet werden (OLG Karlsruhe DAR 2002, 34; OLG Köln NZV 1995, 159 = VRS 88, 433). Bloßes Schwenken einer Taschenlampe kann zur Sicherung unzureichend sein (BGH VerkMitt 1969 Nr. 70). Wer wegen blockierten Motors liegen bleibt, darf nicht warten, bis ihn Rauchentwicklung zum Aussteigen zwingt. Trotz des Qualms muss er sich beim Öffnen der Tür vergewissern, dass er den nachfolgenden Verkehr nicht gefährdet (KG VerkMitt 1974 Nr. 125). Fehlende Eigensicherung führt zum Mitverschulden bei Unfällen (OLG Hamm NZV 2001, 260 = VD 2001, 150).

Warndreieck

2.3.1 Warnblinklicht

Das Warnblinklicht ist nach Eintritt einer Panne inner- oder außerorts schon beim Ausrollen einzuschalten (BGH VerkMitt 1973 Nr. 5). Es muss auch dann eingeschaltet bleiben, wenn Warndreiecke und Warnleuchten aufgestellt sind (OLG Hamburg DAR 1981, 156). Das Warnblinklicht befreit den Fahrer nicht von weiteren Sicherungspflichten, wenn damit zu rechnen ist, dass das Warnblinklicht noch vor dem Abtransport des Fahrzeugs wegen Stromverbrauchs ausfallen wird (BGH VerkMitt 1988 Nr. 26 = DAR 1988, 129 = VRS 74, 245). Wer auf Unregelmäßigkeiten an seinem Fahrzeug hingewiesen wird, darf auch bei Dunkelheit auf einer Schnellstraße anhalten; er muss Warnblinklicht einschalten und – wenn er nicht sogleich weiterfahren kann – Warndreieck und Warnleuchte aufstellen (BayObLG VRS 70,

§ 15 Liegenbleiben von Fahrzeugen

Sicherungspflichten bei Pannen

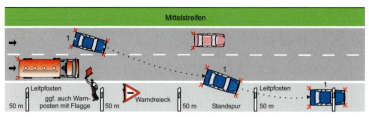

Beim ersten Anzeichen für eine Fahrzeugpanne ist noch während der Fahrt das Warnblinklicht einzuschalten und sofort möglichst weit rechts heranzufahren. Anschließend ist das Fahrzeug auf dem Seitenstreifen (Standspur) zum Stillstand zu bringen. Bei schnellem Verkehr ist das Warndreieck im Abstand von mindestens 150 bis 200 m aufzustellen (Anhalteweg bei 130 km/h wegen verlängertem Reaktionsweg rd. 170 m). Warndreiecke werden häufig in zu kurzem Abstand aufgestellt, weil nach einer schnellen Fahrt die subjektive Einschätzung der Entfernung täuscht. KFZ 1 muss sich deshalb an den Leitpfosten in je 50 m orientieren. Auf dem Weg zum Aufstellungsort ist das Warndreieck zur Eigensicherung voranzutragen. Anschließend ist über Nottelefon Hilfe herbei zu holen (Pfeile an den Leitpfosten weisen auf die nächste Meldestelle hin). Bei schnellem Verkehr oder fehlenden Seitenstreifen ist der Verkehr zusätzlich durch einen Warnposten mit Flagge, Tuch o. ä. zu warnen; dabei ist auch hier auf Eigensicherung zu achten (OLG Hamm NZV 2001, 260). Bei Dunkelheit ist Beleuchtung einzuschalten. Ist die Lichtanlage ausgefallen, muss das KFZ anderweitig beleuchtet werden, z. B. Handlampe, notfalls Signalfeuer. Alle Sicherungspflichten gehen dem Beheben der Panne oder der Hilfeleistung bei Unfällen vor. Nach Beheben der Panne ist das Warndreieck zu entfernen (um das nicht zu vergessen, sollte die Hülle vorher auf den Fahrersitz gelegt werden).

---

461). Das Warnblinklicht ist auszuschalten, wenn das Fahrzeug nach Behebung des Schadens wieder in Bewegung gesetzt wird. Besonders langsame Fahrzeuge haben bei schnellem Verkehr außerorts und bei Dunkelheit während der Fahrt Warnblinklicht einzuschalten (OLG Düsseldorf NZV 2000, 164).

2.3.2 Warndreieck und Warnleuchten

Bei der rückwärtigen Sicherung eines liegen gebliebenen Fahrzeugs sind die Sicherungseinrichtungen (Warndreieck, Warnleuchte) nicht mitten auf der Fahrbahn, sondern am Fahrbahnrand aufzustellen. Wird das aufgestellte Warndreieck zerstört, muss der Fahrer den Verkehr in anderer geeigneter Weise vor dem Hindernis warnen, z. B. durch Ablegen von Gegenständen am Fahrbahnrand, Handzeichen vom Grünstreifen neben dem Fahrbahnrand, auf Autobahnen sollte er dabei hinter der Leitplanke stehen (OLG Saarbrücken VerkMitt 1974 Nr. 62).

3 Hinweise

3.1 Ausrüstungspflicht für KFZ über 2,8 t mit zusätzlicher Warnleuchte, auch als tragbare Blinkleuchte: § 53a Abs. 2 Nr. 2 StVZO.

3.2 Freiheits- oder Geldstrafe für Verstöße mit konkreter Gefährdung gegen Sicherungspflichten liegen gebliebener Fahrzeuge: § 315c StGB.

3.3 Absicherung von Unfallstellen durch Pannendienstleister mit Leitkegeln (Anl. 4 lfd. Nr. 5 – Z. 610): § 45 Abs. 7a.

3.4 Auf den mit Z. 328 in Tunneln gekennzeichneten Flächen darf nur bei Pannen oder Notfällen gehalten werden.

§ 15a Abschleppen von Fahrzeugen

(1) Beim Abschleppen eines auf der Autobahn liegen gebliebenen Fahrzeugs ist die Autobahn (Zeichen 330.1) bei der nächsten Ausfahrt zu verlassen.

(2) Beim Abschleppen eines außerhalb der Autobahn liegen gebliebenen Fahrzeugs darf nicht in die Autobahn eingefahren werden.

(3) Während des Abschleppens haben beide Fahrzeuge Warnblinklicht einzuschalten.

(4) Krafträder dürfen nicht abgeschleppt werden.

(VwV zu § 15a nicht vorhanden)

1 Aus der amtlichen Begründung

(entfällt)

2 Erläuterungen

2.1 Abschleppen und Schleppen

Das **Abschleppen** erfolgt unter **Notgesichtspunkten**, um ein liegen gebliebenes Fahrzeug infolge einer technischen Panne rasch aus dem Verkehr zu ziehen oder zu einer nahe gelegenen Werkstatt zu bringen. Das ziehende und das betriebsunfähige Fahrzeug bilden dabei (fahrerlaubnisrechtlich) keine Fahrzeugkombination (Zug), sodass nur die Fahrerlaubnis für das ziehende KFZ erforderlich ist (z. B. bei einem PKW die FE-Klasse B). Der Fahrer des gezogenen KFZ braucht keine Fahrerlaubnis; er muss jedoch zum sicheren Fahren in der Lage sein. Da sich ein abgeschlepptes Fahrzeug, das gelenkt werden muss, „in Betrieb" befindet, unterliegt er den gleichen strafrechtlichen Alkoholgrenzwerten wie der Kraftfahrer[1] (OLG Hamm VerkMitt 2000 Nr. 21; BGH NZV 1990, 157 = NJW 1990, 1245). Auch die zivilrechtliche Gefährdungshaftung des § 7 Abs. 1 StVG bleibt bestehen (OLG Köln DAR 1986, 321). Entsprechendes gilt für das Anschleppen oder Anschieben zum Starten des Motors. Springt der Motor an und stoppt der Fahrer sofort, benötigt er keine Fahrerlaubnis (OLG Celle DAR 1977, 219; a. A. OLG Koblenz VRS 49, 366). Abschleppen kann auch durch Verladen des betriebsunfähigen KFZ auf einen Anhänger erfolgen; nach § 42 Abs. 2a StVZO darf dann die Anhängelast überschritten werden (OLG Jena VRS 112, 365). **Krafträder** dürfen wegen der Instabilität und Unfallgefahr nicht abgeschleppt werden; sie sind zu verladen.[2]

---

[1] Strafdrohung nach §§ 316, 315c StGB bei Alkoholgenuss; nicht jedoch nach § 24a StVG, weil sich die 0,5-Promille-Regelung nur auf das Führen eines „Kraftfahrzeugs" bezieht.

[2] Das Abschleppverbot gilt für alle betriebsunfähigen einspurigen Kraftfahrzeuge, auch mit Beiwagen (Motorräder, Leicht- und Kleinkrafträder, Mofas). Das Schleppverbot für betriebsfähige Motorräder folgt aus § 33 StVZO. Auch mit einem Slippstek, der sich beim Ziehen an den Enden sofort löst, darf das Kraftrad nicht abgeschleppt werden.

§ 15a Abschleppen von Fahrzeugen

Abschleppen

Pflichten vor dem Abschleppen
- Absicherung des Verkehrsraums bei Rangiermanöver durch Warndreieck und Warnposten
- Verständigung über Fahrweg, Bremsmanöver, Abbiegen, Geschwindigkeit
- Vereinbarung von Zeichen bei unvorhersehbaren Störungen
- Hinweis auf das Nichtfunktionieren von Servobremse und Servolenkung bei Motorausfall
- Einschalten des Zündschlosses, weil sonst Lenkung blockiert
- Sichere Befestigung des Abschleppseils (max. 5 m) an Schleppösen oder Abschleppstange (mit roter Fahne in der Mitte)
- Bei Ausfall der Lichtanlage für anderweitige Beleuchtung sorgen (Warnlampe)

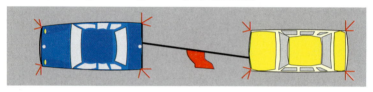

Pflichten während des Abschleppens
- Einschalten des Warnblinklichts an beiden Fahrzeugen
- Der Abschleppende muss - wie auch der Abgeschleppte – weit vorausschauend reagieren
- Einhalten einer angemessenen Geschwindigkeit, außerorts nicht über 60 km/h, innerorts max. Tempo 50
- Abschleppseil straff halten; der Abgeschleppte muss wegen des verminderten Reaktionsweges vor dem Schleppfahrzeug bremsen
- Kurven sind weit auszufahren, ähnlich wie beim Anhängerbetrieb
- Abschleppverbot über die Autobahn beachten

Schleppen i. S. d. § 33 StVZO ist die Verwendung eines betriebsfähigen KFZ als „Anhänger" und ist nur mit einer zulassungsrechtlichen Ausnahme nach §§ 33 Abs. 1 Satz 2, 70 StVZO gestattet (selten). So sind z. B. das Verbringen eines betriebsfähigen KFZ vom Händler zum Kunden oder Überführungsfahrten mittels Schleppvorrichtungen unzulässiges „Schleppen" und kein „Abschleppen". Dabei benötigt der Fahrer des ziehenden KFZ eine Fahrerlaubnis der Anhänger-Klassen „E" und der hintere Fahrer die entsprechende Klasse für das geschleppte Fahrzeug, z. B. für das Schleppen eines PKW von 2,2 t (= FE-Klasse B) durch einen LKW von 3,5 t (= FE-Klasse C1E).

2.2 Pflichten vor dem Abschleppen

Vor Beginn des Abschleppens müssen beide Fahrer vereinbaren, wie sie sich während der Abschleppfahrt verständigen und welche Geschwindigkeit sie fahren wollen (OLG Koblenz VRS 42, 474). Hierzu gehören vor allem Hinweise auf die Hilfsbremsanlage und Servolenkung, die bei ausgefallenem Motor ungewohnt schwer zu bedienen sind. Der Abschleppende muss deshalb besonders langsam fahren. Außerdem muss bei der vereinbarten Geschwindigkeit der infolge des nur 5 m langen Abschleppseils verkürzte Reaktionsweg berücksichtigt werden (Abbremsen zuerst durch gezogenes Fahrzeug, auch um das Abschleppseil straff zu halten). Zu vereinbaren ist ferner, wie beim Abbiegen zu verfahren ist, weil durch das Warnblinklicht die Anzeige der Fahrtrichtung nicht möglich ist. So ist das Warnblinklicht kurz auszuschalten, wenn die Anzeige der Fahrtrichtung dringender als die Warnung vor dem Abschleppvorgang ist; andernfalls ist besonders vorsichtig mit Handzeichen abzubiegen. Der Abgeschleppte soll sich dabei nach dem Verhalten des Abschleppenden richten. Bei Ausfall der Lichtanlage ist das abgeschleppte Fahrzeug durch andere Warn- oder

Blinkleuchten zu sichern. Die Sicherungspflichten gehen dem Interesse am schnellen Weiterkommen vor. Fallen die Bremsen des abzuschleppenden Fahrzeugs aus oder ist dieses schwerer als 4 t, ist eine Abschleppstange (kein Abschleppseil) zu benutzen (vgl. OLG Hamm VRS 30, 137).

2.3 Pflichten beim Abschleppen

Der Abschleppende muss mit Fehlern des Abgeschleppten rechnen, wenn er die Geschwindigkeit erhöht (BGH VRS 15, 268). Er hat auf sorgfältige Abstimmung der Fahrweise beider Fahrzeuge zu achten (OLG Celle DAR 1961, 280). Er muss außerdem bedenken, ob und wie sich der Abgeschleppte auf die Fahrweise einstellen kann, vor allem bei Ausfall von Hilfsbremse und Servolenkung bei einer Motorpanne. Der Abgeschleppte muss sich auf das schleppende Fahrzeug konzentrieren und Gegenlenkung vermeiden. Bei Straßenglätte kann die Übernahme dieser Aufgaben die Fahrer überfordern und daher rechtswidrig sein (OLG Schleswig VRS 82, 259 = NZV 1992, 319). Wer noch nie beim Abschleppen eines KFZ mitgewirkt hat, handelt fahrlässig, wenn er seinen PKW über eine schneeglatte Straße abschleppen lässt (OLG Schleswig DAR 1992, 465).

Über eine Autobahn darf nicht abgeschleppt werden (§ 15a Abs. 2). Von Autobahnen (nicht Kraftfahrstraßen) darf das liegen gebliebene KFZ nur bis zur nächsten Ausfahrt abgeschleppt werden (§ 15a Abs. 1).[3] Ist der Verbringungsort weiter entfernt, muss der Abschleppvorgang auf Bundes- oder Landstraßen weitergeführt werden.

3 Hinweise

Mit Abschleppwagen oder Abschleppachsen abgeschleppte Fahrzeuge müssen Schlussleuchten, Bremsleuchten, Rückstrahler und Fahrtrichtungsanzeiger haben. Diese Beleuchtungseinrichtungen dürfen auf einem Leuchtenträger hinten angebracht sein und müssen vom abschleppenden Fahrzeug aus betätigt werden können: § 53 Abs. 8 StVZO.

---

3 Gewerbliche Abschleppfirmen können für das Abschleppen über Autobahnen eine auf bestimmte Entfernungen (z. B. 100 km) begrenzte Ausnahmegenehmigung nach § 46 Abs. 1 erhalten.

§ 16 Warnzeichen

(1) Schall- und Leuchtzeichen darf nur geben
1. wer außerhalb geschlossener Ortschaften überholt (§ 5 Abs. 5) oder
2. wer sich oder andere gefährdet sieht.

(2) Der Führer eines Omnibusses des Linienverkehrs oder eines gekennzeichneten Schulbusses muss Warnblinklicht einschalten, wenn er sich einer Haltestelle nähert und solange Fahrgäste ein- oder aussteigen, soweit die Straßenverkehrsbehörde für bestimmte Haltestellen ein solches Verhalten angeordnet hat. Im Übrigen darf außer beim Liegenbleiben (§ 15) und beim Abschleppen von Fahrzeugen (§ 15a) Warnblinklicht nur einschalten, wer andere durch sein Fahrzeug gefährdet oder andere vor Gefahren warnen will, z. B. bei Annäherung an einen Stau oder bei besonders langsamer Fahrgeschwindigkeit auf Autobahnen und anderen schnell befahrenen Straßen.

(3) Schallzeichen dürfen nicht aus einer Folge verschieden hoher Töne bestehen.

VwV zu § 16 Warnzeichen

Zu Absatz 1 Nr. 2

1 Gegen missbräuchliche Benutzung des Warnblinklichts ist stets einzuschreiten. Das ist immer der Fall, wenn durch ein Fahrzeug der Verkehr nicht gefährdet, sondern nur behindert wird, z. B. ein Fahrzeug an übersichtlicher Stelle be- oder entladen wird.

Zu Absatz 2

2 Die Straßenverkehrsbehörden haben sorgfältig zu prüfen, an welchen Haltestellen von Schulbussen sowie von Omnibussen des Linienverkehrs der Fahrer des Busses das Warnblinklicht einschalten hat. Maßgebliches Kriterium sind dabei die Belange der Verkehrssicherheit.

3 Dort, wo sich in der Vergangenheit bereits Unfälle zwischen Fahrgästen und dem Kraftfahrzeugverkehr an der Haltestelle ereignet haben, ist die Anordnung, das Warnblinklicht einzuschalten, indiziert. Andererseits spricht das Nichtvorkommen von Unfällen, vor allem bei Vorhandensein von Querungshilfen für Fußgänger (z. B. Fußgängerüberweg, Lichtsignalanlage) in unmittelbarer Nähe der Haltestelle, gegen eine entsprechende Anordnung. Auch die Höhe des Verkehrsaufkommens, das Vorhandensein baulich getrennter Richtungsfahrbahnen, insbesondere bei mehrstreifiger Fahrbahnführung, sowie die bauliche Ausgestaltung der Haltestelle selbst (z. B. Absperrgitter zur Fahrbahn), sind in die Entscheidung einzubeziehende Abwägungskriterien. Die Lage der Haltestelle in unmittelbarer Nähe einer Schule oder eines Altenheimes spricht für das Einschalten des Warnblinklichts. Unter Umständen kann es auch in Betracht kommen, das Einschalten des Warnblinklichtes nur zu bestimmten Zeiten, gegebenenfalls auch für bestimmte Tagesstunden, anzuordnen.

4 Maßgeblich für die Entscheidung, an welcher Haltestelle die Anordnung, das Warnblinklicht einzuschalten, erforderlich ist, ist in jedem Fall die Sachkunde und die Ortskenntnis der Straßenverkehrsbehörden. Entsprechendes gilt für die Anordnung, in welcher Entfernung von der Haltestelle das Warnblinklicht eingeschaltet werden soll.

5 Die Anordnung, wo das Warnblinklicht eingeschaltet werden muss, ist gegenüber den Busbetreibern und den Fahrern der Busse auszusprechen.

Warnzeichen **§ 16**

1 Aus der amtlichen Begründung

Wegen der Unfallgefahr durch langsam fahrende Fahrzeuge, bei Stau, oder Pannen ist zur Warnung nachfolgender Fahrzeuge Warnblinklicht einzuschalten (Begr. 1997).

2 Erläuterungen

2.1 Warnzeichen

Die Abgabe von Warnzeichen[1] erfordert eine **konkrete** Gefahrenlage. Ohne eine solche Gefahrenlage sind Warnzeichen unzulässig, insbesondere um sich „Gehör" zu verschaffen, zum schnelleren Vorankommen, zum Schneiden von Kurven, um andere zum Verzicht auf ihren Vorrang zu bewegen oder ähnliche Verhaltensweisen (BGH VerkMitt 2007 Nr. 68 = VRS 113, 36: Behinderung beim Parken). Warnzeichen sind inner- und außerorts geboten, wenn die Gefahr anders nicht mehr gebannt werden kann (wie Abbremsen, Umfahren, Anhalten) und die Abgabe eines Warnzeichens noch Erfolg verspricht.[2] Insoweit folgt die Pflicht zur Warnung aus § 1 Abs. 2, nicht aus § 16. Warnzeichen müssen gegeben werden, wenn sich die Fahrt durch einen Motordefekt wesentlich verlangsamt (KG VRS 115, 273). Warnzeichen dürfen aber nicht gegeben werden, wenn sie die Gefahr lediglich vergrößern, z. B. Erschrecken, Verunsicherung oder falsche Reaktion des Gewarnten. Wer durch ein unrichtiges Warnzeichen andere verwirrt und zu unrichtigen Reaktionen veranlasst, hat für die Folgen einzustehen (OLG Hamm DAR 1961, 24). Mit Warnblinklicht darf vor einem Falschfahrer gewarnt werden, jedoch nicht durch sonstige Leucht- oder Schallzeichen. Beim Abbiegen ersetzen Warnzeichen nicht die Fahrtrichtungsanzeige (BGH VRS 9, 121). Das Verbot der Benutzung von Mehrklanghupen nach § 16 Abs. 3 gilt auch für Ausländer, an deren Fahrzeugen nach den Vorschriften für den internationalen Verkehr Mehrklanghupen zulässig sind.

2.1.1 Warnzeichen beim Überholen

Nur **außerorts** darf das Überholen durch kurze Schall- oder Leuchtzeichen angekündigt werden. Wird mit Fernlicht geblinkt („Lichthupe"), dürfen entgegenkommende Fahrzeugführer nicht geblendet werden. Wer mehrere vor ihm auf dem Überholstreifen einer Autobahn fahrende KFZ überholen will, braucht die Überholabsicht nicht durch Schall- oder Leuchtzeichen anzukündigen (BayObLG VerkMitt 1980 Nr. 3 = VRS 57, 209). Wer auf der Autobahn überholen will, darf einen Vordermann, der unzulässig auf dem Überholstreifen fährt, durch kurzes Warnzeichen zur Freigabe auffordern (BayObLG VRS 62, 218), das Ausweichen damit aber nicht erzwingen. Längeres Aufblenden und dichtes Auffahren kann strafbare Nötigung sein (§ 240 StGB).

2.1.2 Warnzeichen bei Gefährdung

Fährt ein PKW langsam aus einer Grundstücksausfahrt auf die Straßenmitte, muss ein auf der anderen Straßenseite nahender PKW-Fahrer Warnzeichen geben, wenn eine Kollisionsgefahr auch durch eigenes Bremsen nicht

---

1 Hupe, Lichthupe, Warnblinklicht, Warnleuchte
2 Durch die Worte „sich oder andere gefährdet sieht" in § 16 Abs. 1 Nr. 2 wird deutlich, dass Warnzeichen auch derjenige geben darf, der einen Dritten vor einer Gefahr warnen will.

mehr verhindert werden kann (OLG Celle VersR 1978, 873). Fußgänger dürfen durch „Lichthupe" nur gewarnt werden, wenn sie gefährdet sind und die Warnung für sie eindeutig ist. Andernfalls muss ein Kraftfahrer damit rechnen, dass sein Leuchtzeichen als Einräumung des Vorrangs oder Aufforderung zum Überqueren der Fahrbahn missdeutet wird (BGH VerkMitt 1977 Nr. 62 = VersR 1977, 434 = DAR 1977, 157).

2.2 Warnblinklicht

Warnblinklicht kann bereits bei **abstrakten** Gefahrenlagen eingeschaltet werden.

2.2.1 Warnblinklicht bei Stau oder langsamem Verkehr

Das Gebot zum Einschalten von Warnblinklicht besteht – wie auch bei Schallzeichen – nur bei einer anders nicht mehr vermeidbaren Gefahrsituation. Das „dürfen" verdichtet sich wegen des Gefährdungsausschlusses dann zur Pflicht. Bei Annäherung an einen **Stau** liegt nicht immer eine solche Gefahrsituation vor, sondern nur dann, wenn es sich um einen außerörtlichen und schwer erkennbaren Stau handelt oder infolge zuvor hoher Geschwindigkeit das Stauende schnell erreicht wird. Die Vorschrift des § 16 Abs. 2 Satz 2 enthält insoweit kein stringentes Gebot, sondern nur eine der Verkehrslage angepasste Pflicht, bei solchen Gefahrensituationen Warnblinklicht einzuschalten. Allerdings haftet der nicht blinkende Kraftfahrer bei einem Stau für den dadurch verursachten Auffahrunfall (LG Memmingen DAR 2007, 709: zu 25 % des Schadens).

Kennzeichnungstafel für langsame Fahrzeuge nach ECE-Richtlinie 69 – Anhang 12 (hier: Krankenfahrstühle mit Elektroantrieb bis 15 km/h)

Anbringung:	Rückseite des Fahrzeugs
Außendreieck:	rote prismatische Rückstrahler oder retroreflektierende Folie
Innendreieck:	rote retroreflektierende Folie oder fluoreszierendes Material
Abmessung:	Innendreieck: mind. 350 x 350 mm

Langsam fahrende Bagger oder landwirtschaftliche Fahrzeuge müssen nachts auf einer Bundesstraße außerorts zusätzlich Warnblinklicht einschalten (OLG Düsseldorf DAR 1999, 543). Gleiches gilt für tempobegrenzte Kleinst- und andere Kraftfahrzeuge, z. B. max. 25 km/h.[3] Liegt keine Gefährdung

---

3 Krankenfahrstühle und ähnlich langsame KFZ müssen außerdem mit einer dreieckigen rot reflektierenden Kennzeichnungstafel nach ECE-Richtlinie 69 – Anhang 12 versehen sein.

Überholverbot an Linien- und Schulbussen mit Warnblinklicht

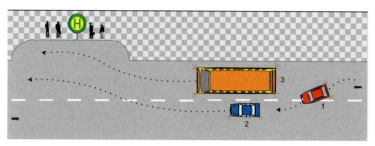

Linienbusse und gekennzeichnete Schulbusse, die sich mit Warnblinklicht einer Haltestelle (Z. 224) nähern, dürfen nicht mehr überholt werden (§ 20 Abs. 3). Das Überholverbot gilt somit nicht bei Bussen des Gelegenheitsverkehrs oder Straßenbahnen. Bei den Haltestellen handelt es sich um solche, an denen die Straßenverkehrsbehörde das Einschalten des Warnblinklichts gegenüber dem Träger des Busverkehrs angeordnet hat (§ 16 Abs. 2 Satz 1). Eine Kennzeichnung der Haltestelle ist nicht vorgesehen.

KFZ 1 hat den Überholvorgang eingeleitet, befindet sich aber seitlich versetzt noch hinter dem Bus, als dieser Warnblinklicht einschaltet, um die Haltestelle anzufahren. Da das Überholverbot vom Ausscheren nach links bis zum Wiedereinordnen reicht, muss KFZ 1 den Überholvorgang abbrechen.

KFZ 2 befindet sich beim Überholen des Busses bereits seitlich daneben, als dieser Warnblinklicht einschaltet. Da aus dieser Position nicht zwischen Warnblinklicht und Fahrtrichtungsanzeige unterschieden werden kann, kommt das Überholverbot wegen des Sichtbarkeitsgrundsatzes nicht zum Tragen. KFZ 2 begeht somit keine Ordnungswidrigkeit, wenn der Überholvorgang vollendet wird. Da in Verbindung mit einer Haltestelle aber mit Warnblinklicht zu rechnen ist, empfiehlt sich für KFZ 2, den Überholvorgang abzubrechen, wenn dies ohne Gefährdung des Busses oder nachfolgender Fahrzeuge möglich ist.

---

vor, darf Warnblinklicht nicht eingeschaltet werden, z. B. beim Halten in zweiter Spur, um Behinderung des rückwärtigen Verkehrs zu vermeiden; der rückwärtige Verkehr muss darauf nicht zwangsläufig reagieren (BGH VerkMitt 2007 Nr. 68 = VRS 113, 36 = NZV 2007, 451 = DAR 2007, 390).

2.2.2 Warnblinklicht bei Schulbussen

Die Regelung gilt **nur** für Linien- und Schulbusse,[4] nicht für PKW, die im Linienersatzdienst oder freigestellten Schüler- und Behindertenverkehr eingesetzt werden. Voraussetzung für die Verpflichtung zum Einschalten des Warnblinklichts an Haltestellen ist eine Anordnung der Verkehrsbehörde gegenüber dem Träger des Schulbusverkehrs. Eine Kennzeichnung dieser Haltestellen ist nicht vorgesehen; empfehlenswert ist aber die Ausweisung als Schulbushaltestelle (Z. 224-51). Da Schulkinder, ältere und hilflose Personen auch in Linienbussen befördert werden, gilt das auch für die Träger dieser Verkehrsart (nicht aber bei Straßenbahnen). Das Warnblinklicht ist bereits bei Annäherung an die Haltestelle einzuschalten (etwa 50 bis 100 m davor, außerorts mind. 150 m). Da stets mit unüberlegtem Verkehrsverhalten einzelner Kinder zu rechnen ist (OLG Stuttgart VRS 43, 136), darf – unbeschadet der Verpflichtung aus § 3 Abs. 2a – nicht mehr überholt (§ 20 Abs. 3) und an den Haltestellen nur noch mit Schrittgeschwindigkeit vorbeigefahren werden (§ 20 Abs. 4). Schrittgeschwindigkeit gilt dann auch für den Gegen-

---

4 Schulbusse nach § 33 BOKraft; Kennzeichnung nach Anlage 4 BOKraft

verkehr. Das Warnblinklicht ist so lange einzuschalten, bis die Aus- und Einsteigvorgänge beendet sind und die Kinder eine sichere Position im Verkehrsraum erreicht haben.

3 Hinweise

3.1 Beachtung des Überholverbots bei Linien- und Schulbussen mit Warnblinklicht: § 20 Abs. 3. Verpflichtung zum Einhalten der Schrittgeschwindigkeit: § 20 Abs. 4. Ist die Fahrbahn durch einen Mittelstreifen getrennt, gilt die Regelung des § 20 Abs. 4 nur für die Richtungsfahrbahn, an der sich die Haltestelle befindet. Der Gegenverkehr auf der anderen Richtungsfahrbahn muss daher sein Tempo nicht auf Schrittgeschwindigkeit ermäßigen.

3.2 Warnblinkanlage, Warndreiecke und Warnleuchten: § 53a StVZO.

3.3 Warnung durch blaues Blinklicht (Rundumlicht), Einsatzhorn (Schallzeichen mit einer Folge verschieden hoher Töne), gelbes Blinklicht: § 38.

§ 17 Beleuchtung

(1) Während der Dämmerung, bei Dunkelheit oder wenn die Sichtverhältnisse es sonst erfordern, sind die vorgeschriebenen Beleuchtungseinrichtungen zu benutzen. Die Beleuchtungseinrichtungen dürfen nicht verdeckt oder verschmutzt sein.[1]

(2) Mit Begrenzungsleuchten (Standlicht) allein darf nicht gefahren werden. Auf Straßen mit durchgehender, ausreichender Beleuchtung darf auch nicht mit Fernlicht gefahren werden. Es ist rechtzeitig abzublenden, wenn ein Fahrzeug entgegenkommt oder mit geringem Abstand vorausfährt oder wenn es sonst die Sicherheit des Verkehrs auf oder neben der Straße erfordert. Wenn nötig, ist entsprechend langsamer zu fahren.

(2a) Krafträder müssen auch am Tage mit Abblendlicht fahren.

(3) Behindert Nebel, Schneefall oder Regen die Sicht erheblich, dann ist auch am Tage mit Abblendlicht zu fahren. Nur bei solcher Witterung dürfen Nebelscheinwerfer eingeschaltet sein. Bei zwei Nebelscheinwerfern genügt statt des Abblendlichts die zusätzliche Benutzung der Begrenzungsleuchten. An Krafträdern ohne Beiwagen braucht nur der Nebelscheinwerfer benutzt zu werden. Nebelschlussleuchten dürfen nur dann benutzt werden, wenn durch Nebel die Sichtweite weniger als 50 m beträgt.

(4) Haltende Fahrzeuge sind außerhalb geschlossener Ortschaften mit eigener Lichtquelle zu beleuchten. Innerhalb geschlossener Ortschaften genügt es, nur die der Fahrbahn zugewandte Fahrzeugseite durch Parkleuchten oder auf andere zugelassene Weise kenntlich zu machen; eigene Beleuchtung ist entbehrlich, wenn die Straßenbeleuchtung das Fahrzeug auf ausreichende Entfernung deutlich sichtbar macht. Auf der Fahrbahn haltende Fahrzeuge, ausgenommen Personenkraftwagen, mit einem zulässigen Gesamtgewicht von mehr als 3,5 t und Anhänger sind innerhalb geschlossener Ortschaften stets mit eigener Lichtquelle zu beleuchten oder durch andere zugelassene lichttechnische Einrichtungen kenntlich zu machen. Fahrzeuge, die ohne Schwierigkeiten von der Fahrbahn entfernt werden können, wie Krafträder, Fahrräder mit Hilfsmotor, Fahrräder, Krankenfahrstühle, einachsige Zugmaschinen, einachsige Anhänger, Handfahrzeuge oder unbespannte Fuhrwerke dürfen bei Dunkelheit dort nicht unbeleuchtet stehen gelassen werden.

(4a) Soweit bei Militärfahrzeugen von den allgemeinen Beleuchtungsvorschriften abgewichen wird, sind gelb-rote retroreflektierende Warntafeln oder gleichwertige Absicherungsmittel zu verwenden. Im Übrigen können sie an diesen Fahrzeugen zusätzlich verwendet werden.

---

1 Nach der 2. Ausnahme-Verordnung von straßenverkehrsrechtlichen Vorschriften i. d. F. vom 18.5.1992 (BGBl. I S. 989) dürfen lichttechnische Einrichtungen von Zugmaschinen bis 32 km/h bei örtlichen Brauchtumsveranstaltungen, bei Landschaftssäuberungsaktionen oder Feuerwehreinsätzen verdeckt, aber auch zusätzlich angebracht werden.

§ 17 Beleuchtung 214

(5) Führen Fußgänger einachsige Zug- oder Arbeitsmaschinen an Holmen oder Handfahrzeuge mit, so ist mindestens eine nach vorn und hinten gut sichtbare, nicht blendende Leuchte mit weißem Licht auf der linken Seite anzubringen oder zu tragen.

(6) Suchscheinwerfer dürfen nur kurz und nicht zum Beleuchten der Fahrbahn benutzt werden.

VwV zu § 17 Beleuchtung

Zu Absatz 1

1 Es ist zu beanstanden, wenn der, welcher sein Fahrzeug schiebt, Beleuchtungseinrichtungen durch seinen Körper verdeckt; zu den Beleuchtungseinrichtungen zählen auch die Rückstrahler (§ 49a Abs. 1 Satz 2 StVZO).

Zu Absatz 2

2 I. Es ist darauf hinzuwirken, dass der Abblendpflicht auch gegenüber Radfahrern auf Radwegen sowie bei der Begegnung mit Schienenfahrzeugen und gegenüber dem Schiffsverkehr, falls die Führer dieser Fahrzeuge geblendet werden können, genügt wird. Einzelner entgegenkommender Fußgänger wegen muss dann abgeblendet werden, wenn sie sonst gefährdet wären (§ 1 Abs. 2).

3 II. Nicht nur die rechtzeitige Erfüllung der Abblendpflicht und die darauf folgende Pflicht zur Mäßigung der Fahrgeschwindigkeit sind streng zu überwachen; vielmehr ist auch darauf zu achten, dass nicht

4 1. Standlicht vorschriftswidrig verwendet wird,

5 2. Blendwirkung trotz Abblendens bestehen bleibt,

6 3. die vordere Beleuchtung ungleichmäßig ist,

7 4. Nebelscheinwerfer, Nebelschlussleuchten oder andere zusätzliche Scheinwerfer oder Leuchten vorschriftswidrig verwendet werden.

Zu Absatz 4

8 Andere zugelassene lichttechnische Einrichtungen zur Kennzeichnung sind Park-Warntafeln nach Anlage 4 Abschnitt 4 Einzelheiten über die Verwendung ergeben sich aus § 51c Abs. 5 StVZO. Die Park-Warntafeln unterliegen einer Bauartgenehmigung nach § 22a StVZO.

Zu Absatz 4a

9 Machen Militärfahrzeuge, insbesondere Panzer, von den Sonderrechten nach § 35 Gebrauch und fahren ohne Beleuchtung, so sind sie mit gelb-roten retroreflektierenden Warntafeln oder gleichwertigen Absicherungsmitteln zu kennzeichnen.

1 Aus der amtlichen Begründung

Mit Abblendlicht bei Tage wird die Verkehrssicherheit der Krafträder erhöht (Begr. 1988).

2 Erläuterungen

2.1 Beleuchtungseinrichtungen

Welche Beleuchtungseinrichtung zulässig ist, bestimmt sich nach den Ausrüstungs- und Bauvorschriften der §§ 49a bis 54b, 66a, 67 StVZO; hierzu gehört auch **Reflexmaterial** wie Kennzeichenschilder, seitliche Konturmarkierungen an LKW. Nicht zugelassene Reflexfolien dürfen am Fahrzeug nicht angebracht werden. Wann Beleuchtungseinrichtungen zu benutzen

Abblendlicht und Fahrgeschwindigkeit

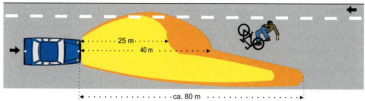

Unkenntnis über die Reichweite des Abblendlichtes und des Anhalteweges erhöht das Risiko nächtlicher Unfälle. Das Abblendlicht beträgt nach § 50 Abs. 6 StVZO in 25 m nur noch 1 Lux in Höhe der Scheinwerfermitte (etwa Helligkeit einer Kerze). Ausgeleuchtet wird die linke Fahrbahnseite bis etwa 40 m. Das asymmetrische Abblendlicht reicht zwar rechts mindestens 80 m, die linke Seite bleibt aber dunkel. Da sich das Auge jeweils auf die hellste Stelle ausrichtet (Scheinwerferkegel), ist der Bereich hinter der 40-Meter-Grenze nur dann einsehbar, wenn die Fahrbahn das Licht reflektiert oder andere Lichtquellen diesen Teil ausleuchten, wie Straßenlaternen, Gegenverkehr, Mondlicht. Bei stockdunkler Nacht und dunkler Fahrbahn ist der Bereich hinter der 40-Meter-Grenze schwer erkennbar. Nach § 3 Abs. 1 darf nur so schnell gefahren werden, wie die Sicht auf der befahrenen Strecke reicht. Bei einer Bremsverzögerung von rd. 7 m/s² beträgt der Bremsweg bei 70 km/h rd. 27 m, der Reaktionsweg 20 m und der Anhalteweg 47 m. Reicht die Sicht auf den linken Fahrbahnteil einer außerörtlichen Landstraße bei stockdunkler Nacht nicht weiter als 40 m, ist eine Geschwindigkeit von rd. 70 km/h zu hoch, um mögliche Hindernissen auf der Fahrbahn rechtzeitig auszuweichen oder vor ihnen anhalten zu können (OLG Hamm NZV 2007, 143; OLG Koblenz DAR 2003, 377; OLG Köln VerkMitt 2003 Nr. 22; OLG Oldenburg NZV 1999, 466 = VRS 97, 241; OLG Jena NZV 2002, 464 = DAR 2003, 37; OLG Naumburg VerkMitt 2000 Nr. 13; OLG Frankfurt DAR 1991, 99). Nur auf Autobahnen darf schneller gefahren werden, weil dort mit Hindernissen nicht gerechnet zu werden braucht (§ 18 Abs. 6).

---

sind, richtet sich nach den Verhaltensregeln der StVO. Beleuchtungseinrichtungen müssen die gebotene Lichtstärke abstrahlen und dürfen weder verdeckt noch verschmutzt sein; ausgenommen sind versenkbare Scheinwerfer sowie Nebelscheinwerfer.[2] Weiterhin sind die Beleuchtungseinrichtungen bei KFZ, Anhängern und Fahrrädern auch am Tage nicht nur wegen der Witterung, sondern auch wegen örtlicher Gegebenheiten (Tunnel, Unterführungen) betriebsbereit zu halten (§ 23 Abs. 1 Satz 4). Dies ist vor Fahrtantritt zu prüfen; nach Fahrtantritt nur bei besonderem Anlass (KG VRS 39, 29). Mängel an den Beleuchtungseinrichtungen beeinträchtigen stets die Verkehrssicherheit. Fallen sie aus, ist unverzüglich abzubremsen und notfalls anzuhalten (BGH VersR 1964, 621); anschließend ist das Fahrzeug auf kürzestem Weg aus dem Verkehr zu ziehen (§ 23 Abs. 2). Ob dabei noch bis zur nächsten Werkstatt oder Tankstelle gefahren werden darf, hängt vom Umfang der Störung, von den Lichtverhältnissen, der Verkehrsstärke und -geschwindigkeit ab. Nach dem Vertrauensgrundsatz dürfen sich andere darauf verlassen, dass entgegenkommende Fahrzeuge beleuchtet sind. Das gilt jedoch nicht bei Dämmerung, solange ein Teil der Fahrzeuge noch unbeleuchtet fährt.

2.1.1 Abblendlicht

Im Fahrverkehr ist Abblendlicht zusammen mit dem Standlicht (Begrenzungsleuchten) zu benutzen. Die Leuchtweite des Abblendlichtes darf wegen der Blendwirkung des Gegenverkehrs in 25 m und 15 cm Höhe von der Fahrbahn max. 1 Lux[3] betragen (§ 50 Abs. 6 StVZO). Dementsprechend ist

---

2 Wegen der tiefen Anbringung dürfen sie zum Schutz gegen Steinschlag bei Nichtbenutzung abgedeckt werden (VkBl. 1966, 123).
3 Etwa Helligkeit einer Kerze

auch die zulassungsrechtlich vorgeschriebene Leuchtweiteregelung im KFZ so einzustellen, dass eine Blendung ausgeschlossen ist. Bei asymmetrischen Scheinwerfern darf die 1-Lux-Grenze von der Scheinwerfermitte in einem Winkel von 15° nach rechts ansteigen.[4] In der Fahrbahnmitte bleibt deshalb auch bei asymmetrischen Scheinwerfern nach links ein Dunkelfeld ab 25 m. Abgesehen von der Sonderregelung auf Autobahnen (§ 18 Abs. 6) darf daher bei Nacht und dunkler Fahrbahn außerorts nicht schneller gefahren werden, als die Sichtweite reicht (§ 3 Abs. 1 S. 4). In extremen Fällen kann Tempo 60 bereits grobes Verschulden sein (OLG Hamm NZV 2007, 143; OLG Frankfurt DAR 1991, 99; OLG Naumburg VerkMitt 2000 Nr. 13). Entsprechendes gilt auf schwach ausgeleuchteten Straßen innerorts für die durch Scheinwerfer erfasste Strecke (KG VerkMitt 1996 Nr. 26). Allerdings ist die sichtbedingte Herabsetzung der Geschwindigkeit nur dann zwingend, wenn der Fahrer den Verkehrsablauf nicht vollständig überblicken und deshalb auftretende Hindernisse oder Gefahren nicht so rechtzeitig erkennen kann, dass er ihnen mit Sicherheit begegnen kann (BGH VerkMitt 2002 Nr. 71 = VRS 103, 256). So muss z. B. die Blickrichtung bei Dunkelheit in Fahrtrichtung auf den Scheinwerferkegel gerichtet sein, nicht aber auf die dunklen Seitenbereiche (OLG Hamm NZV 2008, 411). Sprechen Anzeichen für unerwartet auf die Fahrbahn tretende Personen, muss dem durch Tempoverringerung Rechnung getragen werden, z. B. in der Nähe von Haltestellen, vor Schulen, Spielplätzen, bei Kindern auf Gehwegen.

Abblendlicht am Tage muss nur an Krafträdern eingeschaltet werden (§ 17 Abs. 2a).[5] Für andere Fahrzeuge ist Abblendlicht am Tage zwar nicht verboten; eine Verpflichtung aber aus Energiesparungsgründen problematisch. Außerdem würde dadurch die gewonnene Sicherheit für Motorradfahrer in Frage gestellt. **Tagesfahrlicht** ist nicht identisch mit dem Abblendlicht. Bei Tagesfahrlicht handelt es sich um eigene Leuchten mit geringem Energiebedarf nach ECE-RL 87 mit modifizierter Fahrlichtschaltung durch (meist) Wegschalten der Begrenzungs-, Armaturen- und Kennzeichenleuchten. Dort, wo Abblendlicht vorgeschrieben ist, darf nicht isoliert mit Tagesfahrlicht gefahren werden, z. B. in gekennzeichneten Tunneln mit Z. 327.[6]

2.1.2 Fernlicht

Fernlicht[7] soll zur Verbesserung der Sichtverhältnisse bei Dunkelheit stets verwendet werden. Eine allgemeine Pflicht zur Benutzung des Fernlichts besteht aber nicht, der Kraftfahrer muss dann den Sichtverhältnissen angepasst langsamer fahren (OLG Hamm DAR 2008 527). Verboten ist die

---

4 Der asymmetrische Lichtkegel selbst entsteht durch eine um 15° geneigte Abdeckplatte bzw. Kerbe in der Abdeckpfanne unter dem Glühwendel für das Abblendlicht; die Streuscheibe enthält ein 15°-Segment, sodass der asymmetrische Lichtkegel nach rechts vorn unzerstreut geworfen werden kann.
5 Die Verpflichtung gilt auch für Kleinkrafträder und Mofas.
6 Nach Erkenntnissen der BASt habe das Tagesfahrlicht Vorteile für die Verkehrssicherheit. Von daher sei das Einschalten von Tagesfahrleuchten auch am Tage zu empfehlen (BASt-Studie 2005, S. 19). Tagesfahrleuchten sind nach vorn gerichtete, lichtschwache (15–21 Watt), langlebige Leuchten mit geringerer Leuchtkraft als Abblendlicht, aber viermal intensiver als Standlicht (ca. 400 Candela pro Leuchte). Sie sind zulässig nach der ECE-RL 87 (§ 49a Abs. 5 Nr. 5 StVZO) und können tagsüber ohne Kennzeichen- und Armaturenbeleuchtung eingeschaltet werden. Siehe auch Dauer VD 2006, 255.
7 Leuchtstärke in 100 m mindestens noch 1 Lux; bei Krafträdern über 100 ccm Hubraum noch 0,5 Lux (§ 50 Abs. 5 StVZO).

Benutzung des Fernlichts inner- oder außerorts bei durchgehender ausreichender Straßenbeleuchtung zur Vermeidung unnötiger Blendwirkung (§ 17 Abs. 2 Satz 2). Notfalls muss dann langsamer gefahren werden (§ 17 Abs. 2 Satz 4). Ausreichend ist eine Straßenbeleuchtung dann nicht, wenn auf längerer Strecke, mindestens mehr als 100 m, die Lichtkegel unbeleuchtete Fahrbahnflächen übrig lassen. In gekennzeichneten Tunneln mit Z. 327 ist Abblendlicht einzuschalten (Anl. 3 lfd. Nr. 14), sodass Fernlicht auch dann unzulässig ist, wenn dort weder durchgehende Beleuchtung noch Gegenverkehr vorhanden ist. Fernlicht darf außerdem nicht bei Blendung entgegenkommenden oder vorausfahrenden Verkehrs verwendet werden (§ 17 Abs. 2 Satz 3). Das gilt auch bei Blendgefahr überholender Fahrzeuge.

2.1.3 Standlicht

Mit Standlicht (Begrenzungsleuchten) allein darf bei bestehender Beleuchtungspflicht **nicht** gefahren werden (§ 17 Abs. 2 Satz 1). Beim verkehrsbedingten Warten mit abgestelltem Motor zur Vermeidung von Abgasbeeinträchtigungen muss wegen der Kopplung mit den rückwärtigen Beleuchtungseinrichtungen und der Gefahr von Auffahrunfällen Standlicht eingeschaltet bleiben, z. B. an Bahnübergängen, Baustellen, bei längerem Ampelrot.[8]

2.1.4 Nebelscheinwerfer

Nebelscheinwerfer dürfen nur (müssen aber nicht) bei sichtbeeinträchtigendem Nebel, Regen oder Schneefall eingeschaltet werden (zusammen mindestens mit den Begrenzungsleuchten). Die Aufzählung ist nicht abschließend, sodass auch bei ähnlichen Sichtbeeinträchtigungen die Benutzung von Nebelscheinwerfern zulässig ist, z. B. bei starkem Dunst oder Rauch. Wird die Sicht wieder frei, sind die Nebelscheinwerfer auszuschalten.

2.1.5 Nebelschlussleuchte

Die Benutzung von Nebelschlussleuchten ist **nur** bei **Nebel** inner- und außerorts mit Sichtweiten **unter 50 m** zulässig (Orientierung an den Leitpfosten). Bei unzulässiger Benutzung besteht Blendgefahr und Gefahr der Überstrahlung der Bremsleuchten.[9] Infolgedessen ist die Nebelschlussleuchte auszuschalten, wenn die Sichtweite auf mehr als 50 m ansteigt.[10]

2.1.6 Such- und Arbeitsscheinwerfer

Such- oder Arbeitsscheinwerfer sind nicht mit den Schlussleuchten verbunden. Sie dürfen weder isoliert noch in Verbindung mit dem Fahrlicht zur Fahrbahnbeleuchtung verwendet werden.

---

8 Nach OLG Köln (DAR 1975, 307) soll bei nächtlichem Warten vor einer roten Ampel Standlicht unzureichend sein. Die Entscheidung berücksichtigt allerdings nicht § 17 Abs. 2 Satz 1, wonach Abblend- oder Fernlicht nur im Fahrbetrieb zwingend ist. Außerdem gibt es Fahrzeuge, bei denen mit Ausschalten des Motors automatisch von Abblend- auf Standlicht umgeschaltet wird.
9 Obwohl die Leistungsstärke der Glühbirnen für Nebelschlussleuchte und Bremsleuchte mit 21 W gleich ist, befindet sich in der Nebelschlussleuchte zusätzlich ein Reflektor. Daher beträgt die Leuchtstärke der Nebelschlussleuchte mind. 150, max. 300 Candela: Richtlinie des BMVBS über Technische Anforderungen an Fahrzeugteile bei der Bauartprüfung nach § 22a StVZO (VkBl. 1973, S. 558). Die Leuchtstärke der Bremsleuchte beträgt demgegenüber (nur) mind. 30, max. 100 cd.
10 Bei kurzen Streckenabschnitten zwischen dichten Nebelbänken kann die Nebelschlussleuchte aber eingeschaltet bleiben.

§ 17 Beleuchtung

2.2 Beleuchtungspflichten

2.2.1 Dämmerung und Dunkelheit

Dämmerung beginnt mit Sonnenuntergang, bei Bewölkung, Regen oder Dunst auch früher. Entscheidend ist, dass man selbst gesehen wird; infolgedessen ist Beleuchtung auch dann einzuschalten, wenn Gegenstände zwar noch erkennbar sind, andere KFZ aber bereits mit Licht fahren. Entsprechendes gilt bei Dämmerung zum Sonnenaufgang. Bei Dämmerung besteht kein Vertrauensschutz, dass bereits alle Fahrzeuge Licht eingeschaltet haben (BGH VerkMitt 2005 Nr. 55). **Dunkelheit** herrscht beim Fehlen von Tageslicht, auch bei hellem Mondlicht oder ausreichender Fremdbeleuchtung, z. B. durch Straßenlaternen, Leuchtreklame (KG VerkMitt 1975 Nr. 68). Bei Dunkelheit darf (abgesehen von § 18 Abs. 6 auf Autobahnen) nur so schnell gefahren werden, wie die Sicht durch Scheinwerfer reicht; auch auf schlecht ausgeleuchteten Straßen innerorts (KG VerkMitt 1996 Nr. 10).

2.2.2 Sichtbeeinträchtigungen

Unzureichende Sichtverhältnisse liegen vor bei mangelnder Erkennbarkeit von Fahrzeugen und Fußgängern, orientiert an einer möglichen Verkehrsgefährdung, insbesondere bei Regen, Nebel, Schneefall, Industrieabgasen, aufziehenden Unwettern (innerorts ca. 60 m, außerorts ca. 100 m), beim Abbiegen, wenn die Lichtkegel (ohne „Kurvenlicht") den einzufahrenden Raum noch nicht erfassen, oder bei diffusen Lichtverhältnissen, die das Adaptionsvermögen der Augen beeinträchtigen, z. B. heller Himmel (Abendrot) und dunkle Fahrbahn, dichter Wald bei hellem Himmel, Bergschluchten, Tunnel, Unterführungen. Bei starkem **Regen** ist Abblendlicht einzuschalten, wenn die Sicht auf 80 m begrenzt ist (OLG Hamm VerkMitt 1973 Nr. 9),

Scheinwerfer und asymmetrisches Abblendlicht

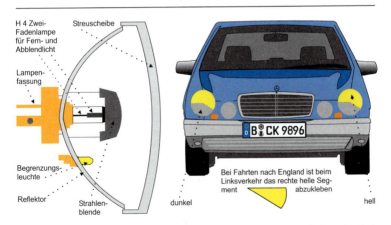

Bei dem mit hoher Spannung betriebenen Xenonlicht wird die Hell-Dunkel-Grenze durch eine automatische Leuchtweitregelung erzeugt.

auf Autobahnen bei einer Sichtweite von 150 m (OLG Hamm VRS 59, 379). **Nebel** mit einer Sichtweite von 100 m bedeutet auf einer Bundesstraße außerorts eine erhebliche Sichtbehinderung (OLG Koblenz VRS 64, 305).

2.2.3 Abblenden

Abzublenden ist stets dann, wenn andere KFZ in den Lichtkegel des Scheinwerfers gelangen. Da Fernlicht meist mehrere hundert Meter weit reicht, ist so rechtzeitig abzublenden, dass andere nicht beeinträchtigt oder unsicher werden. Schon bei der Gefahr alsbaldiger **Blendung** muss die Geschwindigkeit herabgesetzt werden (BGH VRS 24, 287 = DAR 1963, 193); nicht erst, wenn entgegenkommender Verkehr auf Blinkzeichen hin abblendet (BGH DAR 1954, 69). Keinesfalls darf blindlings in einen nicht einsehbaren Raum weitergefahren werden (BGH VersR 1972, 258). Im Übrigen muss nachts jeder Fahrer mit plötzlicher Blendung rechnen und deshalb vorsichtig fahren (OLG Düsseldorf DAR 1974, 74 = VersR 1974, 657). Vor erhöhten Bahnübergängen kann auch Abblendlicht blenden; beim Warten auf der zuführenden Rampe ist Standlicht einzuschalten.

2.2.4 Militärfahrzeuge

Fahrzeuge der Bundeswehr und der NATO-Vertragsstaaten dürfen in Wahrnehmung von Sonderrechten bei dringenden Einsätzen (auch bei Manövern) von den Beleuchtungsvorschriften abweichen (§ 35 Abs. 1 und 5). Wegen der notwendigen Verkehrssicherung nach § 35 Abs. 8 müssen sie aber andere geeignete und ausreichende Beleuchtungseinrichtungen verwenden (§ 17 Abs. 4a), z. B. gelb-rot reflektierende Warntafeln, Tarnleuchten (§ 53c StVZO), Blinklichter, notfalls durch Warnposten mit Handlampen. Beim Parken können Park-Warntafeln ausreichen.

2.2.5 Fußgänger

Die Beleuchtungspflicht des § 17 Abs. 5 mit einer weißen Leuchte nach vorn und hinten besteht nur beim Mitführen der genannten Fahrzeuge, nicht bei Fortbewegungsmitteln (§ 24 Abs. 1). Sie bezieht sich nur auf inner- oder außerörtliche Fahrbahnen, nicht auf Gehwege. Für einzelne Fußgänger besteht keine Beleuchtungspflicht, zu empfehlen ist aber helle Kleidung und Reflexmaterial, wenn sie auf der Fahrbahn laufen. Geschlossene Fußgängerverbände sind mit weißem Licht nach vorn und mit rotem Licht oder gelbem Blinklicht nach hinten abzusichern (§ 27 Abs. 4).

2.3 Beleuchtung im ruhenden Verkehr

Fahrzeuge, die ohne Schwierigkeiten von der Fahrbahn entfernt werden können, dürfen bei Dunkelheit dort nicht stehen gelassen werden (§ 17 Abs. 4 Satz 4). Die Vorschrift enthält im Prinzip ein nächtliches Parkverbot auf Fahrbahnen für leichte Fahrzeuge (Fahrräder, Mofas, Kleinkrafträder). Entscheidend ist hier, ob eine Entfernung von der Fahrbahn zumutbar ist. Das gilt auch für die beispielhaft aufgeführten Fahrzeuge. Bei einem schweren Motorrad moderner Bauart mit 200 kg und mehr trifft dies kaum zu, sodass es nachts am Fahrbahnrand ohne Eigenbeleuchtung (aber mit Fremdbeleuchtung durch Straßenlaternen) geparkt werden darf.

2.3.1 Außerhalb geschlossener Ortschaften

Außerorts sind alle haltenden und parkenden Fahrzeuge mit eigener (vorgeschriebener) Lichtquelle zu beleuchten (§ 17 Abs. 4 Satz 1). Dazu reichen im Allgemeinen das Standlicht und die Schlussleuchten aus; Anhänger ohne eigene Lichtquelle sind durch geeignete Beleuchtungskörper kenntlich zu machen. Der Betrieb von Parkleuchten außerorts ist unzulässig. Eigenbeleuchtung haltender Fahrzeuge ist auch in mondhellen Nächten erforderlich (OLG Düsseldorf VerkMitt 1957 Nr. 145). Bei extremen Witterungsverhältnissen, z. B. Nebel und starkem Verkehr, müssen zusätzliche Sicherungen durch Abblendlicht und Nebelschlussleuchte erfolgen; reicht das nicht aus, sind die Fahrzeuge von der Fahrbahn zu entfernen. Bei liegen gebliebenen Fahrzeugen sind neben der Beleuchtung Sicherungsmaßnahmen nach § 15 erforderlich. Dem Fahrzeugführer obliegen ferner Überwachungspflichten der Beleuchtungsanlage, z. B. bei schwacher Batterie. Da sich die Regelung auf Flächen des fließenden Verkehrs bezieht, besteht keine Beleuchtungspflicht auf Parkplätzen.

2.3.2 Innerhalb geschlossener Ortschaften

Innerorts auf der Fahrbahn[11] haltende und parkende PKW und KFZ bis 3,5 t brauchen nur dann mit eigener Lichtquelle beleuchtet zu werden, wenn sie durch die Straßenbeleuchtung auf ausreichende Entfernung nicht deutlich sichtbar sind; dabei ist auch Anl. 3 lfd. Nr. 38 – Z. 394 zu beachten (roter Ring = Laterne brennt nicht die ganze Nacht). In diesem Fall genügen Parkleuchten auf der der Fahrbahn zugewandten Seite oder Park-Warntafeln (vorn und hinten) nach Z. 630 (Anl. 4 lfd. Nr. 12). Schaufenster-, Reklame- oder andere Fremdbeleuchtung ersetzen nicht die Straßenbeleuchtung. Die Straßenbeleuchtung ist nur dann ausreichend, wenn sie mindestens der Eigenbeleuchtung entspricht und die Fahrzeugumrisse auf 35 bis 40 m so deutlich macht, dass andere KFZ mit Tempo 50 gefahrlos ausweichen können (OLG Hamm VRS 21, 56; OLG Hamburg VerkMitt 1956 Nr. 12; OLG Hamburg VersR 1976, 595).

Fahrzeuge über 3,5 t und alle Anhänger müssen hingegen auch **innerorts** stets mit **Eigenbeleuchtung** versehen sein.[12] Zur Eigenbeleuchtung genügt vorn und hinten die rot-weiße Park-Warntafel (Z. 630), die zur Fahrbahn hin mit dem Umriss des Fahrzeugs oder der Ladung abschließen muss (Abweichungen bis zu 100 mm nach innen sind zulässig). Ist der Anhänger an einen PKW angekuppelt, ist die Park-Warntafel am Anhänger vorn und hinten, nicht aber vorn am PKW anzubringen. Die Park-Warntafeln müssen bauartgenehmigt und mit dem nationalen Prüfzeichen nach der Fahrzeugteile-VO gekennzeichnet sein. Warntafeln, die nur während des Haltens angebracht sein dürfen (rot-weiße Schraffen zur Fahrbahn weisend), müssen möglichst niedrig, keinesfalls aber höher als 100 cm (Oberkante Warntafel) über der Fahrbahn angebracht sein; Rückstrahler und Kennzeichen dürfen nicht verdeckt werden.[13] Da § 17 Abs. 4 Satz 3 eine besondere Beleuchtungs-

---

11 Somit keine Beleuchtungspflicht auf Parkplätzen und Parkbuchten; auch nicht für LKW, KOM und Anhänger.
12 Diese Fahrzeuge ragen wegen ihrer Breite meist aus der parkenden PKW-Reihe in die Fahrbahn hinein. Da die Straßenbeleuchtung die Umrisse nur unzureichend deutlich macht, besteht vor allem für alkoholisierte Kraftfahrer, die sich an der PKW-Parkreihe entlangtasten, die Gefahr nächtlicher Auffahrunfälle. Ragen Anhänger nicht aus der Parkreihe heraus, sind fehlende Park-Warntafeln unbedeutende Ordnungswidrigkeiten, die im Wege der Opportunität unbeanstandet bleiben können.
13 Siehe auch § 51c Abs. 5 StVZO; Kennzeichnung auf der Fahrbahn haltender Fahrzeuge über 3,5 t und Anhänger: VkBl. 1980, S. 737.

vorschrift ist, müssen mit Park-Warntafeln versehene Fahrzeuge auch innerorts nicht zusätzlich durch Straßenlaternen ausgeleuchtet werden (OLG Celle VRS 98, 5 = NZV 1999, 469).

3 Hinweise

3.1 Sicherung liegen gebliebener Fahrzeuge durch Beleuchtungseinrichtungen: § 15; und Warnblinklicht: § 16 Abs. 2. Beleuchtungseinrichtungen zur Sicherung der Ladung: § 22 Abs. 5. Beleuchtungseinrichtungen zur Sicherung reitender oder marschierender Verbände: § 27 Abs. 4; beim Treiben und Führen von Tieren: § 28. Beleuchtung von Verkehrshindernissen: § 32 Abs. 1 Satz 2.

3.2 Verbot des Blendens beim Warten vor Bahnübergängen: § 19 Abs. 7; Mitführen der vorgeschriebenen betriebsfertigen Beleuchtungseinrichtungen auch bei Tage: § 23 Abs. 1 Satz 4.

3.3 Freiheitsstrafe oder Geldstrafe für nicht ausreichende Sicherung eines haltenden oder liegen gebliebenen Fahrzeugs gegen Auffahren, wenn Personen oder erhebliche Sachwerte konkret gefährdet werden: § 315c StGB.

3.4 Hinweis auf Laternen, die nicht die ganze Nacht brennen: Z. 394-50 für Laternen und Z. 394-51 für Laternenpfähle.

3.5 Unbeschadet der bestehenden Lichtverhältnisse ist bei Z. 327 in Tunneln stets Abblendlicht einzuschalten. Soweit Z. 327 fehlt, wird mit isoliert aufgestellten Zusatzzeichen das Einschalten des Abblendlichtes vor Tunneln oder Unterführungen auf Autobahnen (Piktogramm eines PKW mit Scheinwerfern) und auf sonstigen Straßen („Licht/Licht?") empfohlen. Selbst wenn Tunnel oder Unterführungen ausreichend beleuchtet sind, ist der Empfehlung wegen der Sichtverhältnisse (§ 17 Abs. 1 Satz 1) stets zu folgen, weil ein dunkles Fahrzeug innerhalb beleuchteter Fahrzeugreihen nur schwer erkennbar ist.

§ 18 Autobahnen und Kraftfahrstraßen

(1) Autobahnen (Zeichen 330.1) und Kraftfahrstraßen (Zeichen 331.1) dürfen nur mit Kraftfahrzeugen benutzt werden, deren durch die Bauart bestimmte Höchstgeschwindigkeit mehr als 60 km/h beträgt; werden Anhänger mitgeführt, so gilt das Gleiche auch für diese. Fahrzeug und Ladung dürfen zusammen nicht höher als 4 m und nicht breiter als 2,55 m sein. Kühlfahrzeuge dürfen nicht breiter als 2,6 m sein.

(2) Auf Autobahnen darf nur an gekennzeichneten Anschlussstellen (Zeichen 330.1) eingefahren werden, auf Kraftfahrstraßen nur an Kreuzungen oder Einmündungen.

(3) Der Verkehr auf der durchgehenden Fahrbahn hat die Vorfahrt.

(4) *(aufgehoben)*

(5) Auf Autobahnen darf innerhalb geschlossener Ortschaften schneller als 50 km/h gefahren werden. Auf ihnen sowie außerhalb geschlossener Ortschaften auf Kraftfahrstraßen mit Fahrbahnen für eine Richtung, die durch Mittelstreifen oder sonstige bauliche Einrichtungen getrennt sind, beträgt die zulässige Höchstgeschwindigkeit auch unter günstigen Umständen

1. für Kraftfahrzeuge mit einem zulässigen Gesamtgewicht von mehr als 3,5 t, ausgenommen Personenkraftwagen, für Personenkraftwagen mit Anhänger, Lastkraftwagen mit Anhänger, Wohnmobile mit Anhänger und Zugmaschinen mit Anhänger sowie für Kraftomnibusse ohne Anhänger oder mit Gepäckanhänger   80 km/h,[1]
2. für Krafträder mit Anhänger und selbstfahrende Arbeitsmaschinen mit Anhänger, für Zugmaschinen mit zwei Anhängern sowie für Kraftomnibusse mit Anhänger oder Fahrgästen, für die keine Sitzplätze mehr zur Verfügung stehen,   60 km/h,
3. für Kraftomnibusse ohne Anhänger, die
    a) nach Eintragung in der Zulassungsbescheinigung Teil I für eine Höchstgeschwindigkeit von 100 km/h zugelassen sind,
    b) hauptsächlich für die Beförderung von sitzenden Fahrgästen gebaut und die Fahrgastsitze als Reisebestuhlung ausgeführt sind,
    c) auf allen Sitzen sowie auf Rollstuhlplätzen, wenn auf ihnen Rollstuhlfahrer befördert werden, mit Sicherheitsgurten ausgerüstet sind,
    d) mit einem Geschwindigkeitsbegrenzer ausgerüstet sind, der auf eine Höchstgeschwindigkeit von maximal 100 km/h (V_{set})[2] eingestellt ist,
    e) den Vorschriften der Richtlinie 2001/85/EG des Europäischen Parlaments und des Rates vom 20.11.2001 über besondere Vorschriften für Fahrzeuge zur Personenbeförderung mit mehr als acht Sitzplätzen außer dem Fahrersitz und zur Änderung der Richt-

linien 70/156/EWG und 97/27/EG (ABl. EG 2002 Nr. L 42 S. 1) in der jeweils zum Zeitpunkt der Erstzulassung des jeweiligen Kraftomnibusses geltenden Fassung entsprechen und

f) auf der vorderen Lenkachse nicht mit nachgeschnittenen Reifen ausgerüstet sind, oder für nicht in Mitgliedstaaten der Europäischen Union oder in Vertragsstaaten des Abkommens über den Europäischen Wirtschaftsraum zugelassene Kraftomnibusse, wenn jeweils eine behördliche Bestätigung des Zulassungsstaates in deutscher Sprache über die Übereinstimmung mit den vorgenannten Bestimmungen und über jährlich stattgefundene Untersuchungen mindestens im Umfang der Richtlinie 96/96/EG des Rates vom 20. Dezember 1996 zur Angleichung der Rechtsvorschriften der Mitgliedstaaten über die technische Überwachung der Kraftfahrzeuge und Kraftfahrzeuganhänger (ABl. EG Nr. L 46 S. 1) in der jeweils geltenden Fassung vorgelegt werden kann   100 km/h.

(6) Wer auf der Autobahn mit Abblendlicht fährt, braucht seine Geschwindigkeit nicht der Reichweite des Abblendlichts anzupassen, wenn

1. die Schlussleuchten des vorausfahrenden Kraftfahrzeugs klar erkennbar sind und ein ausreichender Abstand von ihm eingehalten wird oder
2. der Verlauf der Fahrbahn durch Leiteinrichtungen mit Rückstrahlern und, zusammen mit fremdem Licht, Hindernisse rechtzeitig erkennbar sind.

(7) Wenden und Rückwärtsfahren sind verboten.

(8) Halten, auch auf Seitenstreifen, ist verboten.

(9) Fußgänger dürfen Autobahnen nicht betreten. Kraftfahrstraßen dürfen sie nur an Kreuzungen, Einmündungen oder sonstigen dafür vorgesehenen Stellen überschreiten; sonst ist jedes Betreten verboten.

(10) Die Ausfahrt von Autobahnen ist nur an Stellen erlaubt, die durch die Ausfahrttafel (Zeichen 332) und durch das Pfeilschild (Zeichen 333) oder durch eins dieser Zeichen gekennzeichnet sind. Die Ausfahrt von Kraftfahrstraßen ist nur an Kreuzungen oder Einmündungen erlaubt.

---

1 **Neunte Ausnahmeverordnung** vom 15.10.1998 (BGBl. I S. 3171), zuletzt geändert am 25.4.2008 (BGBl. I S. 780): 100 km/h für KFZ-Kombinationen bis 3,5 t mit besonderer technischer Ausstattung auf Autobahnen und Kraftfahrstraßen.
Zwölfte Ausnahmeverordnung: 100 km/h für Wohnmobile über 3,5 t bis 7,5 t auf Autobahnen und Kraftfahrstraßen.

2 Nach § 57c StVZO müssen (auch) KOM über 3,5 t mit einem Geschwindigkeitsbegrenzer ausgerüstet sein, der durch Steuerung der Kraftstoffzufuhr zum Motor die Fahrzeughöchstgeschwindigkeit auf den eingestellten Wert (V_{set} = 100 km/h) begrenzt.

§ 18 Autobahnen und Kraftfahrstraßen

(11) Lastkraftwagen mit einem zulässigen Gesamtgewicht über 7,5 t, einschließlich ihrer Anhänger, sowie Zugmaschinen dürfen, wenn die Sichtweite durch erheblichen Schneefall oder Regen auf 50 m oder weniger eingeschränkt ist, sowie bei Schneeglätte oder Glatteis den äußerst linken Fahrstreifen nicht benutzen.[3]

VwV zu § 18 Autobahnen und Kraftfahrstraßen

1 Vgl. zu den Zeichen 330.1, 331.1, 333, zu den Zeichen 330.2 und 331.2 und zu den Zeichen 330.1, 331.1, 330.2 und 331.2.

1 Aus der amtlichen Begründung

1.1 Autobahnähnlich ausgebaute Straßen stehen bei der Geschwindigkeitsregelung den Autobahnen gleich (Begr. 1988).

1.2 Die Zulassung von Tempo 100 für KOM wird vereinfacht (Begr. 2007).

1.3 Bei Sichtbeeinträchtigung und Fahrbahnglätte dürfen LKW über 7,5 t nicht den äußerst linken Fahrstreifen einer Autobahn benutzen (Begr. 2009).

2 Erläuterungen

2.1 Autobahnen und Kraftfahrstraßen

Zu den Autobahnen gehören alle zwischen den Z. 330.1 und Z. 330.2, zu den Kraftfahrstraßen alle zwischen den Z. 331.1 und Z. 331.2 befindlichen Flächen.[4] Soweit die Vorschriften des § 18 weder Autobahnen noch Kraftfahrstraßen nennen, gelten sie für beide Straßenarten. Die durch die Bauart bestimmte Höchstgeschwindigkeit von mindestens 60 km/h ergibt sich aus den Zulassungsdokumenten (BGH VRS 27, 412 = VkBl. 1965, 177). Das Benutzungsverbot für langsamere Fahrzeuge gilt auch dann, wenn tatsächlich schneller gefahren werden kann, z. B. bei unzulässigen technischen Veränderungen, bei Gefällstrecken oder wenn die Geschwindigkeit auf 50 km/h begrenzt ist. „Klimatisierte" KFZ sind keine Kühlfahrzeuge, sodass deren zulässige Breite 2,55 m nicht überschreiten darf.

2.2 Einfahrt

Kraftfahrer haben sich bei der Einfahrt in die Autobahn nach den mit Z. 330.1 gekennzeichneten Anschlussstellen zu richten (OLG Hamm VRS 43, 311), bei Kraftfahrstraßen nach den Z. 331.1. Auf einem Beschleunigungsstreifen darf auch dann rascher als auf der durchgehenden Fahrbahn gefahren werden, wenn für die durchgehende Fahrbahn ein Überholverbot gilt (OLG Düsseldorf DAR 1981, 19). Fahren mehrere Kraftfahrer von dem Einfädelungsstreifen (Beschleunigungsstreifen) auf die durchgehende Fahrbahn, müssen sie sich in der Reihenfolge nacheinander einordnen (OLG Hamburg NZV 2000, 507). Kann der Kraftfahrer bis zum Ende des Einfäde-

---

3 § 18 Abs. 11 eingefügt durch die 45. VO zur Änderung straßenverkehrsrechtlicher Vorschriften vom 26.3.2009 (BGBl. I S. 734).

4 Haupt-, Parallel- und Nebenfahrbahnen, Mittelstreifen, Seitenstreifen, Beschleunigungs- und Verzögerungsstreifen, Parkplätze, Rast- und Tankanlagen nebst deren Zu- und Abfahrten, Nothaltebuchten, Wirtschaftsanlagen der Autobahnmeisterei und Polizei, Böschungen

lungsstreifens nicht auf die durchgehende Fahrbahn überwechseln, muss er so lange warten, bis er dies gefahrlos tun kann (OLG Naumburg NZV 2008, 25; OLG Hamm NZV 2001, 85). Standspuren sind keine Verlängerung des Einfädelungsstreifens und dürfen auch dann nicht benutzt werden, wenn ein Überwechseln auf die durchgehende Fahrbahn vorher nicht möglich war (LG Gießen NZV 2003, 576). Bei einem Unfall spricht der Beweis des ersten Anscheins gegen den Warteverpflichteten (KG VerkMitt 2001 Nr. 88). Vom Einfädelungsstreifen darf nicht in einem Zug auf die Überholspur der Autobahn gefahren werden; man muss sich zunächst in den Verkehrsfluss auf der Normalspur einfügen (BGH NJW 1986, 1044 = VRS 70, 184). Der Fahrstreifenwechsel auf der **Verteilerfahrbahn** einer Autobahn beim Aus- oder Einfahren in die Autobahn, an BAB-Kreuzen oder BAB-Dreiecken wird weder durch § 18 Abs. 3 noch durch § 7 Abs. 5 geregelt, sondern unterliegt dem Prinzip der gegenseitigen Rücksichtnahme und Verständigung nach § 1 Abs. 2 (OLG Hamm NZV 2007, 141; OLG Düsseldorf VerkMitt 1989 Nr. 101 = VRS 77, 300 = NZV 1989, 404 = DAR 1990, 269). Kann der Fahrstreifen nur mit Gefährdung anderer gewechselt werden, muss auf die Eingliederung verzichtet werden.

2.3 Vorfahrt

Zur vorfahrtberechtigten Fahrbahn von Autobahnen und Kraftfahrstraßen gehören alle dem Längsverkehr dienenden Fahrstreifen der Hauptrichtung, einschließlich Kriechstreifen, nicht aber Einfädelungs- und Ausfädelungsstreifen (Beschleunigungs-/Verzögerungsstreifen), Parallel- oder Verteilerfahrbahnen an Knotenpunkten sowie Abfahrten von Park- und Rastplätzen. Soweit für den Autobahnverkehr relevant, gelten ergänzend die Vorfahrtregeln des § 8, z. B. beim Zusammentreffen von Einfädelungs- und Parallelfahrstreifen oder beim Überwechseln vom Einfädelungsstreifen auf die Hauptfahrbahn. Der Einfahrende kann sich weder auf das Reißverschlussverfahren des § 7 Abs. 4 berufen (OLG Köln VerkMitt 2006 Nr. 37 = VRS 110, 181 = DAR 2006, 324 = NZV 2006 420 = SVR 2006, 304), noch darf er die Vorfahrt erzwingen oder sich in die Fahrbahn hineindrängeln. Der Vorfahrtberechtigte darf auf die Beachtung seiner Vorfahrt vertrauen; kommt es zum Unfall, trägt der Vorfahrtverpflichtete den vollen Schaden (KG VerkMitt 2008 Nr. 28 = DAR 2008, 87 = VRS 113, 413 = NZV 2008, 244). Andererseits kann dem Vorfahrtverpflichteten das Eingliedern ermöglicht werden, wenn die Verkehrslage es zulässt, insbesondere wenn er sein Tempo nicht wesentlich verringern muss und ein gefahrloses Ausweichen auf den Überholstreifen möglich ist (OLG Naumburg VerkMitt 2007 Nr. 50 = VRS 112, 187 = DAR 2008, 210; OLG Celle VRS 52, 450: Einfahren in die Fahrbahn aus einem Parkplatz).[5] Beim Ausweichen des Vorfahrtberechtigten auf die Überholspur darf keinesfalls der überholende Mitverkehr oder der Hinterherfahrende behindert oder gefährdet werden. Bei typischen Auffahrunfällen spricht der Anscheinsbeweis zwar dafür, dass der Auffahrende durch mangelnden Sicherheitsabstand, unangepasste Geschwindigkeit oder durch Unaufmerksamkeit den Unfall verursacht hat (BGH VerkMitt 1993 Nr. 118), nicht jedoch bei einem Auffahrunfall des Vorfahrtberechtigten gegenüber dem Einfahrenden (KG VerkMitt 1996 Nr. 8).

---

5 Die partnerschaftliche Geste beim Überwechseln auf die Überholspur darf vom Einfahrenden nicht eingefordert oder erzwungen werden; die Regeln des Reißverschlussverfahrens finden hier keine Anwendung.

§ 18 Autobahnen und Kraftfahrstraßen

Zulässige Höchstgeschwindigkeiten auf Autobahnen		
Fahrzeugarten	Autobahnen in km/h[1]	Besonderheiten
Krafträder	ohne[2]	
mit Anhänger	60	
PKW	ohne[2]	
mit Anhänger	80	100 km/h mit Plakette[5]
LKW bis 3,5 t	ohne[2]	
bis 3,5 t mit Anhänger	80	100 km/h mit Plakette[5]
3,5 t bis 7,5 t	80	
3,5 t bis 7,5 t mit Anhänger	80	
über 7,5 t – auch mit Anhänger	80	
Wohnmobile bis 3,5 t	ohne[2]	
bis 7,5 t	100	12. AusnahmeVO
über 7,5 t	80	
bis 3,5 t mit Anhänger	80	100 km/h mit Plakette[5]
über 3,5 t mit Anhänger	80	
KOM – auch mit Gepäckanhänger	80[3]	100 km/h[4]
mit Stehplätzen bei Fahrgastbeförderung	60	
Zugmaschinen über 3,5 t	80	
mit einem Anhänger	80	
mit zwei Anhängern	60	
Selbstfahrende Arbeitsmaschinen mit Anhänger	60	

1 Autobahngeschwindigkeiten gelten gleichermaßen auf außerörtlichen Kraftfahrstraßen, wenn deren Richtungsfahrbahnen durch Mittelstreifen oder andere bauliche Einrichtungen getrennt sind (bloße Doppellinie nach Z. 295 reicht nicht aus). Innerorts gilt für alle Kraftfahrstraßen Tempo 50.
2 Im Übrigen gilt Richtgeschwindigkeit 130 km/h; Kleintransporter über 3,5 t, die als „PKW" zugelassen sind, aber allein der Güterbeförderung dienen, unterliegen der Temporegelung für LKW über 3,5 t.
3 § 18 Abs. 5 Nr. 2 sieht zwar eine Tempobegrenzung für KOM mit Anhänger vor; hinter KOM dürfen jedoch nur Gepäckanhänger mitgeführt werden (§ 32a Abs. 4 StVZO).
4 Bei Erfüllung der technischen Voraussetzungen des § 18 Abs. 5 Nr. 3.
5 Tempo 100 auf Autobahnen und Kraftfahrstraßen bei Erfüllung der technischen Bedingungen der 9. Ausnahme-Verordnung.

2.4 Geschwindigkeit auf Autobahnen

Für PKW und Krafträder ist auf Autobahnen keine Höchstgeschwindigkeit vorgeschrieben; auch nicht für PKW über 3,5 t (vor allem gepanzerte Limousinen des Personenschutzes). Hierbei kommt es nicht auf die Eintragung in den Zulassungsdokumenten, sondern auf die tatsächliche Ausstattung und Verwendung als KFZ zur Personenbeförderung an.[6] Dienen zulassungsrechtlich als „PKW" eingestufte KFZ von mehr als 3,5 t nach ihrer Bauart und Einrichtung aber der Güterbeförderung, beträgt die Höchstgeschwindigkeit 80 km/h. Gleiches gilt für PKW mit einer EU-Betriebserlaubnis.[7] Im Anhängerbetrieb dürfen PKW ohne und andere KFZ mit Gewichtsbeschränkung bis 3,5 t auf Autobahnen und Kraftfahrstraßen bei bestimmter technischer Ausstattung nach der 9. Ausnahmeverordnung[8] max. 100 km/h

6 KFZ bis max. acht Sitzplätzen außer dem Fahrersitz
7 Der wahlweise Einsatz eines PKW als Kombinationskraftfahrzeug zur Personen- oder Güterbeförderung ist durch Streichung des § 23 Abs. 6a StVZO-alt mit Art. 1 der 27. VO zur Änderung der StVZO vom 2.11.2004 (BGBl. I S. 2712) entfallen (OLG Brandenburg NZV 2005, 651; BayObLG VerkMitt 2004 Nr. 12 = DAR 2003, 469 = VRS 105, 451 = VD 2003, 272 = NJW 2004, 306; OLG Düsseldorf NZV 1991, 483; Blümel DAR 2004, 39); s. a. Marquardt VD 2005, 264: zum Urteil des EuGH vom 13.7.2006 = NZV 2006, 552 = VD 2006, 247, das die Auffassung bestätigt, dass die RL 92/53/EWG vom 18.6.1992 über die EG-Betriebserlaubnis nicht nationalen Temporegelungen entgegensteht.
8 **Neunte Ausnahmeverordnung** vom 15.10.1998 (BGBl. I S. 3171) i. d. F. vom 25.4.2008 (BGBl. I S. 780) und siehe Hinweis Seite 23.

§ 1

Abweichend von § 18 Abs. 5 Nr. 1 StVO beträgt auf Autobahnen (Z. 330.1) und Kraftfahrstraßen (Z. 331.1) die zulässige Höchstgeschwindigkeit auch unter günstigsten Umständen für PKW mit Anhänger (Kombination) und für sonstige mehrspurige KFZ mit einer zulässigen Gesamtmasse bis zu 3,5 t mit Anhänger (Kombination), für KOM-Anhänger-Kombinationen jedoch nur, wenn der KOM mit einer zulässigen Gesamtmasse bis zu 3,5 t als Zugfahrzeug eine Tempo-100-km/h-Zulassung nach § 18 Abs. 5 Nr. 3 StVO hat, 100 km/h, wenn

1. das Zugfahrzeug mit einem automatischen Blockierverhinderer ausgestattet und die zulässige Gesamtmasse des Anhängers ≤ X mal Leermasse des Zugfahrzeugs ist, dabei gelten folgende Bedingungen:
   a) für alle Anhänger ohne Bremse und für Anhänger mit Bremse, aber ohne hydraulische Schwingungsdämpfer: X = 0,3;
   b) für Wohnanhänger mit starrem Aufbau und hydraulischen Schwingungsdämpfern: X = 0,8;
   c) für andere Anhänger mit Bremse und hydraulischen Schwingungsdämpfern: X = 1,1, wobei als Obergrenze in jedem Fall der jeweils kleinere Wert der beiden folgenden Bedingungen gilt:
   aa) zulässige Gesamtmasse Anhänger ≤ zulässige Masse Zugfahrzeug,
   bb) zulässige Gesamtmasse Anhänger ≤ zulässige Anhängelast;
   d) für Anhänger, die den Anforderungen des § 30a Abs. 2 StVZO entsprechen, eine Erhöhung des Faktors nach Nr. 1 b auf X = 1,0 und nach Nr. 1c auf X = 1,2, wenn
   aa) der Anhänger mit einer Zugkugelkupplung mit Stabilisierungseinrichtung für Zentralachsanhänger (gemäß ISO 11555-1 i. d. F. vom 1.7.2003 (siehe § 37 StVZO – als Fundstelle und Bezugsquelle der ISO-Norm 11555-1 gilt § 73 StVZO)) oder
   bb) mit einem anderen Bauteil oder einer selbständigen technischen Einheit ausgestattet ist, wodurch der Betrieb einer Kombination mit Tempo 120 km/h im Vergleich zur Nichtausstattung verbessert wird; nachgewiesen werden muss dies mit einem Teilegutachten nach Anl. XIX StVZO, einer ABE nach § 22 StVZO oder einer Betriebserlaubnis nach § 20 oder 21 StVZO oder einem Nachtrag dazu;
2. Im Fall einer nachträglichen Berichtigung der Fahrzeugpapiere des Anhängers ein amtlich anerkannter Sachverständiger oder Prüfer oder ein Prüfingenieur einer amtlich anerkannten Überwachungsorganisation mit einem Formblatt, das vom BMVBS im VkBl. bekannt gegeben wird, einen Vorschlag für die Berichtigung nach § nach § 13 Abs. 1 der Fahrzeug-Zulassungsverordnung in den Fällen der Nr. 1, ausgenommen Nr. 1d dd, erstellt oder, wenn eine Änderung nach Nr. 1 d bb vorliegt, er den vom Fahrzeugführer nach § 19 Abs. 4 Satz 1 Nr. 2 StVZO mitzuführenden Nachweis erstellt und bestätigt, dass die Voraussetzungen dieser Verordnung vorliegen und dem Verfügungsberechtigten ein Informationsblatt für die Einhaltung der Bedingungen nach § 4 dieser Verordnung ausgehändigt worden ist;
3. die nach Landesrecht zuständige untere Verwaltungsbehörde auf der Grundlage einer Bestätigung nach Nr. 2 mit einem Eintrag in die Fahrzeugpapiere des Anhängers, im Fall des Satzes 2 auch des Zugfahrzeugs, die zulässige Höchstgeschwindigkeit einer Kombination unter Berücksichtigung der Bedingungen dieser Verordnung von 100 km/h bescheinigt;
4. die von der Straßenverkehrsbehörde gemäß § 5 ausgegebene und gesiegelte Tempo-100-km/h-Plakette an der Rückseite des Anhängers angebracht ist.

§ 18 Autobahnen und Kraftfahrstraßen

fahren. Wohnmobile bis 7,5 t dürfen auf Autobahnen und Kraftfahrstraßen 100 km/h fahren.[9] Die Ausnahme für Wohnmobile bis 7,5 t erfordert nicht zwangsläufig auch eine Ausnahme vom Überholverbot des Z. 277. Nach der zulassungsrechtlichen (EU-rechtlichen) Klassifizierung der Nr. 5.1 der

---

8 **Neunte Ausnahmeverordnung** *(Fortsetzung)*
Im Falle des Satzes 1 Nr. 1d ist die Erhöhung der Faktoren auch zulässig, wenn das Zugfahrzeug mit einem speziellen fahrdynamischen Stabilitätssystem für den Anhängerbetrieb ausgestattet ist und eine Bestätigung des Herstellers für die in Satz 1 Nr. 1d bb) genannten Bedingungen vorliegt und dies in den Fahrzeugpapieren eingetragen ist.

§ 2
Der Bestätigung eines amtlich anerkannten Sachverständigen oder Prüfers oder eines Prüfingenieurs einer amtlich anerkannten Überwachungsorganisation ist die Bestätigung einer in anderen EU-Mitgliedsstaaten oder der Türkei zugelassenen Stelle gleichwertig, wenn die der Bestätigung dieser Stellen zu Grunde liegenden technischen Anforderungen, Prüfungen und Prüfverfahren denen der deutschen Stellen gleichwertig sind und die Bestätigung in deutscher Sprache erstellt wurde oder eine amtlich beglaubigte Übersetzung in deutscher Sprache vorgelegt und während der Fahrt mitgeführt und zuständigen Personen auf Verlangen zur Prüfung ausgehändigt wird.

§ 3
Die Reifen des Anhängers müssen zum Zeitpunkt der jeweiligen Fahrt, erkennbar am eingeprägten Herstellungsdatum, jünger als 6 Jahre und mindestens mit der Geschwindigkeitskategorie L (= 120 km/h) gekennzeichnet sein.

§ 4
Die Stützlast der Kombination ist an der größtmöglichen Stützlast des Zugfahrzeugs oder des Anhängers zu orientieren, wobei als Obergrenze in jedem Fall der kleinere Wert gilt.

§ 5
Die Ausführung der großen Tempo-100-km/h-Plakette nach § 1 Nr. 4 bestimmt sich nach § 59 Abs. 2 StVZO.

§ 6
Bei allen Veränderungen, die dazu führen, dass den Anforderungen dieser Verordnung nicht mehr entsprochen wird, richtet sich die zulässige Höchstgeschwindigkeit nach der StVO.

§ 7
Bescheinigungen, die nach § 1 Nr. 5 in der bis zum 21. Oktober 2005 geltenden Fassung ausgestellt worden sind, behalten in Bezug auf die darin zum Anhänger der Kombination enthaltenen Angaben weiterhin ihre Gültigkeit.

§ 8
Diese Verordnung tritt am Tage nach der Verkündung in Kraft. Sie tritt mit Ablauf des 31.12.2010 außer Kraft.

9 **Zwölfte Ausnahmeverordnung** vom 18.3.2005 (BGBl I S. 866; VkBl. S. 364) i.d.F. siehe Hinweis Seite 23

§ 1
Abweichend vom § 18 Abs. 5 Satz 2 Nr. 1 StVO beträgt die zulässige Höchstgeschwindigkeit für Kraftfahrzeuge bis zu einem zulässigen Gesamtgewicht von über 3,5 t bis 7,5 t, die im Fahrzeugschein als Wohnmobile bezeichnet sind, auf Autobahnen (Z. 330.1) und Kraftfahrstraßen (Z. 331.1) 100 km/h.

§ 2
Aus dem Fahrzeugschein von im Ausland zugelassenen Wohnmobilen i.S.d. § 1 muss eindeutig zu ersehen sein, dass diese das zulässige Gesamtgewicht von 7,5 t nicht überschreiten.

§ 3
Die Verordnung tritt am Tage nach der Verkündung in Kraft (30.3.2005). Sie tritt mit Ablauf des 31.12.2009 außer Kraft.

Anlage XXIX FZV[10] gehören Wohnmobile zu den für die Personenbeförderung ausgelegten und gebauten Fahrzeugen der Klasse M, somit zu den „PKW". Verhaltensrechtlich sind sie damit nicht nur vom Überholverbot des Z. 277, sondern auch vom Verkehrsverbot des Z. 253 ausgenommen.[11] Die in § 18 Abs. 5 auf autobahnähnliche Straßen bezogenen Geschwindigkeitsgrenzen sind nur für die mit Z. 331.1 gekennzeichneten außerörtlichen **Kraftfahrstraßen** anwendbar (BayObLG VerkMitt 2000 Nr. 29 = DAR 1999, 411 = NZV 1999, 393 =VRS 98, 43). Sind die Richtungsfahrbahnen ohne bauliche Elemente nur durch eine Doppellinie nach Z. 295 getrennt, gilt die Temporegelung nicht (OLG Düsseldorf VRS 112, 287). Im Übrigen gilt eine empfohlene Höchstgeschwindigkeit von 130 km/h (siehe Erl. zu 3.2).

Bei **Dunkelheit** und ausreichendem Abstand darf auf Autobahnen auch schneller als die Reichweite des Abblendlichtes gefahren werden, wenn sich der Fahrer an den Schlussleuchten des Vorausfahrenden klar orientieren kann (BGH VerkMitt 1984 Nr. 19 = DAR 1984, 283 = VRS 67, 161). Da das Sichtfahrgebot des § 3 Abs. 1 Satz 4 auch bei § 18 Abs. 6 gilt, besteht lediglich Vertrauensschutz, dass sich in dem Zwischenraum zum Vorausfahrenden kein Hindernis befindet. Sind indes Anhaltspunkte für eine besondere Gefahrenlage vorhanden, muss die Geschwindigkeit der Sichtweite angepasst werden, z. B. bei Fußgängern, die bei einer Fahrzeugpanne Hilfe holen wollen (OLG Düsseldorf VerkMitt 1979 Nr. 84). Ist ein Vorausfahrender nicht vorhanden, darf bei Dunkelheit nur so schnell gefahren werden, dass ein Anhalten unter Berücksichtigung sonstiger Lichtquellen und Leiteinrichtungen vor Hindernissen möglich ist (OLG Hamm NZV 2000, 369; OLG Frankfurt/M. NZV 1990, 154; OLG Bamberg NZV 2000, 49: Gefahr von Massenunfällen bei Nebel). Das gilt auch für ungesichert und unbeleuchtet liegen gebliebene Fahrzeuge mit Tarnanstrich (OLG Celle SVR 2008, 183).

Im Kolonnenverkehr ist wegen des Auffahrrisikos erhöhte Aufmerksamkeit notwendig (OLG Celle VRS 75, 313). Mit verdeckten Hindernissen, die erst erkennbar werden, wenn der Vorausfahrende, ohne abzubremsen, unmittelbar davor den Fahrstreifen wechselt, braucht nicht gerechnet zu werden (KG VRS 74, 251 = NZV 1988, 270).

Deutsche und ausländische **KOM** dürfen auf Autobahnen 100 km/h fahren, sofern sie die technischen Voraussetzungen nach § 18 Abs. 5 Nr. 3 erfüllen.[12]

---

10 Die Fahrzeugzulassungs-Verordnung vom 25.4.2006 (BGBl. I S. 988/VkBl. S. 535) ist am 1.3.2007 in Kraft getreten.
11 Da der Begriff „Personenkraftwagen" nicht ausdrücklich in der Anlage XXIX FZV erscheint, wäre es zu begrüßen, wenn der Verordnungsgeber das Verkehrs- und Überholverbot der Z. 253 und 277 anpassen würde.
12 Die technischen Voraussetzungen werden – mit Ausnahme der Regelung für nachgeschnittene Reifen – von den in Deutschland und in den EU-/EWR-Staaten zugelassenen KOM erfüllt. KOM müssen von der Bauart her für Tempo 100 geeignet sein, inbes. Motorleistung mind. 11 kW/t, Bremsanlage nach EG-RL 71/320/EWG, Reifen nach ECE Nr. 54 oder EG-RL 92/23 EWG, gepolsterte Reisebestuhlung, Sicherheitsgurte, Eintrag im Zulassungsdokument: „F. 100 km/h GEEIG". Eine Tempo-100-Plakette muss – unabhängig davon, wo der KOM zugelassen ist – künftig nicht mehr an der Rückseite angebracht werden. Für im Ausland zugelassene KOM ist sowohl die Vorführung bei einem aaS in Deutschland als auch die bisher notwendige Ausnahme nach § 46 Abs. 2 Satz 1 entfallen. Für noch im Verkehr befindliche ausländische KOM sind nach der Richtlinie 96/96/EG, die europaweit die Voraussetzungen für die technische Hauptuntersuchung definiert, Gutachten technischer Überwachungsorganisationen anderer EU-Mitgliedstaaten zur Erlangung der Tempo-100-Zulassung anzuerkennen.

§ 18 Autobahnen und Kraftfahrstraßen

Die 100-km/h-Regelung gilt nicht für umgebaute Konferenzbusse. Die Ausrüstung mit Sicherheitsgurten gilt nach der Klasseneinteilung des § 30d StVZO bzw. der Richtlinie 2001/85/EG für KOM der Klasse III oder Überlandlinienbusse der Klasse II (§ 35a Abs. 6 StVZO) sowie für KOM, die eine Genehmigung sowohl für Klasse III als auch für Klasse II haben. Die Forderung nach Reisebestuhlung folgt daraus, dass Busse über 3,5 t (nur) mit Beckengurten ausgerüstet werden müssen. Um den bei einem Frontalcrash eintretenden Klappmessereffekt für die Insassen zu mildern, werden hohe Rückenlehnen als Aufprallschutz für die dahinter Sitzenden genutzt. Außerdem sollen mitreisende Rollstuhlfahrer mit Sicherheitsgurten gesichert werden und nicht nur durch gepolsterte Aufprallflächen, wie dies bei KOM der Klasse I (Linienbusse) und Klasse II möglich ist. Mit der Forderung zur Einhaltung der Richtlinie 2001/85/EG sollen Notausstiegssysteme (Öffnen der Fahrgasttüren in Notfällen, Nottüren, Notfenster, Notluken) bei KOM aus Nicht-EU-/EWR-Staaten gewährleistet werden. Um wirtschaftlich nicht darstellbare Nachrüstungen zu vermeiden, ist die jeweils zum Zeitpunkt der Erstzulassung des Kraftomnibusses geltende Fassung der EG-Richtlinie maßgebend.

Die Temporegelung des § 18 Abs. 5 gilt zwar auch für innerörtliche Autobahnen; wegen der größeren abstrakten Gefahren infolge höherer Verkehrsdichte und der Gewährleistung eines homogenen Verkehrsflusses unterliegen sie aber bei Verstößen den innerörtlichen Bußgeldsätzen, z. B. Fahrverbot bei Tempoverstößen von 31 km/h und mehr (KG NZV 2005, 160 = DAR 2005, 635; KG NZV 2002, 47). Obwohl bei innerörtlichen Autobahnen die Geschwindigkeit durch Z. 274 nicht erhöht, sondern begrenzt wird, gilt der Grundsatz der Anl. 2 lfd. Nr. 49 auch hier. Ein LKW über 3,5 t darf deshalb statt 80 Tempo 100 fahren, wenn diese Geschwindigkeit durch Z. 274 auf der innerörtlichen Autobahn zugelassen ist und nach der Bauart gefahren werden darf.

Bei einem Tempoverstoß ist es für die Ahndungshöhe und Nebenfolgen unerheblich, ob er auf verkehrsarmer Autobahn begangen wird (OLG Bamberg VerkMitt 2007 Nr. 83), der Betroffene ein Berufskraftfahrer ist oder sich bisher verkehrsgerecht verhalten hat (BayObLG VRS 92, 33; OLG Hamm VRS 97, 207; OLG Hamm VRS 98, 381; NZV 2000, 92 = VRS 97, 449; AG Kiel DAR 1999, 327; OLG Düsseldorf NZV 2000, 134 = DAR 2000, 127; OLG Hamm NZV 2003, 103).

2.5 Überhol- und Benutzungsverbote

2.5.1 Überholverbot

Der Schnellfahrende auf Autobahnen oder Kraftfahrstraßen hat beim Überholen gegenüber einem langsamer fahrenden Vordermann, der ebenfalls überholen will, keinen Vorrang (OLG Celle VRS 40, 218). Vor dem Ausscheren zum Überholen muss man sich durch Blick in die Rückspiegel und „Schulterblick" nach hinten sorgfältig vergewissern, dass nachfolgende Fahrzeuge nicht gefährdet werden. Leichte Behinderungen, die sich nicht zu einer Gefährdung ausweiten können, muss der auf der Überholspur herannahende andere Fahrer in Kauf nehmen, z. B. Gas wegnehmen, nicht aber scharfes Bremsen (OLG Köln VRS 44, 43; OLG Celle VRS 40, 218; BayObLG VerkMitt 1982 Nr. 24). Hierbei ist in Betracht zu ziehen, dass nachfolgende KFZ die empfohlene Richtgeschwindigkeit auf Autobahnen von 130 km/h erheblich überschreiten können (OLG Köln VersR 1978, 143; ähnlich OLG

Karlsruhe VRS 74, 166); zivilrechtliche Haftung des Schnellfahrers bei Unfällen ist möglich (BGH NJW 1992, 1684; OLG München DAR 2007, 465: nicht bereits bei 150 km/h; OLG Koblenz DAR 2007, 463: wohl aber 50 % bei 200 km/h; OLG Hamm NZV 1994, 193). Bleibt man auf der Autobahn nach dem Überholen zunächst auf der Überholspur, muss man sich bei späterem **Einscheren** nach **rechts** vergewissern, dass ein nachfolgendes Fahrzeug durch den Fahrstreifenwechsel nicht gefährdet wird (BayObLG VerkMitt 1975 Nr. 104).

Eine links nicht schneller als 60 km/h fahrende Fahrzeugschlange darf von einzelnen Fahrzeugen rechts überholt werden, wenn die Mehrgeschwindigkeit 20 km/h nicht übersteigt und größte Vorsicht angewandt wird, nicht aber auf der Standspur (§ 7 Abs. 2a). Ein Kraftfahrer überholt unerlaubt, wenn er im Stau zwischen zwei Fahrzeugkolonnen in der „freien Gasse" nach vorn fährt (OLG Stuttgart VRS 57, 364). Für das Vorbeifahren an vorübergehenden Hindernissen gilt § 6 (OLG Hamm VerkMitt 1973 Nr. 47). Zum Rechtsüberholen bei fahrstreifengegliederten Vorwegweisern nach § 7a Abs. 1: OLG Düsseldorf NZV 1990, 281.

2.5.2 Benutzungsverbote

Bei schlechter Sicht durch Nebel, Schneefall oder Regen von weniger als 50 m besteht nach § 5 Abs. 3a für alle KFZ über 7,5 t Überholverbot. Dadurch kann aber nicht verhindert werden, dass auf zweistreifigen Richtungsfahrbahnen von Autobahnen oder Kraftfahrstraßen schwere LKW an rechts meist witterungsbedingt stehenden Fahrzeugen auf den linken Fahrstreifen überwechseln und dort infolge extrem widriger Wetterverhältnisse selbst liegen bleiben, die ganze Fahrbahn blockieren und kilometerlange Staus verursachen. Dem soll mit einem Benutzungsverbot für den äußerst linken Fahrstreifen für LKW über 7,5 t, einschließlich ihrer Anhänger, und Zugmaschinen bei Schnee- und Eisglätte oder witterungsbedingt schlechter Sicht (50 m oder weniger) begegnet werden (§ 18 Abs. 11). Das vom VO-Geber zusätzlich eingeführte Benutzungsverbot nach § 18 Abs. 11 ist rechtsdogmatisch umstritten, weil auch stehende („wartende") Kolonnen auf dem rechten Fahrstreifen überholt werden, sodass bereits § 5 Abs. 3a das Überwechseln auf den linken Fahrstreifen verbietet.

2.6 Benutzung von Kriechstreifen

Der Kriechstreifen ist Teil der Fahrbahn (anders die Standspur: sie ist Seitenstreifen – § 2 Abs. 1). Ein verbindliches Gebot zur Benutzung des Kriechstreifens folgt aus dem Rechtsfahrgebot des § 2 Abs. 2, im Übrigen aus der Beschilderung mit einer Mindestgeschwindigkeit. Das Gebot beginnt am Z. 275 (OLG Hamm DAR 1973, 275).

2.7 Haltverbot

Das **Haltverbot** nach § 18 Abs. 8 gilt für den gesamten Bereich von Autobahnen und Kraftfahrstraßen mit Ausnahme der Park- und Rastplätze, somit auch für Anschlussstellen und Zu- und Abfahrten zu Tank- oder Rastanlagen (BayObLG VerkMitt 1980 Nr. 75 = DAR 1980, 246); s. a. Erl. 2.3.16 zu § 12. In Notfällen ist jedoch das Halten auf der Standspur erlaubt, z. B. zur Hilfeleistung (BGH VerkMitt 1975 Nr. 125 = DAR 1975, 304 = VRS 49, 327). Dann ist das Fahrzeug durch Warnblinklicht, Warndreieck, ggf. auch Warnposten abzusichern. Gegen das Haltverbot verstößt, wer auf einer

Anschlussstelle zur Orientierung stehen bleibt (OLG Frankfurt VRS 102, 344) oder ein Fahrzeug mit Motorschaden länger als nötig auf der Standspur belässt, obwohl es hätte entfernt werden können (OLG Düsseldorf VRS 58, 281).

2.8 Pannen

Standspuren der Autobahn und Kraftfahrstraßen sind Seitenstreifen und dürfen nur beim Liegenbleiben infolge technischer Pannen, bei Not- und Unglücksfällen oder polizeilicher Weisung benutzt werden (BGH VerkMitt 1981 Nr. 64 = DAR 1981, 295 = VRS 61, 57), ebenso zur Sicherung der Ladung, wenn sie herabzufallen droht, nicht aber bei bloßer Überprüfung der Ladungsfestigkeit (OLG Celle SVR 2008, 304), wegen verschütteter Getränke oder zur Orientierung über den Autobahnverlauf. Das Rückwärtsfahrverbot gilt auch hier (OLG Düsseldorf DAR 1985, 261).

Muss der Fahrer bei Dunkelheit seine Fahrt wegen Motorschadens erheblich verlangsamen, ist er aus § 1 Abs. 2 verpflichtet, den nachfolgenden Verkehr durch mehrfaches Antippen der Bremse oder Warnblinklicht aufmerksam zu machen und notfalls auf die Standspur zu wechseln (BGH VersR 1972, 10, 71). Für einen ausreichenden Vorrat an **Kraftstoff** ist der Fahrer vor allem auf der Autobahn nach § 23 Abs. 1 verantwortlich, um nicht liegen zu bleiben (OLG Hamm DAR 1961, 176; KG VRS 47, 315). Bleibt das Fahrzeug auf der Überholspur liegen, muss es sofort, sonst nach vorheriger Absicherung so bald als möglich von der Fahrbahn entfernt werden (Pfälzisches OLG VRS 102, 388; OLG Köln VRS 45, 233). Pannendienstleister dürfen zur Absicherung Leitkegel aufstellen (§ 45 Abs. 7a). Stehen mehrere KFZ mit Warnblinklicht auf der Standspur, müssen die Kraftfahrer mit Personen auf der Fahrbahn rechnen und das Tempo herabsetzen (OLG Stuttgart DAR 2008, 29).

Benutzung der Standspur von Autobahnen

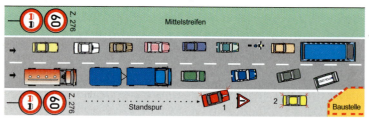

Die Standspur ist Seitenstreifen, gehört somit nicht zur Fahrbahn (§ 2 Abs. 1 Satz 2). Wer unzulässig die Standspur befährt, z.B. um einen Stau zu umgehen (KFZ 1), verstößt gegen die Fahrbahnbenutzungspflicht. Das Überholverbot (Z. 276) bezieht sich nur auf die Fahrbahn (OLG Düsseldorf VRS 91, 387). Infolgedessen verstößt KFZ 1 weder gegen § 5 Abs. 3 Nr. 2 noch gegen das Rechtsüberholverbot des § 5 Abs. 1. Auch die Regelung in § 7 Abs. 2a, wonach Fahrzeugschlangen rechts überholt werden dürfen, gilt nur für den rechten (freien) Fahrstreifen der Fahrbahn, nicht aber für die Standspur.

Auf der Standspur darf nur in Notfällen angehalten werden, z.B. beim „Liegenbleiben" (KFZ 2). § 18 Abs. 8 verbietet das „Halten auf Seitenstreifen". Halten ist eine „gewollte" Fahrtunterbrechung. „Liegenbleiben" zählt nicht dazu, denn der Kraftfahrer möchte weiterfahren, kann es infolge einer Panne aber nicht. Beim zulässigen Anhalten auf der Standspur ist der Verkehr abzusichern, mindestens durch Warnblinklicht und Warndreieck (§ 15). Das KFZ ist dann unverzüglich aus dem Verkehrsraum zu entfernen. Die Standspur darf außerdem zur Hilfestellung bei Verkehrsunfällen oder zur Zeugenfeststellung benutzt werden (die Sicherungspflichten gelten auch hier).

Bei ausdrücklicher **Freigabe** durch Z. 223.1 müssen Standspuren wegen des Rechtsfahrgebots (§ 2 Abs. 1 Satz 1) bis zur Aufhebung durch Z. 223.2 befahren werden.

2.9 Rückwärtsfahren

Das **Rückwärtsfahrverbot** auf Autobahnen und Kraftfahrstraßen gilt auch für die Standspur (OLG Oldenburg VRS 60, 312), den Einfädelungs- und Ausfädelungsstreifen (OLG Bamberg DAR 2008, 218; OLG Köln VerkMitt 1980 Nr. 28 = VRS 59, 53) und die Zu- und Abfahrten von Raststätten (BayObLG DAR 1980, 91 = NJW 1980, 1639 = VRS 58, 154); nicht aber auf den Rast-, Tank- oder Parkplätzen selbst. Kein Wenden, wohl aber unzulässiges Rückwärtsfahren liegt vor, wenn auf einer Kraftfahrstraße rückwärts in einem Bogen in einen Forst- oder Privatweg vollständig eingefahren und anschließend die Fahrt in der Gegenrichtung fortgesetzt wird (BayObLG DAR 1996, 104).

2.10 Wenden

Das Wendeverbot auf Autobahnen und Kraftfahrstraßen beginnt mit dem Eindrehen des Lenkrades und Anfahren in die neue Fahrtrichtung und ist mit der Ausführung des Bogens vollendet, gleich ob die Fahrt danach fortgesetzt wird oder nicht (BGH DAR 1977, 306 = VRS 53, 307 = NJW 1977, 2085). Bloßes Abbremsen oder Anhalten gehört noch nicht zum Wenden, wenn das Wendemanöver anschließend unterbleibt (BayObLG VRS 92, 37; NZV 1997, 366). Das Verbot gilt auch auf Autobahntangenten, (vgl. OLG Celle VerkMitt 1980 Nr. 102), gesperrten Autobahnteilstücken (OLG Hamm VerkMitt 1998 Nr. 28 = NZV 1998, 40 = VRS 94, 307), beim Wenden von einer Haltebucht oder einem Seitenstreifen über die Kraftfahrstraße (BayObLG VerkMitt 2003 Nr. 35 = DAR 2001, 128 = VD 2003, 53 = NZV 2003, 139 = VRS 104, 231), beim Wenden über einen Mittelstreifendurchbruch für den Querverkehr einer Kraftfahrstraße (OLG Hamm VRS 45, 256; OLG Düsseldorf VerkMitt 2000 Nr. 6 = VRS 97. 269 = NZV 2000, 176), nicht aber auf Park- und Rastplätzen (OLG Celle VRS 61, 66). Wer zunächst auf den Parkplatz einer Kraftfahrstraße abbiegt, um von dort aus die entgegengesetzte Fahrbahn zu erreichen, wendet nicht (BGH VerkMitt 2002 Nr. 79 = NZV 2002, 376 = VRS 103, 216 = NJW 2002, 2332; OLG Stuttgart VerkMitt 2001 Nr. 15 = DAR 2000, 58 = VRS 99, 376). Unzulässiges Wenden zur Bergung einer verlorenen Brieftasche ist keine Notstandshandlung i. S. d. § 16 OWiG. Bei Tunneln folgt das Verbot aus Z. 327 (§ 39 Abs. 3).

Fahren in die falsche Richtung („**Geisterfahrer**") ist kein Verstoß gegen § 18 Abs. 7, sondern gegen die Fahrbahnbenutzungspflicht des § 2 (OLG Düsseldorf NZV 1992, 82; BayObLG NZV 1997, 499 = VRS 94, 295); bei konkreter Gefährdung anderer liegt aber eine Straftat vor (§ 315c Abs. 1 Nr. 2f StGB).

2.11 Ausfahrt

Bei der Ausfahrt aus einer Autobahn wird beim Überwechseln auf den Ausfädelungsstreifen „abgebogen", nicht der Fahrstreifen gewechselt. Infolgedessen muss der Ausfahrende die Verhaltenspflichten des § 9 beachten (LG Berlin VerkMitt 2000 Nr. 25). Stockt der Verkehr kurz vor einer Autobahnausfahrt, darf die „Standspur" nicht zum Erreichen der Ausfahrt benutzt werden (OLG Düsseldorf DAR 1974, 192). Wer auf einer Autobahn den linken oder den mittleren Fahrstreifen befährt und sich rechts zur Ausfahrt ein-

Autobahnausfahrt über kombinierten Beschleunigungs- und Verzögerungsstreifen

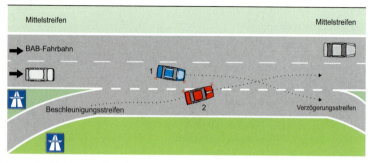

Der vom Beschleunigungsstreifen einfahrende Verkehr (KFZ 2) hat die Vorfahrt auf der durchgehenden Fahrbahn der Autobahn zu beachten (§ 18 Abs. 3). Daran ändert sich auch nichts, wenn Beschleunigungs- und Verzögerungsstreifen ineinander übergehen, ohne dass deren Beginn und Ende deutlich werden (meist auf innerstädtischen Autobahnen mit kurz aufeinander folgenden Zu- und Abfahrten). Der besondere Charakter des Fahrstreifens wird durch Breitstrichmarkierung hervorgehoben. KFZ 2 darf nicht rechts überholen (§ 5 Abs. 1); auch nicht auf dem Verzögerungsstreifen (§ 42 Abs. 6 Nr. 1f). Wer aus der Autobahn ausfährt, wechselt nicht den Fahrstreifen, sondern biegt ab und hat deshalb die sich aus § 9 Abs. 1 ergebenden Pflichten zu beachten. Er kann sich nicht auf die Vorfahrt des § 18 Abs. 3 für den durchgehenden Verkehr berufen (LG Berlin VerkMitt 2000, Nr. 25 = DAR 1999, 507 = NZV 2000, 45; OLG Düsseldorf NZV 1989, 404). KFZ 1 fährt als Rechtsabbieger von der durchgehenden Fahrbahn ab und darf das rechts von ihm auf dem kombinierten Fahrstreifen befindliche KFZ 2 nicht gefährden (OLG Hamm VerkMitt 1968, Nr. 16); notfalls müssen sich beide verständigen.

Etwas anderes gilt nur dann, wenn Beschleunigungs- und Verzögerungsstreifen so lang sind, dass sie zum einheitlichen Bestandteil der durchgehenden Fahrbahn werden (selten) und sich die Autobahn mit einem drei- oder mehrstreifigen Fahrbahn teil fortsetzt (in der Skizze müsste diese Strecke mehr als 1000 m betragen). In diesem Fall fänden beim Überwechseln die Regeln des Fahrstreifenwechsels und des Überholens Anwendung. KFZ 1 und KFZ 2 müssten das Gefährdungsverbotdes § 7 Abs. 5 beachten; KFZ 2 als Überholter dürfte seine Geschwindigkeit nicht erhöhen (§ 5 Abs. 6), KFZ 1 als Überholender KFZ 2 nicht behindern (§ 5 Abs. 4 Satz 4).

ordnen will, darf den Verkehr nicht durch Langsamfahren oder Anhalten behindern; notfalls ist bis zur nächsten Ausfahrt weiterzufahren (OLG Köln VRS 47, 23). Beim Verlassen der Autobahn braucht man nicht schon am Anfang des Ausfädelungsstreifens in diesen einzufahren. Man darf jedoch andere beim Ausfahren nicht behindern und muss sich auf den Ausfädelungsstreifen eingeordnet haben, bevor die durchgezogene Linie erreicht wird (OLG Düsseldorf VerkMitt 1976 Nr. 125). Auf Ausfädelungsstreifen darf aus Verkehrssicherheitsgründen nicht schneller als auf der durchgehenden Fahrbahn gefahren werden, weil oft Ausfahrende im letzten Moment in die Ausfahrt überwechseln (§ 7a Abs. 3).

3 Hinweise

3.1 Dichtes Auffahren mit Lichthupe, um andere von der Überholspur abzudrängen oder zum Schnellerfahren zu veranlassen, ist strafbare **Nötigung** (§ 240 StGB); nicht jedoch kurzes Antippen des Bremspedals, um durch das Aufleuchten der Bremsleuchten nachfolgende KFZ zur Einhaltung eines ausreichenden Abstandes zu veranlassen (OLG Köln VRS 93, 338). Verbleibt ein Langsamfahrer grundlos auf dem linken Fahrstreifen, um den von hinten herankommenden Schnellfahrer unter Inkaufnahme einer Gefährdung zum Abbremsen zu zwingen („Ausbremsen"), liegt strafbare Nötigung vor (BayObLG VerkMitt 2001 Nr. 87 = DAR 2002, 79; OLG Köln DAR 2000, 84; OLG Düsseldorf VerkMitt 2000 Nr. 70 = DAR 2000, 367 = VRS 99, 45).

3.2 Verordnung über eine allgemeine **Richtgeschwindigkeit auf Autobahnen** und ähnlichen Straßen (Autobahn-Richtgeschwindigkeits-V) vom 21. November 1978 (BGBl. I S. 1824) in der Fassung vom 7. August 1997 (BGBl. I S. 1177).[13] Kraftfahrer unterliegen bei einem Unfall wegen Überschreitens der Richtgeschwindigkeit der zivilrechtlichen **Gefährdungshaftung** nach §§ 7, 18 StVG (OLG Hamm DAR 2002, 313 = VRS 103,23; NZV 2000, 373; BGH VerkMitt 1992 Nr. 56 = NJW 1992, 1684 = NZV 1992, 229; OLG Köln NZV 1993, 34).

3.3 Das Verbot der Verkehrsbehinderung durch Langsamfahren ohne triftigen Grund (§ 3 Abs. 2) gilt auch auf Autobahnen.

3.4 Rechtsüberholen linker Fahrzeugkolonnen als Einzelfahrzeug: § 7 Abs. 2a.

3.5 Keine Abschleppfahrten über die Autobahnen: § 15a.

3.6 In **Nothalte- und Pannenbuchten** darf nur bei Notfällen oder Pannen gehalten werden; in Tunneln siehe Z. 328 (Anl. 3 lfd. Nr. 15). Eine Kennzeichnung der Notrufsäulen erfolgt durch Z. 365-51, soweit notwendig, z. B. in Tunneln. Pfeilmarkierungen auf **Leitpfosten** zum Hinweis auf den nächstgelegenen Notrufmelder (die Notrufmelder befinden sich etwa im Abstand von 2 km). Notrufsäulen an Autobahnen werden von einem „Call Center" betrieben (Dienstleistungs-GmbH des Gesamtverbandes der Versicherungswirtschaft). Moderne Rufsäulen haben einen gelben Schalter für Pannen und einen roten für Unfälle (RWBA 2000). Die Notrufzentrale nimmt die Daten des Anrufers auf und organisiert die Pannen- oder Unfallhilfe über Abschlepp- und Rettungsdienste, Feuerwehr, Krankenwagen, Polizei. Der Notruf ist kostenfrei. Auf den Autobahnen sind die Notrufsäulen geovermessen, sodass der Standort des Meldenden lokalisiert werden kann. Wo Notrufsäulen fehlen, kann Hilfe von der Notrufzentrale der Autoversicherer durch das Mobiltelefon unter der gebührenfreien

---

13 **Richtgeschwindigkeits-Verordnung** (Verordnung über eine allgemeine Richtgeschwindigkeit auf Autobahnen und ähnlichen Straßen vom 21.11.1978 (BGBl. I S. 1824) i. d. F. vom 7.8.1997 (BGBl. I S. 2028) und siehe Hinweis Seite 23.

§ 1
Den Führern von Personenkraftwagen sowie von anderen Kraftfahrzeugen mit einem zulässigen Gesamtgewicht bis zu 3,5 t wird empfohlen, auch bei günstigen Straßen-, Verkehrs-, Sicht- und Wetterverhältnissen
1. auf Autobahnen (Zeichen 330.1),
2. außerhalb geschlossener Ortschaften auf anderen Straßen mit Fahrbahnen für eine Richtung, die durch Mittelstreifen oder sonstige bauliche Einrichtungen getrennt sind, und
3. außerhalb geschlossener Ortschaften auf Straßen, die mindestens zwei durch Fahrstreifenbegrenzung (Zeichen 295) oder durch Leitlinien (Zeichen 340) markierte Fahrstreifen für jede Richtung haben, nicht schneller als 130 km/h zu fahren (Autobahn-Richtgeschwindigkeit). Das gilt nicht, soweit nach der StVO oder nach deren Zeichen Höchstgeschwindigkeiten (Zeichen 274) bestehen.

§ 2
Im Übrigen bleiben die Vorschriften der Straßenverkehrs-Ordnung unberührt und gelten entsprechend für diese Verordnung. Die in § 1 genannten Zeichen sind die der Straßenverkehrs-Ordnung.

Rufnummer 0800-6683663 (Notfon D) organisiert werden, wobei der Standort über die Funkzelle des Mobiltelefons mit Zustimmung des Meldenden automatisch bestimmt werden kann.

Befindet sich die nächste Rufsäule rückwärts in Fahrtrichtung, darf dorthin nur gelaufen, nicht gefahren werden, auch nicht bei Notfällen.
Notfalls sollte ein anderer Fahrer mit der Alarmierung zur nächsten Rufsäule in Fahrtrichtung beauftragt werden. Vorher ist das mit Blinklichtern so weit wie möglich rechts abgestellte KFZ durch Warndreieck zu sichern (Abstand mind. 100–200 m). Mitfahrer sollten das Fahrzeug zur Sicherheit verlassen und sich hinter der Leitplanke aufhalten; auf Kinder ist besonders zu achten.

Bei Betätigung der Notrufsäule sind der Name des Meldenden, Marke, Typ und Kennzeichen des KFZ, Ort und Art des Unfalls, Zahl der Verletzten und Verletzungsart anzugeben. Zur Beantwortung möglicher Nachfragen soll das Gespräch nie vom Anrufer beendet werden.

3.7 Autohöfe entlang der Autobahn sind Serviceeinrichtungen für den LKW-Verkehr und dienen auch als Rast- und Tankanlagen auch der Einhaltung der Lenk- und Ruhezeiten. Die Anlagen können auch von KOM und PKW in Anspruch genommen werden (VkBl. 1994, 699). Die Kosten für die Beschilderung trägt der Autohof als „sonstige Anlage" i. S. d. Kostenbestimmung des § 5b Abs. 2e StVG (VG München VerkMitt 1998 Nr. 10).

3.8 Für schwere Nutzfahrzeuge ab 12 t werden auf Autobahnen zweckgebunden zur Finanzierung von Verkehrsinfrastrukturmaßnahmen seit dem 1.1.2005 **Benutzungsgebühren** (Maut) erhoben.[14] Hierzu gehören auch der Güterbeförderung dienende Sattelzugmaschinen über 12 t (OLG Köln NZV 2001, 393), nicht aber KOM, Sonderrechts- und Schaustellerfahrzeuge. Die Höhe der Gebühr richtet sich nach den zurückgelegten Kilometern, der Zahl der Achsen (vier Achsen sind teurer als zwei, wobei eine Doppel- oder Tandemachse mit einem Achsabstand bis 1 m als „zwei Achsen" zählt: OLG Köln VRS 110, 453 = NZV 2006, 437) und der Emissionsklasse des KFZ nach § 48 i. V. m. Anl. XIV StVZO. Die Gebührenerfassung erfolgt im Regelfall elektronisch mittels On-Board-Units (OBU). Da sich die Mauterhebung auf gewidmete Autobahnen bezieht, findet § 52 keine Anwendung.[15] Die Erhebung und Abrechnung der Maut sowie der Betrieb des Mautsystems sind der Firma Toll Collect GmbH vom Bundesamt für den Güterverkehr (BAG) übertragen worden (§ 6 ABMG). Ihr obliegt auch die Baulastträgeraufgabe für die zur Mauterhebung von den Verkehrsbehörden anzuordnenden Verkehrszeichen und Verkehrseinrichtungen (Z. 390). Ein eigenständiges Anordnungsrecht (wie der Baulastträger nach § 45 Abs. 2) hat die Betreiberfirma aber nicht. Zur Kontrolle der Gebührenentrichtung sind das BAG und die Zollbehörden ermächtigt. Bei Verstößen können Bußgelder bis zu 10 000 € erhoben werden (OLG Köln VRS 100, 388: Befahren einer Autobahn, ohne die Gebühr bezahlt zu haben).

---

14 Autobahnmautgesetz (ABMG) i. d. F. der Neubekanntmachung vom 2.12.2004 (BGBl. I S. 3122, 3123 ff.) für schwere Nutzfahrzeuge gemäß Art. 2d der Richtlinie 1999/02/EG (ABl. EG Nr. L 187 S. 42)
15 Für gewidmete Autobahnen, die nicht durch die blaue Autobahnbeschilderung als solche erkennbar sind, stehen vor der letzten Abfahrtsmöglichkeit Z. 390. Im Gegensatz dazu bezieht sich das Z. 391 auf privat finanzierte Straßen mit Benutzungsentgelten für alle KFZ (VkBl. 2003 S. 430).

§ 19 Bahnübergänge

(1) Schienenfahrzeuge haben Vorrang
1. auf Bahnübergängen mit Andreaskreuz (Zeichen 201),
2. auf Bahnübergängen über Fuß-, Feld-, Wald- oder Radwege und
3. in Hafen- und Industriegebieten, wenn an den Einfahrten das Andreaskreuz mit dem Zusatzzeichen „Hafengebiet, Schienenfahrzeuge haben Vorrang" oder „Industriegebiet, Schienenfahrzeuge haben Vorrang" steht.

Der Straßenverkehr darf sich solchen Bahnübergängen nur mit mäßiger Geschwindigkeit nähern. Fahrzeugführer dürfen an Bahnübergängen (Zeichen 151, 156 bis einschließlich Kreuzungsstück von Eisenbahn und Straße) Kraftfahrzeuge nicht überholen.[1]

(2) Fahrzeuge haben vor dem Andreaskreuz, Fußgänger in sicherer Entfernung vor dem Bahnübergang zu warten, wenn
1. sich ein Schienenfahrzeug nähert,
2. rotes Blinklicht oder gelbe oder rote Lichtzeichen gegeben werden,
3. die Schranken sich senken oder geschlossen sind,
4. ein Bahnbediensteter Halt gebietet oder
5. ein hörbares Signal, wie ein Pfeifsignal des herannahenden Zuges, ertönt.[2]

Hat das rotes Blinklicht oder das rote Lichtzeichen die Form eines Pfeiles, hat nur zu warten, wer in der Richtung des Pfeiles fahren will. Das Senken der Schranken kann durch Glockenzeichen angekündigt werden.

(3) Kann der Bahnübergang wegen des Straßenverkehrs nicht zügig und ohne Aufenthalt überquert werden, ist vor dem Andreaskreuz zu warten.

(4) Wer einen Fuß-, Feld-, Wald- oder Radweg benutzt, muss sich an Bahnübergängen ohne Andreaskreuz entsprechend verhalten.

(5) Vor Bahnübergängen ohne Vorrang der Schienenfahrzeuge ist in sicherer Entfernung zu warten, wenn ein Bahnbediensteter mit einer weiß-rot-weißen Fahne oder einer roten Leuchte Halt gebietet. Werden gelbe oder rote Lichtzeichen gegeben, gilt § 37 Abs. 2 Nr. 1 entsprechend.

(6) Die Scheinwerfer wartender Kraftfahrzeuge dürfen niemand blenden.

VwV zu § 19 Bahnübergänge

Zu Absatz 1

1 Sofern auf Straßen mit nur einem Fahrstreifen je Richtung das Überholverbot häufig missachtet werden sollte, ist seine Unterstützung durch die Anordnung einer einseitigen Fahrstreifenbegrenzung (Zeichen 296) in Betracht zu ziehen.

---

1 Das Überholverbot beschränkt sich nicht nur auf den Bahnübergang selbst (vgl. § 1 Eisenbahnkreuzungsgesetz), sondern auch auf den räumlichen Geltungsbereich zwischen den Gefahrzeichen 156 mit Bake, 151 und dem Bahnübergang.
2 Wenn auch das Pfeifsignal der häufigste Anwendungsfall ist, beschränkt sich die Sicherung nach dem Eisenbahnrecht nicht nur auf „Pfeifsignale"; auch andere akustische Signale begründen deshalb eine Wartepflicht vor dem Bahnübergang, z.B. Hupsignale.

§ 19 Bahnübergänge

1 Aus der amtlichen Begründung

Mäßige Geschwindigkeit bei Annäherung an einen Bahnübergang wird häufig missachtet. Zur Verminderung schwerer Bahnunfälle ist deshalb ein Überholverbot erforderlich (Begr. 2009).

2 Erläuterungen

2.1 Vorrang an Bahnübergängen

Schienenfahrzeuge haben auf gekennzeichneten Bahnübergängen (Z. 201 „Andreaskreuz") uneingeschränkten Vorrang; bei querenden Feld-, Wald-, Fuß- oder Radwegen auch ohne Andreaskreuz. Die Vorfahrtregelung des § 8 ist auf Bahnübergänge nicht anwendbar (OLG Düsseldorf VerkMitt 1990 Nr. 46 = NZV 1989, 482). Mit Schienenverkehr muss der Fahrzeugführer auf Bahnübergängen stets rechnen und seine Fahrweise so einstellen, dass auf kürzester Entfernung angehalten werden kann. Er darf den Übergang erst dann queren, wenn er sich davon überzeugt hat, dass sich kein Zug, auch bei offener Schranke, nähert (OLG Oldenburg VRS 103, 354; BGH VRS 4, 131).[3] Das Überqueren ist bereits dann verboten, wenn das Schienenfahrzeug noch über eine größere Strecke entfernt ist (BayObLG DAR 1972, 221; VRS 43, 222). Dementsprechend darf der Lokführer darauf vertrauen, dass der Vorrang der Schienenbahn beachtet wird (OLG München SVR 2006, 267). Das Umfahren geschlossener Halbschranken ist grob verkehrswidrig und bei Gefährdung des Zugverkehrs strafbar. Eine infolge Blockierung des Bahnüberganges eingeleitete Gefahrbremsung („Schnellbremsung") des Zuges hat im Regelfall eine konkrete Gefährdung der Zuginsassen zur Folge (OLG Oldenburg VRS 108, 263).

2.2 Geschwindigkeit und Überholverbot

Bei Annäherung an einen Bahnübergang ist mäßige Geschwindigkeit geboten, d. h. sofortiges Anhalten ohne Gefahrbremsung (§ 19 Abs. 1 Satz 2). Da ein überholendes Fahrzeug eine deutlich höhere Geschwindigkeit haben muss als das überholte Fahrzeug, ist eine Annäherung an den Bahnübergang mit nur mäßiger Geschwindigkeit regelmäßig ausgeschlossen. Hinzu kommt, dass das überholte Fahrzeug die Sicht auf den Schienenweg versperrt. Aus Verkehrssicherheitsgründen ist deshalb das Überholen an Bahnübergängen unzulässig (§ 19 Abs. 1 Satz 3).[4] An einen unübersichtlichen, nur durch Warnkreuz gesicherten Bahnübergang muss ferner so vorsichtig herangefahren werden, dass beim plötzlichen Erscheinen eines

---

3 Die Missachtung des Andreaskreuzes (Z. 201) ist – meist infolge des Gewöhnungseffektes – häufigste Unfallursache an Bahnübergängen mit Toten und schweren Verletzungsfolgen. Der Vorschlag des Verkehrsausschusses des Bundestages, das Andreaskreuz zur Erhöhung der Bahnsicherheit mit einem „Stoppschild" (Z. 201) zu kombinieren, führt lediglich zu einer Doppelbeschilderung der gleichen Verhaltenspflichten, wobei ungeklärt ist, ob sich das in der Praxis unfallmindernd auswirkt. Vorteilhafter wäre eher der Vorschlag des Arbeitskreises „Bahnsicherheit", den Auffälligkeitswert des Andreaskreuzes selbst durch Verwendung gelb reflektierender statt weißer Flächen zu erhöhen.

4 Das bisherige Wartegebot für KFZ über 7,5 t hat in der Praxis nicht zu einer Verbesserung der Verkehrsflüssigkeit vor Bahnübergängen geführt. Zur Vermeidung einer Rechtskollision zwischen Wartegebot und Überholverbot ist das Wartegebot nach Abs. 3-alt entfallen.

Zuges rechtzeitig vor dem Gleis angehalten werden kann (Züge haben Bremswege von 1 km und mehr). Dabei ist zu beachten, dass die Sicht auf die Bahntrasse durch Vegetation häufig erheblich erschwert ist. Kommt selten ein Zug, ist der Gewöhnungseffekt bei häufiger Trassenquerung unfallträchtig, wenn trotz fehlender Sicht zu schnell gefahren wird. Fehlen Anhaltspunkte für eine besondere Gefahr und ist der Bahnübergang außerdem durch eine Lichtsignalanlage gesichert, darf innerorts bei Grün auch mit 50 km/h gefahren werden (BayObLG VerkMitt 1985 Nr. 66 = DAR 1985, 277 = VRS 68, 472).

2.3 Lichtsignale

Rotes Blinklicht ist eine Sonderregelung gegenüber dem Rot einer Kreuzungsampel und bedeutet absolutes Wartegebot, auch wenn der Zug bereits vorbeigefahren und ein weiterer Zug nicht zu sehen ist (OLG Köln VRS 94, 291). Beim Aufleuchten des Blinklichts ist spätestens vor dem Andreaskreuz anzuhalten, sofern dies durch mittelstarkes Bremsen (etwa 4 m/s^2) möglich ist; andernfalls darf der Bahnübergang noch überquert werden (OLG Schleswig DAR 1985, 291; BayObLG VerkMitt 1981 Nr. 57 = DAR 1981, 153). Ist dem Senken der Schranken rotes Blinklicht vorgeschaltet, kann darauf vertraut werden, dass drei Sekunden zum Halten vor dem Andreaskreuz verbleiben (OLG Köln VRS 58, 455). Wer wegen tief stehender Sonne das rote Blinklicht übersieht, handelt grob verkehrswidrig, wenn er weiterfährt (OLG München DAR 2002, 43; OLG Köln VRS 93, 40; NZV 1997, 365).

Dient eine Lichtzeichenanlage der Absicherung sowohl des Bahnüberganges als auch des Querverkehrs einer davor befindlichen Einmündung, liegt tateinheitlich ein qualifizierter Rotlichtverstoß auch gegen § 37 Abs. 2 Nr. 1 vor, wenn eine Sekunde nach dem Aufleuchten des roten Signals in die Einmündung abgebogen wird (BayObLG VerkMitt 2001 Nr. 75). Reichen rotes Blinklicht und Andreaskreuz zur Verhütung von Unfällen auf Bahnübergängen mit erheblichem Verkehr nicht aus, muss der Bahnunternehmer weitere Sicherungsmaßnahmen durch Schranken treffen; andernfalls haftet er anteilig für Unfallrisiken (OLG Oldenburg NZV 1999, 419).

2.4 Warten vor und auf Bahnübergängen

In den Fällen des § 19 Abs. 2 Nr. 1 bis 5 ist in sicherer Entfernung vor dem Bahnübergang, spätestens am Z. 201 zu warten (verkehrsbedingtes Anhalten). Wartepflicht besteht auch bei Pfeifsignalen eines Zuges, weil nach § 7 EBO bestimmte Bahnübergänge durch hörbare Signale der Schienenfahrzeuge gesichert werden müssen (§ 19 Abs. 2 Nr. 5). Glockenzeichen beim Senken der Schranken (§ 19 Abs. 2 Satz 3) bedeuten das Nahen eines Zuges und verlangen erhöhte Aufmerksamkeit (OLG Braunschweig VRS 54, 222); infolgedessen ist vor dem Andreaskreuz anzuhalten (§ 19 Abs. 2 Nr. 1).

Stockt der Verkehr, darf wegen des tödlichen Unfallrisikos niemals auf dem Bahnübergang gewartet werden. Bei Dunkelheit muss wegen der Auffahrgefahr von hinten herankommender Fahrzeuge die Beleuchtung (Abblendlicht oder Standlicht) auch dann eingeschaltet bleiben, wenn der Motor abgestellt wird. Die Verpflichtung zum Abschalten des Motors beim Warten vor dem Bahnübergang folgt aus § 30 Abs. 1 (unnötiges Laufenlassen des Fahrzeugmotors). Standlicht ist einzuschalten, wenn es infolge von Anrampung des Übergangs zur Blendung des Gegenverkehrs kommt; weder der Lokomotivführer noch der Gegenverkehr dürfen geblendet werden. Mehrspuriges Auffahren vor einer geschlossenen Bahnschranke ist wegen des Überholverbots nach § 19 Abs. 1 Satz 2 unzulässig (BGH VRS 48, 381: bei Überholverbotszeichen 276). Kann der Nachfolgende infolge eines unvorhersehbaren Fahrzeugdefektes des Vordermannes den Bahnübergang nicht räumen, liegt kein Verstoß gegen § 19 Abs. 3 vor (LG Limburg DAR 2006, 330); ungeachtet dessen muss er versuchen, den Bahnübergang sofort freizumachen.

2.5 Halt- und Parkverbot

Auf Bahnübergängen besteht **Haltverbot** (§ 12 Abs. 1 Nr. 4; s. a. Erl. 2.3.5); ebenso bis zu 10 m vor dem Andreaskreuz (Z. 201), wenn es verdeckt wird (Anl. 2 Lfd. Nr. 1 zu § 41 – Z. 201). Ist der Bahnübergang durch eine Signalanlage abgesichert, darf 10 m davor nicht gehalten werden, wenn das Signal verdeckt wird (§ 37 Abs. 1 Satz 2; s. a. Erl. 2.3.12 zu § 12).

Parkverbot besteht vor und hinter Andreaskreuzen, und zwar innerorts bis zu 5 m, außerorts bis zu 50 m (Anl. 2 Lfd. Nr. 1 zu § 41 – Z. 201 zu § 41; s. a. Erl. 2.4.5 zu § 12).

3 Hinweise

3.1 Rot-weiße Schranken an **Bahnübergängen**: § 43 Abs. 1. Richtlinien über die Abhängigkeit zwischen der technischen Sicherung von Bahnübergängen und der Verkehrsregelung an benachbarten Straßenkreuzungen und -einmündungen: VkBl. 1972, 547; 1977, 90; 1984, 38 (BÜStRA). Bahnübergänge nach der Straßenbahn-Bau- und Betriebsordnung: BOStrab.[5] An Bahnübergängen von Privatwegen müssen nicht bahnbediente Schranken verschlossen bleiben (BGH DAR 1955, 199 = VRS 9, 202).

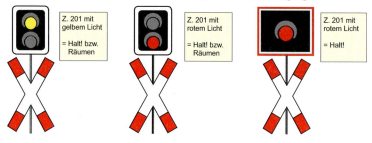

Z. 201 in Kombination mit Lichtsignalen an Bahnübergängen

3.2 Die vorderen drei **Scheinwerfer** eines **Zuges** haben die Form eines Dreiecks (Signalordnung der Bahn). Das gilt auch für den ICE-Zug, bei dem am Tage allerdings nur zwei weiße Scheinwerfer sichtbar sind; der dritte, obere Scheinwerfer befindet sich verdeckt in Höhe des Lokführerstandes. Kraftfahrer können deshalb bei Dunkelheit aus dem Signalbild das Herannahen eines Zuges erkennen. Hinten haben Züge zwei rote Leuchten.

3.3 Freiheitsstrafe oder Geldstrafe bei zu schnellem Fahren an Bahnübergängen und bei konkreter Gefährdung des Schienenverkehrs durch Hindernisse: §§ 315, 315c StGB.

3.4 Weiß-rot-weiße Warnfahne für Bahnbedienstete: § 19 Abs. 5.

3.5 Hinweis zum **Abstellen des Motors** beim Warten vor geschlossenen Schranken oder rotem Lichtsignal; die Verpflichtung folgt nicht aus dem Schild selbst, wohl aber aus § 30 Abs. 1 (vermeidbare Abgas- oder Lärmbelästigung).

---

5 **§ 20 BOStrab** (Auszug)

(1) Bahnübergänge sind durch Andreaskreuze nach Anlage 1 Bild 1 gekennzeichnete höhengleiche Kreuzungen von Straßenbahnen auf unabhängigem Bahnkörper mit Straßen, Wegen oder Plätzen.
(2) Auf Bahnübergängen hat der Straßenbahnverkehr Vorrang vor dem Straßenverkehr.
(3) Die den Vorrang nach Absatz 2 kennzeichnenden Andreaskreuze müssen an den Stellen stehen, vor denen Wegebenutzer warten müssen, wenn der Bahnübergang nicht überquert werden darf.
[(4) und (5) regeln die technische Sicherung.]
(6) Die Sicherung durch die Übersicht auf die Bahnstrecke ist vorhanden, wenn die Wegebenutzer die Bahnstrecke so weit und aus einem solchen Abstand übersehen können, dass sie bei Anwendung der im Verkehr erforderlichen Sorgfalt den Bahnübergang ungefährdet überqueren oder vor ihm anhalten können.
(7) Als Bahnübergänge gelten auch höhengleiche Kreuzungen von Straßenbahnen auf besonderem Bahnkörper mit Straßen, Wegen oder Plätzen, wenn die Vorschriften der Absätze 3 bis 6 eingehalten sind.

§ 20 Öffentliche Verkehrsmittel und Schulbusse

(1) An Omnibussen des Linienverkehrs, an Straßenbahnen und an gekennzeichneten Schulbussen, die an Haltestellen (Zeichen 224) halten, darf, auch im Gegenverkehr, nur vorsichtig vorbeigefahren werden.

(2) Wenn Fahrgäste ein- oder aussteigen, darf rechts nur mit Schrittgeschwindigkeit und nur in einem solchen Abstand vorbeigefahren werden, dass eine Gefährdung von Fahrgästen ausgeschlossen ist. Sie dürfen auch nicht behindert werden. Wenn nötig, muss der Fahrzeugführer warten.

(3) Omnibusse des Linienverkehrs und gekennzeichnete Schulbusse, die sich einer Haltestelle (Zeichen 224) nähern und Warnblinklicht eingeschaltet haben, dürfen nicht überholt werden.

(4) An Omnibussen des Linienverkehrs und an gekennzeichneten Schulbussen, die an Haltestellen (Zeichen 224) halten und Warnblinklicht eingeschaltet haben, darf nur mit Schrittgeschwindigkeit und nur in einem solchen Abstand vorbeigefahren werden, dass eine Gefährdung von Fahrgästen ausgeschlossen ist. Die Schrittgeschwindigkeit gilt auch für den Gegenverkehr auf derselben Fahrbahn. Die Fahrgäste dürfen auch nicht behindert werden. Wenn nötig, muss der Fahrzeugführer warten.

(5) Omnibussen des Linienverkehrs und Schulbussen ist das Abfahren von gekennzeichneten Haltestellen zu ermöglichen. Wenn nötig, müssen andere Fahrzeuge warten.

(6) Personen, die öffentliche Verkehrsmittel benutzen wollen, müssen sie auf den Gehwegen, den Seitenstreifen oder einer Haltestelleninsel, sonst am Rand der Fahrbahn erwarten.

VwV zu § 20 Öffentliche Verkehrsmittel und Schulbusse

Zu Absatz 4

1 I. Vor der Festlegung von Haltestellen von Schulbussen sind von der Straßenverkehrsbehörde neben Polizei und Straßenbaubehörde auch Schule, Schulträger und Schulbusunternehmer zu hören. Dabei ist darauf zu achten, dass die Schulbusse möglichst – gegebenenfalls unter Hinnahme eines Umwegs – so halten, dass die Kinder die Fahrbahn nicht überqueren müssen.

2 II. Es ist vorzusehen, dass Schulbusse nur rechts halten. Die Mitbenutzung der Haltestellen öffentlicher Verkehrsmittel ist anzustreben.

1 Aus der amtlichen Begründung

1.1 § 20 wird auf „Ein- und Aussteigen über Radwege" erweitert (Begr. 1988).

1.2 Schrittgeschwindigkeit beim Vorbeifahren an haltenden Schul- und Linienbussen dient dem Schutz von Kindern und älteren Menschen, die altersbedingt häufig nicht in der Lage sind, die erforderliche Aufmerksamkeit beim Verlassen öffentlicher Verkehrsmittel aufzubringen oder Verkehrsgefahren zutreffend einzuschätzen (Begr. 1995).

2 Erläuterungen

2.1 Vorrang öffentlicher Verkehrsmittel

Die Verpflichtung zur Beachtung des Vorranges öffentlicher Verkehrsmittel und Schulbusse besteht beim Überholen von Linienbussen mit Warnblinklicht für den Mitverkehr (§ 20 Abs. 3), beim Halten an Haltestellen für den Gegen- und Mitverkehr (§ 20 Abs. 1, 2 und 4) sowie für den Mitverkehr beim Abfahren von Haltestellen (§ 20 Abs. 5). Andererseits dürfen abfahrende Linienbusse den fließenden Verkehr nicht gefährden (OLG Düsseldorf VRS 82, 373). Ihr Vorrang erlischt, wenn sie nach rechtzeitiger und deutlicher Anzeige angefahren sind und sich in den fließenden Verkehr eingegliedert haben (BayObLG VRS 79, 302). Der Vorrang gilt nicht beim Wenden der Busse (KG VerkMitt 1991 Nr. 2). Die Regelung gilt nicht für PKW im Linienersatzdienst oder freigestellten Schüler- und Behindertenverkehr. Zu beachten ist dabei aber der Gefährdungsausschluss bei verkehrsschwachen Personen (§ 3 Abs. 2a). Steht ein PKW mit Warnblinklicht an einer Haltestelle, ist deshalb Vorsicht geboten.

2.2 Überholverbot

Linienbusse, die von der Verkehrsbehörde für sie bezeichnete Haltestellen anfahren, müssen Warnblinklicht einschalten (§ 16 Abs. 2). Sie dürfen dann nicht mehr überholt werden. Eine Kennzeichnung solcher Haltestellen ist nicht vorgesehen. Kraftfahrer müssen den Überholvorgang abbrechen, wenn Warnblinklicht eingeschaltet wird. Befinden sie sich links neben dem noch fahrenden Bus, sind meist nur die linken Blinkleuchten sichtbar. Ist anzunehmen, dass es sich um Warnblinklicht handelt, sollte der Überholvorgang abgebrochen werden, wenn dies ohne Gefährdung des Mitverkehrs möglich ist.

Vorbeifahren an Haltestellen öffentlicher Verkehrsmittel

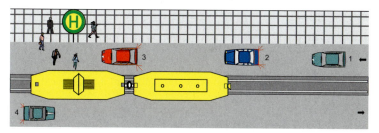

An Haltestellen (Z. 224) haltenden Straßenbahnen, Linien- und Schulbussen darf der Mit- und Gegenverkehr nur vorsichtig vorbeifahren (§ 20 Abs. 1). Diese Verpflichtung gilt auch, wenn keine Fahrgäste ein- oder aussteigen. Die Geschwindigkeit muss spätestens beim Erreichen der öffentlichen Verkehrsmittel (KFZ 1 und 2) so herabgesetzt werden, dass jederzeit ohne Gefahrbremsung angehalten werden kann (max. 10 – 20 km/h).

Steigen Fahrgäste ein oder aus, darf das zulässige Tempo rechts nur noch Schrittgeschwindigkeit (5 – 7 km/h) betragen (KFZ 2). Ist trotz Schrittgeschwindigkeit eine Behinderung der Fahrgäste nicht auszuschließen, muss gewartet werden (KFZ 3). Der Gegenverkehr (KFZ 4) muss hingegen sein Tempo lediglich so herabsetzen, dass jederzeit angehalten werden kann (max. Tempo 30).

2.3 Sorgfaltspflichten an haltenden Linienbussen

Die besonderen Sorgfaltspflichten des § 20 beziehen sich nicht nur auf ein- oder aussteigende Fahrgäste, sondern auf **alle** Fußgänger, die die Fahrbahn im Bereich eines an der Haltestelle haltenden öffentlichen Verkehrsmittels überqueren (BGH VerkMitt 2006 Nr. 58 = DAR 2006, 442 = VRS 111, 117 = NZV 2006, 465 = SVR 2006, 380: auf die Fahrgasteigenschaft kommt es nicht an; OLG Köln NZV 2003, 189; OLG Köln VerkMitt 2002 Nr. 80 = VRS 102, 436 = NZV 2002, 356). An einem rechts haltenden Linienbus darf ein Kraftfahrer nur vorsichtig mit einem Seitenabstand von 2 m links vorbeifahren. Sind Kinder ausgestiegen, muss der Abstand größer sein und Schrittgeschwindigkeit eingehalten werden (§ 20 Abs. 2). Mit plötzlich die Fahrbahn querenden Fußgängern, die den ankommenden oder schon haltenden Bus erreichen wollen, ist stets zu rechnen (KG VerkMitt 1974 Nr. 15), ebenso mit ausgestiegenen und über die Fahrbahn laufenden Fahrgästen, wenn die Haltestelle nicht in unmittelbarer Nähe einer ampelgeregelten Kreuzung liegt (KG VerkMitt 1987 Nr. 101). An Haltestellen hat auch der Gegenverkehr auf Fußgänger am Straßenrand zu achten (OLG Celle NZV 1991, 228).[1] Fahrgäste dürfen beim Aus- und Einsteigen nicht behindert werden (OLG Düsseldorf VerkMitt 1998 Nr. 26 = VRS 94, 292). Fährt der Kraftfahrer an einem in der Gegenrichtung haltenden Bus ohne Warnblinklicht mit einem Abstand von 1,50 m vorbei, hat er die Fahrgeschwindigkeit auf weniger als 30 km/h herabzusetzen, um sofort anhalten zu können (OLG Köln VRS 102, 436).

Hält der Bus **mit Warnblinklicht** an der Haltestelle, darf im Mit- und Gegenverkehr nur mit Schrittgeschwindigkeit (5–7 km/h) vorbeigefahren werden. Bei der Annäherung ist das Tempo so weit zu verringern, dass innerhalb der Sichtstrecke spätestens in Höhe des Busses ohne Gefahrbremsung jederzeit angehalten werden kann. Kann bei der Vorbeifahrt auch mit Schrittgeschwindigkeit eine Gefährdung nicht ausgeschlossen werden, ist vor dem Bus zu warten.

2.4 Vorrang beim Abfahren von einer Haltestelle

Der Busfahrer muss die Abfahrabsicht von einer Haltestelle rechtzeitig ankündigen (OLG Köln VerkMitt 1984 Nr. 74 = VRS 67, 59). Bei Abfahrt hat der Linienbus nur Vorrang, wenn der Fahrer Blinkzeichen gibt; vorbeifahrende Kraftfahrer müssen sich schon vorher darauf einstellen (OLG Düsseldorf VRS 65, 336). Der Busfahrer muss eine Gefährdung anderer Verkehrsteilnehmer vermeiden. Der Vorrang ändert nichts an der allgemeinen Sorgfaltspflicht des Busfahrers, vor allem beim Anfahren vom Fahrbahnrand (OLG Düsseldorf DAR 1983, 301) und der Rücksichtnahme auf den fließenden Verkehr (OLG Bremen VersR 1976, 545). Er darf einen nahe herangekommenen PKW nicht zu gefährlichem Bremsen oder Ausweichen zwingen (OLG Hamm VRS 53, 377 = DAR 1978, 82). Zeigt er sein Vorhaben rechtzeitig an, müssen andere Fahrzeuge eine mit seinem Anfahren verbundene Behinderung hinnehmen. Im Zweifel kann er sich darauf verlassen, dass die Teilnehmer am fließenden Verkehr ihrer Wartepflicht nachkommen (BGH VerkMitt 1979 Nr. 57 = VRS 56, 202 = MDR 1979; 332 = DAR 1979, 224 = NJW 1979, 1894; KG VerkMitt 2009 Nr. 12 =

---

1 Die besondere Sorgfaltspflicht bezieht sich nicht auf die durch Mittelstreifen getrennte Richtungsfahrbahn des Gegenverkehrs.

Geschwindigkeit beim Vorbeifahren an haltendem Schulbus mit Warnblinklicht

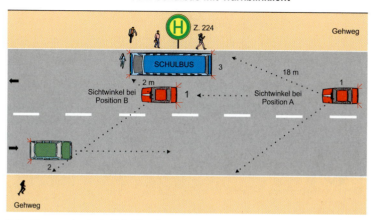

Bei Annäherung an einen an der Haltestelle stehenden Bus mit Warnblinklicht muss KFZ 1 zunächst sein Tempo so herabsetzen, dass Gefährdungen von Kindern vermieden werden (§ 3 Abs. 2a). KFZ 1 hat bei Position A nach rechts 18 m Sicht. Der Anhalteweg darf deshalb bei Position A nicht länger als 18 m sein. Nach der Faustformel beträgt der Reaktionsweg bei 30 km/h = 9 m, der Bremsweg = 9 m und der Anhalteweg (9 + 9 m) = 18 m. KFZ 1 muss daher bei der Annäherung die Geschwindigkeit innerorts etwa ab der doppelten Buslänge deutlich auf 30 km/h (außerorts von 100 auf 30 km/h) verringern. Beim Erreichen des Busses darf KFZ 1 nur noch mit Schrittgeschwindigkeit (5–7 km/h) und in einem solchen Abstand vorbeifahren, dass eine Gefährdung oder Behinderung vermieden wird. Bei Position B muss KFZ 1 wegen des geringen Sichtwinkels noch langsamer fahren oder anhalten.

KFZ 2 hat sein Tempo ebenfalls bei Annäherung an den Schulbus der geringsten Sichtstrecke anzupassen. Nach § 20 Abs. 4 darf es nur mit Schrittgeschwindigkeit und in einem gefährdungsausschließenden Abstand so vorbeifahren, dass eine Behinderung der Schulkinder ausgeschlossen ist. Die Regelung gilt unabhängig von sichtbar ein- und aussteigenden Fahrgästen.

VRS 115, 283). Der Bus muss u. U. warten, wenn ein soeben bei Grün losgefahrener Fahrzeugpulk von hinten herankommt (§ 11 Abs. 3). Vom Abbiegen nach rechts muss er absehen, wenn ein daneben abbiegendes Fahrzeug nicht ausweichen kann und gefährdet würde (KG VerkMitt 1991 Nr. 81 = NZV 1991, 193). Kein Vorrang des Linienbusses beim Anfahren aus einer Wendeschleife; hier gilt § 10 (OLG Düsseldorf VersR 1983, 542).

2.5 Sorgfaltspflichten bei Schulbussen

Ob ein Bus tatsächlich als Schulbus eingesetzt wird, ist unerheblich; stets ist damit zu rechnen, dass hinter ihm Kinder über die Fahrbahn laufen (OLG Oldenburg NZV 1991, 468). Wird beim Zusatzzeichen „Schulbus" zu Z. 224 die tageszeitliche Benutzung der Haltestelle angegeben, ist zu diesen Zeiten dort mit verminderter Geschwindigkeit und erhöhter Reaktionsbereitschaft zu fahren. Auch der Schulbus muss die Geschwindigkeit an der Haltestelle auf Schrittgeschwindigkeit ermäßigen (OLG Köln VRS 89, 93).

2.6 Sicherheit der Fahrgäste

Der Busfahrer braucht vor dem Anfahren nicht festzustellen, ob alle Fahrgäste einen sicheren Halt haben (OLG Köln VRS 71, 96); auf stark behinderte

§ 20 Öffentliche Verkehrsmittel und Schulbusse

**Signalisierung von Fußgängerfurten
über Gleisanlagen von Straßenbahnen**

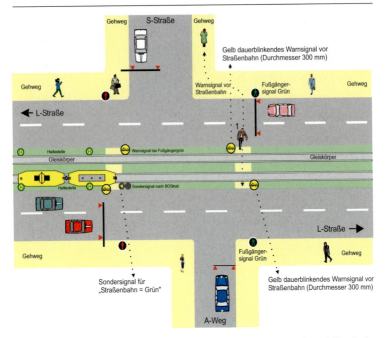

Fußgänger 1 quert bei Fußgängergrün die L-Straße über die Straßenbahngleise in Richtung A-Weg. An der Fußgängerfurt befindet sich am Gleiskörper ein bei Fußgängergrün gelb dauerblinkendes Warnsignal mit Straßenbahnsymbol, das nicht durch eine herannahende Straßenbahn ausgelöst wird. Straßenbahn 2 fährt aufgrund des BOStrab-Sondersignals „Grün" von der Haltestelle ab und erreicht die Fußgängerfurt mit etwa 30 km/h. Dort erfasst sie Fußgänger 1, der schwer verletzt wird.

Fußgängerfurten, die über Gleisbereiche führen, müssen auf dem Gleiskörper zusätzlich signaltechnisch abgesichert werden. Ein bei Fußgängergrün dauernd blinkendes Signal reicht dabei zur Warnung vor herannahenden Straßenbahnen nicht aus. Ein zeitliches Übermaß an Signalen stumpft ab und verhindert die gezielte, zeitlich auf die tatsächliche Annäherung der Bahn konzentrierte Warnung der Fußgänger (OLG Köln VerkMitt 2001, Nr. 77). Begnügen sich Straßenverkehrsbehörden und Bahnunternehmer mit solchen Signalen, haften sie für Schäden aus Art. 34 GG, §§ 839, 847 BGB und § 1 HaftPflG.

Fahrgäste muss er aber besondere Rücksicht nehmen (BGH NZV 1993, 108 = DAR 1993, 103; OLG Hamm NZV 1993, 26).

3 Hinweise

3.1 Verhalten von Abbiegern gegenüber Schienenfahrzeugen, die neben der Fahrbahn in gleicher Richtung fahren: § 9 Abs. 3. Besondere Lichtzeichen für Schienenbahnen sowie für Linienomnibusse, die einen vom übrigen Fahrverkehr freigehaltenen Verkehrsraum benutzen: § 37 Abs. 2 Nr. 4.

3.2 Warnblinklicht bei Linien- und Schulbussen: § 16 Abs. 2.

3.3 Kennzeichnung und Beschilderung von Linienomnibussen: § 33 BOKraft, von Schulbussen: Anl. 4 zu § 33 Abs. 4 BOKraft (orangefarbenes Schild „Schulbus", quadratisch 60 x 60 cm); Anforderungen an Straßenbahnhaltestellen: § 31 BOStrab.

Nichtraucher-Taxen
(Anlage 2)

Schulbus-Schild
(Anlage 4)

Sinnbild für Sitzplätze
für behinderte und andere
sitzplatzbedürftige Personen
(Anlage 5)

§ 21 Personenbeförderung

(1) In Kraftfahrzeugen dürfen nicht mehr Personen befördert werden, als mit Sicherheitsgurten ausgerüstete Sitzplätze vorhanden sind. Abweichend von Satz 1 dürfen in Kraftfahrzeugen, für die Sicherheitsgurte nicht für alle Sitzplätze vorgeschrieben sind, so viele Personen befördert werden, wie Sitzplätze vorhanden sind. Die Sätze 1 und 2 gelten nicht in Kraftomnibussen, bei denen die Beförderung stehender Fahrgäste zugelassen ist. Es ist verboten, Personen mitzunehmen
1. auf Krafträdern ohne besonderen Sitz,
2. auf Zugmaschinen ohne geeignete Sitzgelegenheit oder
3. in Wohnwagen hinter Kraftfahrzeugen.

(1a) Kinder bis zum vollendeten 12. Lebensjahr, die kleiner als 150 cm sind, dürfen in Kraftfahrzeugen auf Sitzen, für die Sicherheitsgurte vorgeschrieben sind, nur mitgenommen werden, wenn Rückhalteeinrichtungen für Kinder benutzt werden, die den in Art. 2 Abs. 1c der Richtlinie 91/671/EWG des Rates vom 16. Dezember 1991 über die Gurtanlegepflicht und die Pflicht zur Benutzung von Kinderrückhalteeinrichtungen in Kraftfahrzeugen (ABl. EG Nr. L 373 S. 26), die durch Art. 1 Nr. 3 der Richtlinie 2003/20/EG des Europäischen Parlaments und des Rates vom 8. April 2003 (ABl. EU Nr. L 115 S. 62) neugefasst worden ist, genannten Anforderungen genügen[1] und für das Kind geeignet sind.[2, 3] Das gilt nicht in Kraftomnibussen mit einer zulässigen Gesamtmasse von mehr als 3,5 t. Abweichend von Satz 1
1. ist in Kraftomnibussen mit einer zulässigen Gesamtmasse von mehr als 3,5 t Satz 1 nicht anzuwenden,
2. dürfen Kinder ab dem vollendeten dritten Lebensjahr auf Rücksitzen mit den vorgeschriebenen Sicherheitsgurten gesichert werden, soweit wegen der Sicherung anderer Kinder mit Kinderrückhalteeinrichtungen für die Befestigung weiterer Rückhalteeinrichtungen für Kinder keine Möglichkeit besteht,
3. ist
   a) beim Verkehr mit Taxen und
   b) bei sonstigen Verkehren mit Personenkraftfahrzeugen, wenn eine Beförderungspflicht nach § 22 des Personenbeförderungsgesetzes besteht,
   auf Rücksitzen die Verpflichtung zur Sicherung von Kindern mit amtlich genehmigten und geeigneten Rückhalteeinrichtungen auf

---

1 Die Regelung ist nach Art. 3 der 16. VO zur Änderung der StVO vom 11.5.2006 (BGBl. I S. 1160/VkBl. S. 466) am 8.4.2008 in Kraft getreten. Bis dahin genügten die bisher „amtlich genehmigten" Rückhalteeinrichtungen.
2 **Dritte Ausnahme-Verordnung** zur StVO vom 5.6.1990 (BGBl. I S. 999) i. d. F. vom 18.11.2002 (BGBl. I S. 4414) über die Verwendung nicht amtlicher Schutzhelme, aufgehoben durch Art. 2 der 40. StRVÄndV vom 22.12.2005 (BGBl. I S. 3716).
3 **Siebte Ausnahme-Verordnung** zur StVO vom 17.12.1997 (BGBl. I S. 3196 = VkBl. 1998, S. 98) i. d. F. vom 18.11.2002 (BGBl. I S. 4414 = VkBl. 2003, S. 3) und vom 21.12.2005 (BGBl. I S. 3631 = VkBl. 2006, S. 35) über die Kindersicherung in Taxen, außer Kraft getreten am 31.12.2006; Regelung wurde in § 21 Abs. 1a Nr. 3a StVO übernommen.

zwei Kinder mit einem Gewicht ab 9 kg beschränkt, wobei wenigstens für ein Kind mit einem Gewicht zwischen 9 und 18 kg eine Sicherung möglich sein muss; diese Ausnahmeregelung gilt nicht, wenn eine regelmäßige Beförderung von Kindern gegeben ist.

(1b) In Fahrzeugen, die nicht mit Sicherheitsgurten ausgerüstet sind, dürfen Kinder unter drei Jahren nicht befördert werden. Kinder ab dem vollendeten dritten Lebensjahr, die kleiner als 150 cm sind, müssen in solchen Fahrzeugen auf dem Rücksitz befördert werden. Satz 1 und 2 gelten nicht für Kraftomnibusse.

(2) Die Mitnahme von Personen auf der Ladefläche oder in Laderäumen von Kraftfahrzeugen ist verboten. Dies gilt nicht, soweit auf der Ladefläche oder in Laderäumen mitgenommene Personen dort notwendige Arbeiten auszuführen haben. Das Verbot gilt ferner nicht für die Beförderung von Baustellenpersonal innerhalb von Baustellen. Auf der Ladefläche oder in Laderäumen von Anhängern darf niemand mitgenommen werden. Jedoch dürfen auf Anhängern, wenn diese für land- und forstwirtschaftliche Zwecke eingesetzt werden, Personen auf geeigneten Sitzgelegenheiten mitgenommen werden. Das Stehen während der Fahrt ist verboten, soweit es nicht zur Begleitung der Ladung oder zur Arbeit auf der Ladefläche erforderlich ist.

(3) Auf Fahrrädern dürfen nur Kinder bis zum vollendeten siebten Lebensjahr von mindestens 16 Jahre alten Personen mitgenommen werden, wenn für die Kinder besondere Sitze vorhanden sind und durch Radverkleidungen oder gleich wirksame Vorrichtungen dafür gesorgt ist, dass die Füße der Kinder nicht in die Speichen geraten können. Hinter Fahrrädern dürfen in Anhängern, die zur Beförderung von Kindern eingerichtet sind, bis zu zwei Kinder bis zum vollendeten siebten Lebensjahr von mindestens 16 Jahre alten Personen mitgenommen werden. Die Begrenzung auf das vollendete siebte Lebensjahr gilt nicht für die Beförderung eines behinderten Kindes.

VwV zu § 21 Personenbeförderung

Zu den Absätzen 1 und 2

1 „Besonderer Sitz" ist eine Vorrichtung, die nach ihrer Bauart dazu bestimmt ist, als Sitz zu dienen, mag diese Zweckbestimmung auch nicht die ausschließliche sein. Geeignet ist eine Sitzgelegenheit nur dann, wenn man auf ihr sicher sitzen kann; bei Anhängern, die für land- oder forstwirtschaftliche Zwecke verwendet werden, kann das auch die Ladefläche sein.

Zu Absatz 1a

2 Geeignet sind Rückhalteeinrichtungen für Kinder, die entsprechend der ECE-Regelung Nr. 44 (BGBl. 1984 II S. 458, mit weiteren Änderungen) gebaut, geprüft, genehmigt und entweder mit dem nach ECE-Regelung Nr. 44 vorgeschriebenen Genehmigungszeichen oder mit dem nationalen Prüfzeichen nach der Fahrzeugteileverordnung gekennzeichnet sind. Dies gilt entsprechend für Rückhalteeinrichtungen für Kinder der Klasse 0 (geeignet für Kinder bis zu einem Gewicht von 9 kg), wenn für sie eine Betriebserlaubnis nach § 22 StVZO vorliegt.

3 Die Eignung der Rückhalteeinrichtungen für Kinder zur Verwendung auf Vordersitzen ergibt sich aus der Genehmigung sowie der Einbauanweisung, die vom Hersteller der Rückhalteeinrichtung für Kinder beizufügen ist.

§ 21 Personenbeförderung

1 Aus der amtlichen Begründung

1.1 Mit Abs. 1a wird die Richtlinie 91/671/EWG vom 16.12.1991 (ABl. EG Nr. L 373 S. 26) über die Gurtanlegepflicht in KFZ bis 3,5 t umgesetzt (Begr. 1992).

1.2 In Kraftomnibussen über 3,5 t sind Kinder mit den vorhandenen Beckengurten zu sichern (Begr. 1998).

1.3 Die Personenbeförderung auf Ladeflächen von KFZ wird auf dort notwendige Arbeiten und auf Baustellenpersonal beschränkt (Begr. 2005).

1.4 Änderung der Pflichten über Sicherheitsgurte und Kinderrückhaltesysteme und Ausnahmeregelung für Taxen (Begr. 2006).[4, 5]

1.5 Zulassung der Kinderbeförderung auf Kinderanhängern hinter Fahrrädern (Begr. 2009).

2 Erläuterungen

2.1 Mitnahme von Personen in Kraftfahrzeugen

Die Abs. 1, 1a und 1b des § 21 regeln vor allem **5 Fälle**:

2.1.1 In KFZ dürfen nur so viele Personen befördert werden, wie **Sitzplätze mit Sicherheitsgurten** vorhanden sind (§ 21 Abs. 1); ausgenommen sind KOM mit Stehplätzen (meist Linienbusse). Da übliche PKW mit fünf Sicherheitsgurten ausgerüstet sind, dürfen somit nur max. fünf Personen, einschließlich des Fahrers, befördert werden, selbst wenn nach dem verfügbaren Innenraum eine weitere Person Platz hätte.[6] Um Härten zu vermeiden, können Verkehrsbehörden bis zum 8.4.2009 Ausnahmen nach § 46 Abs. 1 Nr. 5a erteilen. Andererseits gilt auch hier § 23 Abs. 1, sodass in seltenen Fällen weniger Personen befördert werden dürfen, wenn der Fahrer bei voller

---

4 Durch die Änderung der Abs. 1 und 1a sowie die Ergänzung um einen neuen Absatz 1b ist die Vorschrift ein besonderes Negativbeispiel für unübersichtliche, nicht aus sich heraus verständliche Verhaltenspflichten. Die 16. VO zur Änderung der StVO dient der Umsetzung der EU-Richtlinie 2003/20/EG vom 8.4.2003 (ABl. EU Nr. L 115 S. 63). Die Richtlinie 91/671/EWG vom 16.12.1991 (ABl. EG Nr. L 373 S. 26) über die Gurtanlegepflicht in KFZ bis 3,5 t erfasste im Wesentlichen nur KFZ der Typen M1 (PKW bis acht Sitzplätze außer dem Fahrersitz) und M2 (KOM mit mehr als acht Sitzplätzen und bis zu 5 t). Diese Richtlinie wurde am 8.4.2003 durch die Richtlinie 2003/20/EG (ABl. EU Nr. L 115/63 vom 9.5.2003) geändert, die die Anlegepflicht auf alle KFZ mit Sicherheitsgurten und Kinderrückhaltesystemen ausgedehnte. Weiterhin müssen Kinder bis 150 cm mit Kinderrückhalteeinrichtungen (gemäß ECE-Regelung 44/03 oder der Richtlinie 77/541/EWG) gesichert werden. Die Festlegung des Alters der Kinder ist den Mitgliedstaaten überlassen. Bei den KOM konnte hinsichtlich der Kindersicherung unter drei Jahren keine Einigkeit erzielt werden, sodass diese Altersgruppe vom Anwendungsbereich der Richtlinie ausgenommen bleibt.

5 Die am 31.12.2006 außer Kraft getretenen Ausnahme für Taxen zum Mitführen von nur zwei Kindersitzen ist durch Art. 1 der 44. Verordnung zur Änderung straßenverkehrsrechtlicher Vorschriften vom 18.12.2006 (BGBl. I S. 3226) in § 21 Abs. 1a verankert worden.

6 Bis 2006 durften auch mehr Personen befördert werden, als in den Zulassungsdokumenten Sitzplätze angegeben waren, solange das zulässige Gesamtgewicht eingehalten und der Fahrer nicht in der Bedienung behindert wurde. Reichte die Zahl der Sicherheitsgurte nicht für alle aus, durften Fahrgäste auch ohne Gurte befördert werden. In diesem Fall musste allerdings besonders vorsichtig gefahren werden. Durch Änderung des § 21 Abs. 1 ist nunmehr die Zahl der beförderten Fahrgäste durch die Zahl der Sitzplätze mit Sicherheitsgurten begrenzt.

Personenbeförderung in PKW und KOM

	Mitnahme von nur so viel Personen, wie Sitzplätze mit Sicherheitsgurten verfügbar sind.
	„Oldtimerprivileg" = Mitnahme von nur so viel Personen, wie Sitzplätze verfügbar sind; Kinderbeförderung ab 3 Jahre bis 1,50 m Größe nur auf den Rücksitzen.
	Kinderbeförderung nur mit Kindersitzen und nur auf Sitzen mit Sicherheitsgurten. Können nicht mehr Kindersitze eingebaut werden, dürfen Kinder (nur) ab 3 Jahre auch auf Sitzen mit Sicherheitsgurten mitgenommen werden. („Familienprivileg").
	Bis 2008 genügen amtlich genehmigte Sitze nach der ECE-Regelung 44/02. Ab 2008 müssen Kindersitze der EU-RL 2003/20/EG entsprechen und der ECE-RL **44/03** genügen (Stand der Technik).
	KOM bis 3,5 t müssen mit 3-Punkt-Gurten ausgerüstet sein; Kindersicherung und Anschnallpflicht wie bei PKW.
	KOM über 3,5 t müssen mit 2-Punkt-Gurten ausgerüstet sein; für Beckengurte besteht Anschnallpflicht. Kinderrückhalteeinrichtungen sind nicht erforderlich.

Besetzung in der Bedienung des Fahrzeugs behindert würde, z. B. bei kleinen PKW mit geringem Gesamtgewicht und mehreren schweren Personen.

Nur wenn zulassungsrechtlich keine Sicherheitsgurte vorgeschrieben sind (Oldtimer-Fahrzeuge), richtet sich die Zahl der beförderten Personen nach den vorhandenen Sitzplätzen („**Oldtimerprivileg**").[7] Somit dürfen auch hier nicht mehr Personen befördert werden, als Sitzplätze verfügbar sind, selbst wenn es sich um schlanke Beifahrer handelt. Kinder **ab** drei Jahren und kleiner als 150 cm dürfen in solchen KFZ nur auf den **Rücksitzen** befördert werden (§ 21 Abs. 1b). Ohne Nachrüstung mit Sicherheitsgurten können Kinder unter drei Jahren nicht mitgenommen werden. Verstöße sind wegen der Übergangsfristen nach EU-Recht nicht bußgeldbewehrt (§ 49 Abs. 1 Nr. 20).

2.1.2 Kinder bis 12 Jahre[8] und kleiner als 150 cm dürfen nur mit Rückhalteeinrichtungen auf Sitzplätzen mit Sicherheitsgurten befördert werden (§ 21 Abs. 1a); ausgenommen sind KOM über 3,5 t. Kinder dürfen sich während der Fahrt somit nicht außerhalb der Sitzplätze aufhalten, z. B. zwischen den Sitzen. Bis zum 7.4.2008 mussten Rückhalteeinrichtungen „amtlich" genehmigt und für Kinder geeignet sein. Ab 8.4.2008 dürfen nur noch Kinderrückhalteeinrichtungen verwendet werden, die dem Stand der Technik entsprechen (ECE-Regelung **44/03**). Sind Kinder jünger, aber größer als 150 cm, benötigen sie keine Kinder-Rückhalteeinrichtung mehr.[9] Sie müssen sich dann mit den Sicherheitsgurten anschnallen (§ 21a Abs. 1 Satz 1).

---

7 Die Regelung gilt nur für wenige KFZ, weil in Deutschland für PKW die Ausrüstungspflicht mit Sicherheitsgurten seit 1973 besteht.
8 Da auf das „vollendete 12. Lebensjahr" abgestellt wird, gilt die Regelung somit bis zum 12. Geburtstag.
9 Bei der Kindersicherung kommt es nicht auf eine geistige Reife, sondern auf die körperliche Konstitution an. Der VO-Geber hat die Grenze bei 12 Jahren angesetzt, sodass auch ältere Kinder, die kleiner als 150 cm sind, nicht der Kindersicherungspflicht unterliegen; sie müssen sich mit den üblichen Sicherheitsgurten anschnallen.

§ 21 Personenbeförderung

2.1.3 Sind alle Sitze durch Kindersitze bereits voll belegt, dürfen Kinder ab drei Jahre auch auf den Rücksitzen mit Sicherheitsgurten mitgenommen werden („**Familienprivileg**" – § 21 Abs. 1a Nr. 2).

2.1.4 Verboten ist weiterhin die Personenbeförderung in Wohnwagen sowie auf Sattelzugmaschinen ohne geeigneten Sitz (§ 21 Abs. 2). Das Verbot für Wohnwagen hat nur klarstellenden Charakter und ist an sich entbehrlich, weil in oder auf Anhängern nach § 21 Abs. 2 Satz 4 ohnehin niemand mitgenommen werden darf.

2.1.5 Auf **Motorrädern** ohne Beiwagen dürfen Personen nur auf einem nach der Bauart dafür bestimmten Sitz mit Handgriff und beidseitig vorhandenen Fußstützen in Fahrtrichtung mitgenommen werden (§ 35a Abs. 4 StVZO).[10] Eine Altersbeschränkung für ein mitgenommenes Kind ist nicht vorgeschrieben; das Kind muss aber körperlich in der Lage sein, die Beschleunigungs-, Verzögerungs- und Seitenführungskräfte zu bewältigen. Ist das nicht möglich, darf der Motorradfahrer kein Kinder als Sozius befördern (Folge aus der Verpflichtung nach § 23 Abs. 1 Satz 2).

2.2 Kindersicherung

Mehr als die Hälfte aller Kinder, die bei Verkehrsunfällen verletzt oder getötet werden, verunglücken im PKW; die Kindersicherung ist deshalb ebenso wichtig wie der Sicherheitsgurt für Erwachsene. Kindersicherungen sind Rückhalteeinrichtungen, die altersgerecht den größtmöglichen Schutz für Kinder gewährleisten. Die Rückhalteeinrichtungen (Babyschalen, Kindersitze und Befestigungen) werden in vier Klassen eingeteilt und richten sich nach dem Körpergewicht der Kinder.

Hinweis auf Airbag

Warnhinweis bei Verwendung einer nach hinten gerichteten Rückhalteeinrichtung für Kinder auf Beifahrerplätzen mit Airbag nach Anhang 2 zur Anlage XXVIII zu § 35 a Abs. 10 StVZO. Der Durchmesser des Piktogramms beträgt mindestens 60 mm.

Verzichtet der Halter durch Ausbau auf den Airbag für Beifahrer, muss die technische Veränderung durch einen aaSoP oder Prüfingenieur abgenommen und auf einem Formblatt gemäß § 27 Abs. 1 StVZO bestätigt werden (VkBl. 2000 S. 124).

In KFZ mit einem betriebsbereiten Beifahrer-**Airbag** dürfen wegen der Verletzungsgefahr beim Auslösen des Airbags keine nach hinten gerichteten Kindersitze angebracht werden (§ 35a Abs. 10 StVZO).[11] Diese Beifahrersitze sind mit einem dauerhaft deutlich sichtbaren Warnhinweis zu versehen.

Rückhalteeinrichtungen für Kinder müssen nicht nur „amtlich" genehmigt, sondern auch geeignet sein, d. h. angepasst an die Körpergröße und das

---

10 Unzulässig ist auch die Beförderung auf dem Tank, Gepäckträger oder auf dem Soziussitz mit beiden Beinen nur zu einer Seite, weil dabei keine sichere Positionierung des Mitfahrers möglich ist.
11 In einigen KFZ kann der Airbag durch einen besonderen Schalter außer Betrieb gesetzt werden, wenn auf dem Vordersitz ein nach hinten gerichteter Kindersitz verwendet werden muss; andernfalls ist der Airbag in der Werkstatt zu deaktivieren.

Personenbeförderung § 21

Kindersitze			
Klasse	**Körpergewicht**	**Alter**	**Sitzart**
0	Kinder bis max. 10 kg	0 bis ca. 9 Monate	meistens gesicherte Babyschale
0+	Kinder bis max. 13 kg	0 bis ca. 1½ Jahre	gesicherte Babyschale
I	Kinder von 9 bis 18 kg	9 Monate bis 4 Jahre	Hosenträgergurt
II	Kinder zwischen 15 und 25 kg	3 bis 7 Jahre	Hosenträgergurt
III	Kinder zwischen 22 und 36 kg	6 bis 12 Jahre	Sitzschale mit Dreipunktgurt

Gewicht des Kindes. Hierbei ist darauf zu achten, dass die Kopfabstützung ausreichend ist und die Gurte über die Schultermitte verlaufend fest anliegen. Die Zulässigkeit der Rückhalteeinrichtung folgt aus dem Prüfzeichen am Kindersitz.[12]

Ältere Systeme nach der ECE-Regelung 44/02 vom 12.9.1995 durften nur noch bis zum 8.4.2008 verwendet werden. Danach müssen sie der moderneren Fassung der ECE-Regelung **44/03** entsprechen. Sind die Sitzplätze und die Befestigungen für Kindersitze durch andere bereits belegt, können Kinder ab drei Jahren auch ohne Kindersitze bei angepasster Fahrweise auf den Rücksitzen befördert werden („**Familienprivileg**"). Häufig können in einem PKW auf den Rücksitzen nur zwei Kindersitze untergebracht werden. Das weitere Kind ist dann mit dem Sicherheitsgurt abzusichern. Ist das Kind jünger als 12 Jahre, aber größer als 150 cm genügt ohnehin die Sicherung mit dem Gurt. Die enge Fassung des Familienprivilegs nach § 21 Abs. 1a Nr.2 lässt es somit nicht zu, jüngere Kinder ab drei Jahre ohne Kindersitz oder mehr als drei Kinder wegen des fehlenden Sicherheitsgurtes zu befördern.[13] Ebenso ist es unzulässig, Kinder auf dem Schoß einer angeschnallten Person mitzunehmen. Die Fahrt mit mehreren Kindern muss somit vorher geplant werden.

Nach der 3. Ausnahme-VO können für **behinderte Kinder** bedarfsgerechte Kindersitze verwendet werden, wenn sie dem Stand der Technik entsprechen (sie müssen nicht „amtlich" genehmigt sein). Hierbei handelt es sich um besondere, für das behinderte Kind angepasste Sitze. Eine von jedem Arzt auszustellende Bescheinigung (nicht älter als vier Jahre) ist während der Fahrt mitzuführen.

Auch in **Taxen** sind bei der Beförderung von Kindern Rückhalteeinrichtungen zu verwenden. Nach § 21 Abs. 1a Nr. 3a genügen jedoch max. zwei Kindersitze, und zwar ein Sitz der Gewichtsklasse I (9 bis 18 kg) sowie ein weiterer Sitz der Klasse III (22 bis 36 kg – Sitzkissen reicht). Kinder der

---

12 Ab dem 8.4.2008 müssen Kindersitze den Vorschriften der ECE-Regelung Nr. 44 in der Fassung der Änderungsserie 44/03 (VkBl. 2003, S. 372) oder der EU-Richtlinie 77/541/EWG vom 28. Juni 1977 über Sicherheitsgurte und Haltesysteme für KFZ (ABl. EG Nr. L 220 S. 95), zuletzt geändert durch die Richtlinie 2000/3/EG vom 22. Februar 2000 (ABl. EG Nr. L 53 S. 1), entsprechen.

13 Sollen dennoch mehr Kinder befördert werden, ist eine Ausnahmegenehmigung der Verkehrsbehörde nach § 46 Abs. 1 notwendig.

§ 21 Personenbeförderung

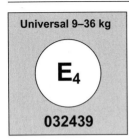

Beispiel ECE-Prüfzeichen für Kindersitze

„Universal" = Fabrik- oder Handelsname
„0–36 kg" = Gewichtsklasse des Kindersitzes
„E 4" = Genehmigungsland (4 = Niederlande)
„032439" = Genehmigungsnummer

Der mit dem Prüfzeichen gekennzeichnete Kindersitz ist für Kinder von 9 bis 36 kg (Gewichtsklasse I bis III) geeignet und darf in jedes beliebige Fahrzeug eingebaut werden. Der Kindersitz ist somit nicht für Kleinkinder der Klasse 0 (bis 9 Monate) geeignet.

Gewichtsklasse 0 (Babyschale) dürfen somit ungesichert befördert werden.[14] Bei regelmäßiger Kinderbeförderung in Taxen gelten jedoch die Sicherungspflichten uneingeschränkt. Eine Verpflichtung zum Mitführen von Kindersitzen in Taxen besteht zwar nicht. Wird jedoch die Beförderung wegen fehlender Kindersitze abgelehnt, liegt ein Verstoß gegen die Beförderungspflicht nach § 13 BOKraft vor.

KOM unter 3,5 t[15] müssen mit Dreipunktgurten ausgerüstet werden; die Anlegepflicht folgt aus § 21a Abs. 1 Satz 1. Dort können auch Kinder unter 10 kg mit einem Kinderrückhaltesystem der ECE-Klasse 0, verbunden mit einem Dreipunktgurt gesichert werden. **KOM über 3,5 t** sind mit Beckengurten auszurüsten. Das Herausschleudern der Kinder bis ca. 10 kg mit Sicherung durch Beckengurte bei Unfällen kann auch ohne Kinderrückhaltesysteme wirkungsvoll verhindert werden, sodass auf spezielle Rückhaltesysteme verzichtet wird. Für Kinder unter 10 kg gibt es andererseits keine Rückhaltesysteme, die mit Beckengurten befestigt werden können. Infolgedessen ist auch eine Verpflichtung zur Kindersicherung mit Rückhalteeinrichtungen nicht vorgeschrieben. Fahrgäste, außer Kinder in Kinderwagen, dürfen in KOM nicht liegend befördert werden (§ 35i Abs. 2 StVZO).

2.3 Mitnahme von Personen auf Ladeflächen und Anhängern

Auf der **Ladefläche** oder in **Laderäumen aller** Kraftfahrzeuge dürfen nur Personen mitgenommen werden, die dort Arbeiten auszuführen haben, z. B. bei Streu- oder Räumfahrzeugen. Ladeflächen und Laderäume sind die der Güterbeförderung dienenden Fahrzeugflächen, z. B. auch Kofferräume, nicht aber der hintere Standplatz eines Müllfahrzeugs.[16] Das Verbot des Abs. 2 Satz 1 gilt ferner nicht bei der Beförderung von Baustellenpersonal innerhalb von Baustellen, auch wenn sie weiterhin zum öffentlichen Straßen-

---

14 Die Entwicklung eines integrierten Kindersitzes für alle Gewichts- und Altersgruppen ist technisch schwierig und wirtschaftlich problematisch.
15 Fahrzeuge zur Personenbeförderung mit mehr als acht Sitzplätzen außer dem Fahrersitz. Bis 16 Sitzplätze (Regelfall) ist die FE-Klasse D1, bei Leichtbauweise und mehr als 16 Sitzen Klasse D erforderlich.
16 Der hintere Standplatz eines Müllfahrzeugs mit Handgriffen ist meist Bestandteil der Betriebserlaubnis. Im Übrigen lassen die einschlägigen Unfallverhütungsvorschriften für Müllarbeiter die Inanspruchnahme des Standplatzes nur im Haus-zu-Haus-Verkehr bei geringem Tempo zu.

raum gehören (z. B. keine Begrenzung durch Bauzäune).[17] Beim Transport eines PKW auf der Ladefläche eines Pannenhilfsfahrzeugs darf der Fahrer des PKW nicht in seinem Wagen sitzen bleiben (OLG Hamm VRS 53, 384). Ist jedoch die Mitnahme der Insassen eines liegen gebliebenen Fahrzeugs anders nicht möglich, kann die Beförderung auf der Ladefläche gerechtfertigt sein, z. B. nachts auf der Autobahn bei Regen oder Schneefall. Das Verbot besteht auch bei Kremserfahrten auf LKW am „Vatertag". Mannschaftstransportwagen[18] der Polizei, der Bundeswehr oder des Bundesgrenzschutzes sind keine Busse, sondern zulassungsrechtlich „sonstige Kraftfahrzeuge"; für sie gilt das Verbot auf den dafür vorgesehenen Sitzbänken des Laderaumes nicht.

Das Verbot der Personenbeförderung auf **Anhängern** mit Ladeflächen oder Laderäumen bezieht sich auf alle Fahrzeuge (OLG Bremen VerkMitt 1981 Nr. 102 = VRS 61, 465 = DAR 1881, 265). Darunter fallen auch ausschließlich dem Gepäcktransport dienende **Fahrradanhänger**, nicht aber solche, die der Kinderbeförderung dienen (§ 21 Abs. 3 Satz 2 - s. Erl. 2.4.2). Unter das Verbot fällt nicht die Personenbeförderung auf land- und forstwirtschaftlichen Anhängern sowie in Pferdekutschen, wenn der Anhänger über geeignete Sitze verfügt. Der Begriff der Land- und Forstwirtschaft ist in Anlehnung an § 6 Abs. 5 FeV weit zu fassen. Darunter können auch Landschaftssäuberungsaktionen fallen, weil sie meist der Landschaftspflege im Sinne des Natur- und Umweltschutzes dienen. Altmaterialsammlungen auf land- oder forstwirtschaftlichen Anhängern gehören hingegen im Regelfall nicht dazu. Hier wäre eine Ausnahmegenehmigung nach § 46 Abs. 1 Nr. 5a erforderlich.

Außerdem dürfen beim Einsatz von land- und forstwirtschaftlichen Zugmaschinen auf örtlichen **Brauchtumsveranstaltungen**[19] nach der **AusnahmeVO** vom 28.2.1989 (BGBl. I 1989 S. 481, 1990 S. 1489, 1992 S. 989) Personen auf Anhängern mit Schrittgeschwindigkeit befördert werden, wenn deren Ladefläche eben, tritt- und rutschfest ist, für jeden Sitz- und Stehplatz eine ausreichende Sicherung gegen Verletzungen und Herunterfallen besteht, die Aufbauten sicher gestaltet und am Anhänger fest angebracht sind.

2.4 Mitnahme von Personen auf Fahrrädern und Kinderanhängern

2.4.1 Mitnahme auf Fahrrädern

Das Verbot der Mitnahme älterer Personen als sieben Jahre bezieht sich nach dem Normensinn wegen der Instabilität der Beförderungsart nur auf einspurige Fahrräder. Für mehrspurige Fahrräder i. S. d. Art. 1 WÜ[20] ent-

---

17 Andernfalls hätte es der Ausnahme nach § 22 Abs. 2 Satz 2 nicht bedurft, weil Baustellen mit fester Umgrenzung nicht zum öffentlichen Verkehrsraum gehören (II. VwV-StVO zu § 1). Sind Baustellen nur mit Baken, Schranken oder Flatterleinen abgesichert, bleiben sie weiterhin öffentlicher Verkehrsraum, wenn auch dort Verkehrsverbot besteht (§ 43 Abs. 3).
18 Der Fahrer muss Inhaber der FE-Klasse D1 oder D sein, je nach Gewicht des Mannschaftstransportwagens.
19 Karnevals-, Kirmes-, Volksfestumzüge
20 Nach Art. 27 Abs. 3 ist zwar die Personenbeförderung auf Fahrrädern grundsätzlich untersagt; die Vertragsparteien des WÜ können hier jedoch nationale Ausnahmen zulassen. Deutschland hat davon durch § 21 Abs. 3 StVO Gebrauch gemacht, allerdings nur für Kinder bis sieben Jahre auf einem besonderen Sitz und mit Speichenschutz (s. a. Kramer VD 2002, 143).

§ 21 Personenbeförderung

Personenbeförderung auf Ladeflächen und Anhängern

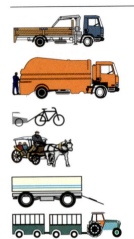

Mitnahme von Personen auf der Ladefläche nur, wenn dort Arbeiten ausgeführt werden müssen (Räum-, Streu-, Straßenbaufahrzeuge).

Der hintere Standplatz des Müllfahrzeugs ist keine Ladefläche. Als Bestandteil der Betriebserlaubnis darf dort nach den einschlägigen Unfallverhütungsvorschriftendort im Haus-zu-Haus-Verkehr bei geringem Tempo ein Arbeiter stehen.

Fahrradanhänger zur Kinderbeförderung, maximale Länge 2 m, Breite 1 m, Höhe 1,40 m, Gesamtmasse 40 kg (80 kg bei Anhängern mit eigener Bremsanlage). Dagegen dürfen in Gepäckanhängern hinter Fahrrädern keine Kinder befördert werden.

Mitnahme von Personen auf Pferdekutschen ist zulässig, wenn geeignete Sitze vorhanden sind.

Personenbeförderung in KFZ-Anhängern ist grundsätzlich unzulässig, auch bei Kremserfahrten zum Vatertag.

Mitnahme von Personen auf Anhängern in der Land- und Forstwirtschaft und bei Brauchtumsfahrten ist zulässig, sofern geeignete Sitze vorhanden sind.

hält § 21 Abs. 3 keine Regelung, sodass die Mitnahme von Personen nur über eine Ausnahme nach § 46 Abs. 1 möglich ist, wenn der Fahrer dabei in der sicheren Bedienung des Fahrrades nicht beeinträchtigt wird (§ 23 Abs. 1).

Fahrradtaxis („Velotaxi") sind für die Beförderung von ein oder zwei Personen besonders konstruierte Fahrzeuge, meist mit einer elektrischen Tretunterstützung, Fahrtrichtungsanzeiger und einer offenen Wetterschutzkabine, die gleichzeitig als Werbeträger genutzt werden kann. Da sie keine KFZ sind, unterliegen sie keiner beförderungsrechtlichen Genehmigungspflicht (§ 1 PBefG). Wegen ihrer Ausstattung und Abmessungen gehören sie aber nicht mehr zu den „Fahrrädern", sondern sind andere Straßenfahrzeuge i. S. d. § 63 StVZO (streitig). Infolgedessen dürfen sie keine Radwege befahren und benötigen dann für den Personentransport keine Ausnahme nach §§ 21 Abs. 3, 46 Abs. 1.[21]

2.4.2 Mitnahme auf Kinderanhängern

Kinder bis zum vollendeten siebten Lebensjahr dürfen auf **Kinderanhängern** hinter Fahrrädern von einer mindestens 16 Jahre alten Person mitgenommen werden (§ 7 Abs. 3 Satz 2). Die Altersbegrenzung gilt nicht für die Mitnahme behinderter Kinder; sie können auch älter sein. Das ziehende Rad muss nach § 67 StVZO in seiner technischen Ausführung eine verkehrssichere Beförderung von Kindern gewährleisten (Kindersitze, Bremsen, Rahmen, Kupplung, Rückspiegel) und der Radfahrer nach § 23 Abs. 1 körperlich zur Bewältigung des Hängerbetriebes befähigt sein. Der Kinderanhänger sollte in amtlich genehmigter Bauart ausgeführt, nicht länger als 2 m, nicht breiter als 1 m und nicht höher als 1,40 m sein; die max. Gesamtmasse darf 40 kg nicht übersteigen, 80 kg bei Anhänger mit eigener Bremsanlage.[22]

3 Hinweise

3.1 Richtlinien für die Beschaffenheit und Anbringung von Kindersitzen und Fußstützen an Fahrrädern und Mofas: VkBl. 1980, S. 788.

3.2 Beschaffenheit der Sitze, Handgriff und Fußstützen für den Beifahrer auf Krafträdern: § 35a Abs. 4 StVZO.

---

21 Für die Erteilung von Ausnahmegenehmigungen s. a. Empfehlungen für die Entscheidung über Anträge auf Zulassung des Betriebes von Fahrradtaxen vom 24.6.2003 (VkBl. S. 429; dazu kritisch Kettler NZV 2004, 61; OLG Dresden VRS 108, 53 = VD 2004, 332; Müller VD 2005, 143).

22 Merkblatt für das Mitführen von Anhängern hinter Fahrrädern vom 6.11.1999 (VkBl. S. 703)

§ 21a Sicherheitsgurte, Schutzhelme

(1) Vorgeschriebene Sicherheitsgurte müssen während der Fahrt angelegt sein. Das gilt nicht für
1. Taxifahrer und Mietwagenfahrer bei der Fahrgastbeförderung,
2. Personen beim Haus-zu-Haus-Verkehr, wenn sie im jeweiligen Leistungs- oder Auslieferungsbezirk regelmäßig in kurzen Zeitabständen ihr Fahrzeug verlassen müssen,
3. Fahrten mit Schrittgeschwindigkeit, wie Rückwärtsfahren, Fahrten auf Parkplätzen,
4. Fahrten in Kraftfahrzeugen, bei denen die Beförderung stehender Fahrgäste zugelassen ist,
5. das Betriebspersonal in Kraftomnibussen und das Begleitpersonal von besonders betreuungsbedürftigen Personengruppen während der Dienstleistungen, die ein Verlassen des Sitzplatzes erfordern,
6. Fahrgäste in Kraftomnibussen mit einer zulässigen Gesamtmasse von mehr als 3,5 t beim kurzfristigen Verlassen des Sitzplatzes.

(2) Wer Krafträder oder offene drei- oder mehrrädrige Kraftfahrzeuge mit einer bauartbedingten Höchstgeschwindigkeit von über 20 km/h führt sowie auf oder in ihnen mitfährt, muss während der Fahrt einen geeigneten Schutzhelm tragen. Das gilt nicht, wenn vorgeschriebene Sicherheitsgurte angelegt sind.[1]

VwV zu § 21a Sicherheitsgurte, Schutzhelme

(aufgehoben)

1 Aus der amtlichen Begründung

1.1 § 21a Abs. 1 Nr. 1 wird der Unfallverhütungsvorschrift für Taxis und Mietwagen angepasst. Die ECE-Regelung Nr. 22 gilt für alle Schutzhelme (Begr. 1988).

1.2 Die Erweiterung der Ausnahmen von der Gurtanlegepflicht berücksichtigt die Ausrüstung von Bussen mit Sicherheitsgurten nach § 35a StVZO (Begr. 1998).

1.3 Für offene Trikes und Quads wird die Schutzhelmtragepflicht eingeführt (Begr. 2005).

---

1 **Achte Ausnahme-Verordnung** („Krafträder mit Überrollbügel") vom 20.5.1998 (BGBl. I S. 1130)
§ 1
Abweichend von § 21 a Abs. 2 StVO brauchen Führer von Krafträdern während der Fahrt keine Schutzhelme zu tragen, wenn
1. das Kraftrad den Anforderungen der Anlage zu dieser Verordnung entspricht und
2. die vorhandenen Rückhaltesysteme angelegt sind.
§ 2
Diese Verordnung tritt am Tage nach der Verkündung in Kraft (30.5.1998).

2 Erläuterungen

2.1 Sicherheitsgurte

Die Gurtanlegepflicht dient der Verkehrssicherheit und ist verfassungsgemäß (BVerfG VerkMitt 1986 Nr. 97 = DAR 1987, 16). Sie bewahrt nicht nur den Betroffenen selbst vor Schaden, sondern er bleibt auch unfallmindernd zu Gunsten Dritter reaktionsfähig. Der Nutzen moderner Sicherheitsgurte überwiegt derart gegenüber denkbaren Nachteilen, dass sich ein einsichtiger und verantwortungsbewusster Kraftfahrer anschnallt (BGH VerkMitt 1979 Nr. 67 = DAR 1979, 182 = VRS 56, 416). Die Meinung, das Nichtanlegen des Gurtes durch eine Frau sei anders zu beurteilen als bei einem Mann, ist ebenso unbegründet wie die Befürchtung, Sicherheitsgurte könnten die Entstehung von Brustkrebs begünstigen (BGH VersR 1981, 548 = VRS 61, 81). Ein „**Airbag**" ergänzt den Sicherheitsgurt, ersetzt ihn aber nicht (OLG Celle VerkMitt 1990 Nr. 38 = VRS 79, 15 = NZV 1990, 81).

2.1.1 Gurtanlegepflicht

Die Anschnallpflicht besteht für alle KFZ mit vorgeschriebenen Sicherheitsgurten[2] während der **gesamten** Fahrt, somit auch bei Stop-and-go-Verkehr, Langsamfahren (KG VRS 70, 299) oder verkehrsbedingtem Warten (OLG Celle VRS 109, 449 = DAR 2006, 159; BGH VerkMitt 2001 Nr. 53 = DAR 2001, 117 = VRS 100, 161 = NZV 2001, 130 = NJW 2001, 1485; OLG Celle VerkMitt 1986 Nr. 22 = DAR 1986, 28 = VRS 70, 50; a. A. OLG Düsseldorf VRS 72, 211). Der Sicherheitsgurt ist nur dann „angelegt", wenn er entsprechend der Körperbeschaffenheit des Trägers so benutzt wird, dass er durch die Rückhaltewirkung die Schutzfunktion im Schulter- und Beckenbereich erfüllen kann. Ist das Gurtschloss zwar verriegelt, der Gurt aber nicht über die Schulter, sondern unter den Arm geführt, wird deshalb gegen die Anschnallpflicht verstoßen (OLG Hamm VerkMitt 2008 Nr. 39 = DAR 2008, 34 = VRS 113, 373; OLG Düsseldorf VerkMitt 1991 Nr. 41 = NZV 1991, 241). Gurtanlegepflicht besteht auch für **Fahrlehrer** bei Übungs- oder Prüfungsfahrten (OLG Hamm VerkMitt 1986 Nr. 38), für Fahrer bei Krankentransporten (KG VRS 70, 294) sowie bei Leerfahrten von Taxis und Mietwagen (OLG Düsseldorf NZV 1999, 259). In Bussen sind die Fahrgäste vor Fahrtantritt auf die Anschnallpflicht hinzuweisen.[3]

2.1.2 Ausnahmen von der Gurtanlegepflicht

Taxi- und Mietwagenfahrer sind von der Gurtanlegepflicht nur „während der Fahrgastbeförderung" ausgenommen; sie „müssen" somit keinen Gurt tragen, können sich aber anschnallen, wenn es im Interesse der Verkehrssicherheit vorteilhaft ist. Bei Leerfahrten drohen keine Gefahren durch Fahrgäste, sodass sie sich wie alle anderen Kraftfahrer angurten müssen.[4]

---

2 Für die Bußgeldbewehrung kommt es darauf an, dass Sicherheitsgurte zulassungsrechtlich vorgeschrieben sind, nicht ob sie „vorhanden" sind. Infolgedessen besteht keine Anschnallverpflichtung z. B. bei Krafträdern, land- und forstwirtschaftlichen Arbeitsmaschinen und einigen Oldtimerwagen (s. a. Rebler VD 2009, 3)
3 § 8 Abs. 2a BOKraft
4 Die Vorschrift korrespondiert mit § 31 Abs. 4 der Unfallverhütungsvorschrift (UVV) der Berufsgenossenschaft für Taxi- und Mietwagenfahrer. Gurten sich die Fahrer entgegen der UVV auf der Leerfahrt nicht an, können sie von der Berufsgenossenschaft mit einem Bußgeld belegt werden. In der Schweiz besteht auch während der Fahrgastbeförderung Anschnallpflicht, weil Verletzungsgefahren häufiger als Angriffe durch Fahrgäste auftreten.

Die Ausnahme beim **Haus-zu-Haus-Verkehr** setzt kürzeste Entfernungen zwischen der Verrichtung, Lieferung, Abholung u. ä. voraus (OLG Zweibrücken VRS 77, 302). Dabei spielt es keine Rolle, ob Dienstleistungen zu erbringen (z. B. Schornsteinfeger), Sendungen und Waren zu liefern oder schwere oder leichte Gegenstände zu transportieren sind. Entscheidend ist allein, ob in Ausübung einer Tätigkeit gleich welcher Art nach jeweils sehr kurzen Fahrstrecken mit geringem Tempo immer wieder aus- und eingestiegen werden muss. Die Befreiung gilt nicht für die Fahrt zum Leistungs- oder Auslieferungsziel und für die Rückfahrt (OLG Düsseldorf VerkMitt 1991 Nr. 106; OLG Düsseldorf NZV 1993, 40).

Die Ausnahme bei **Schrittgeschwindigkeit** gilt nicht **nur** in Bereichen, wo dieses Tempo vorgeschrieben ist. Entscheidend ist, dass es sich um kurze Bereiche handelt, die den Beispielfällen („Rückwärtsfahren", „Fahren auf Parkplätzen") entsprechen, so beim Rangieren in eine Parklücke, Ankuppeln von Anhängern, nicht aber, wenn bloß der Verkehrsfluss zur Schrittgeschwindigkeit zwingt (KG VRS 70, 299).

Bei **Nahverkehrsbussen** (§ 35a Abs. 6 StVZO) mit zugelassenen Stehplätzen[5] sind auch sitzende Fahrgäste von der Anschnallpflicht befreit. In **anderen Bussen** mit Ausrüstungspflicht für Sicherheitsgurte (§§ 35a Abs. 2 und 4, 72 Abs. 2 StVZO) müssen sich das Begleitpersonal nur bei Dienstleistungen sowie die Fahrgäste in Bussen über 3,5 t bei kurzzeitigem Verlassen der Sitze nicht anschnallen (z. B. zum Sitzplatzwechsel, Aufsuchen der Bustoilette, Versorgung an der Bordbar). Nicht zugelassen sind jedoch längeres Stehen zur Unterhaltung mit anderen Fahrgästen oder für ausgedehnte Gelage an der Bordbar.

Eine **individuelle Ausnahme** nach § 46 Abs. 1 von der Anschnallpflicht erfordert im Einzelfall eine erhebliche, durch ärztliche Bescheinigung nachgewiesene Gesundheitsgefährdung durch den Gurt. Solche Gesundheitsgefahren sind im Regelfall so schwerwiegend, dass die Fahreignung berührt sein kann (BGH NZV 1993, 23). Infolgedessen kommen Ausnahmen meist nur für schwerbehinderte Beifahrer in Betracht.

2.1.3 Mithaftung bei Missachtung der Anschnallpflicht

Wer die Anschnallpflicht missachtet, haftet nach den Grundsätzen des Mitverschuldens (§ 254 BGB) anteilig für diejenigen Verletzungsfolgen, die durch die fehlende Sicherung entstehen (BGH VerkMitt 2001 Nr. 53 = DAR 2001, 117; LG Meiningen DAR 2007, 708). Zwar ist die Mitnahme von Kindern über drei Jahre auch dann zulässig, wenn Rückhalteeinrichtungen nicht für alle ausreichen (§ 21 Abs. 1a Nr. 2 „Familienprivileg"); der Fahrer haftet dann aber für die nicht gesicherten Kinder und muss deshalb besonders vorsichtig fahren. Entsprechendes gilt bei der Mitnahme nicht angeschnallter Personen in KFZ ohne vorgeschriebene Sicherheitsgurte (§ 21 Abs. 1 Satz 2 „Oldtimerprivileg"). Sind die Verletzungen eines Fahrzeuginsassen durch Nichtanlegen des Sicherheitsgurtes mitverursacht worden, ist die Mithaftquote nach den Umständen des Einzelfalles festzulegen. Haftet der Schädiger, weil er in einer leichten Linkskurve mit seinem Fahrzeug von der Fahrbahn abgekommen ist, muss sich der nicht angegurtete Geschädigte für Gesichtsverletzungen durch den Anprall gegen die Frontscheibe eine Kürzung seiner Ansprüche um 25 %, bei erheblichen Verletzungen um 50 % gefallen lassen (KG VerkMitt 1981 Nr. 6 = DAR 1980, 341 = MDR 1980, 933 =

---

5 Höchstgeschwindigkeit 60 km/h: § 3 Abs. 3 Nr. 2b

VersR 1981, 64; BGH NZV 1990, 386: Anscheinsbeweis für Nichtangurten). Für alkoholisierte Mitfahrer, Kinder und Familienangehörige, hilflose oder ältere Personen besteht eine Garantenpflicht des Fahrers (Unterlassungspflicht nach § 8 OWiG); er muss somit darauf achten, dass sich der Beifahrer anschnallt und angeschnallt bleibt (OLG Hamm VerkMitt 1997 Nr. 49 = NZV 1996, 33 = DAR 1996, 24: Haftung des Fahrers zu 70 % der Verletzungsfolgen).

2.2 Schutzhelme

Schutzhelme müssen geeignet sein. Geeignet sind sie dann, wenn sie der **ECE-Richtlinie Nr. 22** (BGBl. II 1984, S. 746) entsprechen. Schutzhelme ohne amtlich genehmigte Bauart dürfen aber weiterhin verwendet werden, wenn sie „geeignet" sind.[6] Verkauft werden dürfen allerdings nur neue Schutzhelme, die der ECE-Richtlinie Nr. 22 entsprechen und vom KBA genehmigt worden sind (Verlautbarung des BMVBS vom 21.6.2005, VkBl. S. 611). Geeignet sind Schutzhelme, wenn sie speziell für das Motorradfahren mit ausreichender Schutzwirkung gebaut worden sind. Bau-, Stahl- oder Radfahrhelme sind auch mit Kinnriemenbefestigung jedenfalls keine geeigneten Motorradschutzhelme, weil sie die Verletzungsgefahren eher erhöhen als vermindern (OLG Düsseldorf VRS 75, 226).

Motorradschutzhelme

Geeignet sind nur speziell für das Motorradfahren Schutzhelme hergestellte Schutzhelme (ECE RL Nr. 22). Bau-, Stahl-, Radfahr, Ski- und Feuerwehrhelme oder Pickelhauben sind keine geeigneten Schutzhelme.

2.2.1 Helmtragepflicht

Der Helmtragepflicht unterliegen alle Fahrer von Krafträdern sowie ihre Beifahrer auf dem Sozius oder im Beiwagen.[7] Durch die Bindung der Helmtragepflicht an eine Geschwindigkeit von mehr als 20 km/h ist die Freistellung von der Helmtragepflicht für Leichtmofas durch die 6. AusnahmeVO

---

6 Als 1988 der „amtlich" genehmigte Schutzhelm in § 21a Abs. 2 und in der VwV-StVO nach ECE-RL Nr. 22 (BGBl. II 1984, S. 746) bestimmt wurde, hatte die EU parallel dazu eine RL über Schutzausrüstungen erlassen (ABl. EG Nr. L 399 vom 30.12.1989), in der auch Anforderungen für den Motorradhelm enthalten waren. Infolge der Diskrepanz zwischen der ECE- und EU-RL war der ECE-Hinweis auf dem Helm kein ausreichendes Identifizierungsmerkmal mehr, sodass mit der 2. Ausnahme-VO vom 19.3.1990 (BGBl. I S. 550/VkBl. S. 230) auch andere Motorradhelme zugelassen wurden, zunächst bis 31.12.1992 und durch Änderung der 2. Ausnahme-VO vom 22.12.1992 (BGBl. I S. 2481) dann unbefristet. Die Änderung des Begriffes „amtlich" in „geeignet" trägt dem Umstand Rechnung, dass nur noch Helme nach ECE-RL Nr. 22 verkauft, Helme älterer Bauart mit ausreichender Schutzwirkung aber weiter verwendet werden dürfen, sofern sie speziell für das Motorradfahren konstruiert und geeignet sind. Dadurch ist die 2. Ausnahme-VO obsolet und durch Art. 2 der 40. StrVRÄndV vom 22.12.2005 (BGBl. I S. 3716/VkBl. 2006, S. 39) aufgehoben worden. Bau-, Feuerwehr-, Radfahr- oder militärische Stahlhelme sind aber weiterhin nicht „geeignet" und unzulässig.
7 Siehe aber 8. Ausnahme-Verordnung vom 20.5.1998 (BGBl. I S. 1130): keine Schutzhelmtragepflicht für Motorräder mit Überrollbügel und Sicherheitsgurt.

§ 21a Sicherheitsgurte, Schutzhelme

entbehrlich geworden.[8] Im übrigen gilt die Helmtragepflicht auch für Mofas bis 25 km/h und Kleinkrafträder bis 45 km/h sowie offene[9] drei- oder vierrädrige Kleinkraftfahrzeuge mit mehr als 20 km/h.[10] Hierbei handelt es sich vor allem um betriebserlaubnispflichtige, aber zulassungsfreie „Trikes" und „Quads", für die die FE-Klasse S benötigt wird, aber auch um schnellere mehrspurige offene kraftradähnliche Fahrzeuge.[11] Diese Fahrzeuge unterliegen zwar formal der Ausrüstungspflicht mit Sicherheitsgurten; durch die offene kraftradähnliche Konstruktion ist aber weder ein sinnvoller Gurteinbau möglich, noch ist ohne Knautschzonen oder Überrollbügel ein ausreichender Schutz von Fahrer und Mitfahrer zu gewährleisten. Infolgedessen wurden bisher schon für diese Fahrzeuge Ausnahmen von der Ausrüstungspflicht mit Sicherheitsgurten nach § 70 StVZO mit Auflage zum Tragen von Schutzhelmen erteilt. Da eine erhebliche Zahl dieser KFZ mit einer EG-Typgenehmigung nach der Rahmenrichtlinie 2002/24/EG versehen sind, entfällt eine Ausnahme nach § 70 StVZO, sodass die Helmtragepflicht über das Verhaltensrecht in § 21a Abs. 2 verankert werden musste.

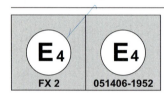

Beispiel ECE-Prüfzeichen für Schutzhelme und Helmvisiere

„E 4" = Genehmigungsland (4 = Niederlande)
„FX 2" = Genehmigungszeichen für Visier
„051406" = Genehmigungsnummer für Helm
„1952" = Produktionsserie

2.2.2 Ausnahmen von der Helmtragepflicht

In seltenen medizinisch indizierten Fällen kann es für einen Motorradfahrer unzumutbar sein, einen Schutzhelm zu tragen; er muss sich dann unter Vorlage einer ärztlichen Bescheinigung bei der Straßenverkehrsbehörde um eine Ausnahmegenehmigung bemühen (VG Augsburg DAR 2001, 233). Bei der Entscheidung muss die Straßenverkehrsbehörde das öffentliche Interesse zur Vermeidung schwerer Kopfverletzungen gegen das private Interesse an einer Freistellung abwägen. Zu berücksichtigen sind neben persönlichen Gründen, z.B. einziges Verkehrsmittel zur Arbeitsstelle, auch Freistellungsdauer, Fahrtstrecke und Motorradart. Bei bestimmter medizi-

---

8 Leichtmofas bis 20 km/h waren bisher durch die 1. Ausnahme-VO vom 26.3.1993 (BGBl. I S. 394) von der Schutzhelmtragepflicht ausgenommen. Die 1. Ausnahme-VO wurde durch die 6. Ausnahme-VO vom 24.3.1994 (BGBl. I S. 624/VkBl. S. 346) erneuert, die nunmehr infolge Änderung des § 21a Abs. 2 Satz 1 (Schutzhelmtragepflicht erst ab 20 km/h) durch Art. 3 der 40. StVRÄndV vom 22.12.2005 (BGBl. I S. 3716/VkBl. 2006, S. 39) aufgehoben worden ist.
9 Für drei- oder vierrädrige Kleinstkraftwagen mit geschlossenen Aufbauten (bis 25 km/h oder mehr) gilt die Gurtanlegepflicht, sofern die Betriebserlaubnis Sicherheitsgurte vorschreibt.
10 Missachtung der Schutzhelmtragepflicht: 15 € Verwarnungsgeld
11 Die Regelung bezieht sich auf KFZ nach Art. 1 Abs. 2 und 3 der RL 2002/24/EG über die Typgenehmigung für zweirädrige oder dreirädrige KFZ (Aufhebung der RL 92/61/EWG vom 18. März 2002 – ABl. EG Nr. L 124 S. 1) und ist für offene land- und forstwirtschaftliche Zugmaschinen, offene Oldtimer und ähnliche Fahrzeuge nicht gewollt. Im Wege der polizeilichen Opportunität kann hier die Helmtragepflicht vernachlässigt werden, wenn eine vergleichbare Schutzwirkung durch Überrollbügel oder Anschnallen mit Sicherheitsgurten erzielt wird.

nischer Indikation kann sich dann aber die Frage der Fahreignung stellen. Für Brillenträger ist eine Ausnahme selbst bei einem Kopfumfang von 60 cm nicht gerechtfertigt (BGH VerkMitt 1983 Nr. 70 = VRS 64, 240). Die Freistellung von der Helmtragepflicht nach der **8. Ausnahme-VO** betrifft nur Neukonstruktionen von zwei- oder dreirädrigen Fahrzeugen, die über versteifte Rollbügel und Anschnallgurte mit Warnlampe verfügen.

2.2.3 Mithaftung bei Missachtung der Helmtragepflicht

Wer als Kraftradfahrer keinen **Schutzhelm** trägt, ist für den ihm entstehenden Schaden nach § 254 BGB mitverantwortlich (BGH VkBl 1965, 123 = DAR 1965, 124 = NJW 1965, 1075 = VRS 28, 242; BGH VerkMitt 1990 Nr. 96; VRS 64, 390). Bei Kopfverletzungen spricht der Anschein für den Ursachenzusammenhang zwischen dem Fehlen des Helms und der Verletzungsfolge. Für die Verletzung der Schutzhelmpflicht durch den Beifahrer ist der Motorradfahrer mitverantwortlich, wenn er diesen Verstoß gefördert hat.

Das Fehlen eines (nicht vorgeschriebenen) Radfahrhelms kann einem verletzten **Radfahrer** dagegen nicht als Mitverschulden angerechnet werden, wohl aber beim Radrennsport mit gesteigertem Gefährdungspotential (OLG Saarbrücken DAR 2008, 210 = NZV 2008, 202; OLG Düsseldorf NZV 2007, 619 = DAR 2007, 704 = VD 2007, 305; OLG Düsseldorf DAR 2007, 458 = NZV 2007, 614; OLG Düsseldorf NZV 2007, 38; OLG Nürnberg VerkMitt 2000 Nr. 22 = DAR 1991, 173; DAR 2001, 35; OLG Hamm NZV 2001, 86; a. A. LG Krefeld NZV 2006, 205: bei Kindern ohne Radfahrhelm).

3 Hinweise

3.1 Sicherheitsgurte sind vorgeschrieben für Fahrzeuge aus der Zeit **ab 1.4.1970**: §§ 35a, 72 Abs. 2 StVZO. Sind sie vor dem 30.4.1979 in den Verkehr gekommen, genügt die Ausrüstung der unmittelbar hinter der Windschutzscheibe befindlichen Außensitze. Funktioniert der Gurt nicht, ist § 35a StVZO, nicht § 21a StVO verletzt (BayObLG NZV 1990, 360 = VRS 79, 382).

3.2 Bauartgenehmigung für Sicherheitsgurte: § 22a Abs. 1 Nr. 25 StVZO, Richtlinien 76/115/EWG und 77/541/EWG für Sicherheitsgurte, Anhang der StVZO; ECE-Richtlinie Nr. 16.

3.3 Sonderrechte der Polizei nach § 35 Abs. 1 berechtigen auch zur Fahrt ohne Sicherheitsgurte und Schutzhelme; § 35 Abs. 8 ist zu beachten.

3.4 Ausnahmegenehmigungen folgen aus der VwV-StVO zu § 46 Abs. 1 Nr. 5b. Die Ausnahme gilt in allen CEMT-Mitgliedstaaten (VkBl. 1986, S. 208, 558 und 1988, S. 183).

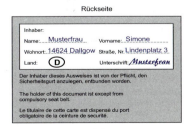

Format DIN A 6, Material: Karton, Grund grau (z.B. RAL 7011), Symbol- und Schriftfelder weiß, Schrift und grafisches Symbol schwarz

§ 22 Ladung

(1) Die Ladung einschließlich Geräte zur Ladungssicherung sowie Ladeeinrichtungen sind so zu verstauen und zu sichern, dass sie selbst bei Vollbremsung oder plötzlicher Ausweichbewegung nicht verrutschen, umfallen, hin- und herrollen, herabfallen oder vermeidbaren Lärm erzeugen können. Dabei sind die anerkannten Regeln der Technik zu beachten.

(2) Fahrzeug und Ladung dürfen zusammen nicht breiter als 2,55 m und nicht höher als 4 m sein. Fahrzeuge, die für land- oder forstwirtschaftliche Zwecke eingesetzt werden, dürfen, wenn sie mit land- oder forstwirtschaftlichen Erzeugnissen oder Arbeitsgeräten beladen sind, samt Ladung nicht breiter als 3 m sein. Sind sie mit land- oder forstwirtschaftlichen Erzeugnissen beladen, dürfen sie samt Ladung höher als 4 m sein. Kühlfahrzeuge dürfen nicht breiter als 2,6 m sein.

(3) Die Ladung darf bis zu einer Höhe von 2,5 m nicht nach vorn über das Fahrzeug, bei Zügen über das ziehende Fahrzeug hinausragen. Im Übrigen darf der Ladungsüberstand nach vorn bis zu 50 cm über das Fahrzeug, bei Zügen bis zu 50 cm über das ziehende Fahrzeug betragen.

(4) Nach hinten darf die Ladung bis zu 1,5 m hinausragen, jedoch bei Beförderung über eine Wegstrecke bis zu einer Entfernung von 100 km bis zu 3 m; die außerhalb des Geltungsbereichs dieser Verordnung zurückgelegten Wegstrecken werden nicht berücksichtigt. Fahrzeug oder Zug samt Ladung darf nicht länger als 20,75 m sein. Ragt das äußerste Ende der Ladung mehr als 1 m über die Rückstrahler des Fahrzeugs nach hinten hinaus, so ist es kenntlich zu machen durch mindestens

1. eine hellrote, nicht unter 30 × 30 cm große, durch eine Querstange auseinander gehaltene Fahne,
2. ein gleich großes, hellrotes, quer zur Fahrtrichtung pendelnd aufgehängtes Schild oder
3. einen senkrecht angebrachten zylindrischen Körper gleicher Farbe und Höhe mit einem Durchmesser von mindestens 35 cm.

Diese Sicherungsmittel dürfen nicht höher als 1,5 m über der Fahrbahn angebracht werden. Wenn nötig (§ 17 Abs. 1), ist mindestens eine Leuchte mit rotem Licht an gleicher Stelle anzubringen, außerdem ein roter Rückstrahler nicht höher als 90 cm.

(5) Ragt die Ladung seitlich mehr als 40 cm über die Fahrzeugleuchten, bei Kraftfahrzeugen über den äußeren Rand der Lichtaustrittsflächen der Begrenzungs- oder Schlussleuchten hinaus, so ist sie, wenn nötig (§ 17 Abs. 1), kenntlich zu machen, und zwar seitlich höchstens 40 cm von ihrem Rand und höchstens 1,5 m über der Fahrbahn nach vorn durch eine Leuchte mit weißem, nach hinten durch eine mit rotem Licht. Einzelne Stangen oder Pfähle, waagerecht liegende Platten und andere schlecht erkennbare Gegenstände dürfen seitlich nicht herausragen.

VwV zu § 22 Ladung

Zu Absatz 1

1 I. Zu verkehrssicherer Verstauung gehört sowohl eine die Verkehrs- und Betriebssicherheit nicht beeinträchtigende Verteilung der Ladung als auch deren sichere Verwahrung, wenn nötig Befestigung, die ein Verrutschen oder gar Herabfallen unmöglich machen.

2 II. Schüttgüter, wie Kies, Sand, aber auch gebündeltes Papier, die auf Lastkraftwagen befördert werden, sind in der Regel nur dann gegen Herabfallen besonders gesichert, wenn durch überhohe Bordwände, Planen oder ähnliche Mittel sichergestellt ist, dass auch nur unwesentliche Teile der Ladung nicht herabfallen können.

3 III. Es ist vor allem verboten, Kanister oder Blechbehälter ungesichert auf der Ladefläche zu befördern.

4 IV. Vgl. auch § 32 Abs. 1.

1 Aus der amtlichen Begründung

1.1 Ein Ladungsüberhang von max. 50 cm nach vorn ab einer Höhe von 2,5 m wird zugelassen (Begr. 2000).

1.2 Häufiges unfallträchtiges Verstauen der Ladung in Kleintransportern macht eine Präzisierung der Ladungssicherung notwendig (Begr. 2005).

2 Erläuterungen

2.1 Verantwortlichkeit des Fahrers und Halters

Die Verantwortung für die Einhaltung der Achslasten und Gesamtgewichte trägt primär der **Fahrer**; aber auch alle sonstigen für die Ladungssicherheit Verantwortlichen, insbesondere der Fahrzeughalter oder der Versender (OLG Düsseldorf VRS 74, 69; OLG Celle VRS 112, 289 = VD 2008, 110). Übernimmt der Fahrer ein bereits beladenes Fahrzeug ohne Ladungsüberprüfung,[1] folgt seine Verantwortung für mangelnde Ladungssicherung aus § 23. Lässt der Halter die Fahrt in Kenntnis der Überladung zu, verstößt er gegen § 31 Abs. 2 StVZO (OLG Düsseldorf NZV 1990, 323). Für Schäden durch herabfallende Ladung während der Fahrt haften Fahrer und Halter (OLG Köln VRS 88, 171). Wird die Ladung infolge mangelnder Sicherung bei einer Gefahrbremsung beschädigt, kann nicht der Verursacher des Bremsvorgangs verantwortlich gemacht werden (AG Recklinghausen NZV 2003, 421).

2.2 Einhaltung der max. Achslasten, Gewichte und Abmessungen

Fahrzeug **und** Ladung dürfen zusammen die in § 22 Abs. 2 genannten Maße nicht überschreiten. Für Autobahnen und Kraftfahrstraßen gilt § 18 Abs. 1 Satz 2, sodass 3 m breite oder höher als 4 m beladene Fahrzeuge im landwirtschaftlichen Einsatz dort nicht verkehren dürfen, selbst wenn sie bauartbestimmt schneller als 60 km/h fahren können.

---

1 Übernahme z. B. verplombter Fahrzeuge, Wechselbrücken oder Auflieger bei Streckenübernahme.

2.2.1 Gewichte

Wegen der Gefahren durch überladene KFZ sind an den Fahrer strenge Anforderungen zu stellen. Bei Anhaltspunkten für eine Überladung muss er alle ihm zur Verfügung stehenden Möglichkeiten zur Prüfung ausnutzen, notfalls die nächstgelegene Waage aufsuchen. Anhaltspunkte können sich aus Umfang, Höhe oder Art der Ladung ergeben, z. B. frisch geschlagenes oder feuchtes Holz (OLG Stuttgart VRS 104, 65; OLG Düsseldorf VerkMitt 1999 Nr. 44), nasse Schüttgüter, niedergedrückte Reifen (AG Eggenfeld DAR 2003, 478), durchbiegende Federn, erschwerte Lenkung, Überlastung der Hinterachse (Blendgefahr). Der Fahrer kann sich auf die Gewichtsangaben des Verladers nur verlassen, wenn kein Anlass zu Zweifeln besteht (OLG Düsseldorf VRS 64, 462).

2.2.2 Höhen

Die max. Höhe eines Fahrzeugs darf einschließlich Ladung 4 m nicht überschreiten. Brücken, Tunnel, Straßenbahnoberleitungen und Lichtraumprofile haben in Regelfall eine Höhe von 4,50 m. Davon dienen 0,50 m als Sicherheitsabstand für das Aufschwingen des Fahrzeugs bei Fahrbahnunebenheiten. Durchfahrtshöhen unter 4,50 m sind mit Z. 265 (Anl. 2 lfd. Nr. 39 zu § 41) zu kennzeichnen.[2] Wegen der Unfallgefahren bei Höhenüberschreitungen sind an die Einhaltung der 4-m-Grenze strenge Anforderungen zu stellen. Ausnahmen dürfen nur unter eng begrenzten örtlichen Voraussetzungen mit Fahrwegbestimmung erteilt werden. Problematisch ist dies beim Transport von High-Cube-Containern auf üblichen Sattelaufliegern, wobei es zu Höhenüberschreitungen bis zu 4,20 m und mehr kommen kann. Gleiches gilt bei Mega-Trailern, die den dreilagigen Transport von Gitterboxpaletten ermöglichen, sowie bei Sattelaufliegern, bei denen durch Stützen (Rungen) die obere Ladungsabdeckung angehoben werden kann. Obwohl dies nur der erleichterten Beladung dient, werden bei hohen Ladungsgütern häufig die Stützen nicht wieder eingefahren (Kramer VD 2002, 363). Nur beim Transport land- oder forstwirtschaftlicher Erzeugnisse darf die 4-Meter-Höhengrenze überschritten werden, vor allem beim Einbringen der Ernte. Ungeachtet dessen müssen Höhenbegrenzungen beachtet werden.

2.2.3 Längen

Die max. Länge einer Fahrzeugkombination beträgt 18,75 m (§ 32 Abs. 4 Nr. 4, Abs. 7 StVZO); zuzüglich eines Ladungsüberhangs (auch nach vorn) darf die Kombination insgesamt 20,75 m nicht übersteigen. Da die höchstzulässige Länge eines LKW oder KOM mit Anhänger 18,75 m beträgt, ist ein hinterer Ladungsüberhang nur bis 2 m zulässig.

2.2.4 Breiten

Fahrzeuge dürfen einschließlich der Ladung nicht breiter als 2,55 m sein. Abweichungen ergeben sich nur für Kühlfahrzeuge wegen der zusätzlichen Isolierung von 4,5 cm (= 2,60 m), für Fahrzeuge der Land- und Forstwirtschaft und für Straßenunterhaltungsfahrzeuge mit Anbaugeräten (= 3 m).

---

2 RL für die Kennzeichnung von Ingenieurbauwerken mit beschränkter Durchfahrtshöhe über Straßen (VkBl. 2000, 337)

Ladungssicherheit und Geschwindigkeit bei Kleintransportern

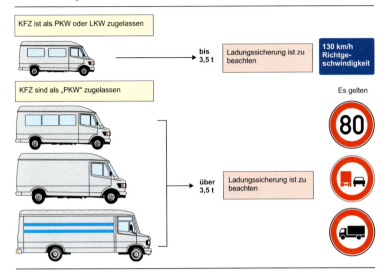

2.3 Beladung und deren Sicherung

Die Sicherungspflichten[3] für die Ladung dienen primär der Verkehrssicherheit, nicht dem Schutz der Ladung. Zur Ladung gehören alle Gegenstände, die in Fahrzeugen befördert werden, so auch Tiere und Gepäckstücke der Insassen.[4] Fahrzeugteile, die der Sicherung, Verwahrung oder dem Heben der Ladung dienen, sind Ausrüstungsgegenstände und gehören nicht zur Ladung.[5]

Eine ungesicherte Ladung oder deren ungleichmäßige Verteilung beeinträchtigt die Verkehrssicherheit; vor allem wird die Schleudergefahr erhöht und das gleichmäßige Abbremsen aller Räder erschwert, wobei der Bremskraftregler die fehlerhafte Lastverteilung nicht ausgleichen kann (OLG Hamm VRS 20, 462). Die Ladung ist nur dann verkehrssicher verstaut, wenn die in der Praxis anerkannten Regeln der Technik des Speditions- und Fuhrbetriebes[6] beachtet werden und diese Maßnahmen auch einer Gefahrbremsung oder plötzlichen Ausweichbewegung standhalten (OLG Düssel-

---

3 Wie Ladung zu sichern ist, folgt aus den VDI-Richtlinien 2700 ff. und den Bestimmungen der DIN EN 12195 Teil 1 bis 3.
4 Fehlerhafte Beladung und Handhabung von Gefahrgut richtet sich nach § 9 Abs. 13 GGVS i.V.m. Kap. 7.5 ADR.
5 Wie Zurrgurte, Ratschen, Spannketten, Antirutschmatten, Krananlagen, Planen, Gitterboxen, Paletten, Sicherungskeile; ein gelegentlich mitgeführter Gabelstapler kann aber als Ladung gelten (BayObLG VerkMitt 1999 Nr. 92 = VRS 97, 379). Wichtig ist auch eine saubere Ladefläche zur Gewährleistung der Rutschfestigkeit der Ladungsteile.
6 Die VDI-Richtlinie 2700 „Ladungssicherung auf Straßenfahrzeugen" enthält anerkannte Regeln der Technik zur Beladung (BayObLG VRS 104, 62); s. a. Praxishandbuch „Laden und Sichern" des Bundesverbandes Güterkraftverkehr und Logistik e.V. (BGL), Frankfurt/M.

dorf MDR 1984, 945). Der Umstand, dass eine Vorsichtsmaßnahme unüblich ist, schließt nicht aus, dass sie erforderlich ist. Die ordnungsmäßige Beladung des Fahrzeugs ist vor Antritt der Fahrt zu prüfen und während der Fahrt zu überwachen. Das gilt auch für einen Ablösungsfahrer (BGH VRS 29, 26; BGH VRS 17, 46), wenn Anzeichen für Überladung vorliegen (BayObLG NZV 1988, 192). Hohe und schwere Lasten müssen wegen der **Kippgefahr** notfalls mit Tiefladern befördert werden. Nasser Kies darf bei Frost nicht auf die Fahrbahn abtropfen (OLG Celle DAR 1957, 245), trockener Sand nicht vom Fahrtwind auf die Straße geweht werden (KG VRS 49, 295). Nach hinten überstehende Baustahlmatten müssen gegen Verletzungen an den scharfen Spitzen ummantelt sein (BayObLG VRS 47, 130). Verschiebeplanen haben nur eine begrenzte Zugfestigkeit (AG Eggenfelden DAR 2006, 165). Bereits eine abstrakte Gefahr reicht für einen Verstoß nach §§ 22 Abs. 1, 49 Abs. 1 Nr. 21 aus.

Die Ladung und Ladeausrüstung müssen auch gegen vermeidbares Lärmen gesichert sein. Der dabei anzulegende Maßstab richtet sich nach dem Stand der technischen Möglichkeiten.

2.4 Hinausragende Ladung

Der Abstand der nach hinten hinausragenden Ladung ist von den **Rückstrahlern**, nicht von der hinteren Fahrzeugkante zu messen. Der 40-Zentimeter-Abstand bei **seitlich** hinausragender Ladung bestimmt sich von den Begrenzungs- und Schlussleuchten, **nicht** vom Fahrzeugumriss. Anbaugeräte sind wie hinausragende Ladung zu kennzeichnen. Werbeaufschriften (auch in anderer Farbe) sind auf der roten Fahne zulässig, sofern die Warnfunktion für den übrigen Verkehr nicht beeinträchtigt wird.

Grundsätzlich darf die Ladung nicht über die **vordere** Fahrzeugkante, bei Zügen nicht über das ziehende Fahrzeug hinausragen, um Fußgänger, Rad- und Motorradfahrer sowie vorausfahrende Fahrzeuge nicht zu gefährden. Erst ab **2,5 m Höhe** (gemessen von der Fahrbahn bis zur Unterkante der Ladungsteile) ist ein geringfügiger Ladungsüberhang nach vorn von höchstens 50 cm ohne besondere Kennzeichnung zugelassen. Wegen des Begriffs „Wegstrecke" bezieht sich die 100-km-Grenze beim 3-Meter-Ladungsüberhang nach hinten auf die tatsächliche Fahrtstrecke, nicht auf die Luftlinie zwischen Transportbeginn und Zielort.

3 Hinweise

3.1 Verantwortung des Fahrers für die Ladung: § 23 Abs. 1; Verbot des Liegenlassens herabgefallener Gegenstände auf der Straße: § 32; kein Verkehrsunfall nach § 34, wenn Gegenstände beim Beladen auf Personen oder Fahrzeuge herabfallen; Sicherung von Anbaugeräten: § 53b StVZO; Berücksichtigung von Ladestützen bei Feststellung der Abmessungen: VkBl. 1980, 354.

3.2 Verbot für Fahrzeuge bei Überschreiten angegebener Gewichte: Z. 262, Achslasten: Z. 263, Breite: Z. 264, Höhe: Z. 265, Länge: Z. 266. Verbot für Fahrzeuge mit wassergefährdender Ladung: Z. 269, Vorsicht bei Beförderung wassergefährdender Stoffe: Z. 354 (lfd. Nr. 23 Anl. 3 zu § 42).

3.3 Tiertransporte

Für Tiertransporte gilt die Tierschutztransportverordnung (TierSchTrV) vom 11.2.2009 (BGBl. I S. 375).[7] Geregelt werden dort vor allem: Beförderungsverbot für verletzte Tiere, Mitführen besonderer Transportdokumente, Stellflächenvorgabe für Tierarten, Kennzeichnung der Transporte, Befähigungsnachweis des Fahrers, Ausstattung der Transportfläche, Umgang mit Tieren während des Transports (Füttern, Tränken), Transportdauer, Ausstattung mit Navigationsgeräten.

3.4 Kennzeichnungstafeln an Kraftfahrzeugen
3.4.1 Warntafel für Abfalltransporte

Die Kennzeichnung der Fahrzeuge folgt aus § 13b Abfallgesetz und soll dem „Abfalltourismus" vorbeugen. Besteht der zu befördernde Abfall ganz oder zum Teil aus Gefahrgut, sind zusätzlich Gefahrgutwarntafeln anzubringen.

3.4.2 Warntafeln für Gefahrguttransporte

Kennzeichnung der Gefahrguttransporte mit orangefarbenen Warntafeln nebst Nummern vorn, hinten und ggf. seitlich an Tankfahrzeugen und Fahrzeugen mit Aufsetztanks:

Orangefarbene Warntafel an Fahrzeugen mit Gefahrgut, Mindestgröße 40 x 30 cm

Bei den orangefarbenen Warntafeln mit Nummern an Tankfahrzeugen oder Tankcontainern (vorn, hinten und ggf. seitlich) geben die oberen Ziffern ("Kemmler-Nummer") Auskunft über die Gefahr des transportierten Stoffes, wie Entzündbarkeit, Oxidation, Giftigkeit. Bestimmte Ziffernkombinationen haben eine besondere Bedeutung; z.B. „22" tiefgekühltes Flüssiggas, erstickend; ein „X" vor der ersten Ziffer bedeutet, dass der Stoff gefährlich mit Wasser reagiert.

Die unteren Ziffern („UN-Nummer") kennzeichnen den transportierten Stoff, wie Benzin, Heizöl, Schwefelsäure.

Die orangefarbene, geteilte Warntafel mit Ziffern dient den Hilfsorganisationen (Feuerwehr, Katastrophenschutz) bei Unfällen zum sofortigen Erkennen des mitgeführten Gefahrgutes. Die oberen Ziffern kennzeichnen die Gefahr, z. B. Entzündbarkeit von Flüssigkeiten oder Gasen (die Verdopplung der Ziffer weist auf die Zunahme der Gefahr hin, z. B. leicht entzündbare Flüssigkeit). Die unteren Ziffern kennzeichnen den Gefahrgutstoff entsprechend der internationalen Stoffliste. Warntafeln für Gefahrgut sind zu entfernen, sobald sie nicht mehr erforderlich sind (BayObLG NZV 1990, 485). Folgende Kennzeichnungen für die jeweilige Ladung können angebracht sein:

---

7 Mit der TierSchTrV wird die Richtlinie 91/496/EWG des Rates vom 15.7.1991 zur Festlegung von Grundregeln für die Veterinärkontrollen von aus Drittländern in die Gemeinschaft eingeführten Tieren und zur Änderung der Richtlinien 89/662/EWG, 90/425/EWG und 90/675/EWG (ABl. EG Nr. L 268 S. 56), zuletzt geändert durch die Richtlinie 2006/104/EG des Rates vom 20.11.2006 (ABl. EU Nr. L 363 S. 352) umgesetzt.

§ 22 Ladung

3.4.3 Tafeln für lärm- und abgasarme Fahrzeuge

Grünes (nicht reflektierendes) Schild mit weißem „G" oder „S" (Ø 20 cm). Das Schild muss an der Vorderseite und darf zusätzlich an der Rückseite befestigt sein. Andere, mit dem Schild verwechselbare Zeichen, dürfen nicht angebracht werden. Die so gekennzeichneten Fahrzeuge sind mit dem weißen „G" von Beschränkungen aus Lärmschutzgründen ausgenommen, z. B. Z. 250 mit Zusatzzeichen „lärmarme KFZ frei". Entsprechendes gilt für ausländische KFZ. Die KFZ mit dem „S" („Super-Grüne-Fahrzeuge") erfüllen die EU-Geräuschgrenzwerte und zugleich die Abgasnorm „EURO 2".

3.4.4 Tafeln für kombinierten Verkehr Straße/Schiene/Hafen

Kennzeichnung eines steuerbefreiten Fahrzeugs, das ausschließlich im „kombinierten Verkehr" Straße/Schiene/Hafen eingesetzt wird. Das KFZ führt außerdem das grüne amtliche Kennzeichen.

3.4.5 Tafeln im Gütertransit

KFZ im internationalen Gütertransit fahren grenzüberschreitend im Zollverschluss. Sie müssen Zollbegleitpapiere mitführen und sind vorn und hinten mit je einer blauen „TIR"-Tafel gekennzeichnet. An den Grenzen brauchen sie dann keine Warenzölle zu entrichten. Die Abkürzung „**TIR**" steht für die französische Bezeichnung „**T**ransport **I**nternational de marchandises par vehicle **R**outier". Rechtsgrundlage sind Zollabkommen zwischen ausländischen Staaten untereinander und Abkommen mit der Bundesrepublik Deutschland.

3.5 Kennzeichnung für langsame Fahrzeuge

Langsame Kraftfahrzeuge, die bauartbestimmt nicht schneller als 30 km/h fahren können, sind an der Rückseite mit einer roten dreieckigen Warntafel mit abgeflachten Ecken nach Anhang 12 der ECE-Richtlinie Nr. 69 vom 15.5.1987 mit den Maßen 350 x 350 mm zu kennzeichnen. Das äußere Dreieck besteht aus prismatischen Rückstrahlern (ähnlich dem Warndreieck), das Innendreieck aus roter retroreflektierender Folie.

§ 23 Sonstige Pflichten des Fahrzeugführers

(1) Der Fahrzeugführer ist dafür verantwortlich, dass seine Sicht und das Gehör nicht durch die Besetzung, Tiere, die Ladung, Geräte oder den Zustand des Fahrzeugs beeinträchtigt werden. Er muss dafür sorgen, dass das Fahrzeug, der Zug, das Gespann sowie die Ladung und die Besetzung vorschriftsmäßig sind und dass die Verkehrssicherheit des Fahrzeugs durch die Ladung oder die Besetzung nicht leidet. Er muss auch dafür sorgen, dass die vorgeschriebenen Kennzeichen stets gut lesbar sind. Vorgeschriebene Beleuchtungseinrichtungen müssen an Kraftfahrzeugen und ihren Anhängern sowie an Fahrrädern auch am Tage vorhanden und betriebsbereit sein, sonst jedoch nur, falls zu erwarten ist, dass sich das Fahrzeug noch im Verkehr befinden wird, wenn Beleuchtung nötig ist (§ 17 Abs. 1).

(1a) Dem Fahrzeugführer ist während der Fahrt die Benutzung eines Mobil- oder Autotelefons untersagt, wenn er hierfür das Mobiltelefon oder den Hörer des Autotelefons aufnimmt oder hält. Dies gilt nicht, wenn das Fahrzeug steht und bei Kraftfahrzeugen der Motor ausgeschaltet ist.

(1b) Dem Führer eines Kraftfahrzeugs ist es untersagt, ein technisches Gerät zu betreiben oder betriebsbereit mitzuführen, das dafür bestimmt ist, Verkehrsüberwachungsmaßnahmen anzuzeigen oder zu stören. Das gilt insbesondere für Geräte zur Störung oder Anzeige von Geschwindigkeitsmessungen (Radarwarn- oder Laserstörgeräte).

(2) Der Fahrzeugführer muss das Fahrzeug, den Zug oder das Gespann auf dem kürzesten Weg aus dem Verkehr ziehen, falls unterwegs auftretende Mängel, welche die Verkehrssicherheit wesentlich beeinträchtigen, nicht alsbald beseitigt werden; dagegen dürfen Krafträder und Fahrräder dann geschoben werden.

(3) Radfahrer und Führer von Krafträdern dürfen sich nicht an Fahrzeuge anhängen. Sie dürfen nicht freihändig fahren. Die Füße dürfen sie nur dann von den Pedalen oder den Fußrasten nehmen, wenn der Straßenzustand das erfordert.

VwV zu § 23 Sonstige Pflichten des Fahrzeugführers

Zu Absatz 1

1 I. Bei Kraftwagen, die neben dem Innenspiegel nur einen Außenspiegel haben, ist gegen sichtbehinderndes Bekleben und Verstellen der Rückfenster mit Gegenständen einzuschreiten. Zu beanstanden ist das Fehlen eines zweiten Außenspiegels auch dann, wenn ein mitgeführter Anhänger die Sicht beim Blick in den Außen- oder Innenspiegel wesentlich beeinträchtigt. Auch der sichtbehindernde Zustand der Fenster (z. B. durch Beschlagen oder Vereisung) ist zu beanstanden.

2 II. Fußgänger, die Handfahrzeuge mitführen, sind keine Fahrzeugführer.

1 Aus der amtlichen Begründung

1.1 Durch das Mobiltelefonverbot während der Fahrt sollen Gefahren durch Ablenkung des Fahrers vermieden werden (Begr. 2000).

1.2 Das Verbot von Radarwarngeräten dient der Verkehrssicherheit (Begr. 2001).

2 Erläuterungen

2.1 Verantwortlichkeit des Fahrzeugführers

Für den Fahrbetrieb ist in erster Linie der Fahrer verantwortlich. Das ist derjenige, der die tatsächliche Gewalt über das Fahrzeug hat, es lenkt oder dessen Bewegungsabläufe steuert.[1] Bedienen zwei Personen das KFZ gleichzeitig (selten), sind beide Fahrzeugführer verantwortlich und müssen die Fahrerlaubnis besitzen. Bei Übungs- und Prüfungsfahrten eines Fahrschülers gilt der Fahrlehrer als Fahrzeugführer (§ 2 Abs. 15 StVG). Ist ein Lastzug mit zwei Fahrern besetzt, ist während der Fahrt verantwortlich, wer am Steuer sitzt, sonst derjenige, der die erforderlichen Verrichtungen vornimmt (OLG Köln DAR 1957, 53). Auch bei fahrerlaubnisfreien Fahrzeugen ist der Fahrzeugführer verantwortlich; er muss deshalb die notwendigen Fertigkeiten besitzen, z. B. bei Krankenfahrstühlen, Fahrrädern, Pferdekutschen (§ 31 Abs. 1 StVZO). Die Pflichten des Fahrzeugführers bestehen vor der Inbetriebnahme, während der Fahrt und beim Parken. Für das Be- und Entladen ist er jedoch nur insoweit verantwortlich, als es verkehrsbezogen erfolgt (z. B. für eine abstrakt gefährliche Lastverteilung).

2.1.1 Technischer Zustand des Fahrzeugs

Das Führen eines fehlerhaften Fahrzeugs verstößt im Regelfall nicht gegen § 23 Abs. 1 Satz 2, sondern gegen Ausrüstungsbestimmungen der StVZO, z. B. bei Reifenmängeln nach § 36 StVZO (OLG Düsseldorf VerkMitt 1988 Nr. 62; VRS 90, 200). § 23 hat jedoch die Bedeutung eines Auffangtatbestandes, wenn spezielle Regelungen in der StVZO fehlen. So muss der Fahrer über die Wirkungsweise serienmäßiger Sicherheitseinrichtungen (z. B. Zweikreisbremse) unterrichtet sein (OLG Düsseldorf VerkMitt 1975 Nr. 107). Er hat vor Antritt der Fahrt und nach jeder Umstellung des Bremskraftreglers eine **Bremsprobe** durchzuführen, um die volle Funktionsfähigkeit der Bremse festzustellen (OLG Koblenz 1976, VRS 51, 98). Bei einer wirkungslosen PKW-Handbremse (Einsetzen der Bremswirkung erst beim Anziehen des Betätigungshebels auf etwa 60 Grad oder Wegfall der Feststellbarkeit) ist auch eine Fahrt zur Reparaturwerkstatt nicht mehr zulässig (OLG Hamm VRS 56, 135). Wer trotz verkehrsunsicherer Handbremse weiterfährt, nimmt eine Gefahrenerhöhung vor, die den Versicherer berechtigt, den für die Schadensregulierung verauslagten Betrag zurückzuverlangen (BGH VRS 1972, 872). Darüber hinaus muss der Fahrer alle vorgeschriebenen Einrichtungen funktionell ausreichend benutzen können (OLG Oldenburg VRS 16, 297). Bei Fahrzeugen im Schwerverkehr (z. B. Transport schwerer Steine) muss die **Bereifung** täglich kontrolliert werden (OLG Koblenz 1974, VRS 47, 446). Nach einer Reifenpanne darf ein Notrad nur benutzt werden, um das Fahrzeug auf dem kürzesten Weg aus dem Verkehr zu ziehen (BGH NJW 1977, 114; BayObLG VerkMitt 1988 Nr. 83 = VRS 75, 133; NZV 1988, 154). Zur Vorschriftsmäßigkeit gehört ausreichender **Kraftstoff**, weil das KFZ nicht gefährdend liegen bleiben darf, z. B. auf Autobahnen (KG VRS 47, 313; OLG Düsseldorf VerkMitt 2000 Nr. 79 = DAR 2000, 223 = VRS 98, 302 = NZV 2000, 338). Nicht nur die vorgeschriebenen, sondern auch die für zulässig erklärten **lichttechnischen Einrichtungen** (z. B. Nebelleuchten) müssen ständig betriebsfähig sein (OLG Celle VerkMitt 1979 Nr. 45 = VRS

---

1 Zum Abschleppen und Schleppen siehe Erl. 2.1 zu § 15a.

56, 137; DAR 1979, 77). Der Fahrer hat zu beachten, dass die **Betriebserlaubnis** durch Änderungen am Fahrzeug wegfallen kann, wie nachträglicher Einbau eines anders gearteten **Lenkrades** (BayObLG VerkMitt 1975 Nr. 4 = VRS 48, 153) oder Aufkleben von Folien auf die **Windschutzscheibe** (OLG Koblenz VRS 47, 225; OLG Hamm DAR 1975, 193). § 23 gilt auch im internationalen Verkehr für außerdeutsche Fahrzeuge (KG 1985 VRS 69, 309).

2.1.2 Fahrsicherheit

Rauchen am Steuer kann bei einer Verkehrslage, die besondere Aufmerksamkeit erfordert, fahrlässig sein (OLG Düsseldorf NJW 1980, 2262; KG VersR 1983, 494).[2] Das Hörvermögen des Fahrers darf nicht durch Tonübertragungsgeräte vermindert sein, z. B. überlautes Autoradio, Walkman oder MP3-Player mit Kopfhörer (OLG Köln 1987 VRS 73, 148). Müssen während der Fahrt aus arbeitsschutzrechtlichen Gründen Gehörschutzkapseln getragen werden (z. B. bei Arbeitsmaschinen in der Landwirtschaft), darf die Geräuschdämpfung nur so weit herabgesetzt sein, dass Verkehrsumfeldgeräusche noch wahrgenommen werden können. Eine ausreichende Sicht nach vorn und rückwärts ist stets zu gewährleisten, insbesondere bei vereisten und beschlagenen Scheiben oder bei möglicher Sichtbehinderung durch die Ladung. Schnee und Eis sind gegen Herabfallen während der Fahrt zu beseitigen. Andere verkehrsgefährdende Verhaltensweisen sind von § 23 Abs. 1 nicht erfasst, wie Fahren ohne oder mit ungeeigneten Schuhen (OLG Celle NZV 2007, 532; OLG Bamberg VerkMitt 2007 Nr. 58 = DAR 2007, 338 = VRS 112, 363 = VD 2007, 183: bei Missachtung von Unfallverhütungsvorschriften ist Verstoß gegen § 1 Abs. 2 möglich), Kaffeekochen, Zeitunglesen oder Fernsehen während der LKW-Fahrt, Steuern des Fahrschulwagens vom Beifahrersitz aus, bei Motorrädern Fahren nur auf dem Hinterrad („Wheely").[3]

2.1.3 Besetzung des Fahrzeugs

Die höchstzulässige Zahl der in einem PKW zu befördernden Personen richtet sich nach der Anzahl der Sitze mit Sicherheitsgurten (§ 21 Abs. 1); außerdem darf das zulässige Gesamtgewicht nicht überschritten und der Fahrer nicht in der Bedienung des KFZ behindert werden (OLG Karlsruhe VerkMitt 1981 Nr. 40). Die Mitnahme von Personen im Kofferraum ist nach § 21 Abs. 2 unzulässig (OLG Köln VerkMitt 1988 Nr. 72 = VRS 75, 131); ebenso das Hinauslehnen aus einem Autofenster (OLG Karlsruhe NZV 1999, 292: Mithaftung des Fahrers zu 50 %). Der Motorradfahrer darf erst dann rasch beschleunigen, wenn sich der Sozius an ihm festgehalten hat (KG VerkMitt 1996 Nr. 107 = VRS 91, 444). Das Motorrad muss mit einem nach der Bauart dafür bestimmten Sitz, beidseitigen Fußrasten und einem Handgriff ausgerüstet sein. Die Mitnahme eines Kindes ist nach Abs. 1 Satz 2 erst zulässig, wenn es körperlich in der Lage ist, Bewegungskräfte des Motorrades auszugleichen.

---

[2] Das Rauchverbot bei Gefahrguttransporten ist seit Neufassung der GGVSE (BGBl. I 1995, S.1025) i. d. F. vom 5.1.2005 (BGBl. I S. 36) nicht mehr bußgeldbewehrt (OLG Düsseldorf NZV 1997, 285).

[3] Um auch solche Verhaltensweisen zu erfassen, wäre eine Ergänzung des § 23 sinnvoll. Bei konkreter Gefährdung haftet der Fahrer aber nach § 1 Abs. 2.

2.1.4 Beladung des Fahrzeugs

Der Fahrer hat die ordnungsgemäße Beladung des Fahrzeugs nach § 22 bei Fahrtantritt oder Übernahme zu prüfen und während der Fahrt zu überwachen (BGH 1965 VRS 29, 26), selbst wenn nicht seiner Aufsicht unterstehenden Personen das Fahrzeug beladen haben (OLG Düsseldorf VerkMitt 1967 Nr. 87). Der Fahrer kann sich jedoch im Allgemeinen auf die Gewichtsangaben des Verladers verlassen (BayObLG VerkMitt 1970 Nr. 6). Die Verantwortlichkeit erstreckt sich auch auf mitgeführte Tiere, die möglichst in Transportbehältern oder mit Sicherheitsnetzen im Heck zu befördern sind.

2.2 Verantwortlichkeit des Fahrzeughalters

Neben dem Fahrer ist auch der Halter verantwortlich (OLG Düsseldorf VRS 74, 69), wenn er Kenntnis von Mängeln oder unzureichender Sicherung seines Fahrzeugs hat (§ 31 Abs. 2 StVZO). Er darf die Inbetriebnahme weder anordnen noch zulassen, solange die Mängel nicht beseitigt sind. Außerdem muss der Halter den Fahrer zur Einhaltung der Verkehrsregeln anhalten und ihm, falls er beharrlich dagegen verstößt, das Fahren verbieten. Als Beifahrer ist er jedoch weder verpflichtet, mit der gleichen Sorgfalt wie der Fahrer auf Verkehrszeichen zu achten (OLG Zweibrücken 1974, VRS 48, 152) noch darf er den Fahrer durch ständige Belehrungen verunsichern. Wer Halter ist, richtet sich nach der Eintragung in den Zulassungsdokumenten; abweichend davon kann jedoch auch derjenige Halter sein, der die tatsächliche Verfügungsgewalt über das KFZ hat und es für eigene Rechnung gebraucht (BGH NZV 1997, 116).

2.3 Radfahrsicherheit

§ 23 Abs. 3 verbietet Radfahrern[4] das Anhängen an Fahrzeuge. Eine entsprechende Vorschrift für Inline-Skater fehlt, weil Inline-Skates als sonstige Fortbewegungsmittel nicht auf Fahrbahnen fahren dürfen. Hängen sich Inline-Skater auf der Fahrbahn an KFZ an („Surfen"), verstoßen sie nicht nur gegen das Fahrbahnbenutzungsverbot des § 2 Abs. 1, sondern bei konkreter Gefahr auch gegen § 1 Abs. 2. Freihändiges Radfahren ist auch dann unzulässig, wenn das Fahrrad mit Rücktrittbremse ausgestattet ist. Hat das Fahrrad nur Handbremsen, darf mit einer Hand am Lenker gefahren werden, wenn dadurch ein ausreichendes Abbremsen möglich ist.

2.4 Mobiltelefonverbot

Das Mobiltelefonverbot während der Fahrt dient der Verkehrssicherheit und ist verfassungsgemäß (BVerfG DAR 2008, 387). Grund für das Verbot ist die abstrakt beim Telefonieren vorhandene Ablenkung des Fahrers vom Verkehrsgeschehen, die durch die technische Handhabung verstärkt wird. Infolgedessen ist auch das Einklemmen des Hörers zwischen Kopf und Schulter untersagt. Dem Verbot unterliegen von Hand betriebene mobile Telefone („Handys") und fest eingebaute Autotelefone, bei denen noch der Hörer abgenommen werden muss. Aus dem nur auf Handys und Mobiltelefone bezogenen Verbot folgt die Zulässigkeit von CB- oder Betriebsfunkanlagen (Taxifunk). Bei Funkanlagen entsteht im Gegensatz zum

---

4 Zum Begriff „Fahrrad" siehe Erl. 2.7 zu § 2.

§ 23 Sonstige Pflichten des Fahrzeugführers

Telefon kein subjektiv-psychischer Druck, sofort antworten zu müssen. Auch Polizei-, Feuerwehr- oder Betriebsfunkanlagen fallen, unbeschadet der Inanspruchnahme von Sonderrechten nach § 35, nicht unter die Verbotsnorm. Dem Verbot unterliegen auch nicht die Funkanlagen im Fahrschulbetrieb bei der Motorradausbildung.[5] Funkanlagen dürfen allerdings nicht über die üblichen Fernsprechnetze (wie bei Mobiltelefonen) gesteuert werden; sie würden sonst dem Verbot unterliegen. Neben Freisprechanlagen sind auch „Headsets"[6] oder Bluetooth-Verbindungen zulässig (OLG Stuttgart DAR 2008, 654 = VRS 115, 209 = NZV 2009, 95), sofern bei Gesprächsannahme nur ein Knopf am Telefon oder Lenkrad gedrückt werden muss (OLG Bamberg VerkMitt 2008 Nr. 12). Kommt es bei der Benutzung dieser Geräte durch Unaufmerksamkeit zu einem Unfall, haftet der Fahrer zivilrechtlich (LG Frankfurt NZV 2001, 480). Kopfhörer dürfen nur einseitig verwendet werden, weil andernfalls gegen das Verbot des § 23 Abs. 1 (Beeinträchtigung des Gehörs) verstoßen wird. Wird hingegen beim Anwählen das Telefon in die Hand genommen, bleibt das Verbot auch bei Headset-Betrieb wirksam. Auch andere technische Lösungen, bei denen kein Hörer in die Hand genommen werden muss, bleiben zulässig, vor allem eingebaute **Freisprechanlagen**.

Entscheidend für das Benutzungsverbot ist nicht, zu welchem Zweck das Handy benutzt wird, sondern dass es während der Fahrt für **Kommunikationszwecke** aufgenommen und zielgerichtet bedient oder zur Bedienung vorbereitet wird[7] (Hamm VerkMitt 2007 Nr. 98 = SVR 2008, 113; OLG Hamm VRS 113, 75: fehlende Gesprächsverbindung; OLG Hamm VerkMitt 2007 Nr. 74 = SVR 2007, 473: Aktivierung des Handys mit Telefonkarte; OLG Bamberg VerkMitt 2007 Nr. 62 = DAR 2007, 395; OLG Hamm VerkMitt 2005 Nr. 68 = VRS 109, 129 = NZV 2005, 548 = DAR 2005, 639); kein Verstoß liegt aber vor, wenn das (ausgeschaltete) Handy nur an eine andere Stelle gelegt oder zu systemfremden Zwecken verwendet wird, z. B. als Wärmeakku (OLG Hamm VRS 2009, 376; OLG Bamberg VerkMitt 2007 Nr. 62 = DAR 2007, 395; OLG Düsseldorf VerkMitt 2007 Nr. 42 = VRS 112, 60 = NZV 2007, 95; OLG Köln VerkMitt 2006 Nr. 4 = NZV 2005, 547 = DAR 2005. 695 = VRS 109, 287 = NJW 2005, 3366; s. a. Janker NZV 2006, 69; Scheffler NZV 2006, 128; Keerl NZV 2006, 181). Das Verbot umfasst nicht nur das Anwählen (OLG Hamm NZV 2007, 483) oder Gespräche, sondern auch Eintippen und Versenden von SMS-Nachrichten, Abhören des Signaltons (OLG Hamm NZV 2009, 49) oder die Nutzung sonstiger Handyfunktionen wie Navigationshilfen (OLG Köln NZV 2008, 466 = VD 2008, 216), Eingabe der Identifikations-Nummer (PIN), Aktivierung der Telefonkarte (OLG Hamm DAR 2007, 219 = NZV 2007, 249 und 401 = VRS 112, 291), Ablesen der Uhrzeit, Abrufen von Internetdaten, des Signaltons (OLG Hamm NZV 2007, 402), von Notizen, Organizer-Daten (OLG Karlsruhe VRS 111, 444 = NZV 2007, 48 = DAR 2007, 99:); Auslesen gespeicherter Telefonnummern (OLG Hamm NZV 2007, 402; OLG Hamm VerkMitt 2007 Nr. 15 = NZV 2007, 51 = VRS 111, 213), Gebrauch als Diktiergerät (OLG Jena DAR 2006, 644 = VRS 111, 215), Einspeichern von Daten oder Einstellungen im Handymenü (OLG Hamm VerkMitt 2003 Nr. 46 =

---

5 Ebenso nicht bei der Ausbildung auf land-/forstwirtschaftlichen Zugmaschinen nebst Anhänger der Klassen T, L und in der Klasse S (Trikes/Quads).
6 Bei Headsets sind Mikrofon und Hörer am Kopf oder Ohr befestigt und durch Leitungen oder schnurlos mit dem Telefon verbunden.
7 Die Rechtsprechung geht hier im Interesse der Polizei und der Tatrichter sehr weit, indem es nicht darauf ankommt, ob tatsächlich Handyfunktionen benutzt werden, sondern dass das Hantieren mit dem Mobiltelefon eine Nutzung unterstellt.

NZV 2003, 98 = VRS 104, 222 = DAR 2003, 47; AG Ratzeburg NZV 2005, 431).[8] Das Verbot gilt nicht für andere Geräte, etwa Aufnahme eines Headsets oder sonstige Freisprechanlagen (OLG Bamberg NZV 2008, 212).

Zum Begriff „Fahrt" gehört der fließende Verkehr, somit grundsätzlich auch verkehrsbedingtes Warten, z. B. vor Ampelanlagen (OLG Hamm VRS 110, 43; OLG Celle VRS 109, 449 = DAR 2006, 159; a. A. OLG Bamberg VerkMitt 2007 Nr. 62 = DAR 2007, 395; OLG Bamberg VerkMitt 2006 Nr. 12 = NZV 2007, 49 = SVR 2007, 153: Verstoß gegen Willkürverbot nach Art. 103 Abs. 2 GG). Nur bei längerem Warten mit abgeschaltetem Motor, z. B. vor Bahnübergängen oder im Stau, ist aus Gründen der Verhältnismäßigkeit das Telefonieren mit dem Hörer in der Hand zulässig. Satz 2 des § 23 Abs. 1a bezieht sich nur auf das „Warten" im Rechtssinn (OLG Hamm VerkMitt 2008 Nr. 13 = VRS 113, 379 = SVR 2008, 312). Fährt der Verkehr wieder an, muss das Gespräch beendet werden. Zulässig ist das Telefonieren im ruhenden Verkehr, gleich ob der Motor noch läuft oder der Fahrer verbotswidrig hält oder parkt (a. A. OLG Düsseldorf VerkMitt 2008 Nr. 77 mit zutreffender Anm. Thubauville = VD 2009, 307 = NZV 2008, 584 = VRS 115, 144 = DAR 2008, 708: Tateinheit bei Verstoß nach § 18 Abs. 8 und § 23 Abs. 1a beim Halten auf einer Autobahn-Standspur mit laufendem Motor).

Dem Verbot unterliegen alle Fahrzeugführer, somit auch Radfahrer, nicht aber Beifahrer. Der Fahrlehrer gilt als Führer des Schulungsfahrzeugs (§ 2 Abs. 15 Satz 2 StVG) und hat das Telefonierverbot mit Handy zu beachten, weil er während des praktischen Unterrichts unter Umständen eingreifen muss. Da die für den Fahrzeugverkehr einheitlich bestehenden Verkehrsregeln auch für geschlossene Verbände und Reiter gelten (§§ 27 Abs. 1, 28 Abs. 2), unterliegen auch sie dem Telefonierverbot.

Da der Fahrer weiß, dass er telefoniert, kann ein Verstoß nur **vorsätzlich** und nicht fahrlässig begangen werden (OLG Hamm NZV 2007, 483 und NZV 2008, 582 = VRS 115, 207): Bußgeld 40 € und 1 Punkt im VZR; Radfahrer 25 € Verwarngeld (KG DAR 2006, 336 = NZV 2006, 609; OLG Jena NZV 2005, 108 = VRS 107, 472).[9] Wird während des Telefonierens tateinheitlich außerdem eine grobe Verkehrszuwiderhandlung begangen, kann auch für diese Tat bedingter Vorsatz angenommen werden (OLG Celle VerkMitt 2002 Nr. 10 = NZV 2002, 196 = DAR 2001, 415: Rotlichtverstoß).[10] Eine Sicherstellung des Mobiltelefons bei Verstößen wäre nach dem Übermaßverbot unzulässig.

---

8 Die Erweiterung des geltenden Verbots auf alle Möglichkeiten eines Handy-Multifunktionsgeräts ist nicht unproblematisch, weil der Verordnungsgeber nur das Telefonieren und die damit verbundene Ablenkung des Fahrers im Auge hatte. So muss z. B. auch bei Nutzung eines Headsets zwangsläufig die Rufannahme eines Handys aktiviert werden. Außerdem ist während der Fahrt die Nutzung eines Fotoapparates, das Abrufen von Internetdaten von einem Notebook, Fernsehen oder das Zeitunglesen nicht unmittelbar verboten, wohl aber mittels eines Mobiltelefons. Es wäre zu begrüßen, wenn der Verordnungsgeber alle verkehrsfremden und gefahrträchtigen Aktivitäten des Fahrers im Interesse der Verkehrssicherheit untersagen würde.
9 Somit grundsätzlich keine Erhöhung des Bußgeldes wegen „Vorsatzes". Bei Vorbelastungen des Betroffenen ist aber die Auflage eines Fahrverbots möglich (OLG Jena DAR 2007. 157); kommt es zum Unfall, kann der Fahrer den Kaskoschutz der Versicherung verlieren (AG Berlin-Mitte NZV 2005, 157).
10 Im Ausland besteht ebenfalls Telefonierverbot am Steuer, z. B. Dänemark, England, Italien, Norwegen, Österreich, Polen, Schweiz, Slowakei, Slowenien, Spanien, Tschechien, Türkei, Ungarn (mit teilweise wesentlich höheren Bußgeldern).

2.5 Radarwarngeräte

Das Verbot für Radarwarngeräte dient der Verkehrssicherheit.[11] Die von der Polizei durchgeführten Verkehrskontrollen sollen von den Kraftfahrern durch mitgeführte technische Apparate weder konterkariert noch sonst beeinträchtigt werden.[12] Zur Verkehrsüberwachung zählen alle Maßnahmen, die der Feststellung von Verkehrsverstößen dienen; nicht aber Tempomessungen zu wissenschaftlichen Zwecken. Das Verbot erfasst vor allem Radarwarn- und Laserstörgeräte, aber auch sonstige Apparate, die einen vergleichbaren Effekt erzielen, z. B. Autoradios oder Navigationssysteme mit technischen Komponenten zur Warnung vor Tempokontrollen (Albrecht DAR 2006, 481).[13] Auf die Wirksamkeit der Geräte kommt es ebenso wenig an wie auf eine nachweisbare konkrete Anzeige der Kontrolle oder Störung der polizeilichen Messung im Einzelfall.[14] Erforderlich ist allerdings die „Betriebsbereitschaft" am oder im Fahrzeug, sodass der bloße Transport ausgeschalteter Geräte nicht unter das Verbot fällt. Medienberichte über Standorte von Tempokontrollen der Polizei werden durch das Verbot nicht erfasst, selbst wenn sie nur höheren Einschaltquoten dienen.

Im Übrigen können betriebsbereite Radarwarngeräte bei Polizeikontrollen gemäß §§ 94 Abs. 1, 98 StPO beschlagnahmt oder nach den landesrechtlichen Sicherheits- und Ordnungsgesetzen sichergestellt werden, weil sie ausschließlich der Förderung von Tempoverstößen dienen (VGH München DAR 2008, 103 = NZV 2008, 375: auch wenn das eingebaute Gerät zwar nicht betriebsbereit ist, aber durch Anschluss an einen Adapter ohne größeren technischen Aufwand eingesetzt werden kann; VG Trier DAR 2004, 172; VGH Baden-Württemberg VerkMitt 2003 Nr. 8 = DAR 2003, 89; VG München DAR 1998, 366 = NZV 1998, 520; VG Schleswig NZV 2000, 103; VG Berlin DAR 2000, 282). Die anschließende Vernichtung der Geräte ist

---

11 Da sich das Verbot einer technischen Einrichtung als „Handelshemmnis" darstellt, ist die Regelung bei der EU-Kommission nach der RL 98/34/EG notifiziert worden. Der Erwerb eines Radarwarngerätes ist sittenwidrig und nichtig, wenn nach dem Willen beider Parteien der Einsatz des Gerätes nur auf deutschen Straßen erfolgen soll, z. B. bei Basis-Codierung auf Deutschland. Die Rückforderung des Kaufpreises nach § 812 Abs. 1 Satz 1 BGB scheitert in solchen Fällen jedoch an § 817 Satz 2 BGB, wenn beiden Parteien ein Verstoß gegen die guten Sitten zur Last fällt (BGH DAR 2005, 330 = VRS 109, 81).
12 Die Regelung beruht auf einem unzureichenden Verbot für Radarwarngeräte nach dem TKG vom 22.6.2004 (BGBl. S. 1190). Nach §§ 89, 148 TKG ist es strafbar, mit einer Funkanlage Nachrichten abzuhören, die für die Funkanlage nicht bestimmt sind. Die Signale des Radarmessgerätes sind „Nachrichten", die vom Radarwarngerät „abgehört" werden (LG Cottbus DAR 1999, 466). Die Gleichstellung des Begriffs „Abhören" mit dem „Empfang" von Signalen durch das Radarwarngerät nebst optischer oder akustischer Warnung für den Betroffenen ist jedoch zu weitgehend, sodass aus dem TKG selbst keine Strafbarkeit begründet werden kann (LG Berlin DAR 1997, 501; LG München I NJW 1999, 2600).
13 Die häufig von der Polizei den Radiosendern mitgeteilten Standorte von Tempokontrollen können abgespeichert auch als Radarwarnungen verwendet werden; mit dieser Praxis konterkariert die Polizei das Verbot des § 23 Abs. 1b, selbst wenn sie damit nur auf die ständige Verkehrsüberwachungspräsenz hinweisen und Kraftfahrer zur Einhaltung der Tempolimits bewegen will.
14 Problematisch sind technische Einrichtungen im KFZ, die mit der gleichen Frequenz wie Radargeräte (24 GHz-Band) betrieben werden, aber anderen Zwecken dienen, z. B. Distanzmessgeräte in KFZ, Geräte zur Kontrolle automatischer Garagentüren. Können damit auch Radarmessstrahlen erfasst und angezeigt werden, fallen sie unter das Verbot des § 23 Abs. 1b (s. a. Albrecht SVR 2005, 455).

verhältnismäßig, weil eine Unbrauchbarmachung oder Verwertung ausscheidet.

Die **Warnung** an Kraftfahrer vor **Tempokontrollen** mit anderen Mitteln (z. B. hochgehaltenes Schild) beeinträchtigt die Durchführung der präventivpolizeilichen Aufgabe und stellt deshalb eine Gefahr für die öffentliche Sicherheit dar; sie kann von der Polizei mit Anordnung der sofortigen Vollziehung untersagt werden (OVG Münster NZV 1997, 326; DÖV 1997 512; VG Saarlouis DAR 2004, 668). Andererseits sind solche Warnungen nur dann Ordnungswidrigkeiten, wenn es dabei zu Behinderungen oder Belästigungen nach § 1 Abs. 2 kommt (OLG Stuttgart VerkMitt 1997 Nr. 50 = NZV 1997, 242 = VRS 93, 294). Die Warnung mittels Lichthupe verstößt gegen § 16 Abs. 1.

3 Hinweise

3.1 Verantwortung des Führers von geschlossenen Verbänden: 27 Abs. 5.

3.2 Mitführen der Zulassungsdokumente (Zulassungsbescheinigung Teil I): § 11 Abs. 5 FZV.

3.3 Ständige Betriebsbereitschaft der Beleuchtungseinrichtungen an Kraftfahrzeugen und Kraftfahrzeuganhängern: § 49a StVZO; an Fahrrädern: § 67 Abs. 4 StVZO.

§ 24 Besondere Fortbewegungsmittel

(1) Schiebe- und Greifreifenrollstühle, Rodelschlitten, Kinderwagen, Roller, Kinderfahrräder, Inline-Skates, Rollschuhe und ähnliche nicht motorbetriebene Fortbewegungsmittel sind nicht Fahrzeuge im Sinne dieser Verordnung. Für den Verkehr mit diesen Fortbewegungsmitteln gelten die Vorschriften für den Fußgängerverkehr entsprechend.

(2) Mit Krankenfahrstühlen oder mit anderen als in Absatz 1 genannten Rollstühlen darf dort, wo Fußgängerverkehr zulässig ist, gefahren werden, jedoch nur mit Schrittgeschwindigkeit.

VwV zu § 24 Besondere Fortbewegungsmittel

Zu Absatz 1

1   I. Solche Fortbewegungsmittel unterliegen auch nicht den Vorschriften der StVZO.
2   II. Schieberollstühle sind Rollstühle mit Schiebeantrieb nach Nr. 2.1.1, Greifreifenrollstühle sind Rollstühle mit Greifreifenantrieb nach Nr. 2.1.2 der DIN 13240 Teil 1.
3   III. Kinderfahrräder sind solche, die üblicherweise zum spielerischen Umherfahren im Vorschulalter verwendet werden.
4   IV. Zur Freigabe von Fahrbahnen, Seitenstreifen und Radwegen für Inline-Skates und Rollschuhe vgl. VwV zu § 31 Abs. 2.

Zu Absatz 2

5   Krankenfahrstühle sind Fahrzeuge.

1 Aus der amtlichen Begründung

Klarstellung, dass Inline-Skates und Rollschuhe keine Fahrzeuge, sondern Fortbewegungsmittel sind (Begr. 2009).

2 Erläuterungen

2.1 Fortbewegungsmittel

Fortbewegungsmittel sind keine Fahrzeuge (somit gibt es auch keine Fahrzeugführer). Hierzu gehören solche Geräte, die von Fußgängern mitgeführt werden. Wegen ihrer geringen Größe oder unsicheren Bauart dürfen sie nicht auf der Fahrbahn betrieben werden. Fortbewegungsmittel dürfen **nicht** mit Motorkraft ausgestattet sein, andernfalls sind sie (nicht zulassungsfähige) Kraftfahrzeuge.[1] Zu den Fortbewegungsmitteln gehören Gehhilfen wie Schiebe- oder Greifreifenrollstühle, Kinderwagen, Roller,[2] Kinderfahr-

---

[1] Bei diesen Geräten fehlen regelmäßig vorgeschriebene Betriebs- und Ausrüstungsgegenstände (Bremsen, Lenkung, Beleuchtung). Bekannt sind motorbetriebene Rollbretter (Grams NZV 1994, S. 172), Rollschuhe mit Elektroantrieb oder mit Rucksack-Propeller sowie Kombinationen von Luftkissen-, Gleit- oder einachsigen Rollgeräten mit Elektroantrieb. Abgesehen von der Fahrerlaubnispflicht, scheitert ihre Zulassung an den Betriebs- und Ausrüstungsbestimmungen der StVZO. Ohne Ausnahme nach § 70 StVZO und § 46 StVO sowie Erlaubnis nach § 29 Abs. 1 oder 2 StVO ist ihr Betrieb im öffentlichen Verkehrsraum unzulässig.

[2] Tretroller für Erwachsene, die durch Abstoßen mit dem Fuß bewegt werden, sind auch dann keine Fahrzeuge, wenn sie mit Vorder- und Hinterradbremsen versehen sind (OLG Oldenburg VerkMitt 1997 Nr. 5).

räder oder Dreiräder zum spielerischen Umherfahren von Kindern im Vorschulalter, Schlitten zum Transport von Kleinkindern oder zur Rodelbahn, Sackkarren, kleine Handkarren, Kofferroller sowie Bewegungsgeräte mit sportlichem Trend wie Skateboards, Trailskater, Kick-Boards, Powerskip, Rollschuhe oder Inline-Skates,[3] sofern sie zur üblichen Ortsveränderung benutzt werden (BGH VerkMitt 2002 Nr. 49 = NZV 2002, 225 = DAR 2002, 262 = VRS 102, 441 = VD 2002, 152 = NJW 2002, 1955),[4] andernfalls gehören sie zu den Sportgeräten (§ 31). Die Nutzung solcher Fortbewegungsmittel unterliegt den Regelungen für Fußgänger nach § 25. Auf Gehwegen und in Fußgängerzonen dürfen sie benutzt werden, wenn dadurch andere weder gefährdet noch unvermeidbar behindert werden. Inline-Skater müssen sich mit der üblichen Gehwegbeschaffenheit abfinden (OLG Celle NZV 1999, 509), ebenso Skiroller-Fahrer (OLG Braunschweig NZV 2005, 581). Werden jedoch Verkehrswege für Inline-Skater oder Rollschuhfahrer ausdrücklich freigegeben (z. B. gesperrte oder Tempo-30-Straßen, Radwege – s. a. § 31), muss der Baulastträger durch Straßenanpassung für einen verkehrssicheren Betrieb sorgen (OLG Koblenz VD 2003, 78). Fehlen außerorts Gehwege, dürfen sich Skater oder Rollschuhfahrer am linken Fahrbahnrand fortbewegen. Bei schnellem Verkehr sollten Fortbewegungsmittel wegen der damit verbundenen Unfallgefahren außerorts nicht benutzt werden.[5]

Häufig werden Fortbewegungsmitteln auch als **Sportgeräte** ohne Motorantrieb[6] eingesetzt. Sportgeräte dürfen bestimmungsgemäß nach § 31 nur auf den (durch Zusatzzeichen) besonders ausgewiesenen Straßen oder im Rahmen einer Veranstaltung nach § 29 Abs. 2, sonst nur außerhalb öffentlicher Verkehrsflächen betrieben werden (Grams NZV 1997, 65). Ihre Nutzung im öffentlichen Verkehrsraum wäre unzulässige Sondernutzung nach den Straßengesetzen der Länder; in Wintersportgebieten kann allerdings der Betrieb von Sportgeräten dem Gemeingebrauch zugerechnet werden.

2.2 Kinderfahrräder

Der Begriff „Kinderfahrrad" wird durch Rn. 3 VwV zu § 24 bestimmt. Benutzen ältere Kinder ihrer Größe angepasste Fahrräder, handelt es sich

---

3 Das Gesetz über technische Arbeitsmittel regelt in § 2 Abs. 2 Nr. 4 auch das Inverkehrbringen u. a. von Sport- und Freizeitgeräten. So dürfen nach § 3 Abs. 1 Satz 1 dieses Gesetzes technische Arbeitsmittel und damit auch Inline-Skates „nur in den Verkehr gebracht werden, wenn sie den in den Rechtsverordnungen nach diesem Gesetz enthaltenen sicherheitstechnischen Anforderungen für ihr Inverkehrbringen entsprechen und Leben und Gesundheit oder sonstige Rechtsgüter der Benutzer oder Dritter bei bestimmungsgemäßer Verwendung nicht gefährden".
4 Die gegenteilige Auffassung des OLG Oldenburg (NZV 2000, 470 = DAR 2000, 528 = VRS 99, 337) ist überholt.
5 Inline-Skaten ist wegen der Seitenbewegung und unzureichenden Ausweichmöglichkeit eine verletzungsträchtige Sportart (OLG Celle VRS 105, 167 = NZV 2004, 143). Selbst mit routinierter Bremstechnik („Hell-Stopp" oder „Schneepflug") erzielt ein erfahrener Skater nur eine Bremsverzögerung im Mittel von 2,1 m/s^2, sodass eine Fortbewegung auf der Fahrbahn extrem gefährlich ist (Niklas NZV 1999, 278); bei 30 km/h beträgt der Bremsweg etwa 16 m. In Österreich dürfen seit 1998 Inline-Skater auch Radwege benutzen (§ 88a österr. StVO – BGB. I 92/1988); Fahrbahnen können für Inline-Skater freigegeben werden. Fahren Inline-Skater auf Gehwegen, ist die Geschwindigkeit der der Fußgänger anzupassen.
6 Mit Motorantrieb gehören sie nicht mehr zu den Fortbewegungsmitteln (§ 31 Abs. 1 Satz 1), z. B. Segway (Human Transporter) als zweirädriges, einachsiges Kraftfahrzeug mit Elektroantrieb bis etwa 25 km/h oder sonstige Geräte, meist als exotische Ergebnisse erfindungsreicher Tüftler.

um straßenübliche Fahrräder, d. h. bis acht Jahre müssen sie, bis zehn Jahre dürfen sie Gehwege benutzen (§ 2 Abs. 5). Kinder ab elf Jahren müssen Radwege oder Fahrbahnen benutzen. Die zivilrechtliche Haftung eines Rad fahrenden Kindes bei Verstößen richtet sich nach § 828 BGB (OLG Köln NZV 1992, 320).

2.3 Krankenfahrstühle

Während muskelbetriebene Rollstühle den Fortbewegungsmitteln zugeordnet werden, sind Krankenfahrstühle mit Motorantrieb fahrerlaubnisfreie Kraftfahrzeuge[7] (BayObLG VRS 99, 367). Auf Gehwegen darf mit Schrittgeschwindigkeit gefahren werden, auf Fußgänger ist Rücksicht zu nehmen (§ 1 Abs. 1). Voraussetzung ist allerdings, dass Krankenfahrstühle technisch „besonders" für die Benutzung (nur) durch Behinderte ausgestattet sind (Elektroantrieb max. 15 km/h).[8] Werden technische Veränderungen vorgenommen (z. B. als Kleinst-PKW), müssen diese Fahrzeuge die Fahrbahn benutzen; außerdem ist dann die Fahrerlaubnis-Klasse S oder B erforderlich.

3 Hinweise

Fußgängerverkehr beim Mitführen sperriger Gegenstände: § 25 Abs. 2; Spielen mit Rollern: § 31; Zulassung des Wintersports: Zusatzzeichen 1010-11 oder 1040-10 zu Z. 101 und Z. 250.

---

7 Hinsichtlich der Fahrerlaubnisfreiheit spielt es keine Rolle, ob Krankenfahrstühle mit Elektroantrieb max. 15 km/h von gesunden oder behinderten Personen gefahren werden (BVerwG NZV 2002, 246 = VD 2002, 157). Für Krankenfahrstühle älteren Rechts über 10 bis 25 km/h ist eine fahrerlaubnisrechtliche Prüfbescheinigung erforderlich.
8 Einsitzige, nach der Bauart zum Gebrauch durch körperlich Behinderte bestimmte zulassungsfreie Kraftfahrzeuge mit Elektroantrieb, max. 15 km/h, Breite max. 110 cm, Leergewicht 300 kg (mit Batterien, aber ohne Fahrer), zulässige Gesamtmasse 500 kg, Heckmarkierungstafel nach ECE-Regelung 69 oben an der Fahrzeugrückseite. Das Mindestalter beträgt 15 Jahre; in Härtefällen sind Ausnahmen mit entsprechenden Auflagen möglich, sofern der Krankenfahrstuhl schneller als 10 km/h fährt. Behinderte Kinder unter 15 Jahren dürfen Krankenfahrstühle bis max. 10 km/h ohne Ausnahmegenehmigung fahren. Für den Betrieb der Krankenfahrstühle (nach neuem FE-Recht) ist weder eine Ausbildung noch eine Prüfbescheinigung vorgeschrieben.

§ 25 Fußgänger

(1) Fußgänger müssen die Gehwege benutzen. Auf der Fahrbahn dürfen sie nur gehen, wenn die Straße weder einen Gehweg noch einen Seitenstreifen hat. Benutzen sie die Fahrbahn, so müssen sie innerhalb geschlossener Ortschaften am rechten oder linken Fahrbahnrand gehen; außerhalb geschlossener Ortschaften müssen sie am linken Fahrbahnrand gehen, wenn das zumutbar ist. Bei Dunkelheit, bei schlechter Sicht oder wenn die Verkehrslage es erfordert, müssen sie einzeln hintereinander gehen.

(2) Fußgänger, die Fahrzeuge oder sperrige Gegenstände mitführen, müssen die Fahrbahn benutzen, wenn sie auf dem Gehweg oder auf dem Seitenstreifen die anderen Fußgänger erheblich behindern würden. Benutzen Fußgänger, die Fahrzeuge mitführen, die Fahrbahn, so müssen sie am rechten Fahrbahnrand gehen; vor dem Abbiegen nach links dürfen sie sich nicht links einordnen.

(3) Fußgänger haben Fahrbahnen unter Beachtung des Fahrzeugverkehrs zügig auf dem kürzesten Weg quer zur Fahrtrichtung zu überschreiten, und zwar, wenn die Verkehrslage es erfordert, nur an Kreuzungen oder Einmündungen, an Lichtzeichenanlagen innerhalb von Markierungen oder auf Fußgängerüberwegen (Zeichen 293). Wird die Fahrbahn an Kreuzungen oder Einmündungen überschritten, so sind dort angebrachte Fußgängerüberwege oder Markierungen an Lichtzeichenanlagen stets zu benutzen.

(4) Fußgänger dürfen Absperrungen, wie Stangen- oder Kettengeländer, nicht überschreiten. Absperrschranken (§ 43) verbieten das Betreten der abgesperrten Straßenfläche.[1]

(5) Gleisanlagen, die nicht zugleich dem sonstigen öffentlichen Straßenverkehr dienen, dürfen nur an den dafür vorgesehenen Stellen betreten werden.

VwV zu § 25 Fußgänger

Zu Absatz 3

1 I. Die Sicherung des Fußgängers beim Überqueren der Fahrbahn ist eine der vornehmsten Aufgaben der Straßenverkehrsbehörden und der Polizei. Es bedarf laufender Beobachtungen, ob die hierfür verwendeten Verkehrszeichen und Verkehrseinrichtungen den Gegebenheiten des Verkehrs entsprechen und ob weitere Maßnahmen sich als notwendig erweisen.

2 II. Wo der Fahrzeugverkehr so stark ist, dass Fußgänger die Fahrbahn nicht sicher überschreiten können, und da, wo Fußgänger den Fahrzeugverkehr unzumutbar behindern, sollten die Fußgänger entweder von der Fahrbahn fern gehalten werden (Stangen- oder Kettengeländer), oder der Fußgängerquerverkehr muss unter Berücksichtigung zumutbarer Umwege an bestimmten Stellen zusammengefasst werden (z. B. Markierung von Fußgängerüberwegen oder Errichtung von Lichtzeichenanlagen). Erforderlichenfalls ist bei der Straßenbaubehörde der Einbau von Inseln anzuregen.

3 III. 1. Die Markierungen an Lichtzeichenanlagen für Fußgänger, so genannte Fußgängerfurten, bestehen aus zwei in der Regel 4 m voneinander entfernten,

---

1 § 43 Abs. 3, Anl. 4 lfd. Nr. 1 bis 7 zu § 43

unterbrochenen Quermarkierungen. Einzelheiten ergeben sich aus den Richtlinien für die Markierung von Straßen (RMS). Vgl. zu § 41 Abs. 1, Anlage 2 Abschnitt 9.

4 2. Wo der Fußgängerquerverkehr dauernd oder zeitweise durch besondere Lichtzeichen geregelt ist, sind Fußgängerfurten zu markieren. Sonst ist diese Markierung, mit Ausnahme an Überwegen, die durch Schülerlotsen, Schulweghelfer oder sonstige Verkehrshelfer gesichert werden, unzulässig.

5 3. Mindestens 1 m vor jeder Fußgängerfurt ist eine Haltlinie (Z. 294) zu markieren; nur wenn die Furt hinter einer Kreuzung oder Einmündung angebracht ist, entfällt selbstverständlich eine Haltlinie auf der der Kreuzung oder Einmündung zugewandten Seite.

6 IV. Über Fußgängerüberwege vgl. zu § 26.

7 V. Wenn nach den dort genannten Grundsätzen die Anlage von Fußgängerüberwegen ausscheidet, der Schutz des Fußgängerquerverkehrs aber erforderlich ist, muss es nicht immer geboten sein, Lichtzeichen vorzusehen. In vielen Fällen wird es vielmehr genügen, die Bedingungen für das Überschreiten der Straße zu verbessern (z. B. durch Einbau von Inseln, Haltverbote, Überholverbote, Geschwindigkeitsbeschränkungen, Beleuchtung).

8 VI. Die Straßenverkehrsbehörde hat bei der Straßenbaubehörde anzuregen, die in § 11 Abs. 4 BOStrab vorgesehene Aufstellfläche an den für das Überschreiten durch Fußgänger vorgesehenen Stellen zu schaffen; das bloße Anbringen einer Fahrstreifenbegrenzung (Z. 295) wird nur ausnahmsweise den Fußgängern ausreichenden Schutz geben.

Zu Absatz 5

9 Das Verbot ist bußgeldbewehrt durch § 63 Abs. 2 Nr. 1 BOStrab; wenn es sich um Eisenbahnanlagen handelt, durch § 64b der Eisenbahn-Bau- und Betriebsordnung (EBO).

1 Aus der amtlichen Begründung

(entfällt)

2 Erläuterungen

2.1 Gehwegbenutzungsgebot

Das Gebot bezieht sich nicht nur auf Gehwege, sondern auf alle den Fußgängern vorbehaltenen Flächen. Gehwege sind als Sonderwege von der Fahrbahn durch bauliche Einrichtungen abgegrenzte Straßenteile, die durch Pflasterung, Gehwegplatten, Kies oder in sonstiger Weise erkennbar für Fußgänger bestimmt sind (OLG Karlsruhe VRS 106. 397; OLG Düsseldorf VerkMitt 1996 Nr. 119 = VRS 91, 309 = DAR 1996, 244 = NZV 1996, 374). Zum Gehweg gehören auch der Bordstein sowie die Fläche zwischen Bordstein und Gehwegbefestigung, die von Fußgängern zur Straßenquerung benutzt wird. Dass Fahrzeuge dort nicht fahren dürfen, folgt aus der Fahrbahnbenutzungspflicht (§ 2 Abs. 1), dass dort nicht geparkt werden darf aus § 12 Abs. 4. Eine Kennzeichnung der Gehwege durch Z. 239 ist entbehrlich, wenn aus der baulichen Gestaltung die Zweckbestimmung erkennbar ist (Regelfall). Gehwege sind auch dann zu benutzen, wenn solche nur auf einer Straßenseite vorhanden sind. Hört auf einer Straßenseite ein Gehweg auf, muss der Fußgänger auf den Gehweg der anderen Seite überwechseln (BGH VersR 1964, 1203). Für Fußgänger gibt es auf Gehwegen kein „Rechtsgehgebot", wohl aber die Pflicht zur Rücksichtnahme (KG VerkMitt 2007 Nr. 79).

2.2 Fahrbahnbenutzung durch Fußgänger

Sind keine Gehwege oder Seitenstreifen vorhanden oder sind sie durch Schnee, Eisglätte, Schlamm oder Bauschutt faktisch blockiert, dürfen Fußgänger innerorts auf der rechten oder linken Fahrbahnseite laufen. Außerorts müssen sie die linke Fahrbahnseite benutzen, um entgegenkommenden schnellen Verkehr rechtzeitig wahrnehmen und ihm notfalls ausweichen zu können (BGH NZV 1995, 144). Kraftfahrer dürfen allerdings darauf nicht vertrauen, weil die Benutzung der linken Fahrbahnseite von der Zumutbarkeit für Fußgänger abhängt (§ 25 Abs. 1 Satz 3), d. h. ob die Fahrbahn oder die Verkehrsverhältnisse links ein sicheres Gehen zulassen, z. B. durch scharfe Linkskurven mit Sichtbeeinträchtigungen. Insoweit gibt es keinen Vorrang des Fahrzeuglängsverkehrs gegenüber Fußgängern. Kraftfahrer müssen auf Fußgänger stets Rücksicht nehmen und dürfen sie nicht beiseite drängen. Bewegen sich Fußgänger am Rand einer Landstraße, sind sie nicht verpflichtet, die Fahrbahn bei Annäherung eines Fahrzeugs zu verlassen (BGH VersR 1967, 706); sie müssen aber zur Gefahrenvermeidung auf den Fahrverkehr Rücksicht nehmen (BGH VRS 13, 90 = DAR 1957, 235; OLG Düsseldorf DAR 1977, 268) und ausweichen, wenn ihnen das ohne Schwierigkeiten möglich ist (OLG Hamm DAR 2001, 166). Zur Nachtzeit müssen sie rechtzeitig auf die äußerste Straßenseite und bei erkennbarer Gefahr auch auf den angrenzenden Randstreifen ausweichen (BGH VersR 1972, 258).

Nebeneinandergehen auf der Fahrbahn ist nicht allgemein verboten, sondern nur bei Dunkelheit, schlechter Sicht oder wenn es die Verkehrslage erfordert, z. B. bei starkem oder schnellem Verkehr, an Straßenengstellen. Wie viele Personen nebeneinander gehen dürfen, richtet sich nach der Verkehrslage und der Straßenbreite.

Fußgängervorrang gegenüber abbiegenden Fahrzeugen

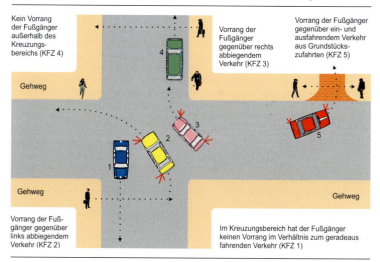

Eine **Beleuchtung** ist bei Dunkelheit nicht vorgeschrieben; dennoch müssen zumutbare Sicherungsmöglichkeiten in Anspruch genommen werden, z. B. helle Kleidung oder Reflexmaterial.[2] Die in Kleidungsstücken, z. B. in Schuhen, angebrachten elektronisch gesteuerten roten Blinkleuchten (Dioden) sind mehr eine Modeerscheinung und mangels Leuchtwirkung wenig zum Schutz der Fußgänger geeignet. Bei größerer Leuchtdichte wären sie außerdem unzulässig (§ 33 Abs. 2), weil nur gelbes Blinklicht und das nur bei geschlossenen Fußgängerverbänden zugelassen ist (§ 27 Abs. 4). Fußgänger dürfen zwar darauf vertrauen, dass Kraftfahrer einen genügenden Abstand zu ihnen einhalten; sie sind aber zu erhöhter Aufmerksamkeit verpflichtet, wenn schlechte Sichtverhältnisse herrschen oder zu befürchten ist, dass sie wegen der Blendwirkung entgegenkommender KFZ nicht rechtzeitig wahrgenommen werden.

2.3 Fußgänger mit Handfahrzeugen

Fußgänger mit Handfahrzeugen oder sonstigen Fortbewegungsmitteln müssen sich nach den Fußgängerregeln richten. Ist eine unvertretbare Behinderung anderer Fußgänger durch sperrige Gegenstände oder breite Handkarren unvermeidbar, muss die Fahrbahn (ggf. mit Absicherung) benutzt werden. Für die Änderung der Gehrichtung hat das Einordnungsverbot des § 25 Abs. 2 Satz 2 nur deklaratorische Bedeutung; es folgt bereits aus dem Gebot, stets am Fahrbahnrand zu gehen. Es stellt auch keine Ausnahme von § 9 Abs. 1 Satz 2 dar, weil diese Vorschrift nur für den Fahrverkehr gilt. Fußgänger mit sperrigen Gegenständen dürfen sich deshalb nicht „einordnen". Beim „Abbiegen" müssen Fußgänger mit Fahrzeugen die Fahrbahnen oder Kreuzungen unter Beachtung des Vorranges des Fahrzeugverkehrs rechtwinklig überqueren. Das gilt auch dann, wenn Fußgänger ein liegen gebliebenes KFZ schieben. Wollen sie nach links abbiegen, dürfen sie sich nur dann einordnen, wenn der Mitverkehr durch deutliche Zeichen auf das atypischen Verkehrsvorgang hingewiesen worden ist. Der Verkehr muss darauf Rücksicht nehmen.

Fußgänger, die Fahrzeuge schieben und die Fahrbahn benutzen müssen, haben innerorts und (abweichend von § 25 Abs. 1 Satz 3 zweiter Halbsatz) außerorts stets am rechten Fahrbahnrand zu gehen. Sie müssen bei Dunkelheit mindestens auf der linken Seite eine nach vorn und hinten gut sichtbare, nicht blendende Leuchte mit weißem Licht anbringen oder tragen (§ 17 Abs. 5). Die Leuchte darf nicht durch den Körper verdeckt werden. Auch auf der Fahrbahn geschobene Fahrräder oder Kleinkrafträder müssen bei Dunkelheit beleuchtet sein. Für mitgeführte sperrige Gegenstände folgt die Beleuchtungspflicht aus § 1 Abs. 2.

2.4 Überqueren der Straße

Aus dem Gehwegbenutzungsgebot folgt, dass Fußgänger die Fahrbahn nur zum Überqueren benutzen dürfen (25 Abs. 3). Beim Überschreiten der Fahrbahn außerhalb geschützter Querungsstellen haben sie den Vorrang des Fahrverkehrs zu beachten, müssen sich durch Beobachtung der Verkehrslage Klarheit verschaffen und dürfen die Fahrbahn nicht vor einem herannahenden Fahrzeug betreten (KG VRS 111, 166 = NZV 2007, 80; KG

---

[2] Als es noch keine Straßenbeleuchtung gab, wurden Fußgänger in vergangenen Jahrhunderten von manchen Landesherren verpflichtet, Laternen zu tragen.

VerkMitt 2004 Nr. 73 = VRS 107, 23 = NZV 2004, 579; OLG Brandenburg DAR 2008, 520: auch nicht mit einem Bein auf der Fahrbahn). Das gilt auch gegenüber Radfahrern auf Radwegen (OLG Hamm NZV 1999, 418). Der Vertrauensschutz in das verkehrsgerechte Verhalten der Fußgänger ist bei dem in § 3 Abs. 2a genannten Personenkreis, bei Fußgängergruppen, starkem Fußgängerverkehr oder bei Fußgängern auf der Fahrbahn eingeschränkt (OLG Rostock VRS 110, 102 = DAR 2006, 278: Gebot der Temporeduzierung nach § 3 Abs. 1 und Abgabe von Schallzeichen). Der Fahrzeugverkehr muss stets mit atypischem und unbesonnenem Fußgängerverhalten rechnen. Andererseits wird vom Kraftfahrer nichts Unmögliches verlangt. Auf Vorfahrtstraßen mit normalem Fußgängerverkehr auf Gehwegen darf im Allgemeinen darauf vertraut werden, dass Fußgänger nicht unvermutet über die Fahrbahn laufen. Fußgänger dürfen sich nicht darauf verlassen, dass andere KFZ bremsen, wenn sie zwischen zwei im Stau stehenden LKW den angrenzenden Fahrstreifen betreten (OLG Hamm NZV 2000, 371); sie vor der Front eines Busses die Fahrbahn queren (KG VerkMitt 2009 Nr. 4), ohne sich zu vergewissern, dass keine Fahrzeuge den Bus überholen, oder nur ein KFZ aus Gefälligkeit zur Querung der Fahrbahn angehalten hat (OLG Köln VerkMitt 1999 Nr. 76).

Die Fahrbahn ist auf dem kürzesten Weg quer zur Fahrtrichtung grundsätzlich rechtwinklig (und nicht im Bogen oder diagonal) zügig zu überschreiten, nicht aber unbedingt an der schmalsten und übersichtlichsten Stelle (OLG Celle VRS 11, 473 = NJW 1956, 1044). Zügig bedeutet in angemessener Eile, so schnell, wie es dem Fußgänger subjektiv möglich ist; einerseits muss er weder hasten noch rennen, andererseits ist die Fahrbahn kein „Laufsteg", auf dem „getrödelt" werden darf. Ferner ist die Fahrbahn in einem Zuge zu überschreiten, weil die Fahrbahnmitte (beim Fehlen von Mittelinseln) keinen Schutzbereich für Fußgänger darstellt. Fußgänger müssen besonders vorsichtig sein, wenn sie die Fahrbahn außerhalb von Fußgängerüberwegen oder signalgeregelten Fußgängerfurten überqueren; in der Regel müssen sie dem Fahrverkehr Vorrang einräumen (BGH NJW 1984, 50 = VRS 65, 338). Das Verschulden der Fußgänger beim unachtsamen Überschreiten der Fahrbahn wiegt ebenso schwer wie das der Kraftfahrer, die auf Fußgänger keine Rücksicht nehmen (KG VRS 104, 1; KG VerkMitt 2001 Nr. 12 = DAR 2001, 122; KG NZV 2003, 380).

Kann die Fahrbahn wegen schnellen oder starken Verkehrs nicht in einem Zuge überschritten werden, ist sie an den in § 25 Abs. 3 Satz 1 genannten Kreuzungen, Einmündungen, Markierungen, signalisierten Furten, Überwegen oder Mittelinseln zu überqueren, wobei ein Umweg bis zu 200 m bei bedrohlicher Verkehrslage geboten sein kann (OLG Dresden NZV 2001, 378: Eigenverschulden eines alkoholisierten Fußgängers). Auch hier gilt das Gebot des zügigen Überquerens. Baulich abgegrenzte Gleiskörper dürfen nach § 25 Abs. 5 nur an den dafür vorgesehenen Stellen überschritten werden.[3] Durch die Worte „an" bzw. „auf" (Gegensatz „im Bereich") wird deutlich, dass die bezeichnete Straßenstelle nur dort überquert werden soll und nicht z. B. 40 m hinter einer signalgeregelten Fußgängerfurt (BGH VRS 99, 328). Fehlen sichere Querungsstellen und sind weite Umwege unzumutbar, darf auf einer mehrspurigen Fahrbahn auch in der Mitte gewartet werden, wenn infolge des Gegenverkehrs eine Querung in einem

---

3 Das Betretungsverbot abgesonderter Gleisanlagen (baulich getrennte Trassen) folgt aus § 68 BOStrab und § 62 EBO.

Zuge nicht möglich ist (OLG Nürnberg DAR 2001, 170); Kraftfahrer müssen dann ihr Tempo deutlich herabsetzen (OLG Hamm NZV 2001, 41).

Der Fußgänger hat zwar bei der Straßenquerung auf den Fahrverkehr zu achten, braucht aber mit einem von links aus einer unübersichtlichen Kurve kommenden und unzulässig schnellen Fahrzeug nicht ohne Weiteres zu rechnen. Das gilt vor allem zu Gunsten von Kindern, die daran gewöhnt sind, nach Betreten der Fahrbahn zunächst nach rechts zu sehen. Die Regel, dass der Kraftfahrer hinter einem die Straße überquerenden Fußgänger vorbeizufahren hat, gilt zwar primär bei einem von rechts kommenden Fußgänger (BGH 1980, VRS 59, 163 = VersR 1980, 868). Überschreitet der Fußgänger jedoch die Straße von links nach rechts und bleibt auf der Gegenfahrbahn genügend Raum für die Vorbeifahrt, sollte sich der Kraftfahrer entsprechend verhalten (OLG Düsseldorf VersR 1979, 649).

Wer aus Höflichkeit eine alte, nicht mehr verkehrssichere Person über die Fahrbahn führt, ist zur Vorsicht verpflichtet (OLG Hamm VRS 12, 45). Überquert der Fußgänger nachts eine Straße in der Dunkelzone zwischen zwei Straßenlaternen, muss er bedenken, dass er schwer zu erkennen ist (BGH VersR 1961, 856 und 996; BGH VRS 23, 333). Dunkle Kleidung des Fußgängers bei Nacht kann die Unfallgefahr erhöhen, ist aber nicht schuldhaft (OLG Karlsruhe VerkMitt 1989 Nr. 71 = DAR 1989, 146).

2.5 Überqueren von Kreuzungen und Einmündungen

Gegenüber abbiegenden Fahrzeugen hat der Fußgänger Vorrang (§ 9 Abs. 3 Satz 3). Beim Überschreiten der Fahrbahn hinter einer Kreuzung oder Einmündung darf er in der Regel darauf vertrauen, dass der Fahrer in der angezeigten Richtung abbiegen wird. Er braucht den Beginn des Abbiegens nicht abzuwarten, muss jedoch den Fahrzeugverkehr beobachten, um nötigenfalls rechtzeitig zu reagieren (KG VerkMitt 1980 Nr. 10 = VRS 57, 173 = VersR 1979, 1031 = DAR 1980, 22). Bei bedrängender Fahrweise verzichten Fußgänger **nicht** auf ihren Vorrang, wenn sie zurückweichen; vielmehr verstößt der Fahrer gegen § 9 Abs. 3 Satz 3 (in krassen Fällen liegt strafbare Nötigung vor).

2.6 Überqueren an Lichtzeichenanlagen

Das Gebot zur Fahrbahnquerung nur innerhalb der Markierungen an Lichtzeichenanlagen („Fußgängerfurt") gilt, wenn die Verkehrslage dies erfordert (OLG München VRS 78, 187), z. B. bei Dunkelheit, Nässe oder starkem Verkehr (OLG Celle VRS 78, 324). Jedenfalls wird der Schutzzweck bei einem abweichenden Überqueren jenseits der Markierung auf der dem nahenden Verkehr abgewandten Seite nicht unterlaufen (BGH NZV 1990, 150 = VersR 1990, 99). Der Fußgänger kann nach Betreten der Fahrbahn das Überqueren fortsetzen, wenn die Fußgängerampel von Grün auf Rot umschaltet; die Ampelregelung enthält eine „**Schutzzeit**" für Fußgänger. Die Schutzzeit entspricht der Gehgeschwindigkeit, wenn die Fahrbahn noch bei grünem Fußgängersignal betreten wird, und reicht bis zur gegenüberliegenden Straßenseite oder bis zur nächsten Fußgängerampel (OLG Oldenburg VRS 31, 131 = NJW 1966, 1236 und 2026). Wer bei spätem Grün die Fahrbahn betritt und bei beginnendem Rot aus besonderen Gründen seinen Weg über die Fahrbahn nicht fortsetzen kann, muss auf einer Verkehrsinsel die nächste Grünphase abwarten (OLG Saarbrücken VerkMitt 1980 Nr. 35). Fußgänger, die bei Dunkelheit, Regen, lebhaftem Verkehr und in dunkler

Kleidung die Fahrbahn in einer Entfernung von etwa 20 m zur nächsten ampelgesicherten Furt überschreiten, handeln grob fahrlässig (KG VerkMitt 1979 Nr. 96; OLG München DAR 2001, 407). Ein Fußgänger, der erkennbar die Furt bei Grün betritt, hat Vorrang vor dem Kraftfahrer, der bei Grün auf diese Fußgängerfurt abbiegen will. Befindet sich der Fußgänger in angeregter Unterhaltung mit anderen Fußgängern oder liest Zeitung, muss der Kraftfahrer besonders vorsichtig sein (KG VRS 115, 255; OLG Köln VerkMitt 1980 Nr. 87). Überqueren von Fußgängerüberwegen: siehe zu § 26.

3 Hinweise

3.1 Gefährdungsausschluss gegenüber Kindern, Hilfsbedürftigen und älteren Menschen: § 3 Abs. 2a; Mitführen von Leuchten mit weißem Licht, wenn Fußgänger Fahrzeuge auf der Fahrbahn führen: § 17 Abs. 5; Fußgänger als Führer von Pferden und Treiber von Vieh: § 28; Sport und Spiel auf Straßen: § 31 (Zusatzzeichen 1010-10 zu Z. 101 oder Z. 250); Lichtzeichen für Fußgänger: § 37 Abs. 2 Nr. 5.

3.2 Benutzung und Betreten von Bahnanlagen: §§ 58, 63 BOStrab; § 62 EBO.

§ 26 Fußgängerüberwege

(1) An Fußgängerüberwegen haben Fahrzeuge mit Ausnahme von Schienenfahrzeugen den Fußgängern sowie Fahrern von Krankenfahrstühlen oder Rollstühlen, welche den Überweg erkennbar benutzen wollen, das Überqueren der Fahrbahn zu ermöglichen. Dann dürfen sie nur mit mäßiger Geschwindigkeit heranfahren; wenn nötig, müssen sie warten.

(2) Stockt der Verkehr, so dürfen Fahrzeuge nicht auf den Überweg fahren, wenn sie auf ihm warten müssten.

(3) An Überwegen darf nicht überholt werden.

(4) Führt die Markierung über einen Radweg oder einen anderen Straßenteil, so gelten diese Vorschriften entsprechend.

VwV zu § 26 Fußgängerüberwege

I. Örtliche Voraussetzungen

1 1. Fußgängerüberwege dürfen nur innerhalb geschlossener Ortschaften und nicht auf Straßen angelegt werden, auf denen schneller als 50 km/h gefahren werden darf.

2 2. Die Anlage von Fußgängerüberwegen kommt in der Regel nur in Frage, wenn auf beiden Straßenseiten Gehwege vorhanden sind.

3 3. Fußgängerüberwege dürfen nur angelegt werden, wenn nicht mehr als ein Fahrstreifen je Richtung überquert werden muss. Dies gilt nicht an Kreuzungen und Einmündungen in den Straßen mit Wartepflicht.

4 4. Fußgängerüberwege müssen ausreichend weit voneinander entfernt sein; das gilt nicht, wenn ausnahmsweise zwei Überwege hintereinander an einer Kreuzung oder Einmündung liegen.

5 5. Im Zuge von Grünen Wellen, in der Nähe von Lichtzeichenanlagen oder über gekennzeichnete Sonderfahrstreifen nach Z. 245 dürfen Fußgängerüberwege nicht angelegt werden.

6 6. In der Regel sollen Fußgängerüberwege zum Schutz der Fußgänger auch über Radwege hinweg angelegt werden.

II. Verkehrliche Voraussetzungen

7 Fußgängerüberwege sollten in der Regel nur angelegt werden, wenn es erforderlich ist, dem Fußgänger Vorrang zu geben, weil er sonst nicht sicher über die Straße kommt. Dies ist jedoch nur dann der Fall, wenn es die Fahrzeugstärke zulässt und es das Fußgängeraufkommen nötig macht.

III. Lage

8 1. Fußgängerüberwege sollten möglichst so angelegt werden, dass die Fußgänger die Fahrbahn auf dem kürzesten Wege überschreiten.

9 2. Fußgängerüberwege sollten in der Gehrichtung der Fußgänger liegen. Wo Umwege für Fußgänger zum Erreichen des Überwegs unvermeidbar sind, empfehlen sich z. B. Geländer.

10 3. Bei Fußgängerüberwegen an Kreuzungen und Einmündungen ist zu prüfen, ob es nicht ausreicht, über die Straße mit Vorfahrt nur einen Fußgängerüberweg anzulegen. Bei Einbahnstraßen sollte dieser vor der Kreuzung oder Einmündung liegen. An Kreuzungen und Einmündungen mit abknickender Vorfahrt darf ein Fußgängerüberweg auf der bevorrechtigten Straße nicht angelegt werden.

11 4. Vor Schulen, Werksausgängen und dergleichen sollten Fußgänger nicht unmittelbar auf den Fußgängerüberweg stoßen, sondern durch Absperrungen geführt werden.

12 5. Im Zuge von Straßen mit Straßenbahnen ohne eigenen Bahnkörper sollen Fußgängerüberwege nicht angelegt werden. Fußgängerüberwege über Straßen mit Schienenbahnen auf eigenem Bahnkörper sollen an den Übergängen über den Gleisraum mit versetzten Absperrungen abgeschrankt werden.

IV. Markierung und Beschilderung

13 1. Die Markierung erfolgt mit Z. 293.

14 Auf Fußgängerüberwege wird mit Z. 350 hingewiesen. In wartepflichtigen Zufahrten ist dies in der Regel entbehrlich.

V. Beleuchtung

15 Die Straßenverkehrsbehörden müssen die Einhaltung der Beleuchtungskriterien nach den Richtlinien für die Anlage und Ausstattung von Fußgängerüberwegen (R-FGÜ) gewährleisten und gegebenenfalls notwendige Beleuchtungseinrichtungen anordnen (§ 45 Abs. 5 Satz 2).

VI. Richtlinien

16 Das für Verkehr zuständige Bundesministerium gibt im Einvernehmen mit den zuständigen obersten Landesbehörden Richtlinien für die Anlage und Ausstattung von Fußgängerüberwegen (R-FGÜ) im Verkehrsblatt bekannt.[1]

1 Aus der amtlichen Begründung

Rollstuhlfahrer werden in die Fußgängerregelung einbezogen; vor Zebrastreifen gilt generell Überholverbot (Begr. 1988).

2 Erläuterungen

2.1 Fußgängerüberweg

Fußgängerüberwege sind nur die durch Markierung nach Z. 293 (Anl. 2 lfd. Nr. 66 zu § 41) gekennzeichneten Überwege („Zebrastreifen"). Sie führen im Regelfall über die Fahrbahn, aber auch auf öffentlichen Parkplätzen markierte Zebrastreifen sind zu beachten (OLG Celle NZV 2001, 79). Die Verhaltenspflichten folgen aus der Markierung, nicht aus dem blauen Richtzeichen 350 (Anl. 3 lfd. Nr. 24 zu § 42). Die an Lichtzeichenanlagen (LZA) längs markierten Bereiche sind Fußgängerfurten; an ihnen gilt die Signalregelung. Ist die LZA außer Betrieb, müssen sich Fußgänger nach den Regeln des § 25 richten. Fußgängerwege dürfen sich nicht in der Nähe von LZA befinden; auch nicht an Signalanlagen, an denen Fußgänger durch Knopfdruck Grün anfordern.

Die Schutzwirkung des Überweges erstreckt sich nur auf Fußgänger oder Rollstuhlfahrer,[2] nicht aber auf Radfahrer; anders nur, wenn das Fahrrad geschoben oder mit einem Fuß auf dem Pedal gerollt wird (KG NZV 2005, 92; OLG Düsseldorf VerkMitt 1998 Nr. 86 = NZV 1998, 296 = DAR 1998, 280 = VD 1998, 188). Kraftfahrer haben keinen Vertrauensschutz in das verkehrsgerechte Verhalten der Fußgänger; sie müssen sich darauf einstellen, dass Fußgänger nicht genau auf dem Überweg, sondern einige Meter davor oder dahinter die Fahrbahn überqueren, und deshalb auch die Umgebung beobachten (OLG Karlsruhe VRS 44, 370; VRS 45, 140). Der Schutzbereich reicht mindestens 4 m über die mit „Zebrastreifen" gekennzeichnete Verkehrsfläche hinaus (OLG Hamm VRS 54, 223). Fußgänger, die 6 bis 8 m von

---

1 VkBl. 2001 S. 474
2 Auch motorisierte Kranken- oder Behindertenfahrstühle

§ 26 Fußgängerüberwege

Überholen am Fußgängerüberweg

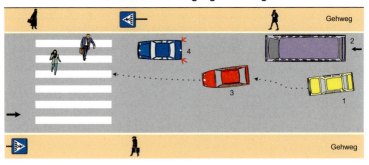

An Fußgängerüberwegen (Z. 293) darf auch dann nicht überholt werden, wenn keine Fußgänger die Straße überqueren, Fahrzeug 4 steht vor dem Überweg = wartet. Warten ist verkehrsbedingtes Anhalten (Rn. 1 VwV zu §§ 5 und 6) = Zuordnung zum fließenden Verkehr. Folge: Fahrzeug 3 überholt Fahrzeug 4 verbotswidrig (§§ 5, 26 Abs. 3, 49 Abs. 1 Nr. 24 b).

KFZ 2 steht = hält. Halten ist gewollte Fahrtunterbrechung, die nicht durch die Verkehrslage bedingt ist (Rn. 1 VwV zu § 12) = Zuordnung zum ruhenden Verkehr. Folge: KFZ 1 fährt vorbei, § 6 (kein Überholen!).

---

einem Überweg entfernt die Straße überschreiten wollen, haben keinen Vorrang vor dem Fahrverkehr mehr (BayObLG VerkMitt 1978 Nr. 76 = NJW 1978, 1491 = DAR 1978, 253 = VRS 55, 183). Fußgänger müssen bei starkem Verkehr Fußgängerüberwege benutzen, selbst wenn der Überweg 40 bis 50 m entfernt ist (KG VerkMitt 2009 Nr. 4 = VRS 115, 289). Bei Markierungsresten ehemaliger Überwege müssen Kraftfahrer damit rechnen, dass Fußgänger dort gewohnheitsmäßig noch auf die Schutzwirkung vertrauen (BGH VRS 41, 307; OLG Koblenz VRS 44, 68 = DAR 1972, 50; OLG Düsseldorf DAR 1974, 160). Die Markierung eines Fußgängerüberweges ist weiterhin wirksam, wenn sie zwar vorhanden, aber durch eine feste Schneedecke verdeckt ist (OLG Oldenburg VerkMitt 1980 Nr. 8 = VRS 58, 285).

2.2 Vorrang der Fußgänger

Ein Fußgänger, der am Bordstein eines Überweges stehend auf die Fahrbahn blickt, gibt zu erkennen, dass er die Fahrbahn überschreiten will (OLG Düsseldorf NZV 2000, 382; VRS 98, 373; OLG Schleswig VerkMitt 1976 Nr. 56), nicht aber bereits bei bloßer Annäherung an einen Überweg (OLG Hamm NZV 2004, 577). Ein kurzes Verharren des Fußgängers am Fahrbahnrand genügt nicht zur Annahme, dass der Fußgänger verzichte auf das Überqueren (BGH VRS 38, 278; KG NZV 1993, 40). Der Fußgänger darf nicht belästigend beeinflusst werden (OLG Düsseldorf VerkMitt 1993 Nr. 39). Andererseits darf der Fußgänger auf sein Vorrecht bei Benutzung des Überwegs nicht blindlings vertrauen (BGH VerkMitt 1983 Nr. 30 = VersR 1982, 876 = VRS 63, 255; OLG Celle NZV 2001, 79). Er muss sich deshalb vor dem Betreten der Fahrbahn vergewissern, ob er dies gefahrlos tun kann, notfalls auch Handzeichen geben (BGH VersR 1983, 667 = VRS 65, 94). Auf einem entgegen den R-FGÜ[3] noch über Gleise führenden Überweg haben Fuß-

---

3 Richtlinie für die Anlage und Ausstattung von Fußgängerüberwegen vom 22.10.2001 (VkBl. S. 474)

gänger keinen Vorrang und müssen herannahende Straßenbahnen vorbeifahren lassen; andererseits dürfen Straßenbahnen nicht auf dem Zebrastreifen halten.

2.3 Verzicht auf den Vorrang

Der Fußgänger kann auf den Vorrang aus § 26 verzichten, bei Kindern jedoch nur, wenn er deren Verhalten beherrscht (OLG Düsseldorf VRS 63, 472). Ein Verzicht muss deutlich und unmissverständlich sein, z. B. durch Handzeichen. Warten Fußgänger bedrängende Fahrzeuge ab, liegt darin kein Verzicht auf ihren Vorrang.

2.4 Mäßige Geschwindigkeit vor dem Überweg

Mäßige Geschwindigkeit ist erforderlich, wenn erkennbare Anzeichen dafür bestehen, dass Fußgänger den Überweg überqueren wollen. Dann darf nur so langsam an den Überweg herangefahren werden, dass jederzeit ohne Gefahrbremsung angehalten werden kann (OLG Stuttgart VRS 41, 265; OLG Koblenz VRS 44, 99). Für den Fußgänger muss dabei die Beachtung seines Vorrangs erkennbar sein (OLG Karlsruhe VRS 45, 40; OLG Düsseldorf DAR 1974, 160); 30 km/h kann eine mäßige Geschwindigkeit sein (OLG Hamm VRS 54, 223). Kommt ein Kraftfahrzeug nur noch mit scharfem Bremsen und quietschenden Reifen unmittelbar vor Fußgängern am Überweg zum Stehen, verstößt der Fahrer gegen §§ 26 Abs. 1 und 1 Abs. 2. Wer bewusst am Überweg riskant fährt, handelt grob rücksichtslos (OLG Düsseldorf VerkMitt 1974 Nr. 50).

2.5 Überholverbot

Das Überholverbot vor dem Fußgängerüberweg wird ab dem Z. 350 (Anl. 3 lfd. Nr. 24) wirksam; spätestens dort muss der Überholvorgang beendet

Fußgängerüberweg bei Dunkelheit

Fußgängerüberwege sind nach den R-FGÜ bei Dunkelheit zu beleuchten (Rn. 15 VwV-StVO zu § 26). Das Auge stellt sich auf den hellsten Teil der Fahrbahn ein. Wird der Fußgängerüberweg bei Dunkelheit durch Punktstrahler stark ausgeleuchtet, erscheint dieser Raum wie eine „Lichtschleuse", der Raum hinter dem Zebrastreifen aber extrem dunkel. Fußgänger, die dort die Straße überqueren, sind stark gefährdet. Infolgedessen müssen Kraftfahrer nach dem Passieren des Fußgängerüberweges den Fahrraum aufmerksam beobachten und dürfen erst dann wieder schneller fahren, wenn sie sich überzeugt haben, dass kein Fußgänger mehr auf der Fahrbahn ist.

oder abgebrochen werden. Hierbei spielt es keine Rolle, ob Fußgänger den Überweg überqueren wollen oder nicht. Das Überholverbot gilt auch, wenn ein Fahrzeug aus anderen Gründen vor dem Überweg verkehrsbedingt wartet. Sofern auf den Überweg noch durch Gefahrzeichen 134 hingewiesen wird, empfiehlt sich, Überholvorgänge bereits ab diesem Zeichen zu beenden oder abzubrechen.[4] Führt ein Fußgängerüberweg über einen Radweg, gilt das Überholverbot nicht zwischen Radfahrern und Kraftfahrzeugen, da es sich nicht um dieselbe Fahrbahn handelt. Radfahrer müssen jedoch untereinander das Überholverbot beachten.

2.6 Behinderungs- und Gefährdungsverbot der Fußgänger

Der Kraftfahrer darf den Fußgänger am Überweg weder gefährden noch behindern oder belästigen (OLG Celle NZV 1992, 122). § 26 Abs. 1 ist bereits verletzt, wenn der Fußgänger in seinem Verhalten durch das heranfahrende Fahrzeug beeinflusst wird (OLG Düsseldorf VRS 59, 381). Der sich einem Fußgängerüberweg nähernde Kraftfahrer ermöglicht einem am linken Fahrbahnrand wartenden Schulkind bereits dann nicht das Überschreiten des Überwegs, wenn er auf erkennbare Anzeichen des Kindes nicht reagiert (OLG Oldenburg VRS 58, 286). Das Vorrecht des Fußgängers auf dem Überweg muss allerdings merkbar beeinträchtigt sein (OLG Stuttgart VRS 61, 67). § 26 verbietet dem Kraftfahrer nicht, auf einer hinreichend breiten Straße vor dem Fußgänger vorsichtig vorbeizufahren, wenn der Fußgänger dadurch weder behindert noch erschreckt wird (OLG Stuttgart VRS 61, 67; OLG Düsseldorf VRS 64, 461).

2.7 Haltverbot am Überweg

Die Markierung Z. 293 (Anl. 2 lfd. Nr. 66 zu § 41) begründet zur besseren Sicht ein **Haltverbot** auf und 5 m vor (nicht hinter) dem Überweg; bei Verstoß kann das Fahrzeug auf Kosten des Halters umgesetzt werden (VGH Kassel NVwZ 1988, 657). Das Haltverbot bezieht sich nur auf die Fahrbahn. Befindet sich eine Parkbucht unmittelbar vor dem Zebrastreifen, muss die Verkehrsbehörde zur Sichtverbesserung eine Sperrfläche (Z. 298) von mindestens einer Fahrzeuglänge anordnen. Auch eine Straßenbahn darf auf einem (dort entgegen den R-FGÜ noch vorhandenen) Fußgängerüberweg nicht halten (BGH VerkMitt 1975 Nr. 98 = VRS 49, 243 = VersR 1975, 1007). S. a. Erl. 2.3.4 zu § 12.

3 Hinweise

3.1 Vorschriftzeichen „Fußgängerüberweg": Z. 293; Richtzeichen „Fußgängerüberweg": Z. 350.

3.2 Freiheitsstrafe oder Geldstrafe für falsches Fahren an Fußgängerüberwegen, wenn Personen oder erhebliche Sachwerte (konkret) gefährdet werden: § 315c StGB.

---

4 Das Gefahrzeichen 134 ist als Verkehrszeichen in der Anlage 1 zu § 40 entfallen. Nur bei unabweisbarem Bedarf, z. B. bei schlecht einsehbaren Zebrastreifen, kann es nach der Symbolreihe gemäß § 39 Abs. 7 angeordnet werden. Zuvor ist die Lage des Fußgängerüberweges nach den R-FGÜ zu überprüfen.

§ 27 Verbände

(1) Für geschlossene Verbände gelten die für den gesamten Fahrverkehr einheitlich bestehenden Verkehrsregeln und Anordnungen sinngemäß. Mehr als 15 Radfahrer dürfen einen geschlossenen Verband bilden. Dann dürfen sie zu zweit nebeneinander auf der Fahrbahn fahren. Kinder- und Jugendgruppen zu Fuß müssen, soweit möglich, die Gehwege benutzen.

(2) Geschlossene Verbände, Leichenzüge und Prozessionen müssen, wenn ihre Länge dies erfordert, in angemessenen Abständen Zwischenräume für den übrigen Verkehr frei lassen; an anderen Stellen darf dieser sie nicht unterbrechen.

(3) Geschlossen ist ein Verband, wenn er für andere Verkehrsteilnehmer als solcher deutlich erkennbar ist. Bei Kraftfahrzeugverbänden muss dazu jedes einzelne Fahrzeug als zum Verband gehörig gekennzeichnet sein.

(4) Die seitliche Begrenzung geschlossen reitender oder zu Fuß marschierender Verbände muss, wenn nötig (§ 17 Abs. 1), mindestens nach vorn durch nicht blendende Leuchten mit weißem Licht, nach hinten durch Leuchten mit rotem Licht oder gelbem Blinklicht kenntlich gemacht werden. Gliedert sich ein solcher Verband in mehrere deutlich voneinander getrennte Abteilungen, dann ist jede auf diese Weise zu sichern. Eigene Beleuchtung brauchen die Verbände nicht, wenn sie sonst ausreichend beleuchtet sind.

(5) Der Führer des Verbandes hat dafür zu sorgen, dass die für geschlossene Verbände geltenden Vorschriften befolgt werden.

(6) Auf Brücken darf nicht im Gleichschritt marschiert werden.

VwV zu § 27 Verbände

Zu Absatz 1

1 Abweichend von den (nur sinngemäß geltenden) allgemeinen Verkehrsregeln ist darauf hinzuwirken, dass zu Fuß marschierende Verbände, die nach links abbiegen wollen, sich nicht nach links einordnen, sondern bis zur Kreuzung oder Einmündung am rechten Fahrbahnrand geführt werden.

Zu Absatz 2

2 Leichenzügen und Prozessionen ist, soweit erforderlich, polizeiliche Begleitung zu gewähren. Gemeinsam mit den kirchlichen Stellen ist jeweils zu prüfen, wie sich die Inanspruchnahme stark befahrener Straßen einschränken lässt.

Zu Absatz 3

3 Bei geschlossenen Verbänden ist besonders darauf zu achten, dass sie geschlossen bleiben; bei Verbänden von Kraftfahrzeugen auch darauf, dass alle Fahrzeuge die gleichen Fahnen, Drapierungen, Sonderbeleuchtungen oder ähnlich wirksame Hinweise auf ihre Verbandszugehörigkeit führen.

Zu Absatz 4

4 Bedarf ein zu Fuß marschierender Verband eigener Beleuchtung, so ist darauf zu achten, dass die Flügelmänner des ersten und des letzten Gliedes auch dann Leuchten tragen, wenn ein Fahrzeug zum Schutze des Verbandes vorausfährt oder ihm folgt.

§ 27 Verbände

1 Aus der amtlichen Begründung

(entfällt)

2 Erläuterungen

2.1 Geschlossener Verband

Ein geschlossener Verband ist eine nach außen erkennbare geordnete Personen- oder Fahrzeugkolonne mit einheitlicher Führung, Kennzeichnung und Bewegung in gleicher Richtung, Geschwindigkeit und gleichen Mindestabständen (OLG Karlsruhe NZV 1991, 155). Wird in einem so großen Abstand hintereinander gefahren, dass sich andere Fahrzeuge beim Überholen und Wiedereinordnen gefahrlos in die Lücken der Kolonne einschieben können, geht der Charakter als Verband verloren (KG VerkMitt 2007 Nr. 21 = VRS 111, 411 = DAR 2007, 84 = NZV 2007, 142: kein geschlossener Verband bei 50 m Abstand innerorts; OLG Nürnberg VersR 1978, 1045), auch wenn die Fahrzeuge voneinander einen Abstand von 50 m halten (OLG Schleswig NZV 1992, 321 = VersR 1992, 1017). Löst sich ein Verband auf, muss sich jeder nach den für ihn geltenden Verkehrsregeln richten.

2.2 Verbandsführer

Der **Verbandsführer** hat seine Hilfspersonen nach Zuverlässigkeit auszuwählen und zu überwachen (OLG Oldenburg VerkMitt 1971 Nr. 6 = VRS 40, 148). Bei Leichenzügen und Prozessionen ist der Pfarrer nicht der Verbandsführer; bei Bedarf sollte eine Absicherung durch die (vorher zu unterrichtende) Polizei erfolgen.

2.3 Kennzeichnung und Beleuchtung des Verbandes

Die Kennzeichnung kann durch die Fahrzeugart, die Fahrzeugfarbe, Fahnen, Tafeln und ähnliche Merkmale erfolgen. Abblendlicht allein reicht bei Tage nicht aus, um einen Fahrzeugverband als geschlossen zu kennzeichnen (BayObLG VRS 47, 391). Das Einschalten der Warnblinkanlage am Schlussfahrzeug einer Militärkolonne liegt im pflichtgemäßen Ermessen des Kolonnenführers (OLG Hamm NZV 1991, 430). Das letzte Fahrzeug einer Kolonne, die bei Dunkelheit die Autobahn mit sehr geringer Geschwindigkeit befährt, muss den nachfolgenden schnellen Verkehr durch Warnblinklicht auf diese ungewöhnliche Fahrweise nicht aufmerksam machen (OLG Celle VersR 1977, 454). Geschlossene Verbände unterliegen nach § 27 Abs. 1 Satz 1 den für den Fahrverkehr geltenden Regeln; d. h. die Beleuchtungsvorschriften des § 17 kommen bei KFZ-Verbänden uneingeschränkt zur Anwendung. Für andere Verbände empfiehlt sich eine angemessene Absicherung durch geeignete Beleuchtung, z. B. Handlaternen und Reflexfolien. Geschlossen reitende oder zu Fuß marschierende Verbände müssen seitlich nach vorn mit einer weißen, nach hinten mit einer roten oder gelb blinkenden Leuchte abgesichert werden (§ 27 Abs. 4), wenn sie nicht sonst ausreichend beleuchtet sind (z. B. durch Straßenbeleuchtung).

2.4 Beachtung der Verkehrsregeln

Die Verhaltensregeln gelten nur für Verkehrswege sinngemäß, die von **allen** Fahrzeugen gleichermaßen benutzt werden dürfen. Marschierende Kolonnen dürfen deshalb weder Radwege noch Kraftfahrstraßen oder Autobahnen benutzen. Auf anderen Straßen müssen geschlossene Verbände die Fahrbahn benutzen und sich dort möglichst weit rechts bewegen. Für motorisierte Verbände gelten die Regeln über die Fahrgeschwindigkeit und das Überholen, für alle Verbände die Vorrangregelung an Hindernissen. Der Fahrer in einer langsam fahrenden Kolonne muss nicht scharf rechts ausweichen, um vorschriftswidrige Überholmanöver zu ermöglichen (BGH VersR 1980, 849 = VRS 59, 324). Beim Einfahren oder Einmarschieren in eine Straße gelten grundsätzlich dieselben Sorgfaltspflichten wie beim Fahrverkehr. An Kreuzungen und Einmündungen dürfen von rechts kommende Verbände Vorfahrt beanspruchen. Fährt der Verband bei Grün in den Knotenpunkt, dürfen die anderen Verbandsmitglieder folgen, selbst wenn die Anlage zwischenzeitlich auf Rot schaltet; bei langen Kolonnen ist aber eine Absicherung zum Querverkehr durch einen Warnposten oder Polizei stets zu empfehlen. Beim Abbiegen muss der Fahrer des ersten Kolonnenfahrzeugs § 9 beachten und das Abbiegen deutlich ankündigen (OLG Karlsruhe NZV 1991, 155); allerdings nicht gleichsam „blind", weil das Verbandsvorrecht weder bei der Vorfahrt noch beim Vorrang erzwungen werden darf. Zu Fuß marschierende Verbände, die nach links einbiegen wollen, sollten sich nicht nach links einordnen, sondern bis zur Kreuzung oder Einmündung am rechten Fahrbahnrand bleiben. Auch die Vorschriften über das Halten und Parken sind sinngemäß anzuwenden. Die Sicherung reitender oder marschierender Verbände nach § 27 Abs. 4 ist auch nötig, wenn ein Fahrzeug zum Schutze des Verbandes vorausfährt oder folgt. Die Sorgfaltspflicht aus § 35 Abs. 8 obliegt allen Fahrern (OLG München VRS 72, 170); mögliche Vorrechte anderer Verkehrsteilnehmer sind zu beachten (OLG Karlsruhe VersR 1992, 108).

Zur Vermeidung von Schwingungen gilt das Verbot des Gleichschritts auf Brücken (§ 27 Abs. 6) nicht nur für Verbände, sondern auch für unorganisierte Menschenmengen.

3 Hinweise

3.1 Verhalten gegenüber geschlossenen Verbänden der Bundeswehr: Verlautbarung des BMVBS vom 4.10.1971 (VkBl S. 538) und vom 12.3.1987 (VkBl. S. 282) für ausländische Stationierungsstreitkräfte.

3.2 Erlaubnispflicht aller geschlossenen Fahrzeugverbände bei übermäßiger Straßenbenutzung: § 29 Abs. 2; blaues Blinklicht bei Begleitung von geschlossenen Verbänden: § 38 Abs. 2; keine besondere Erlaubnis für geschlossene Verbände von nicht mehr als 30 Kraftfahrzeugen der Bundeswehr, Bundes- und Landespolizei, Feuerwehr, des Katastrophenschutzes und Zolldienstes: § 35 Abs. 2 Nr. 1.

§ 28 Tiere

(1) Haus- und Stalltiere, die den Verkehr gefährden können, sind von der Straße fern zu halten. Sie sind dort nur zugelassen, wenn sie von geeigneten Personen begleitet sind, die ausreichend auf sie einwirken können. Es ist verboten, Tiere von Kraftfahrzeugen aus zu führen. Von Fahrrädern aus dürfen nur Hunde geführt werden.

(2) Für Reiter, Führer von Pferden sowie Treiber und Führer von Vieh gelten die für den gesamten Fahrverkehr einheitlich bestehenden Verkehrsregeln und Anordnungen sinngemäß. Zur Beleuchtung müssen mindestens verwendet werden:
1. beim Treiben von Vieh vorn eine nicht blendende Leuchte mit weißem Licht und am Ende eine Leuchte mit rotem Licht,
2. beim Führen auch nur eines Großtieres oder von Vieh eine nicht blendende Leuchte mit weißem Licht, die auf der linken Seite nach vorn und hinten gut sichtbar mitzuführen ist.

VwV zu § 28 Tiere

Zu Absatz 1

1 I. Die Halter von Federvieh sind erforderlichenfalls dazu anzuhalten, die notwendigen Vorkehrungen zur Fernhaltung ihrer Tiere von der Straße zu treffen.

2 II. Wenn Hunde auf Straßen mit mäßigem Verkehr nicht an der Leine, sondern durch Zuruf und Zeichen geführt werden, so ist das in der Regel nicht zu beanstanden.

3 III. Solange Beleuchtung nicht erforderlich ist, genügt zum Treiben einer Schafherde in der Regel ein Schäfer, wenn ihm je nach Größe der Herde ein Hund oder mehrere zur Verfügung stehen.

1 Aus der amtlichen Begründung

(entfällt)

2 Erläuterungen

2.1 Tiere auf Straßen

Bei Haus- und Stalltieren ist bei einer möglichen Verkehrsgefährdung Vorsorge zu treffen, dass sie nicht auf die Straße laufen.[1] Es besteht keine allgemeine Pflicht, im öffentlichen Straßenverkehr **Hunde** stets an der Leine zu führen, sofern sie auf Zuruf oder Zeichen richtig reagieren (BayObLG VerkMitt 1980 Nr. 13 = NJW 1980, 299; OLG München VerkMitt 2000 Nr. 23). Dabei sind sie zu überwachen und so abzusichern, dass Verletzungen und Schäden Dritter verhindert werden (OLG Brandenburg DAR 2008, 647; BayObLG VRS 74, 360). Leinen- und Maulkorbzwang für Hunde kann landesrechtlich aus anderen als verkehrsrechtlichen Gründen vorgeschrieben sein, z. B. bei Kampfhunden (BGH NZV 1991, 277; VGH Mannheim NZV 1990, 446). Unbeaufsichtigt ist der Hund, wenn er die Nähe des Hundeführers

---

1 Ob das auch für Katzen gilt ist strittig, weil sie weder dauernd eingesperrt oder an der Leine geführt werden können.

verlässt oder dessen Blick entschwindet (BayObLG VRS 72, 336 = OLG Düsseldorf VRS 71, 436).
Der Kraftfahrer darf bei Kleintieren nicht unfallgefährdend ausweichen (BGH NJW 1997, 1012). Gefahr für ein Kleintier (Katze, Hund, Hase) rechtfertigt scharfes Bremsen nur, wenn dadurch weder Menschen noch bedeutende Sachwerte gefährdet werden (KG NZV 2003, 91 = VRS 104, 5 = DAR 2003, 64; OLG Frankfurt VerkMitt 1984 Nr. 41 = DAR 1984, 157; LG Koblenz DAR 2001, 227; OLG Nürnberg DAR 2001, 224). Beim Ausweichen vor einem Fuchs handelt der Fahrer aber nicht grundsätzlich grob fahrlässig (BGH VRS 1113, 254 = SVR 2008, 102). Dass sich Katzen häufig auf geparkten PKW aufhalten, ist noch kein Beweis für dort entstandene Kratzer (AG Aachen NZV 2997, 413).

2.2 Führen von Tieren

Es finden nur die Regeln, Zeichen und Einrichtungen sinngemäß Anwendung, die sich auf den gesamten Fahrzeugverkehr beziehen. Infolgedessen darf dort nicht geritten werden, wo Regelungen ausschließlich für den KFZ-Verkehr gelten, z. B. auf Kraftfahrstraßen oder Autobahnen. Reiter unterliegen keiner Tempobeschränkung, weil sich § 3 Abs. 3 nur auf Kraftfahrzeuge bezieht. Verkehrsungewohnte Pferde dürfen im Straßenverkehr nur geführt, nicht geritten werden (OLG Hamm VerkMitt 1971 Nr. 63). Ein Pferdeführer darf nicht mehr als zwei ungekoppelte oder vier gekoppelte Pferde führen, ein Reiter nicht mehr als zwei Handpferde.

2.3 Treiben von Vieh

Für das Viehtreiben quer über Straßen gelten die §§ 1 und 10; dabei ist äußerste Sorgfalt geboten; u. U. müssen die Tiere einzeln über die Straße geführt werden (BayObLG DAR 1973, 110 = VRS 44, 366). In der Regel ist es unzulässig, Tiere entlang einer stark befahrenen Straße mit Fahrstreifenbegrenzung zu treiben. Zum Treiben einer Rinderherde (z. B. Almabtrieb) müssen ausreichend Hilfskräfte eingesetzt werden; deren Zahl ist aber nicht schon deshalb zu gering, weil sie nicht ausreicht, um die Tiere auf der rechten Fahrbahnhälfte zu halten (BayObLG VerkMitt 1980 Nr. 2 = VRS 57, 211). Für den Schäfer, der seine Herde auf einer Straße treibt, gilt das Rechtsfahrgebot sinngemäß. Abweichungen sind nur erlaubt, wenn der Gegenverkehr nicht gefährdet wird (BayObLG VerkMitt 1990 Nr. 15 = NZV 1989, 482).

2.4 Beleuchtungspflichten

Viehtreiber müssen bei Dämmerung und Dunkelheit, oder wenn es die Sichtverhältnisse sonst erfordern (§ 17 Abs. 1), die Herde mit einer weißen Leuchte nach vorn und einer roten am Ende absichern, d. h. es sind mindestens zwei Treiber erforderlich. Beim Führen von Großtieren reicht eine weiße Leuchte nach vorn aus. Eine rückwärtige Absicherung kann sich aus dem Gefährdungsverbot des § 1 Abs. 2 dann ergeben, wenn bei starkem oder schnellem Verkehr Gefahren nicht auszuschließen sind. Für Reiter ist keine Beleuchtung vorgesehen; allerdings gilt die Verpflichtung aus § 1 Abs. 2 auch für sie, wobei geeignetes Reflexmaterial an der Kleidung genügen kann. Pferdekutschen müssen nach § 66a Abs. 1 StVZO nach vorn mit einer weißen Leuchte (möglichst weit links und nicht mehr als 40 cm von der Fahrzeugkante) und nach hinten mit rotem Licht in max. 1,5 m Höhe von der Fahrbahn abgesichert sein (OLG Oldenburg NZV 1998, 410).

3 Hinweise

3.1 Beim Treiben von Vieh auf Straßen ist auch das Tierschutzgesetz zu beachten.

3.2 Haftung des Tierhalters bei unzureichend gesicherten Weidezäunen: § 823 BGB.

3.3 Tiertransporte

Für Tiertransporte gilt die Tierschutztransportverordnung (TierSchTrV) vom 11.2.2009 (BGBl. I S. 375).[2] Geregelt werden dort vor allem: Befähigungsnachweis des Fahrers, Beförderungsverbot für verletzte Tiere, Mitführen besonderer Transportdokumente, Stellflächenvorgabe für Tierarten, Kennzeichnung der Transporte, Ausstattung der Transportfläche, Umgang mit Tieren während des Transports (Füttern, Tränken), Transportdauer, Ausstattung mit Navigationsgeräten.

---

[2] Mit der TierSchTrV wird die Richtlinie 91/496/EWG des Rates vom 15.7.1991 zur Festlegung von Grundregeln für die Veterinärkontrollen von aus Drittländern in die Gemeinschaft eingeführten Tieren und zur Änderung der Richtlinien 89/662/EWG, 90/425/EWG und 90/675/EWG (ABl. EG Nr. L 268 S. 56), zuletzt geändert durch die Richtlinie 2006/104/EG des Rates vom 20.11.2006 (ABl. EU Nr. L 363 S. 352), umgesetzt.

§ 29 Übermäßige Straßenbenutzung

(1) Rennen mit Kraftfahrzeugen sind verboten.

(2) Veranstaltungen, für die Straßen mehr als verkehrsüblich in Anspruch genommen werden, bedürfen der Erlaubnis. Das ist der Fall, wenn die Benutzung der Straße für den Verkehr wegen der Zahl oder des Verhaltens der Teilnehmer oder der Fahrweise der beteiligten Fahrzeuge eingeschränkt wird; Kraftfahrzeuge in geschlossenem Verband nehmen die Straße stets mehr als verkehrsüblich in Anspruch. Der Veranstalter hat dafür zu sorgen, dass die Verkehrsvorschriften sowie etwaige Bedingungen und Auflagen befolgt werden.

(3) Einer Erlaubnis bedarf der Verkehr mit Fahrzeugen und Zügen, deren Abmessungen, Achslasten oder Gesamtgewichte die gesetzlich allgemein zugelassenen Grenzen tatsächlich überschreiten. Das gilt auch für den Verkehr mit Fahrzeugen, deren Bauart dem Führer kein ausreichendes Sichtfeld lässt.

VwV zu § 29 Übermäßige Straßenbenutzung

Zu Absatz 1

1 I. Rennen sind Wettbewerbe oder Teile eines Wettbewerbes (z. B. Sonderprüfung mit Renncharakter) sowie Veranstaltungen zur Erzielung von Höchstgeschwindigkeiten oder höchsten Durchschnittsgeschwindigkeiten mit Kraftfahrzeugen (z. B. Rekordversuch). Auf die Art des Starts (gemeinsamer Start, Gruppen- oder Einzelstart) kommt es nicht an.

Indizien für das Vorliegen eines Wettbewerbs sind die Verwendung renntypischer Begriffe, die Beteiligung von Sponsoren, gemeinsame Start-, Etappen- und Zielorte, der nahezu gleichzeitige Start aller Fahrzeuge, Startnummern, besondere Kennzeichnung und Werbung an den Fahrzeugen sowie vorgegebene Fahrstrecken und Zeitnahmen (auch verdeckt) und die Verbindung zwischen den einzelnen Teilnehmern, bzw. zwischen den Teilnehmern und dem Veranstalter (per Funk, GPS o. ä.). Die Einhaltung der geltenden Verkehrsregeln oder das Fahren im Konvoi widerspricht dem Renncharakter nicht.

2 II. Das Verbot gilt auch für nichtorganisierte Rennen.

3 III. Zur Ausnahmegenehmigung vgl. § 46 Abs. 2 Satz 1 und Satz 3, 2. Halbsatz StVO sowie VwV zu § 46 Abs. 2.

Zu Absatz 2

I. Erlaubnispflichtige Veranstaltungen

1. Motorsportliche Veranstaltungen

4 Mit erteilter Ausnahmegenehmigung nach Abs. 1 i.V.m. § 46 Abs. 2 wird ein Rennen nach Abs. 1 zur erlaubnispflichtigen Veranstaltung nach Abs. 2.

5 Darüber hinaus sind nicht genehmigungsbedürftige motorsportliche Veranstaltungen dann erlaubnispflichtig, wenn 30 Kraftfahrzeuge und mehr am gleichen Platz starten oder ankommen oder

6 unabhängig von der Zahl der teilnehmenden Fahrzeuge, wenn wenigstens eines der folgenden Kriterien gegeben ist:
– vorgeschriebene Durchschnitts- oder Mindestgeschwindigkeit,
– vorgeschriebene Fahrtzeit (auch ohne Bewertung der Fahrtzeit),
– vorgeschriebene Streckenführung,
– Ermittlung des Siegers nach meistgefahrenen Kilometern,
– Durchführung von Sonderprüfungen,
– Fahren im geschlossenen Verband.

§ 29 Übermäßige Straßenbenutzung

7 Ballon-Begleitfahrten, Fahrten mit Motorschlitten, Stockcarrennen, Autovernichtungs- oder Karambolagerennen sowie vergleichbare Veranstaltungen[1] dürfen nicht erlaubt werden.

8 Eine Veranstaltung nach Rn. 4 erfordert die Sperrung der in Anspruch genommenen Straßen für den allgemeinen Verkehr. Dies kommt nur für Straßen mit untergeordneter Verkehrsbedeutung in Betracht und setzt eine zumutbare Umleitungsstrecke voraus.

2. Weitere Veranstaltungen

9 Erlaubnispflichtig sind

a) Radrennen, Mannschaftsfahrten und vergleichbare Veranstaltungen;

b) Radtouren, wenn mehr als 100 Personen teilnehmen oder wenn mit erheblichen Verkehrsbeeinträchtigungen (i. d. R. erst ab Landesstraßen der Fall) zu rechnen ist;

10 c) Volkswanderungen und Volksläufe, wenn mehr als 500 Personen teilnehmen oder das überörtliche Straßennetz (ab Kreisstraße) beansprucht wird,

11 d) Umzüge bei Volksfesten u. ä., es sei denn, es handelt sich um ortsübliche Prozessionen und andere ortsübliche kirchliche Veranstaltungen sowie kleinere örtliche Brauchtumsveranstaltungen.

12 e) Nicht erlaubnispflichtig sind Versammlungen und Aufzüge im Sinne des § 14 des Versammlungsgesetzes.

II. Allgemeine Grundsätze

13 Die Erlaubnisbehörde ordnet alle erforderlichen Maßnahmen an und knüpft die Erlaubnis insbesondere an folgende Auflagen und Bedingungen:

14 1. Veranstaltungen sollen grundsätzlich auf abgesperrtem Gelände durchgeführt werden. Ist eine vollständige Sperrung wegen der besonderen Art der Veranstaltung nicht erforderlich und nicht verhältnismäßig, dürfen nur Straßen benutzt werden, auf denen die Sicherheit oder Ordnung des allgemeinen Verkehrs nicht beeinträchtigt wird. Zu Rennveranstaltungen vgl. Rn. 4 und 8.

15 2. Die Erlaubnispflicht erstreckt sich auch auf Straßen mit tatsächlich öffentlichem Verkehr; für deren Benutzung ist zusätzlich die Zustimmung des Verfügungsberechtigten erforderlich.

16 3. Auf das Erholungs- und Ruhebedürfnis der Bevölkerung ist besonders Rücksicht zu nehmen. Veranstaltungen, die geeignet sind, die Nachtruhe der Bevölkerung zu stören, dürfen für die Zeit von 22.00 bis 6.00 Uhr nicht erlaubt werden.

17 4. Eine Erlaubnis darf nur Veranstaltern erteilt werden, die die Gewähr dafür bieten, dass die Veranstaltung entsprechend den Bedingungen und Auflagen der Erlaubnisbehörde abgewickelt wird. Diese Gewähr bietet ein Veranstalter in der Regel nicht, wenn er eine erlaubnispflichtige Veranstaltung ohne Erlaubnis durchgeführt oder die Nichtbeachtung von Bedingungen und Auflagen einer erlaubten Veranstaltung zu vertreten hat.

18 5. Die Erlaubnisbehörde hat sich vom Veranstalter schriftlich seine Kenntnis darüber bestätigen zu lassen, dass die Veranstaltung eine Sondernutzung i. S. d. § 8 des Bundesfernstraßengesetzes bzw. der entsprechenden Bestimmungen in den Straßengesetzen der Länder darstellt. In der Erklärung ist insbesondere die Kenntnis über die straßenrechtlichen Erstattungsansprüche zu bestätigen, wonach der Erlaubnisnehmer alle Kosten zu ersetzen hat, die dem Träger der Straßenbaulast durch die Sondernutzung entstehen. Das zuständige Bundesministerium gibt ein Muster einer solchen Erklärung nach Anhörung der obersten Landesbehörden im Verkehrsblatt bekannt. Diese ist bei allen Veranstaltungen mit der Antragstellung zu verlangen. Im Übrigen bleiben die gesetzlichen Vorschriften über die Haftpflicht des Veranstalters unberührt. Hierauf ist im Erlaubnisbescheid hinzuweisen.

---

1 z. B. Moto-Ball

19 6. In den Erlaubnisbescheid ist zudem aufzunehmen, dass der Straßenbaulastträger und die Erlaubnisbehörde keinerlei Gewähr dafür übernehmen, dass die Straßen samt Zubehör durch die Sondernutzung uneingeschränkt benutzt werden können und den Straßenbaulastträger im Rahmen der Sondernutzung keinerlei Haftung wegen Verletzung der Verkehrssicherungspflicht trifft.

20 7. Die Erlaubnisbehörde hat den Abschluss von Versicherungen zur Abdeckung gesetzlicher Haftpflichtansprüche (vgl. Rn. 18) mit folgenden Mindestversicherungssummen zu verlangen:

21 – Bei Veranstaltungen mit Kraftwagen und bei gemischten Veranstaltungen

500 000 € für Personenschäden (für die einzelne Person mindestens 150 000 €),
100 000 € für Sachschäden,
20 000 € für Vermögensschäden;

22 – bei Veranstaltungen mit Motorrädern und Karts 250 000 € für Personenschäden (für die einzelne Person mindestens 150 000 €),

50 000 € für Sachschäden,
5 000 € für Vermögensschäden;

23 – bei Radsportveranstaltungen, anderen Veranstaltungen mit Fahrrädern (Rn. 9) und sonstigen Veranstaltungen (Rn. 10)

250 000 € für Personenschäden (für die einzelne Person mindestens 100 000 €)
50 000 € für Sachschäden,
5 000 € für Vermögensschäden.

24 8. Unabhängig von Nummer 7 muss bei motorsportlichen Veranstaltungen, die auf nicht abgesperrten Straßen stattfinden, für jedes Fahrzeug der Abschluss eines für die Teilnahme an der Veranstaltung geltenden Haftpflichtversicherungsvertrages mit folgenden Mindestversicherungssummen verlangt werden:

– bei Veranstaltungen mit Kraftwagen 1 000 000 € pauschal;
– bei Veranstaltungen mit Motorrädern und Karts 500 000 € pauschal.

25 9. Es ist darauf hinzuweisen, dass bei Rennen und Sonderprüfungen mit Renncharakter Veranstalter, Fahrer und Halter für die Schäden, die durch die Veranstaltung an Personen und Sachen verursacht worden sind, nach Maßgabe der gesetzlichen Bestimmungen über Verschuldens- und Gefährdungshaftung herangezogen werden. Haftungsausschlussvereinbarungen sind zu untersagen, soweit sie nicht Haftpflichtansprüche der Fahrer, Beifahrer, Fahrzeughalter, Fahrzeugeigentümer sowie der Helfer dieser Personen betreffen. Dem Veranstalter ist ein ausreichender Versicherungsschutz zur Deckung von Ansprüchen aus vorbezeichneten Schäden aufzuerlegen. Mindestversicherungssummen sind:

26 – für jede Rennveranstaltung mit Kraftwagen

500 000 € für Personenschäden pro Ereignis
150 000 € für die einzelne Person
100 000 € für Sachschäden
20 000 € für Vermögensschäden

27 – für jede Rennveranstaltung mit Motorrädern und Karts

250 000 € für Personenschäden pro Ereignis
150 000 € für die einzelne Person
50 000 € für Sachschäden
10 000 € für Vermögensschäden.

28 Außerdem ist dem Veranstalter der Abschluss einer Unfallversicherung für den einzelnen Zuschauer in Höhe folgender Versicherungssummen aufzuerlegen:

15 000 € für den Todesfall,
30 000 € für den Invaliditätsfall (Kapitalzahlung je Person).

29 Hierbei muss sichergestellt sein, dass die Beträge der Unfallversicherung im Schadensfall ohne Berücksichtigung der Haftungsfrage an die Geschädigten gezahlt werden. In den Unfallversicherungsbedingungen ist den Zuschauern ein unmittelbarer Anspruch auf die Versicherungssumme gegen die Versicherungsgesellschaften einzuräumen.

30 Dem Veranstalter ist ferner aufzuerlegen, dass er Sorge zu tragen hat, dass an der Veranstaltung nur Personen als Fahrer, Beifahrer oder deren Helfer teilnehmen, für die einschließlich etwaiger freiwilliger Zuwendungen der Automobilklubs folgender Unfallversicherungsschutz besteht:

7 500 € für den Todesfall,
15 000 € für den Invaliditätsfall (Kapitalzahlung je Person).

Die Nummern 7 und 8 bleiben unberührt.

31 10. Bei Bedarf ist im Streckenverlauf, insbesondere an Gefahrenstellen, der Einsatz zuverlässiger, kenntlich gemachter Ordner (z. B. durch Armbinden oder Warnwesten) aufzuerlegen. Diese sind darauf hinzuweisen, dass ihnen keine polizeilichen Befugnisse zustehen und dass sie den Weisungen der Polizei unterliegen.

32 11. Soweit es die Art der Veranstaltung zulässt, ist zudem zu verlangen, Anfang und Ende der Teilnehmerfelder durch besonders kenntlich gemachte Fahrzeuge (Spitzen- und Schlussfahrzeug) oder Personen anzuzeigen.

33 12. Dem Veranstalter kann aufgegeben werden, in der Tagespresse und in sonst geeigneter Weise rechtzeitig auf die Veranstaltung hinzuweisen.

34 13. Im Erlaubnisbescheid ist darauf hinzuweisen, dass die Teilnehmer an einer Veranstaltung kein Vorrecht im Straßenverkehr genießen und, ausgenommen auf gesperrten Straßen, die Straßenverkehrsvorschriften zu beachten haben.

III. Erlaubnisverfahren

1. Allgemeines

35 a) Für das Verfahren werden im zuständigen Bundesministerium nach Anhörung der zuständigen obersten Landesbehörden Formblätter (z. B. für die Erklärungen) herausgegeben und im Verkehrsblatt veröffentlicht.

36 b) Autorennen, Motorradrennen und Sonderprüfungen mit Renncharakter betreffende Anträge sind nur zu bearbeiten, wenn zugleich Gutachten von Sachverständigen insbesondere die Geeignetheit der Fahrtstrecken und die gebotenen Sicherungsmaßnahmen betreffend vorgelegt werden. Streckenabnahmeprotokolle von bundesweiten Motorsportdachorganisationen (z. B. DMSB, DAM und DASV) sind Gutachten in diesem Sinne.

37 c) Es sind die Polizei, die Straßenverkehrsbehörden, die Behörden der Straßenbaulastträger, die Forstbehörden und die Naturschutzbehörden zu hören, soweit ihr Zuständigkeitsbereich berührt wird. Werden Bahnstrecken höhengleich (Bahnübergänge) gekreuzt, sind die betroffenen Eisenbahninfrastrukturunternehmen anzuhören.

38 d) Werden Forderungen von den nach Buchstabe c gehörten Stellen erhoben, sollen diese im Erlaubnisbescheid durch entsprechende Bedingungen und Auflagen berücksichtigt werden. Forderungen des Straßenbaulastträgers und des Eisenbahninfrastrukturunternehmens sind zwingend zu berücksichtigen. Können Behörden die Erstattung von Aufwendungen für besondere Maßnahmen aus Anlass der Veranstaltung verlangen, so hat sich der Antragsteller schriftlich zu deren Erstattung zu verpflichten (vgl. Rn. 18). Eine vom Straßenbaulastträger geforderte Sondernutzungsgebühr ist im Erlaubnisbescheid gesondert festzusetzen.

39 e) Die Erlaubnis soll erst dann erteilt werden, wenn die beteiligten Behörden und Stellen gegen die Veranstaltung keine Bedenken geltend gemacht haben.

2. Rennen mit Kraftfahrzeugen

40 a) Rennen nach Nr. I zu Abs. 1 (Rn. 1) dürfen nur auf abgesperrten Straßen erlaubt werden.

41 b) Bevor die Erlaubnis erteilt wird, müssen
– die Ausnahmegenehmigung von § 29 Abs. 1,
– das Gutachten (Rn. 36) über die Eignung der Strecke für das Rennen und
– der Nachweis des Abschlusses der in den Nummern II.7, 8 und 9 (Rn. 20 ff.)
genannten Versicherungen vorliegen. Ein Gutachten ist entbehrlich bei Wiederholung eines Rennens auf gleicher Strecke. Dann genügt eine rechtsverbindliche Erklärung des Gutachters (vgl. Rn 36), dass sich die Strecke seit der letzten rennbedingten Streckenabnahme weder in baulicher noch in rennmäßiger Hinsicht verändert hat.

c) Die Erteilung der Erlaubnis ist insbesondere an folgende Bedingungen und Auflagen zu knüpfen:
aa) zur Vorbereitung/Durchführung des Rennens

42 – Dem Rennen hat ein Training vorauszugehen, das Teil des Wettbewerbs ist; das gilt nicht für Sonderprüfungen mit Renncharakter.

43 – Beginn und Ende des Rennens sind bekannt zu geben, damit die erforderlichen Sicherheitsmaßnahmen der zuständigen Behörden oder Stellen eingeleitet und wieder aufgehoben werden können.

44 – Vor und während des Rennens ist eine Verbindung mit der Polizeieinsatzleitung herzustellen und zu halten. Besondere Vorkommnisse während des Rennens sind dieser Einsatzleitung sofort bekannt zu geben. Dabei ist zu berücksichtigen, dass der Veranstalter für die Sicherheit der Teilnehmer, Sportwarte und Zuschauer innerhalb des Sperrbereichs zu sorgen hat. Die Polizei hat lediglich die Aufgabe, verkehrsregelnde Maßnahmen außerhalb des Sperrbereichs – soweit erforderlich – zu treffen, es sei denn, dass ausnahmsweise (z. B. weil die Zuschauer den Anordnungen der Ordner nicht nachkommen) auf ausdrückliche Weisung ihres Leiters ein Einsatz innerhalb des Sperrbereichs erforderlich ist.

45 – Auf Verlangen ist eine Lautsprecheranlage um die Rennstrecke aufzubauen und während des Rennens in Betrieb zu halten; diese Anlage und andere vorhandene Verständigungseinrichtungen müssen der Polizei zur Verfügung gestellt werden, falls das im Interesse der öffentlichen Sicherheit oder Ordnung notwendig ist.

46 – Entlang der Absperrung ist eine ausreichende Zahl von Ordnern vorzuhalten. Umfang, Art und Beschaffenheit der Sicherungen ergeben sich aus den örtlichen Verhältnissen. Dabei sind die Auflagen im Gutachten (vgl. Rn. 36) zu beachten. Insbesondere sind die bei der Abnahme der Rennstrecke festgesetzten Sperrzonen abzugrenzen, zu beschildern und mit eigenen Kräften in jeder Hinsicht zu überwachen.

47 – Es ist ein Sanitätsdienst mit den erforderlichen Ärzten, Unfallstationen und Krankentransportwagen einzurichten. Zudem ist für ausreichenden Feuerschutz zu sorgen und die notwendigen hygienischen Anlagen sind bereitzustellen.

48 – Vor dem Start des Rennens ist die Rennstrecke durch den Veranstalter freizugeben.

49 – Die Rennstrecke darf während des Wettbewerbs nicht betreten werden. Ausgenommen davon sind Sportwarte mit besonderem Auftrag der Rennleitung und Personen, die von der Rennleitung zur Beseitigung von Ölspuren und sonstigen Hindernissen sowie für den Sanitäts- und Rettungsdienst eingesetzt werden; sie müssen eine auffällige Warnkleidung tragen.

50 – Die Fahrzeuge der Rennleitung sind deutlich kenntlich zu machen.
bb) zu den an dem Rennen teilnehmenden Fahrern und Fahrzeugen

51 – Die Fahrer müssen eine gültige anerkannte Fahrerlizenz (z. B. des DMSB, DAM, DASV oder einer vergleichbaren ausländischen Organisation) besitzen und an dem Pflichttraining (vgl. Rn. 42) teilgenommen haben.

52 – Die Rennfahrzeuge dürfen nur im verkehrssicheren Zustand an dem Rennen teilnehmen. Dazu sind sie durch Sachverständige insbesondere hinsichtlich der Fahrzeugteile, die die Verkehrssicherheit beeinträchtigen können, zu untersuchen.

§ 29 Übermäßige Straßenbenutzung

3. Sonstige motorsportliche Veranstaltungen

Die Erteilung der Erlaubnis ist insbesondere an folgende Bedingungen und Auflagen zu knüpfen:

a) zur Vorbereitung/Durchführung der Veranstaltung

53 – Jedem Teilnehmer ist eine Startnummer zuzuteilen, die deutlich sichtbar rechts oder links am Fahrzeug anzubringen ist. Von dieser Auflage kann abgesehen werden, wenn die Art der Veranstaltung diese Kennzeichnung entbehrlich macht. Die Startnummernschilder dürfen erst bei der Fahrzeugabnahme (vgl. Rn. 60) angebracht und müssen nach Beendigung des Wettbewerbs oder beim vorzeitigen Ausscheiden sofort entfernt werden.

54 – Der Abstand der Fahrzeuge beim Start darf eine Minute nicht unterschreiten.

55 – Im Rahmen einer Veranstaltung dürfen je 30 km Streckenlänge je eine, insgesamt jedoch nicht mehr als fünf Sonderprüfungen mit Renncharakter auf öffentlichen Straßen durchgeführt werden. Der Veranstalter kann nach Maßgabe landesrechtlicher Vorschriften abseits öffentlicher Straßen weitere Sonderprüfungen mit Renncharakter abhalten. Sonderprüfungsstrecken auf öffentlichen Straßen dürfen in der Regel während einer Veranstaltung nur einmal durchfahren werden.

56 – Kontrollstellen dürfen nur abseits von bewohnten Grundstücken an geeigneten Stellen eingerichtet werden. Der allgemeine Verkehr darf durch die Kontrollstellen nicht beeinträchtigt werden.

57 – Die Fahrzeugbesatzung muss aus mindestens zwei Personen bestehen, wenn die Art der Veranstaltung (z. B. Suchfahrt) dies erfordert. Bei Wettbewerben, die ohne Fahrerwechsel über mehr als 450 km geführt werden oder die mehr als acht Stunden Fahrzeit erfordern, muss eine Zwangspause von mindestens 30 Minuten eingelegt werden.

58 – Die Fahrzeiten sind unter Berücksichtigung der Straßenverhältnisse so zu bemessen, dass jeder Teilnehmer in der Lage ist, die Verkehrsvorschriften zu beachten. Der Veranstalter hat die Teilnehmer zu verpflichten, Bordbücher oder -karten auf Verlangen der Polizeibeamten zur Eintragung festgestellter Verstöße gegen straßenverkehrsrechtliche Bestimmungen auszuhändigen. Bei Feststellung solcher Eintragungen sind die betreffenden Teilnehmer aus der Wertung zu nehmen.

b) zu den an der Veranstaltung teilnehmenden Fahrern und Fahrzeugen

59 – Es dürfen nur solche Fahrer zum Start zugelassen werden, die eine gültige Fahrerlaubnis besitzen und nachweisen können, dass ihr Fahrzeug ausreichend versichert ist.

60 – Fahrzeuge, die nicht den Vorschriften der StVZO entsprechen oder nicht für den öffentlichen Verkehr zugelassen sind, sind von der Teilnahme auszuschließen. Werden nach dem Start Veränderungen an Fahrzeugen vorgenommen oder werden während der Fahrt Fahrzeuge verkehrs- oder betriebsunsicher, führt dies unverzüglich zum Ausschluss aus dem Wettbewerb.

4. Radrennen, Mannschaftsfahrten und vergleichbare Veranstaltungen

61 a) Sie sollen möglichst nur auf Straßen mit geringer Verkehrsbedeutung erlaubt werden.

62 b) Die Zahl der zur Sicherung der Veranstaltung erforderlichen Begleitfahrzeuge ist im Erlaubnisbescheid festzulegen, sie sind besonders kenntlich zu machen.

63 c) Die jeweiligen Streckenabschnitte müssen in der Regel vom übrigen Fahrverkehr freigehalten werden. Dies ist entweder durch Sperrungen oder durch Weisungen der Polizei sicherzustellen.

5. Sonstige Veranstaltungen

64 a) Volkswanderungen, Volksläufe und Radtouren sollen nur auf abgelegenen Straßen (Gemeindestraßen, Feld- und Waldwegen) zugelassen werden.

65 b) Vom Veranstalter ist ausreichender Feuerschutz (wegen evtl. Waldbrandgefahr), die Vorhaltung eines Sanitätsdienstes und von hygienischen Anlagen zu verlangen.

66 In der Regel ist zu verlangen, dass die Teilnehmer in Gruppen starten.

(Randnummern **67–78** aufgehoben)

Zu Absatz 3

Großraum- und Schwerverkehr

79 I. Fahrzeuge und Fahrzeugkombinationen, deren Abmessungen, Achslasten oder Gesamtgewichte die nach den §§ 32 und 34 StVZO zulässigen Grenzen überschreiten oder bei denen das Sichtfeld (§ 35b Abs. 2 StVZO) eingeschränkt ist, bedürfen einer Ausnahmegenehmigung nach § 70 StVZO.

80 II. Die Abmessungen eines Fahrzeugs oder einer Fahrzeugkombination sind auch dann überschritten, wenn die Vorschriften über die Kurvenläufigkeit (§ 32d StVZO) nicht eingehalten werden.

III. Eine Erlaubnis ist nicht erforderlich, wenn

81 1. nicht das Fahrzeug oder die Fahrzeugkombination, sondern nur die Ladung zu breit oder zu hoch ist oder die Vorschriften über die Abmessungen nur deshalb nicht eingehalten werden, weil die Ladung nach vorn oder nach hinten zu weit hinausragt; in diesem Fall ist nur eine Ausnahme von den in Betracht kommenden Vorschriften des § 22 und gegebenenfalls des § 18 Abs. 1 Satz 2 erforderlich (vgl. Nr. I bis V zu § 46 Abs. 1 Nr. 5; Rn. 13 ff.),

82 2. eine konstruktiv vorgesehene Verlängerung oder Verbreiterung des Fahrzeugs, z. B. durch Ausziehen der Ladefläche oder Ausklappen oder Anstecken von Konsolen usw., nicht oder nur teilweise erfolgt und das Fahrzeug in diesem Zustand den Bestimmungen des § 32 StVZO entspricht,

83 3. bei einem Fahrzeug, dessen Zulassung einer Ausnahmegenehmigung nach § 70 StVZO bedarf, im Einzelfall das tatsächliche Gesamtgewicht und die tatsächlichen Achslasten nicht die in § 34 Abs. 3 StVZO festgelegten Grenzen überschreiten.

IV Voraussetzungen der Erlaubnis

1. Eine Erlaubnis darf nur erteilt werden, wenn

84 a) der Verkehr nicht – wenigstens zum größten Teil der Strecke – auf der Schiene oder auf dem Wasser möglich ist oder wenn durch einen Verkehr auf dem Schienen- oder Wasserweg unzumutbare Mehrkosten (auch andere als die reinen Transportmehrkosten) entstehen würden und

85 b) für den gesamten Fahrtweg Straßen zur Verfügung stehen, deren baulicher Zustand durch den Verkehr nicht beeinträchtigt wird und für deren Schutz keine besonderen Maßnahmen erforderlich sind, oder wenn wenigstens die spätere Wiederherstellung der Straßen oder die Durchführung jener Maßnahmen vor allem aus verkehrlichen Gründen nicht zu zeitraubend oder zu umfangreich wäre.

2. Eine Erlaubnis darf außerdem nur erteilt werden:

86 a) Für die Überführung eines Fahrzeugs oder einer Fahrzeugkombination, dessen tatsächliche Abmessungen, Achslasten oder Gesamtgewichte die nach den §§ 32 und 34 StVZO zulässigen Grenzen überschreiten oder

87 b) für die Beförderung folgender Ladungen:

aa) Einer unteilbaren Ladung

Unteilbar ist eine Ladung, wenn ihre Zerlegung aus technischen Gründen unmöglich ist oder unzumutbare Kosten verursachen würde. Als unteilbar gilt auch das Zubehör von Kränen.

88 bb) Einer aus zwei Teilen bestehenden Ladung, wenn die Teile aus Festigkeitsgründen nicht als Einzelstücke befördert werden können und diese unteilbar sind.

§ 29 Übermäßige Straßenbenutzung 308

89 cc) Mehrere einzelne Teile, die je für sich wegen ihrer Länge, Breite oder Höhe die Benutzung eines Fahrzeugs mit einer Ausnahmegenehmigung nach § 70 StVZO erfordern und unteilbar sind, jedoch unter Einhaltung der nach § 34 StVZO zulässigen Gesamtgewichte und Achslasten.

90 dd) Zubehör zu unteilbaren Ladungen; es darf 10 Prozent des Gesamtgewichts der Ladung nicht überschreiten und muss in dem Begleitpapier mit genauer Bezeichnung aufgeführt sein.

91 3. Hat der Antragsteller vorsätzlich oder grob fahrlässig zuvor einen Verkehr ohne die erforderliche Erlaubnis durchgeführt oder gegen die Bedingungen und Auflagen einer Erlaubnis verstoßen, so soll ihm für einen angemessenen Zeitraum keine Erlaubnis mehr erteilt werden.

V. Das Verfahren

92 1. Der Antragsteller ist darauf hinzuweisen, dass die Bearbeitung der Anträge in der Regel zwei Wochen erfordert und bei statischer Nachrechnung von Brückenbauwerken längere Fristen erforderlich sind. Von diesem Hinweis kann nur dann abgesehen werden, wenn der Antragsteller nachweist, dass die Beförderung eilbedürftig ist, nicht vorhersehbar war und geeigneter Eisenbahn- oder Schiffstransportraum nicht mehr rechtzeitig zur Verfügung gestellt werden kann; dabei ist ein strenger Maßstab anzulegen.

93 Aus dem Antrag müssen mindestens folgende technische Daten des Fahrzeuges oder der Fahrzeugkombination einschließlich der Ladung ersichtlich sein:

94 Länge, Breite, Höhe, zulässiges und tatsächliches Gesamtgewicht, zulässige und tatsächliche Achslasten, Anzahl der Achsen, Achsabstände, Anzahl der Räder je Achse, Motorleistung, Art der Federung, Kurvenlaufverhalten, Abmessungen und Gewicht der Ladung, Höchstgeschwindigkeit des Transports, amtliches Kennzeichen von Zugfahrzeugen und Anhängern sowie die Bodenfreiheit.

95 2. Außer in den Fällen der Nr. 4 hat die zuständige Straßenverkehrsbehörde die nach § 8 Abs. 6 des Bundesfernstraßengesetzes oder den entsprechenden landesrechtlichen Bestimmungen zu beteiligenden Straßenbaubehörden sowie die Polizei und, wenn Bahnstrecken höhengleich (Bahnübergänge) oder nicht höhengleich (Überführungen) gekreuzt oder Bahnanlagen berührt werden, auch die Bahnunternehmen zu hören. Geht die Fahrt über den Bezirk einer Straßenverkehrsbehörde hinaus, so sind außerdem die Straßenverkehrsbehörden zu hören, durch deren Bezirk die Fahrt führt; diese verfahren für ihren Bezirk nach Satz 1. Die zuständige Erlaubnisbehörde hat im Anhörverfahren ausdrücklich zu bestätigen, dass die Abwicklung des Transports auf dem Schienen- oder Wasserweg unmöglich oder unzumutbar ist.

96 Ist die zeitweise Sperrung einer Autobahn-Richtungsfahrbahn erforderlich, bedarf es der Zustimmung der höheren Verwaltungsbehörde. Den beteiligten Behörden sind die in Nr. V 1 aufgeführten technischen Daten des Fahrzeugs oder der Fahrzeugkombination mitzuteilen.

97 3. Geht die Fahrt über das Gebiet eines Landes hinaus, so ist unter Mitteilung der in Nr. V 1 aufgeführten technischen Daten des Fahrzeugs oder der Fahrzeugkombination die Zustimmung derjenigen höheren Verwaltungsbehörde einzuholen, durch deren Bezirk die Fahrt in den anderen Ländern jeweils zuerst geht. Auch für diese Behörden gilt Nr. 2 Satz 1. Auf die Anhörung der Polizei kann im Rahmen des Zustimmungsverfahrens in der Regel verzichtet werden. Eine Unterrichtung der Polizei über die Erteilung von Erlaubnissen für Großraum- und Schwertransporte ist jedoch unbedingt sicherzustellen. Die Zustimmung der genannten Behörden darf nur mit der Begründung versagt werden, dass die Voraussetzungen nach Nr. IV 1 b (Rn. 85) in ihrem Bezirk nicht vorliegen. Die zuständigen Obersten Landesbehörden können die für das Anhörverfahren bei der Erteilung von Dauererlaubnissen ohne festgelegten Fahrtweg zuständigen höheren Verwaltungsbehörden bestimmen. Führt die Fahrt nur auf kurze Strecken in ein anderes Land, so genügt es, statt mit der dortigen höheren Verwaltungsbehörde unmittelbar mit der örtlichen Straßenverkehrsbehörde und der örtlichen Straßenbaubehörde des Nachbarlandes Verbindung aufzunehmen.

98 4. Von dem in Nr. 2 und 3 angeführten Anhörungsverfahren ist abzusehen, wenn folgende tatsächliche Abmessungen, Achslasten und Gesamtgewichte im Einzelfall nicht überschritten werden und Zweifel an der Geeignetheit des Fahrweges, insbesondere der Tunnelanlagen und an der Tragfähigkeit der Brücken, nicht bestehen:

a)	Höhe über alles	4,00 m
b)	Breite über alles	3,00 m

99 c) Länge über alles:
– Einzelfahrzeuge (ausgenommen Sattelanhänger)	15,00 m
– Sattelkraftfahrzeuge	20,00 m
wenn das Kurvenlaufverhalten in einer Teilkreisfahrt unter Anwendung des § 32d StVZO eingehalten wird	23,00 m
– Züge	23,00 m

100 d) Achslasten
– Einzelachsen	11,50 t
– Doppelachsen	
Achsabstand: 1 m bis weniger als 1,3 m	17,60 t
1,3 m bis 1,8 m	20,00 t

101 e) Gesamtgewicht
aa) Einzelfahrzeuge
– Fahrzeuge mit zwei Achsen (ausgenommen Sattelanhänger)	18,00 t
– Kraftfahrzeuge mit drei Achsen	27,50 t
– Anhänger mit drei Achsen	25,00 t
– Kraftfahrzeuge mit zwei Doppelachsen, deren Mitten mindestens 4,00 m voneinander entfernt sind sowie Sattelzugmaschinen und Zugmaschinen mit vier Achsen	33,00 t

102 bb) Fahrzeugkombinationen (Züge und Sattelkraftfahrzeuge)
– mit drei Achsen	29,00 t
– mit vier Achsen	38,00 t
– mit mehr als vier Achsen	41,80 t

103 Dies gilt auch, wenn das Sichtfeld eines Kraftfahrzeugs (§ 35 b Abs. 2 StVZO) eingeschränkt ist.

104 5. a) An den Nachweis der Voraussetzungen der Erlaubniserteilung nach Nr. IV sind strenge Anforderungen zu stellen. Über das Verlangen von Sachverständigengutachten vgl. § 46 Abs. 3 Satz 2. Die Erteilungsvoraussetzungen dürfen nur dann als amtsbekannt behandelt werden, wenn in den Akten dargelegt wird, worauf sich diese Kenntnis gründet. Haben Absender und Empfänger Gleisanschlüsse, ist eine Erlaubniserteilung nur zulässig, wenn sich aus einer Bescheinigung der für den Versandort zuständigen Güterabfertigung ergibt, dass eine Schienenbeförderung nicht möglich oder unzumutbar ist. Von dem Nachweis darf nur in dringenden Fällen abgesehen werden.

105 b) Die Straßenverkehrsbehörde hat, wenn es sich um einen Verkehr über eine Wegstrecke von mehr als 250 km handelt, nach Nr. V 2 und 3 ein Anhörverfahren vorgeschrieben ist und eine Gesamtbreite von 4,20 m oder eine Gesamthöhe von 4,80 m (jeweils von Fahrzeug und Ladung) nicht überschritten wird, sich vom Antragsteller vorlegen zu lassen:

106 aa) eine Bescheinigung der für den Versandort zuständigen Güterabfertigung darüber, ob und gegebenenfalls innerhalb welcher Fristen und unter welchen Gesamtkosten die Schienenbeförderung bzw. die gebrochene Beförderung Schiene/Straße möglich ist,

107 bb) im gewerblichen Verkehr eine Bescheinigung des Frachtführers oder des Spediteurs über die tarifmäßigen Beförderungsentgelte und die Entgelte für zusätzliche Leistungen,

§ 29 Übermäßige Straßenbenutzung 310

108 cc) im Werkverkehr den Nachweis über die gesamten Beförderungskosten; wird der Nachweis nicht erbracht, kann das tarifmäßige Beförderungsentgelt zuzüglich der Entgelte für zusätzliche Leistungen als Richtwert herangezogen werden.

109 c) Die Straßenverkehrsbehörde hat, wenn es sich um einen Verkehr über eine Wegstrecke von mehr als 250 km handelt und eine Gesamtbreite von 4,20 m oder eine Gesamthöhe von 4,80 m (jeweils von Fahrzeug und Ladung) oder ein Gesamtgewicht von 72 t überschritten wird, sich vom Antragsteller vorlegen zu lassen:

110 aa) eine Bescheinigung der nächsten Wasser- und Schifffahrtsdirektion darüber, ob und ggf. innerhalb welcher Fristen und unter welchen Gesamtkosten die Beförderung auf dem Wasser bzw. die gebrochene Beförderung Wasser/Straße möglich ist,

111 bb) im gewerblichen Verkehr eine Bescheinigung des Frachtführers oder des Spediteurs über die tarifmäßigen Beförderungsentgelte und die Entgelte für zusätzliche Leistungen,

112 cc) im Werkverkehr den Nachweis über die gesamten Beförderungskosten; wird der Nachweis nicht erbracht, kann das tarifmäßige Beförderungsentgelt zuzüglich der Entgelte für zusätzliche Leistungen als Richtwert herangezogen werden.

113 In geeigneten Fällen kann die Straßenverkehrsbehörde die Bescheinigung auch für Transporte mit weniger als 250 km Wegstrecke verlangen. Die Vorlage der Bescheinigungen nach den Buchstaben aa, bb oder cc ist nicht erforderlich, wenn ein Transport auf dem Wasserweg offensichtlich nicht in Betracht kommt.

VI. Der Inhalt des Erlaubnisbescheides

114 1. Der Fahrweg ist in den Fällen festzulegen, in denen nach Nr. V 2 und 3 (Rn. 97 ff.) ein Anhörungsverfahren vorgeschrieben ist. Dabei müssen sämtliche Möglichkeiten des gesamten Straßennetzes bedacht werden. Eine Beeinträchtigung des Verkehrsflusses in den Hauptverkehrszeiten muss vermieden werden. Auch sollte der Fahrweg so festgelegt werden, dass eine Verkehrsregelung nicht erforderlich ist.

115 2. Erforderlichenfalls ist auch die Fahrzeit festzulegen. Jedenfalls in den Fällen, in denen nach Nr. V 2 und 3 (Rn. 97 ff.) ein Anhörungsverfahren vorgeschrieben ist, soll für Straßenabschnitte, die erfahrungsgemäß zu bestimmten Zeiten einen erheblichen Verkehr aufweisen, die Fahrzeit in der Regel wie folgt beschränkt werden:

116 a) Die Benutzung von Autobahnen ist in der Regel von Freitag 15.00 Uhr bis Montag 9.00 Uhr zu verbieten und, falls diese Straßen starken Berufsverkehr aufweisen, auch an den übrigen Wochentagen von 6.00 Uhr bis 8.30 Uhr und von 15.30 Uhr bis 19.00 Uhr. Vom 1.7. bis 31.8. sowie von Gründonnerstag bis Dienstag nach Ostern und von Freitag vor Pfingsten bis Dienstag danach sollte solchem Verkehr die Benutzung der Autobahnen möglichst nur von 22.00 Uhr bis 6.00 Uhr erlaubt werden. Gegebenenfalls kommt auch ein Verbot der Autobahnbenutzung an anderen Feiertagen (z. B. Weihnachten) sowie an den Tagen davor und danach in Betracht.

117 b) Auf Bundesstraßen samt ihren Ortsdurchfahrten und auf anderen Straßen mit erheblichem Verkehr außerhalb geschlossener Ortschaften darf solcher Verkehr in der Regel nur von Montag 9.00 Uhr bis Freitag 15.00 Uhr erlaubt werden. Die Benutzung von Straßen mit starkem Berufsverkehr ist in der Regel werktags von 6.00 Uhr bis 8.30 Uhr und von 15.30 Uhr bis 19.00 Uhr zu verbieten.

Zu a) und b):

118 Ist die Sperrung einer Autobahn, einer ganzen Fahrbahn oder die teilweise Sperrung einer Straße mit erheblichem Verkehr notwendig, so ist das in der Regel nur in der Zeit von 22.00 Uhr bis 6.00 Uhr zu erlauben.

§ 29 Übermäßige Straßenbenutzung

119 3. Von der Fahrzeitbeschränkung nach Nr. VI 2 a Satz 2 kann abgesehen werden, wenn Last- und Leerfahrten mit Fahrzeugen oder Fahrzeugkombinationen durchgeführt werden, deren transportbedingte und nach der Ausnahmegenehmigung gemäß § 70 StVZO bzw. nach der Erlaubnis gemäß § 29 Abs. 3 zulässige Höchstgeschwindigkeit 80 km/h beträgt, sofern sie die in Nr. V 4 a) bis c) (Rn. 100, 101) aufgeführten Abmessungen nicht überschreiten. Von der Fahrzeitbeschränkung nach Nr. VI 2 kann ferner abgesehen werden, wenn der Antragsteller nachweist, dass die Beförderung eilbedürftig ist und bei einer Beschränkung der Fahrzeit die termingerechte Durchführung des Transportauftrags nicht gewährleistet ist. Dies gilt jedoch nicht, wenn die Eilbedürftigkeit durch Verschulden des Antragstellers entstanden ist.

120 Ein Abweichen soll nicht zugelassen werden, wenn es erhebliche Einschränkungen des allgemeinen Verkehrs zu Verkehrsspitzenzeiten oder auf Strecken mit starkem Verkehrsaufkommen zur Folge haben würde. In diesen Fällen muss der Transport auf weniger bedeutende Straßen ausweichen.

121 4. Um einen reibungslosen Ablauf des Großraum- und Schwerverkehrs sicherzustellen, kann die zuständige Polizeidienststelle im Einzelfall von der im Erlaubnisbescheid festgesetzten zeitlichen Beschränkung abweichen, wenn es die Verkehrslage erfordert oder gestattet.

122 5. a) Soweit es die Sicherheit oder Ordnung des Verkehrs erfordert, sind Bedingungen zu stellen und Auflagen zu machen; insbesondere werden die von den Straßenverkehrsbehörden, den Straßenbaubehörden und Bahnunternehmen mitgeteilten Bedingungen, Auflagen und Sondernutzungsgebühren grundsätzlich in die Erlaubnis aufgenommen. Erforderlichenfalls ist für den ganzen Fahrweg oder für bestimmte Fahrstrecken die zulässige Höchstgeschwindigkeit zu beschränken.

123 b) Es ist vorzuschreiben, dass die Fahrt bei erheblicher Sichtbehinderung durch Nebel, Schneefall oder Regen oder bei Glatteis zu unterbrechen und das Fahrzeug möglichst außerhalb der Fahrbahn abzustellen und zu sichern ist.

124 c) Die Auflage, das Fahrzeug oder die Fahrzeugkombination besonders kenntlich zu machen, ist häufig geboten, etwa durch Verwendung von Kennleuchten mit gelbem Blinklicht (§ 38 Abs. 3) oder durch Anbringung weiß-rot-weißer Warnfahnen oder weiß-roter Warntafeln am Fahrzeug oder an der Fahrzeugkombination selbst oder an einem begleitenden Fahrzeug. Auf die „Richtlinien für die Kenntlichmachung überbreiter und überlanger Straßenfahrzeuge sowie bestimmter hinausragender Ladungen" (VkBl 1974 S. 2) wird verwiesen.

125 d) Außerdem ist die Auflage aufzunehmen, dass vor Fahrtantritt zu prüfen ist, ob die im Erlaubnisbescheid festgelegten Abmessungen, insbesondere die vorgeschriebene Höhe, eingehalten werden.

126 6. Der Antragsteller hat bei der Antragstellung folgende Haftungserklärung bzw. folgenden Haftungsverzicht abzugeben: „Soweit durch den Transport Schäden entstehen, verpflichte ich mich, für Schäden an Straßen und deren Einrichtungen sowie an Eisenbahnanlagen, Eisenbahnfahrzeugen, sonstigen Eisenbahngegenständen und Grundstücken aufzukommen und Straßenbaulastträger, Polizei, Verkehrssicherungspflichtige und Eisenbahnunternehmer von Ersatzansprüchen Dritter, die aus diesen Schäden hergeleitet werden, freizustellen. Ich verzichte ferner darauf, Ansprüche daraus herzuleiten, dass die Straßenbeschaffenheit nicht den besonderen Anforderungen des Transportes entspricht."

127 7. Es kann geboten sein, einen Beifahrer, weiteres Begleitpersonal und private Begleitfahrzeuge mit oder ohne Wechselverkehrszeichen-Anlage vorzuschreiben. Begleitfahrzeuge mit Wechselverkehrszeichen-Anlage sind gemäß „Merkblatt über die Ausrüstung eines privaten Begleitfahrzeuges" auszurüsten.

Ein Begleitfahrzeug mit Wechselverkehrszeichen-Anlage darf nur vorgeschrieben werden, wenn wegen besonderer Umstände das Zeigen von Verkehrszeichen durch die Straßenverkehrsbehörde anzuordnen ist. Diese Voraussetzung liegt bei einem Großraumtransport insbesondere vor, wenn bei einem Transport

128 a) auf Autobahnen und Straßen, die wie eine Autobahn ausgebaut sind
– bei zwei oder mehr Fahrstreifen plus Seitenstreifen
je Richtung die Breite über alles 4,50 m
– bei zwei Fahrstreifen ohne Seitenstreifen
je Richtung die Breite über alles 4,00 m
(bei anderen Querschnitten ist die Regel sinngemäß anzuwenden)
oder

129 b) auf anderen Straßen in der Regel
die Breite über alles von 3,00 m
die Länge über alles von 27,00 m
überschritten wird,

130 c) auf allen Straßen
der Sicherheitsabstand bei Überführungsbauwerken von 10 cm nicht eingehalten werden kann.

Die Voraussetzungen liegen ebenfalls vor, wenn im Richtungsverkehr auf Grund des Gewichtes des Transportes nur eine Einzelfahrt oder die Fahrt mit Pkw-Verkehr über Brücken durchgeführt werden darf.

131 Eine polizeiliche Begleitung ist grundsätzlich nur erforderlich, wenn

a) bei Autobahnen und Straßen, die wie eine Autobahn ausgebaut sind
– bei zwei oder mehr Fahrstreifen plus Seitenstreifen
je Richtung die Breite über alles von 5,50 m,
– bei zwei Fahrstreifen ohne Seitenstreifen
je Richtung die Breite von 4,50 m
oder

b) auf anderen Straßen
– die Breite über alles von 3,50 m
überschritten wird.

132 Polizeiliche Maßnahmen aus Anlass eines Transportes sind nur erforderlich, wenn

a) der Gegenverkehr gesperrt werden muss,

b) bei einer Durchfahrt durch ein Überführungsbauwerk oder durch sonstige feste Straßenüberbauten der Transport nur in abgesenktem Zustand erfolgen kann
oder

c) bei sonstigen schwierigen Straßen- oder Verkehrsverhältnissen
oder

d) eine besondere Anordnung für das Überfahren bestimmter Brückenbauwerke auf Grund der Länge des betreffenden Bauwerkes erforderlich ist.

133 Sofern eine polizeiliche Begleitung/polizeiliche Maßnahme erforderlich ist, ist der Transport frühzeitig, in der Regel spätestens 48 Stunden vor Fahrtantritt, bei der für den Ausgangsort zuständigen Polizeidienststelle anzumelden.

134 8. Entfällt nach Nr. V 4 (Rn. 100 ff.) das Anhörungsverfahren, so ist dem Erlaubnisnehmer die Auflage zu erteilen, vor der Durchführung des Verkehrs in eigener Verantwortung zu prüfen, ob der beabsichtigte Fahrtweg für den Verkehr geeignet ist.

VII. Dauererlaubnis

135 1. Einem Antragsteller kann, wenn die Voraussetzungen nach Nr. IV (Rn. 84 ff.) vorliegen und er nachweist, dass er häufig entsprechenden Verkehr durchführt, eine auf höchstens drei Jahre befristete Dauererlaubnis für Großraum- und Schwerverkehr erteilt werden.

136 2. Eine Dauererlaubnis darf nur erteilt werden, wenn

a) polizeiliche Begleitung nicht erforderlich ist und

b) der Antragsteller Großraum- und Schwertransporte schon längere Zeit mit sachkundigen, zuverlässigen Fahrern und verkehrssicheren Fahrzeugen ohne Beanstandung durchgeführt hat.

137 3. Die Dauererlaubnis ist auf Fahrten zwischen bestimmten Orten zu beschränken; statt eines bestimmten Fahrtwegs können dem Antragsteller auch mehrere zur Verfügung gestellt werden. Eine Dauererlaubnis kann auch für alle Straßen im Zuständigkeitsbereich der Erlaubnisbehörde und der benachbarten Straßenverkehrsbehörden erteilt werden. Für Straßenverkehrsbehörden mit kleinen räumlichen Zuständigkeitsbereichen können die obersten Landesbehörden Sonderregelungen treffen.

138 4. In die Dauererlaubnis ist die Auflage aufzunehmen, dass der Antragsteller vor der Durchführung des Verkehrs in eigener Verantwortung zu überprüfen hat, ob der beabsichtigte Fahrtweg für den Verkehr geeignet ist. Die Maße und Gewichte, die einzuhalten sind, und die Güter, die befördert werden dürfen, sind genau festzulegen.

139 5. Für die Zustellung und Abholung von Eisenbahnwagen zwischen einem Bahnhof und einer Versand- oder Empfangsstelle kann eine befristete Dauererlaubnis erteilt werden, wenn der Verkehr auf der Straße und deren Zustand dies zulassen.

140 6. Die höhere Verwaltungsbehörde, die nach § 70 Abs. 1 Nr. 1 StVZO eine Ausnahmegenehmigung von den Vorschriften der §§ 32 und 34 StVZO erteilt, kann zugleich eine allgemeine Dauererlaubnis für eine Überschreitung bis zu den in Nr. V 4 aufgeführten Abmessungen, Achslasten und Gesamtgewichten erteilen. Dies gilt auch, wenn das Sichtfeld (§ 35b Abs. 2 StVZO) eingeschränkt ist. Die Dauererlaubnis ist auf die Geltungsdauer höchstens jedoch auf drei Jahre und den Geltungsbereich der Ausnahmegenehmigung nach § 70 Abs. 1 Nr. 1 StVZO zu beschränken.

141 7. Eine Dauererlaubnis darf nur unter dem Vorbehalt des Widerrufs erteilt werden. Sie ist zu widerrufen, wenn der Verkehrsablauf unzumutbar beeinträchtigt wird oder sonstige erhebliche Belästigungen oder Gefährdungen der Verkehrsteilnehmer eingetreten sind. Die Dauererlaubnis kann widerrufen werden, wenn der Erlaubnisinhaber eine Auflage nicht erfüllt.

142 8. Im Übrigen sind die Vorschriften in Nr. I bis VI sinngemäß anzuwenden.

VIII. Sonderbestimmungen für Autokräne

143 1. Die Vorschriften in Nr. IV 1a (Rn. 84) sowie in Nr. V 5b und V 5c (Rn. 107 ff.) sind nicht anzuwenden.

144 2. Die Vorschriften in Nr. VI 2 (Rn. 117 ff.) sind nicht anzuwenden, wenn folgende Abmessungen, Achslasten und zulässigen Gesamtgewichte nicht überschritten werden:

a) Höhe über alles	4 m
b) Breite über alles	3 m
c) Länge über alles	15 m
d) Einzelachslast	12 t
e) Doppelachslast	24 t
f) Zulässiges Gesamtgewicht	48 t.

145 3. Im Übrigen sind die Vorschriften in Nr. I bis VII sinngemäß anzuwenden.

§ 29 Übermäßige Straßenbenutzung

1 Aus der amtlichen Begründung

(entfällt)

2 Erläuterungen

2.1 Autorennen

Autorennen sind Wettbewerbe zur Erzielung von Höchstgeschwindigkeiten. Hierzu gehören auch Sonderprüfungen mit Renncharakter, wie Beschleunigungsfahrten (OLG Braunschweig NZV 1995, 38). Zulässig sind sie im öffentlichen Verkehrsraum nur nach vorheriger Erteilung einer Ausnahme nach § 46 Abs. 2[2] **und** einer straßenrechtlichen Sondernutzungserlaubnis, weil Straßen zu verkehrsfremden Zwecken benutzt werden. Die Genehmigung steht im pflichtgemäßen Ermessen der Verkehrsbehörden (BVerwG VerkMitt 1998 Nr. 24). Dabei sind das Interesse des Motorsportveranstalter sowie die Mobilitäts- und Immissionsschutzbedürfnisse der Verkehrsteilnehmer und Straßenanlieger gegeneinander abzuwägen. Weiterhin ist die Absicherung der Rennstrecke und der Zuschauer durch ausreichende Auflagen sicherzustellen (OLG Frankfurt DAR 2006, 271: Haftung bei ungesicherten Pfosten). Antragsteller und Verkehrsbehörden sollten sich hierzu der fachkundigen Hilfe von Automobil-Verbänden bedienen (z. B. ADAC, AvD, DMV). **Zuverlässigkeitsfahrten** zur Erprobung von Fahrzeugen sind keine Rennen; sie sind jedoch erlaubnispflichtig nach § 29 Abs. 2. Verboten sind Autorennen auch, wenn sie unorganisiert stattfinden, z. B. extrem gefährliche Rennen mit teilweise unzulässig „frisierten" Fahrzeugen von Ampel zu Ampel im allgemeinen Verkehr unter Ausnutzung der höchsten Motorleistung oder „Cannonball-Rallyes"[3] und ähnliche Veranstaltungen quer durch Europa (OLG Karlsruhe VRS 1966, 84). Beteiligen sich Dritte ohne Absprache an solchen Rennen, unterliegen sie gleichfalls dem Verbot (OLG Hamm NZV 1997, 367).

2.2 Motorsportliche Veranstaltungen

Andere motorsportliche Veranstaltungen ohne Renncharakter sind erlaubnispflichtig; zur Genehmigungspflicht mit entsprechenden Auflagen gelten die Vorschriften der VwV zu § 29 Abs. 2. Jeder Veranstalter eines motorsportlichen Wettbewerbs ist verkehrssicherungspflichtig; Auflagen der Polizei befreien ihn nicht von der Prüfung, ob weitergehende Sicherungsmaßnahmen zu treffen sind (BGH DAR 1975, 127 = VRS 48, 251). Auch hier sind die Interessen des Veranstalters gegenüber denen der Verkehrsteilnehmer und Straßenanlieger abzuwägen (VG Koblenz DAR 1992, 394; OVG Münster 1996, 369).

2.3 Sonstige Veranstaltungen

Nicht jede Veranstaltung im öffentlichen Verkehrsraum ist erlaubnispflichtig, sondern nur solche, bei denen eine Verkehrsbeeinträchtigung zu besorgen ist, z. B. Straßenfeste, Umzüge, Sportveranstaltungen, Konzerte, nicht aber Laternenumzüge von Kindergärten auf Gehwegen. Näheres regelt die VwV

---

2 Durch die oberste Landesbehörde oder die von ihr beauftragte Stelle (z. B. Regierungspräsidien oder Landesämter)
3 Benannt nach dem Erfinder solcher Rennen von der Ost- zur Westküste der USA; bewertet wird die kürzeste Zeit.

zu § 29 Abs. 2. Wird eine erlaubnispflichtige Veranstaltung ohne Genehmigung der Straßenverkehrsbehörde durchgeführt, ist neben dem Veranstalter auch ein Sportleiter über § 14 OWiG bußgeldpflichtig, der sich an der Veranstaltung in herausgehobener Stellung beteiligt, z. B. bei der Endkontrolle (OLG Düsseldorf VerkMitt 1979 Nr. 94 = DAR 1979, 106 = VRS 56, 365).

Wesentlicher Inhalt der Erlaubnis ist die Gewährleistung der Sicherheit und Ordnung für Dritte. Infolgedessen darf nicht nur das Interesse des Veranstalters gegenüber den Belangen der Allgemeinheit überwiegen, sondern es müssen auch angemessene Verkehrsumleitungen erfolgen, die Anliegerinteressen und die Sicherheit für die Teilnehmer innerhalb des Veranstaltungsraums berücksichtigt werden. Werden Straßen mehr als verkehrsüblich in Anspruch genommen und wird dadurch der nach den Straßengesetzen bestimmte Widmungsinhalt (Verkehr und Gemeingebrauch) überschritten, ist neben der ordnungsrechtlichen Erlaubnis nach § 29 Abs. 2 eine **Sondernutzungserlaubnis** erforderlich.[4] Berührungspunkte hat das Straßenverkehrsrecht zum Straßenrecht stets dort, wo Verhaltensweisen durch Ausnahmen oder Erlaubnisse zugelassen werden, die den Gemeingebrauch an öffentlichen Straßen übersteigen. Das gilt insbesondere im öffentlichen Verkehrsraum bei Autorennen (§ 29 Abs. 1), bei Veranstaltungen (§ 29 Abs. 2), beim Lagern von Gegenständen (§ 32) und beim Anbieten von Waren und Leistungen (§ 33 Abs. 1).

Von den Veranstaltungen sind politische und kirchliche **Versammlungen** zu unterscheiden.

2.3.1 Politische Versammlungen

Bei Veranstaltungen politischer Parteien oder Vereinigungen tritt das Erlaubnis- oder Ausnahmegenehmigungsverfahren hinter das Grundrecht der Versammlungsfreiheit zurück (BVerwG NZV 1989, 325); es gelten nur die Vorschriften des **Versammlungsgesetzes** (VersG). Im Verfahren sind die Parteien nach § 3 Parteiengesetz aktiv und passiv legitimiert. Eine „Versammlung" besteht in der gezielten Zusammenkunft von Personen, die durch Meinungsbildung oder Meinungsäußerung in öffentlichen Angelegenheiten eine kollektive Aussage machen. Entscheidend ist eine beabsichtigte Gruppenbildung mit politischem Bezug und Überindividualität, die durch Diskussion und Demonstration ein „Wir-Gefühl" vermittelt. Zufällige Ansammlungen oder Darbietungen mit politischem Bezug stellen hingegen keine „Versammlung" dar. Deshalb unterliegen sonstige Aktivitäten politischer Gremien im Straßenraum den allgemeinen Gesetzen, somit auch der Genehmigungspflicht nach der StVO, z. B. für einen politisch orientierten Info-Stand nach § 32.[5] Gleiches gilt für Sport-, Party- oder ähnliche Veranstaltungen im Straßenraum, denen lediglich zur Umgehung der sonst notwendigen Kostentragungspflicht[6] ein „politisches Mäntelchen" umgehängt wird, z. B. Veranstaltung von Inline-Skatern („Skaternights"), ein von einer politischen Partei ausgerichtetes Schülerfest (VG Braunschweig

---
4 Erlaubnis nach den Straßengesetzen der Länder, bei Bundesfernstraßen nach dem FStrG
5 Parallel dazu auch Genehmigungen nach den landesrechtlichen Straßen- und Lärmschutzbestimmungen
6 Genehmigungsgebühren, Sicherung des Verkehrsraums, Absperrungen, Umleitungsbeschilderung, Straßenreinigung, Schadensbeseitigung am Straßenzubehör

NZV 2000, 143), die „Love-Parade". Werden solche Veranstaltungen unter einer politischen Grundidee durchgeführt (z. b. „Friede, Freude, Eierkuchen"), stehen Musik und Tanz nicht für eine kollektive politische Aussage, sondern für den Fun am Happening einer öffentlichen Massenparty (BVerfG Beschluss vom 12.7.2001 – 1 BvQ 28/01 = NVwZ 2001, 2459 = NJW 2001, 2459).

Verkehrsbeschränkungen durch einen (rechtmäßigen) Aufzug müssen als sozial-adäquate Nebenfolgen des Demonstrationsrechts hingenommen werden, weil andernfalls Versammlungen auf öffentlichen Straßen nicht möglich wären. Das gilt auch bei Versammlungen von Minderheiten, denen sonst die öffentliche Aufmerksamkeit verschlossen ist. Auf den Inhalt ihrer „Botschaften" kommt es nicht an. Andererseits darf niemand die Aufmerksamkeit für sein Demonstrationsanliegen dadurch erhöhen, dass er absichtlich und gezielt Gefährdungen oder Behinderungen unbeteiligter Dritter herbeiführt. Liegt der Hauptzweck im „Selbstvollzug" des Gewollten, liegt regelmäßig ein Grundrechtsmissbrauch vor, sodass die Versammlung untersagt werden kann (§ 15 Abs. 1 VersG). Das BVerfG hat zwar in seinen Blockadebeschlüssen festgestellt, dass die Versammlungsfreiheit auch an verkehrskritischen Orten gilt (BVerfG NJW 1985, 2395; NZfV 1991, 157; NJW 1995, 1141). Unzulässig bleiben jedoch Versammlungen an Orten, an denen sie Gefahren für die öffentliche Sicherheit begründen können. Eine Sitzblockade oder Laufen auf der Fahrbahn ist zwar keine Nötigung i. S. d. § 240 StGB (BVerfG NJW 1995, 1141; BGH NJW 1996, 203). Die Grenzen des Versammlungsrechts überschreiten sie jedoch allemal. Werden außerdem Hindernisse aufgestellt, um den Verkehr gezielt anzuhalten, kann auch eine strafbare Nötigung vorliegen (BGH VerkMitt. 1996 Nr. 1 = NZV 1995, 453 = DAR 1995, 453 = VRS 90, 382; OLG Stuttgart VRS 89, 288). Eine Freiheitsberaubung nach § 239 StGB liegt nicht vor, wenn bei einer Straßenblockade der Bereich ohne Gefahr zu Fuß verlassen werden kann (OLG Hamm VRS 92, 208). Versammlungen auf Autobahnen oder Kraftfahrstraßen (z. B. Fahrradkorso) sind grundsätzlich unzulässig und nach § 15 Abs. 1 VersG zu verbieten. Autobahnen dienen nach ihrem eingeschränkten Widmungszweck dem Schnellverkehr und stehen – anders als sonstige Straßen – nicht der Kommunikation zur Verfügung (OVG Lüneburg DAR 1994, 507; NZV 1995, 332).

Die für eine politische Versammlung mitgeführten Gegenstände sind Bestandteile der Demonstration und unterliegen nicht den Verbotsnormen der §§ 32, 33 oder landesrechtlichen Straßen- und Lärmschutzbestimmungen, wenn sie für die kollektive Aussage wesensnotwendig sind, wie Lautsprecher zur verbalen Ansprache großer Teilnehmergruppen, Spruchbänder. Dienen solche Gegenstände indes nur dem wesensfremden Nebengeschehen, kann ihre Nutzung untersagt bzw. bei geringer Beeinträchtigung der Öffentlichkeit eine verkehrs- oder lärmrechtliche Ausnahme oder Sondernutzungserlaubnis erteilt werden, z. B. Zelte als reiner Witterungsschutz für Mahnwachen oder Hungerstreik, Tische zum Straßenverkauf von Informationsmaterial, Tonübertragungsgeräte zur bloßen Unterhaltung der Teilnehmer (VG Berlin NZV 2004, 761).

2.3.2 Arbeitskampfmaßnahmen

Arbeitskampfmaßnahmen der Tarifpartner im öffentlichen Verkehrsraum fallen ebenfalls unter das Versammlungsrecht, sodass § 29 Abs. 2 zurücktritt. Der Umstand, dass eine Aktivität im Verkehrsraum ohne vorherige

Anmeldung nach § 14 VersG erfolgt, macht die Arbeitskampfmaßnahme allein deswegen nicht unzulässig (insoweit gelten hier die gleichen Grundsätze wie bei Spontandemonstrationen). Die damit einhergehenden Beeinträchtigungen des Verkehrs müssen von Unbeteiligten wegen des Stellenwertes der Grundrechte aus Art. 5 und 8 GG im Regelfall hingenommen werden. Das gilt auch für Verluste von Handels- oder Gewerbebetrieben durch Blockierung der Kundenzugänge. Die Grenze liegt jedoch dort, wo durch Arbeitskampfmaßnahmen zielgerichtet in andere Grundrechte, z. B. Art. 2 (Handlungsfreiheit), Art. 12 GG (Berufsausübung), eingegriffen wird, ohne dass die Meinungsäußerung dies zwingend erfordert. Derartige Aktionen sind dann nicht mehr als „friedliche Versammlung" i. S. d. Art. 8 Abs. 1 GG anzusehen und deshalb rechtswidrig, z. B. Blockierung des Verkehrs durch quer gestellte Fahrzeuge, um am Streik Unbeteiligte die Auswirkungen des Arbeitskampfes spüren zu lassen und dadurch öffentliches Aufsehen zu erregen; die Polizei kann diese Fahrzeuge entfernen.

2.3.3 Religiöse Versammlungen

Die Grundsätze bei politischen Versammlungen gelten im Prinzip auch für Religionsgemeinschaften, die sich die Pflege des religiösen Lebens ihrer Mitglieder zum Ziel gesetzt haben Zwar enthält das Grundrecht der Religionsfreiheit nach Art. 4 GG keinen ausdrücklichen Gesetzesvorbehalt, wie er noch in Art. 135 Satz 3 WRV normiert war. Die Grenzen der Religionsfreiheit im Rahmen der allgemeinen Gesetze folgen jedoch aus Art. 140 GG i.V.m. Art. 136 WRV, jedenfalls aus den immanenten Schranken des Grundrechtes selbst. Dementsprechend steht die Notwendigkeit von Erlaubnissen und Ausnahmegenehmigungen nach der StVO für den organisatorischen Ablauf kirchlicher oder sonstiger weltanschaulicher Aktivitäten nicht in Kollision zu Art. 4 GG (z. B. bei karitativen Sammlungen). Für kirchliche Feiern und Prozessionen im Verkehrsraum findet das Versammlungsgesetz keine Anwendung, weil es insoweit an einer Meinungsbildung in „öffentlichen Angelegenheiten" fehlt.[7] Anwendbar ist aber § 29 Abs. 2, wobei eine Genehmigungspflicht dann entfällt, wenn sich die Veranstaltung im ortsüblichen Rahmen hält. Sofern wegen der Größe der Veranstaltung und des in Anspruch genommenen Verkehrsraums eine Genehmigungspflicht nach § 29 Abs. 2 und nach dem Landesstraßenrecht (Sondernutzung) besteht, ist bei der Ermessensentscheidung den Grundrechten der Art. 4 und 8 GG im Rahmen der öffentlichen Sicherheit und Ordnung Rechnung zu tragen, d. h. sie ist im Regelfall zu genehmigen.

2.3.4 Plakatwerbung politischer Parteien

Die Aufstellung von Werbeplakaten durch politische Parteien erfordert eine Ausnahme nach §§ 32, 46 Abs. 1, sofern **abstrakt** eine Verkehrserschwerung eintreten kann. Außerdem bedarf es einer Sondernutzungserlaubnis nach den (landesrechtlichen) Straßengesetzen. Die Erteilung beider Genehmigungen steht im pflichtgemäßen Ermessen der Verkehrsbehörden (BVerfG NZV 1995, 85; VRS 89, 55) und ist am Grundrecht der freien Meinungs-

---

[7] Nach § 17 VersG gelten die §§ 14 bis 16 (Anmeldepflicht, Auflagen, Auflösung, Bannkreise) nicht für Gottesdienste unter freiem Himmel, kirchliche Prozessionen, Bittgänge und Wallfahrten, gewöhnliche Leichenbegängnisse, Züge von Hochzeitsgesellschaften und hergebrachte Volksfeste.

äußerung (Art. 5 GG) zu orientieren. Eine Versagung der Genehmigung ist nur gerechtfertigt, wenn Plakate wichtige öffentliche Belange beeinträchtigen, insbesondere die Verkehrssicherheit oder das (historische) Stadtbild. Vertretbar ist es jedoch, das ortsübliche Plakatieren unmittelbar vor Bundestags-, Landtags- oder Kommunalwahlen (sechs Wochen vorher) als Gemeingebrauch anzusehen, sodass es weder einer Ausnahme- noch Sondernutzungsgenehmigung bedarf. Voraussetzung ist dabei, dass Art, Umfang und Ausmaß der Plakate keine unverhältnismäßigen Störungen im Verkehrsablauf bewirken.

2.4 Großraum- und Schwertransporte

Großraum- und Schwertransporte nach § 29 Abs. 3 weichen hinsichtlich der Kraftfahrzeuge und Anhänger sowie der Ladung von den verkehrsrechtlich höchstzulässigen Abmessungen und Gewichten ab, insbesondere mehr als 2,55 m Breite (bei Kühlfahrzeugen: 2,60 m), 4 m Höhe, 20,75 m Länge, 40 t bei Zügen oder 44 t bei Sattelkraftfahrzeugen. Zunächst muss das Transportfahrzeug oder der Zug selbst unter Erteilung einer Ausnahmegenehmigung nach § 70 StVZO, insbesondere von den §§ 32, 34 StVZO, zugelassen werden. Diese Ausnahmegenehmigung erteilt die für das Zulassungsverfahren zuständige höhere Verwaltungsbehörde (meist der Regierungspräsident oder die Bezirksregierung) aufgrund eines Gutachtens einer Technischen Prüfstelle für den Kraftfahrzeugverkehr (z.B. TÜV, DEKRA). Mit der Zulassung (Erteilung der Betriebserlaubnis und Zuteilung des amtlichen Kennzeichens) darf das Großraum- und Schwertransportfahrzeug nur ohne Ladung fahren.[8] Überschreitet jedoch bereits allein das Einzelfahrzeug oder die Fahrzeugkombination ohne Ladung die zulässigen Gewichte oder Abmessungen, ist außerdem eine straßenverkehrsbehördliche Erlaubnis nach § 29 Abs. 3 erforderlich.

Für die Durchführung eines Großraum- und Schwertransports **mit Ladung** ist eine zusätzliche Erlaubnis der Straßenverkehrsbehörde (am Standort des KFZ oder am Ort der Ladungsaufnahme) nach § 29 Abs. 3 erforderlich. Die Erlaubnis wird für jede Fahrt oder für gleichartig wiederkehrende Transporte als Dauererlaubnis erteilt. Voraussetzung ist, dass es sich um eine **unteilbare Ladung** (und nicht um Stückgüter) handelt. Außerdem muss der Transporteur durch eine **Negativbescheinigung** nachweisen, dass der Transport weder mit der Eisenbahn noch auf dem Wasserstraßen möglich ist. Ferner muss der Fahrweg geeignet sein, d. h. Straßen, Brücken und Tunnel müssen die Last aushalten und die Abmessung zulassen. Dies wird durch Anhörung der Straßenbaubehörden entlang der vorgesehenen Transportstrecke durch die Verkehrsbehörde mit den Baulastträgern geklärt (oft wird der Fahrweg vorgeschrieben). Zur Vermeidung von Verkehrsstörungen werden die Fahrzeiten durch Nebenbestimmungen der Erlaubnis festgelegt (z. B. nur über die Autobahn außerhalb der Verkehrsspitzenzeiten) und eine evtl. notwendige Begleitung durch Sicherungsfahrzeuge oder Polizei vorgeschrieben. Erst dann kann der Transport durchgeführt werden. Im Übrigen haftet die durchführende Firma für alle Schäden, die auf den Transport zurückzuführen sind, an Straßen und deren Einrichtungen sowie gegenüber anderen Verkehrsteilnehmern. Zur Schadenabdeckung sind entsprechende Versicherungen nachzuweisen.

---

[8] In die zulassungsrechtliche Ausnahme kann aber eine 10-%ige Ladungsüberschreitung gleich mit einbezogen werden.

Der Beförderungsunternehmer muss dem Fahrpersonal Sicherheitsanweisungen geben, wenn ein Transport eine besondere Verkehrsgefahr bedeutet (BGH VRS 10, 252). § 29 Abs. 3 gilt nicht für eine lediglich ladungsbedingte Überschreitung der zulässigen Abmessungen; hier ist eine **Ausnahmegenehmigung nach § 46 Abs. 1 Nr. 5** erforderlich (OLG Düsseldorf VerkMitt 1991 Nr. 3); s. a. VwV-StVO zu § 46 Abs. 1 Nr. 5.

Im Verhältnis zum Straßenrecht gilt Folgendes: Auch Großraum- und Schwertransporte dienen dem straßenrechtlichen Widmungszweck der Ortsveränderung. Andererseits bezieht sich die Widmung nur auf die verkehrsübliche Inanspruchnahme von Verkehrsflächen, denn Straßen- und Ingenieurbauten orientieren sich an den maximalen zulassungsrechtlichen Werten nebst Toleranzen. Von daher wären Großraum- und Schwertransporte an sich straßenrechtlich sondernutzungspflichtig. Das Erlaubnisverfahren nach § 29 Abs. 3 dient der Verzahnung des Straßen- mit dem Straßenverkehrsrecht, als es nicht nur die ordnungsrechtliche Funktion eines sicheren Verkehrs gewährleisten soll, sondern auch mit dem Anhörverfahren bei den Straßenbaubehörden die sonst notwendige straßenrechtliche Erlaubnis mit einbezieht.[9] Einer zusätzlichen Erlaubnis der Straßenbaubehörde bedarf es im Regelfall somit nicht.

2.5 Sichtfeldbeeinträchtigung

Der Verkehr mit Fahrzeugen ohne ausreichendes Sichtfeld bedarf der straßenverkehrsbehördlichen Erlaubnis nach § 29 Abs. 3. Im Regelfall werden Sichtbeeinträchtigungen im Zulassungsverfahren durch geeignete technische Einrichtungen (Spiegelanordnung) kompensiert. Soweit dies bei Spezialfahrzeugen nicht möglich ist, sind im Rahmen des Erlaubnisverfahrens geeignete Auflagen zu erteilen, z. B. Beschränkung auf bestimmte Strecken und Fahrzeiten. Ein entmilitarisierter Panzerspähwagen, der aufgrund einer EU-Betriebserlaubnis in Deutschland zugelassen wird, darf bei weiterhin vorhandener Sichtbeeinträchtigung nur mit einer Erlaubnis nach § 29 Abs. 3 Satz 2 am Verkehr teilnehmen. Da die Vorschrift auf die „Bauart" abhebt, fallen Sichtfeldbeeinträchtigungen durch Ladung nicht unter den Erlaubnisvorbehalt, wohl aber unter § 23 Abs. 1.

3 Hinweise

3.1 Erlaubnispflichtige Veranstaltungen mit Kraftfahrzeugen, wenn die **Nachtruhe** gestört werden kann: § 30 (meist sind auch Erlaubnisse nach landesrechtlichen Straßengesetzen und Lärmverordnungen erforderlich). Die Genehmigungsgebühren richten sich nach den Tarifstellen der GebOSt (Tarif-Nr. 263).

3.2 Blaues Blinklicht bei Begleitung von geschlossenen Verbänden, gelbes Blinklicht bei ungewöhnlich breiten oder langen Fahrzeugen: § 38 Abs. 2 und 3.

3.3 Richtlinien für Großraum- und Schwertransporte (**RGST**) nebst Formblättern für Anträge und Bescheide: VkBl. 1992, S. 199 i. d. F. 1996, S. 238, 1997, Nr. 70 und VkBl. 2003, S. 786; Merkblatt zur Ausrüstung von firmeneigenen Begleitfahrzeugen: VkBl. 1992, S. 218 i. d. F. 2003, S. 786; Berechtigungsausweis zum Führen eines Begleitfahrzeuges: VkBl. 1993, S. 478.

---

9 Im Ergebnis so auch Kodal/Krämer, Straßenrecht, 6. Aufl. 1999, S. 622

§ 29 Übermäßige Straßenbenutzung

Rückwärtiges Signalbild
eines Begleitfahrzeugs

Begleitfahrzeuge haben aufgesetzte Verkehrszeichenträger, die für die Absicherung derartiger Transporte aufgrund einer Anordnung der Straßenverkehrsbehörde aufgeblendet werden. Mit dem Aufsatz können unterschiedliche Verkehrszeichen dargestellt werden, z. B. Z. 101 (Gefahrstelle), Z. 276 (Überholverbote), Z. 274 (Höchstgeschwindigkeit). Die Verkehrszeichenträger müssen von der BASt technisch überprüft und freigegeben sein. Nach **§ 39 Abs. 1a** gehen diese Verkehrszeichen ortsfest angebrachten Zeichen vor. Voraussetzung für die Berechtigung zur Inbetriebnahme von Begleitfahrzeugen („BF") ist eine vorherige Schulung des Fahrpersonals in deren sicherer Bedienung und verkehrsgerechtem Einsatz (s. a. Rebler VD 2005, 204). Diese Schulungen werden durch die Bundesfachgruppe Schwertransporte und Kranarbeiten (BSK im BDI) durchgeführt. Die Schulungsteilnehmer erhalten einen mit Lichtbild versehenen Berechtigungsausweis. Bei groben Verfehlungen kann der Ausweis durch die BSK entzogen werden.

3.4 Zuständigkeit für überregionale Veranstaltungen: § 44 Abs. 3.

3.5 Übernahme der Verpflichtung zur Aufstellung von Verkehrszeichen und -einrichtungen bei Veranstaltungen durch die Gemeinde: § 45 Abs. 5 Satz 3.

§ 30 Umweltschutz und Sonntagsfahrverbot

(1) Bei der Benutzung von Fahrzeugen sind unnötiger Lärm und vermeidbare Abgasbelästigungen verboten. Es ist insbesondere verboten, Fahrzeugmotoren unnötig laufen zu lassen und Fahrzeugtüren übermäßig laut zu schließen. Unnützes Hin- und Herfahren ist innerhalb geschlossener Ortschaften verboten, wenn andere dadurch belästigt werden.

(2) Veranstaltungen mit Kraftfahrzeugen bedürfen der Erlaubnis, wenn sie die Nachtruhe stören können.

(3) An Sonntagen und Feiertagen dürfen in der Zeit von 0 bis 22 Uhr Lastkraftwagen mit einem zulässigen Gesamtgewicht über 7,5 t sowie Anhänger hinter Lastkraftwagen nicht verkehren.

Das Verbot gilt nicht für

1. kombinierten Güterverkehr Schiene-Straße vom Versender bis zum nächstgelegenen geeigneten Verladebahnhof oder vom nächstgelegenen geeigneten Entladebahnhof bis zum Empfänger, jedoch nur bis zu einer Entfernung von 200 km,
1a. kombinierten Güterverkehr Hafen-Straße zwischen Belade- oder Entladestelle und einem innerhalb eines Umkreises von höchstens 150 Kilometer gelegenen Hafen (An- oder Abfuhr),
2. die Beförderung von
   a) frischer Milch und frischen Milcherzeugnissen,
   b) frischem Fleisch und frischen Fleischerzeugnissen,
   c) frischen Fischen, lebenden Fischen und frischen Fischerzeugnissen,
   d) leicht verderblichem Obst und Gemüse,
3. Leerfahrten, die im Zusammenhang mit Fahrten nach Nummer 2 stehen,
4. Fahrten mit Fahrzeugen, die nach dem Bundesleistungsgesetz herangezogen werden. Dabei ist der Leistungsbescheid mitzuführen und auf Verlangen zuständigen Personen zur Prüfung auszuhändigen.

(4) Feiertage im Sinne des Absatzes 3 sind Neujahr, Karfreitag, Ostermontag, Tag der Arbeit (1. Mai), Christi Himmelfahrt, Pfingstmontag, Fronleichnam, jedoch nur in Baden-Württemberg, Bayern, Hessen, Nordrhein-Westfalen, Rheinland-Pfalz und im Saarland, Tag der deutschen Einheit (3. Oktober), Reformationstag (31. Oktober), jedoch nur in Brandenburg, Mecklenburg-Vorpommern, Sachsen, Sachsen-Anhalt und Thüringen, Allerheiligen (1. November), jedoch nur in Baden-Württemberg, Bayern, Nordrhein-Westfalen, Rheinland-Pfalz und im Saarland, 1. und 2. Weihnachtstag.

VwV zu § 30 Umweltschutz und Sonntagsfahrverbot

Zu Absatz 1

1 I. Unnötiger Lärm wird auch verursacht durch
   1. unnötiges Laufenlassen des Motors stehender Fahrzeuge,

§ 30 Umweltschutz und Sonntagsfahrverbot

2. Hochjagen des Motors im Leerlauf und beim Fahren in niedrigen Gängen,
3. unnötig schnelles Beschleunigen des Fahrzeugs, namentlich beim Anfahren,
4. zu schnelles Fahren in Kurven,
5. unnötig lautes Zuschlagen von Wagentüren, Motorhauben und Kofferraumdeckeln.

II. Vermeidbare Abgasbelästigungen treten vor allem bei den in Nr. 1 bis 3 aufgeführten Ursachen auf.

Zu Absatz 2

I. Als Nachtzeit gilt die Zeit zwischen 22.00 Uhr und 6.00 Uhr.

II. Nur Veranstaltungen mit nur wenigen Kraftfahrzeugen und solche, die weitab von menschlichen Behausungen stattfinden, vermögen die Nachtruhe nicht zu stören.

III. Die Polizei und die betroffenen Gemeinden sind zu hören.

Zu Absatz 3

Vom Sonntagsfahrverbot sind nicht betroffen Zugmaschinen, die ausschließlich dazu dienen, andere Fahrzeuge zu ziehen, ferner Zugmaschinen mit Hilfsladefläche, deren Nutzlast nicht mehr als das 0,4-fache des zulässigen Gesamtgewichts beträgt.

Das Sonntagsfahrverbot gilt ebenfalls nicht für Kraftfahrzeuge, bei denen die beförderten Gegenstände zum Inventar der Fahrzeuge gehören (z. B. Ausstellungs-, Filmfahrzeuge).

1 Aus der amtlichen Begründung

1.1 Der Bußtag ist als gesetzlicher Feiertag zur Finanzierung der Pflegeversicherung in allen Bundesländern bis auf Sachsen gestrichen worden und unterliegt nicht mehr dem Fahrverbot (Begr. 1995).

1.2 Der kombinierte Verkehr Hafen/Straße von und zu den See- und Binnenhäfen wird vom Sonntagsfahrverbot ausgenommen (Begr. 1997).

2 Erläuterungen

2.1 Lärmschutz

Unnötig ist **Fahrzeuglärm**, der bei sachgerechter Nutzung das für den Verkehr notwendige Maß übersteigt und andere (abstrakt) beeinträchtigen kann (OLG Köln VRS 56, 471). Unzulässig ist das Laufenlassen von Motoren auf Taxenständen oder an Endhaltestellen öffentlicher Verkehrsmittel bei starkem Frost, wenn der Einbau einer Standheizung möglich und zumutbar ist. Ebenso darf ein Dieselmotor nicht während des Ein- und Aussteigens in Ausflugsbussen betrieben werden oder nachts in Wohngebieten zum Auffüllen des Druckluftbehälters der Bremsanlage, wenn das schon tagsüber möglich gewesen wäre (vgl. OLG Düsseldorf VerkMitt 1975 Nr. 50 = VRS 47, 262; VRS 47, 445). Der Versuch, den Motor eines Kraftrades nachts in einer Wohnstraße zehn Minuten lang durch Betätigung des Anlasserpedals zu starten, ist ruhestörender Lärm (OLG Braunschweig VRS 47, 262; BayObLG VerkMitt 1984 Nr. 54 = VRS 66, 29: auch bei kürzerer Dauer). Unnötig ist das Reifenquietschen in einer Kurve (OLG Köln VerkMitt 1982 Nr. 91 = DAR 1983, 87), das ständige Umfahren eines Platzes oder Anfahren mit voll durchgetretenem Gaspedal (OLG Koblenz VRS 47, 445), der Betrieb eines lauten Autoradios bei offenem Fenster (OLG Koblenz VRS 71, 238) oder des

Kühlaggregats eines Sattelaufliegers, wenn unbeteiligte Personen gestört werden können. Die Feststellung, dass die Geräuschentwicklung „das nach dem jeweiligen Stand der Technik unvermeidbare Maß" übersteigt, setzt keine exakte Messung voraus; sie kann auch aufgrund von Zeugenaussagen getroffen werden (BGH VRS 53, 224; BGH VerkMitt 1978 Nr. 1).

2.2 Abgasschutz

Abgasbelästigungen sind verboten, wenn sie über das verkehrsbedingt notwendige Maß andere (abstrakt) beeinträchtigen können; eine konkrete Beeinträchtigung braucht nicht festgestellt zu werden (OLG Köln VRS 72, 384), z. B. Rückwärtseinparken bei spielenden Kindern auf dem Gehweg, laufender Motor bei längerem Halt vor Bahnübergängen oder Ampelrot, z. B. an Baustellenampeln.

2.3 Unnützes Hin- und Herfahren

Das Verbot des unnützen Hin- und Herfahrens erfordert eine konkrete (tatsächliche) Belästigung anderer durch Lärm oder Abgase bei ständiger Benutzung derselben Straßenzüge (auch ständiges Fahren im Karree) ohne vernünftigen verkehrsbezogenen Grund (OLG Stuttgart VerkMitt 1972 Nr. 123 = NJW 1972, 1147 = VRS 23, 311; OLG Bremen VerkMitt 1997 Nr. 118 = DAR 1997, 282), z. B. Fahren im Rotlichtviertel zur Kontaktaufnahme (OLG Köln VRS 36, 365), Autocruising, Reklamefahrten, nicht aber zur Parkplatzsuche oder zum Auffinden einer Hausnummer. „Andere" sind nicht nur Verkehrsteilnehmer, sondern alle Personen. Die bloße Vermutung, dass unnützes Herumfahren zu später Stunde die Anwohner belästigen könnte, reicht nicht aus (OLG Hamm VRS 46, 396). Das nur innerorts geltende Verbot schließt eine Ahndung bei belästigendem Hin- und Herfahren außerorts nach § 1 Abs. 2 nicht aus (BayObLG DAR 2001, 84).

Die Vorschrift ist verfassungsrechtlich umstritten, weil die StVO die Mobilität nicht an Zweckmäßigkeitserwägungen oder von der Gesellschaft für sinnvoll gehaltenen verkehrlichen Motivationen ausrichten darf (AG Cochem VerkMitt 1986 Nr. 54). Wegen des Belästigungseffektes dürfte das Verbot verfassungsrechtlich wohl noch zu bejahen sein.

2.4 Sonn- und Feiertagsfahrverbot

Das Fahrverbot[1] erfasst LKW über 7,5 t, dazu sämtliche LKW (auch unter 7,5 t) **mit** Anhängern. LKW sind KFZ, die nach Bauart und Einrichtung zur

---

1 Die Regelung wurde durch die VO vom 14.3.1956 (BGBl. I S. 199, 206) eingeführt und 1970 in die StVO übernommen. Das Verbot diente damals vor allem der Flüssigkeit des Sonn- und Feiertagsverkehrs, daneben aber auch der Verlagerung von LKW-Transporten auf die Eisenbahn. Infolge Entzerrung der Arbeitszeiten, veränderter Freizeitaktivitäten sowie der gestiegenen Bedeutung des Wirtschaftsverkehrs und der europaweiten Transportverbindungen hat das Verbot heute an Aktualität verloren; zu einer Aufhebung des Verbots konnten sich jedoch bisher weder Bund noch die Mehrheit der Länder entschließen. Innerhalb Europas gelten Sonn- und Feiertagsfahrverbote zu unterschiedlichen Zeiten auf unterschiedlichen Strecken für unterschiedliche LKW-Klassen. Keine Verbote gelten in Belgien, Dänemark, Estland, Finnland, Lettland, Litauen, Niederlande, Norwegen, Schweden, Zypern und in den Staaten Armenien, Aserbaidschan, Bosnien-Herzegowina, Kasachstan, Kirgisien, Mazedonien, Moldau, Montenegro, Russland, Serbien, Tadschikistan, Ukraine, Usbekistan, Weißrussland.

Güterbeförderung bestimmt sind, wobei es weder auf die Anzahl der Räder (drei oder mehr) noch auf die Eintragung in den Zulassungsdokumenten ankommt (OLG Düsseldorf NZV 1991, 483). Sattelkraftfahrzeuge bestehen aus einer Zugmaschine und dem Sattelauflieger; sie gehören zu den LKW und unterliegen dem Sonn- und Feiertagsfahrverbot (VwV zu § 3). Gleiches gilt für Tankfahrzeuge und LKW-Kipper. Nicht zu den LKW gehören Zugmaschinen, deren wirtschaftlicher Wert allein in der Zugleistung besteht (OLG Hamm NZV 1997, 323). Zugmaschinen mit Hilfsladefläche unterliegen aber dann dem Verbot, wenn die zulässige Nutzlast mehr als 40 % des zulässigen Gesamtgewichts beträgt (OLG Celle VRS 73, 220; OLG Düsseldorf NZV 1991, 483). PKW unter 7,5 t mit Personenkabine und anschließender Ladefläche oder als PKW zugelassene Kleintransporter, die ausschließlich der Güterbeförderung dienen, sind LKW und unterliegen bei **Anhängerbetrieb** dem Fahrverbot (BayObLG NZV 1997, 449 = VRS 94, 138); ebenso Wohnanhänger hinter LKW (OLG Stuttgart VerkMitt 1981 Nr. 62). Für die Einhaltung des Fahrverbots ist auch der Fahrzeughalter verantwortlich (BayObLG VerkMitt 1998 Nr. 3; VerkMitt 1986 Nr. 56 = DAR 1986, 231).

Neben den normativen **Ausnahmen** gemäß § 30 Abs. 3 Satz 2 Nr. 1 bis 4 können auch Einzelausnahmen nach § 46 Abs. 1 Nr. 7 durch die Straßenverkehrsbehörden erteilt werden. Die Voraussetzungen und das Verfahren richten sich nach den Rn. 101 bis 115 der VwV-StVO zu § 46 (s. a. Rebler VD 2004, 259). Bei unterschiedlichen Feiertagsregelungen in den Ländern können Straßenverbindungen vom Verbot ausgenommen werden (§ 46 Abs. 2 Satz 2).[2] Der Katalog der Feiertage in § 30 Abs. 4 ist abschließend und kann nicht durch regionale Feiertagsbräuche erweitert werden (z. B. Dreikönigstag am 6. Januar).

3 Hinweise

3.1 Verbot des Lärmens durch Schallzeichen: § 16; Ladungssicherung gegen Lärm: § 22.

3.2 Kennzeichnung lärmarmer KFZ: Grünes (nicht reflektierendes) Schild mit weißem „G" (Ø 20 cm). So gekennzeichnete Fahrzeuge sind von den Verkehrsbeschränkungen aus Lärmschutzgründen ausgenommen (z. B. Z. 253 mit Zusatzzeichen „lärmarme KFZ frei"). Entsprechendes gilt für ausländische KFZ nach § 3 Abs. 3a IntVO.

3.3 Für Verkehrsbeschränkungen an Wochenenden zur Zeit des Ferienreiseverkehrs in den Sommerferien gilt die **Ferienreise-Verordnung** in der jeweils gültigen Fassung.[3]

---

2 Beispiel: Berlin und Brandenburg zum Reformationstag.
3 Ferienreise-Verordnung vom 13. Mai 1985 (BGBl. I S. 774) i. d. F. siehe Hinweis Seite 23.

3.4 Hinweise für Wohnwagen hinter LKW beim Sonn- und Feiertagsfahrverbot: VkBl. 1980, S. 678.

3.5 Richtlinien für straßenverkehrsrechtliche Maßnahmen zum Schutze der Nachtruhe: Richtlinien für straßenverkehrsrechtliche Maßnahmen zum Schutz der Bevölkerung vor Lärm (Lärmschutz-Richtlinien-StV) vom 23.11.2007 (VkBl. S. 767); s. a. Erl. 2.2.6 zu § 45.

3.6 Verkehrsbeschränkungen aus **Immissionsschutzgründen**: siehe Erl. 2.2.7 zu § 45.

§ 31 Sport und Spiel

(1) Sport und Spiel auf der Fahrbahn, den Seitenstreifen und auf Radwegen sind nicht erlaubt. Satz 1 gilt nicht, soweit dies durch ein die zugelassene Sportart oder Spielart kennzeichnendes Zusatzzeichen angezeigt ist.

(2) Durch das Zusatzzeichen[1]

wird das Inline-Skaten und Rollschuhfahren zugelassen. Das Zusatzzeichen kann auch allein angeordnet sein. Wer sich dort mit Inline-Skates oder Rollschuhen fortbewegt, hat sich mit äußerster Vorsicht und unter besonderer Rücksichtnahme auf den übrigen Verkehr am rechten Rand in Fahrtrichtung zu bewegen und Fahrzeugen das Überholen zu ermöglichen.

VwV zu § 31 Sport und Spiel

Zu Absatz 1

1 Auch wenn Spielplätze und sonstige Anlagen, wo Kinder spielen können, zur Verfügung stehen, muss geprüft werden, wie Kinder auf den Straßen geschützt werden können, auf denen sich Kinderspiele erfahrungsgemäß nicht unterbinden lassen.

Zu Absatz 2

2 I. Die Anordnung des Zusatzzeichens mit dem Sinnbild eines Inline-Skaters und dem Wortzusatz „frei" kommt vor allem an Aufkommensschwerpunkten des Inline-Skatens/Rollschuhfahrens in Betracht, wenn die Beschaffenheit (Belag und Breite) der Fußgängerverkehrsanlage für diese besonderen Fortbewegungsmittel (vgl. § 24) ungeeignet ist. Soll ein nicht benutzungspflichtiger Radweg für das Fahren mit Inline-Skates/Rollschuhen freigegeben werden, kann das Zusatzzeichen allein ohne ein entsprechendes „Hauptverkehrszeichen" angeordnet werden.

3 II. Radwege müssen ausreichend breit sein, um auch in Stunden der Spitzenbelastung ein gefahrloses Miteinander von Radfahrern und Inline-Skatern/Rollschuhfahrern zu gewährleisten.

4 III. Auf Fahrbahnen und Fahrradstraßen darf der Kraftfahrzeugverkehr nur gering sein (z. B. nur Anliegerverkehr). Die zugelassene Höchstgeschwindigkeit darf nicht mehr als 30 km/h betragen.

1 Aus der amtlichen Begründung

Mit dem neuen Zusatzzeichen wird die Möglichkeit eröffnet, das Skaten auf Radwegen und Tempo-30-Fahrbahnen mit geringem Verkehr zuzulassen (Begr. 2009).

2 Erläuterungen

2.1 Spielen auf Straßen

Auf Fahrbahnen von Straßen ist Spielen ohne ausdrückliche Zulassung durch Zusatzzeichen verboten. Das Verbot bezieht sich nicht auf verkehrsberuhigte Wohngebiete (Z. 325),[2] Gehwege und sonstige Fußgängerflächen, vorausgesetzt Fußgänger werden weder mehr als vermeidbar behindert noch gefährdet (§ 1 Abs. 2). Spielen Kindergruppen beiderseits der Fahrbahn, muss der Kraftfahrer damit rechnen, dass auch Kinder mittleren Alters über die Fahrbahn von Gruppe zu Gruppe laufen, ohne auf den Verkehr zu achten (OLG Hamm VRS 40, 267). Im Winter besteht besondere Gefahr durch Kindergruppen, die sich in einer Schneeballschlacht befinden (KG VersR 1975, 77), zu anderer Jahreszeit durch Inline-Skater und Rollschuhfahrer (OLG Stuttgart VerkMitt 1977 Nr. 32 = DAR 1977, 297 = VersR 1977, 456). Eltern und Aufsichtspflichtige haben Kinder über die Gefahren beim Rad- und Rollerfahren zu belehren (BGH VersR 1965, 385, 906) und sie hinreichend zu beaufsichtigen (BGH VersR 1968, 301).

Fahrbahnen können als sog. „Spielstraßen" ausgewiesen werden, bei denen durch Z. 250 mit Zusatzzeichen 1010-10 (Symbol „Kind mit Ball") jeglicher Verkehr ausgeschlossen ist.[3]

2.2 Sport auf Straßen

2.2.1 Wintersport

In Gegenden, in denen sich die Bevölkerung auf Schlitten oder Skiern fortzubewegen pflegt, handelt es sich um Verkehr; dabei müssen Gehwege benutzt werden. In Wintersportgebieten ist stets mit Skifahrern zu rechnen. Sportliches Fahren auf Skiern, Schlitten oder Gleitschuhen ist Wintersport und darf nur auf besonders ausgewiesenen und gesperrten Straßen erfolgen. Für solche Aktivitäten können Straßen mit geringem Verkehr (Z. 250 und Zusatzzeichen 1020-30 „Anlieger frei") mit Zusatzzeichen 1010-11 (Symbol eines Skifahrers) freigegeben werden.

2.2.2 Inline-Skater und Rollschuhfahrer im Verkehrsraum

Inline-Skater und **Rollschuhfahrer**[4] können für Sportzwecke auf tempobegrenzten **Fahrbahnen** (max. 30 km/h), **Seitenstreifen, Radfahrstraßen** (Z. 244) oder **Radwegen** mit dem Zusatzzeichen 1020-13 (Symbol eines Inline-Skaters – auch tageszeitlich begrenzt) zugelassen werden, wenn der Verkehr gering ist, möglichst nur Anliegerverkehr herrscht und das Miteinander von Fahrzeugen und Skatern oder Rollschuhfahrern gefahrlos bleibt (Rn. 4 VwV-StVO zu § 31). Insoweit ist die Kombination des Zusatzzeichens 1020-13 mit Verkehrszeichen 244, 260 oder 250 und Zusatzzeichen 1020-30 („Anlieger frei") möglich. Radverkehrsanlagen müssen dabei ausreichend breit und ohne Benutzungspflicht sein. Die Zulassung setzt die straßenbauliche Eignung der Oberflächen für diese Sportarten voraus, die qualitativ höher ist als für den üblichen Fahrzeugverkehr. Wird dies missachtet, haftet der Baulastträger bei Unfällen wegen Verletzung seiner Verkehrssicherungspflicht.

Auf **Radwegen** erfolgt die Zulassung des Skatens oder Rollschuhfahrens durch ein isoliert aufgestelltes Zusatzzeichen 1020-13. Zwar muss sich ein

---

1 Zusatzzeichen 1953-20 „Inline-Skaten und Rollschuhfahren frei"
2 In verkehrsberuhigten Gebieten gibt es keine „Fahrbahnen" im Rechtssinn, sondern Mischflächen für spielende Kinder, Fußgänger- und Fahrzeugverkehr.
3 Spielstraßen haben sich wegen der pädagogischen Anforderungen an Spielplätze bisher nicht durchgesetzt.
4 Inline-Skaten im öffentlichen Verkehrsraum erfolgt überwiegend zu Sport-, Fitness- und Freizeitzwecken als Gemeinschaftserlebnis von Gruppen an relativ wenigen Aufkommensschwerpunkten (s. a. Forschungsvorhaben BASt „Nutzung von Inline-Skates im Straßenverkehr").

Zusatzzeichen stets auf ein darüber angebrachtes (Haupt-)Verkehrszeichen beziehen, was hier zur Folge hätte, dass Radfahrer allein wegen der Sportbedürfnisse von Inline-Skatern in eine Benutzungspflicht der Radwege eingebunden würden, selbst wenn dafür die Voraussetzungen fehlen. Da auch Zusatzzeichen Verkehrszeichen sind, genügt es jedoch, die Zulassung von Skatern und Rollschuhfahrern auf Radverkehrsanlagen durch ein isoliertes Zusatzzeichen anzuzeigen. Dabei hat das Zusatzzeichen die Bedeutung, dass der Baulastträger die Geeignetheit der Strecke für Sportzwecke geprüft hat und die Straßenverkehrsbehörde deren verkehrliche Unbedenklichkeit mit Anordnung des Zusatzzeichens dokumentiert.

Die Regelung gilt nach dem Wortlaut des § 31 Abs. 2 nur für Inline-Skater und Rollschuhfahrer. Andere Trendsportarten dürfen die durch Zusatzzeichen 1020-13 freigegebene Verkehrsflächen nicht benutzen. Sofern sich dort auch Skateboardfahrer bewegen, hängt es von der polizeilichen Opportunität ab, dies zu dulden, z. B. bei ganz geringem Verkehr. Andernfalls muss die Verkehrsbehörde prüfen, ob auch andere Trendsportarten durch erweiterte Zusatzzeichen zugelassen werden können.

2.2.3 Verhaltenspflichten

Inline-Skater und Rollschuhfahrer müssen auf den zugelassenen Flächen auf den Verkehr, vor allem auf Fußgänger und Radfahrer, besondere Rücksicht nehmen. Für sie gilt äußerste Vorsicht. Auf Radwegen, Fahrradstraßen und Fahrbahnen dürfen sie sich nur am rechten Rand und nur in Fahrtrichtung des Verkehrs bewegen. Fahrzeugen müssen sie das Überholen ermöglichen und dabei ausweichen. Sie dürfen insbesondere nicht in der Mitte von Radwegen oder Fahrbahnen fahren, sich nicht an Fahrzeuge anhängen („Surfen") oder andere Verkehrsteilnehmer bedrängen oder belästigen. Wegen der Risiken, in Unfälle verwickelt zu werden, empfiehlt sich für Skater und Rollschuhfahrer reflektierende Kleidung bei Dämmerung und Dunkelheit sowie der Abschluss einer Haftpflichtversicherung.

2.3 Motorbetriebene Sportgeräte

Soweit Sport- oder Bewegungsgeräte mit Motorkraft im öffentlichen Verkehrsraum eingesetzt werden (meist als exotische Erscheinung erfindungsreicher Tüftler), gelten sie als „nicht zulassungsfähige Kraftfahrzeuge" und **nicht** als „Fortbewegungsmittel" (§ 24 Abs. 1). Bei diesen Geräten fehlen regelmäßig die für Fahrzeuge vorgeschriebenen Betriebs- und Ausrüstungsgegenstände (Bremsen, Lenkung, Beleuchtung). Bekannt sind motorbetriebene Rollbretter (Grams NZV 1994, S. 172), Rollschuhe mit Elektroantrieb oder mit Rucksack-Propeller sowie Kombinationen von Luftkissen-, Gleit- oder einachsigen Rollgeräten mit Elektroantrieb (Segway). Abgesehen von der Fahrerlaubnispflicht, scheitert ihre Zulassung an den Betriebs- und Ausrüstungsbestimmungen der StVZO. Ohne Ausnahme nach § 70 StVZO, verkehrsbehördliche Erlaubnis nach § 29 Abs. 2 oder Ausnahme nach § 46 Abs. 1 oder 2 (z. B. für Rennwagen) ist ihr Betrieb im öffentlichen Verkehrsraum unzulässig.

3 Hinweise

3.1 Schiebe- und Greifreifenrollstühle, Rodelschlitten, Kinderwagen, Roller, Kinderfahrräder Inline-Skates, Rollschuhe und ähnliche nicht motorbetriebene Fortbewegungsmittel sind keine Fahrzeuge: § 24 Abs. 1.

3.2 Haftung der Aufsichtspflichtigen für Schäden durch Kinderspiele: § 832 BGB.[5]

---

[5] **§ 832 BGB Haftung des Aufsichtspflichtigen**

(1) Wer kraft Gesetzes zur Führung der Aufsicht über eine Person verpflichtet ist, die wegen Minderjährigkeit oder wegen ihres geistigen oder körperlichen Zustands der Beaufsichtigung bedarf, ist zum Ersatz des Schadens verpflichtet, den diese Person einem Dritten widerrechtlich zufügt. Die Ersatzpflicht tritt nicht ein, wenn er seiner Aufsichtspflicht genügt oder wenn der Schaden auch bei gehöriger Aufsichtsführung entstanden sein würde.

(2) Die gleiche Verantwortlichkeit trifft denjenigen, welcher die Führung der Aufsicht durch Vertrag übernimmt.

§ 32 Verkehrshindernisse

(1) Es ist verboten, die Straße zu beschmutzen oder zu benetzen oder Gegenstände auf Straßen zu bringen oder dort liegen zu lassen, wenn dadurch der Verkehr gefährdet oder erschwert werden kann. Der für solche verkehrswidrigen Zustände Verantwortliche hat sie unverzüglich zu beseitigen und sie bis dahin ausreichend kenntlich zu machen. Verkehrshindernisse sind, wenn nötig (§ 17 Abs. 1), mit eigener Lichtquelle zu beleuchten oder durch andere zugelassene lichttechnische Einrichtungen kenntlich zu machen.

(2) Sensen, Mähmesser oder ähnlich gefährliche Geräte sind wirksam zu verkleiden.

VwV zu § 32 Verkehrshindernisse

Zu Absatz 1

1   I. Insbesondere in ländlichen Gegenden ist darauf zu achten, dass verkehrswidrige Zustände infolge von Beschmutzung der Fahrbahn durch Vieh oder Ackerfahrzeuge möglichst unterbleiben (z. B. durch Reinigung der Bereifung vor Einfahren auf die Fahrbahn), jedenfalls aber unverzüglich beseitigt werden.

2   II. Zuständige Stellen dürfen nach Maßgabe der hierfür erlassenen Vorschriften die verkehrswidrigen Zustände auf Kosten des Verantwortlichen beseitigen.

III. Kennzeichnung von Containern und Wechselbehältern

3   Die Aufstellung von Containern und Wechselbehältern im öffentlichen Verkehrsraum bedarf der Ausnahmegenehmigung durch die zuständige Straßenverkehrsbehörde.

4   Als „Mindestvoraussetzung" für eine Genehmigung ist die sachgerechte Kennzeichnung von Containern und Wechselbehältern erforderlich.

5   Einzelheiten hierzu gibt das Bundesministerium für Verkehr im Einvernehmen mit den zuständigen obersten Landesbehörden im Verkehrsblatt bekannt.

1 Aus der amtlichen Begründung

Sicherungsmittel für Verkehrshindernisse sind vor allem weiß-rot schraffierte und reflektierende Warntafeln (Begr. 1988).

2 Erläuterungen

2.1 Verschmutzen oder Benetzen der Straße

Das Verbot gilt für herabfallende Ladung, trockenen Sand oder sonstige nicht gesicherte Schüttgüter, Baumaterial (BGH, VRS 20, 337), Ackerschmutz, Futterreste oder Kleie von Rädern oder durch Viehtrieb (BGH VerkMitt 2007 Nr. 53 = DAR 2007, 389 = NZV 2007, 352 = VRS 112, 439), abtropfende Flüssigkeiten wie Seifenlauge, Öl (BGH VRS 30, 135, 225), Wasser bei Frostgefahr (OLG Köln VkBl 1956, 70; OLG Hamm VRS 21, 232; BayObLG VRS 30, 135). In gewissem Umfang müssen Kraftfahrer mit Straßenverschmutzung rechnen, z. B. an Baustellen, nicht aber mit einer gefährlichen Ölspur (OLG Bamberg VersR 1987, 465). Wer durch Bauarbeiten eine erhebliche Fahrbahnverschmutzung verursacht hat, genügt seiner Sicherungspflicht nicht durch oberflächliche Reinigung oder durch Aufstellen eines Hinweisschildes „Baustelle" (BGH VersR 1975, 714). Kann die Verschmutzung nicht alsbald beseitigt werden, ist die Gefahrenstelle durch Polizei oder

Verkehrsbehörde mit Z. 101 (ggf. mit Zusatzzeichen) kenntlich zu machen (OLG Düsseldorf DAR 2001, 401). Bei starker Verschmutzung müssen andere Verkehrsteilnehmer zusätzlich gewarnt werden (OLG Schleswig NZV 1993, 31). Auf Wirtschaftswegen besteht keine Pflicht, Verschmutzungen zu beseitigen, die mit dem forst- oder landwirtschaftlichen Betrieb üblicherweise verbunden sind (Feld-, Wald-, Zufahrtswege). Welche Straße Wirtschaftsweg ist, richtet sich nach den örtlichen Verhältnissen (OLG Düsseldorf VersR 1981, 659).

2.2 Gegenstände auf der Straße

Die Vorschriften des § 32 Abs. 1 und 2 gelten nicht nur auf Fahrbahnen, sondern auch auf Gehwegen und sonstigen Verkehrsflächen (OLG Köln VerkMitt 1982 Nr. 88).[1] Unter das Verbot fallen auch Bauwagen, Fahrradständer, Container, Baugeräte (OLG Hamm in VRS 17, 309; OLG Düsseldorf VRS 74, 232), Warenautomaten (BayObLG MDR 1969, 71), in die Fahrbahn ragende Markisen (OLG Hamm VRS 17, 309), Plakatständer (OLG Münster VRS 48, 389), in zu geringer Höhe über die Straße gespannte Kabel (OLG Hamm VRS 41, 396; BayObLG VRS 36, 464), Seilwinden (OLG Koblenz VRS 72, 128), abgefallene Auspuffteile, Laufflächen von Reifen, Öllachen (BayObLG VRS 72, 88). Feste Straßeneinbauten, wie Poller zur Verhinderung unzulässigen Parkens, sind keine Gegenstände, sondern als Anlagen Bestandteile der Straße (OLG Düsseldorf NJW 1995, 2171; OLG Koblenz VRS 99, 241). Verboten ist das Abstellen betriebsunfähiger oder abgemeldeter Fahrzeuge sowie von betriebsfähigen Fahrzeugen, die zu verkehrsfremden Zwecken (z. B. Reklame, ausschließlich zum Verkauf oder zum Freihalten einer Grundstückszufahrt) abgestellt werden (KG VRS 111, 452; VG Braunschweig DAR 2006, 351, OLG Düsseldorf VRS 74, 286; VerkMitt 1988 Nr. 55; KG VRS 45, 73).[2] Unzulässig ist auch wochenlanges Parken mit roten Überführungs- oder abgelaufenen Saison-Kennzeichen (OLG Koblenz DAR 1983, 302). Der Besitzer eines ausgedienten Fahrzeugs, der dieses irgendwo im Stich lässt, statt es zu verschrotten, verstößt gegen seine Halterpflichten zur Gefahrabwehr, insbesondere auch bei auslaufenden Flüssigkeiten (BayObLG VRS 90 238). Dieses Risiko wird von der Privathaftpflichtversicherung nicht gedeckt (BGH VersR 1977, 468 = MDR 1977, 737 = VRS 53, 90, = DAR 1977, 243). Wer ein unbefugt auf seinem Grundstück abgestelltes Autowrack auf die Straße schiebt und dort störend belässt, verstößt gegen § 32 Abs. 1 (BayObLG NJW 1979, 1314 = VRS 57, 60 = DAR 1980, 61).

2.2.1 Sondernutzung

Das Abstellen von Krafträdern oder Wohnwagen zum „Überwintern", von LKW als Verkaufswagen oder von Anhängern zur Werbung ist neben dem Verbot nach § 32 eine verkehrsfremde Sondernutzung, die straßenrechtlich erlaubnispflichtig ist („Missbrauch" der Straße als Abstellfläche). In diesen Fällen ist neben der Ausnahmegenehmigung nach §§ 32, 46 Abs. 1 Nr. 8 stets auch eine straßenrechtliche Sondernutzungserlaubnis erforderlich (OVG Münster DAR 2005, 709). Das gilt auch bei Widmungseinschränkungen, z. B. bei Fußgängerzonen. Ausnahmegenehmigungen und Sondernutzungs-

---

1 Soweit der Begriff „Straße" verwendet wird, sind damit alle dem Verkehr dienenden Flächen gemeint.
2 „Rostlauben" werden als Abfall behandelt und Verstöße außerdem nach §§ 3, 61 KrW-/AbfG geahndet.

erlaubnisse dürfen nur in besonders gelagerten Einzelfällen erteilt werden; sie dürfen jedenfalls nicht dazu führen, dass der Kerngehalt der Widmung bzw. der eingeschränkten Widmung (auf Dauer) beseitigt wird.

Die verkehrsrechtliche Ausnahmegenehmigung nach der StVO (Bundesrecht) und die auf Landesrecht beruhende straßenrechtliche Sondernutzung haben unterschiedliche Zielsetzungen, sodass Art. 31 GG („Bundesrecht bricht Landesrecht") beim Zusammentreffen beider Genehmigungsformen nicht berührt ist (BGH VerkMitt 2002 Nr. 55 = NZV 2002, 238 = VRS 102, 220 = DAR 2002, 224). Bei verkehrsbehördlichen Ausnahmen für Bundesfernstraßen bedarf es wegen des Konzentrationsprinzips des § 8 Abs. 6 FStrG regelmäßig keiner Sondernutzungserlaubnis (BVerwG VerkMitt 1989 Nr. 27).[3] Allerdings sind die von der Straßenbaubehörde für erforderlich gehaltenen Bedingungen, Auflagen und Gebühren in die Ausnahmegenehmigung einzubeziehen.

2.2.2 Rostlauben

Die Altfahrzeug-Verordnung (AltfahrzeugV) vom 21.6.2002 (BGBl. I S. 2199)[4] regelt die Entsorgung der Kraftfahrzeuge (Verschrottung). Wer sich seines Altfahrzeugs entledigen will, ist verpflichtet, dieses einem vom Fahrzeughersteller „anerkannten" Verwertungsbetrieb oder einer Annahmestelle zu übergeben (nicht einer beliebigen Verschrottungsstelle). Annahmestellen und Verwertungsbetriebe müssen die Altautos umwelt- und gemeinwohlverträglich entsorgen (recyceln). Im Anhang zur AltfahrzeugV sind Anforderungen zur Beseitigung und Verwertung der „Rostlauben" geregelt. Der für die zulassungsrechtliche Außerbetriebsetzung erforderliche Verwertungsnachweis richtet sich nach § 15 FZV.

Abfallbeseitigungsplakette   Sicherstellungsplakette

Nicht zugelassene oder betriebsunfähige Fahrzeuge sind Gegenstände und dürfen nicht im Verkehrsraum abgestellt werden. Neben einem Verstoß gegen § 32 Abs. 1 liegt unzulässige Sondernutzung nach den Straßengesetzen der Länder vor (BGH NZV 2002, 238 = VRS 102, 220 = DAR 2002, 224). Die Ahndung richtet sich nach den mit höherem Bußgeld bedrohten

---

3 Das Konzentrationsprinzip ist weitgehend auch in den landesrechtlichen Straßengesetzen verankert.
4 Durch Art. 3 des Altfahrzeug-Gesetzes vom 21.6.2002 (BGBl. I S. 2199) hat die Altauto-Verordnung vom 4.7.1997 (BGBl. I S 1666) die neue Bezeichnung „Altfahrzeug-Verordnung" erhalten.

Straßengesetzen bzw. nach dem Kreislaufwirtschafts- und Abfallgesetz (KrW-/AbfG).[5] „Rostlauben" werden ferner als Abfall nach dem KrW-/AbfG behandelt und nach Aufforderung zur Beseitigung durch einen „roten Punkt" an der Windschutzscheibe auf Kosten des Halters entsorgt (OLG Düsseldorf NZV 1989, 40; BayObLG VRS 90, 238). Ob das amtliche Kennzeichen entstempelt oder entfernt wurde, ist nicht entscheidend; unbeaufsichtigtes monatelanges Aufstellen in unbeleuchteter, einsamer Gegend genügt (KG VRS 83, 296). Fahrzeuge können außerdem nach den Sicherheits- und Ordnungsgesetzen der Länder zu Beweiszwecken bei technischen Mängeln, nach Straftaten oder bei Gefährdung infolge mangelnder Sicherung polizeilich sichergestellt werden („Autoknast"); die Kennzeichnung erfolgt durch eine gelbe Plakette.

2.3 Straßenmöblierung zur Verkehrsberuhigung

Das Aufstellen von Blumenkübeln auf der Fahrbahn verstößt gegen § 32, weil die Möglichkeit, Straßen gefahrlos mit der zulässigen Geschwindigkeit zu befahren, erhalten bleiben muss (OLG Köln VRS 83, 113; OLG Frankfurt NJW 1992, 318; LG Koblenz DAR 1991, 456: Beleuchtungspflicht von Fahrbahnhindernissen). Das gilt auch bei Verwendung von Metallhöckern auf der Fahrbahn wie „Kölner Teller" (OLG Frankfurt/M., NZV 1993, 38). In Tempo 30-Zonen oder verkehrsberuhigten Gebieten muss aber mit solchen geschwindigkeitshemmenden Einrichtungen gerecht werden.

2.4 Verkehrserschwerung

Die Verkehrsbehinderung muss nicht konkret vorliegen, es reicht die **abstrakte** Möglichkeit einer Erschwerung aus, z. B. Wegfall von Parkraum, selbst wenn noch einige Parkstände frei sind oder der Verkehr erst später einsetzt (OLG Düsseldorf VerkMitt 1975 Nr. 90). Wer ein abgemeldetes, nicht zugelassenes oder nicht betriebsbereites Fahrzeug auf einem öffentlichen Parkplatz stehen lässt, erschwert den Verkehr (OLG Düsseldorf VerkMitt 1988 Nr. 55; OLG Karlsruhe VRS 59, 153). Fehlt eine abstrakte Verkehrserschwerung, liegt kein Verstoß gegen § 32 vor, wohl aber gegen andere Vorschriften (z. B. Sondernutzung nach den Landesstraßengesetzen).

2.5 Bereiten von Hindernissen

Wer bei einer politischen Demonstration Fahrzeuge als Hindernisse aufstellt, um gezielt die Durchfahrt zu versperren, begeht eine strafbare Nötigung (BGH VerkMitt 1996 Nr. 1 = NZV 1995, 453 = DAR 1995, 453; OLG Stuttgart VRS 89, 288). Nur die schlichte Sitzblockade auf Straßen wird nicht als Nötigung angesehen (BVerfG NJW 1985, 2395; 1995, 1141; NVwZ 1991, 157), ebenso nicht das bloße Laufen auf der Fahrbahn (BGH NJW 1996, 203: „Münchner Fahrbahngeher"), aber Verstoß gegen das Gehwegbenutzungsgebot nach § 25 Abs. 1.

Wer gezielt Gegenstände auf Fahrbahnen oder vorbeifahrende Fahrzeuge wirft, begeht neben Körperverletzungs- oder Tötungsdelikten auch einen gefährlichen Eingriff in den Straßenverkehr nach § 315b StGB, wenn die Tat zu einer unmittelbaren (konkreten) Gefahr für die Verkehrssicherheit führt (BGH VerkMitt 2003. Nr. 61 = NZV 2003, 196 = VRS 104, 216 = NJW 2003, 836).

---

5 Bußgelddrohung bis 50 000 € (§§ 3, 61 Abs. 1 Nr. 1 und Abs. 3 KrW-/AbfG)

2.6 Beseitigungspflicht

Nicht nur der für die Verkehrserschwerung Verantwortliche hat Verschmutzungen oder Gegenstände unverzüglich zu beseitigen, sondern auch derjenige, der den gefährlichen Zustand in seinem Verantwortungsbereich andauern lässt, z. B. Baustellenbetreiber, Landwirt (OLG Celle SVR 2007, 22). Ist die Beseitigung nicht sofort möglich, muss die Gefahrenstelle ausreichend kenntlich gemacht werden. Daneben gehört es zur Amtspflicht der Polizei, Verkehrsbehörden und Baulastträger, vor gefährlichen Gegenständen auf der Straße zu warnen und für deren Beseitigung zu sorgen (OLG Frankfurt/M. VerkMitt 2004 Nr. 13). Für die Kosten der polizeilichen Sicherstellung eines betriebsunfähigen Fahrzeugs haftet der Halter (s. a. Erl. 2.8 zu § 12). Die Straßenaufsichtsbehörden dürfen Hindernisse auf Kosten des Verantwortlichen entfernen.

2.7 Verkleidung gefährlicher Geräte

Die Verpflichtung zur Sicherung vor Verletzungsgefahren nach § 32 Abs. 2 gilt auch für hervorstehende scharfkantige Teile selbstfahrender Arbeitsmaschinen, beim Transport von Arbeitsgeräten oder für Schiffsschrauben von Booten auf Sportanhängern. Die vorstehende Haspel an einem Mähdrescher ist keine wirksame Verkleidung (OLG Hamm VRS 48, 385).

3 Hinweise

3.1 Kennzeichnung von Containern und Wechselbehältern: VkBl. 1982, S. 186.

3.2 Verbot des Hinausragens schlecht erkennbarer Ladung: § 22 Abs. 5 S. 2; innerörtliche Beleuchtungspflicht schwerer Fahrzeuge und Anhänger: § 17 Abs. 4.

§ 33 Verkehrsbeeinträchtigungen

(1) Verboten ist
1. der Betrieb von Lautsprechern,
2. das Anbieten von Waren und Leistungen aller Art auf der Straße,
3. außerhalb geschlossener Ortschaften jede Werbung und Propaganda durch Bild, Schrift, Licht oder Ton,

wenn dadurch Verkehrsteilnehmer in einer den Verkehr gefährdenden oder erschwerenden Weise abgelenkt oder belästigt werden können. Auch durch innerörtliche Werbung und Propaganda darf der Verkehr außerhalb geschlossener Ortschaften nicht in solcher Weise gestört werden.

(2) Einrichtungen, die Zeichen oder Verkehrseinrichtungen (§§ 36 bis 43) gleichen, mit ihnen verwechselt werden können oder deren Wirkung beeinträchtigen können, dürfen dort nicht angebracht oder sonst verwendet werden, wo sie sich auf den Verkehr auswirken können. Werbung und Propaganda in Verbindung mit Verkehrszeichen und Verkehrseinrichtungen sind unzulässig.

(3) Ausgenommen von den Verboten des Absatzes 1 Satz 1 Nr. 3 und des Absatzes 2 Satz 2 sind in der Hinweisbeschilderung für Nebenbetriebe an den Bundesautobahnen und für Autohöfe Hinweise auf Dienstleistungen, die unmittelbar den Belangen der Verkehrsteilnehmer auf den Bundesautobahnen dienen.

VwV zu § 33 Verkehrsbeeinträchtigungen

Zu Absatz 1 Nr. 1

1 Lautsprecher aus Fahrzeugen erschweren den Verkehr immer.

Zu Absatz 1 Nr. 2

2 Das Ausrufen von Zeitungen und Zeitschriften wird den Verkehr nur unter außergewöhnlichen Umständen gefährden oder erschweren.

Zu Absatz 2

3 I. Schon bei nur oberflächlicher Betrachtung darf eine Einrichtung nicht den Eindruck erwecken, dass es sich um ein amtliches oder sonstiges zugelassenes Verkehrszeichen oder eine amtliche Verkehrseinrichtung handelt. Verwechselbar ist eine Einrichtung auch dann, wenn (nur) andere Farben gewählt werden.

4 II. Auch Beleuchtung im Umfeld der Straße darf die Wirkung der Verkehrszeichen und Verkehrseinrichtungen nicht beeinträchtigen.

5 III. Wenn auf Grundstücken, auf denen kein öffentlicher Verkehr stattfindet, z. B. auf Fabrik- oder Kasernenhöfen, zur Regelung des dortigen Verkehrs den Verkehrszeichen oder Verkehrseinrichtungen gleiche Einrichtungen aufgestellt sind, darf das auch dann nicht beanstandet werden, wenn diese Einrichtungen von einer Straße aus sichtbar sind. Denn es ist wünschenswert, wenn auf nicht öffentlichem Raum sich der Verkehr ebenso abwickelt wie auf öffentlichen Straßen.

Zu Absatz 3

6 I. Die Hinweise auf Dienstleistungen erfolgen durch Firmenlogos der Anbieter von Serviceleistungen. Sie sind durch § 33 Abs. 3 straßenverkehrsrechtlich zugelassen und werden von der Straßenbaubehörde als Zusätze zu den amtlichen Hinweisschildern angebracht.

§ 33 Verkehrsbeeinträchtigungen 336

7 II. Hinsichtlich der Beschaffenheit, Gestaltung und Anbringung solcher Zusätze sind die Vorschriften der Richtlinien für die wegweisende Beschilderung auf Autobahnen (RWBA) entsprechend zu beachten. Die Schilder richten sich nach der Breite der Ankündigungstafel und haben eine Höhe von 800 mm.

8 III. Hinsichtlich der Größe und Anzahl der auf dem Schild erscheinenden Firmenlogos gelten die Vorschriften der Richtlinie für die wegweisende Beschilderung auf Autobahnen (RWBA) für graphische Symbole entsprechend.

1 Aus der amtlichen Begründung

Die Ergänzung der Hinweisbeschilderung für Rast- und Tankanlagen an Autobahnen dient der besseren Information der Kraftfahrer (Begr. 2005).

2 Erläuterungen

Für die Verbote des § 33 genügt bereits eine **abstrakte** Beeinträchtigung oder Gefährdung des Straßenverkehrs. Der Begriff „Straße" bezieht sich auf alle Verkehrsflächen. Eine abstrakte Beeinträchtigung liegt vor, wenn die Benutzung der Verkehrsflächen wegen des Umfangs der Lautsprecher-, Waren- oder Leistungsangebote nicht unbeträchtlich eingeschränkt wird, sich somit Angebote verkehrsstörend auswirken können, z. B. durch Ablenkung der Kraftfahrer, Blockierung von Parkraum, Verkehrsbehinderung durch Kunden, Belästigung von Passanten (BVerwG VRS 87, 77; NZV 1994, 126). Selbst ohne Verkehrsbeeinträchtigung können die zu beanstandenden Verhaltensweisen wegen unzulässiger Sondernutzung nach den Straßengesetzen der Länder geahndet werden (OLG Düsseldorf VRS 79, 51 = NZV 1990, 282). Beim Zusammentreffen von Verstößen nach § 33 Abs. 1 Nr. 2 StVO und solchen nach den Straßengesetzen gehen Letztere regelmäßig vor, weil sie nach § 19 Abs. 2 OWiG die höhere Bußgelddrohung enthalten (BGH NZV 2002, 238 = VRS 102, 220 = DAR 2002, 224).

2.1 Lautsprecher und Straßenmusik

Schalltrichter ohne elektrische Verstärker sind keine Lautsprecher (OVG Münster VkBl 1972, 539).[1] **Lautsprecher** können ohne Ausnahmegenehmigung in Fällen des Notrechts (z. B. bei Katastrophen) eingesetzt werden, nicht aber zur politischen Werbung (OVG Münster VkBl 1972, 539). Der Einsatz eines Lautsprecherwagens in einem Demonstrationszug kann verboten werden, wenn die Beeinträchtigung des Verkehrs über die Störungen hinausgeht, die der Demonstrationszug ohnehin bedeutet. **Straßenmusik** in Fußgängerzonen ist erlaubnispflichtige Sondernutzung (BVerwG VRS 72, 388).

2.2 Anbieten von Waren und Leistungen

Anbieten ist jede Kundgabe der Bereitschaft, Waren zu liefern oder Leistungen zu erbringen; die bloße Werbung für Produkte, auch durch Handzettel, gehört jedoch nicht dazu. Gegen das Anbietungsverbot können auch Parkplatzüberwachungs- oder Hilfsdienste verstoßen (BVerwG NJW 1974, 1781; OVG Münster VRS 41, 472). Ob **Straßenkunst**, z. B. Silhouettenschneiden oder Pflastermalen, als Gemeingebrauch einzustufen ist, richtet

---

1 „Flüstertüten"

sich nach dem örtlichen Gemeingebrauch, im Zweifel ist sie Sondernutzung (BVerwG NZV 1990, 286). Straßenprostitution fällt nicht unter das Anbieten von Leistungen; nicht weil die Damen nichts „leisten", sondern weil hier § 120 Abs. 1 Nr. 1 OWiG vorgeht.

2.3 Werbung und Propaganda

Das Verbot der Werbung[2] und Propaganda bezieht sich nur auf Verkehrsflächen **außerorts**. Innerorts sind Werbung und Propaganda grundsätzlich zulässig; zu beachten sind jedoch § 32 Abs. 1 und die straßenrechtlichen Bestimmungen über die Sondernutzung, z. B. Plakatständer zur politischen Werbung außerhalb von Wahlzeiten (OLG Münster VRS 45, 389).[3] Die Begriffe umfassen die Wirtschaftswerbung und die Propaganda für kulturelle, weltanschauliche oder politische Ziele. Für das Verbot reicht die (abstrakte) Möglichkeit einer Verkehrsbeeinträchtigung aus, z. B. auf den Verkehr ausgerichtete und ablenkende stationäre Leuchtreklame (BVerwG NZV 1994, 126; VG Ansbach VerkMitt 1999 Nr. 71; BVerfG NJW 1972, 859; BVerwG NJW 1976, 559) oder eine 40 m^2 große Prismenwendeanlage im Abstand von 140 m zur Autobahn (OVG Münster NZV 2000, 310 = VRS 99, 472; VRS 103, 396), Hinweise auf gastronomische Einrichtungen, Plakatierungen an Brücken. Unzulässig sind ebenso Lauflichtbänder, Filmwände, Licht- und Laserkanonen, akustische Beschallung, Werbepuppen oder -ballons sowie Anzeigetafeln auf Fahrzeugen oder Strohballen mit Qualitätsaussagen, Preisangaben, Telefonnummern oder Internetadressen. Das Verbot umfasst auch Werbung, die von Kraftfahrzeugen ausgeht und ausschließlich diesem Zweck dient (VkBl. 1962, S. 112). Plakatträger mit Werbung im Straßenland sind zudem meist baugenehmigungs- und sondernutzungspflichtig, z. B. nach § 8 Abs. 1 FStrG (OLG Hamm NZV 1991, 252). Ist der Hauptzweck die Beförderung von Personen oder Gegenständen, fällt an Fahrzeugen angebrachte Werbung jedoch nicht unter das Verbot, z. B. Werbung an Fernverkehrsbussen, Linienbussen, Firmenwerbung an LKW oder Sattelkraftfahrzeugen.

2.4 Beeinträchtigung von Verkehrszeichen und Verkehrseinrichtungen

Das Verbot dient dem Sichtbarkeitsgrundsatz und der Verkehrssicherheit. Es bezieht sich auch auf Verkehrszeichen, die infolge fehlender Anordnung nach § 45 nichtig und damit unbeachtlich sind. Wer amtlich angeordnete und aufgestellte Verkehrszeichen verändert oder verrückt, verstößt gegen § 304 StGB (gemeinschädliche Sachbeschädigung) und § 132 StGB (Amtsanmaßung), begeht aber keine Urkundenfälschung nach § 267 StGB (OLG Köln VerkMitt 1999 Nr. 5 = VRS 96, 23). Da Verkehrszeichen durch die Straßenbaubehörde anzubringen sind (§ 5b StVG i.V.m. § 45 Abs. 3 StVO), kann ein Verstoß gegen § 132 StGB vorliegen, wenn die Baubehörde die

---

2 Das frühere in der StVO vorhandene strikte Verbot des Umherfahrens und Parkens nur zur Werbung auch ohne Verkehrsbeeinträchtigung ist vom BVerfG als nichtig aufgehoben (BVerfG 40, 371 = VerkMitt 1976 Nr. 65 = NJW 1976, 559 = VRS 50, 241 = MDR 1976, 553) und durch die 8. VO zur Änderung der StVO vom 22.3.1988 (BGBl. I S. 405) gestrichen worden. Da Werbevorgänge im Straßenraum jedoch den Gemeingebrauch einschränken, sind solche Fahrten oder Parkvorgänge nach den Straßengesetzen der Länder unzulässig.

3 Größere Werbeanlagen unterliegen außerdem der Baugenehmigungspflicht nach den Landesbauordnungen. Hierzu auch RL zur Werbung an Autobahnen aus straßenverkehrs- und straßenrechtlicher Sicht: VkBl. 2001, S. 463.

Ausführung einer Anordnung der Straßenverkehrsbehörde verweigert und daraufhin die von der Regelung begünstigten Bürger die Verkehrsschilder selbst anbringen. Zeichen, die keine auf das Straßenverkehrsrecht gestützte Anordnung oder Erklärung enthalten, aber mit amtlichen Zeichen des Straßenverkehrsrechts verwechselt werden können, sind unzulässig, wenn sie sich auf den Straßenverkehr (abstrakt) auswirken können (BVerwG VerkMitt 1980 Nr. 95); ebenso Verkehrszeichen auf Privatgelände mit Auswirkung auf den öffentlichen Verkehr. Durch den Klammerzusatz „(§§ 36 bis 43)" fallen auch Zeichen und Weisungen der Polizei unter das Verbot, z. B. Aufstellung einer Polizistenattrappe mit erhobenem Arm.

Hinsichtlich der Verwechslungsgefahr mit amtlichen Verkehrszeichen ist auf das gesamte Erscheinungsbild der Schilder und Markierungen nach dem flüchtigen Eindruck abzustellen (Hessischer VGH VerkMitt 1970 Nr. 91). Beispiele: Blaue oder grüne Fahrbahnmarkierung in der Nähe von Leitlinien, leuchtende Ampel als Blickfang im Schaufenster einer Fahrschule oder gelbes Blinklicht am Hoteleingang (OLG Koblenz VRS 66, 221), ebenso Vorschriftzeichen auf Wahlplakaten im Fahrbahnverlauf. Der Schutz gegen Werbung ist eng auszulegen; er gilt auch für die Rückseite von Verkehrszeichen und -einrichtungen, z. B. an Parkscheinautomaten oder auf der Vorderseite von Parkscheiben (Bild 318).

Abweichend von den stringenten Werbeverboten nach § 33 Abs. 1 Nr. 3 (Außerortswerbung) und Abs. 2 Satz 2 (Werbung auf Verkehrszeichen) dürfen nach Abs. 3 in der Hinweisbeschilderung für Autohöfe, Rast- und Tankanlagen Zusätze mit privaten Firmenlogos über spezifische Dienstleistungsangebote gezeigt werden, z. B. Mineralölfirmen, Hotelbetriebe, Fastfood-Ketten.[4] Das gilt nur für die Beschilderung an Autobahnen, nicht für sonstige Bundesstraßen. Durch Bindung solcher Zusatzschilder an die RWBA 2000 vom 28.12.2000 (VkBl. 2001, S. 39) soll sich deren Inhalt, Größe und Anzahl in vertretbaren Grenzen halten. Die Kosten der Zusatzschilder tragen die Betreiber der Anlagen (s. a. Rn. 6 bis 8 VwV-StVO zu § 33).

3 Hinweise

3.1 Übermäßige Straßenbenutzung: § 29 Abs. 2; Schutz der Nachtruhe: § 30 Abs. 1; Verkehrshindernisse: § 32; zum Verbot von Aufklebern mit politischen und religiösen Inhalten an Taxen nach § 26 Abs. 4 BOKraft: BVerwG VerkMitt 2000 Nr. 46.

3.2 Ausnahmen von § 33: § 46 Abs. 1 Nr. 9 (Lautsprecher) und Nr. 10 i. V. m. § 9 Abs. 8 FStrG (Werbung und Propaganda in Verbindung mit Leuchtsäulen für Haltestellenschilder). Ausnahmegenehmigungen nach § 46 Abs. 2 von § 33 Abs. 2 sind schon aus Verkehrssicherheitsgründen unzulässig.

3.3 Werbeverbot an Brücken über Bundesfernstraßen außerhalb der zur Erschließung anliegender Grundstücke bestimmten Teile der Ortsdurchfahrten sowie längs von Autobahnen bis zu 40 m: § 9 Abs. 1 Nr. 1, Abs. 6 FStrG. Werbeanlagen von mehr als 40 bis 100 m Entfernung von Autobahnen bedürfen der Zustimmung der Straßenbaubehörde: § 9 Abs. 2 FStrG.

---

4 Autohöfe, Rast- und Tankanlagen, die jährlich von fast 500 Mio. Kraftfahrern angefahren werden, haben ihr Warensortiment erheblich ausgedehnt. Die zusätzlichen Piktogramme in der Hinweisbeschilderung tragen dem Informationsbedürfnis der Kraftfahrer Rechnung.

§ 34 Unfall

(1) Nach einem Verkehrsunfall hat jeder Beteiligte
1. unverzüglich zu halten,
2. den Verkehr zu sichern und bei geringfügigem Schaden unverzüglich beiseite zu fahren,
3. sich über die Unfallfolgen zu vergewissern,
4. Verletzten zu helfen (§ 323c des Strafgesetzbuches),[1]
5. anderen am Unfallort anwesenden Beteiligten und Geschädigten
   a) anzugeben, dass er am Unfall beteiligt war und
   b) auf Verlangen seinen Namen und seine Anschrift anzugeben sowie ihnen Führerschein und Fahrzeugschein vorzuweisen und nach bestem Wissen Angaben über seine Haftpflichtversicherung zu machen,
6. a) so lange am Unfallort zu bleiben,[2] bis er zu Gunsten der anderen Beteiligten und der Geschädigten die Feststellung seiner Person, seines Fahrzeuges und der Art seiner Beteiligung durch seine Anwesenheit ermöglicht hat oder

---

1 § 323c StGB Unterlassene Hilfeleistung
Wer bei Unglücksfällen oder gemeiner Gefahr oder Not nicht Hilfe leistet, obwohl dies erforderlich und ihm den Umständen nach zuzumuten, insbesondere ohne erhebliche eigene Gefahr und ohne Verletzung anderer wichtiger Pflichten möglich ist, wird mit Freiheitsstrafe bis zu einem Jahr oder mit Geldstrafe bestraft.

2 § 142 StGB Unerlaubtes Entfernen vom Unfallort
(1) Ein Unfallbeteiligter, der sich nach einem Unfall im Straßenverkehr vom Unfallort entfernt, bevor er
1. zu Gunsten der anderen Unfallbeteiligten und der Geschädigten die Feststellung seiner Person, seines Fahrzeugs und der Art seiner Beteiligung durch seine Anwesenheit und durch die Angabe, dass er an dem Unfall beteiligt ist, ermöglicht hat oder
2. eine nach den Umständen angemessene Zeit gewartet hat, ohne dass jemand bereit war, die Feststellungen zu treffen,
wird mit Freiheitsstrafe bis zu drei Jahren oder mit Geldstrafe bestraft.
(2) Nach Absatz 1 wird auch ein Unfallbeteiligter bestraft, der sich
1. nach Ablauf der Wartefrist (Absatz 1 Nr. 2) oder
2. berechtigt oder entschuldigt
vom Unfallort entfernt hat und die Feststellungen nicht unverzüglich nachträglich ermöglicht.
(3) Der Verpflichtung, die Feststellungen nachträglich zu ermöglichen, genügt der Unfallbeteiligte, wenn er den Berechtigten (Absatz 1 Nr. 1) oder einer nahe gelegenen Polizeidienststelle mitteilt, dass er an dem Unfall beteiligt gewesen ist, und wenn er seine Anschrift, seinen Aufenthalt sowie das Kennzeichen und den Standort seines Fahrzeugs angibt, und dieses zu unverzüglichen Feststellungen für eine ihm zumutbare Zeit zur Verfügung hält. Dies gilt nicht, wenn er durch sein Verhalten die Feststellungen absichtlich vereitelt.
(4) Das Gericht mildert in den Fällen der Abs. 1 und 2 die Strafe (§ 49 Abs. 1) oder kann von der Strafe nach diesen Vorschriften absehen, wenn der Unfallbeteiligte innerhalb von 24 Stunden nach einem Unfall außerhalb des fließenden Verkehrs, der ausschließlich nicht bedeutenden Sachschaden zur Folge hat, freiwillig die Feststellungen nachträglich ermöglicht (Abs. 3).
(5) Unfallbeteiligter ist jeder, dessen Verhalten nach den Umständen zur Verursachung des Unfalls beigetragen haben kann.

§ 34 Unfall

b) eine nach den Umständen angemessene Zeit zu warten und am Unfallort Namen und Anschrift zu hinterlassen, wenn niemand bereit war, die Feststellung zu treffen,
7. unverzüglich die Feststellungen nachträglich zu ermöglichen, wenn er sich berechtigt, entschuldigt oder nach Ablauf der Wartefrist (Nummer 6b) vom Unfallort entfernt hat. Dazu hat er mindestens den Berechtigten (Nummer 6a) oder einer nahe gelegenen Polizeidienststelle mitzuteilen, dass er am Unfall beteiligt gewesen ist, und seine Anschrift, seinen Aufenthalt sowie das Kennzeichen und den Standort seines Fahrzeugs anzugeben und dieses zu unverzüglichen Feststellungen für eine ihm zumutbare Zeit zur Verfügung zu halten.

(2) Beteiligt an einem Verkehrsunfall ist jeder, dessen Verhalten nach den Umständen zum Unfall beigetragen haben kann.

(3) Unfallspuren dürfen nicht beseitigt werden, bevor die notwendigen Feststellungen getroffen worden sind.

(VwV zu § 34 nicht vorhanden)

1 Aus der amtlichen Begründung

(entfällt)

2 Erläuterungen

Während das strafbewehrte Verbot der Unfallflucht nach § 142 StGB der Hilfe für verletzte Unfallopfer sowie dem zivilrechtlichen Beweissicherungsinteresse und der Schadensregulierung dient (OLG Koblenz NZV 1989, 200), begründet § 34 ergänzend weitergehende (aktive) **Pflichten**. Es handelt sich um eine Art „Checkliste" als Hilfe für Unfallbeteiligte in einer Stresssituation, das Richtige in einer sinnvollen Reihenfolge zu tun. Die Begriffe in § 142 StGB (z. B. „Verkehrsunfall", „Schaden", „Unfallbeteiligte") sind mit denen in § 34 identisch.

Als **Ordnungswidrigkeit** qualifiziert ist jeweils der Verstoß gegen die Pflichten zum Anhalten (§ 34 Abs. 1 Nr. 1), zur Verkehrssicherung (§ 34 Abs. 1 Nr. 2), zur Vorstellung als Unfallbeteiligter (§ 34 Abs. 1 Nr. 5), zum Hinterlassen von Name und Anschrift am Unfallort (§ 34 Abs. 1 Nr. 6 b) und zur Erhaltung der Unfallspuren (§ 34 Abs. 3). Soweit die Verletzung dieser Pflichten unter Straftatbestände des § 142 StGB fällt, gehen diese vor (§ 21 OWiG).

2.1 Verkehrsunfall

Verkehrsunfall ist ein plötzliches Ereignis im Straßenverkehr, das mit dessen typischen Gefahren in ursächlichem Zusammenhang steht und einen fremden Personen- oder einen nicht völlig belanglosen Sachschaden zur Folge hat (BGH VerkMitt 2002 Nr. 15 = VRS 102, 52 = DAR 2002, 132 = VD 2002, 87; NZV 2002, 236 = VD 2002, 162; LG Berlin NZV 2007, 322: Vorbeischieben von Mülltonnen an parkenden KFZ). Der Schaden muss somit auf einen Verkehrsvorgang zurückzuführen sein. Liegt kein Verkehrsvorgang vor, löst der entstandene Schaden keine Pflichten als „Verkehrsunfall" aus.

Beispiele: Bei der Beladung fällt ein Gegenstand auf einen Fußgänger oder parkenden PKW (AG Berlin-Tiergarten DAR 2009, 45 = VRS 115, 300 = NZV 2009, 94)), aus einem Fahrzeug wird mutwillig eine Flasche gegen ein geparktes Fahrzeug geschleudert, beim Radwechsel rollt das KFZ vom Wagenheber und stößt gegen ein anderes Fahrzeug.

2.1.1 Öffentlicher Verkehrsraum

Der Unfall muss sich auf einer **öffentlichen** oder zumindest faktisch öffentlichen Verkehrsfläche ereignet haben. Dabei ist es unerheblich, ob sich der Schaden erst auf Privatgelände auswirkt. Auch auf dem Hof eines Supermarktes kann deshalb Unfallflucht begangen werden, wenn dieser Verkehrsraum einem unbestimmten Personenkreis offen steht. Ein Unfall auf reinem **Privatgelände** wird hingegen weder durch § 142 StGB noch durch § 34 erfasst, wenn sich der Schaden auch nur dort auswirkt.

2.1.2 Schaden

Voraussetzung für den Verkehrsunfall ist ein wirtschaftlich nicht nur „belangloser" Schaden, der an fremden Sachen oder Personen entstanden ist. Ob ein Schaden belanglos ist, beurteilt sich danach, ob ein „verständiger" Halter den Schaden ausbessern lassen würde. Dies hängt von der jeweiligen Kostenentwicklung ab (Wertgrenze etwa 20 bis 25 €: OLG Brandenburg DAR 2007, 643: Grenze bei ca. 20 €; LG Gießen NZV 1997, 364: kein Schaden bei 27 €; OLG Hamm NZV 2001, 37: kein Schaden bei Betonabplatzung an einer Brücke von 10 × 10 cm unter 2 cm Tiefe). Bei körperlichen Beeinträchtigungen bleiben ganz unerhebliche, nur vorübergehende Beeinträchtigungen außer Betracht, wenn sie keine Körperverletzungen i. S. d. §§ 223, 230 StGB darstellen (z. B. Schreck, kurzer Schmerz). Schleudertrauma bei einem Auffahrunfall oder blauer Fleck (Hämatom) sind hingegen Körperverletzungen, wenn eine ärztliche Behandlung erforderlich wird.

Geschädigt ist jeder, der durch den Unfall einen Ersatzanspruch erlangt. Beim Schaden muss es sich somit um einen **Fremdschaden** handeln (OLG Celle VerkMitt 1985 Nr. 94 = NJW 1986, 861 = VRS 69, 394). Dementsprechend ist nicht wartepflichtig, wer nur sich selbst geschädigt hat. Das gilt auch für das vom Unfallbeteiligten gelenkte, nicht jedoch ihm gehörende Fahrzeug (Firmen- oder Mietfahrzeug) oder eine beförderte Fremdladung. Weitergehende Vermögensschäden Dritter, die durch einen unfallbedingten Stau entstehen, sind ersatzlos hinzunehmen, z. B. Kosten eines Schienenersatzverkehrs (LG Hannover NZV 2006, 660), zu spätes Erreichen des Arbeitsplatzes, entgangene Gewinne.

2.1.3 Unfallbeteiligte (§ 34 Abs. 2, § 142 Abs. 4 StGB)

Unfallbeteiligt ist jeder, der zum Unfallzeitpunkt am Unfallort anwesend ist **und** dessen Verhalten nach den Umständen zum Unfall beigetragen haben kann. Dabei genügt der äußere Anschein, den Unfall mitverursacht zu haben. Aus Beweissicherungsgründen zu Gunsten des Verletzten ist auf die **vermutliche** Unfallbeteiligung abzuheben, weil vor Ort nicht erst die Beteiligung nach dem Kausalverlauf festgestellt werden kann. Infolgedessen kann auch Unfallbeteiligter sein, wer bei der späteren Beurteilung des Unfalls keinen relevanten Tatbeitrag geleistet hat (OLG Zweibrücken VRS 75, 292; OLG Koblenz NZV 1989, 200). Wer zwar den Anlass für ein unfallbedingtes Fehlverhalten anderer gibt (mittelbare Unfallbeteiligung), sich

§ 34 Unfall

selbst aber weder verkehrswidrig verhält noch einen über das normale Verkehrsverhalten hinausgehenden Kausalbeitrag leistet, ist nicht Unfallbeteiligter (OLG Stuttgart VerkMitt 2004 Nr. 6 = DAR 2003, 475 = VRS 105, 294). Beifahrer sind nur dann Unfallbeteiligte, wenn sie auf den Verkehrsvorgang eingewirkt haben, z. B. als Sozius beim Motorrad oder durch Eingriff in die Lenkung. Unfallbeteiligt ist auch der am Unfallort anwesende **Fahrzeughalter**, wenn nicht geklärt ist, wer das Fahrzeug geführt hat (BayObLG VerkMitt 2000 Nr. 19 = DAR 2000, 79 = NZV 2000, 133 = VRS 98, 193; NZV 1993, 35 = DAR 1993, 31); ebenso wenn der Verdacht besteht, er habe

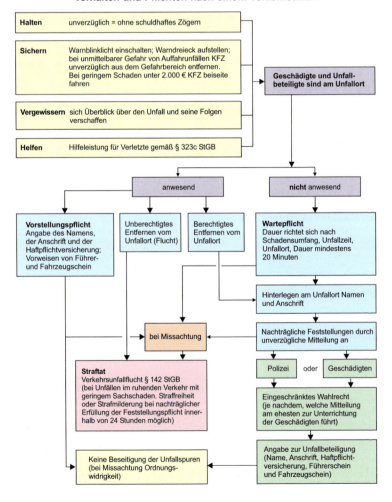

den Unfall beeinflusst, z. B. als Begleitperson beim „Fahren ab 17 Jahren" (OLG Stuttgart VRS 72, 186). Auch eine mögliche Alkoholisierung ist für die Feststellungen relevant.

2.1.4 Unfallort

Unfallort ist die Stelle, an der sich der Schaden ereignet hat oder wo der Geschädigte die Unfallbeteiligten suchen wird (OLG Karlsruhe DAR 1988, 281). Vom Unfallort hat sich entfernt, wessen Beziehung zum Unfall nach den örtlichen Umständen unter enger Abgrenzung nicht mehr ohne weiteres erkennbar ist (OLG Jena DAR 2004, 599; OLG Stuttgart DAR 1980, 248 = MDR 1980, 935); das trifft schon beim Aufsuchen einer nahe gelegenen Gaststätte zu, aber auch dann, wenn sich der Unfallbeteiligte am Unfallort in der Zuschauermenge verbirgt (OLG Koblenz VRS 49, 259). Ein Unfallbeteiligter, der sich 500 m von der Unfallstelle entfernt hat und hier wenige Minuten nach dem Unfall Kenntnis von diesem erhält, muss zur Unfallstelle zurückkehren (OLG Düsseldorf VerkMitt 2008 Nr. 30 = DAR 2008, 154 = NZV 2008, 107 = VRS 113, 429: nicht aber bei 3 km und 5 bis 10 Minuten Fahrtzeit). Er muss zu einem vereinbarten Treffpunkt in der Nähe der Unfallstelle gehen, wenn alle Beteiligten die eigentliche Unfallstelle wegen Verkehrsbehinderung einverständlich verlassen (OLG Frankfurt VRS 49, 23).

2.2 Anhalten (§ 34 Abs. 1 Nr. 1)

Nach einem Verkehrsunfall ist „unverzüglich" anzuhalten, und zwar sofort, unter Beachtung der Verkehrssicherheit, so rasch und so nahe am Unfallort wie möglich, an einer Stelle, wo eine Verkehrsgefährdung nicht zu erwarten ist, z. B. auf Seitenstreifen, jedenfalls möglichst weit rechts.

2.3 Absicherung des Verkehrs (§ 34 Abs. 1 Nr. 2)

Die **Absicherung** des Verkehrs ist eine vordringliche Pflicht und dient der Vermeidung weiterer Unfälle. Die Sicherungsmaßnahmen richten sich nach § 15. Soweit diese Sicherung nicht ausreicht, insbesondere bei schnellem Verkehr auf Autobahnen, sind zusätzliche Maßnahmen (z. B. Warnposten mit Flagge, Signallampen, Leitkegel) so lange durchzuführen, bis Polizei oder Feuerwehr die weitere Sicherung übernimmt (LG Dortmund NZV 2007, 571: bei beschädigtem Verkehrsschild). Stellt das verunfallte KFZ selbst eine unmittelbare Gefahr für Auffahrunfälle dar, muss es unabhängig von der Schadenhöhe unverzüglich aus dem Gefahrenbereich entfernt werden; das Feststellungsinteresse am Unfallhergang ist dabei nachrangig (OLG Zweibrücken NZV 2001, 387). Bei Verletzung der Sicherungspflicht liegt nur ein Verstoß nach § 15 vor (der Verstoß nach §§ 34 Abs. 1 Nr. 2, 49 Abs. 1 Nr. 29 tritt zurück). Verstöße gegen die Sicherungspflichten mit weiterem kausalen Schadenverlauf können auch Straftaten nach §§ 222, 230 StGB begründen.

Die Pflicht zum Beiseitefahren bei **geringfügigem** Schaden dient der Sicherheit und Flüssigkeit des übrigen Verkehrs und geht dem Beweissicherungsinteresse der Unfallbeteiligten vor. Geringfügiger Sachschaden liegt unterhalb von 2 000 €. Die Vorschrift des § 34 Abs. 1 Nr. 2 setzt damit voraus, dass sich die Unfallbeteiligten über die Unfallfolgen vergewissert haben (§ 34 Abs. 1 Nr. 3), weil sonst eine Schadenfeststellung nicht möglich wäre. Soweit erforderlich, ist der Verkehr auch nach dem Beiseitefahren zu sichern

§ 34 Unfall

(wegen Fahrzeugteilen auf der Fahrbahn, Unfallspuren, in den Fahrraum hineinragender Fahrzeuge). Die Verletzung der Pflicht ist nach § 49 Abs. 1 Nr. 29 bußgeldbewehrt.

2.4 Vergewisserung über Unfallfolgen (§ 34 Abs. 1 Nr. 3)

Die Vergewisserungspflicht weist auf die Wartepflicht des § 142 StGB am Unfallort hin, um die notwendigen Feststellungen zu ermöglichen. Gegen § 34 verstößt, wer sich als Unfallbeteiligter zwar über die Unfallfolgen informiert, jedoch nicht sorgfältig genug ist, um weiteren Verpflichtungen zu genügen (KG VRS 45, 179 = DAR 1973, 272).

2.5 Hilfe für Verletzte (§ 34 Abs. 1 Nr. 4)

Der Hilfspflicht ist nach § 323c StGB im Rahmen der subjektiven Möglichkeiten nachzukommen. Dabei sind auch die Fahrausbildung im Rahmen der Unterweisung in lebensrettenden Sofortmaßnahmen, die Ausbildung in Erster Hilfe (§ 19 FeV) und die Ausrüstung mit Erste-Hilfe-Material (§ 35h StVZO) einzubeziehen. Da die Verletzung der Hilfspflicht strafbewehrt ist, entfällt eine Ordnungswidrigkeit. Ansprüche des Hilfspflichtigen für eigene Schäden während einer Hilfeleistung können nach den Vorschriften der „Geschäftsführung ohne Auftrag" des BGB gegen den Verletzten geltend gemacht werden, insbesondere bei Hilfeleistung mit gesteigertem Risiko (BGH VRS 24, 65 NJW 1965, 112; BGH VerkMitt 1981 Nr. 47 = DAR 1981, 53; OLG Köln VersR 1991, 1367).

2.6 Vorstellungspflicht (§ 34 Abs. 1 Nr. 5a)

Jeder Unfallbeteiligte muss sich aktiv als solcher zu erkennen geben. Die Pflicht erfüllt nicht, wer sich zwar zu erkennen gibt, die Unfallbeteiligung aber wahrheitswidrig leugnet (OLG Frankfurt/M. NJW 1977, 1833). Aussagen zum Hergang des Unfalls oder zur Schuldfrage werden nicht erwartet und sollten auch nicht abgegeben werden. Demgegenüber ist bei § 142 StGB streitig, ob sich der am Unfallort anwesende Unfallbeteiligte als solcher zu erkennen geben muss oder ob er sich so lange passiv verhalten darf, bis er angesprochen wird. Strafbar wäre jedoch das (passive) Verbergen in einer Zuschauermenge, sodass der Geschädigte den Unfallbeteiligten nicht identifizieren kann.

Neben der Pflicht des § 142 StGB, die Feststellungen zur Person zu ermöglichen, konkretisiert § 34 Abs. 1 Nr. 5b die (positive) Pflicht zur Angabe des Namens, der Anschrift, der Haftpflichtversicherung und zur Vorlage von Führer- und Fahrzeugschein. Die Visitenkarte, Telefon- oder Taxinummer allein reichen nicht (OLG Nürnberg DAR 2007, 530 = SVR 2008, 75). Die Verweigerung dieser Angaben kann deshalb eine Ordnungswidrigkeit nach § 49 Abs. 1 Nr. 29 darstellen.

2.7 Wartepflicht (§ 34 Abs. 1 Nr. 6a)

Die Wartepflicht gilt bei allen Beziehungen zwischen den Unfallbeteiligten wegen des Unfalls (OLG Koblenz DAR 1977, 76), auch beim bloßen Verdacht der Unfallbeteiligung (BayObLG DAR 1972, 75). Die Pflicht besteht so lange, bis die notwendigen Feststellungen getroffen werden; hierzu gehört auch die Entscheidung der Polizei, ob bei Alkoholverdacht statt des Atemtests eine Blutprobe erforderlich ist (OLG Köln VerkMitt 1999 Nr. 62 = VRS 96, 359). Ein pauschales Schuldanerkenntnis mit Angabe der Personalien ist keine ausreichende Klärung des Unfallhergangs (OLG Stuttgart NJW 1978, 900) und rechtfertigt kein Verlassen des Unfallorts. Eine Verpflichtung, auf Wunsch des Geschädigten zur Polizeiwache zu fahren, besteht nicht. Verlangt ein Unfallbeteiligter aber die Beiziehung der Polizei, besteht die Wartepflicht bis zu deren Eintreffen, selbst bei geringfügigem Schaden (KG VRS 63, 40; OLG Köln DAR 1989, 151; OLG Zweibrücken NZV 1992, 371 = DAR 1992, 389).

2.7.1 Verlassen des Unfallortes

Berechtigt darf sich der Unfallbeteiligte nur mit Einverständnis der anderen Beteiligten entfernen, ferner zur Versorgung Verletzter oder Meldungen an die Polizei, Feuerwehr oder Hilfskräfte. Die Einwilligung zum Verlassen der Unfallstelle kommt in Betracht, wenn nur Sachschaden entstanden ist oder zum Unfallverursacher nähere persönliche Beziehungen bestehen, z. B. Verwandter, Freund, Nachbar, Arbeitskollege (BayObLG NZV 1992, 413). Entfernt sich der Geschädigte vom Unfallort und verzichtet auf weitere Feststellungen, entfällt die Wartepflicht (OLG Oldenburg NZV 1995, 159).

2.7.2 Dauer der Wartepflicht

Die Wartepflicht hängt davon ab, ob feststellungsbereite Personen am Unfallort vorhanden sind. Sind **keine** vorhanden, bestimmt sich die Wartefrist nach der Möglichkeit, dass der Geschädigte am Unfallort nachträglich alsbald erscheinen könnte (OLG Hamm VRS 18, 199). Dies ist abhängig von der Tageszeit, der Lage des Unfallortes, der Schadenshöhe und der Verkehrsdichte (OLG Düsseldorf VerkMitt 1972 Nr. 77). Die rein subjektive Zumutbarkeit (z. B. bei Regen, Schneefall, Kälte) spielt jedenfalls für die Dauer der Wartefrist keine Rolle. Mindestens muss der Unfallbeteiligte bei geringem Schaden 20 Minuten warten, bei schwerem Schaden bis zu einer Stunde (OLG Stuttgart VRS 73, 191; OLG Karlsruhe DAR 2003, 38: bei Beschädigung der Leitplanke 30 Minuten; OLG Köln VerkMitt 2001 Nr. 82 = DAR 2001, 377; OLG Hamm VRS 41, 28: 45 Minuten im Stadtgebiet). Im Übrigen ist die Wartefrist nach oben nicht begrenzt. Die Verletzung der Wartepflicht allein begründet bereits Strafbarkeit wegen Unfallflucht, selbst wenn sich der Verursacher nachträglich zu erkennen gibt (s. a. § 142 Abs. 4 StGB – innerhalb von 24 Stunden). Bei Verletzung der Wartepflicht droht außerdem Leistungsverweigerung der Kaskoversicherung (§§ 6 VVG i. V. m. 7 AKB).

2.7.3 Angaben am Unfallort

Der Unfallbeteiligte muss nach Ablauf der Wartefrist Namen und Anschrift am Unfallort hinterlassen, wenn er sich entfernen will. An welcher Stelle das zu erfolgen hat, lässt § 34 Abs. 6 offen. Die Nachricht muss jedoch so hinterlegt werden, dass der Geschädigte sie auch wahrnehmen kann, z. B. hinter dem Scheibenwischer oder an der Fahrzeugtür. Die Verletzung der Pflicht ist eine Ordnungswidrigkeit nach § 49 Abs. 1 Nr. 29.

2.8 Nachträgliche Feststellungen (§ 34 Abs. 1 Nr. 7)

Hat sich der Unfallbeteiligte nach Ablauf der Wartefrist vom Unfallort entfernt, muss er die notwendigen Feststellungen **nachträglich** ermöglichen. Hierbei hat er ein eingeschränktes **Wahlrecht**. Er kann eine nahe gelegene Polizeidienststelle oder den Geschädigten selbst (Ermittlung der Adresse über das KFZ-Kennzeichen) unterrichten. Wegen des Beweissicherungsinteresses muss jedoch diejenige Feststellungsart gewählt werden, die am **schnellsten** zur Unterrichtung des Geschädigten führt (BayObLG VerkMitt 1977 Nr. 47 = VRS 53, 348 = MDR 1977, 596 = NJW 1977, 2274; BGH VerkMitt 1980 Nr. 32 = VRS 58, 200 = MDR 1980, 328 = NJW 1980, 896 = JR 1980, 521). Die Unterrichtung muss nach erfolgter „Wahl" ohne schuldhaftes Zögern erfolgen (**unverzüglich**). Die Mitteilung kann auch telefonisch oder durch einen beauftragten Dritten (Rechtsanwalt) erfolgen. Der Unfallbeteiligte, der sich in Unkenntnis des Unfalls vom Unfallort entfernt, aber noch innerhalb eines zeitlichen und räumlichen Zusammenhangs von dem Unfall Kenntnis erlangt, hat die erforderlichen Feststellungen unverzüglich nachträglich zu ermöglichen (BGH VRS 55, 266; VerkMitt 1978 Nr. 103 = MDR 1978, 1034 = NJW 1979, 434). Je größer der Unfallschaden ist, umso eher wird der „zeitliche und räumliche Zusammenhang" angenommen, und umso kürzer ist die Zeit, die dem Unfallbeteiligten für die Herbeiführung der erforderlichen Feststellungen zur Verfügung steht (BayObLG VerkMitt 1981 Nr. 1). Bei geringfügigem in der Nachtzeit verursachten Schaden reicht die Unterrichtung des Geschädigten am nächsten Morgen aus (OLG Hamm NZV 2003, 424).

Mögliche strafrechtliche Konsequenzen, die sich anlässlich der nachträglichen Feststellungen ergeben (z. B. Alkoholtest), muss der Unfallbeteiligte gegen sich gelten lassen.[3] Das „Recht zur straflosen Selbstbegünstigung" tritt gegenüber der Feststellungspflicht zu Gunsten des Geschädigten zurück.

2.9 Tätige Reue (24-Stunden-Regelung)

Verstößt der Unfallbeteiligte gegen die Warte- oder nachträgliche Feststellungspflicht, macht er sich wegen Verkehrsunfallflucht strafbar (§ 142 StGB). Nur bei Unfällen im ruhenden Verkehr mit geringem Sachschaden besteht jedoch die Möglichkeit zur Strafmilderung oder Absehen von der Strafe (§ 142 Abs. 4), wenn die erforderliche Feststellung innerhalb von 24 Stunden freiwillig nachgeholt wird.[4] Hierbei handelt es sich meist um Schäden beim Ein- oder Ausparken von nicht mehr als 1 100 bis 1 300 € (LG Berlin NZV 2006, 108; OLG Dresden NZV 2006, 104: 1 300 €; LG Köln DAR 2006, 289; LG Paderborn DAR 2006, 290). Außerdem darf der Unfall zwischenzeitlich nicht durch den Geschädigten oder einen Dritten zur Anzeige gebracht worden sein. Die Strafbarkeit bleibt bestehen, wenn sich der Unfall aus dem fließenden Verkehr heraus ereignet, selbst wenn dabei ein parkendes Fahrzeug beschädigt wird oder nur geringfügiger Sachschaden entsteht, z. B. an einem Leitpfosten (OLG Köln VRS 98, 122). Wird von der Strafe abgesehen, bleiben dennoch die im Zusammenhang mit dem Verkehrsunfall begangenen Ordnungswidrigkeiten bestehen, z. B. Schadensverursachung nach § 1 Abs. 2 oder Nichthinterlassen von Name und Anschrift am Unfallort nach § 34 Abs. 1 Nr. 6b.

2.10 Unfallspuren

Bei der Aufnahme des Unfalls durch die Beteiligten oder Polizei sind die zur Feststellung des Unfallherganges erforderlichen Spuren zu sichern, z. B. Bremsspuren, abgefallene Fahrzeugteile auf der Straße, Fahrzeugschäden, Lackabrieb. Aus den Unfallspuren kann auch die Aufprallgeschwindigkeit durch einen Kraftfahr-Sachverständigen ermittelt werden. Nach § 34 Abs. 3

---

3 Ein alkoholisierter Kraftfahrer, der beim Ausparken einen Unfall verursacht hat, kann aber so lange am Unfallort warten, bis er ausgenüchtert ist.
4 Sechstes Gesetz zur Reform des Strafrechts (6. StrRG) vom 26.1.1998 (BGBl. I S. 164)

dürfen **Unfallspuren nicht beseitigt** werden, bevor die notwendigen Feststellungen getroffen worden sind. Das Verbot richtet sich nur an die Unfallbeteiligten (OLG Karlsruhe NJW 1985, 1480 = VRS 68, 233). Unfallspuren sind alle Beweisanzeichen, die zur Klärung des Schadenherganges für die zivilrechtliche Ersatzpflicht von Bedeutung sind. Die Verletzung der Pflicht ist gemäß § 49 Abs. 1 Nr. 29 bußgeldbewehrt.

2.11 Pflichten der Polizei bei Verkehrsunfällen

Aus den allgemeinen Sicherheits- und Ordnungsgesetzen der Länder ist die Polizei zur Gefahrenabwehr verpflichtet und hat deshalb die Unfallstelle (ergänzend) abzusichern, notwendige Hilfeleistung anzufordern, den Unfallhergang festzustellen und danach die Unfallstelle von Glassplittern, Ölverlust, abgefallenen Fahrzeugteilen hinreichend säubern zu lassen (OLG Koblenz VRS 102, 161). Zur Unfallaufnahme ist die Polizei, abgesehen von der Wahrnehmung des staatlichen Verfolgungsanspruchs bei unfallauslösenden Verkehrsverstößen und der Führung der Unfallstatistik nach dem StVUnfStatG[5] nur nach Maßgabe der in den Ländern erlassenen Richtlinien verpflichtet (z.B. Beseitigung unfallbedingter Verkehrsstörungen), nicht jedoch zur Beweisaufnahme für die Sicherstellung privatrechtlicher Ansprüche der Unfallbeteiligten (diese obliegt ihnen selbst). Wenn sich auch die Haftpflichtversicherungen häufig auf eine polizeiliche Unfallaufnahme verlassen, erwächst den Betroffenen durch diese „Serviceleistung" kein Anspruch gegen die Polizei, es sei denn, die Unfallaufnahme kann nur durch die Polizei erfolgen (OLG Hamm NZV 2000, 414). Nimmt dabei die herbeigerufene Polizei weder die Personaldaten der Unfallbeteiligten noch das amtliche Kennzeichen auf, kommen Ersatzansprüche aus **Amtshaftung** nur in Betracht, wenn dadurch die Unfallregulierung vereitelt wird (OLG Celle NZV 1997, 354).

3 Hinweise

3.1 Bildung einer **freien Gasse** zur Durchfahrt von Polizei- und Hilfsfahrzeugen: § 11 Abs. 2; Warnung vor der Unfallstelle durch blaues oder gelbes Blinklicht: § 38 Abs. 2 und 3; Sicherung liegen gebliebener Fahrzeuge: § 15; Abschleppen: § 15a; Absicherung von Unfallstellen durch Pannendienstleister mit Leitkegeln (Z. 610): § 45 Abs. 7a.

3.2 Das Ansprechen von Unfallbeteiligten am Unfallort zur Werbung für Reparatur oder Autovermietung verstößt gegen das Gesetz über unlauteren Wettbewerb (BGH VRS 48, 326 und 329, BGH VRS 59, 22).

3.3 Die **volkswirtschaftlichen Unfallkosten** einschließlich Sachkosten betragen pro Unfall mit einem Getöteten 1 170 330 €, Schwerverletzten 96 597 €, Leichtverletzten 13 388 €, schwerem Sachschaden 12 583 €, leichtem Sachschaden 4 508 € (Quelle: BASt Info 7/03).

---

[5] Nach § 2 Abs. 1 StVUnfStatG sind alle Unfälle mit Verletzten und Getöteten sowie schwerwiegende Unfälle mit Sachschaden zu erfassen. Als Schwerverletzte werden alle Personen gezählt, die sich mindestens 24 Stunden in stationärer Behandlung befinden; als Getötete, die innerhalb von 30 Tagen an den Unfallfolgen versterben (§ 2 Abs. 3 StVUnfStatG). Ein schwerwiegender Unfall mit Sachschaden liegt vor, wenn als Unfallursache ein bußgeldbedrohter Verstoß oder eine Straftat festgestellt wird und mindestens ein KFZ unfallbedingt abgeschleppt werden muss (d. h. KFZ ist nicht mehr fahrbereit); ferner wenn unabhängig von der Art des Sachschadens ein Unfallbeteiligter unter Alkoholeinwirkung gestanden hat (VO vom 21.12.1994 – BGBl. I S. 3970).

§ 35 Sonderrechte

(1) Von den Vorschriften dieser Verordnung sind die Bundeswehr, die Bundespolizei,[1] die Feuerwehr, der Katastrophenschutz, die Polizei und der Zolldienst befreit, soweit das zur Erfüllung hoheitlicher Aufgaben dringend geboten ist.

(1a) Absatz 1 gilt entsprechend für ausländische Beamte, die auf Grund völkerrechtlicher Vereinbarungen zur Nacheile oder Observation im Inland berechtigt sind.

(2) Dagegen bedürfen diese Organisationen auch unter den Voraussetzungen des Absatzes 1 der Erlaubnis,
1. wenn sie mehr als 30 Kraftfahrzeuge im geschlossenen Verband (§ 27) fahren lassen wollen,
2. bei jeder sonstigen übermäßigen Straßenbenutzung mit Ausnahme der nach § 29 Abs. 3 Satz 2.

(3) Die Bundeswehr ist über Absatz 2 hinaus auch zu übermäßiger Straßenbenutzung befugt, soweit Vereinbarungen getroffen sind.

(4) Die Beschränkungen der Sonderrechte durch die Absätze 2 und 3 gelten nicht bei Einsätzen anlässlich von Unglücksfällen, Katastrophen und Störungen der öffentlichen Sicherheit oder Ordnung sowie in den Fällen der Artikel 91 und 87a Abs. 4 des Grundgesetzes sowie im Verteidigungsfall und im Spannungsfall.

(5) Die Truppen der nichtdeutschen Vertragsstaaten des Nordatlantikpaktes sind im Falle dringender militärischer Erfordernisse von den Vorschriften dieser Verordnung befreit, von den Vorschriften des § 29 allerdings nur, soweit für diese Truppen Sonderregelungen oder Vereinbarungen bestehen.

(5a) Fahrzeuge des Rettungsdienstes sind von den Vorschriften dieser Verordnung befreit, wenn höchste Eile geboten ist, um Menschenleben zu retten oder schwere gesundheitliche Schäden abzuwenden.

(6) Fahrzeuge, die dem Bau, der Unterhaltung oder Reinigung der Straßen und Anlagen im Straßenraum oder der Müllabfuhr dienen und durch weiß-rot-weiße Warneinrichtungen gekennzeichnet sind, dürfen auf allen Straßen und Straßenteilen und auf jeder Straßenseite in jeder Richtung zu allen Zeiten fahren und halten, soweit ihr Einsatz dies erfordert, zur Reinigung der Gehwege jedoch nur, wenn das zulässige Gesamtgewicht bis zu 2,8 t beträgt. Dasselbe gilt auch für Fahrzeuge zur Reinigung der Gehwege, deren zulässiges Gesamtgewicht 3,5 t nicht übersteigt und deren Reifeninnendruck nicht mehr als 3 bar beträgt. Dabei ist sicherzustellen, dass keine Beschädigung der Gehwege und der darunter liegenden Versorgungsleitungen erfolgen kann. Personen, die hierbei eingesetzt sind oder Straßen oder in deren Raum befindliche Anlagen zu beaufsichtigen haben, müssen bei ihrer Arbeit außerhalb von Gehwegen und Absperrungen auffällige Warnkleidung tragen.

---

1 Der Bundesgrenzschutz ist durch Art. 99 des Gesetzes vom 21.6.2005 (BGBl. I S. 1836) in Bundespolizei umbenannt worden.

(7) Messfahrzeuge der Regulierungsbehörde für Telekommunikation und Post (§ 66 des Telekommunikationsgesetzes) dürfen auf allen Straßen und Straßenteilen zu allen Zeiten fahren und halten, soweit ihr hoheitlicher Einsatz dies erfordert.

(8) Die Sonderrechte dürfen nur unter gebührender Berücksichtigung der öffentlichen Sicherheit und Ordnung ausgeübt werden.

VwV zu § 35 Sonderrechte

Zu den Absätzen 1 und 5

1 I. Bei Fahrten, bei denen nicht alle Vorschriften eingehalten werden können, sollte, wenn möglich und zulässig, die Inanspruchnahme von Sonderrechten durch blaues Blinklicht zusammen mit dem Einsatzhorn angezeigt werden. Bei Fahrten im geschlossenen Verband sollte mindestens das erste Kraftfahrzeug blaues Blinklicht verwenden.

II. Das Verhalten geschlossener Verbände mit Sonderrecht

2 Selbst hoheitliche Aufgaben oder militärische Erfordernisse rechtfertigen es kaum je, und zudem ist es mit Rücksicht auf die öffentliche Sicherheit (Abs. 8) auch dann wohl nie zu verantworten, dass solche geschlossenen Verbände auf Weisung eines Polizeibeamten (§ 36 Abs. 1) nicht warten oder Kraftfahrzeugen, die mit blauem Blinklicht und Einsatzhorn (§ 38 Abs. 1) fahren, nicht freie Bahn schaffen.

Zu Absatz 2

3 I. Die Erlaubnis (§ 29 Abs. 2 und 3) ist möglichst frühzeitig vor Marschbeginn bei der zuständigen Verwaltungsbehörde zu beantragen, in deren Bezirk der Marsch beginnt.

4 II. Die zuständige Verwaltungsbehörde beteiligt die Straßenbaubehörden und die Polizei. Geht der Marsch über den eigenen Bezirk hinaus, so beteiligt sie die anderen zuständigen Verwaltungsbehörden. Berührt der Marsch Bahnanlagen, so sind zudem die Bahnunternehmen zu hören. Alle beteiligten Behörden sind verpflichtet, das Erlaubnisverfahren beschleunigt durchzuführen.

5 III. Die Erlaubnis kann auch mündlich erteilt werden. Wenn es die Verkehrs- und Straßenverhältnisse dringend erfordern, sind Bedingungen zu stellen oder Auflagen zu machen. Es kann auch geboten sein, die Benutzung bestimmter Straßen vorzuschreiben.

6 IV. Wenn der Verkehr auf der Straße und deren Zustand dies zulassen, kann eine Dauererlaubnis erteilt werden. Sie ist zu widerrufen, wenn der genehmigte Verkehr zu unerträglichen Behinderungen des anderen Verkehrs führen würde.

Zu Absatz 3

7 In die Vereinbarungen sind folgende Bestimmungen aufzunehmen:

1. Ein Verkehr mit mehr als 50 Kraftfahrzeugen in geschlossenem Verband (§ 27) ist möglichst frühzeitig – spätestens 5 Tage vor Marschbeginn – der zuständigen Verwaltungsbehörde anzuzeigen, in deren Bezirk der Marsch beginnt. Bei besonders schwierigen Verkehrslagen ist die zuständige Verwaltungsbehörde berechtigt, eine kurze zeitliche Verlegung des Marsches anzuordnen.

8 2. Ein Verkehr mit Kraftfahrzeugen, welche die in der Vereinbarung bestimmten Abmessungen und Gewichte überschreiten, bedarf der Erlaubnis. Diese ist möglichst frühzeitig zu beantragen. Auflagen können erteilt werden, wenn es die Verkehrs- oder Straßenverhältnisse dringend erfordern. Das Verfahren richtet sich nach Nr. II zu Abs. 2 (Rn. 4).

Zu Absatz 4

9 Es sind sehr wohl Fälle denkbar, in denen schon eine unmittelbar drohende Gefahr für die öffentliche Sicherheit oder Ordnung einen jener Hoheitsträger zwingt,

§ 35 Sonderrechte

die Beschränkungen der Sonderrechte nicht einzuhalten. Dann darf das nicht beanstandet werden.

Zu Absatz 5

10 I. Das zu Abs. 2 Gesagte gilt entsprechend.

11 II. In Vereinbarungen über Militärstraßen nach Artikel 57 Abs. 4b des Zusatzabkommens zum NATO-Truppenstatut (BGBl. 1961 II S. 1183), zuletzt geändert durch Artikel 2 des Gesetzes vom 28.9.1994 (BGBl. 1994 II S. 2594), in der jeweils geltenden Fassung, sind die zu Abs. 3 erwähnten Bestimmungen (Rn. 7 und 8) aufzunehmen.

12 III. Die Truppen können sich der zuständigen militärischen Verkehrsdienststelle der Bundeswehr bedienen, welche die erforderliche Erlaubnis einholt oder die erforderliche Anzeige übermittelt.

Zu Absatz 6

13 I. Satz 1 gilt auch für Fahrzeuge des Straßenwinterdienstes, die zum Schneeräumen, Streuen usw. eingesetzt sind.

14 II. Die Fahrzeuge sind nach DIN 30710 zu kennzeichnen.

15 III. Nicht gekennzeichnete Fahrzeuge dürfen die Sonderrechte nicht in Anspruch nehmen.

16 IV. Die Warnkleidung muss der EN 471 entsprechen. Folgende Anforderungsmerkmale der EN 471 müssen hierbei eingehalten werden:

17 1. Warnkleidungsausführung (Abs. 4.1) mindestens die Klasse 2 gemäß Tabelle 1,

18 2. Farbe (Abs. 5.1) fluoreszierendes Orange-Rot oder fluoreszierendes Gelb gemäß Tabelle 2,[2]

19 3. Mindestrückstrahlwerte (Abs. 6.1) die Klasse 2 gemäß Tabelle 5.

20 Warnkleidung, deren Warnwirkung durch Verschmutzung, Alterung oder Abnahme der Leuchtkraft der verwendeten Materialien nicht mehr ausreicht, darf nicht verwendet werden.

1 Aus der amtlichen Begründung

1.1 Nach Abs. 6 darf der Bodendruck des Fahrzeugs nicht größer sein als bei einem vergleichbaren 2,8-t-Fahrzeug (Begr. 1988).

1.2 § 35 Abs. 1a (Nacheile) dient der Umsetzung des Art. 41 Abs. 9 des Durchführungs-Abkommens vom 19.6.1990 zum Schengener Übereinkommen vom 14.6.1985 (Begr. 1992).

1.3 Sonderrechte bei der Post stehen nur noch den Messfahrzeugen der hoheitlich tätigen Regulierungsbehörde zu (Begr. 2000).

1.4 Der Bundesgrenzschutz ist in Bundespolizei umbenannt worden (Begr. 2005).

2 Erläuterungen

2.1 Sonderrechte und Wegerechte

Verkehrliche Sonderrechte nach § 35 und „Wegerechte" nach § 38 sind in ihrer Auswirkung nicht deckungsgleich.

---

[2] Neben Orange-Rot ist auch fluoreszierendes Gelb zugelassen. Zwar sind beide Farben hinsichtlich ihrer Auffälligkeit und Sichtbarkeit gleichwertig; Warnkleidung in fluoreszierendem Orange-Rot kann jedoch nicht flammhemmend hergestellt werden. Damit ist Warnkleidung in fluoreszierendem Gelb z. B. bei Arbeiten mit explosiven Stoffen vorzuziehen.

2.1.1 Sonderrechte

Unabhängig von der Fahrzeugart gewährt § 35 den genannten **Hoheitsträgern** und Institutionen Befreiung von Verhaltensnormen der StVO, ohne den übrigen Verkehrsteilnehmern spezifische Pflichten aufzuerlegen. Solche Pflichten können sich aber aus dem polizeilichen Weisungsrecht nach § 36 oder der Verpflichtung zur Gefahrenabwehr nach § 1 Abs. 2 ergeben. Da sich Sonderrechte auf die Funktion des Hoheitsträgers und nicht auf die benutzte Fahrzeugart beziehen, kann ein Mitglied der Polizei oder Feuerwehr die Vorrechte des § 35 auch ohne Blaulicht und Einsatzhorn in Anspruch nehmen (KG VerkMitt 1985 Nr. 105 = VRS 68, 299), auch als Fußgänger (KG NZV 2005, 417), selbst mit seinem privaten PKW, z. B. Zivilfahrzeuge von Kriminalbeamten oder bei Fahrten nach Alarmierung direkt zum Einsatz, nicht aber zur Einholung weiterer Weisungen (OLG Stuttgart VerkMitt 2003 Nr. 5 = NZV 2002, 410, 522 = NJW 2002, 2118 = VRS 103, 445; Anm. Schneider NZV 2003, 244; a. A. noch OLG Frankfurt NZV 1992, 334). In solchen Fällen sind die Sorgfaltspflichten des § 35 Abs. 8 besonders zu beachten, weil das Fahrzeug nicht als „Einsatzfahrzeug" erkennbar ist. Die bei Überschreiten der Höchstgeschwindigkeit eingesparte Zeit ist stets in Relation zum erhöhten Unfallrisiko und der Sicherstellung des Einsatzziels zu setzen, sodass im Allgemeinen nur mäßige Tempoüberschreitungen zu rechtfertigen sind.

2.1.2 Wegerechte

Der Begriff „Wegerechte" folgt aus der Verpflichtung aller **Verkehrsteilnehmer** nach § 38 Abs. 1, bei Blaulicht und Martinshorn freie Bahn zu schaffen und den Weg freizugeben. Den **Wegerechtsfahrzeugen** (d. h. die gemäß §§ 52 Abs. 3, 55 Abs. 3 oder § 70 StVZO mit blauem Blinklicht und Martinshorn ausgerüsteten KFZ) steht hingegen eine Abweichung von Normen der StVO nur zu, wenn sie zum Kreis der in § 35 genannten Hoheitsträger oder Institutionen gehören. Bis auf die über eine zulassungsrechtliche Ausnahme nach §§ 70, 52 Abs. 3, 55 Abs. 3 StVZO mit Blaulicht und Martinshorn ausgerüsteten Fahrzeuge der technischen Notdienste (Gas-, Elektrizitäts-, Wasserwerke) sind das alle in § 52 Abs. 3 StVZO genannten Fahrzeugarten. Die Berechtigung zur Benutzung von Blaulicht und Martinshorn besteht nur unter den engen Voraussetzungen des § 38 Abs. 1. Während sich die Führer von Sonderrechtsfahrzeugen über Verkehrsnormen auch dann hinwegsetzen dürfen, wenn diese Warneinrichtungen nicht betätigt werden (z. B. gedeckter Einsatz der Kriminalpolizei oder polizeiliche Zivilstreifen), müssen mit Blaulicht und Martinshorn ausgerüstete KFZ **ohne** Sonderrechte (z. B. Einsatzfahrzeug der Gaswerke) auch im Einsatz grundsätzlich alle Verkehrsvorschriften beachten. Allerdings gelten hier die Regeln des Notstandsrechts nach § 16 OWiG[3] und die von der Rechtsprechung entwickelten Grundsätze: Haben andere Kraftfahrer freie Bahn

---

3 **§ 16 OWiG Rechtfertigender Notstand**
Wer in einer gegenwärtigen, nicht anders abwendbaren Gefahr für Leben, Leib, Freiheit, Ehre, Eigentum oder ein anderes Rechtsgut eine Handlung begeht, um die Gefahr von sich oder einem anderen abzuwenden, handelt nicht rechtswidrig, wenn bei Abwägung der widerstreitenden Interessen, namentlich der betroffenen Rechtsgüter und des Grades der ihnen drohenden Gefahren, das geschützte Interesse das beeinträchtigte wesentlich überwiegt. Dies gilt jedoch nur, soweit die Handlung ein angemessenes Mittel ist, die Gefahr abzuwenden.

geschaffen und auf ihren Vorrang verzichtet, darf das Wegerechtsfahrzeug in den Freiraum einfahren, auch bei Rot einer Signalanlage (**BGH VRS 48, 260 = NJW 1975, 648**; BVerwG VRS 98, 458; OVG Hamburg NZV 2001, 447 = DAR 2001, 470 = VRS 101, 309).

2.2 Sonderrechte und Straßenrecht

§ 35 befreit nur von den Verhaltensnormen der StVO, nicht von den straßenrechtlichen Widmungsbeschränkungen durch Sondernutzung (Eiffler NZV 2000, 319). Ungeachtet dessen gehören die Sonderrechte zum wegerechtlichen Gemeingebrauch, weil andernfalls der Schutzzweck der Aufgaben von Polizei und Feuerwehr leerlaufen würde.[4] Infolgedessen darf ein polizeiliches Einsatzfahrzeug eine teilentwidmete Fußgängerzone selbst dann befahren, wenn weder im Landesstraßenrecht noch in der Widmungseinschränkung eine Nutzungserlaubnis statuiert ist. Außerdem sind Einsatzfahrten unter dem Gesichtspunkt der polizei- oder feuerwehrrechtlichen Gefahrenabwehr ohnehin gerechtfertigt, letztlich auch nach dem gesetzlichen Notstandsrecht des § 16 OWiG.

2.3 Dringende Einsatzfahrten

Abweichungen von den Verkehrsregeln sind unterhalb des Notstandsrechts bei Wahrnehmung von hoheitlichen, unaufschiebbaren Dienstaufgaben und bei sorgfältiger Beachtung der Verkehrslage zulässig (BGH VRS 4, 260; BGH VRS 36, 40). Dabei steht dem Einsatzfahrer ein Beurteilungsspielraum hinsichtlich der Bedeutung des Einsatzes gegenüber einer Regelverletzung zu (KG NZV 2000, 510). Je dringender und wichtiger eine Dienstaufgabe ist, umso stärker ist eine Regelabweichung gerechtfertigt. Gleichzeitig ist eine Abwägung zwischen dem Einsatzzweck und den Gefahren für Dritte vorzunehmen. Entscheidend ist, dass Einsatzzweck und Einsatzziel nicht durch unvertretbare Risiken in Frage gestellt werden. Werden diese Grenzen überschritten, entfällt der Vorrang, d. h. es dürfen keine Sonderrechte in Anspruch genommen werden. Keine Sonderrechte bestehen im Allgemeinen bei schlichter Verkehrsbeobachtung, Verfolgung von Verstößen im ruhenden Verkehr, bei Begleitfahrten von Politikern oder Werttransporten. Verfolgungsfahrten müssen abgebrochen werden, wenn für die Verfolgenden oder für den Verfolgten bei Panik durch unkontrollierbare Reaktionen Gefahren mit schweren Verletzungsfolgen drohen.[5] Ebenso darf die Polizei wegen der Gefahren für Dritte keinen Verkehrsstau künstlich herbeiführen, um ein verfolgtes Fahrzeug anhalten zu können (LG Bückeburg VRS 109, 174). Bei Fahrten des Rettungsdienstes muss neben der „höchsten Eile" die Motivation „zur Rettung von Menschenleben" oder Abwendung „schwerer Gesundheitsschäden" hinzutreten; auf den Einsatzbefehl einer Rettungsleitstelle kommt es nicht an (BayObLG VRS 59, 385). Der normale Krankentransport eines behinderten Patienten von einem Arzt zum Zahnarzt rechtfertigt grundsätzlich keine Sonderrechte oder Blaulichteinsatz.

Die in Abs. 1 genannten Organisationen haben Sonderrechte auch bei **Rückfahrten** vom Einsatz, wenn weiterhin Eile geboten ist (BGH NJW 1956, 1633; Müller VD 2006, 199); ebenso unter besonderer Beachtung der Verkehrssicherheit bei **Übungs- und Ausbildungsfahrten** (auch mobiler polizei-

---

4 Kodal/Krämer, Straßenrecht, 9. Aufl. 1999, S. 629
5 Die Verfolgungsfahrt darf nicht zur „Hinrichtung" des Betroffenen eskalieren.

licher Einsatzkommandos), nicht aber bei der Rückfahrt von der Übung. Sie haften bei Missbrauch (OLG Düsseldorf VersR 1971, 185; Müller SVR 2006, 250).

2.4 Berücksichtigung der öffentlichen Sicherheit und Ordnung

Bei der Inanspruchnahme von Sonderrechten ist das Übermaßverbot (Verhältnismäßigkeitsgrundsatz) zu beachten. Die Intensität der Beeinträchtigung des öffentlichen Verkehrs hängt nicht nur vom Einsatzzweck ab, sondern auch von den Gefahren für Unbeteiligte. Schäden zu Lasten Dritter sind stets zu vermeiden. Je größer das Unfallrisiko ist, umso vorsichtiger muss gefahren werden (KG VRS 113, 39 = NZV 2008, 147; KG VerkMitt 2005 Nr. 45 = NZV 2005, 636; VRS 108, 418; OLG Celle VersR 1975, 1052); notfalls nur mit Blaulicht und Martinshorn. Das gilt vor allem dann, wenn zwar mit Blaulicht, aber ohne Einsatzhorn in die Kreuzung eingefahren wird (KG VerkMitt 2005 Nr. 71; OLG Köln NZV 1996, 237). Fährt ein Einsatzfahrzeug bei Rot in die Kreuzung ein, muss auch auf solche Fahrzeuge Rücksicht genommen werden, die als Folge des Blaulichts dort warten (OLG Nürnberg DAR 2000, 69) oder auf Sondersignale nicht reagieren (OLG Celle DAR 2005, 283; LG Hof DAR 2000, 362). Infolgedessen muss sich der Einsatzfahrer vor dem Überqueren einer Kreuzung bei Rot davon überzeugen, dass alle Verkehrsteilnehmer das Sondersignal beachten (KG NZV 2009, 143). Er darf nur vorsichtig einfahren, bei einer unübersichtlichen Kreuzung nur mit Schrittgeschwindigkeit, notfalls muss er vorher anhalten (KG VRS 105, 107; KG VerkMitt 2001 Nr. 76). Eine Weiterfahrt mit 40 km/h kann u. U. grob verkehrswidrig sein. Nimmt ein Amtsträger Sonderrechte in Anspruch, haftet sein Dienstherr für die dadurch entstehenden Schäden (Artikel 34 GG), bei fahrlässiger Schädigung jedoch nur subsidiär (§ 839 Abs. 1 Satz 2 BGB), z. B. bei Schmerzensgeldansprüchen (BGH VRS 81, 4; KG, VerkMitt 1992 Nr. 64 = VRS 82, 408).[6]

2.5 Sonderrechtsinhaber

2.5.1 Polizei

Der Polizeibegriff ist weit auszulegen; dazu gehört nicht nur die Polizei im „formellen" (uniformierte Schutzpolizei oder Bundespolizei), sondern auch im „materiellen" Sinn, wie Forstbeamte, Jagdaufseher, Steuerfahnder (OLG Celle VRS 74, 220; Kullik NZV 1994, 59), der kommunale Vollzugsdienst und Ordnungskräfte, soweit ihnen materielle Polizeiaufgaben übertragen sind. Sonderrechte gelten auch für Eskorten der Polizei zur Begleitung von **Staatsbesuchen**[7] (KG NZV 2003, 481). Wer vor einem Polizeifahrzeug verkehrsgefährdend flieht, haftet für einen dadurch verursachten Unfall des verfolgenden Polizeibeamten (BGH VRS 32, 321 = VersR 1967, 580 = MDR 1967, 663; OLG Köln VerkMitt 2001 Nr. 50).

Soweit aufgrund völkerrechtlicher Verträge die Verfolgung oder die Observation über die Grenzen hinweg vereinbart worden ist, können Sonderrechte unter den Voraussetzungen des § 35 Abs. 1 auch von **ausländischen Polizisten** im Bundesgebiet in Anspruch genommen werden (§ 35 Abs. 1a).

---

6 Die Haftung kann sich auch aus den landesrechtlichen Sicherheits- und Ordnungsgesetzen ergeben, z. B. §§ 59, 60 ASOG Berlin (KG VerkMitt 2005 Nr. 38 = VRS 108, 421).
7 Verfahren bei „Protokollfahrten" für polizeiliche Eskorten: VkBl. 1973, S. 292, 501

Das gilt umgekehrt mangels Gegenseitigkeitsvereinbarung für die Inanspruchnahme von Sonderrechten in den ausländischen Staaten nur, wenn dort die nationale Gesetzgebung dies gestattet. Auch in den Fällen der Nacheile darf die Überschreitung der Verkehrsregeln Gesundheit und Leben anderer Verkehrsteilnehmer nicht gefährden (OLG Stuttgart NZV 1992, 123 = NJW 1992, 993; VerkMitt 1992 Nr. 34 = DAR 1992, 153).

2.5.2 Feuerwehr

Sonderrechte haben die Berufs-, Werks-, Flughafen- und freiwillige Feuerwehr. Der Führer eines Einsatzfahrzeugs der Feuerwehr darf im innerstädtischen Verkehr darauf vertrauen, dass noch mindestens 50 m von der Kreuzung entfernte Fahrzeuge auf ihr Vorfahrtsrecht verzichten, wenn sie das Einsatzfahrzeug bemerken (OLG Köln VerkMitt 1977 Nr. 67).

2.5.3 Zoll

Sonderrechte haben nicht nur der Zolldienst, sondern auch der Zollgrenzdienst und die Zollfahndung.

2.5.4 Militärischer Verkehr

Ob dringende **militärische Erfordernisse** gebieten, von Verkehrsvorschriften abzuweichen, entscheidet die militärische Dienststelle allein (BayObLG NJW 1960, 1070 = VRS 18, 316). Das gilt auch für NATO-Truppen (§ 35 Abs. 5). Im Übrigen finden die Bestimmungen des NATO-Truppenstatuts Anwendung.[8]

2.5.5 Rettungsdienst

Sonderrechte nach Abs. 5a haben nur „Fahrzeuge" des Rettungsdienstes, nicht dagegen die Rettungsdienstorganisation selbst. Welche Fahrzeuge zum Rettungsdienst gehören, richtet sich nach den Rettungsdienstgesetzen der Länder. Entscheidend ist dabei die funktionelle Zuordnung zum Rettungsdienst sowie die Ausrüstung und Zweckbestimmung für den Rettungsdiensteinsatz. Privatfahrzeuge von **Notärzten** gehören auch mit ärztlicher Ausrüstung wegen des strengen Regel-Ausnahme-Verhältnisses nicht dazu, selbst wenn sie infolge geringer Finanzkraft der Kommunen gelegentlich als Rettungsfahrzeuge verwendet werden (s. a. Cimolino NZV 2008, 118). Solche Fahrzeuge können aber mit einem blinkenden Dachaufsatz „Arzt Notfalleinsatz" versehen werden (§ 52 Abs. 6 StVZO). Auch **ausländische** Rettungsfahrzeuge können bei grenzüberschreitender Nothilfe mit Sondersignalen einbezogen werden (s. a. Erl. 2.3 zu § 38). Obwohl Tiere nicht als „Sachen" angesehen werden und bei Unglücksfällen ebenso leiden, ist eine Gleichstellung von Tier-Rettungsfahrten ausgeschlossen.

Da die Inanspruchnahme von Sonderrechten stets ein Risiko für Unbeteiligte darstellt, dürfen Sonderrechte nur bei höchster Eile zur Rettung von Menschenleben oder zur Abwendung schwerer Gesundheitsschäden in Anspruch genommen werden. Im Regelfall ist dazu Blaulicht und Martinshorn (§ 38 Abs. 1) einzuschalten. Davon kann nur in besonders gelagerten Notfällen abgesehen werden; mangels Warnfunktion ist dann besonders

---

8 NATO-Truppenstatut nebst Zusatzvertrag (BGBl. II S. 1190 und 1215); die Vereinbarungen gelten nicht in den neuen Bundesländern und Berlin (EV Anh. I, Kap. I Nr. 5 und 6).

vorsichtig zu fahren, z. B. bei der Rettung Lebensmüder. Eine Ausdehnung der Sonderrechte auf andere bedeutsame medizinische oder soziale Notlagen ist im Einzelfall nur unter den Einschränkungen des § 16 OWiG möglich, z. B. bei Organtransporten oder wenn aufgrund besonderer Umstände während des Krankentransports ein Notfall eintritt.

2.5.6 Bau-, Unterhaltungs-, Reinigungs-, Müllfahrzeuge

Eingeschränkte Sonderrechte nach § 35 Abs. 6 bedeuten keine allgemeine Freistellung von den Verkehrsvorschriften, sondern nur insoweit, wie der Einsatzzweck dies erfordert, insbesondere von den Straßenbenutzungs-, Halt- und Parkverboten, nicht aber von der Beachtung der Tempolimits oder des Rotlichts. Fährt ein langsames Straßenreinigungsfahrzeug bei Grün in die Kreuzung ein, darf der Reinigungsvorgang aber fortgesetzt werden, wenn die Signalanlage inzwischen auf Rot schaltet; andere KFZ müssen darauf Rücksicht nehmen (OLG Jena DAR 2000, 65 = NZV 200, 210). Der weiß-rote Warnanstrich der Straßen- und Straßenwinterdienstfahrzeuge kann auch durch Folien, nicht aber durch andere Kennzeichnung ersetzt werden, z. B. nicht durch orangefarbene Sicherheitslackierung oder gelbe Rundumleuchten (OLG Oldenburg VerkMitt 1980 Nr. 68). Die „auffällige Warnkleidung" muss nach Rn. 18 VwV-StVO zu § 35 Abs. 6 fluoreszierendes Orange-Rot oder Gelb haben (OLG Düsseldorf VerkMitt 1975 Nr. 11: weiße Warnkleidung ist nicht mehr aktuell); s. a. Rn. 17 bis 20 VwV-StVO zu § 35 Abs. 6.

Wegen der geringen Tragkraft der Gehwege und darunter liegender Versorgungsleitungen ist das **Befahren** der **Gehwege** für Fahrzeuge mit eingeschränkten Sonderrechten auf 2,8 t begrenzt,[9] für spezielle Reinigungsfahrzeuge mit Reifen bis 3 bar auf 3,5 t; bei höherer Gesamtmasse benötigen sie eine Ausnahme nach § 46 Abs. 1 mit Auflagen zur Vermeidung von Gehwegschäden. Zu den Anlagen im Straßenraum gehören auch unterirdische Kabel-, Rohr- und Kanalleitungen, sodass Ver- und Entsorgungs- sowie Reinigungsfahrzeuge (Strom, Gas, Wasser, Telekommunikation, Abwasser, Fett- und Ölabscheidungen) mit einem weiß-roten Warnanstrich eingeschränkte Sonderrechte wahrnehmen können. Gleiches gilt für Arbeiten von der Straße aus, wenn sich Anschlüsse auf Privatgelände befinden. Keine Sonderrechte haben hingegen Fahrzeuge der gewerbsmäßigen Abfuhr von Produkten, die betriebswirtschaftlich Abfall, volkswirtschaftlich aber Rohstoffe sind (z. B. Schrott).

2.5.7 Postverkehr

Eingeschränkte Sonderrechte haben nur (noch) die Messfahrzeuge der hoheitlich handelnden Regulierungsbehörde für Telekommunikation. Keine Sonderrechte nach § 35 Abs. 7 hat die „gelbe Post" oder die Telekom, auch nicht für die Wartung und Unterhaltung der Telefonverteilerkästen. Soweit es sich dabei allerdings um Anlagen im Straßenraum handelt, kann die Telekom eingeschränkte Sonderrechte nach § 35 Abs. 6 in Anspruch nehmen, wenn ihre Fahrzeuge durch weiß-rot-weiße Warneinrichtungen gekennzeichnet sind (Fahren und Halten auf allen Straßen und Straßenseiten, in jeder Richtung und zu allen Zeiten, soweit der Einsatz dies erfordert). Hierzu gehören insbesondere die überirdischen Telefonverteiler, aber auch Kabel-,

---

9 Nicht aber für Fahrzeuge mit uneingeschränkten Sonderrechten (Polizei, Feuerwehr), wenn der Einsatz dies erfordert.

Rohrleitungen und Schächte unter der Straße. Die Messfahrzeuge dürfen das Vorrecht aus § 35 Abs. 7 nur unter Berücksichtigung der örtlichen Situation (§ 35 Abs. 8) und in Abstimmung mit dem Träger der Straßenbaulast ausüben.

Auch nach Umwandlung in die Deutsche Post AG[10] war für die Post noch ein allgemeiner „Grundversorgungsauftrag" erhalten geblieben (Verordnung über Pflichtleistungen – BGBl. I 1994, S. 86). Soweit die Post oder von ihr beauftragte Subunternehmen Briefkästen entleeren oder Postfilialen versorgen und dabei in Fußgängerzonen einfahren, in Haltverboten oder in zweiter Spur halten mussten, wurde sie durch eine bundesweite Ausnahmegenehmigung nach § 46 Abs. 2 Satz 3 von diesen Verkehrsverboten freigestellt.[11] Die Ausnahme gilt bis zum 31.12.2009. Im Übrigen muss sich die Post an die allgemeinen Verkehrsregeln halten. Sollte die Ausnahme auch über den 1.1.2010 hinaus nicht verlängert werden, kann die Post in Härtefällen durch Einzelausnahmen der Verkehrsbehörden oder durch polizeiliche Opportunität begünstigt werden.

3 Hinweise

3.1 Vereinbarungen mit den Vertragsstaaten des Zusatzabkommens zum NATO-Truppenstatut über ein Militärstraßennetz: Art. 57 des Zusatzabkommens. Verlautbarung des BMVBS zur militärischen Beschilderung für Brücken (MLC) vom 20.12.1982 (VkBl. S. 13). Die Beschilderung für Brücken nach militärischen Lastenklassen (MLC) hat keine unmittelbare Bedeutung für den zivilen Fahrzeugverkehr:

Befahrbarkeit der Brücken mit

50 t bei Gegenverkehr, 80 t im Einrichtungsverkehr für Radfahrzeuge

50 t bei Gegenverkehr, 100 t im Einrichtungsverkehr für Kettenfahrzeuge

3.2 Verantwortung der Unternehmer für die Verkehrsregelung bei Arbeiten auf der Fahrbahn: § 45 Abs. 6.

3.3 Blaues Blinklicht und Einsatzhorn bei Wegerechtsfahrzeugen: § 38; Ausrüstung der Fahrzeuge: §§ 52 Abs. 3, 55 Abs. 3 StVZO.

---

10 § 16 Postumwandlungsgesetz
11 Ausnahmegenehmigung des BMVBS vom 15.5.2000 (VkBl. 2000, S. 380) i. d. F. vom 17.11.2003 (VkBl. 2003, S. 783) bis zum Ablauf der Exklusivlizenz nach § 51 Abs. 1 PostG vom 16.8.2002 (BGBl. I S. 3218).

II. Zeichen und Verkehrseinrichtungen

§ 36 Zeichen und Weisungen der Polizeibeamten

(1) Die Zeichen und Weisungen der Polizeibeamten sind zu befolgen. Sie gehen allen anderen Anordnungen und sonstigen Regeln vor, entbinden den Verkehrsteilnehmer jedoch nicht von seiner Sorgfaltspflicht.

(2) An Kreuzungen ordnet an:
1. Seitliches Ausstrecken eines Armes oder beider Arme quer zur Fahrtrichtung: „Halt vor der Kreuzung". Der Querverkehr ist freigegeben. Hat der Beamte dieses Zeichen gegeben, so gilt es fort, solange er in der gleichen Richtung winkt oder nur seine Grundstellung beibehält. Der freigegebene Verkehr kann nach den Regeln des § 9 abbiegen, nach links jedoch nur, wenn er Schienenfahrzeuge dadurch nicht behindert.
2. Hochheben eines Armes: „Vor der Kreuzung auf das nächste Zeichen warten", für Verkehrsteilnehmer in der Kreuzung: „Kreuzung räumen".

(3) Diese Zeichen können durch Weisungen ergänzt oder geändert werden.

(4) An anderen Straßenstellen, wie an Einmündungen und an Fußgängerüberwegen, haben die Zeichen entsprechende Bedeutung.

(5) Polizeibeamte dürfen Verkehrsteilnehmer zur Verkehrskontrolle einschließlich der Kontrolle der Verkehrstüchtigkeit und zu Verkehrserhebungen anhalten. Das Zeichen zum Anhalten kann der Beamte auch durch geeignete technische Einrichtungen am Einsatzfahrzeug, eine Winkerkelle oder eine rote Leuchte geben. Mit diesen Zeichen kann auch ein vorausfahrender Verkehrsteilnehmer angehalten werden. Die Verkehrsteilnehmer haben die Anweisungen der Polizeibeamten zu befolgen.

VwV zu § 36 Zeichen und Weisungen der Polizeibeamten

Zu Absatz 1

1 I. Dem fließenden Verkehr dürfen nur diejenigen Polizeibeamten, die selbst als solche oder deren Fahrzeuge als Polizeifahrzeuge erkennbar sind, Zeichen und Weisungen geben. Das gilt nicht bei der Verfolgung von Zuwiderhandlungen.

2 II. Weisungen müssen klar und eindeutig sein. Es empfiehlt sich, sie durch Armbewegungen zu geben. Zum Anhalten kann der Beamte eine Winkerkelle benutzen oder eine rote Leuchte schwenken.

Zu den Absätzen 2 und 4

3 I. Ist der Verkehr an Kreuzungen und Einmündungen regelungsbedürftig, so sollte er vorzugsweise durch Lichtzeichenanlagen geregelt werden; selbst an besonders schwierigen und überbelasteten Kreuzungen werden Lichtzeichenanlagen im Allgemeinen den Anforderungen des Verkehrs gerecht. An solchen

§ 36 Zeichen und Weisungen der Polizeibeamten

Stellen kann es sich empfehlen, Polizeibeamte zur Überwachung des Verkehrs einzusetzen, die dann erforderlichenfalls in den Verkehrsablauf eingreifen.

4 II. Wenn besondere Verhältnisse es erfordern, kann der Polizeibeamte mit dem einen Arm „Halt" anordnen und mit dem anderen abbiegenden Verkehr freigeben.

5 III. Bei allen Zeichen sind die Arme so lange in der vorgeschriebenen Haltung zu belassen, bis sich der Verkehr auf die Zeichen eingestellt hat. Die Grundstellung muss jedoch bis zur Abgabe eines neuen Zeichens beibehalten werden.

6 IV. Die Zeichen müssen klar und bestimmt, aber auch leicht und flüssig gegeben werden.

Zu Absatz 5

7 I. Verkehrskontrollen sind sowohl solche zur Prüfung der Fahrtüchtigkeit der Führer oder der nach den Verkehrsvorschriften mitzuführenden Papiere als auch solche zur Prüfung des Zustandes, der Ausrüstung und der Beladung der Fahrzeuge.

8 II. Straßenkontrollen des Bundesamtes für Güterverkehr (§ 12 Abs. 1 und 2 GüKG) sollen in Zusammenarbeit mit der örtlich zuständigen Polizei durchgeführt werden.

1 Aus der amtlichen Begründung

Die Polizei darf auch ohne konkreten Anlass Verkehrskontrollen zur Feststellung der Fahrtüchtigkeit durchführen (Begr. 1992).

2 Erläuterungen

2.1 Zeichen und Weisungen der Polizei

Zeichen und Weisungen der Polizei sind (wie die Verkehrs- und Lichtzeichen) Verwaltungsakte in der Gestalt von Allgemeinverfügungen, die sofort zu beachten und vollstreckbar sind, wenn sich der Verkehrsteilnehmer ihnen gegenübersieht.[1] Die Feuerwehr oder technische Hilfsdienste (THW) haben ohne besondere Länderregelung (z. B. Bayern durch § 7a des Gesetzes über Zuständigkeiten im Verkehrswesen) keine eigene Regelungskompetenz, selbst wenn sie Unfallstellen absichern und den Verkehr um Einsatzstellen leiten. Die Hinweise der Feuerwehr oder THW sind aber gemäß § 1 bzw. im Rahmen des Grundsatzes der doppelten Sicherung zu beachten. Im Wege der Amtshilfe darf die Polizei die Feuerwehr oder das THW für verkehrshinweisende Zwecke einsetzen.

2.1.1 Weisungen

Weisungen der Polizei richten sich an bestimmte Verkehrsteilnehmer und sind unverzüglich[2] zu befolgen; auf ihre Berechtigung oder Zweckmäßigkeit kommt es nicht an (OLG Düsseldorf DAR 1980, 378 = VRS 60, 149: keine Überprüfung im Bußgeldverfahren). Weisungen können durch Handbewegung, Polizeikelle, Zuruf, Pfeifen, Blaulicht und Einsatzhorn erfolgen (OLG Köln VerkMitt 1984 Nr. 91 = VRS 67, 295); auch vom Einsatzfahrzeug aus (BGH VerkMitt 1967 Nr. 41), wobei Dienstkleidung nicht zwingend ist (OLG Celle VRS 28, 130); die Annahme des Betroffenen, es handele sich dabei um den Scherz eines Unbefugten, kann entschuldbar sein (BayObLG VRS 48, 232 = DAR 1975, 137). Weisungen können auch telefonisch gegeben

---

1 Richten sich Zeichen oder Weisungen nur an eine Person, sind sie Einzelverwaltungsakte.
2 Unverzüglich = ohne schuldhaftes Zögern (§ 121 Abs. 1 BGB)

werden, z. B. zum Verbleib an der Unfallstelle (OLG Hamm DAR 1972, 223 = VRS 44, 373). Die Weisung eines Polizeibeamten an einen LKW-Fahrer, wegen Lenkzeitüberschreitung die Fahrt nicht fortzusetzen, kann auf § 36 gestützt werden (OLG Hamm VRS 46, 397). Demgegenüber ist die Aufforderung, die Auflagen einer Ausnahmegenehmigung einzuhalten, keine Weisung im Sinne des § 36 (OLG Köln VerkMitt 1984 Nr. 84).

Weisungen sind nur wirksam, wenn sie klar und verständlich sind (OLG Karlsruhe VerkMitt 1996 Nr. 12). Kein Verstoß gegen § 36, sondern allenfalls eine Verletzung des § 1 Abs. 2 liegt vor, wenn auf die Weisung verspätet reagiert, jedoch noch vor dem Polizeibeamten angehalten wird (OLG Köln VRS 59, 462). Die Handbewegung eines Polizeikraftfahrers, um einem Fußgänger die Querung der Straße zu ermöglichen, dient der Rücksichtnahme und ist keine Weisung.

2.1.2 Zeichen zur Verkehrsregelung

Zeichen richten sich an alle Verkehrsteilnehmer, die es angeht. Regelt die Polizei den Verkehr, gehen deren Anordnungen den Verkehrs- und Lichtzeichen vor. Die allgemeinen Verkehrsregeln, insbesondere beim Abbiegen und der Gefährdungsausschluss nach § 1 Abs. 2, sind jedoch weiterhin zu beachten. Der Polizeibeamte braucht nicht in der Mitte der Kreuzung oder Einmündung in Grundhaltung stehen, er muss jedoch als Verkehrsleiter klar erkennbar sein (OLG Düsseldorf VerkMitt 1969 Nr. 39 = VersR 1968, 1095). Ein kurz hinter einer Kreuzung erteiltes Haltgebot ist auch von einem Fahrer zu befolgen, der auf der Kreuzung abbiegen will (BayObLG VerkMitt 1978 Nr. 38 = NJW 1978, 1537 = DAR 1978, 280 = VRS 55, 229).

2.1.3 Beachtung des übrigen Verkehrs

Die Weisungen und Zeichen der Polizeibeamten dürfen nicht blindlings befolgt werden; Verkehrsteilnehmer müssen selbst Umschau halten und die notwendige Vorsicht walten lassen. Auf andere Verkehrsteilnehmer ist weiterhin Rücksicht zu nehmen (BGH VersR 1961, 255 = VRS 20, 166). Ein Kraftfahrer, der von einem Polizeibeamten angehalten wird, darf nicht scharf bremsen, wenn dadurch ein Nachfolgender gefährdet wird. Die Weisung, in einen nicht einsehbaren Raum zurückzustoßen, braucht nicht befolgt zu werden, wenn zweifelhaft bleibt, ob dieser Raum hindernisfrei ist (BayObLG VerkMitt 1980 Nr. 106 = VRS 59, 234 = DAR 1980, 347). Beim Anhalten eines Kraftfahrzeugs auf einer Schnellstraße hat der Polizeibeamte zu prüfen, ob das Auffahren nachfolgender Fahrzeuge zu befürchten ist; notfalls hat er auf das Anhalten zu verzichten.

2.2 Weisungen bei Verkehrskontrollen

Im Rahmen des polizeilichen Weisungsrechts haben Verkehrsteilnehmer die Anordnungen der Polizei zu befolgen. Eine polizeiliche Weisung erfolgt zur Regelung eines akuten Verkehrsbedürfnisses, zur Beseitigung einer unmittelbaren Störung der Sicherheit oder Ordnung des Verkehrs, auch zur Kontrolle der Verkehrstüchtigkeit, nicht aber allein zur allgemeinen Verfolgung von Straftaten oder Ordnungswidrigkeiten.[3] Zu unterscheiden

---

[3] Unzulässig ist auch die Herbeiführung eines künstlichen Staus zur Ergreifung eines flüchtenden Verkehrssünders (LG Bückeburg DAR 2006, 103); kommt es dabei zu einem Auffahrunfall, haftet die Polizei (OLG Bamberg NZV 2007, 241).

§ 36 Zeichen und Weisungen der Polizeibeamten

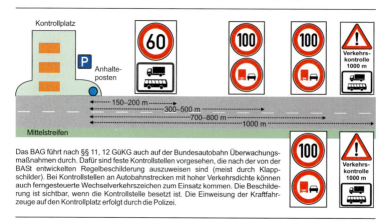

Ausweisung einer Kontrollstelle des Bundesamtes für Güterverkehr (BAG)

Das BAG führt nach §§ 11, 12 GüKG auch auf der Bundesautobahn Überwachungsmaßnahmen durch. Dafür sind feste Kontrollstellen vorgesehen, die nach der von der BASt entwickelten Regelbeschilderung auszuweisen sind (meist durch Klappschilder). Bei Kontrollstellen an Autobahnstrecken mit hoher Verkehrsdichte können auch ferngesteuerte Wechselverkehrszeichen zum Einsatz kommen. Die Beschilderung ist sichtbar, wenn die Kontrollstelle besetzt ist. Die Einweisung der Kraftfahrzeuge auf den Kontrollplatz erfolgt durch die Polizei.

ist eine Weisung nach § 36 Abs. 1 Satz 1 von der schlichten Aufforderung zur Beseitigung oder Verhütung eines Verkehrsverstoßes. So liegt keine (bußgeldbewehrte) Weisung in der Aufforderung, das Fahrzeug aus einem Haltverbot zu entfernen, wohl aber, wenn die Aufforderung der Auflösung eines dahinter entstandenen Verkehrsstaus dient.

Zum Anhalten kann die Polizei Winkerkellen, Anhaltesignalgeber oder geschwenkte rote Leuchten verwenden (§ 36 Abs. 5). Das gilt auch vom fahrenden Einsatzfahrzeug aus, und zwar für den vorausfahrenden oder auch nachfolgenden Verkehr. Bei der mobilen Verkehrsüberwachung kann dadurch das Überholen des anzuhaltenden KFZ vermieden werden. Durch Leuchtschrift von einem am Polizeifahrzeug angebrachten Signalgeber nach vorn oder hinten kann die Polizei dem betreffenden Kraftfahrer außerdem bestimmte Weisungen erteilen.

Grundsätzlich darf **nur** die Polizei Verkehrsteilnehmer zur Kontrolle anhalten, allerdings müssen Kraftfahrer auf Hinweise z. B. von Feuerwehrbeamten, Feldjägern der Bundeswehr oder sonstigen Hilfspersonen aus dem Gebot der Unfallverhütung reagieren. Mobile Kontrollgruppen der **Zollverwaltung** besitzen ein eigenständiges **Anhalterecht** gegenüber dem Straßenverkehr aus § 10 Zollverwaltungsgesetz i. V. m. § 210 Abs. 3 Abgabenordnung.

Die **Warnung** anderer Kraftfahrer vor einer **Verkehrskontrolle** der Polizei ist nach § 1 Abs. 2 dann unzulässig, wenn es dabei zu Gefährdungen oder Behinderungen kommt (OLG Stuttgart VerkMitt 1997 Nr. 50). Bußgeldbewehrt sind alle Weisungen eines Polizeibeamten, die aus einem augenblicklichen Verkehrsbedürfnis heraus zur Regelung und Sicherung des Straßenverkehrs oder (gelegentlich) zur Feststellung einer Verkehrsordnungswidrigkeit erteilt werden. Verkehrskontrollen dürfen jedoch nicht ohne konkreten Verdacht „ausschließlich" zur Verfolgung von Ordnungswidrigkeiten oder Straftaten dienen (BGH VerkMitt 1984 Nr. 80 = DAR 1984, 258 = VRS 68, 310; OLG Köln VerkMitt 1981 Nr. 43). Das Anhalterecht der Polizei aus Gründen der allgemeinen Gefahrenabwehr nach den

Sicherheits- und Ordnungsgesetzen der Länder bleibt dabei unberührt. Wird ein Kraftfahrer von der Polizei wegen eines Verkehrsverstoßes angehalten, muss er der Weisung schon wegen der Kontrolle der Fahrzeugpapiere folgen; er kann Mitteilung darüber verlangen, welches Fehlverhalten man ihm vorwirft (OLG Düsseldorf NJW 1980, 251 = VRS 58, 318). Eine Mitwirkung des Kraftfahrers bei Verkehrskontrollen ist außer dem Anhalten und Aussteigen nur beim Aushändigen von Führerschein und Fahrzeugpapieren (§ 4 Abs. 2 FeV, § 31b StVZO), beim Vorzeigen des Feuerlöschers (§ 35g Abs. 1 StVZO), des Erste-Hilfe-Materials (§ 35h Abs. 1, 3, 4 StVZO), der Unterlegkeile (§ 41 StVZO), Warndreiecke/Warnleuchten (§ 53a Abs. 2 StVZO) und der Handlampen (§ 54b StVZO) vorgeschrieben. Zu weiteren Handlungen ist der Kraftfahrer nicht verpflichtet, auch nicht zur Fahrt zu einer Kontrollstelle (OLG Koblenz VRS 61, 68), an einem Atemalkoholtest aktiv mitzuwirken oder eine Blutentnahme (§ 81 StPO) ohne konkreten Verdacht zu dulden. Die Weigerung kann für die Polizei aber Anlass sein, das Fahrzeug genauer zu untersuchen. Verriegelt der Fahrer die Türen, macht er sich wegen Widerstandes gegen Vollstreckungsbeamte nach § 113 StGB strafbar (OLG Düsseldorf VRS 92, 9; VerkMitt 1997 Nr. 28 = DAR 1996, 367 = NZV 1996, 458).

2.3 Verkehrshelfer und Einweiser

Verkehrshelfer (z. B. Schülerlotsen – Z. 356 Anl. 3 lfd. Nr. 26 zu § 42) erteilen keine Weisungen oder Zeichen nach § 36, sondern machen warnend auf Gefahren aufmerksam (OLG Düsseldorf VerkMitt 1969 Nr. 29), ebenso Einweiser bei Rangiermanövern. Winken Bauarbeiter an einer Straßenbaustelle den Verkehr ein, werden Verkehrszeichen nicht unwirksam (OLG Hamm VRS 41, 148). Wer solche Warnzeichen missachtet, kann gegen § 1 Abs. 2 verstoßen, wenn es dadurch zu konkreten Behinderungen oder Gefährdungen kommt.

3 Hinweise

3.1 Sonderrechte der Länder- und Bundespolizei: § 35.

3.2 Verbot von **Radarwarngeräten**: § 23 Abs. 1b.

3.3 Zeichen von **Bahnbediensteten** an Bahnübergängen: § 19 Abs. 5.

3.4 Verpflichtung zur Angabe der **Personalien** bei Verkehrskontrollen: § 111 OWiG.

3.5 Verfahren bei „Protokollfahrten" für polizeiliche Eskorten: VkBl. 1973, S. 292, 501.

§ 37 Wechsellichtzeichen, Dauerlichtzeichen und Grünpfeil

(1) Lichtzeichen gehen Vorrangregeln, vorrangregelnden Verkehrszeichen und Fahrbahnmarkierungen vor. Fahrzeugführer dürfen bis zu 10 m vor einem Lichtzeichen nicht halten, wenn es dadurch verdeckt wird.

(2) Wechsellichtzeichen haben die Farbfolge Grün – Gelb – Rot – Rot und Gelb (gleichzeitig) – Grün. Rot ist oben, Gelb in der Mitte und Grün unten.

1. An Kreuzungen bedeuten:

   Grün: „Der Verkehr ist freigegeben". Er kann nach den Regeln des § 9 abbiegen, nach links jedoch nur, wenn er Schienenfahrzeuge dadurch nicht behindert.

   Grüner Pfeil: „Nur in Richtung des Pfeiles ist der Verkehr freigegeben".

   Ein grüner Pfeil links hinter der Kreuzung zeigt an, dass der Gegenverkehr durch Rotlicht angehalten ist und dass Linksabbieger die Kreuzung in Richtung des grünen Pfeils ungehindert befahren und räumen können.

   Gelb ordnet an: „Vor der Kreuzung auf das nächste Zeichen warten."
   Keines dieser Zeichen entbindet von der Sorgfaltspflicht.
   Rot ordnet an: „Halt vor der Kreuzung".

   Nach dem Anhalten ist das Abbiegen nach rechts auch bei Rot erlaubt, wenn rechts neben dem Lichtzeichen Rot ein Schild mit grünem Pfeil auf schwarzem Grund (Grünpfeil) angebracht ist. Der Fahrzeugführer darf nur aus dem rechten Fahrstreifen abbiegen. Er muss sich dabei so verhalten, dass eine Behinderung oder Gefährdung anderer Verkehrsteilnehmer, insbesondere des Fußgänger- und Fahrzeugverkehrs der freigegebenen Verkehrsrichtung, ausgeschlossen ist.

   Schwarzer Pfeil auf Rot ordnet das Halten, schwarzer Pfeil auf Gelb das Warten nur für die angegebene Richtung an.

   Ein einfeldriger Signalgeber mit Grünpfeil zeigt an, dass bei Rot für die Geradeaus-Richtung nach rechts abgebogen werden darf.

2. An anderen Straßenstellen, wie an Einmündungen und an Markierungen für den Fußgängerverkehr, haben die Lichtzeichen entsprechende Bedeutung.

3. Lichtzeichenanlagen können auf die Farbfolge Gelb – Rot beschränkt sein.

4. Für jeden von mehreren markierten Fahrstreifen (Zeichen 295, 296 oder 340) kann ein eigenes Lichtzeichen gegeben werden. Für Schienenbahnen können besondere Zeichen, auch in abweichenden Phasen, gegeben werden; das gilt auch für Linienomnibusse und Taxen, wenn sie einen vom übrigen Verkehr freigehaltenen Verkehrsraum benutzen.

5. Gelten die Lichtzeichen nur für Fußgänger oder nur für Radfahrer, so wird das durch das Sinnbild eines Fußgängers oder eines Fahrrades angezeigt. Für Fußgänger ist die Farbfolge Grün – Rot – Grün;

für Radfahrer kann sie so sein. Wechselt Grün auf Rot, während Fußgänger die Fahrbahn überschreiten, so haben sie ihren Weg zügig fortzusetzen.

6. Radfahrer haben die Lichtzeichen für den Fahrverkehr zu beachten. Davon abweichend haben Radfahrer auf Radverkehrsführungen die besonderen Lichtzeichen für Radfahrer zu beachten.

(3) Dauerlichtzeichen über einem Fahrstreifen sperren ihn oder geben ihn zum Befahren frei. Rote gekreuzte Schrägbalken ordnen an: „Der Fahrstreifen darf nicht benutzt werden, davor darf nicht gehalten werden".

Ein grüner, nach unten gerichteter Pfeil bedeutet: „Der Verkehr auf dem Fahrstreifen ist freigegeben".

Ein gelb blinkender, schräg nach unten gerichteter Pfeil ordnet an: „Fahrstreifen in Pfeilrichtung wechseln".

(4) Wo Lichtzeichen den Verkehr regeln, darf nebeneinander gefahren werden, auch wenn die Verkehrsdichte das nicht rechtfertigt.

(5) Fahrzeugführer dürfen auf Fahrstreifen mit Dauerlichtzeichen nicht halten.

VwV zu § 37 Wechsellichtzeichen, Dauerlichtzeichen und Grünpfeil

1   Die Gleichungen der Farbgrenzlinien in der Farbtafel nach DIN 6163 Blatt 5 sind einzuhalten.

Zu Absatz 1

2   So bleiben z. B. die Z. 209 ff. „Vorgeschriebene Fahrtrichtung" neben Lichtzeichen gültig, ebenso die die Benutzung von Fahrstreifen regelnden Längsmarkierungen (Z. 295, 296, 297, 340).

Zu Absatz 2

3   I. Die Regelung des Verkehrs durch Lichtzeichen setzt eine genaue Prüfung der örtlichen Gegebenheiten baulicher und verkehrlicher Art voraus und trägt auch nur dann zu einer Verbesserung des Verkehrsablaufs bei, wenn die Regelung unter Berücksichtigung der Einflüsse und Auswirkungen im Gesamtstraßennetz sachgerecht geplant wird. Die danach erforderlichen Untersuchungen müssen von Sachverständigen durchgeführt werden.

4   II. Wechsellichtzeichen dürfen nicht blinken, auch nicht vor Farbwechsel.

5   III. Die Lichtzeichen sind rund, soweit sie nicht Pfeile oder Sinnbilder darstellen. Die Unterkante der Lichtzeichen soll in der Regel 2,10 m und, wenn die Lichtzeichen über der Fahrbahn angebracht sind, 4,50 m vom Boden entfernt sein.

6   IV. Die Haltlinie (Z. 294) sollte nur so weit vor der Lichtzeichenanlage angebracht werden, dass die Lichtzeichen aus einem vor ihr wartenden Personenkraftwagen noch ohne Schwierigkeit beobachtet werden können (vgl. aber Nr. III 3 zu § 25; Rn. 5). Befindet sich z. B. die Unterkante des grünen Lichtzeichens 2,10 m über einem Gehweg, so sollte der Abstand zur Haltlinie 3,50 m betragen, jedenfalls über 2,50 m. Sind die Lichtzeichen wesentlich höher angebracht oder muss die Haltlinie in geringerem Abstand markiert werden, so empfiehlt es sich, die Lichtzeichen verkleinert weiter unten am gleichen Pfosten zu wiederholen.

Zu den Nummern 1 und 2

7   I. An Kreuzungen und Einmündungen sind Lichtzeichenanlagen für den Fahrverkehr erforderlich,

1. wo es wegen fehlender Übersicht immer wieder zu Unfällen kommt und es nicht möglich ist, die Sichtverhältnisse zu verbessern oder den kreuzenden oder einmündenden Verkehr zu verbieten,

§ 37 Wechsellichtzeichen, Dauerlichtzeichen und Grünpfeil 364

8 2. wo immer wieder die Vorfahrt verletzt wird, ohne dass dies mit schlechter Erkennbarkeit der Kreuzung oder mangelnder Verständlichkeit der Vorfahrtregelung zusammenhängt, was jeweils durch Unfalluntersuchungen zu klären ist,

9 3. wo auf einer der Straßen, sei es auch nur während der Spitzenstunden, der Verkehr so stark ist, dass sich in den wartepflichtigen Kreuzungszufahrten ein großer Rückstau bildet oder einzelne Wartepflichtige unzumutbar lange warten müssen.

10 II. Auf Straßenabschnitten, die mit mehr als 70 km/h befahren werden dürfen, sollen Lichtzeichenanlagen nicht eingerichtet werden; sonst ist die Geschwindigkeit durch Z. 274 in ausreichender Entfernung zu beschränken.

11 III. Bei Lichtzeichen, vor allem auf Straßen, die mit mehr als 50 km/h befahren werden dürfen, soll geprüft werden, ob es erforderlich ist, durch geeignete Maßnahmen (z. B. Blenden hinter den Lichtzeichen, übergroße oder wiederholte Lichtzeichen, entsprechende Gestaltung der Optik) dafür zu sorgen, dass sie auf ausreichende Entfernung erkennbar sind. Ferner ist die Wiederholung von Lichtzeichen links von der Fahrbahn, auf Inseln oder über der Straße zu erwägen, weil nur rechts stehende Lichtzeichen durch voranfahrende größere Fahrzeuge verdeckt werden können.

12 IV. Sind im Zuge einer Straße mehrere Lichtzeichenanlagen eingerichtet, so empfiehlt es sich in der Regel, sie aufeinander abzustimmen (z. B. auf eine Grüne Welle). Jedenfalls sollte dafür gesorgt werden, dass bei dicht benachbarten Kreuzungen der Verkehr, der eine Kreuzung noch bei „Grün" durchfahren konnte, auch an der nächsten Kreuzung „Grün" vorfindet.

13 V. Häufig kann es sich empfehlen, Lichtzeichenanlagen verkehrsabhängig so zu schalten, dass die Stärke des Verkehrs die Länge der jeweiligen Grünphase bestimmt. An Kreuzungen und Einmündungen, an denen der Querverkehr schwach ist, kann sogar erwogen werden, der Hauptrichtung ständig Grün zu geben, das von Fahrzeugen und Fußgängern aus der Querrichtung erforderlichenfalls unterbrochen werden kann.

14 VI. Lichtzeichenanlagen sollten in der Regel auch nachts in Betrieb gehalten werden; ist die Verkehrsbelastung nachts schwächer, so empfiehlt es sich, für diese Zeit ein besonderes Lichtzeichenprogramm zu wählen, das alle Verkehrsteilnehmer möglichst nur kurz warten lässt. Nächtliches Ausschalten ist nur dann zu verantworten, wenn eingehend geprüft ist, dass auch ohne Lichtzeichen ein sicherer Verkehr möglich ist. Solange die Lichtzeichenanlagen, die nicht nur ausnahmsweise in Betrieb sind, nachts abgeschaltet sind, soll in den wartepflichtigen Kreuzungszufahrten gelbes Blinklicht gegeben werden. Darüber hinaus kann es sich empfehlen, negative Vorfahrtzeichen (Z. 205 und 206) von innen zu beleuchten. Solange Lichtzeichen gegeben werden, dürfen diese Vorfahrtzeichen dagegen nicht beleuchtet sein.

15 VII. Bei der Errichtung von Lichtzeichenanlagen an bestehenden Kreuzungen und Einmündungen muss immer geprüft werden, ob neue Markierungen (z. B. Abbiegestreifen) anzubringen sind oder alte Markierungen (z. B. Fußgängerüberwege) verlegt oder aufgehoben werden müssen, ob Verkehrseinrichtungen (z. B. Geländer für Fußgänger) anzubringen oder ob bei der Straßenbaubehörde anzuregende bauliche Maßnahmen (Verbreiterung der Straßen zur Schaffung von Stauraum) erforderlich sind.

16 VIII. Die Schaltung von Lichtzeichenanlagen bedarf stets gründlicher Prüfung. Dabei ist auch besonders auf die sichere Führung der Abbieger zu achten.

17 IX. Besonders sorgfältig sind die Zeiten zu bestimmen, die zwischen dem Ende der Grünphase für die eine Verkehrsrichtung und dem Beginn der Grünphase für die andere (kreuzende) Verkehrsrichtung liegen. Die Zeiten für Gelb und Rot-Gelb sind unabhängig von diesen Zwischenzeit festzulegen. Die Übergangszeit Rot und Gelb (gleichzeitig) soll für Kraftfahrzeugströme eine Sekunde dauern, darf aber nicht länger als zwei Sekunden sein. Die Übergangszeit Gelb richtet

Wechsellichtzeichen, Dauerlichtzeichen und Grünpfeil § 37

sich bei Kraftfahrzeugströmen nach der zulässigen Höchstgeschwindigkeit in der Zufahrt. In der Regel beträgt die Gelbzeit 3 s bei zul. V = 50 km/h, 4 s bei zul. V = 60 km/h und 5 s bei zul. V = 70 km/h. Bei Lichtzeichenanlagen, die im Rahmen einer Zuflussregelungsanlage aufgestellt werden, sind abweichend hiervon für Rot mindestens 2 s und für die Übergangssignale Rot und Gelb (gleichzeitig) bzw. Gelb mindestens 1 s zu wählen. Bei verkehrsabhängigen Lichtzeichenanlagen ist beim Rücksprung in die gleiche Phase eine Alles-Rot-Zeit von mindestens 1 s einzuhalten, ebenso bei Fußgänger-Lichtzeichenanlagen mit der Grundstellung Dunkel für den Fahrzeugverkehr. Bei Fußgänger-Lichtzeichenanlagen soll bei Ausführung eines Rücksprungs in die gleiche Fahrzeugphase die Mindestsperrzeit für den Fahrzeugverkehr 4 s betragen.

X. Pfeile in Lichtzeichen

18 1. Solange ein grüner Pfeil gezeigt wird, darf kein anderer Verkehrsstrom Grün haben, der den durch den Pfeil gelenkten kreuzt; auch darf Fußgängern, die in der Nähe den gelenkten Verkehrsstrom kreuzen, nicht durch Markierung eines Fußgängerüberwegs Vorrang gegeben werden. Schwarze Pfeile auf Grün dürfen nicht verwendet werden.

19 2. Wenn in einem von drei Leuchtfeldern ein Pfeil erscheint, müssen auch in den anderen Feldern Pfeile gezeigt werden, die in die gleiche Richtung weisen. Vgl. Nr. X 6.

20 3. Darf aus einer Kreuzungszufahrt, die durch ein Lichtzeichen geregelt ist, nicht in alle Richtungen weitergefahren werden, so ist die Fahrtrichtung durch die Z. 209 bis 214 vorzuschreiben. Vgl. dazu Nr. III. zu den Zeichen 209 bis 214 (Rn. 3). Dort, wo Missverständnisse sich auf andere Weise nicht beheben lassen, kann es sich empfehlen, zusätzlich durch Pfeile in den Lichtzeichen die vorgeschriebene Fahrtrichtung zum Ausdruck zu bringen; dabei sind schwarze Pfeile auf Rot und Gelb zu verwenden.

21 4. Pfeile in Lichtzeichen dürfen nicht in Richtungen weisen, die durch die Z. 209 bis 214 verboten sind.

22 5. Werden nicht alle Fahrstreifen einer Kreuzungszufahrt zur gleichen Zeit durch Lichtzeichen freigegeben, so kann auf Pfeile in den Lichtzeichen dann verzichtet werden, wenn die in die verschiedenen Richtungen weiterführenden Fahrstreifen baulich so getrennt sind, dass zweifelsfrei erkennbar ist, für welche Richtung die verschiedenen Lichtzeichen gelten. Sonst ist die Richtung, für die die Lichtzeichen gelten, durch Pfeile in den Lichtzeichen zum Ausdruck zu bringen.

23 Hierbei sind Pfeile in allen Lichtzeichen nicht immer erforderlich. Hat z. B. eine Kreuzungszufahrt mit Abbiegestreifen ohne bauliche Trennung ein besonderes Lichtzeichen für den Abbiegeverkehr, so genügen in der Regel Pfeile in diesem Lichtzeichen. Für den anderen Verkehr sollten Lichtzeichen ohne Pfeile gezeigt werden. Werden kombinierte Pfeile in solchen Lichtzeichen verwendet, dann darf in keinem Fall gleichzeitig der zur Hauptrichtung parallel gehende Fußgängerverkehr freigegeben werden (vgl. Nr. XI; Rn. 27 ff.).

24 6. Wo für verschiedene Fahrstreifen besondere Lichtzeichen gegeben werden sollen, ist die Anbringung der Lichtzeichen besonders sorgfältig zu prüfen (z. B. Lichtzeichenbrücken, Peitschenmaste, Wiederholung am linken Fahrbahnrand). Wo der links abbiegende Verkehr vom übrigen Verkehr getrennt geregelt ist, sollte das Lichtzeichen für den Linksabbieger nach Möglichkeit zusätzlich über der Fahrbahn angebracht werden; eine Anbringung allein links ist in der Regel nur bei Fahrbahnen für eine Richtung möglich, wenn es für Linksabbieger lediglich einen Fahrstreifen gibt.

25 7. Wo der Gegenverkehr durch Rotlicht aufgehalten wird, um Linksabbiegern, die sich bereits auf der Kreuzung oder Einmündung befinden, die Räumung zu ermöglichen, kann das diesen durch einen nach links gerichteten grünen Pfeil, der links hinter der Kreuzung angebracht ist, angezeigt werden. Gelbes Licht darf zu diesem Zweck nicht verwendet werden.

26 8. Eine getrennte Regelung des abbiegenden Verkehrs setzt in der Regel voraus, dass für ihn auf der Fahrbahn ein besonderer Fahrstreifen mit Richtungspfeilen markiert ist (Z. 297).

XI. Grünpfeil

27 1. Der Einsatz des Schildes mit grünem Pfeil auf schwarzem Grund (Grünpfeil) kommt nur in Betracht, wenn der Rechtsabbieger Fußgänger- und Fahrzeugverkehr der freigegebenen Verkehrsrichtungen ausreichend einsehen kann, um die ihm auferlegten Sorgfaltspflichten zu erfüllen. Es darf nicht verwendet werden, wenn

28 a) dem entgegenkommenden Verkehr ein konfliktfreies Abbiegen nach links signalisiert wird,

29 b) für den entgegenkommenden Linksabbieger der grüne Pfeil gemäß § 37 Abs. 2 Nr. 1 Satz 4 verwendet wird,

30 c) Pfeile in den für den Rechtsabbieger gültigen Lichtzeichen die Fahrtrichtung vorschreiben,

31 d) beim Rechtsabbiegen Gleise von Schienenfahrzeugen gekreuzt oder befahren werden müssen,

32 e) der freigegebene Fahrradverkehr auf dem zu kreuzenden Radweg für beide Richtungen zugelassen ist oder der Fahrradverkehr trotz Verbotes in der Gegenrichtung in erheblichem Umfang stattfindet und durch geeignete Maßnahmen nicht ausreichend eingeschränkt werden kann,

33 f) für das Rechtsabbiegen mehrere markierte Fahrstreifen zur Verfügung stehen oder

34 g) die Lichtzeichenanlage überwiegend der Schulwegsicherung dient.

35 2. An Kreuzungen und Einmündungen, die häufig von seh- oder gehbehinderten Personen überquert werden, soll die Grünpfeil-Regelung nicht angewandt werden. Ist sie ausnahmsweise an Kreuzungen oder Einmündungen erforderlich, die häufig von Blinden oder Sehbehinderten überquert werden, so sind Lichtzeichenanlagen dort mit akustischen oder anderen geeigneten Zusatzeinrichtungen auszustatten.

36 3. Für Knotenpunktzufahrten mit Grünpfeil ist das Unfallgeschehen regelmäßig mindestens anhand von Unfallsteckkarten auszuwerten. Im Fall einer Häufung von Unfällen, bei denen der Grünpfeil ein unfallbegünstigender Faktor war, ist der Grünpfeil zu entfernen, soweit nicht verkehrstechnische Verbesserungen möglich sind. Eine Unfallhäufung liegt in der Regel vor, wenn in einem Zeitraum von drei Jahren zwei oder mehr Unfälle mit Personenschaden, drei Unfälle mit schwer wiegendem oder fünf Unfälle mit geringfügigem Verkehrsverstoß geschehen sind.

37 4. Der auf schwarzem Grund ausgeführte grüne Pfeil darf nicht leuchten, nicht beleuchtet sein und nicht retroreflektieren. Das Schild hat eine Breite von 250 mm und eine Höhe von 250 mm.

Zu Nummer 2

38 Vgl. für verengte Fahrbahn Nr. II zu Z. 208 (Rn. 2); bei Festlegung der Phasen ist sicherzustellen, dass auch langsamer Fahrverkehr das Ende der Engstelle erreicht hat, bevor der Gegenverkehr freigegeben wird.

Zu Nummer 3

39 Die Farbfolge Gelb-Rot darf lediglich dort verwendet werden, wo Lichtzeichenanlagen nur in größeren zeitlichen Abständen in Betrieb gesetzt werden müssen, z. B. an Bahnübergängen, an Ausfahrten aus Feuerwehr- und Straßenbahnhallen und Kasernen. Diese Farbfolge empfiehlt sich häufig auch an Wendeschleifen von Straßenbahnen und Oberleitungsomnibussen. Auch an Haltebuchten von Oberleitungsomnibussen und anderen Linienomnibussen ist ihre Anbringung zu erwägen, wenn auf der Straße starker Verkehr herrscht. Sie oder Lichtzeichenanlagen mit drei Farben sollten in der Regel da nicht fehlen, wo Straßenbahnen in eine andere Straße abbiegen.

Zu Nummer 4

40 I. Vgl. Nr. X 6 bis 8 zu den Nr. 1 und 2; Rn. 24 bis 26.

41 II. Besondere Zeichen sind die in der Anlage 4 BOStrab aufgeführten. Zur Markierung vorbehaltener Fahrstreifen vgl. zu Z. 245.

Zu Nummer 5

42 I. Im Lichtzeichen für Fußgänger muss das rote Sinnbild einen stehenden, das grüne einen schreitenden Fußgänger zeigen.

43 II. Lichtzeichen für Radfahrer sollten in der Regel das Sinnbild eines Fahrrades zeigen. Besondere Lichtzeichen für Radfahrer, die vor der kreuzenden Straße angebracht werden, sollten in der Regel auch Gelb sowie Rot und Gelb (gleichzeitig) zeigen. Sind solche Lichtzeichen für einen abbiegenden Radfahrverkehr bestimmt, kann entweder in den Lichtzeichen zusätzlich zu dem farbigen Sinnbild des Fahrrades ein farbiger Pfeil oder über den Lichtzeichen das leuchtende Sinnbild eines Fahrrades und in den Lichtzeichen ein farbiger Pfeil gezeigt werden.

Zu Nummer 6

44 Zur gemeinsamen Signalisierung des Fußgänger- und Radverkehrs gilt Folgendes: In den roten und grünen Lichtzeichen der Fußgängerlichtzeichenanlage werden jeweils die Sinnbilder für Fußgänger und Radfahrer gemeinsam gezeigt oder neben dem Lichtzeichen für Fußgänger wird ein zweifarbiges Lichtzeichen für Radfahrer angebracht; beide Lichtzeichen müssen jeweils die selbe Farbe zeigen. Vgl. im Übrigen zur Signalisierung für den Radverkehr die Richtlinien für Lichtsignalanlagen (RiLSA).

Zu Absatz 3

45 I. Dauerlichtzeichen dürfen nur über markierten Fahrstreifen (Z. 295, 296, 340) gezeigt werden. Ist durch Z. 223.1 das Befahren eines Seitenstreifens angeordnet, können Dauerlichtzeichen diese Anordnung und die Anordnung durch Z. 223.2 und Z. 223.3 unterstützen, aber nicht ersetzen (vgl. Nr. V. zu den Zeichen 223.1 bis 223.3; Rn. 5).

46 II. Die Unterkante der Lichtzeichen soll in der Regel 4,50 m vom Boden entfernt sein.

47 III. Die Lichtzeichen sind an jeder Kreuzung und Einmündung und erforderlichenfalls auch sonst in angemessenen Abständen zu wiederholen.

IV. Umkehrstreifen im Besonderen

48 Wird ein Fahrstreifen wechselweise dem Verkehr der einen oder der anderen Fahrtrichtung zugewiesen, müssen die Dauerlichtzeichen für beide Fahrtrichtungen über allen Fahrstreifen gezeigt werden. Bevor die Fahrstreifenzuweisung umgestellt wird, muss für eine zur Räumung des Fahrstreifens ausreichende Zeit das Zeichen gekreuzte rote Balken für beide Richtungen gezeigt werden.

1 Aus der amtlichen Begründung

1.1 Dauerlichtzeichen können die durch Z. 223.1 zugelassene Benutzung des Seitenstreifens einer Autobahn unterstützen (Begr. 2001).

1.2 Einfügung der bei § 12 gestrichenen Haltverbote bei Dauerlichtzeichen und Verdeckung von Lichtzeichen. Klarstellung der zu beachtenden Signale bei Radverkehrsanlagen (Begr. 2009).

2 Erläuterungen

2.1 Lichtsignale

Die von der Straßenverkehrsbehörde angeordneten Signalzeitenpläne bestimmen die Dauer der von den Verkehrsteilnehmern zu beachtenden Ver- und Gebote.[1] Ist die Lichtzeichenanlage in Betrieb, werden den Lichtsignalen entgegenstehende vorrangregelnde Verkehrszeichen (Z. 205, 206, 301, 306, 208, 308), einschließlich Fahrbahnmarkierungen (z.B. Halt- oder Wartelinie bei Grün), und Vorrangregeln, nicht aber Abbiegeverbote aufgehoben (§ 37 Abs. 1 Satz 1). Sind die Signale infolge Blendung durch tief stehende Sonne oder Einstrahlung auf die Streuscheiben schwer erkennbar, muss besonders vorsichtig gefahren werden; im Zweifel ist anzuhalten (OLG Karlsruhe DAR 1997, 29; OLG Hamm NZV 1999, 302 = DAR 1999, 326 = VRS 97, 197).

2.1.1 Störungen an Lichtzeichenanlagen (LZA)

Die Lichtzeichenregelung befreit nicht von der allgemeinen Sorgfaltspflicht (§§ 1, 11). Es braucht nicht damit gerechnet zu werden, dass einzelne Lichtzeichen ausfallen, ohne dass ihr Versagen zum Abschalten der ganzen Anlage oder gelbem Blinklicht führt (KG VerkMitt 1977 Nr. 65). Der Wechsel der Lichtzeichen ist so abzustimmen, dass Verkehrsgefahren vermieden werden (BGH VRS 27, 350). **Dauerrot** an einer Kreuzung wegen Ampeldefekts bedeutet kein Dauerwartegebot; im Regelfall ist 5 Min. zu warten, ehe mit äußerster Vorsicht in den Knotenpunkt eingefahren werden kann (OLG Köln VerkMitt 1980 Nr. 123).

Fehlerhafte Signalschaltungen können Amtshaftungsansprüche nach § 839 BGB i.V.m. Art. 34 GG begründen, z.B. Grün für alle Seiten = „feindliches Grün" (BGH VRS 73, 271; OLG Hamm NZV 2003, 577 = VRS 105, 334: fehlende Dokumentation des Ist-Zustandes der Hard- und Software mit dem Soll-Zustand; LG Essen VRS 76, 21). Für Fehler infolge unzureichender Wartung der Signalanlagen und somit für die Verletzung der Verkehrssicherungspflicht nach § 823 BGB haftet der Baulastträger.

2.1.2 Nachtabschaltung von Lichtzeichenanlagen

Nachts in Betrieb gehaltene LZA wirken temporeduzierend. Bei der Abschaltung muss deshalb im Einzelfall geprüft werden, ob sich dadurch das Unfallrisiko erhöht (Rn. 14 VwV-StVO zu § 37, RiLSA Ziff. 1.4). Offensichtlich entwickelt geringe Verkehrsdichte nachts magische Anziehungskräfte auf das Gaspedal, sodass Kraftfahrer fast immer bei Rot landen. Anfahrgeräusche haben für Bewohner höhere Lärmimmissionen zur Folge. Um dies zu vermeiden, hätte die durch Nachtabschaltung bedingte „Freischaltung von Strecken" den Effekt noch höherer Geschwindigkeiten und damit eines Anstiegs der Lärmpegel durch Reifengeräusche. Ein 1983 durchgeführter Großversuch in Duisburg ergab keine Vorteile einer ausgedehnten Nachtabschaltung.[2] Die Ergebnisse sind auch heute noch aktuell, wenn sich auch einzelne Parameter verändert haben. Häufige im politischen Raum pauschal erhobene Forderungen nach einer Nachtabschaltung sind jedenfalls im Interesse der Verkehrssicherheit ebenso wenig zu rechtfertigen wie eine Orientierung an der Breite der „Blutspur" auf den Straßen. Es würde darauf hinauslaufen, dass diejenigen, die mit Ellenbogen und Bleifuß fahren und sich nur noch durch Signalrot aufhalten lassen, für ihr Tempoverhalten

„belohnt" werden und auf freier Strecke das nächtliche Geschwindigkeitsniveau innerorts auf 80 km/h und mehr „hochjubeln". Dies kann aber nicht Gegenstand einer ernsthaften, der Sicherheit und Umwelt verpflichteten Verkehrspolitik sein. Infolgedessen muss vor einer Nachtabschaltung eine Einzelfallprüfung der jeweils in Betracht kommenden Anlagen durchgeführt werden. Werden LZA nachts oder zu bestimmten Zeiten außer Betrieb gesetzt, kann dies, muss aber nicht durch gelbes Blinklicht angezeigt werden (LG Braunschweig NZV 2001, 262).

2.1.3 Geschwindigkeit vor Lichtzeichenanlagen

Im Großstadtverkehr darf die Geschwindigkeit bei Annäherung an eine Ampelanlage nur so hoch sein, dass der Anhalteweg der Strecke entspricht, die das Fahrzeug in drei Sekunden (Dauer der Gelbphase) zurücklegt (KG VerkMitt 1981 Nr. 48).

2.2 Grünlicht

Grün bedeutet, dass der Verkehr vor jedem Seitenverkehr abgeschirmt und in der geregelten Richtung freigegeben ist. Kraftfahrer sind nicht von ihrer Sorgfaltspflicht entbunden; sie müssen damit rechnen, dass sich noch Nachzügler in der Kreuzung befinden oder entgegenkommende Verkehrsteilnehmer während der Gelbphase und auch noch zu Beginn der Rotphase in die Kreuzung einfahren (BGH VRS 55, 226; KG VerkMitt 2004 Nr. 41 = VRS 106, 165 = DAR 2004, 711); OLG Hamm NZV 1991, 31). Grün befreit nicht von der Wartepflicht zum Gegenverkehr (KG NZV 2004, 574; OLG Karlsruhe DAR 1974, 223 = VRS 7, 464). Grundloses Anhalten oder Nichtweiterfahren bei Grün ist eine vermeidbare Behinderung des nachfolgenden

---

1 Sie (und nicht die Lichtzeichenanlage als solche) sind Verwaltungsakte in der Gestalt von Allgemeinverfügungen.
2 HUK Verband Köln, Nr. 4 „Betrieb von Lichtsignalanlagen bei Nacht, Empfehlungen", Mai 1983 (Pfundt, Mewis, Maier). Von 421 Anlagen wurden in Duisburg für ein Jahr 153 mit folgenden Ergebnissen abgeschaltet:
 – **Lärm**: Die Belastung an Knotenpunkten mit Dauerbetrieb ist gegenüber nachts abgeschalteten Anlagen nicht signifikant höher und liegt meist unterhalb der Hörschwelle von 3 dB/A; bei Langzeitmessungen an einigen Anlagen sogar höher als bei Dauerbetrieb.
 – **Kraftstoffverbrauch**: Verbrauchsmessungen ergaben keine signifikanten Einsparungen (3 000 km Fahrstrecke und 7 000 Knotenpunktüberfahrten bei Nachtabschaltung).
 – **Stromeinsparung**: Bezogen auf 153 Knotenpunkte wurde bei Nachtabschaltung eine Energieeinsparung von 249 400 kWh Strom erzielt (Kostenminimierung zwischen 150 bis 700 DM/Jahr/Anlage)
 – **Fahrzeiteinsparung**: Bei Abschaltung der Hälfte aller Anlagen ergaben sich nur minimale Fahrtzeitverkürzungen (max. 3,5 s/km); d. h. bei 15 km Stadtfahrt = 53 Sekunden. Verkehrsverlagerungen konnten nicht festgestellt werden.
 – **Unfallgeschehen**: Gegenüber dem Dauerbetrieb ergab die Nachtabschaltung zunehmend riskanteres Fahren mit höheren Geschwindigkeiten und Anstieg der Unfallzahlen um das zwei- bis vierfache mit deutlich höherer Unfallschwere (nächtliche Unfallrate bei 153 Anlagen im Dauerbetrieb = 11 Unfälle/Jahr, bei 153 abgeschalteten Anlagen = 46 Unfälle/Jahr! Die volkswirtschaftlichen Schäden stiegen infolge höherer Unfallschwere um das sechsfache (Kostenbasis von 1983: 46 x 52 000 DM = 2,39 Mio. DM/Jahr).
 – **Akzeptanz**: Eine Bevölkerungsbefragung ergab zunächst 90 % für die Nachtabschaltung; bei der Fragestellung, ob dies auch bei erhöhtem Unfallrisiko gelte, nur noch 25 %.

Rotlichtverstoß beim Überfahren der Haltlinie

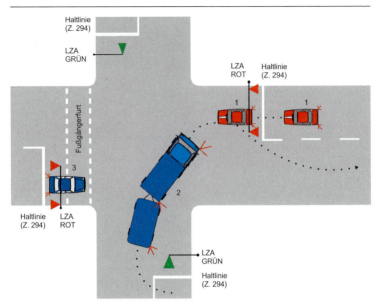

Ein Rotlichtverstoß (Zuwiderhandlung gegen §§ 37 Abs. 2, 49 Abs. 3 Nr. 2) liegt nur dann vor, wenn vor der Kreuzung oder Einmündung bei Rot nicht angehalten wird. Ist die Lichtzeichenanlage (LZA) zurückgesetzt, z.B. um LKW oder KOM das unbehinderte Abbiegen zu ermöglichen, wird erst dann gegen das Rotlicht verstoßen, wenn in den durch die Fluchtlinien begrenzten Bereich der sich kreuzenden oder einmündenden Straßen eingefahren wird. Bei unzureichenden Radien für Schleppkurven sollte auch von der Möglichkeit abgesehen werden, das Rechtsabbiegen durch ein Grünpfeilschild freizugeben.

KFZ 1 überfährt zwar die Haltlinie (Z. 294) und das Rot der LZA, hält aber noch vor der einmündenden Straße an. Ein immerhin mit 125 € Geldbuße und einem Monat Fahrverbot bedrohter Verstoß bei 1 Sekunde nach Beginn der Rotphase liegt nicht vor. Mit Überfahren der Haltlinie hat KFZ 1 jedoch einen Verstoß nach Z. 294 begangen (§§ 42 Abs. 3 Nr. 1, 49 Abs. 3 Nr. 4). Da LKW 2 nicht ungehindert abbiegen kann, hat KFZ 1 außerdem gegen das Behinderungsverbot verstoßen (§§ 1 Abs. 2, 49 Abs. 1 Nr. 1). Diese beiden in Tateinheit begangenen Ordnungswidrigkeiten werden jedoch nur mit 20 € Verwarnungsgeld geahndet.

KFZ 3 ist bei Rot in die durch die LZA geschützte Fußgängerfurt eingefahren. Hier liegt deshalb bereits ein bußgeldbewehrter Rotlichtverstoß vor, selbst wenn KFZ 3 noch vor der Fahrbahnkante anhält.

Verkehrs; für Schäden haftet der grundlos Anhaltende (OLG Frankfurt NZV 2006, 372; KG VRS 47, 317; KG VRS 106, 354 = NZV 2004, 527). Der Linksabbieger darf auch dann bei Grün in die Kreuzung einfahren, wenn dort schon ein anderer Linksabbieger wartet und es wegen der Stärke des Gegenverkehrs ungewiss ist, ob das Linksabbiegen noch vor dem Phasenwechsel möglich ist (BayObLG VerkMitt 1979 Nr. 13 = VRS 56,126 = DAR 1978, 322). Wer bei Grün in eine Kreuzung einfährt, muss Nachzüglern das Verlassen ermöglichen (Verpflichtung aus § 11 Abs. 3). Das gilt auch, wenn die Fahrbahnen der sich kreuzenden Straßen durch Mittelstreifen getrennt sind und Linksabbieger dies ausnutzen (BGH VerkMitt 1977 Nr. 16 = VersR 1977, 154 = VRS 52, 104).

2.3 Umschalten der Lichtzeichenanlagen von Grün auf Gelb

Beim Umspringen der Ampel auf **Gelb** ist vor der Kreuzung anzuhalten, wenn keine Gefahrbremsung nötig ist; sonst ist weiterzufahren (OLG Frankfurt DAR 1972, 83; OLG Hamm VRS 57, 146). Das Anhaltegebot bei Gelb gilt somit für Fahrer, die mit normaler Bremsverzögerung (4–6 m/s^2) noch vor der Ampel zum Stehen kommen (OLG Jena 2006, 164; BayObLG VerkMitt 1986 Nr. 80). Fahrzeuge mit geringer Bremsverzögerung oder längerem Bremsweg müssen bei Annäherung an die Lichtzeichenanlage das Tempo schon bei Grün herabsetzen, um noch innerhalb der Gelbphase anhalten zu können (OLG Oldenburg VRS 114, 471: Gefahrguttransport; OLG Düsseldorf VRS 65, 62). Wer mit einer Gefahrbremsung auf das erste Aufleuchten von Gelb reagiert, um einen Auffahrunfall zu provozieren, macht sich nach § 315b Abs. 1 Nr. 2 und 3 StGB strafbar (BGH DAR 1999, 511). Kann der Fahrer nicht vor der Haltlinie, wohl aber noch zwischen der Haltlinie und der Kreuzung anhalten, muss er dies tun, vor allem bei Einfahrt mit „spätem" Gelb oder wenn ein Vorsignal bereits Gelb zeigt (OLG Hamm NZV 2003, 574). Wer in der ersten Gelbphase in die Kreuzung einfährt, darf darauf vertrauen, dass er bei normaler Geschwindigkeit die Kreuzung geräumt hat, bevor der Querverkehr freie Fahrt bekommt (KG VerkMitt 1975 Nr. 75). Wer „in" der Kreuzung aufgehalten wird, darf auch dann vorsichtig weiterfahren und die Kreuzung räumen, wenn seine Fahrtrichtung inzwischen Rot hat (KG NZV 2004, 574; KG SVR 2004, 148; OLG Köln VRS 36, 72);

Doppelte Haltlinie bei Teilsignalisierung

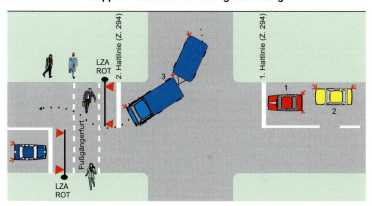

Bei Teilsignalisierung eines Knotenpunktes besteht oft das Bedürfnis, den Verkehr noch vor der Einmündung durch eine Haltlinie (Z. 294) anzuhalten (KFZ 1 und 2), um von rechts (oder links) kommenden Verkehr das Abbiegen zu ermöglichen (LKW 3). Der Raum zwischen der 1. Haltlinie und der unmittelbar vor der Einmündung befindlichen Lichtzeichenanlage (LZA) gehört zum Schutzbereich des Rotsignals (OLG Karlsruhe DAR 2001, 417; OLG Hamm NZV 1998, 246). Einen Rotlichtverstoß begeht deshalb, wer zwar an der 1. Haltlinie anhält, aber noch während der Rotphase zur 2. Haltlinie vorfährt oder noch vor der LZA abbiegt. Voraussetzung ist allerdings, dass die 1. Haltlinie eindeutig dem Rot der LZA zugeordnet werden kann. Das ist dann gewährleistet, wenn sich die Haltlinie in enger räumlicher und verkehrlicher Beziehung zur LZA befindet (max. 20 – 25 m); andernfalls wäre sie unbeachtlich.

Soll auch dem Verkehr vor der 1. Haltlinie bei Rot das Abbiegen ermöglicht werden, ist vor der Einmündung eine Wartelinie (Z. 341) als unterbrochene Breitstrichmarkierung mit Empfehlungscharakter anzuordnen (Regelfall z.B. in Berlin).

er muss aber jederzeit reaktionsbereit sein (OLG Köln VRS 54, 101) und als Linksabbieger auch auf Fahrzeuge achten, die bei beginnendem Rot einfahren (OLG Düsseldorf NZV 2003, 379). Je länger der Kreuzungsräumer im Knotenpunkt verharrt, umso vorsichtiger muss er die Kreuzung verlassen (KG VerkMitt 2009 Nr. 18 = VRS 115, 338). Wer bei Grün einfährt, jedoch vor der eigentlichen Kreuzung verkehrsbedingt warten muss, ist „Nachzügler", dem die Räumung der Kreuzung ermöglicht werden muss (OLG Koblenz VRS 68, 419). Andererseits darf der Nachzügler bei einsetzendem Querverkehr nicht mehr weiterfahren, wenn er sich zwar hinter der auf Rot geschalteten Ampel, aber noch vor den Schnittkanten der Kreuzung befindet.

2.4 Grüner (diagonaler) Räumpfeil

Wird durch einen grünen leuchtenden Räumpfeil links hinter der Kreuzung das Abbiegen gestattet, darf der Fahrer auf die Sperrung des Gegenverkehrs durch Rot vertrauen (BGH NZV 1992, 108 = DAR 1992, 143; VerkMitt 1992 Nr. 27 = VRS 82, 286). Er muss aber nach Aufleuchten des Räumpfeils auf Nachzügler des Gegenverkehrs Rücksicht nehmen (KG VRS 59, 367; OLG Köln VRS 72, 212). Kommt es zum Unfall, spricht der Beweis des ersten Anscheins für ein Verschulden des Gegenverkehrs. Kann nicht geklärt werden, ob der Linksabbieger oder der Gegenverkehr noch bei Grün eingefahren ist, haften beide für den Schaden zur Hälfte (KG VRS 103, 412; KG VerkMitt 1999 Nr. 93; KG VerkMitt 2000 Nr. 2 = NZV 1999, 512 = DAR 1999, 504; BGH NZV 1996, 231).

2.5 Rotlicht

Rot bedeutet striktes Halt „vor" der Kreuzung oder an der Haltlinie der durch Rotsignal geschützten Fußgängerfurt. Wer bei Rot zum Anhalten bremst, braucht dabei nicht den Abstand des nächsten folgenden Fahrzeugs zu prüfen. Als Reaktions- und Bremsenansprechzeit dürfen 0,8 s angenommen werden (BayObLG VRS 60, 381). Ein Linksabbieger darf in der Regel darauf vertrauen, dass ein im Gegenverkehr nahender Verkehrsteilnehmer das Rotlicht beachtet (BGH DAR 1982, 226 = VersR 1982, 701).

Die Annahme eines **Rotlichtverstoßes** setzt voraus, dass der Betroffene bereits „in" den geschützten Kreuzungs- oder Einmündungsbereich eingefahren ist. Hierzu gehören auch signalgeregelte Fußgängerfurten, selbst wenn Fußgänger dort Rot haben (AG Celle VerkMitt 2006 Nr. 40; BayObLG VerkMitt 1984 Nr. 100 = DAR 1984, 327). Das Überfahren der Haltlinie ohne Fußgängerfurt, aber Anhalten noch vor den Schnittkanten der Kreuzung ist zwar ein Verstoß gegen Z. 294 (Anl. 2 lfd. Nr. 67), nicht aber gegen das Rotlicht (OLG Frankfurt DAR 1980, 221; NJW 1980, 1586; VRS 59, 385). Wer das rote Signal unter Missachtung der Fahrbahnbenutzungspflicht über einen nicht zum geschützten Kreuzungsbereich gehörenden Gehweg umfährt, begeht nur dann einen Rotlichtverstoß, wenn er von dort noch innerhalb des Kreuzungsbereichs wieder auf die Fahrbahn einfährt (OLG Hamm VerkMitt 2002 Nr. 59 = NZV 2002, 408 = VRS 103, 135 = VD 2002, 227 = DAR 2002, 465; OLG Karlsruhe NZV 1989, 158; OLG Hamm VRS 65, 158).

Wer bei Grün die Haltlinie überquert, infolge einer Verkehrsstockung aber nicht in den Knotenpunkt einfahren kann, muss warten, wenn die Ampel zwischenzeitlich auf Rot umspringt (BGH VerkMitt 2000 Nr. 18 = NZV 1999, 430 = DAR 1999, 463 = NJW 1999, 2978; OLG Oldenburg DAR 2003, 574;

Missachtung des roten Pfeilsignals einer Lichtzeichenanlage

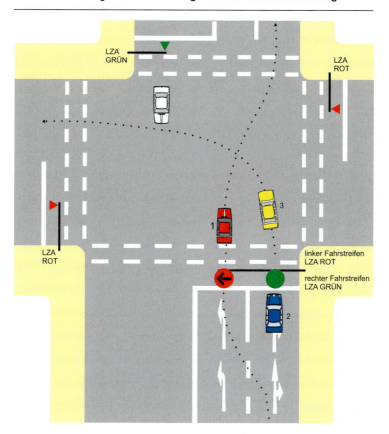

An einer LZA ist die Fahrtrichtung geradeaus und rechts durch Grün freigegeben, der Fahrstreifen für Linksabbieger durch einen roten Pfeilsignalgeber „gesperrt". KFZ 1 überholt die KFZ 2 und 3 auf dem linken Fahrstreifen unter Missachtung des links weisenden roten Lichtsignals, fährt aber geradeaus in die durch Grün freigegebene Fahrtrichtung weiter. KFZ 1 hat damit verbotswidrig bei unklarer Verkehrslage überholt (§ 5 Abs. 3 Nr. 1) und gegen Z. 297 verstoßen. Außerdem liegt ein Rotlichtverstoß vor.

Ein schwarzer Pfeil auf Rot (oder Übergangsweise bis zum 31.12.2005 ein roter Pfeil) ordnet „das Halten nur für die angegebene Richtung" an (§ 37 Abs. 2 Nr. 1 Satz 11). Der Rotpfeil verbietet damit die Fortsetzung der Fahrt in die gesperrte Richtung. Das gilt auch dann, wenn anschließend in die durch Grün freigegebene Fahrtrichtung weitergefahren wird (BGH VerkMitt 1998, Nr. 22 in Anschluss an OLG Hamm VRS 93, 210; BayObLG NZV 2000, 422 mit Anm. Herrmann NZV 2001, 387; KG DAR 2001, 467 verneint aber einen qualifizierten Rotlichtverstoß mit Fahrverbot). Ein Rotlichtverstoß liegt aber auch dann vor, wenn zwar über den rechten Fahrstreifen bei Grün in die Kreuzung eingefahren, dann aber in die durch roten Pfeil gesperrte Fahrtrichtung nach links abgebogen wird (BGH a.a.O.; OLG Hamm VerkMitt 1998, Nr. 74). Rotlicht für die Linksabbieger verbietet nicht nur die Einfahrt in die Kreuzung, es untersagt auch die Benutzung dieser Spur im gesamten Kreuzungsbereich. KFZ 3 verstößt deshalb ebenfalls gegen das Rotlicht, wenn es nach Einfahrt bei Grün anschließend nach links abbiegt.

OLG Hamburg DAR 2001 217). Ein Rotlichtverstoß liegt vor, wenn zwar auf einen Fahrstreifen bei Grün eingefahren, dann aber in die durch roten Pfeil gesperrte Fahrtrichtung abgebogen wird (BGH VerkMitt 1998 Nr. 22 = VRS 94, 365 = NZV 1998, 119 = DAR 1998, 107; BayObLG VerkMitt 2000 Nr. 85 = VRS 99, 291 = NZV 2000, 533; BayObLG DAR 2002, 78 und 173: auch als qualifizierter Rotlichtverstoß; a. A. KG DAR 2001, 467). Gleiches gilt, wenn der durch Z. 297 ausgewiesene linke Fahrstreifen durch einen roten Pfeil gesperrt ist und über diesen Fahrstreifen in die Kreuzung eingefahren, dann aber geradeaus in die durch Grün freigegebene Fahrtrichtung weitergefahren wird (siehe Grafik Seite 373).

Die Signale der Anlage 4 BOStrab sind keine „Wechsellichtzeichen"; ihre Missachtung löst aber die gleichen bußgeldbedrohten Rechtsfolgen aus wie ein Rotlichtverstoß (BayObLG VerkMitt 2005 Nr. 16 = DAR 2005, 288 = VRS 108, 381; OLG Köln DAR 2001, 87 = VRS 100, 58).

Ein Rotlichtverstoß wird mit einem Bußgeld von 90 € und drei Punkten[3] **geahndet**; bei Kennzeichenanzeigen ist die Auflage eines Fahrtenbuches nach § 31a StVZO möglich, wenn der schuldige Fahrer nicht feststellbar ist (VG NZV 1997, 327). Ein erhöhtes Bußgeld (200 € und vier Punkte)[4] und die Anordnung eines **Fahrverbots** kommt als Regelfolge in Betracht bei einem qualifizierten Rotlichtverstoß, wenn **eine Sekunde** nach Rot in die Kreuzung eingefahren wird, gleich ob das am Anfang oder während der Dauer der Rotphase erfolgt (OLG Hamm VerkMitt 1997 Nr. 100). Gleiches gilt, wenn zunächst die Haltlinie bei Grün überfahren wird, infolge einer Verkehrsstockung durch den „Nachzieheffekt" aber erst nach einer Sekunde Rot in die Kreuzung eingefahren wird (BGH VRS 98, 50; OLG Köln VRS 98, 389; einschränkend OLG Hamm VerkMitt 2000 Nr. 78 = VRS 98, 392). Von der Regelfolge des Fahrverbots kann nur bei besonders gelagerten Fällen abgewichen werden und in solchen, in denen sich das Verhalten des Betroffenen nicht als abstrakt gefährlich oder grob fahrlässig erweist (KG VRS 114, 90; OLG Hamm NZV 2005, 95 mit weiteren Nachweisen).

Die Feststellung eines **qualifizierten Rotlichtverstoßes** (Rot länger als eine Sekunde) erfolgt meist durch eine automatische Rotlichtüberwachungsanlage („Starenkasten");[5] die gefühlsmäßige Schätzung eines beobachtenden Polizeibeamten reicht indes nicht aus (OLG Köln NZV 2004, 651; BayObLG VerkMitt 1996 Nr. 70; OLG Jena NZV 1999, 304); wohl aber bei weiteren Feststellungen (OLG Köln VRS 107, 384; OLG Köln VRS 106, 214: Zählweise der Sekunden, Geschwindigkeit und Abstände; BayObLG VRS 103, 449: Bewertung der Messmethode; KG NZV 2004, 652: Zeitfeststellung mit Armbanduhr; OLG Hamm VRS 92, 441 = VerkMitt 1997 Nr. 101) oder mit geeichter **Stoppuhr**, wobei eine Fehlertoleranz von 0,3 Sekunden abzuziehen ist (BayObLG DAR 1995, 299). Bei der Berechnung eines qualifizierten Rotlichtverstoßes ist von der unmittelbar davor befindlichen Haltlinie, nicht von den Fluchtlinien der Kreuzung auszugehen (OLG Hamm NZV 2008, 309; OLG Frankfurt/M. NZV 1995, 36; BayObLG VRS 87, 151; OLG Köln NZV 1995, 327; OLG Karlsruhe VRS 89, 140; OLG Dresden VRS 95, 54; OLG Hamm DAR 1999, 226). Befindet sich eine Induktionsschleife zur Auslösung der Rotlichtüberwachungskamera hinter der Haltlinie, muss bei Berechnung eines Rotlichtverstoßes die Entfernung der Induktionsschleife

---

3 TB-Nr. 137600 des Bundeseinheitlichen Bußgeldkataloges des KBA
4 TB-Nr. 137618 des Bundeseinheitlichen Bußgeldkataloges des KBA
5 Eichpflicht bei automatischen Rotlichtkameras (§ 2 Abs. 2 EichG): KG NZV 1992, 251

zur Haltlinie ermittelt werden (OLG Hamm SVR 2007, 270); innerorts ist ein Abzug von 0,1 Sekunden pro Meter bis zur Haltlinie vorzunehmen (OVG Berlin NZV 2000, 387). Fehlt eine Haltlinie, ist die Zeit maßgebend, von der an der Betroffene in den durch Rot gesperrten Kreuzungsbereich einfährt. Dient eine Signalanlage der Absicherung sowohl des Bahnüberganges als auch des Querverkehrs einer davor befindlichen Einmündung, liegt tateinheitlich ein qualifizierter Rotlichtverstoß vor, wenn eine Sekunde nach dem Aufleuchten des roten Signals in die Einmündung abgebogen wird (BayObLG VerkMitt 2001 Nr. 75).

Das Nichtbeachten von Rotlicht kann in seltenen Fällen eine Notstandshandlung im Sinne des § 16 OWiG sein, etwa wenn ein drohender Auffahrunfall anders nicht hätte vermieden werden können (OLG Düsseldorf VerkMitt 1992 Nr. 61 = VRS 82, 204). Der Hinweis auf Straßenglätte allein genügt zur Rechtfertigung jedoch nicht (OLG Düsseldorf VerkMitt 1992 Nr. 75 = VRS 82, 369).

2.6 Grünpfeilschild[6]

Während beim grün „leuchtenden" Pfeilsignal der Rechtsabbieger vom querenden Verkehr abgeschirmt ist (Fußgänger und Querverkehr haben Rot), muss der Rechtsabbieger beim Grünpfeilschild jederzeit mit Querverkehr rechnen. Vor dem Rechtsabbiegen ist beim Grünpfeilschild deshalb das **Anhalten zwingend** vorgeschrieben. Das Wartegebot ist (wie auch sonst bei Rot) so zu praktizieren, dass zunächst an der Haltlinie anzuhalten ist (OLG Karlsruhe DAR 2005, 167). Das gilt auch dann, wenn schon weit vor der LZA infolge anderer rechts abbiegender Fahrzeuge gewartet werden musste (KG NZV 1995, 199 = VRS 89, 378; AG Pinneberg DAR 2004, 667; a. A. Schulz-Arenstorff NZV 2008, 67 mit wenig überzeugenden Argumenten). Nach dem Halt darf nur vom **rechten Fahrstreifen** aus weitergefahren und trotz Rot rechts abgebogen werden, wenn es die Verkehrslage zulässt; notfalls ist nochmals an der **Sichtlinie** anzuhalten. Dabei dürfen andere **weder gefährdet noch behindert** werden, d. h. nicht nur der durch Grün freigegebene Fußgänger- und Fahrzeugverkehr, sondern auch der bis zur Haltlinie rechts überholende Mitverkehr, vor allem Rad- und Mofafahrer. Ist das Rechtsabbiegen aus beiden Fahrstreifen durch Pfeile vorgeschrieben, darf das grüne Pfeilschild nicht angebracht werden. Wer nicht aus dem rechten, sondern vom mittleren oder linken Fahrstreifen abbiegt, begeht einen Rotlichtverstoß (KG VRS 101, 307 = NZV 2002, 49). Ist dagegen der rechte Fahrstreifen durch parkende Fahrzeuge bis zur Kreuzung oder

---

6 Die 1994 eingeführte Kombination zwischen dem Rotsignal und einem Schild mit grünem Pfeil auf schwarzem Untergrund richtet sich nach der Verlautbarung des BMVBS vom 10.3.1994 (VkBl. S. 294): Schwarzes quadratisches Schild mit 25 cm Seitenlänge, mittelgrüner Pfeil mit weißem Rand. Das grüne Pfeilschild ist im WÜ (Teil II Art. 23 Abs. 1a – „nicht blinkende Lichter") nicht vorgesehen und deshalb problematisch. Mit dem WÜ hat sich die Bundesrepublik verpflichtet, nur die dort vorgesehenen Verkehrsregelungen einzuführen. Der Grundsatz der Vertragstreue ist über Art. 25 GG als allgemeine Regel des Völkerrechts Bestandteil des Bundesrechts. Allenfalls lässt sich die Einführung des Pfeilschildes dadurch rechtfertigen, dass Art. 23 Abs. 1a WÜ nur das Anhalten bei Rot vorschreibt, es aber der nationalen Regelungskompetenz überlässt, unter welchen Modalitäten nach dem Halt weitergefahren werden darf. Ob diese Hilfskonstruktion einer gerichtlichen Überprüfung standhält, dürfte zweifelhaft sein, weil das WÜ eine Weiterfahrt bei Rot nur mit einem grün leuchtenden Rechtsabbiegepfeil zulässt; s. a. Albrecht DAR 1994, 89.

Lichtzeichenanlage mit Grünpfeilschild – Verhaltenspflichten

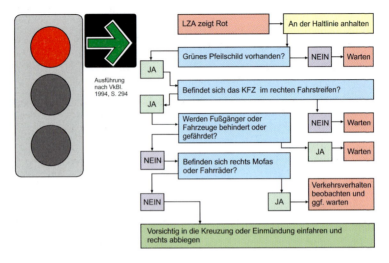

Einmündung besetzt, darf aus dem linken Fahrstreifen nach rechts abgebogen werden; die StVO meint hier den „befahrbaren" rechten Fahrstreifen, andernfalls wäre das Pfeilschild an solchen Stellen unsinnig. Das Grünpfeilschild begründet keine Pflicht zum Rechtsabbiegen; wer seine Berechtigung nicht in Anspruch nehmen will und (vorsichtshalber) auf Grün wartet, behindert andere nicht, die ihrerseits bei Rot abbiegen möchten (das Warten darf allerdings nicht schikanös erfolgen).[7]

Abgesehen von den in der Rn. 27 ff. VwV-StVO zu § 37 aufgeführten Ausschlussgründen, ist bei der Anordnung von Grünpfeilschildern vor allem auf die Belange der Sehbehinderten Rücksicht zu nehmen, weil sich diese meist nach den Verkehrsumfeldgeräuschen orientieren. Die bei Grünpfeilschildern entstehenden Anfahrgeräusche können bei Sehbehinderten zu dem Irrtum führen, ihre Gehrichtung sei durch Grün freigegeben, sodass sie mit dem Querverkehr kollidieren. Infolgedessen sollten Grünpfeilschilder nur an Signalanlagen mit Blindenakustik angeordnet werden.

2.7 Haltlinie vor Lichtzeichenanlagen

Befinden sich vor einer Fußgängerampel zwei aufeinanderfolgende Haltlinien, ist bei Aufleuchten von Gelb vor der ersten Linie anzuhalten (OLG Hamm NZV 1992, 409). Wer bei Rot nicht mehr an der Haltlinie vor der Kreuzung anhalten kann, muss vor der zweiten Haltlinie zum Stehen kommen (OLG Celle VerkMitt 1983 Nr. 14). Soll das Rechtsabbiegen an der ersten Haltlinie zugelassen werden, muss diese als Wartelinie (Z. 341) ausgeführt sein.

---

[7] Im Übrigen ist nach den Erkenntnissen der BASt die Unfallhäufigkeit beim Grünpfeilschild nicht höher als beim Rechtsabbiegen bei Grün (BASt Oktober 1999, Verkehrstechnik, Heft 72).

2.8 Fußgänger- und Radfahrsignale

Der Kraftfahrer darf darauf vertrauen, dass bei Grün für den Fahrzeugverkehr und Fußgängerrot die Fußgänger warten werden, wenn keine konkreten Anhaltspunkte für die gegenteilige Annahme vorliegen (OLG Hamm VRS 68, 321). Eine neben der Fahrbahnampel im Kreuzungsbereich angebrachte Fußgänger- und Radfahrerampel ist für alle Fußgänger und Radfahrer im Kreuzungsbereich maßgebend, auch auf Radverkehrsanlagen (OLG Köln VRS 73, 144). Ist an Knotenpunkten ein Radfahrsignal vorhanden, gilt das für Radfahrer auf der Fahrbahn auch dann, wenn keine Benutzungspflicht für den angrenzenden Radweg besteht. Will der Radfahrer dort allerdings nach links abbiegen, muss er als Folge der Verpflichtung aus § 9 Abs. 2 Satz 3 den neben der Fahrbahn befindlichen Radweg benutzen. Ist kein Radfahrsignal vorhanden, müssen sich Radfahrer nach dem Hauptsignal für den Kraftfahrzeugverkehr richten. Ist bei Radverkehrsführungen (meist mit vorgelagerter Haltlinie) neben der Fahrbahn weder ein Radfahrsignal vorhanden noch das Hauptsignal für Radfahrer sichtbar, müssen sich Radfahrer nach dem Fußgängersignal richten, wobei die Verkehrsbehörden dafür sorgen müssen, dass durch veränderte Signalmasken dieses Signal als kombiniertes Fußgänger-/Radfahrsignal ausgestattet wird (§ 37 Abs. 2 Nr. 6).[8] Fehlt ein kombiniertes Fußgänger-/Radfahrsignal verbleibt nur die Orientierung nach dem Fußgängersignal; dabei ist das Verkehrsumfeld zu beobachten und besonders vorsichtig zu fahren (§ 53 Abs. 6).

2.9 Sonderlichtzeichen

Für Schienenbahnen (Straßenbahnen) und Busspuren (Z. 245) können Signale auch in abweichenden Phasen von dem Hauptsignal der Lichtzeichenanlage gegeben werden (§ 37 Abs. 2 Nr. 4). Solche Signale sind die

---

8 Die bisherige Regelung, dass Radfahrer das Fußgängersignal beachten müssen, wenn ein Radweg an eine Fußgängerfurt grenzt, war unbefriedigend, weil viele Radverkehrsanlagen an Knotenpunkten anders geführt werden oder Haltlinien keine Sicht auf das Hauptsignal für den Fahrzeugverkehr gaben. Fehlt ein kombiniertes Radfahr-/Fußgängersignal müssen Radfahrer nach § 53 Abs. 6 weiterhin die Lichtzeichen für Fußgänger beachten. Die Übergangsregelung für eine Umrüstung gilt bis zum 31.8.2012. Bis dahin muss eine Umrüstung der Masken in den Fußgänger-Signalträgern erfolgen.

nach Anlage 4 zu § 51 BOStrab aufgeführten Lichtzeichen. Linienbusse oder Taxen, die das Signal „Halt" (weißer Balken) nicht beachten, verstoßen mit den gleichen Rechtsfolgen gegen § 37 Abs. 2 wie bei einem Rotlichtverstoß (OLG Köln DAR 2001, 87 = VRS 100, 58). Benutzt ein Fahrer eine Busspur oder Bushaltebucht unzulässig, gelten diese Zeichen für ihn nicht; er muss sich nach dem Hauptsignal richten (BayObLG VerkMitt 2005 Nr. 16 = DAR 2005, 288 = VRS 108, 381; OLG Oldenburg NZV 2001, 389; KG VerkMitt 2000 Nr. 87; BayObLG VRS 67, 84; OLG Hamburg VRS 100, 205; a. A. OLG Düsseldorf VRS 68, 70). Missachtet er das Rot, weil das Sondersignal die Busspur freigibt, begeht er einen Rotlichtverstoß.

2.10 Nebeneinanderfahren an Lichtzeichenanlagen

Als Abweichung vom Rechtsfahrgebot (§ 2 Abs. 2) gilt Nebeneinanderfahren auch, wenn keine Fahrstreifen markiert sind. Im Zuge der Grünen Welle ist Nebeneinanderfahren von Lichtzeichen zu Lichtzeichen auch für KFZ über 3,5 t zulässig (OLG Düsseldorf VerkMitt 1976 Nr. 136); ebenso wegen der Funktionsgleichheit bei Regelung der Knotenpunkte durch Polizeibeamte.

2.11 Ortsfestes gelbes Blinklicht

Gelbes stationäres Blinklicht setzt die Vorschriftzeichen und Verkehrsregeln an der betreffenden Straßenkreuzung nicht außer Kraft (OLG Düsseldorf DAR 1960, 25; OLG Köln VRS 53, 309). Sie sind dann besonders sorgfältig zu beachten.

2.12 Dauerlichtzeichen

Mit Dauerlichtzeichen können die Fahrstreifen nach der tageszeitlich unterschiedlichen Verkehrsstärke, bei Unfällen oder Straßenbauarbeiten oder auch in Straßentunneln wechselseitig freigegeben oder gesperrt werden (Umkehrstreifen zur „Bewirtschaftung" der Fahrbahn).[9] Ferner kann auch ein beidseitig gesperrter Fahrstreifen dort Zusatzschild bestimmten Verkehrsarten, z. B. Linienbussen und Taxen, vorbehalten werden (BayObLG VerkMitt 1978 Nr. 33). Rote gekreuzte Schrägbalken sperren den Fahrstreifen (Benutzungsverbot). Gelb blinkende Pfeile verpflichten zum Wechsel auf den durch grüne Pfeile freigegebenen Fahrstreifen.

2.13 Haltverbote an Lichtzeichenanlagen

2.13.1 Bei Sichtbehinderung (§ 37 Abs. 1 Satz 2)

Fahrzeugführer dürfen bis zu 10 m vor einem Lichtzeichen nicht halten, wenn es dadurch verdeckt wird. Da die Verhaltenspflicht von dem Lichtsignal ausgeht, muss dieses und nicht allein der Signalträger verdeckt sein. Hierzu gehören auch die Sondersignale nach Anlage 4 BOStrab sowie Bahnsignale. Die 10-m-Grenze gilt von dem verdeckten Signal an. Wer

---

9 Ein Beispiel ist die Heerstraße in Berlin mit fünf Fahrstreifen, die jeweils drei zu zwei in der Früh- und umgekehrt in der Spätspitze freigegeben werden. Bei Ausfall oder Wartung der Anlage darf wegen § 7 Abs. 3a der mittlere Fahrstreifen nicht zum Überholen benutzt werden.

Dauerlichtzeichenanlage

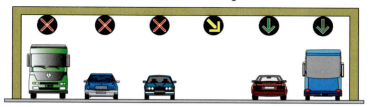

zwar weiter als 10 m hält oder parkt, aber dennoch das Signal verdeckt, verstößt nicht gegen das Haltverbot (s. a. Erl. 2.3.13 zu § 12).

2.13.2 Bei Dauerlichtzeichen (§ 37 Abs. 3 Satz 2 und Abs. 5)

a. Dauerlichtzeichen wechseln je nach den Verkehrsbedürfnissen. Infolgedessen besteht **vor** den rot gekreuzten Balken Haltverbot (§ 37 Abs. 3 Satz 2). Ohne das Haltverbot wäre der Fahrstreifen für den rückwärtigen Verkehr blockiert (s. a. Erl. 2.3.12 zu § 12).

b. Durch Dauerlichtzeichen werden wechselseitig Fahrstreifen je nach den Verkehrsbedürfnissen (Spitzenzeiten) freigegeben oder gesperrt. Auf der gesamten Strecke der Dauerlichtzeichenanlage, die durch rote Kreuze, gelb blinkende und grüne Pfeile „bewirtschaftet" wird, besteht deshalb Haltverbot (§ 37 Abs. 5). Ohne Haltverbote wäre die verkehrstechnische Regelung nicht realisierbar, weil vor jedem Signalwechsel der Dauerlichtzeichenanlage zuerst der rechte Fahrstreifen von haltenden oder parkenden Fahrzeugen freizumachen wäre (s. a. Erl. 2.3.12 zu § 12).[10]

3 Hinweise

3.1 LZA sind Verkehrseinrichtungen nach § 43 Abs. 1; Richtlinien für Lichtsignalanlagen (RiLSA[11] – VkBl. 1992, S. 356); Hinweis auf eine LZA: Z. 131 (Anl. lfd. Nr. 15 zu § 40) – Kraftfahrer müssen ab dem Schild die Fahrgeschwindigkeit vermindern; Lichtzeichen an Bahnübergängen: § 19 Abs. 2.

3.2 Haltlinie vor LZA: Z. 294 (Ausführung: Rn. 6 VwV zu § 37 und Rn. 5 VwV zu § 25). Zur Verdeutlichung des Anhalteortes kann ein nicht amtliches Schild „Bei Rot hier halten!" angebracht werden.

---

10 Im Übrigen dient das Haltverbot dem Abbau des Schilderwaldes und macht die Aufstellung von Z. 283 entbehrlich.
11 RiLSA – Berichtigte Fassung September 1998 der Arbeitsgruppe Verkehrsführung und Verkehrssicherheit der Forschungsgesellschaft für Straßen- und Verkehrswesen (FGSV) – Herstellung und Vertrieb durch FGSV Verlag GmbH, Wesselinger Str. 17, 50999 Köln, Telefon (0 22 36) 38 46 30, Fax (0 22 36) 38 46 40, E-Mail: info@fgsv-verlag.de

§ 38 Blaues Blinklicht und gelbes Blinklicht

(1) Blaues Blinklicht zusammen mit dem Einsatzhorn darf nur verwendet werden, wenn höchste Eile geboten ist, um Menschenleben zu retten oder schwere gesundheitliche Schäden abzuwenden, eine Gefahr für die öffentliche Sicherheit oder Ordnung abzuwenden, flüchtige Personen zu verfolgen oder bedeutende Sachwerte zu erhalten. Es ordnet an: „Alle übrigen Verkehrsteilnehmer haben sofort freie Bahn zu schaffen."

(2) Blaues Blinklicht allein darf nur von den damit ausgerüsteten Fahrzeugen und nur zur Warnung an Unfall- oder sonstigen Einsatzstellen, bei Einsatzfahrten oder bei der Begleitung von Fahrzeugen oder von geschlossenen Verbänden verwendet werden.

(3) Gelbes Blinklicht warnt vor Gefahren. Es kann ortsfest oder von Fahrzeugen aus verwendet werden. Die Verwendung von Fahrzeugen aus ist nur zulässig, um vor Arbeits- oder Unfallstellen, vor ungewöhnlich langsam fahrenden Fahrzeugen oder vor Fahrzeugen mit ungewöhnlicher Breite oder Länge oder mit ungewöhnlich breiter oder langer Ladung zu warnen.

VwV zu § 38 Blaues Blinklicht und gelbes Blinklicht

Zu den Absätzen 1 bis 3

1   Gegen missbräuchliche Verwendung von gelbem und blauem Blinklicht an damit ausgerüsteten Fahrzeugen ist stets einzuschreiten.

Zu Absatz 3

2   I. Gelbes Blinklicht darf auf der Fahrt zur Arbeits- oder Unfallstelle nicht verwendet werden, während des Abschleppens nur, wenn der Zug ungewöhnlich langsam fahren muss oder das abgeschleppte Fahrzeug oder seine Ladung genehmigungspflichtige Übermaße hat. Fahrzeuge des Straßendienstes der öffentlichen Verwaltung dürfen gelbes Blinklicht verwenden, wenn sie Sonderrechte (§ 35 Abs. 6) beanspruchen oder vorgebaute oder angehängte Räum- oder Streugeräte mitführen.

3   II. Ortsfestes gelbes Blinklicht sollte nur sparsam verwendet werden und nur dann, wenn die erforderliche Warnung auf andere Weise nicht deutlich genug gegeben werden kann. Empfehlenswert ist vor allem, es anzubringen, um den Blick des Kraftfahrers auf Stellen zu lenken, die außerhalb seines Blickfeldes liegen, z. B. auf ein negatives Vorfahrtzeichen (Z. 205 und 206), wenn der Kraftfahrer wegen der baulichen Beschaffenheit der Stelle nicht ausreichend klar erkennt, dass er wartepflichtig ist. Aber auch auf eine Kreuzung selbst kann so hingewiesen werden, wenn diese besonders schlecht erkennbar oder aus irgendwelchen Gründen besonders gefährlich ist. Vgl. auch Nr. VI zu § 37 Abs. 2 Nr. 1 und 2; Rn. 14. Im gelben Blinklicht dürfen nur schwarze Sinnbilder für einen schreitenden Fußgänger, ein Fahrrad, eine Straßenbahn, einen Kraftomnibus, einen Reiter oder ein schwarzer Pfeil gezeigt werden.

4   III. Fahrzeuge und Ladungen sind als ungewöhnlich breit anzusehen, wenn sie die gesetzlich zugelassenen Breiten überschreiten (§ 32 Abs. 1 StVZO und § 22 Abs. 2)

1 Aus der amtlichen Begründung

(entfällt)

2 Erläuterungen

2.1 Blaulicht und Martinshorn

Blaues Blinklicht und Martinshorn begründen keine Sonderrechte (§ 35 Abs. 1), verpflichten aber die Verkehrsteilnehmer, auch Fußgänger, den damit ausgerüsteten Fahrzeugen bei deren Betrieb den Weg freizugeben („Wegerechte"). Nur die Betätigung **beider Signale** zusammen geben den Vorrang für das Einsatzfahrzeug (KG VerkMitt 2005 Nr. 71 = VRS 110, 11 = DAR 2006, 211 = SVR 2006, 181). Das Einschalten von Blaulicht und Martinshorn ist nur zulässig, wenn eine der in § 38 Abs. 1 beschriebenen Notlagen vorliegt und höchste Eile geboten ist. Infolgedessen ist ein ohne Notfall durchgeführter Krankentransport in einem Rettungsfahrzeug mit eingeschaltetem Blaulicht und Martinshorn unzulässig; ebenso der Transport eines Zeugen zum Vernehmungstermin im Polizeiwagen mit Sondersignalen (OLG Dresden DAR 2001, 214).

Welche Fahrzeuge mit Blaulicht und Martinshorn versehen werden dürfen, bestimmt sich nach den Ausrüstungsvorschriften der §§ 52 Abs. 3, 55 Abs. 3 StVZO.[1] Unfallwagen öffentlicher Verkehrsbetriebe sind keine „Managementwagen" der Leitungsebene, sondern nur KFZ mit spezifischer technischer Ausrüstung. Rettungswagen sind keine Notarztwagen, die weder über eine Genehmigung zur Notfallrettung verfügen noch in ein Rendezvouz-System mit Rettungswagen einbezogen sind (OVG Hamburg VRS 108, 458).

Andere Fahrzeuge können durch eine Ausnahme nach § 70 StVZO mit Blaulicht und Martinshorn ausgerüstet werden, vor allem Einsatzfahrzeuge technischer Notdienste der Gas-, Elektrizitäts-, Wasser- und Entwässerungswerke (VGH Mannheim DAR 1999, 41) oder zu Organtransplantationen (OLG Münster NZV 2000, 514). Fahrzeuge des Blutspendedienstes gehören

---

[1] **§ 52 Abs. 3 StVZO Zusätzliche Scheinwerfer und Leuchten**

(3) Mit einer oder mehreren Kennleuchten für blaues Blinklicht (Rundumlicht) dürfen ausgerüstet sein

1. Kraftfahrzeuge, die dem Vollzugsdienst der Polizei, der Militärpolizei, der Bundespolizei oder des Zolldienstes dienen, insbesondere Kommando-, Streifen-, Mannschaftstransport-, Verkehrsunfall-, Mordkommissionsfahrzeuge,
2. Einsatz- und Kommando-Kraftfahrzeuge der Feuerwehren und der anderen Einheiten und Einrichtungen des Katastrophenschutzes und des Rettungsdienstes,
3. Kraftfahrzeuge, die nach dem Fahrzeugschein als Unfallhilfswagen öffentlicher Verkehrsbetriebe mit spurgeführten Fahrzeugen, einschließlich Oberleitungsomnibussen, anerkannt sind,
4. Kraftfahrzeuge des Rettungsdienstes, die für den Krankentransport oder Notfallrettung besonders eingerichtet und nach dem Fahrzeugschein als Krankenkraftwagen anerkannt sind.

Kennleuchten für blaues Blinklicht mit einer Hauptabstrahlrichtung nach vorne sind an Kraftfahrzeugen nach Satz 1 zulässig, jedoch bei mehrspurigen Fahrzeugen nur in Verbindung mit Kennleuchten für blaues Blinklicht (Rundumlicht).

§ 55 Abs. 3 StVZO Einrichtungen für Schallzeichen

(3) Kraftfahrzeuge, die auf Grund des § 52 Abs. 3 Kennleuchten für blaues Blinklicht führen, müssen mit mindestens einer Warneinrichtung mit einer Folge von Klängen verschiedener Grundfrequenz (Einsatzhorn) ausgerüstet sein. Ist mehr als ein Einsatzhorn angebracht, so muss sichergestellt sein, dass jeweils nur eines betätigt werden kann. Andere als die in Satz 1 genannten Kraftfahrzeuge dürfen mit dem Einsatzhorn nicht ausgerüstet sein.

Sonderrechte – Wegerechte	
Sonderrechte nach § 35 StVO Befreiung bestimmter Institutionen von Verkehrsverboten	**Wegerechte nach § 38 StVO** Ausrüstung von Fahrzeugen mit Blaulicht und Martinshorn nach §§ 52 Abs. 3, 55 Abs. 3 StVZO
Bei Inanspruchnahme sind die genannten Institutionen nebst ihren Bediensteten freigestellt. Die Einrichtungen nach § 35 Abs. 6 und 7 haben nur eingeschränkte Sonderrechte.	Bei Inanspruchnahme von Blaulicht und Martinshorn haben andere Verkehrsteilnehmer nach § 38 Abs. 1 „freie Bahn" zu schaffen und bei Stau eine freie Gasse zu bilden (§ 11 Abs. 2)
Polizei	Polizei
Feuerwehr	Feuerwehr
Zolldienst	Zolldienst
Katastrophenschutz	Katastrophenschutz
Bundespolizei	Bundespolizei
Bundeswehr, NATO-Truppen	Militärpolizei
Befreiung bestimmter Fahrzeuge von Verkehrsverboten: Rettungsfahrzeuge Straßenbau-, Straßenunterhaltungs-, Straßenreinigungsfahrzeuge, Fahrzeuge der Müllabfuhr, Fahrzeuge der Regulierungsbehörde	Unfallhilfswagen öffentlicher Verkehrsbetriebe mit spezifischer technischer Ausrüstung, Krankenkraftwagen, Rettungsfahrzeuge
Ausnahmen für Gehwegreinigungsfahrzeuge über 3,5 t mit besonders breiten Niederdruckreifen	Aufgrund einer Ausnahmegenehmigung nach § 70 StVZO mit Blaulicht und Martinshorn ausgerüstete Fahrzeuge: Technische Einsatzfahrzeuge der Gaserzeugungs-, Elektrizitäts-, Wassergewinnungs- oder Entwässerungsunternehmen

nicht (mehr) zu den Wegerechtsfahrzeugen.[2] Wenn dennoch gelegentlich Blutkonserven unter Notgesichtspunkten befördert werden müssen, rechtfertigt dies allein keine Ausnahme, weil in solchen Fällen Rettungsfahrzeuge mit Sondersignalen eingesetzt werden können (BVerwG VerkMitt 2002 Nr. 64 = DAR 2002, 281 = VRS 103, 311; OVG Münster VerkMitt 2009 Nr. 83), sofern solche ständig verfügbar sind (OVG Münster VRS 110, 455). Zulassungsrechtliche Ausnahmen für Rettungsfahrten von Tieren sind begrifflich ausgeschlossen, weil das Einschalten von Blaulicht und Martinshorn zur Erhaltung des Lebens von Tieren (leider) nicht zugelassen ist (§ 38 Abs. 1).

2.2 Schaffung freier Bahn

„Freie Bahn" schaffen bedeutet ungehinderte Durch- und Weiterfahrt ermöglichen (OLG Köln VerkMitt 1984 Nr. 91). Dazu ist auszuweichen, beiseite, scharf rechts und langsam zu fahren, notfalls anzuhalten (BayObLG VRS 16, 393). Das kurze Auffahren auf Geh- oder Radwege ist nach dem Nothilfeprinzip gerechtfertigt, wenn das Wegerechtsfahrzeug wegen Staus blockiert würde und weder Fußgänger noch Radfahrer gefährdet werden. Die Sondersignale müssen wahrnehmbar sein (BGH VerkMitt 1975 Nr. 33 = DAR 1075, 111), zur Reaktion muss eine kurz bemessene, aber ausreichende

---

2 Änderung des § 52 Abs. 3 StVZO durch Verordnung vom 23.3.2000 (BGBl. I S. 310)

Zeit zur Verfügung stehen (KG VerkMitt 1981 Nr. 119; 2001 Nr. 76). Auf die Vorfahrt ist vorübergehend zu verzichten, wenn Blaulicht sichtbar ist und das Einsatzhorn ertönt; auch bei grüner Ampel (KG VRS 76, 266). Die Pflicht, sofort freie Bahn zu schaffen, hängt weder von der Eilbedürftigkeit der Einsatzfahrt (KG VerkMitt 1982 Nr. 41) noch von der Zulässigkeit der Inbetriebnahme der Sondersignale ab (KG VerkMitt 1998 Nr. 19 = NZV 1998, 27 = MDR 1997, 1121), sie sind deshalb unbedingt zu beachten. Kraftfahrer müssen zwar nicht ständig mit Wegerechtsfahrzeugen rechnen, aber dafür sorgen, dass etwaige Signale wahrgenommen werden können (OLG Hamm VerkMitt 1972 Nr. 37). Infolgedessen sind Tonübertragungsgeräte in Fahrzeugen nicht so laut zu betreiben, dass die nach § 23 bestehende Verpflichtung zur Wahrnehmung von Umfeldgeräuschen beeinträchtigt wird.

2.3 Einsatzfahrten mit Blaulicht und Martinshorn

Im Einsatz darf das Wegerechtsfahrzeug die geschaffene freie Bahn auch dann ausnutzen, wenn keine Sonderrechte bestehen, z. B. Fahrzeug der Gasversorgung bei Ausrüstung mit Blaulicht und Martinshorn im Wege einer Ausnahme nach § 70 StVZO (**BGH VRS 48, 260 = NJW 1975, 648**: Weiterfahrt bei Rot; BVerwG VRS 98, 458; OVG Hamburg NZV 2001, 447 = DAR 2001, 470 = VRS 101, 309; kritisch Müller VD 2002, 368). Gleiches gilt für den Einsatz eines Krankenwagens aus einem EU-Mitgliedstaat im Bundesgebiet. Nach dem WÜ werden die Ausrüstungsbestimmungen der Fahrzeuge gegenseitig anerkannt, somit auch Blaulicht und Martinshorn. Der Einsatzfahrer hat zwar keine Sonderrechte nach § 35 Abs. 1; unter den Voraussetzungen des § 38 Abs. 1 darf er jedoch bei Notfällen Blaulicht und Martinshorn in Betrieb nehmen und sich freie Bahn verschaffen.

Der Einsatzfahrer muss Sondersignale rechtzeitig und so lange betätigen, bis er die Gefahrenstelle oder Kreuzung verlassen hat (BGH VerkMitt 2007 Nr. 72: 10 s vor Erreichen der Haltlinie bei Rot; KG VRS 113, 205 = NZV 2008, 149). Nur dann darf er annehmen, dass im Umkreis von 50 m die Zeichen wahrgenommen werden (BGH VRS 28, 208). Bei zivilen Einsatzfahrzeugen ist die geringere Lautstärke des im Motorraum angebrachten Martinshorns zu berücksichtigen (KG NZV 2004, 85; KG VRS 105, 174 = KG NZV 2004, 86; KG VRS 104, 115 = NZV 2003, 126 = DAR 2003, 376). Er hat sich davon zu überzeugen, dass sich andere auf die Inanspruchnahme des Vorrangs eingestellt haben und ihm freie Bahn einräumen (KG VerkMitt 2001 Nr. 76 = VRS 100, 329; KG NZV 1992, 456; BGH VerkMitt 1975 Nr. 33 = DAR 1975, 111 = VRS 48, 260 = MDR 1975, 392). Je stärker von Verkehrsregeln abgewichen wird, umso aufmerksamer ist darauf zu achten, dass andere die Sondersignale auch tatsächlich beachten (BGH VerkMitt 2007 Nr. 72). An einer verkehrsreichen Kreuzung darf nicht darauf vertraut werden, dass sofort freie Bahn eingeräumt wird. Bei schlechter Übersicht ist die Geschwindigkeit stark zu vermindern, notfalls in den Fahrbereich des durch Ampelsignal freigegebenen Gegenverkehrs hineinzutasten (KG NZV 2004, 84: Haftung zu $^{2}/_{3}$ beim Einfahren in eine Kreuzung mit Rot ohne Halt; KG NZV 1989, 192). Auch wenn der Einsatz der Rettung von Menschenleben dient, dürfen andere Personen während der Fahrt nicht gefährdet werden (KG VRS 83, 288). Bestimmend muss für den Einsatzfahrer bleiben, das Einsatzziel nicht durch unfallbedingte Verzögerungen in Frage zu stellen. Bei Unfällen trifft den Halter des Einsatzfahrzeugs die Darlegungs- und Beweislast (KG NZV 2003, 126).

2.4 Blaues Blinklicht

Blaues Blinklicht allein ohne Einsatzhorn verpflichtet zwar nicht zur Schaffung freier Bahn KG VRS 2003, 355 = NZV 2003, 382), signalisiert aber eine **Einsatzfahrt**.[3] Kraftfahrer sind deshalb zu besonderer Vorsicht und Rücksicht durch Tempoverringerung (§ 3 Abs. 1), strikte Einhaltung des Rechtsfahrgebots (§ 2 Abs. 1) und Überholverzicht (§ 5 Abs. 3 Nr. 1) verpflichtet (OLG Koblenz DAR 2004, 146 = NZV 2004, 525). Das gilt auch für Protokollfahrten von Staatsgästen mit Begleitung durch polizeiliche Blaulichtfahrzeuge, weil der Verband als geschlossene Einheit auch Sonderrechte nach § 35 Abs. 1 in Anspruch nimmt, meist keinen Spurwechsel vornimmt und seine Geschwindigkeit aus Sicherheitsgründen nicht vermindert (KG NZV 2003, 481).[4]

2.5 Gelbes Blinklicht

Mobiles Blinklicht (Rundumlicht)[5] auf Fahrzeugen (§ 38 Abs. 3 Satz 2) warnt vor Risiken, die von dem Fahrzeug selbst oder von ausgeführten Arbeiten ausgehen, z. B. bei Großraum- und Schwertransporten, Streu-, Schneeräum- oder Abschleppfahrzeugen (OLG Düsseldorf NZV 1992, 188). Eine Verpflichtung zum Einschalten des Blinklichts folgt nicht aus § 38, wohl aber aus dem Gefährdungs- und Behinderungsverbot des § 1 Abs. 2. Die Warnung verpflichtet andere Verkehrsteilnehmer zur Vorsicht, Temporeduzierung, zum Rechtsfahrgebot und Überholverzicht.

Stationäres gelbes Blinklicht als Verkehrseinrichtung nach § 43 warnt vor örtlichen Gefahrenstellen und soll die Aufmerksamkeit bei schwieriger

---

3 Z. B. bei verdeckten Einsätzen der Kriminalpolizei, bei heiklen Rettungssituationen oder aus Lärmschutzgründen.
4 Empfehlungen des Bundesinnenministeriums für das Verfahren bei polizeilichen Eskorten von Staatsbesuchen: VkBl. 1973, S. 594 – Abschnitt XII „Ehrung und Schutz von Besuchern", S. 501.
5 **§ 52 Abs. 4 StVZO Zusätzliche Scheinwerfer und Leuchten**
(4) Mit einer oder, wenn die horizontale und vertikale Sichtbarkeit (geometrische Sichtbarkeit) es erfordert, mehreren Kennleuchten für gelbes Blinklicht (Rundumlicht) dürfen ausgerüstet sein
1. Fahrzeuge, die dem Bau, der Unterhaltung oder Reinigung von Straßen oder von Anlagen im Straßenraum oder die der Müllabfuhr dienen und durch rot-weiße Warnmarkierungen (Sicherheitskennzeichnung), die dem Normblatt DIN 30710, Ausgabe März 1990, entsprechen müssen, gekennzeichnet sind,
2. Kraftfahrzeuge, die nach ihrer Bauart oder Einrichtung zur Pannenhilfe geeignet und nach dem Fahrzeugschein als Pannenhilfsfahrzeug anerkannt sind. Die Zulassungsstelle kann zur Vorbereitung ihrer Entscheidung die Beibringung des Gutachtens eines amtlich anerkannten Sachverständigen oder Prüfers für den Kraftfahrzeugverkehr darüber anordnen, ob das Kraftfahrzeug nach seiner Bauart oder Einrichtung zur Pannenhilfe geeignet ist. Die Anerkennung ist nur zulässig für Fahrzeuge von Betrieben, die gewerblich oder innerbetrieblich Pannenhilfe leisten, von Automobilclubs und von Verbänden des Verkehrsgewerbes und der Autoversicherer.
3. Fahrzeuge mit ungewöhnlicher Breite oder Länge oder mit ungewöhnlich breiter oder langer Ladung, sofern die genehmigende Behörde die Führung der Kennleuchten vorgeschrieben hat,
4. Fahrzeuge, die auf Grund ihrer Ausrüstung als Schwer- und Großraumtransport-Begleitfahrzeuge ausgerüstet und nach dem Fahrzeugschein anerkannt sind. Andere Begleitfahrzeuge dürfen mit abnehmbaren Kennleuchten ausgerüstet sein, sofern die genehmigende Behörde die Führung der Kennleuchten vorgeschrieben hat.

Straßenführung auf Verkehrszeichen und Verkehrseinrichtungen lenken (Rn. 3 VwV zu § 38). Es setzt weder Verkehrs- noch Lichtzeichen außer Kraft, sondern weist auf deren besondere Beachtung hin (BGH SVR 2005, 424; OLG Köln VRS 53, 309). Die Anordnung von Blinklicht in Verbindung mit Verkehrszeichen ist nicht unproblematisch, weil solche Signale zu Fehleinschätzungen und Fehlreaktionen führen können.[6] Gefahrzeichen 131 mit gelbem Blinklicht weist auf eine schlecht einsehbare Wechsellichtzeichenanlage hin und verpflichtet für sich allein ohne  weitergehende Gefahren noch nicht dazu, die Geschwindigkeit herabzusetzen (BGH VerkMitt 2005 Nr. 78 = NZV 2005, 407 = VRS 109, 92).

3 Hinweise

Gelbes Blinklicht zur Sicherung geschlossen reitender oder marschierender Verbände: § 27 Abs. 4 Satz 1.

---

6 Gefahrzeichen auf gelben reflektierenden Tafeln, verbunden mit Blink- oder Blitzsignalen. Die Auffälligkeit solcher Anlagen sinkt bei Gewöhnung und führt an benachbarten Knoten zu verminderter Aufmerksamkeit und Unfallanstieg. Gelbe reflektierende Tafeln sind daher nicht zugelassen.

§ 39 Verkehrszeichen

(1) Angesichts der allen Verkehrsteilnehmern obliegenden Verpflichtung, die allgemeinen und besonderen Verhaltensvorschriften dieser Verordnung eigenverantwortlich zu beachten, werden örtliche Anordnungen durch Verkehrszeichen nur dort getroffen, wo dies auf Grund der besonderen Umstände zwingend geboten ist.

(1a) Innerhalb geschlossener Ortschaften ist abseits der Vorfahrtstraßen (Zeichen 306) mit der Anordnung von Tempo 30-Zonen (Zeichen 274.1) zu rechnen.

(2) Regelungen durch Verkehrszeichen gehen den allgemeinen Verkehrsregeln vor. Verkehrszeichen sind Gefahrzeichen, Vorschriftzeichen und Richtzeichen. Als Schilder stehen sie regelmäßig rechts. Gelten sie nur für einzelne markierte Fahrstreifen, sind sie in der Regel über diesen angebracht.

(3) Auch Zusatzzeichen sind Verkehrszeichen. Zusatzzeichen zeigen auf weißem Grund mit schwarzem Rand schwarze Sinnbilder, Zeichnungen oder Aufschriften, soweit nichts anderes bestimmt ist.[1] Sie sind in der Regel unmittelbar unter dem Verkehrszeichen, auf das sie sich beziehen, angebracht.

(4) Verkehrszeichen können auf einer weißen Trägertafel aufgebracht sein. Abweichend von den abgebildeten Verkehrszeichen können in Wechselverkehrszeichen die weißen Flächen schwarz und die schwarzen Sinnbilder und der schwarze Rand weiß sein, wenn diese Zeichen nur durch Leuchten erzeugt werden.

(5) Auch Markierungen und markierte Radverkehrsführungen sind Verkehrszeichen. Sie sind grundsätzlich weiß. Nur als vorübergehend gültige Markierungen sind sie gelb; dann heben sie die weißen Markierungen auf. Gelbe Markierungen können auch in Form von Markierungsknopfreihen, Markierungsleuchtknopfreihen oder als Leitschwellen oder Leitborde ausgeführt sein. Leuchtknopfreihen gelten nur, wenn sie eingeschaltet sind. Alle Linien können durch gleichmäßig dichte Markierungsknopfreihen ersetzt werden. In verkehrsberuhigten Geschäftsbereichen (§ 45 Abs. 1d) können Fahrbahnbegrenzungen auch mit anderen Mitteln, insbesondere durch Pflasterlinien, ausgeführt sein. Schriftzeichen und die Wiedergabe von Verkehrszeichen auf der Fahrbahn dienen dem Hinweis auf ein angebrachtes Verkehrszeichen.

(6) Verkehrszeichen können an einem Fahrzeug angebracht sein. Sie gelten auch, während das Fahrzeug sich bewegt. Sie gehen den Anordnungen der ortsfest angebrachten Verkehrszeichen vor.

(7) Werden Sinnbilder[2] auf anderen Verkehrszeichen als den in §§ 40 bis 42 dargestellten gezeigt, so bedeuten die Sinnbilder:

---

1 Art. 2 der Verordnung zum Erlass und zur Änderung von Vorschriften über die Kennzeichnung emissionsarmer Kraftfahrzeuge vom 10.10.2006 (BGBl. I S. 2218)
2 Das Sinnbild „Gespannfuhrwerke" ist im Vorgriff auf eine Änderung des § 39 Abs. 4 durch Verlautbarung des BMVBS vom 18.10.2004 (VkBl. S. 542) eingeführt worden. Im Z. 250 kann damit auch ein Verkehrsverbot für Pferdekutschen erlassen werden, z. B. für Weihnachtsmärkte oder andere touristische Ereignisse.

Verkehrszeichen § 39

Kraftwagen und sonstige mehrspurige Kraftfahrzeuge

Kraftfahrzeuge mit einem zulässigen Gesamtgewicht über 3,5 t, einschließlich ihrer Anhänger, und Zugmaschinen, ausgenommen Personenkraftwagen und Kraftomnibusse

Radverkehr

Fußgänger

Viehtrieb

Reiter

Straßenbahn

Personenkraftwagen

Kraftomnibus

Lastkraftwagen mit Anhänger

Personenkraftwagen mit Anhänger

Kraftfahrzeuge und Züge, die nicht schneller als 25 km/h fahren können oder dürfen

Krafträder, auch mit Beiwagen, Kleinkrafträder und Mofas

Mofas

Gespannfuhrwerke

(8) Bei besonderen Gefahrenlagen können als Gefahrzeichen nach Anlage 1 auch die Sinnbilder „Viehtrieb" und „Reiter" und Sinnbilder mit folgender Bedeutung angeordnet werden:

Schnee- oder Eisglätte

Steinschlag

Splitt, Schotter

Bewegliche Brücke

Ufer

Fußgängerüberweg

Amphibienwanderung

Unzureichendes
Lichtraumprofil

Flugbetrieb

VwV zu den §§ 39 bis 43
Allgemeines über Verkehrszeichen und Verkehrseinrichtungen

1 I. Die behördlichen Maßnahmen zur Regelung und Lenkung des Verkehrs durch Verkehrszeichen und Verkehrseinrichtungen sollen die allgemeinen Verkehrsvorschriften sinnvoll ergänzen. Dabei ist nach dem Grundsatz zu verfahren, so wenig Verkehrszeichen wie möglich anzuordnen. Bei der Straßenbaubehörde ist gegebenenfalls eine Prüfung anzuregen, ob an Stelle von Verkehrszeichen und Verkehrseinrichtungen vorrangig durch verkehrstechnische oder bauliche Maßnahmen eine Verbesserung der Situation erreicht werden kann.

2 Verkehrszeichen, die lediglich die gesetzliche Regelung wieder geben, sind nicht anzuordnen. Dies gilt auch für die Anordnung von Verkehrszeichen einschließlich Markierungen, deren rechtliche Wirkung bereits durch ein anderes vorhandenes oder gleichzeitig angeordnetes Verkehrszeichen erreicht wird. Abweichungen bedürfen der Zustimmung der obersten Landesbehörde.

3 Verkehrszeichen dürfen nur dort angebracht werden, wo dies nach den Umständen geboten ist. Über die Anordnung von Verkehrszeichen darf in jedem Einzelfall und nur nach gründlicher Prüfung entschieden werden; die Zuziehung ortsfremder Sachverständiger kann sich empfehlen.

4 1. Beim Einsatz moderner Mittel zur Regelung und Lenkung des Verkehrs ist auf die Sicherheit besonders Bedacht zu nehmen. Verkehrszeichen, Markierungen, Verkehrseinrichtungen sollen den Verkehr sinnvoll lenken, einander nicht widersprechen und so den Verkehr sicher führen. Die Wahrnehmbarkeit darf nicht durch Häufung von Verkehrszeichen beeinträchtigt werden.

5 2. Die Flüssigkeit des Verkehrs ist mit den zur Verfügung stehenden Mitteln zu erhalten. Dabei geht die Verkehrssicherheit aller Verkehrsteilnehmer der Flüssigkeit des Verkehrs vor. Der Förderung der öffentlichen Verkehrsmittel ist besondere Aufmerksamkeit zu widmen.

6 II. Soweit die StVO und diese Allgemeine Verwaltungsvorschrift für die Ausgestaltung und Beschaffenheit, für den Ort und die Art der Anbringung von Verkehrszeichen und Verkehrseinrichtungen nur Rahmenvorschriften geben, soll im Einzelnen nach dem jeweiligen Stand der Wissenschaft und Technik verfahren werden, den das für Verkehr zuständige Bundesministerium nach Anhörung der zuständigen obersten Landesbehörden im Verkehrsblatt erforderlichenfalls bekannt gibt.

III. Allgemeines über Verkehrszeichen

7 1. Es dürfen nur die in der StVO abgebildeten Verkehrszeichen verwendet werden oder solche, die das für Verkehr zuständige Bundesministerium nach Anhörung

der zuständigen obersten Landesbehörden durch Verlautbarung im Verkehrsblatt zulässt. Die Formen der Verkehrszeichen müssen den Mustern der StVO entsprechen. Mehrere Verkehrszeichen oder ein Verkehrszeichen mit wenigstens einem Zusatzzeichen dürfen gemeinsam auf einer weißen Trägertafel aufgebracht werden. Die Trägertafel hat einen schwarzen Rand und einen weißen Kontraststreifen. Zusatzzeichen werden jeweils von einem zusätzlichen schwarzen Rand gefasst. Einzelne Verkehrszeichen dürfen nur auf einer Trägertafel aufgebracht sein, wenn wegen ungünstiger Umfeldbedingungen eine verbesserte Wahrnehmbarkeit erreicht werden soll.

8 2. Allgemeine Regeln zur Ausführung der Gestaltung von Verkehrszeichen sind als Anlage zu dieser Verwaltungsvorschrift im Katalog der Verkehrszeichen in der aktuellen Ausgabe (VzKat) ausgeführt.

9 Gefahrzeichen können spiegelbildlich dargestellt werden (die einzelnen Varianten ergeben sich aus dem VzKat),

10 a) wenn dadurch verdeutlicht wird, wo die Gefahr zu erwarten ist (Zeichen 103, 105, 117, 121) oder

11 b) wenn sie auf der linken Fahrbahnseite wiederholt werden (Zeichen 117, 133 bis 142); die Anordnung von Gefahrzeichen für beide Fahrbahnseiten ist jedoch nur zulässig, wenn nach den örtlichen Gegebenheiten nicht ausgeschlossen werden kann, dass Verkehrsteilnehmer das nur rechts befindliche Gefahrzeichen nicht oder nicht rechtzeitig erkennen können.

3. Größe der Verkehrszeichen

12 a) Die Ausführung der Verkehrszeichen und Verkehrseinrichtungen ist auf das tatsächliche Erfordernis zu begrenzen; unnötig groß dimensionierte Zeichen sind zu vermeiden.

13 b) Sofern in dieser Vorschrift nichts anderes bestimmt wird, erfolgt die Wahl der benötigten Verkehrszeichengröße – vor dem Hintergrund einer sorgfältigen Abwägung anhand folgender Tabellen:

Verkehrszeichen	Größe 1 (70 %)	Größe 2 (100 %)	Größe 3 (125 bzw. 140 %)
Ronde (Ø)	420	600	750 (125 %)
Dreieck (Seitenl.)	630	900	1 260 (140 %)
Quadrat (Seitenl.)	420	600	840 (140 %)
Rechteck (H x B)	630 x 420	900 x 600	1 260 x 840 (140 %)

Maße in mm

Zusatzzeichen	Größe 1 (70 %)	Größe 2 (100 %)	Größe 3 (125 %)
Höhe 1	231 x 420	330 x 600	412 x 750
Höhe 2	315 x 420	450 x 600	562 x 750
Höhe 3	420 x 420	600 x 600	750 x 750

Maße in mm

14 c) Größenangaben für Sonderformen (z. B. Z. 201 „Andreaskreuz"), die in dieser Vorschrift nicht ausgeführt werden, sind im VzKat festgelegt.

15 d) In der Regel richtet sich die Größe nach der am Aufstellungsort geltenden zulässigen Höchstgeschwindigkeit:

§ 39 Verkehrszeichen

Größen der Verkehrszeichen für Dreiecke, Quadrate und Rechtecke

Geschwindigkeitsbereich (km/h)	Größe
20 bis weniger als 50	1
50 bis 100	2
mehr als 100	3

Größen der Verkehrszeichen für Ronden

Geschwindigkeitsbereich (km/h)	Größe
0 bis 20	1
mehr als 20 bis 80	2
mehr als 80	3

16 e) Auf Autobahnen und autobahnähnlich ausgebauten Straßen ohne Geschwindigkeitsbeschränkung werden Verbote und vergleichbare Anordnungen zunächst durch Verkehrszeichen der Größe 3 nach den Vorgaben des VzKat angekündigt, Wiederholungen erfolgen bei zweistreifigen Fahrbahnen in der Regel in der Größe 2.

17 f) Kleinere Ausführungen als Größe 1 kommen unter Berücksichtigung des Sichtbarkeitsgrundsatzes nur für den Fußgänger- und Radverkehr sowie die Regelungen des Haltens und Parkens in Betracht. Das Verhältnis der vorgeschriebenen Maße soll auch dann gegeben sein. Im Übrigen sind bei allen Verkehrszeichen kleine Abweichungen von den Maßen zulässig, wenn dies aus besonderen Gründen notwendig ist und die Wahrnehmbarkeit und Lesbarkeit der Zeichen nicht beeinträchtigt.

17a g) Die Größe von Zonenzeichen, z. B. Zeichen 270.1, sollte sich nach dem darauf enthaltenen Hauptzeichen richten.

18 4. Die Ausführung der Verkehrszeichen darf nicht unter den Anforderungen anerkannter Gütebedingungen liegen.

19 5. Als Schrift ist die Schrift für den Straßenverkehr gemäß DIN 1451, Teil 2 zu verwenden.

20 6. Die Farben müssen den Bestimmungen und Abgrenzungen des Normblattes „Aufsichtsfarben für Verkehrszeichen – Farben und Farbgrenzen" DIN 6171 entsprechen.

21 7. Verkehrszeichen, ausgenommen solche für den ruhenden Verkehr, müssen rückstrahlend oder von außen oder innen beleuchtet sein. Das gilt auch für Verkehrseinrichtungen nach § 43 Abs. 3 Anlage 4 und für Zusatzzeichen. Werden Zusatzzeichen verwendet, müssen sie wie die Verkehrszeichen rückstrahlend oder von außen oder innen beleuchtet sein. Hinsichtlich lichttechnischer Anforderungen wird auf die EN 12899-1 „Ortsfeste, vertikale Straßenverkehrszeichen" sowie die einschlägigen Regelwerke der Forschungsgesellschaft für Straßen- und Verkehrswesen (FGSV) verwiesen.

22 Ein Verkehrszeichen ist nur dann von außen beleuchtet, wenn es von einer eigenen Lichtquelle angeleuchtet wird.

23 Verkehrszeichen können auch lichttechnisch erzeugt als Wechselverkehrszeichen in Wechselverkehrszeichengebern dargestellt werden. Einzelheiten enthalten die „Richtlinien für Wechselverkehrszeichen an Bundesfernstraßen (RWVZ)" und die „Richtlinien für Wechselverkehrszeichenanlagen an Bundesfernstraßen (RWVA)", die das für Verkehr zuständige Bundesministerium im

Einvernehmen mit den zuständigen obersten Landesbehörden im Verkehrsblatt bekannt gibt.

24 8. Die Verkehrszeichen müssen fest eingebaut sein, soweit sie nicht nur vorübergehend aufgestellt werden. Pfosten, Rahmen und Schilderrückseiten sollen grau sein.

25 Strecken- und Verkehrsverbote für einzelne Fahrstreifen sind in der Regel so über den einzelnen Fahrstreifen anzubringen, dass sie dem betreffenden Fahrstreifen zweifelsfrei zugeordnet werden können (Verkehrszeichenbrücken oder Auslegermaste).

26 Muss von einer solchen Anbringung abgesehen werden oder sind die Zeichen nur vorübergehend angeordnet, z. B. bei Arbeitsstellen, sind die Ge- oder Verbotszeichen auf einer Verkehrslenkungstafel (Zeichen 501 ff.) am rechten Fahrbahnrand anzuzeigen (vgl. VwV zu den Zeichen 501 bis 546 Verkehrslenkungstafeln, Rn. 7). Insbesondere außerhalb geschlossener Ortschaften sollen die angeordneten Ge- oder Verbotszeichen durch eine gleiche Verkehrslenkungstafel mit Entfernungsangabe auf einem Zusatzzeichen angekündigt werden.

27 Bei den Zeichen 209 bis 214 und 245 reicht eine Aufstellung rechts neben dem Fahrstreifen, für den sie gelten, aus.

28 9. Verkehrszeichen sind gut sichtbar in etwa rechtem Winkel zur Fahrbahn rechts daneben anzubringen, soweit nicht in dieser Verwaltungsvorschrift anderes gesagt ist.

29 a) Links allein oder über der Straße allein dürfen sie nur angebracht werden, wenn Missverständnisse darüber, dass sie für den gesamten Verkehr in einer Richtung gelten, nicht entstehen können und wenn sichergestellt ist, dass sie auch bei Dunkelheit auf ausreichende Entfernung deutlich sichtbar sind.

30 b) Wo nötig, vor allem an besonders gefährlichen Straßenstellen, können die Verkehrszeichen auf beiden Straßenseiten, bei getrennten Fahrbahnen auf beiden Fahrbahnseiten aufgestellt werden.

31 c) Verkehrszeichen können so gewölbt sein, dass sie auch seitlich erkennbar sind, wenn dies nach ihrer Zweckbestimmung geboten erscheint und ihre Sichtbarkeit von vorn dadurch nicht beeinträchtigt wird. Dies gilt insbesondere für die Zeichen 250 bis 267, nicht jedoch für vorfahrtregelnde Zeichen.

32 10. Es ist darauf zu achten, dass Verkehrszeichen nicht die Sicht behindern, insbesondere auch nicht die Sicht auf andere Verkehrszeichen oder auf Blinklicht- oder Lichtzeichenanlagen verdecken.

11. Häufung von Verkehrszeichen

33 Weil die Bedeutung von Verkehrszeichen bei durchschnittlicher Aufmerksamkeit zweifelsfrei erfassbar sein muss, sind Häufungen von Verkehrszeichen zu vermeiden. Es ist daher stets vorrangig zu prüfen, auf welche vorgesehenen oder bereits vorhandenen Verkehrszeichen verzichtet werden kann.

34 Sind dennoch an einer Stelle oder kurz hintereinander mehrere Verkehrszeichen unvermeidlich, muss dafür gesorgt werden, dass die für den fließenden Verkehr wichtigen besonders auffallen. Kann dies nicht realisiert werden oder wird ein für den fließenden Verkehr bedeutsames Verkehrszeichen an der betreffenden Stelle nicht erwartet, ist jene Wirkung auf andere Weise zu erzielen (z. B. durch Übergröße oder gelbes Blinklicht).

35 a) Am gleichen Pfosten oder sonst unmittelbar über- oder nebeneinander dürfen nicht mehr als drei Verkehrszeichen angebracht werden; bei Verkehrszeichen für den ruhenden Verkehr kann bei besonderem Bedarf abgewichen werden.

36 aa) Gefahrzeichen stehen grundsätzlich allein (vgl. Nummer I zu § 40; Rn. 1).

37 bb) Mehr als zwei Vorschriftzeichen sollen an einem Pfosten nicht angebracht werden. Sind ausnahmsweise drei solcher Verkehrszeichen an einem Pfosten vereinigt, dann darf sich nur eins davon an den fließenden Verkehr wenden.

§ 39 Verkehrszeichen

38 cc) Vorschriftzeichen für den fließenden Verkehr dürfen in der Regel nur dann kombiniert werden, wenn sie sich an die gleichen Verkehrsarten wenden und wenn sie die gleiche Strecke oder den gleichen Punkt betreffen.

39 dd) Verkehrszeichen, durch die eine Wartepflicht angeordnet oder angekündigt wird, dürfen nur dann an einem Pfosten mit anderen Verkehrszeichen angebracht werden, wenn jene wichtigen Zeichen besonders auffallen.

40 b) Dicht hintereinander sollen Verkehrszeichen für den fließenden Verkehr nicht folgen. Zwischen Pfosten, an denen solche Verkehrszeichen gezeigt werden, sollte vielmehr ein so großer Abstand bestehen, dass der Verkehrsteilnehmer bei der dort gefahrenen Geschwindigkeit Gelegenheit hat, die Bedeutung der Verkehrszeichen nacheinander zu erfassen.

41 12. An spitzwinkligen Einmündungen ist bei der Aufstellung der Verkehrszeichen dafür zu sorgen, dass Benutzer der anderen Straße sie nicht auf sich beziehen, auch nicht bei der Annäherung; erforderlichenfalls sind Sichtblenden oder ähnliche Vorrichtungen anzubringen.

42 13. a) Die Unterkante der Verkehrszeichen sollte sich, soweit nicht bei einzelnen Zeichen anderes gesagt ist, in der Regel 2 m über Straßenniveau befinden, über Radwegen 2,20 m, an Schilderbrücken 4,50 m, auf Inseln und an Verkehrsteilern 0,60 m.

43 b) Verkehrszeichen dürfen nicht innerhalb der Fahrbahn aufgestellt werden. In der Regel sollte der Seitenabstand von ihr innerhalb geschlossener Ortschaften 0,50 m, keinesfalls weniger als 0,30 m betragen, außerhalb geschlossener Ortschaften 1,50 m.

44 14. Sollen Verkehrszeichen nur zu gewissen Zeiten gelten, dürfen sie sonst nicht sichtbar sein. Nur die Geltung der Zeichen 224, 229, 245, 250, 251, 253, 255, 260, 261, 270.1, 274, 276, 277, 283, 286, 290.1, 314, 314.1 und 315 darf statt dessen auf einem Zusatzzeichen, z. B. „8–16 h", zeitlich beschränkt werden. Vorfahrtregelnde Zeichen vertragen keinerlei zeitliche Beschränkungen.

45 15. Besteht bei Verkehrszeichen an einem Pfosten kein unmittelbarer Bezug, ist dies durch einen Abstand von etwa 10 cm zu verdeutlichen.

16. Zusatzzeichen im Besonderen

46 a) Sie sollten, wenn irgend möglich, nicht beschriftet sein, sondern nur Sinnbilder zeigen. Wie Zusatzzeichen auszugestalten sind, die in der StVO oder in dieser Vorschrift nicht erwähnt, aber häufig notwendig sind, gibt das für Verkehr zuständige Bundesministerium nach Anhörung der zuständigen obersten Landesbehörden im amtlichen Katalog der Verkehrszeichen (VzKat) im Verkehrsblatt bekannt. Abweichungen von dem in diesem Verzeichnis aufgeführten Zusatzzeichen sind nicht zulässig; andere Zusatzzeichen bedürfen der Zustimmung der zuständigen obersten Landesbehörde oder der von ihr bestimmten Stelle.

47 b) Mehr als zwei Zusatzzeichen sollten an einem Pfosten, auch zu verschiedenen Verkehrszeichen, nicht angebracht werden. Die Zuordnung der Zusatzzeichen zu den Verkehrszeichen muss eindeutig erkennbar sein (§ 39 Abs. 3 Satz 3).

48 c) Entfernungs- und Längenangaben sind auf- oder abzurunden. Anzugeben sind z. B. 60 m statt 63 m, 80 m statt 75 m, 250 m statt 268 m, 800 m statt 750 m, 1,2 km statt 1235 m.

IV Allgemeines über Markierungen

49 1. Markierungen sind nach den Richtlinien für die Markierung von Straßen (RMS) auszuführen. Das für Verkehr zuständige Bundesministerium gibt die RMS im Einvernehmen mit den zuständigen obersten Landesbehörden im Verkehrsblatt bekannt.

50 2. Die auf den fließenden Verkehr bezogenen Markierungen sind retroreflektierend auszuführen.

51 3. Markierungsknöpfe sollen nur dann anstelle der Markierungslinien verwendet werden, wenn dies aus technischen Gründen zweckmäßig ist, z.B. auf Pflasterdecken.

52 4. Dagegen können Markierungen aller Art durch das zusätzliche Anbringen von Markierungsknöpfen in ihrer Wirkung unterstützt werden; geschieht dies an einer ununterbrochenen Linie, dürfen die Markierungsknöpfe nicht gruppenweise gesetzt werden. Zur Kennzeichnung gefährlicher Kurven und zur Verdeutlichung des Straßenverlaufs an anderen unübersichtlichen Stellen kann das zusätzliche Anbringen von Markierungsknöpfen auf Fahrstreifenbegrenzungen, auf Fahrbahnbegrenzungen und auf Leitlinien nützlich sein.

53 5. Markierungsknöpfe müssen in Grund und Aufriss eine abgerundete Form haben. Der Durchmesser soll nicht kleiner als 120 mm und nicht größer als 150 mm sein. Die Markierungsknöpfe dürfen nicht mehr als 25 mm aus der Fahrbahn herausragen.

54 6. Nach Erneuerung oder Änderung einer dauerhaften Markierung darf die alte Markierung nicht mehr sichtbar sein, wenn dadurch Zweifel über die Verkehrsregelung entstehen könnten.

55 7. Durch Schriftzeichen, Sinnbilder oder die Wiedergabe eines Verkehrszeichens auf der Fahrbahn kann der Fahrzeugverkehr lediglich zusätzlich auf eine besondere Verkehrssituation aufmerksam gemacht werden. Von dieser Möglichkeit ist nur sparsam Gebrauch zu machen. Sofern dies dennoch in Einzelfällen erforderlich sein sollte, sind die Darstellungen ebenfalls nach den RMS auszuführen.

56 8. Pflasterlinien in verkehrsberuhigten Geschäftsbereichen (vgl. § 39 Abs. 5 letzter Satz) müssen ausreichend breit sein, in der Regel mindestens 10 cm, und einen deutlichen Kontrast zur Fahrbahn aufweisen.

V. Allgemeines über Verkehrseinrichtungen

57 Für Verkehrseinrichtungen gelten die Vorschriften der Nummern I, III 1, 2, 4, 5, 6, 10 und 13 sinngemäß.

VwV zu § 39 Verkehrszeichen

Zu Absatz 1

1 Auf Nr. I zu den §§ 39 bis 43 wird verwiesen; Rn. 1.

Zu Absatz 2

2 Verkehrszeichen, die als Wechselverkehrszeichen aus einem Lichtraster gebildet werden (so genannte Matrixzeichen), zeigen die sonst schwarzen Symbole, Schriften und Ziffern durch weiße Lichter an, der sonst weiße Untergrund bleibt als Hintergrund für die Lichtpunkte schwarz. Diese Umkehrung für Weiß und Schwarz ist nur solchen Matrixzeichen vorbehalten.

Zu Absatz 5

Vorübergehende Markierungen

3 I. Gelbe Markierungsleuchtknöpfe dürfen nur in Kombination mit Dauerlichtzeichen oder Wechselverkehrszeichen (z. B. Verkehrslenkungstafel, Wechselwegweiser) angeordnet werden. Als Fahrstreifenbegrenzung (Zeichen 295) sollte der Abstand der Leuchtknöpfe auf Autobahnen 6 m, auf anderen Straßen außerorts 4 m und innerorts 3 m betragen. Werden gelbe Markierungsleuchtknöpfe als Leitlinie angeordnet, muss der Abstand untereinander deutlich größer sein.

4 II. Nach den RSA können gelbe Markierungen oder gelbe Markierungsknopfreihen auch im Sockelbereich von temporär eingesetzten transportablen Schutzwänden als Fahrstreifenbegrenzung angebracht werden.

Zu Absatz 8

5 Vor Anordnung eines Gefahrzeichens mit einem Sinnbild aus § 39 Abs. 8 ist zu prüfen, ob vor der besonderen Gefahrenlage nicht mit dem Zeichen 101 und einem geeigneten Zusatzzeichen gewarnt werden kann.

§ 39 Verkehrszeichen

1 Aus der amtlichen Begründung

1.1 Abweichend von orstfesten Verkehrsschildern können auch bewegliche Verkehrszeichen durch Begleitfahrzeuge von Großraum- und Schwertransporten oder durch die Polizei verwendet werden. Die Sinnbilder u. a. „Gespannfuhrwerke", „Fußgänger mit Handfahrzeugen" sind entbehrlich (Begr. 1992).

1.2 Der Trend zur Regelung aller Verkehrssituationen durch Verkehrszeichen führt zur Überbeschilderung, Überforderung, Ablenkung und zu Akzeptanzproblemen bei der Beachtung von Verkehrsregeln. Abs. 1 verdeutlicht die vorrangige Bedeutung der allgemeinen Verhaltensvorschriften und daraus folgend die Subsidiarität der Verkehrszeichenanordnung (Begr. 1997).

1.3 Tempo 30-Zonen können auch zur Unterstützung einer geordneten städtebaulichen Entwicklung angeordnet werden (Begr. 2000).

1.4 Die Durchforstung des „Schilderwaldes" wird mit dem Ziel „weniger Verkehrszeichen – bessere Beschilderung" umgesetzt (Begr. 2009).

2 Erläuterungen

2.1 Verkehrszeichen, Zusatzzeichen und Markierungen

2.1.1 Verkehrszeichen

Die Verkehrsbehörden dürfen den Verkehr nur mit amtlichen Verkehrszeichen und -einrichtungen oder durch die in § 45 Abs. 4 genannten Bekanntmachungen regeln. Die durch Verkehrszeichen und Verkehrseinrichtungen getroffenen Anordnungen sind (Dauer-) **Verwaltungsakte** in Form von Allgemeinverfügungen (BVerfG NJW 1965, 2395; BVerwG VerkMitt 1994 Nr. 6; BGH VerkMitt 1965 Nr. 15); Verkehrszeichen sind keine Urkunden (OLG Köln VerkMitt 1999 Nr. 5 = VRS 96, 23 = NZV 1999, 134). Sie müssen den amtlichen Mustern des Verkehrszeichenkataloges (VzKat) der BASt entsprechen[3] und von der zuständigen Verkehrsbehörde angeordnet worden sein (§ 45 Abs. 3); ihre Anordnung kann nach § 38 VwVfG wirksam zugesichert werden (BVerwG VerkMitt 1994 Nr. 67). Werden Schilder von privater Seite ohne eine solche Anordnung aufgestellt, sind sie unwirksam (nichtig), auch auf Privatgelände mit tatsächlich öffentlichem Verkehr (OLG Brandenburg VRS 93, 28). Verkehrszeichen werden mit **Aufstellung** der Schilder **wirksam**. Eine subjektive (tatsächliche) Kenntnisnahme ist nicht erforderlich; auch muss der Verkehrsteilnehmer nicht ständig oder nachhaltig von der Regelung betroffen sein (BVerwG DAR 2004, 45 = NJW 2004, 698 = DÖV 2004, 166: Beanstandung der Radwegebenutzungspflicht durch Z. 237). Infolgedessen steht z. B. ein Fahrzeug auch dann im Haltverbot und kann nach den Ordnungsgesetzen der Länder abgeschleppt werden, wenn das Zeichen erst nach dem zulässigen Parkvorgang aufgestellt worden ist (BVerwG VerkMitt 1997 Nr. 34 = NZV 1997, 246 = DÖV 1997, 507: bereits nach vier Tagen). Wegen des Sichtbarkeitsgrundsatzes kann jedoch eine Missachtung nur dann vorgeworfen werden, wenn der Fahrer dem Schild vor dem Parken gegenübersteht. Irrt der Fahrzeugführer über die rechtliche Bedeutung eines Verkehrszeichens oder einer Schilderkombination,

---

3 VzKat 1992 i. d. F. vom 15.8.1997 (BAnz 1997 Nr. 151); der VzKat wird von der BASt fortgeschrieben.

liegt ein vermeidbarer und damit unbeachtlicher Verbotsirrtum vor, wenn er lediglich auf mangelnder Kenntnis der Verkehrszeichen beruht (BayObLG VerkMitt 2003 Nr. 75 = NZV 2003, 430 = VRS 105, 309 = NJW 2003, 2253). Die Verkehrszeichenanordnung kann durch Klage angefochten oder erzwungen werden (BVerwG VRS 52, 316), allerdings erst, wenn sie durch Aufstellung der Schilder wirksam geworden ist (VGH Mannheim NZV 1996, 167). Die einjährige Anfechtungsfrist nach § 58 Abs. 2 VwGO beginnt mit **Aufstellung**, nicht erst, wenn das Verkehrszeichen erstmals zur Kenntnis genommen wird (BVerwG VerkMitt 1997 Nr. 34 = NZV 1997, 246 = DÖV 1997, 507; VGH Kassel VerkMitt 2008 Nr. 16 = VRS 113, 397 = NZV 2008, 423; VGH Kassel VerkMitt 2000 Nr. 7 = NZV 1999, 397; anders noch BVerwG VRS 58, 314). Im Interesse der Verkehrssicherheit bleiben Verkehrszeichen auch während des Anfechtungsverfahrens wirksam und sind zu beachten (BGH VerkMitt 1969 Nr. 128 = NJW 1969, 2023; KG VerkMitt 2004 Nr. 79; OLG Düsseldorf VerkMitt 1999 Nr. 42).

2.1.2 Zusatzzeichen

Zusatzzeichen sind ebenfalls Verkehrszeichen (§ 39 Abs. 3) und enthalten Beschränkungen, Ausnahmen oder Hinweise auf bestimmte Gefahren (Hess. VGH VerkMitt 1981 Nr. 28). Sie müssen den amtlichen Mustern des VzKat der BASt entsprechen, der Bestandteil der VwV-StVO ist.[4] Anders als bei Verkehrszeichen können die obersten Landesbehörden auch abweichende Zusatzzeichen zulassen (VwV-StVO zu § 46 Abs. 2). Wird die zeitliche Geltung durch Zusatzzeichen wie „Mo–Fr 19–24 h" eingeschränkt, gilt die Regelung bis Mitternacht. Zwar wird Mitternacht nach dem Deutschen Zeitgesetz[5] mit „0 Uhr" angegeben, die Bezeichnung „24 h" ist aber allgemein verständlich und berührt den Sichtbarkeitsgrundsatz nicht. Fällt der Montag auf einen gesetzlichen Feiertag, gilt die Beschränkung nicht, wenn die Regelung offensichtlich nur für Werktage gedacht ist (Janker NZV 2004, 120). Zusatzzeichen sind in der Regel unmittelbar unter dem Verkehrszeichen, auf das sie sich beziehen, anzubringen.

2.1.3 Markierungen

Auch Markierungen sind Verkehrszeichen (§ 39 Abs. 4). Sie sind grundsätzlich weiß. Nur als vorübergehend gültige Markierungen sind sie gelb und heben dann die weißen Markierungen auf. Gelbe Markierungen können auch in Form von Markierungsknopfreihen oder in den nach Abs. 4 vorgesehenen Gestaltungselementen ausgeführt sein. Zu den Markierungen gehören auch Radverkehrsführungen mit unterschiedlichen Markierungsausführungen, z.B. als Radwegefurten über Kreuzungen und Einmündungen, als aufgeweitete Radaufstellstreifen oder Radfahrerschleusen zur Erleichterung des Linksabbiegens. Der Radverkehr muss diesen Radverkehrsführungen nach § 9 Absatz 2 Satz 3 folgen. Keine Verkehrszeichen sind Radwegeführungen, die lediglich mit andersfarbigen Oberflächen hervorgehoben werden. Die Darstellung von Markierungslinien durch Pflastersteine oder ähnliche Materialien ist nur in verkehrsberuhigten Geschäftsbereichen (§ 45 Abs. 1d) zulässig.

---

4 VzKat als Anlage zur VwV-StVO BAnz vom 3.4.1992 Nr. 66a; wird von der BASt fortgeschrieben.
5 § 1 des Deutschen Zeitgesetzes vom 25.7.1978 (BGBl. I S. 1110) i.d.F. vom 13.9.1994 (BGBl. I S. 2322)

2.2 Anordnung und Aufstellung von Verkehrszeichen

2.2.1 Kombination von Verkehrszeichen

Bei mehreren Schildern an einem Mast müssen die Verkehrsbehörden auf eine sachgemäße Kombination achten.[6] So werden Verkehrsschilder nur durch Zusatzzeichen, nicht durch Gefahrzeichen eingeschränkt (z. B. wäre bei einer Kombination von Z. 274 mit Z. 114 ohne Zusatzzeichen „bei Nässe" das Tempolimit auch bei trockener Fahrbahn zu beachten). Einschränkende Zusatzzeichen sind unter und nicht über dem Verkehrszeichen anzubringen. Befindet sich ein Zusatzzeichen unter mehreren Verkehrszeichen gilt das Zusatzzeichen nur für das unmittelbar darüber befindliche Schild (BVerwG VerkMitt 2004 Nr. 11 = DAR 2003, 328 = VRS 105, 474).[7] Sind an einem Pfosten untereinander zwei Verkehrszeichen angebracht und befindet sich zwischen diesen ein Zusatzzeichen mit Entfernungsangabe, bezieht sich dieses nur auf das darüber befindliche Schild (BayObLG NZV 1989, 38). Wegweisende Schilder dürfen nicht in Richtungen weisen, die durch Einfahrtverbote oder Einbahnstraßen gesperrt sind. Tempobegrenzungen müssen über dem Überholverbot stehen und nicht umgekehrt. Die Aufhebung eines Streckenverbots darf nicht mit anderen Streckenverboten kombiniert werden. Der Sinngehalt mehrerer Zeichen darf sich nicht widersprechen (z. B. wäre die Kombination Z. 274 „30 km/h" mit Z. 325 „Schrittgeschwindigkeit" im verkehrsberuhigten Bereich verwirrend). Verkehrszeichen mit dem Kraftradsymbol erfassen auch Fahrräder mit Hilfsmotor und Kleinkrafträder. Das Zusatzzeichen 1026-35 „Lieferverkehr frei" gestattet in Fußgängerbereichen nicht, Geldbomben zum Nachttresor zu fahren (OVG Lüneburg VerkMitt 1981 Nr. 61). Verkehrszeichen stehen im Allgemeinen rechts. Sollen sie nur für einzelne markierte Fahrstreifen gelten, müssen sie im Regelfall darüber angebracht sein (§ 39 Abs. 2). Links aufgestellte Verkehrszeichen gelten für die gesamte Fahrbahnbreite (OLG Düsseldorf VerkMitt 1962 Nr. 35).

2.2.2 Transportable Verkehrszeichen

Eine feste Verankerung der Verkehrsschilder im Boden ist nicht zwingend, Bedarfsschilder können auch transportabel mit einem Sockel aufgeständert sein (OLG Hamburg NZV 1999, 376), insbesondere für Straßenbaustellen, Veranstaltungen auf der Straße oder Demonstrationen. Sie sind ebenso beachtlich wie ortsfeste Verkehrszeichen.

2.2.3 Verkehrszeichen auf Fahrzeugen

Verkehrszeichen auf Fahrzeugen müssen von den Verkehrsbehörden angeordnet und für bestimmte Verkehrssituationen zugelassen sein, z. B. auf Begleit- oder Sicherungsfahrzeugen an Straßenbaustellen oder bei Groß-

---

6 Siehe auch „Hinweise für das Anbringen von Verkehrszeichen und Verkehrseinrichtungen" (HAV), Verkehrstechnischer Kommentar nebst Fortschreibung der HAV-Q, Kirschbaum Verlag Bonn

7 Befindet sich am Mast oben Z. 283 und darunter Z. 286 mit Zusatzschild „Mo–Fr 8 bis 18 h", bezieht sich die zeitliche Begrenzung nur auf Z. 286, nicht auf Z. 283; Ladevorgänge sind innerhalb der angegebenen Dauer gestattet, für die übrige Zeit besteht absolutes Haltverbot. Bei Z. 274 und Z. 276 mit darunter befindlichem Zusatzzeichen „Beschränkung für Busse, LKW, Wohnwagengespanne" gilt das Tempolimit für alle Fahrzeuge, das Überholverbot nur für die auf dem Zusatzzeichen angegebenen Fahrzeugarten.

raum- und Schwertransporten. Ob das Fahrzeug steht oder sich bewegt, ist unerheblich. Diese Zeichen gehen stationären Schildern dann vor, wenn der Regelungsinhalt an der konkreten Stelle abweicht, eingeschränkt oder erweitert wird.

2.2.4 Wechselverkehrszeichen

Wechselverkehrszeichen dienen der schnellen Reaktion auf sich verändernde Verkehrsverhältnisse. Weiße Verkehrszeichenflächen können dann schwarz und schwarze Sinnbilder weiß sein (§ 39 Abs. 4). Sie befinden sich meist an Verkehrsbeeinflussungsanlagen und können unterschiedliche Wechselverkehrszeichen für bestimmte Verkehrszustände mittels Lichtrastertechnik darstellen, z. B. bei Stau oder Nebel.[8] Die „Schwarz-Weiß-Umkehrung" der Zeichen ist rechtlich ebenso verbindlich wie die übliche Darstellung mit schwarzen Symbolen auf weißem Hintergrund (s. a. Richtlinien für Wechselverkehrszeichen an Bundesfernstraßen – RWVZ – VkBl. 1997, Heft 15 – Dokument Nr. B 6738). Die Steuerung von Matrix-Zeichen vor Ort erfolgt meist automatisch nach den Verkehrsstärken durch eine Leitzentrale oder über Kontaktschleifen oder Verkehrsdetektoren mittels Glasfasertechnik oder Leuchtdioden. Hierbei muss sichergestellt bleiben, dass das Aufblenden von Verkehrszeichen oder die Wirksamkeit einer automatischen Routine durch die Polizei oder Verkehrsbehörden als straßenverkehrsbehördliche „Anordnung" vorgegeben ist. Wechselverkehrszeichen entfalten ihre Wirkung mit dem Aufleuchten oder Aufblenden und sind wie Verkehrszeichen zu beachten.

Matrixzeichen in Verkehrsbeeinflussungsanlagen

| Höchstgeschwindigkeit 100 km/h | Stau | Überholverbot für KFZ über 3,5 t, einschl. ihrer Anhänger und Zugmaschinen, ausgenommen PKW und KOM | Gefahrstelle, hier: Nebel | Verbot für Fahrzeuge über 3 m Breite |

2.2.5 Verkehrszeichen auf Tafeln

Werden Verkehrszeichen auf einer Tafel angebracht, muss diese weiß sein. Der Auffälligkeitswert von Verkehrszeichen auf Trägertafeln ist ebenso umstritten wie auf gelb fluoreszierenden Hintergrundtafeln. Nach wissenschaftlichen Erkenntnissen der BASt sind solche Trägertafeln an Gefahrstellen

---

[8] Richtlinien für Wechselverkehrszeichen (RWVZ) und -anlagen (RWVA) an Bundesfernstraßen: VkBl. 1997 – Dokument Nr. B 6738 und B 6740

nur vorübergehend wirksam und bringen infolge des Gewöhnungseffektes auf Dauer keine Sicherheitsvorteile. Hinzu kommen Sicherheitsdefizite andernorts, wo solche Tafeln fehlen. Zur Vermeidung eines Zweiklassensystems mit einhergehendem Bedeutungsverlust für weniger auffällige Verkehrszeichen sind deshalb weiße Trägertafeln nur für zwei Verkehrszeichen zu verwenden. Gelbe oder gelb-grüne fluoreszierende Hintergrundtafeln sind unzulässig.

2.2.6 Verkehrszeichen auf Fahrbahnen

Schriftzeichen oder die Wiedergabe von Verkehrsschildern auf der Fahrbahn dienen dem Hinweis auf ein entsprechendes Verkehrszeichen, ersetzen somit nicht vertikale Schilder (§ 39 Abs. 4).[9] Wer Verkehrszeichen auf der Fahrbahn missachtet, verstößt gegen ein vertikal angebrachtes Ge- oder Verbot, sofern nicht das vertikale Verkehrszeichen zwischenzeitlich entfernt, aus Kostengründen die Markierung aber weiter dort belassen worden ist. Wenn auch auf der Fahrbahn wiederholte Verkehrszeichen keine eigenständige Rechtswirkung entfalten, so verdeutlichen sie wegen häufiger Missachtung vertikaler Schilder eine besondere Gefahren- oder Unfallstelle; es ist deshalb dort besonders vorsichtig zu fahren.

2.2.7 Nicht amtliche Schilder

Die Straßenverkehrsbehörden verwenden teilweise auch nicht amtliche Schilder und Markierungen, wenn dadurch eine gewollte Regelung verständlicher wird. Diese Schilder oder Markierungen haben zwar keine unmittelbare Geltung; sie gewinnen jedoch ihre Bedeutung im Rahmen der allgemeinen Verkehrsregeln. So kann sich z. B. der Kraftfahrer nicht auf Unkenntnis berufen, wenn ihm das Abstellen des Motors empfohlen und er so auf seine Verpflichtung nach § 30 hingewiesen wird. Eine Briefkuvertmarkierung oder senkrechte Linien an einer Haltestelle können auf ein bestehendes Parkverbot hinweisen.

Andererseits sind oft in privaten Parkhäusern oder auf Parkplätzen mit faktisch öffentlichem Verkehr angebrachte Verkehrsschilder weder straßenverkehrsbehördlich angeordnet noch wirksam, z. B. „Frauenparkplätze". Solche Schilder können allenfalls im Rahmen der privatrechtlichen Benutzungs- oder Hausordnung Bedeutung haben.

2.3 Schilderhäufung

2.3.1 Überbeschilderung

Obwohl die Verkehrsbehörden verpflichtet sind, Verkehrszeichen nur anzuordnen, wenn dies unumgänglich notwendig ist (§ 45 Abs. 9), stellen sie sich in ihrer Gesamtheit aufgrund vielfältiger örtlicher und individueller Regelungsbedürfnisse als ein mehr oder weniger überschaubarer Schilderwald dar. Dem zunehmenden Trend zur Regelung aller Verkehrssituationen durch Verkehrszeichen wirkt § 39 Abs. 1 entgegen und betont die Verpflichtung zum eigenverantwortlichen Verkehrsverhalten. Können

---

9 Beispiele: „BUS" in Haltestellen als Hinweis auf Z. 224 oder in Busspuren auf einen Bussonderfahrstreifen nach Z. 245; „SCHULE" als Hinweis auf ein Gefahrzeichen 136 (Kinder); Stoppzeichen auf der Fahrbahn als Hinweis auf Z. 206.

Beispiele nicht amtlicher Hinweisschilder und Markierungen

Hinweis auf Abschleppen bei Halt- oder Parkverstößen

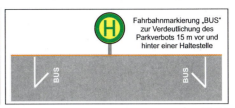

Fahrbahnmarkierung „BUS" zur Verdeutlichung des Parkverbots 15 m vor und hinter einer Haltestelle

Fahrbahnmarkierung „Schule" zur Verdeutlichung von Querungsstellen für Schulkinder

Empfehlende Markierung „Briefkuvert" zur Freihaltung der bezeichneten Fläche, wo keine Grenzmarkierung nach Z. 299 aufgetragen werden kann

Hinweis zum Abstellen bei längerem Halt, z.B. an Baustellenampeln, an Bahnübergängen

Hinweis zur Freihaltung von Parkständen für weibliche Kraftfahrer

Hinweis für tangentiales Abbiegen

Gefahren bei zweckgerechter Straßennutzung und gebotener Aufmerksamkeit vermieden werden, sind selbst bei schwierigen Verkehrslagen zusätzliche oder erläuternde Hinweise durch Verkehrszeichen entbehrlich (BGH NZV 1988, 58). Die Verkehrsbehörden müssen ferner auf die Subsidiarität der Verkehrszeichenanordnung, auf die Vermeidung von Doppelbeschilderungen (z.B. Überlagerung allgemeiner Haltverbote mit Z. 283) und auf den Sinngehalt und die Aktualität der Verkehrszeichen achten.[10] Die VwV-StVO enthält in den Rn. 33 ff. entsprechende Hinweise (s. a. Erl. 2.1.2 zu § 45). Dabei genügt es nicht, ein Verkehrsschild schlicht abzuschrauben, sondern erforderlich ist die Überprüfung des Anordnungsgrundes und der aktuellen örtlichen Verhältnisse. Der dafür benötigte Zeitaufwand ist meist ebenso hoch wie die Anordnung des Verkehrsschildes selbst.

---

10 Bund und Länder haben sich dem Problem der Überbeschilderung ebenfalls gestellt und den Regelungsinhalt der StVO einer kritischen Durchsicht unterzogen. Der vom BLFA-StVO beauftragte Arbeitskreis „Weniger Verkehrszeichen – bessere Beschilderung" hat hierzu normative Vorschläge mit dem Ziel entwickelt, den Schilderwald zu lichten und für die Verkehrsteilnehmer verständlichere und nachvollziehbarere Regelungen zu schaffen. Die Arbeiten sind 2004 abgeschlossen worden und haben zu der Änderung der StVO und VwV-StVO 2009 geführt (46. StrVRÄndV).

2.3.2 Wegfallende Verkehrszeichen

a. Gefahrzeichen (Anl. 1 zu § 40)

Einige selten verwendete Gefahrzeichen mit nur lokalem Bezug sind mit der **Anl. 1 zu § 40** entfallen: Gefahrzeichen 113 (Schnee- oder Eisglätte), Z. 115 (Steinschlag), Z. 116 (Splitt, Schotter), Z. 128 (Bewegliche Brücke), Z. 129 (Ufer), Z. 134 (Fußgängerüberweg), 140 (Viehtrieb, Tiere), Z. 144 (Flugbetrieb). Sofern diese Verkehrszeichen ohnehin nicht überflüssig sind, können die Straßenverkehrsbehörden bei weiterhin bestehenden Risiken mit Z. 101 nebst geeigneten Zusatzzeichen auf die Gefahren hinweisen. Reicht das nicht aus, können Gefahrzeichen bei unabweisbarem Bedarf auch mit den Sinnbildern des § 39 Abs. 8 als Gefahrzeichen angeordnet („generiert") werden. Während die Sinnbilder des § 39 Abs. 8 nur für Gefahrzeichen verwendet werden können, stehen die Sinnbilder des § 39 Abs. 7 für alle Verkehrszeichen zur Verfügung. Infolgedessen kann auch ein Gefahrzeichen „Tiere" aus der Symbolreihe des § 39 Abs. 7 generiert werden.

Ersatzlos entfallen sind die **Gefahrzeichen** 150 und 153 (beschrankter Bahnübergang), weil die Verhaltenspflichten an Bahnübergängen durch das Andreaskreuz (Z. 201) und § 19 begründet werden, wobei es unerheblich ist, ob es sich um einen beschrankten oder unbeschrankten Übergang handelt.

b. Vorschriftzeichen

In der **Anl. 2 zu § 41** ist nur das Z. 256 entfallen, das aber bei Bedarf mit dem Symbol „Mofa" nach § 39 Abs. 7 angeordnet werden kann. Die Parkscheibe (bisher Bild 291) befindet sich aus systematischen Gründen bei den Richtzeichen als neues Bild 318. Eine bereinigte VwV-StVO ermöglicht es den Verkehrsbehörden, die stärkere Betonung der Eigenverantwortung der Verkehrsteilnehmer durch eine sinnvolle Ausforstung des Schilderwaldes zu unterstützen.

Die (frühere) Kombinationsmöglichkeit von Z. 201 (Andreaskreuz) mit Z. 294 (Haltlinie) ist nach Anl. 2 lfd. Nr. 67 ebenso entfallen wie für Z. 205.[11] Sie ist weiterhin zulässig am Stoppzeichen (Z. 206), an Schranken und Lichtzeichenanlagen.

c. Richtzeichen (Abl. 3 zu § 42)

Die bei den **Richtzeichen (Anl. 3 zu § 42)** weggefallenen Z. 316 (Parken und Reisen), Z. 317 (Wandererparkplatz), 355 (Fußgängerunter- oder -überführung), Z. 359 (Pannenhilfe), Z. 375 (Autobahnhotel), Z. 376 (Autobahngasthaus), Z. 377 (Autobahnkiosk) haben keinen regelnden Inhalt und sind als Varianten zu den Z. 358/363 in den VzKat verschoben worden, sodass sie bei Bedarf weiterhin verwendet werden können (Anl. 3 lfd. Nr. 28/29 zu § 42). Ersatzlos weggefallen sind (nur) das Z. 353 (Einbahnstraße), weil Verwechslungsgefahr mit einem Richtungspfeil besteht und zur Kennzeichnung von Einbahnstraßen Z. 220 ausreicht. Weggefallen sind weiterhin die Z. 380/381 (Richtgeschwindigkeit) und 388, wofür kein Bedarf mehr gesehen wird; auf einen schlechten Fahrbahnrand (Z. 388) kann bei Bedarf auch mit dem Gefahrzeichen 101 und dem Zusatzzeichen 1053-34 hingewiesen werden. Neu hinzugekommen sind die Z. 314.1/314.2 (Beginn/Ende) als

---

11 Zum Vorschlag der Kombination von Z. 201 mit einem Stoppschild: Marquard VD 2005, 87

Zonenbeschilderung für Parkraumbewirtschaftungsgebiete. Danach kann eine Vielzahl von Einzelbeschilderungen (Z. 314 mit Zusatzzeichen 1044-30 und 1053-30) vor Ort entfernt werden.

Die **Wegweiser** sowie Verkehrsführungs- und Umleitungsbeschilderung der Anl. 3 zu § 42 sind systematischer geordnet und zusammengefasst worden. Nicht erreicht werden konnte in der Anlage 3 eine durchgehende **Zeichennummerierung**, weil diese noch mit anderen Regelwerken (VzKat, RWB und RWBA) abgestimmt werden muss. Infolgedessen ergeben sich einige „Brüche" bei der Zeichennummerierung, z. B. Z. 450 vor Z. 340 oder Z. 415, Z. 418, Z. 430, Z. 432 erst nach Z. 441. Die durchgehende Nummerierung soll zu einem späteren Zeitpunkt erfolgen.

d. Verkehrseinrichtungen

Die Verkehrseinrichtungen sind zur besseren Verständlichkeit neu geordnet worden. Leitbaken übernehmen eine Absperrfunktion, um die für den Verkehr nicht freigegebenen Flächen (z. B. Arbeitsstelle) optisch und räumlich abzugrenzen. Um neben der Absperrfunktion einer Leitbake auch deren Leitfunktion zu vermitteln, ist der Verkehr an der gesperrten Fläche vorbeizuleiten. Neu hinzugekommen sind Leitschwellen und Leitbaken sowie Leitplatten und Leitmale (s. Anl. 4 lfd. Nr. 3/4 und 626/627). Auch Verkehrseinrichtungen dürfen nur sparsam angeordnet werden.

2.4 Sichtbarkeitsgrundsatz

Verkehrszeichen und Zusatzzeichen müssen klar und deutlich erkennbar sein, dürfen nicht irreführen und müssen bei durchschnittlicher Aufmerksamkeit durch raschen, beiläufigen Blick richtig erfasst werden können. Das ist z. B. bei einem Verbotszeichen mit vier Zusatzzeichen nicht mehr gewährleistet (BVerwG VerkMitt 2008 Nr. 68 = NZV 2008, 476 =

Sichtbarkeitsgrundsatz bei irreführender Beschilderung durch Haltverbote

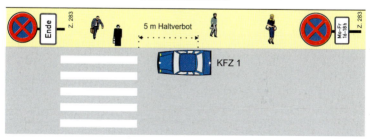

Verkehrszeichen müssen so angeordnet werden, dass niemand zu Fehlhandlungen verleitet wird. KFZ 1 parkt am Sonntag außerhalb der Geltungszeit des Z. 283, aber unzulässig innerhalb des geltenden Haltverbots von 5 m vor dem Fußgängerüberweg. Da das Ende von Z. 283 nicht 5 m vor, sondern erst nach dem Zebrastreifen angezeigt wird, glaubt KFZ 1 irrtümlich, er dürfte innerhalb des 5 m Raumes außerhalb des angegebenen Zeitraums parken (Fehlschluss aus § 39 Abs. 2 StVO, wonach Verkehrszeichen allgemeine Verkehrsregeln aufheben). Folge: Eine solche Beschilderung berührt den Sichtbarkeitsgrundsatz und wäre unwirksam.

Ergibt sich aus Sicherheitsgründen ein Bedürfnis, das Halten weit vor dem Fußgängerüberweg zu verbieten, sollte es im Einklang mit dem Haltverbot nach § 12 Abs. 1 Nr. 4 StVO ohne einschränkende Zusatzschilder angeordnet werden. Dass Fußgänger den Zebrastreifen nur zu bestimmten Zeiten benutzen, ist dann in Kauf zu nehmen.

§ 39 Verkehrszeichen

Rangregeln der StVO	
Regelungen durch Verkehrszeichen gehen allgemeinen Verkehrsregeln vor	§ 39 Abs. 2 StVO
Regelungen durch Verkehrseinrichtungen gehen allgemeinen Verkehrsregeln vor	§ 43 Abs. 2 StVO
Gelbe Markierungen, gelbe Markierungsknopfreihen oder rot-weiße Leitmarken und Markierungsleuchtknöpfe heben Fahrstreifenbegrenzungen (Z. 295) und Leitlinien (Z. 340) auf	§ 39 Abs. 5 StVO
Lichtzeichen gehen Verkehrsregeln, vorrangregelnden Verkehrszeichen und Fahrbahnmarkierungen vor	§ 37 Abs. 1 StVO
Zeichen und Weisungen von Polizeibeamten gehen allen anderen Anordnungen und sonstigen Regeln vor, entbinden die Verkehrsteilnehmer jedoch nicht von ihrer Sorgfaltspflicht	§ 36 Abs. 1 StVO
Haltgebot durch Bahnbedienstete (z. B. mit roter Flagge)	§ 19 Abs. 2 StVO
Verkehrszeichen auf Fahrzeugen gehen ortsfest angebrachten Verkehrszeichen vor	§ 39 Abs. 6 StVO
Widersprechen sich Weisungen, Lichtzeichen, Verkehrszeichen, Verkehrseinrichtungen oder Markierungen, hat sich jeder nach den Regeln, Zeichen, Markierungen, Einrichtungen, Lichtzeichen oder Weisungen zu richten, die für ihn und andere Verkehrsteilnehmer die größte Sicherheit gewähren	Folge aus § 1 StVO (ungeschriebene Rangregel)

DAR 2008, 656 = VRS 66); ebenso nicht bei im Winter aufgestellten Verkehrszeichen, die im Sommer dann im Straßenbegleitgrün verschwinden. Genügen Verkehrszeichen diesen Anforderungen nicht, sind sie unwirksam.[12] Bei Zeichen für den ruhenden Verkehr sind die Anforderungen an die Sichtbarkeit und Verständlichkeit geringer als bei denen für den fließenden Verkehr. Vom Kraftfahrer wird hier erwartet, dass er notfalls aus seinem Fahrzeug aussteigt und sich eingehend über die Park- und Haltmöglichkeiten an den Schildern orientiert. Eingeschränkt wird der Sichtbarkeitsgrundsatz durch den Grundsatz der doppelten Sicherung, wenn Anzeichen dafür sprechen, dass eine gewollte Regelung weiter gelten soll (siehe auch Erl. 2.5.5 zu § 1 und Erl. zu Z. 274 in § 41). Nach § 39 Abs. 1a muss außerdem der Kraftfahrer innerorts abseits von Vorfahrtstraßen stets mit Tempo 30-Zonen rechnen. Das gilt auch, wenn er als Fußgänger in eine tempobeschränkte Zone gelangt ist und dort ein Fahrzeug übernimmt.

2.5 Rangfolge von Verkehrszeichen

Regelungen durch Verkehrszeichen gehen nach § 39 Abs. 2 den allgemeinen Verkehrsregeln nur insoweit vor, als sie sich inhaltlich widersprechen. So hebt z. B. Z. 205 die Vorfahrtregel „Rechts vor Links" auf, nicht aber die Pflichten beim Abbiegen. Gleiches gilt für Verkehrseinrichtungen (§ 43 Abs. 2), gelbe Markierungen zu weißen Linien (§ 39 Abs. 5), Verkehrszeichen

---

12 Zu berücksichtigen ist allerdings, dass der Sichtbarkeitsgrundsatz durch den Grundsatz der doppelten Sicherung eingeschränkt ist. Bei abnehmender Finanzkraft der Kommunen sind auch Verkehrszeichen zu beachten, bei denen das Rot langsam in „Rosa" oder das Blau in „Himmelblau" übergeht. Erst wenn dadurch der Inhalt der gewollten Regelung nicht mehr erfasst werden kann (vor allem bei Dunkelheit), werden solche Verkehrszeichen unwirksam.

auf Begleit- oder Sicherungsfahrzeugen. Diese Zeichen gehen stationären Schildern dann vor, wenn der Regelungsinhalt an der konkreten Stelle abweicht, eingeschränkt oder erweitert wird.

Eine Rangfolge zwischen den Verkehrszeichen selbst gibt es nicht. Nur bei vorübergehend angeordneten Haltverboten nach Z. 283 oder 286 (für Baustellen, Veranstaltungen, Demonstrationen) wird (nur) das durch Verkehrszeichen oder Markierungen erlaubte Parken suspendiert (Anl. 2 lfd. Nr. 71 Erl. 2). Damit soll der Aufwand zur vorübergehenden Außerkraftsetzung von Parkflächen (z. B. für Behinderte oder Reisebusse) vermindert werden. Im Übrigen heben aber dauerhafte Haltverbote keine Parkverbote auf, selbst wenn sie sich überlagern. Hier ist es Aufgabe der Verkehrsbehörden, für eine eindeutige Beschilderung zu sorgen.

3 Hinweise

3.1 Kostentragung von Verkehrszeichen und -einrichtungen: § 5b StVG, § 45 Abs. 5.

3.2 Richtlinien für Wechselverkehrszeichen (RWVZ) und -anlagen (RWVA) an Bundesfernstraßen: VkBl. 1997 – Dokument Nr. B 6738 und B 6740; Richtlinien für wegweisende Beschilderung außerhalb von Autobahnen (RWB): VkBl. 1992, S. 218; Richtlinien für Umleitungsbeschilderungen (RUB): VkBl. 1992, S. 218; Richtlinien für touristische Hinweise an Straßen (RtH): VkBl. 1988, S. 488; Richtlinien für die Beschilderung von Brücken beim militärischen Verkehr (MLC): VkBl. 1982, S. 13; Richtlinien für die Markierung von Straßen (RMS): VkBl. 1993, S. 667.

3.3 Verlautbarung des BMV über Reflexfolien für Verkehrszeichen und Verkehrseinrichtungen: VkBl. 1992, S. 266.

4 Zusatzzeichen nach dem Verkehrszeichenkatalog (VzKat)

4.1 Gruppe der allgemeinen Zusatzzeichen

1000-10
Richtung,
linksweisend

1000-11
Richtung,
linksweisend

1000-20
Richtung,
rechtsweisend

1000-21
Richtung,
rechtsweisend

1000-12
Fußgänger
Gehweg gegen-
über benutzen

1000-22
Fußgänger
Gehweg gegen-
über benutzen

1000-30
Beide Richtungen,
zwei gegen-
gerichtete
horizontale Pfeile

1000-31
Beide Richtungen,
zwei gegen-
gerichtete
vertikale Pfeile

1000-32
Radverkehr von
beiden Seiten
einer bevorrech-
tigten Straße

1000-33
Radweg auch in
Gegenrichtung
befahrbar

1001-30
Auf ... m

1001-31
Auf ... km

Verlauf der Vorfahrtstraße an Kreuzungen

1002-10
Von unten nach
links

1002-11
Von oben nach
links

1002-20
Von unten nach
rechts

1002-21
Von oben nach
rechts

Verlauf der Vorfahrtstraße an Einmündungen

1002-12
Von unten nach
links, Einmün-
dung von oben

1002-13
Von unten nach
links, Einmün-
dung von rechts

1002-14
Von oben nach
links, Einmün-
dung von unten

1002-22
Von unten nach
rechts, Einmün-
dung von oben

1002-23
Von unten nach
rechts, Einmün-
dung von links

1002-24
Von oben nach
rechts, Einmün-
dung von unten

1004-30
Nach 100 m

1004-31
Halt nach 100 m

Verkehrszeichen § 39

| 200 m | 400 m | 2 km | 800 m |

1004-32
Nach 200 m

1004-33
Nach 400 m

1004-35
Nach 2 km

1004-36
Nach 800 m

| Reißverschluss erst in 200 m | Ende in ... m | Ölspur | Rauch |

1005-30
Hinweis auf Praktizierung des Reißverschlussverfahrens

1005-31
Ende erst in ... m

1006-30
Hinweis auf Ölspur

1006-31
Hinweis auf Rauch

| Rollsplitt | Baustellenausfahrt | Straßenschäden | Verschmutzte Fahrbahn |

1006-32
Hinweis auf Rollsplitt

1006-33
Hinweis auf Baustellenausfahrt

1006-34
Hinweis auf Straßenschäden

1006-35
Hinweis auf verschmutzte Fahrbahn

| Nacht-baustelle | | | |

1006-36
Hinweis auf Nachtbaustelle

1007-30
Gefahr unerwarteter Glatteisbildung

1007-31
Unfallgefahr

1007-32
Staugefahr

| Vorfahrt geändert | Verkehrsführung geändert |

1007-33
Gefahr durch Amphibienwanderung

1007-34
Gefahr durch eingeschränktes Lichtraumprofil

1008-30
Gefahr durch geänderte Vorfahrt

1008-31
Gefahr durch geänderte Verkehrsführung

Industriegebiet
Schienenfahrzeuge haben Vorrang

1008-32
Hinweis auf Vorrang aller Schienenfahrzeuge im Industriegebiet

Hafengebiet
Schienenfahrzeuge haben Vorrang

1008-33
Vorrang aller Schienenfahrzeuge im Hafengebiet

1010-10
Erlaubt Kindern auf der Fahrbahn und dem Seitenstreifen zu spielen

1010-11
Wintersport erlaubt

1010-12
Kennzeichnung von Parkflächen, auf denen Anhänger länger als 14 Tage parken dürfen

1010-13
Kennzeichnung von Parkflächen, auf denen Wohnwagen länger als 14 Tage parken dürfen

1010-14
Information Rollende Landstraße

1012-30
Beginn einer Verkehrsregelung

Ende

1012-31
Ende einer Verkehrsregelung

Radfahrer absteigen

1012-32
Radfahrer absteigen

keine Mofas

1012-33
Mofas ausgeschlossen

Grüne Welle bei 60 km/h

1012-34
Einhaltung der Grünen Welle bei … km/h

bei Rot hier halten

1012-35
Anhaltepunkt bei Rot

Seitenstreifen befahren

1013-50
Hinweis zur Benutzung des Seitenstreifens bei Zeichen 223.1

Seitenstreifen räumen

1013-51
Hinweis zum Räumen des Seitenstreifens bei Zeichen 223.3

B

1014-50
Tunnelkategorien gemäß ADR-Übereinkommen

4.2 Gruppe der „frei"-Zusatzzeichen

1020-11
Schwerbehinderte mit außergewöhnlicher Gehbehinderung und Blinde mit Parkausweis Nr. ... frei

1020-12
Radfahrer und Anlieger frei

1020-13
Inline-Skaten und Rollschuhfahren frei

1020-30
Anlieger frei

1020-31
Anlieger oder Parken frei

1020-32
Bewohner mit Parkausweis Nr. ... frei

1022-10
Radfahrer frei

1022-11
Mofas frei

1022-12
Krafträder, auch mit Beiwagen, Kleinkrafträder und Mofas frei

1024-10
Personenkraftwagen frei

1024-11
Personenkraftwagen mit Anhänger frei

1024-12
KFZ über 3,5 t, einschließlich ihrer Anhänger, und Zugmaschinen, ausgenommen PKW und KOM, frei

1024-13
Lastkraftwagen mit Anhänger frei

1024-14
Kraftomnibusse frei

1024-15
Schienenbahn frei

1024-16
Straßenbahnen frei

§ 39 Verkehrszeichen

frei

1024-17
Kraftfahrzeuge und Züge, die nicht schneller als 25 km/h fahren können oder dürfen, frei

TAXI frei

1026-30
Taxis frei

Linienverkehr frei

1026-32
Linienverkehre frei

Einsatzfahrzeuge frei

1026-33
Einsatzfahrzeuge frei

Krankenfahrzeuge frei

1026-34
Krankenfahrzeuge frei

Lieferverkehr frei

1026-35
Lieferverkehr frei

Landwirtschaftlicher Verkehr frei

1026-36
Landwirtschaftlicher Verkehr frei

Forstwirtschaftlicher Verkehr frei

1026-37
Forstwirtschaftlicher Verkehr frei

Land- und forstwirtsch. Verkehr frei

1026-38
Land- und forstwirtschaftlicher Verkehr frei

Betriebs- und Versorgungsdienst frei

1026-39
Betriebs- und Versorgungsdienste frei

Baustellenfahrzeuge frei

1028-30
Baustellenfahrzeuge frei

bis Baustelle frei

1028-31
Verkehr bis zur Baustelle frei

Anlieger bis Baustelle frei

1028-32
Anlieger bis zur Baustelle frei

Zufahrt bis IIIIIIIIIIIIII frei

1028-33
Zufahrt bis zu/zur … frei

Fährbenutzer frei

1028-34
Fährbenutzer frei

1031
Freistellung vom Verkehrsverbot nach § 40 Abs. 1 BImSchG

4.3 Gruppe der beschränkenden Zusatzzeichen

1040-10
Wintersport erlaubt, zeitlich beschränkt

16-18 h

1040-30
Zeitliche Beschränkung

**8-11 h
16-18 h**

1040-31
Zeitliche Beschränkungen

2 Std.

1040-32
Parken mit Parkscheibe bis zu … Stunden frei

Parken mit in gekennzeichneten Flächen 2 Std.

1040-33
Parken mit Parkscheibe nur in gekennzeichneten Flächen bis zu … Stunden frei

ab 8.11.09 7 h

1040-34
Beschränkung ab … (auch mit Uhrzeit, z. B. 7 h)

werktags

1042-30
Beschränkung werktags

werktags 18-19 h

1042-31
Zeitliche Beschränkung werktags

werktags 8³⁰-11³⁰ h 16-18 h

1042-32
Zeitliche Beschränkungen werktags

Mo-Fr 16-18 h

1042-33
Zeitliche Beschränkung

Di, Do, Fr 16-18 h

1042-34
Zeitliche Beschränkung an bestimmten Tagen

6-22 h an Sonn- und Feiertagen

1042-35
Zeitliche Beschränkung an Sonn- und Feiertagen

Schulbus werktags 7-9 h 11-13 h

1042-36
Schulbus tageszeitliche Benutzung

Parken Sa und So erlaubt

1042-37
Parken am Samstag und Sonntag erlaubt

1044-10
Nur Schwerbehinderte mit außergewöhnlicher Gehbehinderung und Blinde frei

1044-11
Nur Schwerbehinderte mit außergewöhnlicher Gehbehinderung und Blinde mit Parkausweis Nr. … frei

§ 39 Verkehrszeichen

1044-30
Nur Bewohner
mit Parkausweis
Nr. …

1046-11
Nur Mofas

1046-12
Nur Krafträder,
auch mit
Beiwagen, Klein-
krafträder und
Mofas

1048-10
Nur Personen-
kraftwagen

1048-11
Nur Personen-
kraftwagen mit
Anhänger

1048-12
Nur KFZ über 3,5 t,
einschließlich ihrer
Anhänger, und
Zugmaschinen,
ausgenommen
PKW und KOM

1048-13
Nur Lastkraft-
wagen mit
Anhänger

1048-14
Nur Sattelkraft-
fahrzeuge

1048-15
Nur Sattelkraft-
fahrzeuge und
Züge

1048-16
Nur Kraftomnibusse

1048-17
Nur Wohnmobile

1048-18
Nur Schienen-
bahnen

1048-19
Nur Straßen-
bahnen

1049-10
Nur Kraftfahr-
zeuge und Züge,
die nicht schneller
als 25 km/h
fahren können
oder dürfen

1049-11
Nur Kraftfahr-
zeuge und Züge
bis 25 km/h
dürfen überholt
werden

1049-12
Nur militärische
Kettenfahrzeuge

1049-13
Nur LKW, KOM
und PKW mit
Anhänger

1050-30
Nur Taxis

1050-31
Geltung für
… Taxen

1052-30
Streckenverbot
für Gefahrgut-
transporte

1052-31
Streckenverbot
für Fahrzeuge
mit wasser-
gefährdender
Ladung

1053-30
Parken nur mit
Parkschein

1053-31
Parken gebühren-
pflichtig

1053-32
Gewichtsangabe
in … t

1053-33
Verbot auch
auf dem Seiten-
streifen

1053-34
Hinweis auf
ungenügende
Befestigung des
Fahrbahnrandes

auf dem
Seitenstreifen

1053-35
Geltung auf dem
Seitenstreifen

Parken in
gekennzeichneten
Flächen erlaubt

1053-36
Parken nur in
gekennzeichneten
Flächen erlaubt

1053-37
Geltung nur
bei Nässe

4.4 Gruppe der besonderen Zusatzzeichen

1060-10
Gefahr für Wohn-
wagengespanne
an Gefällstrecken
mit starkem
Seitenwind

1060-11
Geltung auch für
Fahrräder und
Mofas

1060-30
Streugut
(selbständiges
Hinweiszeichen)

4.5 Gruppe der sonstigen Zusatzzeichen

[1030]
Vom Verkehrs-
verbot bei
erhöhter Schad-
stoffkonzentration
ausgenommene
Kraftfahrzeuge

[1035-38]
Verkehrsverbot
für Maut-
ausweichverkehr

Verbot ab
12 Tonnen für
Mautausweich-
verkehr

Freigestellte KFZ
bei Verkehrs-
beschränkungen
aus Lärmschutz-
gründen

§ 40 Gefahrzeichen

(1) Gefahrzeichen mahnen zu erhöhter Aufmerksamkeit, insbesondere zur Verringerung der Geschwindigkeit im Hinblick auf eine Gefahrsituation (§ 3 Abs. 1).

(2) Außerhalb geschlossener Ortschaften stehen sie im Allgemeinen 150 bis 250 m vor den Gefahrstellen.[1] Ist die Entfernung erheblich geringer, so kann sie auf einem Zusatzzeichen angegeben sein, wie[2]

(3) Innerhalb geschlossener Ortschaften stehen sie im Allgemeinen kurz vor der Gefahrstelle.

(4) Ein Zusatzzeichen wie

↑ 3 km ↑

kann die Länge der Gefahrstrecke angeben.

(5) Steht ein Gefahrzeichen vor einer Einmündung, so weist auf einem Zusatzzeichen ein schwarzer Pfeil in die Richtung der Gefahrstelle, falls diese in der anderen Straße liegt.

(6) Gefahrzeichen ergeben sich aus Anlage 1 Abschnitt 1.

(7) Besondere Gefahrzeichen vor Übergängen von Schienenbahnen mit Vorrang ergeben sich aus Anlage 1 Abschnitt 2.

---

1 Auf Autobahnen 400 m
2 Zusatzzeichen 1004-30

§ 40 Anlage 1 (zu § 40 Abs. 6 und 7)

Allgemeine und Besondere Gefahrzeichen

1	2	3
lfd. Nr.	Zeichen	Erläuterungen
Abschnitt 1 Allgemeine Gefahrzeichen (zu § 40 Abs. 6)		
1	Zeichen 101 Gefahrstelle	Ein Zusatzzeichen kann die Gefahr näher bezeichnen.
2	Zeichen 102 Kreuzung oder Einmündung	Kreuzung oder Einmündung mit Vorfahrt von rechts.
3	Zeichen 103 Kurve	
4	Zeichen 105 Doppelkurve	

1	2	3
lfd. Nr.	Zeichen	Erläuterungen
5	Zeichen 108 Gefälle	
6	Zeichen 110 Steigung	
7	Zeichen 112 Unebene Fahrbahn	
8	Zeichen 114 Schleuder- oder Rutschgefahr	Schleuder- oder Rutschgefahr bei Nässe oder Schmutz.

§ 40 Anlage 1 (zu § 40 Abs. 6 und 7)

1	2	3
lfd. Nr.	**Zeichen**	**Erläuterungen**
9	Zeichen 117 Seitenwind	
10	Zeichen 120 Verengte Fahrbahn	
11	Zeichen 121 Einseitig verengte Fahrbahn	
12	Zeichen 123 Arbeitsstelle	

Anlage 1 (zu § 40 Abs. 6 und 7) § 40

1	2	3
lfd. Nr.	Zeichen	Erläuterungen
13	Zeichen 124 Stau	
14	Zeichen 125 Gegenverkehr	
15	Zeichen 131 Lichtzeichenanlage	
16	Zeichen 133 Fußgänger	

§ 40 Anlage 1 (zu § 40 Abs. 6 und 7)

1	2	3
lfd. Nr.	Zeichen	Erläuterungen
17	Zeichen 136 Kinder	
18	Zeichen 138 Radfahrer	
19	Zeichen 142 Wildwechsel	
Abschnitt 2 Besondere Gefahrzeichen vor Übergängen von Schienenbahnen mit Vorrang (zu § 40 Abs. 7)		
20	Zeichen 151 Bahnübergang	

1	2	3
lfd. Nr.	Zeichen	Erläuterungen
21	Zeichen 156 Bahnübergang mit dreistreifiger Bake	Bahnübergang mit dreistreifiger Bake etwa 240 m vor dem Bahnübergang. Die Angabe erheblich abweichender Abstände kann an der dreistreifigen, zweistreifigen und einstreifigen Bake oberhalb der Schrägstreifen in schwarzen Ziffern erfolgen.[3]
22	Zeichen 159 Zweistreifige Bake	Zweistreifige Bake etwa 160 m vor dem Bahnübergang.
23	Zeichen 162 Einstreifige Bake	Einstreifige Bake etwa 80 m vor dem Bahnübergang.

---

[3] Die Angabe abweichender Abstände lässt bei seitlich einmündenden Straßen eine flexiblere Ankündigung des Bahnüberganges zu und soll dazu beitragen, den Beschilderungsaufwand zu verringern.

§ 40 Gefahrzeichen

VwV zu § 40 Gefahrzeichen

1 I. Gefahrzeichen sind nach Maßgabe des § 45 Abs. 9 Satz 4 anzuordnen. Nur wenn sie als Warnung oder Aufforderung zur eigenverantwortlichen Anpassung des Fahrverhaltens nicht ausreichen, sollte stattdessen oder bei unabweisbarem Bedarf ergänzt mit Vorschriftzeichen (insbesondere Zeichen 274, 276) auf eine der Gefahrsituation angepasste Fahrweise hingewirkt werden; vgl. hierzu I. zu den Zeichen 274, 276 und 277.

2 II. Die Angabe der Entfernung zur Gefahrstelle oder der Länge der Gefahrstrecke durch andere als die in Abs. 2 und 4 bezeichneten Zusatzzeichen ist unzulässig.

Zu Zeichen 101 Gefahrstelle

1 I. Das Zeichen darf nicht anstelle der Zeichen 102 bis 151 dauerhaft verwendet werden.

2 II. Vor Schienenbahnen ohne Vorrang darf nur durch dieses Zeichen samt einem Zusatzzeichen z. B. mit dem Sinnbild „Straßenbahn" (1048-19) oder dem Sinnbild aus Zeichen 151 gewarnt werden, bei nicht oder kaum benutzten Gleisen auch durch Zeichen 112.

Zu Zeichen 102 Kreuzung oder Einmündung mit Vorfahrt von rechts

1 Das Zeichen darf nur angeordnet werden vor schwer erkennbaren Kreuzungen und Einmündungen von rechts, an denen die Vorfahrt nicht durch Vorfahrtzeichen geregelt ist. Innerhalb geschlossener Ortschaften ist das Zeichen im Allgemeinen entbehrlich.

Zu den Zeichen 103 Kurve und 105 Doppelkurve

1 I. Die Zeichen sind nur dort anzuordnen, wo die Erforderlichkeit einer erheblichen Reduzierung der Geschwindigkeit in einem Kurvenbereich nicht rechtzeitig erkennbar ist, obwohl Richtungstafeln aufgestellt sind (vgl. Nr. II VwV zu § 43 Abs. 3 Anlage 4 Abschnitte 2 und 3; Rn. 6).

2 II. Es dürfen nur die im Katalog der Verkehrszeichen aufgeführten Varianten der Zeichen 103 und 105 angeordnet werden. Eine nähere Darstellung des Kurvenverlaufs auf den Zeichen ist unzulässig.

3 III. Mehr als zwei gefährliche Kurven im Sinne der Nummer I sind durch ein Doppelkurvenzeichen mit einem Zusatzzeichen, das die Länge der kurvenreichen Strecke angibt, anzukündigen. Vor den einzelnen Kurven ist dann nicht mehr zu warnen.

Zu Zeichen 108 Gefälle und 110 Steigung

1 Die Zeichen dürfen nur dann angeordnet werden, wenn der Verkehrsteilnehmer die Steigung oder das Gefälle nicht rechtzeitig erkennen oder wegen besonderer örtlicher Verhältnisse oder des Streckencharakters die Stärke oder die Länge der Neigungsstrecke unterschätzen kann. Die Länge der Gefahrstrecke kann auf einem Zusatzzeichen angegeben werden.

Zu Zeichen 112 Unebene Fahrbahn

1 I. Das Zeichen ist nur für sonst gut ausgebaute Straßen und nur dann anzuordnen, wenn Unebenheiten bei Einhaltung der jeweils zulässigen Höchstgeschwindigkeit oder der Richtgeschwindigkeit auf Autobahnen eine Gefahr für den Fahrzeugverkehr darstellen können.

2 II. Es ist empfehlenswert, die Entfernung zwischen dem Standort des Zeichens und dem Ende der Gefahrstelle anzugeben, wenn vor einer unebenen Fahrbahn von erheblicher Länge gewarnt werden muss.

3 III. Vgl. auch Nummer II zu Zeichen 101; Rn. 2.

Zu Zeichen 114 Schleuder- oder Rutschgefahr bei Nässe oder Schmutz

1 I. Das Zeichen ist nur dort anzuordnen, wo die Gefahr nur auf einem kurzen Abschnitt besteht. Besteht die Gefahr auf längeren Streckenabschnitten häufiger, ist stattdessen die zulässige Höchstgeschwindigkeit bei Nässe zu beschränken. Innerhalb geschlossener Ortschaften ist das Zeichen in der Regel entbehrlich.

2 II. Vor der Beschmutzung der Fahrbahn ist nur zu warnen, wenn die verkehrsgefährdende Auswirkung schwer erkennbar ist und nicht sofort beseitigt werden kann; vgl. Nummer I zu § 32 Abs. 1; Rn. 1.

Zu den Zeichen 120 und 121 Verengte Fahrbahn

1 Verengt sich die Fahrbahn nur allmählich oder ist die Verengung durch horizontale und vertikale Leiteinrichtungen ausreichend gekennzeichnet, bedarf es des Zeichens nicht. Innerhalb geschlossener Ortschaften sollen die Zeichen nur bei Baustellen angeordnet werden.

VwV zu Zeichen 123 Arbeitsstelle

1 Zur Ausführung von Straßenarbeitsstellen vgl. Richtlinien für die Sicherung von Arbeitsstellen an Straßen (RSA).

Zu Zeichen 125 Gegenverkehr

1 Das Zeichen ist nur dann anzuordnen, wenn eine Fahrbahn mit Verkehr in einer Richtung in eine Fahrbahn mit Gegenverkehr übergeht und dies nicht ohne weiteres erkennbar ist.

Zu Zeichen 131 Lichtzeichenanlage

1 Das Zeichen ist innerhalb geschlossener Ortschaften nur anzuordnen, wenn die Lichtzeichenanlage für die Fahrzeugführer nicht bereits in so ausreichender Entfernung erkennbar ist, dass ein rechtzeitiges Anhalten problemlos möglich ist. Außerhalb geschlossener Ortschaften ist das Zeichen stets in Verbindung mit einer Geschwindigkeitsbeschränkung vor Lichtzeichenanlagen anzuordnen; vgl. III. zu Zeichen 274.

VwV zu Zeichen 133 Fußgänger

1 Das Zeichen ist nur dort anzuordnen, wo Fußgängerverkehr außerhalb von Kreuzungen oder Einmündungen über oder auf die Fahrbahn geführt wird und dies für den Fahrzeugverkehr nicht ohne weiteres erkennbar ist.

Zu Zeichen 136 Kinder

1 I. Das Zeichen darf nur angeordnet werden, wo die Gefahr besteht, dass Kinder häufig ungesichert auf die Fahrbahn laufen und eine technische Sicherung nicht möglich ist. Die Anordnung des Zeichens ist in Tempo 30-Zonen in der Regel nicht erforderlich (vgl. Nummer XI zu § 45 Abs. 1 bis 1e).

2 II. Vgl. auch zu § 31; Rn. 1.

Zu Zeichen 138 Radfahrer

1 Das Zeichen ist nur dort anzuordnen, wo Radverkehr außerhalb von Kreuzungen oder Einmündungen die Fahrbahn quert oder auf sie geführt wird und dies für den Kraftfahrzeugverkehr nicht ohne weiteres erkennbar ist. Vgl. III zu den Zeichen 237, 240 und 241.

Zu Zeichen 142 Wildwechsel

1 I. Das Zeichen darf nur für Straßen mit schnellem Verkehr für bestimmte Streckenabschnitte angeordnet werden, in denen Wild häufig über die Fahrbahn wechselt. Diese Gefahrstellen sind mit den unteren Jagd- und Forstbehörden sowie den Jagdausübungsberechtigten festzulegen.

2 II. Auf Straßen mit Wildschutzzäunen ist das Zeichen entbehrlich.

Zu den Zeichen 151 bis 162 Bahnübergang

1 I. Die Zeichen sind außerhalb geschlossener Ortschaften in der Regel für beide Straßenseiten anzuordnen.

2 II. In der Regel sind die Zeichen 156 bis 162 anzuordnen. Selbst auf Straßen von geringer Verkehrsbedeutung genügt das Zeichen 151 allein nicht, wenn dort schnell gefahren wird oder wenn der Bahnübergang zu spät zu erkennen ist.

3 Innerhalb geschlossener Ortschaften genügt das Zeichen 151, wenn nicht schneller als 50 km/h gefahren werden darf und der Bahnübergang gut erkennbar ist.

§ 40 Gefahrzeichen

1 Aus der amtlichen Begründung

Die an Gefahrzeichen geknüpften allgemeinen Verhaltenspflichten tragen zu einem restriktiveren Einsatz der Verkehrszeichen bei (Begr. 2009).

2 Erläuterungen

Zu den **weggefallenen** Gefahrzeichen siehe Erl. 2.3.2 a. zu § 39.

2.1 Wirkung der Gefahrzeichen

Gefahrzeichen enthalten keine Einschränkung für Vorschriftzeichen, erfordern aber entsprechend der Gefahrenlage die Beachtung der allgemeinen Verkehrsregeln, z. B. Herabsetzung der Geschwindigkeit nach § 3 Abs. 1, Überholverbot bei unklarer Verkehrslage nach § 5 Abs. 3 Nr. 1, Einhaltung des Rechtsfahrgebots nach § 2 Abs. 2 oder größerer Sicherheitsabstand nach § 4 Abs. 1. Beim Eintritt der Gefahr wird **keine** zusätzliche „Schreckzeit" zugebilligt (BGH VRS 15, 276).

2.2 Pflicht zur Warnung vor Gefahrstellen

Gefahrzeichen sind nach § 45 Abs. 9 nur anzuordnen, wenn sich die Gefahr den Verkehrsteilnehmern trotz der im Verkehr gebotenen Sorgfalt nicht ohne Weiteres oder nicht rechtzeitig erschließt (BGH VRS 60, 251; OLG Hamm VerkMitt 1975 Nr. 135). Ebenso sind Entfernungsangaben auf Zusatzzeichen bis zur Gefahrstelle entbehrlich, wenn der Grund selbst für ortsfremde Kraftfahrer eindeutig ist. Die Pflicht der zuständigen Behörden, vor Gefahren auf der Straße zu warnen, besteht auch gegenüber Personen, die sich verkehrswidrig verhalten (BGH DAR 1966, 218 = VRS 31, 84). Andererseits entlassen Gefahrzeichen die Verkehrsteilnehmer nicht aus ihrer Verantwortung zur Beachtung der allgemeinen Verkehrsregeln und einer der Gefahrsituation angepassten Fahrweise. Reichen Gefahrzeichen als Warnung und Aufforderung zur eigenverantwortlichen Anpassung des Fahrverhaltens nicht aus, kann das geforderte Verhalten durch Vorschriftzeichen erzwungen werden.

Beim **Winterdienst** ist im Rahmen der Verkehrssicherungspflicht auf Außerortsstraßen nur an besonders witterungsempfindlichen Stellen mit Zeichen 101 und Zusatzzeichen 1007-30 (Symbol „Schneeflocke") zu warnen. Reicht das nicht aus, kann das „Schneeflockensymbol" als Gefahrzeichen angeordnet werden (§ 39 Abs. 8). Gefahrzeichen können auch vor Stellen warnen, bei denen Anlage und Zustand der Straße die Bildung von Glatteis begünstigen oder seine Wirkung in einer Weise erhöhen, dass diese besonderen Verhältnisse von Kraftfahrern trotz der erhöhten Sorgfalt auf winterlichen Straßen nicht oder nicht rechtzeitig zu erkennen sind (BGH VersR 1979, 1055). Brücken sind im Allgemeinen keine „besonders gefährlichen Stellen", weil jedem Kraftfahrer bekannt sein muss, dass darüber führende Fahrbahnen schneller vereisen als andere Straßenstellen.

2.3 Erläuterungen zu einzelnen Zeichen

Zeichen 108 und 110 (Gefälle, Steigung)

Wird ein KFZ auf einer Gefällstrecke von 10 % ohne 1. Gang oder Rückwärtsgang abgestellt, handelt der Fahrer grob fahrlässig (OLG Karlsruhe NZV 2007, 473 = DAR 2007, 646).

Zeichen 114 (Schleuder- oder Rutschgefahr bei Nässe oder Schmutz)

Bei Z. 114 muss die Geschwindigkeit der Gefahrenlage angepasst werden (§ 3 Abs. 1). Ein Tempolimit durch Z. 274 (ohne Z. 114) kommt nur dann in Betracht, wenn Schleudergefahr nicht durch Nässe, sondern durch die Straßenführung oder den Straßenbelag besteht. Sind die Z. 114 und 274 entgegen Rn. 2 VwV-StVO zu Z. 114 und Rn. 33 zu Z. 274 an einem Mast angebracht, gilt die Geschwindigkeitsbegrenzung dauernd und nicht nur bei Nässe. Zur Zeit der Rübenernte muss nicht zwingend vor Fahrbahnverschmutzungen gewarnt werden (OLG Frankfurt VersR 1978, 158; jedoch zu anderer Zeit: OLG Bamberg VersR 1981, 66).

Zeichen 136 (Kinder)

Die Höchstgeschwindigkeit im Schutzbereich des Gefahrzeichens „Kinder" muss so gewählt werden, dass unter Berücksichtigung der Reaktionszeit ohne Gefahrbremsung angehalten werden kann, wenn plötzlich ein Kind auftaucht (innerorts nicht mehr als 30 km/h). Der Schutzbereich des Z. 136 bestimmt sich auch nach der Art und Ausdehnung der betreffenden Gefahrstelle, meist Einzugsbereich sozialer und kultureller Einrichtungen (Kindergarten, Spiel- oder Sportplatz, Schulbushaltestelle, auf Kinder hinweisende nicht amtliche Schilder), sowie der Zahl der Ein- und Ausgänge, aus denen Kinder auf die Fahrbahn laufen können (OLG Karlsruhe VerkMitt 1986 Nr. 63 = DAR 1986, 328). Auf eine konkrete Gefahrenlage durch Kinder kommt es nicht an (OLG Düsseldorf NZV 2001, 82).

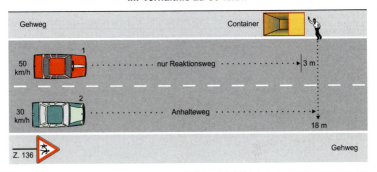

Bei dem Gefahrzeichen 136 muss der Kraftfahrer mit plötzlich auf die Fahrbahn laufenden Kindern rechnen. Mit welcher Geschwindigkeit erfasst das mit „nur" 50 km/h fahrende KFZ 1 ein in 18 m plötzlich hinter einem Container über die Fahrbahn laufendes Kind, wenn KFZ 2 mit 30 km/h gerade noch vor dem Kind zum Stehen kommt (beide KFZ reagieren und bremsen gleichzeitig)?

1. KFZ 2: Der Reaktionsweg beträgt nach der Faustformel bei 30 km/h = 9 m, der Bremsweg ebenfalls 9 m und der Anhalteweg (9 + 9) = 18 m. KFZ 2 kommt somit in 18 m noch vor dem Kind zum Stehen.
2. KFZ 1: Der Reaktionsweg bei 50 km/h beträgt 15 m; KFZ 1 durchfährt diese Strecke fast ungebremst. Die Bremswirkung setzt erst 3 m vor dem Kind ein. Innerhalb der 3 m wird das KFZ nur um etwa 6 km/h abgebremst. KFZ 1 erfasst das Kind noch mit rd. 44 km/h! Bei dieser Geschwindigkeit kommt es zum tödlichen Unfall, mindestens aber zu schweren Verletzungen.

§ 3 Abs. 1 und Abs. 2a verpflichten deshalb den Kraftfahrer, mit Tempoverringerung auf die durch Z. 136 angezeigte Gefahr zu reagieren.

Zeichen 138 (Radfahrer)

Das Zeichen „Radfahrer" verlangt vom Kraftfahrer erhöhte Aufmerksamkeit und merklich geringere Geschwindigkeiten als sonst, vor allem bei kreuzenden Radfahrern (OLG Düsseldorf VRS 60, 265).

Zeichen 142 (Wildwechsel)

Z. 142 ist zur Gewährleistung der Verkehrssicherungspflicht an schlecht erkennbaren Stellen mit schnellem Verkehr ohne Wildschutzzäune und einer gesteigerten Gefahr von Wildunfällen, insbesondere bei deren Häufung aufzustellen (VwV-StVO zu Z. 142).[4] Bei Z. 142 ist die Reaktionsbereitschaft der Gefahrenlage anzupassen, die Geschwindigkeit zu verringern, Fahrbahnränder sind verstärkt zu beobachten und Überholmanöver zu vermeiden (LG Coburg DAR 2002, 129). Bei Kleintieren dürfen Ausweichreaktionen nicht zur Gefährdung Dritter führen, d. h. notfalls muss der Tod des Tieres in Kauf genommen werden, so schmerzlich das für Tierfreunde auch ist (BGH DAR 2007, 641; BGH VRS 113, 254 = SVR 2008, 102: keine grobe Fahrlässigkeit bei Ausweichen vor einem Fuchs). Die Kosten der Beseitigung eines durch Unfall verendeten Wildes trägt der Jagdberechtigte (AG Gießen NZV 1998, 509).

Zeichen 151 (Bahnübergang)

Die Pflichten an einem Bahnübergang folgen aus § 19 und Z. 201. Dabei ist es gleich, ob es sich um einen beschrankten oder unbeschrankten Übergang handelt.[5]

3 Hinweise

3.1 Leittafeln oder Leitmale an gefährlichen Stellen (z. B. Richtungstafeln in Kurven): Anl. 4 zu § 43.

3.2 Sicherung von Arbeitsstellen an Straßen (RSA): Textausgabe und Kommentarband, Schönborn/Schulte, Kirschbaum Verlag Bonn.

---

4 Die von der Rechtsprechung teilweise geforderte Aufstellung von Z. 142 bei Unfallhäufung ist zu weitgehend (OLG Braunschweig NZV 1995, 501: bei mehr als einem Unfall pro Jahr innerhalb von drei Jahren; LG Stade DAR 2004, 528: bei drei Unfällen pro Jahr und Kilometer). Um einen unvertretbaren Schilderwald zu vermeiden, sollte Z. 142 nur bei Unfallhäufungsstellen von drei oder mehr Unfällen mit schwerem Personenschaden in drei Jahren oder fünf gleichartigen Unfällen mit Personen- oder Sachschaden pro Jahr oder bei Unfallhäufungslinien je Kilometer von drei oder mehr Unfällen mit schwerem Personenschaden angeordnet werden.
5 Die bisherigen Verkehrszeichen 150 und 153 sind 2009 ersatzlos entfallen.

§ 41 Vorschriftzeichen

(1) Jeder Verkehrsteilnehmer hat die durch Vorschriftzeichen nach Anlage 2 angeordneten Ge- oder Verbote zu befolgen.

(2) Vorschriftzeichen stehen vorbehaltlich des Satzes 2 dort, wo oder von wo an die Anordnung zu befolgen ist. Soweit die Zeichen aus Gründen der Leichtigkeit oder der Sicherheit des Verkehrs in einer bestimmten Entfernung zum Beginn der Befolgungspflicht stehen, ist die Entfernung zu dem maßgeblichen Ort auf einem Zusatzzeichen angegeben.

§ 41 Anlage 2 (zu § 41 Abs. 1)

Vorschriftzeichen

1	2	3
lfd. Nr.	Zeichen und Zusatzzeichen	Ge- oder Verbote Erläuterungen

Abschnitt 1 Warte- und Haltgebote

1	Zeichen 201
	
	Andreaskreuz
		Ge- oder Verbot
		1. Fahrzeugführer müssen dem Schienenverkehr Vorrang gewähren.
		2. Fahrzeugführer dürfen bis zu 10 m vor diesem Zeichen nicht halten, wenn es dadurch verdeckt wird.
		3. Fahrzeugführer dürfen vor und hinter diesem Zeichen
		   a) innerhalb geschlossener Ortschaften (Zeichen 310 und 311) bis zu je 5 m,
		   b) außerhalb geschlossener Ortschaften bis zu je 50 m nicht parken.
		
		Erläuterung
		Das Zeichen (auch liegend) befindet sich vor dem Bahnübergang, und zwar in der Regel unmittelbar davor. Ein Blitzpfeil in der Mitte des Andreaskreuzes zeigt an, dass die Bahnstrecke eine Spannung führende elektrische Fahrleitung hat.
		Ein Zusatzzeichen mit schwarzem Pfeil zeigt an, dass das Andreaskreuz nur für den Straßenverkehr in Richtung dieses Pfeiles gilt.

2	Zeichen 205 Vorfahrt gewähren	**Ge- oder Verbot** 1. Fahrzeugführer müssen Vorfahrt gewähren. 2. Fahrzeugführer dürfen bis zu 10 m vor diesem Zeichen nicht halten, wenn es dadurch verdeckt wird. **Erläuterung** Das Zeichen steht unmittelbar vor der Kreuzung oder Einmündung. Es kann durch dasselbe Zeichen mit Zusatzzeichen, das die Entfernung angibt, angekündigt sein.

Anlage 2 (zu § 41 Abs. 1) **§ 41**

1	2	3
lfd. Nr.	**Zeichen und Zusatzzeichen**	**Ge- oder Verbote Erläuterungen**
2.1	(Fahrrad-Zusatzzeichen mit Pfeil)	**Ge- oder Verbot** Fahrzeugführer müssen Vorfahrt gewähren und dabei auf Radverkehr von links und rechts achten. **Erläuterung** Das Zusatzzeichen[1] steht über dem Zeichen 205.
2.2	(Straßenbahn-Zusatzzeichen)	**Ge- oder Verbot** Fahrzeugführer müssen der Schienenbahn Vorfahrt gewähren. **Erläuterung** Das Zusatzzeichen[2] steht über dem Zeichen 205.
3	Zeichen 206 (STOP-Schild) Halt. Vorfahrt gewähren	**Ge- oder Verbot** 1. Fahrzeugführer müssen anhalten und Vorfahrt gewähren. 2. Fahrzeugführer dürfen bis zu 10 m vor diesem Zeichen nicht halten, wenn es dadurch verdeckt wird. **Erläuterung** Ist keine Haltlinie (Zeichen 294) vorhanden, ist dort anzuhalten, wo die andere Straße zu übersehen ist.
3.1	STOP 100 m	**Erläuterung** Das Zusatzzeichen[3] kündigt zusammen mit dem Zeichen 205 das Haltgebot in der angegebenen Entfernung an.
3.2	(Fahrrad-Zusatzzeichen mit Pfeil)	**Ge- oder Verbot** Fahrzeugführer müssen anhalten und Vorfahrt gewähren. Dabei müssen sie auf Radverkehr von links und rechts achten. **Erläuterung** Das Zusatzzeichen[4] steht über dem Zeichen 205.

---

1 Zusatzzeichen 1000-32
2 Zusatzzeichen 1048-19
3 Zusatzzeichen 1004-31
4 Zusatzzeichen 1000-32

§ 41 Anlage 2 (zu § 41 Abs. 1)

1	2	3
lfd. Nr.	Zeichen und Zusatzzeichen	Ge- oder Verbote Erläuterungen
zu 2 und 3		**Erläuterung** Das Zusatzzeichen[5] gibt zusammen mit den Zeichen 205 oder 206 den Verlauf der Vorfahrtstraße (abknickende Vorfahrt) bekannt.
4	Zeichen 208 Vorrang des Gegenverkehrs	**Ge- oder Verbot** Fahrzeugführer haben dem Gegenverkehr Vorrang zu gewähren.
Abschnitt 2 Vorgeschriebene Fahrtrichtungen		
zu 5 bis 7		**Ge- oder Verbot** Fahrzeugführer müssen der vorgeschriebenen Fahrtrichtung folgen. **Erläuterung** Andere als die dargestellten Fahrtrichtungen werden entsprechend vorgeschrieben.
5	Zeichen 209 Rechts	

1	2	3
lfd. Nr.	Zeichen und Zusatzzeichen	Ge- oder Verbote Erläuterungen
6	Zeichen 211 Hier rechts	
7	Zeichen 214 Geradeaus oder rechts	
8	Zeichen 215[6] Kreisverkehr	**Ge- oder Verbot** 1. Fahrzeugführer müssen der vorgeschriebenen Fahrtrichtung im Kreisverkehr rechts folgen. 2. Fahrzeugführer dürfen die Mittelinsel des Kreisverkehrs nicht überfahren. 3. Sie dürfen innerhalb des Kreisverkehrs auf der Fahrbahn nicht halten. **Erläuterung** Ausgenommen von dem Verbot zum Überfahren der Mittelinsel des Kreisverkehrs sind nur Fahrzeuge, denen wegen ihrer Abmessungen das Befahren sonst nicht möglich wäre. Mit ihnen darf die Mittelinsel und Fahrbahnbegrenzung überfahren werden, wenn eine Gefährdung anderer Verkehrsteilnehmer ausgeschlossen ist.

---
5 Zusatzzeichen 1002-21
6 Das noch in der StVO-alt von 1956 (BGBl. 1956 I S. 199 = VkBl. 1956, S. 389/412) enthaltene Zeichen als „Bild 27b" gab dem Kreisverkehr Vorfahrt (§ 13 Abs. 1 StVO-alt) und wurde damals wegen der noch heute geltenden internationalen Bedeutung im WÜ „nur Richtungsbezeichnung des Kreises" abgeschafft.

§ 41 Anlage 2 (zu § 41 Abs. 1)

1	2	3
lfd. Nr.	Zeichen und Zusatzzeichen	Ge- oder Verbote Erläuterungen
9	Zeichen 220[7] Einbahnstraße	**Ge- oder Verbot** Fahrzeugführer dürfen die Einbahnstraße nur in Richtung des Pfeiles befahren. **Erläuterung** Das Zeichen schreibt für den Fahrzeugverkehr auf der Fahrbahn die Fahrtrichtung vor.
9.1		**Ge- oder Verbot** Fahrzeugführer müssen beim Einbiegen und im Verlauf einer Einbahnstraße auf Radverkehr entgegen der Fahrtrichtung achten. **Erläuterung** Das Zusatzzeichen[8] zeigt an, dass Radverkehr in der Gegenrichtung zugelassen ist.

Abschnitt 3 Vorgeschriebene Vorbeifahrt

10	Zeichen 222 Rechts vorbei	**Ge- oder Verbot** Fahrzeugführer müssen der vorgeschriebenen Vorbeifahrt folgen. **Erläuterung** „Links vorbei" wird entsprechend vorgeschrieben.

Abschnitt 4 Seitenstreifen als Fahrstreifen, Haltestellen und Taxenstände

zu 11 bis 13		**Erläuterung** Wird das Zeichen 223.1, 223.2 oder 223.3 für eine Fahrbahn mit mehr als zwei Fahrstreifen angeordnet, zeigen die Zeichen die entsprechende Anzahl der Pfeile.

1	2	3
lfd. Nr.	Zeichen und Zusatzzeichen	Ge- oder Verbote Erläuterungen
11	Zeichen 223.1 Seitenstreifen befahren	**Erläuterung** Das Zeichen gibt den Seitenstreifen als Fahrstreifen frei; dieser ist dann wie ein rechter Fahrstreifen zu befahren.
11.1	Ende in ... m	**Erläuterung** Das Zeichen 223.1 mit dem Zusatzzeichen[9] kündigt die Aufhebung der Anordnung an.
12	Zeichen 223.2 Seitenstreifen nicht mehr befahren	**Erläuterung** Das Zeichen hebt die Freigabe des Seitenstreifens als Fahrstreifen auf.
13	Zeichen 223.3 Seitenstreifen räumen	**Erläuterung** Das Zeichen ordnet die Räumung des Seitenstreifens an.

---

7 Zeichen 220-10 linksweisend; Zeichen 220-20 rechtsweisend; das Z. 353-alt (Einbahnstraße ist entfallen)
8 Zusatzzeichen 1000-32
9 Zusatzzeichen 1005-31

§ 41 Anlage 2 (zu § 41 Abs. 1)

1	2	3
lfd. Nr.	Zeichen und Zusatzzeichen	Ge- oder Verbote Erläuterungen
14	Zeichen 224 Haltestelle	**Ge- oder Verbot** Fahrzeugführer dürfen bis zu 15 m vor und hinter dem Zeichen nicht parken. **Erläuterung** Das Zeichen kennzeichnet eine Haltestelle des Linienverkehrs und für Schulbusse. Das Zeichen mit dem Zusatzzeichen „Schulbus" (Angabe der tageszeitlichen Benutzung) auf einer gemeinsamen weißen Trägerfläche kennzeichnet eine Haltestelle nur für Schulbusse.
15	Zeichen 229 Taxenstand	**Ge- oder Verbot** Fahrzeugführer dürfen an Taxenständen nicht halten, ausgenommen sind betriebsbereite Taxen. **Erläuterung** Die Länge des Taxenstandes wird durch die Angabe der Zahl der vorgesehenen Taxen oder das am Anfang der Strecke aufgestellte Zeichen mit einem zur Fahrbahn weisenden waagerechten weißen Pfeil und durch ein am Ende aufgestelltes Zeichen mit einem solchen von der Fahrbahn wegweisenden Pfeil oder durch eine Grenzmarkierung für Halt- und Parkverbote (Zeichen 299) gekennzeichnet.
Abschnitt 5 Sonderwege		
16	Zeichen 237 Radweg	**Ge- oder Verbot** 1. Radfahrer dürfen nicht die Fahrbahn, sondern müssen den Radweg benutzen (Radwegbenutzungspflicht). 2. Andere Verkehrsteilnehmer dürfen ihn nicht benutzen. 3. Ist anderen Verkehrsteilnehmern durch Zusatzzeichen die Benutzung eines Radweges erlaubt, müssen Fahrzeugführer Rücksicht nehmen und erforderlichenfalls die Geschwindigkeit an den Radverkehr anpassen.

1	2	3
lfd. Nr.	Zeichen und Zusatzzeichen	Ge- oder Verbote Erläuterungen
17	Zeichen 238 Reitweg	**Ge- oder Verbot** 1. Reiter und Führer eines Pferdes dürfen nicht die Fahrbahn, sondern müssen den Reitweg benutzen (Reitwegbenutzungspflicht). 2. Andere Verkehrsteilnehmer dürfen ihn nicht benutzen. 3. Ist anderen Verkehrsteilnehmern durch Zusatzzeichen die Benutzung eines Reitweges erlaubt, müssen Fahrzeugführer auf Reiter Rücksicht nehmen und erforderlichenfalls die Geschwindigkeit an den Reitverkehr anpassen.
18	Zeichen 239 Gehweg	**Ge- oder Verbot** 1. Andere Verkehrsteilnehmer dürfen den Gehweg nur benutzen, soweit dies durch Zusatzzeichen angezeigt ist. 2. Fahrzeugführer müssen in diesem Fall auf Fußgänger Rücksicht nehmen und die Geschwindigkeit an den Fußgängerverkehr anpassen. Fußgänger dürfen weder gefährdet noch behindert werden. Wenn nötig, müssen Fahrzeugführer warten. **Erläuterung** Das Zeichen kennzeichnet einen Gehweg (§ 25 Absatz 1), wo eine Klarstellung notwendig ist.
19	Zeichen 240 Gemeinsamer Geh- und Radweg	**Ge- oder Verbot** 1. Radfahrer dürfen nicht die Fahrbahn, sondern müssen den gemeinsamen Geh- und Radweg benutzen (Radwegbenutzungspflicht). 2. Andere Verkehrsteilnehmer dürfen ihn nicht benutzen. 3. Ist anderen Verkehrsteilnehmern durch Zusatzzeichen die Benutzung eines gemeinsamen Geh- und Radweges erlaubt, müssen Fahrzeugführer auf Fußgänger und Radfahrer Rücksicht nehmen. Erforderlichenfalls müssen alle die Geschwindigkeit an den Fußgängerverkehr anpassen.

1	2	3
lfd. Nr.	**Zeichen und Zusatzzeichen**	**Ge- oder Verbote Erläuterungen**
19	Zeichen 240 *(Fortsetzung)*	**Erläuterung** Das Zeichen kennzeichnet auch den Gehweg (§ 25 Absatz 1 Satz 1).[10]
20	Zeichen 241 Getrennter Geh- und Radweg	**Ge- oder Verbot** 1. Radfahrer dürfen nicht die Fahrbahn, sondern müssen den Radweg des getrennten Geh- und Radwegs benutzen (Radwegbenutzungspflicht). 2. Andere Verkehrsteilnehmer dürfen ihn nicht benutzen. 3. Ist anderen Verkehrsteilnehmern durch Zusatzzeichen die Benutzung eines getrennten Geh- und Radweges erlaubt, müssen Fahrzeugführer auf Fußgänger und Radfahrer Rücksicht nehmen. Erforderlichenfalls müssen alle die Geschwindigkeit an den Fußgängerverkehr anpassen. **Erläuterung** Das Zeichen kennzeichnet auch den Gehweg (§ 25 Absatz 1 Satz 1).[11]
21	Zeichen 242.1 Beginn eines Fußgängerbereichs	**Ge- oder Verbot** 1. Andere Verkehrsteilnehmer dürfen den Fußgängerbereich nicht benutzen, es sei denn, dies ist durch Zusatzzeichen angezeigt. 2. Fahrzeugführer müssen in diesem Fall auf Fußgänger Rücksicht nehmen und die Geschwindigkeit an den Fußgängerverkehr anpassen. Fußgänger dürfen weder gefährdet noch behindert werden. Wenn nötig, müssen Fahrzeugführer warten.
22	Zeichen 242.2 Ende eines Fußgängerbereichs	

1	2	3
lfd. Nr.	Zeichen und Zusatzzeichen	Ge- oder Verbote Erläuterungen
23	Zeichen 244.1 **Fahrradstraße** Beginn einer Fahrradstraße	**Ge- oder Verbot** 1. Andere Fahrzeugführer dürfen Fahrradstraßen nicht benutzen, es sei denn, dies ist durch Zusatzzeichen angezeigt. 2. Alle Fahrzeugführer dürfen nicht schneller als mit einer Geschwindigkeit von 30 km/h fahren. Radfahrer dürfen weder gefährdet noch behindert werden. Wenn nötig, muss der Kraftfahrzeugführer die Geschwindigkeit weiter verringern. **Erläuterung** 1. Das nebeneinander Fahren mit Fahrrädern ist erlaubt. 2. Im Übrigen gelten die Vorschriften über die Fahrbahnbenutzung und über die Vorfahrt.
24	Zeichen 244.2 Ende einer Fahrradstraße	
25	Zeichen 245[12] Bussonderfahrstreifen	**Ge- oder Verbot** Fahrzeugführer dürfen auf Bussonderfahrstreifen mit anderen Fahrzeugen als mit Omnibussen des Linienverkehrs sowie den nach dem Personenbeförderungsrecht mit dem Schulbus-Schild zu kennzeichnenden Fahrzeugen des Schüler- und Behindertenverkehrs nicht fahren.

---

[10] Das Zitat des § 25 Abs. 1 Satz 1 stellt sicher, dass Fußgänger bei den Z. 240 und 241 nicht als „andere" Verkehrsteilnehmer eingestuft werden.

[11] Für Radfahrer folgt das Benutzungsgebot aus den Z. 240 und 241, für Fußgänger aus § 25 Abs. 1. Verstoßen Fußgänger gegen das Z. 241 richtet sich die Ahndung nach §§ 25 Abs. 1, 49 Abs. 1 Nr. 24a.

[12] Aufstellung am Anfang und Ende der Straße; Anbringung an nicht ausgebauten einmündenden Nebenwegen ist entbehrlich (BayObLG DAR 1986, 63).

1	2	3
lfd. Nr.	**Zeichen und Zusatzzeichen**	**Ge- oder Verbote Erläuterungen**
25	Zeichen 245 *(Fortsetzung)*	**Erläuterung** 1. Mit Krankenfahrzeugen, Taxen, Fahrrädern und Bussen im Gelegenheitsverkehr darf der Sonderfahrstreifen nur befahren werden, wenn dies durch Zusatzzeichen angezeigt ist. 2. Taxen dürfen an Bushaltestellen (Zeichen 224) zum sofortigen Ein- und Aussteigen von Fahrgästen halten.
Abschnitt 6 Verkehrsverbote		
26		**Ge- oder Verbot** Die nachfolgenden Zeichen 250 bis 261 (Verkehrsverbote) untersagen die Verkehrsteilnahme ganz oder teilweise mit den jeweils in Spalte 2 angegebenen Inhalten.[13] **Erläuterung** Für die Zeichen 250 bis 259 gilt: 1. Durch Verkehrszeichen gleicher Art mit Sinnbildern nach § 39 Abs. 7 können andere Verkehrsarten verboten werden. 2. Zwei der nachstehenden Verbote können auf einem Schild vereinigt sein.
27	7,5 t	**Erläuterung** Ist auf einem Zusatzzeichen[14] ein Gewicht, wie „7,5 t", angegeben, gilt das Verbot nur, soweit das zulässige Gesamtgewicht dieser Verkehrsmittel die angegebene Grenze überschreitet.
28	Zeichen 250 Verbot für Fahrzeuge aller Art	**Erläuterung** 1. Das Zeichen gilt nicht für Handfahrzeuge, abweichend von § 28 Abs. 2 auch nicht für Führer von Pferden sowie Treiber und Führer von Vieh. 2. Krafträder und Fahrräder dürfen geschoben werden.

1	2	3
lfd. Nr.	Zeichen und Zusatzzeichen	Ge- oder Verbote Erläuterungen
29	Zeichen 251 Verbot für Kraftwagen	**Erläuterung** Verbot für Kraftwagen und sonstige mehrspurige Kraftfahrzeuge.
30	Zeichen 253 Verbot für Kraftfahrzeuge über 3,5 t	**Erläuterung** Verbot gilt für Kraftfahrzeuge mit einem zulässigen Gesamtgewicht über 3,5 t, einschließlich ihrer Anhänger, und für Zugmaschinen. Ausgenommen sind Personenkraftwagen und Kraftomnibusse.
30.1	Durchgangsverkehr 12 t	**Erläuterung** 1. Diese nur mit Zeichen 253 zulässige Kombination beschränkt das Verkehrsverbot auf den Durchgangsverkehr mit Nutzfahrzeugen mit einem zulässigen Gesamtgewicht von mehr als 12 t. Durchgangsverkehr liegt nicht vor, soweit die jeweilige Fahrt a) dazu dient, ein Grundstück an der vom Verkehrsverbot betroffenen Straße oder an einer Straße, die durch die vom Verkehrsverbot betroffene Straße erschlossen wird, zu erreichen oder zu verlassen, b) dem Güterkraftverkehr im Sinne des § 1 Abs. 1 des Güterkraftverkehrs-

---

13 Durch den Begriff „Verkehrsteilnahme" wird verdeutlicht, dass sowohl Verstöße im fließenden als auch im ruhenden Verkehr gegen die Z. 250 bis 259 erfasst sind, einschließlich der Kostentragungspflicht des Halters nach § 25a StVG.
14 Zusatzzeichen 1053-32

1	2	3
lfd. Nr.	Zeichen und Zusatzzeichen	Ge- oder Verbote Erläuterungen
30.1	(Fortsetzung)	gesetzes[15] in einem Gebiet innerhalb eines Umkreises von 75 km, gerechnet in der Luftlinie vom Mittelpunkt des zu Beginn einer Fahrt ersten Beladeortes des jeweiligen Fahrzeugs (Ortsmittelpunkt), dient; dabei gehören alle Gemeinden, deren Ortsmittelpunkt innerhalb des Gebietes liegt, zu dem Gebiet, oder c) mit in § 1 Abs. 2 des Autobahnmautgesetzes[16] für schwere Nutzfahrzeuge bezeichneten Fahrzeugen durchgeführt wird. 2. Ausgenommen von dem Verkehrsverbot ist eine Fahrt, die auf ausgewiesenen Umleitungsstrecken (Zeichen 421, 442, 454 bis 459 oder Zeichen 460 und 466) durchgeführt wird, um besonderen Verkehrslagen Rechnung zu tragen.
31	Zeichen 254 Verbot für Fahrräder	
32	Zeichen 255 Verbot für Krafträder	**Erläuterung** Das Verbot gilt für Krafträder, auch mit Beiwagen, Kleinkrafträder und Mofas.

1	2	3
lfd. Nr.	**Zeichen und Zusatzzeichen**	**Ge- oder Verbote Erläuterungen**
33	Zeichen 259 Verbot für Fußgänger	
34	Zeichen 260 Verbot für Kraftfahrzeuge	**Erläuterung** Das Verbot gilt für Krafträder, auch mit Beiwagen, Kleinkrafträder und Mofas sowie für Kraftwagen und sonstige mehrspurige Kraftfahrzeuge.

---

15 **§ 1 Abs. 2 Güterkraftverkehrsgesetz (GüKG)**

(1) Güterkraftverkehr ist die geschäftsmäßige oder entgeltliche Beförderung von Gütern mit Kraftfahrzeugen, die einschließlich Anhänger ein höheres zulässiges Gesamtgewichten als 3,5 Tonnen haben.

16 **§ 1 Abs. 2 Autobahnmautgesetz (ABMG)**

(2) Die Maut nach Abs. 1 ist nicht zu entrichten bei Verwendung der folgenden Fahrzeuge:

1. Kraftomnibusse,
2. Fahrzeuge der Streitkräfte, der Polizeibehörden, des Zivil- und Katastrophenschutzes, der Feuerwehr und anderer Dienste sowie Fahrzeuge des Bundes,
3. Fahrzeuge, die ausschließlich für den Straßenunterhaltungs- und Straßenbetriebsdienst einschließlich Straßenreinigung und Winterdienst genutzt werden,
4. Fahrzeuge, die ausschließlich für Zwecke des Schausteller- und Zirkusgewerbes eingesetzt werden,
5. Fahrzeuge, die von gemeinnützigen oder mildtätigen Organisationen für den Transport von humanitären Hilfsgütern, die zur Linderung einer Notlade dienen, eingesetzt werden.

Voraussetzung für die Mautbefreiung nach Satz 1 Nr. 2 bis 4 ist, dass die Fahrzeuge als für die dort genannten Zwecke bestimmt erkennbar sind. Im Fall von Fahrzeugkombinationen ist das Motorfahrzeug für die Mautbefreiung der Kombination maßgebend.

§ 41 Anlage 2 (zu § 41 Abs. 1)

1	2	3
lfd. Nr.	Zeichen und Zusatzzeichen	Ge- oder Verbote Erläuterungen
35	Zeichen 261 Verbot für kennzeichnungspflichtige Kraftfahrzeuge mit gefährlichen Gütern	
zu 36 bis 40		**Ge- oder Verbot** Die nachfolgenden Zeichen 262 bis 266 verbieten die Verkehrsteilnahme für Fahrzeuge, deren Maße oder Gewichte einschließlich Ladung eine auf dem jeweiligen Zeichen angegebene tatsächliche Grenze überschreitet.[17]
36	Zeichen 262 5,5t Tatsächliches Gewicht	**Erläuterung** Die Beschränkung durch Zeichen 262 gilt bei Zügen für das einzelne Fahrzeug, bei Sattelkraftfahrzeugen gesondert für die Sattelzugmaschine einschließlich Sattellast und für die tatsächlich vorhandenen Achslasten des Sattelanhängers.
37	Zeichen 263 8t Tatsächliche Achslast[18]	

1	2	3
lfd. Nr.	Zeichen und Zusatzzeichen	Ge- oder Verbote Erläuterungen
38	Zeichen 264 Tatsächliche Breite	
39	Zeichen 265 Tatsächliche Höhe	
40	Zeichen 266 Tatsächliche Länge	
41	Zeichen 267 Verbot der Einfahrt	**Ge- oder Verbot** Fahrzeugführer dürfen nicht in die Straße einfahren.

---

17 Auch hier wird durch den Begriff „Verkehrsteilnahme" verdeutlicht, dass sowohl Verstöße im fließenden als auch im ruhenden Verkehr gegen die Z. 262 bis 266 erfasst sind, einschließlich der Kostentragungspflicht des Halters nach § 25a StVG.
18 Die Tragfähigkeit von Brücken ist nach den Brückenklassen der jeweils gültigen Fassung der DIN 1072 festzulegen.

§ 41 Anlage 2 (zu § 41 Abs. 1)

1	2	3
lfd. Nr.	Zeichen und Zusatzzeichen	Ge- oder Verbote Erläuterungen
41.1	[Zeichen: Fahrrad "frei"]	**Erläuterung** Durch das Zusatzzeichen[19] zu dem Zeichen 267 ist die Einfahrt für den Radverkehr zugelassen.
42	Zeichen 268 [Zeichen: Reifen mit Schneeketten] Schneeketten vorgeschrieben	
43	Zeichen 269 [Zeichen: Fahrzeug mit wassergefährdender Ladung] Verbot für Fahrzeuge mit wassergefärdender Ladung	**Ge- oder Verbot** Fahrzeugführern ist die Benutzung der Straße mit mehr als 20 l wassergefährdender Ladung verboten.[20]
44	Zeichen 270.1 [Zeichen: Umwelt ZONE] Beginn einer Verkehrsverbotszone zur Verminderung schädlicher Luftverunreinigungen	**Ge- oder Verbot** Kraftfahrzeugführer dürfen innerhalb einer so gekennzeichneten Zone bei Anordnung von Maßnahmen zur Vermeidung von schädlichen Umwelteinwirkungen durch Luftverunreinigungen auf der Grundlage des § 40 Abs. 1 des Bundes-Immissionsschutzgesetzes nicht am Verkehr teilmehmen.[21] **Erläuterung** Ausgenommen von dem Verbot sind Kraftfahrzeuge, 1. die nach § 1 Abs. 2 der Verordnung zur Kennzeichnung der Kraftfahrzeuge mit geringem Beitrag zur Schadstoffbelastung vom 10.10.2006 (BGBl. I S. 2218),

1	2	3
lfd. Nr.	Zeichen und Zusatzzeichen	Ge- oder Verbote Erläuterungen
44	Zeichen 270.1 *(Fortsetzung)*	welche zuletzt durch die Erste Verordnung zur Änderung der Verordnung zur Kennzeichnung der Kraftfahrzeuge mit geringem Beitrag zur Schadstoffbelastung vom 5.12.2007 (BGBl. I S. 2793) geändert wurde, ausnahmsweise im Einzelfall oder allgemein durch Zusatzzeichen oder Allgemeinverfügung[22] zugelassen sind, 2. die nach Anhang 3 (zu § 2 Abs. 3) der Verordnung zur Kennzeichnung der Kraftfahrzeuge mit geringem Beitrag zur Schadstoffbelastung vom 10.10.2006 (BGBl. I S. 2218), welche zuletzt durch die Erste Verordnung zur Änderung der Verordnung zur Kennzeichnung der Kraftfahrzeuge mit geringem Beitrag zur Schadstoffbelastung vom 5.12.2007 (BGBl. I S. 2793) geändert wurde, keiner Plaketten-Kennzeichnung unterliegen.

19 Zusatzzeichen 1022-10
20 Flüssigkeiten, die die physikalische, chemische oder biologische Beschaffenheit des Wassers nachhaltig gefährden können, z. B. Benzin, Petroleum, Heizöl, Teeröl, Säuren und Laugen; Wasserschutzgebiet: Zeichen 354. Nach den RL für Trinkwasserschutzgebiete „DVGW-LAWA-Arbeitsblatt W 101" ist der Transport aller wassergefährdenden Stoffe in der Schutzzone II und I gefährlich. Wassergefährdende Stoffe und Gefahrgüter sind zwar im Wesentlichen identisch; es gibt aber auch wassergefährdende Stoffe, die keine Gefahrgüter nach der GGVSE darstellen, z. B. Motoröle mit hohem Flammpunkt. Die Kennzeichnungspflicht der GGVSE orientiert sich an den Mengen 0, 20, 333 oder 1000 Liter, jeweils bezogen auf bestimmte Stoffe. In den RVO für Schutzzonen wird meist der Anliegertransport von wassergefährdenden Stoffen erlaubt, i. d. R. Heizöl. Mit der Begrenzung des Zeichens 269 auf „20 Liter" entsteht im Regelfall weder ein höherer Beschilderungsaufwand noch ein höheres Risiko, weil Feuerwehren stets Ölbindemittel in dieser Menge mitführen, um auslaufende Treibstoffe zu binden. Bei unabweisbarem Bedarf kann aber durch Zusatzzeichen eine höhere Ladungsbegrenzung angeordnet werden (VkBl. 1988, S. 226).
21 Das Verkehrsverbot erfasst den ruhenden und fließenden Kraftfahrzeugverkehr, gilt aber nicht für Radfahrer.
22 Die Kennzeichnung von Umweltzonen erfolgt auf Grundlage des BImSchG und setzt voraus, dass diese Maßnahme in einem Luftreinhalte- oder Aktionsplan vorgesehen ist. Deren Regelungen sind eng mit den Vorgaben der 35. BImSchV verknüpft, wobei § 1 Abs. 2 der 35. BImSchV es – anders als die StVO – zulässt, dass Ausnahmeregelungen auch durch Allgemeinverfügungen getroffen werden können (§ 35 Satz 2 VwVfG). Der Ausnahmerahmen muss in dem zugrunde liegenden Luftreinhalte- oder Aktionsplan beschrieben sein, um die im Planungsprozess entwickelten Maßnahmen in ihrer Wirkung nicht zu unterlaufen.

1	2	3
lfd. Nr.	Zeichen und Zusatzzeichen	Ge- oder Verbote Erläuterungen
45	Zeichen 270.2 Ende einer Verkehrsverbotszone zur Verminderung schädlicher Luftverunreinigungen	
46	frei	**Erläuterung** Das Zusatzzeichen[23] zum Zeichen 270.1 „Freistellung vom Verkehrsverbot nach § 40 Abs. 1 des Bundes-Immissionsschutzgesetzes" nimmt Kraftfahrzeuge vom Verkehrsverbot aus, die mit einer auf dem Zusatzzeichen in der jeweiligen Farbe angezeigten Plakette nach § 3 Abs. 1 der Verordnung zur Kennzeichnung der Kraftfahrzeuge mit geringem Beitrag zur Schadstoffbelastung vom 10.10.2006 (BGBl. I S. 2218), welche zuletzt durch die Erste Verordnung zur Änderung der Verordnung zur Kennzeichnung der Kraftfahrzeuge mit geringem Beitrag zur Schadstoffbelastung vom 5.12.2007 (BGBl. I S. 2793) geändert wurde, ausgestattet sind.[24]
47	Zeichen 272 Verbot des Wendens	**Ge- oder Verbot** Fahrzeugführer dürfen hier nicht wenden.

1	2	3
lfd. Nr.	Zeichen und Zusatzzeichen	Ge- oder Verbote Erläuterungen
48	Zeichen 273 Verbot des Unterschreitens des angegebenen Mindestabstandes	**Ge- oder Verbot** Das Zeichen verbietet dem Führer eines Kraftfahrzeuges mit einem zulässigen Gesamtgewicht über 3,5 t oder einer Zugmaschine den angegebenen Mindestabstand zu einem vorausfahrenden Kraftfahrzeug gleicher Art zu unterschreiten. Personenkraftwagen und Kraftomnibusse sind ausgenommen.
	Abschnitt 7 Geschwindigkeitsbeschränkungen und Überholverbote	
49	Zeichen 274 Zulässige Höchstgeschwindigkeit	**Ge- oder Verbot** Fahrzeugführer dürfen nicht schneller als mit der angegebenen Höchstgeschwindigkeit fahren. **Erläuterung** 1. Sind durch das Zeichen innerhalb geschlossener Ortschaften bestimmte Geschwindigkeiten über 50 km/h zugelassen, gilt das für Fahrzeuge aller Art. 2. Außerhalb geschlossener Ortschaften bleiben die für bestimmte Fahrzeugarten geltenden Höchstgeschwindigkeiten (§ 3 Abs. 3 Nr. 2a und b und § 18 Abs. 5) unberührt, wenn durch das Zeichen eine höhere Geschwindigkeit zugelassen wird.
49.1	bei Nässe	**Ge- oder Verbot** Das Zusatzzeichen[25] zu dem Zeichen 274 verbietet den Fahrzeugführern, bei nasser Fahrbahn die angegebene Geschwindigkeit zu überschreiten.

---

23 Zusatzzeichen 1031
24 Art. 2 der Verordnung zur Kennzeichnung der Kraftfahrzeuge mit geringem Beitrag zur Schadstoffbelastung vom 10.10.2006 (BGBl. I S. 2218, ber. S. 2543). Die Regelung gilt seit dem 1.3.2007.
25 Zusatzzeichen 1053-37

1	2	3
lfd. Nr.	Zeichen und Zusatzzeichen	Ge- oder Verbote Erläuterungen
50	Zeichen 274.1 Beginn einer Tempo 30-Zone	**Ge- oder Verbot** Fahrzeugführer dürfen innerhalb dieser Zone nicht schneller als mit der angegebenen Höchstgeschwindigkeit fahren.
51	Zeichen 274.2 Ende einer Tempo 30-Zone	
52	Zeichen 275 Vorgeschriebene Mindestgeschwindigkeit	**Ge- oder Verbot** Fahrzeugführer dürfen nicht langsamer als mit der angegebenen Mindestgeschwindigkeit fahren, sofern nicht Straßen-, Verkehrs-, Sicht- oder Wetterverhältnisse dazu verpflichten. Es verbietet, mit Fahrzeugen, die nicht so schnell fahren können oder dürfen, einen so gekennzeichneten Fahrstreifen zu benutzen.
zu 53 und 54		**Ge- oder Verbot** Die nachfolgenden Zeichen 276 und 277 verbieten Kraftfahrzeugführern das Überholen von mehrspurigen Kraftfahrzeugen und Krafträdern mit Beiwagen.[26] **Erläuterung** Ist auf einem Zusatzzeichen ein Gewicht, wie „7,5 t" angegeben, gilt das Verbot nur, soweit das zulässige Gesamtgewicht dieser Kraftfahrzeuge, einschließlich ihrer Anhänger, die angegebene Grenze überschreitet.

1	2	3
lfd. Nr.	Zeichen und Zusatzzeichen	Ge- oder Verbote Erläuterungen
53	Zeichen 276 Überholverbot für Kraftfahrzeuge aller Art	
54	Zeichen 277 Überholverbot für Kraftfahrzeuge über 3,5 t	**Erläuterung** Überholverbot für Kraftfahrzeuge mit einem zulässigen Gesamtgewicht über 3,5 t, einschließlich ihrer Anhänger, und für Zugmaschinen. Ausgenommen sind Personenkraftwagen und Kraftomnibusse.
54.1	↑ 2 km ↑	**Erläuterung** Das Zusatzzeichen[27] zu dem Zeichen 274, 276 oder 277 gibt die Länge eines Streckenverbots an.
55		**Erläuterung** Das Ende eines Streckenverbots ist nicht gekennzeichnet, wenn das Verbot nur für eine kurze Strecke gilt und auf einem Zusatzzeichen die Länge des Streckenverbots angegeben ist. Es ist auch nicht gekennzeichnet, wenn das Streckenverbotszeichen zusammen mit einem Gefahrzeichen angebracht ist und sich aus der Örtlichkeit zweifelsfrei ergibt, von wo an die angezeigte Gefahr nicht mehr besteht. Sonst ist es gekennzeichnet durch die Zeichen 278 bis 282.

---

26 Solokrafträder, Fahrräder mit Hilfsmotor, Straßenbahnen und nichtmotorisierte Fahrzeuge dürfen überholt werden.
27 Zusatzzeichen 1001-31

§ 41 Anlage 2 (zu § 41 Abs. 1)

1	2	3
lfd. Nr.	**Zeichen und Zusatzzeichen**	**Ge- oder Verbote Erläuterungen**
56	Zeichen 278 Ende der zulässigen Höchstgeschwindigkeit	
57	Zeichen 279 Ende der vorgeschriebenen Mindestgeschwindigkeit	
58	Zeichen 280 Ende des Überholverbots für Kraftfahrzeuge aller Art	

1	2	3
lfd. Nr.	Zeichen und Zusatzzeichen	Ge- oder Verbote Erläuterungen
59	Zeichen 281 Ende des Überholverbots für Kraftfahrzeuge über 3,5 t	
60	Zeichen 282 Ende sämtlicher Streckenverbote	
Abschnitt 8 Halt- und Parkgebote		
61		**Erläuterung** 1. Die durch die nachfolgenden Zeichen 283 und 286 angeordneten Haltverbote gelten nur auf der Straßenseite, auf der die Zeichen angebracht sind. Sie gelten bis zur nächsten Kreuzung oder Einmündung oder bis durch Verkehrszeichen für den ruhenden Verkehr eine andere Regelung vorgegeben wird. 2. Vorübergehend angeordnete Haltverbote durch Zeichen 283 und 286 heben Verkehrszeichen oder Markierungen auf, die das Parken erlauben. 3. Der Anfang der Verbotsstrecke kann durch einen zur Fahrbahn weisenden waagerechten weißen Pfeil im Zeichen, das Ende durch einen solchen von der Fahrbahn wegweisenden Pfeil gekennzeichnet sein. Bei in der Verbotsstrecke wieder-

1	2	3
lfd. Nr.	Zeichen und Zusatzzeichen	Ge- oder Verbote Erläuterungen
61	*(Fortsetzung)*	holten Zeichen weist eine Pfeilspitze zur Fahrbahn, die zweite von ihr weg. 4. Die durch lfd. Nr. 63.2 und 63.3 auf Zusatzzeichen vorgesehenen Ausnahmen gelten nur, wenn die Parkausweise gut lesbar ausgelegt oder angebracht sind.
62	Zeichen 283 Absolutes Haltverbot	**Ge- oder Verbot** Fahrzeugführer dürfen auf der Fahrbahn nicht halten.
62.1		**Ge- oder Verbot** Das Zusatzzeichen[28] verbietet Fahrzeugführern das Halten auch auf dem Seitenstreifen.
63	Zeichen 286 Eingeschränktes Haltverbot	**Ge- oder Verbot** Fahrzeugführer dürfen nicht länger als 3 Minuten auf der Fahrbahn halten, ausgenommen zum Ein- oder Aussteigen oder zum Be- oder Entladen. **Erläuterung** Ladegeschäfte müssen ohne Verzögerung durchgeführt werden.
63.1		**Ge- oder Verbot** Mit dem Zusatzzeichen dürfen Fahrzeugführer auch auf dem Seitenstreifen nicht länger als 3 Minuten halten, ausgenommen zum Ein- oder Aussteigen oder zum Be- oder Entladen.

1	2	3
lfd. Nr.	Zeichen und Zusatzzeichen	Ge- oder Verbote Erläuterungen
63.2	mit Parkausweis Nr. ‖‖‖‖‖‖ frei	**Erläuterung** Das Zusatzzeichen[29] nimmt schwerbehinderte Menschen mit außergewöhnlicher Gehbehinderung, beidseitiger Amelie oder Phokomelie oder mit vergleichbaren Funktionsstörungen sowie blinde Menschen, jeweils mit besonderem Parkausweis Nr. …, vom Haltverbot aus.
63.3	Bewohner mit Parkausweis Nr. ‖‖‖‖‖‖ frei	**Erläuterung** Das Zusatzzeichen[30] nimmt Bewohner mit besonderem Parkausweis vom Haltverbot aus.
64	Zeichen 290.1 ZONE Beginn eines eingeschränkten Haltverbotes für eine Zone	**Ge- oder Verbot** Fahrzeugführer dürfen innerhalb der gekennzeichneten Zone nicht länger als 3 Minuten halten, ausgenommen zum Ein- oder Aussteigen oder zum Be- oder Entladen. **Erläuterung** 1. Innerhalb der gekennzeichneten Zone gilt das eingeschränkte Haltverbot auf allen öffentlichen Verkehrsflächen, sofern nicht abweichende Regelungen durch Verkehrszeichen, Verkehrseinrichtungen oder Markierungen getroffen sind. 2. Durch Zusatzzeichen kann das Parken für Bewohner mit Parkausweis erlaubt sein. 3. Durch Zusatzzeichen kann das Parken mit Parkschein oder Parkscheibe (Bild 318) innerhalb gekennzeichneter Flächen erlaubt sein. Dabei ist der Parkausweis, der Parkschein oder die Parkscheibe gut lesbar auszulegen oder anzubringen.

---

28 Zusatzzeichen 1053-33
29 Zusatzzeichen 1020-11
30 Zusatzzeichen 1020-12

1	2	3
lfd. Nr.	Zeichen und Zusatzzeichen	Ge- oder Verbote Erläuterungen
65	Zeichen 290.2 Ende eines eingeschränkten Haltverbotes für eine Zone	

Abschnitt 9 Markierungen

66	Zeichen 293[31] Fußgängerüberweg	**Ge- oder Verbot** Fahrzeugführern ist das Halten auf Fußgängerüberwegen sowie bis zu 5 m davor verboten.
67	Zeichen 294 Haltlinie	**Ge- oder Verbot** Ergänzend zu Halt- oder Wartegeboten, die durch Zeichen 206, durch Polizeibeamte, Lichtzeichen oder Schranken gegeben werden, ordnet sie an: Fahrzeugführer müssen hier halten. Erforderlichenfalls ist an der Stelle, wo die Straße eingesehen werden kann, in die eingefahren werden soll (Sichtlinie), erneut zu halten.

68	Zeichen 295
	
	Fahrstreifenbegrenzung und Fahrbahnbegrenzung
		Ge- oder Verbot
		1. a) Fahrzeugführer dürfen die durchgehende Linie auch nicht teilweise überfahren.
		   b) Trennt die durchgehende Linie den Fahrbahnteil für den Gegenverkehr ab, ist rechts von ihr zu fahren.
		   c) Grenzt sie einen befestigten Seitenstreifen[32] ab, müssen außerorts landwirtschaftliche Zug- und Arbeitsmaschinen, Fuhrwerke und ähnlich langsame Fahrzeuge möglichst rechts von ihr fahren.

1	2	3
lfd. Nr.	**Zeichen und Zusatzzeichen**	**Ge- oder Verbote** **Erläuterungen**
68	Zeichen 295 *(Fortsetzung)*	d) Fahrzeugführer dürfen auf der Fahrbahn nicht parken (§ 12 Abs. 2), wenn zwischen dem abgestellten Fahrzeug und der Fahrstreifenbegrenzungslinie kein Fahrstreifen von mindestens 3 m mehr verbleibt. 2. a) Links von der durchgehenden Fahrbahnbegrenzungslinie dürfen Fahrzeugführer nicht halten, wenn rechts ein Seitenstreifen oder Sonderweg vorhanden ist. b) Fahrzeugführer dürfen die Fahrbahnbegrenzung der Mittelinsel des Kreisverkehrs nicht überfahren. **Erläuterung** 1. Als Fahrstreifenbegrenzung trennt das Zeichen den für den Gegenverkehr bestimmten Teil der Fahrbahn oder mehrere Fahrstreifen für den gleichgerichteten Verkehr voneinander ab. Die Fahrstreifenbegrenzung kann zur Abtrennung des Gegenverkehrs aus einer Doppellinie bestehen. 2. a) Als Fahrbahnbegrenzung kann die durchgehende Linie auch einen Seitenstreifen oder Sonderweg abgrenzen.[33] b) Wird durch Zeichen 223.1 das Befahren eines Seitenstreifens angeordnet, darf die Fahrbahnbegrenzung wie eine Leitlinie zur Markierung von Fahrstreifen einer durchgehenden Fahrbahn (Zeichen 340) überfahren werden. c) Ausgenommen von dem Verbot zum Überfahren der Mittelinsel des Kreisverkehrs sind nur Fahrzeuge, denen wegen ihrer Abmessungen das Befahren sonst nicht möglich wäre. Mit ihnen darf die Mittelinsel überfahren werden,

---

31 Richtlinien für die Anlage von Fußgängerüberwegen: R-FGÜ 2001 vom 31.10.2001 (VkBl. S. 474)
32 Seitenstreifen sind nicht Bestandteile der Fahrbahn (§ 2 Abs. 1 Satz 2).
33 Fahrbahnmarkierungen sind auch zur Sperrung des von der Straßenbahn benutzten zweiten Fahrstreifens für den Individualverkehr und zur Verhinderung des Linksabbiegens zulässig (OVG Bremen NZV 1991, 125).

§ 41 Anlage 2 (zu § 41 Abs. 1)

1	2	3
lfd. Nr.	Zeichen und Zusatzzeichen	Ge- oder Verbote Erläuterungen
68	Zeichen 295 *(Fortsetzung)*	wenn eine Gefährdung anderer Verkehrsteilnehmer ausgeschlossen ist. d) Grenzt sie einen Sonderweg ab, darf sie nur überfahren werden, wenn dahinter anders nicht erreichbare Parkstände angelegt sind und die Benutzer von Sonderwegen weder gefährdet noch behindert werden. e) Die Fahrbahnbegrenzungslinie darf überfahren werden, wenn sich dahinter eine nicht anders erreichbare Grundstückszufahrt befindet.
69	Zeichen 296 Fahrstreifen B Fahrstreifen A Einseitige Fahrbahnbegrenzung	**Ge- oder Verbot** 1. Fahrzeugführer dürfen die durchgehende Linie nicht überfahren oder auf ihr fahren. 2. Sie dürfen auf der Fahrbahn nicht parken, wenn zwischen dem parkenden Fahrzeug und der durchgehenden Fahrstreifenbegrenzungslinie kein Fahrstreifen von mindestens 3 m mehr verbleibt. **Erläuterung** Für Fahrzeuge auf dem Fahrstreifen B ordnet die Markierung an: Fahrzeuge auf dem Fahrstreifen B dürfen die Markierung überfahren, wenn der Verkehr dadurch nicht gefährdet wird.
70	Zeichen 297 Pfeilmarkierungen	**Ge- oder Verbot** 1. Fahrzeugführer müssen der Fahrtrichtung auf der folgenden Kreuzung oder Einmündung folgen, wenn zwischen den Pfeilen Leitlinien (Zeichen 340) oder Fahrstreifenbegrenzungen (Zeichen 295) markiert sind. 2. Fahrzeugführer dürfen auf der mit Pfeilen markierten Strecke der Fahrbahn nicht halten. **Erläuterung** Pfeile empfehlen, sich rechtzeitig einzuordnen und in Fahrstreifen nebeneinander zu fahren. Fahrzeuge, die sich eingeordnet haben, dürfen auch rechts überholt werden.

1	2	3
lfd. Nr.	**Zeichen und Zusatzzeichen**	**Ge- oder Verbote Erläuterungen**
71	Zeichen 297.1 Vorankündigungspfeil	**Erläuterung** Mit dem Vorankündigungspfeil wird eine Fahrstreifenbegrenzung angekündigt oder das Ende eines Fahrstreifens angezeigt. Die Ausführung des Pfeiles kann von der gezeigten abweichen.
72	Zeichen 298 Sperrfläche	**Ge- oder Verbot** Fahrzeugführer dürfen Sperrflächen nicht benutzen.
73	Zeichen 299 Grenzmarkierung für Halt- oder Parkverbote	**Ge- oder Verbot** Fahrzeugführer dürfen innerhalb einer Grenzmarkierung für Halt- oder Parkverbote nicht halten oder parken. **Erläuterung** Grenzmarkierungen für Halt- oder Parkverbote bezeichnen, verlängern oder verkürzen vorgeschriebene Halt- oder Parkverbote.

1	2	3
lfd. Nr.	**Zeichen und Zusatzzeichen**	**Ge- oder Verbote** **Erläuterungen**
74	*[Parkflächen-markierungen]*	**Ge- oder Verbot** Fahrzeugführer haben die durch Parkflächenmarkierungen angeordnete Aufstellung einzuhalten. **Erläuterung** Parkflächenmarkierungen erlauben das Parken (§ 12 Abs. 2), auf Gehwegen aber nur Fahrzeugen mit einem zulässigen Gesamtgewicht bis zu 2,8 t. Sind Parkflächen auf Straßen erkennbar abgegrenzt, wird damit angeordnet, wie Fahrzeuge aufzustellen sind. Wo sie mit durchgehenden Linien markiert sind, dürfen diese überfahren werden.

VwV zu § 41 Vorschriftzeichen

1 I. Bei Änderungen von Verkehrsregeln, deren Missachtung besonders gefährlich ist, z. B. bei Änderung der Vorfahrt, ist für eine ausreichende Übergangszeit der Fahrverkehr zu warnen.

2 II. Wenn durch Verbote oder Beschränkungen einzelne Verkehrsarten ausgeschlossen werden, ist dies in ausreichendem Abstand vorher anzukündigen und auf mögliche Umleitungen hinzuweisen.

3 III. Für einzelne markierte Fahrstreifen dürfen Fahrtrichtungen (Zeichen 209 ff.) oder Höchst- oder Mindestgeschwindigkeiten (Zeichen 274 oder 275) vorgeschrieben oder das Überholen (Zeichen 276 oder 277) oder der Verkehr (Zeichen 245 oder 250 bis 266) verboten werden.

4 IV. Soll die Geltung eines Vorschriftzeichens auf eine oder mehrere Verkehrsarten beschränkt werden, ist die jeweilige Verkehrsart auf einem Zusatzzeichen unterhalb des Verkehrszeichens sinnbildlich darzustellen. Soll eine Verkehrsart oder sollen Verkehrsarten von der Beschränkung ausgenommen werden, ist der sinnbildlichen Darstellung das Wort „frei" anzuschließen.

Zu Zeichen 201 Andreaskreuz

1 I. Die Andreaskreuze sind in der Regel möglichst nahe, aber nicht weniger als 2,25 m vor der äußeren Schiene aufzustellen.

2 II. Andreaskreuze sind am gleichen Pfosten wie Blinklichter oder Lichtzeichen anzubringen. Mit anderen Verkehrszeichen dürfen sie nicht kombiniert werden.

3 III. Wo in den Hafen- und Industriegebieten den Schienenbahnen Vorrang gewährt werden soll, müssen Andreaskreuze an allen Einfahrten angeordnet werden. Vorrang haben dann auch Schienenbahnen, die nicht auf besonderem Bahnkörper verlegt sind. Für Industriegebiete kommt eine solche Regelung nur in Betracht, wenn es sich um geschlossene Gebiete handelt, die als solche erkennbar sind und die nur über bestimmte Zufahrten erreicht werden können.

IV. Weitere Sicherung von Übergängen von Schienenbahnen mit Vorrang

4 1. Wegen der ständig zunehmenden Verkehrsdichte auf den Straßen ist die technische Sicherung der bisher nicht so gesicherten Bahnübergänge anzustreben. Besonders ist darauf zu achten, ob Bahnübergänge infolge Zunahme der Verkehrsstärke einer technischen Sicherung bedürfen. Anregungen sind der höheren Verwaltungsbehörde vorzulegen.

5 2. Auf die Schaffung ausreichender Sichtflächen an Bahnübergängen ohne technische Sicherung ist hinzuwirken. Wo solche Übersicht fehlt, ist die zulässige Höchstgeschwindigkeit vor dem Bahnübergang angemessen zu beschränken. Das Zeichen 274 ist über die ein- oder zweistreifigen Baken (Zeichen 159 oder 162) anzubringen.

6 3. Dort, wo Längsmarkierungen angebracht sind, empfiehlt es sich, auch eine Haltlinie (Zeichen 294), in der Regel in Höhe des Andreaskreuzes zu markieren. Zur Anordnung einer einseitigen Fahrstreifenbegrenzung (Zeichen 296) vgl. zu § 19 Abs. 1.

7 4. Vgl. auch zu den Zeichen 151 bis 162

8 5. Bevor ein Verkehrszeichen oder eine Markierung angeordnet oder entfernt wird, ist der Betreiber des Schienennetzes zu hören.

V. Straßenbahnen und die übrigen Schienenbahnen (Privatanschlussbahnen)

9 1. Über die Zustimmungsbedürftigkeit der Aufstellung und Entfernung von Andreaskreuzen vgl. Nummer III. zu § 45 Abs. 1 bis 1 e; Rn. 3 ff. Außerdem sind, soweit die Aufsicht über die Bahnen nicht bei den obersten Landesbehörden liegt, die für die Aufsicht zuständigen Behörden zu beteiligen; sind die Bahnen Zubehör einer bergbaulichen Anlage, dann sind auch die obersten Bergbaubehörden zu beteiligen.

10 2. Der Vorrang darf nur gewährt werden, wenn eine solche Schienenbahn auf besonderem oder unabhängigem Bahnkörper verlegt ist, dies auch dann, wenn der besondere Bahnkörper innerhalb des Verkehrsraums einer öffentlichen Straße liegt. Eine Schienenbahn ist schon dann an einem Übergang auf besonderem Bahnkörper verlegt, wenn dieser an dem Übergang endet. Ein besonderer Bahnkörper setzt mindestens voraus, dass die Gleise durch ortsfeste, körperliche Hindernisse vom übrigen Verkehrsraum abgegrenzt und diese Hindernisse auffällig kenntlich gemacht sind; abtrennende Bordsteine müssen weiß sein.

11 VI. 1. Straßenbahnen auf besonderem oder unabhängigem Bahnkörper, der nicht innerhalb des Verkehrsraums einer öffentlichen Straße liegt, ist in der Regel durch Aufstellung von Andreaskreuzen der Vorrang zu geben. An solchen Bahnübergängen ist schon bei mäßigem Verkehr auf der querenden Straße oder wenn auf dieser Straße schneller als 50 km/h gefahren wird, die Anbringung einer straßenbahnabhängigen, in der Regel zweifarbigen Lichtzeichenanlage (vgl. § 37 Abs. 2 Nr. 3) oder von Schranken zu erwägen. Auch an solchen Bahnübergängen über Feld- und Waldwege sind Andreaskreuze dann erforderlich, wenn der Bahnübergang nicht ausreichend erkennbar ist; unzureichende Übersicht über die Bahnstrecke kann ebenfalls dazu Anlass geben.

12 2. a) Liegt der besondere oder unabhängige Bahnkörper innerhalb des Verkehrsraums einer Straße mit Vorfahrt oder verläuft er neben einer solchen Straße, bedarf es nur dann eines Andreaskreuzes, wenn der Schienenverkehr für den kreuzenden oder abbiegenden Fahrzeugführer nach dem optischen Eindruck nicht zweifelsfrei zu dem Verkehr auf der Straße mit Vorfahrt gehört. Unmittelbar vor dem besonderen Bahnkörper darf das Andreaskreuz nur dann aufgestellt werden, wenn so viel Stauraum vorhanden ist, dass ein vor dem Andreaskreuz wartendes Fahrzeug den Längsverkehr nicht stört. Wird an einer Kreuzung oder Einmündung der Verkehr durch Lichtzeichen geregelt, muss auch der Straßenbahnverkehr auf diese Weise geregelt werden, und das auch dann, wenn der Bahnkörper parallel zu einer Straße in deren unmittelbarer Nähe verläuft. Dann ist auch stets zu erwägen, ob der die Schienen kreuzende Abbiegeverkehr gleichfalls durch Lichtzeichen zu regeln oder durch gelbes Blinklicht mit dem Sinnbild einer Straßenbahn zu warnen ist.

13 b) Hat der gleichgerichtete Verkehr an einer Kreuzung oder Einmündung nicht die Vorfahrt, ist es nur in Ausnahmefällen möglich, der Straßenbahn Vorrang zu gewähren.

Zu Zeichen 205 Vorfahrt gewähren!

1 I. Ist neben einer durchgehenden Fahrbahn ein Fahrstreifen vorhanden, welcher der Einfädelung des einmündenden Verkehrs dient, ist das Zeichen am Beginn dieses Fahrstreifens anzuordnen. Vgl. Nummer I zu § 7 Abs. 1 bis 3; Rn. 1. An Einfädelungsstreifen auf Autobahnen und Kraftfahrstraßen ist das Zeichen im Regelfall nicht erforderlich (vgl. § 18 Abs. 3).

2 II. Über Kreisverkehr vgl. zu Zeichen 215.

3 III. Nur wenn eine Bevorrechtigung der Schienenbahn auf andere Weise nicht möglich ist, kann in Ausnahmefällen das Zeichen 205 mit dem Zusatzzeichen mit Straßenbahnsinnbild (1048-19) angeordnet werden, insbesondere wo Schienenbahnen einen kreisförmigen Verkehr kreuzen oder wo die Schienenbahn eine Wendeschleife oder ähnlich geführte Gleisanlagen befährt. Für eine durch Zeichen 306 bevorrechtigte Straße darf das Zeichen mit Zusatzzeichen nicht angeordnet werden.

Zu Zeichen 206 Halt! Vorfahrt gewähren!

I. Das Zeichen 206 ist nur dann anzuordnen, wenn

1 1. die Sichtverhältnisse an der Kreuzung oder Einmündung es zwingend erfordern,

2 2. es wegen der Örtlichkeit (Einmündung in einer Innenkurve oder in eine besonders schnell befahrene Straße) schwierig ist, die Geschwindigkeit der Fahrzeuge auf der anderen Straße zu beurteilen, oder

3 3. es sonst aus Gründen der Sicherheit notwendig erscheint, einen Wartepflichtigen zu besonderer Vorsicht zu mahnen (z. B. in der Regel an der Kreuzung zweier Vorfahrtstraßen).

4 II. Zusätzlich ist im Regelfall eine Haltlinie (Zeichen 294) dort anzubringen, wo der Wartepflichtige die Straße übersehen kann. Bei einem im Zuge der Vorfahrtstraße (306) verlaufenden Radweg ist die Haltlinie unmittelbar vor der Radwegefurt anzubringen.

Zu den Zeichen 205 und 206 Vorfahrt gewähren und Halt! Vorfahrt gewähren

1 I. Die Zeichen sind unmittelbar vor der Kreuzung oder Einmündung anzuordnen.

2 II. Die Zeichen sind nur anzukündigen, wenn die Vorfahrtregelung aufgrund der örtlichen Gegebenheiten (Straßenverlauf, Geschwindigkeit, Verkehrsstärke) anderenfalls nicht rechtzeitig erkennbar wäre. Innerhalb geschlossener Ortschaften ist die Ankündigung in der Regel nicht erforderlich. Außerhalb geschlossener Ortschaften soll sie 100 bis 150 m vor der Kreuzung oder Einmündung erfolgen. Die Ankündigung erfolgt durch Zeichen 205 mit der Entfernungsangabe auf einem Zusatzzeichen. Bei der Ankündigung des Zeichens 206 enthält das Zusatzzeichen neben der Entfernungsangabe zusätzlich das Wort „Stop".

3 III. Das Zusatzzeichen mit dem Sinnbild eines Fahrrades und zwei gegenläufigen waagerechten Pfeilen (1000-32) ist anzuordnen, wenn der Radweg im Verlauf der Vorfahrtstraße für den Radverkehr in beide Richtungen freigegeben ist.

4 IV. Wo eine Lichtzeichenanlage steht, sind die Zeichen in der Regel unter oder neben den Lichtzeichen am gleichen Pfosten anzubringen.

5 V. Nur wo eine Straße mit Wartepflicht in einem großräumigen Knoten eine Straße mit Mittelstreifen kreuzt und für den Verkehrsteilnehmer schwer erkennbar ist, dass es sich um die beiden Richtungsfahrbahnen derselben Straße handelt, ist zusätzlich auf dem Mittelstreifen eines der beiden Zeichen aufzustellen.

6 VI. Jede Kreuzung und Einmündung, in der vom Grundsatz „Rechts vor Links" abgewichen werden soll, ist sowohl positiv als auch negativ zu beschildern, und zwar sowohl innerhalb als auch außerhalb geschlossener Ortschaften. Ausgenommen sind Ausfahrten aus verkehrsberuhigten Bereichen (Zeichen 325.1, 325.2) sowie Feld- und Waldwege, deren Charakter ohne weiteres zu erkennen ist. Straßeneinmündungen, die wie Grundstückszufahrten aussehen, sowie Einmündungen von Feld- und Waldwegen können einseitig mit Zeichen 205 versehen werden.

7 VII. Zusatzzeichen „abknickende Vorfahrt". Über die Zustimmungsbedürftigkeit vgl. Nummer III 1 Buchstabe a zu § 45 Abs. 1 bis 1 e, Rn. 4; über abknickende Vorfahrt vgl. ferner zu den Zeichen 306 und 307 und Nummer III zu Zeichen 301; Rn. 3.

Zu Zeichen 208 Dem Gegenverkehr Vorrang gewähren!

I. Das Zeichen ist nur dann anzuordnen, wenn

1 1. bei einseitig verengter Fahrbahn dem stärkeren Verkehrsfluss abweichend von § 6 Vorrang eingeräumt werden muss oder

2 2. bei beidseitig verengter Fahrbahn für die Begegnung mehrspuriger Fahrzeuge kein ausreichender Raum vorhanden und der Verengungsbereich aus beiden Fahrtrichtungen überschaubar ist. Welcher Fahrtrichtung der Vorrang einzuräumen ist, ist auf Grund der örtlichen Verhältnisse und der beiderseitigen Verkehrsstärke zu entscheiden.

3 II. Am anderen Ende der Verengung muss für die Gegenrichtung das Zeichen 308 angeordnet werden.

4 III. In verkehrsberuhigten Bereichen ist auf die Regelung stets, in geschwindigkeitsbeschränkten Zonen in der Regel zu verzichten.

Zu Zeichen 209 bis 214 Vorgeschriebene Fahrtrichtung

1 I. In Abweichung von den abgebildeten Grundformen dürfen die Pfeilrichtungen dem tatsächlichen Verlauf der Straße, in die der Fahrverkehr eingewiesen wird, nur dann angepasst werden, wenn dies zur Klarstellung notwendig ist.

§ 41 Vorschriftzeichen 460

2   II. Die Zeichen „Hier rechts" und „Hier links" sind hinter der Stelle anzuordnen, an der abzubiegen ist, die Zeichen „Rechts" und „Links" vor dieser Stelle. Das Zeichen „Geradeaus" und alle Zeichen mit kombinierten Pfeilen müssen vor der Stelle stehen, an der in eine oder mehrere Richtungen nicht abgebogen werden darf.

3   III. In Verbindung mit Lichtzeichen dürfen die Zeichen nur dann angebracht sein, wenn für den gesamten Richtungsverkehr ein Abbiegever- oder -gebot insgesamt angeordnet werden soll. Sie dürfen nicht nur fahrstreifenbezogen zur Unterstützung der durch die Fahrtrichtungspfeile oder Pfeile in Lichtzeichen vorgeschriebenen Fahrtrichtung angeordnet werden.

4   IV. Vgl. auch Nummer IV zu § 41; Rn. 4 und über die Zustimmungsbedürftigkeit Nummer III 1 Buchstabe d zu § 45 Abs. 1 bis 1 e; Rn. 7.

Zu Zeichen 215 Kreisverkehr

1   I. Ein Kreisverkehr darf nur angeordnet werden, wenn die Mittelinsel von der Kreisfahrbahn abgegrenzt ist. Dies gilt auch, wenn die Insel wegen des geringen Durchmessers des Kreisverkehrs von großen Fahrzeugen überfahren werden muss. Zeichen 295 als innere Fahrbahnbegrenzung ist in Form eines Breitstrichs auszuführen (vgl. RMS).

2   II. Außerhalb geschlossener Ortschaften ist der Kreisverkehr mit Vorwegweiser (Zeichen 438) anzukündigen.

3   III. Die Zeichen 205 und 215 sind an allen einmündenden Straßen anzuordnen. Ist eine abweichende Vorfahrtregelung durch Verkehrszeichen für den Kreisverkehr erforderlich, ist Zeichen 209 (Rechts) anzuordnen.

4   IV. Die Anordnung von Zeichen 215 macht eine zusätzliche Anordnung von Zeichen 211 (Hier rechts) auf der Mittelinsel entbehrlich. Außerhalb geschlossener Ortschaften empfiehlt es sich, auf baulich angelegten, nicht überfahrbaren Mittelinseln gegenüber der jeweiligen Einfahrt vorrangig Zeichen 625 (Richtungstafel in Kurven) anzuordnen.

5   V. Wo eine Straßenbahn die Mittelinsel überquert, darf Zeichen 215 nicht angeordnet werden. Der Straßenbahn ist regelmäßig Vorfahrt zu gewähren; dabei sind Lichtzeichen vorzuziehen.

6   VI. Der Fahrradverkehr ist entweder wie der Kraftfahrzeugverkehr auf der Kreisfahrbahn zu führen oder auf einem baulich angelegten Radweg (Zeichen 237, 240, 241). Ist dieser baulich angelegte Radweg eng an der Kreisfahrbahn geführt (Absatzmaß max. 4–5 m), so sind in den Zufahrten die Zeichen 215 (Kreisverkehr) und 205 (Vorfahrt gewähren) vor der Radfahrerfurt anzuordnen. Ist der baulich angelegte Radweg von der Kreisfahrbahn abgesetzt oder liegt der Kreisverkehr außerhalb bebauter Gebiete, ist für den Radverkehr Zeichen 205 anzuordnen.

7   VII. Zur Anordnung von Fußgängerüberwegen auf den Zufahrten vgl. R-FGÜ.

Zu Zeichen 220 Einbahnstraße

1   I. Das Zeichen 220 ist stets längs der Straße anzubringen. Es darf weder am Beginn der Einbahnstraße noch an einer Kreuzung oder Einmündung in ihrem Verlauf fehlen. Am Beginn der Einbahnstraße und an jeder Kreuzung ist das Zeichen dergestalt anzubringen, dass es aus beiden Richtungen wahrgenommen werden kann.

2   II. Bei Einmündungen (auch bei Ausfahrten aus größeren Parkplätzen) empfiehlt sich die Anbringung des Zeichens 220 gegenüber der einmündenden Straße, bei Kreuzungen hinter diesen. In diesem Fall soll das Zeichen in möglichst geringer Entfernung von der kreuzenden Straße angebracht werden, damit es vom kreuzenden Verkehr leicht erkannt werden kann.

3   III. Geht im Verlauf eines Straßenzuges eine Einbahnstraße in eine Straße mit Gegenverkehr über, s. zu Zeichen 125.

4   IV. 1. Beträgt in Einbahnstraßen die zulässige Höchstgeschwindigkeit nicht mehr als 30 km/h, kann Radverkehr in Gegenrichtung zugelassen werden, wenn

5	a) eine ausreichende Begegnungsbreite vorhanden ist, ausgenommen an kurzen Engstellen; bei Linienbusverkehr oder bei stärkerem Verkehr mit Lastkraftwagen muss diese mindestens 3,5 m betragen,
6	b) die Verkehrsführung im Streckenverlauf sowie an Kreuzungen und Einmündungen übersichtlich ist,
7	c) für den Radverkehr dort, wo es orts- und verkehrsbezogen erforderlich ist, ein Schutzraum angelegt wird.
8	2. Das Zusatzzeichen 1000-32 ist an allen Zeichen 220 anzuordnen. Wird durch Zusatzzeichen der Fahrradverkehr in der Gegenrichtung zugelassen, ist das Zeichen 267 das Zusatzzeichen 1022-10 (Sinnbild eines Fahrrades und „frei") anzubringen. Vgl. zu Zeichen 267.

Zu Zeichen 222 Rechts vorbei

1	I. Das Zeichen ist anzuordnen, wo nicht zweifelsfrei erkennbar ist, an welcher Seite vorbeizufahren ist.
2	II. Wenn das Zeichen angeordnet wird, ist in der Regel auf eine Kenntlichmachung der Hindernisse durch weitere Verkehrszeichen und Verkehrseinrichtungen zu verzichten. Die zusätzliche Anordnung von Zeichen 295 ist außerorts vor Inseln erforderlich, innerorts kann sie sich außerhalb von Tempo 30-Zonen empfehlen.
3	III. Kann an einem Hindernis sowohl rechts als auch links vorbeigefahren werden, verbietet sich die Anordnung des Zeichens. In diesen Fällen kommt die Anordnung von Leitplatten (Zeichen 626) und/oder von Fahrbahnmarkierungen in Betracht.

Zu Zeichen 223.1 bis 223.3 Befahren eines Seitenstreifens als Fahrstreifen

1	I. Die Zeichen dürfen nur für die Tageszeit angeordnet werden, zu denen auf Grund der Verkehrsbelastung eine erhebliche Beeinträchtigung des Verkehrsablaufs zu erwarten ist. Sie sind deshalb als Wechselverkehrszeichen auszubilden. Die Anordnung darf nur erfolgen, wenn der Seitenstreifen von den baulichen Voraussetzungen her wie ein Fahrstreifen (vgl. § 7 Abs. 1 Satz 2 StVO) befahrbar ist. Vor jeder Anordnung ist zu prüfen, ob der Seitenstreifen frei von Hindernissen ist. Während der Dauer der Anordnung ist die Prüfung regelmäßig zu wiederholen.
2	II. Die Zeichen sind beidseitig anzuordnen. Die Abmessung der Zeichen beträgt 2,25 m x 2,25 m.
3	III. Das Zeichen 223.1 soll durch ein Zusatzzeichen „Seitenstreifen befahren" unterstützt werden. Das Zusatzzeichen soll dann zu jedem Zeichen angeordnet werden.
4	IV. Das Zeichen darf nur in Kombination mit einer Beschränkung der zulässigen Höchstgeschwindigkeit (Zeichen 274) auf nicht mehr als 100 km/h angeordnet werden Zusätzlich empfiehlt sich bei starkem LKW-Verkehr die Anordnung von Zeichen 277.
5	V. Das Zeichen 223.1 ist je nach örtlicher Situation in Abständen von etwa 1 000 bis 2 000 m aufzustellen. Die Standorte sind mit einer Verkehrsbeeinflussungsanlage abzustimmen. Im Bereich einer Verkehrsbeeinflussungsanlage können die Abstände zwischen zwei Zeichen vergrößert werden.
6	VI. Das Zeichen 223.2 ist in der Regel im Bereich einer Anschlussstelle anzuordnen. Wenigstens 400 m vorher ist entweder Zeichen 223.3 oder Zeichen 223.1 mit dem Zusatz „Ende in ... m" anzuordnen. Die Anordnung von Zeichen 223.1 mit dem Zusatz „Ende in ... m" empfiehlt sich nur, wenn der befahrbare Seitenstreifen in einer Anschlussstelle in den Ausfädelungsstreifen übergeht und nur noch vom ausfahrenden Verkehr benutzt werden kann. Zeichen 223.3 soll durch ein Zusatzzeichen „Seitenstreifen räumen" unterstützt werden.
7	VII. Im Bereich von Ausfahrten ist die Nutzung des Seitenstreifens als Fahrstreifen in der Wegweisung zu berücksichtigen. Vorwegweiser und Wegweiser sind dann fahrstreifenbezogen als Wechselwegweiser auszuführen.

§ 41 Vorschriftzeichen

8 VIII. Zur Markierung vgl. zu 295 Nummer 2 (lfd. Nummer 68 der Anlage 2).

9 IX. Die Zeichen können durch Dauerlichtzeichen unterstützt werden. Dies empfiehlt sich besonders für Z. 223.2; vgl. Nr. I. zu § 37 Abs. 3; Rn. 45.

Zu Zeichen 224 Haltestelle

1 I. Abweichend von Nummer III. 3. b) zu §§ 39 bis 43; Rn. 13 darf das Zeichen einen Durchmesser von 350 bis 450 mm haben.

2 II. Auch Haltestellen für Fahrzeuge des Behindertenverkehrs können so gekennzeichnet werden.

3 III. Über die Verkehrsbedienung und die Linienführung sowie den Fahrplan mit Angabe der Haltestellen wird von der nach dem Personenbeförderungsrecht zuständigen Behörde entschieden. Über die Festlegung des Ortes der Haltestellenzeichen vgl. die Straßenbahn-Bau- und Betriebsordnung und die Verordnung über den Betrieb von Kraftfahrunternehmen im Personenverkehr.

4 IV. Im Orts- und Nachbarorts-Linienverkehr gehört zu dem Zeichen ein Zusatzzeichen mit der Bezeichnung der Haltestelle (Haltestellenname). Darüber hinaus kann die Linie angegeben werden.

5 Bei Bedarf können dazu das Symbol der Straßenbahn und/oder des Kraftomnibusses gezeigt werden.

6 V. Schulbushaltestellen werden mit einem Zusatzzeichen „Schulbus (Angabe der tageszeitlichen Benutzung)" gekennzeichnet.

7 VI. Auch andere Haltestellen können insbesondere bei erheblichem Parkraummangel mit einem Zusatzzeichen, auf dem die tageszeitliche Benutzung angegeben ist, gekennzeichnet werden.

8 VII. Soweit erforderlich, kann der Anfang und das Ende eines Haltestellenbereichs durch Zeichen 299 gekennzeichnet werden.

Zu Zeichen 229 Taxenstand

1 I. Das Zeichen darf nur angeordnet werden, wo zumindest während bestimmter Tageszeiten regelmäßig betriebsbereite Taxen vorgehalten werden.

2 II. Für jedes vorgesehene Taxi ist eine Länge von 5 m zugrunde zu legen. Die Markierung durch Zeichen 299 empfiehlt sich nur, wenn nicht mehr als fünf Taxen vorgesehen sind. Dann ist das Zeichen 229 nur am Anfang der Strecke aufzustellen.

Zu den Zeichen 237, 240 und 241 Radweg, gemeinsamer und getrennter Geh- und Radweg

1 I. Zur Radwegebenutzungspflicht vgl. zu § 2 Abs. 4 Satz 2; Rn. 8 ff.

2 II. Zur Radverkehrsführung vgl. zu § 9 Abs. 2, Rn. 3 ff.

3 III. Wo das Ende eines Sonderweges zweifelsfrei erkennbar ist, bedarf es keiner Kennzeichnung. Ansonsten ist das Zeichen mit dem Zusatzzeichen „Ende" anzuordnen.

4 IV. Die Zeichen können abweichend von Nr. III. 3 zu den §§ 39 bis 43; Rn. 12 ff. bei baulich angelegten Radwegen immer, bei Radfahrstreifen in besonders gelagerten Fällen, in der Größe 1 aufgestellt werden.

Zu Zeichen 237 Radweg

1 Zur Radwegebenutzungspflicht und zum Begriff des Radweges vgl. zu § 2 Abs. 4 Satz 2; Rn. 8 ff.

Zu Zeichen 238 Reitweg

1 Der Klarstellung durch das Zeichen bedarf es nur dort, wo die Zweckbestimmung eines Straßenteils als Reitweg sich nicht aus dessen Ausgestaltung ergibt.

Zu Zeichen 239 Gehweg

1 I. Der Klarstellung durch das Zeichen bedarf es nur dort, wo die Zweckbestimmung des Straßenteils als Gehweg sich nicht aus dessen Ausgestaltung ergibt.

Soll ein Seitenstreifen den Fußgängern allein vorbehalten werden, so ist das Zeichen zu verwenden.

2   II. Die Freigabe des Gehweges zur Benutzung durch Radfahrer durch das Zeichen 239 mit Zusatzzeichen „Radfahrer frei" kommt nur in Betracht, wenn dies unter Berücksichtigung der Belange der Fußgänger vertretbar ist.

3   III. Die Beschaffenheit und der Zustand des Gehweges sollen dann auch den gewöhnlichen Verkehrsbedürfnissen des Radverkehrs (z. B. Bordsteinabsenkung an Einmündungen und Kreuzungen) entsprechen.

Zu Zeichen 240 Gemeinsamer Geh- und Radweg

1   I. Die Anordnung dieses Zeichens kommt nur in Betracht, wenn dies unter Berücksichtigung der Belange der Fußgänger vertretbar und mit der Sicherheit und Leichtigkeit des Radverkehrs vereinbar ist und die Beschaffenheit der Verkehrsfläche den Anforderungen des Radverkehrs genügt.

2   II. An Lichtzeichenanlagen reicht im Regelfall eine gemeinsame Furt für Fußgänger und Radverkehr aus.

Zu Zeichen 241 Getrennter Rad- und Gehweg

1   I. Die Anordnung dieses Zeichens kommt nur in Betracht, wenn die Belange der Fußgänger ausreichend berücksichtigt sind und die Zuordnung der Verkehrsflächen zweifelsfrei erfolgen kann. Zur Radwegebenutzungspflicht vgl. zu § 2 Abs. 4 Satz 2; Rn. 8 ff.

2   II. An Lichtzeichenanlagen ist in der Regel auch eine Führung der Fußgänger durch eine Fußgängerfurt (vgl. Nr. III. zu § 25 Abs. 3; Rn. 3 und 5) erforderlich. Zur Lichtzeichenregelung vgl. zu § 37 Abs. 2 Nr. 5 und 6; Rn. 42 ff.

Zu den Zeichen 242.1 und 242.2 Beginn und Ende eines Fußgängerbereichs

1   I. Die Zeichen dürfen nur innerhalb geschlossener Ortschaften angeordnet werden. Fahrzeugverkehr darf nur nach Maßgabe der straßenrechtlichen Widmung zugelassen werden.

2   II. Auf Nummer XI zu § 45 Abs. 1 bis 1 e wird verwiesen.

Zu Zeichen 244.1 und 244.2 Beginn und Ende einer Fahrradstraße

1   I. Fahrradstraßen kommen dann in Betracht, wenn der Radverkehr die vorherrschende Verkehrsart ist oder dies alsbald zu erwarten ist.

2   II. Anderer Fahrzeugverkehr als der Radverkehr darf nur ausnahmsweise durch die Anordnung entsprechender Zusatzzeichen zugelassen werden (z. B. Anliegerverkehr). Daher müssen vor der Anordnung die Bedürfnisse des Kraftfahrzeugverkehrs ausreichend berücksichtigt werden (alternative Verkehrsführung).

Zu Zeichen 245 Bussonderfahrstreifen

1   Durch das Zeichen werden markierte Sonderfahrstreifen den Omnibussen des Linienverkehrs sowie des Schüler- und Behindertenverkehrs vorbehalten.

2   I. Der Sonderfahrstreifen soll im Interesse der Sicherheit oder Ordnung des Verkehrs Störungen des Linienverkehrs vermeiden und einen geordneten und zügigen Betriebsablauf ermöglichen. Er ist damit geeignet, den öffentlichen Personenverkehr gegenüber dem Individualverkehr zu fördern (vgl. Nummer I 2 letzter Satz zu den §§ 39 bis 43; Rn. 5).

3   II. 1. Die Anordnung von Sonderfahrstreifen kommt dann in Betracht, wenn die vorhandene Fahrbahnbreite ein ausgewogenes Verhältnis im Verkehrsablauf des öffentlichen Personenverkehrs und des Individualverkehrs unter Berücksichtigung der Zahl der beförderten Personen nicht mehr zulässt. Auch bei kurzen Straßenabschnitten (z. B. vor Verkehrsknotenpunkten) kann die Anordnung von Sonderfahrstreifen gerechtfertigt sein. Die Anordnung von Sonderfahrstreifen kann sich auch dann anbieten, wenn eine Entflechtung des öffentlichen Personenverkehrs und des Individualverkehrs von Vorteil ist oder zumindest der Verkehrsablauf des öffentlichen Personennahverkehrs verbessert werden kann.

§ 41 Vorschriftzeichen

4 2. Vor der Anordnung des Zeichens ist stets zu prüfen, ob nicht durch andere verkehrsregelnde Maßnahmen (z. B. durch Zeichen 220, 253, 283, 301, 306, 421) eine ausreichende Verbesserung des Verkehrsflusses oder eine Verlagerung des Verkehrs erreicht werden kann.

5 3. Sonderfahrstreifen dürfen in Randlage rechts, in Einbahnstraßen rechts oder links, in Mittellage allein oder im Gleisraum von Straßenbahnen sowie auf baulich abgegrenzten Straßenteilen auch entgegengesetzt der Fahrtrichtung angeordnet werden.

6 4. Die Sicherheit des Radverkehrs ist zu gewährleisten. Kann der Radverkehr nicht auf einem gesonderten Radweg oder Radfahrstreifen geführt werden, sollte er im Benehmen mit den Verkehrsunternehmen auf dem Sonderfahrstreifen zugelassen werden. Ist das wegen besonderer Bedürfnisse des Linienverkehrs nicht möglich und müsste der Radverkehr zwischen Linienbus- und dem Individualverkehr ohne Radfahrstreifen fahren, ist von der Anordnung des Zeichens abzusehen.

7 5. Wird der Radverkehr ausnahmsweise zugelassen, dürfen auf dem Sonderfahrstreifen keine besonderen Lichtzeichen (§ 37 Abs. 2 Satz 3 Nr. 4 Satz 2, 2. Halbsatz) gezeigt werden, es sei denn, für den Radverkehr werden eigene Lichtzeichen angeordnet.

8 6. Taxen sollen grundsätzlich auf Sonderfahrstreifen zugelassen werden, wenn dadurch der Linienverkehr nicht wesentlich gestört wird. Dies gilt nicht für Sonderfahrstreifen im Gleisraum von Schienenbahnen.

9 7. Gegenseitige Behinderungen, die durch stark benutzte Zu- und Abfahrten (z. B. bei Parkhäusern, Tankstellen) hervorgerufen werden, sind durch geeignete Maßnahmen, wie Verlegung der Zu- und Abfahrten in Nebenstraßen, auf ein Mindestmaß zu beschränken.

10 8. Sonderfahrstreifen ohne zeitliche Beschränkung in Randlage dürfen nur dort angeordnet werden, wo kein Anliegerverkehr vorhanden ist und das Be- und Entladen, z. B. in besonderen Ladestraßen oder Innenhöfen, erfolgen kann. Sind diese Voraussetzungen nicht gegeben, sind für die Sonderfahrstreifen zeitliche Beschränkungen vorzusehen.

11 9. Zur Befriedigung des Kurzparkbedürfnisses während der Geltungsdauer der Sonderfahrstreifen sollte die Parkzeit in nahegelegene Nebenstraßen beschränkt werden.

12 10. Sonderfahrstreifen im Gleisraum von Straßenbahnen dürfen nur im Einvernehmen mit der Technischen Aufsichtsbehörde nach § 58 Abs. 3 der Straßenbahn-, Bau- und Betriebsordnung angeordnet werden.

13 11. Die Zeichen sind auf die Zeiten zu beschränken, in denen Linienbusverkehr stattfindet. Dies gilt nicht, wenn sich der Sonderfahrstreifen in Mittellage befindet und baulich oder durch Zeichen 295 vom Individualverkehr abgegrenzt ist. Dann soll auf eine zeitliche Beschränkung verzichtet werden. Die Geltungsdauer zeitlich beschränkter Sonderfahrstreifen sollte innerhalb des Betriebsnetzes einheitlich angeordnet werden.

14 12. Die Anordnung von Sonderfahrstreifen soll in der Regel nur dann erfolgen, wenn mindestens 20 Omnibusse des Linienverkehrs pro Stunde der stärksten Verkehrsbelastung verkehren.

15 III. 1. Zur Aufstellung vgl. Nummer III 8 zu §§ 39 bis 43. Das Zeichen ist an jeder Kreuzung und Einmündung zu wiederholen. Zur Verdeutlichung kann die Markierung „BUS" auf der Fahrbahn aufgetragen werden.

16 2. Ist das Zeichen zeitlich beschränkt, ist der Sonderfahrstreifen durch eine Leitlinie (Zeichen 340) ansonsten grundsätzlich durch eine Fahrstreifenbegrenzung (Zeichen 295) zu markieren. Auch Sonderfahrstreifen ohne zeitliche Beschränkung sind dort mit Zeichen 340 zu markieren, wo ein Überqueren zugelassen werden muss (z. B. aus Grundstücksein- und -ausfahrten). Die Ausführung der Markierungen richtet sich nach den Richtlinien für die Markierung von Straßen (RMS).

17 3. Sonderfahrstreifen in Einbahnstraßen entgegen der Fahrtrichtung, die gegen die Fahrbahn des entgegengerichteten Verkehrs baulich abzugrenzen sind, sollen auch am Beginn der Einbahnstraße durch das Zeichen kenntlich gemacht werden. Es kann sich empfehlen, dem allgemeinen Verkehr die Führung des Busverkehrs anzuzeigen.

18 4. Kann durch eine Markierung eine Erleichterung des Linienverkehrs erreicht werden (Fahrstreifen in Mittellage, im Gleisraum von Straßenbahnen oder auf baulich abgesetzten Straßenteilen), empfiehlt es sich, auf das Zeichen zu verzichten. Die Voraussetzungen für die Einrichtung eines Sonderfahrstreifens gelten entsprechend.

19 5. Die Flüssigkeit des Verkehrs auf Sonderfahrstreifen an Kreuzungen und Einmündungen kann durch Abbiegeverbote für den Individualverkehr (z. B. Zeichen 209 bis 214) verbessert werden. Notfalls sind besondere Lichtzeichen (§ 37 Abs. 2 Nr. 4) anzuordnen. Die Einrichtung von Busschleusen oder die Vorgabe bedarfsgerechter Vor- und Nachlaufzeiten an Lichtzeichenanlagen wird empfohlen.

20 6. Ist die Kennzeichnung des Endes eines Sonderfahrstreifens erforderlich, ist das Zeichen mit dem Zusatzzeichen „Ende" anzuordnen.

21 IV. Die Funktionsfähigkeit der Sonderfahrstreifen hängt weitgehend von ihrer völligen Freihaltung vom Individualverkehr ab.

Zu Zeichen 261 Verbot für kennzeichnungspflichtige Kraftfahrzeuge mit gefährlichen Gütern

1 I. Gefährliche Güter sind die Stoffe und Gegenstände, deren Beförderung auf der Straße und Eisenbahn nach § 2 Nr. 9 der Gefahrgutverordnung Straße und Eisenbahn (GGVSE) in Verbindung mit den Anlagen A und B des Europäischen Übereinkommens über die internationale Beförderung auf der Straße (ADR) verboten oder nur unter bestimmten Bedingungen gestattet ist. Die Kennzeichnung von Fahrzeugen mit gefährlichen Gütern ist in Kapitel 5.3 zum ADR geregelt.

2 II. Das Zeichen ist anzuordnen, wenn zu besorgen ist, dass durch die gefährlichen Güter infolge eines Unfalls oder Zwischenfalls, auch durch das Undichtwerden des Tanks, Gefahren für das Leben, die Gesundheit, die Umwelt oder Bauwerke in erheblichem Umfang eintreten können. Hierfür kommen z. B. Gefällstrecken in Betracht, die unmittelbar in bebaute Ortslagen führen. Für die Anordnung entsprechender Maßnahmen erlässt das für Verkehr zuständige Bundesministerium im Einvernehmen mit den obersten Landesbehörden Richtlinien, die im Verkehrsblatt veröffentlicht werden.

Zu Zeichen 262 bis 266

1 Die betroffenen Fahrzeuge sind rechtzeitig auf andere Straßen umzuleiten (Zeichen 421 und 442).

Zu Zeichen 264 und 265

1 I. Bei Festlegung der Maße ist ein ausreichender Sicherheitsabstand zu berücksichtigen.

2 II. Muss das Zeichen 265 bei Ingenieurbauwerken angebracht werden, unter denen der Fahrdraht einer Straßenbahn oder eines Oberleitungsomnibusses verlegt ist, so ist wegen des Sicherheitsabstandes der Verkehrsunternehmer zu hören.

3 III. Siehe auch Richtlinien für die Kennzeichnung von Ingenieurbauwerken mit beschränkter Durchfahrtshöhe über Straßen.

Zu Zeichen 267 Verbot der Einfahrt

1 Für Einbahnstraßen vgl. zu Zeichen 220.

§ 41 Vorschriftzeichen

Zu Zeichen 268 Schneeketten sind vorgeschrieben

1 Das Zeichen darf nur zu den Zeiten sichtbar sein, in denen Schneeketten wirklich erforderlich sind.

Zu Zeichen 269 Verbot für Fahrzeuge mit wassergefährdender Ladung

1 I. Das Zeichen ist nur im Benehmen mit der für die Reinhaltung des Wassers zuständigen Behörde anzuordnen.

2 II. Wassergefährdende Stoffe sind feste, flüssige und gasförmige Stoffe, insbesondere

3 – Säuren, Laugen,

4 – Alkalimetalle, Siliciumlegierungen mit über 30 Prozent Silicium, metallorganische Verbindungen, Halogene, Säurehalogenide, Metallcarbonyle und Beizsalze,

5 – Mineral- und Teeröle sowie deren Produkte,

6 – flüssige sowie wasserlösliche Kohlenwasserstoffe, Alkohole, Aldehyde, Ketone, Ester, halogen-, stickstoff- und schwefelhaltige organische Verbindungen,

7 – Gifte,

8 die geeignet sind, nachhaltig die physikalische, chemische oder biologische Beschaffenheit des Wassers nachteilig zu verändern.

9 III. Vgl. auch zu Zeichen 354 und über die Zustimmungsbedürftigkeit Nr. III 1 a zu § 45 Abs. 1 bis 1e; Rn. 4.

10 IV. Auf die zu Zeichen 261 erwähnten Richtlinien wird verwiesen.

VwV zu Zeichen 272 Wendeverbot

1 Nr. III zu Zeichen 209 bis 214; Rn. 3 gilt entsprechend.

Zu Zeichen 273 Verbot des Fahrens ohne einen Mindestabstand

1 Das Zeichen darf nur dort angeordnet werden, wo Überbeanspruchungen von Brücken oder sonstigen Ingenieurbauwerken mit beschränkter Tragfähigkeit dadurch auftreten können, dass mehrere schwere Kraftfahrzeuge dicht hintereinander fahren. Die Anordnung kommt ferner vor Tunneln in Betracht, bei denen das Einhalten eines Mindestabstandes aus Verkehrssicherheitsgründen besonders geboten ist. In der Regel ist die Länge der Strecke durch Zusatzzeichen anzugeben.

Zu Zeichen 274 Zulässige Höchstgeschwindigkeit

1 I. Geschwindigkeitsbeschränkungen aus Sicherheitsgründen sollen auf bestehenden Straßen angeordnet werden, wenn Unfalluntersuchungen ergeben haben, dass häufig geschwindigkeitsbedingte Unfälle aufgetreten sind. Dies gilt jedoch nur dann, wenn festgestellt worden ist, dass die geltende Höchstgeschwindigkeit von der Mehrheit der Kraftfahrer eingehalten wird. Im anderen Fall muss die geltende zulässige Höchstgeschwindigkeit durchgesetzt werden. Geschwindigkeitsbeschränkungen können sich im Einzelfall schon dann empfehlen, wenn aufgrund unangemessener Geschwindigkeiten häufig gefährliche Verkehrssituationen festgestellt werden.

II. Außerhalb geschlossener Ortschaften können Geschwindigkeitsbeschränkungen nach Maßgabe der Nr. I erforderlich sein,

2 1. wo Fahrzeugführer insbesondere in Kurven, auf Gefällstrecken und an Stellen mit besonders unebener Fahrbahn (vgl. aber Nr. I zu § 40; Rn. 1), ihre Geschwindigkeit nicht den Straßenverhältnissen anpassen; die zulässige Höchstgeschwindigkeit soll dann auf diejenige Geschwindigkeit festgelegt werden, die vorher von 85 % der Fahrzeugführer von sich aus ohne Geschwindigkeitsbeschränkung, ohne überwachende Polizeibeamte und ohne Behinderung durch andere Fahrzeuge eingehalten wurde,

3 2. wo insbesondere auf Steigungs- und Gefällstrecken eine Verminderung der Geschwindigkeitsunterschiede geboten ist; die zulässige Höchstgeschwindig-

keit soll dann auf diejenige Geschwindigkeit festgelegt werden, die vorher von 85 % der Fahrzeugführer von sich aus ohne Geschwindigkeitsbeschränkung, ohne überwachende Polizeibeamte und ohne Behinderung durch andere Fahrzeuge eingehalten wurde,

4 3. wo Fußgänger oder Radfahrer im Längs- oder Querverkehr in besonderer Weise gefährdet sind; die zulässige Höchstgeschwindigkeit soll auf diesen Abschnitten in der Regel 70 km/h nicht übersteigen.

5 III. Außerhalb geschlossener Ortschaften ist die zulässige Höchstgeschwindigkeit vor Lichtzeichenanlagen auf 70 km/h zu beschränken.

6 IV. Das Zeichen soll so weit vor der Gefahrstelle aufgestellt werden, dass eine Gefährdung auch bei ungünstigen Sichtverhältnissen ausgeschlossen ist. Innerhalb geschlossener Ortschaften sind im Allgemeinen 30 bis 50 m, außerhalb geschlossener Ortschaften 50 bis 100 m und auf Autobahnen und autobahnähnlichen Straßen 200 m ausreichend.

7 V. Vor dem Beginn geschlossener Ortschaften dürfen Geschwindigkeitsbeschränkungen zur stufenweisen Anpassung an die innerorts zulässige Geschwindigkeit nur angeordnet werden, wenn die Ortstafel (Zeichen 310) nicht rechtzeitig, im Regelfall auf eine Entfernung von mindestens 100 m, erkennbar ist.

8 VI. Auf Autobahnen und autobahnähnlichen Straßen dürfen nicht mehr als 130 km/h angeordnet werden. Nur dort darf die Geschwindigkeit stufenweise herabgesetzt werden. Eine Geschwindigkeitsstufe soll höchstens 40 km/h betragen. Der Mindestabstand in Metern zwischen den unterschiedlichen Höchstgeschwindigkeiten soll das 10-fache der Geschwindigkeitsdifferenz in km/h betragen. Nach Streckenabschnitten ohne Beschränkung soll in der Regel als erste zulässige Höchstgeschwindigkeit 120 km/h angeordnet werden.

9 VII. Das Zeichen 274 mit Zusatzzeichen „bei Nässe" soll statt des Zeichens 114 dort angeordnet werden, wo das Gefahrzeichen als Warnung nicht ausreicht.

10 VIII. Innerhalb geschlossener Ortschaften kommt eine Anhebung der zulässigen Höchstgeschwindigkeit auf höchstens 70 km/h grundsätzlich nur auf Vorfahrtstraßen (Zeichen 306) in Betracht, auf denen benutzungspflichtige Radwege vorhanden sind und der Fußgängerquerverkehr durch Lichtzeichenanlagen sicher geführt wird. Für Linksabbieger sind Abbiegestreifen erforderlich.

11 IX. Zur Verwendung des Zeichens an Bahnübergängen vgl. Nr. IV 2 zu Zeichen 201; Rn. 5 und an Arbeitsstellen vgl. die Richtlinien für die Sicherung von Arbeitsstellen an Straßen (RSA), die das für Verkehr zuständige Bundesministerium im Einvernehmen mit den obersten Landesbehörden im Verkehrsblatt bekannt gibt.

12 X. Geschwindigkeitsbeschränkungen aus Gründen des Lärmschutzes dürfen nur nach Maßgabe der Richtlinien für straßenverkehrsrechtliche Maßnahmen zum Schutz der Bevölkerung vor Lärm (Lärmschutzrichtlinien – StV) angeordnet werden. Zur Lärmaktions- und Luftreinhalteplanung siehe Bundes-Immissionsschutzgesetz.

Zu Zeichen 274.1 und 274.2 Tempo 30-Zone

1 I. Vgl. Nummer XI zu § 45 Abs. 1 bis 1 e.

2 II. Am Anfang einer Zone mit zulässiger Höchstgeschwindigkeit ist Zeichen 274.1 so aufzustellen, dass es bereits auf ausreichende Entfernung vor dem Einfahren in den Bereich wahrgenommen werden kann. Dazu kann es erforderlich sein, dass das Zeichen von Einmündungen oder Kreuzungen abgesetzt oder beidseitig aufgestellt wird. Abweichend von Nummer III 9 zu §§ 39 bis 43; Rn. 28 empfiehlt es sich, das Zeichen 274.2 auf der Rückseite des Zeichens 274.1 aufzubringen.

3 III. Das Zeichen 274.2 ist entbehrlich, wenn die Zone in einen Fußgängerbereich (Zeichen 242.1) oder in einen verkehrsberuhigten Bereich (Zeichen 325.1) übergeht. Stattdessen sind die entsprechenden Zeichen des Bereichs anzuordnen, in den eingefahren wird.

4 IV. Zusätzliche Zeichen, die eine Begründung für die Zonengeschwindigkeitsbeschränkung enthalten, sind unzulässig.

Zu Zeichen 275 Vorgeschriebene Mindestgeschwindigkeit

1 I. Das Zeichen darf nur fahrstreifenbezogen, niemals aber auf dem rechten von mehreren Fahrstreifen, angeordnet werden.

2 II. Die vorgeschriebene Mindestgeschwindigkeit muss bei normalen Straßen-, Verkehrs- und Sichtverhältnissen unbedenklich sein.

3 III. Innerhalb geschlossener Ortschaften dürfen die Zeichen nicht angeordnet werden.

4 IV. Die Anordnung kann insbesondere auf drei oder mehrstreifigen Richtungsfahrbahnen von Autobahnen aus Gründen der Leichtigkeit des Verkehrs in Betracht kommen.

Zu Zeichen 276 Überholverbot

1 I. Das Zeichen ist nur dort anzuordnen, wo die Gefährlichkeit des Überholens für den Fahrzeugführer nicht ausreichend erkennbar ist.

2 II. Wo das Überholen bereits durch Zeichen 295 unterbunden ist, darf das Zeichen nicht angeordnet werden.

3 III. Außerhalb geschlossener Ortschaften ist das Zeichen in der Regel auf beiden Straßenseiten aufzustellen.

4 IV. Zur Verwendung des Zeichens an Gefahrstellen vgl. Nummer I zu § 40; Rn. 1.

Zu Zeichen 277 Überholverbot für Kraftfahrzeuge über 3,5 t

1 I. Das Zeichen soll nur auf Straßen mit erheblichem und schnellem Fahrverkehr angeordnet werden, wo der reibungslose Verkehrsablauf dies erfordert. Das kommt z. B. an Steigungs- und Gefällstrecken in Frage, auf denen Lastkraftwagen nicht mehr zügig überholen können; dabei ist maßgeblich die Stärke und Länge der Steigung oder des Gefälles; Berechnungen durch Sachverständige empfehlen sich.

II. Bei Anordnung von Lkw-Überholverboten auf Autobahnen und autobahnähnlich ausgebauten Straßen ist ergänzend folgendes zu beachten:

2 1. Bei Anordnung von Lkw-Überholverboten auf Landesgrenzen überschreitenden Autobahnen müssen die Auswirkungen auf den im anderen Bundesland angrenzenden Streckenabschnitt berücksichtigt werden.

3 2. Auf Autobahnen empfehlen sich LKW-Überholverbote an unfallträchtigen Streckenabschnitten (z. B. an Steigungs- oder Gefällstrecken, Ein- und Ausfahrten oder vor Fahrstreifeneinziehung von links).

4 3. Auf zweistreifigen Autobahnen können darüber hinaus Überholverbote – auch z. B. auf längeren Strecken – in Betracht kommen, wenn bei hohem Verkehrsaufkommen durch häufiges Überholen von Lkw die Geschwindigkeit auf dem Überholstreifen deutlich vermindert wird und es dadurch zu einem stark gestörten Verkehrsfluss kommt, durch den die Verkehrssicherheit beeinträchtigt werden kann.

5 4. Unter Beachtung des Grundsatzes der Verhältnismäßigkeit kann das Überholverbot auf Fahrzeuge mit einem höheren zulässigen Gesamtgewicht als 3,5 t beschränkt werden, insbesondere an Steigungsstrecken. Wenn das Verkehrsaufkommen und die Fahrzeugzusammensetzung kein ganztägiges Überholverbot erfordern, kommt eine Beschränkung des Überholverbots auf bestimmte Tageszeiten in Betracht.

6 III. Aufgrund der bei Überholmanövern in Tunneln von LKW ausgehenden Gefahr sollte in Tunneln mit mehr als einem Fahrstreifen in jeder Richtung ein LKW-Überholverbot angeordnet werden. Von einer Anordnung des Zeichens kann abgesehen werden, wenn nachgewiesen wird, dass hiervon keine negativen Auswirkungen auf die Verkehrssicherheit ausgehen.

Zu Zeichen 274, 276 und 277

1   I. Die Zeichen sind nur dort anzuordnen, wo Gefahrzeichen oder Richtungstafeln (Zeichen 625) nicht ausreichen würden, um eine der Situation angepasste Fahrweise zu erreichen. Die Zeichen können dann mit Gefahrzeichen kombiniert werden, wenn

2   1. ein zusätzlicher Hinweis auf die Art der bestehenden Gefahr für ein daran orientiertes Fahrverhalten im Einzelfall unerlässlich ist oder

3   2. aufgrund dieser Verkehrszeichenkombination eine Kennzeichnung des Endes der Verbotsstrecke entbehrlich wird (vgl. Erläuterung zu den Zeichen 278 bis 282).

4   II. Gelten diese Verbote für eine längere Strecke, kann die jeweilige Länge der restlichen Verbotsstrecke auf einem Zusatzzeichen 1001 angegeben werden.

5   III. Die Zeichen 274, 276 und 277 sollen hinter solchen Kreuzungen und Einmündungen wiederholt werden, an denen mit dem Einbiegen ortsunkundiger Kraftfahrer zu rechnen ist. Wo innerhalb geschlossener Ortschaften durch das Zeichen 274 eine Geschwindigkeit über 50 km/h zugelassen ist, genügt dagegen dessen Wiederholung in angemessenen Abständen. Grundsätzlich richten sich die Abstände, in denen die Zeichen zu wiederholen sind, nach den jeweiligen Verkehrsverhältnissen und der Verkehrssituation. Auf Autobahnen empfiehlt es sich in der Regel, die Zeichen nach 1 000 m zu wiederholen.

6   IV. Vgl. auch Nummer IV zu § 41; Rn. 4 und über die Zustimmungsbedürftigkeit Nummer III 1c und e zu § 45 Abs. 1 bis 1e; Rn. 6 und 8.

Zu Zeichen 283 Absolutes Haltverbot

1   I. Das Haltverbot darf nur in dem Umfang angeordnet werden, in dem die Verkehrssicherheit, die Flüssigkeit des Verkehrs oder der öffentliche Personennahverkehr es erfordert. Deshalb ist stets zu prüfen, ob eine tages- oder wochenzeitliche Beschränkung durch Zusatzzeichen anzuordnen ist.

2   II. Befindet sich innerhalb einer Haltverbotsstrecke eine Haltestelle (Zeichen 224), ist ein Zusatzzeichen, das Linienomnibussen das Halten zum Fahrgastwechsel erlaubt, überflüssig.

Zu Zeichen 286 Eingeschränktes Haltverbot

1   I. Das Zeichen ist dort anzuordnen, wo das Halten die Sicherheit und Flüssigkeit des Verkehrs zwar nicht wesentlich beeinträchtigt, das Parken jedoch nicht zugelassen werden kann, ausgenommen für das Be- und Entladen sowie das Ein- und Aussteigen. Das Verbot ist in der Regel auf bestimmte Zeiten zu beschränken (z. B. „9–12 h" oder „werktags").

2   II. Durch ein Zusatzzeichen können bestimmte Verkehrsarten vom Haltverbot ausgenommen werden.

3   III. Zum Bewohnerbegriff vgl. Nummer X 7 zu § 45 Abs. 1 bis 1e; Rn. 35.

Zu Zeichen 283 und 286

1   I. Den Anfang einer Verbotsstrecke durch einen zur Fahrbahn weisenden Pfeil zu kennzeichnen, ist zumindest dann zweckmäßig, wenn wiederholte Zeichen aufgestellt sind oder das Ende der Verbotsstrecke gekennzeichnet ist. Eine Wiederholung innerhalb der Verbotsstrecke ist nur angezeigt, wenn ohne sie dem Sichtbarkeitsprinzip nicht Rechnung getragen würde.

2   II. Das Ende der Verbotsstrecke ist zu kennzeichnen, wenn Verbotszeichen wiederholt aufgestellt sind oder wenn die Verbotsstrecke lang ist. Das gilt nicht, wenn die Verbotsstrecke an der nächsten Kreuzung oder Einmündung endet oder eine andere Regelung für den ruhenden Verkehr durch Verkehrszeichen unmittelbar anschließt.

3   III. Verbotszeichen mit Pfeilen sind im spitzen Winkel zur Fahrbahn anzubringen.

§ 41 Vorschriftzeichen

Zu den Zeichen 290.1 und 290.2
Beginn und Ende eines eingeschränkten Haltverbotes für eine Zone

1 I. Die Zeichen sind so aufzustellen, dass sie auch für den einbiegenden Verkehr sichtbar sind, ggf. auf beiden Straßenseiten.

2 II. Soll das Kurzzeitparken in der gesamten Zone oder in ihrem überwiegenden Teil zugelassen werden, sind nicht Zeichen 290.1, 290.2, sondern Zeichen 314.1, 314.2 anzuordnen.

Zu Anlage 2 Abschnitt 9 Markierungen

1 Vgl. § 39 und VwV zu den §§ 39 bis 43, insbesondere Rn. 49 ff.

Zu Zeichen 293 Fußgängerüberweg

1 Vgl. zu § 26.

Zu Zeichen 295 Fahrstreifenbegrenzung und Fahrbahnbegrenzung
Zu Nummer 1 Fahrstreifenbegrenzung

1 I. Das Zeichen ist zur Trennung des für den Gegenverkehr bestimmten Teils der Fahrbahn in der Regel dann anzuordnen, wenn die Straße mehr als einen Fahrstreifen je Richtung aufweist. In diesen Fällen ist die Fahrstreifenbegrenzung in der Regel als Doppellinie auszubilden. Auf Straßen mit nur einem Fahrstreifen je Richtung ist das Zeichen nur dann anzuordnen, wenn das Befahren des für den Gegenverkehr bestimmten Teils der Fahrbahn aus Verkehrssicherheitsgründen nicht zugelassen werden kann. In diesen Fällen soll zuvor eine Leitlinie von ausreichender Länge angeordnet werden, deren Striche länger sein müssen als ihre Lücken (Warnlinie). Die durchgehende Linie ist dort zu unterbrechen, wo das Linksab- und -einbiegen zugelassen werden soll. Soll das Linksab- oder -einbiegen nur aus einer Fahrtrichtung zugelassen werden, ist an diesen Stellen die einseitige Fahrstreifenbegrenzung (Zeichen 296) anzuordnen.

2 II. Zeichen 295 ist außerdem anzuordnen, wenn mehrere Fahrstreifen für den gleichgerichteten Verkehr vorhanden sind, ein Fahrstreifenwechsel jedoch verhindert werden soll. Die Fahrstreifen müssen dann mindestens 3 m breit sein.

3 III. In den übrigen Fällen reicht eine Abgrenzung vom Gegenverkehr durch eine Leitlinie (Zeichen 340) aus.

4 IV. Wegen der Zustimmungsbedürftigkeit vgl. Nummer III 1 c zu § 45 Abs. 1 bis 1 e; Rn. 6.

Zu Nummer 2 Fahrbahnbegrenzung

5 Außerhalb geschlossener Ortschaften ist auf Straßen zumindest bei starkem Kraftfahrzeugverkehr der Fahrbahnrand zu markieren.

Zu Zeichen 297.1 Vorankündigungspfeil

1 I. Aus Gründen der besseren Erkennbarkeit für den Kraftfahrer wird empfohlen, zur Ankündigung des Endes eines Fahrstreifens eine abweichende Ausführung des Pfeils zu verwenden. Diese gibt das für Verkehr zuständige Bundesministerium nach Anhörung der zuständigen obersten Landesbehörden im Verkehrsblatt bekannt.

2 II. Auf Nummer IV zu §§ 39 bis 43 Allgemeines über Verkehrszeichen und Verkehrseinrichtungen wird verwiesen.

Zu Anlage 2 lfd. Nummer 74 Parkflächenmarkierungen

1 I. Eine Parkflächenmarkierung ist an Parkuhren vorzunehmen und überall dort, wo von der vorgeschriebenen Längsaufstellung abgewichen werden soll oder das Gehwegparken ohne Anordnung des Zeichens 315 zugelassen werden soll. Die erkennbare Abgrenzung der Parkflächen kann mit Markierungen, Markierungsknopfreihen oder durch eine abgesetzte Pflasterlinie erfolgen. In der Regel reicht eine Kennzeichnung der Parkstandsecken aus.

2 II. Das Parken auf Gehwegen darf nur zugelassen werden, wenn genügend Platz für den unbehinderten Verkehr von Fußgängern gegebenenfalls mit Kinderwagen oder Rollstuhlfahrern auch im Begegnungsverkehr bleibt, die Gehwege und die

darunter liegenden Leitungen durch die parkenden Fahrzeuge nicht beschädigt werden können und der Zugang zu Leitungen nicht beeinträchtigt werden kann sowie die Bordsteine ausreichend abgeschrägt und niedrig sind. Die Zulassung des Parkens durch Markierung auf Gehwegen ist dort zu erwägen, wo nur wenigen Fahrzeugen das Parken erlaubt werden soll; sonst ist die Anordnung des Zeichens 315 ratsam.

Zu Zeichen 299 Grenzmarkierung für Halt- und Parkverbote

1 I. Vgl. zu § 12 Abs. 3 Nummer 1; Rn. 2.

2 II. Die Markierung kann auch vor und hinter Kreuzungen oder Einmündungen überall dort angeordnet werden, wo das Parken auf mehr als 5 m verboten werden soll. Sie kann ferner angeordnet werden, wo ein Haltverbot an für die Verkehrssicherheit bedeutsamen Stellen verlängert werden muss, z. B. an Fußgängerüberwegen. Die Markierung ist nicht an Stellen anzuwenden, an denen sich Halt- und Parkverbote sonst nicht durchsetzen lassen.

3 III. Bei gesetzlichen Halt- oder Parkverboten reicht es in der Regel aus, nur den Beginn und das Ende bzw. den Bereich der Verlängerung durch eine kombinierte waagerechte und abgeknickte Linie zu markieren.

1 Aus der amtlichen Begründung

1.1 Z. 220 ermöglicht die Zulassung von gegenläufigem Radfahrverkehr. Abseits von Hauptverkehrsstraßen können auch Fahrradstraßen eingerichtet werden (Begr. 1997).

1.2 Wegen zunehmender Bedeutung von Kreisverkehren wird das Z. 215 eingeführt. Z. 274.1 erhält die Bedeutung „Tempo 30-Zone". Markierungsleuchtknöpfe erleichtern die Spurführung bei temporär dynamischer Verkehrsbeeinflussung (Begr. 2000).

1.3 Zur Vermeidung eines Autobahnausbaus können auf Staustrecken durch Z. 223.1 Standspuren zeitlich begrenzt zum Befahren freigegeben werden (Begr. 2001).

1.4 Z. 253 mit Zusatzzeichen „Durchgangsverkehr" und „12 t" verbieten den Maut-Ausweichverkehr auf Bundes-, Landes- und Kreisstraßen (Begr. 2005).

1.5 Z. 270.1 und Z. 270.2 dienen der Minderung von Feinstaub- und Stickoxidbelastung durch ein Verkehrsverbot für nicht schadstoffarme Fahrzeuge (Begründung 2006).

1.6 Mofas dürfen außerorts Radwege benutzen, innerorts nur mit Zusatzzeichen „Mofas frei" (Begr. 2007).

1.7 Neufassung des § 41 zur Bereinigung des Verordnungstextes nebst Anpassung der Ge- und Verbote in der Verkehrszeichen-Tabelle der Anlage 2 (Begr. 2009).

2 Erläuterungen

2.1 Vorschrift- und Zusatzzeichen

Grundsätzlich kann die Bedeutung der Verkehrszeichen durch Zusatzzeichen eingeschränkt, nicht aber erweitert werden. Durch unzulässige Zusatzzeichen werden Verkehrszeichen nicht unwirksam (BayObLG VRS 60, 152). Nicht der StVO entsprechende Vorschriftzeichen sind ungültig und unbeachtlich (OLG Düsseldorf VerkMitt 1973 Nr. 110; OLG Hamm NJW 1953, 1886: Aufschrift „Schrittgeschwindigkeit"); ebenso Zeichen, die unbefugt von Privaten aufgestellt werden (OLG Hamm VkBl 1965, 15: Aufstellung eines Verbotszeichens durch Gastwirt).[34] Verkehrszeichen, die wegen der Art ihrer Aufstellung ihre Bedeutung nicht klar erkennen lassen, sind rechtswidrig (OLG Düsseldorf VerkMitt 1988 Nr. 100: Z. 314 vor einer Stelle, an der Poller das Parken verhindern). In anderen Fällen ist jedes Vorschriftzeichen verbindlich, das zweckmäßig, gut sichtbar und nicht irreführend aufgestellt ist (BGH DAR 1966, 218 = VRS 31, 84). Die Aufhebung einer Verkehrszeichenanordnung wird erst mit dem Entfernen des Schildes oder der Markierung wirksam; bis dahin muss es beachtet werden, selbst wenn es rechtswidrig (aber nicht „nichtig") ist.

Die Ahndung von Verstößen nach § 49 Abs. 3 Nr. 4 bis 6 gegen die Ge- und Verbote der Anlagen 2 bis 4 folgt nicht unmittelbar aus den Anlagen, sondern aus dem sachlich-rechtlichen Teil der Vorschriftentexte der §§ 41 bis 43. In den Anlagen sind die bußgeldbewehrten Ge- und Verbote zu den jeweiligen Verkehrszeichen konkret und handlungsbezogen formuliert. Dort, wo ein Verstoß gegen die StVO nur aus der Erlaubnis abgeleitet werden kann, ist der Verstoß in den einzelnen Vorschriften ausdrücklich geregelt.

2.2 Erläuterungen zu einzelnen Zeichen

Zeichen 201 (Andreaskreuz)

Die (frühere) Kombinationsmöglichkeit von Z. 201 mit Z. 294 (Haltlinie) ist nach Anl. 2 lfd. Nr. 67 ebenso entfallen wie für Z. 205.[35] Sie ist an beschrankten Bahnübergängen zulässig. Sofern solche Haltlinien noch vorhanden sind und die Bahntrasse von dort nicht zu übersehen ist, empfiehlt sich für den Fahrer das Vortasten, bis er volle Sicht von mind. 500 bis 900 m hat. Bei Umleitung des Verkehrs von einer Hauptverkehrsstraße über eine Nebenstraße mit unbeschranktem Bahnübergang ist die Aufstellung von Z. 201 beidseitig sowie Gefahrzeichen 151 erforderlich (OLG München NZV 2000, 206).

Zeichen 206 (Halt! Vorfahrt gewähren!)

Das Zeichen hat eine doppelte Bedeutung, und zwar Anhalten, um sich über die Vorfahrtverhältnisse zu orientieren, und „Vorfahrt gewähren". Das strikte Haltgebot ist als eingeschliffene Verhaltensweise auch dann zu befolgen, wenn weit und breit kein Fahrzeug sichtbar ist. Die Rechtswirksamkeit des Z. 206 wird durch ein einige Meter vor ihm aufgestelltes Z. 205 („Vorfahrt gewähren!") nicht beeinträchtigt (OLG Saarbrücken VRS 47, 387). Ist das Z. 206 mit einer **Haltlinie** (Z. 294) verbunden, ist zunächst an der Haltlinie anzuhalten, selbst wenn faktisch von dort keine volle Sicht auf den Querverkehr besteht. Wer bei gelb blinkendem Lichtsignal die Haltlinie und ein Stoppschild überfährt, handelt grob verkehrswidrig (OLG Köln NZV 2002, 374). Anschließend darf sich der Kraftfahrer in die Kreuzung hineintasten. Ein nochmaliges Anhalten ist zwar empfohlen, jedoch nicht vorgeschrieben. Beim Fehlen einer Haltlinie muss an der **Sichtlinie** ange-

---

34 Stellen Private Verkehrszeichen im öffentlichen Verkehrsraum auf, kann eine strafbare Amtsanmaßung nach § 132 StGB vorliegen; werden angeordnete Verkehrszeichen verändert, zusätzlich Sachbeschädigung nach § 303 StGB.
35 Zum Vorschlag der Kombination von Z. 201 mit einem Stoppschild: Marquard VD 2005, 87

Vorfahrt an Kreuzungen mit vorgelagerter Fußgängerampel

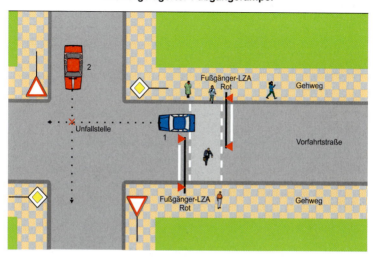

KFZ 1 fährt bei Rot über die Fußgängerampel und stößt mit KFZ 2 zusammen. Die Lichtzeichen einer von der Kreuzung/Einmündung abgesetzten Fußgängerampel dienen dem Fußgängerschutz, nicht aber dem Schutz des die Vorfahrtstraße (Z. 306) kreuzenden (untergeordneten) Querverkehrs (Z. 205). Infolgedessen begeht KFZ 1 zwar einen Rotlichtverstoß, nicht aber eine Vorfahrtverletzung nach § 8 Abs. 1 Nr. 1 (anders nur, wenn sich die LZA unmittelbar vor der Kreuzung/Einmündung befindet). Ungeachtet dessen ist aber die Vorfahrt kein Recht, sondern nur die Berechtigung als Erster fahren zu dürfen, wenn die Verkehrslage eine gefahrlose Weiterfahrt zulässt. Wer verkehrswidrig das Rotlicht der Fußgängerampel missachtet, muss auf seine Vorfahrt verzichten (§ 11 Abs. 3), wenn er vorausschauend im der weiteren Entwicklung der Verkehrslage damit rechnen muss, dass der Querverkehr (KFZ 2) im Vertrauen auf das Rotlicht davon ausgeht, der Vorfahrtberechtigte (KFZ 1) werde bei Rot der Fußgängerampel warten (OLG Karlsruhe VerkMitt 2002, Nr. 12 = VRS 100, 460). KFZ 1 ist somit für den Unfall verantwortlich (§ 37 Abs. 2 Nr. 1 i.V.m. §§ 11 Abs. 3, 1 Abs. 2).

halten werden, sofern Z. 206 nicht mit der Sichtlinie identisch ist (BayObLG VerkMitt 1986 Nr. 31). Sichtlinie ist der Bereich „vor" den Schnittkanten der kreuzenden oder einmündenden Straße (nicht „in" der Kreuzung oder Einmündung). Kann von dort aus der Querverkehr faktisch nicht beobachtet werden, gebietet Z. 206 dennoch, dort das strikte Haltgebot zu beachten. Anschließend darf sich der Kraftfahrer in den Knotenpunkt hineintasten, bis er volle Sicht auf den Querverkehr hat; ein nochmaliges Anhalten ist empfehlenswert, jedoch nicht strikt vorgeschrieben.

Zeichen 209 (Vorgeschriebene Fahrtrichtung: rechts)

Auch an Kreuzungen oder Einmündungen, an denen das Z. 209 gebietet, rechts abzubiegen, ist die Abbiegeabsicht rechtzeitig und deutlich anzuzeigen (OLG Celle VRS 52, 219). Das Zeichen verhindert nicht das Einfahren in ein davor links befindliches Grundstück (OLG Frankfurt VRS 46, 64). In einer Einbahnstraße ohne markierte Fahrstreifen gilt das durch Z. 209 angeordnete Rechtsabbiegen für die gesamte Straße, auch wenn das Zeichen nur am rechten Fahrbahnrand angebracht ist (OLG Düsseldorf VerkMitt 1991 Nr. 64 = NZV 1991, 204).

§ 41 Vorschriftzeichen

Anhaltepunkt beim Z. 206 ohne Haltlinie

Überall dort, wo die StVO eine Wartepflicht zu Gunsten des bevorrechtigten Verkehrs vorsieht, ist das Anhalten „vor" der Schnittkante zur bevorrechtigten Straße zu befolgen (§§ 36 Abs. 1 Satz 1, 37 Abs. 1 Satz 6 sowie bei Z. 294 mit 201). Nichts anderes gilt beim Z. 206 ohne Haltlinie. Das unbedingte Haltgebot ist dort zu befolgen, „wo die andere Straße zu übersehen ist" (§ 41 Abs. 2 Nr. 1 b Satz 3), somit nicht „in" der Kreuzung, sondern „vor" der bevorrechtigten Straße aus. Das Z. 206 hat eine doppelte Bedeutung, und zwar „Anhalten" und „Vorfahrt gewähren". Durch das Anhalten soll sich der Kraftfahrer über die Verkehrslage und die Vorfahrtverhältnisse vergewissern, anschließend hat er die Vorfahrt zu beachten.

Das strikte Haltgebot spätestens an der Schnittkante der sich kreuzenden Fahrbahnen (bei Radwegen davor) ist auch dann zu befolgen, wenn von dieser Stelle wegen parkender Fahrzeuge oder Straßenbegleitgrün keine volle Sicht in die Kreuzung besteht (KFZ 1). Anschließend darf sich KFZ 1 bis zum tatsächlichen Sichtpunkt vortasten (KG NZV 2000, 377). Ein nochmaliges Anhalten an der Sichtlinie ist zwar empfehlenswert, jedoch nicht zwingend. Eine Behinderung des abbiegenden KFZ 2 am Sichtpunkt ist dann keine Vorfahrtverletzung. Ist beim Vortasten erkennbar, dass bevorrechtigter Verkehr nicht vorhanden ist, darf die Kreuzung ohne nochmaliges striktes Anhalten überquert werden.

Zeichen 211 (Hier rechts)

Das Zeichen untersagt nicht, nach dem Abbiegen zu wenden und in entgegengesetzter Richtung zu fahren (KG VerkMitt 1960 Nr. 29). Soll das Wenden verboten sein, ist Z. 272 aufzustellen.

Zeichen 220 (Einbahnstraße)

Das Zeichen verbietet das Rückwärtsfahren zu einem freien Parkstand, nicht aber das Rückwärtseinparken bei sofortiger Anhaltebereitschaft

(OLG Frankfurt VersR 1973, 868). Radwege an Einbahnstraßen dürfen nur in der vorgeschriebenen Richtung der Einbahnstraße befahren werden (BGH DAR 1982, 14 = NJW 1982, 334). Ist in Einbahnstraßen Radverkehr aus der Gegenrichtung durch Zusatzzeichen zugelassen, hat die Straße den Charakter einer Fahrbahn mit gegenläufigem Verkehr. Infolgedessen gilt Rechtsfahrgebot. Da beim Linksabbiegen entgegenkommende Radfahrer Vorrang haben, darf das Einordnen nur bis zur Mitte der Einbahnstraße erfolgen.

Zeichen 223.1 (Seitenstreifen befahren)

Auf hoch belasteten Autobahnen, Kraftfahrstraßen und anderen Strecken mit regelmäßigem Stau zu bestimmten Zeiten kann durch Z. 223.1 das vorübergehende Befahren von Seitenstreifen ("Standspuren") zugelassen werden.[36] Voraussetzung ist, dass der Seitenstreifen nach Bauart, Tragfähigkeit und Breite das Befahren wie auf der Fahrbahn zulässt. Außerdem müssen die positiven Auswirkungen eines Stauabbaus mit der dadurch bedingten Unfallminimierung gegenüber den Sicherheitsvorteilen eines Seitenstreifens überwiegen. Vor und während der Freigabe des Seitenstreifens muss die Strecke überprüft werden, ob sie frei von Hindernissen (liegen gebliebene Fahrzeuge) ist, z. B. durch Videoüberwachung. Es gilt dann Rechtsfahrgebot mit der Verpflichtung, auf den Seitenstreifen zu wechseln. Die (durchgehende) Fahrbahnbegrenzungslinie erhält die Bedeutung einer Leitlinie (Z. 340), wobei wegen des vorübergehenden Charakters darauf verzichtet

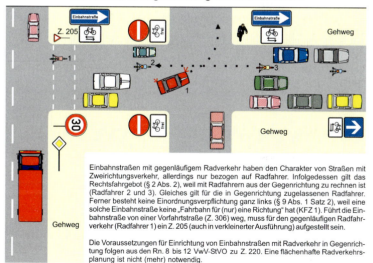

Radverkehr in Gegenrichtung der Einbahnstraße

Einbahnstraßen mit gegenläufigem Radverkehr haben den Charakter von Straßen mit Zweirichtungsverkehr, allerdings nur bezogen auf Radfahrer. Infolgedessen gilt das Rechtsfahrgebot (§ 2 Abs. 2), weil mit Radfahrern aus der Gegenrichtung zu rechnen ist (Radfahrer 2 und 3). Gleiches gilt für die in Gegenrichtung zugelassenen Radfahrer. Ferner besteht keine Einordnungsverpflichtung ganz links (§ 9 Abs. 1 Satz 2), weil eine solche Einbahnstraße keine „Fahrbahn für (nur) eine Richtung" hat (KFZ 1). Führt die Einbahnstraße von einer Vorfahrtstraße (Z. 306) weg, muss für den gegenläufigen Radfahrverkehr (Radfahrer 1) ein Z. 205 (auch in verkleinerter Ausführung) aufgestellt sein.

Die Voraussetzungen für Einrichtung von Einbahnstraßen mit Radverkehr in Gegenrichtung folgen aus den Rn. 8 bis 12 VwV-StVO zu Z. 220. Eine flächenhafte Radverkehrsplanung ist nicht (mehr) notwendig.

---

36 Das bietet sich insbesondere dort an, wo der Ausbau einer Autobahn durch Planfeststellungsverfahren erheblich erschwert ist.

Ausschilderung für die Benutzung von Standstreifen

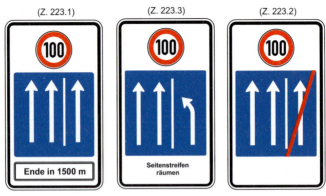

worden ist, die Fahrbahnbegrenzungslinie durch eine andere Markierung zu ersetzen. Die Linie darf somit überfahren werden; beim Fahrstreifenwechsel ist das Gefährdungsverbot des § 7 Abs. 5 zu beachten. Das Z. 223.1 ist mit einer Tempobegrenzung (100 km/h oder weniger) versehen, um die Leistungsfähigkeit der Strecke zu erhöhen. Das Ende ist durch Z. 223.2 und der Hinweis zum Überwechseln durch Z. 223.3 anzuzeigen. Eine fehlerhafte Beschilderung kann Amtshaftungsansprüche auslösen (OLG Celle DAR 2006, 267 = VRS 110, 406: fehlendes Z. 223.2). Hinter dem Z. 223.2 darf der Seitenstreifen nicht mehr befahren werden; die durchgehende Linie begrenzt wieder die Fahrbahn.

Zeichen 237 (Radfahrer)

Radwegebenutzungspflicht besteht nur auf Flächen, die mit Z. 237, 240 oder 241 gekennzeichnet sind (§ 2 Abs. 4); ohne Kennzeichnung nur auf Radverkehrsanlagen an Knotenpunkten (§ 9 Abs. 2 Satz 3). Sind linke Radwege nur in Fahrtrichtung durch Z. 237 ausgewiesen, dürfen sie in Gegenrichtung nur benutzt werden, wenn sie für diese Richtung durch Z. 237, 240, 241 oder durch ein isoliertes Zusatzzeichen „Radfahrer frei" (§ 2 Abs. 4) zugelassen sind (OLG Düsseldorf NZV 1992, 290). Wer in eine Vorfahrtstraße mit Radweg einbiegt, muss aber mit Radfahrern rechnen, die den Radweg in falscher Richtung benutzen, auch auf Ortsstraßen mit begrüntem Mittelstreifen (LG Schwerin NZV 2004, 581; OLG Hamm NZV 1992, 364). Da Radwege meist keiner uneingeschränkten Reinigungspflicht unterliegen, darf mit gebotener Vorsicht auf der Fahrbahn gefahren werden, wenn die Benutzung infolge von Schnee- und Eisglätte faktisch unmöglich ist. Gleiches gilt für „Rikschas", wenn die Radwegebreite ein Befahren nicht zulässt.[37]

Aufgrund der geringen Geschwindigkeit von **Mofas** und der vergleichsweise geringen Verkehrsdichte auf Radwegen außerorts sind Radwege dort generell für Mofas freigegeben. Eine Radwegebenutzungspflicht bei Beschilderung mit Z. 237, 240 oder 241 wird dadurch jedoch nicht begründet. Soll entgegen der allgemeinen Praxis Mofas die Benutzung außerört-

---

37 Siehe auch Kettler NZV 2004, 61

licher Radwege nicht gestattet werden, muss dies durch die Anordnung des Zusatzzeichens „keine Mofas" erfolgen. Innerorts müssen Mofas als KFZ weiterhin die Fahrbahn benutzen, sofern sie nicht auf Radwegen durch Zusatzzeichen „Mofas frei" ausdrücklich zugelassen sind.

Zeichen 240 (gemeinsamer Geh- und Radweg)

Für Radfahrer gilt auf einem gemeinsamen Geh- und Radweg Rechtsfahrgebot (§ 2 Abs. 2), nicht jedoch für Fußgänger (KG VerkMitt 2007 Nr. 79). Radfahrer müssen mit Schreckreaktionen älterer Menschen rechnen und durch Langsamfahren Rücksicht nehmen und erforderlichenfalls die Geschwindigkeit dem Fußgängerverkehr anpassen (OLG Oldenburg DAR 2004, 588 = NZV 2004, 360 = NJW 2004, 890). Bei Dunkelheit dürfen sie nur so schnell fahren, wie ihr Fahrlicht reicht (OLG Nürnberg VRS 107, 6 = SVR 2004, 429). Fußgänger können den von ihnen bevorzugten Wegteil frei wählen. Sie brauchen, da dort Radfahrer keinen Vorrang haben, nicht fortwährend nach herankommenden Radfahrern Umschau zu halten. Sie dürfen darauf vertrauen, dass Radfahrer auf sie Rücksicht nehmen und notfalls rechtzeitig durch Glockenzeichen auf sich aufmerksam machen; erst dann müssen sie eine Passage freigeben (BGH DAR 2009, 81; LG Hannover NZV 2006, 418). Im Verhältnis Radfahrer zu Inline-Skater bestehen keine besonderen Pflichten, beide müssen Rücksicht nehmen. Stürzt ein Radfahrer bei Glatteis auf einem gemeinsamen Fuß- und Radweg, ist der Räumpflichtige zum Schadenersatz selbst dann verpflichtet, wenn sich die Streupflicht nur auf den Gehweg erstreckt. Da für Radwege keine umfassende Räumpflicht besteht, müssen Schnee- und Eisglätte auf gemeinsamen Geh- und Radwegen (Z. 240, 241) nur in dem Umfang beseitigt werden, wie es für Fußgänger erforderlich ist; wird das missachtet, kann auch der Radfahrer bei einem Sturz Ersatzansprüche geltend machen (BGH NZV 2003, 570 = DAR 2004, 26 = VRS 106, 14 = NJW 2003, 3622 = SVR 2004, 106).

Zeichen 242 (Fußgängerbereich)

Das Zeichen begründet ein Benutzungsverbot für Fahrzeuge, infolgedessen ist dort auch das Parken von Motorrädern unzulässig (OLG Köln VRS 92, 362). Abschleppen eines dort unzulässig abgestellten Fahrzeugs ist zulässig (OVG Koblenz NVwZ 1988, 658). Ist im Fußgängerbereich der Anliegerverkehr für bestimmte Zeiten freigegeben, bedeutet dies für die Anlieger keine Parkerlaubnis in der übrigen Zeit (OLG Oldenburg VerkMitt 1990 Nr. 79 = VRS 79, 219 = NZV 1990, 361 = DAR 1990, 271). Ist Lieferverkehr freigegeben, gilt dies nicht für private (nicht gewerbliche) Transporte (KG VRS 62, 65); sind Taxen zugelassen, gilt das nicht für Mietwagen (VG Braunschweig NZV 2001, 140).

Zeichen 244 (Fahrradstraße)

Fahrradstraßen sind keine Trainingsstrecken für den Radsport. Auch Radrennfahrer unterliegen dem Gebot der gegenseitigen Rücksichtnahme (§ 1 Abs. 1) und dürfen dort nur mäßige Geschwindigkeit fahren (OLG Karlsruhe VRS 111, 447 = NZV 2007, 47 = DAR 2007, 98: max. 30 km/h). Ist KFZ-Verkehr zugelassen, darf der Radverkehr weder gefährdet noch behindert werden; erforderlichenfalls ist die Geschwindigkeit weiter zu verringern. Für alle dort fahrenden Fahrzeuge gilt höchstens Tempo 30 (Anl. 2 lfd. Nr. 23).

Zeichen 245 (Bussonderfahrstreifen)

Die Sondersignale oder Vorrangregeln auf Bussonderfahrstreifen ("Busspuren") gelten nur für die dort zugelassenen Verkehrsarten, nicht aber für diejenigen, die eine Busspur unzulässig befahren (OLG Oldenburg NZV 2001, 389; KG VerkMitt 2000 Nr. 87; BayObLG VRS 67, 84; OLG Hamburg VRS 100, 205; a. A. OLG Düsseldorf VRS 68, 70). Infolgedessen liegt ein Rotlichtverstoß vor, wenn zwar der Verkehr auf der Busspur durch Sondersignale, nicht aber der für die übrige Fahrbahn freigegeben ist. Unberechtigt die Busspur benutzende Fahrzeuge haben aber Vorrang vor Linksabbiegern, denn der Gegenverkehr ist auch dann wartepflichtig, wenn sich andere verkehrswidrig verhalten (KG VerkMitt 2008 Nr. 45 = VRS 114, 8 = NZV 2008, 297; a. A. noch OLG Hamm DAR 2001, 429, 505). Linienbusse oder Taxen, die das Sondersignal "Halt" (weißer Balken) nicht beachten, verstoßen mit ähnlichen Rechtsfolgen gegen § 37 Abs. 2, wie bei einem Rotlichtverstoß (OLG Köln DAR 2001, 87 = VRS 100, 58). Auch wenn die Vorraussetzungen der freien Fahrstreifenwahl nach § 7 Abs. 3 nicht vorliegen, dürfen Linienbusse den links von der Busspur fahrenden Verkehr rechts überholen (Folge aus dem Rechtsgedanken des § 7 Abs. 2a). Dem Linienverkehr ist der nach § 1 FreistellungsVO[38] zugelassene und nach der Anlage 4 zu § 33 Abs. 4 BOKraft gekennzeichnete Schüler- und Behindertenverkehr, auch von und zu Kindergärten, gleichgestellt.

Bei zugelassenem Taxenverkehr dürfen Fahrgäste nur an Haltestellen (Z. 224) aufgenommen oder abgesetzt werden (Anl. 2 lfd. Nr. 25). Wegen des "sofortigen" Ein- und Aussteigenlassens sind Nebenverrichtungen auf das unumgänglich notwendige Maß zu beschränken (Bezahlung, Gepäckausladen) und dürfen nicht zu Behinderungen des Busverkehrs führen. Dürfen Taxen Busspuren benutzen, gilt das nicht für Taxen, die als Kurier-, Lotsen- oder Mietfahrzeuge eingesetzt werden. Ist Gelegenheitsbusverkehr[39] durch ein Zusatzzeichen zugelassen, besteht wegen Behinderung des Linienverkehrs Haltverbot, auch an den Haltestellen (§ 1 Abs. 2). Wird auf breiten Busspuren Radverkehr zugelassen, können Radfahrer, müssen aber nicht die Busspur benutzen. Ist auf einem durch Leitlinien getrennten Fahrstreifen die Markierung "BUS" aufgetragen, fehlt aber das Z. 245, besteht kein ausdrückliches Verbot für andere zur Benutzung des Fahrstreifens (BayObLG VRS 59, 236).

Zeichen 250 (Verbot für Fahrzeuge aller Art)

Das Verkehrsverbot beseitigt die Öffentlichkeit der Straße nicht; die Vorfahrtregeln bleiben anwendbar (vgl. BGH VRS 24, 175 = DAR 1963, 113). Ein Mopedfahrer darf auch nicht mit abgestelltem Motor durchfahren (BayObLG VRS 17, 303; OLG Bremen DAR 1959, 139). Ist eine Straße für den Durchgangsverkehr mit Ausnahme der **Anlieger** gesperrt, gilt dies nicht nur für Anwohner.[40] "Anlieger" ist jeder, der dort etwas privat, geschäftlich oder dienstlich zu besorgen hat, z. B. Kunde eines Geschäfts, Hotelgast, Besucher

---

38 Verordnung über die Befreiung bestimmter Beförderungsfälle von den Vorschriften des PBefG (Freistellungs-Verordnung) vom 30.8.1962 (BGBl. I S. 601) i.d.F. vom 30.6.1989 (BGBl. I S. 1273).
39 Stadtrundfahrt-, Miet-, Ausflugs- und Ferienzielreisebusse (§ 46 PBefG).
40 Soll auch der Verkehr von Anliegern unterbunden werden, ist strittig, ob dafür das Zusatzzeichen "Bewohner frei" reicht (BayObLG VRS 60, 152: keine Einschränkung nur für Bewohner).

einer Arzt- oder Anwaltspraxis, eines Restaurants, eines Bewohners (OLG Hamm DAR 1961, 120; OLG Celle VRS 25, 36; OLG Bremen DAR 1960, 268), Abholen eines Bewohners oder dessen Besucher (OLG Hamm VerkMitt 1972 Nr. 94 = VRS 43, 313), eines Fahrgastes am Bahnhof (BayObLG DAR 1975, 250). Der Anliegerbegriff ist räumlich auf die gesperrte Straße bezogen. Sind weitere „Anliegerstraßen" nur über die gesperrte Straße zu erreichen, erstreckt sich die Anliegerberechtigung für diese Straßen nicht auf die gesperrte Zufahrtsstraße (BVerwG NZV 2000, 435); dieser Konfliktfall ist von der Verkehrsbehörde durch eine den Anliegerbegriff tragende Verkehrsgestaltung aufzulösen, d. h. die (einzige) Zufahrtstraße darf dann nicht gesperrt werden.

Das Z. 250 enthält ein Benutzungsverbot auch für den ruhenden Verkehr, sodass während der Geltungszeit weder gehalten noch geparkt werden darf. Ist das Z. 250 allerdings zeitlich befristet, z. B. „20.00 bis 5.00 Uhr", dürfen Fahrzeuge außerhalb dieser Zeit dort parken. Wird die zeitliche Befristung wirksam und versäumt es der Kraftfahrer, aus der gesperrten Straße auszufahren, darf er weiterhin dort parken, aber nicht mehr wegfahren (BGHSt 34, 194 = DAR 1987, 23). Ist in dieser Zeit ein Parkscheinautomat wirksam und fährt der Betroffene z. B. vor 20 Uhr ein, muss er die Parkgebühr selbst dann entrichten, wenn er nach 20 Uhr infolge des wirksam gewordenen Verkehrsverbots nicht mehr ausfahren darf (OLG Dresden NZV 1996, 80). Das Zusatzzeichen 1026-36 nimmt den landwirtschaftlichen, nicht aber den hobbygärtnerischen Verkehr vom Verbot des Z. 250 aus (OVG Münster VerkMitt 2002 Nr. 75 = VRS 104, 75).[41] Hierbei kommt es nicht auf die Fahrzeugart (Landmaschinen), sondern auf die Zweckbestimmung der Fahrt an (OLG Celle NZV 1990, 441; BayObLG VRS 62, 381; OLG Koblenz VRS 68, 234). Auch die PKW-Fahrt zur Versorgung des Viehs auf der Weide ist deshalb zulässig.

Zeichen 251 (Verbot für Kraftwagen)

Das Zeichen verbietet den Verkehr mehrspuriger KFZ innerhalb des gesperrten Verkehrsraums, auch für Nebenstraßen, die nur über die gesperrte Straße erreicht werden können. Krafträder mit Beiwagen sowie nicht motorisierte Fahrzeuge werden nicht erfasst.

Zeichen 253 (Verbot für KFZ über 3,5 t)

Das Verbot gilt nicht für PKW und KOM, auch mit Anhänger, selbst wenn die zulässige Gesamtmasse der Fahrzeugkombination 3,5 t übersteigt.[42] Im Übrigen gilt die Gewichtsgrenze auch für Fahrzeugkombinationen, selbst wenn das Zugfahrzeug und der Anhänger jeweils unter dem Wert liegen; beide Gewichte sind somit zusammenzuziehen. Soweit PKW von den Beschränkungen des Z. 253 ausgenommen sind, kommt es nicht auf die Eintragung in den Zulassungsdokumenten, sondern auf die tatsächliche Ausstattung und Verwendung als „PKW" an. Dienen zulassungsrechtlich als „PKW" eingestufte KFZ über 3,5 t ausschließlich der Güterbeförderung, beträgt die Höchstgeschwindigkeit 80 km/h (BayObLG VerkMitt 2004 Nr. 12 = DAR 2003, 469 = VRS 105, 451 = VD 2003, 272 = NJW 2004, 306).

---

41 Der fahrerlaubnisrechtliche Begriff der „Landwirtschaft" in § 6 Abs. 5 FeV ist weiter gefasst.
42 Gleiche Regelung wie bei Z. 277.

Die Zeichen-Kombination „Durchgangsverkehr" und „12 t" zum Z. 253 dient der Beschränkung des mautpflichtigen **Ausweichverkehrs** über 12 t auf den Bundes-, Landes- und Kreisstraßen. Sie kann auch im Wege des Sofortvollzuges angeordnet werden (VGH Bayern VerkMitt 2009 Nr. 23). Dem Verbot unterliegen nicht die nach § 1 Abs. 2 ABMG freigestellten und als solche erkennbaren KFZ über 12 t (KOM, Fahrzeuge mit Sonderrechten, LKW des Schausteller- und Zirkusgewerbes, humanitäre Transporte). Von dem Verbot ausgenommen ist außerdem der Andienungsverkehr von und zu Grundstücken (insoweit ist der Begriff enger als der des „Anliegerverkehrs"); ferner der LKW-Verkehr innerhalb eines Umkreises von 75 km vom ersten Beladeort sowie auf ausgewiesenen Umleitungsstrecken (Z. 421, 442, 454 bis 459 oder Z. 460 und 466) bei besonderen Verkehrslagen (Stau, Unfälle).

Die Anordnung der Kombination der Zusatzzeichen ist nur in der dargestellten Form möglich; eine unter Abweichung vom ABMG niedrigere Tonnagezahl als 7,5 t wäre ebenso unzulässig wie weitergehende, dem Sichtbarkeitsgrundsatz zuwiderlaufende Zusatzzeichen (BVerwG VerkMitt 2008 Nr. 68 = NZV 2008, 476 = VRS 66: vier Zusatzzeichen). Die Zeichenkombination erweitert nicht die Eingriffsbefugnis aus § 45, auch nicht als allgemeine Umweltvorsorge für die Bewohner oder zur Erzielung höherer Mauteinnahmen. Infolgedessen ist eine solche verkehrsbehördliche Anordnung dann unzulässig, wenn Mautausweichverkehre weder zu einer erheblichen Erhöhung der Lärm- oder Abgasimmission, noch der Unfallgefahren führen (VGH München VRS 112, 152 = DAR 2007, 223).

Zeichen 265 (Höhe)

Bei geringeren Durchfahrtshöhen als 4 m muss die Verkehrsbehörde auf die Gefahr durch Z. 265 hinweisen (OLG Stuttgart NZV 2004, 96). Dabei ist ein Sicherheitszuschlag von mind. 20 cm erforderlich (LG Osnabrück NZV 2004, 534). Ein Verstoß wegen Missachtung der Höhenbegrenzung kann grob fahrlässig sein (KG DAR 2004, 585; OLG Karlsruhe DAR 2004, 585 = NZV 2004, 532).

Zeichen 267 (Verbot der Einfahrt)

Das Zeichen untersagt nur die Einfahrt in der gesperrten Richtung, auch zum Parken hinter dem Zeichen (OLG Hamburg VRS 30, 382). Durch Zusatzzeichen können Anlieger, Radfahrer oder öffentliche Verkehrsmittel von dem Verbot ausgenommen werden. Ist die Straße hinter dem Z. 267 nicht als Einbahnstraße ausgewiesen, darf dort in beiden Richtungen gefahren werden.

Zeichen 268 (Schneeketten sind vorgeschrieben)

Vorgeschrieben sind Schneeketten nicht auf allen vier Reifen, sondern nur für die Antriebsräder bei Vorder- oder Hinterradantrieb. Bei Allradantrieb genügen Schneeketten an einer Achse. Allerdings sind bei schwierigen Talfahrten, wo es auf die Übertragung von Brems- und Lenkkräften ankommt, Schneeketten auch auf den gelenkten Rädern zu montieren. Richtig gespannte Ketten sollten sich etwa 1 cm von der Reifenlauffläche abheben lassen. Abgesehen von der Beachtung der Hinweise des Kettenherstellers sind bei festem Fahrbahnuntergrund gespannte Ketten und bei lockerem Fahrbahnuntergrund locker gespannte Ketten zu verwenden.

Zeichen 270.1 (Verkehrsverbot zur Verminderung schädlicher Luftverunreinigungen)

Das Zeichen nebst Zusatzzeichen mit Angabe der freigestellten Schadstoffgruppen kennzeichnet flächendeckend ein Gebiet, in dem zur Minderung von Mikrostaub- und Stickoxidbelastungen ein Verkehrsverbot für **nicht** schadstoffarme Fahrzeuge bis zur Aufhebung durch das Z. 270.2 gilt (siehe auch Erl. 2.2.7 zu § 45).[43]

Von dem Verkehrsverbot sind mit einer Plakette zu kennzeichnende emissionsarme KFZ der auf dem Zusatzzeichen korrespondierenden Schadstoffgruppen 2 bis 4 ausgenommen.[44] KFZ mit Dreiwege-Katalysatoren, die vor Umsetzung der EURO-1-Norm zugelassen worden sind, haben keine schlechteren Abgaswerte als die späteren EURO-1-Fahrzeuge; sie sind durch Änderung der 35. BImSchV den schadstoffarmen Fahrzeugen gleichgestellt worden.[45] Die im Durchmesser 80 mm großen Plaketten bestehen aus nicht wiederverwendbaren und fälschungserschwerenden Materialien mit Sicherheitsmerkmalen (flexibler, lichtechter Kunststoffaufbau). In das weiße Feld ist das amtliche KFZ-Kennzeichen von der Ausgabestelle mit lichtechtem Stift einzutragen (Zulassungsbehörden, Technische Prüfstellen, anerkannte Abgaswerkstätten).[46]

Die Farbe der Plakette richtet sich nach der Emissionseinstufung durch die Schadstoff-Schlüsselnummer in den Fahrzeugdokumenten.[47] Die Schlüsselnummer bestimmt sich jeweils nach den letzten beiden Ziffern im alten Fahrzeugschein zu Nr. 1, in der (neuen) Zulassungsbescheinigung Teil I zu Nr. 14.1. Schwieriger ist die Zuordnung der Schadstoffgruppen für ausländische KFZ. Sofern die Fahrzeuge mit **neuen** EU-einheitlichen Fahrzeugdokumenten ausgestattet sind, kann die Schadstoffeinstufung nach den dort vermerkten EU-Richtlinien erfolgen, z. B. Ziff. V.9 70/220/EWG. Bei **alten** ausländischen Dokumenten muss hingegen ermittelt werden, ob

---

43 Das international (WÜ) eingeführte ehemalige Z. 270 („Smog") wurde am 15.3.1974 in die StVO übernommen (BGBl. I S. 721). Das Zeichen beinhaltete ein flächendeckendes Fahrverbot bei austauscharmen Wetterlagen mit hoher Luftschadstoffkonzentration für alle nicht freigestellten KFZ innerhalb des gesamten Gebietes (KG NZV 1988, 232). Die Änderung des Zeichens (als 270.1 und 270.2) für Mikrostaub- und Stickoxidbelastungen durch die Verordnung nach § 40 Abs. 3 BImSchG zum Erlass und zur Änderung von Vorschriften über die Kennzeichnung emissionsarmer Kraftfahrzeuge vom 10.10.2006 (BGBl. I S. 2218) trägt dem Wort „Umwelt" besser Rechnung als dem Wort „Smog" (zusammengesetzt aus smoke und fog = Rauch und Nebel).
44 Verstoß gegen Z. 270.1 bei Fahrten ohne Plakette wird nach Nr. 153 BKatV mit 40 € Bußgeld und 1 Punkt geahndet.
45 35. Verordnung zur Durchführung des Bundes-Immissionsschutzgesetzes (Verordnung zur Kennzeichnung der Kraftfahrzeuge mit geringem Beitrag zur Schadstoffbelastung) vom 10.10.2006 (BGBl. I S. 2218) i.d.F. der 1. Verordnung zur Änderung der Verordnung zur Kennzeichnung der Kraftfahrzeuge mit geringem Beitrag zur Schadstoffbelastung vom 5.12.2007 (BGBl. I S. 2793)
46 Siehe auch Bekanntmachung der Maßgaben zur Verordnung zum Erlass und zur Änderung von Vorschriften über die Kennzeichnung emissionsarmer Kraftfahrzeuge vom 19.12.2006 (VkBl. 2007, S. 3) i.d. F. vom 5.12.2007 (VkBl. 2007, S. 771). Die Kosten der Plakette einschließlich Feststellung der Schadstoff-Schlüsselnummer, Eintragung des Kennzeichens und Aufkleben des Siegels der Ausgabestelle richten sich nach den Umweltschutzgebührenordnungen der Länder (z. B. Berlin 5 € pro Plakette nach Tarifstelle 2131).
47 Bekanntgabe der Emissionsschlüsselnummern für die Kennzeichnung der Kraftfahrzeuge mit geringem Beitrag zur Schadstoffbelastung – 35. BImSchV vom 15.12.2006 (VkBl. S. 867).

Feinstaubplaketten

Kennzeichnung schadstoffarmer Kraftfahrzeuge durch farbige, beim Ablösen selbstzerstörende Plaketten

Entspricht in etwa Einstufung nach EURO II

Entspricht in etwa Einstufung nach EURO III

Entspricht in etwa Einstufung nach EURO IV und höher; außerdem KFZ mit Ottomotor und geregeltem Katalysator, KFZ mit Elektro- oder Brennstoffzellenantrieb

Nachweis der Schadstoffklasse erfolgt durch emissionsbezogene Schlüsselnummern der Zulassungsbescheinigung, bei mautpflichtigen LKW auch durch die Gebühreneinstufung. Die Zuordnung der in den Fahrzeugdokumenten eingetragenen Schlüsselnummern zu den einzelnen Schadstoffgruppen ergibt sich aus der Bekanntmachung des BMVBS vom 15.12.2006 im VkBl. S. 867. Plakettenausgabe erfolgt durch Zulassungsbehörden, Technische Prüfstellen, Überwachungsorganisationen, amtlich anerkannte AU-Werkstätten oder sonstige nach Landesrecht bestimmte Stellen.

Ohne Plaketten-Kennzeichnung sind vor allem ausgenommen: Arbeitsmaschinen, land- und forstwirtschaftliche Zugmaschinen, zwei- und dreirädrige KFZ, Krankenwagen und Arztwagen im Einsatz, KFZ zur Beförderung gehbehinderter, hilfloser oder blinder Personen mit Merkzeichen „aG", „H" oder „Bl" im Behindertenausweis, Sonderrechtsfahrzeuge nach § 35 StVO, KFZ der Truppen von Nichtvertragsstaaten der NATO bei dringenden militärischen Fahrten, zivile KFZ im Auftrag der Bundeswehr bei unaufschiebbaren Fahrten zur Erfüllung hoheitlicher Aufgaben sowie KFZ mit Einzelausnahmen für lebensnotwendige Transporte und Dienstleistungen oder zur Aufrechterhaltung von Fertigungs- und Produktionsprozessen.

---

sich das dort vermerkte Datum auf die Erstzulassung oder auf die Ausstellung des Dokuments bezieht. Bei Erstzulassungsdatum kann eine der EU-Richtlinien nach den Stichtagen des § 6 der 35. BImSchV42 zugeordnet werden. Handelt es sich jedoch um das Ausstellungsdatum, ist eine Zuordnung der Schadstoffgruppe nur über eine Herstellerbescheinigung oder über das Typenschild am Fahrzeug zur Typdatenbank des KBA möglich. Gleiches gilt bei KFZ aus Nicht-EU-Mitgliedstaaten (Herstellerbescheinigung oder über die Typdatenbank des KBA). Hierbei wird es immer Fälle geben, bei denen eine Schadstoffeinstufung nicht möglich ist. In solchen Fällen kann dem Betroffenen nur noch über eine Ausnahme nach § 46 geholfen werden, wenn er die Voraussetzungen dafür erfüllt.

Auf dem **Zusatzzeichen** zum Z. 270.1 werden die Plaketten dargestellt, die die entsprechend gekennzeichneten Fahrzeuge vom Verbot freistellen. Je nach der Luftschadstoffbelastung können nur grüne, gelbe oder auch rote Plaketten Freistellungen von dem Verbot begründen, z.B. Außenring einer Kommune alle, Innenstadt nur grüne Plaketten. KFZ der Schadstoffgruppe 1 erhalten keine Plaketten; infolgedessen gibt es auch keine weißen Plaketten „1".[48] Zur Schadstoffgruppe 1 gehören vor allem KFZ mit Dieselmotoren vor 1994 ohne Nachrüstmöglichkeit mit Rußpartikelfiltern, ferner mit Benzinmotoren ohne geregelten Katalysator.[49] Diese KFZ unterliegen dem Verbot des Z. 270.1 uneingeschränkt (sofern es sich nicht um freigestellte „Oldtimer" handelt).

Vorschriftzeichen § 41

Emissionsschlüsselnummern (VkBl. 2006, S. 867, i. d. F. 2007, S. 771)

Schadstoff-plakette	Ottomotor			Dieselmotor		
	PKW[1]	LKW[4] KOM[2,3]	PKW[1] mit nachgerüstetem Rußpartikelfilter auf	PKW[1]	LKW[4] KOM[2,3]	LKW[4], KOM[2,3] mit nachgerüstetem Rußpartikelfilter auf
2			Stufe PM[1] 01: 19, 20, 23, 24 Stufe PM 0: 14, 16, 18, 21, 22, 34, 40, 77	25–29, 35, 41, 71	20, 21, 22, 33, 43, 53, 60, 61	Stufe PMK[6] 01: 40–42, 50–52 Stufe PMK 0: 10–12, 30–32, 40–42, 50–52
3			Stufe PM 0: 28, 29 Stufe PM 1: 14, 16, 18, 21, 22, 25–29, 34, 35, 40, 41, 71, 77	30, 31, 36, 37, 42, 44–52, 72	34, 44, 54, 70, 71	Stufe PMK 0: 43, 53 Stufe PMK 1: 10–12, 20–22, 30–33, 40–43, 50–53, 60, 61
4	01, 02, 14, 16, 18–70, 71–75–77 bei Gasfahrzeugen nach RL 2005/55/EG (vorm. 88/77/EWG)	30–55, 60, 61–70, 71, 80, 81, 83, 84, 90, 91 bei Gasfahrzeugen nach RL 2005/55/EG (vorm. 88/77/EWG)	Stufe PM 1: 27[5], 49–52 Stufe PM 2: 30, 31, 36, 37, 42, 44–48, 67–70 Stufe PM 3: 32, 33, 38, 39, 43, 53–66 und Stufe PM 4: 44–70	32, 33, 38, 39, 43, 53–70, 73–75 PM 5	35, 45, 55, 80, 81, 83, 84, 90, 91	Stufe PMK 1: 44, 54 Stufe PMK 2: 10–12, 20–22, 30–34, 40–45, 50–55, 60, 61, 70, 71 Stufe PMK 3: 33–35, 44, 45, 54, 55, 60, 61 Stufe PMK 4: 33–35, 44, 45, 54, 55, 60, 61

1 EU-Klasse M1 = KFZ zur Personenbeförderung bis 8 Sitzplätze, ohne Fahrersitz
2 EU-Klasse M2 = KFZ bis 5 t zur Personenbeförderung mit mehr als 8 Sitzplätzen, ohne Fahrersitz
3 EU-Klasse M3 = KFZ über 5 t zur Personenbeförderung mit mehr als 8 Sitzplätzen, ohne Fahrersitz
4 EU-Klasse N = KFZ zur Güterbeförderung
5 Pkw mit Schlüsselnummer „27" bzw. „0427" und der Klartextangabe „96/69/ EG I" mit mehr als 2 500 kg ist nach Anhang 2 Abs. 1 Nr. 4n) der Kennzeichnungsverordnung eine grüne Plakette zuzuteilen. Dies gilt auch, wenn nachgewiesen wird, dass der Pkw die Anforderungen der Stufe PM 1 der Anlage XXVI StVZO einhält.
6 PM = Partikelminderungsstufe; PMK = Partikelminderungsklasse

Fahrzeugschein-alt   ⭕ = Emissionsschlüssel-Nr.   **(neues) Fahrzeugdokument-Teil I**

	Schlüsselnummern					
zu 1	010703	zu 2	0709	zu 3	38202	
1	PKW GESCHLOSSEN					
	SCHADSTOFFARM E					
2	DAIMLER-BENZ					
3	201					
4	Fahrzeug-Ident.-Nr.	WDB2011261F291908				
5	DIESEL	02	6	Höchstgeschwindigkeit km/h		

2	VOLKSWAGEN-VW
5	PERS.BEF.
	LIMOUSINE
V.9	70/220/EWG*2003/76 B
14	98/69/EG III; B
P.3	DIESEL
10	0002 14.1 0469

---

48 Die Schadstoffgruppe 1 umfasst die Schlüsselnummern 0 bis 13, 15, 17, 77, 88, 98 für Benzin- und 0 bis 24, 35, 40, 77, 88, 98 für Dieselmotoren.
49 Rund 4,5 Mio. KFZ in Deutschland

Nur die in Anh. 3 der 35. BImSchV aufgeführten Fahrzeuge sind von der Plakettenpflicht ausgenommen: zwei- und dreirädrige KFZ, Kranken-, Notarztwagen mit Notfall-Dachaufsatz (§ 52 Abs. 6 StVZO) im Einsatz, KFZ zur Beförderung Gehbehinderter, Hilfloser, Blinder (Merkzeichen „aG", „H" oder „Bl" im Schwerbehindertenausweis), Sonderrechtsfahrzeuge nach § 35, zivile KFZ im Auftrag der Bundeswehr bei unaufschiebbaren Fahrten zur Erfüllung hoheitlicher Aufgaben, KFZ der Truppen von Nichtvertragsstaaten der NATO bei dringenden militärischen Fahrten, Arbeitsmaschinen, land- und forstwirtschaftliche Zugmaschinen, Oldtimerfahrzeuge (mind. 30 Jahre alte KFZ mit „H"-Kennzeichen oder mit „07" beginnender Erkennungsnummer – rotes Kennzeichen). Darüber hinaus können für nicht schadstoffarme KFZ bei unabweisbarem Bedarf Einzel-Ausnahmegenehmigungen nach § 46 Abs. 1 erteilt werden.

Das Z. 270.1 erfasst als „Verkehrsverbot" (wie auch Z. 250) nicht nur den fließenden, sondern auch den ruhenden Verkehr. Nur bei zeitlicher Einschränkung (selten), wie „Mo–Fr, 9–19 h", begründet Z. 270.1 kein Haltverbot, wenn das KFZ der Schadstoffgruppe 1 während der Geltungsdauer innerhalb der Umweltzone geparkt wird (s. a. BGHSt 34, 194 = DAR 1987, 23 zum Z. 250). Ist Z. 270.1 auf Dauer gerichtet (Regelfall), dürfen KFZ ohne Plakette weder mit eigener Motorkraft bewegt noch geparkt werden, denn die Umweltzone ist nur verbotenerweise zu erreichen. Bei Kennzeichenanzeigen wegen eines Halt- oder Parkverstoßes können dann auch dem Halter nach dem Sinn und Zweck des § 25a StVG[50] die Verfahrenskosten auferlegt werden, wenn der Fahrer nicht zu ermitteln ist (AG Tiergarten DAR 2008, 409; s. a. Erl. 2.10 zu § 49). Parkt das KFZ ohne Plakette bereits bei Einführung in der Umweltzone, liegt straßenrechtliche Sondernutzung und bei abstrakter Behinderung tateinheitlich ein Verstoß gegen § 32 vor, wenn der Betroffene das Fahrzeug nicht aus dem öffentlichen Verkehrsraum entfernt. Die Ahndung richtet sich gemäß § 19 Abs. 2 OWiG dann nach der Tat, die die höchste Bußgelddrohung enthält, somit nach dem Landesstraßenrecht.

Zeichen 274 (Zulässige Höchstgeschwindigkeit)

Die durch Z. 274 ausgewiesene Höchstgeschwindigkeit gilt nur für optimale Bedingungen. Witterungs-, Sicht- und Verkehrsverhältnisse können nach § 3 Abs. 1 eine geringere Geschwindigkeit erfordern. Z. 274 wird ab den aufgestellten Schildern wirksam, auch für Schnellfahrer auf Autobahnen (OLG Düsseldorf NZV 1996, 209). Gleiches gilt bei Matrixzeichen auf Verkehrsleitportalen mit wechselnder Geschwindigkeitsanzeige; nach einer Fahrtunterbrechung auf einer Tank- oder Rastanlage ist deshalb das Tempo bis zum nächsten Portal dem Verkehrsfluss anzupassen (BayObLG NZV 1998, 386 = DAR 1998, 358). Ist das Ende einer kurzen Baustelle, Kurve oder Engstelle überschaubar, muss ein Tempolimit nicht ausdrücklich aufgehoben werden; Z. 274 kann auch mit einer anderen Geschwindigkeitsangabe

---

50 **§ 25a Abs. 1 StVG**: „Kann in einem Bußgeldverfahren wegen eines Halt- oder Parkverstoßes der Führer des Kraftfahrzeugs, der den Verstoß begangen hat, nicht vor Eintritt der Verfolgungsverjährung ermittelt werden oder würde seine Ermittlung einen unangemessenen Aufwand erfordern, so werden dem Halter des Kraftfahrzeugs oder seinem Beauftragten die Kosten des Verfahrens auferlegt; er hat dann auch seine Auslagen zu tragen. Von einer Entscheidung nach Satz 1 wird abgesehen, wenn es unbillig wäre, den Halter des Kraftfahrzeugs oder seinen Beauftragten mit den Kosten zu belasten."

enden, z.B. innerorts mit Tempo 30. Fehlt das Z. 274 nach einer Einmündung oder wird es nicht wiederholt, darf der Geradeausfahrende nicht ohne Weiteres darauf vertrauen, dass das Tempolimit aufgehoben ist (OLG Hamm VerkMitt 2002 Nr. 13 = NZV 2001, 489 = DAR 2001, 517 = VRS 191, 226; OLG Hamm DAR 1996, 416).

Der Sichtbarkeitsgrundsatz verlangt eine eindeutige Beschilderung, aus der zweifelsfrei die gewollte Regelung hervorgeht. Infolgedessen darf es auch keine unterschiedlichen Geschwindigkeitsbegrenzungen für Einbiegende, die das Z. 274 nicht gesehen haben, und Geradeausfahrende geben. Der Sichtbarkeitsgrundsatz ist durch das Prinzip der doppelten Sicherung eingeschränkt, wenn Anzeichen dafür sprechen, dass das Tempolimit weiter gelten soll. Fehlen solche Anhaltspunkte, darf der Geradeausfahrende nach der Einmündung schneller fahren (LG Bonn NZV 2004, 98). Auch über längere Autobahnstrecken ist eine Tempobegrenzung möglich, ohne dass eine besondere, über den Durchschnitt hinausgehende Gefährlichkeit der Strecke erkennbar sein muss (OVG Koblenz DAR 1995, 173). Auf den Grund einer Geschwindigkeitsbegrenzung kommt es nicht an; infolgedessen unterscheidet die Sanktionshöhe nicht danach, ob Z. 274 aus Verkehrssicherheits- oder Lärmschutzgründen wirksam ist (KG NZV 2005, 596; OLG Karlsruhe NZV 2004, 369 = DAR 2004, 408 = VRS 106, 465).

Eine Tempobeschränkung mit dem Zusatz „Luftreinhaltung" gilt auch für Elektrofahrzeuge (OLG Stuttgart NZV 1998, 422). Die Tempobegrenzung „bei Nässe"[51] gilt dann, wenn die gesamte Fahrbahn mindestens mit einem dünnen Wasserfilm überzogen ist, nicht aber bei nur feuchter Fahrbahn (OLG Koblenz 1999, 419; OLG Hamm NZV 2001, 90 = DAR 2001, 85).

Werden **innerorts** nach § 45 Abs. 8 Satz 1 Geschwindigkeiten von **mehr als 50 km/h** zugelassen, gilt das für **alle** Fahrzeuge (Z. 274 Satz 2). Damit soll vor allem auf Durchgangs- oder Ausfallstraßen ein homogener Verkehrsfluss auch für solche KFZ gewährleistet werden, die sonst den Tempobeschränkungen des § 3 Abs. 3 außerorts unterliegen. Wer schneller als mit Z. 274 ausgewiesen fährt, verstößt gegen das angezeigte Tempo, nicht aber gegen die Innerortgeschwindigkeit (Ahndung nach § 49 Abs. 3 Nr. 4, nicht nach Abs. 1 Nr. 3; somit auch kein Fahrverbot bei Tempo 81 und Z. 274 mit Tempo 70). Um andererseits Unfallrisiken für diese KFZ in Grenzen zu halten, dürfen die Straßenverkehrsbehörden innerorts keine höheren Geschwindigkeiten als 70 km/h anordnen (Rn. 10 VwV-StVO zu Z. 274). Diese Regelung bezieht sich nicht auf innerörtliche Autobahnen, weil hier die Tempogrenze des § 3 Abs. 3 Nr. 1 ohnehin nicht gilt (§ 18 Abs. 5 Satz 1). Sind innerörtliche Autobahnen auf 80 km/h begrenzt, muss der Kraftfahrer mit einem Fahrverbot nach der Innerortsregelung rechnen, wenn er 111 km/h oder schneller fährt.

Zeichen 274.1 (Tempo 30-Zone)

Der Kraftfahrer muss innerorts abseits von Vorfahrtstraßen stets mit Tempo 30-Zonen rechnen.[52] Die Geschwindigkeitsbeschränkung gilt bis zur Aufhebung durch Z. 274.2. Innerhalb der Zone darf das Z. 274.1 nicht wieder-

---

51 Zusatzzeichen 1053-37
52 Die Voraussetzung der Überschaubarkeit einer Tempo 30-Zone im Sinne eines „Zonenbewusstseins" (BVerwG DAR 1995, 170 = NZV 1995, 165 = NJW 1995, 1371) ist seit Änderung der §§ 39 Abs. 1a, 45 Abs. 1c nicht mehr erforderlich. Kraftfahrer müssen deshalb auch mit weit ausgedehnten Tempo 30-Zonen rechnen.

Straßeneinbauten bei Tempo 30-Zonen

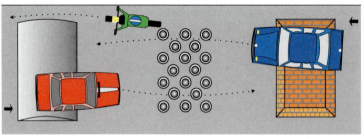

Fahrdynamische Schwelle „Delfter Hügel" — Nagelreihe „Kölner Teller" — Plateaupflasterung „Moabiter Kissen"

Kraftfahrer müssen in Tempo 30-Zonen auch mit straßenbaulichen Einrichtungen zur Temporeduzierung rechnen, ohne dass Gefahrzeichen 101 oder 112 auf eine „unebene Fahrbahn" hinweisen. Solche Einrichtungen müssen in der Höhe, Breite und Länge so ausgeführt sein, dass die Straße bei Einhaltung der vorgegebenen Geschwindigkeit von allen Fahrzeugen (Fahrräder, Krafträder, PKW, LKW, Krankenwagen) gefahrlos durchfahren werden kann. Außerdem dürfen Straßenaufpflasterungen nicht zu einer Erhöhung des Lärmpegels führen (OVG Koblenz DAR 1999, 422 = NVwZ 2000, 215). Infolgedessen dürfen Schwellen, Nagelreihen oder Aufpflasterungen nicht höher als 10 cm und mindestens 3,60 m lang sein, müssen flache Rampen und seitlichen Raum zur Durchfahrt von 80 bis 100 cm für Krafträder und Radfahrer haben (OLG Saarbrücken NZV 1998, 284). Bei Dunkelheit müssen die Einrichtungen erkennbar beleuchtet sein. Nur dann muss die Straße so hingenommen werden, wie sie sich erkennbar darbietet (OLG Düsseldorf NZV 1993, 231). Ist das nicht mehr der Fall, können sich bei Fahrzeugschäden Ersatzansprüche wegen Verletzung der Verkehrssicherungspflicht nach § 823 BGB ergeben. Tief gelegte KFZ müssen beim Überfahren der Schwellen besonders vorsichtig fahren. Ein Anspruch auf uneingeschränkte Nutzung aufgepflasterter Straßenteile kann aus der Fahrzeugzulassung mit abweichendem technischen Standard nicht hergeleitet werden.

---

holt werden; der Sichtbarkeitsgrundsatz ist bei dem Zeichen eingeschränkt (KG VRS 89, 302). Bei großen Zonen kann die Fortgeltung durch eine Fahrbahnmarkierung „30" unterstützt werden. Ist der Kraftfahrer in die Zone mit öffentlichen Verkehrsmitteln oder als Beifahrer eingefahren, um dort ein KFZ zu übernehmen, und konnte er auch aus den Örtlichkeiten und Straßenverhältnissen eine Tempo 30-Zone nicht erkennen, trifft ihn kein Verschulden für einen Tempoverstoß; insoweit bleibt der Sichtbarkeitsgrundsatz hier wirksam (OLG Düsseldorf VerkMitt 1997 Nr. 87 = DAR 1997, 283 = VRS 93, 469; OLG Hamm SVR 2006, 192). Weiterhin können solche Zonen auch mit geringeren Geschwindigkeiten (z. B. 10 km/h) ausgewiesen sein, insbesondere beim Charakter des Gebietes als verkehrsberuhigter Geschäftsbereich. Obwohl in solchen Zonen im Allgemeinen die Vorfahrtregel „Rechts vor Links" gilt, muss der Kraftfahrer auch mit negativen Vorfahrtzeichen 205, 206 und Fußgängerüberwegen (Zebrastreifen) rechnen. Lichtzeichenanlagen sollten jedoch möglichst nicht (mehr) vorhanden sein (§ 45 Abs. 1c). Der Fahrer darf in Tempo-Zonen nicht darauf vertrauen, diese Höchstgeschwindigkeit gefahrlos nutzen zu können, vor allem dann nicht, wenn Z. 112 (unebene Fahrbahn) auf Teilaufpflasterung oder Bodenschwellen hinweist (VGH Mannheim NZV 1992, 465).

Zeichen 276 (Überholverbot für Kraftfahrzeuge aller Art)

Im Verkehr auf mehreren Fahrstreifen für eine Richtung ist das Z. 276 beachtet, wenn der Überholende bis zum Zeichen das überholte Fahrzeug mindestens so weit hinter sich gelassen hat, dass er sich ohne Gefährdung vor diesem einordnen kann (BGH VRS 47, 218 = DAR 1974, 250). Z. 276 ist auch bei freier Fahrstreifenwahl zu beachten. Das Verbot endet nicht an der nächsten Kreuzung oder Einmündung, sondern dort, wo das Aufhebungszeichen 280 oder 282 steht (OLG Düsseldorf NZV 1988, 77). Nach OLG Koblenz (NZV 1992, 198) verbietet das Zeichen jedoch nicht das Rechtsüberholen von Linksabbiegern bei ausreichender Straßenbreite. Wird das Überholen von langsamen Fahrzeugen durch Zusatzzeichen 1049-11 gestattet (Symbol „Traktor"), gilt das nicht für KFZ mit bauartbedingter höherer Fahrgeschwindigkeit, die infolge der Verkehrs- oder Straßenverhältnisse oder wegen einer Panne nicht schneller fahren können (BayObLG VRS 57, 213). Z. 276 mit Zusatzzeichen 1049-13 „nur LKW, KOM, PKW mit Anhänger" gilt auch für Wohnmobile (BayObLG VerkMitt 1998 Nr. 4 = VRS 92, 437).

Zeichen 277 (Überholverbot für KFZ über 3,5 t)

Die Angabe „3,5 t" bezieht sich auf die zulässige Gesamtmasse von Zugfahrzeug und Anhänger. So unterliegt z. B. ein Wohnmobil von 3,5 t mit einem 2-t-Anhänger dem Überholverbot, während ein PKW oder KOM mit Anhänger selbst dann überholen darf, wenn die zulässige Gesamtmasse der Kombination mehr als 3,5 t beträgt.[53] Wohnmobile bis 7,5 t dürfen auf Autobahnen und Kraftfahrstraßen 100 km/h fahren.[54] Die Ausnahme für Wohnmobile bis 7,5 t erfordert nicht zwangsläufig auch eine Ausnahme vom Überholverbot des Z. 277. Nach der zulassungsrechtlichen (EU-rechtlichen) Klassifizierung der Nr. 5.1 der Anlage XXIX FZV[55] gehören Wohnmobile zu den für die Personenbeförderung ausgelegten und gebauten Fahrzeugen der Klasse M, somit zu den „PKW". Verhaltensrechtlich sind sie damit nicht nur vom Überholverbot des Z. 277, sondern auch vom Verkehrsverbot des Z. 253 ausgenommen. Da jedoch der Begriff „Personenkraftwagen" nicht ausdrücklich in der Anlage XXIX FZV erscheint, wäre es zu begrüßen, wenn der Verordnungsgeber die 12. Ausnahme-Verordnung entsprechend anpassen würde.

Die Anordnung von Z. 277 ist gemäß § 45 Abs. 9 bei übermäßiger Verkehrsbelastung mit hohem Schwerlastanteil zulässig (BVerwG DAR 2007, 662). Streckenverbote gelten nicht nur bis zur nächsten Kreuzung oder Einmündung, sondern darüber hinaus, wenn nichts anderes angeordnet ist (OLG Düsseldorf VerkMitt 1962 Nr. 114).

---

53 Gleiche Regelung wie bei Z. 253
54 **Zwölfte Ausnahmeverordnung** vom 18.3.2005 (BGBl I S. 866; VkBl. S. 364) i. d. F. siehe Hinweis Seite 23.
§ 1
Abweichend vom § 18 Abs. 5 Satz 2 Nr. 1 StVO beträgt die zulässige Höchstgeschwindigkeit für Kraftfahrzeuge bis zu einem zulässigen Gesamtgewicht von über 3,5 t bis 7,5 t, die im Fahrzeugschein als Wohnmobile bezeichnet sind, auf Autobahnen (Z. 330) und Kraftfahrstraßen (Z. 331) 100 km/h.
§ 2
Aus dem Fahrzeugschein von im Ausland zugelassenen Wohnmobilen i. S. d. § 1 muss eindeutig zu ersehen sein, dass diese das zulässige Gesamtgewicht von 7,5 t nicht überschreiten.
§ 3
Die Verordnung tritt am Tage nach der Verkündung in Kraft (30.3.2005). Sie tritt mit Ablauf des 31.12.2009 außer Kraft.
55 Die Fahrzeugzulassungs-Ordnung vom 25.4.2006 (BGBl. I S. 988/VkBl. S. 535) ist am 1.3.2007 in Kraft getreten.

Zeichen 283 (absolutes Haltverbot)

Das Zeichen gilt nur für die Fahrbahn und nur für die Straßenseite, auf der das Schild steht. Das Zusatzzeichen 1053-35 „auf dem Seitenstreifen" erfasst nur die sich unmittelbar an die Fahrbahn anschließende Fläche des Seitenstreifens, nicht aber den hinter einer Baumreihe befindlichen Streifen oder sonstige außerhalb der Fahrbahn befindliche Flächen, selbst wenn das Zeichen dort aufgestellt wird (OLG Jena DAR 2008, 156 = NZV 2009, 215: Schotterfläche; OLG Jena VerkMitt 1998 Nr. 46 = NZV 1998, 166). Zulässig ist die Kombination von Z. 283 mit einem Zusatzzeichen „Be- oder Entladen/Ein- oder Aussteigen erlaubt",[56] wenn die 3-Minuten-Halterlaubnis des Z. 286 ausgeschlossen bleiben muss (Beschluss OVG Berlin vom 12.5.2000 – OVG 1 N 34.07). Im absoluten Haltverbot parkende Fahrzeuge können abgeschleppt werden, wenn sie für die Verkehrssicherheit eine Gefahr darstellen (s. Erl. 2.3.6 zu § 12).

Zeichen 286 (eingeschränktes Haltverbot)

Das Zeichen muss sich am Anfang der Verbotsstrecke befinden; es genügt nicht, dass es mit **weißem Endpfeil** am Ende der Verbotsstrecke steht (KG VRS 47, 313). Obwohl das Haltverbot nur bis zum nächsten Knotenpunkt reicht, ist bei weißem Anfangspfeil wegen des Sichtbarkeitsgrundsatzes auch das Ende durch einen weißen Pfeil zu kennzeichnen.[57] Das Haltverbot gilt nur auf der Straßenseite, auf der das Zeichen steht (OLG Hamm MDR 1992, 278); s. a. Erl. 2.3.7 zu § 12. Das Zusatzzeichen 1042-30 „**werktags**" zum Z. 283 oder 286 schließt auch den Samstag ein (OLG Hamm VerkMitt 2001 Nr. 91 = NZV 2001, 355 = DAR 2001, 376 = VRS 100, 468; OLG Hamburg VerkMitt 1984 Nr. 73 = DAR 1984, 157 = VRS 66, 379; kritisch Ortbauer DAR 1995, 463). Fällt ein Wochentag auf einen gesetzlichen Feiertag, gilt das Haltverbot nicht, wenn die Regelung offensichtlich nur für Werktage gedacht ist (Janker NZV 2004, 120). Befindet sich ein Z. 283 über einem Z. 286[58] mit Zusatzzeichen „Mo–Fr 9 bis 24 h", gilt die zeitliche Begrenzung nur für das Z. 286, weil Zusatzzeichen nach § 39 Abs. 3 S. 2 dicht unter den Zeichen angebracht werden müssen (BVerwG VRS 105, 474). Zwar wird Mitternacht nach dem Deutschen Zeitgesetz[59] mit „0 Uhr" angegeben, die Bezeichnung „24 h" ist jedoch allgemein verständlich und berührt nicht den Sichtbarkeitsgrundsatz.

Zeichen 290.1 (Zonenhaltverbot)

Anders als die nur auf Fahrbahnen geltenden Z. 283 und 286 beziehen sich Zonenhaltverbote auf alle dem allgemeinen Fahrzeugverkehr dienenden Flächen, wie Park- und Ladebuchten, Seitenstreifen (s. a. Erl. 2.3.8 zu § 12). Nicht erfasst werden Flächen, die dem Fahrzeugverkehr nicht zugänglich sind (Geh- und Radwege), weil sie nur einer speziellen Verkehrsart dienen. Parken auf Geh- und Radwegen ist deshalb nach § 12 Abs. 4, nicht aber nach

---

56 Nach Rn. 142 VwV zu § 46 Abs. 2 können nur die obersten Landesbehörden abweichende Zusatzzeichen zulassen.
57 VwV-StVO zu Z. 283 und 286 ist bindend, damit sich Kraftfahrer nicht bezüglich des Geltungsbereichs irren.
58 Bei der Kombination von Z. 283 und Z. 286 muss sich das Z. 283 stets über dem Z. 286 befinden (II. VwV-StVO zu Z. 283 und Z. 286).
59 § 1 des Deutschen Zeitgesetzes vom 25.7.1978 (BGBl. I S. 1110) i.d.F. vom 13.9.1994 (BGBl. I S. 2322)

Z. 290 unzulässig. Z. 290 kann auch nicht durch Zusatzzeichen (z. B. „auch Radfahrer") auf Gehwege erweitert werden (BVerwG VD 2004, 135; OVG Lüneburg VerkMitt 2003 Nr. 72 = VRS 106, 144; VG Lüneburg VerkMitt 2003 Nr. 33 = VRS 104, 236 = NZV 2003, 255).

Mit dem Zusatzzeichen „Parkscheibe" (Bild 318) wird das Parken zeitlich befristet zugelassen (OVG Bremen VerkMitt 1988 Nr. 19). Die Parkscheibe ist von außen gut lesbar auszulegen (Armaturenbrett); auf der Hutablage im KFZ genügt, wenn sie dort gut sichtbar ist (OLG Köln NZV 1992, 376). Die Parkscheibe ist nicht mehr „gut lesbar", wenn sie sich zwischen mehreren Parkscheiben mit unterschiedlich eingestellten Zeiten befindet. Im Zonenhaltverbot ist das Parken vor einer Grundstückszufahrt für den Eigentümer oder seinen Beauftragten zulässig, wenn die Zufahrt beiderseits von Parkstreifen begrenzt wird (BayObLG DAR 1992, 270 = NZV 1992, 417).

Zeichen 293 (Fußgängerüberweg)

Die Schutzwirkung erstreckt sich nicht auf Radfahrer, die den Zebrastreifen befahren; anders nur, wenn das Fahrrad geschoben wird (OLG Düsseldorf NZV 1998, 296 = DAR 1998, 280). Auf sowie 5 m vor dem Fußgängerüberweg besteht Haltverbot; s. a. Erl. 2.3.4 zu § 12. Bei starkem Verkehr sind Fußgängerüberwege zu benutzen, selbst wenn der Überweg 40 bis 50 m entfernt ist (KG VerkMitt 2009 Nr. 4 = VRS 115,289).

Für Fußgängerfurten (kein Zebrastreifen), die sich außerhalb der 5-Meter-Grenze vor Kreuzungen oder Einmündungen (§ 12 Abs. 3 Nr. 1) befinden, gibt es hingegen kein besonderes Halt- oder Parkverbot. Das Halten und Parken ist dann unzulässig, wenn Fußgänger konkret behindert werden (§ 1 Abs. 2).

Zeichen 294 (Haltlinie)

Eine Haltlinie ist nach Rn. 4 VwV-StVO zum Z. 206 dort anzubringen, wo der andere Verkehr übersehen werden kann (Sichtlinie), d. h. innerorts vor den Schnittkarten der einmündenden Straßen. Da aber zum Vorfahrtbereich auch der zur Weiterfahrt bestimmte Fahrbahnteil gehört, den der bevorrechtigte Verkehr zum Einbiegen benötigt (KG VerkMitt 1984 Nr. 48), ist die Haltlinie häufig zurückgesetzt, um abbiegendem Verkehr infolge unzureichender Radien für Schleppkurven das Einfahren zu ermöglichen. Weiterhin dienen zurückgesetzte Haltlinien der Absicherung von Radverkehrsanlagen, der Ein- und Ausfahrt eines unmittelbar vor der Kreuzung befindlichen Grundstücks oder der Querung für Fußgänger, wenn durch das Warten unmittelbar vor der Kreuzung infolge starken Verkehrs die Straße versperrt würde. Nicht verbindlich ist das Zusatzzeichen 1012-35 „bei Rotlicht hier halten"; es kann aber auf ein Halt- oder Wartegebot hinweisen (OLG Hamm VRS 49, 220).

Ist die Haltlinie mit einer LZA, einem Stoppschild (Z. 206) oder einer Fußgängerfurt kombiniert, ist auch dann am Z. 294 anzuhalten, wenn die LZA außer Betrieb ist. Eine rechtliche Differenzierung als „Haltlinie einer Ampel", als „Haltlinie zum Z. 206" oder als „Haltlinie einer Fußgängerfurt" erfolgt weder nach der verkehrsbehördlichen Anordnung noch nach der Erläuterung zum Z. 294. Entscheidend ist, dass sich Z. 294 in enger räumlicher Beziehung zur Signalanlage oder dem Z. 206 befindet und jeweils ein Wartegebot entfaltet. Z. 206 hat eine doppelte Bedeutung, und zwar sich über die Vorfahrtverhältnisse zu vergewissern und die Vorfahrt zu

Vorgezogene Haltlinie mit Stoppschild ohne Sicht in die Einmündung

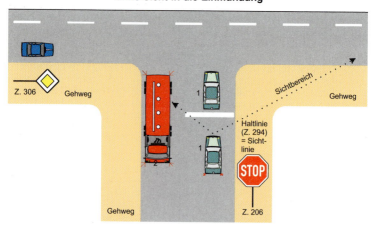

Die Haltlinie befindet sich in der Regel dort, wo die Sicht in den bevorrechtigten Verkehr möglich ist. Dann ist an der Haltlinie (Z. 294) anzuhalten (somit nicht am „Stoppschild" selbst). Ist an der Haltlinie die bevorrechtigte Straße faktisch nicht einsehbar, z.B. wegen des stehenden LKW 2, darf sich PKW 1 nach dem Halt am Z. 294 vorsichtig in den Kreuzungsbereich hineintasten. Ein nochmaliges (striktes) Anhalten wird nicht gefordert. Gleiches gilt, wenn zweifelhaft bleibt, ob die Haltlinie eine ausreichende Sicht gewährt. Auch in diesem Fall ist ein nochmaliges (striktes) Anhalten an der Sichtlinie nicht vorgeschrieben.

---

gewähren. Bei einer davor befindlichen Haltlinie ist das Wartegebot (Vergewisserung über die Vorfahrtverhältnisse) dort zu beachten. Nach dem Halt darf weitergefahren werden, wobei nunmehr die Vorfahrt zu beachten ist, und zwar nicht erst an der faktischen Sichtlinie, sondern wegen einbiegender Fahrzeuge bereits vorher (KG VerkMitt 1984 Nr. 48). Ein Zusammenhang mit der Vorfahrtregelung fehlt nur dann, wenn sich die Haltlinie in einer so großen Entfernung zur Einmündung befindet (etwa 30 m), dass sie räumlich nicht mehr dem Z. 206 zuzuordnen ist. In solchen Fällen ist die Haltlinie nicht mehr „ergänzend" zu einem Halt- oder Wartegebot zuzuordnen und aus der Markierung der Fußgängerfurt allein folgt kein Haltgebot. Eine isolierte Haltlinie **ohne** Halt- und Wartegebote ist somit unbeachtlich.

Bei der Berechnung eines qualifizierten Rotlichtverstoßes (länger als eine Sekunde Rot) ist von der unmittelbar davor befindlichen Haltlinie auszugehen (OLG Frankfurt/M. NZV 1995, 36; BayObLG VRS 87, 151; OLG Köln NZV 1995, 327; OLG Karlsruhe VRS 89, 140).

Zeichen 295 (Fahrstreifenbegrenzung und Fahrbahnbegrenzung)

Wird die Fahrspur durch verbotswidrig parkende Fahrzeuge blockiert, darf die links befindliche durchgehende Linie mit Vorsicht überfahren werden, um sich unmittelbar hinter dem Fahrzeug wieder nach rechts einzugliedern (BayObLG VRS 70, 55). Z. 295 hat nicht stets eine rechtsbegründende Wirkung in der Weise, dass rechts auch die Fahrbahn an der Markierung enden muss. Entscheidend sind vielmehr die tatsächlichen Verhältnisse, insbesondere die bauliche Ausgestaltung des Verkehrsraums rechts von der durchgezogenen Linie. Ist dieser Raum z. B. eine befestigte Fläche, ähnlich der „Hauptfahrbahn", endet die Fahrbahn im Rechtssinn nicht an der Markierung. Welche Bedeutung der rechts von der ununterbrochenen Linie verbleibende Raum hat, hängt von seiner Zuordnung ab. Bei Ausweisung dieser Fläche durch Z. 245 oder 237 handelt es sich um einen Sonderfahrstreifen für Linienbusse oder Radfahrstreifen (dann gilt die durchgezogene Linie nicht als Fahrbahn-, sondern als Fahrstreifenbegrenzung).

Als Fahrbahnbegrenzung darf Z. 295 nach rechts überfahren werden. Befindet sich rechts ein befestigter Seitenstreifen (§ 2 Abs. 1 Satz 2), müssen langsame Fahrzeuge dort fahren. Langsam sind Fahrzeuge, deren bauartbedingte Höchstgeschwindigkeit auf etwa 32 km/h begrenzt ist, insbesondere land- oder forstwirtschaftliche Zug- und Arbeitsmaschinen, Fährräder, Mofas, Kutschen, Fuhrwerke. Der Begriff „langsame Fahrzeuge" in § 5 Abs. 6 Satz 2 ist nicht identisch mit den Fahrzeugen in Anl. 2 lfd. Nr. 68 – Ge- oder Verbot Nr. 1c Satz 2, denn diese müssen grundsätzlich die Fahrbahn benutzen. Allerdings dürfen diese Fahrzeuge (kurzfristig) auf den Seitenstreifen überwechseln, um die hinter ihnen befindlichen Schnellfahrer vorbeizulassen. Ist der Seitenstreifen als Parkstreifen angelegt (meist nur innerorts), darf rechts von der Linie geparkt werden. Zu den Halt- und Parkverboten bei Z. 295 s. Erl. 2.3.9 und Erl. 2.4.8 zu § 12.

Zurückgesetzte Haltlinie in Verbindung mit einer signalisierten Fußgängerfurt

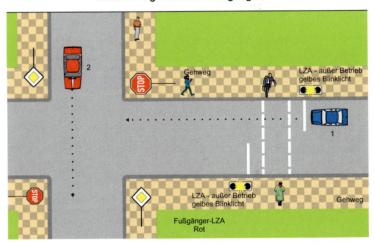

Etwa 30 m vor der Kreuzung mit einem Stoppschild (Z. 206) befindet sich eine durch Lichtzeichen signalisierte Fußgängerfurt. Die Lichtzeichenanlage ist außer Betrieb und strahlt nur gelbes Blinklicht ab. Die Haltlinie in Verbindung mit der Fußgängerfurt hat infolge ihrer räumlichen Entfernung keinen Bezug mehr zum bevorrechtigten Knotenpunkt (Z. 206), so dass KFZ 1 erst an der Sichtlinie der Kreuzung nicht aber bereits an der Haltlinie anhalten muss, um KFZ 2 die Vorfahrt einzuräumen.

Würde sich hingegen die signalisierte Fußgängerfurt unmittelbar vor der Kreuzung befinden, müsste KFZ 1 auch dann an der Haltlinie anhalten, wenn die Anlage außer Betrieb ist.

§ 41 Vorschriftzeichen

Zeichen 297 (Pfeile auf der Fahrbahn)

Markierte Pfeile auf der Fahrbahn schreiben die Fahrtrichtung auf der nächsten Kreuzung oder Einmündung dann vor, wenn sich dazwischen **Leitlinien** (Z. 340) oder **Fahrstreifenbegrenzungen** (Z. 295) befinden (OLG Karlsruhe VerkMitt 1981 Nr. 40). Dann gilt **Haltverbot** auf den Pfeilen; s. a. Erl. 2.3.10 zu § 12. Vor der Kreuzung darf der mit Pfeilen versehene Fahrstreifen noch gewechselt werden, wenn sich dazwischen eine unterbrochene Linie (Leitlinie) befindet. Ist hingegen eine durchgehende Linie (Fahrstreifenbegrenzung) vorhanden, muss der Kraftfahrer in seiner Fahrspur bleiben (OLG Düsseldorf VRS 89, 138). Auf die Anzahl der Pfeile kommt es nicht an. Zwar spricht Anl. 2 lfd. Nr. 70 von „Pfeilen", gemeint ist aber, dass der Fahrzeugführer auch den durch einen Pfeil vorgegebenen Fahrtrichtung folgen muss, wenn sich dazwischen Fahrstreifenbegrenzungslinien befinden.[60] Das gilt auch, wenn ein Pfeil für die gleiche Richtung einem weiteren in einem größeren Abstand folgt. Wer bei einer Pfeilmarkierung den Fahrstreifen für Rechtsabbieger benutzt, jedoch verbotswidrig geradeaus fährt, darf nicht Eingeordneten nicht rechts überholen (OLG Hamm VRS 53, 380). Andererseits verstößt der auf den linken Pfeil eingeordnete Kraftfahrer nur gegen Z. 297, nicht aber gegen das Überholverbot nach § 5 Abs. 3 Nr. 1, wenn er verbotswidrig links an anderen Geradeausfahrern vorbeifährt (OLG Düsseldorf NZV 1996, 208). Das nach links weisende Z. 297 bedeutet für die folgende Kreuzung oder Einmündung kein Wendeverbot (OLG Düsseldorf VRS 54, 465; OLG Koblenz VRS 48, 71); notfalls ist Z. 272 anzuordnen. Wird ein Richtungspfeil durch bloßes Überstreichen mit grauer Farbe entfernt, haftet der Baulastträger nicht nur für die Rutschfestigkeit, sondern auch für die Festigkeit des Farbanstriches (OLG Hamm DAR 1999, 70).

Richtungspfeile zwischen markierten Fahrstreifen

Bei Z. 297 (vorgeschriebene Fahrtrichtung) muss sich mindestens ein Pfeil zwischen Leitlinien (Z. 340) oder Fahrstreifenbegrenzungen (Z. 295) befinden, um eine Verpflichtung zur Folge der Fahrtrichtung auszulösen. Dann besteht Haltverbot auf den Pfeilmarkierungen.

Empfehlung, weil neben dem Pfeil keine Leitlinie (Z. 340) oder Fahrstreifenbegrenzung (Z. 295) markiert ist. Der Pfeil dient nur zur Verkehrslenkung.

Verpflichtung, da sich zwischen den Pfeilen Leitlinien befinden. Dass die Pfeile nebeneinander liegen und nicht in verschiedene Richtungen weisen, ist unerheblich.

Nur für den rechtsweisenden Pfeil besteht eine **Verpflichtung**, nicht für den linksweisenden Pfeil, weil sich dieser nicht zwischen Leitlinien befinden. Der linksweisende Pfeil enthält insoweit nur eine **Empfehlung**.

Verpflichtung, Dass die Pfeile hinter- und nicht nebeneinander markiert sind und auch nicht in verschiedene Richtungen weisen, ist unerheblich.

---

60 Die bisher auf nur „einen" Pfeil, „nebeneinander" liegende oder auf Pfeile für nur „eine Richtung" bezogene Rechtsprechung (OLG Schleswig VerkMitt 1966 Nr. 50; BayObLG VerkMitt 1975 Nr. 42 = DAR 1974, 305 = VRS 47, 394) ist durch materielle Änderung zum Z. 297 in Anl. 2 lfd. Nr. 70 überholt.

Pfeile auf der Fahrbahn ohne Fahrstreifenbegrenzungen durch Z. 340 oder 295 empfehlen dem Fahrzeugführer, der Fahrtrichtung zu folgen. Wer sich bei nur empfohlenem Pfeil falsch einordnet, muss aber die richtig Eingeordneten vorbeifahren lassen. Er hat keinen Vertrauensschutz, dass andere die Fahrtrichtung entgegen der Pfeilmarkierung respektieren.

Zeichen 298 (Sperrfläche)

Sperrflächen schaffen Sicherheitszonen zwischen den Fahrspuren oder zwischen diesen und Flächen außerhalb des fließenden Verkehrs (OLG Köln NZV 1991, 483). Auf ihnen darf weder gefahren noch gehalten oder geparkt werden (Anl. 2 lfd. Nr. 72). Abgefahrene Markierungen bleiben wirksam, solange sie noch das Bild einer Sperrfläche bieten. Der Vertrauensgrundsatz gilt für alle Verkehrsteilnehmer, die mit der Beachtung der Markierung rechnen dürfen (OLG Köln VerkMitt 1990 Nr. 60).

Zeichen 299 (Grenzmarkierung für Halt- und Parkverbote)

Die Markierung bezeichnet, verlängert oder verkürzt **bestehende** Halt- oder Parkverbotstrecken; ohne Halt- oder Parkverbot ist die „Zickzacklinie" ohne Bedeutung (BayObLG VerkMitt 1982 Nr. 45 = VRS 62, 145; OLG Düsseldorf VRS 74, 68). solche „isolierten" Markierungen sind dann vorzufinden, wenn z. B. Haltestellen verlegt oder Grundstückszufahrten geschlossen worden sind, der Baulastträger aber aus Kostengründen die Zickzacklinie nicht entfernt.

Parkflächenmarkierungen (Anl. 2 lfd. Nr. 74 zu § 41)

Die Anordnung von Parkflächenmarkierungen ist nur zulässig, wenn sie gemäß § 45 Abs. 9 zwingend geboten sind (VG Schleswig-Holstein VerkMitt 2007 Nr. 44 = NZV 2007, 270). Das Parken außerhalb markierter Parkflächen ist **nicht** durch Anl. 2 lfd. Nr. 74 verboten, kann aber nach anderen Bestimmungen untersagt sein (BGH VerkMitt 1980 Nr. 33 = VRS 58, 225 = MDR 1980, 333 = NJW 1980, 845; ähnlich OLG Stuttgart VRS 74, 223; OLG Düsseldorf DAR 1995, 457 = VRS 90, 66); s. a. Erl. 2.4.16 zu § 12. Der Begriff „Straße" (Erl. 2 Satz 2 Anl. 2 lfd. Nr. 74) bezieht sich auf alle öffentlichen Verkehrsflächen (nicht nur auf Fahrbahnen und Sonderwege), somit auch auf Parkplätze. Markierungen in X-Form (sog. „Briefkuverts") sind (amtlich) nicht vorgesehen und begründen daher kein Parkverbot (KG VRS 65, 297); sie können aber auf ein anderes Parkverbot hinweisen, z. B. Grundstückszufahrt, abgesenkter Bordstein. Grüne oder blaue Parkflächenmarkierungen sind rechtswidrig und unbeachtlich (BVerwG DAR 1993, 191).

3 Hinweise

3.1 Verbot des Zweitüberholens bei Markierung von insgesamt drei oder vier Fahrstreifen für beide Fahrtrichtungen, ferner Benutzungsverbot des linken von drei Fahrstreifen durch LKW über 3,5 t oder Züge mit einer Länge über 7 m: § 42 Abs. 6 Nr. 1.

3.2 Richtlinien für die **Markierung** von Straßen (RMS): VkBl. 1993, S. 667.

§ 42 Richtzeichen

(1) Richtzeichen geben besondere Hinweise zur Erleichterung des Verkehrs. Sie können auch Ge- oder Verbote enthalten.[1]

(2) Jeder Verkehrsteilnehmer hat die durch Richtzeichen nach der Anlage 3 angeordneten Ge- oder Verbote zu befolgen.

(3) Richtzeichen stehen vorbehaltlich des Satzes 2 dort, wo oder von wo an die Anordnung zu befolgen ist. Soweit die Zeichen aus Gründen der Leichtigkeit oder der Sicherheit des Verkehrs in einer bestimmten Entfernung zum Beginn der Befolgungspflicht stehen, ist die Entfernung zu dem maßgeblichen Ort auf einem Zusatzzeichen angegeben.

---

1 Die Ahndung von Verstößen nach § 49 Abs. 3 Nr. 4 bis 6 gegen die Ge- und Verbote der Anlagen 2 bis 4 folgt nicht unmittelbar aus den Anlagen, sondern aus dem sachlich-rechtlichen Teil der Vorschriftentexte der §§ 41 bis 43. In den Anlagen sind die bußgeldbewehrten Ge- und Verbote zu den jeweiligen Verkehrszeichen konkret und handlungsbezogen formuliert. Dort, wo ein Verstoß gegen die StVO nur aus der Erlaubnis abgeleitet werden kann, ist der Verstoß in den einzelnen Vorschriften ausdrücklich geregelt.

# Anlage 3 (zu § 42 Abs. 2) § 42

Richtzeichen

1	2	3
lfd. Nr.	Zeichen und Zusatzzeichen	Ge- oder Verbote Erläuterungen

Abschnitt 1 Vorrangzeichen

1	Zeichen 301 Vorfahrt	**Erläuterung** Das Zeichen zeigt an, dass an der nächsten Kreuzung oder Einmündung Vorfahrt besteht.
2	Zeichen 306 Vorfahrtstraße	**Ge- oder Verbot** Fahrzeugführer dürfen außerhalb geschlossener Ortschaften auf Fahrbahnen von Vorfahrtstraßen nicht parken. **Erläuterung** Das Zeichen zeigt an, dass Vorfahrt besteht bis zum nächsten Zeichen 205 „Vorfahrt gewähren", 206 „Halt. Vorfahrt gewähren" oder 307 „Ende der Vorfahrtstraße".
2.1		**Ge- oder Verbot** 1. Fahrzeugführer, die dem Verlauf der abknickenden Vorfahrtstraße folgen wollen, müssen dies rechtzeitig und deutlich ankündigen; dabei sind die Fahrtrichtungsanzeiger zu benutzen. 2. Sie haben auf Fußgänger besondere Rücksicht zu nehmen. Wenn nötig, müssen sie warten. **Erläuterung** Das Zusatzzeichen zum Zeichen 306 zeigt den Verlauf der Vorfahrtstraße an.

1	2	3
lfd. Nr.	Zeichen und Zusatzzeichen	Ge- oder Verbote Erläuterungen
3	Zeichen 307 Ende der Vorfahrtstraße	
4	Zeichen 308 Vorrang vor dem Gegenverkehr	
Abschnitt 2 Ortstafel		
zu 5 und 6		**Erläuterung** 1. Von hier an gelten jeweils die für den Verkehr innerhalb oder außerhalb geschlossener Ortschaften bestehenden Vorschriften. 2. Der obere Teil des Zeichens 311 kann weiß sein, wenn die Ortschaft, auf die hingewiesen wird, zur derselben Gemeinde wie die soeben durchfahrene Ortschaft gehört.
5	Zeichen 310 Wilster Kreis Steinburg Ortstafel Vorderseite	**Erläuterung** Die Ortstafel bestimmt: Hier beginnt eine geschlossene Ortschaft.

1	2	3
lfd. Nr.	Zeichen und Zusatzzeichen	Ge- oder Verbote Erläuterungen
6	Zeichen 311 Schotten ↑ 6 km ~~Wilster~~ Ortstafel Rückseite	**Erläuterung** Die Ortstafel bestimmt: Hier endet eine geschlossene Ortschaft.[2]
Abschnitt 3 Parken		

7	Zeichen 314
	
	P
	
	Parken
		Ge- oder Verbot
		Fahrzeugführer dürfen nicht entgegen Beschränkungen durch Zusatzzeichen parken.
		Erläuterung
		1. Das Zeichen erlaubt das Parken.
		  a) Durch ein Zusatzzeichen kann die Parkerlaubnis beschränkt sein, insbesondere nach der Dauer, nach Fahrzeugarten oder auf das Parken mit Parkschein.
		  b) Ein Zusatzzeichen mit Bild 318 (Parkscheibe) und der Angabe der Stundenzahl schreibt das Parken mit Parkscheibe und dessen zulässige Höchstdauer vor.
		  c) Durch Zusatzzeichen[3] können Bewohner mit Parkausweis von der Verpflichtung des Auslegens des Parkscheins freigestellt werden.
		  d) Durch ein Zusatzzeichen mit Rollstuhlfahrersinnbild kann die Parkerlaubnis beschränkt sein für schwerbehinderte Menschen mit außergewöhnlicher Gehbehinderung, beidseitiger Amelie oder Phokomelie oder mit vergleichbaren Funktionseinschränkungen sowie für blinde Menschen.

---

2 Der obere Teil des Zeichens ist nach den RWB gelb und nicht weiß. Die Regelung, dass der obere Teil des Z. 311 weiß sei, wenn die Ortschaft zu derselben Gemeinde wie die soeben durchfahrene gehört, ist nach RWB nicht vorgesehen. Ortstafeln nach Zeichen 310 und 311 sind deshalb immer gelb

3 Zusatzzeichen 1044-10 oder 1044-11 (personengebundener Parkstand)

1	2	3
Lfd. Nr.	Zeichen und Zusatzzeichen	Ge- oder Verbote Erläuterungen
7	Zeichen 314 *(Fortsetzung)*	e) Die Parkerlaubnis gilt nur, wenn der Parkschein, die Parkscheibe oder der Parkausweis gut lesbar ausgelegt oder angebracht ist. f) Durch Zusatzzeichen[4] kann ein Parkplatz als gebührenpflichtig ausgewiesen werden. 2. Der Anfang des erlaubten Parkens kann durch einen zur Fahrbahn weisenden waagerechten weißen Pfeil im Zeichen, das Ende durch einen solchen von der Fahrbahn wegweisenden Pfeil gekennzeichnet sein. Bei in der Strecke wiederholten Zeichen weist eine Pfeilspitze zur Fahrbahn, die zweite von ihr weg. 3. Das Zeichen mit einem Zusatzzeichen mit schwarzem Pfeil weist auf die Zufahrt zu größeren Parkplätzen oder Parkhäusern hin. Das Zeichen kann auch durch Hinweise ergänzt werden, ob es sich um ein Parkhaus handelt.
8	Zeichen 314.1 Beginn einer Parkraumbewirtschaftungszone[5]	**Erläuterung** 1. Das Zeichen erlaubt das Parken. Innerhalb der Parkraumbewirtschaftungszone darf nur mit Parkschein oder mit Parkscheibe (Bild 318) geparkt werden, soweit das Halten und Parken nicht gesetzlich oder durch Verkehrszeichen verboten ist. Die Art der Parkbeschränkung wird durch Zusatzzeichen angezeigt. 2. Durch Zusatzzeichen können Bewohner mit Parkausweis von der Verpflichtung zum Parken mit Parkschein oder Parkscheibe freigestellt werden. 3. Die Parkerlaubnis gilt nur, wenn der Parkschein, die Parkscheibe oder der Parkausweis gut lesbar ausgelegt oder angebracht ist.

1	2	3
lfd. Nr.	Zeichen und Zusatzzeichen	Ge- oder Verbote Erläuterungen
9	Zeichen 314.2 Ende einer Parkraumbewirtschaftungszone	
10	Zeichen 315 Parken auf Gehwegen	**Ge- oder Verbot** Fahrzeugführer dürfen auf Gehwegen mit Fahrzeugen mit einem zulässigen Gesamtgewicht über 2,8 t nicht parken. Sie dürfen auch nicht entgegen der angeordneten Aufstellungsart des Zeichens oder entgegen Beschränkungen durch Zusatzzeichen parken. **Erläuterung** 1. Das Zeichen erlaubt Fahrzeugen mit einem zulässigen Gesamtgewicht bis zu 2,8 t das Parken auf Gehwegen. 2. Im Zeichen wird bildlich angeordnet, wie die Fahrzeuge aufzustellen sind. 3. Durch ein Zusatzzeichen kann die Parkerlaubnis beschränkt sein, insbesondere nach der Dauer, nach Fahrzeugarten oder zu Gunsten der mit besonderem Parkausweis versehenen Bewohner, schwerbehinderten Menschen mit außergewöhnlicher Gehbehinderung, beidseitiger Amelie oder Phokomelie oder mit vergleichbaren Funktionseinschränkungen sowie blinden Menschen. Die Ausnahmen gelten nur, wenn die Parkausweise gut lesbar ausgelegt oder angebracht sind. Durch Zusatzzeichen kann das Parken mit Parkschein oder mit Parkscheibe vorgeschrieben werden.

---

4 Zusatzzeichen 1053-31
5 Die Z. 314.1 und 314.2 enthalten eine flächenwirksame Regelung und machen eine aufwändige Einzelbeschilderung von Parkraumbewirtschaftungsgebieten entbehrlich.

1	2	3
lfd. Nr.	**Zeichen und Zusatzzeichen**	**Ge- oder Verbote Erläuterungen**
10	Zeichen 315 *(Fortsetzung)*	4. Der Anfang des erlaubten Parkens kann durch einen zur Fahrbahn weisenden waagerechten weißen Pfeil im Zeichen, das Ende durch einen solchen von der Fahrbahn wegweisenden Pfeil gekennzeichnet sein. Bei in der Strecke wiederholten Zeichen weist eine Pfeilspitze zur Fahrbahn, die zweite von ihr weg.
11	Bild 318 Parkscheibe	

Abschnitt 4 Verkehrsberuhigter Bereich

12	Zeichen 325.1 Beginn eines verkehrsberuhigten Bereichs	**Ge- oder Verbot** 1. Fahrzeugführer müssen mit Schrittgeschwindigkeit fahren. 2. Fahrzeugführer dürfen Fußgänger weder gefährden noch behindern; wenn nötig, müssen Fahrzeugführer warten. 3. Fußgänger dürfen den Fahrverkehr nicht unnötig behindern. 4. Fahrzeugführer dürfen außerhalb der dafür gekennzeichneten Flächen nicht parken, ausgenommen zum Ein- oder Aussteigen und zum Be- oder Entladen. **Erläuterung** Fußgänger dürfen die Straße in ihrer ganzen Breite benutzen; Kinderspiele sind überall erlaubt.

1	2	3
lfd. Nr.	**Zeichen und Zusatzzeichen**	**Ge- oder Verbote Erläuterungen**
13	Zeichen 325.2 Ende eines verkehrsberuhigten Bereichs	

Abschnitt 5 Tunnel

| 14 | Zeichen 327 Tunnel | **Ge- oder Verbot** Fahrzeugführer müssen beim Durchfahren des Tunnels Abblendlicht benutzen. Sie dürfen im Tunnel nicht wenden. **Erläuterung** 1. Das Zeichen steht an jeder Tunneleinfahrt. 2. Im Falle eines Notfalls oder einer Panne sollen nur vorhandene Nothalte- und Pannenbuchten genutzt werden. |

Abschnitt 6 Nothalte- und Pannenbucht

| 15 | Zeichen 328 Nothalte- und Pannenbucht | **Ge- oder Verbot** Fahrzeugführer dürfen nur im Notfall oder bei einer Panne in einer Nothalte- und Pannenbucht halten. |

§ 42 Anlage 3 (zu § 42 Abs. 2)

1	2	3
lfd. Nr.	Zeichen und Zusatzzeichen	Ge- oder Verbote Erläuterungen
Abschnitt 7 Autobahnen und Kraftfahrstraßen		
16	Zeichen 330.1 Autobahn	**Erläuterung** Ab diesem Zeichen gelten die Regeln für den Verkehr auf Autobahnen.
17	Zeichen 330.2 Ende der Autobahn	
18	Zeichen 331.1 Kraftfahrstraße	**Erläuterung** Ab diesem Zeichen gelten die Regeln für den Verkehr auf Kraftfahrstraßen.
19	Zeichen 331.2 Ende der Kraftfahrstraße	

1	2	3
lfd. Nr.	Zeichen und Zusatzzeichen	Ge- oder Verbote Erläuterungen
20	Zeichen 333 **Ausfahrt** Ausfahrt von der Autobahn	**Erläuterung** Auf Kraftfahrstraßen oder autobahnähnlich ausgebauten Straßen weist das entsprechende Zeichen mit schwarzer Schrift auf gelbem Grund auf die Ausfahrt hin. Das Zeichen kann auch auf weißem Grund ausgeführt sein.
21	Zeichen 450 Ankündigungsbake	**Erläuterung** Das Zeichen steht 300 m, 200 m (wie abgebildet) und 100 m vor einem Autobahnknotenpunkt (Autobahnanschlussstelle, Autobahnkreuz oder Autobahndreieck). Auf der 300-m-Bake wird die Nummer des Knotenpunktes angezeigt.
Abschnitt 8 Markierungen		
22	Zeichen 340 Leitlinie	**Ge- oder Verbot** 1. Fahrzeugführer dürfen Leitlinien nicht überfahren, wenn dadurch der Verkehr gefährdet wird. 2. Fahrzeugführer dürfen auf der Fahrbahn durch Leitlinien markierte Schutzstreifen für den Radverkehr nur bei Bedarf überfahren. Dabei dürfen Radfahrer nicht gefährdet werden. 3. Fahrzeugführer dürfen auf durch Leitlinien markierte Schutzstreifen für den Radverkehr nicht parken. **Erläuterung** Der Schutzstreifen für den Radverkehr kann mit dem Sinnbild „Radverkehr" auf der Fahrbahn gekennzeichnet sein.

§ 42 Anlage 3 (zu § 42 Abs. 2)

1	2	3
lfd. Nr.	**Zeichen und Zusatzzeichen**	**Ge- oder Verbote Erläuterungen**
23	Zeichen 341 Wartelinie	**Ge- oder Verbot** Die Wartelinie empfiehlt dem Wartepflichtigen, an dieser Stelle zu warten.
Abschnitt 9 Hinweise		
24	Zeichen 350 Fußgängerüberweg	
25	Zeichen 354 Wasserschutzgebiet	
26	Zeichen 356 Verkehrshelfer	

1	2	3
lfd. Nr.	Zeichen und Zusatzzeichen	Ge- oder Verbote Erläuterungen
27	Zeichen 357 Sackgasse	**Erläuterung** Im oberen Teil des Verkehrszeichens kann die Durchlässigkeit der Sackgasse für Radfahrer und/oder Fußgänger durch Piktogramme angezeigt sein.
zu 28 und 29		**Erläuterung** 1. Durch solche Zeichen mit entsprechenden Sinnbildern nach dem vom für Verkehr zuständigen Bundesministerium herausgegebenen Verkehrszeichenkatalog können auch andere Hinweise gegeben werden, wie auf Fernsprecher, Notrufsäule, Pannenhilfe, Tankstellen, Zelt- und Wohnwagenplätze. 2. Auf Hotels, Gasthäuser und Kioske wird nur auf Autobahnen und nur dann hingewiesen, wenn es sich um Autobahnanlagen oder Autohöfe handelt.
28	Zeichen 358 Erste Hilfe	
29	Zeichen 363 Polizei	

§ 42 Anlage 3 (zu § 42 Abs. 2)

1	2	3
lfd. Nr.	Zeichen und Zusatzzeichen	Ge- oder Verbote Erläuterungen
30	Zeichen 385 **Weiler** Ortshinweistafel	
zu 31 und 32		**Erläuterung** Die Zeichen stehen außerhalb von Autobahnen. Sie dienen dem Hinweis auf touristisch bedeutsame Ziele und der Kennzeichnung des Verlaufs touristischer Routen. Sie können auch als Wegweiser ausgeführt sein.[6]
31	Zeichen 386.1 **Burg Eltz** Touristischer Hinweis	
32	Zeichen 386.2 Deutsche Weinstraße Touristische Route	
33	Zeichen 386.3 Rheinland Touristische Unterrichtungstafel	**Erläuterung** Das Zeichen steht an der Autobahn. Es dient der Unterrichtung über touristisch bedeutsame Ziele.
34	Zeichen 390 MAUT Mautpflicht nach dem Autobahnmautgesetz	

1	2	3
lfd. Nr.	Zeichen und Zusatzzeichen	Ge- oder Verbote Erläuterungen
35	Zeichen 391 **MAUT** Mautpflichtige Strecke	
36	Zeichen 392 **ZOLL** **DOUANE** Zollstelle	
37	Zeichen 393 Informationstafel an Grenzübergangsstellen	
38	Zeichen 394 Laternenring	**Erläuterung** Das Zeichen kennzeichnet innerhalb geschlossener Ortschaften Laternen, die nicht die ganze Nacht leuchten. In dem roten Feld kann in weißer Schrift angegeben sein, wann die Laterne erlischt.

---

6 Die Z. 386.1 bis 386.3 werden von der Straßenverkehrsbehörde nach den Richtlinien für touristische Beschilderung (RtB) – Ausgabe 2008 – (VkBl. 2009, S. 228) angeordnet.

§ 42 Anlage 3 (zu § 42 Abs. 2)

1	2	3
lfd. Nr.	Zeichen und Zusatzzeichen	Ge- oder Verbote Erläuterungen
Abschnitt 10 Wegweisung		
	1. Nummernschilder	
39	Zeichen 401 **35** Bundesstraßen	
40	Zeichen 405 **48** Autobahnen	
41	Zeichen 406 **26** Knotenpunkte der Autobahnen	**Erläuterung** Beziffert die Knotenpunkte der Autobahnen (Autobahnausfahrten, Autobahnkreuze und Autobahndreiecke).
42	Zeichen 410 **E 36** Europastraßen	

1	2	3
lfd. Nr.	Zeichen und Zusatzzeichen	Ge- oder Verbote Erläuterungen
	2. Wegweiser außerhalb von Autobahnen	
		a) Vorwegweiser
43	Zeichen 438	
44	Zeichen 439	
45	Zeichen 440	
46	Zeichen 441	

§ 42 Anlage 3 (zu § 42 Abs. 2)

1	2	3
lfd. Nr.	Zeichen und Zusatzzeichen	Ge- oder Verbote Erläuterungen
		b) Pfeilwegweiser
zu 47 bis 49		**Erläuterung** Das Zusatzzeichen „Nebenstrecke" weist auf eine Straßenverbindung von untergeordneter Bedeutung hin.
47	Zeichen 415 [233] Dorsten 28 km Bottrop 14 km	**Erläuterung** Pfeilwegweiser auf Bundesstraßen.
48	Zeichen 418 Hildesheim 49 km Elze 31 km	**Erläuterung** Pfeilwegweiser auf sonstigen Straßen.
49	Zeichen 419 Eichenbach	**Erläuterung** Pfeilwegweiser auf sonstigen Straßen mit geringerer Verkehrsbedeutung.
50	Zeichen 430 Berlin [2]	**Erläuterung** Pfeilwegweiser zur Autobahn.
51	Zeichen 432 Bahnhof	**Erläuterung** Pfeilwegweiser zu Zielen mit erheblicher Verkehrsbedeutung.
		c) Tabellenwegweiser
52	Zeichen 434 [24] Schwerin 5 km Messe ← [104] Lübeck 40 km Gadebusch 15 km Ludwigslust 20 km [106] →	**Erläuterung** Der Tabellenwegweiser[7] kann auch auf einer Tafel zusammengefasst sein. Die Zielangaben in einer Richtung können auch auf separaten Tafeln gezeigt werden.

1	2	3
lfd. Nr.	Zeichen und Zusatzzeichen	Ge- oder Verbote Erläuterungen
		d) Ausfahrttafel
53	Zeichen 332.1 Mainz Wiesbaden ↗	**Erläuterung** Ausfahrt von der Kraftfahrstraße oder einer autobahnähnlich ausgebauten Straße. Das Zeichen kann innerhalb geschlossener Ortschaften auch mit weißem Grund ausgeführt sein.
		e) Straßennamenschilder
54	Zeichen 437	**Erläuterung** Das Zeichen hat entweder weiße Schrift auf dunklem Grund oder schwarze Schrift auf hellem Grund. Es kann auch an Bauwerken angebracht sein.
	3. Wegweiser auf Autobahnen	
		a) Ankündigungstafeln
zu 55 und 58		**Erläuterung** Die Nummer (Zeichen 406) ist die laufende Nummer der Autobahnausfahrten, Autobahnkreuze und Autobahndreiecke der gerade befahrenen Autobahn. Sie dient der besseren Orientierung.
55	Zeichen 448 Düsseldorf -Benrath 1000 m	**Erläuterung** Das Zeichen weist auf eine Autobahnausfahrt, ein Autobahnkreuz oder Autobahndreieck hin. Es schließt Zeichen 406 ein.

---

7 Der Tabellenwegweiser kann abgesetzt oder auch auf einem Schild dargestellt werden; die Änderung des Tabellenwegweisers wird im VzKat fortgeschrieben.

1	2	3
lfd. Nr.	Zeichen und Zusatzzeichen	Ge- oder Verbote Erläuterungen
56		**Erläuterung** Das Sinnbild weist auf eine Ausfahrt hin.
57		**Erläuterung** Das Sinnbild weist auf ein Autobahnkreuz oder Autobahndreieck hin; es weist auch auf Kreuze und Dreiecke von Autobahnen mit autobahnähnlich ausgebauten Straßen des nachgeordneten Netzes hin.
58	Zeichen 448.1	**Erläuterung** 1. Mit dem Zeichen wird ein Autohof in unmittelbarer Nähe einer Autobahnausfahrt angekündigt. 2. Der Autohof wird einmal am rechten Fahrbahnrand 500 bis 1 000 m vor dem Zeichen 448 angekündigt. Auf einem Zusatzzeichen wird durch grafische Symbole der Leistungsumfang des Autohofs dargestellt.
		b) Vorwegweiser
59	Zeichen 449	

1	2	3
lfd. Nr.	Zeichen und Zusatzzeichen	Ge- oder Verbote Erläuterungen
		c) Ausfahrttafel
60	Zeichen 332 Mainz Wiesbaden ↗	
		d) Entfernungstafel
61	Zeichen 453 [1] [E37] Köln 106 km Dortmund 24 km [44] Kassel 161 km	**Erläuterung** Die Entfernungstafel gibt Fernziele und die Entfernung zur jeweiligen Ortsmitte an. Ziele, die über eine andere als die gerade befahrene Autobahn zu erreichen sind, werden unterhalb des waagerechten Striches angegeben.
Abschnitt 11 Umleitungsbeschilderung		
	1. Umleitung außerhalb von Autobahnen	
		a) Umleitungen für bestimmte Verkehrsarten
62	Zeichen 442 Vorwegweiser	**Erläuterung** Vorwegweiser für bestimmte Verkehrsarten
63	Zeichen 421	**Erläuterung** Vorwegweiser für bestimmte Verkehrsarten

1	2	3
lfd. Nr.	**Zeichen und Zusatzzeichen**	**Ge- oder Verbote Erläuterungen**
64	Zeichen 422	**Erläuterung** Wegweiser für bestimmte Verkehrsarten
		b) Temporäre Umleitungen (z. B. infolge von Baumaßnahmen)
65		**Erläuterung** Der Verlauf der Umleitungsstrecke kann gekennzeichnet werden durch
66	Zeichen 454	**Erläuterung** Umleitungswegweiser oder
67	Zeichen 455.1	**Erläuterung** Fortsetzung der Umleitung
zu 66 und 67		**Erläuterung** Die Zeichen 454 und 455.1 können durch eine Zielangabe auf einem Schild über den Zeichen ergänzt sein. Werden nur bestimmte Verkehrsarten umgeleitet, sind diese auf einem Zusatzzeichen über dem Zeichen angegeben.
68		**Erläuterung** Die temporäre Umleitung kann angekündigt sein durch Zeichen 455.1 oder

1	2	3
lfd. Nr.	Zeichen und Zusatzzeichen	Ge- oder Verbote Erläuterungen
69	Zeichen 457.1 **Umleitung**	**Erläuterung** Umleitungsankündigung
70		**Erläuterung** jedoch nur mit Entfernungsangabe auf einem Zusatzzeichen und bei Bedarf mit Zielangabe auf einem zusätzlichen Schild über dem Zeichen.
71		**Erläuterung** Die Ankündigung kann auch erfolgen durch
72	Zeichen 458 Stuttgart A-Dorf B-Dorf 80m	**Erläuterung** eine Planskizze
73		**Erläuterung** Das Ende der Umleitung kann angezeigt werden durch
74	Zeichen 457.2 **Umleitung**	**Erläuterung** Ende der Umleitung oder

§ 42 Anlage 3 (zu § 42 Abs. 2)

1	2	3
lfd. Nr.	Zeichen und Zusatzzeichen	Ge- oder Verbote Erläuterungen
75	Zeichen 455.2	**Erläuterung** Ende der Umleitung
	2. Bedarfsumleitung für den Autobahnverkehr	
76	Zeichen 460 Bedarfsumleitung	**Erläuterung** Das Zeichen kennzeichnet eine alternative Streckenführung im nachgeordneten Straßennetz zwischen Autobahnanschlussstellen.
77	Zeichen 466 Weiterführende Bedarfsumleitung	**Erläuterung** Kann der umgeleitete Verkehr an der nach Zeichen 460 vorgesehenen Anschlussstelle noch nicht auf die Autobahn zurückgeleitet werden, wird er durch dieses Zeichen über die nächste Bedarfsumleitung weitergeführt.

1	2	3
lfd. Nr.	Zeichen und Zusatzzeichen	Ge- oder Verbote Erläuterungen

Abschnitt 12 Sonstige Verkehrsführung

	1. Umlenkungspfeil	
78	Zeichen 467.1 Umlenkungspfeil	**Erläuterung** Das Zeichen kennzeichnet Alternativstrecken auf Autobahnen, deren Benutzung im Bedarfsfall empfohlen wird (Streckenempfehlung).
79	Zeichen 467.2	**Erläuterung** Das Zeichen kennzeichnet das Ende einer Streckenempfehlung.
	2. Verkehrslenkungstafeln	
80		**Erläuterung** Verkehrslenkungstafeln geben den Verlauf und die Anzahl der Fahrstreifen an, wie beispielsweise:
81	Zeichen 501 Überleitungstafel	**Erläuterung** Das Zeichen kündigt die Überleitungen des Verkehrs auf die Gegenfahrbahn an.

1	2	3
lfd. Nr.	**Zeichen und Zusatzzeichen**	**Ge- oder Verbote Erläuterungen**
82	Zeichen 531 Einengungstafel	
82.1	Reißverschluss erst in ...... m	**Erläuterung** Bei Einengungstafeln wird mit dem Zusatzzeichen der Ort angekündigt, an dem der Fahrstreifenwechsel nach dem Reißverschlussverfahren (§ 7 Abs. 4) erfolgen soll.
	3. Blockumfahrung	
83	Zeichen 590 Blockumfahrung	**Erläuterung** Das Zeichen kündigt eine durch die Zeichen „Vorgeschriebene Fahrtrichtung" (Zeichen 209 bis 214) vorgegebene Verkehrsführung an.

VwV-StVO zu § 42 Richtzeichen
Zu Zeichen 301 Vorfahrt
1 I. Das Zeichen steht unmittelbar vor der Kreuzung oder Einmündung.
2 II. An jeder Kreuzung und Einmündung, vor der das Zeichen steht, muss auf der anderen Straße das Zeichen 205 oder das Zeichen 206 angeordnet werden.
3 III. Das Zusatzzeichen für die abknickende Vorfahrt (hinter Zeichen 306) darf nicht zusammen mit dem Zeichen 301 angeordnet werden.
4 IV Das Zeichen ist für Ortsdurchfahrten und Hauptverkehrsstraßen nicht anzuordnen. Dort ist das Zeichen 306 zu verwenden. Im Übrigen ist innerhalb geschlossener Ortschaften das Zeichen 301 nicht häufiger als an drei hintereinander liegenden Kreuzungen oder Einmündungen zu verwenden. Sonst ist das Zeichen 306 zu verwenden. Eine Abweichung von dem Regelfall ist nur angezeigt, wenn die Bedürfnisse des Buslinienverkehrs in Tempo 30-Zonen dies zwingend erfordern.
5 V. Über Kreisverkehr vgl. zu Zeichen 215.

Zu Zeichen 306 und 307 Vorfahrtstraße und Ende der Vorfahrtstraße
1 I. Innerhalb geschlossener Ortschaften ist die Vorfahrt für alle Straßen des überörtlichen Verkehrs (Bundes-, Landes- und Kreisstraßen) und weitere für den innerörtlichen Verkehr wesentliche Hauptverkehrsstraßen grundsätzlich unter Verwendung des Zeichens 306 anzuordnen (vgl. zu § 45 Abs. 1 bis 1e).
2 II. Das Zeichen 306 steht in der Regel innerhalb geschlossener Ortschaften vor der Kreuzung oder Einmündung, außerhalb geschlossener Ortschaften dahinter.
3 III. An jeder Kreuzung und Einmündung im Zuge einer Vorfahrtstraße muss für die andere Straße das Zeichen 205 oder Zeichen 206 angeordnet werden; siehe aber auch § 10.
4 IV. 1. Das Zeichen 306 mit dem Zusatzzeichen „abknickende Vorfahrt" ist immer vor der Kreuzung oder Einmündung anzubringen. Über die Zustimmungsbedürftigkeit vgl. Nummer III 1 Buchstabe a zu § 45 Abs. 1 bis 1e; Rn. 1.
5 2. Die abknickende Vorfahrt ist nur anzuordnen, wenn der Fahrzeugverkehr in dieser Richtung erheblich stärker ist als in der Geradeausrichtung. Der Verlauf der abknickenden Vorfahrt muss deutlich erkennbar sein (Markierungen, Vorwegweiser).
6 3. Treten im Bereich von Kreuzungen oder Einmündungen mit abknickender Vorfahrt Konflikte mit dem Fußgängerverkehr auf, ist zum Schutz der Fußgänger das Überqueren der Fahrbahn durch geeignete Maßnahmen zu sichern, z. B. durch Lichtzeichenregelung für die Kreuzung oder Einmündung oder Geländer.
7 4. Wird eine weiterführende Vorfahrtstraße an einer Kreuzung oder Einmündung durch Zeichen 205 oder 206 unterbrochen, darf das Zeichen 307 nicht aufgestellt werden. Zeichen 306 darf in diesem Fall erst an der nächsten Kreuzung oder Einmündung wieder angeordnet werden.
8 V. Endet eine Vorfahrtstraße außerhalb geschlossener Ortschaften, sollen in der Regel sowohl das Zeichen 307 als auch das Zeichen 205 oder das Zeichen 206 angeordnet werden. Innerhalb geschlossener Ortschaften ist das Zeichen 307 entbehrlich. Anstelle des Zeichens 307 kann auch das Zeichen 205 mit Entfernungsangabe als Vorankündigung angeordnet werden."

Zu Zeichen 308 Vorrang vor dem Gegenverkehr
1 Das Zeichen steht vor einer verengten Fahrbahn. Am anderen Ende der Verengung muss das Zeichen 208 angeordnet werden (vgl. zu Zeichen 208, Rn. 3).

Zu Zeichen 310 und 311 Ortstafel
1 I. Die Zeichen sind ohne Rücksicht auf Gemeindegrenze und Straßenbaulast in der Regel dort anzuordnen, wo ungeachtet einzelner unbebauter Grundstücke die geschlossene Bebauung auf einer der beiden Seiten der Straße für den ortseinwärts Fahrenden erkennbar beginnt. Eine geschlossene Bebauung liegt vor, wenn die anliegenden Grundstücke von der Straße erschlossen werden.

§ 42 Richtzeichen

2　II. Die Zeichen sind auf der für den ortseinwärts Fahrenden rechten Straßenseite so anzuordnen, dass sie auch der ortsauswärts Fahrende deutlich erkennen kann. Ist das nicht möglich, ist die Ortstafel auch links anzubringen.

3　III. Die Ortstafel darf auch auf unbedeutenden Straßen für den allgemeinen Verkehr nicht fehlen.

4　IV. Das Zeichen 310 nennt den amtlichen Namen der Ortschaft und den Verwaltungsbezirk. Die Zusätze „Stadt", „Kreisstadt", „Landeshauptstadt" sind zulässig. Andere Zusätze sind nur zulässig, wenn es sich um Bestandteile des amtlichen Ortsnamens oder Titel handelt, die auf Grund allgemeiner kommunalrechtlicher Vorschriften amtlich verliehen worden sind. Die Angabe des Verwaltungsbezirks hat zu unterbleiben, wenn dieser den gleichen Namen wie die Ortschaft hat (z. B. Stadtkreis). Ergänzend auch den höheren Verwaltungsbezirk zu nennen, ist nur dann zulässig, wenn dies zur Vermeidung einer Verwechslung nötig ist.

5　V. Das Zeichen 311 nennt auf der unteren Hälfte den Namen der Ortschaft oder des Ortsteils, die oder der verlassen wird. Angaben über den Verwaltungsbezirk sowie die in Nummer IV genannten zusätzlichen Bezeichnungen braucht das Zeichen 311 nicht zu enthalten. Die obere Hälfte des Zeichens 311 nennt den Namen der nächsten Ortschaft bzw. des nächsten Ortsteiles. An Bundesstraßen kann stattdessen das nächste Nahziel nach dem Fern- und Nahzielverzeichnis gewählt werden. Unter dem Namen der nächsten Ortschaft bzw. des nächsten Ziels ist die Entfernung in ganzen Kilometern anzugeben.

6　VI. Durch die Tafel können auch Anfang und Ende eines geschlossenen Ortsteils gekennzeichnet werden. Sie nennt dann am Anfang entweder unter dem Namen der Gemeinde den des Ortsteils in verkleinerter Schrift, z. B. „Stadtteil Pasing", „Ortsteil Parksiedlung" oder den Namen des Ortsteils und darunter in verkleinerter Schrift den der Gemeinde mit dem vorgeschalteten Wort: „Stadt" oder „Gemeinde". Die zweite Fassung ist dann vorzuziehen, wenn zwischen den Ortsteilen einer Gemeinde eine größere Entfernung liegt. Die erste Fassung sollte auch dann, wenn die Straße nicht unmittelbar dorthin führt, nicht gewählt werden.

7　VII. Gehen zwei geschlossene Ortschaften ineinander über und müssen die Verkehrsteilnehmer über deren Namen unterrichtet werden, sind die Ortstafeln für beide etwa auf gleicher Höhe aufzustellen. Deren Rückseiten sind freizuhalten.

8　VIII. Andere Angaben als die hier erwähnten, wie werbende Zusätze, Stadtwappen, sind auf Ortstafeln unzulässig.

Zu Zeichen 314 Parken

1　I. Das Zeichen ist bei der Kennzeichnung von Parkplätzen im Regelfall an deren Einfahrt anzuordnen.

2　II. Zur Kennzeichnung der Parkerlaubnis auf Seitenstreifen oder am Fahrbahnrand ist es nur anzuordnen, wenn

3　a) dort das erlaubte Parken durch Zusatzzeichen beschränkt werden soll oder
b) für Verkehrsteilnehmer nicht erkennbar ist, dass dort geparkt werden darf, und eine Parkflächenmarkierung nicht in Betracht kommt.

4　III. Als Hinweis auf größere öffentlich oder privat betriebene Parkplätze und Parkhäuser ist es nur dann anzuordnen, wenn deren Zufahrt für die Verkehrsteilnehmer nicht eindeutig erkennbar ist, aber nur im unmittelbaren Bereich dieser Zufahrt. Durch zwei weiße dachförmig aufeinander zuführende Schrägbalken über dem „P" kann angezeigt werden, dass es sich um ein Parkhaus handelt. Nicht amtliche Zusätze im unteren Teil des Zeichens mit der Angabe „frei", „besetzt" oder der freien Zahl von Parkständen bzw. Stellplätzen sind zulässig.

5　IV. Durch Zusatzzeichen mit dem Sinnbild eines Fahrrades kann auf Parkflächen für Fahrräder hingewiesen werden.

Zu Zeichen 314.1 und 314.2 Parkraumbewirtschaftungszone

1　Das Zeichen ist dann anzuordnen, wenn in einem zusammenhängenden Bereich mehrerer Straßen ganz oder überwiegend das Parken nur mit Parkschein oder mit Parkscheibe zugelassen werden soll. Die Art des zulässigen Parkens ist durch Zusatzzeichen anzugeben. Innerhalb der Zone kann an einzelnen bestimmten Stellen das Halten oder Parken durch Zeichen 283 oder 286 verboten werden. Vgl. auch Nummer II zu den Zeichen 290.1 und 290.2; Rn. 2.

Zu Zeichen 315 Parken auf Gehwegen

1 I. Das Parken auf Gehwegen darf nur zugelassen werden, wenn genügend Platz für den unbehinderten Verkehr von Fußgängern gegebenenfalls mit Kinderwagen oder Rollstuhlfahrern auch im Begegnungsverkehr bleibt, die Gehwege und die darunter liegenden Leitungen durch die parkenden Fahrzeuge nicht beschädigt werden können und der Zugang zu Leitungen nicht beeinträchtigt werden kann.

2 II. Im Übrigen vgl. II zu Parkflächenmarkierungen (lfd. Nummer 74 der Anlage 2).

Zu Bild 318 Parkscheibe

1 Einzelheiten über die Ausgestaltung der Parkscheibe gibt das für Verkehr zuständige Bundesministerium im Einvernehmen mit den zuständigen obersten Landesbehörden im Verkehrsblatt bekannt.

Zu Zeichen 325.1 und 326.2 Verkehrsberuhigter Bereich

1 I. Ein verkehrsberuhigter Bereich kommt nur für einzelne Straßen oder für Bereiche mit überwiegender Aufenthaltsfunktion und sehr geringem Verkehr in Betracht. Solche Bereiche können auch in Tempo 30-Zonen integriert werden.

2 II. Die mit Zeichen 325.1 gekennzeichneten Straßen müssen durch ihre besondere Gestaltung den Eindruck vermitteln, dass die Aufenthaltsfunktion überwiegt und der Fahrzeugverkehr eine untergeordnete Bedeutung hat. In der Regel wird ein niveaugleicher Ausbau für die ganze Straßenbreite erforderlich sein.

3 III. Zeichen 325.1 darf nur angeordnet werden, wenn Vorsorge für den ruhenden Verkehr getroffen ist.

4 IV. Zeichen 325.1 ist so aufzustellen, dass es aus ausreichender Entfernung wahrgenommen werden kann; erforderlichenfalls ist es von der Einmündung in die Hauptverkehrsstraße abzurücken oder beidseitig aufzustellen.

5 V. Mit Ausnahme von Parkflächenmarkierungen sollen in verkehrsberuhigten Bereichen keine weiteren Verkehrszeichen angeordnet werden. Die zum Parken bestimmten Flächen sollen nicht durch Zeichen 314 gekennzeichnet werden, sondern durch Markierung, die auch durch Pflasterwechsel erzielt werden kann.

Zu Zeichen 327 Tunnel

1 I. Das Zeichen ist an jeder Tunneleinfahrt anzuordnen. Bei einer Tunnellänge von mehr als 500 m ist der Name des Tunnels und die Tunnellänge mit „… m (km)" anzugeben. In der Regel erfolgt dies durch die Angabe im Zeichen unterhalb des Sinnbildes. Bei einer Tunnellänge von weniger als 400 m ist die Angabe des Namens nur notwendig, wenn besondere Umstände dies erfordern.

2 II. Bei einem Tunnel von mehr als 3 000 m Länge ist alle 1 000 m die noch zurückzulegende Tunnelstrecke durch die Angabe „noch … m" anzuzeigen.

3 III. Das Zeichen kann zusätzlich in ausreichendem Abstand vor dem Tunnel mit einem Hinweis „Tunnel in … m" in dem Zeichen oder durch Zusatzzeichen 1004 angeordnet werden.

Zu Zeichen 328 Nothalte- und Pannenbucht

1 I. Das Zeichen steht am Beginn einer Nothalte- und Pannenbucht. Bei besonderen örtlichen und verkehrlichen Gegebenheiten kann Zeichen 328 auch als Vorankündigung in ausreichendem Abstand (z. B. in Tunnel ca. 300 m) vor einer Nothalte- und Pannenbucht aufgestellt werden; dann ist zum Zeichen 328 das Zusatzzeichen 1004 (in … m) anzubringen.

2 II. Hinsichtlich der Anordnung des Zeichens Notrufsäule (Zeichen 365-51) wird auf die Richtlinien für die Ausstattung und den Betrieb von Straßentunneln (RABT) verwiesen.

Zu Zeichen 330.1 Autobahn

1 I. Das Zeichen ist sowohl am Beginn der Autobahn als auch an jeder Anschlussstellenzufahrt aufgestellt. In der Regel muss es am Beginn der Zufahrt angebracht werden.

2 II. Das Zeichen darf auch an Straßen aufgestellt werden, die nicht als Bundesautobahnen nach dem Bundesfernstraßengesetz gewidmet sind, wenn diese Straßen für Schnellverkehr geeignet sind, frei von höhengleichen Kreuzungen sind, getrennte Fahrbahnen für den Richtungsverkehr haben und mit besonderen Anschlussstellen ausgestattet sind. Voraussetzung ist aber, dass für den Verkehr, der Autobahnen nicht befahren darf, andere Straßen, deren Benutzung zumutbar ist, und für die Anlieger anderweitige Ein- und Ausfahrten zur Verfügung stehen.

Zu Zeichen 330.1, 331.1, 330.2 und 331.2

1 Über die Zustimmungsbedürftigkeit vgl. Nummer III 1 a zu § 45 Abs. 1 bis 1 e; Rn 4. Ist die oberste Landesbehörde nicht zugleich oberste Landesbehörde für den Straßenbau, muss auch diese zustimmen.

Zu Zeichen 330.2 und 331.2 Ende der Autobahn und Kraftfahrstraße

1 I. Das jeweilige Zeichen ist am Ende der Autobahn oder der Kraftfahrstraße und an allen Ausfahrten der Anschlussstellen anzuordnen, wobei eine Vorankündigung in aller Regel entbehrlich ist.

2 II. Das jeweilige Zeichen entfällt, wenn die Autobahn unmittelbar in eine Kraftfahrstraße übergeht oder umgekehrt. Dann ist stattdessen Zeichen 330.1 oder 331.1 anzuordnen.

Zu Zeichen 331.1 Kraftfahrstraße

1 I. Voraussetzung für die Anordnung des Zeichens ist, dass für den Verkehr, der Kraftfahrstraßen nicht befahren darf, andere Straßen, deren Benutzung zumutbar ist, zur Verfügung stehen.

2 II. Das Zeichen ist an allen Kreuzungen und Einmündungen zu wiederholen.

Zu Zeichen 332.1 Ausfahrt von der Kraftfahrstraße

1 Vgl. Nummer III VwV zu den Zeichen 332, 448, 449 und 453, Rn. 4.

Zu Zeichen 333 Ausfahrt von der Autobahn

1 Außerhalb von Autobahnen darf das Zeichen nur an einer autobahnähnlich ausgebauten Straße (vgl. Nummer II zu Zeichen 330.1, Rn. 2) angeordnet werden. Dann hat das Zeichen entweder einen gelben oder – sofern es Zeichen 332 in weiß mit Zielen gemäß Zeichen 432 folgt – weißen Grund. Die Schrift und der Rand sind schwarz.

Zu Anlage 3 Abschnitt 8 Markierungen

1 Vgl. § 39 und VwV zu den §§ 39 bis 43.

Zu Zeichen 340 Leitlinie

1 I. Der für den Gegenverkehr bestimmte Teil der Fahrbahn ist in der Regel durch Leitlinien (Zeichen 340) zu markieren, auf Fahrbahnen mit zwei oder mehr Fahrstreifen für jede Richtung durch Fahrstreifenbegrenzungen (Zeichen 295). Die Fahrstreifenbegrenzung sollte an Grundstückszufahrten nur dann unterbrochen werden, wenn andernfalls für den Anliegerverkehr unzumutbare Umwege oder sonstige Unzuträglichkeiten entstehen. Ist es erforderlich, das Linksabbiegen zu einem Grundstück zuzulassen, das Linksabbiegen aus diesem Grundstück aber verboten werden soll, kommt gegebenenfalls die Anbringung einer einseitigen Fahrstreifenbegrenzung (Zeichen 296) in Frage. Fahrstreifenbegrenzungen sind nicht zweckmäßig, wenn zu gewissen Tageszeiten Fahrstreifen für den Verkehr aus der anderen Richtung zur Verfügung gestellt werden müssen. Vgl. § 37 Abs. 3.

II. Schutzstreifen für Radfahrer

2 1. Die Leitlinie für Schutzstreifen ist im Verhältnis Strich/Lücke 1:1 zu markieren und auf vorfahrtberechtigten Straßen an Kreuzungen und Einmündungen als Radverkehrsführung fortzusetzen.

3 2. Auf die Markierung einer Leitlinie in Fahrbahnmitte ist zu verzichten, wenn abzüglich Schutzstreifen der verbleibende Fahrbahnanteil weniger als 5,50 m breit ist.

4 3. Zu Schutzstreifen vgl. auch zu Nummer I 5 zu § 2 Abs. 4 Satz 2.

5 III. Leitlinien sind nach den Richtlinien für die Markierung von Straßen (RMS) auszuführen. Vgl. zu Markierungen (Anlage 3).

6 IV. Vgl. auch Nummer I zu § 7 Abs. 1 bis 3.

Zu Zeichen 341 Wartelinie

Die Wartelinie darf nur dort angeordnet werden,

1 1. wo das Zeichen 205 anordnet: „Vorfahrt gewähren!",

2 2. wo Linksabbieger den Gegenverkehr durchfahren lassen müssen,

3 3. wo vor einer Lichtzeichenanlage, vor dem Z. 294 oder vor einem Bahnübergang eine Straße oder Zufahrt einmündet; in diesen Fällen ist die Anordnung des Zusatzzeichens „bei Rot hier halten" im Regelfall entbehrlich.

Zu Zeichen 350 Fußgängerüberweg

1 Das Zeichen darf nicht in Kombination mit anderen Zeichen aufgestellt werden.

Zu Zeichen 354 Wasserschutzgebiet

1 I. Es ist an den Grenzen der Einzugsgebiete von Trinkwasser und von Heilquellen auf Straßen anzuordnen, auf denen Fahrzeuge mit wassergefährdender Ladung häufig fahren. In der Regel ist die Länge der Strecke, die durch das Wasserschutzgebiet führt, auf einem Zusatzzeichen (§ 40 Abs. 4) anzugeben.

2 II. Nr. I zu Zeichen 269 (Rn. 1) gilt auch hier.

3 III. Vgl. auch Nr. II zu Zeichen 269 (Rn. 2 bis 8).

4 IV. Es empfiehlt sich, das Zeichen voll rückstrahlend auszuführen.

Zu Zeichen 356 Verkehrshelfer

1 I. Verkehrshelfer sind Schülerlotsen, Schulweghelfer oder andere Helfer für den Fußgängerverkehr.

2 II. An Lichtzeichenanlagen und Fußgängerüberwegen ist das Zeichen nicht anzuordnen.

Zu Zeichen 357 Sackgasse

1 I. Das Zeichen ist nur anzuordnen, wenn die Straße nicht ohne weiteres als Sackgasse erkennbar ist.

2 II. Ist die Durchlässigkeit einer Sackgasse für Radfahrer und Fußgänger nicht ohne weiteres erkennbar, ist im oberen Teil des Zeichens je nach örtlicher Gegebenheit ein Sinnbild für „Fußgänger" oder „Fahrrad" in verkleinerter Ausführung in das Zeichen zu integrieren.

Zu Zeichen 358 Erste Hilfe

1 I. Das Zeichen zeigt stets das rote Kreuz ohne Rücksicht darauf, wer den Hilfsposten eingerichtet hat.

2 II. Es darf nur verwendet werden zum Hinweis auf regelmäßig besetzte Posten.

Zu Zeichen 363 Polizei

1 Das Zeichen darf nur für Straßen mit einem erheblichen Anteil ortsfremden Verkehrs und nur dann angeordnet werden, wenn die Polizeidienststelle täglich über 24 Stunden besetzt oder eine Sprechmöglichkeit vorhanden ist.

§ 42 Richtzeichen

Zu Zeichen 385 Ortshinweistafel

1 Das Zeichen ist nur dann anzuordnen, wenn der Name der Ortschaft nicht bereits aus der Wegweisung ersichtlich ist.

Zu Zeichen 386.1, 386.2 und 386.3 Touristischer Hinweis, touristische Route und touristische Unterrichtungstafel

1 I. Touristische Beschilderungen mit den Zeichen 386.1 bis 386.3 dürfen nur äußerst sparsam angeordnet werden. Durch sie darf die Auffälligkeit, Erkennbarkeit und Lesbarkeit anderer Verkehrszeichen nicht beeinträchtigt werden. Die Zeichen 386.2 und 386.3 dürfen nicht zusammen mit anderen Verkehrszeichen aufgestellt werden.

2 II. Die Zeichen 386.1 und 386.2 können neben einer kennzeichnenden auch eine wegweisende Funktion erfüllen. Als Wegweiser soll Zeichen 386.2 nur dazu eingesetzt werden, den Verlauf touristischer Routen zu kennzeichnen, dem Prinzip von Umleitungsbeschilderungen entsprechend.

3 III. Im Hinblick auf die Anordnung touristischer Beschilderung sollen die touristisch bedeutsamen Ziele und touristischen Routen unter Beteiligung von Interessenvertretern des Tourismus und anderen interessierten Verbänden von der Straßenverkehrsbehörde festgelegt werden. Zu beteiligen sind von Seiten der Behörden vor allem die Straßenbaubehörde, die für den Tourismus zuständige Behörde, die Denkmalbehörde, die Forstbehörde.

4 IV. Die Ausgestaltung und Aufstellung der Zeichen richtet sich nach den Richtlinien für touristische Beschilderung (RtB), die das für Verkehr zuständige Bundesministerium mit Zustimmung der obersten Landesbehörden bekannt gibt.

Zu Zeichen 390 Mautpflicht nach dem Autobahnmautgesetz

Die Anordnung des Verkehrszeichens ist an den Straßenabschnitten erforderlich, wo nicht schon durch Zeichen 330.1 die Widmung zur Bundesautobahn für den Verkehrsteilnehmer erkennbar ist und nach dem Autobahnmautgesetz eine Mautpflicht besteht.

1 I. Das Zeichen ist beiderseitig am Beginn der mautpflichtigen Strecke und zusätzlich ca. 750 m vor der letzten Ausfahrt vor Beginn der mautpflichtigen Strecke mit dem Zusatzzeichen 1004 unter Angabe der Entfernung bis zum Beginn der mautpflichtigen Strecke anzuordnen. Die Anordnung an einmündenden oder kreuzenden Straßen kann zusätzlich mit der entsprechenden Richtungsangabe durch Zusatzzeichen 1000 versehen werden. Das Zusatzzeichen 1004 gibt dann die Entfernung bis zum Entscheidungspunkt an.

2 II. Zur besseren Orientierung bei der Annäherung an den Beginn einer mautpflichtigen Strecke kann das Zeichen in verkleinerter Form in den Pfeilen der Vorwegweiser Zeichen 438, 439 oder Zeichen 440, 449 dargestellt werden. Dabei richtet sich die Ausführung auch für Zeichen 440, 449 nach den RWB.

Zu Zeichen 391 Mautpflichtige Strecke

1 I. Es wird auf die VwV zu Zeichen 390 Mautpflicht nach dem Autobahnmautgesetz verwiesen.

2 II. Die Kosten für die Beschaffung, Anbringung, Unterhaltung und Entfernung der Zeichen trägt der Betreiber der mautpflichtigen Strecke (vgl. § 2 Abs. 2 Satz 1 FStrPrivFinÄndG).

Zu Zeichen 392 Zollstelle

1 Das Zeichen sollte in der Regel 150 bis 250 m vor der Zollstelle aufgestellt werden. Die Zollbehörden sind zu hören.

Zu Zeichen 394 Laternenring

1 Ringe und Schilder sind 70 mm hoch, Schilder 150 mm breit.

Zu Anlage 3 Abschnitt 10 Wegweisung

1 I. Die Wegweisung soll den ortsunkundigen Verkehrsteilnehmer über ausreichend leistungsfähige Straßen zügig, sicher und kontinuierlich leiten. Hierbei sind die

tatsächlichen Verkehrsbedürfnisse und die Bedeutungen der Straßen zu beachten. Eine Zweckentfremdung der Wegweisung aus Gründen der Werbung ist unzulässig.

2 II. Die Ausgestaltung und Aufstellung der wegweisenden Zeichen richten sich nach den Richtlinien für wegweisende Beschilderung außerhalb von Autobahnen (RWB) und den Richtlinien für wegweisende Beschilderung auf Autobahnen (RWBA). Das für Verkehr zuständige Bundesministerium gibt die RWB und RWBA im Einvernehmen mit den zuständigen obersten Landesbehörden im Verkehrsblatt bekannt.

Zu Zeichen 415 bis 442 Wegweiser außerhalb von Autobahnen

1 Für Bundesstraßen gibt das für Verkehr zuständige Bundesministerium das Bundesstraßenverzeichnis heraus. Es enthält u. a. die Fern- und Nahziele der Bundesstraßen sowie die Entfernungen benachbarter Ziele auf der Bundesstraße. Das Bundesstraßenverzeichnis sowie die entsprechenden Verzeichnisse der obersten Landesbehörden für die übrigen Straßen sind bei der Auswahl der Ziele zu beachten.

Zu den Zeichen 421, 422, 442 und 454 bis 466 Umleitungsbeschilderung

1 I. Umleitungen, auch nur von Teilen des Fahrverkehrs, und Bedarfsumleitungen sind in der Regel in einem Umleitungsplan festzulegen. Die zuständige Behörde hat sämtliche beteiligten Behörden und die Polizei, gegebenenfalls auch die Bahnunternehmen, Linienverkehrsunternehmen und die Versorgungsunternehmen zur Planung heranzuziehen. Dabei sind die Vorschriften des Straßenrechts, insbesondere des § 14 des Bundesfernstraßengesetzes und die entsprechenden Vorschriften der Landesstraßengesetze zu berücksichtigen. Bei allen in den Verkehrsablauf erheblich eingreifenden Umleitungsplänen empfiehlt es sich, einen Anhörungstermin anzuberaumen.

2 II. Die Ausgestaltung und Aufstellung der Umleitungsbeschilderung richtet sich nach den Richtlinien für Umleitungsbeschilderungen (RUB). Das für Verkehr zuständige Bundesministerium gibt die RUB im Einvernehmen mit den zuständigen obersten Landesbehörden im Verkehrsblatt bekannt."

Zu Zeichen 432 Wegweiser zu Zielen mit erheblicher Verkehrsbedeutung

1 I. Ziele mit erheblicher Verkehrsbedeutung können sein:
– Ortsteile (z. B. Parksiedlung, Zentrum, Kurviertel),
– öffentliche Einrichtungen (z. B. Flughafen, Bahnhof, Rathaus, Messe, Universität, Stadion),
– Industrie- und Gewerbegebiete,
– Erholungs- und Freizeitgebiete oder -einrichtungen.

2 II. Zu anderen Zielen darf nur dann so gewiesen werden, wenn dies wegen besonders starken auswärtigen Zielverkehrs unerlässlich ist und auch nur, wenn allgemeine Hinweise wie „Industriegebiet Nord" nicht ausreichen. Die Verwendung von Logos oder anderen privaten Zusätzen ist nicht zulässig. (Vgl. VwV zu Anlage 3 Abschnitt 10 Wegweisung; Rn. 1.)

3 III. Bei touristisch bedeutsamen Zielen ist vorzugsweise eine Beschilderung mit Zeichen 386.1 vorzunehmen, sofern die Richtlinien für touristische Beschilderung (RtB) dies zulassen.

Zu Zeichen 434

1 In dem Zeichen kann durch Einsätze auf Verkehrszeichen hingewiesen werden, die im weiteren Verlauf der Strecke gelten. Dafür wird das entsprechende Verkehrszeichen verkleinert zentral auf dem jeweiligen Pfeilschaft dargestellt. Die Ausführung entspricht den Vorgaben der RWB.

Zu Zeichen 437 Straßennamensschilder

1 I. Die auf die gezeigte Weise aufgestellten Straßennamensschilder sind beiderseits zu beschriften.

§ 42 Richtzeichen

2 II. Die Zeichen sollen für alle Kreuzungen und Einmündungen und müssen für solche mit erheblichem Fahrverkehr angeordnet werden.

Zu den Zeichen 438 bis 441

1 In den Zeichen kann durch Einsätze auf Verkehrszeichen hingewiesen werden, die im weiteren Verlauf der Strecke gelten. Dafür wird das entsprechende Verkehrszeichen verkleinert zentral auf dem jeweiligen Pfeilschaft dargestellt. Die Ausführung entspricht den Vorgaben der RWB.

Zu Zeichen 442 Vorwegweiser für bestimmte Verkehrsarten

1 Das Zeichen 442 kann mit Entfernungsangabe auf einem Zusatzzeichen auch den Beginn einer Umleitung kennzeichnen.

Zu den Zeichen 332, 448, 449 und 453 Wegweiser auf Autobahnen

1 I. 1. Auf Autobahnen darf nur in den Zeichen 332 und 449 auf folgende Ziele hingewiesen werden:
– Flughäfen, Häfen,
– Industrie- und Gewerbegebiete, Plätze für Parken und Reisen (P+R), Güterverkehrszentren,
– Einrichtungen für Großveranstaltungen (z. B. Messe, Stadion, Multifunktionsarena),
– Nationalparks.

2 2. Voraussetzung ist, dass eine Wegweisung zu diesen Zielen aus Gründen der Verkehrslenkung dringend geboten ist.

3 II. Zur Begrenzung der Zielangaben vgl. RWBA.

4 III. Auf autobahnähnlich ausgebauten Straßen sind die Zeichen 332, 448, 449 und ggf. 453 gemäß den Richtlinien für die wegweisende Beschilderung außerhalb von Autobahnen (RWB) auszuführen.

Zu Zeichen 448.1 Autohof

1 I. Die Abmessung des Zeichens beträgt 2,0 m x 2,8 m.
II. Zeichen 448.1 ist nur anzuordnen, wenn folgende Voraussetzungen erfüllt sind:

2 1. Der Autohof ist höchstens 1 km von der Anschlussstelle entfernt.

3 2. Die Straßenverbindung ist für den Schwerverkehr baulich und unter Berücksichtigung der Anliegerinteressen Dritter geeignet.

4 3. Der Autohof ist ganzjährig und ganztägig (24 h) geöffnet.

5 4. Es sind mindestens 50 LKW-Stellplätze an schwach frequentierten (DTV bis 50 000 Kfz) und 100 LKW-Stellplätze an stärker frequentierten Autobahnen vorhanden. PKW-Stellplätze sind davon getrennt ausgewiesen.

6 5. Tankmöglichkeit besteht rund um die Uhr; für Fahrzeugreparaturen werden wenigstens Fachwerkstätten und Servicedienste vermittelt.

7 6. Von 11 bis 22 Uhr wird ein umfassendes Speiseangebot, außerhalb dieser Zeit werden Getränke und Imbiss angeboten.

8 7. Sanitäre Einrichtungen sind sowohl für Behinderte als auch für die besonderen Bedürfnisse des Fahrpersonals vorhanden.

9 III. Die Abmessung des Zusatzzeichens beträgt 0,8 m x 2,8 m, die der in einer Reihe anzuordnenden grafischen Symbole 0,52 m x 0,52 m. Sollen mehr als vier (maximal sechs) Symbole gezeigt werden, sind diese entsprechend zu verkleinern.

10 IV. Das Zusatzzeichen enthält nur grafische Symbole für rund um die Uhr angebotene Leistungen. Es dürfen die Symbole verwendet werden, die auch das Leistungsangebot von bewirtschafteten Rastanlagen beschreiben (vgl. RWBA 1999, Kap. 11 und 18). Zusätzlich kann auch das Symbol „Autobahnkapelle" verwendet werden, wenn ein jederzeit zugänglicher Andachtsraum vorhanden ist. Zur Verwendung des Symbols „Werkstatt" vgl. RWBA.

11 V. Die Autohof-Hinweiszeichen, deren Aufstellung vor der Aufnahme des Zeichens 448.1 (Autohof) in die StVO erfolgte und deren Maße nicht den Vorgaben (2,0 m x 2,8 m) entsprechen, sind bis zum 1. Januar 2006 gegen die entsprechenden Zeichen auszutauschen.

Zu Zeichen 454 und 455

1 I. Das Zeichen 454 oder 455.1 muss im Verlauf der Umleitungsstrecke an jeder Kreuzung und Einmündung angeordnet werden, wo Zweifel über den weiteren Verlauf entstehen können.

2 II. Zusätzliche Zielangaben sind nur anzuordnen, wo Zweifel entstehen können, zu welchem Ziel die Umleitung hinführt.

3 III. Das Zeichen 455.1 kann im Verlauf der Umleitungsstrecke anstelle von Zeichen 454 angeordnet werden. Wo eine Unterscheidung mehrerer Umleitungsstrecken erforderlich ist, kann es mit einer Nummerierung versehen werden.

4 IV. Das Zeichen 455.1 kann als Vorwegweiser wie auch als Wegweiser eingesetzt werden.

5 V. Zum Einsatz als Ankündigung einer Umleitung siehe VwV zu Zeichen 457.1 und 458.

Zu Zeichen 455.2 und 457.2 Ende der Umleitung

1 Das Zeichen ist dann anzuordnen, wenn das Ende der Umleitungsstrecke nicht aus der folgenden Wegweisung erkennbar ist.

Zu den Zeichen 457.1 und 458

1 I. Größere Umleitungen sollten immer angekündigt werden, und zwar in der Regel durch die Planskizze.

2 II. Kleinere Umleitungen auf Straßen mit geringer Verkehrsbedeutung bedürfen der Ankündigung nur, wenn das Zeichen 454 oder 455.1 nicht rechtzeitig gesehen wird.

3 III. Bei Umleitungen für eine bestimmte Verkehrsart ist in Zeichen 458 das entsprechende Verkehrszeichen nach § 41 Abs. 1 (Anlage 2) anstatt Zeichen 250 anzuzeigen.

Zu Zeichen 467.1 Umlenkungspfeil

1 I. Das Zeichen wird entweder zusätzlich oder in den Schildern gezeigt, die der Ankündigung, Vorwegweisung, Wegweisung und Bestätigung einer empfohlenen Umleitungsstrecke dienen. Sie sind zusätzlich zur blauen Autobahnwegweisung aufgestellt.

Zu den Zeichen 501 bis 546 Verkehrslenkungstafeln

1 1. Verkehrslenkungstafeln umfassen Überleitungstafeln (Zeichen 501 und 505), Verschwenkungstafeln (Zeichen 511 bis 515), Fahrstreifentafeln (Zeichen 521 bis 526), Einengungstafeln (Zeichen 531 bis 536), Aufweitungstafeln (Zeichen 541 bis 546), Trennungstafeln (Zeichen 533) und Zusammenführungstafeln (Zeichen 543 und 544). Die Zeichen sind im amtlichen Katalog der Verkehrszeichen (VzKat) dargestellt.

2 2. Verkehrslenkungstafeln werden 200 m vor dem Bezugspunkt aufgestellt. Abweichend davon beträgt der Abstand zum Bezugspunkt auf Straßen innerhalb geschlossener Ortschaften mit einem Fahrstreifen pro Richtung zwischen 50 und 100 m. Bei Straßen innerhalb und außerhalb geschlossener Ortschaften mit mehr als einen Fahrstreifen pro Richtung wird eine weitere Verkehrslenkungstafel etwa 400 m vor dem Bezugspunkt angeordnet. Auf Straßen mit baulich getrennten Richtungsfahrbahnen sind Verkehrslenkungstafeln beidseitig der Fahrbahn aufzustellen.

3 3. Der Abstand zum Bezugspunkt ist durch ein Zusatzzeichen (Zeichen 1004 „Entfernungsangabe") anzuzeigen.

§ 42 Richtzeichen

4 4. Fahrstreifentafeln können mit dem Zusatzzeichen Zeichen 1001 „Länge einer Strecke" versehen werden. Sie sind dann in Abständen von 1 000 bis 2 000 m zu wiederholen.

5 5. Den Einsatz von Verkehrslenkungstafeln bei Arbeitsstellen an Straßen regeln die RSA.

6 6. Die Standardgröße beträgt 1 600 x 1 250 mm (Höhe x Breite). Bei einer Aufstellung innerorts kann das Maß auf 70 % der Standardgröße verringert werden (1 120 x 875 mm).

7 7. Verkehrslenkungstafeln können fahrstreifenbezogene verkehrsrechtliche Anordnungen beinhalten. Die Vorschriftzeichen werden verkleinert zentral auf dem Pfeilschaft dargestellt. Liegen die Pfeile dicht nebeneinander, werden Vorschriftzeichen vertikal versetzt dargestellt. Die Ausführung entspricht den Vorgaben der RWB. Gilt die gleiche verkehrsrechtliche Anordnung für benachbarte Fahrstreifen, ist nur ein Vorschriftzeichen auf den Pfeilschäften darzustellen. Ein Vorschriftzeichen, dass für mehr als zwei Fahrstreifen gilt, wird nicht auf der Tafel angezeigt.

1 Aus der amtlichen Begründung

1.1 Die Z. 325/326 beruhen auf Empfehlungen der CEMT und kennzeichnen einen besonderen Straßentyp (Begr. 1980).

1.2 Verkehrshelfer (Z. 356) werden von vielen Kommunen eingesetzt (Begr. 1992).

1.3 Reicht die Verkehrsfläche nicht für Radwege aus, können auf der Fahrbahn Schutzstreifen markiert werden. Nur für Ausweichvorgänge dürfen Schutzstreifen von KFZ überfahren werden (Begr. 1997).

1.4 Das Z. 445.1 (Autohof) kann durch Hinweise auf Serviceleistungen ergänzt werden (Begr. 2000).

1.5 Die neuen Z. 327 und 328 dienen der Tunnelsicherheit (Begr. 2006).

1.6 Abbau überflüssiger Verkehrszeichen und systematische Neuordnung der Wegweiser (Begr. 2009).

2 Erläuterungen

2.1 Richtzeichen

Richtzeichen enthalten Verhaltenspflichten („Ge- und Verbote", z.B. bei Z. 314, 315, 325, 327, 340), Erlaubnisse, Hinweise zur Beachtung von Verkehrsvorschriften, Orientierungshilfen und die Wegweisung. Sie müssen als Verwaltungsakte von der Verkehrsbehörde nach § 45 angeordnet sein, selbst wenn sie weder „Ge- und Verbote" noch „Erläuterungen" enthalten. Ist ein Richtzeichen bindend vorgeschrieben, haftet die Behörde für pflichtwidriges Nichtanbringen. Deshalb dürfen z.B. Laternen, an denen das Z. 394 (roter Ring) fehlt, nachts nicht ausgeschaltet werden (BayObLG VRS 12, 456). Zahlreiche Varianten der Richtzeichen befinden sich im Verkehrszeichenkatalog der BASt und können angeordnet werden, z.B. Hinweise des Abschnittes 9 der Anl. 3 zu § 42, Varianten zu den Z. 358 und 363, wie Z. 359 (Pannenhilfe), Z. 365-53 (Autogastankstelle), Z. 365-54 (Erdgastankstelle).

Wegweisungsinhalte müssen richtig und unmissverständlich sein; es dürfen nur so viele Ziele benannt werden, wie ein Kraftfahrer je nach der zugelassenen Geschwindigkeit beim Vorbeifahren auch erfassen kann. Wegweisungsschilder aus rein plakativen Gründen aufzustellen, ist unzulässig, wenn das Ziel vom Fahrverkehr überhaupt nicht erreicht werden kann.

2.2 Erläuterungen zu den einzelnen Zeichen

Zeichen 306 (Vorfahrtstraße nebst Zusatzzeichen[8])

Das Zeichen gewährt die Vorfahrt ohne Rücksicht darauf, ob es an jeder Kreuzung oder Einmündung wiederholt wird. Ist eine Straße durch Z. 306 als vorfahrtberechtigt gekennzeichnet, begründet dies für die auf kreuzenden oder einmündenden Straßen herannahenden Verkehrsteilnehmer auch dann eine Wartepflicht, wenn auf ihrer Straße keine negativen Vorfahrtzeichen aufgestellt sind, doch wird ihnen aus der Verletzung ihrer Wartepflicht kein Vorwurf gemacht werden können (BGH VerkMitt 1977 Nr. 91 = DAR 1977, 72 = VRS 52, 168 = NJW I977, 632 = MDR 1977, 484 = VersR 1977, 1052). Wer einer **abknickenden Vorfahrt** folgt (Zusatzzeichen zu Z. 306), biegt nicht ab und hat sich daher nicht links einzuordnen (BayObLG DAR 1972, 250 = VRS 43, 301). Trotzdem ist die **Fahrtrichtung** anzuzeigen. Fußgänger begreifen den Verkehr am „Knick" aber als Abbiegen im Wortsinn und meinen (wenn auch zu Unrecht), Vorrang zu haben. Nach dem Grundsatz der doppelten Sicherung ist darauf Rücksicht zu nehmen und notfalls zu warten.[9]

Zeichen 310 (Ortstafel)

Die Ortstafel[10] kennzeichnet den Beginn einer Ortschaft, begründet selbst aber kein Tempolimit (KG VRS 111, 443). Das Tempolimit von 50 km/h folgt ab der Ortstafel aus § 3 Abs. 3 Nr. 1, selbst wenn vorher durch Z. 274 eine höhere Geschwindigkeit zulässig war.[11] Ist das Ortseingangsschild nur rechts auf einem zweistreifigen Verzögerungsstreifen aufgestellt, gilt Tempo 50 auch für Abbieger (OLG Köln VRS 89, 304). Ist die Ortstafel nicht rechtzeitig erkennbar, kann ein Tempoverstoß für eine „Toleranzstrecke" entschuldigt sein oder milder beurteilt werden (OLG Stuttgart VRS 59, 251). Erfolgt eine Geschwindigkeitskontrolle unmittelbar an der Ortstafel, ist bei einem erheblichen Tempoverstoß ein Fahrverbot nur beim Vorliegen besonderer Umstände zu rechtfertigen (BayObLG NZV 2002, 576 = VRS 103, 385).

---

8 Zusatzzeichen 1002-10 bis 1002-24
9 Die Verkehrsbehörden sind gehalten, den Fußgängerverkehr im Bereich einer abknickenden Vorfahrt abzusichern (durch Geländer u. ä. sowie sichere Querungsstellen); s. a. Rn. 6 VwV-StVO zu Zeichen 306 und 307.
10 Der obere Teil des Zeichens ist gelb nicht weiß; so sieht es auch die RWB vor. Die Regelung, dass der obere Teil des Z. 311 weiß sei, wenn die Ortschaft, auf die hingewiesen wird, in derselben Gemeinde wie die soeben durchfahrene Ortschaft gehört, ist nach RWB nicht vorgesehen. Hiernach sind die Ortstafeln nach Zeichen 310 und 311 immer gelb.
Auf einigen Ortstafeln befinden sich historische Zusätze, (z. B. „Barbarossastadt", „Lutherstadt", „Universitätsstadt"), die Gemeinden auf Antrag durch das jeweilige Innenministerium verliehen werden. Solche Namenszusätze sind problematisch, weil sie die „Innerörtlichkeit" und damit das innerörtliche Tempolimit in Frage stellen. Solche Zusätze sind nur dann zulässig, wenn es sich um Bestandteile des amtlichen Ortsnamens oder Titel handelt, die auf Grund kommunalrechtlicher Vorschriften amtlich verliehen worden sind (Rn. 4 VwV-StVO zu den Zeichen 310 und 311).
11 Soll eine höhere Geschwindigkeit weiter gelten, muss das Z. 274 an der Ortstafel wiederholt werden.

§ 42 Richtzeichen 530

Abknickende Vorfahrt

(Fahrfolge 1–3–2–5–4–7–6)

KFZ 1 und Radfahrer 3 folgen dem Verlauf der abknickenden Vorfahrtstraße und haben Vorfahrt vor KFZ 6 und 7. Die den Knick geradlinig verlassenden KFZ 5 und das links abbiegende KFZ 4 sind für KFZ 1, Radfahrer 3 (und KFZ 2) „Gegenverkehr". KFZ 1 und Radfahrer 3 müssen die Fahrtrichtung nach links anzeigen.

KFZ 2 hat Vorfahrt gegenüber KFZ 6 und 7. Als „Abbieger" muss KFZ 2 Radfahrer 3 durchfahren lassen (§ 9 Abs. 3 Satz 1). KFZ 2 ist zu KFZ 5 „Gegenverkehr", so dass hier die Abbiegeregel zwischen Rechts- (KFZ 2) und Linksabbiegern (KFZ 5) gilt (und nicht „Rechts vor Links"). KFZ 2 darf nach § 9 Abs. 4 vor KFZ 5 fahren. Da ihre natürlichen Fahrbewegungen aber nur schwer einem „Rechts- und Linksabbieger" zugeordnet werden können, darf KFZ 2 nicht auf seinen Vorrang vertrauen. KFZ 2 darf wegen der Verwechslungsgefahr nicht den rechten Blinker betätigen.

KFZ 4 hat Vorfahrt vor KFZ 6 und 7. Zu KFZ 1, 2 und Radfahrer 3 ist KFZ 4 als Linksabbieger Gegenverkehr. KFZ 1 und Radfahrer 3 haben als „Geradeausverkehr", KFZ 2 als „Rechtsabbieger" Vorrang. KFZ 4 muss die Fahrtrichtung nach links anzeigen.

KFZ 5 hat Vorfahrt vor KFZ 6 und 7. Zu KFZ 1, 2 und Radfahrer 3 ist KFZ 5 „Gegenverkehr". KFZ 2 ist als „Rechtsabbieger", KFZ 5 als „Linksabbieger" anzusehen. Mangels eindeutiger Zuordnung ihrer Fahrbewegungen als „Rechts- und Linksabbieger" ist die Vorrangregel des § 9 Abs. 4 nur vorsichtig anwendbar (sie müssen sich verständigen). KFZ 5 darf nicht den linken Blinker betätigen.

KFZ 6 hat die Vorfahrt der KFZ 1, 2, 4, 5 und von Radfahrer 3 zu beachten. Obwohl KFZ 7 das Z. 206 beachten muss, gilt zu KFZ 7 die Regel „Rechts vor Links", KFZ 6 muss somit auch hier vorfahrtbedingt warten. KFZ 6 muss die Fahrtrichtung links anzeigen.

KFZ 7 hat die Vorfahrt von KFZ 1, 2, 4, 5, 6 und von Radfahrer 3 zu beachten (trotz des Haltgebots gilt zu KFZ 6 die Regel „Rechts vor Links"). KFZ 7 muss die Fahrtrichtung anzeigen.

Zeichen 314 (Parkplatz)

Die auf Parkplätzen zwischen Parkständen vorhandenen Fahrgassen sind keine „Straßen", sodass bei kreuzenden Gassen die Vorfahrtregel „Rechts vor Links" nicht gilt (OLG Koblenz DAR 1999, 406). Als eingeschliffene Verhaltensweise hat jedoch derjenige besondere Vorsicht walten zu lassen, der von links kommt. Im Zweifel müssen sich beide verständigen (OLG Köln NZV 1994, 438). Ein Zusatzzeichen „Parken in gekennzeichneten Flächen" schließt das Parken außerhalb der Parkstände (BayObLG NZV 1991, 83), das Schild „nur für Pkw" für LKW oder Wohnmobile (OLG Schleswig NZV 1991, 163) und das Schild „nur für Bewohner" Nichtberechtigte aus (BayObLG NZV 1992, 83; a. A. OLG Hamm VRS 43, 213: das Schild gilt auch für Besucher; BayObLG, DAR 1981, 18: auch für „Anlieger"). Ein verbotswidrig auf einem Bewohnerparkplatz abgestelltes Fahrzeug darf auf Kosten des Verantwortlichen auch dann abgeschleppt werden, wenn kein Berechtigter konkret behindert wird (VGH Mannheim NZV 1995, 488). Das Zusatzzeichen 1044-10 „Rollstuhlfahrersymbol" bezeichnet nicht nur die Rollstuhlfahrer, sondern alle außergewöhnlich gehbehinderten Personen mit besonderem Parkausweis, wie Personen mit hochgradiger Demenz (BayObLG VerkMitt 1985 Nr. 40 = BayObLG ZfS 1985, 287). Ein durch Z. 314 mit Zusatzzeichen ausgewiesener personenbezogener Parkstand für Schwerstgehbehinderte darf von dem Berechtigten nicht anderen Kraftfahrern überlassen werden (VG Berlin NZV 1996, 48). **Parkausweise** können auch auf der Abdeckplatte des Gepäckraums (OLG Köln NZV 1992, 376) oder der Hutablage (BayObLG VRS 90, 64) abgelegt werden, sofern sie dort von außen sichtbar sind.[12]

Zeichen 315 (Parken auf Gehwegen)

Das Zeichen „erlaubt" das Parken auf dem Gehweg, begründet aber kein Parkverbot für die Fahrbahn, sofern dadurch die Benutzung der Gehwegparkfläche nicht verhindert wird (§ 12 Abs. 3 Nr. 2) oder das Halten wegen der Enge der Straße nicht verboten ist (§ 12 Abs. 1 Nr. 1). Das Parkverbot nach Anl. 3 lfd. Nr. 10 bezieht sich nur auf die Parkmodalitäten nach Z. 315, wie Gewichtsgrenzen (z. B. „2,8 t"), zeitliche Beschränkungen (z. B. „7–19 h"), den Ausschluss von KFZ-Arten (wie „nur PKW"), die Aufstellungsart nach der durch Z. 315 vorgegebenen Symbolik (z. B. nur „mit den rechten Rädern") oder auf Parkreservate (nur für „Bewohner" oder „Schwerstgehbehinderte"). Ausgesparte Baumscheiben gehören nicht zum Gehweg, sodass dort auch nicht auf der Bordsteinkante geparkt werden darf (§ 12 Abs. 4). Der Anlieger hat keinen Anspruch darauf, dass das Gehwegparken vor seinem Grundstück zugelassen wird (BVerwG VerkMitt 1980 Nr. 97 = VRS 59, 312 = MDR 1980, 963 = DAR 1980, 350).

Zeichen 325, 326 (Verkehrsberuhigter Bereich)

Schrittgeschwindigkeit bedeutet 4–7 km/h (OLG Köln VerkMitt 1985 Nr. 63 = VRS 68, 354; AG Leipzig DAR 2005, 703: 4–10, aber deutlich unter 20 km/h), auch bei starkem Gefälle (OLG Stuttgart NZV 1988, 30); Radfahrer sind daran ebenfalls gebunden (OLG Hamm DAR 2001, 458). Bei Schrittgeschwindigkeit ist ein Überholen grundsätzlich nicht zulässig (LG Saarbrücken DAR 2008, 216; Dortmund DAR 2006, 281). Mit dem plötzlichen

---

12 Auch die Befestigung an der Windschutzscheibe ist zulässig (Erl. 1e zu lfd. Nr. 7 der Anlage 3 – Z. 314).

Parken auf Gehwegen

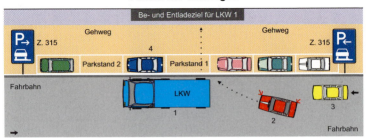

Z. 315 „erlaubt" das Parken auf Gehwegen. Aus der Erlaubnis ergibt sich weder eine Parkverpflichtung (schon wegen unterschiedlicher Bordsteinhöhen), noch ein Parkverbot für die Fahrbahn. Das Parkverbot nach Anl. 3 lfd. Nr. 10 bezieht sich nur auf die Parkmodalitäten des Z. 315: auf Gewichtsgrenzen (z.B. „2,8" t), zeitliche Beschränkungen (z.B. „7-19 h"), den Ausschluss von KFZ-Arten (z.B. „nur PKW"), die Aufstellungsart nach der durch Z. 315 vorgegebenen Symbolik (z.B. nur „mit den rechten Rädern") oder auf Parkreservate (nur für „Bewohner"). Ein Halt- bzw. Parkverbot für die Fahrbahn kann sich nur dann ergeben, wenn Z. 283 oder 286 für die Fahrbahn angeordnet ist, wenn wegen der Straßenenge Haltverbot besteht (§ 12 Abs. 1 Nr. 1) oder wenn die „Benutzung gekennzeichneter Parkflächen verhindert wird" (§ 12 Abs. 3 Nr. 2).

Neben Parkplätzen nach Z. 314, Parkmarkierungen oder Parkreservaten für Schwerstgehbehinderte oder Bewohner sind auch die durch Z. 315 ausgewiesenen Bereiche längs am Fahrbahnrand „gekennzeichnete Parkflächen". Ein Parkverbot für LKW 1 am Fahrbahnrand kann sich nicht aus § 12 Abs. 4 ergeben, weil der Gehweg Sonderweg bleibt und auch bei Ausweisung mit Z. 315 nicht durch einen Seitenstreifen wird.

LKW 1 parkt zum Be- oder Entladen auf der Fahrbahn, weil er wegen der Gewichtsgrenze von 2,8 t nicht auf den Gehweg fahren darf. Er verhindert damit die Benutzung des freien Parkstandes 1 für PKW 2. Da PKW 2 aber keinen Anspruch auf einen bestimmten Parkstand hat, das Parkverbot des § 12 Abs. 3 Nr. 2 sich aber auf die gesamte Fläche bezieht und nicht auf den einzelnen Parkstand, steht LKW 1 noch nicht im Parkverbot. PKW 2 kann darauf verwiesen werden, den Parkstand 2 zu nutzen. Erst wenn dieses zugepackt ist und Parklücke 1 die letzte Möglichkeit darstellt, würde LKW 1 gegen § 12 Abs. 3 Nr. 2 verstoßen, z.B. wenn nach Besetzung von Parkstand 2 sich PKW 3 auf den (blockierten) Parkstand 1 stellen möchte. Gleiches gilt, wenn die Ausfahrt, z.B. von PKW 4, verhindert würde. Da das Behinderungsverbot des § 1 Abs. 2 bereits mit erfasst wird, verstößt LKW 1 in diesem Fall nur gegen § 12 Abs. 3 Nr. 2.

Auftauchen spielender Kinder oder von Fußgängern ist jederzeit zu rechnen, sodass eine gesteigerte Sorgfaltspflicht auch beim Abbiegen in ein Grundstück besteht, z. B. auch doppelte Rückschaupflicht (OLG Frankfurt DAR 1999, 543). Sind solche Bereiche nicht einsehbar, dürfen sich Fahrzeugführer nur noch zentimeterweise vortasten (OLG Karlsruhe DAR 2004, 538 = NZV 2004, 421). Das Z. 326 erschöpft sich nicht nur in der Kennzeichnung des Endes, sondern betont primär die vorrangregelnde Wirkung. Infolgedessen gelten die besonderen Sorgfaltspflichten bei der Ausfahrt und nicht die Vorfahrtregeln, wenn der verkehrsberuhigte Bereich durch Z. 326 einige Meter vor einer Kreuzung oder Einmündung aufgehoben wird. Entscheidend kommt es darauf an, wo sich nach objektiver Betrachtung der Örtlichkeit die Merkmale des Gefährdungsverbots eines Ausfahrtbereiches realisieren (BGH VerkMitt 2008 Nr. 26 = NZV 2008, 193: 30 m vorher; LG Gießen DAR 1996, 25: 17 m vorher; AG Sömmerda DAR 1999, 78: steht Z. 326 24 m vor der Einmündung, gilt Rechts vor Links). Endet der verkehrsberuhigte Bereich mit Z. 326 mehr als 30 Meter vorher, gelten an der folgenden Einmündung die Vorfahrtregeln des § 8. Gleiches gilt, wenn der verkehrsberuhigte Bereich statt des Z. 326 durch eine Tempo 30-Zone (Z. 274.1) aufgehoben wird (OLG Celle SVR 2005, 108).

Die Fahrgassen verkehrsberuhigter Bereiche haben infolge ihrer Mischfunktion keine „Fahrbahnen" und keinen „rechten Fahrbahnrand" i. S. d. § 12 Abs. 4, sodass in den ausgewiesenen Parkbereichen auch entgegen der Fahrtrichtung geparkt werden darf (OLG Köln NZV 1997, 449 = VRS 94, 136 = DAR 1997, 411). Falschparker dürfen abgeschleppt werden, wenn sie die Funktion eines verkehrsberuhigten Bereichs beeinträchtigen. Schwerbehinderte mit hellblauem Parkausweis dürfen auch außerhalb der gekennzeichneten Parkflächen parken.

Zu Zeichen 327 und 328

Z. 327 zeigt an, dass ein Tunnel beginnt;[13] bei Tunneln ab 3 km Länge ist alle 1 km die noch zurückzulegende Strecke anzuzeigen.[14] Beim Durchfahren des Tunnels ist **Abblendlicht** (kein Tagesfahrlicht) einzuschalten, selbst wenn der Tunnel ausreichend beleuchtet ist (die teilweise noch isoliert aufgestellten Schilder mit Piktogramm „PKW mit Scheinwerfern" oder „Licht an/Licht?" sind bei Z. 327 entbehrlich).[15] Auf Autobahnen und Kraftfahrstraßen wird das **Wendeverbot** des § 18 Abs. 7 durch Z. 327 überlagert (§ 39 Abs. 2 Satz 1). Wegen des in Tunneln vorhandenen Risikos eingeschränkter Ausweichmöglichkeit sind bei Notfällen oder Pannen die mit Z. 328 gekennzeichneten Haltebuchten zu benutzen; sonst darf weder dort noch im Tunnel gehalten werden. Die Missachtung der Pflichten bei der Tunnelbenutzung ist als Ordnungswidrigkeit qualifiziert.

Zeichen 331.1 (Kraftfahrstraße)

Eine Straße ist Kraftfahrstraße, wenn das Z. 331.1 an ihrem Anfang steht; Z. 331.1 mit dem Zusatz „50 m" allein genügt nicht (OLG Karlsruhe VRS 60, 227). Z. 331.1 bedeutet den Ausschluss nicht motorisierter Fahrzeuge und KFZ bauartbedingt unter 60 km/h, selbst wenn sie faktisch schneller fahren könnten, z. B. bei Gefälle. Kein Tempolimit, aber Richtgeschwindigkeit (130 km/h) besteht nur auf außerörtlichen Kraftfahrstraßen mit Richtungsfahrbahnen, die durch Mittelstreifen getrennt sind (§ 18 Abs. 5 Satz 2).

Zeichen 330.2 (Ende der Autobahn)

Das Z. 330.2 bedeutet, dass hinter dem Schild die besonderen Autobahnregelungen nicht mehr gelten; es ordnet aber keine Geschwindigkeitsbeschränkung an (OLG Düsseldorf VRS 64, 460).

Zeichen 340 (Leitlinie)[16]

Leitlinien heben das Rechtsfahrgebot des § 2 Abs. 2 auch dann nicht auf, wenn sie auf einer Richtungsfahrbahn angebracht sind (OLG Düsseldorf

---

13 Wegen Beschränkungen für Gefahrguttransporte siehe „Die Ausgestaltung von Zusatzzeichen mit Tunnelkategorie nach ADR-Übereinkommen", VkBl. 2007, S. 703.
14 Zwar verlangt die RL 2004/54/EG das Z. 327 nur für Tunnel ab 500 m Länge auf dem Transeuropäischen Straßennetz. Im Interesse einer einheitlichen Beschilderung aller Tunnel wird in Deutschland auf eine Unterscheidung der Tunnel nach Länge und Straßentyp verzichtet, zumal eine Kennzeichnung des Transeuropäischen Straßennetzes nicht vorgesehen ist.
Die Tunnelkategorie nach dem ADR- (Gefahrgut-) Übereinkommen folgt aus der Buchstabenkennung des Zusatzzeichens 1014-50
15 In den „Richtlinien für die Ausstattung und den Betrieb von Straßentunneln (RABt)" ist in Abschn. 5.3 „Beschreibung der Ausstattung" der frühere Hinweis auf die nichtamtliche Beschilderung „Licht ein", „Licht aus" gestrichen worden.
16 Die bisherigen Vorschriften über das Fahren in Fahrstreifen sind mit der 46. VO zur Änderung verkehrsrechtlicher Vorschriften in die §§ 7 und 7a überführt und dort einheitlich geregelt worden.

VerkMitt 1990 Nr. 56). Die von einer Leitlinie (Z. 340) begleiteten **Pfeilmarkierungen** schreiben die Fahrtrichtung nur für die folgende Kreuzung oder Einmündung vor. Für die davor liegende Strecke wird der Fahrstreifenwechsel nicht verboten, soweit durchgezogene Linien fehlen (OLG Düsseldorf VRS 42, 435). Ist von mehreren dem gleichgerichteten Verkehr dienenden, durch Leitlinien (Z. 340) getrennten Fahrstreifen nur einer mit Richtungspfeilen versehen, bedeutet diese Markierung eine Verpflichtung, der Pfeilrichtung zu folgen (a. A. BayObLG DAR 1974, 305 durch Rechtsänderung überholt); s. a. Erl. Z. 297 zu § 41.

Schutzstreifen für Radfahrer werden meist dort eingerichtet, wo Straßen so schmal sind, dass weder Radwege noch Radfahrstreifen angelegt werden können. Schutzstreifen dürfen zwar „bei Bedarf" und unter Beachtung des Gefährdungsverbots für Radfahrer überfahren werden (z. B. zum Ausweichen vor Hindernissen), nicht jedoch dauernd in der Längsrichtung bei Verkehrsdichte. Auch wenn die Vorraussetzungen der freien Fahrstreifenwahl nach § 7 Abs. 3 nicht vorliegen, dürfen Radfahrer den links vom Schutzstreifen fahrenden Verkehr rechts überholen (Folge aus dem Rechtsgedanken des § 7 Abs. 2a). Wegen des Rechtsfahrgebots (§ 2 Abs. 2) besteht Benutzungspflicht (s. a. Janker DAR 2005, 68). Auf Schutzstreifen für Radfahrer darf nicht geparkt werden (Anl. 3 lfd. Nr. 22 zu § 42, Ge- oder Verbot Nr. 3).

Zeichen 341 (Wartelinie)

Wartelinien empfehlen demjenigen, der warten muss, hier zu halten (z. B. Rot vor LZA). Das Überfahren der vorgezogenen Wartelinie begründet selbst dann keinen Rotlichtverstoß, wenn sich an der Linie das Zusatzzeichen 1012-35 „Bei Rot hier halten" befindet (die Wartelinie wird dadurch nicht zu einer „Haltlinie" nach Z. 294). Wer die Wartelinie überfährt, muss allerdings mit querendem Verkehr aus einer dazwischen liegenden Einmündung oder Grundstückszufahrt rechnen und sich darauf einstellen. Kommt es zum Unfall, haftet der die Wartelinie Überfahrende für seinen Schuldanteil (OLG Celle NZV 2007, 77 = VRS 111, 413; LG Berlin NZV 2000, 472).

Zeichen 356 (Verkehrshelfer)

Verkehrshelfer (Schülerlotsen, Verkehrskadetten) sind Jugendliche (14 bis 16 Jahre), die die Polizei bei der Verkehrsregelung unterstützen, insbesondere bei der Absicherung der Schulwege. Sie sind an einer meist von den Verkehrswachten gestifteten Sicherheitsausrüstung und einer Kelle erkennbar. Verkehrshelfer haben keine hoheitlichen Befugnisse und dürfen den Verkehr weder lenken noch anstelle der Polizei regeln. Kraftfahrer müssen jedoch aus dem Prinzip der Rücksichtnahme und dem Gefährdungsverbot des § 3 Abs. 2a bei Fußgängergrün, auf Zebrastreifen oder sonstigen Querungsstellen die Zeichen der Verkehrshelfer beachten. An Stellen mit Verkehrshelfern müssen sie besonders vorsichtig fahren und notfalls anhalten.

Zeichen 357 (Sackgasse)

Mündet ein Radweg am Wendekopf über einen abgesenkten Bordstein in die Sackgasse ein, handelt es sich um die Zufahrt aus einem anderen Straßenteil, nicht um eine Einmündung. Infolgedessen muss der Radfahrer den Vorrang des Verkehrs in der Sackgasse beachten. Er kann sich nicht auf die besonderen Sorgfaltspflichten beim Wenden berufen, weil bei der

Umrundung des Wendekopfes einer Sackgasse weder Mit- noch Gegenverkehr durchquert wird (OLG Köln VRS 96, 345 = DAR 1999, 314 = NZV 1999, 373). Der Wendekopf einer Sackgasse ist keine Kurve nach § 12 Abs. 1 Nr. 2, sodass ein Haltverbot nur nach § 12 Abs. 1 Nr. 1 bei engen oder unübersichtlichen Wendeschleifen in Betracht kommt (OLG Brandenburg VerkMitt 2004 Nr. 35 = DAR 2004, 282 = VRS 106, 307 = NJW 2004, 961). Sofern Sackgassen für Fußgänger oder Radfahrer durchlässig sind, kann dies durch Symbole auf dem Z. 357 angezeigt werden (Anl. 3 lfd. Nr. 27 zu § 42). In den wenigen Fällen, in denen eine Sackgasse nur für Fußgänger durchlässig ist, wird dem Radverkehr durch Z. 357 mit integriertem Z. 239 (Gehweg) ein unnötiges Einfahren in die Sackgasse erspart.

Zeichen 365-53 und 365-54

Die Zeichen kennzeichnen Autogas- (LPG) oder Erdgastankstellen (CNG).[17] Sie sind im Interesse der Förderung alternativer Energien durch Verlautbarung des BMVBS vom 27.6.2006 (VkBl. S. 633) in den VzKat eingeführt worden. Sie dienen der Erkennbarkeit bewirtschafteter Autogas- und Erdgastankstellen auf Autobahnen. Bei Bedarf kann die deutsche Bezeichnung in einem Zusatzzeichen ergänzt werden. Außerhalb von Autobahnen ist die Beschilderung nur am Ort der Tankstelle zulässig; abseits gelegene Tankstellen können aber im Nahbereich mit Zusatzzeichen 1000 (Pfeilhinweis) in die wegweisende Beschilderung aufgenommen werden.

Z. 365-53 Autogastankstelle
Z. 365-54 Erdgastankstelle

Zeichen 390 und 391

Z. 390 bezieht sich auf die Mautpflicht für schwere Nutzfahrzeuge ab 12 t und mehr; hierzu gehören auch Sattelzugmaschinen über 12 t ohne Auflieger, wenn sie ausschließlich der Güterbeförderung dienen (OLG Köln

---

17 **Autogas** (**LPG** – **L**iquefied **P**etroleum **G**as) besteht aus einem Gemisch von Propan (C3H8) und Butan (C4H10); Belieferung der Tankstelle durch Flüssiggastransporte. Für Autogas gilt bis 2009 ein ermäßigter Steuersatz. Die LPG-Tanks werden mit einem Befülldruck von ca. 8 bar betrieben. **Erdgas** (**CNG** – **C**ompressed **N**atural **G**as) besteht v. a. aus Methan (CH4) und enthält weniger Kohlen- und mehr Wasserstoff als Benzin; bei der Verbrennung wird 20 % weniger Kohlendioxid freigesetzt. Erdgas ist bis 2020 steuerbefreit und unterliegt nicht der Ökosteuer. Die Belieferung der Tankstellen erfolgt durch Erdgasleitungen, wobei das Erdgas erst dort bis 250 bar (!) Befülldruck komprimiert wird. Erdgas ist im Gegensatz zum Autogas leichter als Luft und kann sich nicht am Boden sammeln, sodass Erdgasautos auch in Parkhäusern und Tiefgaragen abgestellt werden dürfen. Die **Umrüstung** eines Benzinmotors auf Gasbetrieb ist technisch vergleichsweise einfach. Zu den Einspritzdüsen für Benzin müssen Einblasventile für Erd- oder Flüssiggas installiert werden, wobei der Motor bivalent betrieben werden kann. Bei höherer Verdichtung oder Auflaung für den Erdgaseinsatz ist die Leistung bei beiden Antriebsarten vergleichbar.

VerkMitt 2008 Nr. 76 = VRS 115,147) Das Autobahnmautgesetz (ABMG) vom 5.4.2002 (BGBl. I S. 1234) i. d. F. vom 1.2.2004 (BGBl. I S. 3122) erstreckt sich auf alle nach dem FStrG gewidmeten Autobahnen, sofern sie nicht ausdrücklich vom ABMG ausgenommen worden sind. Das Z. 390 dient der Kennzeichnung der wenigen gewidmeten Autobahnstrecken, die von der Beschilderung her nicht als Autobahn erkennbar sind (z. B. gelbe Verkehrszeichen). Da auch solche Autobahnstrecken dem ABMG unterliegen, ist das Z. 390 anzuordnen (VkBl. 2004, S. 543, ber. 2004, S. 686). Die Verwendung des „LKW-Symbols" im Z. 390 ist missglückt und rechtlich problematisch, weil es sich nach der Symbolik des § 39 Abs. 4 auf KFZ über 3,5 t bezieht, das ABMG aber nur LKW ab 12 t erfasst.

Die Mauterhebung, Mautabrechnung, Vertrieb der Onboard Units, Aufstellung der Kontrollbrücken und angeordneter Verkehrszeichen erfolgt durch die (private) Firma Toll Collect GmbH, die von der Bundesanstalt für den Güterverkehr (BAG) beauftragt worden ist. Toll Collect selbst hat keine hoheitlichen Aufgaben. Der BAG obliegen hingegen die hoheitlichen Aufgaben nach dem BAMG, insbesondere Anhalterechte und Kontrolle der Mautentrichtung.

Das Z. 391 bezieht sich hingegen **nur** auf **privat finanzierte Straßen** mit Benutzungsentgelten für alle KFZ und hat mit der Mautregelung nach dem ABMG nichts gemein. Das beidseitig und 750 m vor der letzten Ausfahrt aufzustellende Zeichen kennzeichnet den Beginn der mautpflichtigen Strecke (VkBl. 2003, S. 430). Mit dem „schönen" Namen Fernstraßenbauprivatfinanzierungs-Änderungsgesetz (FStrPrivFinÄndG) vom 1.9.2002 (BGBl. I S. 3442) wird auf privat finanzierten Straßen die Mauterhebung

Mautverkehre

Z. 390

Mautpflicht für schwere LKW ab 12 t nach dem Autobahnmautgesetz (ABMG). Die Zeichen stehen nur an (gewidmeten) Autobahnstrecken, die durch die Beschilderung (gelbe Wegweiser) nicht als Autobahn erkennbar sind.

Z. 253

Z. 253 mit Zusatzschildern verbietet den Durchgangsverkehr für mautpflichtige KFZ ab 12 t. Ausgenommen sind
– Zufahrten zu einem Grundstück,
– Güterverkehr im Umkreis von 75 km vom Belade- zum Zielort,
– vom ABMG nicht erfasste KFZ (KOM, Sonderrechtsfahrzeuge der Polizei, Feuerwehr, Streitkräfte usw., Schausteller, humanitäre Transporte der Hilfsdienste),
– ausgewiesene Umleitungsstrecken.

Z. 391

Mautpflichtige Strecke für alle Fahrzeuge auf privat finanzierten Straßen nach dem Fernstraßenbauprivatfinanzierungs-Änderungsgesetz (FStrPrivFinÄndG). Die Zeichen stehen vor der letzten möglichen Abfahrt.

durch beliehene Private zugelassen und zugleich in § 45 Abs. 1e geregelt, dass die Straßenverkehrsbehörden die für den Betrieb erforderliche Beschilderung auf der Grundlage des vom Konzessionsnehmer vorgelegten Verkehrszeichenplans anordnen. In verkleinerter Form wird das Zeichen in den jeweiligen Vorwegweiser (Z. 438 oder 449) integriert, um vor Beginn der mautpflichtigen Strecke die Entscheidung über die Wahl einer alternativen, nicht mautpflichtigen Strecke zu ermöglichen.

Zeichen 432 (Hinweis zu Orten mit erheblicher Verkehrsbedeutung)

Hingewiesen werden darf auf die in der VwV zu Z. 432 beispielsweise aufgeführten Ziele. Entscheidend ist dabei die Verkehrsbedeutung zur Vermeidung von Fehl- und Suchfahrten, weniger die städtebauliche Funktion. Der Hinweis auf private Einrichtungen allein zu Werbezwecken ist unzulässig (BVerwG NZV 1989, 486).

3 Hinweise

3.1 Hinweisbeschilderung auf Einrichtungen mit besonderem Verkehrsbedürfnis außerhalb des Erschließungs-Bereichs der Ortsdurchfahrten von Bundesstraßen: VkBl. 1985, S. 145.

3.2 Richtlinien für

– die wegweisende Beschilderung auf Autobahnen (RWBA): VkBl. 2001, S. 125;
– touristische Beschilderung (RtB): VkBl. 2009, S. 228; Kostentragung für touristische Beschilderung: § 51;
– die Sicherung von Arbeitsstellen an Straßen (RSA): VkBl. 1995, Sonderheft B 5707; Textausgabe und Kommentarband, Kirschbaum Verlag, Bonn;
– die wegweisende Beschilderung außerhalb von Autobahnen (RWB): VkBl. 1992, S. 218; 1999, S. 781;
– die Umleitungsbeschilderung (RUB): VkBl. 1992, S. 218.

3.3 Verlautbarungen des BMVBS über

– Zwischenquerschnitte für Bundesfernstraßen: VkBl. 1993, S. 756;
– Wegweisung zu Verkehrsflughäfen: VkBl. 1992, S. 771;
– Kennzeichnung von Sonderparkplätzen sowie besondere Ausweise für Schwerbehinderte mit außergewöhnlicher Gehbehinderung, beidseitiger Amelie, Phokomelie oder mit vergleichbaren Funktionsstörungen und blinde Menschen: VkBl. 1980, S. 527; für den europäisch-einheitlichen Parkausweis: 2000, S. 625.

§ 43 Verkehrseinrichtungen

(1) Verkehrseinrichtungen sind rot-weiß gestreifte Schranken, Sperrpfosten, Absperrgeräte sowie Leiteinrichtungen. Verkehrseinrichtungen sind außerdem Absperrgeländer, Parkuhren, Parkscheinautomaten, Blinklicht- und Lichtzeichenanlagen sowie Verkehrsbeeinflussungsanlagen. § 39 Abs. 1 gilt entsprechend.

(2) Regelungen durch Verkehrseinrichtungen gehen den allgemeinen Verkehrsregeln vor.

(3) Verkehrseinrichtungen nach Absatz 1 Satz 1 ergeben sich aus der Anlage 4. Die durch Verkehrseinrichtungen (Anlage 4 Nr. 1 bis 7) gekennzeichneten Straßenflächen darf der Verkehrsteilnehmer nicht befahren.[1, 2]

---

[1] Das Betretungsverbot für Fußgänger folgt aus § 25 Abs. 4.
[2] Die Ahndung von Verstößen nach § 49 Abs. 3 Nr. 4 bis 6 gegen die Ge- und Verbote der Anlagen 2 bis 4 folgt nicht unmittelbar aus den Anlagen, sondern aus dem sachlich-rechtlichen Teil der Vorschriftentexte der §§ 41 bis 43. In den Anlagen sind die bußgeldbewehrten Ge- und Verbote zu den jeweiligen Verkehrszeichen konkret und handlungsbezogen formuliert. Dort, wo ein Verstoß gegen die StVO nur aus der Erlaubnis abgeleitet werden kann, ist der Verstoß in den einzelnen Vorschriften ausdrücklich geregelt.

Anlage 4 (zu § 43 Abs. 3)

Verkehrseinrichtungen

1	2	3
lfd. Nr.	Zeichen	Erläuterungen
Abschnitt 1 Einrichtungen zur Kennzeichnung von Arbeits- und Unfallstellen oder sonstigen vorübergehenden Hindernissen		
1	Zeichen 600 Absperrschranke	
2	Zeichen 605 Pfeilbake Leitbake	
3	Zeichen 628 Leitschwelle mit Leitbake	
4	Zeichen 629 Leitbord mit Leitbake[3]	

---

[3] Leitbaken dienen der optischen und räumlichen Abgrenzung zwischen gesperrten und freigegebenen Verkehrsflächen.

§ 43 Anlage 4 (zu § 43 Abs. 3) 540

1	2	3
lfd. Nr.	Zeichen	Erläuterungen
zu 3 und 4		Leitschwelle und Leitbord haben die Funktion einer vorübergehend gültigen Markierung.
5	Zeichen 610 Leitkegel	
6	Zeichen 615 Fahrbare Absperrtafel	
7	Zeichen 616 Fahrbare Absperrtafel mit Blinkpfeil	

1	2	3
lfd. Nr.	Zeichen	Erläuterungen
zu 1 bis 7		1. Die Einrichtungen verbieten das Befahren der so gekennzeichneten Straßenfläche und leiten den Verkehr an dieser Fläche vorbei.[4] 2. Warnleuchten an diesen Einrichtungen zeigen rotes Licht, wenn die ganze Fahrbahn gesperrt ist, sonst gelbes Licht oder gelbes Blinklicht. 3. Zusammen mit der Absperrtafel können überfahrbare Warnschwellen verwendet werden, die quer zur Fahrtrichtung vor der Absperrtafel ausgelegt sind.
Abschnitt 2 Einrichtungen zur Kennzeichnung von dauerhaften Hindernissen oder sonstigen gefährlichen Stellen		
8	Zeichen 625 Richtungstafel in Kurven	Die Richtungstafel in Kurven kann auch in aufgelöster Form angebracht sein.
9	Zeichen 626 Leitplatte	
10	Zeichen 627 Leitmal	Leitmale kennzeichnen in der Regel den Verkehr einschränkende Gegenstände. Ihre Ausführung richtet sich nach der senkrechten, waagerechten oder gewölbten Anbringung beispielsweise an Bauwerken, Bauteilen, Gerüsten.

---

[4] Das Betretungsverbot für Fußgänger folgt aus § 25 Abs. 4.

§ 43 Anlage 4 (zu § 43 Abs. 3)

1	2	3
lfd. Nr.	**Zeichen**	**Erläuterungen**

Abschnitt 3 Einrichtung zur Kennzeichnung des Straßenverlaufs

11	Zeichen 620 Leitpfosten (links) (rechts)	Um den Verlauf der Straße kenntlich zu machen, können an den Straßenseiten Leitpfosten in der Regel im Abstand von 50 m und in Kurven verdichtet stehen.

Abschnitt 4 Warntafel zur Kennzeichnung von Fahrzeugen und Anhängern bei Dunkelheit

12	Zeichen 630 Parkwarntafel	

VwV zu § 43 Verkehrseinrichtungen (Anlage 4)

Zu Absatz 1

1 Auf Nr. I zu den §§ 39 bis 43 (Rn. 1) wird verwiesen.

2 Schranken, Sperrpfosten und Absperrgeländer sind nur dann als Verkehrseinrichtung anzuordnen, wenn sie sich regelnd, sichernd oder verbietend auf den Verkehr auswirken.

Zu Absatz 3 Anlage 4 Abschnitt 1

3 I. Die Sicherung von Arbeitsstellen und der Einsatz von Absperrgeräten erfolgt nach den Richtlinien für die Sicherung von Arbeitsstellen an Straßen (RSA), die das für Verkehr zuständige Bundesministerium im Einvernehmen mit den zuständigen obersten Landesbehörden im Verkehrsblatt bekannt gibt.

4 II. Absperrgeräte sind mindestens voll retroreflektierend auszuführen.

Zu Absatz 3 Anlage 4 Abschnitte 2 und 3

5 I. Leitplatten werden angeordnet bei Hindernissen auf oder neben der Fahrbahn. Statt Leitplatten können auch Leitbaken (Zeichen 605) verwendet werden. Die Zeichen sind so aufzustellen, dass die Streifen nach der Seite fallen, auf der an dem Hindernis vorbeizufahren ist.

6 II. Richtungstafeln sind nur dann anzuordnen, wenn der Fahrer bei der Annäherung an eine Kurve den weiteren Straßenverlauf nicht rechtzeitig sehen kann oder die Kurve deutlich enger ist, als nach dem vorausgehenden Straßenverlauf zu erwarten ist. Die Anordnung in aufgelöster Form (Zeichen 625) ist vorzuziehen.

7 III. Zu Leitmalen vgl. Richtlinien für die Kennzeichnung von Ingenieurbauwerken mit beschränkter Durchfahrtshöhe über Straßen.

8 IV. Leitpfosten sollen nur außerhalb geschlossener Ortschaften angeordnet werden.

Zu Anlage 4 Abschnitt 4

9 Die Park-Warntafeln müssen nach § 22a StVZO bauartgenehmigt und mit dem nationalen Prüfzeichen nach der Fahrzeugteileverordnung gekennzeichnet sein.

1 Aus der amtlichen Begründung

1.1 Zur Sicherheit von Straßenbaustellen werden Warnschwellen eingeführt (Begr. 2007).

1.2 Zur besseren Systematik werden Verkehrseinrichtungen neu geordnet (Begr. 2009).

2 Erläuterungen

Verkehrseinrichtungen müssen als Verwaltungsakte von der Verkehrsbehörde nach § 45 angeordnet sein. Durch den Verweis des § 43 Abs. 1 Satz 2 auf § 39 Abs. 1 gilt auch bei Verkehrseinrichtungen der Grundsatz, dass sie nur bei dringender Notwendigkeit anzuordnen sind (§ 45 Abs. 9). Inhalt der Anordnung bei Lichtzeichenanlagen ist nicht die Anlage als solche, sondern die Schaltung und Dauer des abgestrahlten Lichtsignals, denn nur diese Zeichen enthalten Anordnungen an die Verkehrsteilnehmer.

Verkehrseinrichtungen gehen allgemeinen Verkehrsregeln vor (§ 43 Abs. 2). Dienen Leitborde oder Leitschwellen (Z. 628, 629 – Anl. 4 lfd. Nr. 3, 4) als gelbe Fahrbahnmarkierungen, heben sie weiße Markierungen auf (§ 39 Abs. 5).

2.1 Verkehrsverbote

Sperreinrichtungen leiten den Verkehr an dieser Fläche vorbei und verbieten das Befahren des so gekennzeichneten Straßenraumes (§ 43 Abs. 3, Anl. 4 lfd. Nr. 1 bis 7). Infolgedessen besteht dort auch Halt- und Parkverbot. Das Betretungsverbot für Fußgänger folgt aus § 25 Abs. 4. Ist die ganze Fahrbahn gesperrt, befindet sich an den Sperreinrichtungen rotes Licht, bei Teilsperrungen gelbes Blinklicht.

2.2 Sichtbarkeit von Verkehrseinrichtungen

Die Einrichtungen zur Regelung des fließenden Verkehrs müssen für einen Verkehrsteilnehmer mit durchschnittlicher Aufmerksamkeit durch einen beiläufigen Blick deutlich erkennbar und unmissverständlich sein (BGH VRS 21, 91 = DAR 1961, 280). Die Anforderungen sind desto höher, je schneller sich der Verkehr bewegt. Verkehrseinrichtungen **auf** der Fahrbahn müssen auch bei ungünstiger Sicht rechtzeitig zu erkennen sein (OLG Düsseldorf DAR 1968, 133 = VersR 1968, 752). Bei Verkehrseinrichtungen für den ruhenden Verkehr genügen geringere Anforderungen (s. a. Erl. 2.5.5 zu § 1).

2.3 Verkehrssicherungsanlagen

Von den Verkehrseinrichtungen sind die **Verkehrssicherungsanlagen** und sonstige Anlagen im Straßenraum zu unterscheiden (z. B. Leitplanken, Wild- und Blendschutzzäune, Lärmschutzwände, Brückengeländer, Punktstrahler an Fußgängerüberwegen, Litfaßsäulen, Kilometerschilder, Nottelefone, Verkehrsspiegel). Sie sind technische Mittel ohne regelnde Bedeutung. Deshalb wird z. B. die Sperrung eines Straßenanschlusses durch Leitplanken nicht formal von der Straßenverkehrsbehörde angeordnet, kann aber von ihr gegenüber der Straßenbaubehörde empfohlen werden (Hess. VGH VerkMitt 1978 Nr. 89). Demgegenüber sind Poller zur Verhinderung der Durchfahrt oder unzulässiger Parkvorgänge weder Anlagen noch Hindernisse im Sinne des § 32, sondern anordnungspflichtige Sperrpfosten (LG Stralsund VRS 101, 17; OLG Rostock DAR 2001, 408). Hierzu gehören auch ferngesteuerte versenkbare Poller im Verkehrsraum. Für deren Betrieb sind Gefahren auch für Ortskundige durch Einfahrverbote, Ampelanlagen oder Warnhinweise zu vermeiden (OLG Brandenburg DAR 2004, 389; LG Bonn VD 2004, 223); z. B. muss der Verkehrssicherungspflichtige beim Hochfahren gewährleisten, dass sich darüber kein Fahrzeug befindet (OLG Saarland SVR 2005, 34: Warnhinweis allein genügt nicht). Poller zur Fahrbahnverengung müssen deutlich gekennzeichnet werden (OLG Nürnberg NZV 1990, 433).

2.4 Absperrgeräte

Absperrgeräte sind Schranken, Warnbaken, Leitkegel, Absperrtafeln; sie sind verkehrsbehördlich anzuordnen, auch wenn sie der Verkehrsberuhigung oder nachts dem Lärmschutz in Kurgebieten dienen (OVG Saarlouis VerkMitt 2003 Nr. 47). Auf der dadurch bezeichneten Fläche darf weder gefahren noch gehalten oder geparkt werden (§ 43 Abs. 3, Anl. 4 lfd. Nr. 1 bis 7); sind Absperrschranken vorhanden, dürfen auch Fußgänger nicht auf der gesperrten Straßenfläche laufen (§ 25 Abs. 4). Soll dennoch Anliegerverkehr stattfinden, muss die Wirkung der Absperrgeräte durch Verkehrszeichen und Zusatzzeichen eingeschränkt werden. Bei Absperrgeräten muss nicht nur der Beginn, sondern auch das Ende der abgesperrten Fläche zweifelsfrei erkennbar sein (OLG Karlsruhe VRS 50, 318). Sperrgitter der Polizei sind keine Verkehrseinrichtungen, sondern dienen der Gefahrenabwehr (z. B. bei Demonstrationen) oder dem Bauunternehmer zur Sicherung von Arbeitsstellen. Werden daran jedoch Schranken (Z. 600) befestigt, erhält die Kombination den Charakter einer anordnungspflichtigen Verkehrseinrichtung. Leitkegel (Z. 610) dürfen auch Pannendienstleister zur Absicherung von Gefahrenstellen aufstellen (§ 45 Abs. 7a).[5]

Leitelemente, wie sie von **Fahrschulen** für Grundfahrübungen im Verkehrsraum verwendet werden, sind zwar Gegenstände nach § 32, nicht aber „Leitkegel" nach Anl. 4 lfd. Nr. 5 – Z. 610. Sie entfalten keine Wirkung für andere Verkehrsteilnehmer und sind infolgedessen nicht „anordnungsfähig". Da Fahrschulen ihre Grundfahrübungen nur in verkehrsarmen Räumen durchführen müssen, ist eine Ausnahme für das Aufstellen von Gegenständen nach § 46 Abs. 1 entbehrlich, weil das Verbot nach § 32 nur bei einer – wenn auch abstrakten – Verkehrsbeeinträchtigung zum Tragen kommt.

2.5 Warnschwellen

Warnschwellen sollen Kraftfahrer ergänzend zu den bisher im Vorfeld von Tagesbaustellen üblichen optischen Sicherungsmaßnahmen mechanisch vor der Baustelle „wachrütteln" und durch Fahrstreifenwechsel Auffahrunfälle auf Sicherungsfahrzeuge mit angehängter Absperrtafel (Z. 615, 616) verhindern.[6] Warnschwellen können schnell und unproblematisch verlegt und wieder abgebaut werden.

2.6 Parkuhren und Parkscheinautomaten

Die Bauart von Parkuhren[7] und Parkscheinautomaten ist zwar nicht vorgeschrieben, ihr Verwendungszweck muss sich aber eindeutig für die Verkehrsteilnehmer ergeben. Parkscheinautomaten und Parkuhren unterliegen der Anordnungs-, nicht der Eichpflicht (siehe Erl. zu § 13). Die Bewirtschaftung privater Flächen mit faktisch öffentlichem Verkehr (Parkhäuser, Tiefgaragen) mittels Parkzeiterfassungsgeräten richtet sich nach § 52.

2.7 Verkehrsspiegel

Verkehrsspiegel sind keine Verkehrseinrichtungen. Sie können aber bei sehr schwer einsehbaren Knotenpunkten als Verkehrssicherungsmaßnahme angeordnet werden.[8] Verkehrsspiegel sollen dem Wartepflichtigen das Hineintasten in eine Kreuzung oder einen Einmündungsbereich erleichtern, befreien ihn jedoch nicht davon, sich unmittelbar vor der Einfahrt in die Vor-

---

5 Es handelt sich hier um den einzigen Fall, in dem Privaten die Ermächtigung zur Aufstellung von Verkehrseinrichtungen nach § 45 Abs. 7a erteilt worden ist.
6 Warnschwellen sind Verkehrssicherungsanlagen. Sie werden seit Jahren in den Niederlanden mit Erfolg eingesetzt. Die positive Bewertung des Forschungsprojekts im Auftrag der BASt, „Einsatz neuer Methoden zur Sicherung von Arbeitsstellen kürzerer Dauer der RWTH Aachen vom Mai 2004", hat zu der Empfehlung geführt, Warnschwellen auch in Deutschland einzuführen.
7 Parkuhren gibt es in den USA seit 1935, in Deutschland seit 1956.
8 Sollen sie das Einfahren von einer schwierig gestalteten Grundstückszufahrt auf die Straße erleichtern, trifft die Kostenpflicht für einen Verkehrsspiegel den Grundeigentümer, d. h. er muss ihn bezahlen.

fahrtstraße über die Verkehrslage zu orientieren (OLG Karlsruhe VersR 1980, 1172). Maßnahmen gegen Beschlagen oder Vereisung der Spiegel sind nicht vorgeschrieben (OLG Frankfurt NZV 1989, 191). Entsprechendes gilt für den vor Kreuzungen (gelegentlich) angebrachten „Trixi-Spiegel"[9] zur Sichtverbesserung im toten Winkel auf geradeaus fahrende Radfahrer für rechts abbiegende LKW und KOM.

3 Hinweise

3.1 Betretungsverbot für Fußgänger: § 25 Abs. 4; Leitkegel für Pannenhilfsfahrzeuge: § 45 Abs. 7a; Lichtzeichenanlagen: § 37; Sondersignale für Busspuren: § 37 Abs. 2 Nr. 4; Regelung des Baustellenverkehrs: § 45 Abs. 6.

3.2 Verlautbarung des BMVBS über Pfeilzeichen auf Leitpfosten: VkBl. 1980, S. 795.

3.3 Gelbe Markierungen, Markierungsknopfreihen, Leitborde, Leitschwellen heben weiße Fahrstreifenbegrenzungen und Leitlinien auf: § 39 Abs. 5.

3.4 Richtlinien für passive Schutzeinrichtungen an Straßen („Leitplanken"): VkBl. 1989, S. 489. Leitplanken sind keine Verkehrseinrichtungen und unterliegen deshalb auch nicht der straßenverkehrsbehördlichen Anordnungskompetenz).

Warneinrichtungen nach RSA

---

9 Benannt im Andenken an Trixi Willburger aus S., die von einem rechts abbiegenden LKW überrollt wurde. Durch verbesserte Rückspiegelsysteme an schweren Nutzfahrzeugen ist das Bedürfnis für „Trixispiegel" gemindert, vorausgesetzt die LKW-Fahrer sehen vor dem Abbiegen in die verbesserten Spiegelsysteme.

III. Durchführungs-, Bußgeld- und Schlussvorschriften

§ 44 Sachliche Zuständigkeit

(1) Sachlich zuständig zur Ausführung dieser Verkehrsordnung sind, soweit nichts anderes bestimmt ist, die Straßenverkehrsbehörden; dies sind die nach Landesrecht zuständigen unteren Verwaltungsbehörden oder die Behörden, denen durch Landesrecht die Aufgaben der Straßenverkehrsbehörde zugewiesen sind. Die zuständigen obersten Landesbehörden und die höheren Verwaltungsbehörden können diesen Behörden Weisungen auch für den Einzelfall erteilen oder die erforderlichen Maßnahmen selbst treffen. Nach Maßgabe des Landesrechts kann die Zuständigkeit der obersten Landesbehörden und der höheren Verwaltungsbehörden im Einzelfall oder allgemein auf eine andere Stelle übertragen werden.

(2) Die Polizei ist befugt, den Verkehr durch Zeichen und Weisungen (§ 36) und durch Bedienung von Lichtzeichenanlagen zu regeln. Bei Gefahr im Verzuge kann zur Aufrechterhaltung der Sicherheit oder Ordnung des Straßenverkehrs die Polizei an Stelle der an sich zuständigen Behörden tätig werden und vorläufige Maßnahmen treffen; sie bestimmt dann die Mittel zur Sicherung und Lenkung des Verkehrs.

(3) Die Erlaubnis nach § 29 Abs. 2[1] und nach § 30 Abs. 2[2] erteilt die Straßenverkehrsbehörde, dagegen die höhere Verwaltungsbehörde, wenn die Veranstaltung über den Bezirk einer Straßenverkehrsbehörde hinausgeht, und die oberste Landesbehörde, wenn die Veranstaltung sich über den Verwaltungsbezirk einer höheren Verwaltungsbehörde hinaus erstreckt. Berührt die Veranstaltung mehrere Länder, so ist diejenige oberste Landesbehörde zuständig, in deren Land die Veranstaltung beginnt. Nach Maßgabe des Landesrechts kann die Zuständigkeit der obersten Landesbehörden und der höheren Verwaltungsbehörden im Einzelfall oder allgemein auf eine andere Stelle übertragen werden.

(3a) Die Erlaubnis nach § 29 Abs. 3[3] erteilt die Straßenverkehrsbehörde, dagegen die höhere Verwaltungsbehörde, welche Abweichungen von den Abmessungen, den Achslasten, dem zulässigen Gesamtgewicht und dem Sichtfeld des Fahrzeugs über eine Ausnahme zulässt, sofern kein Anhörungsverfahren stattfindet; sie ist dann auch zuständig für Ausnahmen nach § 46 Abs. 1 Nr. 2 und 5 im Rahmen einer solchen Erlaubnis. Dasselbe gilt, wenn eine andere Behörde diese Aufgaben der höheren Verwaltungsbehörde wahrnimmt.

---

1 Übermäßige Straßenbenutzung durch Kolonnenverkehr und sonstige Veranstaltungen
2 Erlaubnisse für Veranstaltungen, die die Nachtruhe stören können
3 Erlaubnisse für Großraum- und Schwerverkehr

§ 44 Sachliche Zuständigkeit

(4) Vereinbarungen über die Benutzung von Straßen durch den Militärverkehr werden von der Bundeswehr oder den Truppen der nichtdeutschen Vertragsstaaten des Nordatlantikpaktes mit der obersten Landesbehörde oder der von ihr bestimmten Stelle abgeschlossen.

(5) Soweit keine Vereinbarungen oder keine Sonderregelungen für ausländische Streitkräfte bestehen, erteilen die höheren Verwaltungsbehörden oder die nach Landesrecht bestimmten Stellen die Erlaubnis für übermäßige Benutzung der Straße durch die Bundeswehr oder durch die Truppen der nichtdeutschen Vertragsstaaten des Nordatlantikpaktes; sie erteilen auch die Erlaubnis für die übermäßige Benutzung der Straße durch die Bundespolizei,[4] die Polizei und den Katastrophenschutz.

VwV zu § 44 Sachliche Zuständigkeit

1 I. Zur Bekämpfung der Verkehrsunfälle haben Straßenverkehrsbehörde, Straßenbaubehörde und Polizei eng zusammen zu arbeiten, um zu ermitteln, wo sich die Unfälle häufen, worauf diese zurückzuführen sind, und welche Maßnahmen ergriffen werden müssen, um unfallbegünstigende Besonderheiten zu beseitigen. Hierzu sind Unfallkommissionen einzurichten, deren Organisation, Zuständigkeiten und Aufgaben Ländererlasse regeln. Für die örtliche Untersuchung von Verkehrsunfällen an Bahnübergängen gelten dabei wegen ihrer Besonderheiten ergänzende Bestimmungen.

2 II. Das Ergebnis der örtlichen Untersuchungen dient der Polizei als Unterlage für zweckmäßigen Einsatz, den Verkehrsbehörden für verkehrsregelnde und den Straßenbaubehörden für straßenbauliche Maßnahmen.

3 III. Dazu bedarf es der Anlegung von Unfalltypensteckkarten oder vergleichbarer elektronischer Systeme, wobei es sich empfiehlt, bestimmte Arten von Unfällen in besonderer Weise, etwa durch die Verwendung verschiedenfarbiger Nadeln, zu kennzeichnen. Außerdem sind Unfallblattsammlungen zu führen oder Unfallstraßenkarteien anzulegen. Für Straßenstellen mit besonders vielen Unfällen oder mit Häufungen gleichartiger Unfälle sind Unfalldiagramme zu fertigen. Diese Unterlagen sind sorgfältig auszuwerten; vor allem Vorfahrtunfälle, Abbiegeunfälle, Unfälle mit kreuzenden Fußgängern und Unfälle infolge Verlustes der Fahrzeugkontrolle weisen häufig darauf hin, dass die bauliche Beschaffenheit der Straße mangelhaft oder die Verkehrsregelung unzulänglich ist.

4 IV. Welche Behörde diese Unterlagen zu führen und auszuwerten hat, richtet sich nach Landesrecht. Jedenfalls bedarf es engster Mitwirkung auch der übrigen beteiligten Behörden.

5 V. Wenn örtliche Unfalluntersuchungen ergeben haben, dass sich an einer bestimmten Stelle regelmäßig Unfälle ereignen, ist zu prüfen, ob es sich dabei um Unfälle ähnlicher Art handelt. Ist das der Fall, so kann durch verkehrsregelnde oder bauliche Maßnahmen häufig für eine Entschärfung der Gefahrenstelle gesorgt werden. Derartige Maßnahmen sind in jedem Fall ins Auge zu fassen, auch wenn in absehbarer Zeit eine völlige Umgestaltung geplant ist.

Zu Absatz 1

6 Müssen Verkehrszeichen und Verkehrseinrichtungen, insbesondere Fahrbahnmarkierungen, aus technischen oder wirtschaftlichen Gründen über die Grenzen der Verwaltungsbezirke hinweg einheitlich angebracht werden, sorgen die zuständigen obersten Landesbehörden oder die von ihnen bestimmten Stellen für die notwendigen Anweisungen.

---

4 Der Bundesgrenzschutz ist durch Art. 99 des Gesetzes vom 21.6.2005 (BGBl. I S. 1836) in Bundespolizei umbenannt worden.

Zu Absatz 2 Aufgaben der Polizei

7 I. Bei Gefahr im Verzug, vor allen an Schadenstellen, bei Unfällen und sonstigen unvorhergesehenen Verkehrsbehinderungen ist es Aufgabe der Polizei, auch mit Hilfe von Absperrgeräten und Verkehrszeichen den Verkehr vorläufig zu sichern und zu regeln. Welche Verkehrszeichen und Absperrgeräte im Einzelfall angebracht werden, richtet sich nach den Straßen-, Verkehrs- und Sichtverhältnissen sowie nach der Ausrüstung der eingesetzten Polizeikräfte.

8 Auch am Tage ist zur rechtzeitigen Warnung des übrigen Verkehrs am Polizeifahrzeug das blaue Blinklicht einzuschalten. Auf Autobahnen und Kraftfahrstraßen können darüber hinaus zur rückwärtigen Sicherung besondere Sicherungsleuchten verwendet werden.

9 II. Einer vorherigen Anhörung der Straßenverkehrsbehörde oder der Straßenbaubehörde bedarf es in den Fällen der Nummer I nicht. Dagegen hat die Polizei, wenn wegen der Art der Schadenstelle, des Unfalls oder der Verkehrsbehinderung eine länger dauernde Verkehrssicherung oder -regelung notwendig ist, die zuständige Behörde zu unterrichten, damit diese die weiteren Maßnahmen treffen kann. Welche Maßnahmen notwendig sind, haben die zuständigen Behörden im Einzelfall zu entscheiden.

1 Aus der amtlichen Begründung

(entfällt)

2 Erläuterungen

2.1 Zuständigkeit für die Verkehrsregelung

Der Vollzug des Verkehrsrechts obliegt den Ländern, die die verkehrsrechtlichen Gesetze und Verordnungen als eigene Angelegenheiten ausführen (Art. 83 Abs. 1 GG). Dabei regeln die Länder die Einrichtung der Behörden und das Verwaltungsverfahren selbst (Art. 84 Abs. 1 GG). Die Bundesregierung übt die Aufsicht darüber aus, dass die Länder das geltende Verkehrsrecht zutreffend ausführen (Art. 83 Abs. 3). Missachten Länder geltendes Verkehrsrecht,[5] kann mit Beschluss des Bundesrates „Bundeszwang" angeordnet werden (ist wegen Gesetzestreue der Länder noch nie erfolgt). Zur einheitlichen Rechtsanwendung tragen die regelmäßig zusammentretenden Bund/Länder-Fachausschüsse, Verkehrsabteilungsleiter- und Verkehrsministerkonferenzen bei, deren vordringliche Aufgabe die Gewährleistung eines gleichartigen bundesweiten Vollzugs des Verkehrswesens ist.

Wer Straßenverkehrsbehörde ist, bestimmt sich nach den Zuständigkeitsgesetzen der Länder (i. d. R. Kreisverwaltungen, Landratsämter, Bürgermeister/Stadtdirektoren kreisfreier Städte). Höhere Verwaltungsbehörden sind Regierungspräsidien/Bezirksregierungen, Landesämter. In den Stadtstaaten Berlin, Bremen, Hamburg fehlt diese Ebene. Deren Aufgaben werden entweder durch die obersten oder bei Zuweisung von den unteren Verwaltungsbehörden wahrgenommen.[6] Oberste Landesbehörden sind die Verkehrs- oder Innenministerien der Länder.[7] Die Delegation hoheitlicher

---

5 Beispiel: Einführung von Parksonderrechten für Diplomaten oder Konsuln durch Landesrecht.
6 In Berlin z. B. die Ämter „Verkehrslenkung Berlin", „Bezirksämter", „Landesamt für Bürger- und Ordnungsangelegenheiten"
7 Welche Ministerien mit welcher Bezeichnung die Aufgaben der obersten Straßenverkehrsbehörde wahrnehmen, bestimmt sich nach der landeseigenen Geschäftsverteilung, z. B. Senatsverwaltung für Stadtentwicklung in Berlin.

§ 44 Sachliche Zuständigkeit

Aufgaben der Straßenverkehrsbehörde auf private Institutionen ist unzulässig (BayVGH VerkMitt 1992 Nr. 67 = VRS 83, 226 = DAR 1992, 272). So sind Verkehrszeichen an einem Forstweg unwirksam, wenn nicht die Straßenverkehrsbehörde, sondern das Forstamt die Aufstellung angeordnet hat (BayObLG VRS 66, 383). Auch die Verlagerung von verkehrlichen Aufgaben auf Verwaltungseinheiten, die aufgrund von Kommunalrechten nicht der Fachaufsicht der obersten oder höheren Verkehrsbehörden unterstehen, ist unzulässig.

Die Aufstellung und Unterhaltung der angeordneten Verkehrszeichen und Einrichtungen obliegt dem Straßenbaulastträger (§ 5 b StVG, § 45 Abs. 5 StVO).

Verkehrsorganisation auf Bundes- und Landesebene

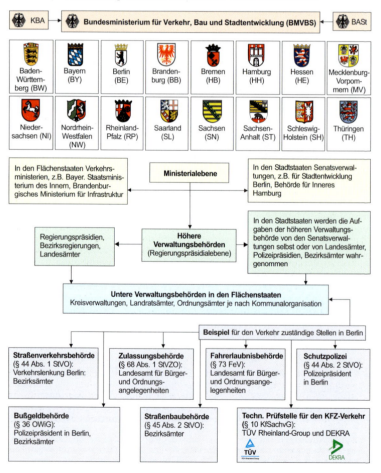

2.2 Weisungs- und Selbsteintrittsrecht

Da die Länder Bundesrecht aufgrund verfassungsrechtlicher Zuweisung nach Art. 83 GG als eigene Angelegenheiten ausführen, sind sie für die rechtmäßige Anwendung verkehrsrechtlicher Normen unmittelbar verantwortlich. Je nach Verwaltungsstruktur können deshalb die oberste und höhere Verkehrsbehörden Weisungen an die unteren Verkehrsbehörden erteilen oder Aufgaben an sich ziehen und die notwendigen Anordnungen im Wege des Selbsteintrittsrechts treffen (§ 44 Abs. 1 S. 2). Eine straßenverkehrsbehördliche Weisung zur Anordnung von Verkehrszeichen kann von der Gemeinde nur dann angefochten werden, wenn die Maßnahme „im Einvernehmen" mit der Kommune getroffen werden muss und dadurch Außenwirkung entfaltet (BVerwG VRS 89, 305) oder in Angelegenheiten der kommunalen Selbstverwaltung eingreift (BVerwG VerkMitt 1995 Nr. 59 = NZV 1995, 232; Steiner NZV 1995, 209).

2.3 Aufgaben der Verkehrspolizei

Zur Abwendung unmittelbarer Gefahren obliegen den mit materiellen Polizeiaufgaben befassten Dienststellen nicht nur die Rechte und Pflichten nach den allgemeinen Sicherheits- und Ordnungsgesetzen der Länder. Durch § 44 Abs. 2 sind sie bei Gefahr im Verzug unmittelbar ermächtigt, sich des Verkehrszeichen-Instrumentariums zu bedienen, um im Interesse der Sicherheit oder Ordnung ihren Schutzaufgaben zu genügen (Anordnungs- und Aufstellungsrecht der Polizei).[8] Die sachliche **Zuständigkeit** des Polizeibeamten hängt nicht davon ab, ob er Dienstkleidung trägt und sich vor dem Einschreiten „im Dienst" befindet (OLG Celle VRS 28, 130). Daneben kann die Polizei im Rahmen ihrer Aufgaben zur Regelung des Verkehrs **Zeichen und Weisungen** nach § 36 Abs. 1 erteilen und die Signalanlagen steuern (VGH Baden-Württemberg VRS 104, 389). Bei nicht nur vorübergehenden Maßnahmen besteht auch für die Polizei die Pflicht zur Unterrichtung der Straßenverkehrsbehörde (oder Straßenbaubehörde), die dann endgültige Regelungen zu veranlassen hat.

Die **Feuerwehr** oder technische Hilfsdienste (z. B. **THW**) haben ohne besondere Länderregelung (wie z. B. in Bayern durch § 7a des Gesetzes über Zuständigkeiten im Verkehrswesen) keine eigene Regelungskompetenz, selbst wenn sie Unfallstellen absichern und den Verkehr um Einsatzstellen leiten (BGH VRS 114, 355). Die Hinweise der Feuerwehr oder des THW sind aber gemäß § 1 Abs. 2 bzw. im Rahmen des Grundsatzes der doppelten Sicherung zu beachten. Im Wege der Amtshilfe darf die Polizei die Feuerwehr oder das THW für verkehrsregelnde Zwecke einsetzen.

2.3.1 Gefahr im Verzug

Bei Gefahr im Verzug muss die Polizei tätig werden (Amtspflicht); Gefahrenstellen sind abzusichern und Verkehrsteilnehmer zu warnen (OLG Frankfurt/M. VD 2003, 306 = DAR 2003, 556). Gefahr im Verzug bedeutet die dringende Notwendigkeit und Unaufschiebbarkeit von Maßnahmen (OVG Münster MDR 1974, 170). Die Mittel beim polizeilichen Einschreiten müssen dem Grundsatz der **Verhältnismäßigkeit** entsprechen. Wird durch Polizeifahrzeuge abrupt ein künstlicher Stau zur Ergreifung eines im Auto flüch-

---

8 Laub, Allgemeines Polizeirecht und Verkehrsrecht als Eingriffsgrundlage im Straßenverkehr, SVR 2006, 281

tenden Straftäters verursacht, haftet der Staat für Auffahrunfälle (OLG Bamberg NZV 2007, 241). Maßnahmen, die die Polizei bei Gefahr im Verzug getroffen hat, sind von den Verkehrsteilnehmern auch dann zu beachten, wenn für sie keine erkennbare Gefahr (mehr) besteht (OLG Stuttgart VRS 60, 464). Ob betrunkene Kraftfahrer nötigenfalls gewaltsam am Weiterfahren gehindert (BGH VRS 39, 184) oder falsch geparkte Fahrzeuge auf Kosten des Halters abgeschleppt werden dürfen, richtet sich indes nach den Sicherheits- und Ordnungsgesetzen (OLG Münster DAR 1973, 334).[9]

2.3.2 Verkehrssicherung

Aus dem Auftrag aus § 53 OWiG und 163 StPO folgt die Verpflichtung der Polizei zur Gewährleistung der Sicherheit und Ordnung des Verkehrs. Hierzu gehören auch die Unfallprävention und nach dem StVUnfStatG[10] die Führung der Unfallstatistik sowie die Verfolgung von Verkehrszuwiderhandlungen. Dabei ist das Augenmerk vordringlich auf unfallträchtige Verstöße zu legen. Bei besonderem Anlass muss sie eingreifen („pflichtgemäßes Ermessen"). Die regelmäßige Kontrolle der Verkehrssicherheit von Straßen obliegt der Straßenaufsichts- oder Baubehörde; hierzu ist die Polizei nur im Rahmen ihrer Kräftelage verpflichtet. Nach § 45 Abs. 7a dürfen Pannendienstleister zur Absicherung von Gefahrstellen Leitkegel (Z. 610) aufstellen.

3 Hinweise

3.1 Örtliche Zuständigkeit: § 47. **Sachliche** Zuständigkeit für die Anordnung von Verkehrszeichen und Verkehrseinrichtungen: § 45; für die Erlaubniserteilung: §§ 29 Abs. 2 und 3, 30 Abs. 3; für das Ausnahmegenehmigungsverfahren: § 46.

3.2 Durchführung von **Verkehrsschauen**: Rn. 57 VwV-StVO zu § 45.

3.3 Verhalten der Polizei gegenüber Personen mit diplomatischen oder konsularischen Vorrechten: Gemeinsames Ministerialblatt 1975, S. 347. In eiligen Zweifelsfällen Anfrage beim Auswärtigen Amt – Protokoll; zu „Protokollfahrten" mit polizeilicher Eskorte: VkBl. 1973, S. 494 (504).

3.4 Finanzielle Zuwendungen für Verkehrssicherheitsmaßnahmen an gemeinnützige Vereine (z. B. Deutscher Verkehrssicherheitsrat, Deutsche Verkehrswacht, Bund gegen Alkohol und Drogen im Straßenverkehr): Richtlinien des BMVBS über die Förderung von Aufklärungs- und Erziehungsmaßnahmen zur Bekämpfung von Verkehrsunfällen (Straße) – FöRilVUSt – vom 10.7.2005 (VkBl. 2005, 485).

---

9 Unzulässig wäre die Herbeiführung eines künstlichen Staus zur Ergreifung eines flüchtenden Verkehrssünders (LG Bückeburg DAR 2006, 103).
10 Gesetz über die Statistik der Straßenverkehrsunfälle – Straßenverkehrsunfallstatistikgesetz – StVUnfStatG vom 5.6.1990 (BGBl. I S. 1078) i. d. F. vom 29.10.2001 (BGBl. I S. 2785)

§ 45 Verkehrszeichen und Verkehrseinrichtungen

(1) Die Straßenverkehrsbehörden können die Benutzung bestimmter Straßen oder Straßenstrecken aus Gründen der Sicherheit oder Ordnung des Verkehrs beschränken oder verbieten und den Verkehr umleiten. Das gleiche Recht haben sie

1. zur Durchführung von Arbeiten im Straßenraum,
2. zur Verhütung außerordentlicher Schäden an der Straße,
3. zum Schutz der Wohnbevölkerung vor Lärm und Abgasen,
4. zum Schutz der Gewässer und Heilquellen,
5. hinsichtlich der zur Erhaltung der öffentlichen Sicherheit erforderlichen Maßnahmen sowie
6. zur Erforschung des Unfallgeschehens, des Verkehrsverhaltens, der Verkehrsabläufe sowie zur Erprobung geplanter verkehrssichernder oder verkehrsregelnder Maßnahmen.

(1a) Das gleiche Recht haben sie ferner

1. in Bade- und heilklimatischen Kurorten,
2. in Luftkurorten,
3. in Erholungsorten von besonderer Bedeutung,
4. in Landschaftsgebieten und Ortsteilen, die überwiegend der Erholung dienen,
4a. hinsichtlich örtlich begrenzter Maßnahmen aus Gründen des Arten- oder Biotopschutzes,
4b. hinsichtlich örtlich und zeitlich begrenzter Maßnahmen zum Schutz kultureller Veranstaltungen, die außerhalb des Straßenraumes stattfinden und durch den Straßenverkehr, insbesondere durch den von diesem ausgehenden Lärm, erheblich beeinträchtigt werden,
5. in der Nähe von Krankenhäusern und Pflegeanstalten sowie
6. in unmittelbarer Nähe von Erholungsstätten außerhalb geschlossener Ortschaften,

wenn dadurch anders nicht vermeidbare Belästigungen durch den Fahrzeugverkehr verhütet werden können.

(1b) Die Straßenverkehrsbehörden treffen auch die notwendigen Anordnungen

1. im Zusammenhang mit der Einrichtung von gebührenpflichtigen Parkplätzen für Großveranstaltungen,
2. im Zusammenhang mit der Kennzeichnung von Parkmöglichkeiten für schwerbehinderte Menschen mit außergewöhnlicher Gehbehinderung, beidseitiger Amelie oder Phokomelie oder mit vergleichbaren Funktionseinschränkungen sowie für blinde Menschen,
2a. im Zusammenhang mit der Kennzeichnung von Parkmöglichkeiten für Bewohner städtischer Quartiere mit erheblichem Parkraummangel durch vollständige oder zeitlich beschränkte Reservierung des Parkraums für die Berechtigten oder durch Anordnung der Freistellung von angeordneten Parkraumbewirtschaftungsmaßnahmen,

3. zur Kennzeichnung von Fußgängerbereichen und verkehrsberuhigten Bereichen,
4. zur Erhaltung der Sicherheit oder Ordnung in diesen Bereichen sowie
5. zum Schutz der Bevölkerung vor Lärm und Abgasen oder zur Unterstützung einer geordneten städtebaulichen Entwicklung.

Die Straßenverkehrsbehörden ordnen die Parkmöglichkeiten für Bewohner, die Kennzeichnung von Fußgängerbereichen, verkehrsberuhigten Bereichen und Maßnahmen zum Schutze der Bevölkerung vor Lärm und Abgasen oder zur Unterstützung einer geordneten städtebaulichen Entwicklung im Einvernehmen mit der Gemeinde an.

(1c) Die Straßenverkehrsbehörden ordnen ferner innerhalb geschlossener Ortschaften, insbesondere in Wohngebieten und Gebieten mit hoher Fußgänger- und Fahrradverkehrsdichte sowie hohem Querungsbedarf, Tempo 30-Zonen im Einvernehmen mit der Gemeinde an. Die Zonen-Anordnung darf sich weder auf Straßen des überörtlichen Verkehrs (Bundes-, Landes- und Kreisstraßen) noch auf weitere Vorfahrtstraßen (Zeichen 306) erstrecken. Sie darf nur Straßen ohne Lichtzeichen geregelte Kreuzungen oder Einmündungen, Fahrstreifenbegrenzungen (Zeichen 295), Leitlinien (Zeichen 340), benutzungspflichtige Radwege (Zeichen 237, 240, 241 oder Zeichen 295 in Verbindung mit Zeichen 237) umfassen. An Kreuzungen und Einmündungen innerhalb der Zone muss grundsätzlich die Regel nach § 8 Abs. 1 Satz 1 („Rechts vor Links") gelten. Abweichend von Satz 3 bleiben vor dem 1. November 2000 angeordnete Tempo 30-Zonen mit Lichtzeichenanlagen zum Schutz der Fußgänger zulässig.

(1d) In zentralen städtischen Bereichen mit hohem Fußgängeraufkommen und überwiegender Aufenthaltsfunktion (verkehrsberuhigte Geschäftsbereiche) können auch Zonen-Geschwindigkeitsbeschränkungen von weniger als 30 km/h angeordnet werden.

(1e)[1] Die Straßenverkehrsbehörden ordnen die für den Betrieb von mautgebührenpflichtigen Strecken erforderlichen Verkehrszeichen und Verkehrseinrichtungen auf der Grundlage des von dem Konzessionsnehmer vorgelegten Verkehrszeichenplans an. Die erforderlichen Anordnungen sind spätestens drei Monate nach Eingang des Verkehrszeichenplans zu treffen.

(1f) (aufgehoben)[2]

(2) Zur Durchführung von Straßenbauarbeiten und zur Verhütung von außerordentlichen Schäden an der Straße, die durch deren baulichen Zustand bedingt sind, können die Straßenbaubehörden – vorbehaltlich anderer Maßnahmen der Straßenverkehrsbehörden – Verkehrsverbote und -beschränkungen anordnen, den Verkehr umleiten und ihn durch Markierungen und Leiteinrichtungen lenken. Straßenbaubehörde im Sinne dieser Verordnung ist die Behörde, welche

---

1 Abs. 1e eingefügt durch Art. 3 FStrPrivFinÄndG vom 1. September 2002 (BGBl. I S. 3442); Kennzeichnung der mautpflichtigen Strecke durch Z. 391 (VkBl. 2003, S. 430).
2 Der Abs. 1f war aufzuheben, weil mit Änderung des § 40 BImSchG 2002 die Ermächtigung der Landesregierungen zum Erlass von Smog-Verordnungen entfallen ist. Die von den Ländern erlassenen Smog-Verordnungen wurden bereits aufgehoben oder besitzen keine praktische Relevanz mehr.

die Aufgaben des beteiligten Trägers der Straßenbaulast nach den gesetzlichen Vorschriften wahrnimmt. Für Bahnübergänge von Eisenbahnen des öffentlichen Verkehrs können nur die Bahnunternehmen durch Blinklicht- oder Lichtzeichenanlagen, durch rot-weiß gestreifte Schranken oder durch Aufstellung des Andreaskreuzes ein bestimmtes Verhalten der Verkehrsteilnehmer vorschreiben. Alle Gebote und Verbote sind durch Zeichen und Verkehrseinrichtungen nach dieser Verordnung anzuordnen.

(3) Im Übrigen bestimmen die Straßenverkehrsbehörden, wo und welche Verkehrszeichen und Verkehrseinrichtungen anzubringen und zu entfernen sind, bei Straßennamensschildern nur darüber, wo diese so anzubringen sind, wie Zeichen 437 zeigt. Die Straßenbaubehörden bestimmen – vorbehaltlich anderer Anordnungen der Straßenverkehrsbehörden – die Art der Anbringung und der Ausgestaltung, wie Übergröße, Beleuchtung; ob Leitpfosten anzubringen sind, bestimmen sie allein. Sie können auch – vorbehaltlich anderer Maßnahmen der Straßenverkehrsbehörden – Gefahrzeichen anbringen, wenn die Sicherheit des Verkehrs durch den Zustand der Straße gefährdet wird.

(3a) (aufgehoben)[3]

(4) Die genannten Behörden dürfen den Verkehr nur durch Verkehrszeichen und Verkehrseinrichtungen regeln und lenken; in dem Fall des Absatzes 1 Satz 2 Nr. 5 auch durch Anordnungen, die durch Rundfunk, Fernsehen, Tageszeitungen oder auf andere Weise bekannt gegeben werden, sofern die Aufstellung von Verkehrszeichen und -einrichtungen nach den gegebenen Umständen nicht möglich ist.

(5) Zur Beschaffung, Anbringung, Unterhaltung und Entfernung der Verkehrszeichen und Verkehrseinrichtungen und zu deren Betrieb einschließlich ihrer Beleuchtung ist der Baulastträger verpflichtet, sonst der Eigentümer der Straße. Das gilt auch für die von der Straßenverkehrsbehörde angeordnete Beleuchtung von Fußgängerüberwegen. Werden Verkehrszeichen oder Verkehrseinrichtungen für eine Veranstaltung nach § 29 Abs. 2 erforderlich, so kann die Straßenverkehrsbehörde der Gemeinde, in der die Veranstaltung stattfindet, mit deren Einvernehmen die Verpflichtung nach Satz 1 übertragen.

(6) Vor dem Beginn von Arbeiten, die sich auf den Straßenverkehr auswirken, müssen die Unternehmer – die Bauunternehmer unter Vorlage eines Verkehrszeichenplans – von der zuständigen Behörde Anordnungen nach Absatz 1 bis 3 darüber einholen, wie ihre Arbeitsstellen abzusperren und zu kennzeichnen sind, ob und wie der Verkehr, auch bei teilweiser Straßensperrung, zu beschränken, zu leiten und zu regeln ist, ferner ob und wie sie gesperrte Straßen und Umleitungen zu kennzeichnen haben. Sie haben diese Anordnungen zu befolgen und Lichtzeichenanlagen zu bedienen.

(7) Sind Straßen als Vorfahrtsstraßen oder als Verkehrsumleitungen gekennzeichnet, bedürfen Baumaßnahmen, durch welche die Fahrbahn eingeengt wird, der Zustimmung der Straßenverkehrsbehörde;

---

3 Der Absatz 3a war infolge der Neuregelung für die touristische Beschilderung der Z. 386.1 bis 386.3 aufzuheben (VkBl. 2009, S. 228).

ausgenommen sind die laufende Straßenunterhaltung sowie Notmaßnahmen. Die Zustimmung gilt als erteilt, wenn sich die Behörde nicht innerhalb einer Woche nach Eingang des Antrags zu der Maßnahme geäußert hat.

(7a) Die Besatzung von Fahrzeugen, die im Pannenhilfsdienst, bei Bergungsarbeiten und bei der Vorbereitung von Abschleppmaßnahmen eingesetzt werden, darf bei Gefahr im Verzug zur Eigensicherung, zur Absicherung des havarierten Fahrzeugs und zur Sicherung des übrigen Verkehrs an der Pannenstelle Leitkegel (Zeichen 610) aufstellen.

(8) Die Straßenverkehrsbehörden können innerhalb geschlossener Ortschaften die zulässige Höchstgeschwindigkeit auf bestimmten Straßen durch Zeichen 274 erhöhen. Außerhalb geschlossener Ortschaften können sie mit Zustimmung der zuständigen obersten Landesbehörden die nach § 3 Absatz 3 Nr. 2 Buchstabe c zulässige Höchstgeschwindigkeit durch Zeichen 274 auf 120 km/h anheben.

(9) Verkehrszeichen und Verkehrseinrichtungen sind nur dort anzuordnen, wo dies auf Grund der besonderen Umstände zwingend geboten ist. Abgesehen von der Anordnung von Tempo 30-Zonen nach Absatz 1c oder Zonen-Geschwindigkeitsbeschränkungen nach Absatz 1d oder von Maßnahmen bei Überschreiten der Konzentrationswerte der 23. Verordnung zur Durchführung des Bundes-Immissionsschutzgesetzes dürfen insbesondere Beschränkungen und Verbote des fließenden Verkehrs nur angeordnet werden, wenn auf Grund der besonderen örtlichen Verhältnisse eine Gefahrenlage besteht, die das allgemeine Risiko einer Beeinträchtigung der in den vorstehenden Absätzen genannten Rechtsgüter erheblich übersteigt. Abweichend von Satz 2 dürfen zum Zwecke des Absatzes 1 Satz 1 oder 2 Nr. 3 Beschränkungen oder Verbote des fließenden Verkehrs auch angeordnet werden, soweit dadurch erhebliche Auswirkungen veränderter Verkehrsverhältnisse, die durch die Erhebung der Maut nach dem Autobahnmautgesetz für schwere Nutzfahrzeuge hervorgerufen worden sind, beseitigt oder abgemildert werden können. Gefahrzeichen dürfen nur dort angebracht werden, wo es für die Sicherheit des Verkehrs unbedingt erforderlich ist, weil auch ein aufmerksamer Verkehrsteilnehmer die Gefahr nicht oder nicht rechtzeitig erkennen kann und auch nicht mit ihr rechnen muss.

VwV zu § 45 Verkehrszeichen und Verkehrseinrichtungen

Zu Absatz 1 bis 1e

1　I. Vor jeder Entscheidung die Straßenbaubehörde und die Polizei zu hören. Wenn auch andere Behörden zu hören sind, ist dies bei den einzelnen Zeichen gesagt.

2　II. Vor jeder Entscheidung sind erforderlichenfalls zumutbare Umleitungen im Rahmen des Möglichen festzulegen.

3　III. 1. Die Straßenverkehrsbehörde bedarf der Zustimmung der obersten Landesbehörde oder der von ihr bestimmten Stelle zur Anbringung und Entfernung folgender Verkehrszeichen:

4　a) auf allen Straßen der Z. 201, 261, 269, 275, 279, 290.1, 290.2, 330.1, 330.2, 331.1, 331.2, 363, 460 sowie des Zusatzzeichens „abknickende Vorfahrt" (Zusatzzeichen zu Zeichen 306),

5	b) auf Autobahnen, Kraftfahrstraßen und Bundesstraßen: des Z. 250, auch mit auf bestimmte Verkehrsarten beschränkenden Sinnbildern, wie der Z. 251 oder 253, sowie der Z. 262 und 263,
6	c) auf Autobahnen, Kraftfahrstraßen sowie auf Bundesstraßen außerhalb geschlossener Ortschaften: der Z. 276, 277, 280, 281, 295 als Fahrstreifenbegrenzung und 296,
7	d) auf Autobahnen und Kraftfahrstraßen: der Z. 209 bis 214, 274 und 278,
8	e) auf Bundesstraßen: des Z. 274 samt dem Z. 278 dann, wenn die zulässige Höchstgeschwindigkeit auf weniger als 60 km/h ermäßigt wird.
9	2. Die obersten Landesbehörden sollten jedenfalls für Straßen von erheblicher Verkehrsbedeutung, die in Nr. 1 b bis e nicht aufgeführt sind, entsprechende Anweisungen geben.
10	3. Der Zustimmung bedarf es nicht, wenn jene Maßnahmen zur Durchführung von Arbeiten im Straßenraum oder zur Verhütung außerordentlicher Schäden an den Straßen getroffen werden oder durch unvorhergesehene Ereignisse wie Unfälle, Schadenstellen oder Verkehrsstauungen veranlasst sind.
11	4. Die Straßenverkehrsbehörde bedarf der Zustimmung der obersten Landesbehörde oder der von ihr beauftragten Stelle außerdem für die Anordnung des Schildes nach § 37 Abs. 2 Nr. 1 Satz 8 („Grünpfeil").
11a	5. Die Straßenverkehrsbehörde bedarf der Zustimmung der obersten Landesbehörde oder der von ihr dafür beauftragten Stelle zur Anordnung der Zeichen 386.1, 386.2 und 386.3. Die Zeichen werden durch die zuständige Straßenbaubehörde aufgestellt.
12	IV. Die Straßenverkehrsbehörde bedarf der Zustimmung der höheren Verwaltungsbehörde oder der von ihr bestimmten Stelle zur Aufstellung und Entfernung folgender Verkehrszeichen auf allen Straßen: der Z. 293, 306, 307 und 354 sowie des Zusatzzeichens „Nebenstrecke".
13	V. Die Straßenverkehrsbehörde bedarf der Zustimmung der obersten Landesbehörde oder der von ihr bestimmten Stelle zur Anordnung von Maßnahmen zum Schutz der Bevölkerung vor Lärm und Abgasen. Das Bundesministerium für Verkehr, Bau und Stadtentwicklung gibt im Einvernehmen mit den zuständigen obersten Landesbehörden „Richtlinien für straßenverkehrsrechtliche Maßnahmen zum Schutz der Bevölkerung vor Lärm (Lärmschutz-Richtlinien-StV)" im Verkehrsblatt bekannt.
14	VI. Der Zustimmung bedarf es in den Fällen der Nr. III bis V nicht, wenn und soweit die oberste Landesbehörde die Straßenverkehrsbehörde vom Erfordernis der Zustimmung befreit hat.
15	VII. Unter Landschaftsgebieten, die überwiegend der Erholung der Bevölkerung dienen, sind z. B. Naturparks zu verstehen.
16	VIII. Maßnahmen zum Schutz kultureller Veranstaltungen (z. B. bedeutende Musik- oder Theaterdarbietungen, insbesondere auf Freilichtbühnen) kommen nur in Betracht, wenn diese erheblich durch vom Straßenverkehr ausgehende Lärmemission beeinträchtigt werden. Insbesondere kann sich für die Dauer der Veranstaltung eine Umleitung des Schwerverkehrs empfehlen. IX. Parkmöglichkeiten für schwerbehinderte Menschen mit außergewöhnlicher Gehbehinderung, beidseitiger Amelie oder Phokomelie oder mit vergleichbaren Funktionseinschränkungen sowie für blinde Menschen
17	Der begünstigte Personenkreis ergibt sich aus Nr. II 1, 2 und 3a und b zu § 46 Abs. 1 Nr. 11 (Rn. 129 bis 135).
18	Wegen der Ausgestaltung der Parkplätze wird auf die DIN 18024-1 „Barrierefreies Bauen, Teil 1: Straßen, Plätze, Wege, öffentliche Verkehrs- und Grünanlagen sowie Spielplätze; Planungsgrundlagen" verwiesen.

19 1. a) Parkplätze, die allgemein dem erwähnten Personenkreis zur Verfügung stehen, kommen, gegebenenfalls mit zeitlicher Beschränkung, insbesondere dort in Betracht, wo der erwähnte Personenkreis besonders häufig auf einen derartigen Parkplatz angewiesen ist, z. B. in der Nähe von Behörden, Krankenhäusern, orthopädischen Kliniken.

20 b) Zur Benutzung von speziell durch Verkehrszeichen gekennzeichneten Parkplätzen für schwerbehinderte Menschen berechtigt der EU-einheitliche Parkausweis, den das zuständige Bundesministerium im Verkehrsblatt bekannt gibt.

21 c) Die Kennzeichnung dieser Parkplätze erfolgt in der Regel durch die Z. 314 oder 315 mit dem Zusatzzeichen „Rollstuhlfahrersymbol".

22 Ausnahmsweise kann eine Bodenmarkierung „Rollstuhlfahrersymbol" (lfd. Nummer 74 der Anlage 2) genügen.

23 2. a) Parkplätze für bestimmte schwerbehinderte Menschen des oben erwähnten Personenkreises, z. B. vor der Wohnung oder in der Nähe der Arbeitsstätte, setzen eine Prüfung voraus, ob

24 – ein Parksonderrecht vertretbar ist. Das ist z. B. nicht der Fall, wenn Parkraummangel nicht besteht oder der schwerbehinderte Mensch in zumutbarer Entfernung eine Garage oder einen Abstellplatz außerhalb des öffentlichen Verkehrsraumes hat,

25 – ein Parksonderrecht vertretbar ist. Das ist z. B. nicht der Fall, wenn ein Haltverbot (Z. 283) angeordnet wurde,

26 – ein zeitlich beschränktes Parksonderrecht genügt.

27 b) (weggefallen)

28 c) Die Kennzeichnung dieser Parkplätze erfolgt durch die Z. 314, 315 mit dem Zusatzzeichen „(Rollstuhlfahrersymbol) mit Parkausweis Nr. …".

X. Sonderparkberechtigungen für Bewohner städtischer Quartiere mit erheblichem Parkraummangel (Bewohnerparkvorrechte)

29 1. Die Anordnung von Bewohnerparkvorrechten ist nur dort zulässig, wo mangels privater Stellflächen und auf Grund eines erheblichen allgemeinen Parkdrucks die Bewohner des städtischen Quartiers regelmäßig keine ausreichende Möglichkeit haben, in ortsüblich fußläufig zumutbarer Entfernung von ihrer Wohnung einen Stellplatz für ihr Kraftfahrzeug zu finden.

30 2. Bewohnerparkvorrechte sind vorrangig mit Z. 286 oder Z. 290.1 mit Zusatzzeichen „Bewohner mit Parkausweis … frei", in den Fällen des erlaubten Gehwegparkens mit Z. 315 mit Zusatzzeichen „nur Bewohner mit Parkausweis …" anzuordnen. Eine bereits angeordnete Beschilderung mit Z. 314 (Anwohnerparkvorrecht nach altem Recht) bleibt weiter zulässig. Werden solche Bewohnerparkvorrechte als Freistellung von angeordneten Parkraumbewirtschaftungsmaßnahmen angeordnet (vgl. Nr. 6), kommen nur Z. 314, 315 in Betracht. Die Bezeichnung des Parkausweises (Buchstabe oder Nummer) auf dem Zusatzzeichen kennzeichnet zugleich die räumliche Geltung des Bewohnerparkvorrechts.

31 3. Die Bereiche mit Bewohnerparkvorrechten sind unter Berücksichtigung des Gemeingebrauchs (vgl. dazu Nr. 4), des vorhandenen Parkdrucks (vgl. dazu Nr. 1) und der örtlichen Gegebenheiten festzulegen. Dabei muss es sich um Nahbereiche handeln, die von den Bewohnern dieser städtischen Quartiere üblicherweise zum Parken aufgesucht werden. Die maximale Ausdehnung eines Bereichs darf auch in Städten mit mehr als 1 Mio. Einwohner 1 000 m nicht übersteigen. Soweit die Voraussetzungen nach Nr. 1 in einem städtischen Gebiet vorliegen, dessen Größe die ortsangemessene Ausdehnung eines Bereichs mit Bewohnerparkvorrechten übersteigt, ist die Aufteilung des Gebietes in mehrere Bereiche mit Bewohnerparkvorrechten (mit verschiedenen Buchstaben oder Nummern) zulässig.

32 4. Innerhalb eines Bereiches mit Bewohnerparkvorrechten dürfen werktags von 9.00 bis 18.00 Uhr nicht mehr als 50 %, in der übrigen Zeit nicht mehr als 75 % der zur Verfügung stehenden Parkfläche für die Bewohner reserviert werden. In kleinräumigen Bereichen mit Wohnbebauung, in denen die ortsangemessene Ausdehnung (vgl. Nr. 3) wesentlich unterschritten wird, können diese Prozentvorgaben überschritten werden, wenn eine Gesamtbetrachtung der ortsangemessenen Höchstausdehnung wiederum die Einhaltung der Prozentvorgaben ergibt.

33 5. Für Parkflächen zur allgemeinen Nutzung empfiehlt sich die Parkraumbewirtschaftung (Parkscheibe, Parkuhr, Parkscheinautomat). Nicht reservierte Parkflächen sollen möglichst gleichmäßig und unter besonderer Berücksichtigung ansässiger Wirtschafts- und Dienstleistungsunternehmen mit Liefer- und Publikumsverkehr sowie des Publikumsverkehrs von freiberuflich Tätigen in dem Bereich verteilt sein.

34 6. Bewohnerparkvorrechte können in Bereichen mit angeordneter Parkraumbewirtschaftung (vgl. zu § 13) auch als Befreiung von der Pflicht, die Parkscheibe auszulegen oder die Parkuhr/den Parkscheinautomat zu bedienen, angeordnet werden. Zur Anordnung der vgl. Nr. 2.

35 7. Bewohnerparkausweise werden auf Antrag ausgegeben. Einen Anspruch auf Erteilung hat, wer in dem Bereich meldebehördlich registriert ist und dort tatsächlich wohnt. Je nach örtlichen Verhältnissen kann die angemeldete Nebenwohnung ausreichen. Die Entscheidung darüber trifft die Straßenverkehrsbehörde ebenfalls im Einvernehmen mit der Stadt. Jeder Bewohner erhält nur einen Parkausweis für ein auf ihn als Halter zugelassenes oder nachweislich von ihm dauerhaft genutztes Kraftfahrzeug. Nur in begründeten Einzelfällen können mehrere Kennzeichen in dem Parkausweis eingetragen oder der Eintrag „wechselndes Fahrzeug" vorgenommen werden. Ist der Bewohner Mitglied einer Car-Sharing-Organisation, wird deren Name im Kennzeichenfeld des Parkausweises eingetragen. Das Bewohnerparkvorrecht gilt dann nur für das Parken eines von außen deutlich erkennbaren Fahrzeugs dieser Organisation (Aufschrift, Aufkleber am Fahrzeug); darauf ist der Antragsteller schriftlich hinzuweisen.

36 8. Der Bewohnerparkausweis wird von der zuständigen Straßenverkehrsbehörde erteilt. Dabei ist das Muster zu verwenden, das das Bundesministerium für Verkehr, Bau und Stadtentwicklung im Verkehrsblatt bekannt gibt.

XI. Tempo 30-Zonen

37 1. Die Anordnung von Tempo 30-Zonen soll auf der Grundlage einer flächenhaften Verkehrsplanung der Gemeinde vorgenommen werden, in deren Rahmen zugleich das innerörtliche Vorfahrtstraßennetz (Zeichen 306) festgelegt werden soll. Dabei ist ein leistungsfähiges, auch den Bedürfnissen des öffentlichen Personennahverkehrs und des Wirtschaftsverkehrs entsprechendes Vorfahrtstraßennetz (Zeichen 306) sicherzustellen. Der öffentlichen Sicherheit und Ordnung (wie Rettungswesen, Katastrophenschutz, Feuerwehr) sowie der Verkehrssicherheit ist vorrangig Rechnung zu tragen.

38 2. Zonen-Geschwindigkeitsbeschränkungen kommen nur dort in Betracht, wo der Durchgangsverkehr von geringer Bedeutung ist. Sie dienen vorrangig dem Schutz der Wohnbevölkerung sowie der Fußgänger und Fahrradfahrer. In Gewerbe- oder Industriegebieten kommen sie daher in der Regel nicht in Betracht.

39 3. Durch die folgenden Anordnungen und Merkmale soll ein weitgehend einheitliches Erscheinungsbild der Straßen innerhalb der Zone sichergestellt werden:

40 a) Die dem fließenden Verkehr zu Verfügung stehende Fahrbahnbreite soll erforderlichenfalls durch Markierung von Senkrecht- oder Schrägparkständen, wo nötig auch durch Sperrflächen (Zeichen 298) am Fahrbahnrand, eingeengt werden. Werden bauliche Maßnahmen zur Geschwindigkeitsdämpfung vorgenommen, darf von ihnen keine Beeinträchtigung der öffentlichen Sicherheit oder Ordnung, keine Lärmbelastung für die Anwohner und keine Erschwerung für den Buslinienverkehr ausgehen.

41 b) Wo die Verkehrssicherheit es wegen der Gestaltung der Kreuzung oder Einmündung oder die Belange des Buslinienverkehrs es erfordert, kann abweichend von der Grundregel „Rechts vor Links" die Vorfahrt durch Zeichen 301 angeordnet werden; vgl. zu Zeichen 301 Vorfahrt Rn. 4 und 5.

42 c) Die Fortdauer der Zonen-Anordnung kann in großen Zonen durch Aufbringung von „30" auf der Fahrbahn verdeutlicht werden. Dies empfiehlt sich auch dort, wo durch Zeichen 301 Vorfahrt an einer Kreuzung oder Einmündung angeordnet ist.

43 4. Zur Kennzeichnung der Zone vgl. zu Zeichen 274.1 und 274.2.

44 5. Die Anordnung von Tempo 30-Zonen ist auf Antrag der Gemeinde vorzunehmen, wenn die Voraussetzungen und Merkmale der Verordnung und dieser Vorschrift vorliegen oder mit der Anordnung geschaffen werden können, indem vorhandene aber nicht mehr erforderliche Zeichen und Einrichtungen entfernt werden.

45 6. Lichtzeichenanlagen zum Schutz des Fußgängerverkehrs, die in bis zum Stichtag angeordneten Tempo 30-Zonen zulässig bleiben, sind neben den Fußgänger-Lichtzeichenanlagen auch Lichtzeichenanlagen an Kreuzungen und Einmündungen, die vorrangig dem Schutz des Fußgängerquerungsverkehrs dienen. Dies ist durch Einzelfallprüfung festzustellen.

45a XII. Vor der Anordnung von Verkehrsverboten für bestimmte Verkehrsarten durch Verkehrszeichen, wie insbesondere durch Zeichen 242.1 und 244.1, ist mit der für das Straßen und Wegerecht zuständigen Behörde zu klären, ob eine straßenrechtliche Teileinziehung erforderlich ist. Diese ist im Regelfall notwendig, wenn bestimmte Verkehrsarten auf Dauer vollständig oder weitestgehend von dem durch die Widmung der Verkehrsfläche festgelegten verkehrsüblichen Gemeingebrauch ausgeschlossen werden sollen. Durch Verkehrszeichen darf kein Verkehr zugelassen werden, der über den Widmungsinhalt hinausgeht.

Zu Absatz 2

Zu Satz 1

46 I. Die Straßenverkehrsbehörde ist mindestens zwei Wochen vor der Durchführung der in Satz 1 genannten Maßnahmen davon zu verständigen; sie hat die Polizei rechtzeitig davon zu unterrichten; sie darf die Maßnahmen nur nach Anhörung der Straßenbaubehörde und der Polizei aufheben oder ändern. Ist von vornherein mit Beschränkungen oder Verboten von mehr als drei Monaten Dauer zu rechnen, so haben die Straßenbaubehörden die Entscheidung der Straßenverkehrsbehörden über die in einem Verkehrszeichenplan vorgesehenen Maßnahmen einzuholen.

II. Schutz gefährdeter Straßen

47 1. Straßenbau- und Straßenverkehrsbehörden und die Polizei haben ihr Augenmerk darauf zu richten, dass frostgefährdete, hitzegefährdete und abgenutzte Straßen nicht in ihrem Bestand bedroht werden.

48 2. Für Verkehrsbeschränkungen und Verkehrsverbote, welche die Straßenbaubehörde zum Schutz der Straße außer wegen Frost- oder Hitzegefährdung erlassen hat, gilt Nr. I entsprechend. Die Straßenverkehrsbehörde darf Verkehrsbeschränkungen und Verkehrsverbote, welche die Straßenbaubehörde zum Schutz der Straße erlassen hat, nur mit Zustimmung der höheren Verwaltungsbehörde aufheben oder einschränken. Ausnahmegenehmigungen bedürfen der Anhörung der Straßenbaubehörde.

49 3. Als vorbeugende Maßnahmen kommen in der Regel Geschwindigkeitsbeschränkungen (Z. 274) und beschränkte Verkehrsverbote (z. B. Z. 262) in Betracht. Das Z. 274 ist in angemessenen Abständen zu wiederholen. Die Umleitung der betroffenen Fahrzeuge ist auf Straßen mit schnellerem oder stärkerem Verkehr in der Regel 400 m vor dieser durch einen Vorwegweiser, je mit einem Zusatzzeichen, das die Entfernung, und einem zweiten, das die betroffenen Fahrzeugarten angibt, anzukündigen. Auf Straßen, auf denen nicht schneller als 50 km/h gefahren wird, genügt der Vorwegweiser; auf Straßen von geringerer Verkehrsbedeutung entfällt auch er.

50 4. Für frostgefährdete Straßen stellt die Straßenbaubehörde alljährlich frühzeitig im Zusammenwirken mit der Straßenverkehrsbehörde und der Polizei einen Verkehrszeichenplan auf. Dabei sind auch Vertreter der betroffenen Straßenbenutzer zu hören. Auch die technischen Maßnahmen zur Durchführung sind rechtzeitig vorzubereiten. Die Straßenbaubehörde bestimmt bei eintretender Frostgefahr möglichst drei Tage zuvor den Tag des Beginns und der Beendigung dieser Maßnahmen, sorgt für rechtzeitige Beschilderung, teilt die Daten der Straßenverkehrsbehörde und der Polizei mit und unterrichtet die Öffentlichkeit.

Zu Satz 3

51 I. Dazu müssen die Bahnunternehmen die Straßenverkehrsbehörde, die Straßenbaubehörde und die Polizei hören. Das gilt nicht, wenn ein Planfeststellungsverfahren vorausgegangen ist.

52 II. Für Übergänge anderer Schienenbahnen vgl. Nr. VI zu Zeichen 201; Rn. 11 ff.

Zu Absatz 3

53 I. Zu den Verkehrszeichen gehören nicht bloß die in der StVO genannten, sondern auch die nach Nr. III 1 zu den §§ 39 bis 43 (Rn. 6) vom Bundesministerium für Verkehr, Bau und Stadtentwicklung zugelassenen Verkehrszeichen.

54 II. Vor der Entscheidung über die Anbringung oder Entfernung jedes Verkehrszeichens und jeder Verkehrseinrichtung sind die Straßenbaubehörden und die Polizei zu hören, in Zweifelsfällen auch andere Sachverständige. Ist nach § 5b StVG ein Dritter Kostenträger, so soll auch er gehört werden.

55 III. Bei welchen Verkehrszeichen die Zustimmung nicht übergeordneter anderer Behörden und sonstiger Beteiligter einzuholen ist, wird bei den einzelnen Verkehrszeichen gesagt.

IV. Überprüfung der Verkehrszeichen und Verkehrseinrichtungen

56 1. Die Straßenverkehrsbehörden haben bei jeder Gelegenheit die Voraussetzungen für einen reibungslosen Ablauf des Verkehrs zu prüfen. Dabei haben sie besonders darauf zu achten, dass die Verkehrszeichen und die Verkehrseinrichtungen, auch bei Dunkelheit, gut sichtbar sind und sich in gutem Zustand befinden, dass die Sicht an Kreuzungen, Bahnübergängen und Kurven ausreicht und ob sie sich noch verbessern lässt. Gefährliche Stellen sind darauf zu prüfen, ob sie sich ergänzend zu den Verkehrszeichen oder an deren Stelle durch Verkehrseinrichtungen wie Leitpfosten, Leittafeln oder durch Schutzplanken oder durch bauliche Maßnahmen ausreichend sichern lassen. Erforderlichenfalls sind solche Maßnahmen bei der Straßenbaubehörde anzuregen. Straßenabschnitte, auf denen sich häufig Unfälle bei Dunkelheit ereignet haben, müssen bei Nacht besichtigt werden.

57 2. a) Alle zwei Jahre haben die Straßenverkehrsbehörden zu diesem Zweck eine umfassende Verkehrsschau vorzunehmen, auf Straßen von erheblicher Verkehrsbedeutung und überall dort, wo nicht selten Unfälle vorkommen, alljährlich, erforderlichenfalls auch bei Nacht. An den Verkehrsschauen haben sich die Polizei und die Straßenbaubehörden zu beteiligen; auch die Träger der Straßenbaulast, die öffentlichen Verkehrsunternehmen und ortsfremde Sachkundige aus Kreisen der Verkehrsteilnehmer sind dazu einzuladen. Bei der Prüfung der Sicherung von Bahnübergängen sind die Bahnunternehmen, für andere Schienenbahnen gegebenenfalls die für die technische Bahnaufsicht zuständigen Behörden hinzuzuziehen. Über die Durchführung der Verkehrsschau ist eine Niederschrift zu fertigen.

58 b) Eine Verkehrsschau darf nur mit Zustimmung der höheren Verwaltungsbehörde unterbleiben.

59 c) Die zuständigen obersten Landesbehörden sorgen dafür, dass bei der Verkehrsschau überall die gleichen Maßstäbe angelegt werden. Sie führen von Zeit zu Zeit eigene Landesverkehrsschauen durch, die auch den Bedürfnissen überörtlicher Verkehrslenkung dienen.

60 V. Den obersten Landesbehörden wird empfohlen, in Übereinstimmung mit den Fern- und Nahzielverzeichnissen für die wegweisende Beschilderung an Bundesfernstraßen entsprechende Verzeichnisse für ihre Straßen aufzustellen.

61 VI. Von der Anbringung von Gefahrzeichen aus Verkehrssicherheitsgründen wegen des Straßenzustandes sind die Straßenverkehrsbehörde und die Polizei unverzüglich zu unterrichten.

Zu Absatz 5

62 Wer zur Unterhaltung der Verkehrszeichen und Verkehrseinrichtungen verpflichtet ist, hat auch dafür zu sorgen, dass diese jederzeit deutlich sichtbar sind (z. B. durch Reinigung, durch Beschneiden oder Beseitigung von Hecken und Bäumen).

Zu Absatz 6

63 I. Soweit die Straßenbaubehörde zuständig ist, ordnet sie die erforderlichen Maßnahmen an, im Übrigen die Straßenverkehrsbehörde. Vor jeder Anordnung solcher Maßnahmen ist die Polizei zu hören.

64 II. Straßenverkehrs- und Straßenbaubehörde sowie die Polizei sind gehalten, die planmäßige Kennzeichnung der Verkehrsregelung zu überwachen und die angeordneten Maßnahmen auf ihre Zweckmäßigkeit zu prüfen. Zu diesem Zweck erhält die Polizei eine Abschrift des Verkehrszeichenplans von der zuständigen Behörde.

65 III. Die Straßenbaubehörden prüfen die für Straßenbauarbeiten von Bauunternehmern vorgelegten Verkehrszeichenpläne. Die Prüfung solcher Pläne für andere Arbeiten im Straßenraum obliegt der Straßenverkehrsbehörde, die dabei die Straßenbaubehörde, gegebenenfalls die Polizei zu beteiligen hat.

66 IV. Der Vorlage eines Verkehrszeichenplans durch den Unternehmer bedarf es nicht

1. bei Arbeiten von kurzer Dauer und geringem Umfang der Arbeitsstelle, wenn die Arbeiten sich nur unwesentlich auf den Straßenverkehr auswirken,

67 2. wenn ein geeigneter Regelplan besteht oder

68 3. wenn die zuständige Behörde selbst einen Plan aufstellt.

Zu Absatz 7

69 I. Zur laufenden Straßenunterhaltung gehört z. B. die Beseitigung von Schlaglöchern, die Unterhaltung von Betonplatten, die Pflege der Randstreifen und Verkehrssicherungsanlagen, in der Regel dagegen nicht die Erneuerung der Fahrbahndecke.

70 II. Notmaßnahmen sind z. B. die Beseitigung von Wasserrohrbrüchen und von Kabelschäden.

Zu Absatz 8

71 Die Zustimmung der höheren Verwaltungsbehörde oder der von ihr bestimmten Stelle ist erforderlich. Nr. VI zu Absatz 1 bis 1e (Rn. 14) gilt auch hier.

Zu Absatz 9

72 Auf Nr. I zu den §§ 39 bis 43 (Rn. 1) wird verwiesen.

1 Aus der amtlichen Begründung

1.1 Verkehrsbeschränkungen bei Katastrophenlagen oder Terroranschlägen können über die Medien bekannt gegeben und wirksam werden (Begr. 1980).

1.2 Bei Bedrohung schützenswerter Biotope können örtlich begrenzte Verkehrsbeschränkungen erlassen werden (Begr. 1988).

1.3 Verkehrszeichen dürfen nur angeordnet werden, wenn dies zwingend erforderlich ist, um den angestrebten Zweck zu erreichen (Begr. 1997).

1.4 Die Anordnungskompetenz wird auf Tempo 30-Zonen erweitert (Begr. 2000).

1.5 Einführung von Parkvorrechten für Bewohner städtischer Quartiere (Begr. 2001).

1.6 Verkehrsmaßnahmen für mautpflichtige Strecken ordnen die Verkehrsbehörden an (Begr. 2002).

1.7 An Einsatzstellen dürfen Pannenhilfsdienste Leitkegel aufstellen. Maut-Ausweichverkehre können unterbunden werden (Begr. 2005).

1.8 Infolge Änderung des § 40 BImSchG 2002 war die Regelung für Smog-Verordnungen aufzuheben (Begr. 2007).

2 Erläuterungen

Wegen der Zielrichtung „Gefahrenabwehr" dient die Verkehrsregelungspflicht vordringlich der Sicherheit und Ordnung des Verkehrs sowie dem Schutz vor verkehrsbezogenen Emissionen. Andererseits ist die StVO kein Mittel der kommunalen Selbstverwaltung, die alles ermöglicht, was im Sinne einer Stadtgestaltung wünschenswert wäre. Die verkehrliche Stadtgestaltung muss deshalb im Einklang mit den Eingriffsbefugnissen aus § 45 stehen. Die StVO kann auch die häufig auf fehlenden Finanzmitteln beruhenden verkehrs- oder raumplanerischen Defizite nicht lösen. Eine Verkehrsregelung, die losgelöst von der gesellschaftlichen Akzeptanz ein bestimmtes Verhalten der Bürger erzwingen soll, das ohne faktische Wirkung lediglich massenhaft Verkehrsverstöße provoziert, wäre nicht nur rechtswidrig, sondern würde auch das Vertrauen der Bürger in die Gewährleistung von Sicherheit und Ordnung untergraben.

2.1 Eingriffsbefugnisse der Verkehrsbehörde

Die Verkehrsbehörden dürfen den Verkehr nur mit amtlichen Verkehrszeichen/-einrichtungen oder durch die in § 45 Abs. 4 genannten Bekanntmachungen und nur aus den in § 45 enumerativ genannten Gründen beschränken oder verbieten. Andere als die dort aufgeführten Gründe oder außerhalb der straßenverkehrsrechtlichen Gefahrenabwehr liegende Ziele rechtfertigen eine Anordnung nicht. So sind Maßnahmen unzulässig aus Gründen des Gemeinwohls, aus Anlass weltanschaulicher oder religiöser Gedenktage, zur Förderung einer Verkehrsart als „Belohnung" für den Verzicht auf Kraftfahrzeuge oder zum Schutz von Privatinteressen, wie karitative Parkuhren, Parkreservate für Dienstleistende (OVG Bremen NZV 2000, 140). Die Zulassung oder Beschränkung des Verkehrs darf außerdem nicht zu einer auf Dauer gerichteten Beeinträchtigung des **Widmungsgehalts** öffentlicher Verkehrsflächen führen, z. B. Anordnung einer Fuß-

gängerzone entgegen der Straßenwidmung; hier muss eine straßenrechtliche Teilentwidmung vorangehen. Vorübergehende Beeinträchtigungen der Widmung sind jedoch zulässig.
Die Eingriffsbefugnis aus § 45 kann nicht weiter reichen, als die Rechtsetzungsermächtigung des § 6 StVG es vorsieht. Hat der Bund im Rahmen seiner konkurrierenden Gesetzgebungszuständigkeit (Art. 74 Abs. 1 Nr. 22 GG) davon abgesehen, eine Materie zu regeln, besteht eine **Sperre** nicht nur für den Landesgesetzgeber (Art. 31 GG), sondern auch für die Verkehrsbehörde. Da der Gesetzgeber z. B. Privilegien weder für Verwaltungen noch für ausländische Vertretungen zugelassen hat, dürfen auch keine Sonderrechte für Behörden (BVerwG VerkMitt 1968 Nr. 1 = VRS 33, 149 = DAR 1967, 226) oder Diplomaten (BVerwG VerkMitt 1971 Nr. 40 = VRS 40, 381 = DAR 1971, 166) angeordnet werden. Die Eingriffsbefugnis des § 45 darf zudem nicht für eine vermeintlich „fehlende" Ermächtigung „umgebogen" werden, z. B. Fahrverbot zur Luftreinhaltung aus Anlass „autofreier Sonntage". Solche Anordnungen wären rechtswidrig. Gleiches gilt für faktisch öffentliche Verkehrsflächen, nimmt aber nicht dem Eigentümer die Befugnis zu Nutzungsbeschränkungen (Hess. VGH VerkMitt 1989 Nr. 63 = NZV 1989, 406). Verkehrszeichen, die durch Privatpersonen ohne verkehrsbehördliche Anordnung im faktisch öffentlichen Verkehrsraum aufgestellt werden, sind nichtig (OLG Brandenburg VerkMitt 1997 Nr. 81).[4]

Die Eingriffsbefugnisse reichen im Wesentlichen aus, um den praktischen Bedarf der Kommunen zur Sicherung und Lenkung des Verkehrs abzudecken. Allerdings ist dabei jede Verkehrsfläche gesondert daraufhin zu prüfen, ob die Voraussetzungen der Eingriffsbefugnisse aus § 45 dort vorliegen. Gebietsbezogene Anordnungen sind nur begrenzt in den ausdrücklich dafür vorgesehenen Fällen möglich, z. B. bei Z. 270.1, 274.1, 290.1, 325.1. Insbesondere für den Schutz vor Lärm, Abgasen sowie zur Verminderung von CO_2-Emissionen fehlen gebietsbezogene Regelungen, die flächendeckende Fahr- und Parkverbote ermöglichen. Zudem ist das Verhältnis zu Verkehrsabgaben („Road-Pricing" oder „City-Maut") sowie den damit zusammenhängenden Rechtsgarantien der straßenrechtlichen Widmung weitgehend ungeklärt. Die seit 1995 eingeführte **Autobahngebühr** für schwere Nutzfahrzeuge erfolgt nicht aus Verkehrsgründen, sondern dient der Harmonisierung der Mautgebühren in EU-Mitgliedstaaten (ABMG).[5] Mit der Mauterhebung hat das Bundesamt für den Güterverkehr (BAG) die Firma Toll Collect GmbH beauftragt (§ 4 Abs. 2 ABMG). Der Firma obliegt auch die Baulastträgeraufgabe für die zur Mauterhebung von der Straßenverkehrsbehörde anzuordnenden Verkehrszeichen und Verkehrseinrichtungen (§ 6 Abs. 2 ABMG). Ein eigenständiges Anordnungsrecht (wie der Baulastträger nach § 45 Abs. 2) hat der Betreiber aber nicht. Außerdem dürfen die zum Mautbetrieb erforderlichen Anlagen auf den Autobahnen nur im „Einvernehmen" mit den Straßenbaubehörden der Länder errichtet werden.

---

4 Ggf. kann auch Amtsanmaßung nach § 132 StGB vorliegen.
5 Gesetz zur Einführung von streckenbezogenen Gebühren für die Benutzung von Bundesautobahnen mit schweren Nutzfahrzeugen ab 12 t und mehr (Autobahnmautgesetz – ABMG) vom 5.4.2002 (BGBl. I S. 1234) i. d. F. vom 1.2.2004 (BGBl. I S. 3122) nebst LKW-Maut-Verordnung vom 24.6.2003 (BGBl. I S. 1003). Das ABMG beruht auf der EU-Wegekostenrichtlinie 19999/62 EG, die es den Mitgliedstaaten gestattet, an der Länge der genutzten Strecke und den Emissionsklassen orientierte Abgaben zu erheben. Kostenschuldner der Mautgebühr ist der Eigentümer oder Halter des KFZ (s. a. Lüdemann NZV 2004, 381).

2.1.1 Rechtmäßigkeit der Anordnung

Für die Rechtmäßigkeit der Beschilderung ist die Straßenverkehrsbehörde verantwortlich (BVerwG NZV 1999, 309; VRS 98, 455). Ihr Handeln wird durch die bindenden Vorgaben der StVO und der VwV-StVO sowie darauf beruhender Richtlinien bestimmt, um im gesamten Bundesgebiet einheitliche und vergleichbare Verkehrsverhältnisse zu gewährleisten (VG Hamburg NZV 2002, 534). Soweit ihr danach ein Ermessen zusteht, hat sie einen Beurteilungsspielraum, „ob" (Entscheidungsermessen) und „wie" (Auswahlermessen) eine Maßnahme zu treffen ist. Innerhalb des Beurteilungsspielraums muss die Entscheidung nach den Grundsätzen des allgemeinen Verwaltungsrechts „pflichtgemäß" erfolgen. Die Entscheidung darf weder von persönlichen Auffassungen noch von sachfremden Erwägungen getragen werden. Die Entscheidungen sind unter Beachtung der Grundsätze des Vertrauensschutzes, der Gleichbehandlung und der Verhältnismäßigkeit zu treffen (Folge aus Art. 20 Abs. 3 GG, wonach die Verwaltung an Gesetz und Recht gebunden ist). Der Vorbehalt des Gesetzes (Gesetzmäßigkeit) bedeutet, dass die Verkehrsbehörde nur dann in Rechte der Bürger eingreifen darf, wenn sie dazu durch ein Gesetz befugt ist (wie StVG nebst seinen Rechtsverordnungen). Die Gesetzmäßigkeit verpflichtet die Verkehrsbehörde, die Gesetze und Rechtsverordnungen auch anzuwenden. Dabei muss die Verkehrsbehörde nicht nur rechtstreu, sondern auch glaubwürdig handeln. So wären Anordnungen unzulässig, die durch rechtmäßiges Verhalten nicht befolgt werden können, z. B. zugelassenes Gehwegparken auf schmalen Straßen, wenn parkende Fahrzeuge den Verkehr zum Ausweichen in den Gegenverkehr zwingen (OVG Bremen VRS 66, 232).

Der **Grundsatz der Verhältnismäßigkeit** („Übermaßverbot") erfordert, dass Maßnahmen aufgrund einer Interessen- und Rechtsgüterabwägung nicht zu Nachteilen führen dürfen, die zum erstrebten Erfolg erkennbar außer Verhältnis stehen. Der Grundsatz ist gewahrt, wenn die Maßnahme möglich und geeignet ist, den gelindesten Eingriff darstellt und nicht länger als notwendig aufrechterhalten bleibt. Möglich ist jede Maßnahme, die rechtlich zulässig und tatsächlich durchführbar ist. Geeignet ist sie dann, wenn sie der Sicherheit oder Ordnung des Verkehrs dient. Dabei kommt es nicht darauf an, dass Gefahren- oder Ordnungsdefizite vollständig beseitigt werden; entscheidend ist vielmehr, dass die Maßnahme objektiv geeignet ist. Die gelindeste Maßnahme wird getroffen, wenn von mehreren geeigneten Möglichkeiten diejenige gewählt wird, die sowohl den Einzelnen als auch die Allgemeinheit am wenigsten beeinträchtigt. Das Verbot des zeitlichen Übermaßes bedeutet, dass eine Maßnahme nur so lange zulässig ist, bis der Zweck erreicht ist oder sich zeigt, dass er nicht erreicht werden kann. So ist z. B. eine Lieferzone nach Z. 286 zu entfernen, wenn der Bedarf durch Wegzug von Firmen entfallen ist. Eine Signalregelung ist aufzuheben, wenn ein verkehrsberuhigter Bereich eingerichtet wurde.

Außerdem dürfen Verkehrszeichen nur angeordnet werden, wenn dies zwingend geboten ist, um den angestrebten Zweck zu erreichen (**§ 45 Abs. 9**). Das ist nur dann der Fall, wenn aufgrund der besonderen örtlichen Verhältnisse eine Gefahrenlage besteht, die das allgemeine Risiko einer Beeinträchtigung der vorstehenden Eingriffsbefugnisse erheblich übersteigt (VG Würzburg SVR 2008, 434). Während § 39 Abs. 1 an die Verkehrsteilnehmer adressiert ist, konkretisiert § 45 Abs. 9 das Maß der erforderlichen Abwägung bei Verkehrsbeschränkungen, z. B. durch Streckenführung, Verkehrsbelastung, hohen Schwerlastanteil (BVerwG DAR 2007, 662 = NZV 2007, 643; BVerwG VerkMitt 2002 Nr. 8 = DAR 2001, 424 = NZV 2001, 528 =VRS 101, 472 = NJW 2001, 3139: Tempobegrenzung auf Autobahnen; VG Schleswig VerkMitt 2006 Nr. 23: Aufhebung eines Überholverbots bei überdurchschnittlicher Verkehrsbelastung; VG Hamburg NZV 2002, 534: Aufhebung der Radwegebenutzungspflicht; VG Schleswig VRS 109, 202: Überholverbot zur Verbesserung des Verkehrsflusses).

Andererseits bleiben Verkehrsbeschränkungen durch vermeintliche „Geßlerhüte"[6] auch dann verhältnismäßig, wenn sie außerhalb des eigentlichen Zweckes fortwirken sollen, z. B. zur Gewährleistung eingeschliffener Verhaltensweisen oder Vermeidung ordnungswidriger Verkehrsgewohnheiten. So dient ein Stoppschild auch nachts bei geringem Verkehr der Verkehrssicherheit, eine Ampel wirkt geschwindigkeitsmindernd. Zulässig ist es auch, die Geltungsdauer eines Haltverbots oder einer Busspur außerhalb der Betriebszeiten von Linienbussen bestehen zu lassen, wenn andernfalls zu Betriebsbeginn die Verkehrsfläche durch ständiges Abschleppen verbotswidrig parkender Fahrzeuge freigehalten werden müsste.

Zur Vermeidung von unvertretbaren Belastungen der Bewohner an Bundes-, Landes- und Kreisstraßen durch stark angestiegenen LKW-Verkehr, der aus Kostengründen **mautpflichtige Autobahnstrecken** umfährt, können Verbote durch Z. 253 nebst der Zusatzzeichen-Kombination „Durchgangsverkehr" und „12 t" auch dann angeordnet werden, wenn weder Lärm- noch Abgasgrenzwerte weitergehende Verbote rechtfertigen. Hierbei genügt eine über das übliche Maß hinausgehende Störung des Verkehrsablaufs, eine Erhöhung des Unfallrisikos oder Belästigung der Wohnbevölkerung durch den mautpflichtigen Ausweichverkehr (§ 45 Abs. 9). Die Verkehrsbehörden müssen zuvor für die in Betracht kommenden Straßen notwendige Verkehrsstrukturdaten erheben, Verkehrsbeobachtungen durchführen und die Interessen der Bewohner mit der Verkehrsbedeutung der Straße im Einzelfall abwägen. Dabei sollte auch die Option nach § 1 Abs. 4 ABMG[7] in Erwägung gezogen werden, beim BMVBS eine Ausdehnung der Mautpflicht auf Bundesstraßen durch Erlass einer Rechtsverordnung anzuregen und so den Durchgangsverkehr wieder auf Autobahnen zu verlagern. Unzulässig wäre es jedenfalls, Verkehrsverbote allein mit dem Ziel anzuordnen, das Mautaufkommen zu erhöhen. Regionaltransporte im Umkreis von 75 km und Andienungsverkehre zu Grundstücken sind nach Anl. 2 lfd. Nr. 30.1 zu § 41 ausgenommen.

Sichert die Straßenverkehrsbehörde die Anordnung von Verkehrszeichen zu, z. B. Tempobegrenzung zum Lärmschutz, ist sie nach § 38 VwVfG an die Zusage gebunden. Nur bei wesentlicher Änderung der Sach- und Rechtslage entfällt die Verbindlichkeit (BVerwG VRS 89, 391).

Bestimmte Anordnungen der Verkehrsbehörde erfordern als formelle Voraussetzung das **Einvernehmen** mit der Gemeinde. Ausdrücklich vorgesehen

---

6 Bei Schillers „Wilhelm Tell" die Verbeugung vor dem auf der Stange aufgesteckten Hut als reinem Machtsymbol des Landvogts Geßler.

7 **§ 1 Abs. 4 Autobahnmautgesetz für schwere Nutzfahrzeuge (ABMG)**
(4) Das BMVBS wird ermächtigt, durch Rechtsverordnung nach Anhörung der EU-Kommission gemäß Art. 7 Abs. 2b Nr. 1 der RL 1999/62/EG und mit Zustimmung des Bundesrates die Mautpflicht auf genau bezeichnete Abschnitte von Bundesstraßen auszudehnen, wenn dies aus Sicherheitsgründen gerechtfertigt ist. In diesem Fall ist auf die Mautpflicht in geeigneter Weise hinzuweisen.

ist dies bei der Einrichtung von Bewohnerparkzonen, Fußgänger- und verkehrsberuhigten Bereichen, Tempo 30-Zonen, beim Lärm- und Abgasschutz für die Bevölkerung, zur Unterstützung einer geordneten städtebaulichen Entwicklung sowie bei der Übertragung von Veranstaltungen nach § 29 Abs. 2 auf die Gemeinde (§ 45 Abs. 1b, 1c und 5). Die Gemeinden erhalten dadurch einen Gestaltungsspielraum bei verkehrsbehördlichen Maßnahmen. Ohne förmliche Zustimmung der Gemeinde sind solche Anordnungen rechtswidrig (BVerwG NZV 1994, 493).

Werden die Grenzen des Ermessens nicht eingehalten (z. B. Ermessensüberschreitung, Ermessensmissbrauch, Ermessensmangel), liegt ein **Ermessensfehlgebrauch** vor (§ 114 VwGO). Die Entscheidung ist dann **rechtswidrig** und kann, sofern sie von der Verkehrsbehörde nicht selbst geändert wird, durch Widerspruch und Klage beim Verwaltungsgericht angefochten werden. Dass Anordnungen von einer Vielzahl Betroffener angefochten werden können, liegt in der Natur der Massenverwaltungsakte begründet und hat mit sog. „Popularklagen" nichts zu tun (VG Schleswig-Holstein VerkMitt 2007 Nr. 44 = NZV 2007, 270). Ebenso ist unerheblich, ob der Betroffene nachhaltig oder wiederkehrend von dem angeordneten Verkehrszeichen beeinträchtigt wird (BVerwG NZV 2004, 541). Außerdem können rechtswidrige Anordnungen Ersatzansprüche der Betroffenen gegen die Verwaltung auslösen. Anordnungen, deren Rechtswidrigkeit sich später herausstellt, sind aber zunächst gültig und müssen bis zu ihrer Aufhebung beachtet werden; Verstöße begründen Ordnungswidrigkeiten (KG NZV 1990, 441; BayVGH VRS 82, 388).

2.1.2 Schilderhäufung

Zur Vermeidung einer „Inflation" der Verkehrsschilder und damit einhergehend einer nachlassenden Beachtung allgemeiner Verkehrsregeln betont § 45 Abs. 9 den Grundsatz der sparsamen Verwendung von Verkehrszeichen. Nach verkehrspsychologischen Erkenntnissen können i. d. R. nur etwa drei Schilder gleichzeitig erfasst werden. Eine Häufung der Schilder mag zwar „beeindrucken" und möglicherweise zu einer etwas vorsichtigeren Fahrweise führen; der Inhalt eines solchen „Schilderwäldchens" kann jedoch nicht mehr erfasst werden. Die Durchforstung von Schilderhäufungen und ständige Überprüfung auf ihre Notwendigkeit ist eine vordringliche Aufgabe der Straßenverkehrsbehörden. Das gilt auch für Verkehrszeichen, die nur zu ganz bestimmten Zeiten ihre Berechtigung haben, z. B. zum Schulbeginn. Hier muss die Straßenverkehrsbehörde durch Wechselverkehrszeichen, Zusatzzeichen oder Abschaltung der LZA die Regelungen auf die tatsächlich notwendigen Betriebszeiten beschränken.

2.1.3 Planfeststellungsverfahren

Anordnungsbedürfnisse für Verkehrszeichen und -einrichtungen können sich auch in einem Planfeststellungsverfahren ergeben, z. B. Anordnung von Signalanlagen bei der Planfeststellung für einen Straßenbahnbau. Das Planfeststellungsverfahren entfaltet dabei eine **Konzentrationswirkung** in der Weise, dass alle für das Vorhaben notwendigen öffentlich-rechtlichen Entscheidungen in der Planfeststellung zusammengefasst werden (BVerwG NVwZ 1985, 414). So kann auch die Verkehrsbehörde ihre Zuständigkeit für die Anordnung von Verkehrszeichen und -einrichtungen an die Planfeststellungsbehörde „verlieren". Sie wirkt zwar im Planfeststellungsverfahren mit, ihre Maßnahmen werden jedoch durch die Planfeststellungsbehörde festgeschrieben. Die Planfeststellungsbehörde muss sich dabei an die aus § 45, der VwV-StVO oder aus Richtlinien ergebenden materiellen Voraussetzungen halten. Sie kann jedoch den Ermessensspielraum im Sinne des Planvorhabens ausgestalten, selbst wenn die Straßenverkehrsbehörde dem widersprechen sollte. Abweichungen von den materiellen Voraussetzungen des § 45 können zur Rechtswidrigkeit des Planfeststellungsbeschlusses führen.

2.1.4 Verkehrsschau

Um ein einheitliches Erscheinungsbild und eine einheitliche Anordnungspraxis zu gewährleisten, sind alle zwei Jahre Verkehrsschauen durch die Straßenverkehrsbehörden durchzuführen (Rn. 57 VwV-StVO zu § 45 Abs. 3). An den Verkehrsschauen sollen sich Polizei, Straßenbaubehörden, öffentliche Verkehrsunternehmen, Verkehrsverbände u. a. beteiligen. Außerdem sollen von Zeit zu Zeit (z. B. im Fünfjahreszeitraum) Landesverkehrsschauen durchgeführt werden, um den Bedürfnissen der überörtlichen Verkehrsregelung Rechnung zu tragen. Verkehrsschauen in der Form eines Qualitätsmanagements sind allerdings recht aufwendig. Dort, wo sich Verkehrsbehörden und Verkehrspolizei mit ingenieurtechnischem und verkehrsrechtlichem Sachverstand dauernd (und nicht nur gelegentlich) um die Verkehrsregelung in ihrem Bereich kümmern, kann mit Zustimmung der höheren oder obersten Landesbehörde auf solche Veranstaltungen verzichtet werden, z. B. bei großstädtischen Verkehrsbehörden.

2.1.5 Ausführung und Kostentragung

Verkehrsbehördliche Anordnungen ergehen nach Durchführung des Anhörverfahrens (Rn. 1 VwV-StVO zu § 45 Abs. 1 bis 1e) schriftlich unter Hinweis auf die Rechtsgrundlage nebst den (meist) dazu erforderlichen Verkehrszeichenplänen.[8] Die Ausführung und Kostentragungspflicht für Verkehrszeichen und -einrichtungen wird durch § 5b StVG i. V. m. § 45 Abs. 5 bestimmt. Grundsätzlich ist hierzu der jeweilige Baulastträger verpflichtet; das ist für gewidmetes Straßenland die Straßenbaubehörde, für Privatstraßen die Eigentümer, für Bahnübergänge die Unternehmer der Schienenbahn, für Haltestellen die Betreiber des Linienverkehrs, für Baustellen die Bauunternehmer, für Tankstellen und Rastanlagen die Inhaber, für Mautanlagen der beauftragte Betreiber. Zu den Straßenunterhaltungskosten gehören auch Verkehrszählungen, Lärm- und Abgasgutachten. Wer zur Unterhaltung der Verkehrszeichen und Verkehrseinrichtungen verpflichtet ist (§ 5b StVG), hat auch dafür zu sorgen, dass diese jederzeit deutlich sichtbar sind (Reinigung, Wartung, Beschneiden sichtbehindernder Hecken). Können Verkehrszeichen/-einrichtungen auf öffentlichem Straßenland aus technischen Gründen oder wegen der Sicherheit oder Ordnung des Verkehrs nicht angebracht werden, müssen die Privateigentümer von Anliegergrundstücken das Anbringen dort dulden (eine angemessene Entschädigung sieht § 5b Abs. 6 StVG vor).

---

8 Wegen der Ausführung wird auf den verkehrstechnischen Kommentar „Hinweise für das Anbringen von Verkehrszeichen und Verkehrseinrichtungen" (HAV) nebst Fortschreibung der HAV-Q, Kirschbaum Verlag Bonn, verwiesen.

Eingriffsbefugnisse nach der StVO				
Gründe	Polizei	Straßenverkehrsbehörde	Straßenbaubehörde	Bahnunternehmer
Sicherheit oder Ordnung des Verkehrs	§ 44 Abs. 2	§ 45 Abs. 1 Satz 1		§ 45 Abs. 2 (nur für Bahnübergänge)[1]
Straßenbauarbeiten, Verhütung von Straßenschäden		§ 45 Abs. 1 Nr. 1 und Abs. 6	§ 45 Abs. 2[1]	
Schutz der Anwohner und der Bevölkerung vor Lärm und Abgasen		§ 45 Abs. 1 Nr. 3, Abs. 1b Nr. 5[2]		
Schutz der Gewässer und Heilquellen		§ 45 Abs. 1 Nr. 4		
Erhaltung der öffentlichen Sicherheit		§ 45 Abs. 1 Nr. 5[3]		
Versuchszwecke		§ 45 Abs. 1 Nr. 6		
Arten- und Biotopschutz		§ 45 Abs. 1a Nr. 4a		
Vermeidung von Belästigungen durch den Fahrzeugverkehr in – Kurorten – Erholungsgebieten – der Nähe von Krankenhäusern oder Pflegeeinrichtungen		§ 45 Abs. 1a Nr. 1, 2 Nr. 3, 4, 6 Nr. 5		
Schutz kultureller Veranstaltungen vor Verkehrslärm		§ 45 Abs. 1a Nr. 4b		
Unterstützung einer geordneten städtebaulichen Entwicklung		§ 45 Abs. 1b Nr. 5[2]		
Verkehrsbeschränkungen durch Luftreinhalte- oder Aktionspläne		§ 40 BImSchG		

1 Vorbehaltlich anderer Maßnahmen der Straßenverkehrsbehörde
2 Nur im Einvernehmen mit der Gemeinde
3 Anordnung auch über Medien (Zeitung, Rundfunk, Fernsehen)

Bei Veranstaltungen nach § 29 Abs. 2 kann die Straßenverkehrsbehörde die Gemeinde zur Aufstellung der erforderlichen Verkehrszeichen und -einrichtungen verpflichten. Infolge der Einvernehmensregelung des § 45 Abs. 5 Satz 3 erfolgt eine solche Verpflichtung meist nur, wenn die Gemeinde ein öffentliches Interesse an der Veranstaltung hat und der Veranstalter selbst nicht leistungsfähig ist, z. B. ein gemeinnütziger Verein. Die Gemeinde tritt dann an die Stelle des für die Schilderaufstellung und für die Kostentragung Verantwortlichen.

2.2 Pflichten der Verkehrsbehörde

2.2.1 Sicherheit oder Ordnung

Die häufigsten verkehrsbehördlichen Anordnungen erfolgen aus Gründen der **Sicherheit oder Ordnung** des Verkehrs (§ 45 Abs. 1). Die Begriffe gelten alternativ, d. h. jeder Begriff rechtfertigt für sich Eingriffe in den Verkehr. Dabei geht die Sicherheit grundsätzlich der Ordnung des Verkehrs vor.

Maßnahmen zur Gewährleistung der Flüssigkeit des Verkehrs dürfen deshalb nicht zu einem unvertretbaren Sicherheitsdefizit führen.

Die Begriffe „Sicherheit oder Ordnung" sind kein Ersatz für Eingriffe, die nicht im Katalog des § 45 aufgeführt sind. Zwar hat die Rechtsprechung die Begriffe weit ausgedehnt, sodass auch Gesundheitsgefahren durch Lärm und Abgase in die Abwägung der geeigneten Maßnahmen einzubeziehen sind (BVerwG NJW 1987, 1096). Schon wegen der Grundrechtsschranken (z. B. Art. 12, 14 Abs. 1 GG) können aber nicht alle sonstigen Einzelermächtigungen zur Gefahrenabwehr aus dem Begriff Sicherheit „herausgepresst" werden (VG München DAR 2005, 654). Andere, nicht genannte Schutzgüter werden deshalb von § 45 nicht erfasst, z. B. Verkehrsbeschränkungen zur Verhinderung einer sozialen Erosion von Stadtregionen. Fehlt es an einer verfassungsrechtlich zulässigen Schutznorm im StVG, sind Exekutive und Rechtsprechung regelmäßig gehindert, durch unmittelbaren Rückgriff auf die Eingriffsbefugnis „Sicherheit oder Ordnung" vermeintliche Lücken des gesetzlichen Regelwerks zu schließen. Das gilt insbesondere für den Immissionsschutz im Verkehr. Einen Anspruch auf einen immissionsfreien Lebensraum gibt es nicht. Vielmehr müssen gewisse Verkehrsbeeinträchtigungen als untrennbare sozial-adäquate Lasten getragen werden. Infolgedessen ist § 45 auch grundsätzlich auf den Schutz der Allgemeininteressen und nicht auf die Wahrung von Einzelinteressen ausgerichtet. Gehen jedoch Beeinträchtigungen durch den Verkehr über das ortsübliche Maß hinaus, besteht ein subjektiv-öffentliches Recht auf fehlerfreie Ermessensausübung für verkehrsbeschränkende Eingriffe. Erforderlich ist eine in den örtlichen Verhältnissen begründete Beeinträchtigung, die das im Straßenverkehr allgemein bestehende Gefahren- und Belästigungsrisiko deutlich übersteigt (VGH Baden-Württemberg VD 2002, 187 = VRS 102, 472).

Die Eingriffsbefugnis erstreckt sich auf „bestimmte Straßen oder Straßenstrecken", somit nicht auf flächendeckende Beschränkungen, wenn auf einzelnen Straßen die Sicherheit oder Ordnung nicht beeinträchtigt ist. So wäre z. B. die Parkraumbewirtschaftung einer gesamten Gemeinde unzulässig, wenn nur auf einem Teil der Straßen die Voraussetzungen vorliegen.

a. Sicherheit

Maßnahmen aus Gründen der Verkehrssicherheit setzen eine Gefahrenlage voraus, die bei durchschnittlichen Verkehrsverhältnissen die Unfallsituation negativ beeinflussen kann. Nicht erforderlich ist eine unmittelbare (konkrete) Gefahr, vielmehr reicht die (abstrakte) Gefährlichkeit von Verkehrssituationen zu bestimmten Zeiten aus, um Eingriffe der Verkehrsbehörde auszulösen, z. B. durch den Ausbauzustand der Straßen, Kurven, Steigungen, Gefälle, häufigen Nebel, dichte Folge von Autobahnzu- und -abfahrten, erhebliche Verkehrsdichte (BVerwG DAR 2001, 424; NZV 1996, 86), bei rechtswidrigem Verkehr (VG Würzburg VRS 115, 385), nicht aber bei jeder Änderung der Vorfahrt (OLG Brandenburg VRS 102, 336). Hierbei ist auch § 45 Abs. 9 zu beachten, wobei nach § 45 Abs. 1 zunächst das Verkehrsregelungsbedürfnis und erst danach die Aufstellung von Verkehrszeichen nach § 45 Abs. 9 zu bestimmen ist (nicht umgekehrt). Die Verkehrsbehörde hat deshalb vor einer Anordnung die Unfallentwicklung, die Verkehrsstärke, das Verkehrsverhalten und das Umfeld zu prüfen. Bei der Frage der geeigneten Maßnahmen ist dasjenige Mittel zu wählen, das unter Akzeptanzgesichtspunkten am besten Verkehrssicherheit gewährleistet (BVerwG VerkMitt 1999 Nr. 66). Fiskalische oder finanzielle Überlegungen müssen dabei grundsätzlich außer Betracht bleiben. So darf z. B. die Anordnung einer Signalanlage oder eines Tempolimits nicht deshalb unterbleiben, weil gegenwärtig dem Baulastträger dafür keine Mittel oder der Polizei keine Überwachungskräfte zur Verfügung stehen. Bei Umleitung des Verkehrs über eine Nebenstraße mit unbeschranktem Bahnübergang, muss die Verkehrsbehörde beidseitig Z. 201 und Gefahrzeichen 151 aufstellen (OLG München NZV 2000, 206).

b. Ordnung

Zur Ordnung gehören der ruhende Verkehr sowie die Flüssigkeit und Leichtigkeit des **fließenden Verkehrs**. Mittels Parkraumbewirtschaftung, Lieferzonen oder P+R-Plätzen kann in belasteten Gebieten eine bestimmte Ordnung vorgegeben werden, die auch Einfluss auf den Ziel- und Quellverkehr haben kann. Entscheidend ist dabei weniger die Gewährleistung der Schnelligkeit als die Bewältigung des Massenverkehrs. Hierzu gehört vor allem eine homogene Verkehrsregelung in der Weise, dass möglichst viele KFZ den knappen Straßenraum benutzen können. Als Reflex ordnender Maßnahmen wird häufig gleichzeitig eine Verbesserung der Verkehrssicherheit erreicht.

2.2.2 Straßenanlieger

Der Schutz der Interessen der Straßenanlieger an der Nutzung des öffentlichen Verkehrsraumes ist rechtlich stärker ausgeprägt als der anderer Verkehrsteilnehmer. Dieser Schutz folgt unmittelbar aus der Eigentumsgarantie des Art. 14 Abs. 1 GG und ist eine wichtige Schranke für überzogene verkehrsplanerische Eingriffe durch die Kommunen. Der Status quo der Anliegernutzung durch den ruhenden und fließenden Verkehr ist indes keineswegs so abgesichert, dass der zeitlich unbeschränkte Zugang zum Grundstück und die Parkmöglichkeiten stets gewährleistet bleiben. Der Anliegergebrauch ist aber insoweit abgesichert, wie das angemessene Nutzung des Grundeigentums eine Inanspruchnahme der öffentlichen Straße erfordert, bei einem Gewerbegrundstück auch die Erreichbarkeit mit LKW (OVG Bremen NZV 1991, 125). Anlieger müssen den Verkehr dulden, der der funktionsgerechten Inanspruchnahme der Straße dient (OLG Münster VRS 112, 223); Verkehrsbeschränkungen müssen sie für vertretbare Zeiträume hinnehmen, solange die Verbindung des Grundstücks mit dem öffentlichen Wegenetz ausreichend erhalten bleibt (BVerwG VRS 60, 399). Gesichert ist eine den Umständen nach angemessene, aber keine optimale Erreichbarkeit des Grundstücks (BVerwG NZV 1999, 438). Beschränkende Anordnungen unter den Voraussetzungen des § 45 Abs. 1 müssen die Interessen Betroffener berücksichtigen, z.B. Inhaber anliegender Geschäfte (Hess. VGH VerkMitt 1973 Nr. 123). Die Entfernung eines im Interesse der Anlieger angeordneten Haltverbots ist kein Widerruf eines begünstigenden Verwaltungsaktes, der mit einer Anfechtungsklage angegriffen werden kann. Der Anlieger ist vielmehr gehalten, Verpflichtungsklage auf Wiederanbringung des Zeichens zu erheben (BVerwG VRS 52, 316; OVG Münster VRS 52, 235).

2.2.3 Tempo 30-Zone

Die Entscheidung über die Einrichtung oder Ausdehnung von Tempo 30-Zonen nach § 45 Abs. 1c ist im Rahmen einer flächenhaften kommunalen Verkehrsplanung nach der Charakteristik eines Gebietes mit Fußgänger-

und Radverkehrsdichte sowie hohem Querungsbedarf zu treffen.[9] Innerhalb des Gebietes sind Lichtzeichenanlagen, benutzungspflichtige Radwege, Radfahrstreifen, Fahrstreifenbegrenzungen und Leitlinien unzulässig. „Rechts vor Links" ist die vorherrschende Vorfahrtregelung. Da sich in bestehenden Tempo 30-Zonen teilweise noch Lichtzeichenanlagen befinden, dürfen diese beibehalten werden, sofern sie dem Fußgängerschutz dienen und vor dem 1.11.2000 angeordnet wurden. Andernfalls müssen die Anlagen abgebaut oder auf die Tempo 30-Zone verzichtet werden. Die Ausweisung der Zonen erfolgt im Einvernehmen mit der Kommune mit den Z. 274.1 und Z. 274.2. Bei großen Zonen kann die Fortgeltung durch eine Fahrbahnmarkierung „30" verdeutlicht werden; straßenbauliche Veränderungen zur Temporeduzierung (Schwellen, Moabiter Kissen, Kölner Teller) sollen nicht mehr verwendet werden. Da sich die Tempo 30-Zonen nicht auf Straßen des überörtlichen Verkehrs (Bundes-, Landes- und Kreisstraßen) und auf Vorfahrtstraßen (Z. 306) erstrecken dürfen, müssen die Kommunen ein leistungsfähiges übergeordnetes Verkehrsnetz vorhalten, auf dem der Verkehr gebündelt werden kann.

Das Verbot, Hauptverkehrsstraßen in Tempo 30-Zonen einzubeziehen, bedeutet nicht, dass dort keine Geschwindigkeitsbegrenzungen bestehen dürfen. Einzelbeschränkungen sind weiterhin aus Gründen der Verkehrssicherheit (z. B. vor Schulen, Kindergärten, Spielplätzen), des Lärmschutzes oder der Luftreinhaltung möglich.

2.2.4 Förderung von Verkehrsarten

Das Regelwerk der StVO ist grundsätzlich privilegienfeindlich und behandelt alle Verkehrsteilnehmer gleich. Zu Gunsten bestimmter Verkehrsarten sind jedoch Maßnahmen zulässig, um das Gleichgewicht der unterschiedlichen Verkehrsträger zu wahren und Nachteile durch den individuellen KFZ-Verkehr zu verhindern. Hierzu gehört vor allem die Förderung des Fußgänger- und Radverkehrs sowie der öffentlichen Verkehrsmittel. Eine dem öffentlichen Personennahverkehr vergleichbare Förderung des Wirtschaftsverkehrs sieht die StVO bisher nicht vor; infolgedessen dürfen keine „Wirtschaftsspuren" durch Z. 245 mit einem „LKW-Symbol" oder Fahrradparkplätze auf der Fahrbahn zur Verdrängung des motorisierten Verkehrs ausgewiesen werden (OVG Bremen VRS 98, 53). Die Entscheidung der Straßenverkehrsbehörde, von Beschränkungen Linienbusse und Taxen, nicht aber Mietwagen (§ 49 PBefG) auszunehmen, verletzt nicht den Gleichbehandlungsgrundsatz; sie ist im Einzelfall auf ihre Vereinbarkeit mit der Berufsfreiheit, der Eigentumsgarantie und dem Grundsatz der Verhältnismäßigkeit zu überprüfen (BVerwG VRS 59, 306; VerkMitt 1980 Nr. 108 = DAR 1980, 381 = MDR 1981, 76 = NJW 1981, 184).

---

9 Tempo 30-Zonen sind vor dem Hintergrund einer Forderung des Deutschen Städtetages zu sehen, die Innerortsgeschwindigkeit generell auf 30 km/h mit der Maßgabe herabzusetzen, dass Hauptverkehrsstraßen durch Z. 274 auf Tempo 50 angehoben werden können. Diese Forderung hat sich nicht durchgesetzt. Gleichzeitig hat die Rechtsprechung betont, dass nur solche Gebiete in eine zonenwirksame Tempobegrenzung einbezogen werden können, die dem Verkehrsteilnehmer nach Größe und Ausmaß noch ein Bewusstsein vermitteln, sich in einem geschütztem Bereich zu befinden (BVerwG DAR 1995, 170 = NZV 1995, 165 = NJW 1995, 1371). Durch die Änderung des § 39 Abs. 1a und § 45 Abs. 1c ist die Rechtsprechung des BVerwG überholt.

2.2.5 Städtebauliche Entwicklung

Verkehrsbehördliche Maßnahmen zur Unterstützung einer geordneten städtebaulichen Entwicklung setzen eine städtebauliche Gesamtplanung der Kommune voraus und müssen sich an deren Zielvorgaben orientieren (BVerwG NZV 1994, 493; VGH Baden-Württemberg NZV 1996, 253). Sie können nur im Einvernehmen mit der Gemeinde angeordnet werden. Sind sie gegen die Interessen der Kommune gerichtet, können sie verwaltungsgerichtlich angefochten werden (BVerwG VRS 89, 305). Der Begriff der „städtebaulichen Entwicklung" ist nicht gleichzusetzen mit der fehlenden Eingriffsbefugnis „Denkmalpflege". Fehlen in dem kommunalen Konzept denkmalpflegerische Ziele, können Verkehrsbeschränkungen nicht isoliert zur Freihaltung der Sicht auf Baudenkmäler angeordnet werden, wenn sich dadurch Unfallrisiken ergeben (Kraftfahrer blicken auf die Sehenswürdigkeit und nicht auf die Straße).

2.2.6 Lärmschutz

§ 45 Abs. 1 Nr. 3 ermächtigt die Verkehrsbehörden nur zu Lärmschutzmaßnahmen gegen den Kraftfahrzeugverkehr,[10] nicht aber gegen den sonstigen Fahrzeugverkehr (z. B. Pferdekutschen). Nehmen Straßenbahnen straßenbündig am Verkehr teil, gelten vorrangig die Vorschriften der §§ 16, 55 BOStrab (BVerwG VerkMitt 2000 Nr. 75 = NZV 2000, 309; OVG Münster VRS 97, 149). Eine Verkehrssperrung für einen Bahnübergang, um die Bahn von der Verpflichtung zur Abgabe von Pfeifsignalen zu entbinden, wäre deshalb rechtswidrig (VGH München DAR 1996, 112).

Auf Lärmschutzmaßnahmen besteht kein Rechtsanspruch; verlangt werden kann aber eine (fehlerfreie) Ermessensentscheidung (VGH Kassel VerkMitt 1989 Nr. 93 = NZV 1990, 46). Die Straßenverkehrsbehörde darf nicht erst tätig werden, wenn ein bestimmter Schallpegel überschritten wird, sondern bereits dann, wenn der Lärm Beeinträchtigungen mit sich bringt, die jenseits dessen liegen, was im konkreten Fall als ortsüblich hinzunehmen ist (BVerwG NZV 1994, 244). Das gilt auch für unangenehm hohe Frequenzen oder Geräuschsprünge (OVG Köln VRS 102, 427: bei Buslinienverkehr). Anlieger müssen den Verkehr dulden, der der funktionsgerechten Inanspruchnahme der Straße dient; je weniger Alternativen aber zur Verfügung stehen, umso mehr müssen Anlieger im Gesamtinteresse Lärm- und Abgasbelastungen hinnehmen (OLG Münster VRS 112, 223). Zu prüfen sind dabei vorrangig planerische und straßenbauliche Maßnahmen (Umgehungsstraßen, lärmarme Fahrbahnoberflächen); diese haben Vorrang vor verkehrsbehördlichen Eingriffen. Sind solche Eingriffe nicht möglich oder ungeeignet, ist eine Lärmsanierung mittels vertretbarer passiver Lärmschutzmaßnahmen (Lärmschutzwände, Lärmschutzfenster mit Belüftung) anzustreben (BVerwG NVwZ 1996, 901).

Weiterhin müssen Lärmschutzmaßnahmen tatsächlich geeignet sein, den damit erstrebten Zweck zu erreichen (§ 45 Abs. 9). Dies ist nicht bereits dann gegeben, wenn zwar rein rechnerisch eine geringe Reduzierung des

---

10 S. a. Gesetz zur Umsetzung der EG-Richtlinie über die Bewertung und Bekämpfung von Umgebungslärm vom 24.6.2005; Richtlinie 2002/49/EG des europäischen Parlaments und des Rates vom 25.6.2002 über die Bewertung und Bekämpfung von Umgebungslärm; 34. DVO BImSchG (Verordnung über die Lärmkartierung – 34. BImSchV) vom 6.3.2006.

§ 45 Verkehrszeichen und Verkehrseinrichtungen

Werte nach den Lärmschutz-Richtlinien-StV (VkBl. 2007, S. 767)		
Gebiete	Tageszeit	Lärmwerte
Reine und allgemeine Wohngebiete, Kleinsiedlungsgebiete sowie an Krankenhäusern Schulen, Kur- und Altenheimen	Tagsüber[1]	70 dB(A)
	Nachts[2]	60 dB(A)
Kern-, Dorf, Mischgebiete	Tagsüber[1]	72 dB(A)
	Nachts[2]	62 dB(A)
Gewerbegebiete	Tagsüber[1]	75 dB(A)
	Nachts[2]	65 dB(A)

1 Tagsüber von 6.00 bis 22.00 Uhr
2 Nachts von 22.00 bis 6.00 Uhr

Schallpegels erreicht werden kann, diese aber für das menschliche Ohr nicht wahrnehmbar ist, z. B. bei Lärmdifferenzen unterhalb von 3 dB/A (VGH Kassel VerkMitt 2000 Nr. 7 = NZV 1999, 397 = VD 1999, 265).[11] Die Bestimmung des Verkehrslärms erfolgt nach den Lärmschutz-Richtlinien-StV[12] auf der Grundlage von aktuellen Lärmberechnungen (VGH Bad.-Württ. VRS 94, 151), wobei Lärmmessungen nicht mit Lärmberechnungen vergleichbar sind (OVG Münster VerkMitt 2003 Nr. 66 = VRS 105, 233).[13] Die Lärmberechnungen sind vom Baulastträger oder anderen nach Landesrecht bestimmten Stellen durchzuführen. Beim Erreichen der in den Richtlinien festgesetzten Werte verdichtet sich das Ermessen der Straßenverkehrsbehörde zu einer Pflicht zum Einschreiten, z. B. Nachtfahrverbote für bestimmte Verkehrsarten, Verkehrsverlagerungen, Lichtzeichenregelung (Grüne Wellen, Nachtabschaltung, Tempobeschränkungen). Ergänzend können die für die Betroffenen günstigeren Lärmwerte des § 2 der 16. BImSchV (betrifft an sich nur den Verkehrslärmschutz beim Neubau von Straßen) als Orientierung für die Zumutbarkeitsgrenze in Wohngebieten herangezogen werden (BVerwG NZV 2005, 549).[14] Werden diese Werte überschritten, liegt ein Indiz dafür vor, dass die Schwelle zur Ermessensausübung erreicht ist, d. h. die Straßenverkehrsbehörde muss Maßnahmen prüfen (OVG Münster VerkMitt 2003 Nr. 66; VGH München VRS 103, 34; NZV 1999, 269; VG Berlin Urteil vom 10.4.2003 – VG 11 A 835.02).

Verkehrsbeschränkungen müssen nicht nur zweckmäßig, sondern nach § 45 Abs. 9 auch zwingend geboten sein, um eine wirksame Lärmminderung zu erreichen (VG Berlin NVwZ 1996, 257). Dabei sind in der Ermessensent-

---

11 Die Frage, welche Pegeldifferenz nicht mehr für das menschliche Ohr wahrnehmbar ist, scheint offen. Die vom OVG Kassel zitierte Verweiskette der Entscheidungen des BVerwG führt hinsichtlich der wissenschaftlichen Erkenntnisse letztlich ins Leere (VG Berlin Urteil vom 10.4.2003 – VG 11 A 835.02).
12 Richtlinien für straßenverkehrsrechtliche Maßnahmen zum Schutz der Bevölkerung vor Lärm (Lärmschutz-Richtlinien-StV) vom 23.11.2007 (VkBl. S. 767); die vorläufigen RL vom 6.11.1981 (VkBl. S. 428) sind aufgehoben.
13 Lärmberechnungen erfolgen nach den Richtlinien für den Lärmschutz an Straßen (RLS-90), FGSV Verlag, Wesselinger Str. 17, 50999 Köln.
14 Lärmgrenzwerte: Allgemeine und reine Wohngebiete 59 dB/A tags, 49 dB/A nachts; Mischgebiete 64 dB/A tags, 54 dB/A nachts; Krankenhäuser, Schulen, Kur- oder Altenheime 57 dB/A tags, 47 dB/A nachts.

scheidung nicht nur die Schutzbedürftigkeit der Bewohner, die Versorgung der Bevölkerung, Funktion der Straße, der Gebietscharakter, die Lärmvorbelastung und die Bedeutung des Gesamtverkehrs gegeneinander abzuwägen, sondern auch die Folgen einer Lärmverlagerung und Besonderheiten des Einzelfalls, wie Belastung einer Ortserschließungsstraße entgegen ihrer Funktion mit überörtlichem Verkehr (Schleichverkehr) oder die Interessen von Anwohnern, in deren Straße aus Lärmschutzgründen verdrängter Verkehr verlagert wird (BVerwG VerkMitt 2000 Nr. 98 = NZV 2000, 386, 435 = DAR 2000, 423 = NJW 2000, 2121; OVG Münster VerkMitt 2006 Nr. 22; OVG Bremen NZV 1990, 367; BVerwG VerkMitt 1986 Nr. 108 = VRS 71, 468 = NJW 1986, 2655). Auch der Vorbehalt des Straßenrechts muss beachtet werden; Lärmschutzmaßnahmen dürfen deshalb nicht den Widmungsinhalt der Straße für die zugelassenen Verkehrsarten beseitigen. Auch Umleitungsstrecken infolge von Baumaßnahmen unterliegen dem Lärmschutz, sodass vor der Ableitung des Verkehrs Minderungsmaßnahmen zu Gunsten der betroffenen Bewohner zu prüfen sind (BVerwG NZV 2005, 549). Das Ergebnis von Lärmschutzmaßnahmen darf die Lärmbilanz insgesamt nicht verschlechtern und keine schwerwiegenderen Probleme in anderen Straßen verursachen.

Nach der EU-RL 2002/49/EG vom 25.6.2002 (Umgebungslärmrichtlinie) und deren Umsetzung in den §§ 47a bis 47f BImSchG i.V.m. der 34. BImSchV vom 24.6.2005 sind Lärmbelastungen systematisch zu erfassen und durch **Lärmminderungspläne** eine Reduzierung zu hoher Lärmbelastungen zu erreichen, vor allem Lärm durch den Straßen-, Schienen-, Flugverkehr, aber auch durch Baustellen, Gewerbe und Industrie. Mangels Einigung hat die EU bisher **keine** festen **Grenzwerte** vorgegeben. Für den Straßenverkehr sind Maßnahmen vorzusehen:

- Ausarbeitung strategischer Lärmkarten zur Ermittlung der Belastung durch Umgebungslärm.
- Ausarbeitung von **Lärmminderungs-** und **Lärmaktionsplänen**, mit denen ab Mitte 2008 Lärmprobleme gemindert werden sollen (z. B. Ausbau der Radwege, Förderung des ÖPNV, Anordnung von Tempo-30-Nachtfahrzonen, verkehrslenkende Maßnahmen zur Ausdünnung des Verkehrs aus der Innenstadt).
- Übermittlung von **Ergebnissen** aus den strategischen Lärmkarten und den Aktionsplänen an die EU mit dem Ziel der Einführung weiterer Gemeinschaftsmaßnahmen.

Zum Schutz kultureller Veranstaltungen außerhalb des Verkehrsraums (z. B. Freiluftkonzerte in Kurorten) können Beschränkungen angeordnet werden, sofern Verkehrslärm die Veranstaltung insgesamt in Frage stellen würde. Eine Abschirmung wie im Konzertsaal kann nicht verlangt werden. Die Anordnungskompetenz aus § 45 Abs. 1a Nr. 4a gilt nicht für Veranstaltungen nach § 29 Abs. 2 im öffentlichen Verkehrsraum; hier folgt eine verkehrliche Abschirmung unmittelbar aus dem Erlaubnisverfahren.

2.2.7 Abgasschutz und Luftreinhaltung

Die Verminderung übermäßiger Abgasbeeinträchtigung durch den Straßenverkehr ist eine vordringliche Aufgabe der Verkehrsbehörden. Verkehrsbeschränkungen beziehen sich dabei in erster Linie auf lokale Erfordernisse. Abgesehen von den Möglichkeiten nach § 45 Abs. 1 Nr. 3 StVO und § 40 BImSchG, dürfen verkehrsbehördliche Maßnahmen indes nicht aus

Gasförmige Emissionen		
Chem. Bez.	Emissionsart	Entstehung – Wirkung
CO_2	Kohlendioxid	Als ungiftiges Gas Bestandteil jeder Verbrennung. Natürlicher Luftbestandteil; durch übermäßige Anreicherung mit ursächlich für globale Erderwärmung. Abgasanteil bei Verbrennungsmotoren: 18,1 % (abnehmend nur durch treibstoffarme Motoren).
N_2	Stickstoff	Natürlicher Luftbestandteil (78 %). Abgasanteil von Verbrennungsmotoren: 70,9 %.
O_2	Sauerstoff	Natürlicher Luftbestandteil (21 %). Geringer Anteil im Abgas von Verbrennungsmotoren.
H_2O	Wasserdampf	Natürlicher Luftbestandteil. Abgasanteil von Verbrennungsmotoren: 9,2 % (abhängig vom verwendeten Treibstoff).
NO_x	Stickoxide	Stechend riechendes, giftiges Gas. In Verbindung mit Wasser (Regen, Nebel) entstehen leicht salpetrige Säuren, bei Sonneneinstrahlung über fotochemische Oxidation Ozon. Abgasanteil hochverdichteter Verbrennungsmotoren: 0,12 %.
CO	Kohlenmonoxid	Farbloses, brennbares und giftiges Gas. Beim Einatmen durch Verbindung mit dem Hämoglobin des Blutes Gefährdung der Sauerstoffversorgung. Abgasbestandteil von Verbrennungsmotoren: 0,9 % (abnehmend durch Abgasreinigungsanlagen bzw. moderne Motoren und besseren Treibstoff).
SO_2	Schwefeldioxid	Stechend riechendes, giftiges Gas. In Verbindung mit Wasser (Regen, Nebel) entstehen leicht schweflige Säuren. Es entsteht fast nur beim Dieselbetrieb durch schwefelhaltige Treibstoffe. Der Hauptteil der Schwefeldioxid-Immission wird durch Großfeuerungsanlagen und Hausbrand erzeugt (abnehmend durch „Entgiftungsanlagen" und Verwendung von Erdgas).
CH	Kohlenwasserstoffe	Geringfügig giftiges und aromatisches („stinkendes") Gas, reizt Schleimhäute und kann karzinogene Wirkung entfalten (Benzole gelten als krebserregend). Abgasbestandteil von Verbrennungsmotoren: 0,08 % (abnehmend durch Abgasreinigungsanlagen bzw. moderne Motoren und besseren Treibstoff).
PbO_2	Bleioxide	Giftiger Stoff, der im Organismus die Lebensdauer der roten Blutkörperchen verringert. Durch Verwendung bleifreier Treibstoffe spielen Bleioxide kaum noch eine Rolle.
Ruße	Ruße	Ruße entstehen vor allem beim Dieselbetrieb (abnehmend durch rußarme Motoren und Filter). Durch Bindung der Kohlenwasserstoffe haben Ruße karzinogene Wirkung. Feste Abgasbestandteile: 0,00008 %.
PM_{10}	Mikrostäube	Partikel mit einem aerodynamischen Durchmesser kleiner als 10 Mikrometer (millionster Teil eines Meters oder eintausendstel mm – „je feiner, umso gemeiner"). An Schwebstäube sind gebunden Schwermetalle, Sulfate, Nitrate, Ammonium, polyzyklische aromatische Kohlenwasserstoffe, Dioxine/Furane. Zu 20 bis 40 % durch KFZ-Betrieb (Dieselruß, Bremsstäube, Reifen- und Fahrbahnabrieb); zu 30 bis 70 % durch andere Quellen. Mikrostäube haben karzinogene Wirkung.

allgemeinen Erwägungen des Umwelt- oder Klimaschutzes angeordnet werden, z. B. Fahrverbote aus Anlass von „Umwelttagen" oder zur Besinnung auf den Schutz der Erdatmosphäre. Bei Ausfüllen der Eingriffsbefugnisse müssen die Verkehrsbehörden bei konkreten Immissionsbelastungen die Interessen des Gesundheitsschutzes gegenüber den Mobilitätsbedürfnissen des Kraftverkehrs und dem öffentlichen Interesse am Fortgang des wirtschaftlichen Lebens abwägen und auf der Grundlage des geltenden Verkehrszeicheninstrumentariums eine sachliche, pflichtgemäße Entscheidung treffen (VGH München NZV 1994, 87).

Der Forderung zur Verminderung der Kohlendioxid-Belastung (CO_2) kann mangels abstrakter Eingriffsbefugnisse nicht durch isolierte Maßnahmen der Verkehrsbehörden Rechnung getragen werden.[15] Hier sind gesamtpolitische und globale Maßnahmen auf allen Energiesektoren notwendig, wie bessere Treibstoffausnutzung in Fahrzeugmotoren, Besteuerung nach der CO_2-Emission, Nutzung alternativer Energien (Erdgas, Wasserstoff), Verminderung des Verkehrsaufkommens, Förderung öffentlicher Verkehrsmittel).

a. Luftreinhalte- und Aktionspläne

Die Luftreinhaltung war früher gekennzeichnet durch Maßnahmen gegen den „Wintersmog" bei austauscharmen Wetterlagen,[16] später durch Verkehrsbeschränkungen gegen den „Gebietssmog" bei Luftschadstoffkonzentrationen in bestimmten Gebieten[17] und das am 31.12.1999 außer Kraft getretene „Ozon-Gesetz".[18] Infolge Abgasentgiftung von Großfeuerungsanlagen und Abgasreinigungsanlagen in KFZ haben der Winter- und der Gebietssmog ihre Bedeutung verloren. Dagegen sind Schadstoffkonzentrationen vor allem durch Stickoxide[19] und Mikrostäube (PM_{10}) weiterhin aktuell. Mikrostäube entstehen auch beim Kraftfahrzeugbetrieb überwiegend durch Dieselbetrieb ohne Rußpartikelfilter, Abrieb an Bremsen, Reifen und Fahrbahnoberflächen (ca. 30 bis 40 % der Gesamtimmission).[20] Mikrostäube werden für kanzerogene Gesundheitsgefahren (Krebs) mit verantwortlich gemacht.

Die bisherigen Regelungen zur Luftreinhaltung sind durch Umsetzung der EU-Luftqualitätsrahmenrichtlinien[21] mit einer umfassenden Änderung des

---

15 CO_2-Emissionen entstehen bei allen Verbrennungsprozessen (für die Verbrennung von 1 l (rd. 720 Gramm) Benzin ist ein 14,7-facher Gewichtanteil Luft erforderlich; daraus entstehen 11,3 kg Abgas, wovon der CO_2-Anteil ca. 2,38 kg beträgt. CO_2-Emissionen werden für den Treibhauseffekt verantwortlich gemacht, wobei der motorisierte Straßenverkehr neben der Industrie, Heizung, Brandrodung, Bahn-/Flugverkehr nur einer der Mitverursacher ist.
16 Anordnung von Z. 270 (das Zeichen wurde nur an wenigen Tagen wirksam)
17 Anordnung von Z. 250, 251, 253, 255, 260, 270
18 Ehemals §§ 40a bis 40e BImSchG i. d. F. vom 19.7.1995 (BGBl. I S. 930); es ermächtigte bei Ozonkonzentrationen von 240 µg/m³ und mehr Verkehrsverbote zu erlassen; ausgenommen waren schadstoffarme Kraftfahrzeuge, bestimmte Verkehrsarten und unabweisbare Fahrten. Nach Außerkrafttreten des Ozongesetzes kann der Schutz vor gebietsbezogenen Ozonemissionen sachlich auch ersatzweise aus der Ermächtigung des § 45 zum Abgasschutz hergeleitet werden (BVerwG NZV 2000, 342; BVerfG VerkMitt 1996 Nr. 44 = NZV 1996, 155: Die Ozonregelung war verfassungskonform).
19 Stickoxide sind Vorläufersubstanzen für bodennahen Ozon. Die Verordnung über Immissionswerte für Schadstoffe in der Luft vom 13.7.2004 (BGBl. I S. 1612) sieht deshalb Beurteilungspflichten der Luftqualität und bei Überschreitung des Ozongrenzwertes (120 µg pro m³ als höchster 8-Stunden-Mittelwert während eines Tages bei 25 zugelassenen Überschreitungen im Jahr) Unterrichtung der Öffentlichkeit, Berichtspflichten an die EU-Kommission sowie Ozonminderungsprogramme vor.
20 Andere Verursacher von Feinstäuben (ca. 30 bis 70 %) sind Industrie, Hausbrand, Baustellen und naturbedingte („importierte") Stäube (u. a. Waldbrände, Pollenflug, Staubverwehungen).
21 RL 96/62/EG vom 27.9.1996 über die Beurteilung und die Kontrolle der Luftqualität (ABl. EG Nr. L 296, S. 55) i. V. m. der Tochterrichtlinie vom 19.7.1999 (ABl. EG Nr. L 163 S. 41) sowie RL 2000/69/EG vom 16.11.2000.

BImSchG abgelöst worden.[22] Danach wird eine dauerhafte Verbesserung der Gebietsimmission durch „**Luftreinhaltepläne**" (§ 47 BImSchG) angestrebt, die alle Bereiche erfassen und im Straßenverkehr vor allem auf Optimierung des Verkehrsflusses und bauliche Änderungen der Verkehrswege gerichtet sind. Ist dies nicht möglich oder treten unvorhergesehene Belastungen ein, sind von den Umweltbehörden „**Aktionspläne**" zur Luftreinhaltung aufzustellen. Entsprechend seines Anteils an den Luftschadstoffen ist auch der KFZ-Verkehr betroffen. Werden die Grenzwerte der Aktionspläne überschritten muss deshalb auch die Verkehrsbehörde Maßnahmen ergreifen; sie hat dann kein Entschließungs-, sondern nur noch ein Auswahlermessen, welche der verkehrsbezogenen Maßnahmen sie im Interesse der Luftreinhaltung im Einvernehmen mit den Umwelt- und Kommunalbehörden anordnet (Tempolimits, Verkehrsumleitung, Verkehrsflüssigkeit durch angepasste Ampelschaltung, Fahrverbote). Kommen die Kommunen ihrer Pflicht zur Aufstellung eines Luftreinhalte- **oder** Aktionsplanes nicht nach, müssen die örtlichen Behörden bei Grenzwertüberschreitungen Einzelmaßnahmen zur Abwehr gesundheitlicher Beeinträchtigungen durch Feinstaubimmissionen treffen. Unter mehreren rechtlich möglichen und verhältnismäßigen Maßnahmen müssen sie auswählen, wobei auch eine Ableitung des LKW-Durchgangsverkehrs auf Hauptverkehrsstraßen verhältnismäßig sein kann (BVerwG DAR 2008, 163 = SVR 2008, 313: Fall Mittlerer Ring in München).

Die Größe und zeitliche Wirkung der Umweltzone muss so gewählt werden, dass es für Kraftfahrer überschaubar bleibt; insoweit können die Grundsätze der Rechtsprechung über die Ausdehnung flächendeckender Verkehrsverbote herangezogen werden (BVerwG DAR 1995, 170 = NZV 1995, 165 = NJW 1995, 1371; Hellriegel DAR 2007, 629). Infolge Bündelung des Verkehrs auf Hauptverkehrsstraßen treten Feinstaubbelastungen vor allem dort auf.

---

22 **§ 40 BImSchG** in der Neufassung vom 26.9.2002 (BGBl. I S. 3831)
(1) Die zuständige Straßenverkehrsbehörde beschränkt oder verbietet den Kraftfahrzeugverkehr nach Maßgabe straßenverkehrsrechtlicher Vorschriften, soweit ein Luftreinhalt- oder Aktionsplan nach § 47 Abs. 1 oder 2 dies vorsieht. Die Straßenverkehrsbehörde kann im Einvernehmen mit der für den Immissionsschutz zuständigen Behörde Ausnahmen von Verboten oder Beschränkungen des Kraftfahrzeugverkehrs zulassen, wenn unaufschiebbare und überwiegende Gründe des Wohls der Allgemeinheit dies erfordern.
(2) Die zuständige Straßenverkehrsbehörde kann den Kraftfahrzeugverkehr nach Maßgabe der straßenverkehrsrechtlichen Vorschriften auf bestimmten Straßen oder in bestimmten Gebieten verbieten oder beschränken, wenn der Kraftfahrzeugverkehr zur Überschreitung von in Rechtsverordnungen nach § 48a Abs. 1a festgelegten Immissionswerten beiträgt und soweit die für den Immissionsschutz zuständigen Behörden dies im Hinblick auf die örtlichen Verhältnisse für geboten hält, um schädliche Umwelteinwirkungen durch Luftverunreinigungen zu vermindern oder deren Entstehen zu vermeiden. Hierbei sind die Verkehrsbedürfnisse und die städtebaulichen Belange zu berücksichtigen. § 47 Abs. 6 Satz 1 bleibt unberührt.
(3) Die Bundesregierung wird ermächtigt, nach Anhörung der beteiligten Kreise (§ 51) durch Rechtsverordnung mit Zustimmung des Bundesrates zu regeln, dass Kraftfahrzeuge mit geringem Beitrag zur Schadstoffbelastung von Verkehrsverboten ganz oder teilweise ausgenommen sind oder ausgenommen werden können sowie die hierfür maßgebenden Kriterien und die amtliche Kennzeichnung der Kraftfahrzeuge festzulegen. Die Verordnung kann auch regeln, dass bestimmte Fahrten oder Personen ausgenommen sind oder ausgenommen werden können, wenn das Wohl der Allgemeinheit oder unaufschiebbare und überwiegende Interessen des Einzelnen dies erfordern.

Abgesehen von einer Verkehrsoptimierung durch verbesserte Ampelschaltung, der Verlagerung des Berufspendlerverkehrs auf öffentliche Verkehrsmittel durch flächenhafte Parkraumbewirtschaftungsmaßnahmen oder Einrichtung von P+R-Plätzen sind infolge meist fehlender Umleitungsstrecken die verkehrsbehördlichen Möglichkeiten zur Feinstaubminderung eng begrenzt, zumal auch Tempobegrenzungen wenig wirksam sind. Potenziale zur Schwebstaubminderung bestehen vor allem bei der Aus- und Nachrüstung von LKW mit Rußfiltern. In den Luftreinhalte- und Aktionsplänen sind infolgedessen vor allem verkehrsoptimierende, -planerische und organisatorische Maßnahmen vorzuschalten, ehe die Straßenverkehrsbehörde durch Verbote in den Verkehr eingreift (VGH München NVwZ 2005, 1094; VG München DAR 2005, 654). Angesichts der Finanznot der Kommunen mag das schwierig sein, andererseits kann die StVO nicht alles leisten, was verkehrspolitisch wünschenswert erscheint. Die von Berlin eingerichtete große Umweltzone mit Z. 270.1 (Anl. 2 lfd. Nr. 44) innerhalb des gesamten S-Bahn-Ringes ohne zeitliche Einschränkung ist schon deshalb problematisch, weil hier dem Verkehr mehr Belastungen auferlegt werden, als es seinem Anteil an der Gesamtimmission entspricht. Entscheidend ist, dass mit Verboten in Umweltzonen auch faktisch eine wirksame Minderung der Feinstaub- und Stickoxidbelastung erzielt werden kann.[23] Lässt sich das nicht oder nur in unzureichendem Maße erreichen, ist die Ausweisung von „Umweltzonen" unverhältnismäßig und damit rechtswidrig.

Freistellungen bei flächenhaften Verkehrsverboten nach Z. 270.1 für schadstoffarme Fahrzeuge mit entsprechenden Plaketten an der Windschutzscheibe sind in der Ermächtigung des § 40 Abs. 3 BImSchG enthalten und durch Art. 2 der Verordnung zum Erlass und zur Änderung von Vorschriften über die Kennzeichnung emissionsarmer Kraftfahrzeuge geregelt (s. a. Erl. zu Z. 270.1).[24] Je nach der Luftschadstoffbelastung können mit dem Zusatzzeichen zum Z. 270.1 eine, zwei oder drei Plaketten Freistellungen von dem Verbot begründen, z. B. in besonders belasteten Gebieten nur für schadstoffarme KFZ mit der grünen Plakette (etwa EURO IV und höher). Das Schadstoffminderungspotenzial richtet sich nach den Messwerten und Prognosen der Umweltbehörden.

b. **Grenzwerte**

Die (sehr engen) Grenzwerte ergeben sich gemäß § 48a BImSchG aus der 22. Verordnung über die Immissionswerte für Schadstoffe in der Luft – 22. BImSchV.[25]

2.2.8 Gewässerschutz

Der Schutz der Gewässer und Heilquellen (§ 45 Abs. 1 Nr. 4) umfasst auch die Zuleitungen zu Gewässern sowie den Schutz des Grundwassers selbst. Infolgedessen können Verkehrsbeschränkungen in Wassereinzugs- und Wassergewinnungsgebieten auch für gewidmete Straßen erfolgen, wenn durch den Verkehr die Gefahr von Wasserverunreinigungen besteht, z. B.

---

23 Eingerichtet sind Umweltzonen u. a. in Berlin, Bochum, Bottrop, Bremen, Dortmund, Duisburg, Frankfurt, Essen, Gelsenkirchen, Hannover, Ilsfeld, Köln, Leonberg, Ludwigsburg, Mannheim, Mühlheim, Oberhausen, Recklinghausen, Reutlingen, Schwäbisch Gmünd, Stuttgart, Tübingen.
24 Verordnung vom 10.10.2006 (BGBl. I S. 2218, ber. S. 2543) i. d. F. der 1. VO zur Änderung der 35. BImSchV vom 5.12.2007 (BGBl. I S. 2793)
25 22. BImSchV vom 11.9.2002 (BGBl. I S. 3626)

Grenzwerte der 22. BImSchV				
Komponente	Mittel über	Grenzwert (in µg/m³)	Zulässige Anzahl von Überschreitungen	Grenzwert ab/seit
Stickstofffdioxid (NO_2)	1 Std.	200	18-mal pro Jahr	1.1.2010
	1 Jahr	40		1.1.2010
Benzol	1 Jahr	5		1.1.2010
Kohlenmonoxid (CO)	8 Std.	10 000		1.1.2005
Schwebstaub (PM_{10})	24 Std.	50	35-mal pro Jahr	1.1.2005
	1 Jahr	40		1.1.2005
Blei im Schwebstaub	1 Jahr	0,5		1.1.2005

bei Mineralöltransporten (Z. 261, 269, 354). Kann die Straße wegen der notwendigen Erschließungsfunktion nicht gesperrt werden, sind Tempobeschränkungen, Durchfahrt- und Überholverbote möglich. Ferner sollte beim Baulastträger der wasserschutzzonengerechte Ausbau der Straße angeregt werden.

2.2.9 Öffentliche Sicherheit

Im Gegensatz zur „Sicherheit des Verkehrs" können Maßnahmen auch zur Erhaltung der allgemeinen „öffentlichen Sicherheit" getroffen werden, z. B. für sicherheitssensible Bereiche, wie Regierungs- und Parlamentsgebäude, Botschaften, Gefängnisse, Banken. § 45 Abs. 1 Nr. 5 dient auch der Abwehr von Gefahren, die zwar vom Verkehr ausgehen, aber rechtlich geschützte Interessen außerhalb des Verkehrs beeinträchtigen, z. B. Schutz vor Gebäudeschäden durch ständige Erschütterungen des Schwerlastverkehrs (BVerwG NJW 2002, 601 = VD 2003, 106). Bei Katastrophen- und Notstandslagen können Verkehrsverbote auch über die Medien (ohne Aufstellung von Verkehrsschildern) unmittelbar angeordnet werden.

2.2.10 Parkzone für Bewohner städtischer Quartiere

Durch § 45 Abs. 1b Nr. 2a (Rn. 29 ff. VwV-StVO zu Abs. 1 bis 1e) können Bewohnerparkvorrechte für städtische Quartiere mit erheblichem Parkraummangel angeordnet werden.[26] Zu bezweifeln ist allerdings, ob durch die Ermächtigung des § 6 Abs. 1 Nr. 14 StVG das Grundproblem einer sinnvollen Abgrenzung zwischen dem verfassungsrechtlich verankerten Gemeingebrauch am öffentlichen Straßenraum und der gewollten Zielsetzung des Gesetzgebers, dem wegen Parkraummangels befürchteten Wegzug der Wohnbevölkerung entgegenzuwirken, gelöst wird. Gerade diese erscheint fraglich, weil in der Praxis häufig solche Feststellungen fehlen. Wird der Zielsetzung aber nicht Rechnung getragen, stellt sich eine quartierbezogene Bevorrechtigung als schlichter Missbrauch des straßenrechtlichen Gemeingebrauchs dar.

---

26 Hinsichtlich des Begriffs „städtische" Quartiere ist der formale Stadtstatus einer Kommune unerheblich. Die auf die bisherige „Anwohnerparkzone" bezogene Rechtsprechung (BVerwG NJW 1998, 2840 = NZV 1998, 427 = DAR 1998, 362; OVG Münster NZV 2000, 183) mit Begrenzung auf wenige Straßenzüge ist durch Rechtsänderung des § 45 Abs. 1b Nr. 2a überholt.

Voraussetzung für Bewohnerparkzonen ist die Belastung des Gebietes durch erheblichen Fremdverkehr (Berufspendler). Reicht der Parkraum schon für die Bewohner nicht aus, wäre die Einrichtung von Bewohnerparkzonen sinnlos und rechtswidrig, zumal Bewohner auch keinen Anspruch auf einen bestimmten Parkstand haben. Konkretisiert wird die räumliche Ausdehnung der Parkzone durch den von der Straßenverkehrsbehörde festzustellenden Parkraummangel sowie eine Größe von max. 1 000 m. Außerdem muss innerhalb der Zone noch ausreichender Parkraum für Besucher der Anwohner und für die Allgemeinheit verbleiben, z. B. je nach Stadtgröße bis zu 50 % zur Hauptgeschäftszeit, 25 % für Abend- und Nachtstunden. Bei großflächigen Bereichen mit Bewohnervorrechten ist eine überschaubare Aufteilung in Zonen erforderlich, die mit Ziffern dem jeweiligen Bewohnerquartier bevorrechtigtes Parken gewährt. § 45 Abs. 1b Nr. 2a lässt zwei Alternativen der Bewohnerparkbevorrechtigung zu, und zwar eingeschränkte Haltverbote (Z. 286) mit Ausnahme der Bewohner oder Bewirtschaftung durch Parkscheinautomaten mit Freistellung der Bewohner von deren Bedienung. Das letztere Modell hat den Vorteil, dass innerhalb der gesamten Zone die Allgemeinheit die Chance auf einen Parkplatz erhält, somit der Gemeingebrauch stets gewahrt bleibt.[27]

Berechtigt sind nur Bewohner mit erstem (angemeldeten) Wohnsitz innerhalb des Quartiers, die Halter eines KFZ sind. Ob der Bewohner einen Privatparkplatz hat, ist unerheblich. Durch die Bindung an die Verfügbarkeit eines KFZ sollen Manipulationen bei Wohnsitzen oder dem „Verkauf" des Bewohnervorrechts verhindert werden. Nicht zu den Bewohnern gehören Geschäftsinhaber, Rechtsanwälte oder Ärzte mit Sitz in dem Gebiet (BVerwG VerkMitt 1995 Nr. 27 = NJW 1995, 473). Eine Sonderparkberechtigung kann allerdings auch für ein nicht auf den Bewohner zugelassenes KFZ erteilt werden, wenn es von ihm ständig von seinem Wohnsitz aus benutzt wird, z. B. dauernd überlassenes Firmenfahrzeug (VGH München NZV 1995, 501). Berechtigt sind auch Car-Sharing-Unternehmen, wegen der Missbrauchsgefahr aber nicht Angehörige eines „Familien-Car-Sharings" (VG Berlin NZV 2003, 53). Ist der Bewohner Halter mehrerer KFZ, erhält er nur einen (einzigen) Parkausweis; in begründeten Einzelfällen können aber auch „Sammelparkausweise" mit Parkberechtigung jeweils für eines von mehreren KFZ erteilt werden (vgl. Rn. 35 VwV zu Abs. 1 bis 1e).

2.2.11 Parkraum für Schwergehbehinderte

Schwerbehinderten mit außergewöhnlicher Gehbehinderung, Blinden und Patienten mit Amelie, Phokomelie oder vergleichbaren Funktionsstörungen[28] können Parkerleichterungen durch Ausweisung von Behindertenparkplätzen gewährt werden. Die Ausweisung der Behindertenparkplätze mit zeitlicher Beschränkung durch Parkscheibe ist zulässig (VGH Stuttgart NZV 2002, 54). Schwerstgehbehinderte sind Personen mit Eintrag des Merkzeichens „aG" oder „Bl" im Behindertenausweis (siehe auch Erl. 2.5 zu § 12). Zu den Schwerbehinderten gehören auch Menschen, die zwar nicht außergewöhnlich gehbehindert sind, aber doch unter sehr starken

---

27 Die Kennzeichnung und der empfohlene Bewohner-Parkausweis richten sich nach VkBl. 2002, S. 147.
28 Phokomelie = Fehlbildung von Gliedmaßen durch Vererbung oder Medikamente, z.B. Thalidomid des Präparats Contergan; Amelie = Fehlgestaltung eines Organs durch Mutation oder Umwelteinflüsse.

Einschränkungen beim Gehen leiden, insbesondere solche Personen, die an Morbus Crohn oder Colitis ulcerosa (chronisch entzündliche Darmerkrankung) leiden, sowie Träger eines doppelten Stomas („künstlicher" Darm-/Harnausgang). Für diesen Personenkreis können zwar durch Ausnahmen Parkerleichterungen gewährt werden, nicht aber personengebundene Parkstände.

2.2.12 Fußgängerzonen

Die straßenrechtliche Einrichtung eines Fußgängerbereichs beinhaltet eine Teilentwidmung der Straße, die von der Verkehrsbehörde nicht ohne Weiteres durch Ausnahmen ausgehebelt werden darf (BVerwG VRS 62, 233). Soll im Einzelfall befristeter Verkehr zugelassen werden, ist neben einer Ausnahme nach § 46 Abs. 1 vom Z. 239 eine Sondernutzungserlaubnis nach den Straßengesetzen der Länder erforderlich.

2.2.13 Wegweisung

Die Wegweisung ist nicht nur wichtige Orientierungshilfe für Ortsunkundige, sondern zugleich Instrument zur Verkehrslenkung. Ziele sind so auszuwählen, dass sie möglichst viele Verkehrsteilnehmer ansprechen. Gleichzeitig ist die Zahl der Ziele zur Gewährleistung der Übersichtlichkeit gering zu halten. Die Wegweisung ist mittels Zielspinnen im Einklang mit den übrigen Verkehrsschildern und Markierungen als Einheit darzustellen, wobei auf Eindeutigkeit, Kontinuität, Verständlichkeit und leichte Erfassbarkeit zu achten ist.[29] Ein Gewerbetreibender hat keinen Anspruch auf innerörtliche Wegweiser zu seinem Betrieb (BVerwG VerkMitt 1990 Nr. 35 = NZV 1989, 486).

2.2.14 Versuchsermächtigung

Bei Anwendung der „Experimentierklausel" des § 45 Abs. 1 Nr. 6 muss eine Beeinträchtigung der in § 45 genannten Rechtsgüter vorliegen (OVG Münster NZV 1996, 214). Die engen Voraussetzungen des § 45 Abs. 9 gelten auch hier, sodass Maßnahmen nicht nur wünschenswert, sondern auch (zwingend) geboten sein müssen. Andererseits können zur Beseitigung einer Beeinträchtigung mögliche Maßnahmen straßenverkehrsbehördlich angeordnet werden, um Zweifel an der Geeignetheit und Erforderlichkeit auszuräumen. Dass die auszuprobierenden Maßnahmen auf eine endgültige Regelung abzielen, ist nicht erforderlich. Zur Beseitigung dieser Zweifel dürfen zeitlich befristete Anordnungen zur Erforschung des Unfallgeschehens, Verkehrsverhaltens, von Verkehrsabläufen oder zur Erprobung geplanter verkehrssichernder oder verkehrsregelnder Maßnahmen getroffen werden. Hierbei müssen die Verkehrsbehörden den Grundsatz der Verhältnismäßigkeit beachten und sich des Instrumentariums der StVO bedienen (OVG Saarlouis VerkMitt 2003 Nr. 47). Abweichende Zusatzzeichen nach Rn. 142 VwV-StVO zu § 46 Abs. 2 sind zulässig. Unzulässig ist hingegen die Aufstellung von Fantasiezeichen oder -markierungen oder die Freistellung von Verhaltenspflichten (z. B. Zulassung von Fußgängerverkehr auf der Fahrbahn); die Verkehrsbehörden haften in solchen Fällen für verursachte Schäden.

---

29 S. a. Richtlinien für die wegweisende Beschilderung außerhalb von Autobahnen (RWB – VkBl. 1999, S. 781).

2.3 Anordnungsbefugnis der Straßenbaubehörde

Neben der Verkehrsbehörde kann auch die Straßenbaubehörde nach § 45 Abs. 2 Verkehrszeichen und -einrichtungen anordnen. Die Anordnungskompetenz ergänzt die Verkehrssicherungspflicht der Straßenbaubehörde. Sie bezieht sich aber nur auf die Durchführung von Straßenbauarbeiten und Verhütung außerordentlicher Schäden am baulichen Straßenzustand. Straßenbauarbeiten sind Arbeiten am Straßenkörper (OLG Köln VerkMitt 1982 Nr. 88). Sie erfolgen gemäß § 45 Abs. 6 im Regelfall nach einem anzuordnenden Verkehrszeichenplan[30] (OLG Jena DAR 2004, 44: keine zwingende Schriftform notwendig). Hat die Straßenbaubehörde eine Baustelle angeordnet, muss der beauftragte Bauunternehmer die Sicherungseinrichtungen zur Gefahrenvermeidung laufend kontrollieren (OLG Düsseldorf NZV 1997, 437). Seine Verpflichtung entfällt nicht deshalb, weil auch die Verkehrs- oder Baubehörde zum Eingreifen verantwortlich wären (KG VerkMitt 1978 Nr. 78 = VersR 1978, 766; OLG Köln VRS 88, 95). Verkehrsbeschränkungen können auch angeordnet werden, wenn die Gefahr von Straßenschäden besteht, die durch bauliche Eingriffe nicht beseitigt werden können, z. B. bei unzureichender Tragfähigkeit von Straßen oder Brücken durch Gewichts- oder Tempobeschränkungen. Zur Verhinderung von Schäden an Waldwegen kann das Reiten selbst dann verboten werden, wenn die Wege für einen Reiterhof erforderlich sind (VGH Mannheim NZV 1995, 167).

Die Anordnungen stehen unter dem Vorbehalt anderer Maßnahmen der Straßenverkehrsbehörde. Die Baubehörde muss daher die Verkehrsbehörde und die Polizei über die getroffene Anordnung unterrichten (Rn. 46 VwV-StVO zu § 45 Abs. 2). Unmittelbar tätig werden muss die Verkehrsbehörde aber nicht, es sei denn sie trifft eine andere Entscheidung. Bei Straßenbaumaßnahmen mit erschwerenden Fahrbahneinengungen auf Vorfahrtstraßen oder bei Umleitungen muss jedoch vorher die Zustimmung der Verkehrsbehörde eingeholt werden (§ 45 Abs. 7). Durch den Zustimmungsvorbehalt wird gewährleistet, dass Baumaßnahmen für den Verkehrsfluss koordiniert und nicht allein nach baulichen oder finanziellen Gesichtspunkten durchgeführt werden.

2.3.1 Verkehrssicherungspflicht

Zu unterscheiden sind die Verkehrssicherungspflicht (Sicherung vor den Gefahren aus dem Zustand der Straße) und die Verkehrsregelungspflicht (Sorge für die Sicherheit und Leichtigkeit des Verkehrs). Beide setzen voraus, dass Verkehrsteilnehmer bei zumutbarer Sorgfalt Gefahren nicht mit Sicherheit vermeiden können (BGH VerkMitt 1981 Nr. 39 = DAR 1981, 86). Der Verkehrssicherungspflichtige muss deshalb den Straßenraum regelmäßig auf drohende Gefahren überprüfen. Dabei braucht aber nicht jede nur denkbare Gefahrenquelle abgesichert werden, denn die Sorgfaltspflichten der Verkehrsteilnehmer bleiben bestehen (OLG Koblenz DAR 2001, 167: keine Beseitigung naturbedingter Bodenunebenheiten für Inline-Skater). Bei Verletzung der Verkehrssicherungspflicht haftet die Straßenbaubehörde nach §§ 823, 839 BGB i. V. m. Art. 34 GG, z. B. bei Schäden durch Schlaglöcher infolge mangelnder Straßenüberwachung

---

30 Der Verkehrszeichenplan ist nach den Richtlinien für die Sicherung von Arbeitsstellen an Straßen (RSA) aufzustellen (VkBl. 1995, S. 221).

(LG München I DAR 2000, 221), bei drohendem Steinschlag (OLG Jena DAR 2001, 166), nicht abgesicherter schmieriger Fahrbahn (OLG Nürnberg VerkMitt 2001 Nr. 32), unzureichender Sicherung des Straßenbegleitgrüns (OLG Koblenz DAR 2002, 218; OLG Brandenburg VerkMitt 2002 54 = VRS 102, 341; LG Marburg DAR 2000, 274) oder auch, wenn der Straßenbaubehörde eine fehlerhaft angeordnete Beschilderung oder Markierung offenbar ist. Sicherungsmaßnahmen müssen durch ausreichende verkehrsbezogene Gründe gerechtfertigt sein, sie dürfen daneben auch der Stadtplanung dienen (BVerwG VerkMitt 1980 Nr. 108 = DAR 1980, 381 = NJW 1981, 184).

Bauliche Einrichtungen zur **Temporeduzierung** („Kölner Teller", „Delfter Hügel", „Moabiter Kissen") sind nicht unproblematisch, insbesondere für Hilfsfahrzeuge. Jedenfalls dürfen sie nur so hoch angebracht sein, dass auch tief liegende Fahrzeuge die Straßen gefahrlos mit der vorgegebenen Geschwindigkeit befahren können. Gleiches gilt für aufgepflasterte V-förmige Regenentwässerungsrinnen (OLG Köln VerkMitt 2002 Nr. 74). Für Zweiradfahrer müssen ausreichend breite Lücken bestehen (OLG Saarbrücken NZV 1998, 284). Auf deutlich erkennbare Schlaglöcher eines unbefestigten und mit Tempo 30 ausgewiesenen Fahrweges braucht nicht hingewiesen zu werden (OLG Rostock DAR 2000, 311 = NZV 2000, 333). **Straßenbegleitgrün** muss der Baulastträger mindestens zwei Mal im Jahr (mit und ohne Blätterlaub) auf seine Standsicherheit und Festigkeit der Äste auch im Kronenbereich sorgfältig überprüfen (BGH VD 2005, 23; OLG Brandenburg DAR 2000, 304). Mit ausreichendem Lichtraumprofil kann nur auf Straßen von erheblicher Bedeutung[31] gerechnet werden, nicht aber auf Kreis- oder Nebenstraßen (OLG Rostock SVR 2004, 463). **Baustellen** auf einer stark befahrenen Autobahn sind auch zur Nachtzeit zu überprüfen (OLG Brandenburg VerkMitt 2001 Nr. 70). Sind Parkplätze durch **Blumenkübel** begrenzt, muss vorsichtig gefahren werden; eine Berufung auf mangelnde Verkehrssicherungspflicht ist bei einer Kollision nicht möglich (OLG Koblenz DAR 2000, 357 = NZV 2000, 378).

2.3.2 Streupflicht

Eine Streupflicht der Straßenbaubehörde oder des von ihr beauftragen Unternehmens gilt für Fahrbahnen nur begrenzt (LG Gera NZV 2005, 639; BGH VRS 10, 254 = VkBl 1956, S. 249). Für Radwege gelten keine höheren Anforderungen als für Fahrbahnen (OLG Celle NZV 2001, 217). Erheblich eingeschränkt ist die Räum- und Streupflicht zur Nachtzeit (BGH DAR 1964, 108 = VRS 28, 18) und außerorts (BGH VkBl 1963, S. 50 = VRS 24, 7 = DAR 1963, 129; OLG Braunschweig NZV 2006, 586).[32] Bejaht wird sie zu Gunsten von Fußgängern (OLG Frankfurt NZV 2005, 638; BGH DAR 1981, 91), des Linienbusverkehrs, auf Kreuzungen bei Glatteis (KG DAR 2001, 497), bei schwer beherrschbarer oder kaum erkennbarer Glätte (OLG Celle VersR 1989, 17), auf unübersichtlichen Kreuzungen oder einmündenden Straßen mit Gefälle (OLG Karlsruhe VersR 1989, 158). Dabei ist zu berücksichtigen, dass Schmelzwasser zu einer Verdünnung des Auftausalzes führen kann (OLG Hamm NZV 2006, 567 = DAR 2007, 87).

---

31 Autobahnen, Bundes- oder Hauptverkehrsstraßen
32 Bei Bundesfernstraßen folgt aus der Sollvorschrift des § 3 Abs. 3 FStrG die „Freiwilligkeit" der Bestreuung.

2.4 Pflichten der Bahnunternehmer

Nach § 45 Abs. 2 und 3 ist die Straßenverkehrsbehörde für die Gefahrenabwehr im Vorfeld von Bahnkreuzungen, jedoch nicht im eigentlichen Kreuzungsbereich öffentlicher Bahnen zuständig (BVerwG VerkMitt 1991 Nr. 112). Letzteres obliegt nebst der Kostentragungspflicht für Schranken, Blinklichter, Andreaskreuze, Haltlinien, Baken nach § 14 Abs. 2 EKrG dem Bahnunternehmer, auch für den vom Straßenverkehr benutzten Kreuzungsteil. Bei Kreuzungsanlagen von Privatbahnen bleibt es jedoch bei der Zuständigkeit der Straßenverkehrsbehörde.

2.5 Pflichten der Straßenanlieger

Für Gehwege besteht im Regelfall Streupflicht des Grundstücksinhabers. In schneereichen Gebieten müssen Schneefanggitter angebracht und vor **Dachlawinen** oder herabfallenden Eiszapfen gewarnt werden (LG Ulm NZV 2006, 589 = DAR 2007, 91; OLG Stuttgart VersR 1973, 356; OLG Stuttgart VersR 1972, 324; s. a. Hugger/Stallwanger DAR 2005, 605; AG Limburg DAR 2001, 171; OLG Saarbrücken VersR 1985, 299 = ZfS 1985, 131); aber auch Passanten müssen auf herabfallenden Schnee achten (OLG Jena SVR 2007, 262). Bei tropfenden Dachrinnen ist auf Eisbildung auf dem Gehweg zu achten (LG München NZV 2006, 592).

2.6 Pflichten der Pannenhilfsdienste

Wegen der Gefahren bei Hilfestellungen im fließenden Verkehr haben Pannen- und Bergungsdienstleistende nach § 45 Abs. 7a die Befugnis, Leitkegel (Z. 610) zur Absicherung der Arbeits- oder Unfallstelle aufzustellen. Dies gilt insbesondere für die nach § 52 Abs. 4 Nr. 2 StVZO mit gelben Rundumleuchten ausgestatteten Fahrzeuge, die nach ihrer Bauart oder Einrichtung zur Pannenhilfe geeignet und in den Zulassungsdokumenten als Pannenhilfsfahrzeug anerkannt sind, z.B. Hilfsfahrzeuge der Automobilclubs (ADAC, AvD), der Verkehrsverbände, Autoversicherer und Betriebe, die gewerbsmäßig Pannenhilfe leisten.[33] Wie viele Leitkegel jeweils aufgestellt werden müssen, richtet sich nach der spezifischen Verkehrs- und Gefahrenlage.

3 Hinweise

3.1 Pflicht der **Straßenbaubehörde** nach dem **FStrG**: Warnung vor gefährlichem Straßenzustand: § 3 FStrG; Beachtung der Widmung bei der Kennzeichnung einer Straße als Autobahn: § 7 Abs. 1 FStrG; Maßnahmen zum Schutz gegen außergewöhnliche Schäden an Bundesfernstraßen: §§ 7 Abs. 2, 17 FStrG; oder zur Sicherstellung und finanziellen Regelung von Umleitungen: § 14 FStrG; Entscheidung der Planfeststellungsbehörde auch

---

[33] Richtlinien über die Mindestanforderungen an Bauart oder Ausrüstung von Pannenhilfsfahrzeugen: VkBl. 1997, S. 474. In den Richtlinien war bisher schon die Pflicht zur Ausrüstung der Abschleppfahrzeuge über 3,5 t mit Leitkegeln festgelegt (Berufsgenossenschaftliche Information für Sicherheit und Gesundheit bei der Arbeit vom 1.4.2001). Gleiches gilt für selbstfahrende Arbeitsmaschinen, Berge- und Kranfahrzeuge sowie Mobilkräne. Das Aufstellen von Leitkegeln durch die Besatzung anerkannter Pannenhilfsfahrzeuge nach § 52 Abs. 4 Nr. 2 StVZO wird durch § 45 Abs. 7a rechtlich abgesichert.

über Verkehrszeichen und Verkehrseinrichtungen: §§ 4 und 17 FStrG, § 36 Bundesbahngesetz.

3.2 Kostenpflicht für Verkehrszeichen und Verkehrseinrichtungen: § 5b StVG, § 45 Abs. 5; für Z. 386 (touristische Beschilderung): § 51.

3.3 Gebühren für Parkuhren, Parkscheinautomaten und Parkplätze bei Großveranstaltungen: § 6a Abs. 6 und 7 StVG. Gebühr für eine straßenverkehrsbehördliche Anordnung bei Baustellen: Gebühren-Nr. 261 GebOSt.

3.4 Verlautbarung des BMVBS zu Hinweisschildern für **Gottesdienste**: VkBl. 1960, S. 333 und VkBl. 1961, S. 373.

Hinweise auf religiöse Veranstaltungen

3.5 Verlautbarung des BMVBS zu **Informationsschildern** auf Rastplätzen der Bundesautobahnen: VkBl. 1968, S. 87. Die Tafeln stehen vor allem auf Rastplätzen der Autobahnen mit Nebenbetrieben (Tankstellen, Kioske mit WC, Raststätten) sowie vor Städten. Die Ankündigung solcher Rastplätze erfolgt durch Zeichen 365-61 „Informationsstelle".

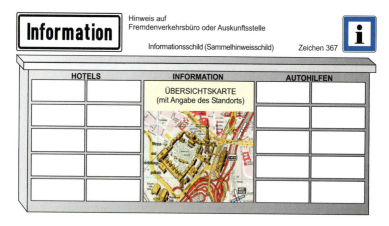

3.6 Richtlinien für **Wildschutzzäune** an Bundesfernstraßen (WSchuZR): VkBl. 1985, S. 453.

3.7 Richtlinien für die **Beleuchtung** von Verkehrsanlagen an den Bundesautobahnen: VkBl. 1986, S. 242.

3.8 Richtlinien für die Kennzeichnung von Brückenbauwerken mit beschränkter Durchfahrtshöhe über Straßen (RdSchr. Nr. 14/2000 BMVBS Straßenbau vom 20.6.2000). Die lichte Höhe ist die mit Z. 265 ausgewiesene zulässige Höhe des Fahrzeugs, einschließlich Ladung, zuzüglich eines Sicherheitsabstandes (0,25 m). Bei Durchfahrthöhen von 4 m und weniger muss auf die Gefahr durch Z. 265 hingewiesen werden (OLG Stuttgart NZV 2004, 96).

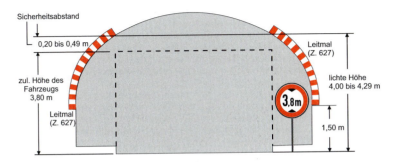

§ 46 Ausnahmegenehmigung und Erlaubnis

(1) Die Straßenverkehrsbehörden können in bestimmten Einzelfällen oder allgemein für bestimmte Antragsteller Ausnahmen genehmigen
1. von den Vorschriften über die Straßenbenutzung (§ 2);
2. vom Verbot, eine Autobahn oder eine Kraftfahrstraße zu betreten oder mit dort nicht zugelassenen Fahrzeugen zu benutzen (§ 18 Abs. 1, 9);
3. von den Halt- und Parkverboten (§ 12 Abs. 4);
4. vom Verbot des Parkens vor oder gegenüber von Grundstücksein- und -ausfahrten (§ 12 Abs. 3 Nr. 3);
4a. von der Vorschrift, an Parkuhren nur während des Laufes der Uhr, an Parkscheinautomaten nur mit einem Parkschein zu halten (§ 13 Abs. 1);
4b. von der Vorschrift, im Bereich eines Zonenhaltverbots (Zeichen 290.1 und 290.2) nur während der dort vorgeschriebenen Zeit zu parken (§ 13 Abs. 2);
4c. von den Vorschriften über das Abschleppen von Fahrzeugen (§ 15a);
5. von den Vorschriften über Höhe, Länge und Breite von Fahrzeug und Ladung (§ 18 Abs. 1 Satz 2, § 22 Abs. 2 bis 4);
5a. von dem Verbot der unzulässigen Mitnahme von Personen (§ 21);
5b. von den Vorschriften über das Anlegen von Sicherheitsgurten und das Tragen von Schutzhelmen (§ 21a);
6. vom Verbot, Tiere von Kraftfahrzeugen und andere Tiere als Hunde von Fahrrädern aus zu führen (§ 28 Abs. 1 Satz 3 und 4);
7. vom Sonntagsfahrverbot (§ 30 Abs. 3);
8. vom Verbot, Hindernisse auf die Straße zu bringen (§ 32 Abs. 1);
9. von den Verboten, Lautsprecher zu betreiben, Waren oder Leistungen auf der Straße anzubieten (§ 33 Abs. 1 Nr. 1 und 2);
10. vom Verbot der Werbung und Propaganda in Verbindung mit Verkehrszeichen (§ 33 Abs. 2 Satz 2) nur für die Flächen von Leuchtsäulen, an denen Haltestellenschilder öffentlicher Verkehrsmittel angebracht sind;
11. von den Verboten oder Beschränkungen, die durch Vorschriftzeichen (Anlage 2), Richtzeichen (Anlage 3), Verkehrseinrichtungen (Anlage 4) oder Anordnungen (§ 45 Abs. 4) erlassen sind;
12. von dem Nacht- und Sonntagsparkverbot (§ 12 Abs. 3a).

Vom Verbot, Personen auf der Ladefläche oder in Laderäumen mitzunehmen (§ 21 Abs. 2), können für die Dienstbereiche der Bundeswehr, der auf Grund des Nordatlantik-Vertrages errichteten internationalen Hauptquartiere, der Bundespolizei[1] und der Polizei deren Dienststellen, für den Katastrophenschutz die zuständigen Landesbehörden, Ausnahmen genehmigen.[2] Dasselbe gilt für die Vorschrift, dass vorgeschriebene Sicherheitsgurte angelegt sein oder Schutzhelme getragen werden müssen (§ 21a).

---

1 Der Bundesgrenzschutz ist durch Art. 99 des Gesetzes vom 21.6.2005 (BGBl. I S. 1836) in Bundespolizei umbenannt worden.
2 Nach Art. 24 des Post- und telekommunikationsrechtlichen Bereinigungsgesetzes vom 7. Mai 2002 (BGBl. I S. 1529) wurde die Berechtigung für Ausnahmen für die Post gestrichen.

(2) Die zuständigen obersten Landesbehörden oder die nach Landesrecht bestimmten Stellen können von allen Vorschriften dieser Verordnung Ausnahmen für bestimmte Einzelfälle oder allgemein für bestimmte Antragsteller genehmigen. Vom Sonntagsfahrverbot (§ 30 Abs. 3) können sie darüber hinaus für bestimmte Straßen oder Straßenstrecken Ausnahmen zulassen, soweit diese im Rahmen unterschiedlicher Feiertagsregelung in den Ländern (§ 30 Abs. 4) notwendig werden. Erstrecken sich die Auswirkungen der Ausnahme über ein Land hinaus und ist eine einheitliche Entscheidung notwendig, so ist das Bundesministerium für Verkehr, Bau und Stadtentwicklung[3] zuständig; das gilt nicht für Ausnahmen vom Verbot der Rennveranstaltungen (§ 29 Abs. 1).

(3) Ausnahmegenehmigung und Erlaubnis können unter dem Vorbehalt des Widerrufs erteilt werden und mit Nebenbestimmungen (Bedingungen, Befristungen, Auflagen) versehen werden. Erforderlichenfalls kann die zuständige Behörde die Beibringung eines Sachverständigengutachtens auf Kosten des Antragstellers verlangen. Die Bescheide sind mitzuführen und auf Verlangen zuständigen Personen auszuhändigen. Bei Erlaubnissen nach § 29 Abs. 3 genügt das Mitführen fernkopierter Bescheide.

(4) Ausnahmegenehmigungen und Erlaubnisse der zuständigen Behörde sind für den Geltungsbereich dieser Verordnung wirksam, sofern sie nicht einen anderen Geltungsbereich nennen.

VwV zu § 46 Ausnahmegenehmigung und Erlaubnis

Allgemeines über Ausnahmegenehmigungen

1 I. Die Straßen sind nur für den normalen Verkehr gebaut. Eine Ausnahmegenehmigung zu erteilen, ist daher nur in besonders dringenden Fällen gerechtfertigt. An den Nachweis solcher Dringlichkeit sind strenge Anforderungen zu stellen. Erteilungsvoraussetzungen dürfen nur dann als amtsbekannt behandelt werden, wenn in den Akten dargetan wird, worauf sich diese Kenntnis gründet.

2 II. Die Sicherheit des Verkehrs darf durch eine Ausnahmegenehmigung nicht beeinträchtigt werden; sie ist erforderlichenfalls durch Auflagen und Bedingungen zu gewährleisten. Auch Einbußen der Flüssigkeit des Verkehrs sind auf solche Weise möglichst zu mindern.

3 III. Die straßenrechtlichen Vorschriften über Sondernutzungen sind zu beachten.

4 IV. Hat der Inhaber einer Ausnahmegenehmigung die Nichtbeachtung von Bedingungen und Auflagen zu vertreten, so soll ihm grundsätzlich keine neue Ausnahmegenehmigung erteilt werden.

5 V. Vor der Erteilung einer Ausnahmegenehmigung sollen die beteiligten Behörden gehört werden, wenn dies bei dem Zweck oder dem Geltungsbereich der Ausnahmegenehmigung geboten ist.

6 VI. Dauerausnahmegenehmigungen sind auf höchstens drei Jahre zu befristen. Sie dürfen nur widerruflich erteilt werden.

Zu Absatz 1
Zu Nummer 1

7 Aus Sicherheitsgründen werden in der Regel Bedingungen oder Auflagen geboten sein.

---

3 Namensänderung aufgrund des Art. 411 der 2. Zuständigkeitsanpassungs-Verordnung vom 29.10.2001 (BGBl. I S. 2785/2867) in BMVBW sowie im Zuge der Regierungsbildung nach den Wahlen 2005 in BMVBS

§ 46 Ausnahmegenehmigung und Erlaubnis

Zu Nummer 2

8 Sofern die Ausnahmegenehmigung sich auf dort nicht zugelassene Fahrzeuge bezieht, gilt Nr. VI 2a zu § 29 Abs. 3; Rn. 117 und 118.

Zu Nummer 4

9 Die betroffenen Anlieger sind zu hören.

Zu Nummer 4a und 4b

10 I. Ohnhänder (Ohnarmer) erhalten eine Ausnahmegenehmigung, um an Parkuhren und Parkscheinautomaten gebührenfrei und im Zonenhaltverbot bzw. auf Parkplätzen mit zeitlicher Begrenzung ohne Benutzung der Parkscheibe zu parken.

11 II. Kleinwüchsige Menschen mit einer Körpergröße von 1,39 m und darunter erhalten eine Ausnahmegenehmigung, um an Parkuhren und Parkscheinautomaten gebührenfrei zu parken.

12 III. Nr. III zu § 46 Abs. 1 Nr. 11 gilt entsprechend.

Zu Nummer 5

13 I. Fahrzeuge und Fahrzeugkombinationen, die auf Grund ihrer Ladung die Abmessungen der § 18 Abs. 1 oder § 22 Abs. 2 bis 4 überschreiten, bedürfen einer Ausnahmegenehmigung. Bei Überschreiten der Maße und Gewichte nach den §§ 32 bis 34 StVZO bedürfen diese Fahrzeuge zusätzlich einer Ausnahmegenehmigung nach § 70 StVZO und einer Erlaubnis nach § 29 Abs. 3 (vgl. zu § 29 Abs. 3; Rn. 79 ff.).

II. Voraussetzungen der Ausnahmegenehmigung

14 1. Eine Ausnahmegenehmigung darf nur erteilt werden, wenn

15 a) der Verkehr nicht – wenigstens zum größten Teil der Strecke – auf der Schiene oder auf dem Wasser möglich ist oder wenn durch einen Verkehr auf dem Schienen- oder Wasserwege unzumutbare Mehrkosten (auch andere als die reinen Transportkosten) entstehen würden;

16 b) für den gesamten Fahrtweg Straßen zur Verfügung stehen, deren baulicher Zustand durch den Verkehr nicht beeinträchtigt wird und für deren Schutz keine besonderen Maßnahmen erforderlich sind, oder wenn wenigstens die spätere Wiederherstellung der Straßen oder die Durchführung jener Maßnahmen vor allem aus verkehrlichen Gründen nicht zu Zeit raubend oder zu umfangreich wäre;

17 c) die Beschaffung eines Spezialfahrzeugs für die Beförderung unmöglich oder unzumutbar ist;

18 d) die Ladung nach vorn nicht über 1 m hinausragt.

19 2. Eine Ausnahmegenehmigung darf außerdem nur für die Beförderung folgender Ladungen erteilt werden:

20 a) Einer unteilbaren Ladung

21 Unteilbar ist eine Ladung, wenn ihre Zerlegung aus technischen Gründen unmöglich ist oder unzumutbare Kosten verursachen würde.

22 b) Einer aus zwei Teilen bestehenden Ladung, wenn die Teile aus Festigkeitsgründen nicht als Einzelstücke befördert werden können und diese unteilbar sind.

23 c) Mehrerer einzelner Teile, die je für sich mit ihrer Länge, Breite oder Höhe über den in der Zulassungsbescheinigung Teil I (Anlage 5 zur § 11 Fahrzeug-Zulassungsverordnung – FZV) festgelegten Abmessungen des Fahrzeugs oder der Fahrzeugkombination hinausragen und unteilbar sind.

24 d) Beiladung ist gestattet, soweit Gesamtgewicht und Achslasten die nach § 34 StVZO zulässigen Werte nicht überschreiten.

25 3. Hat der Antragsteller vorsätzlich oder grob fahrlässig zuvor einen genehmigungspflichtigen Verkehr ohne die erforderliche Ausnahmegenehmigung durchgeführt oder gegen die Bedingungen und Auflagen einer Ausnahmegenehmigung verstoßen, so soll ihm für einen angemessenen Zeitraum keine Genehmigung mehr erteilt werden.

III. Das Verfahren

26 1. Der Antragsteller ist darauf hinzuweisen, dass die Bearbeitung der Anträge in der Regel zwei Wochen erfordert. Von diesem Hinweis kann nur dann abgesehen werden, wenn der Antragsteller nachweist, dass die Beförderung eilbedürftig ist, nicht vorhersehbar war und geeigneter Eisenbahn- oder Schiffstransportraum nicht mehr rechtzeitig zur Verfügung gestellt werden kann; dabei ist ein strenger Maßstab anzulegen.

27 Aus dem Antrag müssen mindestens folgende technischen Daten des Fahrzeuges oder der Fahrzeugkombination einschließlich der Ladung ersichtlich sein:

28 Länge, Breite und Höhe des Fahrzeuges oder der Fahrzeugkombination, Abmessungen der Ladung, Höchstgeschwindigkeit des Transports, amtliches Kennzeichen von Zugfahrzeugen und Anhängern.

29 2. Außer in den Fällen der Nr. 4 hat die zuständige Straßenverkehrsbehörde die nach § 8 Abs. 6 des Bundesfernstraßengesetzes oder den entsprechenden landesrechtlichen Bestimmungen zu beteiligenden Straßenbaubehörden sowie die Polizei und, wenn Bahnstrecken höhengleich (Bahnübergänge) oder nicht höhengleich (Überführungen) gekreuzt oder Bahnanlagen berührt werden, auch die Bahnunternehmen zu hören. Geht die Fahrt über den Bezirk einer Straßenverkehrsbehörde hinaus, so sind außerdem die Straßenverkehrsbehörden zu hören, durch deren Bezirk der Fahrtweg führt; diese verfahren für ihren Bezirk nach Satz 1. Die zuständige Genehmigungsbehörde hat im Anhörverfahren ausdrücklich zu bestätigen, dass die Abwicklung des Transports auf dem Schienen- oder Wasserweg unmöglich oder unzumutbar ist. Ist die zeitweise Sperrung einer Autobahn-Richtungsfahrbahn erforderlich, bedarf es der Zustimmung der höheren Verwaltungsbehörde. Den beteiligten Behörden sind die in Nr. III 1 aufgeführten technischen Daten des Fahrzeugs oder der Fahrzeugkombination und der Ladung mitzuteilen.

30 3. Geht die Fahrt über das Gebiet eines Landes hinaus, so ist unter Mitteilung der in Nr. III 1 aufgeführten technischen Daten des Fahrzeugs oder der Fahrzeugkombination und der Ladung die Zustimmung derjenigen höheren Verwaltungsbehörde einzuholen, durch deren Bezirk die Fahrt in den anderen Ländern jeweils zuerst geht. Auch für diese Behörden gilt Nr. 2 Satz 1. Auf die Anhörung der Polizei kann im Rahmen des Zustimmungsverfahrens in der Regel verzichtet werden. Eine Unterrichtung der Polizei über die Erteilung von Ausnahmegenehmigungen für Großraum- und Schwertransporte ist jedoch unbedingt sicherzustellen. Die Zustimmung der genannten Behörden darf nur mit der Begründung versagt werden, dass die Voraussetzungen nach Nr. II 1 b (Rn. 16) in ihrem Bezirk nicht vorliegen. Die zuständigen obersten Landesbehörden können die für das Anhörverfahren bei der Erteilung von Dauerausnahmegenehmigungen ohne festgelegten Fahrtweg zuständigen höheren Verwaltungsbehörden bestimmen.

31 Führt die Fahrt nur auf kurzen Strecken in ein anderes Land, so genügt es, statt mit der dortigen höheren Verwaltungsbehörde unmittelbar mit der örtlichen Straßenverkehrsbehörde und der örtlichen Straßenbaubehörde des Nachbarlandes Verbindung aufzunehmen.

32 4. Von dem in Nr. 2 und 3 angeführten Anhörverfahren ist abzusehen, wenn folgende Abmessungen im Einzelfall nicht überschritten werden:

33 a) Höhe (Fahrzeug/Fahrzeugkombination und Ladung) — 4 m

34 b) Breite (Fahrzeug/Fahrzeugkombination und Ladung) — 3 m

35 c) Länge (Fahrzeug/Fahrzeugkombination und Ladung) — 22 m

36 d) Hinausragen der Ladung nach hinten — 4 m

37 e) Hinausragen der Ladung über die letzte Achse — 5 m

38 f) Hinausragen der Ladung nach vorn — 1 m

39 5. a) An den Nachweis der Voraussetzungen der Erteilung einer Ausnahmegenehmigung nach Nr. II sind strenge Anforderungen zu stellen. Über das Verlangen von Sachverständigengutachten vgl. § 46 Abs. 3 Satz 2. Die Erteilungsvoraussetzungen dürfen nur dann als amtsbekannt behandelt werden, wenn in den Akten dargelegt wird, worauf sich diese Kenntnis gründet.

40 b) Die Straßenverkehrsbehörde hat, wenn es sich um einen Verkehr über eine Wegstrecke von mehr als 250 km handelt, nach Nr. III 2 und 3 ein Anhörverfahren vorgeschrieben ist und eine Gesamtbreite von 4,20 m oder eine Gesamthöhe von 4,80 m (jeweils von Fahrzeug und Ladung) nicht überschritten wird, sich vom Antragsteller vorlegen zu lassen:

41 aa) eine Bescheinigung der für den Versandort zuständigen Güterabfertigung darüber, ob und gegebenenfalls innerhalb welcher Fristen und unter welchen Gesamtkosten die Schienenbeförderung bzw. die gebrochene Beförderung Schiene/Straße möglich ist,

42 bb) im gewerblichen Verkehr eine Bescheinigung des Frachtführers oder des Spediteurs über die tarifmäßigen Beförderungsentgelte und die Entgelte für zusätzliche Leistungen,

43 cc) im Werkverkehr den Nachweis über die gesamten Beförderungskosten; wird der Nachweis nicht erbracht, kann das tarifmäßige Beförderungsentgelt zuzüglich der Entgelte für zusätzliche Leistungen als Richtwert herangezogen werden.

44 c) Die Straßenverkehrsbehörde hat, wenn es sich um einen Verkehr über eine Wegstrecke von mehr als 250 km handelt und eine Gesamtbreite von 4,20 m oder eine Gesamthöhe von 4,80 m (jeweils von Fahrzeug und Ladung) überschritten wird, sich vom Antragsteller vorlegen zu lassen:

45 aa) eine Bescheinigung der nächsten Wasser- und Schifffahrtsdirektion darüber, ob und ggf. innerhalb welcher Fristen und unter welchen Gesamtkosten die Beförderung auf dem Wasser bzw. die gebrochene Beförderung Wasser/Straße möglich ist,

46 bb) im gewerblichen Verkehr eine Bescheinigung des Frachtführers oder des Spediteurs über die tarifmäßigen Beförderungsentgelte und die Entgelte für zusätzliche Leistungen,

47 cc) im Werkverkehr den Nachweis über die gesamten Beförderungskosten; wird der Nachweis nicht erbracht, kann das tarifmäßige Beförderungsentgelt zuzüglich der Entgelte für zusätzliche Leistungen als Richtwert herangezogen werden.

48 In geeigneten Fällen kann die Straßenverkehrsbehörde die Bescheinigung auch für Transporte mit weniger als 250 km Wegstrecke verlangen.

49 Die Vorlage der Bescheinigungen nach aa, bb oder cc ist nicht erforderlich, wenn ein Transport auf dem Wasserweg offensichtlich nicht in Betracht kommt.

IV. Der Inhalt des Genehmigungsbescheides

50 1. Der Fahrweg ist in den Fällen festzulegen, in denen nach Nr. III 2 und 3 ein Anhörverfahren vorgeschrieben ist. Dabei müssen sämtliche Möglichkeiten des gesamten Straßennetzes bedacht werden. Eine Beeinträchtigung des Verkehrsflusses in den Hauptverkehrszeiten muss vermieden werden. Auch sollte der Fahrtweg so festgelegt werden, dass eine Verkehrsregelung nicht erforderlich ist.

51 2. Erforderlichenfalls ist auch die Fahrzeit festzulegen. Jedenfalls in den Fällen, in denen nach Nr. III 2 und 3 ein Anhörverfahren vorgeschrieben ist, soll für Straßenabschnitte, die erfahrungsgemäß zu bestimmten Zeiten einen erheblichen Verkehr aufweisen, die Fahrzeit in der Regel wie folgt beschränkt werden:

52 a) Die Benutzung von Autobahnen ist in der Regel von Freitag 15.00 bis Montag 9.00 Uhr zu verbieten und, falls diese Straßen starken Berufsverkehr aufweisen, auch an den übrigen Wochentagen von 6.00 Uhr bis 8.30 Uhr und von

15.30 Uhr bis 19.00 Uhr. Vom 15.6. bis 15.9. sowie von Gründonnerstag bis Dienstag nach Ostern und von Freitag vor Pfingsten bis Dienstag danach sollte solchem Verkehr die Benutzung der Autobahnen möglichst nur von 22.00 Uhr bis 6.00 Uhr erlaubt werden. Gegebenenfalls kommt auch ein Verbot der Autobahnbenutzung an anderen Feiertagen (z. B. Weihnachten) sowie an den Tagen davor und danach in Betracht.

53 b) Auf Bundesstraßen samt ihren Ortsdurchfahrten und auf anderen Straßen mit erheblichem Verkehr außerhalb geschlossener Ortschaften darf solcher Verkehr in der Regel nur von Montag 9.00 Uhr bis Freitag 15.00 Uhr erlaubt werden.

54 Die Benutzung von Straßen mit starkem Berufsverkehr ist in der Regel werktags von 6.00 Uhr bis 8.30 Uhr und von 15.30 Uhr bis 19.00 Uhr zu verbieten.

55 Zu a und b: Ist die Sperrung einer Autobahn, einer ganzen Fahrbahn oder die teilweise Sperrung einer Straße mit erheblichem Verkehr notwendig, so ist das in der Regel nur in der Zeit von 22.00 Uhr bis 6.00 Uhr zu erlauben.

56 3. Von der Fahrzeitbeschränkung nach Nr. IV 2 kann abgesehen werden, wenn der Antragsteller nachweist, dass die Beförderung eilbedürftig ist und bei einer Beschränkung der Fahrzeit die termingerechte Durchführung des Transportauftrags nicht gewährleistet ist. Dies gilt jedoch nicht, wenn die Eilbedürftigkeit durch Verschulden des Antragstellers entstanden ist. Ein Abweichen soll nicht zugelassen werden, wenn es erhebliche Einschränkungen des allgemeinen Verkehrs zu Verkehrsspitzenzeiten oder auf Strecken mit starkem Verkehrsaufkommen zur Folge haben wird. In diesen Fällen muss der Transport auf weniger bedeutende Straßen ausweichen.

57 Von der Fahrzeitbeschränkung nach Nr. IV 2 a Satz 2 kann abgesehen werden, wenn Lastfahrten mit Fahrzeugen oder Fahrzeugkombinationen durchgeführt werden, deren zulässige Höchstgeschwindigkeit 80 km/h beträgt und die diese Geschwindigkeit transportbedingt einhalten können, sofern sie die in Nr. III 4 (Rn. 32 ff.) aufgeführten Abmessungen nicht überschreiten.

58 4. Um einen reibungslosen Ablauf des genehmigungspflichtigen Verkehrs sicherzustellen, kann die zuständige Polizeidienststelle im Einzelfall von der im Genehmigungsbescheid festgesetzten zeitlichen Beschränkung abweichen, wenn es die Verkehrslage erfordert oder gestattet.

59 5. a) Soweit es die Sicherheit oder Ordnung des Verkehrs erfordert, sind Bedingungen zu stellen und Auflagen zu machen; insbesondere werden die von den Straßenverkehrsbehörden, den Straßenbaubehörden und Bahnunternehmen mitgeteilten Bedingungen, Auflagen und Sondernutzungsgebühren grundsätzlich in die Ausnahmegenehmigung aufgenommen. Erforderlichenfalls ist für den ganzen Fahrtweg oder für bestimmte Fahrstrecken die zulässige Höchstgeschwindigkeit zu beschränken.

60 b) Es ist vorzuschreiben, dass die Fahrt bei erheblicher Sichtbehinderung durch Nebel, Schneefall, Regen oder bei Glatteis zu unterbrechen und das Fahrzeug möglichst außerhalb der Fahrbahn abzustellen und zu sichern ist.

61 c) Die Auflage, das Fahrzeug, die Fahrzeugkombination oder die Ladung besonders kenntlich zu machen, ist häufig geboten, etwa durch Verwendung von Kennleuchten mit gelbem Blinklicht oder durch Anbringung weiß-rot-weißer Warnfahnen oder weiß-roter-Warntafeln am Fahrzeug und/oder Zug selbst oder an einem begleitenden Fahrzeug oder an der Ladung. Auf die „Richtlinien für die Kenntlichmachung überbreiter und überlanger Straßenfahrzeuge sowie bestimmter hinausragender Ladungen" wird verwiesen.

62 d) Außerdem ist die Auflage aufzunehmen, dass vor Fahrtantritt zu prüfen ist, ob die im Genehmigungsbescheid festgelegten Abmessungen, insbesondere die vorgeschriebene Höhe, eingehalten werden.

63 6. Erforderlichenfalls ist vorzuschreiben, dass sich solche Fahrzeuge wie Züge nach § 4 Abs. 2 zu verhalten haben.

64 7. a) Ragt die Ladung mehr als 50 cm nach vorn hinaus, so ist die Auflage zu erteilen, die Ladung durch eine rot-weiß-gestreifte Schutzvorrichtung zu sichern, die bei Dunkelheit blendfrei zu beleuchten ist. Soweit möglich, ist dazu eine mindestens 50 cm lange Schutzkappe über das vordere Ende der Ladung zu stülpen und so zu befestigen, dass die Ladung nicht nach vorn verrutschen kann.

65 b) Ragt die Ladung nach hinten hinaus, sind folgende Auflagen zu erteilen:

66 aa) Die Ladung, insbesondere deren hintere Enden, sind durch Spannmittel oder sonstige Vorrichtungen ausreichend zu sichern.

67 bb) Es darf nur abgebogen werden, wenn das wegen des Ausschwenkens der Ladung ohne Gefährdung, insbesondere des nachfolgenden oder des Gegenverkehrs, möglich ist.

68 cc) Besteht die Gefahr, dass die Ladung auf der Fahrbahn schleift, so ist ein Nachläufer vorzuschreiben. Auf die „Richtlinien für Langmaterialzüge mit selbstlenkendem Nachläufer" wird verwiesen.

69 8. Der Antragsteller hat bei der Antragstellung folgende Haftungserklärung bzw. folgenden Haftungsverzicht abzugeben: „Soweit durch den Transport Schäden entstehen, verpflichte ich mich, für Schäden an Straßen und deren Einrichtungen sowie an Eisenbahnanlagen, Eisenbahnfahrzeugen, sonstigen Eisenbahngegenständen und Grundstücken aufzukommen und Straßenbaulastträger, Polizei, Verkehrssicherungspflichtige und Eisenbahnunternehmer von Ersatzansprüchen Dritter, die aus diesen Schäden hergeleitet werden, freizustellen. Ich verzichte ferner darauf, Ansprüche daraus herzuleiten, dass die Straßenbeschaffenheit nicht den besonderen Anforderungen des Transportes entspricht."

70 9. Es kann geboten sein, einen Beifahrer, weiteres Begleitpersonal und private Begleitfahrzeuge mit oder ohne Wechselverkehrszeichen-Anlage vorzuschreiben. Begleitfahrzeuge mit Wechselverkehrszeichen-Anlage sind gemäß „Merkblatt über die Ausrüstung eines privaten Begleitfahrzeuges" auszurüsten. Ein Begleitfahrzeug mit Wechselverkehrszeichen-Anlage darf nur vorgeschrieben werden, wenn wegen besonderer Umstände das Zeigen von Verkehrszeichen durch die Straßenverkehrsbehörde anzuordnen ist. Diese Voraussetzung liegt bei einem Großraumtransport insbesondere vor, wenn bei einem Transport

71 a) auf Autobahnen und Straßen, die wie eine Autobahn ausgebaut sind,
 – bei zwei oder mehr Fahrstreifen plus Seitenstreifen je Richtung
 die Breite über alles 4,50 m

72 – bei zwei Fahrstreifen ohne Seitenstreifen je Richtung
 die Breite über alles 4,00 m
 (bei anderen Querschnitten ist die Regel sinngemäß anzuwenden)
 oder

73 b) auf anderen Straßen in der Regel
 – die Breite über alles von 3,00 m
 – die Länge über alles von 27,00 m
 überschritten wird.

74 c) auf allen Straßen der Sicherheitsabstand bei Überführungsbauwerken von 10 cm nicht eingehalten werden kann.

75 Eine polizeiliche Begleitung ist grundsätzlich nur erforderlich, wenn

76 a) bei Autobahnen und Straßen, die wie eine Autobahn ausgebaut sind,
 – bei zwei oder mehr Fahrstreifen plus Seitenstreifen je Richtung
 die Breite über alles von 5,50 m

77 – bei zwei Fahrstreifen ohne Seitenstreifen je Richtung
 die Breite von 4,50 m
 oder

78 b) auf anderen Straßen
 - die Breite über alles von 3,50 m
 überschritten wird.

79 Polizeiliche Maßnahmen aus Anlass eines Transports sind nur erforderlich, wenn

80 a) der Gegenverkehr gesperrt werden muss,

81 b) bei einer Durchfahrt durch ein Überführungsbauwerk oder durch sonstige feste Straßenüberbauten der Transport nur in abgesenktem Zustand erfolgen kann oder

82 c) bei sonstigen schwierigen Straßen- oder Verkehrsverhältnissen.

83 Sofern eine polizeiliche Begleitung/polizeiliche Maßnahme erforderlich ist, ist der Transport frühzeitig, in der Regel spätestens 48 Stunden vorher, bei der für den Ausgangsort zuständigen Polizeidienststelle anzumelden.

84 10. Entfällt nach Nr. III 4 (Rn. 32 ff.) das Anhörverfahren, so ist dem Genehmigungsinhaber die Auflage zu erteilen, vor der Durchführung des Verkehrs in eigener Verantwortung zu prüfen, ob der beabsichtigte Fahrtweg für den Verkehr geeignet ist.

V. Dauerausnahmegenehmigung

85 1. Einem Antragsteller kann, wenn die Voraussetzungen nach Nr. II (Rn. 14 ff.) vorliegen und er nachweist, dass er häufig entsprechenden Verkehr durchführt, eine auf höchstens drei Jahre befristete Dauerausnahmegenehmigung erteilt werden.

86 2. Eine Dauerausnahmegenehmigung darf nur erteilt werden, wenn
 a) polizeiliche Begleitung nicht erforderlich ist und

87 b) der Antragsteller Großraum- und Schwertransporte schon längere Zeit mit sachkundigen, zuverlässigen Fahrern und verkehrssicheren Fahrzeugen ohne Beanstandung durchgeführt hat.

88 3. Die Dauerausnahmegenehmigung ist auf Fahrten zwischen bestimmten Orten zu beschränken; statt eines bestimmten Fahrtwegs können dem Antragsteller auch mehrere zur Verfügung gestellt werden. Eine Dauerausnahmegenehmigung kann auch für alle Straßen im Zuständigkeitsbereich der Genehmigungsbehörde und der benachbarten Straßenverkehrsbehörden erteilt werden. Für Straßenverkehrsbehörden mit kleinen räumlichen Zuständigkeitsbereichen können die obersten Landesbehörden Sonderregelungen treffen.

89 4. Eine allgemeine Dauerausnahmegenehmigung (vgl. Allgemeines über Ausnahmegenehmigungen Nr. VI.) kann bis zu den in Nr. III. 4 aufgeführten Abmessungen erteilt werden. Die höhere Verwaltungsbehörde, die nach § 70 Abs. 1 Nr. 1 StVZO eine Ausnahmegenehmigung von den Vorschriften der §§ 32 und 34 StVZO erteilt, kann zugleich eine allgemeine Dauerausnahmegenehmigung für eine Überschreitung bis zu den in Nr. III 4 (Rn. 32 ff.) aufgeführten Abmessungen erteilen. Die Dauerausnahmegenehmigung ist auf die Geltungsdauer, höchstens jedoch auf drei Jahre, und den Geltungsbereich der Ausnahmegenehmigung nach § 70 Abs. 1 Nr. 1 StVZO zu beschränken.

90 5. In die Dauerausnahmegenehmigung ist die Auflage aufzunehmen, dass der Antragsteller vor der Durchführung des Verkehrs in eigener Verantwortung zu überprüfen hat, ob der beabsichtigte Fahrtweg für den Verkehr geeignet ist. Die Abmessungen, die einzuhalten sind, und die Güter, die befördert werden dürfen, sind genau festzulegen.

91 6. Eine Dauerausnahmegenehmigung darf nur unter dem Vorbehalt des Widerrufs erteilt werden. Sie ist zu widerrufen, wenn der Verkehrsablauf unzumutbar beeinträchtigt wird oder sonstige erhebliche Belästigungen oder Gefährdungen der Verkehrsteilnehmer eingetreten sind. Die Dauerausnahmegenehmigung kann widerrufen werden, wenn der Genehmigungsinhaber eine Auflage nicht erfüllt.

§ 46 Ausnahmegenehmigung und Erlaubnis 596

92   7. Im Übrigen sind die Vorschriften in Nr. I bis IV sinngemäß anzuwenden.

Zu Nummer 5b

93   I. Ausnahmen von der Anlegepflicht

Von der Anlegepflicht für Sicherheitsgurte können Personen im Ausnahmewege befreit werden, wenn

94   – das Anlegen der Gurte aus gesundheitlichen Gründen nicht möglich ist oder

95   – die Körpergröße weniger als 150 cm beträgt.

II. Ausnahmen von der Schutzhelmtragepflicht

96   Von der Schutzhelmtragepflicht können Personen im Ausnahmewege befreit werden, wenn das Tragen eines Schutzhelmes aus gesundheitlichen Gründen nicht möglich ist.

III. Voraussetzungen

97   Die in Nr. I und II genannten Voraussetzungen gesundheitlicher Art sind durch eine ärztliche Bescheinigung nachzuweisen. In der ärztlichen Bescheinigung ist ausdrücklich zu bestätigen, dass der Antragsteller auf Grund des ärztlichen Befundes von der Gurtanlege- bzw. Helmtragepflicht befreit werden muss. Die Diagnose braucht aus der Bescheinigung nicht hervorzugehen.

IV. Geltungsdauer und Auflagen

98   Die Ausnahmegenehmigungen sind widerruflich und befristet zu erteilen.

99   Soweit aus der ärztlichen Bescheinigung keine geringere Dauer hervorgeht, ist die Ausnahmegenehmigung in der Regel auf ein Jahr zu befristen. Dort, wo es sich um einen attestierten nichtbesserungsfähigen Dauerzustand handelt, ist eine unbefristete Ausnahmegenehmigung zu erteilen.

Zu Nummer 6

100   Gegen das Führen von Rindvieh in Viehtriebrahmen hinter Schleppern bestehen keine grundsätzlichen Bedenken. In der Ausnahmegenehmigung ist die zulässige Geschwindigkeit auf weniger als 5 km/h festzusetzen. Die Zahl der zu führenden Tiere ist festzulegen.

Zu Nummer 7

101   I. Voraussetzung der Genehmigung

1. Eine Einzelgenehmigung darf nur unter folgenden Voraussetzungen erteilt werden:

102   a) in dringenden Fällen, z.B. zur Versorgung der Bevölkerung mit leicht verderblichen Lebensmitteln, zur termingerechten Be- oder Entladung von Seeschiffen, zur Aufrechterhaltung des Betriebes öffentlicher Versorgungseinrichtungen; wirtschaftliche oder wettbewerbliche Gründe allein rechtfertigen eine Genehmigung keinesfalls,

103   b) für Güter, zu deren Beförderung keine Fahrzeuge bis zu 7,5 t zulässiges Gesamtgewicht verfügbar sind,

104   c) für Güter, deren fristgerechte Beförderung nicht wenigstens zum größten Teil der Strecke auf der Schiene möglich ist, sofern es sich um eine Beförderung über eine Straßenstrecke von mehr als 100 km handelt und

105   d) für grenzüberschreitenden Verkehr, wenn die deutschen und ausländischen Grenzzollstellen zur Zeit der voraussichtlichen Ankunft an der Grenze Lastkraftwagenladungen abfertigen können.

106   2. Eine Dauerausnahmegenehmigung darf nur erteilt werden, wenn außerdem die Notwendigkeit regelmäßiger Beförderung feststeht.

II. Das Verfahren

107   1. Vom Antragsteller sind folgende Unterlagen zu verlangen:

a) Fracht- und Begleitpapiere,

108 b) falls es sich um eine Beförderung über eine Straßenstrecke von mehr als 100 km handelt, eine Bescheinigung der für den Versandort zuständigen Güterabfertigung über die Unmöglichkeit der fristgerechten Schienenbeförderung,

109 c) für grenzüberschreitenden Verkehr ein Nachweis über die Abfertigungszeiten der Grenzzollstelle für Ladungen auf Lastkraftwagen,

110 d) Kraftfahrzeug- und Anhängerschein. Für ausländische Kraftfahrzeuge, in deren Zulassungspapieren zulässiges Gesamtgewicht und Motorleistung nicht eingetragen sind, ist eine entsprechende amtliche Bescheinigung erforderlich.

111 2. Eine Dauerausnahmegenehmigung darf nur erteilt werden, wenn der Antragsteller die Dringlichkeit der Beförderung durch eine Bescheinigung der Industrie- und Handelskammer nachweist oder sonst glaubhaft macht.

III. Inhalt der Genehmigung

112 Für den Genehmigungsbescheid ist ein Formblatt zu verwenden, das das Bundesministerium für Verkehr nach Anhörung der obersten Landesbehörden im Verkehrsblatt bekannt gibt.

113 1. Der Beförderungsweg braucht nur festgelegt zu werden, wenn das aus verkehrlichen Gründen geboten ist.

114 2. Für grenzüberschreitenden Verkehr ist die Beförderungszeit so festzulegen, dass das Kraftfahrzeug an der Grenze voraussichtlich zu einem Zeitpunkt eintrifft, an dem sowohl die deutsche als auch die ausländische Grenzzollstelle zur Abfertigung von Ladungen besetzt ist.

115 3. Die für die Beförderung zugelassenen Güter sind einzeln und genau aufzuführen.

Zu Nummer 9

116 Von dem Verbot verkehrsstörenden Lautsprecherlärms dürfen Ausnahmen nur genehmigt werden, wenn ein überwiegendes Interesse der Allgemeinheit vorliegt.

Zu Nummer 10

117 Gegen die Erteilung einer Ausnahmegenehmigung für Werbung auf Flächen von Leuchtsäulen bestehen in der Regel keine Bedenken; Gründe der Sicherheit oder Leichtigkeit des Straßenverkehrs werden kaum je entgegenstehen.

Zu Nummer 11

Ausnahmegenehmigungen für schwerbehinderte Menschen

I. Parkerleichterungen

118 1. Schwerbehinderten Menschen mit außergewöhnlicher Gehbehinderung kann gestattet werden,

119 a) an Stellen, an denen das eingeschränkte Haltverbot angeordnet ist (Z. 286, 290.1), bis zu drei Stunden zu parken. Antragstellern kann für bestimmte Haltverbotsstrecken eine längere Parkzeit genehmigt werden. Die Ankunftszeit muss sich aus der Einstellung auf einer Parkscheibe (§ 13 Abs. 2 Nr. 2, Bild 318) ergeben,

120 b) im Bereich eines Zonenhaltverbots (Z. 290.1) die zugelassene Parkdauer zu überschreiten,

121 c) an Stellen, die durch Z. 314 und 315 gekennzeichnet sind und für die durch ein Zusatzzeichen eine Begrenzung der Parkzeit angeordnet ist, über die zugelassene Zeit hinaus zu parken,

122 d) in Fußgängerzonen, in denen das Be- oder Entladen für bestimmte Zeiten freigegeben ist, während der Ladezeiten zu parken,

123 e) an Parkuhren und bei Parkscheinautomaten zu parken, ohne Gebühr und zeitliche Begrenzung,

124 f) auf Parkplätzen für Bewohner bis zu drei Stunden zu parken,

125 g) in verkehrsberuhigten Bereichen (Z. 325.1) außerhalb der gekennzeichneten Flächen ohne den durchgehenden Verkehr zu behindern, zu parken,

126 sofern in zumutbarer Entfernung keine andere Parkmöglichkeit besteht. Die vorgenannten Parkerleichterungen dürfen mit allen Kraftfahrzeugen in Anspruch genommen werden.

127 Die höchstzulässige Parkzeit beträgt 24 Stunden.

128 2. Die Berechtigung ist entweder durch den EU-einheitlichen Parkausweis für behinderte Menschen (vgl. Nr. IX 1b zu § 45 Abs. 1 bis 1e) oder durch einen besonderen Parkausweis, den das zuständige Bundesministerium im Verkehrsblatt bekannt gibt, nachzuweisen. Der Ausweis muss gut sichtbar hinter der Windschutzscheibe angebracht sein.

II. Voraussetzungen der Ausnahmegenehmigung

129 1. Als schwerbehinderte Menschen mit außergewöhnlicher Gehbehinderung sind solche Personen anzusehen, die sich wegen der Schwere ihres Leidens dauernd nur mit fremder Hilfe oder nur mit großer Anstrengung außerhalb ihres Kraftfahrzeuges bewegen können.

130 Hierzu zählen: Querschnittsgelähmte, doppeloberschenkelamputierte, doppelunterschenkelamputierte, hüftexartikulierte und einseitig oberschenkelamputierte Menschen, die dauernd außer Stande sind, ein Kunstbein zu tragen, oder nur eine Beckenkorbprothese tragen können oder zugleich unterschenkel- oder armamputiert sind sowie andere schwerbehinderte Menschen, die nach versorgungsärztlicher Feststellung, auch auf Grund von Erkrankungen, dem vorstehend angeführten Personenkreis gleichzustellen sind.

131 2. Schwerbehinderte Menschen mit außergewöhnlicher Gehbehinderung, die keine Fahrerlaubnis besitzen, kann ebenfalls eine Ausnahmegenehmigung (Nr. I 1; Rn. 118 ff.) erteilt werden.

132 In diesen Fällen ist den Behinderten eine Ausnahmegenehmigung des Inhalts auszustellen, dass der sie jeweils befördernde Kraftfahrzeugführer von den entsprechenden Vorschriften der StVO befreit ist.

133 3. Die Rn. 118 bis 132 sind sinngemäß auch auf die nachstehend aufgeführten Personengruppen anzuwenden:

134 a) Blinde Menschen;

135 b) Schwerbehinderte Menschen mit beidseitiger Amelie oder Phokomelie oder mit vergleichbaren Funktionseinschränkungen, wobei die zeitlichen Begrenzungen, die eine Betätigung der Parkscheibe voraussetzen, nicht gelten;

136 c) Schwerbehinderte Menschen mit dem Merkzeichen G und B und einem Grad der Behinderung (GdB) von wenigstens 80 allein für Funktionsstörungen an den unteren Gliedmaßen (und der Lendenwirbelsäule, soweit sich diese auf das Gehvermögen auswirken);

137 d) Schwerbehinderte Menschen mit dem Merkzeichen G und B und einem GdB von wenigstens 70 allein für Funktionsstörungen an den unteren Gliedmaßen (und der Lendenwirbelsäule, soweit sich diese auf das Gehvermögen auswirken) und gleichzeitig einem GdB von wenigstens 50 für Funktionsstörungen des Herzens oder der Atmungsorgane;

138 e) Schwerbehinderte Menschen, die an Morbus Crohn oder Colitis ulcerosa erkrankt sind, wenn hierfür ein GdB von wenigstens 60 vorliegt;

139 f) Schwerbehinderte Menschen mit künstlichem Darmausgang und zugleich künstlicher Harnableitung, wenn hierfür ein GdB von wenigstens 70 vorliegt.

III. Das Verfahren

140 1. Der Antrag auf Ausnahmegenehmigung ist bei der örtlich zuständigen Straßenverkehrsbehörde zu stellen.

141 2. Die Dauerausnahmegenehmigung wird für maximal fünf Jahre in stets widerruflicher Weise erteilt.

142 3. Die Ausnahmegenehmigung soll in der Regel gebührenfrei erteilt werden.

IV. Inhalt der Genehmigung

143 Für den Genehmigungsbescheid ist ein bundeseinheitliches Formblatt zu verwenden, welches das zuständige Bundesministerium im Verkehrsblatt bekannt macht (vgl. Rn. 128).

V. Geltungsbereich

144 Die Ausnahmegenehmigungen gelten für das ganze Bundesgebiet.

Parkerleichterungen für Ärzte

145 I. Ärzte handeln bei einem „rechtfertigenden Notstand" (§ 16 OWiG) nicht rechtswidrig, wenn sie die Vorschriften der StVO nicht beachten.

146 II. Ärzte, die häufig von dieser gesetzlichen Ausnahmeregelung Gebrauch machen müssen, erhalten von der zuständigen Landesärztekammer ein Schild mit der Aufschrift „Arzt – Notfall – Name des Arztes ... Landesärztekammer", das im Falle von I. gut sichtbar hinter der Windschutzscheibe anzubringen ist.

Zu Nummer 12

147 Eine Ausnahmegenehmigung soll grundsätzlich erteilt werden, wenn die Betroffenen über keine eigenen Betriebshöfe oder Abstellflächen verfügen und sich solche Möglichkeiten auch nicht in zumutbarer Weise beschaffen können und wenn sich zugleich keine Parkplätze mit Abstellerlaubnis in der näheren Umgebung befinden und auch nicht geschaffen werden können.

Zu Absatz 2

148 Die zuständigen obersten Landesbehörden oder die von ihnen bestimmten Stellen können von allen Bestimmungen dieser Allgemeinen Verwaltungsvorschrift Abweichungen zulassen.

Zu Absatz 3 Satz 3

149 Es genügt nicht, wenn eine beglaubigte Abschrift oder eine Ablichtung des Bescheides mitgeführt wird.

1 Aus der amtlichen Begründung

Erweiterung des Kreises der berechtigten Schwerbehinderten mit außergewöhnlicher Gehbehinderung (Begr. 2009).

2 Erläuterungen

Die StVO enthält zahlreiche generalklauselartige Bestimmungen, die häufig Einzelinteressen unberücksichtigt lassen. Um unbillige Härten abzuwenden, können bei berechtigten Individualbedürfnissen Ausnahmen von den Verkehrsverboten erteilt werden.

2.1 Ausnahmegenehmigung und Erlaubnis

Durch **Ausnahmen** wird von einer Verbotsnorm Freistellung gewährt. Dabei hat der Antragsteller selbst bei Dringlichkeit keinen Anspruch auf die erstrebte Ausnahme, sondern nur ein subjektiv-öffentliches Recht auf fehlerfreie Ermessensausübung. Demgegenüber besteht bei Inanspruchnahme von Rechten mit **Erlaubnis**vorbehalt (§ 29 Abs. 2 und Abs. 3) ein Anspruch auf Erteilung, wenn die Voraussetzungen erfüllt und Kollisionen mit zeitlich oder örtlich gegenläufigen Verkehrsinteressen ausgeschlossen sind. Dies ist durch Nebenbestimmungen (Auflagen und Bedingungen) zu gewährleisten oder auf ein vertretbares Maß zu beschränken. Beide Rechtsformen sind **begünstigende Verwaltungsakte** (VA) bei Erteilung bzw. **belastende** VA bei Versagung. Sie unterliegen der vollen verwaltungsgerichtlichen Überprüfung. Ein Klagerecht steht auch demjenigen zu, der durch eine erteilte Ausnahme oder Erlaubnis an einen Begünstigten übermäßig in seinen eigenen Rechten belastet wird (BayObLG VkBl 1960, S. 250).

2.2 Ausnahmen, Erlaubnisse und Sondernutzung

Werden Straßen mehr als verkehrsüblich in Anspruch genommen und wird dadurch der nach den Straßengesetzen bestimmte Widmungsinhalt (Verkehr und Gemeingebrauch) überschritten, liegt **Sondernutzung** am Straßenraum vor. Sondernutzung ist nur zulässig, wenn dafür eine **Erlaubnis** des Straßeneigentümers erteilt worden ist (Sondernutzungserlaubnis). Schnittpunkte hat das Straßenrecht zum Straßenverkehrsrecht dort, wo Verhaltensweisen durch Ausnahmegenehmigungen oder Erlaubnisse zugelassen werden, die den Gemeingebrauch an öffentlichen Straßen übersteigen.[4]

Wird eine Ausnahme allein zu „Verkehrszwecken" erteilt (z. B. Motorradparken auf Gehwegen), bedarf es keiner zusätzlichen Sondernutzungserlaubnis. Soll hingegen das Motorrad zum „Überwintern" abgestellt werden, liegt eine verkehrsfremde und damit straßenrechtlich erlaubnispflichtige Nutzung vor (Sondernutzung durch Missbrauch der Straße als Abstellfläche). In diesen Fällen ist neben der Sondernutzungserlaubnis eine Ausnahmegenehmigung erforderlich, wenn durch die zuzulassenden Tätigkeiten der Verkehr (abstrakt) erschwert oder gefährdet werden **kann**. Das gilt auch bei teilentwidmeten Fußgängerzonen, wenn während der ausschließlichen Nutzung durch Fußgänger anderer Verkehr gestattet werden soll, wie Belieferung außerhalb der Ladenzeiten. Sondernutzungserlaubnisse und Ausnahmegenehmigungen dürfen nur in Einzelfällen erteilt werden; sie dürfen jedenfalls nicht dazu führen, dass der Kerngehalt der Widmung auf Dauer beseitigt wird (BVerwG VerkMitt 1982 Nr. 1).

Die auf Landesrecht beruhende straßenrechtliche Sondernutzung (Gewährleistung der Straßennutzung) und die Ausnahmegenehmigung nach der StVO (Gewährleistung der Sicherheit und Ordnung) haben unterschiedliche Zielsetzungen, sodass Art. 31 GG („Bundesrecht bricht Landesrecht") beim Zusammentreffen beider Genehmigungsformen nicht berührt ist (BGH VerkMitt 2002 Nr. 55 = NZV 2002, 238 = VRS 102, 220 = DAR 2002, 224). Bei verkehrsbehördlichen Ausnahmen für Bundesfernstraßen bedarf es wegen der Regelung in § 8 Abs. 6 FStrG regelmäßig keiner Sondernutzungserlaubnis (BVerwG VerkMitt 1989 Nr. 27); von der Straßenbaubehörde für erforderlich gehaltene Bedingungen, Auflagen und Gebühren werden in die Ausnahmegenehmigung einbezogen.[5]

2.3 Grenzen des Ausnahmegenehmigungsverfahrens

Ausnahmegenehmigungen dürfen nur für „einzelne" Antragsteller erteilt werden, d. h. sie müssen mit Namen und Adresse **bestimmt** und nicht nur bestimmbar sein (BVerwG VerkMitt 2008 Nr. 68 = NZV 2008, 476 = VRS

---

4 Vor allem bei § 29 Abs. 2 und 3, § 30 Abs. 2, § 32 Abs. 1, § 33 Abs. 1
5 Ähnliche Regelungen zur Zuständigkeitskonzentration bestehen auch in landesrechtlichen Straßengesetzen, z. B. Berliner Straßengesetz – BerlStrG.

115, 66; BVerwG VerkMitt 1994 Nr. 80).[6] Freistellungen von Verkehrsverboten für Personengruppen können auch **nicht** durch Zusatzzeichen erteilt werden. Hier besteht allenfalls die Möglichkeit, bestimmte Verkehrsarten, die diesen Personenkreis umfassen, auszunehmen, z. b. „LKW frei", nicht aber „Diplomaten- oder Behördenfahrzeuge frei", weil es sich hierbei um keine Fahrzeugart handelt (BVerwG VerkMitt 1968 Nr. 1 = VRS 33, 149).

Keinesfalls dürfen massenhaft erteilte Ausnahmen dazu führen, dass für ein ganzes Gebiet Verkehrsregeln suspendiert werden und dadurch quasi verbotenes Landesrecht geschaffen wird (Kettler NZV 2008, 72: zu Ausnahmen für Segway-Fahrzeuge in Saarland).[7] Dementsprechend wären z. b. flächenhaft wirkende Ausnahmen (ähnlich den gesetzlich zulässigen Parkprivilegien der Schwerstgehbehinderten) für alle Ärzte oder bestimmte Berufsgruppen unzulässig. Nur das BMVBS darf nach **§ 6 Abs. 3 StVG** ohne Zustimmung des Bundesrates, aber nach Anhörung der zuständigen obersten Landesbehörden[8] allgemeine Ausnahmen im Wege einer Rechtsverordnung (**Ausnahme-Verordnung**) erlassen (z. B. Wohnmobil-Ausnahme-VO vom 18.3.2005, BGBl. I S. 866).

2.4 Erteilungsvoraussetzungen

2.4.1 Unbillige Härte

Das Verkehrsrecht ist im Interesse der Gleichbehandlung aller Verkehrsteilnehmer und des Gemeingebrauchs am öffentlichen Raum **privilegienfeindlich** ausgestaltet. Eine Ausnahme von einem verkehrsbezogenen Verbot ist deshalb nur in besonders dringenden Einzelfällen zulässig (OVG Bremen VRS 59, 317), wenn Interessen der Allgemeinheit dem nicht entgegenstehen (OVG Bremen VRS 59, 317; OLG Düsseldorf VerkMitt 1990 Nr. 94). An den Nachweis der Dringlichkeit sind strenge Anforderungen zu stellen (Rn. 1 VwV zu § 46). Sinn der Freistellung von Verboten ist nicht, die gesetzliche Regelung durch Ausnahmen beliebig zu unterlaufen. Von einer Verkehrsregel darf deshalb nur abgewichen werden, wenn die strikte Anwendung eines repressiven Verbots in einem besonders gelagerten Einzelfall zu einer unbilligen, vom Verordnungsgeber nicht gewollten Härte für den Betroffenen führt (BVerfG VerkMitt 1976 Nr. 65). Durch eine Ausnahme darf die **Sicherheit** des Verkehrs nicht beeinträchtigt werden (Rn. 2 VwV zu § 46), eine Beeinträchtigung der Ordnung des Verkehrs ist durch Auflagen gering zu halten. Dabei ist das Verhältnismäßigkeitsprinzip zu beachten.

2.4.2 Umfang

Der sichere und reibungslose Ablauf des Massenverkehrs kann nur gewährleistet werden, wenn die allgemeinen Verkehrsregeln strikt befolgt werden, und zwar auch von solchen Personen, für die die Respektierung der vorgegebenen Ordnung in ihrer konkreten Situation Nachteile bringt. Ortsgegebene Belastungen müssen hingenommen werden. Die für alle Verkehrsteilnehmer zu gewährleistende Sicherheit und Ordnung des Straßenverkehrs

---

[6] Beispielsweise wäre eine allen Fahrschulen im Land Brandenburg erteilte allgemeine Ausnahme von § 32 zum Aufstellen von Leitkegeln auf öffentlichem Straßenland für Grundfahrübungen rechtswidrig.
[7] Hier würde das verfassungsrechtliche Verbot des Art. 31 GG berührt: „Bundesrecht bricht Landesrecht".
[8] Verkehrsministerien der Länder

hat grundsätzlich Vorrang auch vor solchen gewichtigen Belangen wie der Berufsausübung oder der wirtschaftlichen Existenzsicherung. Infolgedessen dürfen generelle Ausnahmen von den Park- und Haltverboten zu Gunsten bestimmter Personengruppen zur **Erleichterung der Berufsausübung** in Ballungsräumen mit geringem Parkraum grundsätzlich nicht erteilt werden (VGH Mannheim VRS 87, 476). Andernfalls würde der knappe Straßenraum nur bestimmten Berufsgruppen zur Verfügung stehen oder es müssten mehr Ausnahmen erteilt werden, als überhaupt Parkraum verfügbar ist. Der straßenrechtliche Gemeingebrauch garantiert einen Anspruch aller Verkehrsteilnehmer auf Nutzung des Straßenraums, die nicht mittels einer gezielten Freistellungspraxis für bestimmte Berufs- oder Personengruppen unterlaufen werden darf. Das gilt auch für wichtige Dienstleistungssparten wie Ärzte, Sozialstationen, Hauskrankenpfleger, „Essen auf Rädern", Gerichtsvollzieher, Rechtsanwälte, Notare, technische Notdienste, Journalisten, Brief- und Paketdienste.

2.4.3 Ausnahmefall

Die Erteilung einer Ausnahmegenehmigung setzt einen Ausnahmefall voraus; andernfalls verstößt sie gegen den Gleichbehandlungsgrundsatz, der verlangt, „wesentlich Gleiches gleich und wesentlich Ungleiches seiner Eigenart entsprechend ungleich zu behandeln" (OVG Münster DAR 2006, 579: kein Ausnahmegrund, wenn im Herkunftsland des KFZ höhere Gewichte zulässig sind; VGH Mannheim NZV 1991, 485; VGH München NZV 1998, 390).

2.4.4 Ermessen

Die Erteilungsvoraussetzungen sind von der Verkehrsbehörde sorgfältig zu prüfen. Zunächst darf das Begehren des Antragstellers bei unklarer Ausdrucksweise nicht wörtlich genommen werden und nur deshalb zur Ablehnung führen. Vielmehr ist der Sinn des Begehrens auszulegen oder durch Rückfrage so auszugestalten, dass der Antrag Aussicht auf Erfolg hat. Eine Ablehnung des Antrages mit einer der „beliebten" amtstypischen Begründungen, „das haben wir noch nie gemacht – da kann ja jeder kommen – wo kommen wir denn da hin", wäre ermessensfehlerhaft und damit rechtswidrig. Ebenso dürfen Anträge ohne Einzelfallprüfung nicht deshalb abgelehnt werden, weil für solche Fälle schlechthin keine Genehmigungen erteilt werden (Nichtausübung des Ermessens).

Weiterhin sind stets das Interesse der Allgemeinheit und das des Einzelnen gegeneinander abzuwägen. Überwiegt das Interesse der Allgemeinheit, muss das Begehren des Einzelnen zurückstehen. Durch **Anhörung** der von einer Ausnahme Betroffenen (Baulastträger, Polizei, Bahnunternehmer, Umweltschutzbehörden oder auch Anlieger) sowie durch Ortsbesichtigungen hat sich die Straßenverkehrsbehörde ein umfassendes Bild über die zu erwartenden Verkehrserschwernisse oder Beeinträchtigungen zu verschaffen. Erteilungsvoraussetzungen dürfen nur dann als amtsbekannt behandelt werden, wenn deutlich erkennbar ist, worauf sich diese Kenntnis stützt (Rn. 1 VwV zu § 46). Bei Auswirkungen **außerhalb des Bezirks** sind auch die anderen Verkehrsbehörden anzuhören. Sind neben der Ausnahme nach der StVO weitere Genehmigungen erforderlich (z. B. Sondernutzungserlaubnis, Ausnahmen von Lärm- oder Abfallnormen), darf über die verkehrsbehördliche Genehmigung erst entschieden werden, wenn feststeht, dass die anderen Genehmigungen ebenfalls erteilt werden. Durch das Anhörverfahren wird dabei sichergestellt, dass Alleingänge im Genehmigungsverfahren vermieden werden. Empfehlenswert ist stets ein kombiniertes Verfahren in der Weise, dass sich eine Behörde für federführend erklärt und alle notwendigen Genehmigungen in einem Bescheid zusammenfasst (Konzentrationsprinzip). Andernfalls würde der Bürger eine Ausnahme erhalten, mit der er isoliert nichts anfangen kann, wenn ihm andere notwendige Ausnahmen versagt werden (Prinzips des Vertrauensschutzes).

2.5 Verkehrssicherung

Durch eine Ausnahme oder Erlaubnis darf die Sicherheit des Verkehrs nicht beeinträchtigt werden. Lässt sich die Sicherheit auch durch Auflagen oder Bedingungen nicht gewährleisten (z. B. durch Straßensperrungen oder Polizeibegleitung), muss die Genehmigung versagt werden (LG Ansbach VerkMitt 1999 Nr. 70). Eine Beeinträchtigung der Ordnung des Verkehrs ist zwangsläufig fast nie auszuschließen; Verkehrsstörungen sind aber durch Auflagen und Bedingungen möglichst gering zu halten.

Die Absicherung des Verkehrsraumes ist (z. B. bei Straßenfesten, Sportveranstaltungen, Umzügen) grundsätzlich dem verantwortlichen Antragsteller aufzuerlegen (§ 5b Abs. 2e StVG). Hierzu gehört nicht nur die Bereitstellung von Ordnerpersonal, sondern auch die Beschaffung, Aufstellung, Unterhaltung und Kostentragung der von der Straßenverkehrsbehörde angeordneten Verkehrszeichen und -einrichtungen.[9] Ist das dem Veranstalter nicht möglich, kann diese Verpflichtung auch der Gemeinde mit deren Zustimmung übertragen werden (§ 45 Abs. 5 Satz 3). Die Gemeinde wird die dafür entstehenden Kosten nach allgemeinen Haushaltsgrundsätzen allerdings dem Veranstalter auferlegen, es sei denn, sie hat ein eigenes vitales Interesse an dem Vorhaben.

2.6 Verantwortlichkeit für Auflagen und Bedingungen

Der Antragsteller muss zuverlässig sein und über die notwendigen Fähigkeiten und Fertigkeiten verfügen, um die mit einer Erlaubnis oder Ausnahme verbundenen atypischen Verkehrsvorgänge bewältigen zu können. Er muss auch unter Kostengesichtspunkten die Gewähr dafür bieten, dass die erteilten **Bedingungen und Auflagen** eingehalten werden. Hat er die Missachtung von Nebenbestimmungen zu vertreten, soll ihm grundsätzlich keine neue Ausnahmegenehmigung mehr erteilt werden (Rn. 4 VwV zu § 46). Die Nichtbeachtung einer mit einer Ausnahmegenehmigung verbundenen Auflage macht die Genehmigung selbst nicht unwirksam (BGH VersR 1961, 1044), sie kann jedoch als Ordnungswidrigkeit verfolgt werden (§ 49 Abs. 4 Nr. 4) und zum Widerruf der Genehmigung führen.

2.7 Widerrufsvorbehalt und Befristung

Mit Rücksicht auf die allgemeinen Verkehrsbedürfnisse und die sich schnell ändernden Gegebenheiten dürfen Erlaubnisse oder Genehmigungen nur befristet und **widerruflich** erteilt werden. Dies ist auch wegen des Charakters als begünstigender Verwaltungsakt und der Anfechtungsmöglichkeit belasteter Dritter geboten, weil die Genehmigung wegen des Vertrauensschutzes nur in ganz engen Grenzen rücknehmbar ist.[10]

---

9 Meist durch Verkehrszeichenplan, dessen „Entwurf" der Antragsteller beizubringen und der Verkehrsbehörde zur Anordnung vorzulegen hat.
10 In der Regel nur, wenn sie durch falsche Angaben erschlichen worden ist.

Straßenverkehrsbehördliche Ausnahmegenehmigungen oder Erlaubnisse können für den Einzelfall oder auf Dauer erteilt werden; im Regelfall **befristet** auf max. **drei Jahre** (Rn. 6 VwV zu § 46). Die Befristung dient der periodischen Überprüfung, ob die bei Erteilung maßgebenden Umstände weiterhin vorliegen (BVerwG VRS 87, 235). Das gilt auch bei den Parkerleichterungen für Behinderte, selbst wenn nicht zu erwarten ist, dass sich die Behinderung bessern wird (mit der Befristung sollen Missbrauchsfälle verhindert werden).

2.8 Haftung des Begünstigten

Die **Haftung** der Behörde für mögliche Schäden durch die Inanspruchnahme der Erlaubnis oder Ausnahmegenehmigung ist stets durch eine vom Begünstigten zu unterzeichnende **Freistellungserklärung** auszuschließen (z. B. Rn. 69 VwV zu § 46). Regelmäßig ist auch der Nachweis einer ausreichenden **Versicherung** für mögliche Schäden zu verlangen. Der Grund liegt darin, dass das Haftungsrisiko bei dem Genehmigungsinhaber verbleiben muss, weil andernfalls die Behörde den Begünstigten auch noch durch Übernahme des Haftungsrisikos alimentieren würde.

2.9 Gebühren

Erlaubnisse und Ausnahmegenehmigungen unterliegen der Gebührenpflicht nach der GebOSt (Tarif-Nr. 263, 264). Die Rahmengebühren werden von den Verkehrsbehörden durch interne Gebührenverzeichnisse ausgefüllt, wobei die Höhe der Einzelgebühr nach § 9 Abs. 1 VwKostG unter Berücksichtigung des Verwaltungsaufwandes (Kostendeckungsprinzip), der Bedeutung oder des wirtschaftlichen Wertes für den Begünstigten (Äquivalenzprinzip) sowie dessen wirtschaftlicher Verhältnisse (Leistungsfähigkeitsprinzip) festzusetzen ist. Innerhalb der Rahmengebühr können unterschiedliche Beträge je nachdem erhoben werden, ob die Ausnahmegenehmigung gewerblichen, privaten oder gemeinnützigen Zwecken dient.[11] Die Gebühr ist im Genehmigungsbescheid unter Angabe der GebOSt und der Nummer auszuweisen.

2.10 Versagung von Ausnahmen

Liegen die Erteilungsvoraussetzungen nicht vor, ist die Ausnahme durch einen rechtsmittelfähigen Bescheid[12] zu versagen. Die Versagung einer Ausnahmegenehmigung für die Benutzung einer öffentlichen Straße mit schweren Lastkraftwagen kann für denjenigen, der auf eine solche Straßenbenutzung angewiesen ist, ein enteignungsgleicher Eingriff sein und Entschädigungsansprüche begründen (BGH NJW 1975, 1880).

2.11 Zuständigkeiten

Zuständig für die Erteilung von Ausnahmen und Erlaubnissen sind die **Verkehrsbehörden**. Sonderregelungen in bestimmten Fällen enthält § 47. Bei Auswirkungen der Ausnahme über den Bezirk einer Verkehrsbehörde

---

11 Unterschiedliche Gebührenhöhen verstoßen weder gegen den Gleichbehandlungsgrundsatz (Art. 3 Abs. 1 GG), noch beeinträchtigen sie die Berufsfreiheit (Art. 12 Abs. 1 Satz 2 GG), weil bei der Gebührenhöhe unterschiedliche Motivationen berücksichtigt werden dürfen.
12 Mit Rechtsbehelfsbegründung

hinaus sind i. d. R. die höheren Verwaltungsbehörden zuständig.[13] Ist hingegen eine einheitliche bundesweite Entscheidung erforderlich (selten), hat das BMVBS die Entscheidungskompetenz (§ 46 Abs. 2 Satz 3). Auch ohne Anhörung sind Ausnahmen bundesweit wirksam (§ 46 Abs. 4). Im Übrigen folgt aus dem Katalog des § 46 Abs. 1 die Zuständigkeit der Verkehrsbehörde für die dort aufgezeigten Freistellungsfälle. Alle dort nicht genannten Ausnahmen erteilen nach § 46 Abs. 2 die **obersten Landesbehörden** oder die von ihnen nach Landesrecht beauftragten Stellen. Für Ausnahmen von der Temporegelung auf Autobahnen für ausländische KOM (§ 18 Abs. 5 Nr. 3 – Tempo 100) ist die Verkehrsbehörde zuständig, in deren Bereich der jeweilige Grenzübergang liegt.

2.12 Einzelfälle

2.12.1 Freistellung von Verkehrsverboten

Grundsätze für die Erteilung einer Ausnahme vom Saisonverkehrsverbot in einem Kurort für Gewerbetreibende: BVerwG VRS 73, 308. Bei einer Ausnahme für Geldtransporteure zum Befahren einer Fußgängerzone außerhalb der Lieferzeiten sind nicht nur verkehrliche Gesichtspunkte zu berücksichtigen, sondern auch das Risiko bewaffneter Überfälle (OVG Münster NZV 2001, 277).

2.12.2 Freistellung von der Anschnall- und Helmtragepflicht

Der Antrag eines Fahrlehrers auf Freistellung von der Anschnallpflicht bei der Ausbildung erfordert eine sorgfältige Einzelprüfung (VG Düsseldorf VerkMitt 1981 Nr. 27). Eine Ausnahme aus gesundheitlichen Gründen darf nicht nur in das allgemeine ärztliche Ermessen gestellt werden (VG Düsseldorf NJW 1989, 1234). Voraussetzung ist vielmehr eine Gesundheitsgefahr, die auf andere Weise nicht verhütet werden kann (BGH DAR 1993, 62). Ausnahmebegehren wegen pathogener Gesundheitszustände können die Kraftfahreignung berühren, z. B. bei ärztlichem Attest, laut dem der Betroffene wegen Erkrankungen i. S. d. Anl. 4 FeV keinen Schutzhelm tragen darf. Die Unterrichtung der Fahrerlaubnisbehörde durch die Straßenverkehrsbehörde kann datenschutzrechtlich aus den Ordnungs- und Sicherheitsgesetzen der Länder hergeleitet werden. Die Fahrerlaubnisbehörde muss die übermittelten Unterlagen unverzüglich vernichten, wenn sie für die Eignungsfrage ohne Belang sind (s. a. Erl. 2.2.2 zu § 21a).

2.12.3 Ausnahmen für Autorennen

Die Verkehrsbehörden müssen ihr Ermessen zur Erteilung von Ausnahmen für motorsportliche Veranstaltungen sachgerecht ausüben. Eine Entscheidung, schlechthin keine Rennen zu genehmigen, z. B. infolge eines Parlamentsbeschlusses, wäre ermessensfehlerhaft und rechtswidrig (OVG Münster DAR 1996, 369). Im Übrigen siehe VwV-StVO zu § 29 Abs. 1 und 2. Zu den Anforderungen an den Veranstalter eines Autorennens: BGH DAR 1982, 130.

2.12.4 Schwerstgehbehinderte und Blinde

Schwerbehinderten mit außergewöhnlicher Gehbehinderung und Blinden können Parkerleichterungen im Wege einer Ausnahmegenehmigung erteilt

---

13 Regierungspräsidien, Landesämter, Bezirksregierungen der Bundesländer

werden (s. a. Erl. 2.5 zu § 12.) Hierbei handelt es sich um Personen, die aufgrund versorgungsärztlicher Feststellung dauernd außer Stande sind, sich außerhalb eines KFZ fortzubewegen (SG Dresden DAR 2001, 476). Im Schwerbehindertenausweis ist das Merkzeichen „aG" oder „Bl"[14] eingetragen. Nicht zu diesem Personenkreis gehören Gehbehinderte, deren Behindertenausweis nur das Merkzeichen „G" ausweist. Sie dürfen somit nicht die mit dem Rollstuhlfahrersymbol gekennzeichneten Parkstände benutzen. Die Ausnahmegenehmigung in der Form einer Parkberechtigungskarte mit Rollstuhlfahrersymbol ist von außen gut sichtbar im Fahrzeug auszulegen oder anzubringen (Anl. 3 lfd. Nr. 7).

Die Straßenverkehrsbehörden können aufgrund versorgungsärztlicher Feststellung schwerbehinderten Menschen Ausnahmen von bestimmten Halt- und Parkverboten erteilen (§ 46 Abs. 1 Nr. 11). Schwerbehinderte Menschen mit außergewöhnlicher Gehbehinderung sind solche Personen, die wegen der Schwere ihrer Leiden dauernd auf fremde Hilfe angewiesen sind und sich nur mit großer Anstrengung außerhalb ihrer Kraftfahrzeuge bewegen können (VwV-StVO zu § 46 Rn. 129). Die nach Rn. 130 VwV-StVO zu § 46 Abs. 1 Nr. 11 aufgeführten Erkrankungen sind nur Beispielsfälle, die die Art der Leiden charakterisieren. Infolgedessen gehören auch solche Personen dazu, deren Leiden zu einer ähnlichen Behinderung führt (SG Dresden DAR 2001, 476: 8–10 Min. für Wegstrecke von 50 m unter Schmerzen und Mühen mit Sturzgefahr). Zum Kreis der Schwerstgehbehinderten gehören auch solche Menschen, die zwar nicht außergewöhnlich gehbehindert sind, aber doch unter sehr starken Bewegungseinschränkungen leiden, insbesondere Menschen mit beidseitiger Amelie oder Phokomelie oder vergleichbaren Funktionseinschränkungen (Phokomelie = Fehlbildung von Gliedmaßen durch Vererbung oder Medikamente, z. B. Thalidomid des Präparats Contergan; Amelie = Fehlgestaltung eines Organs durch Mutation oder Umwelteinflüsse).[15]

Von einigen Bundesländern wurden bisher Parkerleichterungen für Personen gewährt, die das Merkzeichen „aG" knapp verfehlten und damit nicht zu dem Kreis der Schwerstgehbehinderten zählen wie Personen, die an Morbus Crohn oder Colitis ulcerosa (chronisch entzündliche Darmerkrankung) leiden, sowie Träger eines doppelten Stomas („künstlicher" Darm-/Harnausgang). Ihnen kann eine bundesweit gültige Ausnahme erteilt werden, dass sie u. a. Parkgebühren nicht entrichten müssen, eingeschränkten Haltverboten (Z. 286), in Haltverbotszonen (Z. 290.1) oder in verkehrsberuhigten Gebieten außerhalb der ausgewiesenen Flächen parken dürfen (Rn. 136 bis 139 VwV-StVO zu § 46 Abs. 1 Nr. 11). Einen für den Kreis der Schwerstgehbehinderten ausgewiesenen personengebundenen Parkstand mit Zusatzzeichen 1020-11 oder 1044-11 kann jedoch nicht in Anspruch genommen werden, weil sie nicht zu dem berechtigten Personenkreis nach § 6 Abs. 1 Nr. 14 StVG gehören. Sie erhalten einen bundeseinheitlichen Parkausweis, den das BMVBS im VkBl. bekannt gibt.

2.12.5 Bewohnerparkprivilegien

Parkerleichterungen für Bewohner dürfen nur erteilt werden, wenn der Parkraum überwiegend durch Fremdparker besetzt wird, deren Parkbedürfnisse verlagerbar sind (z. B. Berufspendler). Bedürfnisse des Wirtschafts- und Versorgungsverkehrs sowie Parkmöglichkeiten für Besucher und Geschäftsanlieger müssen gewährleistet werden. Die freigestellten Fahrzeuge sind

Parkerleichterungen für schwerbehinderte Menschen

Freigestellung für:
1. Parkuhren/Parkscheinautomaten ohne zeitliche Befristung (max. 24 Std.)
2. Parken bei Z. 286, 290.1. bis zu 3 Std. mit Parkscheibe
3. Keine zeitliche Begrenzung bei befristetem Parken bei Z. 290.1, 314, 315 (max. 24 Std.)
4. Fußgängerzonen während der Ladezeiten
5. Bewohnerparkplätze bis zu 3 Std. mit Parkscheibe
6. Parken in verkehrsberuhigten Gebieten außerhalb gekennzeichneter Parkflächen (max. 24 Std.)

Erkrankungen	GdB[1]	Freigestellt für
Außergewöhnliche Gehbehinderung (Merkzeichen aG)		Zu 1. bis 6.
Blinde (Merkzeichen Bl)		Zu 1. bis 6.
Beidseitige Amelie oder Phokomelie oder vergleichbare Funktionsstörungen		Zu 1. bis 6.; zu 3. und 5. auch ohne Parkscheibe
Schwerbehinderte mit Funktionsstörungen an unteren Gliedmaßen (Merkzeichen G und B)	80	Zu 1. bis 6.
Schwerbehinderte mit Funktionsstörungen an unteren Gliedmaßen mit Auswirkungen auf das Gehvermögen und gleichzeitig Störungen des Herzens oder der Atmungsorgane (Merkzeichen G und B)	70 50	Zu 1. bis 6.
Morbus Crohn oder Colitis ulcerosa	60	Zu 1. bis 6.
Künstlicher Darmausgang und künstliche Harnableitung	70	Zu 1. bis 6.

1 GdB = Grad der Behinderung mindestens

mit einem Parkausweis zu kennzeichnen. Anspruch auf eine Ausnahme haben nur diejenigen Bewohner, die in dem Gebiet tatsächlich wohnen (VGH München NZV 1992, 503); siehe im Übrigen zu § 45.

2.12.6 Fahrverbot in Umweltzonen nach Z. 270.1

Außer den mit Plaketten gekennzeichneten schadstoffarmen Fahrzeugen sind von dem Umweltfahrverbot des Z. 270.1 die nach Anh. 3 der Kennzeichnungs-VO[16] normativ aufgeführten Fahrzeuge freigestellt, vor allem zwei- und dreirädrige KFZ, Sonderrechtsfahrzeuge nach § 35, Krankenwagen, Arztwagen im Einsatz mit Dachaufsatz „Arzt – Notfalleinsatz" nach § 52 Abs. 6 StVZO, KFZ zum Transport Schwerstgehbehinderter, Hilfsloser und Blinder, Arbeitsmaschinen, land- und forstwirtschaftliche Zugmaschinen sowie Oldtimerfahrzeuge.[17]

Darüber hinaus können Einzelausnahmegenehmigungen nach § 46 Abs. 1 bei wichtigen Anliegen zur Vermeidung von Härtefällen erteilt werden, insbesondere zur Versorgung der Bevölkerung mit lebensnotwendigen

---

14 „Bl" – Blinde können zwar gehen, dürfen jedoch von der Begleitperson nach dem Aussteigen nicht allein gelassen werden.
15 Der Kreis der Schwerstgehbehinderten ist durch Änderung des StVG vom 3.2.2009 (BGBl. I S. 150/VkBl. S. 170), der StVO vom 26.3.2009 (BGBl. I S. 734) und der VwV-StVO (BAnz S. 2050) erweitert worden.
16 35. BImSchV – Verordnung zur Kennzeichnung der Kraftfahrzeuge mit geringem Beitrag zur Schadstoffbelastung vom 10.10.2006 (BGBl. I S. 2218, ber. S. 2543) i. d. F. der 1. Verordnung 5.12.2007 (BGBl. I S. 2793).
17 Mind. 30 Jahre alte Fahrzeuge mit „H"-Kennzeichen oder roten Kennzeichen mit den Ziffern „07" (§ 17 FZV)

Gütern und Dienstleistungen sowie zur Aufrechterhaltung von Produktions- und Fertigungsprozessen. Der Umfang der jeweiligen Ausnahmepraxis wird von den Prognosen der Luftreinhaltepläne bestimmt. Je dringender die Minimierung der Feinstaubbelastung ist, umso enger muss die Ausnahmepraxis sein. So sind Ausnahmen mit entsprechenden Nachweisen vor allem zulässig für KFZ ohne Nachrüstmöglichkeit mit Partikelfiltern von Berufspendlern ohne Anbindung an öffentliche Nahverkehrsmittel, für nicht nachrüstbare Gewerbefahrzeuge bei Existenzgefährdung, bei Gehbehinderten ohne finanziell zumutbare Ersatzbeschaffung, bei Spezial- und Schaustellerfahrzeugen (Werkstatt-/Schwertransportfahrzeuge).

Auch die Polizei kann in unaufschiebbaren Fällen Ausnahmen durch Aushändigung eines Kontrollzettels zur Vermeidung von Ordnungswidrigkeiten genehmigen, wenn eine Ausnahme nicht rechtzeitig zu erlangen (Wochenende), die Fahrt aber dringlich ist.

2.12.7 Car-Sharing und Elektrotankstellen

Car-Sharing bedeutet, dass Kraftfahrer auf die Nutzung eines privaten KFZ „verzichten" und sich mit mehreren ein Fahrzeug teilen. Da diese Nutzungsart als umweltfreundlich gilt, fordern Car-Sharing-Unternehmen[18] privilegierte Parkflächen für ihre KFZ, obwohl es sich faktisch nur um Autovermietfirmen handelt. Während gesetzliche Parkerleichterungen für Bewohner oder Schwerstgehbehinderte an persönliche Merkmale gebunden sind, wären Ausnahmen für Car-Sharing-Unternehmen eine unzulässige institutionelle Förderung einer Fahrzeugnutzung. Die Erteilung solcher Ausnahmen würde dem Prinzip der Gleichbehandlung widersprechen, zumal eine ähnliche Interessenlage aus umwelt-, sozial- oder gesundheitspolitischen Erwägungen bei einer Vielzahl anderer Kraftfahrer gleichermaßen besteht.

Gleiches gilt bei sog. Benutzervorteilen für **Elektrofahrzeuge**, bei denen für das Aufladen der Batterien während des Parkens an Elektrotankstellen privilegiert Verkehrsraum in Anspruch genommen werden soll. „Benutzervorteile" erfordern regelmäßig Verkehrsverbote und damit den Ausschluss anderer Verkehrsteilnehmer. Auch hier würde bei der Erteilung von Ausnahmen unter dem Gesichtspunkt der institutionellen Förderung dieser Verkehrsart das Prinzip der Gleichbehandlung verletzt.

2.12.8 Ärzte

Für den Notfalleinsatz erhalten Ärzte grundsätzlich keine Ausnahmen. Sollte zur Rettung von Menschenleben oder zur Abwehr einer akuten Gesundheitsgefahr im Einzelfall eine Abweichung von den Verkehrsregeln erforderlich sein (z. B. Tempoüberschreitung, Missachtung von Halt- oder Parkverboten), handeln Ärzte im rechtfertigenden Notstand nach § 16 OWiG, wobei dessen Grenzen zu beachten sind. Dies gilt nicht bei den üblichen Hausbesuchen (Visiten), weil Freistellungen von den Verkehrsregeln zur Erleichterung der Berufstätigkeit auch für sozial wichtige Dienstleistungen

---

18 Bei Car-Sharing-Unternehmen handelt es sich lediglich um eine andere Art von Autovermietfirmen. Einige Kommunen stellen jedoch für Car-Sharing-Fahrzeuge Aufstellflächen über eine Teilentwidmung nach dem Landesstraßenrecht zur Verfügung. Für die Schaffung eines verkehrsbezogenen Parkreservats wäre eine Änderung des StVG und der StVO erforderlich.

grundsätzlich nicht erteilt werden dürfen. Zur Verdeutlichung für die Überwachungskräfte der Polizei erhalten Ärzte von den Landesärztekammern einen Ausweis mit der Aufschrift „Arzt – Notfall/Name des Arztes/Ärztekammer" (Parkausweis s. Erl. 2.5.3 zu § 12). Befindet sich ein solcher Ausweis in einem falsch geparkten Fahrzeug, ist vor Anzeigenerstattung zu prüfen, ob ein Noteinsatz vorliegt.

Privatfahrzeuge von Notärzten können wegen des strengen Regel-Ausnahme-Verhältnisses nicht über eine zulassungsrechtliche Ausnahme mit Blaulicht und Martinshorn ausgerüstet werden (§§ 52 Abs. 2, 70 StVZO), selbst wenn sie infolge geringer Finanzkraft der Kommunen gelegentlich als Rettungsfahrzeuge verwendet werden. Solche Fahrzeuge können aber mit einem blinkenden Dachaufsatz „Arzt – Notfalleinsatz" nach § 52 Abs. 6 StVZO versehen und betrieben werden. Sonderrechte werden dadurch jedoch nicht begründet. Das Dachschild hat lediglich die Bedeutung, dass im Notfalleinsatz Verkehrsregeln rechtfertigend verletzt werden können (§ 16 OWiG) und andere Verkehrsteilnehmer nach dem Grundsatz der doppelten Sicherung (§ 1) darauf Rücksicht nehmen müssen.

2.13 Abweichungen von der VwV-StVO

Anders als Gesetze und Verordnungen haben Verwaltungsvorschriften keine Außenwirkung; sie binden die Verwaltung intern. Der Landesvollzug verkehrsrechtlicher Normen ist an die bundeseinheitlich geltenden Regelungen der VwV-StVO gebunden (Art. 84 Abs. 2 GG), die sich auf die Ermessensausübung auswirkt. Gleichwohl enthebt die VwV-StVO nicht von der Verpflichtung zur eigenverantwortlichen Ermessensentscheidung. Nach der VwV-StVO zu § 46 Abs. 2 können die zuständigen (obersten) Landesbehörden von allen Bestimmungen der VwV Abweichungen zulassen, wenn ein Sachverhalt wesentliche Besonderheiten zu dem Fall aufweist, der für die VwV als Regelfall zugeschnitten ist.

3 Hinweise

3.1 Zuständigkeit des BMVBS für Ausnahmen mit Auswirkungen über ein Bundesland hinaus und Notwendigkeit einer einheitlichen Entscheidung: § 46 Abs. 2 Satz 3.

3.2 Sachliche **Zuständigkeit** für Ausnahmen und Erlaubnisse: § 44; örtliche Zuständigkeit: § 47.

3.3 Gebühren für Ausnahmegenehmigungen: Gebühren-Nr. 264 GebOSt.

3.4 Ausnahmen von den **Ausrüstungs- und Bauvorschriften**: § 70 StVZO; Ausnahmen von **fahrerlaubnisrechtlichen Normen**: § 74 FeV.

3.5 Ausweis für behinderte Menschen nach Rn. 128 und 143 VwV-StVO; Format DIN A6, Karton (VkBl. 2009, Nr. 105)

§ 47 Örtliche Zuständigkeit

(1) Die Erlaubnis nach § 29 Abs. 2 und nach § 30 Abs. 2 erteilt für eine Veranstaltung, die im Ausland beginnt, die nach § 44 Abs. 3 sachlich zuständige Behörde, in deren Gebiet die Grenzübergangsstelle liegt. Diese Behörde ist auch zuständig, wenn sonst erlaubnis- oder genehmigungspflichtiger Verkehr im Ausland beginnt. Die Erlaubnis nach § 29 Abs. 3 erteilt die Straßenverkehrsbehörde, in deren Bezirk der erlaubnispflichtige Verkehr beginnt, oder die Straßenverkehrsbehörde, in deren Bezirk der Antragsteller seinen Wohnort, seinen Sitz oder eine Zweigniederlassung hat.

(2) Zuständig sind für die Erteilung von Ausnahmegenehmigungen:
1. nach § 46 Abs. 1 Nr. 2 für eine Ausnahme von § 18 Abs. 1 die Straßenverkehrsbehörde, in deren Bezirk auf die Autobahn oder Kraftfahrstraße eingefahren werden soll. Wird jedoch eine Erlaubnis nach § 29 Abs. 3 oder eine Ausnahmegenehmigung nach § 46 Abs. 1 Nr. 5 erteilt, so ist die Verwaltungsbehörde zuständig, die diese Verfügung erlässt;
2. nach § 46 Abs. 1 Nr. 4a für kleinwüchsige Menschen sowie nach § 46 Abs. 1 Nr. 4a und 4b für Ohnhänder die Straßenverkehrsbehörde, in deren Bezirk der Antragsteller seinen Wohnort hat, auch für die Bereiche, die außerhalb ihres Bezirks liegen;
3. nach § 46 Abs. 1 Nr. 4c die Straßenverkehrsbehörde, in deren Bezirk der Antragsteller seinen Wohnort, seinen Sitz oder eine Zweigniederlassung hat;
4. nach § 46 Abs. 1 Nr. 5 die Straßenverkehrsbehörde, in deren Bezirk der genehmigende Verkehr beginnt oder die Straßenverkehrsbehörde, in deren Bezirk der Antragsteller seinen Wohnort, seinen Sitz oder eine Zweigniederlassung hat;
5. nach § 46 Abs. 1 Nr. 5b die Straßenverkehrsbehörde, in deren Bezirk der Antragsteller seinen Wohnort hat, auch für die Bereiche, die außerhalb ihres Bezirks liegen;
6. nach § 46 Abs. 1 Nr. 7 die Straßenverkehrsbehörde, in deren Bezirk die Ladung aufgenommen wird, oder die Straßenverkehrsbehörde, in deren Bezirk der Antragsteller seinen Wohnort, seinen Sitz oder eine Zweigniederlassung hat. Diese sind auch für die Genehmigung der Leerfahrt zum Beladungsort zuständig, ferner dann, wenn in ihrem Land von der Ausnahmegenehmigung kein Gebrauch gemacht wird oder wenn dort kein Fahrverbot besteht;
7. nach § 46 Abs. 1 Nr. 11 die Straßenverkehrsbehörde, in deren Bezirk die Verbote, Beschränkungen und Anordnungen erlassen sind, für schwerbehinderte Menschen jedoch jede Straßenverkehrsbehörde auch für solche Maßnahmen, die außerhalb ihres Bezirks angeordnet sind;
8. in allen übrigen Fällen die Straßenverkehrsbehörde, in deren Bezirk von der Ausnahmegenehmigung Gebrauch gemacht werden soll.

(3) Die Erlaubnis für die übermäßige Benutzung der Straße durch die Bundeswehr, die in § 35 Abs. 5 genannten Truppen, die Bundespolizei,[1]

---

1 Der Bundesgrenzschutz ist durch Art. 99 des Gesetzes vom 21.6.2005 (BGBl. I S. 1836) in Bundespolizei umbenannt worden.

die Polizei und den Katastrophenschutz erteilt die höhere Verwaltungsbehörde oder die nach Landesrecht bestimmte Stelle, in deren Bezirk der erlaubnispflichtige Verkehr beginnt.

VwV zu § 47 Örtliche Zuständigkeit

Zu Absatz 1 und Absatz 2 Nr. 1

1 Über Anträge auf Erteilung einer Dauererlaubnis und Dauerausnahmegenehmigung sollte in der Regel diejenige Straßenverkehrsbehörde entscheiden, in deren Bezirk der Antragsteller seinen Wohnsitz, seinen Sitz oder eine Zweigniederlassung hat. Will diese Behörde das Verfahren abgeben, so hat sie das eingehend zu begründen und über den Antragsteller ausführlich zu berichten.

1 Aus der amtlichen Begründung

(entfällt)

2 Erläuterungen

2.1 Zuständigkeit für verkehrsbehördliche Genehmigungen

Die Vorschrift regelt nur die **örtliche** Zuständigkeit für Erlaubnisse nach §§ 29 Abs. 2 und Abs. 3, 30 Abs. 2 sowie für Ausnahmegenehmigungen nach § 46. Für den Erlass verkehrsbehördlicher Anordnungen nach § 45 ist die nach Landesrecht bestimmte Straßenverkehrsbehörde zuständig, in deren Bezirk die Verkehrsregelung wirksam werden soll. Die **sachliche** Zuständigkeit der Straßenverkehrsbehörden folgt aus §§ 44, 45.

2.2 Örtliche Zuständigkeit für Erlaubnisse

Für Erlaubnisse nach §§ 29 Abs. 2 und 30 Abs. 2 ist die Verkehrsbehörde zuständig, in deren Bezirk die Veranstaltung beginnt, bei länderübergreifenden Veranstaltungen die Verkehrsbehörde der Grenzübergangsstelle, z. B. Rallyes durch Europa.

Die Genehmigung von Großraum- und Schwertransporten nach § 29 Abs. 3 obliegt der Verkehrsbehörde, in deren Bezirk der erlaubnispflichtige Verkehr beginnt[2] oder wo der Antragsteller seinen Wohnort, Sitz oder seine Zweigniederlassung hat. Antragsteller ist dabei jeder, der die Erlaubnis formal im eigenen Namen begehrt (OVG Münster VRS 83, 298). Das gilt auch für Transporte über Autobahnen oder Kraftfahrstraßen. Vor Erteilung einer Erlaubnis sind die höheren Verwaltungsbehörden anzuhören, durch deren Bezirk der Verkehr geführt wird.

2.3 Örtliche Zuständigkeit für Ausnahmegenehmigungen

Für Ausnahmen von verkehrsbezogenen Verboten ist grundsätzlich diejenige Verkehrsbehörde zuständig, in deren Bezirk von der Genehmigung Gebrauch gemacht werden soll. Abweichend davon sind die genannten Verkehrsbehörden nach § 47 Abs. 2 Nr. 1 bis 7 zuständig. Da in den Fällen des § 47 die Behörden Bundesrecht ausführen, gelten die Verwaltungsakte der formal zuständigen Verkehrsbehörde im gesamten Bundesgebiet, wenn keine besondere örtliche Begrenzung vorgesehen ist (§ 46 Abs. 4).

---

2 Ebenso für erlaubnispflichtige Transporte der Bundeswehr, NATO-Truppen, Polizei, der Bundespolizei und des Katastrophenschutzes (§ 47 Abs. 3).

Ein **Verstoß** gegen die **Zuständigkeitsregelungen** macht eine verkehrsbehördliche Entscheidung rechtswidrig, aber nicht unwirksam (BVerwG VerkMitt 1981 Nr. 56). Das gilt jedoch nicht für ortsgebundene Rechte, die nach § 3 Abs. 1 Nr. 1 VwVfG auf bestimmte Grundflächen bezogen sind und für die diese Beziehung den wesentlichen Inhalt ausmacht, z. B. Erteilung einer Bewohnerparkberechtigung zu Lasten des Bezirks einer anderen Straßenverkehrsbehörde. In solchen Fällen wäre eine unter Verletzung der örtlichen Zuständigkeit erteilte Ausnahmegenehmigung nach § 44 Abs. 1 Nr. 3 VwVfG unwirksam.

3 Hinweise

Zum Verwaltungsverfahren der örtlich zuständigen Behörden gehört die Erhebung von Gebühren nach der Gebührenordnung für Maßnahmen im Straßenverkehr (GebOSt).

§ 48 Verkehrsunterricht

Wer Verkehrsvorschriften nicht beachtet, ist auf Vorladung der Straßenverkehrsbehörde oder der von ihr beauftragten Beamten verpflichtet, an einem Unterricht über das Verhalten im Straßenverkehr teilzunehmen.

VwV zu § 48 Verkehrsunterricht

1 I. Zum Verkehrsunterricht sind auch Jugendliche von 14 Jahren an, Halter sowie Aufsichtspflichtige in Betrieben und Unternehmen heranzuziehen, wenn sie ihre Pflichten nicht erfüllt haben.

2 II. Zweck der Vorschrift ist es, die Sicherheit und Ordnung auf den Straßen durch Belehrung solcher, die im Verkehr Fehler begangen haben, zu heben. Eine Vorladung ist daher nur dann sinnvoll und überhaupt zulässig, wenn anzunehmen ist, dass der Betroffene aus diesem Grunde einer Belehrung bedarf. Das trifft in der Regel nicht bloß bei Personen zu, welche die Verkehrsvorschriften nicht oder nur unzureichend kennen oder beherrschen, sondern auch bei solchen, welche die Bedeutung und Tragweite der Vorschriften nicht erfasst haben. Gerade Mehrfachtäter bedürfen in der Regel solcher Einwirkung. Aber auch schon eine einmalige Verfehlung kann sehr wohl Anlass zu einer Vorladung sein, dies vor allem dann, wenn ein grober Verstoß gegen eine grundlegende Vorschrift vorliegt, oder wenn der bei dem Verstoß Betroffene sich trotz Belehrung uneinsichtig gezeigt hat.

3 III. Die Straßenverkehrsbehörde soll in der Regel nur Personen zum Verkehrsunterricht heranziehen, die in ihrem Bezirk wohnen. Müssen Auswärtige unterrichtet werden, so ist die für deren Wohnort zuständige Straßenverkehrsbehörde zu bitten, Heranziehung und Unterrichtung zu übernehmen.

4 IV. Der Verkehrsunterricht kann auch durch Einzelaussprache erteilt werden, wenn die Betroffenen aus wichtigen Gründen am allgemeinen Verkehrsunterricht nicht teilnehmen können oder ein solcher nicht stattfindet.

5 V. Die Vorladung muss die beruflichen Verpflichtungen der Betroffenen berücksichtigen. Darum kann es unter Umständen zweckmäßig sein, den Unterricht auf einen Sonntag festzusetzen; dann sind die Unterrichtszeiten mit den kirchlichen Behörden abzustimmen; Betroffene, die sich weigern oder nicht erscheinen, dürfen dafür nicht zur Verantwortung gezogen werden und sind auf einen Werktag oder einen Samstag umzuladen.

1 Aus der amtlichen Begründung

(entfällt)

2 Erläuterungen

2.1 Zielsetzung

Der Verkehrsunterricht gehört zu den Rehabilitationsmaßnahmen für auffällig gewordene Verkehrsteilnehmer. Im Gegensatz zu den Aufbauseminaren für Fahranfänger oder Mehrfachtäter gibt es aber bisher kein evaluiertes Kursmodell „Verkehrserziehung". Die Vorladung ist keine Strafe, sondern eine Maßnahme der vorbeugenden Gefahrenabwehr, die auf mangelnde Verkehrsgesittung einwirken soll.[1] Im Verkehrsunterricht werden nicht nur Kenntnisse vermittelt, die dem Teilnehmer bislang fehlten oder ungenügend waren; es geht auch darum, dessen Verantwortungsbewusstsein durch Darstellung der Folgen verkehrswidrigen Verhaltens wachzurufen (BVerwG VRS 39, 470 = DAR 1971, 26). Als Erziehungsmaßnahme setzt die Vorladung voraus, dass die Einwirkung durch Buß- oder Verwarnungsgelder allein nicht genügt (VGH München VerkMitt 1991 Nr. 45 = NZV 1991, 207 = NJW 1992, 454).

2.2 Adressatenkreis

Vorgeladen werden können Fußgänger und Fahrzeugführer, auch Fahrzeughalter oder deren Beauftragte (z. B. der verantwortliche Fuhrparkleiter), sofern ihnen Verkehrsverstöße vorgeworfen werden (Hess. VGH VerkMitt 1975 Nr. 102). Jugendlichen kann die Teilnahme durch den Jugendstaatsanwalt als Erziehungsmaßnahme (§ 45 JGG), durch den Jugendrichter als Weisung (§§ 10 Abs. 1 Nr. 9 JGG) oder als Bewährungsauflage auferlegt werden (§§ 23 Abs. 1 JGG, 56c Abs. 1 StGB).

2.3 Zuständigkeit

Nur die Verkehrsbehörde kann den Verkehrsunterricht anordnen (OLG Koblenz DAR 1972, 50). Soweit „beauftragte Beamte" eingesetzt werden, obliegen ihnen nur die mit der „Vorladung" verbundenen Maßnahmen, wie Entscheidung über die Vorladung, Gebührenfestsetzung, Zustellung. Die Durchführung des Unterrichts selbst kann im Auftrag der Straßenverkehrsbehörde durch die Polizei oder auch durch andere geeignete Stellen erfolgen (Landesverkehrswacht, Fahrschulen).

2.4 Vorladung

Voraussetzung ist ein zweifelsfrei festgestellter Verkehrsverstoß (Hess. VGH VerkMitt 1975 Nr. 103; a. M. OLG Karlsruhe NJW 1972, 2096 = VRS 44, 235). Wegen des Verhältnismäßigkeitsgrundsatzes reicht ein geringfügiger Formalverstoß allein nicht aus. Der zu einem Verkehrsunterricht führende Verstoß muss gewichtig sein und darf nicht kleinlich gewertet werden (OVG Münster DAR 1965, 28 = VRS 29, 319); doch genügt es, wenn der Betroffene den Belehrungen an Ort und Stelle unzugänglich war und deutlich gemacht hat, auch künftig keine andere Verkehrsgesittung an den Tag legen zu wollen. Andererseits darf die Vorladung nicht als bloße Schikane wirken oder sich aus einem emotional geführten Streit zwischen Verkehrssünder und Polizei herleiten, z. B. Nichtakzeptierung einer Verwarnung. Es muss ein Erziehungsbedürfnis bestehen, dem mit dem Verkehrsunterricht auch entsprochen werden kann. Eine Auszeichnung wegen unfallfreien Fahrens schützt nicht vor der Vorladung (OLG Bremen DAR 1961, 95).

---

1 Wegen fehlender Erkenntnisse über die Wirkung der meist als repressiv empfundenen Interaktion sowie mangels eines Qualitätssicherungssystems durch Evaluation der Träger des Verkehrsunterrichts ist in einigen Bundesländern strittig, ob der Verkehrsunterricht angesichts der Dauer von nur meist zwei bis drei Stunden überhaupt einen Beitrag zur Hebung der Verkehrsgesittung leisten kann (s. a. Prof. Dr. Müller VD 2004, 325). Wegen der geringen Gebühr und begrenzter Auslagen ist jedenfalls ein kostendeckender qualifizierter Unterricht mit modernen Lehr- und Lernmethoden gegenwärtig nicht möglich.

Verkehrsunterricht innerhalb der Rehabilitationsmaßnahmen

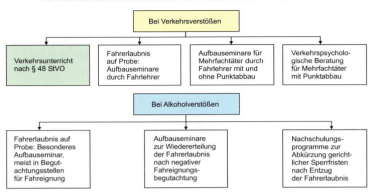

Die Anordnung zur Teilnahme an einem Verkehrsunterricht ergeht als gebührenpflichtiger Verwaltungsakt.[2] Für den Unterricht selbst wird keine Gebühr erhoben; es können jedoch Auslagen geltend gemacht werden, z. B. für Zustellkosten, Unterrichtsräume, Lehrkräfte.

2.5 Rechtsmittel

Der Widerspruch gegen die Vorladung hat aufschiebende Wirkung (Regelfall), sofern nicht der sofortige Vollzug wegen eines besonderen öffentlichen Interesses angeordnet wird (selten). Wer aufschiebend Widerspruch erhoben hat, muss der Vorladung zum Verkehrsunterricht nicht folgen. Die Widerspruchsbehörde trifft eine neue Ermessensentscheidung, nicht nur eine Entscheidung über die Rechtmäßigkeit der Vorladung (OVG Bremen DAR 1975, 54).

2.6 Folgen der Nichtteilnahme am Verkehrsunterricht

Wer nach einer bestandskräftigen Anordnung zum Unterricht nicht erscheint, begeht eine Ordnungswidrigkeit nach § 49 Abs. 4 Nr. 6.[3] Die Ahndung setzt eine gültige Vorladung, nicht aber den Nachweis der Verletzung von Verkehrsregeln voraus (OLG Karlsruhe VRS 44, 235 = NJW 1972, 2096; OLG Düsseldorf VkBl 1966, S. 207).

Die Teilnahme am Verkehrsunterricht kann auch mit Verwaltungszwang, z. B. Anordnung von Ersatzzwangshaft (selten) durchgesetzt werden (OLG Bremen VRS 43, 157).[4]

3 Hinweise

Fahrtenbuchauflage bei fehlender Täterfeststellung von Verkehrsverstößen: § 31a StVZO.

---

2 Gebühren-Nr. 262 GebOSt – Stand 2009 = 25,60 €
3 Die Ordnungswidrigkeit nach § 49 Abs. 4 Nr. 6 ist verfassungskonform (BVerfG VRS 33, 1 = VkBl 1967, 459 = DAR 1967, 215 = NJW 1967, 1221 und NJW 1968, 1249).
4 Strittig, weil wegen des besonderen Charakters der Erwachsenenerziehung der Durchsetzung der Anordnung Grenzen gesetzt sind.

§ 49 Ordnungswidrigkeiten

(1) Ordnungswidrig im Sinne des § 24 des Straßenverkehrsgesetzes[1] handelt, wer vorsätzlich oder fahrlässig gegen eine Vorschrift über
1. das allgemeine Verhalten im Straßenverkehr nach § 1 Abs. 2,
2. die Straßenbenutzung durch Fahrzeuge nach § 2,
3. die Geschwindigkeit nach § 3,
4. den Abstand nach § 4,
5. das Überholen nach § 5 Abs. 1 bis 4a, Abs. 5 Satz 2, Abs. 6 oder 7,
6. das Vorbeifahren nach § 6,
7. das Benutzen mittlerer Fahrstreifen nach § 7 Abs. 3a Satz 1, das Benutzen linker Fahrstreifen nach § 7 Abs. 3b, Abs. 3c Satz 2 oder den Fahrstreifenwechsel nach § 7 Abs. 5,
7a. das Verhalten auf Ausfädelungsstreifen nach § 7a Abs. 3,
8. die Vorfahrt nach § 8,
9. das Abbiegen, Wenden oder Rückwärtsfahren nach § 9 Abs. 1, 2 Satz 2 und Satz 3, Abs. 3 bis 5,
10. das Einfahren oder Anfahren nach § 10,
11. das Verhalten bei besonderen Verkehrslagen nach § 11 Abs. 1 oder 2,
12. das Halten oder Parken nach § 12 Abs. 1, Abs. 3, Abs. 3a Satz 1, Abs. 3b Satz 1, Abs. 4 Satz 1, 2 zweiter Halbsatz, Satz 3 oder 5 oder Abs. 4a bis 6,
13 Parkuhren, Parkscheine oder Parkscheiben nach § 13 Abs. 1 oder 2,
14. die Sorgfaltspflichten beim Ein- oder Aussteigen nach § 14,
15. das Liegenbleiben von Fahrzeugen nach § 15,
15a. das Abschleppen nach § 15a,
16. die Abgabe von Warnzeichen nach § 16,
17. die Beleuchtung und das Stehenlassen unbeleuchteter Fahrzeuge nach § 17,
18. die Benutzung von Autobahnen und Kraftfahrstraßen nach § 18 Abs. 1 bis 3, Abs. 5 Satz 2 oder Abs. 6 bis 11,
19. das Verhalten
 a) an Bahnübergängen nach § 19 oder
 b) an und vor Haltestellen von öffentlichen Verkehrsmitteln und Schulbussen nach § 20,
20. die Personenbeförderung nach § 21 Abs. 1 Satz 4, 1a, Abs. 2 oder 3 Satz 1 oder 2,
20a.[2] das Anlegen von Sicherheitsgurten nach § 21a Abs. 1 Satz 1 oder das Tragen von Schutzhelmen nach § 21a Abs. 2 Satz 1,

---

1 **§ 24 StVG** i. d. F. vom 22.12.2008 (BGBl. I S. 2965/VkBl. 2009, S. 105)
  (1) Ordnungswidrig handelt, wer vorsätzlich oder fahrlässig einer Vorschrift einer auf Grund des § 6 Abs. 1 erlassenen Rechtsverordnung oder einer auf Grund einer solchen Rechtsverordnung ergangenen Anordnung zuwiderhandelt, soweit die Rechtsverordnung für einen bestimmten Tatbestand auf diese Bußgeldvorschrift verweist. Die Verweisung ist nicht erforderlich, soweit die Vorschrift der Rechtsverordnung vor dem 1. Januar 1969 erlassen worden ist.
  (2) Die Ordnungswidrigkeit kann mit einer Geldbuße bis zu 2 000 € geahndet werden.
2 Nr. 20a geändert durch Art. 1 der Verordnung vom 22.1.2004 (BGBl. I S. 117/VkBl. 2004, S. 114)

21. die Ladung nach § 22,
22. sonstige Pflichten des Fahrzeugführers nach § 23,
23. das Fahren mit Krankenfahrstühlen oder anderen als in § 24 Abs. 1 genannten Rollstühlen nach § 24 Abs. 2,
24. das Verhalten
    a) als Fußgänger nach § 25 Abs. 1 bis 4,
    b) an Fußgängerüberwegen nach § 26 oder
    c) auf Brücken nach § 27 Abs. 6,
25. den Umweltschutz nach § 30 Abs. 1 oder 2 oder das Sonntagsfahrverbot nach § 30 Abs. 3 Satz 1 oder 2 Nr. 4 Satz 2,
26. das Sporttreiben oder Spielen nach § 31 Abs. 1 Satz 1, Abs. 2 Satz 2,
27. das Bereiten, Beseitigen oder Kenntlichmachen von verkehrswidrigen Zuständen oder die wirksame Verkleidung gefährlicher Geräte nach § 32,
28. Verkehrsbeeinträchtigungen nach § 33 oder
29. das Verhalten nach einem Verkehrsunfall nach § 34 Abs. 1 Nr. 1, Nr. 2, Nr. 5a, b oder Nr. 6b – sofern er in diesem letzten Fall zwar eine nach den Umständen angemessene Frist wartet, aber nicht Name und Anschrift am Unfallort hinterlässt – oder nach § 34 Abs. 3, verstößt.

(2) Ordnungswidrig im Sinne des § 24 des Straßenverkehrsgesetzes handelt auch, wer vorsätzlich oder fahrlässig

1. als Führer eines geschlossenen Verbandes entgegen § 27 Abs. 5 nicht dafür sorgt, dass die für geschlossene Verbände geltenden Vorschriften befolgt werden,
1a. entgegen § 27 Abs. 2 einen geschlossenen Verband unterbricht,
2. als Führer einer Kinder- oder Jugendgruppe entgegen § 27 Abs. 1 Satz 4 diese nicht den Gehweg benutzen lässt,
3. als Tierhalter oder sonst für die Tiere Verantwortlicher einer Vorschrift nach § 28 Abs. 1 oder Abs. 2 Satz 2 zuwiderhandelt,
4. als Reiter, Führer von Pferden, Treiber oder Führer von Vieh entgegen § 28 Abs. 2 einer für den gesamten Fahrverkehr einheitlich bestehenden Verkehrsregel oder Anordnung zuwiderhandelt,
5. als Kraftfahrzeugführer entgegen § 29 Abs. 1 an einem Rennen teilnimmt,
6. entgegen § 29 Abs. 2 Satz 1 eine Veranstaltung durchführt oder als Veranstalter entgegen § 29 Abs. 2 Satz 3 nicht dafür sorgt, dass die in Betracht kommenden Verkehrsvorschriften oder Auflagen befolgt werden oder
7. entgegen § 29 Abs. 3 ein dort genanntes Fahrzeug oder einen Zug führt.

(3) Ordnungswidrig im Sinne des § 24 des Straßenverkehrsgesetzes handelt ferner, wer vorsätzlich oder fahrlässig

1. entgegen § 36 Abs. 1 bis 4 ein Zeichen oder eine Weisung oder entgegen Abs. 5 Satz 4 ein Haltgebot oder eine Anweisung eines Polizeibeamten nicht befolgt,
2. einer Vorschrift des § 37 über das Verhalten an Wechsellichtzeichen, Dauerlichtzeichen oder beim Rechtsabbiegen mit Grünpfeil zuwiderhandelt,

3. entgegen § 38 Abs. 1, Abs. 2 oder 3 Satz 3 blaues Blinklicht zusammen mit dem Einsatzhorn oder allein oder gelbes Blinklicht verwendet oder entgegen § 38 Abs. 1 Satz 2 nicht sofort freie Bahn schafft,
4. entgegen § 41 Abs. 1 ein durch Vorschriftzeichen angeordnetes Ge- oder Verbot der Anlage 2, Spalte 3 nicht befolgt,
5. entgegen § 42 Abs. 2 ein durch Richtzeichen angeordnetes Ge- oder Verbot der Anlage 3, Spalte 3 nicht befolgt,
6. entgegen § 43 Abs. 2 und 3 Satz 2 durch Absperrgeräte abgesperrte Straßenflächen befährt oder
7. einer den Verkehr verbietenden oder beschränkenden Anordnung, die nach § 45 Abs. 4 zweiter Halbsatz bekannt gegeben worden ist, zuwiderhandelt.

(4) Ordnungswidrig im Sinne des § 24 des Straßenverkehrsgesetzes handelt schließlich, wer vorsätzlich oder fahrlässig
1. dem Verbot des § 35 Abs. 6 Satz 1, 2 oder 3 über die Reinigung von Gehwegen zuwiderhandelt,
1a. entgegen § 35 Abs. 6 Satz 4 keine auffällige Warnkleidung trägt,
2. entgegen § 35 Abs. 8 Sonderrechte ausübt, ohne die öffentliche Sicherheit und Ordnung gebührend zu berücksichtigen,
3. entgegen § 45 Abs. 6 mit Arbeiten beginnt, ohne zuvor Anordnungen eingeholt zu haben, diese Anordnungen nicht befolgt oder Lichtzeichenanlagen nicht bedient,
4. entgegen § 46 Abs. 3 Satz 1 eine vollziehbare Auflage der Ausnahmegenehmigung oder Erlaubnis nicht befolgt,
5. entgegen § 46 Abs. 3 Satz 3 die Bescheide nicht mitführt oder auf Verlangen nicht aushändigt,
6. entgegen § 48 einer Vorladung zum Verkehrsunterricht nicht folgt oder
7. entgegen § 50 auf der Insel Helgoland ein Kraftfahrzeug fährt oder mit einem Fahrrad fährt.

(VwV-StVO zu § 49 nicht vorhanden)

1 Aus der amtlichen Begründung

1.1 Eine besondere Gefahrenlage entsteht, wenn die Rotphase bereits länger als eine Sekunde andauert; bei Verstößen ist daher Fahrverbot anzuordnen (Begr. 1991).

1.2 Die Ausnahme von der Bußgeldbewehrung für das Anlegen von Sicherheitsgurten bei Bussen wird im Interesse der Fahrgastsicherheit gestrichen (Begr. 2004).

1.3 Anpassung der Ordnungswidrigkeiten an geänderte Verhaltensnormen (Begr. 2009).

2 Erläuterungen

2.1 Geltungsbereich

Ahndungsgrundlage für Verkehrsverstöße nach § 49 StVO ist § 24 StVG i. V. m. der Bußgeldkatalog-Verordnung (BKatV).[3] Die einzelnen Tatvorwürfe richten sich bei der automatisierten Ahndung nach dem „Bundeseinheitlichen Tatbestandskatalog".[4] Für die Verfolgung und Ahndung gelten die Verfahrensnormen des Ordnungswidrigkeitengesetzes (OWiG), die den Aufbau eines automatisierten Bußgeldverfahrens zur Bewältigung von Massendelikten ermöglichen. Daneben finden die strafprozessualen Vorschriften der StPO Anwendung, sofern das OWiG keine gesonderten Vorschriften enthält (§ 46 Abs. 1 OWiG).

Verkehrsverstöße können nur geahndet werden, wenn sie im Bundesgebiet (einschließlich Schiffen und Flugzeugen mit Bundesflagge) begangen worden sind (§ 5 OWiG).[5] Infolgedessen können Verstöße eines LKW-Fahrers gegen die Lenk- und Ruhezeiten (VO EWG 3820/85), die nur in anderen EU-Mitgliedstaaten begangen werden, hier nicht geahndet werden; wohl aber der Verstoß des Unternehmers im Bundesgebiet, der solche Ordnungswidrigkeiten zulässt (BayObLG VerkMitt Nr. 44 = VRS 100, 391).

Für **Diplomaten** nebst deren Gefolge (Fahrer, Boten, Wachpersonal, Familienangehörige) gilt § 18 GVG i. V. m. dem WÜD und der Diplomatenschutzkonvention (BGBl. 1976 II S. 1745). Diese Personen sind zwar zur Beachtung der deutschen Rechtsnormen verpflichtet, somit auch der verkehrsrechtlichen Bestimmungen. Bei Verstößen können sie jedoch nur dann in einem Bußgeld- oder Strafverfahren zur Verantwortung gezogen werden, wenn der ausländische Entsendestaat auf die Vorrechte nach dem WÜD verzichtet hat (selten). Entsprechendes gilt bei Besuchen ausländischer Staatsoberhäupter nebst deren Gefolge sowie von Besatzungen ausländischer Kriegsschiffe im Bundesgebiet (§ 20 GVG).

Für **Generalkonsuln** und deren Gefolge und Wahlkonsuln gilt § 19 GVG i. V. m. dem WÜK. Voraussetzung für eine Ahndung ist, dass die Fahrt und damit die Verkehrsordnungswidrigkeit nicht in Wahrnehmung oder im engen sachlichen Zusammenhang mit einer konsularischen Aufgabe erfolgt ist, z. B. auf einer Privatfahrt (OLG Karlsruhe VRS 111, 365; OLG Karlsruhe NZV 2004, 539 = DAR 2004, 602 = VRS 107. 187; OLG Düsseldorf 1997, 92). Auch Verkehrsverstöße von Konsuln, die nur gelegentlich eines Dienstgeschäftes begangen werden, bleiben der Eingriffsbefugnis der Bußgeldbehörden unterworfen (LG Stuttgart NZV 1995, 411).

Für Mitglieder der **NATO-Stationierungsstreitkräfte** gilt Art. VII des NATO-Truppenstatuts vom 19.6.1951 (BGBl. II 1961 S. 1183, 1190) nebst dem Zusatzabkommen vom 3.8.1959 (BGBl. II S. 1183,1218), dem Unterzeichnungsprotokoll vom 3.8.1959 (BGBl. II 1961, S. 1183, 1313) und dem Gesetz vom 18.8.1959 (BGBl. II 1961, 1183, 1313). Nach Teil I des Unterzeichnungsprotokolls gelten die Bestimmungen des Art. VII sowohl für Straftaten als auch für Ordnungswidrigkeiten. Die Ahndung hängt von folgenden Bedingungen ab: Die Gerichtsbarkeit des ausländischen Entsendestaates ist gegeben, wenn die Tat nur nach dem Recht des Entsendestaates (z. B. Militärrecht der USA oder Frankreichs) strafbewehrt ist; demgegenüber ist die

---

3 Verordnung über die Erteilung einer Verwarnung, Regelsätze für Geldbußen und die Anordnung eines Fahrverbots wegen Ordnungswidrigkeiten im Straßenverkehr (Bußgeldkatalog-Verordnung – BKatV).
4 VwV-VZR vom 16.8.2000 (BAnz S. 17.269 = VkBl. 2000, S. 539) in der jeweils aktuellen Fassung. Die Pflege des Bundeseinheitlichen Tatbestandskataloges (BT-KAT-OWi) obliegt dem Kraftfahrt-Bundesamt. Siehe dazu auch Müller „BT-KAT-OWi – Leitfaden für Rechtsanwender", Kirschbaum Verlag Bonn, 2007.
5 Zur grenzüberschreitenden Verfolgung von Verkehrsverstößen siehe Dr. Albrecht SVR 2007, 361.

deutsche Gerichtsbarkeit und Eingriffsbefugnis der Bußgeldbehörde gegeben, wenn die Tat nur nach deutschem Recht verfolgbar ist. Ist die Tat nach dem Recht des Entsendestaates und nach deutschem Recht verfolgbar (Regelfall), hat die Gerichtsbarkeit des Entsendestaates Vorrang, wenn durch die Tat ausschließlich Interessen des Entsendestaates und seiner Truppenangehörigen beeinträchtigt wurden oder wenn die Tat durch eine Handlung in Ausübung des Dienstes begangen wurde. Die Frage der Ahndung ist in jedem Einzelfall gesondert zu bestimmen, insbesondere ob es sich um eine Privat- oder Dienstfahrt gehandelt hat, ferner ob z. B. das Verwarnungsgeldverfahren als Ausübung der deutschen Ahndungskompetenz betrachtet wird (so z. B. nicht von der US-Militäradministration, wohl aber von Frankreich). Infolgedessen muss der Ahndung eine Verständigung zwischen den deutschen und alliierten Dienststellen vorangehen. Näheres regeln Erlasse der Innenministerien der Länder.

Abgeordnete des Bundestages und der Länderparlamente genießen Immunität (Art. 46 Abs. 2 GG), d. h. Schutz vor Strafverfolgung. Ordnungswidrigkeiten sind keine „mit Strafe bedrohten Handlungen", sodass auch Abgeordnete generell wegen Zuwiderhandlungen gegen verkehrsrechtliche Bestimmungen zur Verantwortung gezogen werden können, ohne dass die Immunität zuvor aufgehoben werden muss. Für die Abgeordneten des Europäischen Parlaments gilt das entsprechend.

2.2 Verkehrsüberwachung

Die **Verfolgung** von Verkehrsordnungswidrigkeiten obliegt in erster Linie der Polizei oder kommunalen Ordnungskräften (§ 53 OWiG), daneben auch der Bußgeldbehörde (OLG Stuttgart NZV 1990, 439). Da die Verfolgung und Ahndung von Verstößen zum Kerngehalt staatlichen Handelns gehört, ist die Beauftragung privater Firmen oder Personen zur Feststellung von Verkehrsverstößen rechtswidrig und unterliegt dem Beweiserhebungsverbot; gelegentliche Anzeigen von Privatpersonen dürfen aber verfolgt werden (AG Alsfeld DAR 1995, 210; OLG Frankfurt/M. DAR 1995, 335 = NZV 1995, 368 = NJW 1995, 2570; AG Berlin-Tiergarten DAR 1996, 272; KG VerkMitt 1997 Nr. 76 = DAR 1996, 504 = NZV 1997, 48 = VRS 92, 403 = VD 1997, 1; BayObLG VerkMitt 1997 Nr. 96 = NZV 1997, 276 = DAR 1997, 206 = VRS 94, 102; BayObLG VRS 97, 62; AG Greising DAR 1997, 31; s. a. Janker DAR 1989, 17; Radtke NZV 1995, 428; Steiner DAR 1996, 272; Friehoff NZV 1997, 257; Scholz NJW 1997, 14; Ronellenfitsch DAR 1997, 147; Wächter NZV 1997, 329). Zulässig ist jedoch die Verfolgung von Verstößen durch Kräfte, die von der Polizei aufgrund einer landesgesetzlichen Ermächtigung im Wege der Arbeitnehmerüberlassung eingesetzt werden (BayObLG VerkMitt 1999 Nr. 84 = NJW 1999, 2200; a. A. Hornmann DAR 1999, 158). Nach dem Arbeitnehmerüberlassungsgesetz ist der Einsatz befristet (max. 12 Monate). Die Bundespolizei ist im Rahmen ihres Tätigkeitsbereichs zur Verfolgung von Verkehrszuwiderhandlungen berechtigt, z. B. nimmt sie auf Bahnhofsplätzen die Aufgaben der „Bahnpolizei" wahr.

Die Verfolgung von Verkehrsverstößen kann von der Polizei oder den Bußgeldbehörden durch Erfassung von Kennzeichen oder durch Anhalten des Betroffenen erfolgen. Ein unzulässiger Eingriff in das Grundrecht auf informationelle Selbstbestimmung (Art. 1 Abs. 1 und 2 Abs. 1 GG) ist jedoch die flächendeckende automatische Erfassung und Speicherung amtlicher Fahrzeugkennzeichen ohne einen konkreten Verdacht auf bestimmte Verstöße (BVerfG NZV 2009, 56; BVerfG DAR 2008, 199 = NZV 2008, 362 =

NJW 2008, 1505; BVerfG SVR 2008, 344). Das gilt auch dann, wenn die Daten nach Abgleich mit Fahndungsdateien umgehend wieder gelöscht werden.

Wer an Kraftfahrzeugen mit Verwarnungsgeldangeboten („Knöllchen") Zettel mit Hinweisen zur Vermeidung eines Bußgeldbescheides („Anti-Strafzettel") anbringt, verstößt gegen Art. 1 des Rechtsberatungsgesetz (BayObLG NJW 2004, 86). Ebenso ist die „Übernahme" von Bußgeldbescheiden (auch im Wege elektronischer Versteigerung) zur Vermeidung von Fahrverboten und Eintragungen im VZR des tatsächlich Betroffenen unzulässig (Falschbeurkundung durch Eintragung des „Unschuldigen").

Die **Warnung** mit technischen Geräten vor **Verkehrskontrollen** der Polizei ist nach § 23 Abs. 1b unzulässig; die Warnung durch andere Kraftfahrer nach § 1 Abs. 2 auch dann, wenn es dabei zu Gefährdungen oder Behinderungen des Verkehrs kommt (OLG Stuttgart VerkMitt 1997 Nr. 50 = NZV 1997, 242 = VRS 93, 294). Außerdem kann die Warnung zur Gewährleistung der präventiv-polizeilichen Kontrollaufgabe untersagt werden (OVG Münster NZV 1997, 326).

Unzulässig sind Klebefolien, um die Erkennbarkeit des Kennzeichens zu erschweren (BayObLG VD 1999, 161: Urkundenfälschung nach § 267 StGB und Kennzeichenmissbrauch nach § 22 StVG) oder „Gegenblitzanlagen", um eine Identifizierung des Fahrers zu verhindern (§ 268 Abs. 3 StGB – Fälschung technischer Aufzeichnungen).

2.3 Bußgeldbehörde

Die Verfolgung und **Ahndung** von Ordnungswidrigkeiten erfolgt durch die Bußgeldbehörde (§§ 35, 36 OWiG). Aufgrund der Ermächtigung des § 26 Abs. 1 StVG muss sie eine Behörde oder Dienststelle der Polizei im materiellen Sinn sein (KG VRS 72, 456).

Verfolgung und Ahndung stehen im pflichtgemäßen Ermessen der Verfolgungs- und Ahndungsbehörde (§ 47 OWiG); nicht jede Ordnungswidrigkeit „muss" deshalb (wie nach dem Legalitätsprinzip im Strafrecht) verfolgt werden (**Opportunitätsprinzip**). Eine zu weit gehende Ausdehnung der Verfolgung auf exotische Geschehensabläufe wirkt schikanös, ist dem Betroffenen nicht mehr einsichtig und kann zur Änderung vorhandener rechtstreuer Gesinnung führen (hieraus folgt, dass die Polizei auch einmal „ein Auge zudrücken" kann – aber beide Augen darf nur der „Leichenbestatter" zudrücken).

Die Entscheidung der Ahndungsbehörde über eine Ordnungswidrigkeit ist keine Strafe, sondern eine Buße als Folge einer tatbestandsmäßigen, rechtswidrigen und vorwerfbaren Handlung. Der Geldbuße fehlt – anders als der Geldstrafe – das sozialethische Unwerturteil, das eine „Sühne" verlangt. Die Geldbuße dient vordringlich dazu, die staatlich notwendige Ordnung des Gemeinwesens durchzusetzen und geschützte Rechtsgüter (vor allem Leben, Gesundheit, Vermögen) vor Verletzungen zu bewahren.

2.4 Tatbestand, Rechtswidrigkeit, Schuld

Zuwiderhandlungen gegen die Verhaltenspflichten der StVO sind nach § 49 als Ordnungswidrigkeiten qualifiziert („bußgeldbewehrt"). Die StVO enthält aber auch Pflichten, deren Verletzung nicht bußgeldbewehrt ist und deshalb nicht unmittelbar eine Ahndung begründet (z. B. § 1 Abs. 1, § 7 Abs. 4, § 11 Abs. 3, § 21 Abs. 1a Satz 2, § 27 Abs. 3). Ein Verstoß gegen diese Pflichten kann jedoch über andere Normen zur Ahndung führen, wenn Dritte durch eine pflichtwidrige Handlungsweise geschädigt, gefährdet, behindert oder belästigt werden. Die Ahndung folgt dann unmittelbar aus § 1 Abs. 2. Ferner kann ein Verstoß gegen nicht bußgeldbewehrte Verhaltenspflichten zivilrechtlich Ersatzansprüche auslösen.

2.4.1 Tatbestand

Die Tatbestandsmäßigkeit folgt aus der verletzten Rechtsnorm, d. h. der Betroffene muss gegen den objektiven und subjektiven Tatbestand einer Verkehrsvorschrift (aktiv) verstoßen oder eine Verhaltenspflicht missachtet oder unterlassen haben. Das gilt auch für rechtswidrig angeordnete Verkehrszeichen, die bis zu ihrer Entfernung zu beachten sind. Der Ermittlungsaufwand in Massenverfahren bereitet bei Zuwiderhandlungen gegen feste Regeln (z. B. Tempogrenzen nach § 3 Abs. 3) erheblich weniger Schwierigkeiten, als wenn es darum geht, ob der Betroffene gegen Generalklauseln verstoßen hat, z. B. nicht angepasste Geschwindigkeit nach § 3 Abs. 1. Deshalb beschränkt sich die Verkehrsüberwachung vor allem auf die Fälle fester Vorgaben. Ein Verstoß gegen Generalklauseln wird häufig nur dann geahndet, wenn es z. B. aufgrund unangemessener Geschwindigkeit zu einem Unfall kommt. Die Tat muss ferner **vollendet** sein; ein versuchter Verkehrsverstoß ist somit nicht bußgeldbewehrt (§ 13 OWiG).

Bei Normen mit Erlaubnisvorbehalt (§ 29 Abs. 2 oder 3) wird der Tatbestand erst verwirklicht, wenn der Betroffene ohne Erlaubnis tätig wird. Die Erlaubnis ist somit kein Rechtfertigungsgrund, sondern die Voraussetzung, die den Verbotstatbestand beseitigt. Beim Verstoß gegen Auflagen des Erlaubnisbescheides wird hingegen der Tatbestand in der Nichtbeachtung von Nebenbestimmungen verwirklicht (z. B. § 29 Abs. 2 i. V. m. § 49 Abs. 2 Nr. 6). Bei einer Ausnahmegenehmigung wird eine Freistellung von einer Verbotsnorm gewährt, sodass bei fehlender Ausnahme gegen die Verbotsnorm selbst verstoßen wird, z. B. Ordnungswidrigkeit nach § 49 Abs. 3 Nr. 4, wenn ohne Ausnahme am Z. 283 geparkt wird. Gleiches gilt, wenn die Ausnahme unter einer Bedingung steht, deren Missachtung die Wirksamkeit der Ausnahme insgesamt ausschließt (z. B. Durchführung eines Autorennens ohne Streckensperrung, wenn die Sperrung Voraussetzung für die Gültigkeit der Genehmigung ist).

2.4.2 Rechtswidrigkeit

Ein Verkehrsverstoß ist rechtswidrig, wenn er durch die verkehrsrechtlichen Normen missbilligt wird und keine Gründe vorliegen, die das Handeln rechtfertigen. Derartige Gründe können sich aus Sonderrechten (§ 35), einer erteilten Ausnahme (§ 46) oder den Notwehr- oder Notstandsrechten (§§ 15, 16 OWiG) ergeben.

Notwehr betrifft den subjektiven Tatbestand einer verletzten Norm und ist die Abwehr eines Angriffs durch Verteidigung. Notwehrfälle sind im Straßenverkehr selten, weil stets die Möglichkeit besteht, durch Ausweichen oder Bremsen einem Verkehrsverstoß („Angriff") zu begegnen (LG Lüneburg NZV 1999, 384: Notwehr bei exzessiv bedrohender Verfolgungsfahrt und dabei begangener Vorfahrtverletzung). Häufiger ist hingegen **Notstand**, der einen Verkehrsverstoß rechtfertigen kann, wobei jedoch ein enger Maßstab anzulegen ist (§ 16 OWiG). So kann ein Tempoverstoß gerechtfertigt sein, wenn eine akute Gefahr nicht anders zu beseitigen ist, es auf jede Sekunde ankommt und Rettungsfahrzeuge mit Sonderrechten nicht rechtzeitig erreichbar sind (OLG Köln VerkMitt 2005 Nr. 66 = DAR 2005, 574 = VRS 109, 45 = NZV 2005, 595; OLG Düsseldorf VRS 30, 444). Beispiele: Tempoverstoß wegen schweren Durchfalls (OLG Düsseldorf VerkMitt 2008 Nr. 21 = VRS 113, 438 = DAR 2008, 156 = NZV 2008, 470) oder zur Beseitigung der Unfallgefahr eines das Rotlicht missachtenden Kraftfahrers oder um eine schwangere Frau ins Krankenhaus zu bringen (OLG Düsseldorf VerkMitt 1995 Nr. 70 = VRS 88, 454 = NZV 1996, 122), bei einem ärztlichen Notfalleinsatz (OLG Karlsruhe DAR 2002, 229, NZV 2005, 54 und NZV 2005, 542 = DAR 2005, 644: nur Absehen vom Fahrverbot), Warnung eines vorausfahrenden Kraftfahrers vor einer Verkehrsgefahr (OLG Düsseldorf VRS 30, 39), zur Vermeidung eines Auffahrunfalls (OLG Naumburg DAR 1997, 30). Kein Notstand bei drohender Gallenkolik (OLG Düsseldorf VerkMitt 1998 Nr. 17), für eine Fahrt zum Tierarzt bei Lebensgefahr des Tieres (OLG Düsseldorf VRS 79, 144; NZV 1990, 483), auch nicht, um einen entlaufenen Affen einzufangen (OLG Naumburg DAR 2000, 131 = VRS 98, 205), oder um wartende Patienten mit akuten Leiden zu betreuen (BayObLG VerkMitt 2000 Nr. 28 = DAR 2000, 170 = NZV 2000, 214 = VRS 98, 294). Die Beseitigung einer gegenwärtigen Gefahr darf wegen der notwendigen Güterabwägung nie zu einer Gefährdung Unbeteiligter führen, z. B. Ausweichen wegen eines Einsatzfahrzeugs auf den Gehweg mit Verletzungsgefahr für Fußgänger oder wegen eines Kleintieres bei hoher Geschwindigkeit (KG NZV 2003, 91 = VRS 104, 5 = DAR 2003, 64).

2.4.3 Schuld

Verkehrsverstöße können vorsätzlich oder fahrlässig begangen werden (§ 10 OWiG, § 24 StVG). In der Praxis wird im Regelfall von fahrlässigem Handeln ausgegangen, weil der Vorsatz besondere Ermittlungen und Feststellungen erfordert, die in Massenverfahren kaum möglich sind. Bei eklatanten Verstößen kann indes Vorsatz dann angenommen werden, wenn die Begehungsart so von der Norm abweicht, dass sie dem Täter bewusst sein muss.[6] Auch der Bußgeldkatalog legt bei der Ahndung Fahrlässigkeit zugrunde. Ein die Schuld ausschließender Verbotsirrtum (§ 11 OWiG) ist bei Verkehrsverstößen sehr selten. Die Unkenntnis von Verkehrsregeln ist nie ein Entschuldigungsgrund. Wegen der besonderen an Kraftfahrer zu stellenden Anforderungen liegt in solchen Fällen grundsätzlich ein „vermeidbarer" Verbotsirrtum vor, der den Vorsatz unberührt lässt (BayObLG VerkMitt 2003 Nr. 75 = NZV 2003, 430 = VRS 105, 309 = NJW 2003, 2253).

Aus dem Schuldprinzip folgt ferner, dass die Bußgeldbehörde nur den „Täter" verfolgen darf. Zur Täterermittlung gehört die Feststellung der

---

6 Beispiele: KG VRS 113, 74 und 314: entscheidend ist die Kenntnis, zu schnell zu fahren, nicht die genaue Tempohöhe; OLG Hamm NZV 2007, 263 = SVR 2007, 186: bei Tempoüberschreitung um 116 %; KG VerkMitt 2004 Nr. 74 = NZV 2004, 598 = VRS 107, 213 und 316: innerorts bei 100 km/h, weil sich der Kraftfahrer durch Fahrgeräusche und vorbeiziehende Umgebung der Tempoüberschreitung bewusst ist; OLG Bamberg DAR 2006, 464: mehr als 60 % Tempoüberschreitung; OLG Hamm VRS 108, 447 = DAR 205, 407: 70 km/h mehr als erlaubt; KG VRS 109, 132; OLG Karlsruhe VRS 110, 439 = NZV 2006, 437 = VD 2006, 300 = DAR 2007, 158: 50 % Tempoüberschreitung außerorts; OLG Jena DAR 2008, 35: bei häufigen Tempoverstößen und Überschreitung von ca. 23 %; OLG Brandenburg DAR 2008, 532: Vorsatz nicht bereits bei 32 % Tempoüberschreitung.

Identität. Weigert sich der Betroffene, Namen und Anschrift anzugeben, darf die Polizei ihn auch zwangsweise zur Identitätsüberprüfung bringen.[7] Andernfalls wäre eine Verfolgung des Verstoßes nicht mehr möglich. Die Nichtangabe der Personalien ist außerdem ein (selbstständiger) Verstoß nach § 111 OWiG.

Auch im Bußgeldverfahren ist es nicht Aufgabe des Betroffenen, seine Unschuld nachzuweisen, sondern Bußgeldbehörden und Polizei müssen die Täterschaft beweissicher feststellen (OLG Hamm NZV 2001, 390). Die Verpflichtung, den „schuldigen" Täter zu ermitteln, bereitet Schwierigkeiten, wenn nur das **KFZ-Kennzeichen** und damit der Halter bekannt ist. Einen rechtlich gesicherten Erfahrungssatz, dass der Halter i. d. R. auch der Fahrzeugführer ist, gibt es nicht (OLG Düsseldorf DAR 2003, 40; BGH VerkMitt 1994 Nr. 94; VRS 48, 107). Allein aus der Haltereigenschaft darf deshalb beim Fehlen von Beweisanzeichen nicht gefolgert werden, der Halter habe das Fahrzeug tatsächlich gefahren (andernfalls läge ein Verstoß gegen das Willkürverbot nach Art. 3 Abs. 1 GG vor). Da außerdem der Grundsatz „keine Strafe ohne Schuld" („nulla poena sine culpa") Verfassungsrang hat, muss die Polizei oder die Bußgeldbehörde die Schuld des Täters feststellen (BVerfG VerkMitt 1994 Nr. 94 = VRS 86, 81 = NJW 1994, 847).[8] In Deutschland gibt es somit keine schuldunabhängige Haftung des Halters für Verkehrsverstöße.[9] Die Gefährdungshaftung des Halters nach § 7 StVG bezieht sich nur auf zivilrechtliche Ersatzansprüche.

Soweit es der Polizei möglich ist, wird sie deshalb das Fahrzeug unmittelbar nach dem Verstoß anhalten oder den Fahrer durch technische Maßnahmen (Frontfotografie, Videoaufzeichnungen) deutlich machen. Stehen Lichtbilder aus Verkehrsüberwachungsanlagen (Radar-, Rotlichtkameras) zur Verfügung, ist ein Abgleich mit den Passbildern der Meldestellen zur Täterfeststellung zulässig, wobei § 2b Abs. 2 und 3 PersAuswG[10] zu beachten ist (BayObLG NZV 2003, 589 = VRS 106, 72 = NJW 2004, 241; OLG Stuttgart NZV 2002, 574 = DAR 2002, 566 = VRS 104, 52). Dabei kann allerdings nur festgestellt werden, ob der Halter mit dem Beweisfoto identisch ist. Hier muss eine Vorladung zur Bußgeldbehörde oder Polizei vorgeschaltet werden, weil die Datenübermittlung (wozu auch der Lichtbildabgleich aus den Meldeunterlagen gehört) nur zulässig ist, wenn Daten nicht anderweitig oder nur mit unverhältnismäßig hohem Aufwand ermittelt werden können. Vor allem die bei der Radar- oder Rotlichtüberwachung gefertigten Fotografien müssen eine solche Bildqualität haben, dass eine eindeutige

---

7 Unverhältnismäßig kann die Anwendung des unmittelbaren Zwanges nur sein, wenn die Folgen der Zwangsanwendung außer Verhältnis zur Bedeutung der Ordnungswidrigkeit stehen.
8 Siehe auch Beiträge von Schurig/Holtz/Göhler im Arbeitskreis V des 16. Deutschen Verkehrsgerichtstages 1978, Veröffentlichung der Deutschen Akademie für Verkehrswissenschaft, S. 232.
9 Anders z. B. in Österreich nach § 103 Abs. 2 Kraftfahrgesetz (s. a. UVS Vorarlberg DAR 2006, 578), in Frankreich, Spanien, Italien, den Niederlanden oder den USA (Prinzip „vicarious liability"). Problematisch ist dabei, wenn aufgrund internationaler Vereinbarungen im Ausland begangene Verstöße im Wege der Halterhaftung in Deutschland vollstreckt werden sollen (s. a. Bönke NZV 2006, 19).
10 § 2b Abs. 2 und 3 des Personalausweisgesetzes (PersAuswG) lässt den Lichtbildabgleich nur zu, wenn andernfalls eine Identifizierung nicht oder nur mit unverhältnismäßig hohem Aufwand möglich ist. Die Nichtbeachtung der datenschutzrechtlichen Schranken des PersAuswG begründet jedoch weder ein Verfahrenshindernis noch ein Beweisverwertungsverbot.

Identifizierung des Täters möglich ist (OLG Oldenburg DAR 1996, 508; VG Braunschweig VD 2007 230). Ist die Bildschärfe unzureichend, kann die Identifizierung auch durch Sachverständige aufgrund persönlicher Merkmale erfolgen, wie Stirnbereich, Nasenwurzel, Augenbrauen, Lippen (OLG Dresden DAR 2000, 279). Ist auf dem Tatfoto ein männlicher Fahrer klar erkennbar, ergibt die Kennzeichenanfrage aber eine (weibliche) Halterin, darf gegen sie kein Verfahren eingeleitet werden. Sie hat dann nur die Stellung einer Zeugin. Wird trotzdem bewusst das Verfahren gegen die Halterin weitergeführt, steht der Bußgeldsachbearbeiter unter der Strafdrohung des § 344 StGB (Verfolgung Unschuldiger). Außerdem könnten Anwaltskosten der Betroffenen über die Amtshaftung eingefordert werden (BGH VRS 16, 167; LG Frankfurt NZV 1997, 443), es sei denn ein vorher bestehender Anfangsverdacht hat sich später nicht bestätigt (OLG Schleswig SVR 2008, 422).

Im Massenverkehr kann die Polizei ihrer Aufgabe zur Verfolgung von Verkehrsverstößen meist nur dadurch nachkommen, dass sie das amtliche Kennzeichen feststellt, um über den Halter den Fahrer zu ermitteln.[11] Wirkt der Halter im anschließenden Bußgeldverfahren nicht mit, beruft er sich auf sein Zeugnisverweigerungs- oder Schweigerecht[12] oder gibt er eine nicht existierende Person an, müsste die Polizei (z. B. durch Hausermittlungen) Beweisanzeichen für eine Täterschaft des Halters erheben. Die Möglichkeiten für zusätzliche Erhebungen stehen im Bagatellverfahren schon wegen des Ermittlungsaufwandes außer Verhältnis zum Erfolg und scheiden in der täglichen Praxis aus. Erschwert wird die Täterermittlung außerdem durch die kurze Verjährungsfrist. Gibt der Betroffene als „Täter" eine Person an, von der er weiß, dass diese die Tat nicht begangen hat, muss er mit einem Strafverfahren nach § 164 Abs. 2 StGB wegen falscher Verdächtigung rechnen. Allerdings sind solche Strafverfahren schon deshalb selten, weil die Beweismanipulation gezielt darauf gerichtet sein muss, gegen eine unschuldige Person ein Verfahren einzuleiten.[13] Bei Kennzeichenanzeigen geht es hingegen dem Halter meist nur darum, die eigene Täterschaft zu verschleiern (OLG Düsseldorf NZV 1996, 244). Voraussetzung ist ferner, dass eine tatsächlich vorhandene Person benannt wird. Gibt der Halter eine nicht existierende Person als Täter an, scheitert ein Strafverfahren auch nach § 145d StGB, weil sich die Vortäuschung einer Straftat nicht auf Ordnungswidrigkeiten bezieht.

---

11 Die Bußgeldbehörde sieht den Halter als „Zeugen" an und übersendet einen Anhörbogen in der Hoffnung, dass der Fahrer benannt wird. Für die Bekanntgabe des schuldigen Fahrers ist strittig, ob der Halter dann als „Zeuge" gegenüber der Bußgeldbehörde seine Aufwendungen nach dem Zeugen- und Sachverständigen-Entschädigungsgesetz (ZSEG) geltend machen kann (vor allem Autovermietfirmen ca. 15 €). Bejahend AG Stuttgart Beschluss v. 13.1.2004 = NZV 2005, 104; AG Neuwied NZV 2005, 105; verneinend wegen der Haltereigenschaft AG Stuttgart Beschluss v. 12.1.2004 = NZV 2005, 104; AG Leipzig NZV 2005, 106.
12 Die Einlassungsfreiheit des Betroffenen durch Schweigen (§ 136 Abs. 1 Satz 2 StPO) darf nicht als belastendes Indiz gegen ihn gewertet werden (OLG Karlsruhe DAR 2004, 600: „nemo tenetur se ipsum accusare" = „niemand ist gehalten, sich selbst zu belasten". Der Beschuldigte darf schweigen, er darf sogar lügen, deswegen wird ihm prinzipiell nichts geglaubt und deshalb sollte er auch schweigen).
13 Gibt der Betroffene fälschlich eine andere Person als Täter an, scheidet die Strafbarkeit nach § 164 StGB auch dann aus, wenn ein Verfahren gegen die andere Person wegen Eintritts der Verfolgungsverjährung nach § 26 Abs. 3 StVG nicht mehr eingeleitet werden kann (OLG Celle SVR 2008, 430).

2.5 Beteiligung

Beteiligen sich mehrere Personen an einem Verkehrsverstoß, handelt jede von ihnen ordnungswidrig (§ 14 OWiG). Gegen den Anstifter oder Gehilfen wird ein Bußgeldbescheid erlassen, wenn sein Tatbeitrag den Verkehrsverstoß bewusst und gewollt (vorsätzlich) gefördert hat. Durch §§ 9, 29 OWiG wird die Haftung auf die vertretungsberechtigten Organe bzw. Beauftragte erweitert (Geschäftsführer einer GmbH, Firmeninhaber). Diese haften dann für Ordnungswidrigkeiten nicht als Beteiligte, sondern als Täter (z. B. für sowohl dem Firmeninhaber als Halter wie auch dem Fahrer bekannte Fahrzeugmängel). Die vertretungsberechtigten Organe können ihre Verantwortlichkeit auf sachkundige und zuverlässige Hilfspersonen übertragen, z. B. Betriebs- oder Fuhrparkleiter (OLG Hamm DAR 1999, 415). Wer öffentlich zur Begehung von Verkehrsverstößen auffordert, handelt selbst ordnungswidrig nach § 116 OWiG. Hierbei kommt es nicht auf die Ernsthaftigkeit der Aufforderung an, sondern es genügt, dass billigend in Kauf genommen wird, die Aufforderung werde von Dritten ernst genommen.

2.6 Zusammentreffen mehrerer Ordnungswidrigkeiten

2.6.1 Tatmehrheit (Realkonkurrenz)

Werden durch mehrere voneinander unabhängige Taten Verkehrsvorschriften mehrfach verletzt, wird für jede einzelne Tat eine Geldbuße gesondert festgesetzt (§ 20 OWiG). Begeht ein Kraftfahrer z. B. an drei Tagen jeweils einen Tempoverstoß, erhält er drei Bußgeldbescheide. Die drei Taten werden somit nicht in einem Bußgeldbescheid mit einer erhöhten Geldbuße zusammengefasst. Eine neue Tat liegt dann vor, wenn ein neuer Verkehrsvorgang beginnt, sich eine Fahrt über mehrere Orte ohne zeitlichen und räumlichen Zusammenhang erstreckt (OLG Jena VRS 110, 32) oder neue Verkehrssituationen entstehen, die neue Verstöße verursachen (OLG Hamm DAR 2006, 697 = VRS 111, 366 = VerkMitt 2007 Nr. 14; OLG Brandenburg NZV 2006, 109; BayObLG VRS 101, 446 = DAR 2002, 78 = NZV 2002, 145).[14] Tatmehrheit wird auch beim Zusammentreffen von Unterlassungs- mit Begehungstaten angenommen, z. B. Parkverstoß und Versäumung der Frist zur technischen Hauptuntersuchung. Werden bei der Kontrolle der „LKW-Tachoscheiben" oder der digitalen Aufzeichnungsgeräte mehrere Tempoverstöße festgestellt, die jeweils nach einer Fahrtunterbrechung begangen worden sind, hätte eine einzige Kontrolle eine Vielzahl von Bußgeldbescheiden mit erheblicher Punktbewertung zur Folge. Die Bußgeldbehörden machen deshalb oft von ihrem Ermessen in der Weise Gebrauch, dass pro Tattag nur ein Bußgeldbescheid mit einer je nach Fallgestaltung angemessen erhöhten Geldbuße erlassen wird. Halt- und Parkverstöße sind Dauerordnungswidrigkeiten, solange keine Unterbrechung eintritt. Infolgedessen darf ein solcher Verstoß nicht mehrfach geahndet werden (OLG Jena DAR 2006, 162 = VRS 110, 108: Verstoß gegen Art. 103 Abs. 3 GG – Doppelbestrafungsverbot „ne bis in idem"). Eine Unterbrechung ergibt sich, wenn das Fahrzeug z. B. auch am nächsten Tag oder nach Ablauf eines zeitlich befristeten Haltverbots weiterhin falsch geparkt bleibt. in solchen Fällen besteht Tatmehrheit, sodass der Betroffene erneut ein Verwarnungs- bzw.

---

14 Siehe Albrecht „Die Abgrenzung von Tateinheit und Tatmehrheit bei Straßenverkehrsordnungswidrigkeiten", Verkehrsverlag Fischer, 2004; Albrecht SVR 2005, 1 und SVR 2007, 121.

Bußgeld erhält. Gleichzeitige Verstöße von Begehungs- und **Unterlassungstaten**[15] unterliegen im Regelfall der Tatmehrheit (Albrecht NZV 2005, 62; a. A. OLG Rostock VRS 107, 461).

2.6.2 Tateinheit (Idealkonkurrenz)

Werden durch ein und dieselbe Handlung mehrere Verkehrsvorschriften verletzt, wird nur **eine** Geldbuße festgesetzt (§ 19 Abs. 1 OWiG); z. B. Tempoüberschreitung während eines Rotlichtverstoßes (OLG Rostock VRS 107, 461; LG Frankfurt/M. DAR 2003, 41; s. a. Albrecht VD 2005, 311) oder Nichtanlegen des Sicherheitsgurtes und Tempo- oder Abstandsverstoß (OLG Stuttgart VerkMitt 2007 Nr. 48 = DAR 2007, 405 = VRS 112, 59 = SVR 2008, 28; OLG Hamm DAR 2006, 338 = VRS 110, 281; s. a. Albrecht DAR 2007, 61). Auch mehrere Tempoverstöße mit engem räumlichen und zeitlichen Zusammenhang im Verlauf einer Fahrt werden als eine Tat gewertet, wenn die Fahrt nicht durch Parken unterbrochen wurde (BGH NZV 1995, 196; OLG Köln NZV 2004, 536; OLG Zweibrücken DAR 2003, 281; BayObLG NZV 1997, 282 = VRS 93, 141). Die Bußgeldhöhe richtet sich nach dem schwersten Verstoß, wobei das Bußgeld angemessen erhöht wird, z. B. Tempo- und Rotlichtverstoß: Regelsatz jeweils 50 €, Bußgeldbescheid = 80 €.[16] § 19 Abs. 2 OWiG findet hier keine Anwendung, weil sich diese Vorschrift auf die angedrohte Höchstgrenze mehrerer (unterschiedlicher) Gesetze bezieht. Werden mehrere Gesetze durch ein und dieselbe Handlung verletzt, bestimmt sich die Geldbuße nach dem Gesetz, das die höchste Geldbuße androht. So bestimmt sich das Bußgeld z. B. beim Abstellen einer „Rostlaube" nach § 32 und das Überschreiten des Gemeingebrauchs nach der mit höherer Geldbuße bedrohten straßenrechtlichen Sondernutzung, die nach den Straßengesetzen der Länder i. d. R. 10 000 € beträgt.[17]

Wird ein Tatbestand gleicher Art in engem räumlichen und zeitlichen Zusammenhang mehrfach verwirklicht, liegt eine **Dauerordnungswidrigkeit** vor, z. B. ständiges Fahren ohne Betriebserlaubnis (OLG Düsseldorf VerkMitt 1997 Nr. 69; OLG Oldenburg NZV 1996, 83; OLG Hamm VRS 90, 435; BayObLG DAR 1995, 411). Bei Dauerordnungswidrigkeiten wird nur ein Bußgeldbescheid erteilt. Hingegen sind Taten mit Fortsetzungszusammenhang bei Verkehrsverstößen selten, weil dabei nicht Fahrlässigkeit (bei Verkehrsverstößen der Regelfall), sondern Vorsatz vorausgesetzt wird. Zudem ist die Anwendbarkeit des Fortsetzungszusammenhangs stark eingeschränkt (BGH NZV 1995, 196).

Beschränkt die Bußgeldbehörde die Ahndung auf einen bestimmten tatsächlichen oder rechtlichen Gesichtspunkt, kann die Tat wegen der nicht erfassten Handlungsteile oder sonstiger Gesetzesverletzungen weiter verfolgt werden; es sei denn, der Betroffene durfte annehmen, dass das einheitliche Tatgeschehen (z. B. Überladung des gesamten Zuges und nicht nur des Anhängers) gerügt werden sollte, und hat im Vertrauen hierauf sein Einverständnis mit der Verwarnung erteilt (OLG Köln VRS 53, 450).

---

15 Tempoverstoß (Begehungstat) und gleichzeitig Nichtanlegen des Sicherheitsgurtes (Unterlassungstat) oder Fristversäumung zur Hauptuntersuchung und Falschparken.
16 Bei Verwarnungsgeldverstößen mit gleichen Ahndungsbeträgen entfällt im Regelfall eine Erhöhung.
17 Bei Tempo- und Gefahrgutverstößen bestimmt sich die Geldbuße nach § 10 Abs. 4 des Gesetzes zur Beförderung gefährlicher Güter, weil die Höchstgrenze dort 50 000 € beträgt.

2.6.3 Gesetzeskonkurrenz

Werden durch ein und dieselbe Handlung zwar mehrere Vorschriften verletzt, von denen aber nur eine zur Anwendung kommen kann, treten die anderen Verstöße bei der Bemessung der Geldbuße zurück. Gefährdet z. B. ein Kraftfahrer während eines Fahrstreifenwechsels einen anderen, tritt die gleichzeitig verletzte Vorschrift des § 1 Abs. 2 zurück, weil das Gefährdungsverbot bereits in § 7 Abs. 5 enthalten ist. Die jeweils zurücktretenden Vorschriften können im Verhältnis der Subsidiarität, Spezialität oder Konsumtion stehen.

2.6.4 Zusammentreffen von Straftaten und Ordnungswidrigkeiten

Ist ein und dieselbe Handlung gleichzeitig Straftat und Ordnungswidrigkeit, findet nur das Strafrecht Anwendung (§ 21 OWiG). So kommt z. B. bei einem unter Alkoholeinfluss begangenen Tempoverstoß nur § 316 StGB zum Zuge, der Tempoverstoß tritt zurück. Wird das Strafverfahren eingestellt, kann die Ordnungswidrigkeit nach § 21 Abs. 2 OWiG wieder verfolgt werden, sofern noch keine Verjährung eingetreten ist (§ 26 Abs. 3 – 3 Monate). Meist handelt es sich dabei um folgenlose Alkoholverstöße, bei denen zunächst nach § 316 StGB ermittelt wird. Stellt sich durch das Alkoholgutachten heraus, dass z. B. die Promillegrenze der absoluten Fahruntüchtigkeit von 1,1 ‰ nicht erreicht worden ist, kann die Tat weiterhin nach der 0,5-‰-Regelung verfolgt werden (§ 24a StVG).[18]

2.7 Ahndung von Verkehrsverstößen

2.7.1 Verwarnung ohne Verwarnungsgeld

Eine Verwarnung ohne Verwarnungsgeld wird nur bei **bedeutungslosen** Zuwiderhandlungen ausgesprochen (§ 56 Abs. 1 Satz 2 OWiG). Bedeutungslos ist ein Verkehrsverstoß, wenn die qualifizierende Merkmale (Gefährdung, Schädigung), dessen Unrechtsgehalt, orientiert am geringsten Regelsatz, unerheblich ist. Maßgebend ist auch die Bereitschaft des Betroffenen zu normgemäßem Verhalten. Die Verwarnung ohne Verwarnungsgeld stellt kein Verfahrenshindernis im Sinne eines Verbots der „Doppelbestrafung" dar, weil sich § 56 Abs. 2 bis 4 OWiG nur auf Verwarnungen mit Verwarnungsgeld bezieht. Die Tat kann also trotz mündlicher Verwarnung weiter als Ordnungswidrigkeit verfolgt werden, wenn sich erst im Nachhinein herausstellt, dass der Verkehrsverstoß mit qualifizierenden Merkmalen verbunden war.

2.7.2 Verwarnung mit Verwarnungsgeld

Bei **geringfügigen** Ordnungswidrigkeiten wird der Betroffene verwarnt und ein Verwarnungsgeld von 5 bis 35 € erhoben (§ 56 Abs. 1 Satz 1 OWiG);[19]

---

18 Eine „Null-Promille-Grenze" besteht bei der Personenbeförderung nach § 8 Abs. 3 BOKraft und bei der Gefahrgutbeförderung nach § 9 Abs. 11 Nr. 18 GGVSE. Fahrverbote und Punkteintragungen erfolgen allerdings erst beim Erreichen des Grenzwertes von 0,5 ‰ nach § 24a StVG.
19 Mit Anhebung des Bußgeldes in § 24 Abs. 2 StVG vom 22.12.2008 (BGBl. I S. 2965) ist keine Anhebung des Verwarnungsgeldsatzes erfolgt. In der Diskussion war eine Anhebung von 35 auf 65 € und des Bußgeldsatzes von 40 auf 70 €; sie wurde jedoch zurückgestellt.

die Höhe richtet sich nach dem Bußgeldkatalog.[20] Für die Wirksamkeit einer Verwarnung ist erforderlich, dass der Betroffene mit der Verwarnung nach Belehrung über sein Weigerungsrecht einverstanden ist **und** das Verwarnungsgeld sofort oder innerhalb einer Wochenfrist bezahlt.

Das Verwarnungsgeld kann vor Ort durch die nach § 57 OWiG ermächtigten Polizeikräfte durch Barzahlung gegen Quittung erhoben werden. Vor allem bei Kennzeichenanzeigen kommt jedoch ausschließlich die im automatisierten Verfahren gefertigte **schriftliche** Verwarnung in Betracht. Der anzeigende Beamte hinterlässt an dem betreffenden KFZ eine Mitteilung über die Einleitung eines Ordnungswidrigkeitenverfahrens und sendet die (meist elektronisch lesbare) Anzeige[21] an die Bußgeldbehörde, die dem Halter des KFZ ein schriftliches Verwarnungsgeldangebot unterbreitet. Möglich ist auch, die Mitteilung am KFZ bereits mit einer Zahlkarte zu versehen („Knöllchen"). Wird die Verwarnung akzeptiert und das Verwarnungsgeld bezahlt, kann die Tat nicht mehr im Bußgeldverfahren verfolgt werden (Grundsatz „ne bis in idem" – Verbot der Doppelbestrafung). Bei strafrechtlichen Gesichtspunkten im Zusammenhang mit Verkehrsverstößen kommt der in § 56 Abs. 4 OWiG verankerte Grundsatz allerdings nicht zur Anwendung. Wird z. B. nach einem Verkehrsunfall ein Verwarnungsgeld von 35 € vor Ort bezahlt und stellt sich später heraus, dass der Unfall auf einen alkoholbedingten Fahrfehler zurückzuführen war, kann die Straftat nach § 315c StGB dann unbeschadet der Verwarnung weiterhin verfolgt werden.

Erfolgt die Zahlung **rechtzeitig**, ist die Fortsetzung des Verfahrens unzulässig, selbst wenn die Behörde das Geld zurückschickt (OLG Köln VRS 55, 135; OLG Frankfurt VRS 55, 377). Das gilt nicht für etwaige in Tateinheit stehende, jedoch bei der Verwarnung nicht erkannte Verfehlungen (OLG Düsseldorf NZV 1990, 487). Erfolgt die Zahlung des Verwarngeldes **verspätet**, bleibt die Verwarnung unwirksam (AG Saalfeld NZV 2006, 49). Allerdings kann eine Fristverlängerung (auch stillschweigend) eingeräumt werden, wenn das Verwarnungsgeld in Kenntnis der abgelaufenen Zahlungsfrist angenommen wird (OLG Koblenz VRS 56, 158: nicht bei verspäteter Zahlung durch Banküberweisung). Wird das Verwarngeld **nicht bezahlt**, liegt keine wirksame Verwarnung vor (OLG Düsseldorf NZV 1991, 441; OLG Hamm VRS 54, 134); die Ahndung der Tat erfolgt dann durch Bußgeldbescheid (§ 65 OWiG). Dabei kann die Bußgeldbehörde auch einen höheren Ahndungsbetrag festsetzen und dem Betroffenen die Verfahrenskosten auferlegen. Das Verschlechterungsverbot („reformatio in peius") gilt hier nicht, wenn die Bußgeldbehörde (oder nach Einspruch das Amtsgericht) die Tat

---

20 Mit der Euro-Umstellung seit 1.1.2002 sind die (bisher gesonderten) Buß- und Verwarnungsgeldkataloge (BKatV und Allgemeine Verwaltungsvorschrift über die Erteilung einer Verwarnung – VerwarnVwV) auf der Rechtsgrundlage des § 26a Abs. 1 StVG zu einem einheitlichen Bußgeldkatalog (BKatV vom 13.11.2001 BGBl. I S. 3033) zusammengefasst worden. Die Verwarnungsgeldsätze haben damit den Charakter einer Rechtsverordnung erhalten (Aufhebung der VerwarnVwV vom 26.11.2001 – BAnz. S. 24505). Die Verwarnungs- und Bußgeldbeträge sind auf der Basis des amtlichen Umrechnungskurses (1,95583 DM = 1,00 €), einschließlich einer Glättung der daraus sich ergebenden Beträge umgestellt und die Verwarnungsgeldgrenze auf 35 € festgesetzt worden (Art. 24 des Euro-Einführungsgesetz u. a. im Straf- und Ordnungswidrigkeitenrecht vom 13.12.2001 – BGBl. I S. 3574). Aus den Ahndungsbeträgen der BKatV hat das KBA mit den Ländern einen Bundeseinheitlichen Tatbestandskatalog entwickelt, der die einzelnen Tatvorwürfe auffächert.
21 Z. B. durch mobile elektronische Datenerfassungsgeräte (MED)

oder den Schuldvorwurf anders als die Polizei vor Ort beurteilt (KG VRS 88, 459). In der Praxis wird davon jedoch selten Gebrauch gemacht, weil bei nicht bezahlten Verwarnungsgeldern vor Erlass des Bußgeldbescheides i. d. R. keine Anfrage an das VZR erfolgt.

Verwarnungen werden im VZR **nicht** erfasst (§ 28 StVG); den Landesbehörden ist es mangels gesetzlicher Regelung verboten, eigene (örtliche) Verkehrssünderregister anzulegen (Verbot von „schwarzen Listen"). Andererseits ist es den Bußgeldbehörden nicht verwehrt, gelegentlich des Verfahrens anfallende Erkenntnisse zu verwerten, z. B. der anzeigenden Ordnungskraft über häufige geringfügige Parkverstöße eines bestimmten Kraftfahrers oder der Bußgeldbehörde über mehrere gegenwärtig laufende Verfahren (BVerfG Beschluss vom 9.5.1977 – 2 BvR 464.76; BVerwG DÖV 1979, 721; OLG Düsseldorf VRS 73, 392; BayObLG NJW 1973, 1091).

2.7.3 Bußgeldverfahren

Handelt es sich um einen Verstoß, der mit **Ahndungsbeträgen ab 40 €** bedroht ist, ergeht nach vorheriger Anhörung („Anhörbogen", Übersendung meist mit einfachem Brief) ein Bußgeldbescheid (§ 65 OWiG). Die Höhe der Geldbuße richtet sich nach der Bußgeldkatalog-Verordnung (BKatV) und beträgt zwischen 40 und max. 2 000 € bei Vorsatz, bei Fahrlässigkeit max. 1 000 €. Die dort enthaltenen Ahndungsbeträge sind Regelsätze, die von fahrlässiger Begehung und gewöhnlichen Tatumständen ausgehen; etwaige Eintragungen im VZR sind nicht berücksichtigt. Ob ein Betroffener Berufskraftfahrer ist oder sich bisher verkehrsgerecht verhalten hat, bleibt bei der Höhe der Ahndungsbeträge außer Betracht (OLG Hamm VRS 97, 207). Bei groben Verstößen, qualifizierenden Tatmerkmalen, Voreintragungen im VZR oder Vorsatz können höhere Beträge festgesetzt werden, es sei denn, Qualifizierungen sind bereits im Ahndungskatalog berücksichtigt. Bei der Bemessung der Geldbuße darf dem Betroffenen nicht angelastet werden, dass er eine gebührenpflichtige Verwarnung abgelehnt hat oder in der Hauptverhandlung unbelehrbar gewesen ist (OLG Koblenz VRS 62, 202). Darüber hinaus besteht die Möglichkeit, diese Beträge je nach den **wirtschaftlichen Verhältnissen** des Betroffenen zu erhöhen oder zu vermindern (§ 17 Abs. 3 Satz 2 OWiG). Bei Bußgeldern unter 250 € bleiben die wirtschaftlichen Verhältnisse entsprechend dem Rechtsbeschwerdebetrag (§ 79 Abs. 1 Nr. 1 OWiG) grundsätzlich außer Betracht (OLG Celle VRS 115, 198), es sei denn sie sind außergewöhnlich gut oder schlecht, z. B. bei Arbeitslosigkeit (OLG Karlsruhe VRS 111, 436 = VerkMitt 2006 Nr. 10; OLG Dresden DAR 2006, 222; OLG Oldenburg VerkMitt 1990 Nr. 91 = VRS 79, 375; OLG Düsseldorf VRS 97, 256; OLG Düsseldorf VerkMitt 2000 Nr. 93 = VRS 99, 131 = DAR 2000, 534: 100 €; OLG Hamm NZV 2001, 177: 125 €; OLG Hamburg DAR 2002, 324: 225 €). Liegt das Bußgeld über 250 €, ist die Leistungsfähigkeit des Betroffenen von Amts wegen zu prüfen (BayObLG DAR 2004, 593). Wird ein Bußgeld wegen der schlechten wirtschaftlichen Verhältnisse des Betroffenen auf einen Betrag unter 40 € festgesetzt, berührt das weder die Eintragung im VZR noch die Punktbewertung; d. h. für die Eintragung bleibt der Regelsatz des Bußgeldkataloges maßgebend (§ 28a StVG). Weiterhin kann der **wirtschaftliche Vorteil** „abgeschöpft" werden, den der Betroffene aus dem Verstoß gezogen hat (§ 17 Abs. 4 OWiG). Im Allgemeinen kommt das nur in Betracht, wenn der Verkehrsverstoß zu Gunsten wirtschaftlicher Vorteile bewusst in Kauf genommen wird (z. B. Lademaßüberschreitungen bei „Just in time"-Transporten).

a. Bußgeldbescheid

Vor Erlass eines Bußgeldbescheides ist der Betroffene anzuhören und eine VZR-Auskunft über etwaige Voreintragungen beim KBA anzufordern. Der Bußgeldbescheid muss die in § 66 OWiG aufgeführten **Angaben** enthalten, insbesondere Personendaten des Betroffenen, Bezeichnung der Tat, Ort und Zeit der Begehung, die verletzten Verkehrsvorschriften und angewendeten Bußgeldbestimmungen, Beweismittel, die Geldbuße und Nebenfolgen (BayObLG VRS 97, 432: Fahrverbot oder dessen Androhung bei wiederholtem Verstoß), die Verfahrens- und Zustellkosten, Zahlungshinweise, eine Rechtsbehelfsbelehrung über den Einspruch und zur Erzwingungshaft. Ein Bußgeldbescheid mit **fehlerhaften Angaben** ist nur dann unwirksam und anfechtbar, wenn die unzutreffenden Angaben nicht durch andere Umstände so eindeutig charakterisiert sind, dass Zweifel an der Identität des Betroffenen oder des Verkehrsverstoßes ausgeschlossen sind (OLG Hamm VRS 113, 61: Tattag und Zeit falsch; OLG Hamm DAR 2004, 596; BayObLG NZV 2003, 588 = VRS 105, 359: Geburtsname als Familienname; OLG Hamm VRS 97, 182: falsche Tatzeit; OLG Düsseldorf VerkMitt 2000 Nr. 30 = VRS 98, 47 = NZV 2000. 89: falscher Tatort; OLG Hamm VRS 105, 362: ungenaue Messtoleranz). Im **automatisierten Bußgeldverfahren** gilt § 51 Abs. 1 Satz 2 OWiG. Danach braucht auf dem Bußgeldbescheid weder die Unterschrift noch das Dienstsiegel enthalten zu sein, d. h. der automatisiert gefertigte Bescheid reicht für die Wirksamkeit aus (OLG Dresden VerkMitt 1996 Nr. 23). Voraussetzung ist allerdings, dass der Erlass von einem Bußgeldsachbearbeiter aktenkundig „verfügt" worden ist (OLG Brandenburg DAR 1996, 105).

b. Verkehrszentralregister (VZR)

Rechtskräftige Bußgeldentscheidungen werden in das VZR eingetragen.[22] Das Register dient der Erfassung von Mehrfachtätern und ist im Zusammenhang mit dem Punktsystem vor allem generalpräventiv wirksam. Vor dem Erlass eines jeden Bußgeldbescheides wird das VZR hinsichtlich möglicher Eintragungen befragt.[23] Vorhandene Eintragungen können zu höheren Bußgeldern und Nebenfolgen als im Bußgeldkatalog vorgesehen führen.

c. Verfolgungsverjährung

Verkehrsordnungswidrigkeiten nach § 49 StVO, § 69a StVZO oder § 75 FeV verjähren innerhalb von drei Monaten; nach Erlass eines Bußgeldbescheides erst nach sechs Monaten (§ 26 Abs. 3 StVG, § 31 OWiG). Verstöße gegen die 0,5-‰-Regelung nach § 24a StVG verjähren hingegen nach sechs Monaten (BayObLG VRS 97, 367). Die Verjährungsfrist beginnt mit dem Tattag. Hat der Betroffene z. B. am 24. Februar einen Rotlichtverstoß begangen, ist die Tat am 23. Mai (24.00 Uhr) verjährt. Hierbei spielt es keine Rolle, ob das Fristende auf einen Sonn- oder Feiertag fällt. Verjährung tritt nicht ein, wenn sie zuvor durch eine Maßnahme der Bußgeldbehörde oder des Gerichts unterbrochen wird (§ 33 OWiG); die Frist beginnt dann von vorn. Häufigster Grund für eine Verjährungsunterbrechung ist die Anordnung zur Übersendung des Anhörbogens (nicht das Zustelldatum), wobei sich der Anhörbogen allerdings an einen bestimmten Betroffenen richten muss. Enthält der Anhörbogen nur eine „Befragung" des Halters, ob er oder ein anderer Fahrer die Tat begangen hat, tritt keine Unterbrechung ein (OLG Hamm

---

22 Das VZR wird beim Kraftfahrt-Bundesamt (KBA) in Flensburg geführt.
23 Standards für die Übermittlung von Anfragen, Auskünften und Mitteilungen an die Zentralen Register beim KBA: SDÜ-VZR-ANF.

VerkMitt 2000 Nr. 69 = DAR 2000, 324 = VRS 98, 441 und 443). Wird dem Betroffenen als Täter z. B. am 10. März (Anordnungsdatum) der Anhörbogen übersandt, verjährt die Tat erst am 9. Juni. Ergeht der Bußgeldbescheid am 3. Juni, wird die Verjährung erneut unterbrochen, wobei sich die Frist auf sechs Monate verlängert. Die Tat ist dann erst am 2. Dezember verjährt. Bei einem Bußgeldbescheid tritt die Verjährungsunterbrechung bereits am Tage seines Erlasses ein, wenn der Bescheid innerhalb von zwei Wochen zugestellt wird. Erreicht der Bußgeldbescheid den Betroffenen erst später, ist für die Verjährungsunterbrechung das Zustellungsdatum entscheidend (§ 33 Abs. 1 Nr. 9 OWiG). Erfolgt die Zustellung des am 3. Juni erlassenen Bußgeldbescheides erst am 28. Juni, ist dieses Datum maßgebend; die Tat verjährt folglich erst am 27. Dezember, sofern die Frist nicht durch die Anberaumung einer Hauptverhandlung erneut unterbrochen worden ist. Wird eine Hauptverhandlung beim Amtsgericht anberaumt, beginnt die Frist erneut. Ist der Bußgeldbescheid jedoch rechtskräftig geworden, folgt nunmehr die **Vollstreckungsverjährung** (§ 34 OWiG). Deren Dauer richtet sich nach der festgesetzten Bußgeldhöhe und beträgt drei Jahre bei Geldbußen bis 500 € und fünf Jahre bei mehr als 500 €. Die Vollstreckungsverjährung ruht u. a. bei Bewilligung von Zahlungserleichterungen oder wenn die Vollstreckung ausgesetzt ist.

d. **Zustellung**

Der Bußgeldbescheid ist dem Betroffenen oder seinem Rechtsanwalt zuzustellen (§ 51 OWiG).[24] Möglich ist auch eine Ersatzzustellung (§§ 181 bis 184 ZPO), wenn der Betroffene nicht anwesend ist.[25] Durch Beauftragung privater Firmen erfolgt die Zustellung nicht mehr durch Niederlegung auf der Post, sondern durch direkten Einwurf in den Briefkasten. Die Zustellung (Fristbeginn) wird dabei auf der Zustellurkunde vermerkt.[26] Voraussetzung ist jedoch dass der Empfänger unter der angegebenen Adresse tatsächlich wohnt; sonst ist die Zustellung unwirksam (KG VRS 111, 433). Ungeachtet dessen bleibt der Bußgeldbescheid auch ohne förmliche Zustellung wirksam, wenn er dem Betroffenen bekannt ist (KG NZV 2007, 374).

e. **Einspruchsverfahren**

Die Anfechtung des Bußgeldbescheides erfolgt durch den **Einspruch** (§ 67 OWiG). Der Einspruch muss innerhalb einer Frist von 14 Tagen nach Zustellung schriftlich in deutscher Sprache (§ 184 GVG) bei der Bußgeldbehörde eingelegt werden. Für die Schriftform genügt auch ein Fax (BVerfG DAR 2002, 411). Bei der Berechnung der Frist zählt der Tag der Zustellung selbst nicht mit. Erfolgt die Zustellung an einem Donnerstag, beginnt die Frist am Freitag und endet nach 14 Tagen am Donnerstag

---

24 Auch die Zustellung einer privaten Firma ist rechtswirksam, wenn diese von der staatlichen Regulierungsbehörde für Telekommunikation und Post durch eine Lizenz i. S. d. § 33 Abs. 1 PostG beauftragt worden ist (OLG Rostock DAR 2002, 232).
25 Früher wurde dazu in den Hausbriefkasten ein unscheinbarer „gelber Zettel" mit der Mitteilung eingeworfen, dass irgendetwas unglaublich Wichtiges beim zuständigen Postamt abzuholen sei („... heute jedoch nicht vor 16 Uhr ..."). Da der Betroffene ahnte, dass es sich dabei nur um eine „Gemeinheit" handeln kann, holte er den Brief häufig nicht ab. Damit begannen jedoch erst die Schwierigkeiten, denn mit dem Einwurf des „gelben Zettels" galt die Zustellung als bewirkt und setzte die 14-tägige Einspruchsfrist gegen den Bußgeld- oder Kostenbescheid in Gang.
26 Die Zustellurkunde soll dabei der Anlage I zur Zustellungsvordruckverordnung (BGBl. I 2002, S. 671) entsprechen.

(24.00 Uhr). Fällt die Frist auf einen Sonnabend, Sonn- oder Feiertag, endet die Frist am darauf folgenden Werktag, d. h. am Montag um 24.00 Uhr (§ 46 Abs. 1 OWiG, § 43 Abs. 2 StPO). Bis dahin muss der Einspruch bei der Bußgeldbehörde vorliegen. Dort sind häufig Nachtbriefkästen vorhanden, bei denen eingehende Post bis 24.00 Uhr registriert wird. Ist der Einspruch **verspätet** eingelegt, verwirft ihn die Bußgeldbehörde als unzulässig (§ 69 Abs. 1 OWiG). Gegen den Verwerfungsbeschluss kann der Betroffene innerhalb von zwei Wochen nach Zustellung Antrag auf gerichtliche Entscheidung stellen.

Ist der Einspruch zulässig und rechtzeitig erhoben, prüft die Bußgeldbehörde, ob sie den Bußgeldbescheid (ggf. nach weiteren Ermittlungen oder neuen Erkenntnissen) zurücknimmt oder aufrechterhält (§ 69 Abs. 2 OWiG). Wird der Bescheid aufrechterhalten, sind die Gründe in den Akten zu vermerken und diese an die Staats- bzw. Amtsanwaltschaft (StA) zu übersenden (§ 69 Abs. 3 OWiG). Mit dem Eingang der Akten gehen die Aufgaben der Bußgeldbehörde auf die StA über (§ 69 Abs. 4 OWiG). Diese prüft den Vorgang und sendet ihn an die Bußgeldbehörde zurück, wenn der Sachverhalt ungenügend aufgeklärt ist. Durch dieses **Zwischenverfahren** sollen die Gerichte von Verfahren entlastet werden, bei denen Tatumstände noch nicht hinreichend ermittelt worden sind, insbesondere das Gericht somit Beweisbeschlüsse erlassen müsste. Mit dem Eingang der Akten wird die Bußgeldbehörde wieder zuständig. Ist der Sachverhalt jedoch hinreichend geklärt, übersendet die StA die Akten an das Amtsgericht, das nunmehr über den Bußgeldbescheid zu entscheiden hat.

f. Wiedereinsetzungsverfahren

Ist die Einspruchsfrist ohne Verschulden versäumt worden (z. B. der Bußgeldbescheid wurde während des Urlaubs zugestellt), kann **Wiedereinsetzung** in den **vorigen Stand** bei der Bußgeldbehörde beantragt werden (§ 52 OWiG). Voraussetzung ist, dass der Antrag innerhalb **einer Woche** (nicht wie beim Einspruch 14 Tage) nach Wegfall des Hinderungsgrundes (z. B. Rückkehr aus dem Urlaub) gestellt wird. In der Begründung sind die Umstände, die zur unverschuldeten Fristversäumung geführt haben, glaubhaft zu machen (z. B. durch Visum, Fahrkarte, Tankquittung, Hotelrechnung); das Versäumnis eines Beauftragten oder Anwalts fällt dem Antragsteller zur Last (LG Würzburg DAR 2001, 231). **Gleichzeitig** ist mit dem Antrag auf Wiedereinsetzung der versäumte **Einspruch nachzuholen**. Das Wiedereinsetzungsgesuch muss somit aus zwei Teilen bestehen, und zwar Glaubhaftmachung des Hinderungsgrundes **und** Erhebung des Einspruchs. Gewahrt ist die Wiedereinsetzungsfrist, wenn der Antrag innerhalb Wochenfrist der Bußgeldbehörde zugegangen ist. Die Berechnung der Frist erfolgt wie bei der Einspruchsfrist, sie endet stets an einem Werktag. Ist der Antrag auf Wiedereinsetzung fristgerecht und begründet, gewährt die Bußgeldbehörde Wiedereinsetzung, d. h. das Verfahren wird in den Stand zurückgesetzt, den es vor der Fristversäumung hatte. Ist das Gesuch hingegen unbegründet oder nicht fristgerecht eingelegt, wird der Antrag verworfen. Gegen den Verwerfungsbeschluss ist innerhalb von zwei Wochen nach Zustellung Antrag auf gerichtliche Entscheidung zulässig (§ 62 OWiG).

g. Rücknahme des Bußgeldbescheides

Bis zum Eintritt der Rechtskraft kann die Bußgeldbehörde den Bescheid jederzeit zurücknehmen und das Verfahren einstellen, wenn er sich als fehlerhaft erweist, z. B. infolge erheblicher Einspruchsbegründung oder nachträglicher Erkenntnisse. Nach Eintritt der Rechtskraft kann der Bußgeldbescheid nur zurückgenommen werden, wenn er analog zu den in § 44 VwVfG entwickelten Grundsätzen als **nichtig** anzusehen ist. Das ist dann der Fall, wenn der Bußgeldbescheid unter besonders gravierenden und offensichtlichen Mängeln leidet, die nach Aktenlage von vornherein hätten erkannt werden können. Das ist im Allgemeinen nur in folgenden Fällen anzunehmen:

– Der Bußgeldbescheid richtet sich gegen einen Betroffenen, obwohl nach Aktenlage von vornherein feststand, dass dieser nicht Täter des Verstoßes gewesen sein konnte, z. B. bei Kennzeichenverwechslung oder eine Halterin hätte nach der Frontfotografie eindeutig als männliche Person identifiziert werden können.
– Der Bußgeldbescheid richtet sich zwar gegen den richtigen Betroffenen, die Tat ist jedoch unter keinem rechtlichen Gesichtspunkt bußgeldbewehrt (z. B. Verstoß gegen § 7 Abs. 4).
– Der Bußgeldbescheid richtet sich gegen den richtigen Betroffenen, die Tat ist jedoch bereits in einem anderen Verfahren geahndet worden: Verstoß gegen das Verbot der Doppelbestrafung (OLG Oldenburg NZV 1992, 332; OLG Zweibrücken NZV 1993, 451).
– Das Bußgeldverfahren ist eingestellt oder die Tat verjährt; der Betroffene erhält infolge eines Versehens dennoch einen Bußgeldbescheid: Verstoß gegen das Verbot widersprüchlichen Verwaltungshandelns.

Im Übrigen besteht für die Bußgeldbehörde bei offensichtlicher Fehlerhaftigkeit des bestandskräftigen Bußgeldbescheides die Möglichkeit, von der Vollstreckung abzusehen (**Niederschlagung**), z. B. bei Verkauf des KFZ vor der Tat des neuen Halters; ist dieser noch nicht im Fahrzeugregister eingetragen, geht der Bußgeldbescheid an den ehemaligen Halter. Ist die Bußgeldbehörde dem Verkaufshinweis im Anhörverfahren nicht nachgegangen, kann das Verfahren niedergeschlagen werden. Entsprechendes gilt bei falschen Angaben zum Tatort oder Tattag. In allen übrigen Fällen verbleibt nur der Weg über ein **Wiederaufnahmeverfahren**, das jedoch nur in Betracht kommt, wenn es auf neue Tatsachen und Beweismittel gestützt wird **und** das Bußgeld mehr als 250 € beträgt (§ 85 OWiG). Bei der Masse der Verkehrsverstöße ist ein Wiederaufnahmeverfahren regelmäßig ausgeschlossen. Letztlich besteht noch die Möglichkeit eines **Gnadengesuchs** nach den Gnadenordnungen der Länder. Dabei müssen grundsätzlich zuvor alle Rechtsmittel ausgeschöpft sein.

2.8 Nebenfolgen des Bußgeldverfahrens

2.8.1 Fahrverbot

Für grobe oder beharrliche Verkehrsverstöße kann neben dem Bußgeld als Nebenfolge ein Fahrverbot[27] von ein bis drei Monaten verhängt werden (§ 25 StVG[28]). Grobe Pflichtverletzungen sind eklatante Regelwidrigkeiten, die entweder objektiv gefährlich sind und deshalb häufig zu Unfällen führen oder subjektiv auf grobem Leichtsinn, grober Nachlässigkeit oder Gleichgültigkeit beruhen. Beharrliche Pflichtverletzungen offenbaren sich auch durch wiederholte (nicht nur grobe) Verstöße, bei denen die für die Teilnahme am Verkehr notwendige rechtstreue Gesinnung oder Einsicht in begangenes Unrecht fehlt (BGH DAR 1992, 265; BayObLG DAR 2000, 278). Bereits ein einmaliger Verstoß kann ein Fahrverbot rechtfertigen, ohne dass ausdrücklich festgestellt werden muss, ob nicht eine erhöhte Geldbuße ausreicht (BGH VerkMitt 1992 Nr. 1; VerkMitt 1992 Nr. 11). Für bestimmte Verstöße sieht die BKatV Regelfahrverbote vor, z. B. bei erheblichen Rotlicht- oder Tempoverstößen.[29] Hierbei handelt es sich um grobe Regel-

---

27 Fahrverbote sind verfassungsgemäß (BVerfG VerkMitt 1996 Nr. 79 = DAR 1996, 196 = VRS 91, 134).

28 **§ 25 StVG Fahrverbot**
(1) Wird gegen den Betroffenen wegen einer Ordnungswidrigkeit nach § 24, die er unter grober oder beharrlicher Verletzung der Pflichten eines Kraftfahrzeugführers begangen hat, eine Geldbuße festgesetzt, so kann ihm die Verwaltungsbehörde oder das Gericht in der Bußgeldentscheidung für die Dauer von einem Monat bis zu drei Monaten verbieten, im Straßenverkehr Kraftfahrzeuge jeder oder einer bestimmten Art zu führen. Wird gegen den Betroffenen wegen einer Ordnungswidrigkeit nach § 24a Abs. 1 Nr. 1 oder Abs. 2, jeweils auch in Verbindung mit Abs. 3, eine Geldbuße festgesetzt, so ist in der Regel auch ein Fahrverbot anzuordnen.
(2) Das Fahrverbot wird mit der Rechtskraft der Bußgeldentscheidung wirksam. Für seine Dauer werden von einer deutschen Behörde ausgestellte nationale und internationale Führerscheine amtlich verwahrt. Dies gilt auch, wenn der Führerschein von einer Behörde eines EU/EWR-Mitgliedstaates ausgestellt worden ist, sofern der Inhaber seinen ordentlichen Wohnsitz im Inland hat.
(2a) Ist in den zwei Jahren vor der Ordnungswidrigkeit ein Fahrverbot gegen den Betroffenen nicht verhängt worden und wird auch bis zur Bußgeldentscheidung ein Fahrverbot nicht verhängt, so bestimmt die Verwaltungsbehörde oder das Gericht abweichend von Abs. 2 Satz 1, dass das Fahrverbot erst wirksam wird, wenn der Führerschein nach Rechtskraft der Bußgeldentscheidung in amtliche Verwahrung gelangt, spätestens jedoch mit Ablauf von vier Monaten seit Eintritt der Rechtskraft. Werden gegen den Betroffenen weitere Fahrverbote rechtskräftig verhängt, so sind die Fahrverbotsfristen nacheinander in der Reihenfolge der Rechtskraft der Bußgeldentscheidungen zu berechnen.
(3) In anderen als in Abs. 2 Satz 3 genannten ausländischen Führerscheinen wird das Fahrverbot vermerkt. Zu diesem Zweck kann der Fahrausweis beschlagnahmt werden.
(4) Wird der Führerschein in den Fällen des Abs. 2 Satz 4 oder des Abs. 3 Satz 2 bei dem Betroffenen nicht vorgefunden, so hat er auf Antrag der Vollstreckungsbehörde (§ 92 OWiG) bei dem Amtsgericht eine eidesstattliche Versicherung über den Verbleib des Führerscheins abzugeben. § 883 Abs. 2 bis 4, die §§ 899, 900 Abs. 1 und 4, die §§ 901, 902, 904 bis 910 und 913 ZPO gelten entsprechend.
(5) Ist ein Führerschein amtlich zu verwahren oder das Fahrverbot in einem ausländischen Führerschein zu vermerken, so wird die Verbotsfrist erst von dem Tage an gerechnet, an dem dies geschieht. In die Verbotsfrist wird die Zeit nicht eingerechnet, in welcher der Täter auf behördliche Anordnung in einer Anstalt verwahrt wird.
(6) Die Dauer einer vorläufigen Entziehung der Fahrerlaubnis (§ 111a StPO) wird auf das Fahrverbot angerechnet. Es kann jedoch angeordnet werden, dass die Anrechnung ganz oder zum Teil unterbleibt, wenn sie im Hinblick auf das Verhalten des Betroffenen nach Begehung der Ordnungswidrigkeit nicht gerechtfertigt ist. Der vorläufigen Entziehung der Fahrerlaubnis steht die Verwahrung, Sicherstellung oder Beschlagnahme des Führerscheins (§ 94 StPO) gleich.
(7) Wird das Fahrverbot nach Abs. 1 im Strafverfahren angeordnet (§ 82 OWiG), so kann die Rückgabe eines in Verwahrung genommenen, sichergestellten oder beschlagnahmten Führerscheins aufgeschoben werden, wenn der Betroffene nicht widerspricht. In diesem Falle ist die Zeit nach dem Urteil unverkürzt auf das Fahrverbot anzurechnen.
(8) Über den Zeitpunkt der Wirksamkeit des Fahrverbots nach Abs. 2 oder 2a Satz 1 und über den Beginn der Verbotsfrist nach Abs. 5 Satz 1 ist der Betroffene bei der Zustellung der Bußgeldentscheidung oder im Anschluss an deren Verkündung zu belehren.

29 Auch wenn das Tempolimit dem Lärmschutz dient, kann bei einem erheblichen Verstoß Fahrverbot erlassen werden (OLG Bamberg DAR 2007, 94).

§ 49 Ordnungswidrigkeiten

widrigkeiten, die gesetzlich als derart schwerwiegend vorbewertet sind, dass sie neben dem Bußgeld ein Fahrverbot erfordern. Die Frage, ob im Einzelfall dennoch eine grobe Pflichtverletzung fehlt, stellt sich nur bei besonders atypischem Verlauf; in solchen Fällen ist dann die Verhängung des Fahrverbots nicht mehr mit dem verfassungsrechtlichen Übermaßverbot in Einklang zu bringen (OLG Oldenburg NZV 2002, 414; VGH Baden-Württemberg NZV 2002, 431 = VRS 103, 140; BayObLG DAR 2000, 171 = NZV 2000, 216 = VRS 98, 288). Aber auch bei längerer Verfahrensdauer zwischen Tattag und Verhängung des Fahrverbots kann der Denkzettelcharakter verloren gehen, sofern der Betroffene die Verzögerung nicht zu vertreten hat (BGH NZV 2003, 46; OLG Bamberg DAR 2006, 337: **32 Monate**; OLG Hamm DAR 2007, 714: **30 Monate**; OLG Brandenburg NZV 2005, 278: **28 Monate** seit dem Verstoß; OLG Hamm DAR 2005, 406 = VRS 109, 19: **27 Monate**; OLG Karlsruhe NZV 2004, 537; OLG Köln DAR 2004, 541 = NZV 2004, 422 = VRS 107, 129; BayObLG VerkMitt 2004 Nr. 48 = DAR 2004, 406 = VRS 106, 463; OLG Celle VRS 108, 118; KG DAR 2007, 711; OLG Bamberg DAR 2008, 651; BayObLG NZV 2004, 100: **24 Monate**; KG VRS 114 381; OLG Karlsruhe DAR 2007, 528 =VRS 113, 123: **23 Monate**; OLG Hamm NZV 2004, 598: **22 Monate**; OLG Hamm VRS 113, 232: **21 Monate**; OLG Bamberg DAR 2008, 152: **16 Monate**; BayObLG DAR 2003 569 = VRS 105, 445; BayObLG VerkMitt 2002 Nr. 51= DAR 2002, 275 = NZV 2002, 280; OLG Naumburg DAR 2003, 133; OLG Köln NZV 2000, 430; OLG Düsseldorf NZV 2001, 435; KG VerkMitt 2002 Nr. 38 = NZV 2002, 281: **nicht** aber bei **13 Monaten** oder Ausschöpfung der Rechtsmittel: OLG Hamm VRS 109, 375 = DAR 2006, 100). Ein Fahrverbot kann auch gegen einen Mofa-Fahrer verhängt werden, wenn er Inhaber einer Fahrerlaubnis ist und mit dem Mofa einen groben Verkehrsverstoß begeht, z. B. gegen die 0,5-‰-Regelung (OLG Düsseldorf VerkMitt 1997 Nr. 77).

Als „Denkzettel" soll das Fahrverbot nicht zu unangemessenen Folgen führen, vor allem nicht zum Verlust des Arbeitsplatzes oder der wirtschaftlichen Existenz des Betroffenen. Die Bußgeldbehörde hat deshalb die Möglichkeit, von einem Fahrverbot abzusehen und stattdessen den Bußgeldbetrag angemessen zu erhöhen (§ 4 Abs. 4 BKatV). Allerdings genügen erhebliche berufliche und wirtschaftliche Nachteile oder die Angst um den Arbeitsplatz allein nicht, um ein Absehen vom Fahrverbot zu rechtfertigen (OLG Hamm VRS 115, 204; KG VRS 111, 151; OLG Hamm SVR 2007, 150; OLG Karlsruhe VRS 110, 299 = SVR 2006, 191; OLG Karlsruhe VRS 108, 37 und 39; BayObLG NZV 2002, 144; OLG Köln NZV 2001, 392). Auch gibt es keinen „Vielfahrer- oder Berufskraftfahrer-Bonus", sodass dieser Personenkreis trotz höherer Fahrleistung und größerem Risiko der Fahrverbotsregelung gleichermaßen unterliegt (OLG Hamm NZV 2003, 103; OLG Düsseldorf VRS 87, 450; VRS 93, 202; NZV 2000, 134 = DAR 2000, 127; BayObLG VRS 92, 33; OLG Hamm VRS 98, 381; NZV 2000, 92 = VRS 97, 449; AG Kiel DAR 1999, 327); ebenso nicht bei Tempoverstößen auf verkehrsarmen Straßen (OLG Bamberg VerkMitt 2007 Nr. 83). Andererseits ist das Prinzip der **Verhältnismäßigkeit** zu berücksichtigen. Entscheidend ist deshalb, ob Gesichtspunkte für den Betroffenen sprechen, die das Fahrverbot aufgrund äußerer und innerer Tatumstände als eine außergewöhnliche Härte erscheinen lassen (KG VRS 111, 207 und 441; OLG Hamm NZV 2001, 486; OLG Hamm DAR 2001, 519; BGH NZV 1992, 117; AG Schwedt/O. NZV 2003, 205; AG Nauen NZV 2001, 488; AG Nauen SVR 2004, 12; Krumm SVR 2006, 412), so wenn das Fahrverbot glaubhaft zur Arbeitslosigkeit oder Existenzvernichtung führt oder die Pflege naher Verwandter bei fehlender ÖPNV-Anbindung ausschließt (OLG Hamm DAR 2006, 664), dabei keine einschlägigen Voreintragungen im VZR vorliegen (OLG Hamm VerkMitt 2006 Nr. 9) und der Verkehrsverstoß keine atypische Begehungsweise oder Folgen aufweist. Möglich ist auch die Beschränkung des Fahrverbots auf bestimmte Fahrzeugarten, z. B. auf PKW unter Ausnahme landwirtschaftlicher Zugmaschinen (OLG Düsseldorf VerkMitt 2008 Nr. 23: Feuerwehr- und Krankenkraftfahrzeuge; KG VRS 111, 204: Motorräder; OLG Düsseldorf VRS 87, 447; OLG Naumburg DAR 2003, 573: Leichenwagen; OLG Düsseldorf DAR 2008, 154: Krankenkraft- und Feuerwehrwagen). Allerdings ist ein isolierter, nur auf das Fahrverbot bezogener Einspruch gegen den Bußgeldbescheid unzulässig. Zwar kann der Einspruch auf bestimmte Beschwerdepunkte beschränkt werden (§ 67 Abs. 2 OWiG), Geldbuße und Fahrverbot bilden jedoch eine untrennbare Einheit und sind nur zusammen anfechtbar (BayObLG VRS 98, 42). In solchen Fällen wäre der Führerschein in amtliche Verwahrung zu nehmen und ein neuer Führerschein mit Beschränkung auf die vom Fahrverbot ausgenommene Verkehrsart auszustellen. Wegen der relativen Kürze des Fahrverbots und der Verfahrensdauer für die Ausstellung eines neuen Führerscheins ist dies jedoch wenig praktikabel. Stattdessen sollte dem Betroffenen eine auf die ausgenommene Verkehrsart bezogene Ausnahme nach §§ 4 Abs. 2, 74 FeV von der Verpflichtung zum Mitführen des Führerscheins erteilt werden.

Bei der Auflage eines Fahrverbots ist der Betroffene zwar noch Inhaber der Fahrerlaubnis, er darf jedoch vom Zeitpunkt der **Rechtskraft** des Bußgeldbescheides an kein KFZ mehr fahren, auch wenn er noch im Besitz des Führerscheins ist. Hierzu gehören auch Dienstführerscheine, z. B. der Bundeswehr. Entscheidend für den Beginn der Monatsfrist ist der Zeitpunkt, zu dem der Führerschein bei der zuständigen Bußgeldbehörde in amtliche Verwahrung gegeben wird (§ 25 Abs. 3 StVG). Haftzeiten während der Dauer des Fahrverbots werden nicht auf die Verbotsfrist angerechnet, auch nicht bei Freigängern (OLG Köln SVR 2007, 468). Gelangt der Führerschein zunächst in den Gewahrsam einer anderen Stelle (Polizei oder FE-Behörde), wird die Verwahrzeit dort auf die Verbotsfrist angerechnet (§§ 59a Abs. 5, 87 Abs. 2 Nr. 1 StrVollstrO).[30] Wird das einmonatige Fahrverbot z. B. am 11. Mai bestandskräftig, der Führerschein aber erst am 20. Juni abgegeben, darf der Betroffene vom 11. Mai bis 19. Juli kein KFZ fahren, auch kein fahrerlaubnisfreies Mofa. Die Verbotsfrist verlängert sich somit um den Zeitraum, in dem der Betroffene noch im Besitz des Führerscheins ist. **Abweichend** davon tritt zur Vermeidung unverhältnismäßiger Belastungen die Bestandskraft eines Fahrverbots spätestens **vier Monate** nach Rechtskraft der Entscheidung ein, sofern gegen den Betroffenen bis zu zwei Jahre vor der Tat kein Fahrverbot „verhängt" worden ist; andernfalls bleibt es bei dem „sofortigen" Fahrverbot ab Rechtskraft (§ 25 Abs. 2a Satz 1 StVG). Hierbei kommt es auch das Datum der Rechtskraft der vorbelastenden Entscheidung an, mit der das frühere Fahrverbot verhängt worden ist (BGH VerkMitt 2000 Nr. 94 = NZV 2000, 420; BayObLG NZV 1999, 50; a.A. OLG Karlsruhe VerkMitt 1999 Nr. 47 = NZV 1999, 177 = DAR 1999, 372). Durch die Frist von vier Monaten soll der Betroffene über den Antritt des Fahrverbots disponieren können, z. B. durch Verlegung in die Urlaubszeit. Fällt

---

30 StrVollstrO = Strafvollstreckungsordnung

Vollstreckung mehrerer gleichzeitig wirksam werdender Fahrverbote	
Fahrverbote	**Folge**
Mehrere Fahrverbote ohne 4-Monatsfrist	Parallele Vollstreckung
Mehrere Fahrverbote mit 4-Monatsfrist	Vollstreckung nacheinander
Fahrverbote mit und ohne 4-Monatsfrist	Vollstreckung nacheinander
Ein Fahrverbot mit und zwei ohne 4-Monatsfrist	Vollstreckung nacheinander

das Fahrverbot zeitlich mit einem vorläufigen Entzug der Fahrerlaubnis zusammen, reicht für den Beginn der Verbotsfrist die Mitteilung an den Betroffenen über die Verwahrung des Führerscheins bei der Vollstreckungsbehörde aus (OLG Karlsruhe NZV 2005, 211). Bei Betroffenen ohne Fahrerlaubnis wird das Fahrverbot jedoch sofort mit Rechtskraft des Bußgeldbescheides wirksam, da sie ohnehin keine fahrerlaubnispflichtigen Fahrzeuge fahren dürfen. Sind sie auf das Mofa oder den Krankfahrstuhl angewiesen, sollte auch ihnen die viermonatige Dispositionsfrist eingeräumt werden.

Gibt der Betroffene den Führerschein nicht ab, kann dieser durch die Polizei beschlagnahmt werden. Bei erfolgloser Beschlagnahme hat der Betroffene eine eidesstattliche Versicherung über den Verbleib des Führerscheins abzugeben (§ 25 Abs. 4 StVG i.V.m. §§ 59a Abs. 4 StrVollstrO und 463b Abs. 3 StPO). Erst mit Beschlagnahme des Führerscheins oder mit Abgabe der eidesstattlichen Versicherung beginnt die Fahrverbotsfrist (OLG Düsseldorf DAR 1999, 514 = NZV 1999, 521 = VRS 97, 438; LG Essen DAR 2006, 106 = NZV 2006, 166: Beginn der Verbotsfrist bei Mitteilung des Führerscheinverlusts bei der Bußgeldbehörde).

Mehrere Bußgeldbescheide mit **zeitgleichen** Fahrverboten sind parallel (wie nur ein Fahrverbot) zu vollstrecken (OLG Brandenburg VRS 106 201). Nur wenn ein Fahrverbot der viermonatigen Dispositionsfreiheit des Betroffenen unterliegt, sind weitere Fahrverbote nacheinander in der Reihenfolge der Rechtskraft zu berechnen (§ 25 Abs. 2a Satz 2 StVG). Dann können mit Abgabe des Führerscheins nicht mehrere Fahrverbote gleichzeitig „abgebüßt" werden; sie werden nacheinander vollstreckt (AG Hamburg DAR 2007, 408; AG Bad Liebenwerda DAR 2003, 42; a.A. AG Münster DAR 2007, 409). Mit der 4-Monatsfrist wollte der Gesetzgeber einerseits übermäßige Belastungen des Betroffenen vermeiden, andererseits aber taktische Manöver durch Einflussnahme auf den 4-Monatszeitraum verhindern. Das gilt auch, wenn mehrere anhängige Fahrverbote durch Rücknahme der Einsprüche beim Amtsgericht am gleichen Tage wirksam werden.

Fahren trotz Fahrverbots ist eine **Straftat** (§ 21 Abs. 1 Nr. 1 StVG).[31] Auch der Halter macht sich strafbar, wenn er in Kenntnis des Fahrverbots das Führen seines KFZ zulässt. Bedeutsam ist das vor allem bei Firmenfahrzeugen in der Zeit zwischen dem Wirksamwerden des Fahrverbots und der Abgabe des Führerscheins durch den angestellten Fahrer. Wegen derselben

---

31 Ein Verstoß gegen § 21 Abs. 1 Nr. 1 StVG muss nicht zwangsläufig auch zum Entzug der Fahrerlaubnis führen (LG Mühlhausen NZV 2003, 206).

Tat kann neben einem Fahrverbot auch ein Entzug der Fahrerlaubnis durch die Fahrerlaubnisbehörde in Betracht kommen, denn die „erzieherische" Nebenfolge des Fahrverbots enthält keine Aussage zur Fahreignung (BVerwG NJW 1994, 1672). Das ist dann der Fall, wenn sich aus den Tatumständen die Nichteignung ergibt. Wird z. b. im Bußgeldverfahren deutlich, dass die Ursache eines Rotlichtverstoßes auf einen erheblichen altersbedingten Leistungsabbau zurückzuführen ist, kann neben dem Fahrverbot als weitere Konsequenz eine Eignungsüberprüfung mit dem Ziel eingeleitet werden, die Fahrerlaubnis zu entziehen (OVG Lüneburg VerkMitt 2000 Nr. 64).

2.8.2 Mehrfachtäter-Punktsystem

Bußgeldbescheide über 40 € werden im VZR eingetragen und je nach Schwere mit ein bis sieben Punkten bewertet (§ 4 StVG, Anlage 13 zu § 39 FeV). Das Mehrfachtäter-Punktsystem dient nicht der Vorbereitung, sondern vor allem der Vermeidung eines FE-Entzugs, indem es für Mehrfachtäter durch ein Bonussystem Angebote vorsieht, um sie zu normgemäßem Verkehrsverhalten zu veranlassen und einen weiteren Anstieg der Punktzahl zu vermeiden. Gleichzeitig soll durch angemessene Erhöhung der Bußgeldregelsätze die Allgemeinheit vor Gefahren geschützt werden, die von den Mehrfachtätern ausgehen. Das Punktsystem unterscheidet bei der Bewertung vor allem nach der Gefährlichkeit und den Folgen eines Verstoßes. So werden mit fünf bis sieben Punkten Verkehrsstraftaten bewertet, wie Trunkenheitsdelikte, Fahrerflucht, Fahren ohne Fahrerlaubnis. Mit drei bis vier Punkten werden grobe und unfallträchtige Ordnungswidrigkeiten erfasst, mit zwei Punkten weniger schwere Zuwiderhandlungen und mit einem Punkt alle sonstigen Bußgeldverstöße.

Dem Mehrfachtäter-Punktsystem unterliegen alle FE-Inhaber (auch der Klassen L, M, T), gleich ob sie selbst Verstöße begehen oder ob ihnen als Halter oder für das Fahrzeug Verantwortliche (z. B. Fuhrparkleiter) Verkehrszuwiderhandlungen zur Last zu legen sind. Außerdem kommt es nur auf die rechtskräftige bußgeldbehördliche oder gerichtliche Entscheidung an. Einwendungen gegen diese Entscheidungen sind im Punktsystem nicht mehr möglich, z. B. der Nachweis, dass der Betroffene faktisch nicht Täter des mit Punkten bewerteten Verstoßes war (§ 4 Abs. 3 StVG). Aus dem VZR meldet das KBA diejenigen Kraftfahrer an die FE-Behörde, die jeweils 8, 14 oder 18 Punkte erreicht haben.

Bei **ein bis sieben Punkten** erfolgt noch keine („automatische") Mitteilung des KBA über die Punktzahl. Der Betroffene, der meist seine VZR-Einträge kennt, zudem jederzeit auch selbst beim KBA schriftlich anfragen kann, hat aber die Möglichkeit, schon jetzt freiwillig an einem Aufbauseminar in einer Fahrschule mit Seminarerlaubnis teilzunehmen. Die bei der FE-Behörde innerhalb von drei Monaten nach Beendigung des Kurses einzureichende Teilnahmebescheinigung ist Grundlage für einen Abzug von vier Punkten im VZR (§ 4 Abs. 4 StVG). Eine Punktegutschrift mit anschließenden „Pluspunkten" ist jedoch ausgeschlossen. Sind z. B. drei Punkte im VZR eingetragen und hat der FE-Inhaber die Nachschulung absolviert, werden ihm nur drei Punkte abgezogen; sein „Punktkonto" steht damit auf „0" (ein Punkt wird also „verschenkt"). Werden nach einem Verkehrsverstoß erneut Punkte eingetragen, kommt keine Anrechnung aus der vorher absolvierten Nachschulung nicht in Betracht.

Formular für eine Auskunft aus dem Verkehrszentralregister

(Formular kann auch aus dem Internet unter "http.//www.kba.de" abgerufen werden)

**Kraftfahrt-Bundesamt
24932 Flensburg**

Antrag auf Auskunft aus dem Verkehrszentralregister

☐ Ich beantrage, mir Auskunft über die zu meiner Person im Verkehrszentralregister erfassten Entscheidungen zu erteilen. Eine Kopie der Vorder- und Rückseite meines Personalausweises oder Reisepasses füge ich bei.

☐ Ich beantrage, mir Auskunft über die zu meiner Person im Verkehrszentralregister erfassten Entscheidungen zu erteilen. Meine Unterschrift habe ich auf dem Antrag amtlich beglaubigen lassen.

Geburtsdatum

Geburtsname

Familienname (nur bei Abweichungen vom Geburtsnamen erforderlich)

Sämtliche Vornamen

Geburtsort

Postleitzahl und Wohnort

Straße

Entfällt bei Vorlage der Kopie des Ausweises/Passes
Beglaubigungsvermerk einer siegelführenden Stelle

Die eigenhändige Unterschrift des Antragstellers wird beglaubigt.

Datum, Unterschrift des Antragstellers   Name der Behörde, Ort, Datum und Unterschrift

---

Ab **acht Punkten** erfolgt eine Mitteilung des KBA an die FE-Behörde, die den Betroffenen durch eine schriftliche und gebührenpflichtige „**Verwarnung**" auf den Punktstand unter Angabe der zugrunde liegenden Verkehrsverstöße hinweist und ihm empfiehlt, freiwillig an einem Aufbauseminar teilzunehmen (§ 4 Abs. 3 Nr. 1 StVG; § 41 Abs. 1 FeV).[32] Das Seminar erfordert nur die aktive Teilnahme, eine Erfolgskontrolle ist nicht vorgesehen. Nimmt der Betroffene an dem Kurs teil und reicht die Teilnahmebescheinigung innerhalb von drei Monaten nach Abschluss des Kurses bei der FE-Behörde ein, erfolgt ein Abzug von vier Punkten im VZR, sofern die Gesamtpunktzahl **nicht mehr als acht Punkte** beträgt. Dadurch soll eine rasche Reaktion des Betroffenen auf vorhandene Defizite mit dem Ziel, einen weiteren Punktanstieg zu vermeiden, honoriert werden. Bei **9 bis 13 Punkten** wird nur noch ein Rabatt von zwei Punkten gewährt. Hat der Betroffene innerhalb von fünf Jahren vor der Verwarnung der FE-Behörde schon einmal an einem freiwilligen Aufbauseminar (mit Punktabzug) teilgenommen, ist ihm zwar die erneute Teilnahme an einem Kurs nicht verwehrt, ein Punktabzug ist jedoch nicht mehr möglich (§ 4 Abs. 4 StVG).

---

[32] Die Verwarnung durch die FE-Behörde ist nicht zu verwechseln mit der „gebührenpflichtigen Verwarnung" nach einem Verkehrsverstoß durch die Bußgeldbehörde.

Ab **14 bis 17 Punkten** ordnet die FE-Behörde schriftlich unter Fristsetzung die Pflichtteilnahme an einem **Aufbauseminar** an (§ 4 Abs. 3 Nr. 2 StVG; § 40 Abs. 2 FeV). Ein Punktrabatt ist nicht mehr vorgesehen. Verweigert der Betroffene innerhalb der vorgegebenen Frist die Teilnahme, muss die Fahrerlaubnis entzogen werden (§ 4 Abs. 7 StVG). Auf die Gründe der Nichtteilnahme kommt es dabei nicht an. Der FE-Entzug ist deshalb auch dann anzuordnen, wenn der Betroffene die finanziellen Mittel für das Aufbauseminar nicht aufbringen kann. Anders nur, wenn dem Betroffenen eine Teilnahme an dem Seminar wegen (nachweisbarer) Krankheit nicht möglich ist; dann wird die FE-Behörde einen neuen Termin setzen. Nimmt der Betroffene nach dem Entzug an dem Aufbauseminar teil, kann ihm die Fahrerlaubnis ohne vorherige Fahreignungsbegutachtung und ohne Sperrfrist wieder erteilt werden (§ 4 Abs. 11 StVG).

Zwischen 14 und 17 Punkten kann der Fall eintreten, dass der Betroffene noch nicht verwarnt und zu einem Aufbauseminar aufgefordert worden ist (wie bei 8 bis 13 Punkten vorgesehen). Solche Fälle ergeben sich meist

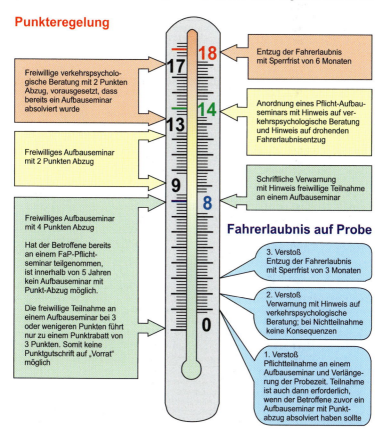

dann, wenn der Betroffene in kurzer Zeit mehrere eintragungspflichtige Verstöße begeht, die das Punktkonto von unter 8 auf 14 und mehr Punkte anwachsen lassen, z. B. fünf Tempoverstöße zu je drei Punkten innerhalb von drei Tagen (= 15 Punkte). Fehlen vorangegangene Maßnahmen der FE-Behörde, wird der Betroffene so behandelt, als ob er erst neun Punkte hätte (§ 4 Abs. 5 StVG). Er kann durch freiwillige Teilnahme an einem Aufbauseminar zwei Punkte abbauen. Entsprechendes gilt bei schnellem Punktanstieg auf 18 und mehr, ohne dass zu einem Aufbauseminar verpflichtet worden ist. Der Betroffene wird dann so gestellt, als ob er erst 14 Punkte erreicht hätte. Er muss deshalb an einem Pflichtseminar ohne Punktrabatt teilnehmen.

Ein Aufbauseminar ist im Punktsystem **nur einmal** innerhalb von fünf Jahren möglich (§ 4 Abs. 4 StVG), denn die auf eine Verhaltensänderung abzielende (gruppendynamische) Wirkung der Seminare lässt sich bei häufiger Teilnahme nicht steigern. Außerdem dürfen Aufbauseminare nicht zum „Ablasshandel" verkommen. Hat der Betroffene bereits vorher an einem Seminar auf freiwilliger Basis teilgenommen, entfällt die Pflichtnachschulung. In diesem Fall wird er nur schriftlich verwarnt und auf die Folgen künftiger Verstöße hingewiesen (§ 4 Abs. 3 Nr. 2 StVG). Unberührt bleiben allerdings die Aufbauseminare für **Fahranfänger** (FaP), weil diese speziell auf Fahranfänger zugeschnitten sind. Das FaP-Aufbauseminar ist deshalb auch

Maßnahmen nach dem Mehrfachtäter-Punktsystem				
Punkte	Maßnahmen der FE-Behörde	Abzug von Punkten bei Teilnahme	Folgen der Nichtbeachtung der Anordnung	Bereits Teilnahme an Aufbauseminar oder verkehrspsychologischer Beratung innerhalb von 5 Jahren
1 bis 7	Keine; aber freiwillige Teilnahme am Aufbauseminar	4	–	–
8 bis 13	Verwarnung mit Hinweis auf freiwillige Teilnahme am Aufbauseminar	Bis 8 = 4 Bei 9–13 = 2	Kein Punktabzug	Kein Punktabzug
14 bis 17	Pflichtteilnahme am Aufbauseminar innerhalb von 3 Monaten und	Kein Punktabzug	Entzug der FE	Nur schriftliche Verwarnung, jedoch bei Alkoholverstößen besonderes Aufbauseminar
	Aufforderung zur freiwilligen Teilnahme an verkehrspsychologischer Beratung	2	Keine	Kein Punktabzug
ab 18	FE-Entzug für mindestens 6 Monate[1]	–	Beschlagnahme des Führerscheins	–

1 Erreicht der Betroffene innerhalb kurzer Zeit 14 bzw. 18 und mehr Punkte, ohne vorher eine Verwarnung mit Hinweis zur Teilnahme an einem Aufbauseminar erhalten zu haben, kann er so gestellt werden, als ob er erst 9 Punkte erreicht hat (§ 4 Abs. 5 StVG). Fehlt auch eine vorherige Pflichtteilnahme an einem Aufbauseminar oder der Hinweis auf eine verkehrspsychologische Beratung, wird er zur Nachschulung verpflichtet (Fiktion 14 Punkte).

dann anzuordnen, wenn der Betroffene innerhalb von fünf Jahren bereits an einem Seminar für Punkte-Täter teilgenommen hat. Umgekehrt entfällt aber ein Punkte-Seminar, wenn innerhalb von fünf Jahren ein FaP-Seminar absolviert worden ist. Unberührt bleiben ferner die besonderen Aufbauseminare bei Alkoholverstößen (§ 4 Abs. 1 und 8 StVG). Hat der Betroffene bereits an einem Punkte-Seminar teilgenommen und wird er danach mit einem Alkoholverstoß auffällig, kann er nunmehr zur Teilnahme an einem „besonderen Aufbauseminar" verpflichtet werden. Diese Kurse sind speziell auf den Täterkreis von Alkohol- oder Drogendelikten zugeschnitten und finden meist bei den Begutachtungsstellen für Fahreignung statt.

Bei 14 bis 17 Punkten wird der Betroffene außerdem auf den drohenden FE-Entzug bei 18 Punkten und auf die Möglichkeit der Teilnahme an einer freiwilligen **verkehrspsychologischen Beratung** hingewiesen (§ 4 Abs. 3 Nr. 2 StVG). Die Aufforderung zur verkehrspsychologischen Beratung hat den Charakter einer „letzten Verwarnung"; deren Nichtbefolgung führt zu keinen Konsequenzen. In der verkehrspsychologischen Beratung sollen die zu dem mehrfachen Fehlverhalten führenden Defizite untersucht, Verkrustungen in der sozialen Einstellung aufgeweicht und Möglichkeiten zu einer Verhaltensänderung aufgezeigt werden. Die Erkenntnisse aus der Untersuchung sollen den Betroffenen befähigen, Fehleinstellungen zum Straßenverkehr zu erkennen und die Bereitschaft zu entwickeln, Mängel abzubauen. Das Ergebnis der Beratung wird nur dem Betroffenen vermittelt. Über die Teilnahme erhält der Betroffene eine Bescheinigung zur Vorlage bei der FE-Behörde für den **Zwei-Punkte-Bonus**. Auch die verkehrspsychologische Beratung führt nur einmal innerhalb von fünf Jahren zu einem Punktabzug.

Hat der Betroffene **18 Punkte** erreicht, ist die Fahrerlaubnis für die Dauer von sechs Monaten zu entziehen (§ 4 Abs. 3 Nr. 3 StVG). Der FE-Entzug ist eine zwingende Folge beim Erreichen von 18 Punkten. Die FE-Behörde hat hier keinen Ermessensspielraum, weil die Vermutung der Nichteignung unabwendbar ist. Eine neue Fahrerlaubnis darf frühestens nach einer Sperrfrist von sechs Monaten nach Wirksamwerden des Entziehungsbescheides erteilt werden (§ 4 Abs. 10 StVG). Außerdem muss der Betroffene jetzt ein positives Fahreignungsgutachten beibringen (der berüchtigte „Macketest"). Verweigert der Betroffene die Begutachtung oder fällt sie negativ aus, wird die Neuerteilung der Fahrerlaubnis versagt.

2.8.3 Tilgung von Eintragungen im VZR

Eintragungen und Punkte im VZR werden nach Ablauf eines bestimmten Zeitraums gelöscht (§ 29 StVG). Die Tilgungsfristen betragen:
- zwei Jahre für alle Ordnungswidrigkeiten, sofern innerhalb dieser Zeit **keine** weiteren eintragungspflichtigen Verstöße begangen werden. Andernfalls verlängert sich die Tilgungsfrist auf fünf Jahre;
- fünf Jahre bei Straftaten mit Ausnahme von Verkehrsstraftaten mit FE-Entzug (§§ 315c Abs. 1 Nr. 1a, 316, 323a StGB);
- zehn Jahre für Verkehrsstraftaten, vor allem bei Alkoholdelikten mit FE-Entzug.

Voraussetzung für die **Tilgung** ist, dass nach der letzten Eintragung innerhalb der vorgegebenen Fristen („Bewährungsphasen") keine neue Eintragung in das VZR hinzukommt. Erfolgt innerhalb dieser Zeit erneut eine Eintragung, beginnt die Frist erneut zu laufen. Ordnungswidrigkeiten mit Ausnahme von 0,5-‰-Entscheidungen nach § 24a StVG werden allerdings nach Ablauf von fünf Jahren getilgt, und zwar unabhängig von weiteren Eintragungen (§ 29 Abs. 6 StVG).

Ist Tilgungsreife eingetreten, dürfen Eintragungen nicht mehr zum Nachteil des Betroffenen verwertet werden, auch nicht zur Erhöhung von Bußgeldern (OLG Dresden DAR 2006, 161). Allerdings werden die Eintragungen noch für den Zeitraum von einem Jahr im „**Überliegeregister**" geführt (§ 29 Abs. 7 StVG), weil durchaus noch Verstöße vor dem Ablauf der Tilgungsfrist begangen worden sein können.[33] Läuft z. B. die Tilgungsfrist am 10. Februar ab und hat der Betroffene am 6. Februar erneut einen erst am 5. Juli im VZR eingetragenen Verstoß begangen, leben die im Überliegeregister vorhandenen Voreintragungen wieder auf. Dadurch kann Folgendes eintreten: Das KBA teilt auf Anfrage während der Überliegefrist, aber noch vor Übermittlung der neuen Tat „keine Eintragungen" mit, obwohl im Überliegeregister z. B. noch 15 Punkte verzeichnet sind. Wird nunmehr die vor Ablauf der Tilgungsfrist begangene Entscheidung beim KBA mit z. B. drei Punkten eingetragen, leben die mit 15 Punkten bewerteten Voreintragungen mit der Folge wieder auf, dass der Betroffene 18 Punkte erreicht hat und ihm die Fahrerlaubnis zu entziehen ist. Wird der Verstoß jedoch erst nach der einjährigen Überliegefrist eingetragen, bleibt es bei der Löschung der im Überliegeregister noch verzeichneten Eintragungen (§ 29 Abs. 6 StVG).

2.8.4 Einziehung von Gegenständen

Als Nebenfolge einer Ordnungswidrigkeit lässt nur § 22 Abs. 1 OWiG die Einziehung von Gegenständen zu, soweit ein Gesetz das ausdrücklich vorsieht. Da im StVG eine solche Ermächtigung fehlt, kommt eine Einziehung des KFZ im Zusammenhang mit Verkehrsordnungswidrigkeiten nicht in Betracht (nur bei Verkehrsstraftaten). Das nach den Sicherheits- und Ordnungsgesetzen der Länder zulässige Abschleppen verkehrswidrig abgestellter Fahrzeuge dient als rein polizeiliche Maßnahme der Beseitigung einer Verkehrsstörung. Mit der Einziehung nach § 22 OWiG hat diese Maßnahme nichts zu tun.

2.8.5 Beschlagnahme des Führerscheins

Eine Beschlagnahme des Führerscheins durch die Polizei (§ 94 StPO) und vorläufiger Entzug der Fahrerlaubnis durch das Gericht (§ 111a StPO) kommt **nur** bei **Verkehrsstraftaten**, **nicht** bei Ordnungswidrigkeiten in Betracht. Die Bußgeldbehörde darf eine solche Maßregelung nicht anordnen. Stellt sich heraus, dass keine Straftat, sondern nur eine Ordnungswidrigkeit begangen wurde, ist die Beschlagnahme aufzuheben und der Führerschein zurückzugeben. Unberührt bleibt die Beschlagnahmemöglichkeit, wenn der Betroffene bei einem Fahrverbot seinen Führerschein nicht abliefert.

2.9 Fahrtenbuchauflage

Ist die Ermittlung des schuldigen Kraftfahrers nach einem Verkehrsverstoß nicht möglich (z. B. nach einer Kennzeichenanzeige), kann dem Halter

---

33 Mit Änderung des § 29 Abs. 6 und 7 StVG vom 24.8.2004 (BGBl. I S. 2198) kommt es seit 1.2.2005 (BGBl. I 2004, S. 2300) für die Tilgung nicht mehr auf die Rechtskraft des Verstoßes, sondern auf den Tattag an, sofern der Verstoß noch innerhalb der Überliegefrist im VZR eingetragen wird.

nach § 31a StVZO die Führung eines Fahrtenbuches auferlegt werden.[34] Die Fahrtenbuchauflage soll den Halter zur Erfüllung seiner Aufsichtspflichten anhalten und ihn veranlassen, an der zumutbaren Täterfeststellung mitzuwirken. Das gilt auch, wenn der Halter sein Fahrzeug einem Dritten dauerhaft überlässt (VGH Mannheim VRS 109, 408 = DAR 2005, 168; VG Aachen VG 2007, 286: bei Geschäftsauto). Der Halter muss deshalb unverzüglich über die Tat unterrichtet werden, möglichst innerhalb von zwei Wochen (BVerwG VerkMitt 1979 Nr. 73; OLG Hamm VerkMitt 2007 Nr. 24; OVG Lüneburg VerkMitt 2005 Nr. 13; VG Frankfurt/O. DAR 2007, 42: Überschreitung der 2-Wochen-Frist bei atypischer Fallkonstellation). Ungeachtet dessen kann ein Fahrtenbuch auch dann angeordnet werden, wenn der Halter den Anhörbogen nicht zurücksendet, zur Person des Fahrers schweigt, dessen Lichtbild nicht identifiziert (OVG Münster 2008, 479), eine falsche Fahreradresse angibt (OVG Münster NZV 2008, 52 = VRS 113, 391 = SVR 2008, 359), von seinem Zeugnisverweigerungsrecht Gebrauch macht oder zwar den Täter benennt, die Mitteilung aber erst nach Eintritt der Verjährung abgibt (BVerwG VerkMitt 2000 Nr. 55 = NZV 2000, 385; OVG Münster VRS 114, 388; OVG Lüneburg VerkMitt 2007 Nr. 6; OVG Lüneburg DAR 2004, 707; OVG Münster DAR 2006, 172 = NZV 2006, 223 = VRS 110, 153). Im letzten Fall ist auch zur Vermeidung einer Fahrtenbuchauflage kein Verzicht auf die Verjährung möglich, weil im Ordnungsrecht – anders als im Zivilrecht – keine Privatautonomie über das Verfahrensrecht besteht (OVG Berlin-Brandenburg NZV 2009, 103).

Als belastende Maßnahme unterliegt die Auflage dem Grundsatz der **Verhältnismäßigkeit**. Nicht jeder ungeahndete Verstoß führt deshalb zu einem Fahrtenbuch, sondern nur solche Zuwiderhandlungen, die wegen ihrer Schwere die künftige Täterfeststellung ermöglichen sollen, z. B. Rotlicht-, Tempo- oder sonstige punktbewertete Bußgeldverstöße, nicht aber bei Verwarnungsgeldern (BVerwG NZV 2000, 386; OVG Bremen NZV 2007, 644 = VRS 114, 392: Bußgeld von 50 € wegen Tempoverstoß über 27 km/h auf Autobahn; OVG Münster NZV 1999, 439 = VRS 97, 307).[35] Die Androhung einer Fahrtenbuchauflage ist aber möglich (OVG Münster VerkMitt 2009 Nr. 8).

Die Führung des Fahrtenbuchs wird meist nur sporadisch überprüft. Da die Auflage aber weder im VZR noch in den Zulassungsdokumenten eingetragen wird, ist die faktische Wirkung des Fahrtenbuchs auf die Verkehrssicherheit begrenzt (OVG Münster NZV 2005, 336 = DAR 2005, 411 = VRS 108, 457).

2.10 Kostenverfahren im ruhenden Verkehr

Mit § 25a StVG besteht bei Verstößen nur im **ruhenden Verkehr** die Möglichkeit, den Halter für die Verfahrens- nebst Zustellungskosten haften zu lassen, wenn der Täter nicht vor Ablauf der Verjährung oder nur mit unangemessen hohem Aufwand ermittelt werden kann. In diesen Fällen wird

---

34 VGH Mannheim NZV 2003, 399; BVerwG VerkMitt 1996 Nr. 48; OVG Münster NZV 1998, 176: für alle im Besitz des Halters befindlichen KFZ oder seines Fuhrparks; OVG Lüneburg DAR 2006, 167; VG Braunschweig NZV 2005, 164: bei einer Tempoüberschreitung von mehr als 30 km/h.
35 OVG Münster NZV 2006, 53: 3 Jahre bei Unfallflucht; VG Braunschweig NZV 2006, 53: 15 Monate bei Rechtsüberholen auf Autobahn; OLG Lüneburg NZV 2004, 431: 2 Jahre bei eklatanten Verstößen.

das Verfahren eingestellt, dem Halter werden die Kosten auferlegt.[36] Er hat dann auch seine eigenen Aufwendungen zu tragen, z. B. Anwaltskosten (LG Düsseldorf NZV 2002, 243). Gegen den Kostenbeschluss kann der Betroffene innerhalb von zwei Wochen nach Zustellung gerichtliche Entscheidung beantragen (§ 25a Abs. 3 StVG). In diesem Verfahren wird jedoch nicht mehr über die zugrunde liegende Tat, sondern nur noch über das Vorliegen der Voraussetzungen nach § 25a Abs. 1 StVG entschieden.

Viele Bußgeldbehörden ziehen aus der Nichtzahlung des Verwarnungsgeldes bereits den Schluss, dass der Halter nicht gewillt ist, den Täter des Verstoßes zu benennen. Da meist weitergehende Ermittlungen nicht zum Ziel führen, stellen die Bußgeldbehörden häufig das Verfahren ein und erlassen einen Kostenbescheid. Die für den **Kostenbescheid** notwendige Anhörung (§ 25a Abs. 2 Hlbs. 2 StVG) ist im Regelfall bereits mit dem Verwarngeldangebot verbunden. Damit werden allerdings die Vorschriften der §§ 56, 65 OWiG faktisch ausgehebelt. An sich dürfte aus der Zahlungsunwilligkeit des Betroffenen nur der Schluss gezogen werden, dass der Betroffene die Verwarnung nicht annehmen will. Die Rechtsfolge wäre dann der Erlass eines Bußgeldbescheides. Erst wenn in diesem Verfahren der Täter nicht zu ermitteln ist, wären die Voraussetzungen des § 25a StVG gegeben. Dadurch, dass die Bußgeldbehörden den Verfahrensschritt „Bußgeldbescheid" ausklammern, geht dem Betroffenen eine Verteidigungsmöglichkeit verloren, weil im Kostenverfahren über die rechtliche Zulässigkeit des Verkehrsverstoßes nicht mehr befunden wird. Bisher haben die Amtsgerichte das von den Bußgeldbehörden praktizierte Verfahren aus pragmatischen Gründen jedoch nicht beanstandet (AG Winsen VerkMitt 1994 Nr. 65 = NZV 1994, 293). Eine Rücknahme des Kosten- und Erlass eines Bußgeldbescheides ist zulässig, wenn sich während des Kostenverfahrens und noch vor Eintritt der Verjährung die Täterschaft des Betroffenen herausstellt (AG Kehl VD 2008, 251).

2.11 Auslagen des Betroffenen

Ein Kostenverfahren im **fließenden Verkehr** ist **nicht vorgesehen**, sodass bei Nichtermittlung des Fahrers das Bußgeldverfahren einzustellen ist. Damit der Betroffene nicht auch noch mit einer Übernahme seiner Aufwendungen „belohnt" wird, werden seine Kosten (z. B. seines Anwalts) nur erstattet, wenn das Bußgeld mehr als 10 € betragen hat; unter 10 € nur, sofern die Hinzuziehung eines Anwalts wegen einer schwierigen Sach- oder Rechtslage oder der Bedeutung der Sache für den Betroffenen geboten war (§ 109a Abs. 1 OWiG). Eine schwierige Sach- oder Rechtslage ist gegeben, wenn es sich nicht nur um einen Formalverstoß handelt, besondere Tatumstände zu ermitteln sind oder die rechtliche Zuordnung der Tat streitig ist (BVerfG VRS 88, 81). Außerdem werden Anwaltskosten nicht ersetzt, wenn die

---

36 Die Gebühr für die „Halterhaftung" im ruhenden Verkehr nach § 25a StVG i. V. m. § 107 Abs. 2 OWiG beträgt 15 € (Art. 24 des Euro-Einführungsgesetzes u. a. im Straf- und Ordnungswidrigkeitengesetz vom 13.12.2001 – BGBl. I S. 3574/3579). Dagegen beträgt die Mindestverfahrensgebühr eines Bußgeldbescheides nach § 107 Abs. 1 OWiG 20 €. Der Unterschied beruht auf einem „Versehen" im zeitlich vorgeschalteten KostEuroUG vom 27.4.2001 (BGBl. I S. 751/753), nach dem auch die Verfahrenskosten nach § 25a StVG im Zwischenverfahren der Staatsanwaltschaft auf 13 € (im gerichtlichen Verfahren auf 25 €) festgesetzt worden sind: VII. 7700 und 7710 Kostenverzeichnis nach § 11 Abs. 1 GKG.

Weiterführung des (später einzustellenden) Verfahrens durch ein rechtzeitiges Vorbringen entlastender Tatumstände hätte vermieden werden können, z. B. Angabe des Täters erst nach Eintritt der Verjährungsfrist (§ 109a Abs. 2 OWiG).

2.12 Vollstreckung der Bußgeldbescheide

Für die Vollstreckung von Bußgeldbescheiden findet das Verwaltungs-Vollstreckungsgesetz Anwendung (§ 90 OWiG). Die Geldbußen fließen dabei in die jeweiligen öffentlichen Kassen. Die Einstellung eines Verfahrens unter Zahlung einer Buße an einen gemeinnützigen Verein ist unzulässig. Vollstreckungsbehörde ist die Bußgeldbehörde (§ 92 OWiG). Sie kann Zahlungserleichterungen (Ratenzahlung, Stundung) gewähren, wenn der Betroffene sich außer Stande sieht, den vollen Bußgeldbetrag sofort zu bezahlen (§ 93 OWiG). Bei Bußgeldbescheiden wegen Verkehrsordnungswidrigkeiten ist das wegen der geringen Beträge jedoch selten der Fall. Materielle Einlassungen des Betroffenen im Vollstreckungsverfahren (die Tat habe sich nicht so, wie im Bußgeldbescheid beschrieben, ereignet) bleiben außer Betracht.

2.12.1 Beitreibung

Nach Ablauf von zwei Wochen nach Bestandskraft des Bußgeldbescheides kann die Geldbuße nebst der Verfahrenskosten beigetrieben werden, wenn der Betroffene nicht zahlt (§ 95 OWiG). Da es sich bei der Geldbuße um eine öffentlich-rechtliche Forderung handelt, muss der Beitreibung keine formelle „Mahnung" vorangehen. Üblich ist jedoch, den Betroffenen vor der Beitreibung nochmals an die Zahlung zu erinnern (und dabei die „Folterwerkzeuge" der Vollstreckung vorzuzeigen). Als zahlungsunwillig gilt der Betroffene, wenn er weder die Geldbuße innerhalb der 2-Wochen-Frist bezahlt, noch auf eine Zahlungserinnerung reagiert. Vollstreckt wird grundsätzlich durch Pfändung von Geld, aber auch von Gegenständen, die dann zur Versteigerung gelangen. Bei Weigerung zur Wohnungsdurchsuchung wäre eine richterliche Anordnung erforderlich, die indes wegen Fehlens einer gesetzlichen Grundlage nicht erlassen werden kann (AG Karlsruhe VRS 97, 377). Führt die Vollstreckung durch den Gerichtsvollzieher nicht zum Ziel, kann die Bußgeldbehörde (vor allem bei geringfügigen Bußgeldern) die Vollstreckung niederschlagen, wenn nicht zu erwarten steht, dass sich die wirtschaftlichen Verhältnisse des Betroffenen in absehbarer Zeit bessern (§ 95 Abs. 2 OWiG).

2.12.2 Erzwingungshaft

Bleiben Beitreibungsversuche erfolglos, kann die Bußgeldbehörde beim Amtsgericht Erzwingungshaft beantragen (§ 96 OWiG). Voraussetzung ist allerdings, dass die Zahlungsunwilligkeit nicht auf Zahlungsunfähigkeit beruht. Auch bei Empfängern des Arbeitslosengeldes II ist bei geringen Geldbußen nicht von vornherein Zahlungsunfähigkeit zu unterstellen (LG Münster DAR 2006, 343: 50 € Geldbuße; LG Berlin NZV 2007, 324: 30 € Bußgeld – 2 Tage Erzwingungshaft; LG Berlin VRS 113, 97). Wegen des Grundsatzes der Verhältnismäßigkeit wird Erzwingungshaft im Massenverfahren meist nur bei Bußgeldern über 40 € in Betracht kommen. Bei strikter Zahlungsverweigerung von Verwarnungsgeldern kann die Erzwingungshaft aber nicht als „exotische Maßnahme" verworfen werden, weil andernfalls

Bagatellverfahren über die Zahlungsmoral ausgehebelt werden können (LG Arnsberg VerkMitt 2006 Nr. 57 = NZV 2006, 446 mit Anm. Eisenberg NZV 2007, 102: bei Bußgeldern von 15 €; LG Zweibrücken NZV 2008, 168; AG Lüdinghausen: keine Erzwingungshaft bei 5 € Bußgeld; a. A. AG Viechtach DAR 2007, 660). Für die Vollstreckung der Erzwingungshaft gelten die strafprozessualen Vorschriften entsprechend (§ 97 OWiG, § 451 StPO).

3 Hinweise

Wer einem Polizeibeamten Geld anbietet, damit dieser von der weiteren Verfolgung eines Verkehrsverstoßes absieht, macht sich der versuchten Bestechung nach § 334 Abs. 1 StGB strafbar (KG VRS 101, 202).

§ 50 Sonderregelung für die Insel Helgoland

Auf der Insel Helgoland sind der Verkehr mit Kraftfahrzeugen und das Radfahren verboten.

(VwV-StVO zu § 50 nicht vorhanden)

1 Aus der amtlichen Begründung

Der Zweck ist, Verkehrsverbote durch Verkehrszeichen zu vermeiden und damit der besonderen Ausnahmesituation auf der Insel Rechnung zu tragen (Begr. 1970).

2 Erläuterungen

2.1 Das 1970 durch einen Plenarbeschluss des Bundesrates in die StVO eingefügte Verbot bezieht sich nur auf Kraftfahrzeuge und Fahrräder, nicht auf andere unmotorisierte Fahrzeuge. Die entsprechende Anwendung der „Lex Helgoland" auf andere Inseln ist nicht zulässig.

2.2 Sonderrechte für Polizei, Feuerwehr, Katastrophenschutz sowie des Straßendienstes und der Müllabfuhr bestehen nach § 35 auch auf Helgoland.

§ 51 Besondere Kostenregelung

Die Kosten der Zeichen 386.1, 386.2 und 386.3 trägt abweichend von § 5b Abs. 1 des Straßenverkehrsgesetzes derjenige, der die Aufstellung dieses Zeichens beantragt hat.

(VwV-StVO zu § 51 nicht vorhanden)

1 Aus der amtlichen Begründung

Die Kosten für touristische Hinweiszeichen trägt nicht die Straßenbaubehörde, sondern der Veranlassende (Begr. 2009).

2 Erläuterungen

§ 51 füllt den Ermächtigungsrahmen des § 5b Abs. 3 StVG aus. Eine touristische Hinweisbeschilderung wird in der Regel von den Einrichtungen des Fremdenverkehrs beantragt. Vor der Aufstellung müssen die Z. 386.1, 386.2 und 386.3 von der örtlich zuständigen Straßenverkehrsbehörde angeordnet werden. Die Kosten für die Schilder, Aufstellung und Unterhaltung trägt nicht der Baulastträger, sondern die Stelle, auf deren Antrag hin die Zeichen angeordnet worden sind (z. B. Fremdenverkehrsverbände).

3 Hinweise

Richtlinien für die touristische Beschilderung (RtB) – Ausgabe 2008 – der Forschungsgesellschaft für Straßen- und Verkehrswesen (FGSV e.V.) vom 15.1.2009 (VkBl. S. 228). Der Text kann beim FGSV-Verlag GmbH, Wesselinger Str. 17, 50999 Köln unter der Bestell-Nr. FGSV 328 erworben werden.

§ 52 Entgelt für die Benutzung tatsächlich-öffentlicher Verkehrsflächen

Diese Verordnung steht der Erhebung von Entgelten für die Benutzung von Verkehrsflächen, an denen kein Gemeingebrauch besteht, auf Grund anderer als straßenverkehrsrechtlicher Bestimmungen nicht entgegen.

(VwV-StVO zu § 52 nicht vorhanden)

1 Aus der amtlichen Begründung

Die Regelung bezieht sich nur auf Privatflächen mit faktisch öffentlichem Verkehr (Begr. 1988).

2 Erläuterungen

Da die verkehrsrechtlichen Bestimmungen nicht nur auf gewidmeten Straßen, sondern auch auf Privatflächen mit faktisch öffentlichem Verkehr Anwendung finden, wäre an sich eine Bewirtschaftung nur mit Parkuhren oder Parkscheinautomaten zulässig. **Abweichend** davon lässt die Vorschrift auf solchen Flächen die Erhebung von Entgelten auf der Grundlage des Privat- oder kommunalen Satzungsrechts zu (BayVerfGH VerkMitt 1999 Nr. 67). Hierbei handelt es sich vor allem um Vorplätze von Bahnhöfen und Flughäfen, Parkhäuser, Tiefgaragen, Parkplätze, die von privaten oder kommunalen Trägern bewirtschaftet werden.

Mit welchen Inkassogeräten und in welcher Höhe[1] die Entgelterhebung erfolgt, bleibt allein dem Verfügungsberechtigten überlassen, z. B. durch Schranken, Inkassoautomaten, elektronische Systeme. Verstöße gegen solchermaßen privatrechtlich geregelte Nutzungsordnungen (Parken ohne zu bezahlen) sind keine Ordnungswidrigkeiten nach § 49, sondern können nur nach Privatrecht eingeklagt werden. Dies gilt nicht nur für Parkflächen, sondern auch für die Erhebung von **Straßenbenutzungsentgelten**, wenn der Privateigentümer eine Straße oder Brücke der Öffentlichkeit zur Verfügung stellt, z. B. privat finanzierte und unterhaltene Autobahnen, die straßenrechtlich nicht gewidmet werden. Die privat erhobenen Benutzungsentgelte („Maut") sind hier keine „Gebühren".[2] Demgegenüber ist die „Maut" für die Benutzung öffentlich gewidmeter Straßen (vor allem Autobahnen) durch schwere Nutzfahrzeuge eine öffentlich-rechtliche Gebühr, die sich nach dem ABMG[3] richtet; § 52 hat hier keine Bedeutung (s. a. Hinweise zu § 18).

Stellt der Inhaber seine private Verkehrsfläche zum Parken zur Verfügung, haftet er nicht für den Diebstahl des dort abgestellten Fahrzeugs, selbst wenn die Parkfläche oder das Parkhaus durch Video überwacht wird (OLG Düsseldorf DAR 2001, 503).

---

1 Die auf § 6a Abs. 6 und 7 StVG beruhenden kommunalen Parkgebühren-Ordnungen gelten hier nicht. Solche Entgelte sind meist Bestandteil privater Haus- und Benutzungsordnungen.
2 Siehe auch Erl. zum Z. 291 (FStrPrivFinÄndG vom 1.9.2002 – BGBl. I S. 3442)
3 ABMG Autobahnmautgesetz vom 5.4.2002 (BGBl. I S. 1234) i. d. F. vom 1.2.2004 (BGBl. I S. 3122)

3 Hinweise

Zeichen für die Maut bei privat finanzierten Straßen: Z. 391 (Anl. 3 lfd. Nr. 35).

§ 53 Inkrafttreten

(1) Diese Verordnung tritt am 1.3.1971 in Kraft.

(2) Die Straßenverkehrs-Ordnung vom 13.11.1937 (Reichsgesetzblatt I S. 1179) in der Fassung der Bekanntmachung vom 29.3.1956 (BGBl. I S. 271, 327) mit den Änderungen der Verordnung vom 25.7.1957 (BGBl. I S. 780), vom 7.7.1960 (BGBl. I S. 485), vom 29.12.1960 (BGBl. 1961 I S. 8) und vom 30.4.1964 (BGBl. I S. 305) tritt mit dem gleichen Tage außer Kraft.

(3) Für Kraftomnibusse, die vor dem 8.12.2007 erstmals in den Verkehr gekommen sind, ist § 18 Abs. 5 Nr. 3 in der vor dem 8.12.2007 geltenden Fassung weiter anzuwenden.

(4) Zusatzzeichen zu Zeichen 220 (Anlage 2 lfd. Nr. 9.1), durch die nach den bis zum 31.8.2009 geltenden Vorschriften der Fahrradverkehr in der Gegenrichtung zugelassen werden konnte, soweit in einer Einbahnstraße mit geringer Verkehrsbelastung die zulässige Höchstgeschwindigkeit durch Verkehrszeichen auf 30 km/h oder weniger beschränkt ist, bleiben bis zum 31. Dezember 2010 gültig.

(5) Die bisherigen Zeichen 150, 153, 353, 380, 381, 388, 389[1] bleiben bis zum 1.9.2019 gültig.

(6) An Lichtzeichenanlagen mit Radverkehrsführungen ohne besondere Lichtzeichen für Radfahrer müssen Radfahrer bis zum 31. August 2012 weiterhin die Lichtzeichen für Fußgänger beachten.

VwV zu § 53 Inkrafttreten

1 Die bisherigen Regeln dieser Verwaltungsvorschrift zu § 37 „Wechsellichtzeichen, Dauerlichtzeichen und Grünpfeil" zu Abs. 2 zu den Nrn. 1 und 2 IX behalten auch nach der bis zum 1.7.1992 geltenden Fassung dieser Vorschrift ihre Gültigkeit, jedoch längstens bis zum 31.12.2005. Neue Lichtsignalanlagen sind nach dem 1.7.1992 nach den neuen Regeln auszuführen.

1 Aus der amtlichen Begründung

1.1 Übergangsregelung für KOM Tempo 100 (Begr. 2007).

1.2 Für wegfallende Verkehrszeichen nach § 53 Abs. 4 und 5 wird eine Übergangsfrist eingeräumt (Begr. 2009).

2 Erläuterungen

2.1 Die bisherigen Abs. 3 bis 16 sind obsolet und werden gestrichen. Verkehrszeichen 274, die noch die alte Angabe „km" enthalten, sind ungültig und müssen nicht beachtet werden, d. h. sie sind nichtig und haben den Charakter von Fantasiezeichen (OLG Stuttgart VerkMitt 2001 Nr. 92 = NZV 2001, 272 = VRS 100, 314; a. A. AG Celle DAR 2001, 137).

---

1 Das Z. 389 befindet sich nicht mehr im VzKat, wenn es auch teilweise noch auf den Straßen steht. Es hat die Bedeutung „Seitenstreifen für Fahrzeuge mit einem zulässigen Gesamtgewicht über 3,5 t und Zugmaschinen nicht befahrbar".

2.2 Anwohnerparkausweise waren noch bis zum 31.12.2003 gültig und mussten in einen Ausweis mit den Worten „Bewohnerparkausweis" umgetauscht werden (zulässig auch die Korrektur des Wortteils „An"- in „Be"-wohner im Parkausweis).

2.3 Der blaue Parkausweis für Schwerstgehbehinderte und Blinde ist noch bis zum 31.12.2010 gültig; bis dahin muss er durch den EU-einheitlichen Ausweis ersetzt werden.

2.4 Kraftomnibusse, die vor dem Inkrafttreten der 17. Verordnung zur Änderung der StVO (8.12.2007) erstmals in den Verkehr gekommen sind und noch nicht über eine Tempo-100-km/h-Zulassung verfügen, könnten nach der Fassung des neuen § 18 Abs. 5 Nummer 7 keine Tempo-100-km/h-Zulassung mehr bekommen, da sie die technischen Anforderungen der Richtlinie 2001/85/EG vielfach nicht erfüllen könnten bzw. sich eine Nachrüstung wirtschaftlich nicht lohnen würde. Verfügen diese Kraftomnibusse aber bereits über eine Tempo-100-km/h-Zulassung, genießt diese Bestandskraft. Folge wäre, dass nicht der technische Zustand des Kraftomnibusses über eine Tempo-100-km/h-Zulassung entscheiden würde, sondern der Zeitpunkt der Erteilung der Zulassung. Deshalb ist sowohl für im Inland als auch für im Ausland zugelassene KOM, die vor dem Inkrafttreten der 17. Verordnung erstmals in den Verkehr gekommen sind, das bisherige Erteilungsverfahren gemäß § 18 Abs. 5 Nr. 3 (alt) bzw. § 46 Abs. 2 anzuwenden.

2.5 Nach der Neuregelung in § 37 Abs. 3 Nr. 6 ist eine Umrüstung der Lichtzeichen mit einer kombinierten Fußgänger- und Radfahr-Signalmaske erforderlich. Die 3-jährige Übergangsregelung gibt den Kommunen ausreichend Zeit, die Signalträger in den Fußgänger-Lichtzeichen auszutauschen. Bis dahin müssen sich Radfahrer weiterhin nach den Fußgängersignalen richten, wenn weder ein Radfahrsignal vorhanden, noch das Hauptsignal für den KFZ-Verkehr sichtbar ist.

2.6 Das ehemalige Zusatzzeichen 1000-33 (Radfahrsymbol mit senkrechten Pfeilen) bei Einbahnstraßen mit gegenläufigem Radverkehr bleibt noch bis zum 31.12.2010 gültig und muss bis dahin durch Zusatzzeichen 1000-32 (Radfahrsymbol mit horizontalen Pfeilen) ausgetauscht werden.

Die ersatzlos wegfallenden Gefahrzeichen 150, 153 (beschrankter Bahnübergang) und die Richtzeichen 353 (Einbahnstraße), 380 und 381 (Anfang und Ende der Richtgeschwindigkeit) sowie Z. 388 (ungenügend befestigter Seitenstreifen) sind innerhalb von zehn Jahren nach Inkrafttreten der StVO-Novelle 2009 zu entfernen. Dabei haben die Straßenverkehrsbehörden zu prüfen, ob stattdessen andere Maßnahmen notwendig sind, z. B. statt Z. 380 Anordnung von Z. 274 oder statt Z. 388 Gefahrzeichen 101 mit Zusatzzeichen 1053-33.

3 Hinweise

Die 46. Verordnung zur Änderung straßenverkehrsrechtlicher Vorschriften (siehe Hinweis Seite 23) ist am 1.9.2009 in Kraft getreten.

Anlagen zur StVO mit den Verkehrszeichen siehe zu §§ 40 bis 43 StVO

Sachverzeichnis

(Die Zahlen bezeichnen die Seiten)

A

Abbiegen
  Abbiegestreifen 29
  abknickende Vorfahrt 136
  Ankündigen 127
  Begriff 129
  Busspur 127
  Doppelkreuzung 129
  Einordnen 131
  Einweisen 127
  Fahrtrichtungsanzeige 130
  Fahrzeugverkehr 129
  Fußgänger 135
  Gegenverkehr 134
  Gleise 138
  Grundstück 138
  Kreisverkehr 123, 124, 137
  Linksabbiegen 133
  Mofa 127
  paarweises 131
  Radwegeführung 138
  Rechtsabbiegen 133
  Richtungspfeile 137
  Rückschaupflicht 127, 131
  Schulterblick 135
  Sonderfahrstreifen 127
  Straßengabel 137
  tangential 133
  Verständigen 133
  Verzicht 140
  Vorfahrt 129
  Vorrang 127
Abblendlicht 215
  asymmetrisches 215
  Autobahn 223
  Beleuchtung 219
  Geschwindigkeit 65
  Tunnel 533
Abgasbelästigung 323
  Parken 161
  Rückwärtsparken 161
  vermeidbare 322
Abgasschutz 323, 553, 575
Abgeordnete, Verkehrsverstoß 620
abgesenkter Bordstein 148

abknickende Vorfahrt 121
  Abbiegen 136
  Fußgängerquerverkehr 121
Abmessung
  Ausnahme 588
  Fahrzeuge 222
  Ladung 264
  Schwerverkehr 301
Abschleppen 204
  Ausnahme 588
  Autobahn 204, 235
  Autoknast 185, 332
  Fahrerlaubnis 204
  Falschparker 185, 644
  Motorrad 204
  Parkverbot 188
  Pflichten 205
  Privatgelände 188
  Radkralle 188
  Schleppen 204
  Warnblinklicht 204
Absperrgerät 538, 544
  Fußgänger 283
  Verkehrsverbot 544
Abstand 80, 81
  Auffahrunfall 82
  Geschwindigkeit 80
  Kontrolle 83
  Lastkraftwagen 82
  Messgeräte 83
  Omnibus 82
  Sekundenabstand 80
  Tachoabstand 80
  Überholen 80, 84, 88
  Vorausfahrende 81
  Vorbeifahren 99, 198
Abstellen
  Gemeingebrauch 159
  nicht zugelassene KFZ 331
  Parken 159
Adäquanz, kausale 39
Airbag
  Kindersicherung 252
  Sicherheitsgurt 259
Aktionspläne 577

Sachverzeichnis

Allgemeine Verwaltungsvorschrift 38
Altauto-Verordnung 332
alte Menschen, Geschwindigkeit 67
Anbieten, Waren 336
anderer Straßenteil 147
Andreaskreuz 237, 426, 472
Anfahren 145, 159
  Ausgliedern 151
  Fahrbahnrand 149
  Haltestellen 245
  Vorrang 149
Anhalten
  Polizei 357
  Verkehrsunfall 340
Anhalteweg 60
Anhänger
  Begriff 33
  Beleuchtung, Parken 220
  Beförderungsverbot 253
  Fahrrad 255
  Kinderanhänger 256
  Parkverbot 177
Anhörung
  Ausnahmegenehmigung 589
  Bahnunternehmer 561, 591
  Großraum-/Schwerverkehr 309
  Sachverständige 561
  Straßenbaubehörde 556
  Verkehrszeichenanordnung 565
  Verwaltungsbehörde 591
Ankündigen
  Ein-/Ausfahren 145
  Fahrstreifenwechsel 101
  Überholen 84
  Vorbeifahren 97
Anlieger 478
  Anliegergebrauch 571
  Eingriffsbefugnis 571
  Haltverbote 166
  Parken 571
Anordnung
  Planfeststellungsverfahren 567
  Verkehrseinrichtung 553
  Verkehrszeichen 553
Anschlussstelle, Autobahn 222, 103
Arbeitnehmerüberlassung 620
Arbeitskampf 316
Arbeitsmaschine 214
Arbeitsscheinwerfer 217
Arbeitsstelle, Sicherung 424

Arzt
  Ausnahme 599, 608
  Parkerleichterung 599
Aufbauseminar 639, 640
Auffahrunfall 80, 82
Auflagen
  Ausnahmen 589, 603
  Erlaubnis 314
  Fahrverbot 637
  Veranstaltungen 301
Aufsichtspflicht, Kinder 67
Ausfädelungsstreifen
  Überholverbot 94
  Verzögerungsstreifen 109
Ausfahren
  abgesenkter Bordstein 145
  anderer Straßenteil 147
  Autobahn 233
  Einweisen 146
  Fußgängerbereich 146
  Grundstückszufahrt 145
Ausnahmegenehmigung 588
  Anhörung 589
  Ärzte 599, 608
  Auflagen 603
  Ausnahmefall 602
  Autorennen 605
  Befristung 603
  Berufsausübung 185, 602
  Bewohner 606
  Blinde 597, 605
  Bundesfernstraßen 331, 600
  Car-Sharing 608
  Dauergenehmigung 595
  Elektrotankstelle 608
  Ermessen 602
  Gebühr 604
  Gegenstände auf Straßen 315
  Geldtransport 605
  Geltungsbereich 589
  Gleichbehandlung 601
  Großraum-/Schwerverkehr 590
  Gurtanlegepflicht 596, 605
  Kleinwüchsige 207, 590
  Lautsprecher 597
  Ohnhänder 590
  Parken 207
  Politische Parteien 317
  Schutzhelm 263, 596
  Schwerbehinderte 180, 597, 605, 606
  Sicherheit, Ordnung 603
  Sicherheitsgurt 263

Sondernutzung 589, 600
Sonntagsfahrverbot 596
Umfang 601
Umweltzone 607
Verfahren 589
Verkehrssicherung 603
Verkehrsverbot 605
Versagung 604
Verwaltungsakt 600
Viehtrieb 596
Wahlplakate 317
Waren und Leistungen 315
Widmung 331, 600
Zuständigkeit 604, 610
Zuverlässigkeit 603
Ausnahme-Verordnungen
   3. VO Kindersitz Behinderte 248
   7. VO Taxi-Kindersitz 248
   8. VO Schutzhelm 258
   12. VO Tempo 100-Wohnmobil 228, 487
   Bundesverkehrsministerium 601
Aussteigen, Gefährdungsausschluss 198
Ausweichen 51, 87
Autobahn 222
   Abschleppen 204
   Abschleppverbot 235
   Ausfahrt 233
   Beleuchtung 223
   Betretungsverbot 223
   Einfahrt 224
   Ende 533
   Gebühren 564
   Geisterfahrer 233
   Geschwindigkeit 222, 226
   Haltebucht 235
   Haltverbot 170, 231
   Information 586
   Kriechstreifen 231
   Langsamfahren 235
   Panne 232
   Rückwärtsfahren 142, 233
   Sichtbeeinträchtigung 224
   Standspur 233
   Überholen 230
   Verkehrsstockung 152
   Vorfahrt 222, 225
   Wenden 233
Autobahnmaut 236
Autogas, -tankstelle 32, 535
Autohof 236

Autoradio 322
Autorennen 301, 314, 605
Autowaschanlage 27

B
Bahnübergang 237, 424, 472
   Andreaskreuz 237, 239
   Beleuchtung 220
   Geschwindigkeit 238
   Haltverbot 165
   Lichtsignale 239
   Motorabschalten 241
   Parkverbot 174
   Schallzeichen 239
   Scheinwerfer 237
   Schranken 240
   Sicherung 585
   Übergangsregelung 654
   Überholverbot 238
   Vorrang 238
   Warten 239
Bahnunternehmer
   Anhörung 561
   Ausnahme 591
   Haftung 239
Bankette 30
Baulastträger
   Kostentragung 568
   Verkehrszeichen 555
Baustelle, Eingriffsbefugnis 554, 586
Bedingungen
   Ausnahmegenehmigung 589
   Veranstaltungen 301
Behinderung
   Ausnahme 605
   Begriff 40
   Fußgänger 283
   Fußgängerüberweg 294
   Gegenstände 330
   Langsamfahren 95
   Nötigung 42
   Überholen 84
   Vorfahrt 111
Behörden, Privilegien 564
Beifahrer 31
Beladen, siehe Ladung
Belästigung
   Begriff 40
   Eingriffsbefugnis 553
   Hin- und Herfahren 323
Beleuchtung 213, 272
   Abblendlicht 215, 219
   Autobahn 223

Sachverzeichnis

Bahnübergang 220
Begrenzungsleuchte 213
Blendung 214
Dämmerung, Dunkelheit 218
Fernlicht 216
Fußgänger 286
Hindernis 330
Ladung 264
Liegenbleiben 220
Motorrad 213
Nebel 213
Nebelscheinwerfer 217
Nebelschlussleuchte 217
Panzer 214
Parkwarntafel 220
Reflexmaterial 214
Reiter 298
Rückstrahler 214
Ruhender Verkehr 219, 220
Schneefall 213
Sichtbarkeit 214
Sichtbeeinträchtigung 218
Standlicht 214
Tagesfahrlicht 216
Verbände 295
Verkehrsanlagen 586
Viehtrieb 299
Warntafel 213
Berufsfahrer, Fahrverbot 636
Beschleunigungsstreifen 29
   Einfädelungsstreifen 109
   Haltverbot 165
Besetzung, Fahrzeug 274
Betriebserlaubnis 274
Bewohner
   Begriff 183
   Parkprivilegien 183
Biotopschutz 553
Blaues Blinklicht 351, 384
   Sonderrechte 356
   Wegerechte 380, 381
Blendung
   Scheinwerfer 214
   Schienenfahrzeuge 214
Blinde
   Ausnahme Parken 605
   Parkerleichterung 179, 597
Blinkhupe 84
Blinklicht
   Anlage 538
   Bahnübergang 239
   blaues 380
   gelbes 380
   ortsfestes 378, 380
   rotes 237
   stationäres 384
Bordsteinabsenkung 173
   Grundstückszufahrt 148
   Parkverbot 176
   Vorrang 145
Bremsen
   Abstand 80, 81
   Anhalteweg 60
   Bremsbereitschaft 59
   Bremsspur 60
   Bremsweg 60
   Faustformel 60
   grundloses 82
   Probe 273
   Reaktionsweg 60
   Sicherheitsabstand 81
   Verzögerung 61
Brücken
   Gleichschritt 295
   Kennzeichnung 587
   Schleudergefahr 422
Bundesamt Güterverkehr 359, 535
Bundesfernstraßen
   Ausnahmen 331, 600
   Sondernutzung 331, 600
Bundesleistungsgesetz 321
Bundespolizei 348
Bundeswehr
   Ausnahme 599
   Sonderrechte 348, 350
   Straßenbenutzung 348
Bußgeld, siehe Ordnungswidrigkeit
Bussonderfahrstreifen 29, 478
   Abbiegen 127
   Haltverbot 170
   Sondersignale 377, 478
   Taxen 478

C

Car-Sharing 183, 608
Container, Sicherung 330, 331, 334

D

Dachlawine 585
Dämmerung 218
Dauerlichtzeichen 362, 367, 378
   Haltverbot 379
Demonstration 336
Diplomaten,
   Privilegien 564
   Verkehrsverstoß 619

Doppelkreuzung 129
doppelte Rückschaupflicht 127
doppelte Sicherung 36
Draisine 33
Dreirad 34, 281
Dunkelheit 218
   Beleuchtung 213
   Geschwindigkeit 64

E
ECE-Prüfzeichen, Kindersitz 249
Eichpflicht
   Parkuhr 191
   Tempomessgerät 72
Einbahnstraße 474
   Fahrbahnbenutzung 57
   gegenläufiger Radverkehr 475
Einfädelungsstreifen
   Beschleunigungsstreifen 109
Einfahren 145
   Autobahn 224
   Verbot 480
Eingriffsbefugnis
   Schwerbehinderte 581
   Sicherheit und Ordnung 709
   Verkehrsbehörden 394, 553, 563
Einmündung
   Begriff 113
   Fußgänger 288
   Gestaltung 111
   Vorfahrt 113
Einordnen
   Abbiegen 131
   Überholen 84
Einsatzhorn
   Sonderrechte 356
   Wegerechte 380
Einsteigen
   Gefährdungsausschluss 198
   Sorgfaltspflicht 198
Einweisen 146
   Abbiegen 127
   Ausfahrt 145
Eisglätte
   Gefahrguttransport 54
Elektrotankstelle 608
Eltern, Aufsichtspflicht 67
Engstelle
   Geschwindigkeit 63
   Haltverbot 164
   Vorbeifahren 97, 99
Entladen
   Parküberwachungsgerät 190
   Warnblinklicht 208
Erdgas, -tankstelle 32, 535
Erholungsort 553
Erlaubnis
   Großraum-/Schwerverkehr 307
   Nachtruhe 319
   Religionsgemeinschaft 317
   Sicherheit, Ordnung 601, 603
   Veranstaltung 314
   Zuständigkeit 604, 610
   Zuverlässigkeit 603
Ermessen
   Auswahl 565
   Fehlgebrauch 567
   Mangel 567
   Missbrauch 567
   pflichtgemäßes 565
   Überschreitung 567
Ersatzvornahme
   Abschleppen 188
   Verkehrsstörung 334
Erzwingungshaft
   Bagatellverstoß 647
   Bußgeldverfahren 647
Eskorte 384
Experimentierklausel 582

F
Fahrbahn 27
   Benutzungspflicht 44, 48
   Bremsspur 60
   Fahrstreifen 100
   freie Gasse 152
   mehrspurig 57
   Rechtsfahrgebot 44
   schmale 59
   Seitenstreifen 44
   Spielen 326
Fahrbahnbegrenzung 28, 490
   Halten 161
   Haltverbot 168
Fahrbahnbenutzung 48
   Ausweichen 51
   Einbahnstraße 57
   Fußgänger 285
   Gleisbereich 49
   Kriechspuren 29
   Seitenabstand 49
Fahrbahnmarkierung, siehe Markierung

Sachverzeichnis

Fahrbahnrand 242
  Anfahren 149
Fahrer
  Begriff 31
  Ladung 265
  Pflichten 272
  Verantwortlichkeit 273
Fahrerkarte, Lenk-/Ruhezeit 77
Fahrlässigkeit 623
  Begriff 41
  Ordnungswidrigkeit 623
  Reaktionsbereitschaft 41
Fahrlehrer, Fahrzeugführer 31
Fahrrad 33
  Anhänger 255
  Begriff 54
  Fahrradtaxi 256
  Führen von Hunden 298
  Kinderanhänger 256
  Kinderfahrrad 280, 281
  Parken 160
  Pedale 272
  Personenbeförderung 249, 255
  Radverkehrsführung 386
  Radwegebenutzung 44
  Schieben 272
  Verhaltensregeln 44, 272
  Verkleidung 249
Fahrradstraße 477
Fahrschule, Leitkegel 545
Fahrstreifen 28, 100
  Abstand 80
  Begrenzung 490
  Begriff 101
  Breite 101
  mehrere je Richtung 100
Fahrtrichtungsanzeige 106
  freie Gasse 152
  freie Wahl 100, 104
  Gefährdungsverbot 101
  links durch LKW über 3,5 t 105
  Markierung 100
  rechts davon hält/fährt Fahrzeug 104
  Reißverschlussverfahren 106
  Überholen linker Kolonnen 103
  Wechsel 101, 106
Fahrtenbuch 644
Fahrtrichtungsanzeiger
  Abbiegen 127
  Einfahren 145
  Fahrstreifenwechsel 101, 106
  Kreisverkehr 124

Überholen 84, 87
Vorbeifahren 97
Fahrverbot 634
  Abgabe Führerschein 637
  Berufskraftfahrer 636
  Fahrerlaubnisentzug 638
  Führerscheinverlust 638
  Halterpflichten 638
  Rotlichtverstoß 374
  Straftat 638
  Verbotsfrist 637
  Vollstreckung 638
Fahrzeug
  Abmessung 265
  Begriff 31
  Beladen 275
  Besetzung 274
  Breite 266
  Fortbewegungsmittel 33, 280
  Führer 31
  Gewicht 266
  Halter 31
  Höhe 266
  Kinderfahrrad 281
  Kolonne 103
  Krankenfahrstuhl 280
  Lärm 322
  Mobilheim 33
  sonstiges 33
  Sportgeräte 281
  Zustand 273
Familienprivileg 252
Fantasiezeichen 653
Feiertagsfahrverbot,
  siehe Sonntagsfahrverbot
Feinstaub 481
  Anordnung Verkehrsverbot 579
  Ausnahmen 482, 579
  Grenzwerte 579
  Plakette 481
  Schlüsselnummer 481
  Umweltzone 578
  Verkehrsverbot 482
Ferienreise-Verordnung 324
Fernlicht
  Beleuchtung 216
  Überholen 84, 87
Feuerwehr
  Anordnungsbefugnis 551
  Einsatz 354
  Sonderrechte 348
  Zufahrt 170

Fortbewegungsmittel 33, 280
  Begriff 280
  Inline-Skates 280
  Motorantrieb 280
  Rollstuhl 280
Freie Bahn, Wegerechte 382
Freie Gasse
  Hilfsfahrzeug 152
  Verkehrsunfall 347
Freisprechanlage 275
Freistellungserklärung 604
Fußgänger 31
  Abbiegen 135
  Abknickende Vorfahrt 121
  Aufstellfläche 284
  Autobahn 223
  Behinderung 283
  Beleuchtung 219, 286
  Fahrbahnbenutzung 285
  Fortbewegungsmittel 281
  Furt 283
  Gehwegbenutzungsgebot 284
  Gleisanlage 283
  Handfahrzeug 286
  Lichtzeichen 288, 367, 377
  Markierung 284
  Nebeneinandergehen 285
  Querungsstelle 283, 286
  Schrittgeschwindigkeit 71
  Schutz 283
  Seitenstreifen 283
  Sicherung 283
  Überqueren Gleise 287
  Überweg 292
  Verkehrsinsel 284
  Vertrauensschutz 286
  Verzicht auf Vorrang 293
  Wegerechte 383
  Zone 477, 582
Fußgängerüberweg 283, 290, 489
  Anlage 290
  Geschwindigkeit 293
  Haltverbot 165, 294
  Markierung 291
  Radfahrer 291
  Radweg 290
  Schienenbahn 290
  Schutzbereich 291
  Überholverbot 93, 293
  Vorrang 292
Fußrasten 272

G

Gasse, freie 152
Gebühr
  Ausnahme 604
  Baustellen 586
  Erlaubnis 604
Gefährdung 40
  abgesenkter Bordstein 145
  Aussteigen 198
  Bahnübergang 424
  Einsteigen 198
  Fahrstreifenwechsel 101, 106
  Fußgängerüberweg 294
  Gefahr im Verzug 551
  Gegenstände 330
  gelbes Blinklicht 380
  Geschwindigkeit 67
  Hupe 208
  Kreisdurchfahrt 125
  Lichthupe 209
  Tiere 298
  Überholen 84
  Vorfahrt 111
  Warnzeichen 209
  Wenden 143
Gefahrguttransport
  Fahrtunterbrechung 53
  Kennzeichnung 269
  Parken 52
  Sichtbeeinträchtigung 44
  Witterung 52
Gefahrzeichen 413
  Anordnung 422, 555
  Verhaltenspflichten 422
  Zusatzzeichen 413
Gefälle 422
Gegenblitzanlage 74, 621
Gegenstände 331
  Schrott-Fahrzeuge 332
  Verkehrserschwerung 330
Gegenverkehr
  Abbiegen 127, 134
  Überholen 89
  Vorbeifahren 99
Gehbehinderte, Parken 597
Gehör 272, 274
Gehweg 29
  Benutzungsgebot 283, 284
  Kinderfahrräder 281
  Motorradparken 160
  Parken 49, 175, 531
  Rad- und Gehweg 477

Sachverzeichnis

radfahrende Kinder 44
Reinigung 348, 355
Spielen 326
Verbände 295
Geisterfahrer 142, 233
Geländer, Fußgänger 283
Geldtransport, Ausnahme 605
Geltung StVO 26
Gemeingebrauch 158
Geräte, gefährliche 334
Geschwindigkeit 59
  50 m Sicht 64
  Abblendlicht 65
  Abstand 80
  Alte Menschen 67
  Anhalteweg 60
  Anhebung 556
  außerorts 70
  Autobahn 222, 226
  autobahnähnliche Straße 70, 229
  Bahnübergang 238
  bauartbedingt 222
  Behinderte 67
  Beschränkung 484
  Blendung 65
  Bremsen 60
  Bremsweg 60
  Dunkelheit 64
  Engstelle 63
  Fahrtschreiber 72
  Fahrverbot 79
  Fahrzeugeigenschaft 66
  Fahrzeugschlange 100
  Fußgängerüberweg 293
  Gefährdung 67
  Hilfsbedürftige 67
  höchstzulässige 59
  inner-/außerorts 69
  Kennzeichnung 79
  Kinder 67
  Ladung 66
  Langsamfahren 59, 66
  Lichtzeichen 369
  mäßige 72, 111, 237
  Nässe 64
  Notstand 78
  Parkhaus 64
  persönliche Fähigkeit 66
  Richtgeschwindigkeit 72
  Schätzung 73
  schmale Fahrbahn 59
  Schneeketten 60, 71
  Schrittgeschwindigkeit 94
  Schulbus 245
  Sichtbarkeitsgrundsatz 485
  Sichtfahrgebot 62
  Spurrillen 62
  Straftat 79
  Straßenverhältnisse 62
  Tachometer 72
  Überholen 66, 84, 89
  Überschreitung 72
  unklare Verkehrslage 66
  unübersichtliche Stelle 63
  Verkehrsfluss 62
  Verkehrsinsel 63
  Verkehrszeichen 484
  Witterung 64
Geschwindigkeitsbegrenzer 79
Geschwindigkeitskontrolle 74, 75
  Funkstoppverfahren 75
  Gegenblitzanlage 74, 621
  Hinterherfahren 76
  Hubschrauber 78
  Kennzeichen 74
  Kennzeichenveränderung 621
  Lichtschranke 75
  Radargerät 74
  Stinkefinger 74
  Videoaufzeichnung 77
  Vorausfahren 77
  Warnung 621
Gewässerschutz 553, 579
Gewichte
  Ausnahme 588
  Ladung 265
Gleichschritt 295
Gleisanlage
  Fußgänger 283
  Vorrang 237
Gnadengesuch 634
Gottesdienst 586
Grenzmarkierung 168, 175, 493
Großraum-/Schwerverkehr 318
  Anhörverfahren 309
  Ausnahme 590
  Autokran 313
  Begleitfahrzeug 311, 320
  Fahrweg 308
  gelbes Blinklicht 380
  Negativbescheinigung 309
  Sichtbeeinträchtigung 319
  unteilbare Ladung 307
  Verfahren 308
  Zuständigkeit 547

Grundregel 25
  Adäquanz 39
  Auslegung 35
  Behinderung 40
  Belästigung 40
  doppelte Sicherung 36
  Fahrlässigkeit 41
  Gefährdung 40
  Generalklausel 36
  Grundsätze 34
  Rangfolge 35
  Schädigung 39
  Sichtbarkeitsgrundsatz 37, 401
  Verkehrsfreiheit 34
  Vertrauensgrundsatz 36
Grundstücksausfahrt 27, 29, 145
  Abbiegen 138
  Parkverbot 172
Grüne Welle 364
Grünlicht, siehe Lichtzeichen
Grünpfeilschild 362, 375
Grünstreifen 29
Gurtanlegepflicht 259
  Ausnahme 596
  Kindersicherung 248
  Missachtung 260
  Mithaftung 260

H
Haltebucht 235
Halten 155
  Ausnahme 184
  Begriff 157
  Beleuchtung 219
  Parkuhr 190
  zweite Spur 162
Halter 31, 275
Haltestelle
  Abfahren 242
  Anfahren 245
  Insel 242
  Kennzeichnung 211
  Parkverbot 174
  Schrittgeschwindigkeit 242
  Schulbus 242
  Überholverbot 242, 243
  Vorrang 244
  Warnblinklicht 208, 242
Haltlinie 120, 489
  Lichtzeichen 376
  Stopplinie 472
  Überfahren bei Rot 372
  zurückgesetzte 120

Haltverbot
  10 m vor Lichtzeichen 378
  3-Minuten-Regelung 167
  Abschleppen 188
  absolutes 166
  Aus- und Einsteigen 167
  Autobahn 170, 231
  Bahnübergang 165
  Be-, Entladen 167
  Benutzungsverbote 171
  Beschleunigungsstreifen 165
  Busspur 170, 179
  Doppellinie 168
  eingeschränktes 168, 488
  Engstelle 164
  Fahrradschutzstreifen 179
  Feuerwehrzufahrt 170
  Fußgängerüberweg 165, 294
  Fußgängerzone 179
  Gleise 171
  Grenzmarkierung 168, 493
  Kraftfahrstraße 170
  Kreisverkehr 125, 171
  Kurve 165
  Lichtzeichen 169
  Nebenverrichtung 167
  öffentliche Sicherheit 166
  Radfahrstreifen 179
  Richtungspfeile 168
  rotes Dauerlicht 169, 379
  Sperrfläche 179
  Standspur 223
  Taxenstand 170
  Tunnel 179
  Umweltzone 179
  unübersichtliche Stelle 164
  Verdecken Verkehrszeichen 169
  Verzögerungsstreifen 165
  rot gekreuzte Balken Dauerlicht 379
  Zeichen 283 488
  Zeichen 286 488
  Zone 168
  Zonenhaltverbot 488
Handfahrzeug 214, 272, 286
Handyverbot 275
  Radfahrer 277
  Vorsatz 277
Haustiere 298
Heilquellen 553
Helgoland 649
Helmtragepflicht 261
  Ausnahme 262

Sachverzeichnis

Quads, Trikes 258
Schutzhelm 261
Hin- und Herfahren 323
Hindernis
   Ausnahme 588
   Beleuchtung 330
   Bereitung 333
   Gegenstände 330
   Liegenbleiben 201
   Vorbeifahren 97
Höhenbegrenzung 480

I

Immissionsschutz, Klimaschutz 576
Inline-Skater 34, 280
   Fahrbahn 327
   Radwege 327
   Verhaltenspflichten 328

K

Katastrophenschutz 348
Kennzeichenanzeige 624
Kennzeichenmissbrauch 621
Kennzeichnung
   Gefahrgutfahrzeuge 269
   Gütertransit 271
   Kombinierter Verkehr 271
   langsame Fahrzeuge 271
   lärm-/abgasarme Kraftfahrzeuge 270
Kettenfahrzeug 33
Kinder
   Aufsichtspflicht 67
   Fahrrad 34, 280, 281
   Gefährdungsausschluss 67
   Geschwindigkeit 67, 423
   Gruppen 295
   Mitnahme 248
   Reaktionszeit 423
   Rückhalteeinrichtung 252
   Sicherung 252
   Sicherung in Taxen 253
Kindersitz 258
   3. Ausnahme-Verordnung 248
   Airbag 252
   Behinderte 253
   Bus 254
   Kennzeichnung 252
   Taxen 253
Kleinkraftrad 32
Kleinst-PKW, Parken 160
Kleintiere, Abstand 41
Kleinwüchsige, Parkerleichterung 207, 590
Klimaschutz 576
Kolonne
   Erlaubnis 301
   s.a. Verbände 296
   Überholen 100
Konsuln, Verkehrsverstoß 619
Kontrolle
   Abstand 83
   Geschwindigkeit 72
   Polizei 361
   Temposchätzung 73
Koordinierung Baustellen 583
Kostenpflicht
   Privatparkfläche 651
   touristische Beschilderung 650
   Verkehrseinrichtungen 586
   Verkehrszeichen 568, 586
Kraftfahrstraße 222, 533
   Haltverbot 170
   Rückwärtsfahren 142
   Sichtbeeinträchtigung 224
Kraftfahrzeug
   Begriff 32
   Sportgeräte 281
   Verbände 295
   Winterausrüstung 52
Kraftomnibus 32
   Anschnallpflicht 260
   Kindersicherung 254
   Übergangsregelung Tempo 100 654
Kraftrad, siehe Motorrad
Kraftstoff 273
Kraftwagen 479
Krankenfahrstuhl 280, 282
Krankenwagen 354
Kreisverkehr
   Abbiegen 123, 137
   Fahrtrichtungsanzeiger 124
   Haltverbot 125, 171
   Kreisdurchfahrt 125
   Radweg 123
   Rechtsfahrgebot 49, 123
   Vorfahrt 123
Kreuzung
   Begriff 113
   Fußgänger 288
   Gestaltung 111
   Parkverbot 172
   Vorfahrt 113
Kriechstreifen 29, 231

Kuppen, Überholverbot 91
Kurort 553
Kurve
  Haltverbot 165
  Überholverbot 91

L
Warnblinklicht 208
Ladung 264, 267
  Abmessungen 265, 268
  Beleuchtung 264
  Breite 266
  Fahrzeug 275
  Geschwindigkeit 66, 267
  Gewichte 266, 268
  hinausragend 268
  Höhe 266
  Kennzeichnung 264
  Ladeeinrichtung 264
  Länge 266
  Sicherung 264, 267
  Überhang 266
  unteilbare 307
  Verantwortlichkeit 265
  Verteilung 265
Langsamfahren 66
  Autobahn 235
  triftiger Grund 59
  verkehrsbehinderndes 95
Lärmschutz 322, 553, 573
  Lärmbelastung 574
  Lärmberechnung 574
  Nachtzeit 322
  Richtlinie 324
  Veranstaltung 575
Lastkraftwagen
  Begriff 32
  Beleuchtung Parken 220
Lautsprecher
  Ausnahme 588
  Demonstration 336
  Verkehrsbeeinträchtigung 335, 336
Leichenzüge 295
Leichtkraftrad, -mofa 32
Leitkegel
  Fahrschule 545
  Pannenhilfe 585
  Sonderrechte 585
Leitlinie 533
  Anschlussstellen 103, 109
  Fahrstreifen 100
  Geschwindigkeit 59

Leitpfosten
  Notruf 235
  Pfeilzeichen 546
Leitplanke 546
Lenk-/Ruhezeiten 77
Lichthupe 208
Lichtzeichen 362, 368
  Anlage 368, 538
  Bahnübergang 239
  Blinklicht 369, 378
  Dauerlichtzeichen 367, 378
  Fußgängersignal 288, 377
  Fußgängersignal Umrüstung 654
  Gelblicht 371
  Geschwindigkeit 369
  grüne Welle 364
  grüner Räumpfeil 372
  Grünlicht 369
  Grünpfeilschild 366, 375
  Haltlinie 363, 376
  Haltverbot 378
  leuchtende Pfeile 365
  Nachtabschaltung 364, 368
  Radfahrsignal 367, 377
  Rangfolge 362
  Rotlicht 372
  Schaltung 364
  Sondersignal 374, 377
  Störungen 368
  Verkehrsstockung 152
  Warnzeichen 208
Liegenbleiben 158, 201
  Begriff 201
  Beleuchtung 220
  Sicherungspflicht 202
  Warnblinklicht 202
  Warndreieck 203
  Warnzeichen 208
Linienbus 478
  Fahrgäste 245
  Kennzeichnung 247
  Schrittgeschwindigkeit 242
  Sorgfaltspflichten 244
  Überholverbot 94, 242, 243
  Vorbeifahren 242
  Vorrang 243
  Warnblinklicht 242
Luftreinhaltepläne 577

M
Mähmesser 330
Mannschaftstransportwagen 255

Sachverzeichnis

Markierung 395
  Briefkuvert 493
  Parken 493
  Parkverbot 175
  Richtlinie 493
  Schriftzeichen 398
  Verkehrszeichen 398
Marschkolonne 295
Martinshorn 351, 380
Mäßige Geschwindigkeit 72
  Bahnübergang 237
  Fußgängerüberweg 290
  Vorfahrt 111
Matrixzeichen 393, 397
Maut 236
  Ausweichverkehr 566
Mautpflicht, Privatstraße 535, 536
Mautverkehr 480
Mehrzweckstreifen 30
Mikrostaub, siehe Feinstaub
Militärverkehr
  ausländische Streitkräfte 548
  Ausnahme 599, 619
  Beleuchtung 213, 219
  Fahrzeug 33
  Militärstraßen 350
  NATO-Truppenstatut 356
  Sonderrechte 354
  Zuständigkeit 548
Mittelstreifen 29
Mobile Kontrollgruppe 361
Mobilheim 33
Mobiltelefon, Verbot 275
Mofa 32
  Abbiegen 127
  Begriff 54
  Radwegbenutzung 56, 476
Mokick 32
Motorbetriebene Geräte 328
Motorrad 32
  Abschleppen 204
  Begriff 32
  Beleuchtung 213
  Personenbeförderung 252
  Schieben 272
  Schutzhelm 261
Motorsport 301, 314
  Ausnahme 605
  Verbot 301
Müllabfuhr 348

N

Nachteile, Polizei 350
Nachtabschaltung
  Blinklicht 369
  Geschwindigkeit 368
  Großversuch Duisburg 368
  Lichtzeichen 368
Nachtparkverbot 176
Nässe 64
NATO
  Sonderrechte 348
  Truppenstatut 356
  Verkehrsverstoß 619
  Zuständigkeit 548
Nebel
  Beleuchtung 213
  Scheinwerfer 213, 217
  Schlussleuchte 217
  Überholen 84
Nebeneinanderfahren
  Fahrstreifen 100
  Lichtzeichen 363, 378
  Radfahrer 44
  Verkehrsdichte 100
Nebenverrichtung 167
Negativbescheinigung 309, 318
Nötigung
  Behinderung 42
  Blockade 316
  Überholen 95
Notruf, Leitpfosten 235
Notstand
  rechtfertigender 623
  Rotlicht 375
  Tempoüberschreitung 78
Notwehr 623

O

Ohnhänder, Parkerleichterung 590
Oldtimerprivileg 251
Omnibus
  Anschnallpflicht 260
  Haltestelle 244
  Kindersicherung 254
  Tempo-100-Busse 605
Ordnung 553, 571
Ordnungswidrigkeit 616
  Abgeordnete 620
  Ahndung 618
  Ahndungsbehörde 621
  Anti-Strafzettel 621
  Arbeitnehmerüberlassung 620
  Auslagen 646
  Beitreibung 647
  Berufsfahrer 636

Sachverzeichnis

Beteiligung 626
Bußgeldbehörde 621
Bußgeldbescheid 630, 631
Dauerverstoß 627
Diplomaten, Konsuln 619
Doppelbestrafung 628
Einspruch 632
Erzwingungshaft 647
Fahrlässigkeit 623
Fahrtenbuchauflage 644
Fahrverbot 634, 637
Fortsetzungszusammenhang 627
Frontfotografie 624
Geltungsbereich 618
Gesetzeskonkurrenz 628
Gnadengesuch 634
Kennzeichenanzeige 624
Konkurrenzen 626
Kostenverfahren 645
Lichtbildabgleich 624
Nichtigkeit 634
Notstand 622
Notwehr 622
Opportunität 621
Parken 185
Parkscheibe 207
Parkscheinautomat 207
Parkuhr 207
Punktsystem 639
Rechtswidrigkeit 622
Rücknahme 634
Schuld 623
Streitkräfte, NATO 679
Tatbestand 622
Tateinheit 627
Tatmehrheit 626, 643
Tilgung 643
Verjährung 631
Verkehrsstraftat 628
Verkehrsüberwachung 620
Verstöße 616
Versuch 622
Verwarnungsgeld 629
Vollstreckung 647
Vollstreckungsverjährung 632
Wiederaufnahme 634
Wiedereinsetzung 633
wirtschaftliche Verhältnisse 630
Zentralregister 639
Zustellung 632
Zwischenverfahren 633

Ortschaft
  Geschwindigkeit 69
  Ortstafel 529
Ozon 577

P
Panne
  Autobahn 232
  Hilfsfahrzeug 33
  Leitkegel 585
  Sonderrechte 585
  Verkehrssicherung 272
  Warnblinklicht 202
Panzer 214
Parken 155
  Abschleppen 185
  Ausnahme 184, 207
  Begriff 155, 158
  Beleuchtung 219
  Benutzungsverbote 179
  Entgelt 651
  Fahrbahnbegrenzung 161
  Fahrbahnrand 160
  Fahrtrichtung 160
  Fußgängerfurt 165, 489
  Gebühr 193
  Gefahrguttransport 52
  Gehweg 175, 531
  Gemeingebrauch 158
  Höchstparkdauer 192
  Kleinst-PKW 160
  Liegenbleiben 158
  Markierung 178, 493
  Mittelstreifen 161
  Opportunität 163
  Parkscheibe 197
  Parkscheinautomat 190
  Parkuhr 190
  platzsparend 163
  Privatfläche 207, 651
  Privilegien 580
  Rechtsparkgebot 160
  Rückwärtsparken 161
  Seitenstreifen 161
  Verkehrsfremder Zweck 158
  Verkehrsinsel 161
  Vorrang 163
  Warntafel 220
  zweite Spur/Reihe 162
Parkerleichterung
  Ärzte 184
  Ausnahme 597
  Behörden 179, 600

Sachverzeichnis

Bewohner 179, 163
Blinde 597
Diplomaten 179, 600
Hilflose 597
Schwerbehinderte 180, 597, 606
Parkflächenmarkierung 493
Parkhaus 27
  Geschwindigkeit 64
Parkplatz 27, 41, 531
  Fahrgasse 531
  Gebührenpflicht 553
  Rollstuhlfahrer 531
  Vorfahrt 126, 531
Parkscheibe 190, 197
  Einstellung 190
  elektronische Systeme 196
  Parkuhr 190
Parkscheinautomat 190, 538
  elektronische Systeme 196
  Restparkzeit 193
Parkstreifen 30, 160
Parksysteme 196
Parkuhr 190
  Ausnahme 588
  Eichpflicht 191
  Funktionsstörung 193
  Gebühr 193
  Restparkzeit 193
Parkverbot
  Abschleppen 185, 188
  Anhänger 177
  Bahnübergang 174
  Bordsteinabsenkung 173, 176
  Bussonderfahrstreifen 179
  Einmündung 172
  Fahrbahnmarkierung 175
  Fahrradschutzstreifen 179
  Fußgängerfurt 165, 489
  Fußgängerzone 179
  Gehweg 175
  gekennzeichnete Fläche 172
  gesperrte Straße 179
  Grenzmarkierung 175, 493
  Grundstücksausfahrt 172
  Haltestelle 174
  Kreuzung 172
  leichte Fahrzeuge 219
  Parkflächenmarkierung 493
  Parkplatz 176
  Radfahrstreifen 179
  Schachtdeckel 174
  schwere Fahrzeuge 176
  Sonn- und Feiertage 176
  Sperrfläche 179
  Umweltzone 179
  unbeleuchtete Fahrzeuge 219
  Verkehrsverbote 179
  Vorfahrtstraße 174
Parkwarntafel 220
Parteien, politische 315
Personenbeförderung 248
  Anhänger 254
  Ausnahme 588
  Fahrrad 255
  Fahrradtaxi 255
  Kinder 251
  Kinderanhänger 256
  Kinderrückhaltesystem 248
  Kindersitz 258
  Mannschaftstransportwagen 255
  Motorräder 252
  Pferdekutsche 255
  Rückhalteeinrichtungen 251
  Sicherheitsgurt 250, 259
  Sitzplätze 248, 249, 250
  Wohnwagen 252
Personenkraftwagen 32
Pfeilmarkierung 492
Pferdekutsche 255
Plakate, Wahlen 317
Plakette
  Abfallbeseitigung 332
  Feinstaub 482
  polizeiliche Sicherstellung 332
Planfeststellungsverfahren 567
Polizei
  Anhalten Verkehr 361
  Anhörung 556
  freie Gasse 152
  Opportunität 621
  Sonderrechte 348
  Verkehrskontrolle 357
  Verkehrsüberwachung 620
  Weisungsrecht 359
  Winkerkelle 358
  Zeichen 357, 359
  Zuständigkeit 547
Post, Ausnahme 355, 356
Präambel, StVO 36
Privatgelände
  Entgelte 651
  Geltung StVO 26
  Verkehrsunfall 341
  Vorfahrt 126

Sachverzeichnis

Propaganda
  Verkehrsraum 335, 337
  Werbung 337
Protokollfahrt 384
Prozession, Verbände 295, 295

Q

Querungsstelle
  Fußgänger 283
  Ketten, Geländer 283
  Überwege 283

R

Radarwarngerät 278
Radfahrer 424
  Abbiegen 127
  Anhängen 275
  Einbahnstraße 475
  Fahrradstraße 477
  Fußgänger-/Radfahrsignal 377, 653
  Helm 263
  Lichtzeichen 367, 377
  Pflichten 44, 272
  Radfahrsignal 377, 653
  Radfahrstreifen 47
  Radverkehrsanlage 54
  Radwegeführung 138
  Schutzstreifen 54, 534
  Sicherungspflicht 584
  Vorfahrt 123
Radfahrschutzstreifen 56
Radfahrstreifen 56
Radkralle 188
Radverkehrsanlagen, Lichtzeichen 377
Radweg 29, 55
  Benutzung 54
  Benutzungspflicht 476
  Breite 46
  Führung 47
  Fußgängerüberweg 290
  Geh- und Radweg 477
  Gestaltung 47
  Inline-Skates 327
  Kreisverkehr 123
  Mindestmaß 46
  Mofas 56, 476
  Rad fahrende Kinder 57
  Radfahrstreifen 47
Randstreifen 562
Rangfolge 538
  Verkehrsregeln 35

Verkehrszeichen 402
Rauchen am Steuer 42, 274
Räumpfeil 372
Rechtsfahrgebot 44, 49
  Ausfädelungsstreifen 109
  Einfädelungsstreifen 109
  rechts davon hält/fährt ein Fahrzeug 104
Rechtsüberholen
  Abweichung 87
  Fahrzeugkolonne 103
  Verbot 87
Reflexfolie 286, 403
Regen
  Beleuchtung 213
  Überholen 84
Reißverschlussverfahren 106
Reiter 298, 299
  Reitweg 29
Religionsgemeinschaften 317
Rettungsdienst 354
Richtgeschwindigkeit 79
  Gefährdung 235
  Übergangsregelung 654
  Verordnung 78
Richtungspfeile, Abbiegen 137, 168, 492
Richtzeichen 494
  Anordnung 555
  Bedeutung 528
Road-pricing 564
Rodeln, Schlitten 280
Roller 280
Rollschuhfahrer
  Sport auf Radwegen 327
  Verhaltenspflichten 328
Rollstuhl, abgesenkter Bordstein 34, 176, 280
Roter Punkt
  Abfall 332
  Rostlauben 159
Rotes Blinklicht 237
Rotlicht
  Eine Sekunde Rot 374
  Einfahren bei Grün 372
  Haltlinie 374
  Lichtzeichen 372
  Notstand 375
  Überwachung 374
  Überwachungsanlage 374
  Verstoß 374
Rotlichtviertel 323
Rückfenster, Sicht 272

Rückhalteeinrichtung
  Airbag 252
  Anschnallpflicht 259
  Kennzeichnung 263
  Kinderbeförderung 248
  Kindersitz 249, 252
  Omnibus 254
  Prüfzeichen 249
  Sitze 249
  Taxen 253
Rückschaupflicht
  Abbiegen 131
  doppelte 127
Rückstrahler 214
Rückwärtsfahren 127, 140
  Autobahn 142, 233
  Begriff 140
  Kraftfahrstraße 142, 223
  Parken 161
  Zurückrollen 140
Rundumlicht 384

S

Sackgasse 534
Sattelkraftfahrzeug 32, 324
Schaden
  Begriff 39
  geringfügiger 343
  Körperverletzung 39
  Sachschäden 39
Schallzeichen 208
  Bahnübergang 239
  Gefahrenlage 209
  Lärmschutz 324
  Überholen 84
Scheinwerfer 215
  Bahnübergang 237
  Blendung 217
Schengener Abkommen 350
Schienenbahn 33
  Abbiegen 127, 246
  Blendwirkung 214
  Fußgängerüberweg 290
  Übergang 237
  Überholen 84
  Vorrang 44
Schilderwald 567
  Abbau 386, 398
  Häufung 386
Schlagloch 562
Schleppen 204
Schleudergefahr 423
Schlitten 34, 281

Schmale Fahrbahn 59
Schneefall
  Autobahn 231
  Beleuchtung 213
  Gefahrguttransport 54
  Überholen 84
  Winterreifen 52
Schneeketten, Geschwindigkeit 60, 71, 480
Schranke 538
Schreckzeit 41
Schriftzeichen, Fahrbahn 398
Schrittgeschwindigkeit 71
  Haltestelle 94, 211, 242
Schulbus
  Annäherung 208
  Haltestelle 242
  mäßige Geschwindigkeit 245
  Schulträger 242
  Sorgfaltspflichten 245
  Überholverbot 94, 242
  Verhaltenspflicht 242
  Warnblinklicht 211, 246
Schülerlotse 362, 534
Schulterblick 135
Schutzhelm 258, 261
  Ausnahme 261, 588
  Bauhelm 261
  Radfahrhelm 263
  Tragepflicht 261
  Verstoß 263
Schutzstreifen, Radfahrer 534
Schutzzeit, Fußgänger an Ampeln 288
Schwerbehinderte
  Amelie 553
  Ausnahmen 180, 605, 606
  Parkausweis 180, 606
  Parkerleichterung 179, 553, 597
  Parkraum 581
  Phokomelie 553
Schwerverkehr 301
  Abmessungen 301
  Zuständigkeit 547
Segway 34, 281, 282, 328
Seitenabstand 49
  Überholen 84, 89
  Vorbeifahren 198
Seitenstreifen 28, 30, 242
  Befahren 475
  Begriff 44, 51
  Fußgänger 283
  Gestaltung 48

Haltverbot 223
Parken 161
Standspur 51
Überholen 84
Seitenstreifen, Übergangsregelung 654
Sensen 330
Sicherheit
　Eingriffsbefugnis 570
　öffentliche 553, 580
Sicherheitsabstand, siehe Abstand
Sicherheitsgurt 258, 259
　Airbag 259
　Anlegepflicht 259
　Ausnahmen 259, 588
　Ausrüstung 263
　Bauartgenehmigung 263
　Garantenpflicht 261
　Kennzeichnung 263
　Missachtung 260
　Omnibus 260
　Stehplätze 260
　Stop-and-go-Verkehr 260
　Taxen 258
Sicherungspflicht
　Anbaugerät 268
　Anhalten 198
　Kabriolett 199
　Kühlfahrzeug 199
　Liegenbleiben 202
　Verlassen des KFZ 199
　Zündschlüssel 199
Sichtbarkeitsgrundsatz 37, 544
　Tempo 30-Zone 401, 485
　Verkehrszeichen 401
Sichtbeeinträchtigung 319
　Autobahn 224, 231
　Beleuchtung 218
　Fußgänger 283
　Gefahrguttransport 44
　Rückfenster 272
　Überholen 84
Sichtfahrgebot 62
Sichtlinie, Stoppschild 120
Sitze, Personenbeförderung 249, 250
Skateboard 34
Smog 481
Sonderfahrstreifen 29
Sonderlichtzeichen 377
Sondernutzung 315, 600
Sonderrechte 348
　blaues Blinklicht 356
　eingeschränkte 348, 355

Einsatzfahrt 352
Einsatzhorn 356
Feuerwehreinsatz 354
Haftung 353
Krankenwagen 354
Militärverkehr 354
NATO-Truppenstatut 356
Pannenhilfsfahrzeug 585
Polizeibegriff 353
Postverkehr 355
Regulierungsbehörde 355
Rettungsdienst 354
Sicherheit, Ordnung 353
Straßenrecht 352
Straßenwinterdienst 350
Warnkleidung 350
Wegerechte 351
Sonderweg 29
Sonntagsfahrverbot 321, 323, 596
　Ausnahme 588
　Feiertage 321
　Ferienreise-Verordnung 324
　Frischprodukte 321
　Umfang 322
　Wohnwagen 324
　Zugmaschinen 322
Sonntagsparkverbot 176, 588
Spannungsfall 348
Sperrfläche 493
Sperrgitter 545
Sperrpfosten 538
Spielen
　Fahrbahn 326
　Gehweg 326
　Haftung 329
　Straße 326, 327
Sport
　Anhänger 33
　Fahrbahn 327
　Inline-Skates, Rollschuhe 327
　motorbetriebene Geräte 328
　Segway 328
　Veranstaltung 603
Spurrillen 62
Städtebau 573
Standlicht 213, 214, 217
Standspur 30, 51
　Autobahn 233
　Haltverbot 223
Stau, Warnblinklicht 210
Stay in lane 101
Steigung 422
Stoppzeichen, Haltlinie 472

Sachverzeichnis

Straße
  Anlieger 571, 585
  Begriff 27
  Gegenstände 331
  Spielen 326
  Sport 327
  Verschmutzen 330
Straßenbahn 32, 43
  Abbiegen 138
  Fußgängerüberweg 292
  Haltverbot 171
  Kreisverkehr 125
  Sonderlichtzeichen 377
  Trasse 29
  Vorbeifahren 242
  Vorrang 52
Straßenbau 553
  Anhörung 556
  Koordinierung 583
  Pflichten 583
  Verkehrsbehörde 560
  Verkehrssicherungspflicht 583
  Verkehrszeichenplan 562
  Warnschwelle 545
Straßenbeleuchtung 217
Straßenbenutzung
  Gebühr 192
  übermäßige 301
Straßenfest 603
Straßenmöblierung 333
Straßenmusik 336
Straßenteil, anderer 147
Straßenunterhaltung 555, 562, 568
Straßenverkehrsbehörde
  Ausnahmegenehmigung 588
  Eingriffsbefugnis 394, 553, 563
  höhere/oberste 547
  Planfeststellungsbehörde 567
  Selbsteintrittsrecht 551
  Weisung 551
  Zuständigkeit 547, 610
Straßenverkehrs-Ordnung 22
  Grundregel 25
  Inkrafttreten 654
  Leitgedanke 25
  Übergangsregelung 653
Straßenwinterdienst 350
Streitkräfte
  Ausnahme 599, 619
  Sonderrechte 348
Streupflicht 584
Streuscheibe 216
Suchscheinwerfer 214, 217

T
Tachometer 72
Tangentiales Abbiegen 133
Tankstelle 27
Tarnleuchte 219
Taschenparkuhr 196
Tätige Reue 346
Taxi
  Kindersitz 253
  Kindertransport 253
  Rückhalteeinrichtung 253
  Sicherheitsgurt 258
Telefonierverbot am Steuer 275
Tempo 30-Zone 571
  Anordnung 554
  Sichtbarkeit 401, 485
  Verkehrsplanung 572
  Voraussetzung 572
Tiere 298
  Absicherung 298
  Beleuchtung 298, 299
  Führung 298
  Leinen-/Maulkorbzwang 298
  Transport 268, 300
  Viehtrieb 299
Toll Collect 535
Touristikbeschilderung 537, 650
Trikes 32
Tunnel
  Abblendlicht 533
  Haltverbot 179
  Sicherheit 533
  Wendeverbot 533

U
Überholen 84
  50 m Sicht 93
  Abstand 80, 88
  Ankündigungspflicht 87
  Ausfädelungsstreifen 109
  Ausscheren 87
  Autobahn 230
  Bahnübergang 94
  Beginn 85
  Begriff 85, 86
  Einfädelungsstreifen 109
  Ende 85
  Fahrtrichtungsanzeige 84
  Fahrzeugschlange 100
  Fernlicht 87
  Fußgängerüberweg 293
  Gefährdung 84

Gegenverkehr 89
Geschwindigkeit 66, 89
Linksüberholen 87
Mitverkehr 94
Nebeneinanderfahren 87
Nötigung 95
Rechtsüberholen 87
Sicherheitsabstand 88
Verbote 89
Verzögerungsstreifen 94
Vorbeifahren 97
Vorrang bei Kolonne 85
Warnzeichen 209
Warten 85
Zweitüberholen 87
Überholverbot 89
  50 m Sicht 93
  Ausfädelungsstreifen 94, 109
  Bahnübergang 94, 238
  blinkende Busse 211
  Fußgängerüberweg 93, 293
  Haltestelle 243
  Kraftfahrzeuge aller Art 486, 493
  Kraftfahrzeuge über 3,5 t 487
  Linienbus 94
  Rechtsüberholen 87
  unklare Verkehrslage 84, 91
  Verkehrszeichen 84, 92
Überladung 267
Umkehrstreifen 367
Umleitung 537
Umsetzen, siehe Abschleppen
Umweltschutz, Verkehr 321
Umweltzone 578, 607
Unklare Verkehrslage
  Geschwindigkeit 66
  Überholen 91
Unnützes Hin-/Herfahren 323
Unteilbare Ladung
  Großraum-/Schwerverkehr 318
  Schwertransport 307
  Zubehör 308
Unübersichtliche Stelle
  Geschwindigkeit 63
  Haltverbot 164
  Überholverbot 91

V
Velotaxi 256
Veranstaltung
  Arbeitskampfmaßnahme 316
  Auflagen 301
  Autorennen 301, 314
  Bedingungen 301
  Erlaubnis 301
  Lärmschutz 575
  Motorsport 301, 314
  Nachtruhe 319, 321
  Religionsgemeinschaft 317
  Verkehrsraum 301
  Versammlungsrecht 314
  Zuständigkeit 547
Verbände
  Beleuchtung 295
  Blinklicht 349
  Einordnen 295
  Erlaubnis 297
  Fahnen 295
  Führer 295, 296
  geschlossene 296
  Kennzeichnung 296
  Leichenzüge 295
  Prozessionen 295
  Regelbeachtung 296
  Sonderrechte 348, 349
  Straßenbenutzung 296
  Warnblinkanlage 296
  Wegerechte 380
Verhältnismäßigkeit
  Anordnungen 565
  Grundsatz 551
Verjährung, Verstöße 631
Verkehrsbeeinträchtigung 335
  Lautsprecherbetrieb 335, 336
  Straßenmusik 336
  Verkehrseinrichtung 337
  Verkehrszeichen 335, 337
  Waren und Leistungen 335
  Zeitungsverkauf 335
Verkehrsberuhigter Bereich 147, 531
  Parkverbot 178
  Vorrang 145
Verkehrsbeschränkung 569 ff.
Verkehrsdichte 102
Verkehrseinrichtung 538
  Absperrgerät 538
  Anordnung 553, 555
  Beeinträchtigung 335
  Blinklicht 538
  Geländer 538
  Kostenpflicht 586
  Leiteinrichtung 538
  Lichtzeichenanlage 538
  Parkscheinautomat, Parkuhr 538
  Rangfolge 538
  Sperrpfosten 538

Verkehrserschwerung 333
Verkehrshelfer 362, 528, 534
Verkehrshindernis 330
Verkehrskontrolle
 Mitwirkungspflicht 362
 Polizei 357
 Warnung 361, 621
 Weisung 360
Verkehrslage
 besondere 152
 unklare 66
Verkehrsmittel 31, 243
Verkehrspolizei, Aufgaben 551
Verkehrsregelung
 Bahnunternehmer 585
 Eingriffsbefugnis 553, 564
 Pannenhilfsdienste 585
 Polizei 551
 Straßenbaubehörde 583
 Straßenverkehrsbehörde 394, 563
 Weisung 360
 Zuständigkeit 547
Verkehrsschau 552, 561, 562, 568
 Landesverkehrsschau 562, 568
Verkehrssicherheit
 Gründe 570
 Kolonne 42
 offene Fenster 42
 Partnerschaft 36
 Polizei 547
 Rauchen am Steuer 42
 Zuständigkeit 552
Verkehrssicherungspflicht 422
 Anlagen 544
 Ausnahmen. Erlaubnisse 603
 bauliche Einrichtung 584
 Dachlawine 585
 Straßenanlieger 585
 Straßenbaubehörde 583
 Verkehrsunfall 340
 Zweiradfahrer 584
Verkehrsstockung 152
 Autobahn 152
 Begriff 152
 Fußgängerüberweg 290
Verkehrsteilnehmer 31, 39
Verkehrsunfall 339
 Angaben 344, 345
 Anhalten 340
 Anwesenheit 339
 Begriff 340
 Beteiligte 340
 Fahrzeughalter 342

 Feststellung nachträglich 345
 Flucht 339
 Fremdschaden 341
 geringer Schaden 343
 Geschädigte 339
 Pflichten Polizei 347
 Privatgelände 341
 Schadensbegriff 341
 Straßenraum 341
 tätige Reue 346
 Unfallkosten 347
 Unfallort 343, 345
 Unfallspuren 340, 346
 Unfallstatistik 347
 Vergewisserungspflicht 344
 Verkehrssicherung 343
 Vorstellungspflicht 340
 Wartefrist 340
Verkehrsunterricht 613
 Mehrfachtäter 613
 Nichtteilnahme 615
 Vorladung 613, 614
 Widerspruch 615
 Zielsetzung 613
 Zuständigkeit 614
Verkehrszeichen 386
 Anfechtung 395
 Anordnung 553, 555
 Aufstellung 396
 Beeinträchtigung 335
 Fahrbahnmarkierung 398
 Förderung Verkehrsarten 572
 Geßlerhüte 566
 Katalog 389
 Kostentragung 568, 586
 Matrixzeichen 393, 397
 nicht amtliche 398
 Nummerierung 401
 Plan 562, 583
 Rangfolge 402
 rechtswidrige 567
 Sichtbarkeitsgrundsatz 401
 Sinnbilder 386
 sparsame Verwendung 567
 Tafel 397
 Umweltzone 578
 Urkunde 337, 394
 Verkehrsbeeinträchtigung 337
 Verwaltungsakt 394
 Vorfahrt 111
 Wechselverkehrszeichen 397, 403
 weggefallene Zeichen 399
 Wegweiser 401

Werbeverbot 335
Zuständigkeit 549
Verkehrszentralregister 631, 639
Versammlung
  Begriff 315
  Gesetz 315
  kirchliche 317
  Straßenraum 314
Verteidigungsfall 348
Vertrauensgrundsatz 36
  Einschränkung 36
  Sichtfahrgebot 62
  Vorfahrt 119
Verwaltungsakt
  Erlaubnis, Ausnahme 600
  Lichtzeichen 368
  Polizeiweisung 359
  Verkehrszeichen 394
Verwarnung 629
  Punktsystem 640
  Verfahren 629
  Verwarnungsgeld 629
Verzicht
  Abbiegen 140
  Vorfahrt 122
  Vorrang 153
Verzögerungsstreifen 29
  Ausfädelungsstreifen 109
  Haltverbot 165
  Überholen 94
Viehtrieb 298, 299
  Beleuchtung 299
  Tierschutz 300
Vorbeifahren 97
  Abstand 99
  Ankündigen 97
  Engstelle 97, 99
  Gegenverkehr 99
  Hindernis 97
  Überholen 97
Vorfahrt 111
  abknickende 121, 529
  Autobahn 222, 225
  Berechtigter 117
  Einmündung 111
  falsche Fahrtrichtung 119
  Feld-, Waldwege 125
  Gabelung 123
  Gefährdung 111
  Geltungsbereich 115
  Haltlinie 120
  Kreisverkehr 123
  Missbrauch 119

Parkplatz 126, 529
Privatstraße 126
Radfahrer 123
Rechts vor Links 111
Stoppschild 472
Verkehrszeichen 111, 119
Vertrauensgrundsatz 119
Verzicht 122
Wartelinie 120
Wartepflicht 115
Vorrang
  Abbiegen 127
  abgesenkter Bordstein 145
  Bahnübergang 238
  besondere Verkehrslage 152
  Fußgängerbereich 145
  Fußgängerüberweg 292
  Grundstücksausfahrt 145
  Haltestelle 244
  Parklücke 163
  Verkehrsberuhigung 145
  Verzicht 152, 153
  Vorbeifahren 97
Vorschriftzeichen 425, 471
Vorsortierraum 103, 109
VwV-StVO 23, 38
  Abweichung 609
  Richtlinien 39

W

Wahlwerbung 317
Waren, Anbieten 335, 336
Warnblinklicht 211
  Anordnung 208
  Be-, Entladen 208
  Haltestelle 208, 242
  Liegenbleiben 202, 204
  Schrittgeschwindigkeit 211
  Schulbus 242, 246
  Stau 210
  Überholverbot 94, 211
  Verbände 296
Warndreieck 203
Warnkleidung 350
Warnleuchte 203
Warnschwellen, Straßenbaustelle 545
Warntafel 213
  Gefahrguttransport 269
  Sonderrechte 348
Warnung
  Radargerät 278
  Tempokontrollen 73, 279

Sachverzeichnis

Warnweste 53
Warnzeichen 208, 209
Wartefrist, Verkehrsunfall 340
Wartelinie, Vorfahrt 120, 534
Warten
   Andreaskreuz 237
   Bahnübergang 239
   Begriff 157
   Halten 157
   Haltestelle 242
   Motor abschalten 241
   Überholen 85
   Vorfahrt 115
Wechselbehälter 330, 334
Wechsellichtzeichen 362
Wechselverkehrszeichen 320, 403
Wegerechte
   blaues Blinklicht 380, 381
   Einsatzhorn 380, 381
   freie Bahn 380, 382
   Fußgänger 383
   Sonderrechte 351
Wegweisung
   Eingriffsbefugnis 582
   Richtlinien 537
Weisung
   Polizei 357, 358, 359
   Verkehrsbehörde 551
   Verkehrsregelung 360
   Zeichen 359
Wenden 127, 142
   Autobahn 233
   Gefährdung 143
   Kraftfahrstraße 223
   Wendekopf 143
Werbung
   Ausnahme 588
   Verbot 337
   Verkehrsraum 335, 337
werktags, Begriff 488
Widmung 27
Wildwechsel, Schutzzaun 424, 586

Winterausrüstung, Winterreifen 44, 52
Winterdienst 422
Wintersport, Straße 327
Wohnmobil 33
   Anhängerbetrieb 71
   Geschwindigkeit 228, 487
   Tempo 80 außerorts 71
   Überholen 92
Wohnwagen 33, 252, 324

Z

Zebrastreifen 292, 489
Zeitungsverkauf 335
Zivilrechtliche Haftung 42
Zolldienst, Anhalterecht 348, 361
Zonenhaltverbot 168, 207, 488
Zugmaschine 32, 214
   Begriff 324
   Sonntagsfahrverbot 322
Zündschlüssel, Sicherung 199
Zusatzzeichen 395,
   Abweichungen 568
   Gefahrzeichen 413
   Verkehrszeichenkatalog 403 ff.
Zuständigkeit
   Ausnahmegenehmigung 610
   Ausnahmen 604
   Erlaubnis 610, 611
   Grenzübergang 610
   Großraum-/Schwerverkehr 547
   Militärverkehr 548
   örtliche 610, 611
   Veranstaltungen 547
   Verkehrsbehörde 547, 610
   Verkehrsregelung 547
   Verkehrsunterricht 614
   Verkehrszeichen 549
   Wohnsitz 611
Zustellung
   Bußgeldbescheid 632
   Ersatzzustellung 632